스펄전 설교전집 28

고린도전후서·갈라디아서

The Treasury of the Bible

스펄전 설교전집
고린도전후서·갈라디아서

The Treasury of the Bible

모수환·김원주 옮김

CH북스
크리스천
다이제스트

차례

■　　고　린　도　전　서

■　　고　린　도　후　서

■　　갈　라　디　아　서

고린도전서

제
1
장

—

십자가의 도

—

**"십자가의 도가 멸망하는 자들에게는 미련한 것이요 구원을
받는 우리에게는 하나님의 능력이라"— 고전 1:18**

　　17절에서 바울이 '말의 지혜'를 포기했다는 사실을 주목하세요. 그는 말하기를, 그리스도께서 자기를 보내신 것은 복음을 전하게 하려 하심이로되 "말의 지혜로 하지 아니함은 그리스도의 십자가가 헛되지 않게 하려 함이라"고 하였습니다. 그러므로 어떤 말의 탁월함, 고상함, 웅변술에는 복음의 효력을 빼앗는 요소가 있는 것이 분명합니다. 나는 지금까지 꾸밈없는 말이나 심지어 거친 말 때문에 그리스도의 십자가가 헛되게 되었다는 소리를 한 번도 들어본 적이 없습니다. 하지만 '말의 지혜'는 이처럼 헛되게 하는 능력을 가지고 있다고 본문은 말씀하고 있습니다. 오, 무서운 말의 지혜여! 하나님이여, 우리가 말의 지혜를 꾀하지 않도록 도와주옵소서. 왜냐하면 우리는 말의 지혜가 끼칠 수 있는 해로운 모든 영향을 최대한 피함으로써 그리스도의 십자가가 헛되지 않도록 해야 하기 때문입니다.

　　진리는 가능한 한 분명한 어투로 선포되어야 하는데 '말의 지혜'는 때때로 진리를 가림으로써 악한 영향을 끼칩니다. 십자가 설교의 핵심인 보혈로 말미암는 속죄의 교리는 많은 심령들에게 거치는 것이 되고, 그래서 어떤 설교자들은 너무 분명하게 그 교리를 말하지 않으려고 조심합니다. 그들은 조심스럽게 — 바울의 입장에서는 교활하게 — 그 위대한 희생의 거치는 특징

을 누그러뜨리고, 멋진 말씨로 십자가의 거치는 것이 없어지기를 바랍니다. 교만한 마음은 속죄의 교리의 강점인 대속을 싫어합니다. 그러므로 구세주에게 죄를 전가하고, 그가 우리를 위해 저주를 받으셨다는 개념이 없는 이론들을 그들은 취합니다. 그들은 고상하고 영웅적인 힘을 가진 양 자기희생을 표방하며, 우리는 이로 인해 자력구원에 대한 자극을 받으며, 이때에 의인으로서 불의한 자를 위해 받은 주님의 고난은 언급되지 않습니다. 그러한 경우에 십자가는 양심의 가책을 받은 죄인들이 위로받을 수 있고, 완고한 자가 부드러워질 수 있는 그런 십자가가 전혀 아니라 완전히 다른 십자가가 되고 맙니다. 이렇듯 환영받지 못하는 진리를 가리는 자들은 자기들이 제자들을 만들고 있다고 생각하지만 사실은 그들이 불신(不信)에게 경의를 표하고 있을 뿐이며, 거룩한 속죄를 거절하므로 사람들을 편하게 해주고 있을 뿐입니다. 설교자가 속으로 무슨 의도를 가졌더라도, 만일 그가 죄를 위한 실제 희생을 분명하게 선포하지 않는다면 그는 영혼들의 피값을 반드시 치러야 할 것입니다.

'말의 지혜'는 너무 자주 복음을 해명합니다. 교리를 다듬다보면 마침내 그 교리의 정신 자체가 걸러질 수 있습니다. 그럴 경우 참된 의미가 걸러지는 것을 여러분이 분명히 알아차리게 됩니다. 어떤 성직자들은 진리를 앞선 시대정신에 맞게 적응시켜야 한다고 말합니다. 그러나 그러한 말은 그들이 진리를 죽여 그 시체를 개들에게 던져 주겠다는 뜻입니다. 진보적인 신학은 19세기의 진보된 철학을 잘 챙겨 알아두어야 한다고 그들은 주장합니다. 그러나 이러한 주장은 대중적인 거짓말로 마음에 걸리는 진리를 대신하겠다는 뜻입니다. 그 시대의 세련된 지성을 확보한다는 미명 아래 우리는 서서히 '말의 지혜'로 순교자들이 목숨 바쳐 지킨 기본원칙들을 부인하기에 이르렀습니다. 복음을 해명하다보면 복음의 핵심이 불신자들에게 드러나지 않으며, 그러한 해명은 차라리 불신앙보다 못한 것입니다. 복음을 파멸로부터 지켜 내려고 복음을 완전히 파괴하는 그런 식의 방어를 나는 혐오합니다.

그런데 '말의 지혜'는 복음을 꾸며 원래 모양보다 조금 더 아름다운 모양으로 보이게 하려는 의도로 자주 사용됩니다. 그들은 장미에다 페인트칠을 하고 백합에나 에나멜을 입히며, 눈에다 흰 색을 덧입히고 태양에다 밝음을 더합니다. 그들은 형편없는 촛불로 우리에게 별빛을 보여주려고 합니다. 오, 무례의 극치여! 그리스도의 십자가는 아주 단순합니다. 십자가를 꾸미는 것은 그것을 더럽히는 것입니다. "하나님께서 그리스도 안에 계시사 세상을 자기와 화목하게 하시며 그들의 죄를 그들에게 돌리지 아니하시고"(고후 5:19). 하늘 아래 이보다 더 음악적인 말은 없습니다. 여러분이 온갖 종들을 동원하여 울릴지라도 그 소리는 이 하늘의 멜로디에다 딸랑딸랑 하는 소리를 더하는 것에 불과하며, 이 하늘의 멜로디는 하나님의 보좌 앞에 선 연주자들을 매혹시킬 만큼 감미로운 것입니다. 하나님께서 인성을 가지고 이 땅에 내려오셨고, 그 인성으로 우리의 죄를 담당하시고 우리의 슬픔을 짊어지셨으며, 십자가에서 죽으심으로 말미암아 우리의 죄를 속하셨다는 이 교리 자체는 비할 데 없는 시(詩)이며, 모든 사상과 신조의 극치입니다. 그런데 마치 복음이 지성과 감성에게 인정을 받기 위해서는 꾸밈이 필요한 것인 양 사람들은 복음을 꾸몄습니다. 그 결과 사람들의 마음은 복음에서부터 설교자나 또는 완전히 그저 그런 주장에 끌립니다. 청중은 매혹적인 시 몇 구절을 기억하며 집으로 돌아오지만 정작 보혈은 기억하지 못합니다. 그들은 섬세하게 짜낸 정교한 은유들을 회상하지만 주 예수님의 몸에 난 다섯 상처들을 잊고, 그 주님을 바라보고 구원받지 못합니다. 진리는 꽃들 밑에 매장됩니다.

　형제들이여, 사람들의 마음을 십자가로부터 멀어지게 하는 모든 요소를 우리의 설교에서 잘라냅시다. 예수님을 그저 한 번 바라보는 것이 우리의 주옥 같은 말에 완전히 몰입하는 것보다 낫습니다. 옛 화가 한 분은 성찬상 위에 그린 꽃병들이 성찬상 앞에 앉아 계신 주님의 얼굴보다 더 주목을 끈다는 사실을 알아차리고는 꽃병들을 즉시 지웠습니다. 나의 형제들이여, 우리가 설교하는 중에 조금이라도 청중의 마음을 그리스도부터 멀어지게 하거든 이와 같은 방식을 취합시다. 그리스도는 언제나 맨 앞에 계셔야 하며, 우리의 설교는 그리스도를 가리켜야 합니다. 그렇지 않으면 우리의 설교는 유익보다 해를 줄 것입니다. 우리는 십자가에서 죽으신 그리스도를 전해야 하며, 하늘에 떠 있는 태양처럼 사람들의 유일한 빛이신 그만을 드러내야 합니다.

　어떤 이들은 복음 그 자체는 퍼뜨리는 힘이 충분하지 못하다고 여기는 것 같습니다. 그래서 그들은 복음이 사람들 가운데서 힘을 가지려면 논리적인 방법으로 접근해야 한다고 생각합니다. 이 경우 모든 영광이 논리에게 주어집니다. 혹은 멋진 표현방식으로 말해야 한다고 생각합니다. 이 경우 모든 영광이 수사학에게 주어집니다. 우리가 명성이나 재능 또는 새로운 경험 혹은 자극적인 것의 도움을 구해야 한다는 생각이 현재 널리 유행하고 있습니다. 왜냐하면 복음 그 자체, 곧 십자가의 교리는 그 수족이 무기력하여 외부의 힘이 떠받들어 주어야 하고, 복음이 어디로 가든지 간호사가 따라가야 하기 때문이라는 것입니다. 이성, 웅변술, 예술, 음악, 여타 다른 영향력이 복음을 소개하고 지원해 주어야 하고, 그렇지 않으면 복음은 발전하지 못한다는 것입니다. 이런 해로운 망상을 그들은 갖고 있는 것입니다. 이는 바울의 생각과 다릅니다. 바울은 그리스도의 십자가 그 자체가 하나님의 능력이라고 말합니다. 그는 말하기를, '말의 지혜'로 복음을 전하지 아니하는 것은 앞서 말한 말의 지혜에 복음의 능력을 빼앗기지 않기 위함이며, 복음 자체 내에 독자적인 능력이 없는 것처럼 보이지 않기 위함이고, 복음이 헛되지 않도록 하기 위함이라고 합니다. 바울은 한순간도 십자가의 능력을 떨어뜨릴 마음이 없었습니다. 그러므로 바울은 학자들이나 철학자들과 논쟁할 자격이 있었음에도 불구하고 그는 논증과 궤변으로 현혹시킬 가치가 없다고 생각하였습니다. 그는 능수능란한 실력으로 말할 수 있었지만 ─ 그의 서신서들이 그의 실력을 입증함 ─ 그가 아주 분명한 말을 사용한 것은 그의 가르침의 힘이 교리 자체에 있게 하고 그의 말이나 문체 혹은 전달에 있지 않게 하기 위함이었습니다. 그는 십자가의 영광을 지키려고 애썼습니다. 그래서 그는 다른 어떤 힘을 의지하지 않고 오직 십자가 자체의 힘을 의지하여 전하였습니다. 심지어 본서 2장 14절과 15절에서 다음과 같이 말할 정도였습니다. "내 말과 내 전도함이 설득력 있는 지혜의 말로 하지 아니하고 다만 성령의 나타남과 능력으로 하여 너희 믿음이 사람의 지혜에 있지 아니하고 다만 하나님의 능력에 있게 하려 하였노라."

이제 말의 지혜의 방식에 대한 언급을 그치고 지혜의 말씀으로 나아갑니다. 바울은 십자가를 전하였습니다. 그러므로 첫 번째 대지는 십자가의 도가 되겠습니다. 많은 사람들이 십자가를 나쁘게 말합니다. 그래서 두 번째 대지는 십자가를 경멸하는 자들의 말이 될 것입니다. 그들은 십자가를 어리석은 것이라고 불렀습니다. 다음에 세 번째 대지에서 우리는 십자가를 믿는 자들에게 적용되는 말씀을 생각해 보겠습니다. 믿는 자들에게 십자가는 '하나님의 능력'입니다. 아무쪼록 성령께서 오늘 우리 모두를 위해 십자가를 하나님의 능력으로 사용해 주시기를 바랍니다.

1. 그러면 첫째, 나는 '십자가의 도'(the word of the cross)에 대하여 말씀드리겠습니다.

나는 개정판(Revised Version)에서 이 용어를 인용하였는데 그 구절의 내용은 다음과 같습니다. "십자가의 도가 멸망하는 자들에게는 미련한 것이요 구원을 받는 우리에게는 하나님의 능력이라." 내가 보기에 정확한 번역이라고 생각합니다. 원래는 '십자가의 전파'(KJV)가 아니라 '십자가의 도'입니다. 이러한 번역은 설교 첫 대지 제목이 되기도 하지만 동시에 복음이란 무엇인가, 그것은 '십자가의 도'라는 복음에 대한 분명한 정의를 우리에게 보여줍니다.

내가 이 용어로부터 깨달은 첫 번째 교훈은 십자가가 하나의 동일한 가르침(one uniform teaching), 혹은 도를 가지고 있다는 사실입니다. 우리는 언제나 십자가의 도를 전해야 하는데, 그 십자가는 많은 도가 아니라 하나의 도를 가지고 있습니다. 하나님이 두 분이 아니신 것처럼 복음도 둘이 아닙니다. 구세주가 두 분이 아니신 것처럼 속죄도 둘이 아닙니다. 하나님이 한 분이신 것처럼 복음도 하나이며, 구세주가 한 분이신 것처럼 속죄도 하나입니다. 열심 있는 신자들에게 다른 복음들은 용납될 수 없습니다. "우리나 혹 하늘로부터 온 천사라도 우리가 너희에게 전한 복음 외에 다른 복음을 전하면(갈 1:8), 그대로 다 듣고 조용히 친하게 대하라." 뭐 그런 식으로 바울이 말했습니까? 전혀 그렇지 않습니다. 나는 그 구절을 인용하겠습니다. "저주를 받을지어다." 바울은 그렇게 말하였습니다. 바울은 자신에 대해서도 용납하지 않았습니다. 왜냐하면 바울은 사람들의 영혼을 사랑하였기 때문입니다. 영적인 독을 용납하는 것은 영혼의 살인을 도와주고 부추기는 것이기 때문입니다. 하늘 아래에 예수 그리스도의 한 가지 복음 외에 다른 복음은 없습니다. 그렇다면 다른 목소리들과 다른 말들은 무엇입니까? 그것들은 하늘로부터 온 목소리들이나 하나님으로부터 온 말들이 아닙니다. 왜냐하면 하나님은 이곳에서는 이런 말을, 저곳에서는 저런 말을 하는 분이 아니기 때문입니다. 최초 6세기 동안 복음이 하나의 형태로 있다가 이후 19세기에 그 분위기가 달라지는 것은 복음의 정신에 따른 것이 아닙니다. "예수 그리스도는 어제나 오늘이나 영원토록 동일하시니라"(히 13:8)고 기록되지 않았습니까? 만일 속죄가 진행 중이었더라면, 그 위대한 희생이 완전하지 못했더라면, 나는 그것을 전하는데 있어서 진전이 있어야 한다고 이해할 수 있습니다. 하지만 그리스도께서 그 나무 위에서 "다 이루었다"라고 선언하시고, 그의 머리를 숙이시고 죽으신 만큼 그 사실 또는 그 교리에 있어서 더 이상의 진전은 없습니다. 거기에 더하는 자는 이 책에 기록된 대로 저주가 더해질 만큼 속죄가 완전하다고 주님의 말씀이 기록하고 있는 한, 십자가의 도에 진전이란 없으며, 오늘날의 복음은 바울이 처음에 선포하였던 것과 동일한 것임을 나는 깨닫습니다. 십자가의 도는 곧바로 하나님의 말씀이기 때문에 영원히 지속됩니다. 해마다 들풀이 자라나는 것처럼 사람들은 세세토록 왔다 가지만 주님의 말씀은 언제 어디서나 동일하게 지속되며, 모든 민족, 모든 기질, 모든 마음에게 동일합니다. "이 닦아 둔 것 외에 능히 다른 터를 닦아 둘 자가 없으니 … "(고전 3:11).

두 번째, 이 용어('십자가의 도')로부터 내가 깨닫는 바는 속죄의 교리가 계속 이야기되고 있는 다른 많은 도와 구별되는 유일한 도라는 것입니다. 우리는 십자가에 못 박혀 죽으신 그리스도를 전합니다. 그리고 십자가에서 들려온 그의 목소리는 "내게로 돌이켜 구원을 받으라"(사 45:22)는 것입니다. 하지만 다른 목소리는 크게 "이것을 행하라 그리하면 네가 살리라"고 외칩니다. 아시다시피 그것은 옛 언약의 목소리입니다. 그런데 주 예수께서 두 번째 언약을 세우기 위해 첫 번째 언약을 제하고 없애 주셨습니다. 행위로 말미암는 구원, 감정으로 말미암는 구원, 외형적인 종교로 말미암는 구원의 교리는 십자가의 도가 아닙니다. 십자가의 도는 그런 것들과는 아주 다르게 말합니다. 행위로 구원을 받으라는 소리는 교회의 울타리 안에서는 다른 목소리이며, 따라서 그리스도의 양들이 그 목소리를 따르지 않습니다. 왜냐하면 그들은 낯선 자들의 목소리를 알지 못하기 때문입니다. 복음의 도는 이와 같이 말합니다. "말씀이 네게 가까워 네 입에 있으며 네 마음에 있다 하였으니 곧 우리가 전파하는 믿음의 말씀이라. 네가 만일 네 입으로 예수를 주로 시인하며 또 하나님께서 그를 죽은 자 가운데서 살리신 것을 네 마음에 믿으면 구원을 받으리라"(롬 10:8,9). "믿으면 살리라" — 이것이 십자가의 도입니다.

우리는 여전히 우리들 가운데 남아있는 의식주의(ceremonialism)와 성직자의 정략(priestcraft)의 도를 주목하지 않습니다. 우리는 그것이 과거에 이미 죽어버린 활기 없는 메아리인 줄 생각했습니다. 하지만 애석하게도 그것은 지금 강력한 목소리를 내고 있으며, 꾸준히 그 목소리를 높이고 있습니다. 성직자의 정략은 "나에게 고백하라. 그리하면 네가 용서를 받으리라. 이 의식을 행하라. 그리하면 네가 다른 의식도 경험하게 되며, 하늘에서 임명한 성직자들을 통해 성스러운 강복을 받게 되리라"고 외치고 있습니다. 우리는 이 목소리를 알지 못합니다. 왜냐하면 이것은 거짓의 목소리이기 때문입니다. 그리스도 예수를 믿는 자만이 영원한 생명을 가집니다. 우리는 그분 안에서 완전합니다. 우리는 한 분 대제사장 외에는 다른 어떤 제사장도 알지 못합니다. 그분은 자신의 단번의 희생으로 말미암아 구별된 자들을 영원히 완전하게 하셨습니다. 그러나 무덤 사이에서 중얼거리는 듯한 소리들이 여기저기서 들려옵니다. 이러한 중얼거림은 미신들의 소리입니다. 그 미신들은 "여기 있다," "저기 있다" 말하며, 한 사람은 이 계시를 받았다고, 또 다른 사람은 저 계시를 받았다고 말합니다. 하지만 우리는 이런 것들 중 아무것에도 일체 주목하지 않습니다. 왜냐하면 하나님께서 '십자가의 도'를 말씀하셨기 때문이며, 따라서 우리는 오직 '십자가의 도'를 전하기 때문입니다. 그 십자가의 도는 다름 아니라 바로 우리를 사랑하사 십자가에서 죽으시고 우리를 위해 자신을 내주신 하나님의 아들의 도입니다.

형제들이여, 이제 이 십자가의 도에 귀를 기울입시다. 오늘 본문은 "십자가가 스스로 말하게 하라"고 말씀합니다. 우리의 설교는 그래야 합니다. 우리는 십자가가 스스로 말할 수 있도록 추론과 사색에게 잠자코 있으라고 명령합니다. 우리는 십자가가 자신의 말로 말하도록 합니다.

첫째, 십자가는 하나님은 의로우시다 라고 크게 외칩니다. 공의의 무서운 목소리는 지극히 높으신 이의 아들의 탄식과 울부짖음과 죽음의 신음소리 가운데 확실하고도 엄중하게 세상에 울려 퍼집니다. 예수님께서는 인간의 죄를 친히 담당하셨고, 그 죄 때문에 죽으셔야 했습니다. 왜냐하면 죄가 있는 곳에서는 하나님께서 그 죄를 세게 치셔야 하기 때문입니다. 온 땅의 재판장께서는 의를 행하셔야 합니다. 그리고 죄가 괴로움을 수반하는 것은 의로운 것입니다. 최고의 의는 죄악을 죽음으로 벌하는 것입니다. 그러므로 십자가에 달리신 예수님께서 비록 무죄하시고 말로 할 수 없이 훌륭하신 분이심에도 불구하고 죽으셔야만 했고, 아버지에게 버림을 받으셔야 했습니다. 왜냐하면 우리 모두의 죄악을 그가 담당하셔야 했기 때문입니다. 십자가는 사람들에게 이렇게 외칩니다. "오, 하나님은 결단코 죄인을 용서하지 않을 것이기 때문에 하나님께서 미워하시는 이런 가중한 일을 하지 말라." 하나님께서는 죄를 찾아내어 치시려고 무장하시고 하늘에서 칼을 씻으십니다. 그 죄가 자기 아들에게 전가된 때에도 하나님은 그 죄를 치십니다! 시내 산(율법을 상징함)이 인간의 죄에 대하여 천둥소리로 분노한 그 이상으로 십자가는 더욱 무섭게 인간의 죄에 대하여 분노합니다. 주님의 목소리가 레바논의 백향목을 꺾고 바위를 산산조각 내듯이 그 목소리가 사람들과 죄를 어찌나 분명하게 가르는지요! 하나님께서 우리의 죄를 짊어지신 완전하신 자를 치셨다면, 그의 사랑을 거부한 죄인을 하나님은 얼마나 세게 치실까요?

이제 다시금 십자가가 말하는 바를 들어봅시다. 십자가가 더욱 큰 소리로 말하는 것이 무엇입니까? 하나님께서 사람들을 사랑하시며, 자비를 베푸시기를 기뻐하십니다. 비록 하나님께서 의를 사랑하시고 죄악을 미워하시지만, 그래도 자기의 독생자를 보내어 죽게 하시므로 죄인들을 살리실 만큼 사람들을 사랑하십니다. 하나님께서 인간에 대한 자기의 사랑을 증명해 보이기 위해 더 이상 무엇을 하실 수 있겠습니까? "우리가 아직 죄인 되었을 때에 그리스도께서 우리를 위하여 죽으심으로 하나님께서 우리에 대한 자기의 사랑을 확증하셨느니라"(롬 5:8). 저 영광스러운 행위 속에 담겨 있는 사랑은 말이 필요 없으며, 그 자체가 증거가 됩니다. 하나님에게는 신비로운 연합으로 자신과 하나인 독생자가 계십니다. 그런데 하나님께서 그 아들을 이곳에 내려보내어 우리의 본성을 취하게 하셨고, 사람의 모습으로 나타나게 하셨습니다. 이는 그로 하여금 우리를 위해 죽게 하심이요, 우리의 죄를 담당하므로 우리로 그 안에서 하나님의 의가 되게 하려 하심입니다. "하나님이 세상을 이처럼 사랑하사 독생자를 주셨으니 이는 그를 믿는 자마다 멸망하지 않고 영생을 얻게 하려 하심이라"(요 3:16). 십자가의 도는 "하나님은 사랑이시다"라는 것입니다. 하나님은 죄인이 죽는 것을 기뻐하지 않으시고 자기에게로 돌아와 살기를 원하십니다.

다음에 십자가가 말하는 것이 무엇입니까? 주목하세요. 우리가 지금 말하려고 하는 것은 예수님이 못 박힌 십자가상(十字架像)이 아닙니다. 십자가상은 십자가 위에 계신 그리스도를 나타내지만 그리스도는 더 이상 십자가 위에 계시지 않습니다. 그는 이미 희생의 사역을 마치고 승귀하셨습니다.

만일 그리스도께서 아직도 십자가 위에 계시다면 그는 우리를 구원하지 못할 것입니다. 우리가 지금 전하는 십자가는 그 위에서 죽으셨으나 지금은 살아 계시고 구원의 능력을 넘치게 행하시는 그리스도의 십자가입니다. 십자가가 적나라한 모습으로 말하는 바를 들어봅시다. 십자가는 단번의 희생이 열납되었고 속죄가 완성되었다고 선포합니다. 죄는 제거되었고, 화목의 사역은 성취되었습니다. 그러므로 예수님께서 아버지의 보좌에 올라가셔서 죄인을 위해 변론하십니다. 죽음에서 부활하신 그리스도께서 다시는 죽지 않으시며, 사망은 더 이상 그를 주관하지 못합니다. 그리스도는 우리의 의를 위해 일어나셨고, 우리는 그 안에서 영접됩니다.

> "더 이상 피흘리는 창이 없네
> 더 이상 십자가와 못이 없네
> 그의 이름 앞에서 지옥 전체가 떨고
> 온 하늘은 경배하네."

　　십자가가 말하는 바를 들어보세요. 십자가는 속전이 치러졌으며 속죄가 용인되었다고 말합니다. 율법은 넘치게 지켜졌고, 공의는 만족되었으며, 자비는 더 이상 심판의 불만족스러운 요구로 인해 제한되지 않습니다. "곧 하나님께서 그리스도 안에 계시사 세상을 자기와 화목하게 하시며 그들의 죄를 그들에게 돌리지 아니하시고 화목하게 하는 말씀을 우리에게 부탁하셨느니라"(고후 5:19). 화목하게 하는 말씀, 이것 또한 십자가의 도입니다.
　　십자가가 말하는 것에 우리의 귀를 한층 더 기울이면, "와서 기꺼이 맞이하라!"는 말을 우리는 들을 수 있습니다. 죄 있는 자들이여, 와서 자비의 잔치를 기꺼이 맞이하세요. 왜냐하면 하나님께서 자신의 율법의 정당성을 입증하심과 동시에 자신의 사랑을 보이셨기 때문입니다. 이제 중한 죄인들을 위해 거저 받는 충분한 용서가 마련되어 있습니다. 이 용서는 공짜로 받는 것입니다. 왜냐하면 십자가가 돈으로 살 수 없는 축복을 값없이 주기 때문입니다. "원하는 자는 값없이 생명수를 받으라"(계 22:17). 거저 받는 용서, 거저 받는 의로움, 완전한 씻음, 완전한 구원 — 이런 것들은 보잘것없는 자들이 그리스도 예수를 믿고 자신을 그에게 맡기는 순간 그들에게 주어지는 은혜의 선물들입니다. 이것이 십자가의 도입니다. 우리가 더 이상 무슨 말 듣기를 바랄 수 있겠습니까? 우리는 공의의 요구를 침해하지 않는 방법으로 용서받을 수 있습니다. 하나님은 공의로우시지만 그런데도 믿는 자를 의롭게 하시는 분이십니다. 그는 자비롭고 공의롭게 우리의 죄를 용서하십니다. 나는 그냥 잠잠하고, 십자가가 스스로 비길 데 없는 자비와 위엄, 사랑과 피, 죽음과 생명, 형벌과 용서, 고통과 영광의 높고 낮은 억양으로 말할 수 있으면 좋겠습니다. 우리가 간절한 마음으로 십자가가 하는 말에 귀를 기울인다면 우리는 하나님의 가장 깊은 마음을 보게 될 것입니다.

이제 나는 십자가의 도에 대하여 한 가지 더 추가적으로 말씀드리겠습니다. 십자가에 매달리신 주님의 이름으로 나는 그의 속죄를 믿으라고 요청합니다. 그리스도의 죽으심은 평범한 일이 아니었습니다. 그의 존엄한 속성으로 말미암아 그의 죽음은 여러 세대의 사건이 되었습니다. 십자가에서 죽으신 그분은 바로 인간인 동시에 바로 하나님 자신이었습니다. 그러므로 그의 희생을 무시하거나 거절하는 것은 벌 받을 일입니다. 이런 신성한 경이에는 우리의 심사숙고와 즐거운 신뢰가 요구됩니다. 하나님의 아들의 보혈에 대하여 앙심을 품는 것은 극악한 죄를 짓는 일입니다. 하나님은 자기 아들, 특히 우리를 위해 죽으신 그의 아들을 믿을 것을 요구하십니다. 우리는 하나님께서 말씀하신 모든 말씀을 믿어야 하지만, 무엇보다 먼저 십자가의 도를 믿어야 합니다. 하나님께서 자신의 언약에 대한 보증으로 그의 아들을 주시고, 자신의 은혜에 대한 표로서 독생자를 제물로 주시는데 우리가 그런 하나님의 성실과 사랑을 의심하시렵니까? 오, 여러분이 아무리 하찮게 볼지라도 하나님의 아들을 무시하지는 마세요! 여러분이 아무리 억측을 할지라도 예수님의 십자가를 짓밟지는 마세요. 십자가는 하나님의 최고의 생각이고, 그의 모든 계획의 중심이며, 하나님의 인자의 최고봉(最高峯)입니다. 십자가를 하찮게 여기거나 그로부터 돌아서지 마세요. 지금은 죽으셨다가 살아나신 그 분의 이름으로 부탁하건대, 아니 명령하건대, 죽으신 구세주를 바라보세요. 그리고 사세요. 만일 여러분이 그리하지 않는다면, 구세주께서 하늘의 구름을 타고 오셔서 자기의 대적들에게 갚으실 그날에 여러분은 그 불신에 대한 책임을 져야 할 것입니다. 그러므로 나는 여러분 앞에 십자가의 도를 제시합니다. 성령께서 이 메시지를 축복해 주시기 바랍니다.

**2. 둘째, 이제 우리는 십자가의 도를
멸시하는 자들의 말을 들어보는 불편한 일을 하려고 합니다.**

그들은 속죄의 교리를 '미련한 것'이라고 부릅니다. 많은 사람들이 그리스도의 보혈로 말미암은 구원의 교리를 '어리석은 것'이라고 부릅니다. 그것은 확실히 하나님의 지혜요 하나님의 능력이지만, 그들은 처음 주장을 고집하며 그 경이로운 계획의 지혜를 인정하지 않을 것입니다. 따라서 그들이 그 능력을 조금도 느끼지 못하는 것이 당연합니다. 그렇습니다. 그리스도의 보혈로 말미암은 구원의 교리가 그들에게는 어리석은 것, 곧 경멸할 가치조차 없는 것입니다. 왜 어리석은 것이죠? 그들은 다음과 같이 말합니다. "왜냐하면, 품위 없는 사람들이 그 교리를 어떻게 대하는지 보세요. 모든 사람들이 그걸 이해합니다. 당신네들은 예수가 당신들의 대리인이라고 믿습니다. 그리고 아주 형편없는 사람들과 함께 당신들은 이렇게 노래하죠.

> '예수께서 나를 위해 죽으셨다는 것을
>   나는 믿네, 앞으로도 믿으리
>   나를 죄에서 해방시키려고
>   그가 십자가에서 피를 흘리셨네.'"

그들은 또 말합니다. "그런 노래는 지식인들이 볼 때 아주 재미있는 노래일 뿐입니다. 아니, 아주 어린 아이들도 그런 노래를 부르고, 그걸 믿을 수 있고, 말할 수 있죠. 쳇, 그건 완전히 어리석은 것이죠! 우리는 그렇게 천박하고 흔해빠진 것을 조금도 원하지 않습니다. 우리가 높은 수준의 논평을 하고, 그 시대 최고의 사상을 판독한다는 사실을 모르십니까? 우리가 품위 없는 농장소년과 어린 하녀들이나 믿는 그런 교리를 믿을 것이라고 당신은 상상하십니까?" 아아! 어떤 사람들은 스스로를 대단히 지혜롭다고 생각하는군요! 단순한 생각으로 이해되는 진리는 전부 어리석은 것이라고 치부할 수 있나요? 인간의 고급스러운 부분을 생각하는 취미 외에는 알아볼 만한 것이 없을까요? 자연스럽게 잘 알려진 사실들은 모두가 다 알고 있다고 해서 어리석은 것일까요? 모든 것에 냉소적이고 비평을 하는 그런 지나치게 민감한 양반들이 세상의 지혜를 다 가지고 있다고 확신할 수 있나요? 우수한 문헌에 대해 이렇게 피상적으로 판독하는 자들이 진리의 심판자들인가요? 그들의 문화가 그들에게 겸손을 가르쳐 줬으면 좋으련만. 스스로를 칭찬하고 다른 사람들을 냉소하는 자들은 일반적으로 지혜롭지 못하나 반대 경우의 사람들은 지혜롭습니다. 다른 사람들을 어리석은 사람이라고 부르는 자들은 거울을 보고 창 밖을 내다보지 않습니다. 참으로 지혜로운 사람은 다른 사람들을 많이 존중하고, 하나님의 말씀을 마음깊이 존중합니다.

그렇다면 여러분이 십자가의 복음을 어리석은 것이라고 생각하는 것은 어째서인가요? 그 이유는 이렇습니다. 우리가 가진 신앙, 곧 십자가의 교리가 이성의 산물이 아니라 계시로 말미암은 은사이기 때문입니다. 여러 세대의 모든 사상가들이 계속 사고해 왔으나 거룩한 공의와 자비가 똑같이 돋보이는 그런 구원의 계획을 결코 지어내지 못하였습니다. 십자가는 그들 모두의 사상 속에 들어있지 않았습니다. 그렇다면 그 십자가가 어떻게 존재하게 되었나요? 그러한 생각은 무한하신 하나님께서 창시하신 것이며, 그 외에 아무데서도 그런 생각이 나올 수 없습니다. 십자가의 교리는 사색이 아니라 계시입니다. 이 때문에 학식 있는 사람들이 십자가를 인정하지 않는 것입니다. 하나님께서 말씀해 주지 않으시면 사람들은 달리 알 도리가 없습니다. 따라서 십자가는 심오한 사상가들에게 맞지 않습니다. 그들은 무언가 말하는 것을 참지 못하고, 모든 것을 숙고해야 하며, 자신의 내면의 의식으로부터, 혹은 그들의 방대한 정신의 심연으로부터 그것을 발전시켜야 합니다. 자, 인간 속에 없는 것이 인간으로부터 나올 수 없고, 하나님의 최고의 사랑이 거듭나지 못한 인간과 같은 매력 없는 존재 속에 있을 리 만무합니다. 그러므로 속죄의 교리는 절대로 인간으로부터 창시될 수 없으며 오직 하나님께서 에덴의 문 앞에서 인간에게 가르쳐 주신 것입니다. 복수와 사랑이 혼합된 계획은 결코 인간의 상상력에서 나올 수 없는 것이었습니다. 인간이 위대한 속죄에 대하여 반감을 가지고 있기 때문에 인간은 그런 개념의 창시자가 될 수 없습니다. 인간은 위대한 속죄의 창시자가 아니었습니다. 하나님께서 홀로 유아들도 알아들을 수 있는 말로 그것을 계시하셨습니다. 그래서 육체의 교만이 그것을 '어리석은 것'이라고 부르는 것입니다.

그 밖에, 육적인 사람이 십자가의 도를 어리석은 것이라고 생각하는 이유는 그것이 자기를 어리석은 자라고 믿게 만들기 때문이라는 것입니다. 여러분이나 내가 어리석은 자임을 보여주는 어떤 증거를 보면 우리가 즉시 너무 바보 같다는 인상을 받을 것이라는 식으로 나의 말을 이해할 것입니다. 우리의 양심이 무디어져 있기에 우리는 불편한 진리를 우리에게 말해 주는 자들에게 보복합니다. "이런, 나는 결국 보잘것없는 사람인가? 최상의 검은 옷에 하얀 넥타이를 한 내가 정말 그렇단 말인가? 꽤 종교적이고 꽤 존경할 만하며 매우 사려 깊고, 신중하고, 매우 심오한 내가 보잘것없는 사람인가? 당신이 감히 내게 '회심하여 어린아이처럼 되지 않는다면 결단코 하나님 나라에 들어가지 못할 것이다'라고 말하는 것인가? 이봐, 당신이 무슨 말을 하고 있는지 알기나 해? 이런, 나는 교수요, 철학자요, 신학박사야. 그런 나더러 어린아이처럼 진리를 받아들여야 한다고 당신이 정말 말할 수 있단 말인가! 그런 말은 어리석은 것이야."

물론 그들이 그렇게 말하지요. 우리는 그들이 그렇게 말할 것을 항상 예상했습니다. 나는 기쁘게 회의적인 논문을 읽고, 그들이 시대에 뒤진 복음을 얼마나 냉소하는지 깨달았습니다. 성경은 육적인 사람들이 영적인 일을 받을 수 없다고 말씀하였습니다. 그 말씀이 얼마나 옳습니까? 성경에 "말세에 조롱하는 자들이 와서 자기의 정욕을 따라 행하며 조롱하리라"(벧후 3:3)고 기록되어 있습니다. 자, 그들은 자기들이 부인하는 일들을 자기들의 행동으로 서둘러 입증하고 있습니다. 누군가가 조롱한다는 것은 슬픈 일입니다. 하지만 진리를 대적하는 자들의 입술을 통해 진리가 확증되는 것을 보고 우리는 얼마간 기쁩니다. 세상이 존재하는 한 불경건한 자들은 자기들이 이해할 수 없는 계시를 멸시할 것입니다. 계시는 그들의 영역 밖에 있으며, 따라서 그들은 계시를 전하는 자들을 수다쟁이처럼 생각하고, 그 교리를 어리석은 것이라고 생각합니다.

그러나 실로 그들에게 십자가의 도는 어리석은 것처럼 보일 수 있습니다. 왜냐하면 십자가의 도는 그들에게 관심 없는 주제를 다루고 있기 때문입니다. 내가 증권거래소나 다른 어떤 시장에서 한없는 이익을 취하는 법을 대중에게 설명할 수 있다면, 온 세상이 깊은 관심을 가지고 귀를 기울일 것입니다. 그리고 내가 내 입장을 분명하게 말한다면 나는 꽤 똑똑한 설교자, 들을 만한 가치가 있는 사람이라는 평가를 받을 것입니다. 하지만 오직 하나님의 말씀과 영원, 영혼, 그리고 예수님의 보혈에 대해서만 설교할 때 대부분의 사람들이 발길을 돌릴 것입니다. 그들은 자기에게 영혼이 있다는 사실을 확신하지 못하며, 미래의 존재에 대하여 변론하는 것을 거부합니다. 그들에게 그런 변론은 미신 같은 이야기일 뿐입니다. 그들의 철학 속에는 영원이 들어갈 공간이 없으며, 그들은 영원에 대한 관심이 없습니다. 며칠 전에 한 사람이 논쟁 중에 "나는 개처럼 죽을 것이라고 믿는다"라고 말하였습니다. 당시 나는 순간적인 충동에서 "당신이 개라는 사실을 내가 알았더라면 내가 당신에게 뼈다귀 하나를 가져다주었을 텐데"라는 답변보다 더 좋은 답변을 줄 수 없었습니다. 나는 그가 영원히 살기를 바라는 마음으로 불멸의 존재에게 어울리는 주제를 말하였습니다. 그런데 그가 개처럼 죽으려 한다는 사실을 내가 알았을 때, 개가 좋아하는 그런 먹이를 주는 것 외에 내가 그를 위해 무엇을 할 수 있었겠습니까? 이런 사람들은 이익에 집착하고, 영혼보다 육체에 관심이 많기 때문에 복음을 어리석은 것이라고 부릅니다. 그 똑똑한 사람들 가운데 하나가 이렇게 말했습니다. "왜 당신은 오는 세상에 대하여 그렇게 많이 설교하면서 현재의 세상에 대하여는 설교하지 않는 것이오? 이 사람들에게 하수구를 환기시키는 방법을 가르쳐 주시오. 그것이 그들에게는 예수 믿는 것보다 훨씬 더 필요한 일이오." 글쎄, 위생적인 일이 중요하죠. 만약에 여러분 가운데 어느 누구라도 지금 하수구를 환기시키는 것 말고는 살 맛이 없다고 느낀다면 나는 여러분이 가능한 한 빨리 그 일을 마치기를 바랍니다. 하지만 배수 외에 다른 일들이 여러분에게 필요하다고 우리가 확신할 때, 그리고 우리 중 많은 사람들이 머지않아 환기시킬 하수구가 없는 곳으로 행복하게 날아가기를 기대할 때, 우리는 내세와 관련된 그런 것들을 알아볼 것이며, 그런 것들이 현재의 삶에 쓸모 있는 것임을 깨닫게 될 것입니다.

그들은 십자가의 도가 다루는 모든 진리를 하찮은 것으로 여기기 때문에 그것을 어리석은 것이라고 부릅니다. "영혼! 우리가 영혼이 있든 없든 그게 어떻다는 거야? 죄, 그건 잘 알지 못하는 불쌍한 생명의 큰 실수 외에 또 무엇인가?"라고 그들은 말합니다. 불신자들이 하찮게 여기는 모든 하찮은 것들 중에 영원하신 하나님은 가장 크신 하찮은 존재(the greatest trifle)일 뿐입니다. 그 이름은 단순히 맹세할 때 이용하는 이름일 뿐입니다. 그들은 자연 가운데 위대한 주 영향력(master force), 혹은 현존하는 사물과 공존하는 힘이 있을 것이라고 인정하고, 따라서 유신론 또는 범신론을 인정합니다. 하지만 그들이 마땅히 순종해야 하는 인격적인 하나님을 그들은 인정하지 않습니다. 유신론이나 범신론은 무신론을 가리기 위한 가면일 뿐입니다. 이런 사람들은 사랑을 주고받을 수 있는 인격적인 하나님을 인정하려고 하지 않습니다. 그들에게 하나님은 허구입니다. 그러므로 하나님께서 실재하며 죄가 실재하며 천국이 실재한다고 우리가 말할 때, 그리고 그런 모든 것들이 실제로 존재하는 것임을 하나님께서 알고 계신다고 말할 때, 그들은 곧바로 '어리석은 것'이라고 투덜댑니다. 우리로서는 그들의 어리석음을 한탄하며, 그들을 바로 가르쳐 달라고 하나님께 기도합니다. 영적인 세계로 새롭게 태어난 우리는 십자가의 도의 실재와 능력을 압니다.

　자, 형제들이여, 복음을 어리석은 것이라고 선언하는 이런 신사들에게 유난히 관심을 기울일 필요가 없습니다. 왜냐하면 그들은 유능한 증인들이 아니며, 이 주제에 대하여 소신을 말할 자격이 없기 때문이다. 내가 다른 점에서의 그들의 능력을 얕보는 것은 아닙니다. 하지만 분명한 것은 시각장애인이 색을 판단하지 못하고, 청각장애인이 소리를 판단하지 못하며, 또한 영적인 삶을 한 번도 살아보지 못한 사람이 영적인 것을 판단할 수 없다는 사실입니다. 그런 사람이 어떻게 판단할 수 있겠습니까? 하나의 예로, 나는 복음의 능력을 체험하였습니다. 단언하건대 나는 복음의 능력을 맛보았습니다. 다른 사람은 내가 진리를 말하지 않는다고 선언합니다. 왜 아닙니까? 왜냐하면 그 사람이 진리의 능력을 체험하지 못하였기 때문입니다. 그 선언이 올바른 논증입니까?

　여러분은 아일랜드 사람에 대한 이야기를 들어보셨나요? 그 아일랜드 사람이 도둑질하는 것을 목격했다고 다섯 사람이 맹세하자 그 아일랜드 사람은 자기가 도둑질하는 것을 목격하지 않은 오십 명의 사람들을 내세울 수 있다고 응대하였습니다. 그런 반증이 조금이라도 힘이 있겠습니까? 두 사람 외에 온 세상이 "우리는 십자가의 능력을 느끼지 못한다"고 말할지라도 그것이 두 사람이 단언하는 사실에 대한 반증이 되겠습니까? 나는 그런 반증을 믿지 않습니다. 설령 이만 명의 사람들이 증언을 하는 것이 아닐지라도 두 명의 증인들이 사실을 증언한다면 우리는 그들의 증언을 믿을 수 있습니다. 영적이지 못한 사람들은 증인으로서 자격이 없습니다. 그들은 우리가 증언하는 그런 사실들을 모른다고 처음부터 주장하기 때문에 엉뚱한 소리를 하는 것입니다. 그들의 주장은 자신들이 한 번도 주체적으로 영적인 영향을 끼친 적이 없었다는 것입니다. 우리는 그들의 말을 믿습니다. 하지만 그들이 더 나아가 우리가 깨닫고 맛보고 다루었던 것은 죄다 망상이라고 주장한다면 우리는 그들의 말을 믿지 않습니다. 그 문제에 관하여 그들은 증인의 자격이 없습니다.

바라건대, 십자가의 복음을 어리석다고 말하는 사람들은 엄밀히 말해서 자신의 어리석음을 드러낸 것이며, 그들의 말이 지독한 불신의 결과라는 사실을 여러분이 알기를 바랍니다. 바울 당시에 기독교인들은 복음이 우상 숭배와 악의 굴레로부터 자신들을 해방시켰다고 느꼈습니다. 그래서 이런 미혹에 사로잡힌 다른 사람들이 기독교인들을 해방시킨 힘이 어리석은 것이라고 말하였을 때, 기독교인들은 그런 말을 하는 사람들을 바라보며 그 터무니없는 말에 미소지었습니다. 기독교인들은 그들이 자멸하고 있음을 알았습니다. 사람이 멸망한다는 것이 얼마나 큰 불행인지요! 집에 사람이 살지 않고, 마루에는 인적이 없으며, 난로에는 따스한 불빛이 없습니다. 그 집은 방치되고 무너지고 있습니다. 하나님에 대하여 살아 있지 못한 사람들은 자신의 존재의 목적을 상실한 상태이며, 마치 버려진 집과 같이 멸망하고 있는 것입니다. 선에게 사로잡혀 있지 않은 그런 심령들은 악의 세력에 에워싸여 있습니다. 저쪽에 나무 한 그루가 있습니다. 나는 이런 나무들을 많이 보았습니다. 담쟁이덩굴이 나무의 줄기를 휘감았고, 거대한 뱀처럼 줄기를 끌어안고 있으며, 자기 품 안에서 그 나무를 으깨고 있습니다. 그 나무는 죽어가고 있으며, 그 생명은 그것을 끌어안고 있는 기생식물에게 빨리고 있습니다. 수많은 사람들은 자신들의 삶을 다 먹어버리는 욕망과 죄, 그리고 실수를 자신에게 끌어들이고, 멸망하고 있습니다. 그들의 영혼과 인격은 건부병 균에게 먹힌 재목과 같습니다. 그 재목이 여전히 집의 구조물로 남아있지만 그러나 결국 무너지고 말 것입니다. 불경건한 사람들은 자신의 교만에게 삼키고, 자만에 먹히고 맙니다. 믿지 않는 사람들은 파멸 속으로 표류하고 있는 배와 같습니다. 그 배는 밧줄을 끊고 암초로 접근합니다. 그러면 그 배는 산산조각 나서 침몰힐 것입니다! 예수님을 믿지 않는 사람들은 확실한 불멸의 고통을 향해 표류하고 있으며, 그들은 매일 침몰하고 있습니다. 그리고 그들이 침몰하고 있는 동안에도 그들은 구조의 방법을 비난합니다. 물에 빠진 선원들이 구명보트를 조롱하고 있다고 상상해 보세요! 병에 걸린 환자가 유일한 치료를 비웃고 있다고 생각해 보세요. 우리가 구원하고 치료하려고 시도했고, 또 유일한 구원이요 치료라고 증명한 바로 그것을 그들은 '어리석은 것'이라고 부릅니다. 우리가 그들에게 대답해 줄 말은 다음과 같이 오직 한 가지뿐입니다. "여러분이 여전히 죄의 포로로 남아 있다면, 그 어리석음의 희생자는 바로 여러분 자신이 될 것입니다. 여러분이 여러분의 삶을 허비하고, 파멸로 표류하고 있다면, 어리석음은 십자가 안에 있는 것이 아니라 그 십자가를 거부한 여러분 자신 안에 있는 것입니다." 어리석음을 멸하는 자들에게 십자가가 전해지며, 그밖에 아무에게도 십자가는 전해지지 않습니다. 오, 그들의 마음이 말씀의 능력으로 변화될 수 있다면, 그렇다면 그들이 십자가의 도 안에서 모든 지혜를 깨닫게 될 텐데.

3. 셋째, 이제 우리는 믿는 자의 말을 살펴보려 합니다.

믿는 자들은 십자가에 대하여 뭐라고 말합니까? 그들은 십자가를 능력, 곧 하나님의 능력이라고 부릅니다. 우리가 복음을 배우면 배울수록 우리는 지혜의 뛰어난 표현에 놀랍니다. 그러나 우리는 그 점에 대해서는 말하지 않겠습니다. 왜냐하면 우리에게는 지혜를 판단할 자격이 없기 때문입니다. 하지만 이것은 말하고자 합니다. 곧, 십자가의 도가 능력이라는 것입니다. 십자가는 지금까지 우리에게 하나님의 능력이며, 다른 아무것도 우리에게 보여주지 못한 하나님의 능력을 우리에게 보여주었습니다. 지금까지 우리 중 많은 사람들에게 행한 십자가의 일은 너무 훌륭하여 구경꾼조차 그 일에 놀랄 정도였습니다.

회심의 현상은 분명한 사실입니다. 남자들과 여자들이 완전히 변화하며, 그들의 삶의 방식이 바뀝니다. 그 사실을 부정해 본들 소용없습니다. 왜냐하면 그런 사례들이 매일 우리 앞에 나타나기 때문입니다. 불신자들이 독실해지며, 부도덕한 사람들이 순결해지며, 부정직한 사람들이 정직해지며, 불경스러운 사람들이 은혜로워지며, 부정한 사람들이 거룩해집니다. 악한 태도가 갑자기 그치고, 참회한 사람들이 덕을 행하려고 몸부림칩니다. 우리는 사회의 모든 계층 가운데서 급격한 변화를 경험하는 사람들을 보게 됩니다. 즉, 자기만족에 빠졌던 사람들이 자신의 무가치함을 깨닫고 겸손해지며,

부도덕에 젖어 있던 사람들이 자신의 타락한 쾌락을 포기하고 하나님을 섬기는 데서 행복을 찾고 있습니다. 여러분은 이러한 변화를 어떻게 설명하시겠습니까? 이러한 변화의 주체인 우리는 다음과 같이 설명합니다. 이러한 변화는 십자가의 교리가 초래한 것이며, 변화를 이루는 능력은 바로 하나님의 능력입니다. 다름 아닌 거룩한 힘이 이토록 큰 변화를 일으킬 수 있었습니다. 십자가의 도는 우리를 죄에 대한 사랑으로부터 건져 주었습니다. 이제 죄는 우리의 주인이 아니며, 우리는 악한 습성의 모든 족쇄를 깨뜨렸습니다. 우리가 여전히 죄에 빠지지만 우리는 그것을 애통해하며, 죄를 미워하고, 우리 자신이 그런 죄를 범하는 것이 싫습니다. 우리는 타락의 굴레로부터 완전히 해방되었으며, 자유롭게 주님을 섬기게 되었습니다. 또한 전에 우리를 굴복시켰던 두려움, 곧 우리를 묶고 있었고 우리 아버지와 친구 앞에서 떨게 만들었던 지독한 두려움으로부터 해방되었습니다. 우리는 두려워서 하나님을 도저히 생각하지 못하고 회피하였습니다. 이제 우리는 이런 것으로부터 해방되었습니다. 왜냐하면 이제 우리가 하나님을 사랑하고 기뻐하기 때문입니다. 하나님께 가까이 갈수록 우리는 더욱더 행복합니다.

또한 우리는 사탄의 권세로부터 해방되었습니다. 저 악한 왕은 사람들 위에 크게 군림하고 있습니다. 우리도 한때 사탄의 포로가 되어 그의 뜻대로 끌려 다녔습니다. 하지만 우리는 어린 양의 피로써 사탄을 이깁니다. 또한 우리는 자아와 세상으로부터, 그리고 우리의 마음을 사로잡았던 모든 것으로부터 매일 해방됩니다. 우리는 구원을 받고 있습니다. 그래요, 우리는 구원받습니다. 매일 구원하는 힘이 우리에게 역사하므로 우리를 타락의 속박으로부터 해방시킵니다. 우리는 하나님 나라를 향하여 가며, 아무것도 우리를 방해하지 못합니다. 우리는 청결을 향해, 궁극적인 완전을 향해 갑니다. 우리는 우리 안에 있는 영원한 생명이 우리 자신과 우리의 환경을 뛰어넘어 위로, 앞으로 가도록 재촉하는 것을 느낍니다. 우리는 육신의 연약함으로 인해 바위에 묶인 채로 독수리들처럼 여기에 앉아 있습니다. 그러나 우리 안에 있는 열망은 우리가 순결하고 영화로운 영혼들 가운데로 날아오르는 존재로 태어났다고 우리에게 말해 줍니다. 우리는 원래 천국 태생임을 느낍니다. 곧 우리는 성령으로 말미암아 십자가의 도에 의해 태어났습니다. 우리는 여기 계신 몇 분들의 역사를 말할 수 있습니다. 아니 그 역사들 스스로가 말하는 것이 더 낫겠군요. 그들이 체험한 변화의 역사들은 갑작스럽지만 완전하고, 경탄할 만하지만 지속적이며, 어둠에서 빛으로, 죽음에서 생명으로 옮긴 역사들입니다. 시험이 우리를 휘몰아쳤을 때에도 우리는 지지를 받고, 힘이 완전히 빠졌을 때에도 그리스도를 지속적으로 섬길 수 있었던 체험을 하였습니다. 만일 십자가의 도가 우리 안에 새로운 힘을 부어주지 않았더라면, 우리가 어찌 이런 구체적인 체험을 가지고 여러분을 기쁘게 붙들어 줄 수 있겠습니까! 우리가 십자가를 바라보기 전까지는 절망 가운데서 죽으려 했습니다. 그러나 십자가를 바라본 후 구름이 밝은 빛에 밀려났습니다. 피 흘리신 구세주를 바라보고, 그의 손을 만짐으로 우리는 다시금 살아났고, 마치 죽은 자 가운데서 부활한 것처럼 고개를 쳐들었습니다. 십자가의 능력 아래서 우리는 힘을 얻어 계속 나아갑니다. 십자가의 도에는 우리가 전에 꿈꾸었던 것보다 더 고귀한 상태로 우리를 성장시키는 능력이 있습니다. 우리가 주님을 뵙고 구주의 상태를 볼 때에야 비로소 우리 미래의 상태가 어떨지 알게 될 것입니다.

이런, 형제들이여, 하나님께서 세상을 창조하신 능력도 우리를 그리스도 예수 안에서 새 사람으로 만드신 그 능력에 지나지 않았습니다. 하나님께서 세상을 유지하시는 그 능력도 시련과 시험 아래 있는 자기 백성을 양육하시는 그 능력에 지나지 않습니다. 거룩한 능력에 있어서 세상 끝에 있을 죽은 자의 부활이 죽은 영혼들을 영적인 무덤에서 일으키심보다 더 크지 않습니다. 이런 놀라운 능력을 오로지 십자가로 말미암아 우리는 매일 체험하고 있습니다. 진실로 회심한 여러분에게 호소하건대, 여러분이 사람의 지혜로 말미암아 회심하였습니까? 죄에서 멀어진 여러분에게 호소하건대, 웅변술, 수사학, 논리의 힘으로 여러분이 거룩하게 되었습니까? 절망하고 있는 여러분에게 호소하건대, 여러분이 지금껏 음악적인 단어와 리드미컬한 문장으로 인해 소생하였습니까? 아니면 그 모든 것이 십자가에서 죽으신 예수님의 은혜입니까? 나의 형제들이여, 여러분의 생명이 십자가 말고 무엇입니까? 여러분의 영혼의 양식이 십자가 말고 어디로부터 오는 것입니까? 십자가 외에 무엇이 여러분의 기쁨입니까? 여러분을 위해 십자가에서 죽으셨으나 지금도 살아 계셔서 여러분을 위해 중보하시는 복되신 주님 외에 무엇이 여러분의 천국입니까? 그러므로 십자가를 붙드세요. 양팔로 십자가를 끌어안으세요! 십자가에 죽으신 주님을 붙드시고 절대로 놓지 마세요. 이 순간 새롭게 다시 십자가 앞에 나와 이제와 영원히 거기서 쉬세요! 그 다음에 여러분과 함께 하시는 하나님의 능력으로 가서 십자가를 전하세요! 피 흘리신 어린 양의 이야기를 전하세요. 그 놀라운 이야기를 반복해서 전하시고, 다른 말은 하지 마세요. 여러분이 어떻게 해야 하는지 조금도 신경 쓰지 말고, 다만 예수님께서 죄인들을 위해 죽으셨다는 사실만을 선포하세요. 아기의 손에 붙들린 십자가는 마치 거인이 그것을 붙잡고 있는 것인양 똑같은 능력을 발휘합니다. 그 능력은 말씀 자체 안에 있으며, 더욱이 십자가로 말미암아 그리고 십자가와 함께 역사하시는 성령 안에 있습니다.

형제들이여, 주변 사람들의 회심을 위해 십자가의 능력을 믿으세요. 누구에게든 구원받을 수 없다고 말하지 마세요. 예수님의 보혈은 전능합니다. 어느 지역은 너무 낙후되었다거나, 어떤 사람들은 인사불성이라거나 하는 말을 조금도 하지 마세요. 십자가의 도가 잃은 자들을 개심케 합니다. 십자가가 하나님의 능력이라고 믿으세요. 그러면 여러분은 그런 사실을 보게 될 것입니다. 십자가에서 죽으신 그리스도를 믿으시고, 담대하게 그의 이름으로 전하세요. 그러면 여러분이 위대한 일과 기쁜 일들을 보게 될 것입니다. 기독교의 궁극적인 승리를 의심하지 마세요. 조그마한 불신이라도 여러분의 영혼을 스쳐 지나가지 못하게 하세요. 십자가는 반드시 승리합니다. 십자가는 반드시 면류관을 얻습니다. 그 면류관은 십자가에 못 박히신 분에 상응하는 면류관, 그리고 그의 쓰라린 고통에 상응하는 면류관입니다. 그의 보상은 그의 슬픔과 병행할 것입니다. 하나님을 믿으시고, 여러분의 깃발을 높이 드시며, 이제 시편과 노래를 부르고 싸우러 나가세요. 왜냐하면 만군의 여호와께서 우리와 함께 하시고, 지극히 높으신 이의 아들이 우리의 선두에 서시기 때문입니다. 앞으로 나아가 은 나팔을 불고 전리품을 취한 자답게 외치세요. 어느 누구도 낙심하지 못하게 하세요! 그리스도께서 죽으셨습니다! 속죄가 완성되었습니다! 하나님께서 만족하셨습니다! 평화가 선포되었습니다! 이미 무한히 베풀어진 자비의 증거들로 천국은 빛나고 있습니다! 지옥은 떨고 있으며, 천국은 경배를 느리고, 땅은 기다리고 있습니다. 여러분 성도들이여, 나아가 확실한 승리를 취하세요! 여러분이 어린 양의 피로 말미암아 승리할 것입니다.

제
2
장

—

네 가지 보화

—

"너희는 하나님으로부터 나서 그리스도 예수 안에 있고 예
수는 하나님으로부터 나와서 우리에게 지혜와 의로움과 거
룩함과 구원함이 되셨으니 기록된 바 자랑하는 자는 주 안
에서 자랑하라 함과 같게 하려 함이라" —고전 1:30-31

우리는 구약 어디에선가 "소금은 정량 없이 하라"(스 7:22)는 말씀을 볼 수 있습니다. 재론의 여지 없이 예수님의 이름, 인격, 그리고 사역은 참된 복음사역의 소금이며 맛입니다. 그러나 그런 복음사역을 우리는 그다지 많이 볼 수 없습니다. 아아! 너무나 많은 사역들 가운데 축제의 이런 최고의 진미가 없습니다. 이것은 영혼을 만족시키는 모든 교리의 핵심입니다. 우리는 정량 없이 그리스도를 전할 수 있으며, 우리가 그를 높이면 높일수록 더 좋을 뿐입니다. 십자가에서 죽으신 그리스도를 전함에 있어서 지나쳐서 나쁠 것은 없습니다. "네 모든 예물에 소금을 드릴지니라"는 말씀은 고대의 교훈이었습니다. 이제 이 말씀을 교회의 법령으로 삼읍시다. "교회는 설교와 가르침에 예수 그리스도의 이름을 섞을지니라. 교회는 속죄의 계획의 알파와 오메가를 힘써 찬미할지니라." 본서 1장에서 사도는 고린도 교회의 교인들에게 그들의 분열과 다른 심각한 잘못들에 대하여 염려하며 말하였습니다. 하지만 그는 이런 불쾌한 주제에 자신을 제한할 수 없었습니다. 이런 분열의 산들을 뛰어넘어 그는 가급적 자연스럽게 자신의 주님께 묶였습니다. 사도

바울이 고린도 교회의 분열로 인해 도리어 생각한 것은 위대하신 연합의 주님, 곧 자기 백성을 하나 되게 하신 주님이었습니다. 그는 인간의 어리석음으로 인해 도리어 하나님의 지혜이자 오류가 없으신 그리스도께로 더 가까이 나아가게 되었습니다. 바울은 고린도에 있었던 고대의 플리머스 형제단(1820년대 아일랜드 더블린에서 기독교 근본주의 성격의 복음주의 운동으로 태어난 개신교 교파)에게 날카로운 내용의 편지를 부득이 써야만 했습니다. 하지만 그의 펜을 주 예수님에 대한 사랑의 달콤한 잉크, 그의 인격과 사역을 찬미하는 달콤한 잉크에 담금으로써 그의 신랄함을 어찌 그리 아름답게 예방하고 있는지요! 사랑하는 친구들이여, 우리가 십자가에 못 박히신 그리스도를 전하고 있다면, 우리의 가정생활, 우리의 모든 대화 가운데서 마치 연고처럼 그의 이름을 바르도록 합시다. 여러분의 삶이 여러분 안에 살아 계시는 그리스도가 되게 합시다. 여러분이 아셀처럼 되기를 바랍니다. 성경은 아셀의 발이 기름에 잠겼다고 말씀합니다(신 33:24). 여러분이 이처럼 주님의 영으로 기름 부음을 받아 여러분의 발길이 닿는 어디에서나 은혜로운 인상을 남길 수 있기를 바랍니다. 향기로운 남풍은 햇빛이 비치는 대지 위를 지나왔다는 증표를 남깁니다. 이처럼 여러분의 삶의 일상적인 취향과 경향 안에 여러분이 예수님과 교제하고 있다는 증표가 있기를 바랍니다.

　오늘밤 우리는 포용력이 엄청나게 큰 본문을 대하고 있습니다. 본문은 이성으로 납득할 수 없고 이 시간 말로 다할 수 없는 의미를 무수히 포함하고 있습니다. 이러한 본문을 주의 깊게 생각하면서 살펴볼 내용은, 무엇보다도, 사도 바울은 우리가 지금 그리스도 예수님 안에 있는 것을 오직 예수님의 은혜에 돌리고 있다는 사실입니다. 사도 바울은 그리스도인으로서의 우리의 존재와 그리스도 안에 있는 하나님의 사랑과 은혜가 서로 연결되어 있음을 보여줍니다. "너희는 하나님으로부터 나서 그리스도 예수 안에 있고." 따라서 나는 첫 번째로 우리의 영적인 존재에 대하여 말할 것입니다. 그 다음에, 바울은 우리의 영적인 부에 대하여 쓰고 있습니다. 이 영적인 부는 네 가지 항목, 곧 지혜, 의로움, 거룩함, 구원함으로 요약할 수 있습니다. 그러나 실제로 바울은 하나의 항목으로 요약하고 있다고 말씀드릴 수 있습니다. 왜냐하면 그리스도께서 이 네 가지 항목 모두가 되신다고 그는 선언하고 있기 때문입니다. 다음에 바울은 우리의 자랑이 어디를 지향해야 할지 말함으로써 본

장을 마감하고 있습니다. 우리의 자랑은 우리의 영적인 존재와 하늘의 부의 근원이 되시는 분께로 돌아가야 할 것입니다. "자랑하는 자는 주 안에서 자랑하라."

1. 먼저 하나님께서 허락하신 우리의 존재의 시작, 곧 우리의 영적 존재에 대하여 살펴보겠습니다.

"너희는 하나님으로부터 나서 그리스도 예수 안에 있고." 다른 번역자들은 이 구절을 여러 가지 방법으로 해석하였습니다. "하나님으로부터"(Of Him), 이 구절에 대하여 그들은 "하나님으로 말미암아"(Through Him)로 해석해야 옳다고 생각합니다. 즉, "하나님으로 말미암아 우리가 그리스도 예수 안에 있고"라고 번역해야 한다는 것입니다. 오늘 여러분은 그리스도와 연합되었나요? 그리스도는 건물의 기초이자 최고의 돌이신데 여러분은 그 건물에 연결되었나요? 그리스도는 신비로운 몸의 머리이신데, 여러분은 그 몸의 지체인가요? 그렇다면 여러분이 스스로 거기에 연결된 것이 아닙니다. 그 벽에 속한 아무 돌도 그 자리에 뛰어오르지 않았습니다. 그 몸의 아무 지체도 스스로 존재하지 못하였습니다. 여러분이 그리스도와 연합하게 된 것은 하나님 아버지로 말미암은 것입니다. 여러분이 은혜를 받은 것은 하나님 아버지의 목적으로 말미암은 것이며, 그 목적은 세상이 존재하기도 전에 여러분을 선택하신 무한하신 여호와의 목적입니다. "너희가 나를 택한 것이 아니요 내가 너희를 택하여 세웠나니"(요 15:16). 여러분이 그리스도와 연합한 첫 번째 원인은 세상이 세워지기 전부터 그리스도 예수 안에서 여러분에게 은혜를 주신 하나님의 목적에 있습니다. 그런 목적과 함께 하나님의 능력이 여러분이 그리스도와 연합하게 된 원인입니다. 하나님께서 여러분을 그리스도께로 데려오셨습니다. 여러분은 외인이었는데 하나님께서 가까이 데려오셨습니다. 여러분은 원수였는데 하나님께서 여러분을 화해시키셨습니다. 만약 제일 먼저 하나님의 영이 여러분에게 임하셔서 여러분의 필요를 보여 주지 않으셨다면, 그리고 필요한 자비를 소리쳐 요구하도록 돕지 않으셨다면, 여러분은 결단코 그리스도께로 와서 자비를 구하지 못하였을 것입니다. 오늘 여러분이 그리스도 예수님 안에 있는 것은 하나님의 작정과 함께 하나님의 역사로 말미암은 것입니다. 나의 형제들이여, 이런 아주 평범한 진리를 생각하는 것이 여러분의 심령에 유익을 줄 것입니다. 여러분이 회심한 이후 많은 날들이 지났을지도 모릅니다. 하지만 여러분의 새 탄생의 날이 얼마나 고상한 날이었는가를 잊지 마세요. 그리고 여러분을 어둠에서 놀라운 빛으로 인도하신 그 크신 능력의 하나님께 끊임없이 영광을 돌리세요. 여러분이 스스로 회심한 것이 아닙니다. 만약에 그랬다면, 여러분은 다시 회심해야 할 필요성이 있습니다. 여러분의 중생은 사람의 뜻으로나 혈통으로나 육정으로 말미암지 않았습니다. 만약에 그랬다면, 여러분이 가급적 빨리 그 중생으로부터 자유로워지는 것이 더 나을 것이라고 나는 말씀드리겠습니다. 유일하게 진정한 중생은 하나님의 뜻으로 말미암은 것이며, 성령의 역사로 말미암은 것입니다. "내가 나 된 것은 하나님의 은혜로 된 것이니"(고전 15:10). 하나님께서 "우리를 거듭나게 하사 산 소망이 있게 하셨습니다"(벧전 1:3). "너희는 하나님으로부터 나서 그리스도 예수 안에 있고." 여러분이 오늘날 그리스도의 몸에 속한 지체가 되고 예수님과 함께 하는 자가 된 것은 하나님의 역사와 뜻과 목적으로 말미암은 것입니다. 그러므로 모든 영광을 오직 주님에게만 돌리세요.

하지만 본문에 있는 대로("하나님으로부터") 해석을 한다면 어떻게 되겠습니까? 그렇다면 우리는 우리의 영적인 생명의 근원에 대하여 환상을 갖지 못할 것이며, 다만 그 존귀함에 대한 깨달음을 갖게 될 것입니다. "너희는 하나님으로부터 나서 그리스도 예수 안에 있고." 여러분이 하나님으로부터 나서(you are of God) 그리스도 안에 있는 것입니다. 지금의 현실 세상으로부터나 사탄으로부터나 율법의 속박으로부터나 악의 세력으로부터가 아니라, 오직 하나님으로부터 나서 여러분이 하나님의 가족, 하나님의 백성, 하나님의 자녀들, 하나님의 사랑받는 자들이 된 것입니다. "우리는 하나님께 속하고 온 세상은 악한 자 안에 처한 것이며"(요일 5:19). 여러분 위에 하나님의 빛이 비추었고, 여러분에게 하나님의 생명이 임하였으며, 여러분 안에 하나님의 사랑이 나타났습니다. 그리고 여러분 안에 하나님의 영광이 완전하게 계시될 것입니다. "하나님으로부터 났다"는 이 사실이 얼마나 존귀한 일인지요! 어떤 이들은 "이들이 왕속입니다"라는 말을 듣는 것을 대단한 일이라고 생각합니다. 그리고 또 다른 이들은 왕실의 구성원으로 지목될 때 훨씬 더 자랑스러워합니다. 그러나 여러분은 하나님의 가족입니다. 여러분은 유일하게 불멸하시는 하나님의 자손입니다. "그들은 나의 것이라. 나는 내가 정한 날에 그들을 나의 특별한 소유로 삼을 것이라"(말 3:17). "여호와의 분 깃은 자기 백성이라 야곱은 그가 택하신 기업이로다"(신 32:9). 여러분은 하나님으로부터 났으며, 여러분 모두는 그리스도 예수님 안에 있습니다. 여러분은 그리스도의 것이며, 그리스도는 하나님의 것입니다. 창조자, 유지자, 지고하신 분, 보이지 않는 분, 무한자, 영원하신 분께서 여러분을 자신의 것이라고 주장하십니다. 여러분은 하나님 안에서 분복을 누립니다. 그리고 여러분이 그리스도 안에 있기 때문에 최고로 높임을 받는 것입니다.

그러므로 여러분은 존귀한 그리스도인의 생명을 가지고 있습니다. 그 존귀한 생명은 하나님으로부터 난 것이며, 하나님께서 그것의 근원이십니다.

이제 그리스도인의 생명의 본질을 주목합시다. "너희는 하나님으로부터 나서 그리스도 예수 안에 있고." 여러분이 그리스도 예수님 안에 있지 않고는 주 앞에 있는 생명을 가질 수 없습니다. 주님을 떠나서는 여러분이 마치 포도나무에서 잘린 가지, 곧 죽고 말랐으며 쓸모없고 역겹고 썩은 가지와 같습니다. 사람들이 이 가지들을 모아 불 속에 던지면 타버립니다. 전쟁터에서 모든 사지가 몸에서 찢겨져 나가 있고, 흉측하게 흩어져 있는 모습을 본다는 것은 정말 소름끼치는 일입니다. 전에는 정말로 쓸모 있는 존재였지만 잘려 나간 지금 이 지체들은 쓸모가 없습니다. 그것들이 죽었다는 것을 모든 사람이 압니다. 왜냐하면 생명의 영역으로부터 분리된 지체들은 살 수 없기 때문입니다. 나와 여러분도 그리스도로부터 분리된다면 죽음(영적인 죽음)은 피할 수 없는 결과입니다. 우리의 생명은 주님과의 연합 여하에 달려 있습니다. "내가 살아 있고 너희도 살아 있겠음이라"(요 14:19). 그리스도 밖에서 우리는 죽고, 그리스도 안에서 우리는 삽니다. 우리는 하나님으로부터 났습니다. 우리의 영적인 존재, 그리고 우리의 영적인 존재가 고귀한 것이라는 사실, 이 두 가지는 우리가 그리스도 안에 있다는 이 사실에 달려 있습니다. 사랑하는 그리스도인 친구들이여, 여러분이 그리스도 안에 있으며, 그래서 여러분이 하나님으로부터 난 사실을 알고 있다는 것에 대하여 축하드립니다. 하지만 나는 여기 모인 모든 분들에게 너무 대략적으로 말해서는 안 됩니다. 오히려 나는 심각한 질문을 해야 하며, 청중 각자에게 물어야 합니다. 여러분 모두가 그리스도 예수님 안에 있습니까? 만일 사도 바울이 여러분에게 편지를 쓴다면, "너희는 하나님으로부터 나서 그리스도 예수 안에 있다"고 말할 수 있겠습니까? 언제나 여러분은 그리스도 예수님 안으로 밀어 넣으시려는 하나님의 사역의 대상이 되어 왔습니까? 지금 여러분은 하나님으로부터 나서 그리스도 예수님 안에 있습니까? 그래서 모든 일에서 그리스도를 의지하고, 그리스도 안에 거하고 있으며, 또한 그리스도께서는 여러분 안에 계십니까? 여러분 안에 그리스도 예수님의 생명이 있으며, 여러분의 생명이 그리스도와 함께 하나님 안에 감추어 있음을 느끼십니까?

사랑하는 성도들이여, 그리스도와 연합된 기쁨만큼 큰 기쁨은 이 세상에 없습니다. 우리가 그 기쁨을 느끼면 느낄수록 우리가 처한 상황과 관계없이 우리의 행복은 더욱 커질 것입니다. 하지만 여러분이 그리스도 밖에 있다면, 여러분은 소망이 없습니다. 예수님께서 없는 곳에 기쁨은 없습니다. 구세주가 없으면, 살든지 죽든지 평안은 없습니다. 사랑하는 성도들이여, 여러분이 곧 죽을 것이라는 사실을 기억하십시오. 여러분의 마지막 순간에 여러분은 어디에서 위로를 바라겠습니까? 여러분의 영혼은 곧 미지의 길로 날아가 불타는 심판의 보좌 앞에 설 것입니다. 여러분을 안내할 사랑의 손길과 여러분을 덮어줄 그리스도의 의가 없다면, 그때에 여러분이 어찌하겠습니까? 비길 데 없는 그리스도의 예복을 두른 자는 이렇게 말할 수 있습니다.

> "그 큰 날에 나는 담대히 서리라
> 당신의 보혈로 말미암아
> 죄의 무서운 저주와 수치에서부터 내가 놓임을 받았는데
> 누가 나를 고소하랴?"

하지만 구세주가 없는 자는 차라리 태어나지 않는 것이 나을 뻔할 것입니다. 그가 처음으로 빛을 보는 그날에 그는 저주를 받고 복을 받지 못할 것입니다. 만일 여러분이 예수 그리스도께로 오고자 한다면, 그는 여러분을 기꺼이 영접해 주실 것입니다. 노아의 방주는 홍수가 나기까지는 닫히지 않았으며, 그때까지 열려 있었습니다. 그리스도께서 언약의 방주가 되십니다. 그러므로 아직 문은 닫히지 않았습니다. 이 때문에 여러분이 지체해서는 안 됩니다. 왜냐하면 홍수가 나고 비가 떨어질 때에는 방주의 문을 두드리는 자들

에게 다음과 같은 말씀이 들릴 것이기 때문입니다. "너무 늦었네! 너무 늦었네! 너는 지금 들어올 수 없어."

그리스도를 믿는 사랑하는 신자들이여, 여러분은 하나님으로부터 나서 그리스도 예수 안에 있습니다. 여러분 모두가 그리스도인의 존재로서 비록 겨우 명맥만을 유지하고 있더라도 그 존재는 "우리 주 예수 그리스도의 아버지 하나님"으로부터 나온 것입니다. 즉, 그리스도인의 존재는 "그(아버지 하나님)의 많으신 긍휼대로 예수 그리스도를 죽은 자 가운데서 부활하게 하심으로 말미암아 우리를 거듭나게 하사 산 소망이 있게 하시며 썩지 않고 더럽지 않고 쇠하지 아니하는 유업을 잇게 하신"(벧전 1:3,4) 결과입니다.

2. 이제 두 번째 대지로 넘어가 우리의 영적인 부에 대하여 생각해 보겠습니다.

그리스도 예수님은 하나님으로 말미암아 우리에게 지혜, 의로움, 거룩함, 구원함이 되셨습니다. 여기서 이 네 가지 중에 두 번째와 세 번째 것이 헬라어 원어에 있어서 특별한 연관이 있다는 것을 주목해야 합니다. 지혜와 구원함은 홀로 서 있습니다. 그러나 의와 거룩함은 특별한 연관이 있습니다. 우리가 배우기로는 이 둘이 언제나 병행하는 것들이지만 이들이 항상 연합된 것이라고 생각해야 합니다. 이러한 생각은 하나님께서 합치신 것을 종종 나누는 현대신학에 대하여 경고가 될 것입니다.

먼저 첫 번째 복을 취합시다. 바로 이 시간 이 복에 참여하는 자가 되기를 바랍니다. 예수 그리스도는 우리에게 지혜가 되셨습니다. 우리가 본 장을 읽을 때 사도 바울이 다른 지혜에 대하여 말한 것을 여러분이 알아차렸을 것입니다. 사도 바울은 이 다른 지혜를 다소 거칠게 다루었습니다. 다른 지혜는 지금까지 그리스도의 십자가를 반대하여 왔습니다. 그러므로 사도는 그것을 순하게 다루지 않았습니다. 지혜란 문화의 도움으로 자신의 사고를 훈련한 결과라고 생각한 사람들이 세상에는 언제나 있어 왔습니다. 다시 말해서, 그들은 자신의 사고와 더불어 다른 사람들의 사고에서 비롯된 추가적인 빛으로 신령한 진리를 알기를 희망하였습니다. 그들은 지혜가 인간의 마음에서부터 나오기를 바랐습니다. 그러므로 위로부터 가르침을 받을 필요가 없었습니다. 바울 시대에 혼자서 곰곰이 생각하고, 명상하며, 이후에 다른 사람들과 논쟁하고 대담하고 이야기를 나눈 사람들이 있었습니다. 이들은 그 당시의 철학자들이었습니다. 그들은 인간으로 말미암은 지혜를 기대하였고, 형편없는 아담의 후손의 얄팍한 두뇌 속에서 지혜를 찾으려 하였습니다. 그들은 자신들이 지혜롭다고 믿었습니다. 그들은 겸손한 척하여 자신들을 '소포이(the Sophoi),' 곧 '지혜자'라고 자칭하지 않고, '필로소포이(the Philosophoi),' 곧 '지혜를 사랑하는 자들'이라고 자칭하였습니다. 그러나 마음속으로는 자신들이 배운 사람들의 핵심층이라는 자긍심을 가졌으며, 다른 사람들을 몽매하고 무지한 자들로 보았습니다. 그들은 보배를 찾아 마음속에 담아두고, 동료들에게 사실상 "너희는 거의 예외 없이 희망 없는 무식자들이야"라고 말하였습니다.

자, 사도 바울은 자신의 지능을 들먹이거나 소크라테스나 솔론의 조각상을 가리키지 않고 예수 그리스도께서 우리에게 하나님의 지혜가 되셨다고 말합니다. 우리는 더 이상 인간의 지성으로부터 나오는 사상적인 지혜를 구하지 않으며, 오직 그리스도만을 바라봅니다. 우리는 인간 문화를 통해 우리에게 오는 지혜를 기대하지 않으며, 다만 우리 주님의 제자가 됨으로써, 그리고 주님을 하나님으로부터 온 지혜로 영접함으로써 지혜롭게 되기를 기대합니다. 사도 시대와 마찬가지로 지금 이 시대도 똑같습니다. 사람들은 복음, 곧 존 번연이나 횟필드, 또는 웨슬리 등이 전한 그런 단순한 복음이 많은 사람들에게 매우 유익하였으며, 그분들이 살았던 어두운 시기에 많은 대중들이 그들이 전한 복음으로 인해 도움을 받고 새로워졌다고 생각합니다. 그러나 이 밝게 빛나는 세기의 되게 아는 체하는 사람에 따르면, 더 진보적인 신학이 일반적으로 조롱당하는 복음주의보다 훨씬 앞서 있다고 합니다. 지성적인 사람들, 심오한 사상을 가진 양반들은 우리 조상들은 몰랐던 교리들을 우리에게 가르칠 수 있습니다. 우리도 거룩한 진리에 대한 지식이 계속 향상되어 마침내 베드로와 바울을 유족으로 남기며, 다른 옛 교의학자들을 훨씬 더 잊힌 유족으로 남길 수 있습니다. 우리가 어느 정도까지 지혜롭게 될 수 있는지 아무도 모릅니다. 형제들이여, 나의 생각은 이러한 주장을 혐오합니다. 우리는 신보와 싶은 생각에 대한 이런 위선적인 말투를 싫어합니다. 우리가 바라는 오직 한 가지는 옛날의 설교자들만큼 그리스도에 대해서 아는 것입니다. 두려운 것은 사람들의 생각으로 더 큰 빛 가운데로 들어가는 것이 아니라 오히려 고대 및 현대 서기관들의 사색과 명상, 지성적이고 감각적인 사람들의 발견으로 어둠이 더욱 심화되었으며, 세상에 있는 빛까지도 상당 부분 꺼졌다는 사실입니다. 다시금 다음의 말씀이 이루어졌습니다. "기록된 바 내가 지혜 있는 자들의 지혜를 멸하고 총명한 자들의 총명을 폐하리라 하였으니 지혜 있는 자가 어디 있느냐 선비가 어디 있느냐 이 세대에 변론가가 어디 있느냐 하나님께서 이 세상의 지혜를 미련하게 하신 것이 아니냐"(고전 1:19, 20). 내가 보기엔 나의 가장 심오한 생각들로 깨달은 것을 믿는 것보다 그리스도께서 말씀하신 것을 믿는 것이 더 큰 지혜입니다. 내가 한 가지 주제에 대하여 오래 생각했다 하더라도 그 생각을 여러 번 뒤집어왔습니다. 내가 다른 사람보다 그 주제에 대해 더 많은 것을 안다고 생각합니다. 하지만 나의 모든 생각과 묵상보다 그리스도의 단 한 마디 말씀 속에 더 많은 지혜가 있습니다. 나는 나 자신이 지혜를 주리라고 결코 기대할 수 없으며, 내가 진리의 창시자나 계시자라고 상상할 수 없습니다. 대신 나는 나의 주님이시며 나의 선생님이시며 나의 전부이신 그분께 나아갑니다. 또한 나는 그분의 제자가 됨으로써 최고의 문화, 최고의 교육의 최상의 결과를 얻을 수 있다고 믿습니다. 그리고 선한 목자이신 주님께서 나를 인도하시는 푸른 초장과 쉴 만한 물가에 누움으로써 가장 심오한 명상의 최상의 결과를 얻을 수 있다고 믿습니다.

형제들이여, 그리스도께서 우리에게 하나님의 지혜가 되셨다는 말씀을 읽고 지혜가 무엇인지 생각해 봅시다. 내 생각에 지혜란 지식의 올바른 사용입니다. 아는 것이 지혜로운 것은 아닙니다. 많은 사람들이 많이 아는 것에 비해 오히려 어리석습니다. 알고 있는 바보만큼 어리석은 바보는 없습니다. 지식을 사용하는 법을 아는 것이 지혜입니다. 자, 그리스도의 지혜를 가진 사람은 세 가지 점에서 지혜롭습니다. 그리스도의 가르침이 그 사람의 생각과 마음을 지혜롭게 할 것입니다. 여러분이 하나님, 죄, 생명, 죽음, 영원, 예정, 인간의 책임에 대하여 알고자 하는 모든 것을 그리스도께서 몸소, 혹은 하나님의 말씀 안에서 그의 영으로 여러분에게 이미 가르치셨습니다. 여러분이 계시를 뛰어넘어 혼자 힘으로 알아내는 것은 무엇이든 어리석은 것이나, 그리스도께서 가르치신 것은 무엇이나 지혜입니다. 그리스도께서 이처럼 가르치셨기에 여러분이 배우고자 한다면 영으로 그것을 알 수 있을 것이며, 그 교훈은 여러분에게 메마르고 죽은 교리가 아니라 영과 생명이 될 것입니다. 그리고 그리스도의 가르침은 여러분에게 지식과 더불어 지혜를 베풀어줄 것입니다. 우리는 언제나 십자가를 배우고 있는 학생들이 됩시다. 십자가의 학문 외에 절대로 다른 어떤 학습을 받으러 가지 맙시다. 왜냐하면 십자가를 배우는 자들은 지혜를 좋아하는 사람들이기 때문입니다. 그리스도의 몸(Corpus Christi)이 우리가 공부하는 학교가 되도록 합시다. 예수님을 아는 것, 그리고 그의 부활의 능력을 아는 것, 이것이 바로 지혜입니다.

또한 우리 주님의 가르침으로 유익을 얻는 것과 아울러 그리스도인은 주님의 모범을 통해 지혜를 배웁니다. "청년이 무엇으로 그의 행실을 깨끗하게 하리이까?"(시 119:9) 내가 어떻게 해야 지혜롭게 될까요? 꾀(Policy)는 "이 수단 저 수단을 채택하라"고 말합니다. 그리고 이 시대의 많은 사람들은 그 순간의 꾀에 유도됩니다. 하지만 꾀는 겉으로 보기에는 지혜 같지만 실제로는 어리석음입니다. 어떤 상황 가운데서도 예수님이라면 어떻게 하셨을까 생각하면서 그가 행하신 대로 행하는 것이 언제나 가장 지혜롭다는 사실을 기억하십시오. 예수님은 결코 미봉책을 쓰지 않으셨습니다. 예수님은 원칙대로 행하셨으며, 유행을 따르거나 자신의 이익을 구하지 않았습니다. 여러분이 어리석은 자들의 판단을 따르지 않고 그리스도를 따른다면 결단코 어리석은 자가 되지 않을 것입니다. 누가 어리석은 자의 판단으로 지혜롭기를 바라겠습니까? 하지만 "그리스도께서 행하신 대로 행하므로 내가 지금의 곤란 또는 실패를 겪게 되었다"는 말이 때때로 나올 수 있습니다. 그것은 사실입니다. 하지만 그리스도를 위하여 이생에서 무언가를 잃은 자가 앞으로도 계속해서 실패자로 남을 가능성은 전혀 없습니다. 왜냐하면 그는 이생에서 열 배나 받을 것이요, 오는 세상에서는 영원한 생명을 얻을 것이기 때문입니다. 가장 지혜로운 행위가 항상 금전상으로 유익을 보는 것은 아닙니다. 사람들이 가난해지는 것이 때로는 지혜로우며, 심지어 목숨을 잃는 것조차 때로는 그렇습니다. 가짜 지혜, 일시적인 지혜가 아니라 참된 지혜는 여러분이 그리스도의 모범을 따를 때 그 모습을 분명하게 드러냅니다. 비록 그 지혜로 여러분이 감옥이나 혹 죽음에 이르게 될지라도 그렇습니다. 그리스도의 가르침과 그의 모범은 함께 위로부터 오는 지혜를 여러분에게 선사할 것입니다.

　　무엇보다도 여러분 안에 구세주께서 임재하여 계시다면, 그는 하나님으로 말미암아 여러분에게 아주 놀라운 지혜가 될 것입니다. 예수님께서 언제나 자기 백성과 함께 하신다는 사실을 절대로 잊지 말고 의심하지 마십시오. 지성소의 은밀한 곳으로 들어가는 법을 아는 사람들은 그가 언제나 속죄소(the mercy-seat)에 계시다는 것을 압니다. 그가 백합화 가운데서 양 떼를 먹이시기에, 백합화를 아는 사람들은 그분을 어디에서 찾을 줄 압니다. 그분과 함께 사는 사람들은 그의 영을 받으며, 예수님의 옷에서 몰약과 침향과 계피의 향이 풍겨나듯이 그들의 옷에서도 같은 향이 풍겨날 것입니다. 이런 사람들을 누군가 미쳤다고 생각할지 모르겠으며, 또는 그들을 도가 지나친 광신자들이라고 말할지도 모르겠습니다. 하지만 이 사람들은 가장 지혜로운 사람들입니다. 오 행복한 사람들이여! 그들은 아직 땅에 있지만 천국 문 가까이에서 살고 있으며, 이생에서 힘들게 순례의 길을 가고 있지만 그리스도 예수님 안에서 하늘에 있는 복된 자들의 사사(師事)를 받고 있습니다. 그리스도의 가르침을 받고, 그리스도의 모범을 따르며, 무엇보다 그리스도께서 그 안에 임재하여 계시는 것, 이것이 바로 지혜입니다. 이제 아무리 어리석은 자라도 주 예수님께서 하나님으로부터 나와서 우리에게 지혜가 되셨다는 이 사실을 깨닫게 되리라 생각합니다.

　　잠시 쉬어가겠습니다. 우리가 예수님을 영접하고 그의 복음을 받아들였다면, 오늘날 가장 똑똑한 사람들의 모임에 참가하더라도 부끄러워해야 할 이유가 없습니다. 우리 중 아무도 그런 어리석은 사람이 하나도 없기를 바랍니다. 여러분의 주님을 욕하는 그런 철면피의 철학과 마주 대하거든 태연하세요. 성경을 믿지 않는 사람은 여러분의 믿음의 정도를 알지 못합니다. 불신자가 흉내 내는 지혜로 여러분을 비웃고 설복시키려 할지라도 부끄러워하지 마세요. 그리스도를 모르는 자가 인간창조와 세상의 형성에 대한 놀라운 이론들을 제기하고 입심 좋은 말을 할지라도, 그는 단지 교육받은 바보이며, 박식한 천치로서 하나님의 태양보다 자신의 희미한 불빛을 더 환하다고 생각하는 자입니다. "아, 그런 사람이 대학에 다녔고, 학위가 있으며, 사람들의 존중을 받습니다. 그가 존중받는 이유는 아무도 이해할 수 없는 책들을 썼기 때문입니다." "어리석은 자는 그의 마음에 이르기를 하나님이 없다 하도다"(시 53:1). 설령 그가 솔론(Solon: 고대 그리스 7현인 중 한 사람 ─ 역주)이라도 상관없습니다. 만일 솔론이라도 하나님이 없다고 말했다면 그는 어리석은 자입니다. 그러므로 여러분이 그런 자의 모임에 있을지라도 부끄러워하지 마세요. 바보가 거기에 있기 때문에 자신을 부끄러워하는 자로 만들지 마세요. 자만심은 피해야 하고 싫어해야 하겠죠. 그러나 이것은 자만심이 아닙니다. 이는 여러분에게 용감할 것을 요구하는 경우로서 거룩한 용기입니다. 그리스도를 아는 것이 모든 철학의 최선이며, 모든 학문의 최고봉입니다. 천사들이 이를 들여다보기를 원합니다. 하지만 천사들은 사람들이 소중하게 생각하는 학문들에는 조금도 관심이 없습니다. 여러분이 그리스도를 알고 있다면 여러분이 어떠한 모임에 있을지라도 결단코 부끄러워하거나 당황할 필요가 없습니다. 여러분이 황제들의 모임이나 철학자들의 회의에서 인간의 몸을 입고 오셔서 사랑하고, 생활하고, 인류를 구원하려고 죽으신 하나님을 그들에게 말하였다면, 여러분은 이성으로는 깨달을 수 없는 위대한 신비와 심오한 비밀을 그들에게 말한 것입니다. 그러므로 자랑하는 이 세대의 지적인 교만 속에 에워싸여도 부끄러워하지 마십시오.

아울러 나는 또 다른 악을 여러분에게 깨닫게 하겠습니다. 다른 어떠한 근원으로도 여러분의 지혜를 완성하려고 하지 마십시오. 그리스도께 붙어 있음으로써 여러분이 가장 고상하고 참된 지혜를 얻을 수 있다는 사실에 만족하십시오. 여러분은 거짓된 사람 앞에서 겁먹지 말아야 하는 것처럼, 또한 그런 사람을 부러워하지도 말기를 바라며, 혹 인간의 지혜로 그리스도 예수님 안에 있는 지혜를 보충하려고 하지 말기를 바랍니다. 예수님으로 시작한 여러분이 독일의 신교의(新教義) 제창자나 프랑스의 재치꾼이나 혹 몽상가인 퓨지주의자(Puseyite; 옥스퍼드 대학 교수 E. B. Pusey(1800-82) 박사가 주창한 종교 운동 – 역주)로 마치겠습니까? 그리스도의 말씀을 길잡이로 삼은 여러분이 이제 주교회의나 교회의 예식법, 총회 결의로 크게 기울고, 혹은 인간의 두뇌와 타락한 공상에서 나온 다른 고안(invention)으로 기울겠습니까? 그러면 안 됩니다! 오로지 금으로 된 갑옷을 입으세요. 그리고 앞으로 나가 태양 속에서 빛을 발하세요. 그러면 천사들이 여러분의 밝은 모습을 보고 놀랄 것입니다. "예수는 하나님으로부터 나와서 우리에게 지혜가 되셨습니다."

이제 우리가 다음의 축복을 알아볼 시간입니다. 예수님은 하나님으로부터 나와서 우리에게 의로움이 되셨습니다. 의로움은 우리에게 크게 부족한 것이었습니다. 왜냐하면 우리는 태어나면서부터 불의하였으며, 지금 이 시간까지도 마찬가지이기 때문입니다. 우리가 하나님의 영접을 받기 위해서는 의로워야 하지만 우리는 분명히 인격적으로나 공로 면에서 의롭지 못합니다. 우리의 모든 의는 마치 더러운 걸레와 같으며, 따라서 우리는 위대하신 왕 앞에 설 수 없습니다. 그러나 "그 더러운 옷을 벗기라"고 말씀하시는 한 분이 계십니다. 바로 그 구원자이신 주 예수 그리스도께서 하나님으로부터 나와서 우리에게 의로움이 되십니다. 아시다시피 우리는 의로움을 일반적으로 이중의 사역으로 설명합니다. 그리스도의 피가 우리의 모든 죄를 씻습니다. 이로써 믿는 자에게 용서가 베풀어집니다. 그리스도를 의지하는 자는 모든 죄를 완전히 용서받습니다. 그리고 우리가 용서라고 부르는 씻음 다음에 옷 입음, 곧 그리스도의 의로 옷 입음이 더해집니다. 한 마디로 말해서, 믿음으로 말미암아 의롭다함을 얻는 것입니다.

　의의 전가의 교리는 내가 보기에 하나님의 말씀에서 확고하게 인정받는 것 같습니다. 하지만 나는 '전가'라는 말을 조금 지나치게 강조하고 '의로움'이라는 말은 충분히 강조하지 않는다는 생각을 가끔 해 보았습니다. 의로움이 우리에게 전가되었다는 사실을 나는 알지만, 전가로써 우리가 의롭게 된 것이 진리의 전부는 아니라고 나는 믿기 때문입니다. 그것이 참으로 진리이지만, 그 밖에 진리가 또 있습니다. 그리스도의 의로움이 나에게 전가되었을 뿐 아니라 그리스도의 의가 실제로 나의 것입니다. 왜냐하면 그리스도는 나의 것이기 때문입니다. 예수님을 믿는 자는 자신의 그리스도가 되도록 예수 그리스도를 소유합니다. 그리고 그리스도의 의로움은 바로 그 믿는 자에게 속하며, 그의 것이 됩니다. 우리는 전가된 의를 가질 뿐 아니라, 우리의 대속자의 의가 법적으로, 실제적으로, 참으로 우리의 의가 됩니다. 내가 지금 의의 본질, 곧 거룩함과 관계가 있는 의를 말하고 있는 것이 아닙니다. 나는 하나님 앞에서의 평가에 대하여 말하고 있는 것입니다. 하나님은 그리스도 안에서 우리를 의롭다고 평가하시며, 나쁘게 평가하지 않으십니다. 의의 전가는 법적인 허구나 자비로운 오류가 아닙니다. 우리는 의롭습니다. 틀림없습니다. 하나님의 전가는 인간의 전가와 같지 않습니다. 인간의 전가는 그렇지 않은 것을 그런 것처럼 만듭니다. 그러나 우리는 그리스도 안에서 실제로 의롭게 됩니다. 왜냐하면 우리는 그리스도와 하나이기 때문입니다. 여러분은 그리스도의 몸 가운데 불의한 지체가 있다고 생각하십니까? 신비로운 그리스도께서 불결한 돌과 연합된 건물이라고 생각하십니까? 그리스도께서 죽은 열매를 맺는 가지들과 연결된 포도나무인가요? 그럴 수 없습니다. 이런 점에서 우리의 상태는 그리스도의 상태와 같습니다. 그리스도의 소금이 온 덩어리에 맛을 내었습니다. 신비로운 몸 안에서 모든 지체가 하나님 앞에서 의롭게 됩니다. 왜냐하면 모든 지체가 살아 있는 머리와 결합하였기 때문입니다. 이 때문에 예수 그리스도 우리 주의 의로 말미암아 우리에게 실제적인 의가 베풀어지는 것입니다. 예수는 하나님으로부터 나와서 우리의 의로움이 되셨습니다.

오, 믿는 자여, 이것을 생각하세요. 오늘밤 여러분이 하나님 앞에서 의롭습니다. 여러분 스스로는 형벌 받아 마땅한 죄인입니다. 하지만 하나님은 여러분에게 유죄판결을 내리거나 형벌을 내리지 않을 것입니다. 왜냐하면 그의 공의의 눈앞에서 여러분이 완전한 의로움을 입었기 때문입니다. 여러분의 죄는 여러분 위에 놓여 있지 않습니다. 그것은 구약의 아사셀 양의 머리에 놓였습니다. 여러분의 모든 죄악은 십자가에 못 박히신 구세주의 머리 위에서 다 처리되었습니다. 그는 나무 위에서 자신의 몸으로 여러분의 죄를 담당하셨습니다. 여러분의 죄들이 지금 어디에 있습니까? 여러분의 죄들이 존재하기를 그쳤기 때문에 여러분이 두려움 없이 이런 질문을 할 수 있습니다. "동이 서에서 먼 것 같이 우리의 죄과를 우리에게서 멀리 옮기셨으며"(시 103:12). "우리의 모든 죄를 깊은 바다에 던지시리이다"(미 7:19). 하나님의 이름이 영광을 받으리로다. 믿는 자를 괴롭히는 죄는 존재하지 않습니다. "그가 죄를 끝내셨으며, 죄를 종식시켰다(이보다 더 강한 표현이 있을 수 있겠습니까?). 그리고 영원한 의로움을 가져오셨다"고 성경에 기록되지 않았습니까? 그리스도인이여, 이 말씀은 여러분이 천국에 있을 때에도 진실한 말씀인 것처럼 오늘밤에도 여러분에게 진실한 말씀입니다. 오늘밤 여러분은 영광의 땅에 있을 때만큼 성스럽지는 않습니다. 하지만 여러분의 의로움은 천국에서 의로운 것과 동일합니다. 하나님 보시기에 여러분은 불이 섞인 유리 바다에 설 때와 똑같이 "그의 사랑하시는 자 안에서 거저 주시는 바 그의 은혜를 받은 자"(엡 1:6)입니다. 여러분은 하나님의 사랑을 받았으며, 그에게 소중하며 의롭다하심을 얻었습니다. 그리하여 여러분은 오늘밤 이렇게 말할 수 있습니다. "누가 능히 하나님께서 택하신 자들을 고발하리요 의롭다 하신 이는 하나님이시니"(롬 8:33). 여러분이 구세주를 본다 할지라도, 그리고 구세주를 있는 그대로 보므로 여러분이 그와 같이 될지라도 이보다 더 크게 자랑할 수는 없습니다. 지금 이 순간 믿음으로 말미암아 이와 같은 의로움이 여러분의 것이 되었으며, 언제나 변함없이 여러분의 것이 될 것입니다. 여러분의 영혼이 침체되었을 때에도 여러분의 기쁨이 충만할 때와 마찬가지로 의로움은 여러분의 것입니다. 여러분이 그의 은혜를 받은 것은 여러분 자신 안에 무언가가 있기 때문이 아니요, 여러분의 의로움이 되시는 주님 안에 여러분이 서 있기 때문입니다.

　조금 전 내가 말한 대로 다음의 축복은 이 의로움에 근거합니다. 나는 그 사실에 대하여 여러 말 할 필요가 없으며, 단지 주지시킬 뿐입니다. 의로움과 거룩함은 언제나 함께 갑니다. 비록 그것들이 두 개의 다른 주제들이지만, 그렇지 않다면 두 개의 다른 단어들이 아니었겠지만, 그것들은 상호간에 아주 훌륭하게 엮어져 있습니다. 그러므로 헬라어 본문은 두 단어를 바로 옆에 나열하여 놓았습니다. 우리의 거룩함은 모두 그리스도 안에 있습니다. 말하자면, 우리가 거룩함의 기초를 가지는 것은 우리가 그리스도 안에 있기 때문이며, 그 거룩함의 기초란 구별됨에 있습니다. 구약의 율법 아래에서 거룩함이란 하나님을 섬기기 위해 따로 구별한 것을 의미합니다. 우리가 그리스도 예수님 안에서 거룩하여진 것은 성령으로 말미암아 영원히 주님의 특별한 백성이 되도록 구별되었기 때문입니다. 선택이 거룩함의 기초입니다. 더욱이 우리를 거룩하게 하는 능력은 전적으로 우리가 그리스도와 연합함으로 말미암아 우리에게 옵니다. 진리를 통해 우리를 거룩하게 하시는 성령은 우리와 예수님의 연합을 통해 우리 안에서 역사하십니다. 우리 안에서 거룩해지는 것은 새 생명입니다. 옛 성품은 결단코 거룩한 성품으로 변하지 않습니다. 육적인 마음은 하나님과 화목하지 않으며, 참으로 그렇게 될 수가 없습니다. 옛 사람은 고침받기 위해 병원으로 보내어지지 않으며, 못 박기 위해 십자가에 보내어집니다. 옛 사람은 바뀌지 않고 개선되지 않으며, 다만 죽어 매장되도록 정해져 있습니다. 그리스도인의 삶의 시작점인 세례의식의 의미는 물의 무덤 속에 우리가 잠김으로써 죽어 매장되고 부활의 능력으로 다시 살아난다는 것을 보여주는 데 있습니다. 누구든 그리스도 안에 있으면, 그는 수선된 옛 사람이 아니라 새로운 피조물입니다. "이전 것은 지나갔으니 보라 새 것이 되었도다"(고후 5:17). 자, 거룩함이 현실이 되는 것은 이 새 생명이 대단한 것이기 때문이며, 또한 그리스도께서 우리를 거룩하게 하시는 능력과 생명이 되시는 것은 우리가 그리스도와 하나됨으로 말미암기 때문입니다. 사랑하는 자들이여, 또 다른 의미를 추가적으로 마음에 새깁시다. 예수님은 언제나 여러분의 거룩함을 위한 동기가 되십니다. 어떤 신앙고백자가 용서와 의로움을 얻기 위해서 그리스도만을 의지하다가 거룩함을 열망할 때는 모세에게로 달아난다면 이상한 일이 아닙니까? 예컨대, 여러분은 사람들이 다음과 같은 교훈을 말하는 것을 들을 것입니다. "기독교인은 거룩해야 합니다. 거룩하지 않으면 은혜로부터 떨어져서 망할 것입니다." 이 모든 교훈은 구약의 율법적 채찍을 휘두르는 것이 아닙니까? 그것이 우리 조상 중 아무도 지킬 수 없었던 옛 언약의 멍에가 아니고 무엇입니까? 그것은 애굽의 속박이며, 하나님의 자녀들의 자유가 아닙니다. 그리스도는 그렇게 말씀하지 않으시며, 복음 또한 그렇게 말하지 않습니다. 그런 식의 동기들로써 자신이 거룩해질 수 있다고 생각하지 마세요. 그런 것들은 하나님의 자녀를 위하는 올바른 동기들이 아닙니다. 그렇다면 우리는 어떻게 하나님 자녀를 격려하여 거룩함에 이르게 해야 할까요? "너는 하나님의 자녀야. 너는 아버지에게 합당한 길을 걸어가고 있니?" 이런 식의 격려는 안 됩니다.

여러분을 향한 하나님의 사랑은 결단코 그치지 않을 것입니다. 하나님은 여러분을 버릴 수 없습니다. 그는 신실하시며 결코 변하지 않으십니다. 그러므로 그에 대한 답례로 그를 사랑하세요. 바로 이것이 자유 있는 여자의 자녀에게 맞는 동기입니다. 여종의 자녀는 채찍으로 다스리지만 자유 있는 여자의 자녀는 사랑의 줄로 다스립니다. "그리스도의 사랑이 우리를 강권하시는도다"(고후 5:14). 지옥의 두려움이 아니라 그리스도의 사랑입니다. 하나님께서 우리를 버리실까봐 두려워하지 마세요. 하나님은 그렇게 하실 수 없습니다. 도리어 주 안에서 영원한 구원을 받은 기쁨으로 강권함을 받아 우리의 온 마음과 영혼으로 영원히 주님을 붙잡으세요. 확신하세요. 만일 복음에서 나온 동기들이 죄를 끊지 못한다면 율법에서 나온 동기들도 결코 죄를 끊지 못할 것입니다. 여러분이 골고다에서 깨끗해질 수 없다면 시내 산에서도 깨끗해질 수 없습니다. "찢긴 옆구리에서 흘러나온 물과 피"가 여러분을 깨끗하게 하기에 충분하지 못하다면, 황소나 염소의 피 — 아니 유대의 율법의 논증이나 여러분 자신의 노력으로 인한 구원의 소망 — 가 죄를 내쫓기에 충분한 동기를 전혀 제공하지 못할 것입니다. 거룩함을 위한 동기를 그리스도 안에서 찾으세요. 왜냐하면 그리스도께서 하나님으로부터 나서 여러분에게 거룩함이 되시기 때문입니다! 내가 지금까지의 경험으로 증거할 수 있는 바는, 현재뿐 아니라 미래를 위해서 내가 나의 주님을 전적으로 의지하면 할수록 나 자신의 허무함과 무가치함을 더욱더 알게 된다는 것입니다. 그리고 내가 나의 온전한 구원을 그리스도 예수 안에 있는 하나님의 은혜에 맡기면 맡길수록 나는 매일의 삶을 더욱더 주의 깊게 영위해 간다는 사실입니다. 내가 지금까지 항상 깨달은 사실은 스스로 의롭다는 생각들은 곧바로 죄악된 행동으로 이어진다는 것입니다. 그러나 반대로 믿음은 확신으로 이어지며, 그리스도 안에 있는 하나님의 신실함을 신뢰하므로 그 마음을 평안케 하며, 그 영혼을 정결케 합니다. "주를 향하여 이 소망을 가진 자마다 그의 깨끗하심과 같이 자기를 깨끗하게 하느니라"(요일 3:3). 예수님, 곧 구세주께서는 우리를 죄에서 구원하시며, 하나님으로부터 나서 우리에게 '거룩함'이 되셨습니다.

　　이제, 본문에 나열된 우리의 무한한 자원 중 마지막 항목은 '구원함'입니다. 어떤 이들은 이렇게 말합니다. "이것은 처음에 나왔어야 한다. 왜냐하면 분명히 구원은 우리가 누리는 첫 번째 축복이기 때문이다." 맞습니다. 하지만 구원은 처음이자 마지막 축복이기도 합니다. 구원은 알파 축복이요, 또한 분명한 것은 오메가 축복도 된다는 것입니다. 여러분은 아직 완전히 구원받지 못한 상태입니다. 지불된 값으로 여러분은 이미 구원받았습니다. 나무 위에서 여러분을 구속하신 주님이 단 한 푼의 속전도 남기지 않고 지불하셨기 때문입니다. 그런데도 아직 여러분은 얼마간 능력으로는 완전히 구원받지 못한 상태입니다. 여러분은 거룩한 능력으로 해방되었습니다. 왜냐하면 여러분은 여러분의 죄라는 애굽에서 건짐을 받았으며, 여러분의 타락이라는 짜증나게 하는 속박으로부터 해방되었으며, 홍해를 지나 하늘의 만나로 양육을 받고 있습니다. 그런데도 여러분이 아직까지 능력으로는 완전히 구원받지 못했습니다. 아직까지 여러분에게서 끊어져야 할 옛 사슬의 고리가 있습니다. 머지않아 여러분이 해방되겠지만 아직까지는 여전히 속박당하고 있습니다. 여러분은 "양자 될 것 곧 우리 몸의 속량"(롬 8:23)을 기다리고 있습니다. 여러분은 구원받은 것을 즐거워하며 잠들 것입니다. 그러나 여러분이 죽을 때조차 완전한 구원을 받지는 못할 것입니다. 언제 완전한 구원이 임할까요? 오직 주 예수님께서 재림하실 때입니다. 주께서 호령하시면서 하늘로부터 강림하시면, 그때에 무덤이라는 감옥 안에 오랫동안 누워 있었던 성도들의 몸이 사망 권세로부터 영광스러운 구속으로 구원받을 것입니다. "내가 알기에는 나의 대속자가 살아 계시니 마침내 그가 땅 위에 서실 것이라"(욥 19:25). 성도들의 몸이 원수의 땅에서부터 다시금 나올 것입니다. 그때에 그들의 몸, 혼, 그리고 영, 곧 그리스도께서 사신 그들의 전인격이 원수의 지배로부터 완전히 해방될 것입니다. 그때에 구원이 완성될 것입니다. 천국에 있는 성도들도 우리 없이는 완전하게 될 수 없다는 사실을 기억하세요. 말하자면, 그들은 우리가 자기들 가운데 도착하기를 기다리고 있는 것입니다. 택함받은 남은 모든 자들이 모이고 때가 차면, 그때에 죽은 자들의 몸이 일어날 것입니다. 그리고 몸과 영혼이 완전한 상태에서 구원의 날이 완전히 임할 것입니다. "머리를 들라 너희 속량이 가까웠느니라"(눅 21:28). 그러므로 그리스도께서 나의 구원이 되신 것이 나의 기쁨입니다. 나의 영혼은 노예 상태로부터 벗어났습니다. 하지만 불쌍하게 떨고 있고 많은 고난을 겪고 있는 나의 몸은 죽음의 속박을 느낍니다. 고통으로 약해진 나의 몸은 십중팔구 죽음의 칼 앞에서 굴복할 것입니다. 주님께서 속히 오시지 않는 한, 이 몸뚱이는 틀림없이 벌레의 먹이가 되고 티끌과 섞일 것입니다. 하지만, 오 나의 몸, 너는 구원받았도다. 너는 능력과 썩지 아니함으로 일어서리라. 너는 이제 피곤치 않고 주님을 경배할 것이며, 고통 없이 성전에서 밤낮 주님을 섬기리라. 나의 피곤한 몸이여, 너는 주님의 몸처럼 영광스럽게 되리라. 너는 주님의 밝은 모습 앞에서 일어나 살리라.

그러므로, 오 그리스도인이여, 여러분이 어떻게든지 원하는 것은 전부 다 그리스도 안에 있습니다. 예수님께서 채워주지 못하는 필요를 여러분은 상상할 수 없습니다. "지혜, 의로움, 거룩함, 구원함" — 이 모든 것을 여러분은 그리스도 안에서 갖고 있습니다. 어떤 이는 여기서 꽃 한 송이를 따고, 어떤 이는 저기서 다른 꽃 한 송이를 땁니다. 어떤 이는 멀리 가서 거기서 또 다른 꽃을 땁니다. 그리고 어떤 이는 아직도 저만치 가서 네 번째 꽃을 움켜

줍니다. 그러나 우리가 그리스도를 얻으면 우리는 꽃다발을 갖게 됩니다. 우리는 단번에 이 모든 향기로운 꽃들을 얻게 됩니다.

　　　"인간의 모든 미덕, 신성한 모든 것을
　　　　나의 사랑하는 분 안에서 채우며 빛나게 하네.
　　　　지금까지 눈으로 보았거나 천사들이 알았던 모든 존재 가운데
　　　　당신이 가장 밝고, 가장 향기롭고, 가장 아름다운 분일세."

　　내가 지금 힘들지만 앞으로도 한 시간을 이 매력적인 주제에 대하여 계속 말하고 싶지만 그러나 우리는 이 주제에 계속 머물러 있을 수 없습니다. 그러므로 나는 마지막으로 한 마디만 하고 마쳐야겠습니다.

　　형제들이여, 아시다시피 그리스도인으로서 우리의 존재와 그리스도인으로 우리가 가지는 모든 것은 하나님으로부터 예수 그리스도로 말미암아 얻는 것입니다. 모든 영광을 그에게 돌릴지어다. 우리 주 예수님 외에 다른 누구 안에서 자랑하는 것은 정말 미친 짓입니다! 기껏해야 벌레의 먹이가 될 자기 육체의 아름다움을 자랑하는 자들은 얼마나 어리석은지요! 인간이 자랑하는 지혜는 얄팍하게 위장한 어리석음일 뿐입니다. 자기의 부를 자랑하는 자들은 얼마나 어리석은지요! 금을 소중하게 여기는 사람은 틀림없이 어리석은 자입니다. 진흙 한 덩어리를 보화로 여기는 자는 실로 거지임에 분명합니다. 그리스도를 아는 사람들은 이런 것들을 항상 바른 판단으로 평가하여 낮게 봅니다. 우리가 자랑하는 것은 자연스러운 것이라고 생각합니다. 우리 모두의 머리에는 자랑하는 혹이 붙어 있기 때문입니다. 자랑하려거든 주 안에서 자랑합시다. 바로 이곳에 넓은 지역이 있고, 충분한 여지가 마련되어 있습니다. 자, 돛을 최대한 펼치고 윗 돛대를 올리고 여러분이 원하는 강풍을 찾으세요. 여기에서는 해안으로 흘러가거나 암초에 부딪히거나 유사(流砂)에 빠질 염려가 없습니다! 사람들, 천사들, 그룹들, 스랍들이여, 제발 예수 그리스도 안에서 자랑하세요. 그는 지혜, 의로움, 거룩함, 그리고 구원이 되십니다. 그러므로 여러분은 자랑하고 또 자랑하고, 그리고 다시 자랑할 수 있습니다! 여러분은 결코 지나치지 않을 것입니다. 여러분은 그의 가치를 뛰어넘을 수 없으며, 혹 그 십분의 일에도 미치지 못할 것입니다. 여러분은 결단

코 그 진리를 초과할 수 없으며, 그의 옷자락을 벗어날 수조차 없습니다. 하나님은 너무 영광스러우셔서 모든 천사들의 하프로도 그의 영광을 절반도 기리지 못합니다. 그리스도는 너무 복되셔서 구원받은 허다한 무리들로 이루어진 오케스트라가 영원히 계속 연주할지라도 그의 이름의 위엄이나 그가 행하신 일의 영광에 결단코 미치지 못할 것입니다. "너희 권능 있는 자들아 영광과 능력을 여호와께 돌리고 돌릴지어다"(시 29:1). 시간과 공간으로 하여금 찬송을 위한 큰 입이 되게 합시다. 무한하신 자로 하여금 그 찬송의 파동을 거두게 합시다. 모든 피조물들로 하여금 목소리를 높여 죽으셨다 지금 살아계시는 그분을 찬송하게 합시다. 내 영혼이여, 네가 주님 때문에 존재하게 되었음을 깊이 깨닫기에, 모든 복을 베푸시는 주님께 너의 찬양을 드릴지어다. 너의 지혜이신 주님께 너의 지성으로 경의를 표할지어다. 너를 의롭게 하신 주님을 너의 양심과 정직에 대한 사랑으로 경배할지어다. 너를 거룩하게 하시는 주님께 네 영혼의 감사를 드릴지어다. 너의 거룩해진 성품 그 자체를 끊임없이 바칠지어다. 너를 구원하신 주님께 끝없는 찬송을 드릴지어다. 내가 본문의 절정에까지 오를 수 있다면 얼마나 좋겠습니까. 하지만 나의 날개들이 축 늘어졌습니다. 나는 독수리처럼 올라갈 수가 없으며, 태양의 뜨거운 불꽃에 직면하고 있습니다. 나는 종다리처럼 조금 오르다가 나의 노래를 부르고 다시 나의 둥우리로 돌아갈 뿐입니다. 여러분이 주 예수님의 충만을 인격적으로 체험하기를 하나님께 간절히 빕니다.

그리스도께서 자신에게 지혜가 되지 않는 여러분은 참으로 어리석은 자들입니다! 그리스도께서 의로움이 되지 않는 여러분은 저주받은 죄인들입니다! 그리스도께서 거룩함이 되지 않는 여러분은 하나님의 진노의 불에 소멸될 것입니다! 그리스도께서 구원함이 되지 않는 여러분은 소망 없이 묶여 있는 노예들입니다! 하나님께서 여러분을 구원하십니다! 여러분이 바로 지금 예수님을 믿게 되기를 바랍니다.

제
3
장

—

한 가지 주제의 사람

—

"내가 너희 중에서 예수 그리스도와 그의 십자가에 못 박히
신 것 외에는 아무 것도 알지 아니하기로 작정하였음이라"
—고전 2:2

바울은 매우 단호한 사람이었습니다. 그는 무슨 일을 맡든지 온 마음으로 수행하였습니다. 바울로 하여금 "내가 작정하였다"라고 말하도록 해보십시오. 그러면 여러분은 단호한 행동방침을 분명히 볼 수 있을 것입니다. "나는 이 한 가지를 행한다"는 것이 언제나 그의 좌우명이었습니다. 그의 영혼의 일관성과 강력한 단호함이 그의 성격의 주된 특징이었습니다. 그는 한때 그리스도와 그의 십자가를 크게 반대한 사람이었으며, 맹렬한 박해로 대적하였습니다. 그가 박해했던 바로 이 예수님의 제자가 되었을 때, 그가 매우 열렬한 사람이 되고 그의 재능을 총동원하여 십자가에 못 박히신 그리스도를 전할 것이라고 추측한다는 것은 그다지 어렵지 않았습니다. 그의 회심은 큰 주목을 끌었고, 매우 완전하고 철저하였기에 그가 한때 진리를 격렬하게 반대했던 것만큼이나 진리를 위해 왕성하게 활동하는 모습을 보는 것은 놀랄 일이 못됩니다.

바울처럼 전심을 다하고, 사도였을 때처럼 온 힘을 철저하게 집중시킬 수 있고, 완전히 설득하여 예수님을 믿게 하는 사람은 자신의 마음과 영혼과 힘을 기울여 자신의 목적에 몰입할 수 있었으며, 오로지 십자가에서 죽으신

주님만을 알기로 작정했던 것 같습니다. 하지만 사도 바울이 한 가지 사상에 쉽게 빨려 들어간 사람이라고 생각하지 마세요. 그는 보통 사람 이상으로 냉정하고 현명하고 공정하고 신중한 논객이었습니다. 그는 사물을 볼 때 의미와 연관을 고려하였으며, 사소한 일에 집착하는 사람이 아니었습니다. 그는 완전히 정당성을 입증받기보다는 몇 사람을 구원하기 위하여 여러 사람들에게 여러 모양이 되었습니다. 그러므로 그가 어떠한 작정을 하든지 지혜로운 자문을 얻은 후 결론에 도달하였습니다. 그는 좌우에 무엇이 있는지 아무것도 보지 않고 그저 눈을 질끈 감고 앞으로만 돌진하는 황소 같은 부류의 열심당원이 아니었습니다. 그는 냉정하고 차분하게 자기 주변을 꼼꼼히 살폈습니다. 그가 결국에는 한 가지 목표를 향해 똑바로 밀고 나갔지만, 그는 눈을 크게 뜬 상태로 자기가 무엇을 하고 있는지 제대로 알고 있었으며, 자기가 추진하기 원하였던 목적을 위해 가장 훌륭하고 지혜로운 일을 행하고 있다고 믿고 있었습니다. 예를 들어, 만약 고린도에서 목회를 시작한다면 삼위일체 하나님의 일체성을 선포할 것인지, 아니면 하나님께서 육신이 될 수 있는 개연성을 철학적으로 설득함으로 할 것인지 고심하였습니다. 만일 이것들이 구주의 나라를 확장시키는 가장 지혜로운 방법들이었다면 바울은 이 방법들을 채택하였을 것입니다. 하지만 그가 이 방법들을 면밀히 검토하였으나 간접적인 설명이나 진리의 일부를 말하지 않는 것으로써 도대체 무엇을 얻을 수 있는지 알 수가 없었습니다. 그래서 그는 정면으로 나아가 복음을 선포함으로써 복음을 세우기로 작정하였습니다. 사람들이 듣든지 아니 듣든지, 그는 곧장 핵심을 찔러 십자가를 적나라하게 전하기로 결심하였습니다. 본론으로 이끌 수 있는 많은 내용들을 알기보다는 그는 오직 예수 그리스도, 곧 십자가에 못 박히신 그분만을 알기로 하였고, 그 외에는 고린도 내부의 어떤 내용도 알려고 하지 않았습니다. 바울이 이렇게 말했을지도 모릅니다. "나는 핵심을 말하기 전에 말을 빙빙 돌려서 일정 수준까지 사람들을 교육하는 것이 나을 거야. 애초부터 나의 궁극적인 의도를 드러내는 것은 새들이 보는데서 그물을 치므로 그들로 놀라 도망치게 하는 것과 같은 꼴이 될 수노 있어. 나는 신중하고 과묵할 것이며, 그들을 교활하게 사로잡아서 진리를 쫓도록 유인해야지." 하지만 그렇게 하지 않았습니다. 신중한 사람이 그러하듯이 그는 문제를 면밀히 검토한 후, 예수 그리스도 곧 십자가에 못 박히신 주님 외에는 고린도 교회 가운데 있는 어떤 사실도 알지 않겠다는 이런 결심에 이릅니다. 요즈음 우리는 '문화'에 대하여 듣고 있는데, 이 '근대 사상'이라고 떠벌리는 모든 내용들도 같은 결론에 이르게 되기를 바랍니다. 명성이 있고 학식이 있는 이 대단한 신학자가 오직 극소수의 사람들에게만 있는 실력으로 모든 것을 읽고, 주목하고, 배우고, 속으로 완전히 이해한 후 모든 결말에 이른 것처럼 이렇게 말하였습니다. "내가 너희 중에서 예수 그리스도와 그의 십자가에 못 박히신 것 외에는 아무 것도 알지 아니하기로 작정하였음이라." 중요한 기술과 힘써 새로운 아이디어를 개발한 우리 시대의 사람들도 성령의 축복으로 말미암아 동일한 땅에 상륙하기를 기원합니다.

1. 오늘 아침 우리가 첫째로 생각할 것은 바울이 고린도교회에게 전하는 동안에 그가 집중하기로 작정한 주제가 무엇인가 하는 것입니다.
그 주제는 비록 둘로 나눠질 수는 있지만 한 가지였습니다. 그것은 우리 주 예수 그리스도의 인격과 사역이었습니다. 그리스도의 사역의 분야를 특히 강조하는 것은 언제나 가장 큰 반대를 당하는데, 그것은 이른바 그의 대속적인 희생, 곧 구속의 죽으심입니다. 바울은 그리스도의 모든 직책을 전하였으나 특별히 십자가에 못 박히신 분으로서의 그리스도를 깊이 생각하였습니다.

사도는 먼저 그의 위대하신 선생님, 곧 예수 그리스도의 인격을 전하였습니다. 바울이 나사렛 예수를 증거하였을 때 그는 얼버무리지 않았습니다. 그는 예수님을 환영(幻影)이 아니라 실제 사람으로 증거하였습니다. 곧 십자가에 못 박혀 죽으시고 장사되시고, 그리고 죽은 자 가운데서 실제 육체를 가진 존재로 다시 살아나신 분으로 증거하였습니다. 예수님의 신성에 대해서도 주저함이 없었습니다. 바울은 예수님을 가장 높으신 이의 아들, 하나님의 지혜와 능력, "그 안에서 신성의 모든 충만이 육체로 거하시는" 분으로 증거하였습니다. 여러분은 지금까지 바울의 말을 듣고 한 번도 의심하지 않았는데, 그는 주 예수 그리스도의 신성과 인성을 믿었으며, 그를 하나님의 본체로 믿었습니다. 바울은 예수 그리스도의 인격을 분명한 언어와 따뜻한 사랑으로 전하였습니다. 하나님께서 보내신 그리스도는 바울에게 모든 것의 모든 것이 되시는 분(all in all)이셨습니다.

사도는 구속주의 사역에 대해서도 마찬가지로 분명하게 말하였으며, 특별히 그의 죽으심을 강조하였습니다. 유대인은 "끔찍해! 너는 어떻게 중죄인의 형벌을 받고 죽었으며, 나무에 매달렸기 때문에 저주를 받은 사람을 자랑할 수 있단 말인가!"라고 말하였습니다. 헬라인은 "제발, 죽은 너의 신(神)에 대하여 더 이상 우리에게 말하지 마라! 부활에 대하여 더 이상 지껄이지 마라. 우리는 그런 어처구니없는 바보 같은 소리를 절대로 믿지 않을 것이다"라고 말하였습니다. 그러나 바울은 그런 비난을 받았다고 해서 이 사실들을 감추지 않고, 이렇게 말합니다. "여러분, 나는 먼저 그리스도의 생명, 그리고 그의 모범의 탁월함에 대하여 설명함으로 설교를 시작하겠습니다. 그리고 나는 이런 방법으로 그리스도 안에 신성한 것이 있었다는 결론으로 여러분을 유도하고자 하며, 그 다음에 그가 죄 값을 갚으셨다는 더 큰 결론에 이르도록 할 것입니다." 단호하게 그는 처음부터 그리스도의 복되신 인격을 말하였으며, 자신이 성령의 가르침을 받은 대로 그리스도를 명백하게 설명하였습니다. 그리고 그리스도의 십자가 죽으심을 전면에 내세웠고, 그것을 핵심 주제로 삼았습니다. 그는 "자, 그리스도의 죽음의 문제를 잠시 접어두겠습니다"라거나, 혹은 "자기의 증거를 완성하는 방편인 순교라는 측면에서 그리스도의 죽음을 생각해 보겠습니다"라고 말하지 않았고, 십자가에 못 박히신 구주, 죽으시고 매장되신 그리스도, 죄를 짊어지신 그리스도, 우리를 위해 저주를 받으신 그리스도를 자랑하였습니다. "기록된 바 나무에 달린 자마다 저주 아래에 있는 자라 하였음이라"(갈 3:13). 그리스도의 십자가 죽으심은 바울이 고린도에서 스스로 제한한 주제였으며, 그는 이 주제 밖으로 한 발자국도 나가지 않았습니다. 아니, 그는 자신의 설교를 이 주제에 집중하기로 결심할 뿐만 아니라 다른 어떤 주제도 알지 아니하기로 결심합니다. 고린도 사람들 가운데서 바울은 십자가에 못 박히신 예수 그리스도 외에는 어떤 사상에도 그의 마음을 속히 닫으려 하였습니다.

이러한 방침은 틀림없이 졸렬하게 보였을 것입니다. 세상의 현자들의 협회에 문의해 보십시오. 그러면 그들은 그런 분별없는 방침을 비난할 것입니다. 왜냐하면 우선 그런 설교는 유대인들을 모두 다 떠나고 싶게 만들기 때문입니다. 고린도의 유대인들이 구약성경에 대한 신앙을 갖고 있고, 아울러 메시야에 대한 많은 교훈들을 받아들이고 삼위일체 하나님의 일체성을 견고히 붙잡고 있었던 만큼, 그들은 복음의 빛에 큰 도움을 주어왔습니다. 그러므로 바울이 만일 유대인들이 반대할 만한 불쾌한 점들을 이따금 억제하였다면, 그는 조금 더 다가가 그들을 잡아끌며, 점차로 십자가에 이르게 할 수 있지 않았을까요? 만일 신중하게 다루었다면 그 이스라엘 사람들에게 희망이 있었을 것이라고 현자는 말했을 것입니다. 그리고 그들은 다음과 같이 조언했을 것입니다. "바울, 우리는 그대의 생각을 단념하라고 말하는 것이 아닙니다. 다만 당신의 그 생각을 잠시 감추세요. 진리가 아닌 것은 말하지 마세요. 하지만 동시에 진리에 대하여 조금 말을 아끼세요. 그렇지 않으면 그대는 이 가능성 있는 유대인들을 몰아내고 말 거에요." 사도는 이런 교활함에 굴복하지 않았으며, 진리를 억누름으로써 유대인이나 이방인을 얻으려하지 않았습니다. 왜냐하면 그런 회심자들은 가치가 없다는 것을 그가 알았기 때문입니다. 만일 천국 가까이에 있는 사람이 있는 그대로의 진리를 들었다고 하여 곧바로 복음에서 멀어진다면, 그것은 바울의 의무에 대한 지침이 될 수 없습니다. 바울이 알고 있기에 복음이란 "이 사람에게는 사망으로부터 사망에 이르는 냄새요 저 사람에게는 생명으로부터 생명에 이르는 냄새"(고후 2:16)여야 합니다. 그러므로 어떤 일이 있어도 그의 영혼이 구원을 받아야 합니다. 결과는 그를 위한 것이 아니라 주님을 위한 것입니다. 진리를 담대하게 말하는 것이 우리의 의무이며, 우리는 모든 경우에 하나님에게 향기로운 냄새가 되어야 할 것입니다. 회심을 바라고 미봉책을 쓰는 것은 선을 얻기 위해 악을 행하는 것이며, 순간이라도 이런 행위를 할 생각을 해서는 절대로 안 될 것입니다.

　　다른 사람은 이렇게 말했을 것입니다. "하지만 바울, 당신이 이렇게 하면 반대를 불러일으킬 거요. 십자가에 못 박힌 그리스도가 이지적인 사람들에게는 웃음거리요 불명예라는 사실을 당신은 모르십니까? 저런, 고린도에는 많은 철학자들이 있습니다. 당신이 십자가에 못 박힌 자와 그의 부활에 대하여 입을 열기만 해도 정말 그것은 무한한 조롱을 야기할 것입니다. 당신이 아레오바고에서 바로 그 주제에 대하여 말하였을 때 그들이 얼마나 당신을 조롱하였는지 기억나지 않습니까? 그들의 경멸을 자초하지 마세요. 그들의 영지주의를 반박하시고 당신도 철학자임을 그들에게 보여주세요. 누구에게

나 마음에 들도록 행동하세요. 학식 있는 사람들 가운데서는 학식 있게 행동하고, 웅변가들 가운데서는 수사적으로 말하세요. 이렇게 하므로 당신이 많은 친구들을 사귈 것이며, 차차 당신의 회유적인 행동으로 그들이 복음을 받아들이게 될 것입니다." 사도는 고개를 가로젓고 단호하게 거절하였으며, 단호한 목소리로 자신의 결심을 말합니다. 그는 이렇게 말합니다. "나는 작정하였습니다. 나는 이미 마음을 정하였습니다. 당신의 자문과 당신의 조언을 나는 듣지 않습니다. 그들 가운데 있는 이방인들이 아무리 학식이 있을지라도, 아무리 수사학을 좋아할지라도 나는 예수 그리스도와 그의 십자가에 못 박히신 것 외에는 아무 것도 알지 아니하기로 작정하였습니다." 그는 자신의 입장을 고수합니다.

사도의 작정은 그가 전하는 주제에 청중의 주의를 몰두시키겠다는 의도였기에 더욱 주목할 가치가 있습니다. 그런 만큼 그는 탁월한 말솜씨로 그 주제를 전하려 하지 않았고, 사람의 지혜로 그것을 장식하려 하지 않았습니다. 아마도 여러분은 제임스 1세의 초상을 그린 유명한 화가에 대한 이야기를 들어보았을 것입니다. 그는 계절의 모든 꽃들이 피어있는 나무 그늘 아래에 제임스 1세가 앉아 있는 모습을 그렸습니다. 모든 시선이 아름다운 꽃들에 매료되어 있었기 때문에 아무도 왕의 얼굴을 조금이라도 알아차릴 수가 없었습니다. 바울은 자신이 그린 초상이 십자가에 못 박히신 그리스도가 되도록 하기 위해 어떠한 꽃도 그리지 않기로 작정하였습니다. 시인들이나 철학자들로부터 나온 단 한 송이의 꽃조차 없이 있는 그대로의 십자가의 사실과 교리를 그리기로 작정하였습니다. 우리 가운데 어떤 사람들의 경우에는 훌륭한 연설을 회피하려는 결심이 그렇게 크게 요구되지 않을 수 있습니다. 왜냐하면 우리가 그런 방면에서 빈약한 은사만을 가질 수 있기 때문입니다. 하지만 바울은 아주 타고난 능력과 다양한 재능을 가진 사람이었으며, 고린도의 비판자들이 얕볼 수 없는 사람이었습니다. 하지만 십자가의 꾸밈없는 아름다움이 독자적으로 사람들을 설득하도록 하기 위해 그는 모든 장식을 버렸습니다.

그가 꽃들을 추가하시는 않았지만 십자가를 연기로 어둡게 하려고 하지는 않았습니다. 사람들로 하여금 복음을 인식하지 못하도록 하기 위해 신비화와 의심의 연기 속에서 복음을 전하는 방법이 있습니다. 많은 무리의 사람들은 언제나 거대한 철학의 가마를 끓이고 뜨겁게 데워서 이 가마에서 뜨거운 증기가 나오게 하며, 이로써 끔찍하게도 그리스도의 십자가를 흐리게 합니다. 아아, 하나님의 지혜를 감추는 그런 지혜란 가장 죄스러운 형태의 어리석음입니다. 어떤 사람들이 그리스도를 설교하는 모습을 보면, 나는 마치 전쟁터의 전사의 모습에 대한 묘사를 보는 듯합니다. 그 화가는 오직 연기만을 그렸으며, 여러분은 그 그림을 보고 "도대체 전함은 어디에 있는 거야?"라고 말합니다. 이것 참, 여러분이 한참 찾아본다면 돛대 꼭대기의 한 조각이나 혹 돛대 아래 활대의 한 부분을 식별할 수 있을 것입니다. 의심할 여지 없이 전함은 거기에 있었지만 연기가 그것을 가리었습니다. 이렇듯 어떤 사람들의 설교 속에 그리스도께서 계시지만, 이러한 구름 같은 생각, 짙은 먹구름 같은 깊은 사상, 지긋지긋한 연기와 같은 철학으로 인해 여러분은 주님을 볼 수 없습니다. 바울은 청명한 하늘 아래에서 그림을 그렸으며, 학문적인 어둑한 공간을 두려 하지 않았으며, 웅변가들의 연설의 기술을 알지 않고, 철학자들의 방식을 따라 깊이 생각하는 법을 알지 않으며, 오직 예수 그리스도와 그의 십자가에 못 박히신 것만을 알기로 작정하였으며, 그의 꾸미지 않은 본래의 아름다움 그대로를 보이기로 작정하였습니다. 그는 중심이 되시는 분, 곧 십자가에 못 박히신 그리스도로부터 마음의 시선을 빼앗기 쉬운 액세서리들을 흩어버렸습니다. 누군가 이에 대하여 "경솔한 시도"라고 말합니다. 아아, 형제들이여, 그것은 믿음의 시도이며, 믿음은 믿음의 자녀들에게 당연한 것입니다. 만일 우리가 단순한 권고의 효력을 의지한다면 육체로 태어난 것을 의지할 것입니다. 만일 우리가 논리적 논증의 효력을 의지한다면 우리는 다시금 사람의 이성을 가지고 태어난 것을 의지할 것입니다. 만일 우리가 시적인 표현과 매력적인 말투를 신뢰한다면 우리는 육체의 방법을 기대할 것입니다. 하지만 우리가 십자가에 못 박히신 구세주의 꾸밈없는 전능을 의지하고, 골고다에서 성취된 놀라운 사랑의 행위의 본질적인 효력을 신뢰한다면, 그리고 하나님의 영이 이것을 사람들을 회심하게 하는 도구로 삼으실 것이라고 믿는다면, 이 시도는 결코 실패로 끝날 수 없을 것입니다.

    하지만, 오 나의 형제들이여, 이런 시도가 바울에게 얼마나 유익한 일이 되어 왔는지요! 그는 철학을 모르고 또 웅변도 못하는 우리와 같지 않았습니다. 그는 이 두 분야의 너무 뛰어난 달인이었으며, 그래서 스스로 자제해야 할 필요성을 틀림없이 깨달았을 것입니다. 때로는 깊이 있는 지적인 사고가 그의 마음에 떠오르고, 멋진 표현의 방식이 떠올랐을 때, 사도는 자신을 제어하면서 다음과 같이 속으로 말하는 모습을 나는 상상할 수 있습니다. "내가 로마인들을 위해서는 이 깊은 사고를 남겨 주리라. 내가 (로마서) 8장에서 이 모든 사고를 그들에게 표현하리라. 하지만 이 고린도 사람들에게는 십자가에 못 박히신 그리스도 외에는 내가 아무것도 나타내지 아니하리라. 왜냐하면 그들이 너무 육적이고, 지나치게 재능을 맹종하기에 그들은 진리를 전하는 나의 훌륭한 방식이 그 진리의 능력이라는 생각에 빠져버리리라. 따라서 그들은 오직 그리스도, 오직 그리스도만을 알아야 하리. 그들은 어린아이들이야. 그러므로 나는 그들에게 이런 식으로 말해야만 해. 그들은 그리스도 안에서 단순한 유아들이며, 젖이 필요하고, 그래서 나는 그들에게 오직 젖을 주어야 해. 그들은 똑똑하고 많이 알기를 원하며, 우쭐대고 교만하며, 분열과 말다툼을 일삼고 있어. 나는 그들에게 '오래된, 아주 오래된, 예수님과 그의 사랑의 이야기' 외에는 아무것도 전하지 않으리라. 그리고 나는 마치 어린아이를 대하는 것처럼 그들에게 이 이야기를 말하리라." 이처럼 그들의 영혼을 향한 무한한 사랑 때문에 사도는 그의 증거를 한 가지 핵심 주제인 십자가에 못 박히신 예수님에게 집중하게 되었던 것입니다.

지금까지 나는 사도의 주제가 무엇인지 여러분에게 보여드렸습니다.

**2. 둘째, 바울이 한 가지 증거에 그의 힘을 집중시켰지만
이는 그의 목적을 이루는데 충분하였습니다.**

사도의 목적이 지적인 청중을 기쁘게 하는 것이었다면, 그리스도와 그의 십자가에 못 박히신 것은 전혀 그 목적을 이루지 못했을 것입니다. 만일 그가 다시금 자신을 심오한 교사로 자처하기로 했다면, 그는 새로운 것, 곧 구세주의 인격과 사역보다 더 현혹적인 무언가를 찾았을 것입니다. 그리고 만일 바울이 교양 있고 지성이 있는 사람들로 구성된 상류 계급의 교회, 곧 일반적으로 복음을 경멸하는 사람들의 집단을 의미하는 그런 교회를 세우고자 대단히 독립적인 지성을 가진 한 부류의 사람들 — 이 표현이 자유사상가들(특히 종교 문제를 합리적으로 고찰하여 교회의 권위를 무시하는)에 대한 완곡한 표현이라고 나는 믿습니다 — 을 모으려고 했더라면, 그는 분명히

예수 그리스도와 그의 십자가에 못 박힌 것을 전하는 것을 고집하지 않았을 것입니다. 이런 부류의 사람들은 이런 한 가지 주제만을 가지고 성공할 것이라는 바울의 희망을 부정하였을 것입니다. 그런 설교는 오직 가난하고 배우지 못한 사람들, 하녀들과 할머니들만을 끌어 모을 것이라고 그들은 바울에게 보증하였을 것입니다. 하지만 바울은 그런 발언에 당황하지 않았을 것입니다. 왜냐하면 그는 가난하고 연약한 영혼들을 사랑하였기 때문입니다. 게다가 자신의 지성을 지배한 그 무엇이 다른 지성인들을 지배할 것을 알고 있었으며, 그래서 그는 모든 부류의 사람들에게 자신의 의도를 효과적으로 성취할 수 있는 도구가 십자가의 도 안에 있다고 믿으면서 그 십자가의 도를 끝까지 고집하였던 것입니다. 형제들이여, 바울이 무엇을 하기를 원하였습니까? 바울은 무엇보다 먼저 죄를 깨닫도록 죄인들을 일깨워 주기를 원하였습니다. 그런데 그 죄를 그리스도께서 담당하셨고, 그로 인해 그리스도께서 죽으셨다는 이 교리만큼 지금까지 이 일을 완벽하게 수행한 것이 또 어디 있겠습니까? 죄인이 성령의 조명을 받으면 죄가 사소한 것이 아니며, 속죄 없이는 용서받을 수 없으며, 그에 따른 형벌이 반드시 있으며, 누군가가 그 형벌을 받아야 한다는 사실을 즉시 깨닫습니다. 성령의 조명을 받은 죄인은 죄로 말미암아 말로 할 수 없는 고통 속에서 피를 흘리며 죽으신 하나님의 아들을 대할 때, 자신의 죄가 엄청난 무게로 눌러 터뜨리는 짐이라는 사실을 깨닫습니다. 하나님의 아들조차도 그 무거운 짐에 눌려 절규하셨다면, 그의 죽음의 고뇌가 하늘을 찢고 땅을 진동시켰다면, 악한 죄가 그 얼마나 두려운 것이겠습니까! 나의 인격 속에서 내가 죄의 형벌을 받을 운명이라면, 나의 영혼에게 쏟아지는 죄 짐의 무게가 어느 정도이겠습니까? 이렇게 성령의 조명을 받은 죄인은 올바른 판단으로 자신의 죄를 깨닫게 됩니다.

　　바울이 원했던 또 한 가지는 죄인들의 마음속에 겸손한 소망을 일깨워 주는 것이었습니다. 이 겸손한 소망은 사람들을 예수님께로 인도하는 위대한 수단이 됩니다. 바울은 용서가 공의에 맞게 베풀어질 수 있다는 소망을 죄인들에게 심어 주기를 원하였습니다. 오, 형제들이여, 십자가에 못 박히신 그리스도께서 절망의 짙은 흑암을 꿰뚫을 수 있는 유일한 광선이며, 참회하는 마음속에 공의로운 재판장으로부터 용서받을 수 있다는 소망을 심어주십니다. 죄인이 십자가에 못 박히신 예수님을 일단 한 번 뵈었다면 의심할 필요가 있을까요? 예수님의 피 흘리신 상처로 말미암아 모든 죄를 용서받을 수 있다는 사실을 그가 깨달을 때, 최선의 소망이 즉시 그의 가슴속에서 타올라 다음과 같이 말하게 되지 않을까요? "내가 일어나 아버지께 가서 이르기를 아버지 내가 하늘과 아버지께 죄를 지었사오니"(눅 15:18).

바울은 한 걸음 더 나아가 사람들이 실제로 예수 그리스도를 믿게 되기를 원하였습니다. 자, 예수 그리스도에 대한 믿음은 오직 예수 그리스도를 전함으로써 임합니다. 믿음은 들음으로 말미암지만, 그 들음은 믿음과 관련된 주제에 대한 것이어야 합니다. 여러분이 그리스도를 믿는 자들을 만드시기 원하십니까? 그러면 그리스도를 전하세요. 그리스도에 관한 사실들을 성령께서 적용하실 때 비로소 사람들이 그리스도를 믿게 되는 것입니다. 그것이 전부는 아니었습니다. 바울은 사람들이 죄를 버리기를 원하였고, 죄 때문에 예수님의 고난을 바라보는 것만큼 그들이 죄를 미워하게 되기를 원하였습니다. 여러분과 내가 알고 있는 바, 피 흘리신 구세주의 능력이 우리로 하여금 죄를 설욕하게 합니다. 우리의 죄가 매우 사랑받는 그분을 처형하는 못과 망치와 창, 바로 그 사형집행인이 된 것을 우리가 깨달았을 때, 우리가 얼마나 많이 분개하였으며, 얼마나 많이 성찰하였으며, 얼마나 단호히 결심하였으며, 얼마나 괴롭게 후회하였으며, 얼마나 깊이 회개하였습니까?

그리고 바울은 고린도에서 헌신된 사람들로 이루어진 교회, 사랑이 충만하고, 자기를 철저하게 부인하는 교회, 거룩한 사람들이 선한 일을 열심히 하는 교회를 세우기를 원하였습니다. 여러분에게 묻겠습니다. 성화와 헌신을 장려하기 위해, 우리를 구속하시고 우리를 그의 종으로 삼으신 예수 그리스도를 전하는 것보다 더 필요한 것이 또 어디 있습니까? 값으로 산 바 되었기 때문에 우리가 우리 것이 아니라는 사실보다 더 강력한 논증이 무엇입니까? 내가 말하건대, 바울은 십자가에 못 박히신 그리스도 안에서 자신의 목적에 부합된 한 가지 주제를 취하였습니다. 그것은 타락했든 수양을 쌓았든 모든 사람을 만족시킬 주제이며, 그것은 이제 막 새롭게 태어난 사람들에게도 유익하며, 그들이 빛 가운데서 성도들의 기업의 참여자가 될 만한 상태가 되었을 때에도 유익한 주제입니다. 그는 오늘과 내일을 위한 한 가지 주제, 그리고 내년을 위한 한 가지 주제를 취하였습니다. 왜냐하면 그리스도는 어제나 오늘이나 영원토록 동일하시기 때문입니다. 그는 십자가에 못 박히신 그리스도 안에서 왕궁을 위한 한 가지 주제와 농부의 헛간을 위한 한 가지 주제를 취하였으며, 시장을 위한 한 가지 주제와 학교를 위한 한 가지 주제를 취하였으며, 이방의 신전을 위한 한 가지 주제와 회당을 위한 한 가지 주제를 취하였습니다. 그가 어디를 가든지, 그리스도는 유대인이나 헬라인이나, 종이나 자유인이나, 모든 이들에게 하나님의 지혜와 하나님의 능력이 되어 주셨으며, 그리고 어떤 형태의 유익한 영향 정도가 아니라 믿는 모든 자에게 넘치는 구원이 되어 주셨습니다.

**3. 이제 나는 세 번째 대지로 넘어가야 하는데,
그것은 사도가 이 주제만을 고집한 것이 해가 되지 않았다는 것입니다.**

형제들이여, 여러분도 알다시피, 사람들이 한 가지만을 배타적으로 강조할 때 그 점에서는 힘이 있지만 다른 점에서는 대체로 매우 약하게 됩니다. 그러므로 한 가지 생각만을 하는 사람은 대체로 자기 자랑을 계속하는 것처럼 보입니다. 자, 이 주제는 바울의 자랑이었습니다. 하지만 이 자랑은 사람이 자신이나 이웃에게 아무런 해를 주지 않고 자랑할 수 있는 그런 자랑이었습니다. 바울이 온전히 그리고 오로지 이 한 가지 주제에 빠졌다 할지라도 그럼에도 불구하고 그는 완전한 사람이 될 것입니다.

십자가에 못 박히신 그리스도는 아무리 자랑해도 해가 되지 않는 그 유일한 주제가 된다는 사실을 내가 말하겠습니다. 그것이 왜 그런지 여러분에게 보여드리겠습니다. 여러분도 알다시피 교리, 오직 교리만을 설교하는 목회자들이 있습니다. 그들의 설교 방식은 여러분이 손가락을 세는 것과 비슷합니다. "하나, 둘, 셋, 넷, 다섯," 그리고 혹은 "다섯, 넷, 셋, 둘, 하나." 그 손가락들은 항상 위대한 진리의 특정 세트이며, 그밖에 다른 것이 아닙니다. 이런 목회의 결과가 무엇입니까? 자, 일반적으로 모든 것을 알고 있다고 생각하지만 실제로는 그다지 많이 알지 못하는 그런 세대의 사람들을 가르치는 것은 매우 단호하고 어느 정도는 유익하지만, 매우 좁고, 매우 배타적이며, 매우 고집불통이며, 어느 정도 바람직하지 않습니다. 여러분이 교리만을 전한다면 반드시 여러분 자신의 마음과 청중의 마음을 좁아지게 합니다.

또 다른 이들은 체험만을 설교합니다. 그들은 매우 착한 사람들입니다. 내가 그런 사람들이나 교리적인 친구들을 비난할 마음은 없지만 그들 또한 해악에 빠집니다. 그들 가운데 어떤 이들은 저급한 체험을 합니다. 그리고 그들은 말하기를, 타고난 죄의 잔혹한 성격을 통감하고 부담감으로 매일 신음하지 않으면 아무도 하나님의 자녀가 될 수 없다고 합니다. 몇 년 전만 해도 우리가 그런 이야기를 많이 듣곤 하였지만 지금은 줄어든 상황입니다. 이러한 가르침은, 자기들만큼 괴로워하지 않으면 누구나 다 비판함으로써 겸손을 과시하는 사람들을 길들입니다. 이러한 가르침에 대한 나의 정의가 어폐가 있나요?

최근에 또 다른 사람들이 나타나서 체험을 설교하지만 그들의 설교는 항상 밝습니다. 내 생각에, 그들은 약간 풍선 방향으로 위로 높이 올라갑니다. 그들은 체험의 밝은 측면만을 인정하고, 어둠과 죽음은 전혀 인정하지 않습니다. 그들에게는 밤이 없으며, 영구한 여름날 동안 내내 노래합니다. 그들은 죄를 정복하였고 또 스스로 죄를 무시하였습니다. 그들은 그렇다고 말합니다. 하지만 만일 그들이 우리에게 그렇게 말하지 않았다면 우리는 그들이 그렇다고 생각하지 않았을 것입니다. 그와는 반대로 그들이 자신과 자신의 업적에 대해 매우 분명한 견해를 가졌다고 우리는 생각했을 것입니다. 내가 틀렸기를 바랍니다. 하지만 최근에 일부 사랑하는 형제들 안에서 자아가 기막히게 커진 것을 보고 우리 중 얼마는 크게 잘못될 수 있는 존재들이 나타났다고 생각했습니다. 확실히 그들의 집회와 설교는 주로 그들의 감탄할 만한 상태에 대한 아주 놀랄 만한 선언으로 이루어집니다. 그것이 사실이라면 나는 그들이 은혜 안에서 성장한다는 소문을 듣기를 기꺼이 바랄 것입니다. 하지만 그런 소문이 있었다면 나 스스로도 그들의 성장한 모습을 곧 발견했을 것이며, 혹은 그들 자신 외에 다른 사람들로부터 그런 증언을 들었을 것입니다. 왜냐하면 성령으로 감동된 잠언은 이렇게 말씀하고 있기 때문입니다. "타인이 너를 칭찬하게 하고 네 입으로는 하지 말며 외인이 너를 칭찬하게 하고 네 입술로는 하지 말지니라"(잠 27:2). 나로서는 누군가 나를 칭찬하는 것이 옳다고 생각했을지라도 그가 잠자코 있기를 바랄 것입니다. 왜냐하면 인간을 높이는 것은 어리석은 일이기 때문입니다. 오직 주님만을 높입시다. 생명 그 자체이신 그리스도를 전하지 않고 오로지 내적인 생명만을 전하는 것은 분명히 중대한 오류를 일으킬 것이라고 나는 생각합니다.

다른 부류의 목회자들은 교훈들을 설교하고 그밖에 다른 것은 거의 설교하지 않습니다. 우리는 때로는 이 사람들을, 때로는 다른 사람들을 원합니다. 그들 모두 유익하며, 서로에게 해결책으로 기능할 수 있으나 그들의 사역은 완전하지 않습니다. 여러분이 의무와 명령에 대한 설교를 듣는다면 그것은 매우 타당하지만, 만일 오로지 의무와 명령만을 주제로 설교한다면 결국에는 매우 율법적인 설교가 되고 말 것입니다. 그리고 잠시 후 그 교훈을 준수하게 하는 능력을 가진 참된 복음은 이면으로 사라지고, 결국 그 교훈은 지켜지지 못합니다. 하라, 하라, 하라고 말하지만, 일반적으로 이런 말은 아무것도 하지 못한 채 끝나고 맙니다.

자기들이 기뻐하는 것은 억지로 성례라고 갖다 붙이는 그런 사람들처럼, 만일 한 형제가 오직 의식(儀式)만을 전하겠다고 단언한다면 — 그 가르침이 어디로 갈지 여러분도 알다시피 — 그 가르침은 남동쪽 방향으로 향하고, 그 정한 라인은 로마 시에서 만나게 될 것입니다.

게다가, 사랑하는 형제들이여, 여러분이 예수 그리스도를 전한다 하더라도 여러분은 바울이 취한 면 외에 다른 면으로 나아가서는 안 됩니다. 말하자면, "그의 십자가에 못 박히신 것"입니다. 왜냐하면 다른 어떤 면에서도 여러분은 그리스도를 독점적으로 주목해서 볼 수 없기 때문입니다. 예를 들면, 재림에 대한 설교는 그 장소와 규모 면에서 감탄할 만하지만 어떤 사람들의 경우에는 그 본래의 위치에서 벗어나 그들의 사역의 궁극적인 것이자 모든 것이 되었습니다. 아시다시피, 그것은 바울이 선택한 것이 아니며, 또한 그것은 안전한 선택이 아닙니다. 많은 경우 지나친 광신의 결과는 오로지 예언만을 곱씹는 것입니다. 아마도 다른 어떤 종교적인 문제보다 그 주제에 많은 사람들이 더 미쳐왔을 것입니다. 과연 어느 누구가 그리스도의 십자가에 못 박히신 것에 광신적이었는지 나는 말할 수 없습니다. 나는 한 번도 그런 사례를 들어본 적이 없습니다. 과연 어떤 사람이 십자가에 못 박히신 구세주를 사랑하므로 미쳤는지 나는 알지 못합니다. 나는 그런 경우를 한 번도 본 적이 없습니다. 내가 이제 미친다면, 그렇게 되기를 바랄 것이며, 그리고 훨씬 더 많은 사람들을 기꺼이 유도할 것입니다. 그리스도가 십자가에 못 박히신 것이 얼마나 복된 주제이면, 거기에 도취되고, 이성을 잃고 열중하게 되며, 예수님을 믿는 믿음으로 정신을 못 차릴 정도가 되겠습니까! 사실 이 주제는 마음에 절대로 상처를 주지 않으며, 영원히 들을 수 있고, 또 언제나 신선하고 새롭고, 그리고 우리의 전 인격에 적합한 도입니다.

내가 말하건대, 이 도는 고집하는 것이 상처를 주지 않는데, 그 이유는 이렇습니다. 이것은 생명의 원천이 되는 모든 것을 그 자체 내에 가지고 있습니다. 그리스도와 그의 십자가에 못 박히신 것 안에만 머물러 보세요. 그리하면 여러분은 이 세상과 오는 세상에서 본질적으로 필요한 모든 것을 사람들 앞에 이미 제공하였습니다. 여러분은 이미 가지와 꽃 모두를, 그리고 거룩한 생각과 말과 행동의 열매를 돋아나게 하는 뿌리를 그들에게 베풀었습니다. 십자가에 못 박히신 그리스도를 사람에게 알리세요. 그리하면 그를 아는 것이 곧 영생이라는 진리를 그가 알게 될 것입니다. 이 주제는 그 사람의 일부분만 일깨우고 다른 부분은 재우지 않습니다. 그것은 그의 상상력만 불붙이고 그의 판단력은 무식한 채 내버려 두지 않으며, 그의 지성만 채워주고 그의 마음은 굶기지 않습니다. 이는 우리의 본성의 기능이 아니라 십자가에 못 박히신 그리스도께서 선한 감동을 주시는 것입니다. 십자가에 못 박히신 그리스도의 완전한 인격이 정신, 마음, 기억, 상상, 사고, 모든 것에 감동을 줍니다. 우유 안에 생명을 유지하는데 필요한 모든 요소들이 함유되어 있는 것처럼, 십자가에 못 박히신 그리스도 안에는 영혼을 양육하는데 필요한 모든 것이 들어 있습니다. 다윗의 악장의 손이 그의 열 줄 하프의 모든 코드를 잡았던 것처럼 예수님은 우리의 전 인격으로 아름다운 음악을 연주하십니다.

또한 오로지 그리스도만을 전하는 것에 대하여 말할 수 있는 것은, 그것은 결단코 악의를 일으키지 않을 것이라는 점입니다. 어떤 이들이 다루기를 좋아하는 그런 좋은 논점들이 문제와 다툼을 야기할지라도, 오직 그리스도만을 전하는 것은 사람들의 마음에 그런 것들(문제와 다툼)을 불어넣지 않을 것입니다. 나의 판단과 여러분의 판단, 그리고 제삼자의 판단으로 어떤 문제들을 해결해야 할 때, 다툼이 계속해서 일어날 것은 확실합니다. 하지만 그리스도의 십자가 앞에 서 있고, 또 계속 그 자리를 고수하는 자는 거기서 진정한 그리스도인들의 건강한 형제애를 껴안을 수 있습니다. 왜냐하면 십사가 앞에서 우리는 한마음과 한 판단으로 완전히 연합되기 때문입니다. 십자가 앞에서 사람의 판단에는 자랑이 없습니다. "나는 바울에게 속했고, 나는 아볼로에게 속했고, 나는 그리스도에게 속했다"는 말은 십자가에 못 박히신 예수님을 따르지 않은 데서 비롯된 것입니다. 하지만 우리가 십자가를 따르며 죄인으로서 보혈을 통해 씻음받기를 바라며, 거기서 우리의 모든 구원을 찾는다면, 우리는 자기를 종교 지도자로 내세울 겨를이 없을 것이며, 그리스도의 교회 안에서 분쟁을 일으킬 겨를도 없을 것입니다. 지금껏 그리스도의 십자가에 못 박히신 것을 전함으로써 기독교 안에 한 분파라도 만들어진 적이 있습니까? 아닙니다. 나의 형제들이여, 분파들은 이것보다 더 무언가를 전함으로써 생겨나는 것입니다. 그러나 이것은 기독교의 정신이자 골수이며, 따라서 그리스도인들을 함께 묶는 완전한 사랑의 끈입니다.

4. 더 말하지 않겠으나 마지막으로 내가 전할 나의 생각은 이것입니다.

그때에 바울이 고린도 사람들 가운데서 이것을 그의 유일한 한 가지 주제로 삼았고, 또 그렇게 함으로써 아무런 해를 끼치지 않았기 때문에 ─ 다른 어떠한 주제도 그렇다고 말할 수 없는데 반해 ─ 내가 권면하건대 우리 모두 이것을 우리의 생각, 설교, 그리고 노력의 핵심 주제로 삼읍시다.

회심하지 않은 남성과 여성들, 여러분에게 나는 먼저 말합니다. 내가 여러분에게 전할 것은 오로지 예수 그리스도와 그의 십자가에 못 박히신 것밖에는 없습니다. 바울은 고린도에 큰 죄인들이 있었다는 것을 알고 있었습니다. 왜냐하면 당시의 세상에서 고린도인을 음탕한 사람이라고 부른 것이 일반적이었기 때문입니다. 그들은 극도로 방종하고 외설적인 사람들이었는데도 바울은 그들 가운데서 그리스도와 그의 십자가에 못 박히신 것 외에는 아무것도 알지 아니했습니다. 왜냐하면 큰 죄인들이 원하는 모든 것이 거기에서 발견되기 때문입니다. 죄인이여, 여러분은 자신 안에서 아무것도 얻지 못하며, 그러므로 여러분이 무언가를 예수님께 가져올 생각을 하지 말아야 합니다. 여러분은 심오한 복음의 도에 대하여 아는 것이 하나도 없다고 내게 말합니다. 여러분이 그리스도께로 오기만 하면 그것을 알 필요가 없습니다. 여러분이 알아야 할 한 가지는 이것입니다. 곧 예수 그리스도, 하나님의 아들이 죄인들을 구원하시려고 세상에 오셨으며, 누구든지 그를 믿는 자마다 멸망치 않고 영생을 얻는다는 사실입니다. 나는 여러분이 믿음 안에서 배우고 지식을 뛰어넘는 사랑의 높이와 깊이를 알기를 바랄 것입니다. 하지만 바로 지금 여러분이 알아야 할 한 가지는 십자가에 못 박히신 예수 그리스도입니다. 여러분이 만일 그 주제를 결코 넘어가지 아니한다면, 만일 여러분의 마음이 연약하여 이보다 더 심오한 어떤 것도 결코 이해하지 못할 것이라는 자세가 된다면 나는 한 가지 때문에 조금도 고민하지 않을 것입니다. 왜냐하면 그 한 가지로 인해 여러분이 죄의 능력과 그 형벌로부터 구원받을 것을 여러분이 체험하게 될 것이며, 또한 그 한 가지로 인해 여러분이 천국에 올라가 십자가에 못 박히신 동일하신 예수님께서 하나님 우편에 앉아 계시는 바로 그곳에서 살 것을 여러분이 체험하게 될 것이기 때문입니다. 오, 사랑하는 상한 심령이여, 여러분이 치유받기를 원한다면, 그 치유책은 저 상처들 가운데 있습니다. 여러분이 쉼을 얻고자 한다면, 저 관통한 손으로부터 그것을 취해야 합니다. 여러분이 사죄의 소리를 듣고자 한다면, 그 소리는 틀림없이 "다 이루었다"라고 부드럽게 말씀하신 바로 그 입술로부터 들려올 것입니다. 그리스도와 그의 십자가에 못 박히신 것 외에 죄인들 가운데서 무언가를 아는 일이 절대로 없어야 합니다. 그리스도를 바라보세요. 오직 그만을 바라보세요. 그리하면 여러분의 영혼이 쉼을 얻을 것입니다.

그리스도를 알고 있는 나의 형제자매들이여, 나는 여러분에게 이런 말씀을 드리겠습니다. 이것을 간직하고 전선(戰線)에 나가시고, 이것 말고는 아무것도 가져가지 마세요. 왜냐하면 원수는 바로 이것에 대하여 화를 내기 때문입니다. 원수로부터 가장 맹렬한 습격을 받는 전선의 지역은 그 원수가 꼭 빼앗아야겠다고 생각하는 요충지입니다. 사람들은 자기가 두려워하는 것들을 미워합니다. 복음의 원수들은 주로 십자가를 대적합니다. 처음부터 그랬습니다. 그들은 "지금 십자가에서 내려올지어다 그리하면 우리가 믿겠노라"(마 27:42)라고 소리쳤습니다. 그들은 그리스도의 멋진 생애를 우리에게 기고할 것이며, 그가 얼마나 탁월한 사람이었는지 우리에게 말할 것이며, 유다의 입술이 최대한 표했던 그런 경의를 우리 주님에게 표할 것입니다. 그들은 또한 산상수훈의 말씀을 가지고 그가 인간의 마음을 얼마나 예리하게 통찰했는지, 그리고 훌륭한 윤리의 법전을 가르쳤는지 등등의 말을 우리에게 해줄 것입니다. 그들은 말하기를, "우리가 그리스도인들은 되겠지만 구속의 교리는 철저하게 거부합니다"라고 합니다. 우리의 대답은 이렇습니다. 그들이 우리 주님의 대속의 희생을 부인한다면, 그들이 주님에 대하여 뭐라 말하든지 우리는 조금도 상관하지 않습니다. 그들이 주님에게 포도주를 드리건 신포도주를 드리건 그들이 십자가에 못 박히신 주님의 자격을 인정하지 않는 한, 그것은 사소한 문제입니다. 불신자들의 칭송은 구역질납니다. 더러운 입술로 주님을 찬양하는 소리를 누가 들으려 하겠습니까? 그런 사탕발림의 말은 마귀가 예수님을 "지극히 높으신 하나님의 아들이여"라고 칭하였을 때 그 입으로 한 말과 아주 흡사합니다. 그때에 예수님은 마귀를 꾸짖고 "잠잠하고 그 사람에게서 나오라"고 말씀하셨습니다. 그리스도의 생애를 이렇게 찬양하는 불신자들에게 우리는 이와 똑같이 말할 것입니다. "잠잠하시오! 우리는 당신들의 적대감을 알고 있고, 할 수 있는 대로 그것을 감추고 있다는 것을 알고 있소. 예수님은 사람들의 구세주이거나, 아니면 아무것도 아니오. 당신들이 십자가에 못 박히신 그리스도를 모시지 않는 한 그를 전혀 가질 수 없소." 예수님 안에 있는 나의 형제들이여, 예수님의 피를 크게 기뻐합시다. 그 피를 문 인방과 좌우 문설주에 뿌린 것처럼 눈에 띄게 합시다. 그리고 피로 말미암는 구원이 우리 마음의 깊은 판에 새겨져 있다는 것을 세상으로 알게 합시다.

　　형제들이여, 이것은 모든 교사를 검증하는 시금석입니다. 물고기가 상할 때 먼저 대가리의 악취로 그것을 말합니다. 그리고 설교자가 이단성을 띨 때, 항상 그리스도에 대한 입장에서 문제가 생깁니다. 그 설교자가 십자가에 못 박히신 그리스도에 대하여 분명하지 않다면, 여러분이 그의 설교를 한 번 듣는 것은 여러분의 불행입니다. 그러나 여러분이 다시금 그 설교를 처음처럼 듣는다면 그것은 여러분의 과실이 될 것입니다. 그리고 세 번째 듣는다면 그것은 여러분의 범죄가 될 것입니다. 누구든 십자가에 못 박히신 그리스도에 대하여 의심을 품는다면, 하트(Hart)의 시구(詩句)를 생각하세요. 그의 시는 진리입니다.

> "당신이 그분을 바르게 생각하지 않는다면
> 　당신의 셈은 바르지 않을 수 있다."

　　웨스트민스터 신앙고백의 모든 교리들에 대하여 사람들이 어찌 생각하는지 나는 시험하기를 원치 않습니다. 다만 나는 여기서 "여러분이 그리스도를 어떻게 생각하십니까?"라고 묻겠습니다. 만일 여러분이 이 질문에 대하여 대답하지 못한다면 여러분이 좋아하는 곳으로 가서 여러분의 생각을 공표하세요. 하지만 여러분과 나는 극과 극처럼 멀어질 것이며, 나는 여러분과의 교제를 원치 않을 것입니다. 우리는 여기서 분명하게 말해야 합니다.

"십자가에 못 박히신 그리스도"께로 돌아오기를 바랍니다. 윌리엄 헌팅던(William Huntingdon)은 영혼들을 회심시키는 축복을 받았습니다. 내가 헌팅던 파는 아니지만 그의 축복받음을 확신합니다. 존 웨슬리는 영혼들을 회심시키는 축복을 받았습니다. 내가 웨슬리 파는 아니지만 그가 축복받은 것은 확실합니다. 주님께서 그들 모두에게 주신 축복의 핵심은 바로 그리스도를 증거한 사실에 있습니다. 설교 중에 예수 그리스도의 속죄가 차지하는 분량에 비례하여 그 설교가 활력이 넘치며, 또한 하나님께서 사람들의 회심을 인가하신다는 사실을 여러분이 발견할 것입니다. 그러므로 언제나 그리스도의 십자가에 못 박히신 사실을 나타내십시오.

나의 형제들이여, 나는 이제 여러분에게 한 가지 더 질문하겠습니다. 그리스도와 그의 십자가에 못 박히신 것은 우리가 살다가 죽을 이유가 아닌가요? 속인들은 하찮은 것을 먹고 살 수 있습니다. 그들은 목숨이 붙어 있는 동안 요나의 박넝쿨 아래서 혼자 신이 나서 낄낄거릴 수 있습니다. 하지만 사람의 심령이 눌려 있고, 몸이 괴로울 때, 그는 어디를 바라보나요? 그가 그리스도인이라면 그는 어디로 피하나요? 참으로 십자가에 못 박히신 그리스도 외에 어디로 가겠습니까? 나는 남몰래 성전 안에 들어가 세리와 같은 마음으로, 예수님께서 고귀한 피를 뿌리신 속죄소만을 바라보면서 "하나님이여, 이 죄인을 불쌍히 여기소서"라고 얼마나 자주 기쁘게 부르짖었는지 모릅니다. 나는 죽을 때까지 그리할 것입니다. 우리 고유의 교회 조직으로부터 위로를 구하다가 우리가 죽을 것이라고 나는 믿지 않습니다. 우리는 죽어가는 무리들과 함께 의식이나 교리를 붙잡다가 죽지 않을 것입니다. 우리의 영혼은 십자가에 못 박히신 예수로 살다가 죽어야 합니다. 모든 성도들이 임종 시에 골고다의 위대한 희생으로 돌아가는지 아닌지 주목하세요. 그들이 위대한 많은 사실들을 믿었습니다. 그들 중 일부는 별난 생각과 변덕과 기벽을 많이 가졌습니다. 그러나 핵심은 죽을 때에 최고조에 이릅니다. "예수님께서 나를 위해 죽으셨도다. 예수님께서 나를 위해 죽으셨도다." 그들 모두 이 핵심에 이릅니다. 자, 그들이 마지막 지점에 이를 때 처음으로 돌아가는 것이 좋을 것이라고 여러분은 생각하지 않습니까? 그 처음 것이 모든 것의 근본이라면, 그리고 그것이 확실하다면, 그것을 고수하는 것이 좋지 않겠습니까? 어떤 이들은 이것을 대단히 기뻐하고, 또 어떤 이들은 저것을 대단히 기뻐하며, 어떤 이들은 이런 예배의 형식을 기뻐하고, 또 어떤 이들은 저런 예배의 형식을 기뻐할 때, 우리는 이렇게 말합시다. "우리 주 예수 그리스도의 십자가 외에 내가 크게 기뻐하는 일은 없을 것입니다. 그로 말미암아 세상이 나에 대하여 못 박혔으며, 나 또한 세상에 대하여 못 박혔기 때문입니다."

　　형제들이여, 그리스도의 십자가를 더욱더 크게 드러내기를 여러분에게 권합니다. 왜냐하면 우리를 상호간에 더욱 밀접하게 결합시키는 것이 바로 십자가이며, 우리를 은혜로운 연합 가운데 머물게 하는 것 또한 십자가이기 때문입니다. 상당 부분 미묘한 요점에 의해 해석될 수 있는 그런 특별한 진리들을 우리 모두가 이해할 수 없으며, 헬라어 속에 감추어진 의미는 오직 비평가들이나 끌어낼 수 있습니다. 만일 여러분이 이런 골치 아픈 문제들에 관여하려 한다면, 형제여, 당신은 우리 어리석은 바보들을 뒤에 남겨 두어야 할 것입니다. 왜냐하면 우리는 이런 것들에 관여할 수 없으며, 당신은 우리를 당혹하게 할 뿐이기 때문입니다. 맞습니다. 당신의 지성이 훌륭하게도 그런 지각을 얻었고, 당신은 그 지성의 지각으로 많은 생각을 하고 있습니다. 나는 놀라지 않습니다. 왜냐하면 그것은 많은 사색이 필요하며, 당신은 뛰어난 분별력을 발휘하고 있기 때문입니다. 동시에 살아 있는 동안 이런 어려운 문제들과 결코 어울리지 못할 우리들 앞에서 당신이 자신을 낮추어야 한다고 생각하지 않습니까? 우리 뇌의 상당 부분은 평범한 정도입니다. 우리는 평범한 사람들과 함께 빵을 먹고 어울려야 합니다. 2 곱하기 2는 4라고 우리는 알고 있습니다. 그러나 우리는 난해한 모든 원리들을 알지 못합니다. 즉, 여러분이 이미 정복한 고결한 철학 속에 감추어져 있는 그런 원리들 말입니다. 나는 그것에 대하여 그다지 많이 알지 못하며, 나 스스로 그런 고지에 오르지 않습니다. 그리고 나는 당신과 함께 결단코 그곳에 오르지 않을 것입니다. 차라리 신앙의 연합을 위하여 당신이 이런 고상한 원리들 가운데 일부를 내버려 두고, 편안하게 당신의 친구들과 마음을 합하고, 당신의 교우들에게 더 많은 사랑을 보여주며, 평범한 임무에 조금 더 참여하는 것이 낫지 않겠습니까? 내가 잘은 모르지만 한 가지 아는 것은, 당신이 십자가에 못 박히신 예수 그리스도와 함께 낮춘다면, 그것이 당신에게 유익을 줄 것이라는 것, 그리고 당신의 겸손을 조금 더 나타낼 수 있다는 것입니다. 개인적으로 나는 많은 사실을 알 수 있습니다. 모든 사람이 나에게 무언가를 가르쳐 주려고 하기 때문에 특히 나는 그렇습니다. 우마차의 짐에 대해서도 나는 조언을 받습니다. 한 사람은 이쪽 귀를 끌어당기고, 또 한 사람은 저쪽 귀를 끌어당깁니다. 자, 나는 많은 것을 알 수 있습니다. 하지만 내가 그런 것에 끌려갔다면 나는 여러분을 뒤에 남겨 두어야 한다는 것을 알고 있습니다. 나는 여러분을 너무 사랑합니다. 나는 여러분 가운데서 예수 그리스도와 그의 십자가에 못 박히신 것 외에는 아무것도 알지 않기로 작정합니다. 누구라도 이러한 작정을 고수한다면, 나는 이렇게 말할 것입니다. "나의 형제여, 내게 당신의 손을 주시오. 예수님께서 나의 손을 씻으셨듯이 그의 피로써 당신의 손을 씻으셨소. 형제여, 와서 우리 함께 동일한 십자가를 바라봅시다. 당신은 십자가를 어떻게 생각합니까?" 당신의 눈에 눈물이 맺혔고, 나의 눈에도 눈물이 맺혀 있으나 예수님께서 그곳에서 못 박히신 소중한 사랑 때문에 우리 모두의 얼굴에는 홍수 같은 기쁨이 깃들여 있습니다. 우리는 이 십자가 앞에서 무엇을 해야 할까요? 나의 형제는 "나는 가서 영혼들을 구원하리라"고 말하며, 나는 "나도 그러하리라"고 말합니다. 그는 "나는 이런 식으로 말하리라"고 말하며, 나는 그에 대하여 "우리의 은사가 다르기 때문에 나는 다른 식으로 말하리라. 하지만 우리는 결코 충돌하지 않으리라. 왜냐하면 우리가 한 주님과 한 주재를 섬기고 있기 때문이다. 그리고 우리는 이 세상에서나 오는 세상에서 갈리지 아니하리라"고 대답합니다. 아볼로는 그가 좋아하는 것을 말하게 하고, 바울이나 베드로도 그렇게 하도록 합시다. 우리는 그들 모두에게서 배울 것이며, 그렇게 하기를 기뻐할 것입니다. 그러나 우리는 십자가로부터 조금도 움직이지 않을 것이며, 오히려 십자가 앞에 꼭 서 있을 것입니다. 왜냐하면 예수님께서 처음과 나중이며, 알파와 오메가이시기 때문입니다. 아멘.

제
4
장

—

하나의 기초

—

"이 닦아 둔 것 외에 능히 다른 터를 닦아 둘 자가 없으니
이 터는 곧 예수 그리스도라" —고전 3:11

건축은 매우 중요하지만 첫 번째 질문은 언제나 기초에 관한 것이어야
합니다. 아무리 빨리, 아무리 영리하게 건축할지라도 기초가 견고하지 아니
하면 그는 어리석은 건축가입니다. 아무리 늦게, 아무리 어렵게 건축을 진행
할지라도 그가 견고한 기초 위에 벽을 세운다면 그의 건물은 그를 부끄럽게
하지 않을 것입니다. 이는 영적인 면에서 절대적으로 진리입니다. 왜냐하면
영적인 면에서 기초가 가장 중요하기 때문입니다. 말씀을 듣고도 행하지 않
는 자는 치명적인 결과를 맞이합니다. 왜냐하면 구세주께서 말씀하신 대로
그는 모래 위에 세웠기 때문입니다. 폭풍이 몰아치고 홍수가 나는 날에 그의
건축물은 쓸려갈 것입니다. 그러나 말씀을 듣고 행하는 자는 땅을 깊이 파고
기초를 반석 위에 놓기 때문에 안전합니다. 그의 건축물은 위로부터 오는 시
험의 폭우, 외부로부터 오는 박해의 홍수, 그리고 사방으로부터 불어오는 설
명할 수 없는 사탄의 시험의 바람을 견뎌냅니다. 기초가 불안정하면 아무리
석조작업을 잘하더라도 금이 가고 무너집니다. 기초가 불확실하면 고가 높
으면 높을수록 그 무너짐이 더욱 빠를 것입니다.

기초란 예수 그리스도를 신앙하는 것이라는 사실에 대하여는 의심할 여
지가 없습니다. 본 구절은 기초가 논란의 여지 없이 확정된 것이라고 선언합

니다. 사람이 자기 취향과 판단에 따라 상부구조를 지을 수 있으나 그것은 반드시 하나의 기초 위에 세워져야 합니다. 상층부는 다양한 스타일로 꾸밀 수 있는 여지가 있으나 기초는 다양할 수가 없습니다. 그것은 "보라 내가 한 돌을 시온에 두어 기초를 삼았노라"(사 28:16)고 말씀하시는 불변하시는 하나님에 의해 확정되어야 합니다. 모든 그리스도인의 마음과 삶이 똑같은 형태와 양식을 취하지는 않는다는 사실을 인정합니다. 최상의 그리스도인 건축자들 가운데도 어느 정도 솜씨의 차이가 납니다. 어떤 이는 금으로 짓고, 어떤 이는 은으로 지으며, 세 번째 사람은 보석으로 짓습니다. 그러나 기초에 있어서는 모두가 동등하며, 그리스도께서 모든 것의 모든 것이 되십니다. 은혜의 생활이 황금 궁전처럼 풍요롭든지, 아니면 은으로 지은 성전처럼 순결하든지, 아니면 대리석 탑처럼 견실하든지, 그것이 대중적이든지 무명하든지, 폭이 넓든지 좁든지, 그것은 모든 경우에 동일한 기초인 영원한 반석 위에 세워져야 합니다. "왜냐하면 이 닦아 둔 것 외에 능히 다른 터를 닦아 둘 자가 없기 때문입니다." 상부구조와 관련된 문제에 대하여는 "다르다는 것을 우리는 인정할 것입니다"라고 여러분이 말할 수 있습니다. 그러나 기초에 관한 한 우리는 일치한다고 우리는 동의해야 합니다. 왜냐하면 본문의 분명한 말씀에 대하여 우리가 일치하지 않는다면 우리는 잘못될 것이기 때문입니다.

사도는 극도로 독단적입니다. "다른 터를 닦아 둘 자가 없으니." "그러나 다른 교사들이 다른 기초들을 놓았다"고 누군가 말합니다. 사도는 그것들이 기초들이었다고 인정하지 않을 것입니다. 그들의 이름은 그럴 가치가 없었으며, 그들의 사기는 너무 뻔해 성공하지 못하였습니다. 어떠한 건축가라도 구덩이 속에 부은 모래더미를 보았다면 그것이 기초였다고 인정하지 않을 것입니다. 그가 다량의 썩은 채소와 정원의 쓰레기가 함께 쌓여 있는 것을 보았다면 어떠한 건축가라도 그것이 '기초'라고 말하기를 잠시라도 허락하지 않을 것입니다. 바울은 오직 하나의 기초만이 있으며, 그밖에는 아무것도 없다고 선언합니다. 그리고 그 유일하고, 불변하며, 확고하고, 영원한 기초는 예수 그리스도시라고 선언합니다. 약간 다르며 주 예수님에 비해 조금 못할 뿐인 다른 기초들이 있다고 상상하지 말아야 합니다. 다른 기초는 없으며 있을 수도 없습니다. 그것은 비교의 문제가 아니라 독점의 문제입니다. 다른 모든 기초들과 원리들을 무슨 말로 칭송할지라도 그것들을 기초라고 말한다면 한낱 거짓에 불과합니다. 왜냐하면 주 예수님께서 그 타이틀을 독차지하기 때문이며, 오직 그 안에서만 기초적인 모든 것이 압축됩니다. "다른 이로써는 구원을 받을 수 없나니 천하 사람 중에 구원을 받을 만한 다른 이름을 우리에게 주신 일이 없음이라"(행 4:12).

　참으로 하나님께서 영원 전부터 자기의 독생자를 기초와 모퉁잇돌로 삼으신 사실을 여러분이 생각할 때, 이 돌은 본질 안으로 깊이 들어가며, 바로 무한대만큼 깊이 들어갑니다. 그러므로 이런 유는 둘도 있을 수 없습니다. 다른 이에 대하여 "그는 창세 전부터 미리 알린 바 된 이"(벧전 1:20)라고 기록되었습니까? 다른 이에 대하여 "만세 전부터, 태초부터, 땅이 생기기 전부터 내가 세움을 받았나니"(잠 8:23)라고 말했습니까? 그리스도는 바로 하나님의 본체시기 때문에 이 기초는 다름 아닌 하나님이시라는 사실을 여러분이 생각할 때, 두 기초가 있다는 것은 있을 수 없는 일입니다. 그것은 두 하나님이 계시다는 말과 같습니다. 우리의 믿음을 위한 두 기초를 생각하기 전에 먼저 여러분은 두 구속을 상상해야 합니다. 누가 두 구속, 두 구세주, 두 그리스도를 꿈꾸겠습니까? 두 기초가 가능하려면 먼저 이런 일이 있어야 합니다. 예수님, 곧 거룩하신 구세주 외에는 아무도 단 한 영혼의 죄도 감당할 수 없는데, 하물며 하나님의 성전이 되는 모든 영혼들의 죄를 어찌 감당할 수 있겠습니까. 예수님만이 우리에게 영원한 이익을 주실 수 있으며, 우리를 영원한 진노로부터 건지시며, 우리를 영원한 축복 가운데로 끌어올리실 수 있습니다. "하나님은 한 분이시요 또 하나님과 사람 사이에 중보자도 한 분이시니 곧 사람이신 그리스도 예수라"(딤전 2:5). 예언서에 나오는 주님의 말씀은 매우 단정적입니다. "나 곧 나는 여호와라 나 외에 구원자가 없느니라"(사 43:11). 주님의 직접적인 선언 또한 "내가 곧 길이요 진리요 생명이니 나로 말미암지 않고는 아버지께로 올 자가 없느니라"(요 14:6).

　나는 다음과 같은 네 대지로 나의 설교의 대략을 설명하겠습니다. 이것들이 서로 교차하는 것을 항상 막을 수는 없겠지만 그것들 각각을 깊고 폭넓게 보여줄 것이며, 이로써 누구든 그것들을 깨닫지 않고는 못 배기게 할 것입니다. 첫째, 그리스도 위에 세워지지 않으면 교회가 아닙니다. 둘째, 그리스도 위에 세워지지 않으면 복음이 아닙니다. 셋째, 그리스도 위에 세워지지 않으면 구원의 소망이 없습니다. 넷째, 그리스도 위에 세워지지 않으면 그리스도인이 아닙니다.

1. 첫째, 그리스도 위에 세워지지 않으면 교회가 아닙니다.

무슨 말인가 하면, 그래요, 참되고 진실한 교회가 아니라는 말입니다. 이른바 세상에는 많은 교회들이 있으나 단 하나의 교회만이 존재하며, 이 하나의 교회가 그리스도 위에 세워져 있다는 이것은 제1의 원리라고 주장할 수 있습니다. 아무리 공동체, 회중, 성직위계제도, 분파, 또는 협회가 교회, 즉 바로 그 교회라고 부를지라도 그것이 그리스도 위에 세워져 있지 않으면 결코 교회가 아닙니다. 숫자가 아무리 많아도, 아무리 오래 되었어도, 아무리 부요해도, 아무리 지식이 많아도, 아무리 우쭐대고 고집불통이며 유력하고 배타적이라도 그것이 그리스도 위에 세워져 있지 않으면 그리스도의 교회가 아닙니다.

먼저, 기초는 건물의 첫째 되는 부분입니다. 그러므로 교회에서는 주 예수님께서 첫째가 되시며 맨 먼저가 되십니다. 왜냐하면 그의 백성이 그 안에서 택하심을 받았기 때문입니다. 하나님은 택하신 백성을 언제나 자기의 목적과 작정 가운데 두셨으나 그리스도로부터 떨어진 그런 사람들은 그 가운데 두지 않으셨습니다. 사도는 "찬송하리로다 하나님 곧 우리 주 예수 그리스도의 아버지께서 그리스도 안에서 하늘에 속한 모든 신령한 복을 우리에게 주시되 곧 창세 전에 그리스도 안에서 우리를 택하사"(엡 1:3)라고 말합니다. 우리는 그리스도 예수 안에서 택하심을 받았습니다. 그는 "많은 형제 중에서 맏아들"이십니다(롬 8:29). 그리고 주님은 "그 아들의 형상을 본받게 하기 위하여 미리 정하셨습니다." 하나님의 특별한 기업이 되도록 처음으로 구별하여 교회로 삼으신 것은 그리스도와의 관계 안에서였습니다.

> "그가 말씀하시도다, '그리스도, 나의 첫 택자가 되도다.'
> 그 후에 우리의 머리 되신 그리스도 안에서
> 우리 영혼들을 택하셨도다."

그리스도 안에서 그와 하나 되는 것 외에 딴 방법으로는 우리는 결단코 택함을 받지 못하며, 사랑받지 못하며, 영생을 보장받지 못하였습니다. 하물며 하나님의 교회가 언약의 수장이시며, 자기 백성의 대표이신 그리스도 예수님에 관한 영원한 목적과 상관이 없겠습니까? 기초는 첫 번째로 놓여야 하며, 따라서 우리 주 예수 그리스도께서 첫 번째로 지정되셨습니다. "그러므로 주 여호와께서 이같이 이르시되 보라 내가 한 돌을 시온에 두어 기초를 삼았노니 곧 시험한 돌이요 귀하고 견고한 기촛돌이라"(사 28:16). 아버지께서는 예수님을 "내 마음에 기뻐하는 자 곧 내가 택한 사람"(사 42:1)이라고 부르셨습니다. 은혜의 영원한 목적을 따라 그 안에 있는 자들 외에는 아무도 택함받지 못합니다.

다음에, 기초는 모든 것을 지원합니다. 그리스도 예수님으로부터 모든 것을 원조받지 않는 한 교회는 없습니다. 만일 그리스도의 속죄하시는 피 공로 외에 다른 어떤 것을 의지하여 구원과 영생을 얻으려 하는 어떤 무리가 자칭 교회라고 한다 할지라도 그들은 교회가 아닙니다. 모든 것이 하나님께 속해 있고, 하나님께서 그리스도 예수로 말미암아 우리를 자기와 화목케 하셨다는 이것이 결코 의심할 수 없는 진리입니다. 속죄하시는 구세주께서 바로 교회의 모퉁잇돌이십니다. 그는 우리 구원의 단 하나의 반석이시며, 우리 힘의 단 하나의 기둥이십니다. 산돌들로서 우리는 영적인 집에 연결되어 있지만 우리 모두는 한 가지로 그에게 의존하여 있으며, 그밖에 다른 것에 의존하여 있지 않습니다. 주님의 말씀이 우리에게 능력으로 임하였습니다. "그런즉 이스라엘 온 집은 확실히 알지니 너희가 십자가에 못 박은 이 예수를 하나님이 주와 그리스도가 되게 하셨느니라"(행 2:36). 그리스도의 위대한 속죄의 희생은 개인과 마찬가지로 온 교회의 유일한 믿음이어야 하며, 이것은 교회의 첫 번째이자 가장 위대한 교리, 곧 그리스도 예수로 말미암는 구원으로서 아주 명쾌하고도 분명하게 전해져야 합니다. "우리는 그리스도 안에서 그의 은혜의 풍성함을 따라 그의 피로 말미암아 속량 곧 죄 사함을 받았느니라"(엡 1:7). 속죄를 떼버리면 교회는 남아 있지 못합니다. 여러분이 원한다면 교회 공동체를 신앙적 클럽이라고 부르세요. 하지만 주 예수께서 자기 백성을 대신하여 죽으심으로 말미암아 단번에 이루신 속죄를 부인하고 무시한다면 그것은 교회가 아닙니다.

어떤 공동체가 현재의 능력과 미래의 목표달성을 위해 전능하신 구세주 외에 다른 어느 것을 의존한다면 우리는 그런 공동체가 교회라는 이름에 걸맞는다고 생각하지 않습니다. 예수님은 "이는 내가 살아 있고 너희도 살아 있겠음이라"(요 14:19)고 말씀하셨습니다. 그러므로 교회는 그의 불멸하시는 영광의 머리에서 매일의 생명을 얻어야 합니다. 우리를 사랑하시고 우리를 위해 죽으셨다가 다시 사신 그분은 자기의 소유된 교회를 지키시겠다고 약속하셨으므로 교회들로 하여금 그 약속을 믿게 합시다. 하늘과 땅의 모든 권세가 그에게 있기 때문에 우리는 가서 모든 나라를 제자로 삼습니다. 주님은 "볼지어다 내가 세상 끝날까지 너희와 항상 함께 있으리라"(마 28:20)고 말씀하셨으므로 우리는 가서 세상을 정복할 힘을 가지고 있습니다. 그러나 우리가 육신의 팔, 세속적인 권세, 육적인 지혜, 교육, 혹은 웅변이나 명성, 혹은 우리 자신의 열심과 열정을 의지하고 그리스도를 의지하지 않는다면, 우리는 반석을 떠나 모래로 향하는 것입니다. 우리는 이런 식으로 그리스도의 교회를 세울 수도 없고, 또 우리가 그렇게 해서는 안 됩니다. 살아 있는 교회의 힘은 바로 살아 계신 그리스도이십니다. 우리가 열심히 집을 세울 때 오직 그리스도 위에, 그리고 그리스도에 의해 세운다는 이 점에 유의해야 합니다. 왜냐하면 달리 세우는 건물은 와르르 무너지기 때문입니다. 교회로서 우리는 죽으신 그리스도를 의지할 뿐 아니라, 영광을 얻으시고 하나님 우편에 앉으셔서 우리를 위해 통치하시고 다스리고 계시며, 또한 잠시 후 오셔서 흩어진 자들을 모으시고 자기 백성 가운데 다스리실 그리스도를 의지해야 합니다. 교회는 포도나무와 같이 생명의 수액을 그 줄기 되시는 예수님으로부터 얻으며, 다른 어떠한 곳으로부터도 얻지 않습니다. 교회는 영광스러운 구세주에게 "나의 영혼아 잠잠히 하나님만 바라라 무릇 나의 소망이 그로부터 나오는도다"(시 62:5)라고 고백할 수 있습니다. 다른 공동체들은 방백들을 의지하나 교회는 그의 사랑하는 자를 의지하여 광야로부터 나옵니다. 다른 모임들은 도움을 얻기 위해 인간의 위대함을 바라보나 교회의 눈은 도움이 오는 산을 향합니다. 교회의 도움은 천지를 지으신 여호와로부터 나옵니다.

　게다가 기초는 건물의 모양을 보여줍니다. 참된 교회는 주 예수님에 근거하여 지층평면도와 윤곽을 형성합니다. 건물의 모양은 주로 기초에 의하여 결정되어야 합니다. 만일 여러분이 고대의 대수도원이나 성의 기초를 평면도에 나타난 그대로 추적한다면, 지반선(the ground line)의 방향을 통해 그 건물의 형태를 유추할 수 있을 것입니다. 여기엔 뾰족한 모퉁이가 있었고, 저기엔 원형의 탑이 있었고, 저기엔 버팀벽이, 저기엔 벽감이 있었다. 그 건축은 지반선을 따라 존재하였습니다. 이처럼 모든 참된 교회는 그리스도에 근거하여, 그의 말씀과 명령을 확실히 따른다는 생각으로 지어져야 합니다. 그리스도의 법은 곧 교회의 법입니다. 교황과 공의회의 모든 교령들, 총회, 대회, 노회, 연합회의 모든 결의들, 사람들의 모든 조례들, 그것들이 아무리 훌륭하다 할지라도, 그것들을 다 합쳤을지라도, 그것들이 그리스도의 법과 다르다면, 그것들은 허풍이요 휴지에 불과하며, 아니, 그보다 왕이신 예수님의 위엄에 대하여 반역하는 무례한 것입니다. 그리스도의 권위 밖에서 세우는 자들은 기초에서 벗어나 지으며, 따라서 그들의 건물은 무너질 것입니다. 참된 교회 안에는 그리스도 자신 외에 어떠한 법이나 어떠한 권위도 없습니다. 그의 사역자들인 우리는 그의 종들이며 그의 교회의 종들이며, 주인이나 입법자가 아닙니다. 신실한 교회는 시금석에다 검증하듯이 만사를 그의 법에다 검증합니다. 교회인 우리는 입법자들이 아니라 국민들입니다. 헌법을 제정하고, 직책을 세우고, 의식을 정하는 것은 우리 몫이 아니며, 우리는 다만 그리스도의 입에서 나오는 모든 것을 취하여야 하며, 그가 우리에게 명하시는 것을 액면 그대로 즉시 순종해야 합니다. 의회들과 왕들은 교회에 관한 한 아무런 권한이 없으며, 교회 안에서는 오직 그리스도만이 다스리십니다. 교회의 어느 부분이라도 그리스도 위에 기초하지 않는다면, 그 부분은 위대한 건축자의 계획에다 변형적인 것을 더한 것에 불과하며, 그것은 하나님께서 세우신 성전을 손상시킬 뿐 도움이 되지 않습니다. 교회는 그리스도의 권위에 의해 설립되기 때문에, 반석에 기초한 교회에 속하여 있다는 것을 깨닫는 것은 얼마나 복된 일인지요. 주님의 명령에 부합되는 의식을 따를 때 우리는 편안해하지만, 만일 습관적으로 그리고 인간의 권위 때문에 의식을 행한다면 우리는 몹시 불안해할 것입니다. 우리 주님의 교훈에 속한 교리를 믿을 때 우리는 크게 안심합니다. 왜냐하면 우리는 그때에 "이것은 단순한 의견이 아니고, 이것은 어느 지혜자의 판단이 아니며, 이것은 공의회의 법령이 아니라 이것은 주님의 선언이로다"라고 말할 수 있기 때문입니다. 주님의 말씀 중 하나라도 영원히 땅에 떨어지지 아니할 것입니다. 그의 권위에는 변함이 없으며, 그의 말씀은 영원히 하늘에 굳게 섰으며, 그는 어제나 오늘이나 영원토록 동일하십니다. 그의 지침을 주의 깊게 따르는 교회는 확고부동하지만 그의 확실한 명령과 권위를 떠나는 교회는 기초를 떠났으며, 이로써 교회이기를 중단하였습니다.

　건물에게 기초는 절대 필요합니다. 그렇듯 그리스도는 참된 교회에게 절대 필요하십니다. 집에서 여러분이 창문의 커튼 없이 지낼 수 있으며, 문을 폐쇄할 수 있으며, 지붕의 일부분을 벗길 수도 있습니다. 그래도 그것은 여전히 집입니다. 하지만 여러분이 기초를 제거하면 절대로 집을 가질 수 없습니다. 이처럼 예수 그리스도께서 기초와 모퉁잇돌이 되시지 않는다면 여러분은 그리스도의 교회를 가질 수 없습니다. 그리스도의 이름을 언급조차 하지 않고 설교를 할 때, 여러분은 "그것이 기독교의 설교였다"라고 말하는 것은 거짓말이라고 말할 필요가 있으며, 그 정도의 말도 분에 넘치는 것입니다. 어떤 사람들이 주 예수님을 뒤로 한 교훈 속에서 기쁨을 얻는다면, 그들은 예수님의 교회가 아닐 것입니다. 그렇지 않다면 그들은 그러한 교훈을 혐오할 것입니다. 그런데 막달라 마리아가 "사람들이 내 주님을 옮겨다가 어디 두었는지 내가 알지 못함이니이다"(요 20:13)라고 큰 소리로 말하면서 무덤에서 나온 것처럼 여러분이 어떤 사역자들로부터 떠날 수 있다는 것을 나는 소문으로 들었습니다. 최근에 한 사람이 기독교의 강단에서 설교를 들었다고 하며 내게 말하였습니다. 그런데 그 설교 가운데 그리스도의 흔적이 조금도 없었기 때문에 아마도 유대인들과 이슬람교도들이 들었다면 박수갈채를 보냈을 것이라고 하였습니다. 또 한 사람은 다른 곳에서 들은 설교를 소개하였는데, 그는 거기서 사제들, 성직자들, 성례를 지나치게 부풀림으로써 주 예수님을 믿는 것이 아주 사소한 일인 것처럼 느껴졌다고 하였습니다.

형제들이여, 그리스도의 교회 안에서는 이런 일이 있을 수 없습니다. 그리스도의 교회 안에서는 주 예수님께서 알파와 오메가이시며, 처음과 나중이며, 시작과 끝이십니다. 참된 그리스도인들은 그리스도를 중시합니다. 그들은 그리스도밖에 모릅니다. 그리고 사제들과 설교자들에 대하여는 그들이 이렇게 말합니다. "아볼로는 무엇이며 바울은 무엇이냐 그들은 주께서 각각 주신 대로 너희로 하여금 믿게 한 사역자들이니라"(고전 3:5). 오 형제들이여, 이 사실을 주의합시다. 우리가 적그리스도로 여기는 어떤 것이 그리스도의 자리를 차지한다면, 그러면 우리는 그리스도인들이 아니라 반(反)기독교인들일 것입니다. 참된 교회는 이렇게 말합니다. "당신이 말하고 싶은 학식과 웅변을 우리에게 말해 보시오. 그리스도께서 영광을 받지 않는 한 우리는 만족할 수 없소. 당신이 전하고 싶은 내용을 전해 보시오. 아버지의 완전한 형상이신 그 분이 우리 가운데 드러나지 않는 한 우리는 결코 만족하지 않을 것이오." 그런데, 아이구, 그녀가 그리스도의 참된 신부처럼 말하는군요. 하지만 그녀의 주님께서 멸시당하는 모습을 보고도 그녀가 만족할 수 있다면 그녀는 그리스도의 순결한 신부가 아닙니다.

첫 번째 대지를 몇 문장으로 정리해 봅시다. 예수 그리스도께서 연합의 중심과 보증이 되지 않으신다면 사람들끼리 아무리 연합한다 해도 그것은 교회를 세우는 것이 아닙니다. 아주 좋은 사람들이 친목의 유대 가운데 참여할 수 있으며, 그들이 선하고 유익한 목적을 위해 동맹이나 연합을 형성할 수 있습니다. 하지만 예수 그리스도께서 그들의 기초가 되지 않는다면 그들은 교회가 아닙니다. 예수 그리스도께서 모든 이의 소망의 근거이자 기초가 되셔야 합니다.

목사와의 단순한 연합만으로 하나의 교회가 세워질 수 없습니다. 형제들이 연합하여 함께 거하는 모습을 보는 것은 매우 선하고 기쁜 일입니다. 목사와 양들 간에 온전한 사랑이 있는 것은 매우 유익합니다. 하지만 그런 관계가 지나치게 과장되어서는 안 됩니다. 형제들이여, 사람들을 자랑하거나 그들을 맹목적으로 추종하는 일이 결코 있어서는 안 됩니다. 경건한 개인들로 구성된 집단이라도 그들의 경건이 한 경건한 교사의 이론과 견해에 넋을 잃은 가운데 존재한다면, 그 집단은 하나님의 교회가 되기에 부족합니다. 교회는 바울, 아볼로, 게바 위에 세워지지 않고 예수 그리스도의 유일한 권위 위에 세워집니다. 우리는 루터, 칼빈, 웨슬리, 또는 휫필드를 믿는 자들이 아니라 오직 그리스도를 믿는 자들입니다. 참된 교회는 바로 이런 신자들로 구성되어야만 합니다. 교회는 어떤 특별한 양식이나 의식을 따름으로써 세워지지 않습니다. 우리는 한 주님, 한 믿음, 한 세례를 가집니다. 그리고 우리는 다른 모든 것과 마찬가지로 그리스도의 법에 충성해야 합니다. 하지만 그것은 교회를 구성하는 법의 실행과는 다릅니다. 성도들이 한 번 받은 믿음에 충성하여 서로 연합하고 결합하는 것은 좋은 일입니다. 하지만 교회의 지체들로서 그리스도 자신과의 생생하고도 인격적인 연합이 없는 한, 그들의 연합은 정통성을 지키기 위한 연대를 형성할 수도 있으며, 혹 신앙사상의 한 형태를 유지하기 위한 동맹을 형성할 수도 있으나 그것은 교회가 아닙니다. 그래요, 교회 안에는 찬송 받으실 주님, 당신께서 계셔야 합니다. 그렇지 않으면 그곳은 아무것도 아닙니다! 목사들, 장로들, 집사들, 교사들, 전도자들,

이들은 하늘 성전에서 보석들로 꾸며진 충들입니다. 하지만 그리스도가 없으면 그들은 교회가 아닙니다. 왜냐하면 기초가 빠졌기 때문입니다. 오 그리스도시여, 당신의 모든 성도들이 당신께 오며 당신을 의지합니다. 그리고 당신 안에 서로 적당하게 엮어진 모든 건물이 있고, 주님 안에서 거룩한 성전으로 자라갑니다. 오 그리스도시여, 당신은 교회가 자라는 씨앗이시며, 교회가 나오는 줄기이시며, 교회가 사는 머리이시며, 교회를 먹이시는 목자이시며, 교회를 정렬하시는 대장이시며, 교회가 결혼한 남편이십니다. 참으로 당신은 당신의 피로 구속하신 교회의 모든 것의 모든 것이 되십니다.

> "하나님께서 튼튼한 기초를 주셨도다
> 그 기초는 하늘의 굳은 작정으로 고정되었으며
> 폭풍우를 대수롭지 않게 여기며 충격을 견디는
> 변함없이 영구한 반석이로다
> 그 위에 세우시니 그 반석을 거슬러 전쟁을 지속하는
> 지옥의 문들은 허사로다
> 그리스도는 반석, 모퉁잇돌,
> 하나님께서 그 위에 자기의 아름다운 집을 세우시도다."

그러므로 여태까지 우리는 예수 그리스도 위에 세워진 교회 외에는 교회가 아니라고 선언하였습니다. 이 진리를 우리는 모든 사람 앞에서 단언하며, 그들로 원하는 대로 결정하게 합시다.

**2. 둘째, 예수 그리스도 위에 세워진 것 외에는
복음이 아니라고 우리는 단언합니다.**

세상에는 거짓된 복음들이 많이 있습니다. 바울은 전에 '다른 복음'이라고 말했으며, 그는 스스로 바로잡으며 "다른 복음은 없다"고 말했습니다. 오직 하나의 복음만 있을 뿐 두 개의 복음은 있을 수 없다고 그는 단호하게 말하였습니다. 좋은 소식, 곧 사람들에게 보내시는 하나님의 좋은 소식은 하나입니다. 두 개의 복음은 절대로 없었습니다. 왜냐하면 결단코 두 구세주, 두 구속이 없었고, 앞으로도 없을 것이기 때문입니다. 하나의 복음에는 한 분의

구세주, 단 한 번의 구속이 필요하며, 그러므로 오직 하나의 복음만이 있을 수 있습니다. 복음의 기초는 하나, 즉 예수 그리스도이시며, 다른 기초는 있을 수 없습니다. 왜냐하면 첫째, 하나님께서 오직 한 분의 중보자를 통해 은혜의 말씀을 전하시기 때문입니다. "하나님은 한 분이시요 또 하나님과 사람 사이에 중보자도 한 분이시니 곧 사람이신 그리스도 예수라"(딤전 2:5). 그러므로 사랑하는 성도들이여, 누군가 여러분에게 와서 "예수가 말한 것과 다소 다르고 또 그보다 더 높은 것을 하나님께서 내게 말씀해 주시면서 당신에게 말하라고 명하셨다"고 말하거든 그 사람을 받지 마세요. 누군가 여러분에게 "나는 하늘로부터 온 계시를 받았는데, 하나님께서 지금 내게 전하라고 명하신다"라고 말한다면, 그가 그리스도 예수의 말씀을 따라 말하지 않는다면, 그는 거짓 선지자이며 결코 하나님으로부터 온 사람이 아닙니다. 그뿐만 아니라 주교 혹은 교회회의 혹은 교회가 그리스도께서 말씀하신 것과 다르게 말한다면, 그 어느 것도 진리가 아닙니다. 그리스도 이전과 이후 모두 지금껏 하나님으로부터 받아 말한 모든 자들은 그리스도 예수 주님과 같은 방식으로 전하였습니다. 왜냐하면 하나님의 음성이 둘이 아니라 하나이며, 하나님의 말씀도 둘이나 셋이 아니라 하나이기 때문입니다. 오늘날 여러분이 확신할 수 있는 것은, 하나님께서 우리에게 무언가를 말씀하신다면 이 모든 날 마지막에는 아들을 통하여 우리에게 말씀하셨으며(히 1:2), 그리고 그의 손으로 하나님의 계시를 종결하시고 인치셨다는 사실입니다. 우리가 그의 말을 듣지 않으면 우리에게 화가 있을 것이며, 우리가 다른 목소리에 귀를 기울이면 우리에게 화가 있을 것입니다. 실로 우리가 그리스도의 양이라면 우리는 새로운 목소리에 관심을 갖지 않을 것입니다. 왜냐하면 우리 주님께서 "타인의 음성은 알지 못하는 고로 타인을 따르지 아니하고 도리어 도망하느니라"(요 10:5)고 말씀하셨기 때문입니다. 참된 복음은 중보자이신 그리스도를 통해, 오직 그를 통해 나오며, 다른 곳에서 나오는 것은 복음이 아닙니다.

　　참된 복음의 영광은 그리스도의 신격(divine person)입니다. 이것이 없으면 복음일 수 없습니다. 그리스도는 하나님이시며, 그 안에 신성의 모든 충만함이 육체로 거합니다. 신성이 그리스도의 인격 안에서 우리의 질병을 치유하시고 우리의 슬픔을 제하시려고 우리에게 내려오셨습니다. 자, 그리스도는 아버지의 독생자가 아니라거나 그는 하나님의 아들이 아니라고 말함으로써 시작되는 어느 복음을 듣거든, 여러분의 귀를 막아 버리세요. 왜냐하면 그것은 하나님의 복음이 아니기 때문입니다. 예수님께서 모든 것 위에 뛰어나신 하나님으로서 높임을 받지 못하거나 영원히 찬송을 받지 못한다면, 그 설교는 복음이 아닙니다.

예수 그리스도는 복음의 핵심입니다. 그분 자신이 복음의 매체이실 뿐만 아니라 복음 그 자체이십니다. 복음은 하나님께서 우리를 살리시려고 자기의 독생자를 세상에 보내셨다는 것입니다. 우리가 주 예수님의 삶과 죽으심, 그리고 부활로 말미암아 영원한 구원을 얻었다는 것, 이것이 바로 복음입니다. 그의 피로 말미암은 용서, 그의 의로 말미암은 칭의, 그의 영으로 말미암은 성화가 있습니다. 그를 믿는 자들에게 완전한 구원이 거저 베풀어지며, 그로 말미암아 하나님의 은혜가 죄인 중의 괴수에게 풍성하게 나타납니다. 하나님께서 그로 하여금 우리에게 지혜와 의로움과 거룩함, 그리고 구원함이 되게 하셨습니다. 사실상 인간을 들어올려 하나님의 은혜 가운데로 들어가게 하고 거기서 영원히 살게 하는 모든 축복이 예수님의 인격 안에 저장되어 있으며, 하나님의 사랑이 그 안에서 충만하게 나타났습니다. 예수님은 복음의 총계와 요지이며, 면류관이자 영광이십니다. 그러므로 인간의 자유의지가 주요 동인인 것처럼 말하며, 인간의 행위 또는 사제들이 행하는 관례나 의식들이 근본이 되는 것처럼 주장하는 복음을 여러분이 듣거든, 그런 교훈을 거부하십시오. 왜냐하면 그것은 하늘로부터 온 복음이 아니기 때문입니다. 한 가지 복음은 이것입니다. "곧 하나님께서 그리스도 안에 계시사 세상을 자기와 화목하게 하시며 그들의 죄를 그들에게 돌리지 아니하시고"(고후 5:19). 다른 이들은 자기가 좋아하는 바를 전하게 하세요. 우리는 "십자가에 못 박힌 그리스도를 전합니다"(고전 1:23). 예수님께서 "수고하고 무거운 짐진 자들아 다 내게로 오라 내가 너희를 쉬게 하리라"고 크게 외치심으로 친히 복음 중의 복음을 설교하셨습니다.

이제 형제들이여, 내가 복음을 가르치는 여러분에게 말씀드립니다. 간절히 원하건대, 오늘 나의 이 단순한 본문을 기억하시고 그리스도와 상관 없는 아무것도 가르치지 마세요. 만일 그리스도와 상관 없이 무미건조하고 가르치려 드는 식으로 교리를 제시된다면, 그런 교리의 가르침은 복음의 가르침이 아닙니다. 내가 선택의 교리를 전한다고 생각해 봅시다. 그것은 한 가지입니다. 그러나 우리가 그리스도 안에서 택함을 받았다는 사실을 전하지 않는다면, 나는 기초를 떠났으며, 나의 가르침은 부서져 땅에 떨어지고 말 것입니다. 그 교훈은 무너지는 벽처럼 될 것이며, 비틀거리는 울타리같이 될 것입니다. 내가 궁극적 견인을 전한다고 생각해 봅시다. 그것은 유익합니다. 하지만 예수님께서 살아 계시기 때문에 우리도 살 것이라는 사실을 내가 밝히지 않는다면, 즉 성도의 견인이 예수님과의 연합에 근거한다는 사실을 밝히지 않는다면, 나는 복음을 전한 것이 아닙니다. 내가 칭의를 가르치고 있다고 생각해 봅시다. 그리스도 예수 안에 있는 하나님의 의에 대하여 내가 열변을 토하지 않는다면 그것은 참된 칭의가 아닙니다.

　여기서 나는 고대의 교회 설교자들의 예를 여러분에게 권합니다. 남아 있는 그들의 작품을 통해서 우리가 얻을 수 있는 사실은 구세주께서 생전에 행하신 실제 사건들에 대하여 그들이 곱씹었다는 것입니다. 바울이 우리에게 위대한 교리들을 명쾌하게 가르쳐 준 것처럼 그들이 사람들이 바라는 만큼 언제나 명쾌하게 가르쳐 주는 것은 아닙니다. 그러나 그들에게 뛰어난 한 가지가 있습니다. 여러분은 그들로부터 이신칭의에 대한 교훈을 충분히 들을 수 없습니다. 그러나 그리스도의 보혈에 관하여는 여러분이 엄청나게 듣습니다. 그들이 중생에 대하여 우리들이 바라는 만큼 언제나 그렇게 명쾌하게 설명하지는 않습니다. 그러나 그들은 그리스도의 부활에 대하여, 그리고 그의 성도들이 그것으로 말미암아 누리는 새 생명에 대하여 많이 말합니다. 그들에게 용서란 그리스도의 피로 씻는 것이며, 회심이란 그리스도의 부름을 받는 것이며, 부활이란 다시 사신 그리스도 자신입니다. 모든 것이 구세주의 실제 삶과 죽음에서부터 나오는 사실로서 파생되며, 나는 이런 식의 복음전파에 크게 감탄한다고 마음껏 고백합니다. 바울은 복음을 어떻게 표현하였나요? 바울에게 복음이란 무엇이었나요? 그의 말을 들어보세요. "형제들아 내가 너희에게 전한 복음을 너희에게 알게 하노니 이는 너희가 받은 것이요 또 그 가운데 선 것이라 너희가 만일 내가 전한 그 말을 굳게 지키고 헛되이 믿지 아니하였으면 그로 말미암아 구원을 받으리라 내가 받은 것을 먼저 너희에게 전하였노니 이는 성경대로 그리스도께서 우리 죄를 위하여 죽으시고 장사지낸 바 되었다가 성경대로 사흘 만에 다시 살아나사 게바에게 보이시고 후에 열두 제자에게와"(고전 15:1-5). 있잖아요, 이처럼 바울에게 있어서 신성한 몸(body of divinity)이란 유일하게 성육신하신 하나님, 곧 주 예수님의 삶과 죽음이었습니다. 나의 형제들이여, 항상 여러분의 주님과의 밀접한 관계 속에서 복음을 제시합시다. 말하자면 주님으로부터 복음을 끌어냅시다. 포도 주스는 즐거움을 줍니다. 하지만 여러분이 그것이 전부 원액인지 알고자 한다면 직접 포도들을 가지고 그것들이 자라는 포도원에서 짜세요. 이처럼 복음은 그리스도에게서 나오는 포도주와 같은 것으로서 바로 그 송이에서 직접 흘러나올 때 가장 달콤합니다. 여러분이 예수 그리스도의 교훈을 전할 때 그분 자신을 전하세요. 그렇지 않으면 여러분은 예수 그리스도의 교훈을 마치 그의 무덤의 문을 막은 돌처럼 되게 할 수도 있습니다. 그래서는 안 됩니다. 예수 그리스도의 교훈은 솔로몬처럼 여러분의 주님께서 눈부시게 앉아 계시는 상아 보좌(왕상 10:18; 대하 9:17)처럼 되어야 합니다.

어떤 이들은 체험을 전합니다. 잘하는 것입니다. 하지만 그들은 예수님을 크게 두드러지게 하기 위하여 심혈을 기울여야 합니다. 우리 시대에 거의 체험만을 전하는 형제들의 무리가 있습니다. 나는 그들을 비난하지 않습니다. 하지만 내게 불쌍한 죄인의 체험이 과연 무엇이란 말입니까? 나처럼 신음하는 그의 소리를 듣거나 혹 나처럼 노래하는 그의 소리를 듣는 것이 내게 어떤 도움을 주겠습니까? 그것은 내게 아주 사소한 일이지만 그보다 중요한 일들이 있습니다. 내가 알고 싶은 것은 예수님께서 어떻게 느끼셨는가, 그리스도께서 나의 형제와 나를 위해 무엇을 하실 수 있는가 하는 점입니다. 체험 가운데 예수 그리스도께서 드러난다면 그 체험은 감탄할 만합니다. 그러나 인간의 타락이든 혹 인간의 완전함이든 시험하려는 방식을 여러분이 취한다면, 이로써 예수 그리스도께서 뒷전으로 밀려난다면, 여러분은 복음을 훼손할 것입니다. 예수님은 하나의 기초이시며, 그를 떠나서는 복음은 없습니다.

실제에서도 그렇게 합시다. 반드시 실제적인 설교를 하되 충분히 하며, 이로써 시대의 악을 단호하고도 충실하게 책망합시다. 하지만 단지 이런저런 악을 책망하고 이런저런 덕을 칭찬하는 것은 소크라테스나 플라톤을 위해서는 충분한 사역이지만 예수 그리스도의 사역자로서는 잘 어울리지 않습니다. 나의 실천적인 형제여, 예수님을 세웁시다. 그의 모범은 악을 부끄럽게 하고 덕을 장려합니다. 그분을 완전함의 거울로 세웁시다. 그리하면 사람들이 그 안에서 그들이 어떤 존재가 되어야 하는지 볼 것이며, 거기에 도달하는 법을 배울 것입니다. 그러므로 예수 그리스도는 유일한 복음이십니다. 여러분이 납득한 줄 확신하면서 이제 다음으로 넘어가겠습니다.

3. 셋째, 그리스도 위에 세워지는 것 외에는 구원의 소망이 없습니다.

이것은 많은 말이 필요 없는 또 다른 요점입니다. 나는 다른 소망에 대하여 몇 분만 말씀드리겠습니다. 아마 어떤 이들은 자기들이 어려서부터 아주 훌륭하게 양육을 받았으며, 그들의 부모도 훌륭한 그리스도인들이었고, 그리고 지금껏 나쁜 짓을 한 번도 하지 않았으므로 자신들은 틀림없이 안전하리라고 믿기 때문에 반드시 잘 되어야 한다고 생각합니다. 아, 나의 사랑하는 청중들이여, 이것이 여러분의 유일한 소망이라면, 여러분은 죄로 죽었기 때문에 소망이 없습니다. 육으로 난 것, 지금까지 있었던 최고의 육이라도 그것은 육입니다. 그리고 육과 혈은 하나님의 나라를 유업으로 받을 수 없습니다. 여러분은 거듭나야 하며, 여러분의 출생과 관계로부터 나올 수 있는 그 어떤 것보다도 훨씬 더 나은 소망을 가져야 합니다.

또 다른 사람은 "아, 그러나 나는 교회의 모든 의식들에 참여하였는데요"라고 말합니다. 그렇습니다. 그 교회가 어떤 교회였는지는 내게 문제가 되지 않습니다. 여러분이 하나님께서 베풀어 주신 의식들 위에 세운다 할지라도 그것들이 여러분을 만족시키지 못할 것입니다. 그것들이 여러분의 영혼의 무게를 지탱할 수 없습니다. 세례, 성찬, 또는 갖가지 성례들 — 만일 사람들이 그렇게 많은 성례들을 만든다는 가정 하에 — 이 여러분에게 한치도 도움을 주지 못할 것입니다. 여러분의 영혼의 소망을 받쳐 주는 유일한 기초는 분명히 그리스도이시며, 이런 외적인 것들이 아닙니다.

또 다른 사람은 "아, 그러나 나는 부지런히 선한 일들을 아주 많이 행하였는데요"라고 말합니다. 나는 여러분이 지금보다 열 배나 더 많이 선한 일들을 행하시기를 바랍니다. 그러나 여러분이 단 한 번만이라도 죄를 저질렀다면 어떠한 행위로도 여러분은 구원받을 수 없습니다. 지금까지 존재했던 최선의 사람들의 모든 선한 행위들을 다 모을지라도 그들이 그것들을 믿는다면 그들은 다만 썩은 기초를 세울 뿐입니다. 선한 행위들을 많이 하십시오. 하지만 그것들을 믿지는 마세요. 인간의 공로는 모래의 기초입니다.

어떤 이는 이렇게 말합니다. "나는 특별한 영적인 느낌을 받았습니다.

나는 실패했으나 일어섰습니다." 그래요. 여러분이 가루가 되어 지옥문까지 내려갔다가 천국문으로 올려졌을 것입니다. 그러나 느낌이나 흥분이 결코 소망의 근거가 될 수 없습니다. 누군가 "뭐라고, 나는 이런 느낌을 갖지 못해서 괴로웠는데요"라고 말합니다. 그런 이유로 괴로워하지 마세요. 그 대신 예수 그리스도께로 가서 느낌이 있든 없든 그를 믿으세요. 높은 사상의 틀이든 낮은 사상의 틀이든 그것들이 신뢰의 대상이 된다면 그것들 모두가 망상입니다. 우리가 행위로 구원받지 못하는 것처럼 우리는 느낌으로 구원받지 못합니다.

또 다른 이가 "오, 그러나 나는 구원받은 확신이 있습니다. 왜냐하면 나는 놀라운 꿈을 꾸었으며, 게다가 음성을 들었고 환상을 보았기 때문입니다"라고 말합니다. 모든 게 쓰레기입니다! 꿈, 환상, 음성! 전부 던져 버리세요. 그런 것들은 조금도 믿을 만한 것이 되지 못합니다. "뭐라, 내가 그리스도를 뵈었는 데도 믿을 만한 것이 되지 못한다고?" 아니에요. 분명히 아닙니다. 그리스도께서 육체로 계셨을 때에 수많은 사람들이 그분을 뵈었으나 결국 죽고 사라졌습니다. "하지만 꿈은 분명히 나를 구원할 것입니다." 그것은 여러분에게 꿈 같은 소망을 주겠죠. 그리고 다음 세상에서 깨어날 때 여러분의 꿈은 없어질 것입니다.

믿을 수 있는 한 가지는 좀 더 확실한 증거의 말씀입니다. 그리스도 예수께서 죄인들을 구원하시려고 세상에 오셨으며, 그를 믿는 자마다 정죄를 당하지 않습니다. 나는 그분을 믿습니다. 그러므로 나는 정죄를 당하지 않습니다. 내가 죄 용서받았다고 믿는 까닭이 무엇입니까? 예수님께서 죽으심으로 믿는 자들의 죄를 도말하셨기 때문이며, 예수님 안에 있는 자들에게는 정죄함이 없기 때문입니다. 나 자신이 의롭다함을 받았다고 믿는 까닭이 무엇입니까? 믿는 자는 의롭다함을 얻었기 때문입니다. 하나님의 말씀이 그렇게 말하고 있습니다. 내가 구원받았음을 어떻게 압니까? 예수 그리스도를 믿는 자마다 정죄를 당하지 않는다고 그가 선언하셨기 때문입니다. 그를 믿는 것은 그를 신뢰하는 것이요, 그를 나의 기초로 삼는 것입니다. 나는 그를 신뢰하며, 그를 나의 기초로 삼았습니다. 그러므로 나는 구원받았습니다. 그렇지 않다면 그의 말씀이 진실이 아닐 것입니다. 내가 알기에 그의 말씀은 진실하며, 그러므로 나는 요동하지 않습니다. "그를 믿는 자에게는 영생이 있다"고 성경은 기록하였습니다. 나는 결코 멸망하지 않을 것이며, 나를 그의 손에서 빼앗을 자가 없다는 예수님의 약속을 받았습니다. 그러므로 나는 결코 멸망하지 않을 것이며, 어느 누구도 나를 그의 사랑에서 끊지 못할 것입니다.

그러므로 아시다시피, 그리스도 한 분에게 붙어 있는 것 외에는 구원의 소망이 없습니다. 나는 여러분을 초대하고 간청합니다. 만일 여러분 가운데 누구라도 그리스도 밖에 혹은 그리스도 외에 어떠한 소망을 갖고 있다면 그것을 버리세요. 그것을 거름더미에 던져 버리세요. 그리고 그것을 하나님을 모욕하는 것처럼 몹시 싫어하세요. 사람이 배드뱅크(부실채권 전담은행)의 채권을 대했듯이 그렇게 대하세요. 그것이 위조물이라는 것을 알았을 때 그것을 묻어버렸고, 최대한 빨리 달아났습니다. 왜냐하면 그가 그 위조물을 지금까지 소지해 왔다고 누군가 생각할까 두려웠기 때문입니다. 이처럼 여러분이 그리스도에게 속하지 아니한 무언가를 신뢰하고 있다면, 여러분의 믿음을 묻어버리고, 그것으로부터 달아나세요. 왜냐하면 그것은 거짓된 믿음이기 때문입니다. 그것이 여러분의 영혼에 악영향을 끼칠 것이기 때문입니다. 여러분은 믿음으로 이렇게 외치세요. "그리스도 외에는 아무것도 아닙니다." 구원하는 온전한 믿음은 그런 외침을 기뻐합니다. 영원한 구원을 위해 "이 닦아 둔 것 외에 능히 다른 터를 닦아 둘 자가 없습니다."

4. 우리의 마지막 요점은 이런 것입니다.
예수 그리스도 위에 세워진 자 외에는 그리스도인이 아닙니다.

여기 그리스도인 한 사람이 있습니다. 그 속에 있는 한 가지에 대하여 나는 확신합니다. 그가 아르미니우스주의의 견해를 갖고 있는지 혹은 칼빈주의의 견해를 갖고 있는지 나는 말할 수 없습니다. 하지만 그가 그리스도인이라면 그리스도 외에 어떠한 기초도 갖고 있지 않을 것입니다. 여기 교황을 숭배하는 한 사람이 있습니다. 여기 신교도임을 자부하는 또 한 사람이 있습니다. 그리고 세 번째로 침례교인이 있습니다. 이들 중에 어떤 사람이 그리스도인인가요? 나는 대답합니다. 누구라도 그리스도 위에 세워진 그가 그리스도인입니다. 만일 그리스도 없이 지낼 수 있다면 그는 그리스도인이라는 이름을 가질 자격이 없습니다. 무슨 뜻입니까? 그 이유는 이렇습니다. 첫째, 내가 말하는 요지는 그리스도인이라는 사람은 누구나 영원한 구원을 얻기 위해 반드시 자신의 온 영혼을 그리스도께 의지한다는 사실입니다. 이에 대하여 더듬거려서는 안 됩니다. 예수님의 공로와 사제들 혹은 의식들을 혼합해서도 안 됩니다. 아니, "내게는 그리스도만이 전부이며, 내게는 그리스도만이 오직 유일한 소망입니다"라는 분명하고도 확실한 선이 있어야 합니다. 여기서 벗어나는 것은 치명적입니다. 십자가상에는 spes unica(유일한 소망)라고 기록되었으며, 십자가는 지금도 무거운 짐을 진 영혼의 유일한 소망입니다.

다음에 여러분이 그리스도인이 되고자 한다면 그리스도께서 여러분의 모범이 되어야 합니다. 여러분의 위치와 상황 하에서 그리스도라면 어떻게 행하셨을까 생각해 보고, 바로 그리스도께서 행하셨을 그 일을 여러분이 성령의 도우심을 받아 시도해 보아야 합니다. 여러분은 "나는 이런 점에서는 그리스도를 따를 수 없어"라고 말해서는 안 됩니다. 여러분은 결코 그리스도의 리더십을 거부해서는 안 됩니다. 만일 거부한다면 여러분이 그리스도인이 되는 것을 포기해야만 할 것입니다. 왜냐하면 여러분은 그의 십자가를 지고 그를 따라야만 하기 때문입니다. 여러분이 그리스도를 구세주로 영접할 때 그는 여러분의 왕이 되기를 요구하십니다. 참된 그리스도인은 기초 위에 세워진 벽처럼 그의 모범이신 그리스도 위에 세우는 자입니다. 참된 그리스도인은 그리스도 안에서 자라나는 자이며, 이상한 말이지만, 하나님의 성전이 지어져가는 자입니다. 이상하게 생각할 필요는 없습니다. 왜냐하면 그것은 살아 있는 성전이기 때문입니다. 나는 굉장한 건축물, 걸작을 본적이 있습니다. 내가 그것을 보는 순간 그것이 자랐다는 생각을 하게 되었습니다. 평범하고 솜씨 없는 일은 석수나 목수를 드러내지만 완전한 건축물은 마치 자란 것처럼 보입니다. 그리스도의 교회는 자랍니다. 왜냐하면 그리스도의 사람들이 자라기 때문입니다. 그러나 우리의 모든 자랑은 그리스도로부터 나와야 합니다. 한 사람이 "몇 년 전 나는 이 그리스도인들과 함께 예배드렸고, 그들과 함께 큰 행복을 느꼈으나 지금 나는 그들보다 더 많은 것을 알고 있고 더 훌륭하다"라고 말한다면, 그는 교만에 이끌리며 은혜에 이끌리지 않고 있습니다. 참된 그리스도인은 그렇게 말하지 않습니다. 참된 그리스도인은 높이 자라면 자랄수록 점점 더 그리스도 속으로 자라갑니다. 그가 지혜롭게 되면 될수록 그리스도의 지혜를 나타냅니다. 그가 바르게 자라기 시작했다면 마음껏 앞으로 나아갈 수 있으나 그는 결단코 그리스도를 뛰어넘을 수 없을 것입니다. 그는 부족함을 알게 될 것이며, 그러면 그리스도께서 그에게 더욱더 크게 여겨질 것입니다. 이 사실을 끝까지 붙잡지 않는 사람은 그리스도인이 아닙니다. 즉, 기초는 그가 가고자 하는 만큼 가며, 그는 결단코 그 기초를 떠나서 짓지 않습니다. 그는 그 기초 위에서 위를 향하여 짓습니다. 오직 그 기초 위에서 말입니다.

　　또한 참된 그리스도인은 그리스도를 위해 사는 자입니다. 참된 그리스도인에게 그리스도의 영광은 그의 존재의 위대한 목적입니다. 그리스도를 위해 시간을 사용하지 않았을 때 그 시간을 낭비했다고 간주하며, 물질을 예수님께 순종하는데 사용하지 않았을 때 그 물질을 낭비했다고 간주하는 그가 그리스도인입니다. 그는 그리스도께서 자신 속에 살아 계시는 때를 제외하고는 사는 것이 아니라고 생각합니다.

　　형제자매들이여, 여러분 모두가 이런 그리스도인이 되기를 나는 기도합니다. 오직 예수 그리스도께서 더욱더 여러분과 함께 계시도록 하십시오. 나는 주님의 임재를 느끼지 않고는 설교하고 싶은 생각이 없습니다. 나는 지금껏 그렇게 해 왔으나 결코 만족하지 않습니다. 나는 월요 저녁 기도회에 주님께서 계시다는 느낌이 없이 그 기도회를 마치기가 정말 힘듭니다. 대체로 주님께서 함께 하시지만 말입니다. 그리스도인의 참된 마음은 먼저 주님께 물어보지 않고는, 주님의 시각으로 바라보지 않고는, 어떠한 사업에도 참여하고 싶지 않습니다. 우리 교회는 매우 분주합니다. 많은 일을 행하고 있는 분주한 교회인 여러분에게 바라건대, 언제나 주님을 가까이 하세요. 우리가 주님의 소중한 사랑, 향기로운 임재, 그리고 그의 뜻을 행하는데서 느끼는 은혜로운 미소를 누리지 않는 한, 아주 거룩한 일이라도 그것은 단순한 일상이 되며, 기계적으로 행해지고 맙니다. 마르다처럼 예수님을 위해 일할 뿐 아니라 마리아처럼 예수님의 발 아래 앉으세요. 예수님께서 모든 것의 기초가 되시기를 바랍니다. 교회의 기초뿐 아니라 우리 소망의 기초, 우리 인격의 기초, 우리가 행하는 모든 작은 일의 기초가 되시기를 바랍니다. 여러분이 새로운 사업의 초석을 놓으려 할 때, 멋지게 그리스도 위에 그 초석을 놓으세요. 주홍같이 붉은 그리스도의 보혈로 그 초석을 칠하세요. 감사의 기름을 발라 향기를 발하세요. 그리고 오직 그리스도 한 분 위에 그 초석을 놓으세요. 그리하면 여러분은 영원을 위하여 지을 것이며, 주님의 보배로운 이름을 영화롭게 할 것입니다.

제
5
장

—

질문 받고 정죄당한 교만

—

**"누가 너를 구별하였느뇨 네게 있는 것 중에 받지
아니한 것이 무엇이뇨 네가 받았은즉
어찌하여 받지 아니한 것같이 자랑하느뇨" —고전 4:7**

교만은 나쁜 잡초들처럼 속히 자랍니다. 그것은 어떤 땅에서도 생존할 것입니다. 타고난 마음속에서 교만은 번창하며, 씨를 뿌리지 않는데도 올라오며, 물을 주지 않는데도 자라납니다. 심지어 중생한 마음속에서도 사탄이 한 줌의 씨를 던지면 쉽게 뿌리를 내립니다. 세상에 있는 모든 피조물 가운데 그리스도인은 교만에 대하여 최후의 보루입니다. 그러나 슬프도다! 우리는 과거 역사를 보나 우리 자신의 관찰로 보나 애처로운 증거를 갖고 있습니다. 그리고 우리 스스로 경험하는 바로서 가장 나쁜 것은 그리스도인들이 부끄러울 만큼 높아질 수 있다는 사실입니다. 바울이 고린도 사람들 가운데 교만이 날뛰고 있는 것을 보고는 이 질병을 열심히 처리하고자 하였습니다. 그렇게 해야 되겠다는 필요성을 그는 느꼈습니다. 왜냐하면 그것으로 인하여 아주 은혜롭지 못한 다른 해악이 야기되고 있었기 때문입니다. 교만과 자만에 이끌린 고린도교회의 교인들은 자기들 스스로 별개의 지도자들을 선정하고, 각기 다른 깃발들 아래로 모였습니다. 이 지도자를 따르는 자들은 저 지도자를 따르는 자들보다 더 낫다고 생각하였습니다. 그리하여 그리스도의 몸이 나뉘었으며, 모두가 서로 돕고 사랑으로 연합했어야 마땅한 하나님의 교회 안에서 온갖 종류의 나쁜 감정, 질투, 경쟁, 그리고 시기가 생겨났습니다. 그래서 바울은 열정적으로, 많은 지혜로 교만의 영을 공격하였습니다.

　　바울은 한 가지 사실을 잘 알고 있었습니다. 즉, 교만은 얕고 천박하다는 사실이었습니다. 교만은 정직한 질문을 견디지 못합니다. 그래서 바울은 소크라테스의 방법으로 질문을 하였으며, 교리문답을 실시하였습니다. 그는 본 구절에서 세 가지 질문을 하였으며, 이 세 가지 질문 모두 그의 친구들에게 교만으로 높아지기보다 자신을 성찰하므로 낮아지기를 부탁하였습니다. 교만은 "나는 이러이러한 은사들을 가졌다"라고 말했습니다. 그러나 바울은 "네게 있는 것 중에 받지 아니한 것이 무엇이뇨?"라고 대응하였습니다. 이렇게 그는 깊이 파서 교만의 기반을 약화시켰습니다. 교만은 하나님으로부터 그런 은사들을 받았다는 것을 완전히 잊었습니다. 그러므로 그런 사실을 상기시킴으로써 사도는 교만을 뿌리째 뽑아챘습니다. 이것이 바로 잡초를 제거하는 최선의 방법입니다. 푸른빛의 윗부분만 자르고 뿌리 끝을 그대로 놓아두면 비나 햇빛을 받아 다시 올라오고, 아무 소용이 없게 됩니다. 그러나 깊이 내려가서 뿌리를 캐내는 것은 효과가 있습니다. 바울은 자만심이 강한 고린도 사람들에게 그들이 가진 은사들은 자랑거리가 아니라는 사실을 상기시킴으로써 교만을 처리하였습니다. 왜냐하면 그들이 그 은사들을 하나님의 자비의 선물로 받았기 때문입니다.

　　또 다른 진리가 바울에 의해 설명되었습니다. 즉, 교만은 언제나 복음의 참된 교훈과 불일치한다는 것입니다. 여러분이 접하는 모든 설교나 가르침에 대하여 여러분은 이런 테스트를 할 수 있습니다. 만일 그 설교나 가르침이 사람으로 하여금 합리적으로 논리적으로 자기를 자랑하게 만든다면, 그것은 진리가 아닙니다. 우리 시대의 화학자들은 리트머스를 사용하여 액체 속에 산성이 있는지를 알아냅니다. 왜냐하면 그 리트머스 종이가 붉은 빛깔을 띠기 때문입니다. 여러분은 이런 식으로 시험할 수 있습니다. 즉, 어떤 교훈이 여러분을 교만으로 붉게 만든다면 거기에는 거짓의 산성이 포함되어 있는 것입니다. 부풀리는 것은 하나님으로부터 온 것이 아닙니다. 사람을 낮추고 그리스도를 높이는 것은 적어도 두 가지 진리의 증표들을 가집니다. 사람을 미화하는 것은 하나님에 의해 계시된 것일 수 없습니다. 왜냐하면 하나님은 어떠한 육체도 자신 앞에서 자랑하지 말라고 말씀하셨기 때문입니다.

그런 가르침은 가장된 거룩함으로 매우 빛나 보이고, 거짓된 영성으로 매우 매혹적으로 보일 수 있습니다. 그리고 오늘날 새로운 것들 가운데 언제나 존재하는 것처럼 여러분의 허황된 욕망 속에는 여러분의 마음을 그런 가르침 쪽으로 기울게 하는 요소가 다분합니다. 하지만 여기서 제시된 테스트의 방법으로 그것이 과연 하나님으로부터 나온 것인지 시험해 보세요. 만일 그 가르침이 매끄러운 손으로 여러분의 깃털을 적절히 문지르며 "내가 얼마나 멋진 사람인가"라고 느끼게 한다면, 여러분은 즉시 그 자리에서 달아나야 합니다. 마치 무적(霧笛: 항해 중인 배에게 안개를 조심하라는 뜻에서 부는 고동)이 위험을 경고하는 것처럼 여러분은 그 가르침이 여러분을 우쭐하게 한다는 사실을 하나의 경고로 여겨야 할 것입니다. 교만을 키우는 모든 교훈에게 이렇게 말하세요. "사탄아, 내 뒤로 물러가라. 네가 하나님과 진리에 속한 맛을 내지 못하며, 또는 네가 내게 유익한 말을 하지 않을 것이기 때문이다."

오늘 아침 나의 목적은, 바울이 고린도 사람들의 교만을 뽑아내려고 했던 대로, 우리 자신의 교만을 뽑아내려 하는 것입니다. 그리고 우리 자신의 능력을 일반적으로 평가하고, 그 다음에 나는 은혜 교리의 삽을 사용하여 교만의 이 독초를 뿌리째 뽑아내려고 노력할 것입니다. 본문을 보면서 첫째, 내가 알 수 있는 것은 질문에 대한 대답이 쉽다는 사실입니다. "누가 너를 구별하였느뇨? 네게 있는 것 중에 받지 아니한 것이 무엇이뇨?" 둘째, 질문에 대하여 부끄럽게 대답해야 한다는 것입니다. "네가 받았은즉 어찌하여 받지 아니한 것같이 자랑하느뇨?" 셋째, 이 질문들이 시사하는 다른 질문들을 가지고 잠시 여러분의 주목을 끌 것입니다. 성령께서 말씀 가운데 은혜를 베푸시기를 바랍니다.

1. 사도는 이중적인 형식으로
쉽게 대답할 수 있는 질문을 우리에게 던집니다.

이 질문들을 받고 난처해 할 사람들도 있을 것입니다. 그러나 그런 사람들이 이 자리에 있다고 나는 생각하지 않습니다. 어쨌든, 우리 교회 안에는 그런 교인들이 없습니다. "누가 너를 구별하였느뇨?"라고 우리가 질문을 받는다면, 우리는 즉각적으로 "하나님께서 은혜로 우리를 구별하셨습니다"라고 대답할 것입니다. 그리고 "네게 있는 것 중에 받지 아니한 것이 무엇이뇨?"라고 질문을 받는다면, 우리는 "우리가 가진 것은 오직 죄뿐이며, 온갖 좋은 은사와 온전한 선물은 위로부터, 빛들의 아버지로부터 내려왔나이다"라고 대답할 것입니다.

　　우리는 바울로부터 이런 질문을 받는 것이 더욱 기쁩니다. 왜냐하면 그는 요즘 "자수성가했다"고 말하는 그런 사람이었기 때문입니다. 종종 자수성가한 사람은 자기를 만들어 준 사람을 크게 존경합니다. 그가 자기의 창조자를 경배하는 것이 당연하지 않습니까? 교회에 관한 한 바울은 좌우간 다른 사람들의 도움 없이 자신의 길을 밀고 나갔던 사람이었습니다. 그는 그 교회에서 존중받지 못하고 오히려 큰 의심을 받으며 시작하였습니다. 형제들은 그가 성도들을 박해하였다는 소식을 들었으며, 그래서 처음에 그들은 그를 받으려 하지 않았습니다. 그의 이름은 기쁨보다는 공포였습니다. 하지만 바울은 진취적 기상, 헌신적인 열정, 지칠 줄 모르는 근면, 놀라운 용기로 — 물론 하나님의 은혜가 뒷받침이 되었지만 — 앞으로 나아가 마침내 이기적인 생각에서가 아니라 정직하게 "내가 아무것도 아니나 지극히 크다는 사도들보다 부족한 것이 조금도 없는 줄로 생각하노라"(고후 11:5)고 말할 수 있었습니다. 바울은 승승장구하다가 탁월한 위치에 오른 사람이 아니었으며, 어느 날 아침 깨어보니 자신이 유명해진 것을 알게 된 그런 사람이 아니었습니다. 오히려 그는 삶의 투쟁 가운데서 자신의 온 힘을 쏟았고, 해마다 끊임없는 에너지로 수고했습니다. 그가 하나님의 성도들을 박해했던 것은 불신앙으로 무지하여 했던 일이며, 그렇게 하는 것이 하나님을 섬기는 것이라고 생각했습니다. 평생 동안 의로워지는 것을 알기 위해 달려갔습니다. 그는 이기주의와 속임을 멀리하였고, 매우 적극적이고 심지가 굳고 고상한 사람이었으며, 교회가 지금까지도 영향을 받는 위대한 업적을 남겼습니다. 그러나 바울 자신은 자랑할 것이 아무것도 없었습니다. 그는 우리가 오해할 수 없도록 하나님의 은혜에 빚을 졌다는 증언을 너무도 명백하게, 그리고 여러 번 하였습니다. "내가 나 된 것은 하나님의 은혜로 된 것이다"라고 명백하게 말합니다. 그는 자신의 의를 가치 없는 것으로 여겼으며, 오직 그리스도 안에서 발견되고, 믿음으로 말미암아 하나님으로부터 온 의로 옷 입기를 원하였습니다. 소위 세상이 낮은 신분에서 출세한 사람들을 자수성가한 사람이라고 부르는데 지금 저의 설교를 듣는 분들 가운데 그런 분이 계십니까? 사랑하는 친구여, 여러분의 인생성공을 자기의 공적으로 여기십니까? 여러분 자신의 노력으로 성공했다고 뽐내십니까? 그렇다면 그런 자랑을 중단하세요. 사도 바울의 정신으로 자신에게 질문해 보세요. "누가 너를 구별하였느뇨? 네게 있는 것 중에 받지 아니한 것이 무엇이뇨?"

자연적인 은사에 적용하든 영적인 은사에 적용하든 이 질문은 대답하기 쉽습니다. 자연적인 은사를 자랑하려는 경향이 있으나 그것에 관한 질문을 받는다면, 우리는 우리에게 있는 자연적인 은사가 조금도 자랑할 것이 되지 못하며, 하나님께서 우리에게 베풀어 주신 것이라고 분명하게 대답해야 합니다. 어떤 은사들은 출생의 결과로서 우리에게 생깁니다. 물론 이 은사들의 경우에 우리의 역할은 없었습니다. 우리가 그리스도인 부모로부터 태어났을 수 있으며, 가계 때문에 항상 감사해야 할 수도 있습니다. 일찍이 우리 부모님들은 누구보다 먼저 하나님의 성도로 포함되었습니다. 그러나 참으로 형제들이여, 우리가 경건한 조상들을 자랑하는 것은 어리석다 할 것입니다. 왜냐하면 우리가 그분들을 선택한 것이 아니었기 때문입니다. 경건한 부모를 둔 자녀들이여, 여러분은 천하게 태어난 사람들을 업신여겨서는 안 됩니다. 왜냐하면 그들이 자기 뜻대로 태어난 것이 아닌 것처럼 여러분도 자기 뜻대로 태어난 것이 아니기 때문입니다.

어떤 이들은 태어날 때부터 육체적인 힘을 타고 났습니다. 사람이 동물적인 힘을 자랑하는 것은 내가 보기에 아주 미친 짓 같습니다. 왜냐하면 거기에는 가치가 있을 수 없기 때문입니다. 그런데도 자기의 동물적인 힘을 자랑하는 자들이 있습니다. 튼튼한 사지의 힘, 강력한 근육을 어떤 이들은 크게 자랑합니다. 주님께서 사람의 다리를 기뻐하지 않으시는데도 어떤 이들은 그것을 동료들을 능가할 수 있는 굉장한 것이라고 생각합니다. 오 운동선수여, 당신이 삼손처럼 강하고, 혹 아사헬처럼 빠르지만, 당신에게 있는 것 중에 받지 아니한 것이 무엇입니까? 당신은 소비하는 버릇을 타고 났습니까? 혹은 유전적으로 다른 연약함을 타고 났습니까? 당신이 그것을 예방할 수 있었나요? 당신이 지금 아무리 강하더라도 말이나 증기 엔진보다 조금이라도 더 강하다고 칭송을 받나요?

사람의 아름다움도 마찬가지입니다. 사람의 아름다움이 허영의 원인이 되는 경우가 허다합니다. 이 때문에 아름다움이 종종 덫이 됩니다. 당신의 이목구비가 정교하게 깎여진들, 당신의 눈이 아침같이 밝은들, 당신의 외모가 백합처럼 고운들, 당신을 바라볼 때마다 매력이 느껴진들 어쩐란 말입니까. 이 모든 것 때문에 자화자찬하겠습니까? 이세벨 역시 보기에 아름다웠습니다. 그녀가 칭송을 받을 수 있나요? 당신의 아름다움이 하나님의 선물이 아닙니까? 그것 때문에 창조주를 송축하세요. 하지만 못생긴 사람들을 멸시하지 마세요. 그렇게 하는 것은 그들을 만드신 조물주를 멸시하는 짓이 될 테니까요. 다소 기괴하게 생겼거나 불구인 사람들을 향해 등 뒤에서 비웃는 소리를 우리가 얼마나 자주 듣는지요. 그러나 하나님께서 그들을 만드셨습니다. 조물주께서 행하신 일에 대하여 누가 감히 비웃겠습니까? 여인들 중에 아주 아름다운 그대여, 사람의 아들들 가운데 있는 잘 생긴 그대여, 그대에게 있는 것 중에 받지 아니한 것이 무엇입니까? 그러므로 머리를 뒤로 젖히고 고상한 척하며 걷는 태도를 그치세요.

　　타고난 지위도 마찬가지입니다. 어떤 이들은 고귀하게 태어납니다. 갓 태어난 아기의 어떤 모습이 고귀한가요? 참된 고귀함이란 개인의 인격 말고는 아무데서도 나올 수가 없는 것이 아닌가요? 그런데도 그들은 고귀한 명성을 가지고 태어나며, 태어나자마자 존경의 대상이 됩니다. 그들이 우리 미래의 통치자들이 아닙니까? 공적이나 공로, 재능이나 자신의 영웅적 행위 때문이 아니라 어떤 이들은 우연인 것처럼, 그보다는 섭리의 주권적인 작정에 의해서, 다른 사람들 위에 자리 잡습니다. 그런데 왜 순전히 선물로 받은 것을 그들이 자랑해야 하나요? 사람들 중에 지위가 높고 명예를 가진 당신이여, 당신에게 있는 것 중에 받지 아니한 것이 무엇입니까? 겸손하고 온순하게 지내시고, 참으로 고귀한 성품으로 살아가세요. 그리하여 당신의 신분을 복으로 만드세요.

　　형제자매들이여, 우리 모두 출생의 덕을 얼마나 많이 보고 있는지요. 그리고 우리가 이 때문에 우리 자신에게 공을 돌리는 경우가 많습니다. 아마도 우리는 한 번도 큰 부도덕에 빠지지는 않았을 것입니다. 그러나 품위 없이 치열하게 경쟁하는 회의실에 떼지어 모인다면, 혹은 독설과 악이 법과 질서와 싸우는 그런 곳에 우리가 어쩔 수 없이 나타나게 된다면, 우리는 큰 부도덕에 쉽게 빠지지 않겠습니까? 만일 우리 앞에 최선의 본보기가 아니라 최악의 본보기가 있다면, 우리는 어떻게 되었을까요? 우리는 지금 상태에서도 충분히 죄를 지었습니다. 다만 우리가 더 많은 죄를 저지르지 않은 것은 우리 자신의 어떤 가치 있는 행위에서 기인한 것이 아니라 분명히 은혜로운 환경 하에서 시작된 우리의 삶에 다분히 기인한 것입니다. 이런 점에서 우리에게 있는 것 중에 우리가 받지 않은 것이 무엇입니까? 여러분이 지금까지 정직하였습니다. 이에 대하여 하나님께 감사하세요. 하지만 여러분의 아버지가 도둑이었다면 여러분도 그렇게 되었을지 모릅니다. 여러분이 지금까지 순결하고 겸손하였습니다. 기뻐하세요. 그러나 만일 여러분이 다른 환경에 둘러싸였더라면 그렇지 못할 수도 있습니다. 지금 여러분은 훌륭하고 평판이 좋으며, 올바른 방법으로 일을 하고 있습니다. 만일 여러분이 누군가처럼 가난하였더라면, 고발될 수 있는 더러운 거래의 유혹을 받았을지도 모릅니다. 이런 평범한 품행의 문제에 있어서, 우리가 얼마나 많이 출생의 덕을 보고 있는지, 그리고 우리 자신의 덕은 얼마나 적은지 말로 다할 수 없는 정도입니다. 우리가 "네게 있는 것 중에 받지 아니한 것이 무엇이뇨?"라는 질문을 받으면 확실히 자화자찬은 그칩니다.

재능(talent)에 있어서는 큰 차이가 있습니다. 어떤 사람은 다른 사람들이 실패하는 세상에서 금방 출세할 것입니다. 여러분이 원하는 곳에 그를 배치해 보세요. 그는 입신출세할 것입니다. 그의 친구들은, 만일 그를 사하라 사막으로 옮길지라도 그는 모래를 팔아 이익을 남길 것이라고 웃으며 말할 것입니다. 그런데 그런 재능을 누가 그에게 주셨습니까? 그에게 있는 것 중에 받지 아니한 것이 무엇입니까? 또 다른 사람은 기술이나 학문을 공부하여 그 방면에서 짧은 시간 안에 능숙하게 될 수 있습니다. 소년 시절 그는 학교에서 리더이며, 성인이 되어 그는 자기 분야에서 뛰어납니다. 하지만 그의 지혜나 통찰력이 하늘로부터 온 은사가 아닌가요? 또 다른 사람은 웅변의 재능을 가졌으며, 그의 동료는 훌륭한 작가의 재능을 가지고 있습니다. 이런 재능들 중 하나라도 가진 사람이 미래에 자부심이 강해질 만큼 크게 흡족해할 수 있습니다. 하지만 본문이 가르쳐 주는 진리로 우리는 이런 어리석음을 예방해야 합니다. "네게 있는 것 중에 받지 아니한 것이 무엇이뇨?" 하나님께서 여러분에게 주신 것을 가져가실 수 있으며, 당신이 경멸하는 그 사람이 당신의 재능을 가졌을지도 모릅니다. 만일 당신에게 그 재능이 없다고 해서, 그 사람이 당신을 경멸하는 것은 어리석은 짓입니다. 그렇다면 지금 그 재능이 없는 그를 당신이 멸시하는 것은 당신의 어리석음입니다.

　　사람들이 자아실현을 위해 교육의 도움을 받는 면에서 많은 차이가 있습니다. 요즘은 모든 계층과 형편에 있는 사람들이 교육을 받을 기회가 많아졌습니다. 이에 대하여 나는 진심으로 감사하며, 이것이 참된 경건에 유익을 주리라고 희망합니다. 하지만 같은 학교에서 배우는 학생들이라도 모두가 똑같이 교육을 받는 것은 아닙니다. 어떤 학생은 영리하고 어떤 학생은 우둔합니다. 어떤 학생은 일등을 다투고, 어떤 학생은 운명적으로 꼴찌를 면하지 못합니다. 사람의 원천적인 구조가 차이가 있는 것인지, 혹은 교육이 달라서 나타난 결과인지, 어쨌든 그 결과는 하나님께 감사할 일입니다. 왜냐하면 타고난 재능의 결과이든 아니면 탁월한 교육의 결과이든 그것은 모두 하나님께로부터 받은 것이기 때문입니다.

　　재산도 마찬가지입니다. 하나님께서 많은 재산을 주신 어떤 사람에게 설교하는 것이 될지 모르겠습니다. 사랑하는 나의 친구여, 그 많은 재산을 축적하는 과정에서 당신은 "네게 재물 얻을 능력을 주신 이가 하나님"(신 8:18)이라는 증거를 많이 체험하였습니다. 당신이 여유롭지 못했던 시절이 있었습니다. 특별한 섭리가 당신을 성공의 길로 이끌었습니다. 또한 눈금이 조금 돌아간 것 때문에 당신이 파산 지경에 이르렀을 때도 있었으나 시장의 판도가 달라져서 당신이 회복되었던 때도 있었습니다. 성공을 향한 경주에서 당신보다 앞섰던 다른 사람들을 당신이 저만치 따돌렸습니다. 그리고 하나님께서 당신을 성공하게 하셨지만 당신이 눈을 들어 지존자를 바라보고 당신을 도와주시고 구원해 달라고 주님의 인자와 자비를 간청해야 했던 걱정스러운 순간들이 있었다는 것을 나는 알고 있습니다. 자, 이러므로 만일 당신이 재물을 올바르게 사용하는 법을 알고, 재물의 소유가 당신을 자신의 청지기로 삼으신 하나님의 은혜라고 믿는다면, 재물은 축복이 될 것입니다. 당신이 다른 사람들보다 더 나은 판단력을 가졌을 뿐만 아니라 더 예리한 안목을 가졌고 더 부지런히 일했다고요? 맞습니다. 하지만 누가 당신에게 판단력을 주셨나요? 누가 부지런할 수 있는 건강을 당신에게 주셨나요? 다른 많은 사람들도 당신만큼 부지런하였지만 실패하였습니다. 다른 많은 사람들도 당신만큼 일하고 싶어했지만 아파서 일할 수가 없었습니다. 다른 많은 사람들도 당신만큼 예리한 안목을 가졌지만, 아아, 그의 판단력은 불행으로 끝났습니다. 다른 사람도 당신만큼 명석한 두뇌를 가지고 태어났지만 그는 지금 보호시설에 수용되어 있고, 당신은 지금 모든 재능을 발휘하고 있습니다. 오성도 여러분, 당신의 그물을 믿지 마세요. 그리고 우리가 깊은 데서 이 보화들을 끌어올렸다고 절대로 말하지 마세요. 도리어 당신이 세상에서 얻은 모든 것을 주신 하나님을 송축하세요. 왜냐하면 당신에게 있는 것 중에 받지 않은 것이 없기 때문입니다. 당신이 지금의 생각을 버리고, 당신이 청지기일 뿐이며, 당신의 소유가 하나님께 영광을 돌리고 다른 사람들을 유익하게 하라고 당신에게 맡겨진 것이며, 그것이 당신 자신을 위해 낭비되거나 축적되어서는 안 되는 것이라고 생각하였으면 좋겠습니다.

그런데 형제자매들이여, 이것은 우리의 영적인 은사에 있어서 아주 분명한 사실입니다. 나는 이 진리, 곧 "네게 있는 것 중에 받지 않은 것이 무엇이뇨?"라는 말씀을 여러분이 숙고하기를 바랍니다. 칼빈주의자들과 아르미니우스주의자들 사이에 중요한 많은 요점에 대하여 오랫동안 교리적인 토론이 있어왔습니다. 어떤 점에서는 칼빈주의자들이 옳고 어떤 점에서는 아르미니우스주의자들이 옳다고 나는 확신합니다. 양 체계 모두 긍정적인 측면에서 많은 진리가 있고, 또한 양 체계 모두 부정적인 측면에서 많은 오류가 있습니다. 내가 "사람이 저주를 받는 이유가 무엇이냐?"라고 질문을 받는다면, 나는 아르미니우스주의자의 대답처럼 "사람은 자기 때문에 멸망한다"고 대답할 것입니다. 내가 인간의 멸망을 감히 하나님의 주권의 차원에서 말해서는 안 될 것입니다. 반면, 내가 "인간이 구원받는 이유가 무엇인가?"라는 질문을 받는다면, 나는 오직 칼빈주의자처럼 "인간은 하나님의 주권적인 은혜로 말미암아 구원받으며 결코 자기 스스로 구원받지 못합니다"라고 대답할 것입니다. 내가 인간의 구원을 조금이라도 인간 자신의 탓으로 돌리는 망상을 가져서는 안 될 것입니다. 사실 나는 어떠한 교인도 이 두 진리를 적절하게 포함한 목회에 대하여 심하게 불평하는 것을 본 적이 없습니다. 이 두 진리 중에 이것이든 저것이든 따라야 한다는 단정에 대하여 오히려 교인들이 반대하는 것을 나는 볼 수 있습니다. 때로는 공연히 이 두 진리를 "화목"시키라고 아우성칩니다. 대체로 두 진리가 함께 양심에 좋은 인상을 줍니다. 그리고 내가 오늘 아침 이 둘을 동등하게 제시할 수 있다면, 대부분의 교인들이 동의할 것이라고 확신합니다. 그러나 이 시간에 나는 우리가 가진 모든 은혜가 하나님의 선물이라고 말하는 선에서 그치겠습니다. 그러므로 아무도 내가 이 질문의 다른 측면을 부인한다고 추측하지 않으리라고 믿습니다. 내가 확실히 믿는 것은 우리가 받지 않았다면 우리 안에 선한 것이 전혀 없다는 사실입니다. 예를 들면, 우리는 허물과 죄로 죽었으나 영적인 생명으로 살아났습니다. 나의 형제들이여, 그 생명이 죽음의 갈빗대에서 나왔습니까? 우리의 타락의 벌레가 중생이라는 살아 있는 씨를 생기게 하였나요? 이는 얼빠진 생각입니다. 우리를 사랑하신 하나님의 큰 사랑을 찬송할지어다. 우리가 죄 가운데서 죽었을 때 그 사랑 때문에 하나님께서 그의 은혜로 우리를 살리셨습니다. 우리의 큰 죄가 용서받되, 완전히 용서받았습니다. 그리스도의 보혈로 말미암아 우리가 깨끗해졌습니다. 우리에게 그럴만한 가치가 있었나요? 그리스도인이라고 고백하는 사람 누구라도 그리스도로 말미암아 속죄를 받고, 죄 사함받을 자격이 있다고 단 한순간이라도 말할 수 있습니까? 그런 것은 상상하는 것만으로도 엄청난 신성모독이 될 것입니다. 오, 그렇지 않습니다. "너희는 그 은혜에 의하여 믿음으로 말미암아 구원을 받았으니 이것은 너희에게서 난 것이 아니요 하나님의 선물이라. 행위에서 난 것이 아니니 이는 누구든지 자랑하지 못하게 함이라"(엡 2:8,9). 하나님께서 우리를 거저 용서하셨습니다. 죄 가운데 너그러운 사랑을 요구할 수 있는 자격이 조금이라도 있다는 것은 도저히 있을 수 없는 일입니다. 우리가 하나님에게 무언가를 요구할 수 있었기 때문이 아니라 하나님께서 우리에게 자비를 베푸시기를 원하셨기 때문에 그가 우리에게 자비를 베푸신 것입니다.

사랑하는 친구여, 당신을 일반적인 죄인으로부터 구별하신 것은 당신에게 베푸신 하나님의 은혜의 선물입니다. 이 사실을 당신은 알고 있습니다. 당신은 그리스도를 믿습니다. 그래요. 하지만 성령께서 당신 안에 그 믿음을 주시지 않았나요? 믿음이 하나님으로부터 온 것이라는 교리에 당신은 기쁘게 동의하지 않습니까? 당신은 죄를 회개했습니다. 하지만 회개가 당신에게 자연스러웠나요? 높이 계신 하나님으로부터 회개할 마음을 받지 않았나요? 당신의 회개가 하나님의 선물이 아닙니까? 누군가 이렇게 말할 것입니다. "맞아요, 하지만 동일한 복음이 우리에게 전해진 것처럼 다른 사람들에게도 전해졌습니다." 정말 그렇습니다. 여러분의 회심의 방편이었던 바로 그 설교가 그들에게도 허용되었습니다. 그렇다면 무엇이 구별을 하였나요? "우리가 예수님을 믿기를 소원하였습니다"라고 당신은 대답합니까? 그건 사실입니다. 원하지 않는 믿음은 믿음이라고 할 수 없을 것입니다. 하지만 누가 여러분의 소원에 영향을 끼쳤습니까? 여러분 안에 있는 좋은 성품이 믿음에 대한 공로를 주장할 수 있을 만큼 여러분의 소원에 영향을 끼쳤나요? 나로서는 그런 생각을 조금이라도 단호하게 거절합니다. "우리의 의지가 우리의 지성에 의해 영향을 받았으며, 우리가 최선으로 알았던 것을 선택하였습니다"라고 당신은 대답합니다. 그렇다면 누가 당신의 지성을 밝혀 주셨나요? 누가 당신으로 하여금 생명의 길을 택할 수 있도록 당신의 지성을 밝히는 빛을 주셨나요? 당신은 "오오, 하지만 우리 마음이 구원을 향해 있었으며, 다른 사람들의 마음은 그렇지 못하였습니다"라고 말합니다. 그 또한 사실입니다. 하지만 그렇다면 누가 당신의 마음을 그리로 향하게 하셨으며, 누가 그 마음의 원동력이 되셨나요? 당신입니까 아니면 하나님이십니까? 그 문제가 있습니다.

나의 사랑하는 형제여, 당신의 구원의 문제에 있어서 당신 자신이 원동력이었다고 감히 단언한다면, 나는 당신을 어떻게 이해해야 할지 모르겠습니다. 그것이 당신의 신조가 아니기를 바랍니다. 당신에게 예수님은 알파가 아니시군요. 예수님께서 당신을 먼저 사랑하셨기 때문에 당신이 그분을 사랑하는 것이 아니군요. 당신은 분명히 회심하지 못했으며, 완전히 돌아오지 못했으며, 오히려 당신이 스스로를 돌아서게 했습니다. 당신은 새로운 피조물이 아니며, 당신 스스로 새로운 창조자입니다. 당신은 다른 사람들에게서 똑같은 것을 보려고 하십니까? 그렇다면 왜 당신은 지금 하는 대로 행동하십니까? 만일 주님께서 당신을 돌아오게 하지 않았다고 당신이 믿는다면 왜 당신은 다른 사람들을 돌아오게 해 달라고 주님께 기도합니까? 주님께서 당신의 자녀들을 회심시켜 달라고 기도하십니까? 왜 기도하십니까? 만일 회심의 원동력이 완전히 그들에게 있다면 왜 그들을 위하여 하나님께 기도하십니까? "아아, 하나님께서는 모두를 똑같이 대하셔야 합니다"라고 누군가 말합니다. 나는 다시금 묻습니다. 왜 당신은 당신 자녀들을 위해 기도합니까? 만일 하나님께서 모두를 똑같이 대하셔야 한다면, 다른 사람들보다 당신 자녀를 우선적으로 축복해 달라고 하는 것은 하나님께 나쁜 일을 행하라고 요청하는 것입니다. 당신이 실제로 이런 정서를 가진다는 것은 어불성설입니다. 성령께서 먼저 마음속에 역사하신다는 사실을 알고, 그리스도 예수님을 자기 구원의 알파와 오메가라고 부르는 자는 주님께 정정당당히 나아갈 수 있으며, 이 사람 혹은 저 사람의 회심을 위해 기도할 수 있는 사람입니다. 그는 또한 반드시 그의 구원의 영광을 모두 하나님께 돌리며, 지존자의 은혜를 찬미하고 송축합니다.

나의 사랑하는 형제여, 아마도 당신과 다른 성도들 사이에 구별이 있을 것입니다. 어떤 성도들이 다른 사람들을 능가하는 데에는 충분한 이유가 있다고 나는 확신합니다. 왜냐하면 어떤 신앙고백자들은 참으로 가엾은 존재들이기 때문입니다. 자, 형제여, 당신은 다른 사람들보다 더 큰 믿음을 가지고 있군요. 당신이 그 믿음을 어디에서 받았나요? 만일 당신이 하나님 외에 다른 어느 곳에서 그 믿음을 받았다면 차라리 그것을 없애버리는 것이 나았을 것입니다. 사랑하는 형제여, 당신은 어떤 사람들보다 더 큰 기쁨을 가지고 있군요. 그리고 의심하고 슬퍼하는 당신의 교우들을 창피하게 여기는 것 같군요. 당신의 기쁨이 헛되지 않도록 조심하세요. 그리고 당신의 기쁨이 참된 기쁨이라면, 당신이 그 기쁨을 주님으로부터 받았다는 것을 기억하세요. 당신이 다른 사람들보다 더 쓸모가 있습니까? 당신은 게으른 어떤 신앙고백자들을 어쩔 수 없이 보게 되며 당신이 그들을 각성시킬 수 있기를 바랍니다. 나도 그렇습니다. 나도 할 수만 있다면 그들의 솜털방석을 예리한 핀으로 찌르고 싶습니다. 그러나 그럼에도 불구하고, 누가 우리에게 활기를 주시고, 누가 우리를 쓸모 있게 하시며, 누가 우리에게 열심을 주시고, 누가 우리에게 용기를 주시며, 누가 우리에게 모든 것을 주십니까? 사랑하는 친구여, 만일 당신이 "내가 내 은사와 은혜를 매우 훌륭하게 향상시켰고, 영적인 일에서도 아주 잘 되어가고 있다"라고 스스로에게 속삭이는 그런 상황에 빠진다면, 당신은 곧 당신의 높은 자리에서 떨어지게 될 것입니다. 당신이 스스로 로이드 선급(船級) 협회에 1등급으로 등록한다면, 형제여, 나는 당신과 함께 항해하지 않을 것입니다. 왜냐하면 당신의 교만한 배가 폭풍우를 몰고 올까 나는 두렵기 때문입니다. 차라리 나는 예수님이 갑판에 계시지 않으면 태풍에 침몰할 배를 가진 가련한 그리스도인과 함께 항해하겠습니다. 하지만 그가 안전하다는 것을 나는 확신합니다. "여호와를 경외하는 자는 복이 있도다"(시 112:1). 십자가 앞에서 낮아진 자는 복이 있습니다. 그는, 세상적인 것이든 영적인 것이든, 그가 가진 모든 것에 관하여 모든 좋은 것을 주시는 분의 덕으로 전부 돌립니다.

이제 우리는 다음으로 넘어가서 두 번째 대지를 잠시 생각해 보고자 합니다.

2. 여기에 부끄럽게 대답해야 할 질문이 있습니다.

"네가 받았은즉 어찌하여 받지 아니한 것같이 자랑하느뇨?" 우리 가운데 어느 누구라도 자만에 빠진다면, 우리 거의 모두가 그리했지만, 당혹스러운 얼굴로 이 질문에 대답합시다. 형제자매들이여, 여러분이 받은 무언가를 자랑하였나요? 그렇다면 여러분이 얼마나 잘못 행동했는가를 숙고하세요. 왜냐하면 하나님의 영광을 훔쳤기 때문입니다. 분명한 것은 우리가 조금이라도 자신을 찬미한다면 그만큼 만왕의 왕께서 받으실 찬미의 총량이 줄어든다는 사실입니다. 사람이 하나님의 것을 훔치겠습니까? 구속받은 자가 하나님의 것을 훔치겠습니까? 무조건적인 사랑으로 말미암아 죽음과 지옥의 입 사이에서 구출 받은 가련한 죄인이 하나님의 것을 훔치겠습니까? 주께서 우리를 불쌍히 여기십니다.

우리가 자랑할 때 우리는 또한 진리의 자리를 떠납니다. 모든 그리스도인은 진리 안에 서 있는 것 외에는 다른 어떤 곳에 서 있는 것을 부끄러워해야 합니다. 나는 연약하고 무력하며, 모든 것이 은혜라고 내가 고백할 때 나는 진리 안에 서 있습니다. 하지만 내가 아무리 작은 찬미라도 내게 돌린다면 나는 거짓에 서 있습니다. 우리가 주님 앞에서는 잘못을 행한다해도 주님께서 우리를 불쌍히 여기십니다.

우리가 자신을 높일 때마다 그만큼 주님을 존중하지 못한다는 분명한 사실을 기억합시다. 여러분은 자신 안에 영적인 아름다움이 있는 것을 보십니까? 그렇다면 그것은 진정한 아름다움이 무엇인지 여러분이 알지 못하기 때문입니다. 여러분이 "나는 부자라 부요하여 부족한 것이 없다"(계 3:17)라고 말하십니까? 그렇다면 여러분은 진정한 부요가 무엇인지 전혀 모르거나 혹 거의 알지 못하고 있는 것입니다. 여러분이 금박을 금이라고 오해하였으며, 넝마를 의상으로 오해한 것입니다. 여러분이 예수님에게서 불로 연단한 금을 사고, 입을 수 있는 세마포를 사기를 나는 권합니다. 분명히 우리의 판단은 천칭과 같습니다. 즉, 그리스도께서 높아지면 내가 낮아지고, 가치 판단 속에서 내가 올라가면 예수님께서 낮아집니다. 아무도 자기와 그리스도를 동시에 중히 여기지 못합니다.

> "당신의 영광이 내 눈에 띄면 띌수록
> 나는 더욱더 겸손해지리라."

이것은 예외 없는 규칙입니다.

게다가 여러분과 내가 가진 것을 자랑했다면 우리는 우리의 교우들을 얕보았으며, 이는 큰 죄입니다. 그들은 예수님에게 매우 소중한 자들이며, 예수님은 그들의 죽음까지도 소중하게 여기십니다. "삼가 나를 믿는 이 작은 자 중의 하나도 업신여기지 말라"(마 18:10). 그런데 우리가 자기를 과대평가하면 결과적으로 자연스럽게 다른 사람들을 과소평가하게 됩니다. 내가 지금껏 '나는 부요한 사람이다. 이 가난한 사람들이 비록 선한 그리스도인들일지라도 아무도 나와 비교되지는 못해. 나는 교회에서 훨씬 더 중요한 사람이야'라고 생각해 본 적이 있나요? 내가 재능을 갖고 있다는 것 때문에, 그리스도를 위하여 말하지 못하는 이 거룩한 남자들과 여자들은 그다지 중요한 사람들이 아니라고 생각한 적이 있습니까? 혹은, 내가 오랜 경험을 가진 그리스도인이 되었기 때문에 젊은이들을 꺾어버리고 "그들은 한 무리의 소년소녀들에 불과해"라고 말한 적이 있나요? 이것이 그리스도의 피로 값 주고 산 바 되고 그리스도의 몸의 지체들인 자들에 대하여 말할 수 있는 자세인가요? 아무리 보잘것없는 성도라도 그를 멸시하는 것은 우리에게 유익하지 못할 것입니다. 내가 믿기에, 지금은 눈에 띄지 않는 곳으로 밀려나 있고 구석진 곳에 떠밀려 있지만 그리스도께서 특별한 눈빛으로 바라보시며 그가 오실 때 첫 번째 자리를 차지할 많은 사람들이 있습니다. 나는 진실로 여러분에게 다음과 같이 말합니다. "이와 같이 나중 된 자로서 먼저 되고 먼저 된 자로서 나중 되리라"(마 20:16).

아울러 자신을 영화롭게 하면 이로 인하여 일반적으로 우리의 은사에 관해서 우리는 올바른 길에서 벗어나게 됩니다. 그리고 이런 은사들이 우리 주님을 위해 사용하도록 우리에게 맡겨졌다는 사실을 잊게 됩니다. 청지기들에게 요구되는 것은 자기를 뽐내거나 주인의 것으로 자기를 꾸미는 것이 아니라 충성입니다. 우리는 너무 많은 일을 하다 보니 자랑할 겨를이 없습니다. 저 너머 이제 막 갑옷과 투구를 받은 어린 군사를 보세요. 그는 이제 막 복무를 시작했습니다. 그의 흉패에 비추어진 자기의 잘 생긴 얼굴을 얼마나 큰 기쁨으로 바라보고 있는지 보세요. 그는 자기의 깃털에 얼마나 크게 감탄합니까. 그는 무구(武具)를 갖춘 자신의 모습이 얼마나 당당하게 보일까 생각합니다. 나의 사랑하는 친구여, 칼의 타격(이것이 당신을 기다리고 있는 것인데, 당신은 그렇게 생각하지 않고 있네요)을 견뎌내야 할 치열한 전투에서 이 무구를 입은 것은 당신의 화려한 용모를 자랑하기 위한 것이 아닙니다. 우리가 보고자 하는 것은 당신의 용맹입니다. 자기가 가지고 있는 것 때문에 자신을 높인다면, 그는 십자가의 군사로서 마땅히 해야 할 일을 하고 있지 않는 것입니다.

여기서 우리는 한두 가지의 실례를 생각해 보겠습니다. 어떤 사람들의 경우에 하나님께서 직분을 주신 것 때문에 자신을 높이는 버릇이 있습니다. 그들은 목사, 집사, 장로, 감독 등등입니다. 그들이 어찌나 젠 체하는지요! "존경할 자를 존경하라"(롬 13:7). 그들이 이 본문을 암기하고, 여기서 일신상의 용례를 본 듯합니다. 여러분은 왕의 하인들이 왕처럼 구는 모습을 본 적이 없습니까? 며칠 전 나는 그런 사람을 보고 경의를 표하고 있었습니다. 그의 화려한 모습이 나를 당황하게 하였습니다. 왜냐하면 그의 모습이 지켜볼 만큼 눈부셨기 때문입니다. 그의 주인인 왕족은 그렇게 위풍당당하지 않았습니다. 그리고 이보다 더 이상 호화롭거나 귀족적일 수는 없다고 느꼈습니다. 내가 놀라움과 존경심으로 구경하고 있었는데, 누군가 불손하게 "하인 주제에!"라고 말했습니다. 아주 불손한 발언이었지만 매우 꾸밈없는 말이었습니다. 나의 형제들이여, 여러분이나 나나 나들이옷을 입었다고, 목사나 장로라고 마치 매우 훌륭한 사람들인 것처럼 행동할 때마다 누군가 우리더러 하인들이라고 부를 것이 확실합니다. 아마도 꼭 그대로 말하지는 않겠지만 같은 효과를 가진 말을 할 것입니다. 그런 모욕을 받지 맙시다. 이제까지 우리가 그렇게 했다면 다른 사람에게서 본 것을 생각하고 즉시 우리 자신을 견책합시다.

어떤 이들은 지속적으로 자신의 경험을 자랑합니다. 이것 또한 헛된 것입니다. 여기 한 사람이 있다고 가정합시다. 그는 위대한 여행자로서 알프스를 넘었고, 유럽을 횡단했습니다. 여기에 그의 지팡이가 있고, 그것이 자랑합니다. "나는 피조물 중에 가장 많이 여행한 지팡일세. 나는 알프스의 울퉁불퉁하고 험한 마루를 세게 때렸고, 나일 강에서 목욕했지." 누군가 말합니다. "이것 참, 네가 가는 곳마다 너 자신 너머의 힘이 너를 데리고 다녔지." 따라서 경험을 자랑하는 그 사람으로 하여금, 하나님의 손이 붙들어 주시지 않았다면 그가 어디에서도 평화의 길로 가지 못했을 것이라는 사실을 기억하게 합시다. 그는 하나님의 손 안에 있는 지팡이 외에 아무것도 아니었습니다. 그러므로 그는 감사해야 할 것이며, 결단코 교만해서는 안 될 것입니다.

며칠 전 나는 바위 위에 꾸며진 아름다운 정원을 보았습니다. 바위 위에는 정선된 꽃들과 열대식물들이 자라고 있었습니다. 바위 주변은 황량하였고, 식물이 살아 있다는 흔적이 거의 없었습니다. 자, 정원이 교만하여 많은 결실을 자랑했다고 가정해 봅시다. 그에 대한 대답은 이럴 것입니다. "많은 흙을 네게로 퍼올렸다. 그리고 만일 틀어놓은 물이 많은 미로들을 통해 각 식물의 뿌리에 흘러들어가지 않았다면 너는 열매를 내지 못하였을 것이다. 너 혼자였다면 몇 개월 만에 너는 다시금 바위로 돌아가고 말았을 거야. 그러므로 정원을 만든 자가 기뻐해야지, 정원 스스로가 자랑할 수는 없다." 많은 열매를 맺는 신자라도 하나님께서 내버려 두시면 황량한 바위, 광야가 되고 말 것입니다.

내가 어느 그리스도인에게 설교하고 있다고 가정해 봅시다. 그는 행복하고 즐겁고 쾌활합니다. 그리고 그는 성경의 약속들, 귀한 말씀들을 그의 마음에 적용하므로 그런 진미를 맛봅니다. 사랑하는 친구여, 이런 훌륭한 즐거움을 모두 누리고 있기 때문에 당신에게 특별히 선한 것이 있다고 쉽게 생각하십니까? 그렇다면 내가 당신의 마음을 바로잡겠습니다. 당신이 이런 은혜를 취할 수 있는 것은 당신의 연약함 때문입니다. 당신이 호텔에 묵을 때 어떤 사람들이 위층으로 배달된 저녁식사를 하고 있다고 말할 것입니다. 왜 그렇게 하죠? 오, 그 이유는 그들이 아프기 때문입니다. 당신이 건강하다면 다른 사람들과 함께 내려가서 정식을 먹을 것입니다. 그러나 당신이 아프다면 사람들이 위층으로 배달을 해줄 것이며, 당신에게 특별히 신경을 쓸 것입니다. 하나님께서 당신에게 주시는 이런 위로를 받을 때 당신은 과연 잘못된 것이 없는지 알아보아야 합니다. 즉, 당신이 강하고 건강하다고 생각하지 말고 무언가 연약함이 없는지 살피고 알아보아야 합니다. 주님께서 당신에게 주시는 갑절의 위로는 뭔가 당신의 연약함을 제거하기 위한 자비로운 의도일 수 있기 때문입니다. 세상에 있는 아무것도 자신을 높이는 동기가 되어서는 안 됩니다. 하나님께서 우리에게 주시는 그 어떠한 것을 가지고도 우리 자신을 높이 평가해서는 안 됩니다. 형제여, 더 낮아지고 더 낮아지세요. 그리하면 당신이 높아질 것입니다. 천국으로 가는 길은 오르막이 아니라 내리막입니다. 그리스도께서 다시 올라와 만물을 충만하게 하기 위해 무덤에까지 내려가신 대로 당신은 십자가로 나아가서 자아의 무덤에 내려가 그리스도와 함께 장사되어야 합니다. 그리고 당신의 세례의 의미를 깨닫고, 당신이 그리스도와 함께 온 세상에 대하여, 그리고 당신 자신에 대하여 장사된 것이 실제가 되도록 해야 합니다. 오직 그렇게 할 때에 당신이 새 생명의 충만함으로 부활할 수 있기 때문입니다.

3. 셋째, 이 질문들이 시사하는 다른 질문들을 주목해 봅시다. 그것들이 무엇입니까?

첫째는 이것입니다. 나의 구원의 문제에 있어서 나는 하나님께 마땅한 자리를 드렸나요? 나는 이 한 가지 질문을 아주 잘 제시할 수 있습니다. 왜냐하면 내가 하나님께로 회심했을 때를 기억하고 있기 때문입니다. 그때에 참으로 나는 회심했지만 그것이 내 마음속에 계신 성령의 역사였음을 알지 못했습니다. 즉, 그 회심이 특별한 은혜의 결과였음을 나는 이해하지 못하였습니다. 나는 일반적으로 전파된 복음을 들었지만 특별한 은혜의 교리들을 배우지 못하였습니다. 나는 앉아서 마음속으로 '내 마음이 새로워졌네. 나는 용서받았고 구원받았네. 어떻게 된 거지?'라고 생각했던 사실을 지금도 생생하게 기억합니다. 나는 복음을 들었던 사실이 원인이 아닐까 생각하였습니다. 하지만 많은 사람들이 복음을 들을 기회를 단 한 번도 갖지 못했다는 사실을 알았을 때, 내가 복음을 들을 기회를 가진 것이 특별한 은혜라는 것을 깨달았습니다. 그때에 나는 "복음은 들었지만 그 복음으로 은혜를 받지 못한 다른 사람들도 있는데, 나는 복음을 듣고 어떻게 은혜를 받은 거지?"라고 말했습니다. 그리고는 '내 속에 선한 것이 있어서 복음이 내게 쓸모 있게 된 것이 아닐까? 그렇다면 나의 회심의 공로가 내게 있을 텐데'라고 잠시 생각하였습니다. 왠지 모르겠지만, 나는 하나님께서 내게 주신 은혜로 그 억측을 허공에다 내던지고, "나를 구별하신 분은 하나님이 분명해"라는 결론에 이르렀습니다. 이 한 가지 생각을 하게 되자 은혜의 교리들이 당연한 것으로 따라왔습니다. 오직 여러분 자신의 마음속에 은혜의 특별한 역사가 있었다는 것을 체험적으로 알아야만 여러분이 여러분의 신조 가운데 주님께서 계셔야 할 마땅한 자리에 주님을 모시겠습니까? 어떤 이들은 구원의 문제에 있어서 주님에게 매우 열등한 자리를 내어드립니다. 그들에게 사람은 대단히 위대하고 하나님은 작습니다. 하지만 참된 신학은 하나님을 체계의 태양, 중심, 머리, 첫째, 최고로 모십니다. 여러분도 그렇게 하십니까? 만일 그렇지 않다면, 여러분의 견해를 바로잡으세요. 은혜의 복음이라는 좀 더 분명한 견해를 취하세요. 성령께서 그 안에서 여러분을 도와주시기를 바랍니다. 은혜의 교리를 아는 것이 여러분에게 큰 위로를 줄 것이며, 여러분을 안정되게 할 것이며, 또한 여러분이 이로 인해 하나님의 영광을 구하게 될 것입니다.

　　두 번째 질문은 이것입니다. 나는 오늘 아침 겸손히 감사하는 마음을 가지고 있는가? 나는 어떻게 느끼는가? 나는 하나님의 자비를 당연한 것으로 여기는가? 나의 은사를 감사 없이 바라보는가? 그렇다면 나는 멸망하는 짐승같이 행하고 있는 것입니다. 하지만 오늘 아침 나는 겸손하고 겸비한 감사가 매일 나의 마음을 지배하게 해 달라고 기도합니다. 그런 감사가 여러분을 기쁘게 할 것이며, 성실하게 할 것입니다. 그런 감사는 사실상 모든 그리스도인들의 은혜가 하나님의 성령의 축복으로 말미암아 자라는 환경이 될 것입니다.

　　세 번째, 내가 받은 자라는 점에서, 나는 다시 주기 위해 무엇을 하였나? 나는 받고 한 번도 주지 않는 것이 의도적이어서는 안됩니다. 만일 그런 경우라면 나는 딱한 신세가 될 것이기 때문입니다. 여러분도 아시다시피 영국 북부에서는 어린이용 저금통 질그릇을 만들었고, 지금도 여전히 만들고 있습니다. 여러분이 원하는 대로 그 안에 집어넣을 수 있으나 저금통을 깨뜨리기 전에는 조금이라도 꺼낼 수 없습니다. 우리 가운데 그런 사람들이 있습니다. 어떤 이들이 최근에 죽었는데, 그들의 유산이 검인(법원이 유언 증서나 유언의 녹음을 개봉하여 조사하고 확인하는 일) 법원에서 보고되었습니다. 유산 안에 많은 것이 들어 있지만 여러분은 아무것도 꺼내지 못하고, 결과적으로 깨뜨려

저야 했습니다. 그것들이 깨뜨려졌을 때 그 금과 은이 바르게 쓰였기를 나는 바랄 뿐입니다. 여러분이 깨어지기 전까지 저금통처럼 되고, 쓸모없게 된다는 것이 얼마나 불쌍한 일인지요. 어떤 이는 동시에 받고 주기를 원합니다. 우리는 흐르지 않는 연못이 되어서는 안 됩니다. 사해는 일 년 내내 강으로부터 물을 받지만 도로 물을 흘려보내지 않으며, 그래서 흐르지 않고 더러운 호수가 되었습니다. 우리는 아메리카의 대 호수들처럼 됩시다. 그 호수들은 엄청난 강물을 받아서 다시 쏟아내며, 결과적으로 신선하고 깨끗한 상태를 유지합니다.

네 번째 질문은 이렇습니다. 내가 하나님의 은혜로 말미암아 가진 바를 받았으므로 나는 더 이상 받지 않아도 될까? 형제자매들이여, 은혜로운 일에 관해서는 여러분이 갈망하기를 바랍니다. 최상의 선물을 열심히 갈망하세요. 여러분이 믿음이 있다면, 왜 더 이상 받지 않습니까? 하나님께서 여러분에게 소망, 기쁨, 체험을 주셨다면 왜 더 이상 받지 않습니까? 여러분은 하나님 안에서 제한되지 않습니다. 다만 스스로 좁아질 뿐입니다. 그런 장애물들을 힘써 제거하시고, 주님께 더 많은 은혜를 달라고 구하세요.

마지막 다섯 번째 질문이 있습니다. 그리스도인들이 가지고 있는 모든 것이 받은 것이라면, 죄인이여, 당신은 왜 그들처럼 받지 않습니까? 그리스도인들이 스스로에게서 이 선한 것들을 취한 것이 사실이라면, 불쌍한 죄인이여, 당신은 절망할 수 있습니다. 왜냐하면 아시다시피 당신 안에는 선한 것이 없기 때문입니다. 하지만 최고의 성도들이라도, 천국에 있는 최고의 그리스도인이라도 받은 것 외에는 아무것도 갖지 못한다면, 왜 당신은 받지 않습니까? 알다시피, 받는 것은 결코 어려운 일이 아닙니다. 내가 보장하건대, 런던에 있는 모든 사람들 가운데 한 사람도 받을 수 있는 것 외에는 갖지 못합니다. 이번 기회에 받아보세요. 일천 파운드를 받는다고 가정합시다. 그리고 우리 가운데 얼마나 많은 사람들이 받지 못할까 알아보세요. 만일 받을 마음이 없는 사람이 있다면 나는 그게 누군지 말하겠습니다. 곧, 그는 스스로 부요하다고 생각하고 더 이상 가질 마음이 없는 사람입니다. 교만하고 스스로 의롭다고 생각하는 바리새인은 받을 수 없기는 하지만, 그러나 불쌍하고 아무짝에도 쓸모 없고 비어 있는 죄인들은 받을 수 있습니다. 여기에 은혜가 있습니다. "받는(영접하는, received) 자 곧 그 이름을 믿는 자들에게는 하나님의 자녀가 되는 권세를 주셨습니다"(요 1:12). 빈손을 펼치세요. 빈 마음을 여세요. 하나님의 거룩한 성령으로 그것들이 열리고, 당신이 받기를 바랍니다. 그러면 내가 알기에, 당신은 우리와 함께 이렇게 말하게 될 것입니다. "우리가 다 그의 충만한 데서 받으니 은혜 위에 은혜러라"(요 1:16).

제
6
장

—

누룩을 내버리라

—

"적은 누룩이 온 덩어리에 퍼지는 것을 알지 못하느냐 너희
는 누룩 없는 자인데 새 덩어리가 되기 위하여 묵은 누룩을
내버리라 우리의 유월절 양 곧 그리스도께서 희생되셨느니
라 이러므로 우리가 명절을 지키되 묵은 누룩으로도 말고
악하고 악의에 찬 누룩으로도 말고 누룩이 없이 오직 순전
함과 진실함의 떡으로 하자" —고전 5:6-8

"하나님이 짝지어 주신 것을 사람이 나누지 못할지니라"(막 10:9). 성경
에서 은혜의 교리들은 거룩함의 교훈들과 짝을 이룹니다. 믿음이 길을 인도
하는 곳에서는 덕행들이 질 좋은 무리에 따라붙습니다. 거룩함과 행복의 뿌
리는 같으며, 어떤 면에서 그것들은 같은 내용을 말하는 두 단어들일 뿐입니
다. 믿음으로 말미암아 구원을 받는다는 설교에서는 거룩이 나오지 못한다
고 생각한 사람들이 있습니다. 여러분이 "십자가에 못 박혀 죽으신 분을 한
번 보기만 해도 생명이 있다"고 사람들에게 말한다면, 생명의 깨끗함은 필요
없는 것이라고 그들이 결론을 내리지 않겠습니까? 만일 여러분이 율법의 행
위가 아니라 믿음을 통해 은혜로 말미암는 구원을 전한다면, 그들이 그리스
도께 순종할 필요가 없고 자기 좋은 대로 살아도 된다고 추측하지 않겠습니
까? 이에 대한 최선의 대답은 하나님의 은혜의 복음에 대하여 아주 열심인
사람들의 경건하고 정직하며 그리고 착실한 삶에서 찾을 수 있습니다. 한편,

도덕률폐기론자의 정신을 가진 사람들이 있습니다. 그들은 감히 말하기를, 자기들이 구원을 받았고 그리스도께서 그들을 위한 사역을 다 이루셨기에 공로로 이루지 못한 것은 하나도 없기 때문에, 그러므로 그들이 율법 아래 있지 않고 은혜 아래 있는 이상 마음대로 행동할 수 있다고 합니다. 우리의 대답은 구원받는 믿음이란 열매 맺지 못하는 믿음이 아니라는 것입니다. 구원받는 믿음이란 언제나 선한 행실의 열매를 맺고 거룩이 넘쳐나는 믿음입니다. 죄 가운데(in) 구원은 있을 수 없으며, 그것은 언제나 죄로부터의(from) 구원이어야 합니다. 죄인이 악한 정욕을 자유롭게 풀어주기를 계속하면서 그리스도 안에서의 구원을 꿈꾸는 것은 마치 쇠사슬이 사람의 손목에 채워진 상태로 자유를 말하거나, 병이 깊어가고 있는데 건강을 자랑하거나, 혹은 군대가 바야흐로 항복하려고 하는데 승리를 자랑하는 것과 마찬가지입니다. 은혜와 거룩함은 태양의 빛과 열처럼 분리할 수 없는 것입니다. 모든 경우에 예수님에 대한 진실한 믿음은 모든 잘못된 길을 혐오하고 끝까지 거룩의 길을 지속하도록 유도합니다.

　　사도 바울은 근친상간의 죄를 저지른 사람을 관대하게 다루는 것이 얼마나 큰 잘못인가를 고린도교회 교인들에게 보여주면서 더러운 영을 악한 누룩에 비유하였습니다. 그리고 누룩은 그에게 유월절을 생각나게 하였으며, 잠시 비켜 나와서 그의 주장을 좀 더 설득력 있게 펼치기 위해서 유월절의 모형을 적용하였습니다. 그는 합당한 모든 이유를 들어 그들에게 청결을 촉구하고자 했으며, 그의 예리한 안목이 유월절의 의식에서 논거를 발견하였습니다. 이 모형을 다루는데 있어서 바울은 한 가지 사실에 대한 또 하나의 증거를 내게 줍니다. 그 사실이란 여러분이 신자의 안전을 보장하는 내용을 보여주는 성경구절에서 그것(신자의 안전)과 나란히 없어서는 안 될 거룩을 반드시 보아야 한다는 것입니다. 여기서 여러분은 유월절에 은혜를 받은 백성이 뿌려진 피 아래서 안전한 것을 볼 수 있습니다. 그들은 심판의 천사가 칼을 뽑은 저 무서운 시간에 안전합니다. 그러나 여기서 동시에 볼 수 있는 것은 그 백성이 불결한 누룩을 자기들의 집에서 부지런히 내버리는 모습입니다. 그들이 누룩을 내버림으로써 구원을 받은 것이 아니라 뿌려진 피로써 보존되었으며, 그들은 하나님의 명령에 순종하였고, 부지런히 부정하고 금지된 것을 치웠습니다. 누룩을 그 집에서 치워 버리는 것이 피로 말미암은 안전과 병행되었습니다.

오늘 아침 우리는 첫째, 신자들의 행복한 상태, 둘째, 그들의 특권과 병행하여 그들에게 지시된 거룩한 의무를 살펴보고 셋째, 그들의 행복과 거룩함, 그들의 거룩함과 행복이 어떻게 서로 간에 상호 작용하는지 보여드리고자 합니다.

**1. 우리는 앞서 그리스도를 믿는 모든 참된 그리스도인들의
행복한 상태를 개진하였습니다.**

"우리의 유월절 양 곧 그리스도께서 희생되셨느니라 이러므로 우리가 명절을 지키되."

그리스도인의 평소 정상적인 상태는 완벽히 안전한 가운데서 명절을 지키는 것입니다. 원칙적으로 우리는 허리에 띠를 띠고, 손에 지팡이를 잡고, 즐거운 해방을 기대하면서 유월절 식탁에 서 있던 이스라엘 백성 같아야 합니다. 사도가 그 상태를 어떻게 묘사하고 있는지 관찰하고, 그의 말씀을 하나하나씩 해석해 봅시다. "우리의 유월절 양 곧 그리스도께서 희생되셨느니라." "우리의 유월절 양", 이로써 하나님의 진노가 전가되었고, 철저하게 보응을 받아야 마땅한 우리로부터 넘어가게 되었습니다. 그 진노가 하나님의 어린 양에게로 옮겨졌고, 그러므로 우리를 넘어갑니다. 그리스도께서 희생 또는 죽임을 당하셨으며, 그의 생명이 취해졌는데, 이는 그가 우리를 위해 자신을 주셨기 때문입니다. 그의 생명과 피, 맞아요, 그의 진정한 자신을 우리를 위해 내어주셨습니다. "우리를 위하여"(개역개정판에는 생략되었음)란 말씀은 대속을 암시합니다. 그리스도께서 우리를 위하여 또는 우리를 대신하여 희생되셨습니다. 우리는 바울이 우리를 위하여 희생되었다고 말하는 것으로 절대로 생각하지 말아야 합니다. 물론 바울이 하나님의 교회를 위하여 자기 생명을 내어놓았고, 믿는 자의 유익을 도모하였으며, 어떤 면에서 전력을 다하여 복음을 전하였기 때문에 그가 우리를 위해 죽었다고도 말할 수 있을 것입니다. 하지만 우리는 이 용어를 일반적으로 또는 정확하게 대속의 의미로 사용하며, 따라서 우리는 이 용어를 우리 주님 외에 어느 누구에게도 적용할 생각을 해서는 안 됩니다. 오직 주님만이 온전히 우리를 위하여 희생되셨기 때문입니다. 그는 우리의 유월절의 어린 양으로서 우리를 대신하여 희생되셨으며, 이로써 우리가 고난의 불로 희생되거나 태워지지 않고

해방되었습니다. 믿는 죄인들이 심판을 면제받고, 영원한 저주를 피할 수 있는 것은, 성경에 따르면, 대속의 과정으로 말미암은 것입니다. "그리스도께서도 단번에 죄를 위하여 죽으사 의인으로서 불의한 자를 대신하셨으니 이는 우리를 하나님 앞으로 인도하려 하심이라"(벧전 3:18). "하나님이 죄를 알지도 못하신 이를 우리를 대신하여 죄로 삼으신 것은 우리로 하여금 그 안에서 하나님의 의가 되게 하려 하심이라"(고후 5:21). 그리스도께서 우리를 위하여 저주가 되셔서 우리를 율법의 저주로부터 구속하셨습니다. "기록된 바 나무에 달린 자마다 저주 아래에 있는 자라 하였음이라"(갈 3:13). "한 사람이 순종하지 아니함으로 많은 사람이 죄인 된 것 같이 한 사람이 순종하심으로 많은 사람이 의인이 되리라"(롬 5:19). 이사야 선지자가 53장에서 예언한 주님의 말씀을 믿는 자는 아무도 이 교리를 의심할 수 없습니다. "그가 찔림은 우리의 허물 때문이요 그가 상함은 우리의 죄악 때문이라 그가 징계를 받음으로 우리는 평화를 누리고 그가 채찍에 맞음으로 우리는 나음을 받았도다 우리는 다 양 같아서 그릇 행하며 각기 제 길로 갔거늘 여호와께서는 우리 모두의 죄악을 그에게 담당시키셨도다"(사 53:5,6). "그가 자기 영혼의 수고한 것을 보고 만족하게 여길 것이라 나의 의로운 종이 자기 지식으로 많은 사람을 의롭게 하며 또 그들의 죄악을 친히 담당하리로다"(사 53:11). "이는 그가 자기 영혼을 버려 사망에 이르게 하며 범죄자 중 하나로 헤아림을 받았음이라 그러나 그가 많은 사람의 죄를 담당하며 범죄자를 위하여 기도하였느니라"(사 53:12).

　　우리의 기쁨은 우리가 당해야 할 희생이 우리에게서 넘어갔고 대신 희생제물이 이미 죽임을 당했다는 사실입니다. 새로운 희생이 예상되지도 않고 요구되지도 않습니다. 우리를 구원한 희생은 완전합니다. 모임 가운데서 하나님께 계속적으로 희생을 드려야 하며, 그래야 예수 그리스도의 희생이 완전하게 된다고 말하는 모든 자들은 저주를 받습니다. 예수 그리스도는 "다 이루었다"고 말씀하셨습니다. 그러므로 다르게 말하는 자들은 하나님 앞에서 거짓말을 하는 자들입니다. "오직 그리스도는 죄를 위하여 한 영원한 제사를 드리시고 하나님 우편에 앉으사"(히 10:12). 나의 말이 심하다고 생각하십니까? 나는 다름 아니라 바울이 한 말을 하고 있는 것입니다. "다른 복음을 전하면 저주를 받을지어다"(갈 1:9). 우리의 죄를 속하기 위하여 요구되었던 모든 것, 하나님의 율법을 지키기 위해 요구되었던 모든 것이 이미 지불되었고, 따라서 소위 땅에 있는 사제들이 바쳐야 할 것, 또는 그들의 고해성사로 만회되어야 할 것이 하나도 남아 있지 않습니다. 우리의 유월절 양이 희생되셨습니다. 다른 사람들은 자기 원하는 대로 드리게 하십시오. 우리의 희생제물은 단번에 죽임을 당하신 어린 양이며, 따라서 속죄를 위한 희생이 더 이상 남아 있지 않습니다.

이 희생의 완전함은 실로 그리스도인들이 지속적으로 지켜야 할 축제의 핵심 부분입니다. 만일 아직도 이루어야 할 무언가가 있었다면, 만일 대속의 희생제물이 불완전했다면, 어찌 우리가 그 축제를 즐길 수 있겠습니까? 근심은 모든 즐거움을 깨뜨릴 것입니다. "다 이루었다"는 이 사실은 현재의 평화가 있는 하늘의 연회로 우리를 불러들이는 즐거운 종소리입니다. 우리가 그리스도 예수님 안에서 온전하고 그분 안에서 완전하다는 사실은 우리의 영혼의 깊은 기쁨입니다.

우리의 희생제물이 죽임을 당하였습니다. "이러므로" ― 이는 자연스러운 추론임 ― 사도는 "우리가 명절을 지키자"라고 말합니다. 이 말씀을 나는 이렇게 이해합니다. 예수 그리스도, 곧 유월절 양이 하나님께는 희생제물로서 바쳐졌을 뿐만 아니라 우리에게는 축제가 되셨습니다. 그 안에서 우리는 하나님과 교제하며, 믿음으로 말미암아 기쁨과 평화를 누립니다. 우리는 그리스도를 먹음으로써 축제를 지켜야 합니다. 유월절 양이 죽임을 당한 것은 보이기 위해서, 상점에 진열되기 위해서, 혹은 단순히 대화의 주제가 되기 위해서가 아닙니다. 그가 죽임을 당한 것은 먹히기 위함입니다. 그러므로 그리스도인이여, 그리스도 예수님을 먹는 것이 여러분의 매일의 직무입니다. 그의 육체는 실로 양식이며, 그의 피는 실로 음료입니다. 예수님은 여러분의 믿음에 자양분을 주는 양식입니다. 그분이 얼마나 풍부한 자양분이 되시는지요!

모든 것 위에 계시며 영원히 송축 받으실 하나님께서 우리를 구속하셨습니다. 말씀이 육신이 되셔서 우리 가운데 거하셨고, 우리를 위해 희생되셨습니다. 내 영혼아, 무엇이 더 필요한가? 네가 무엇을 더 원할 수 있겠는가? 혹 전능하신 자라도 이보다 더 요구할 수 있겠는가? 거룩하신 희생제물, 영원하신 하나님과 하나이신 완전한 인간이 너를 위해 죽었도다. 너의 믿음을 견고하고 요동하지 않도록 하기 위해 무엇이 더 필요한가? 와서 하늘로부터 내려온 이 양식을 먹으라. 위대한 희생제물의 무한한 사랑, 그의 놀라운 지혜, 그의 초월적인 공로, 그가 보증하는 축복의 넘치는 충만. 여러분이 영적으로 이런 것들을 생각하시고, 은혜로 만족하고 주님의 선하심으로 충만할 때까지 이것들을 먹으세요. 여기에 나오는 축제는 결코 고갈될 수 없는 진수성찬으로 가득하고, 손님들은 거기서 절대로 떠날 필요가 없습니다. 유월절 만찬 때에 어린 양은 통째로 먹도록 준비된 것입니다. 따라서 오 신자여, 당신은 그리스도를 통째로 먹어야 합니다. 당신은 그리스도의 어떠한 부분도 거절하지 마세요. 그의 겸손이나 그의 영광, 그의 왕권과 그의 제사장직, 그의 신성과 인성, 이 모든 것을 당신에게, 당신을 위해 주셨습니다. 그러므로 당신은 이제 그를 묵상함으로 당신의 영혼을 살찌워야 합니다.

더욱이 축제는 음식물만 위한 것이 아님을 잊지 마세요. 축제는 그 이상의 것, 곧 기쁨과 유쾌함을 위한 것입니다. 이런 점에서 우리가 일평생 축제를 지킵시다. 몸이 음식으로 강하게 되듯이 그리스도인은 영혼을 강하게 하기 위해 그리스도에 관한 교리들을 받습니다. 뿐만 아니라 그리스도인은 그 교리들로부터 기쁨의 포도주와 즐거움의 새 포도주를 마실 수 있습니다. 우리가 그리스도 예수님을 즐거워하는 것이 합당합니다. 그는 성도들의 행복입니다. 내가 믿는 자라면 나의 죄에 대한 책임을 절대로 내가 지지 않는다는 이 사실이 말로 할 수 없는 기쁨, 영광으로 가득한 기쁨이 아닌가요? 나의 죄가 예수님 앞에 놓였고, 그가 그 모든 것을 치우셨기에 아무리 찾을지라도 찾을 수 없다는 이 사실이 말로 할 수 없는 기쁨, 영광으로 가득한 기쁨이 아닌가요? 예수님께서 효과적으로 죄를 치우심으로 심판의 천사가 한 사람의 성도도 건드릴 수 없다는 것을 믿는 것이 강렬한 기쁨이 아닌가요? 이 세상이나 오는 세상에서 우리는 아무런 정죄도 받지 않으며, 형벌도 있을 수 없습니다. 문에 피를 뿌렸을 때의 이스라엘만큼 우리는 안전합니다. 더욱이 의롭다함을 받고 우리는 신분이 높아지고, 하나님의 가족으로 입양되었으며, 자녀이며 또한 상속자들입니다. 하나님의 상속자들이여, 이 말씀을 할 때 우리 눈앞에 얼마나 영광스러운 전망이 펼쳐지는지요! 우리의 유월절 양이신 그리스도께서 우리를 위해 죽임을 당하셨기 때문에 만물이 우리 것입니다. 나의 형제들이여, 여러분은 신앙 때문에 그저 고요하고 조용하지만 마시고 터져 나오는 기쁨을 기대하세요. "큰 소리 나는 제금으로 찬양하며 높은 소리 나는 제금으로 찬양할지어다"(시 150:5). 우리가 나눌 기업만큼이나 굉장한 진리, 말로 할 수 없는 축복으로 신나는 기쁨이 확실하게 솟아나야 할 것입니다! 우리의 신앙을 단순히 우리의 영혼을 위한 평범한 양식으로만 대하지 말고 우리의 영혼 안에서 넘치는 기쁨이 될 수 있는 거룩한 포도주의 향연으로 대합시다.

유대인들이 유월절에 함께 모였을 때, 그들이 노래하는 습관이 있다는 것을 볼 수 있습니다. 그들이 유월절 만찬을 마치기 전에 시편 마지막 부분에 있는 찬양시들로 구성된 위대한 "할렐"(Hallel), 곧 하나님을 전적으로 찬양하는 곡들을 불렀습니다. 우리도 같은 방법으로 유월절을 지킵시다. 다시 말해서, 그리스도의 희생제물로 우리의 영혼을 살찌게 하며, 이로 말미암은 축복을 묵상함으로써 우리의 마음을 기쁘게 하고, 여호와 곧 그리스도를 주신 아버지, 언약을 세우신 분, 그리스도 예수 안에 계시는 하나님을 절대로 잊지 말고 찬미합시다. 사도가 "명절을 지키자"고 말하였을 때 유월절 양이 죽임을 당한 사실로부터 유추하여 그런 권면을 이끌어 내었다고 내가 초두에 말한 것을 여러분은 기억하고 있습니다. 그런데 그의 권면은 "가끔 명절을 지키자"는 뜻이 아니라 항상 지키자는 뜻입니다. 우리의 유월절은 계속됩니다. 때도 계절도 없으며, 평생 계속됩니다. 구원받은 자들이여, 매일 아침 찬송가로 하나님께 문안하세요. 해가 지기 전에 다시금 감사의 찬양을 드리세요. 받은 은총을 인하여 하나님 찬양을 멈추지 마세요. 제발, 땅에서 누리는 하늘의 생명을 인하여 항상 하나님을 찬송하세요! 우리의 희생양이 죽임을 당하셨습니다. 그러므로 진노 중에 우리를 치실 수도 있었지만 자비로 우리를 지나치신 그분에게 매일 예배드리고, 시간마다 감사함으로 이 명절을 지킵시다.

유월절에 경건한 유대인은 명절의 의미를 자기 가족에게 가르쳐 주는 습관이 있었습니다. 자녀들은 "이 규례가 무슨 뜻입니까?"라고 물었고, 그러면 아버지는 어떻게 애굽에서 나왔는지 다음과 같이 설명해 주었습니다. "여호와께서 강한 손과 편 팔로 우리를 인도하여 내셨지. 그가 애굽의 장자를 치셨을 때 우리를 치지 않으셨는데, 이는 어린 양이 죽임을 당하였기 때문이었어. 여호와께서 문설주에 바른 피를 보시고 우리를 지나가셨어." 우리 구주께서 행하신 일을 다른 사람들에게 전하는 것이 우리의 계속되는 명절의 일부가 되게 합시다. 나는 이보다 더 기쁜 사명을 알지 못합니다. 여러분 중 많은 사람들이 이 즐거운 사명에 고무되어야 합니다. 여러분이 악한 습관, 곧 여러분의 입을 닫고 예수님을 찬양하는 것을 가로막는 비겁한 습관을 한 번이라도 극복한다면 — 나는 여러분 중 많은 사람들 속에 그런 습관이 있다고 생각하지 않을 수 없기 때문인데 — 여러분의 자녀들과 친척들에게 구속의 희생제물의 이야기를 전하는 것이 얼마나 기분 좋은 일인지 깨닫게 될 것입니다. 그들을 축복하는 동안에 여러분의 심령은 두 배의 복을 받을 것이며, 만일 여러분의 동료들을 위해 구원에 대한 교훈을 베풀어서 성령을 기쁘시게 한다면, 여러분은 참으로 행복할 것입니다.

여러분이 성찬으로 나아가 명절을 지키라고 내가 여러분에게 권고하고 있다고 생각하지 마세요. 나는 상징적인 명절을 말하는 것이 결코 아닙니다. 내가 말하는 것은 예수님과 일생 동안 매일 교제하라는 것입니다. "우리의 희생제물이신 그리스도께서 죽임을 당하셨습니다. 이러므로 우리가 명절을 지킵시다." 이러한 추론은 계속 유효합니다. 언제 예수님께서 죽임을 당하셨습니까? 그가 이 시간에 죽임을 당하시나요? 그의 희생은 골고다의 피 묻은 나무 위에서 완성되지 않았나요? 그러므로 이 명절을 항상 지킵시다. 왜냐하면 어린 양께서 언제나 죽임을 당하셨기 때문입니다. 우리가 명절을 지키는 것은 때와 계절, 축제일이나 휴일에 관한 문제가 아니며, 그것은 언제나 우리의 자세의 문제입니다.

오, 머리를 들고 다니는 여러분이 갈대처럼 머리를 숙였으나 그럼에도 불구하고 여러분은 주님의 참된 백성입니다. 나는 기꺼이 여러분의 어깨에 손을 얹고 "우리의 유월절 양이신 그리스도께서 우리를 위해 희생되셨습니다. 그러므로 명절을 지킵시다"라고 말할 것입니다. 자유가 우리의 것이 되었는데 무엇 때문에 우리가 지하 감옥 속에 있어야 합니까? 풀죽은 자가 "아아, 나는 심하게 타락했습니다"라고 말합니다. 사랑하는 형제여, 나도 당신이 그런 줄 압니다. 곧바로 그것에 대하여 말하겠습니다. 그러나 "우리의 유월절 양이신 그리스도께서 우리를 위해 희생되셨습니다. 그러므로 명절을 지킵시다." "그러나 나는 많은 고통을 당하고 있고 매우 가난합니다." 많은 이스라엘 백성들도 그랬습니다. 하지만 그들이 유월절 양을 죽였을 때 명절을 지켰습니다. 이 모든 것들이 여러분을 슬프게 함에도 불구하고 "우리의 유월절 양이 희생되셨기" 때문에 여러분은 명절을 지켜야 합니다. 누군가 "아! 나의 근심이여"라고 말합니다. 믿는 자가 무슨 일로 근심합니까? "네 짐을 여호와께 맡기라 그가 너를 붙드시고 의인의 요동함을 영원히 허락하지 아니하시리로다"(시 55:22)라고 성경에 기록되지 않았습니까? 하피(harpy ; 그리스 신화에서 여자의 못생긴 얼굴과 새의 몸을 가진 탐욕스러운 괴물)가 식탁 위를 떠도는 것처럼 여러분이 근심하는 동안에는 명절을 지킬 수 없습니다. 그러나 아브람처럼 먹이를 노리는 새들을 쫓아내고 명절을 지킵시다. "아! 그러나 나는 과거가 생각나고 나의 옛 죄가 여전히 나를 따라다니며 괴롭힙니다." 설마, 당신의 유월절 양이신 그리스도께서 죽임을 당하신 후인데도 말입니까? 분명히 과거는 완전히 덮여졌고 용서받았습니다. 누군가 말합니다. "그런데도 내 마음이 무겁고 나의 수금은 버드나무 위에 걸려 있습니다." 골고다를 한 번만 바라보더라도 당신의 마음이 풀어지지 않을까요? 예수 그리스도께서 당신을 위해 저주를 당하셨기에 당신은 더 이상 저주받은 존재로 여겨지지 않을 수 있습니다. 이러한 사실이 당신에게 감사의 분위기를 높여주지 않겠습니까? 반드시 그래야 합니다. 유월절 양이신 그리스도께서 죽임을 당하신 이후로는 항상 하나님의 종들에게는 축제의 시간이 되어야 할 것입니다.

누군가 "하지만 신앙 말고는 기뻐할 일이 내게는 하나도 없는데요"라고 말합니다. 당신은 그 이상 무엇을 더 원하십니까? 유월절 어린 양 외에 유월절 만찬의 식탁에 차려진 진수성찬이 무엇이었단 말입니까? 식탁 위에 다른 것이 있었다는 것을 나는 인정하지만 그러나 그것이 무엇이었습니까? 쓴 나물. 분명히 그것들은 기쁨을 더해 주는 것이 아니었습니다. 그것들은 우리가 흔히 사용하는 매운 양념이 아니었으며, 쓰고 얼얼한 나물이었습니다. 이것들은 입을 즐겁게 하지 않았으나 어린 양에 대한 명절을 지키는 데 모두 필요하였습니다. 그러므로 당신은 철저한 회개를 뜻하는 쓴 나물을 가져올 수 있습니다. 당신의 죄 때문에 하나님의 어린 양이 죽으셔야 했기 때문입니다. 하지만 모든 진수성찬은 그 안에(in Him) 있으며, 쓴 나물 외에는 온 세상은 그 진수성찬에 아무런 도움도 주지 못합니다. 만일 당신이 모든 것을 가졌고, 잠시 거기서 위로를 얻었다 할지라도, 결국 그것은 쑥처럼 쓰게 될 것입

니다. 하늘 아래 있는 모든 것은 반드시 쓴 나물이 되고 말 것이며, 오직 예
수님만이 참된 진수성찬이십니다. 나의 영혼아, 여호와를 항상 즐거워하라.
예수 그리스도께서 죽임을 당하신 이후로 나의 영혼은 언제나 승리할 이유
가 있네.

2. 평생 지킬 명절에 대한 그림에 함께 다가가 봅시다.

우리는 이 그림에서 우리에게 주어진 거룩한 사명을 찾을 수 있습니다. "묵
은 누룩을 내버리라." "우리가 명절을 지키되 묵은 누룩으로도 말고 악하고
악의에 찬 누룩으로도 말고 누룩이 없이 오직 순전함과 진실함의 떡으로 하
자."

성경에서 누룩은 모든 경우에 죄의 상징으로 쓰였다고 믿습니다(의심이
제기될 수 있는 한 가지 용례만이 있을 뿐입니다). 부분적으로 누룩의 신맛
이 죄의 원인이 됩니다. 우리 자신이 악에 발효될 때 우리는 처음에 약간 맛
좋다는 것을 알게 됩니다. 하지만 모든 악을 미워하시는 하나님은 악의 모든
단계의 모양을 제거하십니다. 잠시 즐거울 수 있는 죄는 곧 죄인에게조차 메
스껍게 될 것입니다. 아주 적은 죄도 하나님에게는 아주 불쾌합니다. 하나님
께서 얼마나 죄를 미워하시는지 우리는 말할 수조차 없습니다. 무한하신 성
품의 전부를 걸고 하나님은 죄를 싫어하십니다. 하나님은 죄악을 지나칠 수
없으며, 죄악은 하나님에게 몹시 싫은 것이며, 그의 진노의 불이 죄악을 영
원히 태우실 것입니다. 왜냐하면 죄는 하나님의 순전하고 거룩한 성품에 무
한히 싫은 것이기 때문입니다. 그래서 죄의 신맛 때문에 하나님은 죄를 누룩
이라고 부르십니다. 게다가 누룩은 일종의 부패의 산물이며, 그 부패는 더
심해집니다. 죄는 부패이며, 사회의 조직을 분해하며, 사람의 체질을 분해합
니다. 죄가 우리의 성품 안에 침투하면 그것을 무질서하게 만들고 어지럽히
며, 그 장점을 파괴하며, 그 순수함을 더럽힙니다. 누룩은 또한 금세 퍼집니
다. 아무리 많은 밀가루라도 누룩은 끝까지 자기 일을 해내고 말 것입니다.
"당신은 여기까지만 가고 더 이상은 가지 못할 것이다"라는 말은 없습니다.
적은 누룩이 온 덩어리를 발효시킵니다. 죄도 마찬가지입니다. 누룩이 천사
들 사이에 들어갔을 때 수많은 천사들을 지옥으로 끌어내렸습니다. 한 여인
이 죄를 범했고, 온 인류가 그녀의 잘못으로 발효되었습니다. 한 가지 죄가

본성 가운데 떨어지면 그 본성을 완전히 빼앗기게 되며, 발효하는 힘에 의해 속속들이 부패합니다.

이제 사도에 따르면, 악의 누룩이 교회 안에 허용되면, 교회 전체를 발효시킬 것입니다. 교회 안에서 잘못된 교리 하나가 진리로부터 멀리 떠나도록 조장할 것이 확실하며, 따라서 최초의 잘못된 가르침의 끝과 결과를 아무도 예측할 수 없습니다. 여러분은 "나는 어느 정도까지만 이단이 되리라"고 말할 수 없습니다. 여러분은 차라리 네덜란드의 제방을 부수고 바다더러 적당히 침식하라고 명령을 내리는 것이 나을 것입니다. 복음의 교리들은 상호간에 밀접한 관계가 있기 때문에, 만일 여러분이 관련성을 끊어버리면 전체의 고리를 깨뜨리는 것과 마찬가지입니다. 우리는 진리의 체계를 설명할 때 율법에 대한 다음과 같은 기록을 인용할 수 있습니다. "누구든지 온 율법을 지키다가 그 하나를 범하면 모두 범한 자가 되나니"(약 2:10). 한 가지 진리를 거절하는 것은 거의 필연적으로 다른 진리를 포기하는 결과를 초래하며, 사람이 그런 사실을 스스로 깨닫기도 전에 그는 복음을 포기하고 맙니다. 나는 미래의 형벌의 영원성을 부인하는 것이 밀려들어오는 불신의 바다의 한 파도에 불과하다는 사실에 크게 두렵습니다. 죄의 황량함이라는 무서운 특성을 부인해 보세요. 그러면 곧이어서 그리스도의 대속의 사역도 부인할 것입니다. 실로 오늘날 우리는 이에 대한 생생한 증거들을 보고 있으며, 머지않아 더 많은 증거들을 보게 될 것입니다. 새로운 가르침은 암처럼 마구 퍼집니다. 그것은 매력적으로 말하지만 그 속에는 복음에 대한 치명적인 적대감이 있으며, 그것이 빨리 밝혀질수록 하나님의 교회에는 좋습니다.

살아 있는 악의 누룩 역시 교회 안에서 아주 해로운 것입니다. 한 가지 죄를 너그럽게 보아주면 이내 다른 죄가 용서받을 것입니다. 그리하여 죄에 관한 잘못된 사상이 교회를 지배할 것입니다. 교회 안에서 죄를 너그럽게 보아주는 것은 곧 죄를 변명하는 구실이 되고, 그리하면 죄를 마음대로 짓게 만들 것이며, 훨씬 더 더러운 다른 죄를 끌어들일 것입니다. 죄는 마치 옛날에 동양에서부터 이 도시로 들어온 제품더미와 같습니다. 그것이 들어올 때 그 안에 있는 역병까지 함께 늘어왔던 것입니다. 아마도 그것은 작은 더미에 불과했을 것이지만 그 안에는 런던 주민 수백 명을 죽일 수 있는 역병이 들어 있었습니다. 그날에 넝마 한 조각은 온 시내에 전염병을 퍼뜨렸습니다.

이처럼 여러분이 하나의 죄 또는 거짓된 교리를 알면서도 교회 안에서 허용한다면, 악이 최종적으로 어느 정도까지 발전될지 아무도 장담할 수 없습니다. 그러므로 교회는 최대한 열심히 실제적인 악이나 교리적인 악을 제거해야 합니다. 하나님께서 싫어하시는 시고 썩게 하는 저것은 반드시 내버려야 하며, 교회를 이것으로부터 안전하게 지키는 것이 목사의 임무이며, 또한 모든 조력자들의 임무여야 합니다.

　　이제 우리는 우리 자신과 관련하여 본문을 살펴보겠습니다. 그리고 사도가 유대인들의 유월절 관습에 대하여 속으로 생각했던 것을 나는 말하고자 합니다. 유월절에 누룩을 내버리라는 명령으로 말미암아 옛날, 특히 의식을 엄격하게 지켰던 때에, 유대인 중에 집안의 가장은 어느 날 행여 조금이라도 발효된 빵이 있는가 살피려고 온 집안을 샅샅이 뒤지곤 하였습니다. 그 일은 대체로 저녁에 촛불을 켜고 행해졌고, 작은 빵부스러기라도 찾아내려는 그 집안의 의인(義人)을 종들과 다른 사람들이 동행하였습니다. 옷을 흔들고 찬장을 비우고 서랍을 열었습니다. 쥐 한 마리가 방을 가로질러가면 행여 쥐구멍으로 빵부스러기 하나라도 옮겨질 수 있다고 생각하고 그들은 집안에 저주가 있을까봐 두려워 떨었습니다. 하루살이는 걸러내고 낙타는 삼키는 자들이라고 우리 구세주께서 책망하실 정도로 그들은 매우 엄격하게 되었습니다. 하지만 우리는 죄를 내버리는데 지나친 엄격함을 두려워할 필요가 없습니다. 이스라엘 백성이 꼼꼼히 주의하여 자기 집에서 누룩을 내버렸던 것처럼 우리는 우리 자신, 우리의 행위, 우리의 대화에서 모든 죄를 내버려야 합니다. 나의 형제들이여, 여기에 한 가지 숙제가 여러분 앞에 제시됩니다. 유의하세요. 여러분이 스스로를 구원할 수 있을 수 있도록 죄를 내버리라고 여러분에게 강요하는 것이 아닙니다. 왜냐하면 우리의 유월절 양이신 그리스도께서 죽임을 당하셨고, 우리의 구원은 확보가 되었기 때문입니다. 그러나 우리가 명절을 지키기 위해, 그리고 구원의 기쁨을 중단 없이 누리기 위해 우리는 죄의 누룩을 내버려야 합니다. 유대인 가장이 그 집에 남아 있던 발효된 모든 빵을 덩어리째 아주 빨리 내버렸을 것이라고 우리는 추측할 수 있습니다. 여러분과 나도, 우리가 죄를 슬퍼하면서 이전에 빠졌던 외형적인 모든 죄를 즉시 버렸습니다. 이러한 것들이 결단코 우리를 다시는 시험하지 못하였습니다. 술 취함, 불경함, 부정함, 이런 죄들을 즉시, 곧바로 버리고, 이후부터 영원히 이런 세력으로부터 해방된 사람들을 나는 알고 있습니다. 아마도 그때에 아이들이 남겼다가 흩어진 빵 껍질이 몇 개 있었을지도 모릅니다. 이것들 또한 치워야 합니다. 이처럼 세상적인 판단으로 대수롭지 않은 죄들이 있을 수 있고, 그리스도인이 회심한 첫 주에는 이런 죄들을 내버리지 못할 수 있습니다. 하지만 그런 죄들을 볼 때 그리스도인은 이렇게 말합니다. "내가 이런 죄들을 범한 것이 틀림없어. 나의 유월절 양이신 그리스도께서 희생되셨는데 내가 이런 죄악을 지을 수는 없지. 나는 하나님의 자녀야. 그러므로 하나님은 다른 사람들보다 내게 더 많은 기대를 하시지." 그런데 대부분의 문제는 누룩 있는 작은 빵부스러기에 의해 야기될 것입니다. 이 부스러기들이 찬장 속에 감추어져 있을 수 있고, 아마도 집 주인이 찾기 시작한 후 오랜 시간이 지나고 나서야 이것들을 찾아냈을 것입니다. 집 주인이 이것들을 찾아냈을 때 "이것들을 치워라. 이것들이 남아 있어서는 안 돼"라고 말했을 것입니다. 사랑하는 여러분, 많은 그리스도인들이 회심 후에 수년 동안은 어떤 행위들의 죄악성을 깨닫지 못합니다. 몇 년 전에 내가 아주 가볍게 생각했던 어떤 문제들이 지금은 나의 양심을 크게 괴롭힌다는 사실을 나는 잘 알고 있습니다. 내가 어떤 죄들을 깨달았을 때 나는 은혜로 말미암아 그것들을 내버렸으며, 내가 살아 있는 동안 전에 내가 밝게 보았던 무언가가 좀 더 고상한 입장에서 볼 때 죄악된 것으로 밝혀질 것이라고 예상하고, 그에 대한 자비를 바랍니다. 우리는 한순간도 주저하지 말아야 하며, 악한 누룩의 빵 부스러기 하나라도 그대로 놔두면 안 됩니다. 우리는 그 모든 것을 죄다 없애버리기를 간절히 바라야 합니다.

온 집안을 샅샅이 다 뒤졌습니다. 하인이 부엌에서 조리용 그릇들을 닦고 있고, 주부가 식당에서 옷과 찻잔들을 살피고 있고, 주인과 그의 아들들이 찬장과 궤짝들을 열고 부지런히 조사하고 있는 그림을 나는 보았습니다. 그리스도인은 자신의 일터에서 모든 누룩을 제거했으며, 자신은 곧고 정직하며, 자신의 업무체계도 공정하다고 느낄 수 있습니다. 하지만 자신의 집안에 누룩이 있을 수 있습니다. 자녀들이 올바르지 못하고, 주일을 경시하며, 혹은 하인들의 영혼이 소홀히 됩니다. 가정은 성상일지라노 침실에 누룩이 있을 수 있습니다. 자신과의 대화와 하나님과의 대화가 애석한 상태일 수 있습니다. 기도가 제한될 수도 있습니다. 여러분이 위선의 누룩을 내버렸고 거짓이 없다고 생각하십니까? 또한 분노의 누룩은 염려가 없다고 생각하십니까? 여러분이 용서하기를 여전히 미루고 있지는 않습니까? 교만의 누룩 또는 탐욕의 누룩은 깨끗이 제거하셨나요? 우리 성품의 각 부분을 살펴볼 필요가 있으며, 감정, 마음, 판단, 모든 것이 깨끗해져야 합니다. 그 모든 곳에서 묵은 누룩을 찾아내고 내버리세요. 묵은 누룩은 떨어져 나가야 합니다. 그렇지 않으면, 비록 우리가 피 아래서 안전하지만, 우리는 우리의 안전을 알지 못할 것이며 누리지 못할 것입니다. 묵은 누룩을 고의로 우리 안에 남겨 둔 동안에는 명절을 지킬 수 없습니다.

가장이 흔히 검사를 수행하였다고 나는 여러분에게 말씀드렸습니다. 나의 사랑하는 형제여, 당신의 탁월한 판단력으로 자신을 성찰하세요. 너무나 많은 사람들이 다른 사람들을 비판하는데 자신들의 지각을 활용하면서도 같은 방식으로 자신들을 판단하지는 않습니다. 당신이 구원받은 지금, 모든 생각을 기울여 죄를 제거하시고, 영혼의 온 힘을 동원하여 이 내버리는 작업을 하시고, 주님께 도와 달라고 요청하세요. 주님은 연단하는 분으로서 레위의 아들들을 정결하게 하기 위해 앉아 계시지 않습니까? 오 하나님, 나를 감찰하소서. 나를 시험하시고 나의 길을 아소서. 내 눈이 볼 수 없는 것을 당신의 눈이 볼 수 있나이다. 깨끗하게 하시는 자, 곧 위대하신 주님께서 우리의 모든 덩어리에서 우리의 타락한 본성의 묵은 누룩을 내버리시기를 바랍니다.

집안 구석구석을 밝혀 어떠한 누룩도 피하지 못하도록 하기 위해 촛불이 사용되었다고 나는 말했습니다. 여러분은 하나님의 말씀의 촛불, 성령의 촛불을 사용하세요. "내 동료들이 나를 평가한다면 내게는 잘못된 것이 없습니다"라고 당신은 말합니까? 나의 형제여, 단지 이 정도로 말해 가지고는 어림도 없습니다. 사람들에게 인정받는 것은 그리스도인에게는 빈약한 기준에 불과합니다. 당신 자신의 마음이 당신을 꾸짖지 않나요? 하나님의 말씀이 당신을 꾸짖지 않나요? 동료들과 나를 비교하여 평가한다면 "그들에 비해 나는 가난한 자에게 관대하고 하나님을 부지런히 섬긴다"라고 말합니까? 이는 당신이 피그미족보다 키가 크고, 흑인보다 희다고 말하는 것과 같은 것으로 교만입니다. 당신 자신을 바울, 요한, 브레이너드나 러더퍼드와 비교하세요. 어울리지 않는 조언이지만, 최고의 제자들이 무엇 때문에 그들의 주님과 비교되었나요? 다름 아닌 바로 그리스도의 완전함이 기준이 되어야 합니다. 많은 형제들 중에 장자이신 주님의 형상과 일치할 때까지 우리는 어떠한 성취에도 만족해서는 안 됩니다. 당신은 내가 높은 기준을 제시하고 있다고 내게 말할 것입니다. 그렇습니다. 하지만 그렇다면 당신은 큰 조력자를 만난 것이며, 이 일과 관련하여 당신이 어떻게 힘을 낼 수 있는지 나는 잠시 당신에게 보여드리겠습니다.

묵은 누룩을 내버리기 위해서는 집안을 여러 번 청소해야 할 것입니다. 확실히 한 번으로는 충분하지 않을 것입니다. 당신은 천국에 들어갈 때까지 찾고 또 찾고 계속 찾아야 합니다. 여러분의 생의 모토가 "살피라, 살피라, 살피라"가 되어야 합니다. 잘 기억해 두세요. 당신은 틀림없이 얼마의 누룩을 남겨 두었습니다. 그리고 당신이 약간만이라도 남겨 둔다면 그것이 발효되어 퍼져나갈 것입니다. 죄는 점점 더 부푸는 특성을 가지고 있습니다. 성령께서 죄의 마지막 뿌리를 잘라내기까지는 악은 마음속에서 다시 자라날 것이며, 물 냄새만 맡아도 그것은 발아하고 또다시 싹을 낼 것입니다. 우리가 영원한 나라에 들어갈 때까지 영원히 누룩을 내버리는 수고를 해야 하는 이유가 여기에 있는 것입니다.

본문은 우리가 특별히 삼가야 할 악의 종류들이 있다는 것을 암시하고 있습니다. 그 하나가 악의(malice)입니다. 그리스도인이 악의가 있을 성 싶습니까? 우리가 강한 의미의 악의를 처치했다고 나는 믿습니다. 하지만 아아! 의에 대하여 너무 예민한 생각을 가진 신자들이, 의라는 점에서는 인정받을 만하지만, 너무 지나치게 의로운 마음을 충족시켰으며, 그래서 여기서 비난받는 것입니다. 말하자면, 그들은 심히 엄하고, 대단히 비판적이며, 화를 냅니다. 곧, 완전하지 못하다고 사람들에게 화를 냅니다. 자신도 완전하지 못하며, 만일 그들이 다른 사람들보다 나을지라도 하나님의 은혜로 그리 된 것이라는 사실을 알면서도, 그들은 그리스도인들의 결점에 대하여 모질고 온유하지 못합니다. 그리고 편견의 감정, 의심, 나쁜 감정을 품습니다. 그들은 잘못을 개선하려고 노력하지 않고, 도리어 폭로하고 정죄합니다. 그들은 성실하지만 잘못된 사람들을 끝까지 추적해내어 그들을 공공연히 비난하지만 그들에게 해명할 기회를 전혀 주지 않습니다. 일부 신자들의 경우 불친절한 말의 누룩이 너무 많습니다. 그들은 자기 형제들의 잘못에 대하여 서로 말하며, 말을 옮기는 과정에서 인격을 다치게 하고 명성에 손상을 입힙니다. 이제 가혹한 판단과 악한 말은 신 누룩으로서 우리에게서 치워져야 합니다. 사람이 내게 상처를 주었다면 나는 그를 용서해야 합니다. 그가 잘못된 것을 내가 알게 된다면, 그가 좋아질 때까지 나는 그를 사랑해야 합니다. 만일 평범한 사랑으로는 그를 회복시킬 수 없다면, 나는 더욱더 그를 사랑해야 합니다. 심지어 그리스도께서 교회를 사랑하시되 "자기 앞에 영광스러운 교회로 세우사 티나 주름 잡힌 것이나 이런 것들이 없이 거룩하고 흠이 없게 하려고"(엡 5:27) 사랑하시고 자기를 내어주신 것처럼 나도 그를 더욱 사랑해야 합니다. 교회가 티나 주름 잡힌 것이 없기 때문에 그리스도께서 교회를 사랑하신 것이 아니었으며, 도리어 티나 주름 잡힌 것을 교회에서 없게 하려고 사랑하셨습니다. 그리스도는 교회로 하여금 거룩함에 이르도록 사랑하셨습니다.

또한 위선의 모든 형태를 내버리도록 주의합시다. 왜냐하면 사도가 오직 순전함과 진실함의 누룩 없는 떡을 유월절의 음식으로 삼으라고 우리에게 말하고 있기 때문입니다. 우리는 우리가 체험한 그 이상의 말을 중단합시다. 우리가 뜻한 바 그 이상의 기도를 절대로 하지 맙시다. 나의 형제여, 비현실적인 모든 것에서부터 우리를 깨끗하게 하셔서 진실한 마음 외에는 아무것도 우리 속에 있지 않게 해 달라고 하나님께 기도해 주세요. 목사들과 모든 부류의 기독교인들 가운데 실제보다 조금 더 좋게 낫게 보이고 싶은 강한 유혹이 있습니다. 하나님께서 우리를 그 유혹으로부터 구하십니다. 모든 악의와 단순히 겉만 보는 모든 것은 그리스도인이 혐오해야 합니다. 왜냐하면 그런 곳에는 예수님과의 교제가 거의 없거나 전혀 없기 때문입니다. 지옥의 누룩이 있는 곳에서는 천국의 교제를 누리지 못합니다.

3. 마지막 대지는 간단하게 다룰 것입니다. 신자의 행복은 그의 거룩함에 작용하며, 신자의 거룩함은 그의 행복에 작용합니다.

무엇보다 먼저 행복은 거룩함에 작용합니다. 우리는 지금까지 유월절에 대한 그림을 그렸습니다. 다시 여러분 앞에 그 그림을 펼쳐 보이겠습니다. 내가 매일 나를 위해 희생되신 그리스도를 먹고 있다는 것을 내가 안다면, 나는 행복감에 젖어 이렇게 말할 것입니다. "행복은 비싼 값으로 구입되었어.

나의 죄가 나의 구세주를 죽였어. 그러므로 내가 나의 죄를 죽이고야 말리라.” 여러분이 구속의 사랑을 맛볼 때마다 죄가 지독하고 혐오스러운 것임을 느끼며, 그러므로 여러분은 죄를 없애 버릴 것입니다. 피가 문 인방 바깥에 발라졌기에 평소처럼 집안에 앉아서 여러분 모두가 안전하다는 것을 알고 있습니다. 다음엔 무슨 생각을 하겠습니까? 여러분은 이렇게 말할 것입니다. “왜 애굽의 장자들은 죽고 나는 보호받았지? 그렇다면 무엇이지? 아니, 나는 하나님의 장자가 틀림없어. 나는 틀림없이 하나님께 속했어.” “너희는 너희 자신의 것이 아니라 값으로 산 것이 되었다”(고전 6:19-20), 이 말씀은 천사가 들어가서 죽여서는 안 되는 집을 넘어가면서 그 집 사람들에게 들려준 음성이었습니다. 그리스도께서 나를 사랑하시고 나를 위해 죽으셨습니까? 그렇다면 나는 그의 것이며, 내가 그의 것이라면 내가 죄 가운데 살 수 없습니다. 내가 구원받았다면 내가 어찌 계속하여 죄의 노예가 될 수 있겠습니까? 내가 예수님께 속하였다면 나는 마귀를 섬길 수 없으며, 나는 죄를 버려야 합니다. 더욱이 내가 안전하다는 것을 느낀다면 나의 마음이 평온할 것이며, 나는 내 마음의 상태에 관심을 가질 수 있습니다. 이스라엘 백성이 자기 집 안에서 안전했으며, 망을 보거나 밖에서 지킬 필요가 없었으며, 뿌려진 피가 그들의 안전보장이었습니다. 그러므로 그들은 자기 거주지의 내부를 볼 시간과 여유를 가질 수 있었습니다. 자, 그 신자는 이렇게 말했습니다. “내가 나 자신을 구원하기 위해 할 일은 아무것도 없어. 내 구원이 다 이루어졌기 때문이야. 그러므로 나는 은혜 안에서 나의 성장을 볼 거야.” 자신을 위해 집 밖에서 일이 이루어진 것을 본 그는 당연히 내부의 일을 보고 진심으로 그의 생각을 전환하여 묵은 누룩을 내버리고자 할 것입니다. 예수님의 피로 말미암아 두려움에서 벗어나 자유를 얻은 여러분은 마음의 평안을 얻으며, 이 평안이 여러분의 죄를 철저하게 살피는데 필수적인 요소가 됩니다. 게다가 기독교인은 유익한 교환에 대한 예지를 가지고 있기 때문에 자신의 죄의 누룩을 내버릴 용기를 얻습니다. 이스라엘 백성은 발효된 빵을 버리지만 곧 그는 그 대신 천사들의 양식을 먹었습니다. 이처럼 그리스도인은 이렇게 말합니다. “나는 이 죄들을 버립니다. 선에는 그것들이 감미로웠지만 이제는 시고, 역겹고, 부패한 누룩입니다. 나는 고상한 즐거움을 누릴 것이며, 천국과의 교제가 나의 분복이 될 것입니다. 나는 기꺼이 누룩을 내버릴 것입니다. 왜냐하면 나는 천사들의 빵, 아니 하나님의 빵을 먹도록 부르심을 받았기 때문입니다."

자신의 죄가 용서받았다는 것을 알고 있는 그리스도인도 역시 자신의 죄 짐을 치워 버릴 수 있는 하나님께서 자신의 부패를 정복하도록 확실히 도와주시리라고 생각합니다. 내가 골고다를 볼 때 모든 것이 가능하다고 믿습니다. 예수님께서 죄를 덮으실 수 있다면 그의 성령께서는 그 죄를 뿌리뽑으실 것입니다. 그리스도를 먹음으로써 영혼 속에 생겨난 거룩한 평안은 타고난 죄와 싸울 수 있도록 영혼을 북돋우어 줍니다. 우리는 죄를 정복할 것이며, 우리의 영혼을 더럽히는 가나안 사람들을 몰아낼 것이며, 우리는 정결하게 될 것이며, 온전해질 것입니다. 왜냐하면 우리를 대적하는 모든 자들보다 우리와 함께 하시는 주님께서 더 크시기 때문입니다. 이처럼 우리의 행복이 여러모로 우리의 거룩함을 촉진한다는 사실을 아실 것입니다.

거룩함이 행복을 만든다는 사실에 대하여 내가 상술할 필요는 없을 것입니다. 사람이 "내가 의로운 일을 행하였고, 악한 일을 버렸다"라고 느낄 때 그 영혼이 얼마나 평온하게 되는지요. 신자의 심오한 평안이 뿌려진 피로 말미암는다는 사실을 나는 인정하지만, 그러나 누룩을 내버릴 때 그 평안을 맛볼 수 있습니다. 여러분이 "내가 죄 가운데 살아가면서도 그리스도를 믿을 수 있을까?"라고 자문하면서, 또한 성령으로 말미암아 여러분의 옛 죄를 단념했다고 정직하게 느낄 수 있을 때 예수님은 여러분의 것이라는 편안한 느낌을 회복합니다. 누룩을 내버리는 것이 여러분의 죄의 흔적들을 제거하며, 이로 인하여 여러분이 명절을 지킬 수 있습니다. 여러분은 피로 말미암아 충분히 안전하였습니다. 그러나 이제 여러분은 안전을 의식해야 행복이 있고, 여러분이 죄 가운데 빠진다면 여러분에게서 행복이 멀어져간다는 것을 깨달았습니다. 나의 형제들이여, 여러분이 죄 가운데 빠진 상태에서 어떻게 예수 그리스도와 교제할 것을 기대할 수 있겠습니까? 실제로 그리스도와의 교제에 대한 우리의 소원은, 주 앞에서 신중하게 행하기를 바라는 우리의 소원에서부터 발생한다는 사실을 여러분이 깨달으리라고 나는 확신합니다. 나는 때때로 거룩한 새뮤얼 러더퍼드의 서한들을 읽으며, "내가 이렇게 살면 좋을 텐데"라고 말합니다. 이제 내가 그렇게 살지 않는다면 그것은 그리스도의 책임이거나 나의 책임일 것입니다. 그런데 그것이 그리스도의 책임이라고 내가 말할 수 있습니까? 나는 감히 그렇게 할 수 없습니다. 그리스도께서는 그의 다른 종들에게처럼 내게도 자신을 기꺼이 보여주십니다. 그렇다면 주님 앞에서 행하지 않는 것은 나의 책임입니다. 사랑하는 나의 형제여, 그리스도께서 빛 가운데 계신 것처럼 당신이 빛 가운데서 행하지 않는다면 그것은 당신이 그의 빛 가운데 행하기를 그가 바라지 않기 때문이 아니라 당신이 그에게 거리를 두고 있으므로 어둠 속에서 행하고 있기 때문입니다. 하나님의 종들의 슬픈 얼굴이 그들의 가난에서 비롯된다고 생각하십니까? 매우 가난한 성도들 중에 일부 성도들은 크게 기뻐하였습니다. 그 슬픈 얼굴이 그들의 질병에서 비롯된다고 생각하십니까? 아니, 내가 아는 사람들은 이십 년 동안 내내 병실에 갇혀 있었지만 쇠약해져가는 병실에서 다름 아닌 천국을 체험하였습니다. 하나님의 사람들을 슬프게 보이게 하는 것이 무엇입니까? 그것은 묵은 누룩입니다. 사도는 "명절을 지키자"라고 말합니다만 우리가 누룩을 둔 채로 명절을 지키기를 바라는 것은 부질없는 짓입니다. 아마도 명절을 지키는 것을 우리의 의무로 알고 있지만 우리는 아직 그 의무를 수행하지 못하고 있습니다. 태만이 우리의 명절을 망칠 것입니다. "주인의 뜻을 알고도 준비하지 아니하고 그 뜻대로 행하지 아니한 종은 많이 맞을 것이요"(눅 12:47). 이 매를 다음 세상에서 맞을까요? 나는 그렇게 생각하지 않습니다. 잘못된 신자들은 이 세상에서 매를 맞을 것입니다. 그리스도인에게 종종 심령의 침체, 손실, 사별이 발생하는 이유는 의무를 태만히 하거나 죄를 용납함으로 자기 양심을 고의로 어겼기 때문입니다. 예수님은 자신의 뜻을 소홀히 하는 자들과 교제하지 않으실 것입니다. 예수님은 자신이 계신 곳에 누룩을 허락하지 않으실 것입니다. 예수님께서 싫어하시는 것을 여러분이 묵인한다면 그로부터 위로의 말씀을 기대하지 말아야 합니다. 여러분이 주님과 반대로 행한다면 주님께서도 여러분과 반대로 행하실 것입니다. 둘이 하나 되지 않는 한 어찌 둘이 함께 걸어갈 수 있겠습니까? 나는 많은 애정을 가지고 여러분에게 이러한 것들을 요청하는 것입니다. 왜냐하면 나 자신의 마음에도 이러한 것들을 강요해 왔기 때문입니다. 내가 두려워하는 것은 우리가 거룩함을 위한 더 많은 경계심을 갖지 못하는 한 우리 교회가 받은 축복을 누리지 못할 것이라는 점입니다. 우리가 죄를 경계하지 않기 때문에 우리 가운데 누군가가 영적으로 쓰임받지 못할까봐 나는 두렵습니다. 제발 여러분의 양심을 잘 간수하세요! 양심이 마비되는 것을 경계하세요. 양심은 겨울철 연못과 같습니다. 처음에는 엷은 얼음 조각이 형성되지만 나중에는 온 수면이 딱딱해져서 시민들 절반이라도 지탱할 수 있습니다. 여러분의 양심에 엷은 조각이 덮이는 것을 경계하세요. 성령의 세미한 호흡에도 바로 감동할 수 있도록 하나님 앞에서 여러분의 마음을 주의하세요. 감응초(感應草 ; 만지면 오그라드는 식물)처럼 되게 해 달라고 기도하세요. 그리하면 여러분이 죄와 접촉할 때 오그라들고, 오직 주님 앞에서만 열리게 될 것입니다. 하나님께서 여러분에게 은혜 베푸시기를 바랍니다. 예수님을 위하여 하나님의 은혜가 임하기를 바랍니다.

　　이것이 마지막 말씀입니다. 이미 말씀을 다 전했습니다. 여기에 구원받지 못한 몇 분들이 계시군요. 구원이 어떻게 임하는지 주의하세요. 누룩을 내버림으로써 구원이 임하는 것이 아닙니다. 아니, 누룩을 내버리는 효과는 구원받은 이후에나 볼 수 있습니다. 구원이 임하는 것은 유월절 어린 양께서 죽으셨기 때문입니다. 영혼이 예수님을 먹기 때문에, 그의 피가 뿌려졌기 때문에, 그래서 그 영혼이 구원을 받는 것입니다. 구원받은 이후에 죄를 내버리는 것이 가능합니다. 사랑하는 영혼이여, 당신이 구원받기 원한다면, 거꾸로 시작하지 말고 먼저 구세주의 피부터 시작하시고, 골고다의 십자가부터 시작하세요. 가난한 영혼으로서 그리로 가서 구세주를 바라보세요. 그러면 우리가 "명절을 지킵시다"라고 말할 것이며, 그리고 누룩이 내버려지는 것을 주님의 능력 안에서 우리가 열심히 기대할 것입니다. 하나님께서 당신에게 축복하시기를 간절히 바랍니다.

제
7
장

—

값으로 산 것이 되었으니

—

"너희는 너희 자신의 것이 아니라
값으로 산 것이 되었으니 그런즉 너희 몸으로
하나님께 영광을 돌리라." —고전 6:19-20

오랫동안 명예로운 집사로 이 교회를 섬겼던 우리의 사랑하는 형제, 토머스 쿡(Thomas Cook)이 그리스도 안에서 잠드셨습니다. 우리가 그의 유해를 무덤 속에 묻었지만 그의 영혼은 하나님의 보좌 앞에서 즐거워하고 있습니다. 오늘 우리는 쓰임받은 그의 삶을 하나님께 감사드리며, 우리도 그의 삶을 본받을 수 있도록 은혜를 구합니다. 그가 죽어서 눈을 감기 전에 목회자들을 위해서는 "오직 그리스도는 만유시요 만유 안에 계시니라"(골 3:11)는 성경 말씀을 남겼습니다. 그리고 자신의 교우들, 곧 그리스도의 몸의 지체들인 여러분 모두를 위해서는 다른 말씀을 남겼습니다. 이는 유언으로서 이제 나는 영적 유언집행자의 자격으로서 여러분에게 소개합니다. "너희는 너희 자신의 것이 아니라 값으로 산 것이 되었으니 그런즉 너희 몸으로 하나님께 영광을 돌리라." 나는 돌아가신 우리 형제의 의도를 의심하지 않습니다. 그것은 그가 죽은 후라도 우리의 성화에 대하여 말함으로써 하나님의 영광을 높이고자 한 것이요, 이로써 우리가 감동을 받아 주 우리 구세주께 더 큰 헌신을 드릴 수 있도록 하기 위함입니다.

여러분은 본 장에서 사도 바울이 육체의 죄들, 곧 음행과 간통을 다루고 있었던 것을 아실 것입니다. 그런데, 이런 주제에 대하여 말하거나 쓴다는 것은 설교자에게는 언제나 아주 어렵습니다. 혐오할 악을 공공연히 비난할 때에 순결하고 깨끗하지 못한 획일적인 표현으로 도리어 그것을 우리 스스로 조장하지 않도록 하기 위해 순화된 언어를 사용하도록 각별히 주의해야 할 것입니다. 사도 바울이 어떻게 전개해 가는지 잘 보세요. 바울은 그 죄를 감추지 않고 베일을 걷어냅니다. 그리고 그가 목표하는 바가 무엇인지 우리는 잘 알아야 합니다. 하지만 우리가 정말 바꾸고 싶은 문장은 없습니다. 이러한 점에서 그는 충실함과 신중함 양면에서 모든 목회자들의 모델입니다.

또한 확실하게 주목해야 할 것은 사도가 죄를 폭로할 때 그것을 하찮게 다루지 않고 여호와 앞에서 용감한 사냥꾼처럼 있는 힘을 다해 그것을 추적한다는 사실입니다. 그 죄에 대한 그의 증오는 강렬하며, 그것을 빛으로 끌고 갑니다. 그는 죄의 흉측한 기형을 주의하라고 우리에게 말합니다. 그는 급히 서둘러서 죄의 모든 주변을 샅샅이 뒤집니다. 그는 결코 죄에게 숨 쉴 틈을 주지 않습니다. 마치 창을 던지듯이 그는 논거에 논거를 거듭하며 죄를 사냥합니다. 그는 결코 음란한 것을 용납하지 않을 것입니다. 그는 다른 모든 사람들보다 은혜로 말미암는 구원을 아주 절대적으로 지지하고, 구원이 율법의 행위로 말미암지 않는다는 사실을 분명히 하면서도, 동시에 그는 그리스도인들의 거룩함을 매우 열렬히 강조하며, 또한 또는 "선을 이루기 위하여 악을 행하자"(롬 3:8)라고 말하는 자들을 신랄하게 비난합니다. 특히 이 사건에서 그는 성령의 빛 가운데서 음행의 죄를 다룹니다. 말하자면, 그는 일곱 촛대를 세우고, 추잡한 것이 무엇인가 우리에게 보여줍니다. 그는 몸이 성령의 전이므로 더럽혀서는 안 된다고 우리에게 말합니다. 몸을 더럽히는 것은 신성을 더럽히는 신성모독이며, 성령께서 거하시는 거룩한 성소를 범하는 것이라고 그는 선언합니다. 그리고 이어서 이것으로 충분하지 않다는 듯 그는 그 죄를 붙잡아서 범인처럼 죽이려고 십자가 밑으로 끌고 갑니다. 그의 말은 이런 것입니다. 그는 "너희는 너희 자신의 것이 아니라 값으로 산 것이 되었으니"라고 말씀합니다. 여기서 값은 예수님의 피입니다. 죄를 멸하는 날카로운 무기, 예리한 도구를 그는 바로 여기에서 찾습니다. 예수님께서 죽으심으로 말미암아 골고다에서 이루신 구원은 반드시 이 죄와 다른 모든 죄를 죽이며, 하나님의 성령께서 죄를 사형시키는 칼로서 이 구원을 사용하십니다. 형제자매들이여, 거룩함은 하찮은 것이 아닙니다. 사람이 "나는 믿음이 있어," 그런데 불신자들의 죄에 빠진다고 말해서는 안 됩니다. 결국, 우리의 외적인 삶은 내적인 삶을 검증하는 시금석입니다. 만일 외적인 삶이 정결하지 못하다면 그 마음이 변화되지 않았다는 증거입니다. 거룩함의 열매를 맺지 못하는 믿음은 귀신들의 믿음입니다. 귀신들도 믿고 떱니다. 지옥에 갈 수도 있는 그런 신앙으로 절대로 만족하지 말고, 우리를 구원할 그런 믿음을 가집시다. 곧 하나님의 선민의 믿음이며, 그 믿음은 악의 권세를 꺾고 예수 그리스도의 보좌, 성령 안에서 거룩함의 보좌를 세우고 영혼을 정결하게 하는 믿음입니다.

본 장의 흐름을 이 정도로 살펴보고 이제 우리는 본문으로 들어가겠습니다. 그리고 본문을 이야기하기 위하여 우리는 본문을 쪼개야 합니다. 나는 본문 안에서 당장 세 대지를 아주 명확하게 나눌 수 있다고 생각합니다. 첫째는 "너희는 … ," 혹은 이것이 훌륭하게 "너희는 값으로 산 것이 되었으니"로 이어지는 복된 사실입니다. 그 다음에 이 사실로부터 명백한 결과가 나옵니다. 이 결론은 이중의 성격, 곧 부정적인 성격과 긍정적인 성격을 떱니다. "너희는 너희 자신의 것이 아니다." "너희 몸과 영혼은 하나님의 것이다." 이로부터 필연적으로 당연한 결론이 파생됩니다. "그런즉 너희 몸으로 하나님께 영광을 돌리라."

1. 그러면 무엇보다 먼저 이 복된 사실로부터 시작해 봅시다.

"값으로 산 것이 되었으니." 바울의 의도가 우리가 우리 자신의 것이 아니라는 것을 입증하려는 것이었다면 그는 "너희가 너희 자신을 만들지 않았다"라고 말했을 것입니다. 창조는 마땅히 위대하신 율법제정자에게 순종할 이유를 제공합니다. 또한 그는 "너희가 너희 자신을 보존하지 아니한다. 너희를 살게 하시는 이는 하나님이다. 하나님께서 그의 권능을 거두신다면 너희는 죽을 것이다"라고 말했을 것입니다. 하나님의 섭리로 인한 보존은 거룩함에 대한 충분한 논거를 제공합니다. 우리의 생명을 먹이시고 기르시고 지지하시는 그분은 확실히 우리의 섬김을 받으셔야 할 것입니다. 그러나 그는 자신만이 아는 이유 때문에, 추측하기 어렵지 않지만, 귀중한 주제, 곧 구속을 섬김의 근거로서 내세우십니다. 하나님은 전능자의 엿새 동안 행하셨던 힘처럼 크게 소리 내지 않는다 할지라도, 부드럽고, 꿰뚫고, 압도하는 어조로, 마치 엘리야가 들었던 세미한 음성처럼, 그 안에 임재하시는 그런 어조로 말씀하십니다.

거룩함을 독려하는 가장 강력한 청원은 "너희가 만들어졌다"나 "너희가 길러졌다"가 아니라 "너희가 값으로 산 것이 되었다"입니다. 이것이 사도가 우리의 의무를 설득하는 증거로서, 그리고 그 의무가 우리의 기쁨이 되게 하는 수단으로서 채택한 말씀입니다. 사랑하는 성도들이여, 참으로 그렇습니다. 만일 우리가 실로 구속의 능력을 체험하였다면 사실이 그렇다는 것을 충분히 인정할 것입니다. 여러분이 값으로 산 것이 되었던 날, 여러분이 죄의 노예였을 때, 하나님의 공의의 심판 아래 있었을 때, 하나님께서 여러분의 죄를 형벌하지 않을 수 없었던 때를 회상해 보세요. 하나님의 아들이 어떻게 여러분의 대속물이 되셨는지, 여러분의 등을 내리쳤어야 할 채찍에 어찌 그가 자신의 등을 내주셨는지, 여러분의 피로 칼의 분노가 그쳤어야 했는데 어찌 그 칼에 자신의 생명을 내주셨는지 기억하세요. 그때에 여러분이 구속받았으며, 여러분이 받아 마땅한 형벌로부터, 하나님의 진노로부터 구속되었으며, 영원히 그리스도와 함께 있도록 구속되었습니다.

여러분은 "값으로 산 것이 되었으니"라는 본문의 말씀을 볼 것입니다. 값이란 비용을 의미하는 일반적이고 전통적인 표현입니다. 물론 "산 것이 되었다"는 그 표현은 값을 함축하고 있지만 "값으로"란 말이 덧붙여졌습니다. 마치 산 것이 될 만한 충분한 이유가 있었다는 것을 보여주는 듯합니다. 여러분을 위해 헤아릴 수 없이 비싼 값이 지불되었습니다. 여러분이 "대속함을 받은 것은 은이나 금 같이 없어질 것으로 된 것이 아니요 오직 흠 없고 점 없는 어린 양 같은 그리스도의 보배로운 피로 된 것"(벧전 1:18-19)이라는 사실을 내가 여러분에게 상기시킬 필요가 없을 것입니다. 아아, 이 말씀들이 우리 입에서는 술술 나오지만 정작 구속을 말할 때는 눈물 한 방울도 흘리지 않는다고 우리는 마땅히 자책해야 합니다. 그리스도께서 우리의 영혼을 죽음과 지옥으로부터 사기 위해 피를 흘리셨다는 사실은 천사들을 깜짝 놀라게 한 경이로운 긍휼이며, 따라서 우리는 그 사실을 생각할 때마다, 기록된 말씀을 볼 때마다, 혹은 '구속'이라는 단어를 말할 때마다 흠모하는 사랑으로 그 긍휼에 감격해야 합니다. 피로써 우리를 샀다는 이 말씀은 무엇을 뜻하였습니까? 그것은 고통을 뜻하였습니다. 여러분 가운데 누군가 최근에 고통을 당하셨나요? 모진 고통이었나요? 아아! 그렇다면 여러분은 구세주께서 지불하신 값이 어떤 것이었는지 어느 정도 알 것입니다. 그의 육체적 고통은 엄청났고, 손과 발은 나무에 못 박혔으며, 그 쇠가 약한 신경을 꿰뚫었습니다. 그의 영적인 고통은 훨씬 더 컸습니다. 그의 마음은 초같이 녹았으며, 그는 의기소침하였고, 그의 마음이 비난으로 상했으며, 그는 하나님께 버림을 받았고, 하나님의 진노의 빽빽한 구름 아래 있었으며, 그의 심령은 죽도록 슬펐습니다. 여러분을 산 값은 고통이었습니다. 우리가 피흘림에 대하여 말하지만, 우리는 구세주의 정맥에서 흘러나온 심홍색의 생명의 흐름에 우리의 생각을 제한해서는 안 됩니다. 우리는 그가 당하신 고통을 생각해야 합니다. 그 고통은 우리가 당했어야 했던 그 고통과 동일한 것이었습니다. 그것은 우리가 지옥불 속에서 영원히 우리 죄에 대한 형벌을 받았다면 우리가 틀림없이 받았을 바로 그 고통이었습니다. 그러나 고통 하나만으로는 우리를 구속하지 못했을 것입니다. 구세주께서 속전을 지불한 값은 죽음이었습니다. 죽음은 불경건한 자에게 공포의 단어입니다. 의인은 죽음 가운데서도 소망을 갖습니다. 하지만 그리스도의 죽으심이 불경건한 자의 죽음을 대신한 것이었던 만큼 그는 우리를 위해 저주를 받으셨으며, 하나님의 임재가 그분에게 허락되지 않았습니다. 그의 죽음에는 비범한 어둠이 임했습니다. 그래서 그는 "나의 하나님, 나의 하나님, 어찌하여 나를 버리셨나이까?"(마 27:46)라고 부르짖었습니다. 제발 여러분은 이 사실을 진지하게 생각하세요. 영원히 살아 계시는 분께서 우리를 구속하려고 죽으셨습니다. 독생자께서 고통 속에서 머리를 떨어뜨리셨으며, 우리를 구원하시려고 무덤에 누우셨습니다. 그러므로 여러분은 "값으로" 산 것이 되었습니다. 그 값은 헤아릴 수 없고, 엄청나고 무한한 값입니다. 이러한 사실을 근거로 삼아 사도는 우리가 "주님께 거룩해야 한다"고 권고하고 있는 것입니다.

참으로 사랑하는 자들이여, 매우 단순하고 일상적이기는 하지만 깊이 묵상할 가치가 있는 이 주제를 그리스도의 제자라고 고백하는 여러분이 기억하기를 원합니다. 여러분이 "값으로 산 것이 되었다"는 사실은 모든 그리스도인에게 명백한 사실입니다. 여기에 계신 모든 분들에게 그것은 사실이거나 사실이 아니거나 입니다. 여러분 중에 어떤 사람이 구속을 포기할 마음이 있는지 없는지 나는 물어볼 필요가 없습니다. 하지만 그리스도를 믿는다고 고백하는 여러분에게 나는 말할 것입니다. 여러분은 이 사실을 부정하겠습니까? 여러분은 "값으로 산 것이 되었다"는 이 말씀을 부인하겠습니까? 여러분이 골고다에서 구속받지 못했다고 지금 고백하겠습니까? 여러분은 감히 그렇게 하지 못하리라고 나는 확신합니다. 여러분이 그 믿음을 포기하느니 차라리 죽는 편이 낫습니다. 자, 여러분의 구속이 확실한 만큼, 여러분이 "자신의 것이 아니라" 하나님께 속한 것이 분명하며, 그러므로 하나님께 영광을 돌려야 할 것입니다. 여러분이 "값으로 산 것이 되었다"면 여러분의 소유권은 중지되었으며, 여러분은 여러분을 사신 그분께 속합니다. 만일 여러분이 거룩해야 할 책임을 버린다면, 그것은 동시에 구속의 은혜를 버리는 것입니다. 여러분이 이렇게 하시겠습니까? 확신하건대, 여러분은 구원을 포기할 수 없을 것이며, 여러분의 유일한 소망을 버리지 못할 것입니다. 그러므로 나는 살아 계신 하나님의 이름으로 "나는 구속받았는데 여전히 내가 하고 싶은 대로 살리라"는 말로 일관성 없게 행동하지 말라고 여러분에게 명령합니다. 구속받은 사람답게 그 구속에 따른 마땅한 결과를 이끌어 내시며, 확실하게 주 예수님의 종이 되세요.

　또한 이 사실이 여러분의 생애 가운데서 가장 중요한 것이라는 점을 기억하세요. 여러분이 "값으로" 구속받았다는 것은 여러분의 일대기에서 가장 큰 사건입니다. 여러분이 두 번째 태어나지 못하였다면 여러분의 출생이 무슨 의미가 있겠습니까? "내가 난 날이 멸망하였더라면, 사내 아이를 배었다 하던 그 밤도 그러하였더라면"(욥 3:3)이라고 말하지 않았을까요? 여러분이 마땅히 받아야 할 진노로부터 구원받지 못했다면 세상에 태어난 것이 여러분에게 가장 무서운 재난이 아니었을까요? 여러분은 아버지 집을 떠났습니다. 그것은 인생에 있어서 중대한 발걸음이었습니다. 아마도 여러분은 크고 넓은 바다를 건넜을 것입니다. 그 상태에서 높은 지위를 얻기를 갈망하고 또 얻었을 수 있습니다. 여러분이 심하게 아플 수도 있고, 혹 풍요에서 가난으로 떨어졌을 수도 있습니다. 그런 사건들은 기억 속에 흔적을 남깁니다. 사람들은 생애 가운데 이런 큰 변화들을 잊을 수 없습니다. 하지만 그런 모든 것들은 "값으로 산 것이 되었다"는 이 사실에 비하면 아무것도 아닌 것이 되고 맙니다. 골고다와의 관계가 여러분에게 가장 중요한 것입니다. 오, 간절히 바라건대 과연 그런지 검증해 보겠습니다. 공정하고 의로운 검증 방법은 여러분이 여러분의 소유가 아니라 하나님께 드려졌느냐를 알아보는 것입니다. "값으로 산 것이 되었다"는 것이 여러분에게 가장 중요한 일이라면, 그 일로 하여금 여러분의 전 생애에 걸쳐 가장 중요한 영향을 끼치도록 하세요. 사람이 되세요. 영국 사람이 되세요. 그러나 무엇보다도 그리스도의 사람이 되세요. 시민, 친구, 자선가, 애국자, 여러분이 이 모든 사람들이 될 수 있습니다. 그러나 무엇보다도 보혈로 구속받은 성도가 되세요.

또한 여러분이 "값으로 산 것이 된 것"이 여러분의 미래의 존재에 있어서 가장 중요한 사실이 될 것임을 기억하세요. 천국에 있는 성도들은 무슨 찬송을 할까요? 그들은 당연히 그들의 마음을 가장 몰두하게 할 고귀한 주제를 선택할 것입니다. 그런데 그들의 기억 전반에 있어서 그들은 다음과 같은 것보다 더 흡수력 있는 주제를 찾지 못합니다. "죽임을 당하사 … 사람들을 피로 사서 하나님께 드리시고"(계 5:9). 구속하신 사랑이 천국의 주제입니다. 여러분이 위에 있는 세계에 이를 때 여러분의 가장 중요한 기억이 이 세상에서 부유했거나 가난했던 것이 아니고, 여러분이 아프고 죽었던 사실이 아닐 것이며, 여러분이 "값으로 산 것이 된" 사실일 것입니다. 우리는 이 세상 역사가 끝나기 전에 이 세상에서 무슨 일이 일어날지 모릅니다. 그러나 확실한 것은 그 모든 일이 불에 태워질 것이며, 그리스도와 함께 저 구름 가운데서 여러분은 무시무시한 큰 불을 목격할 것입니다. 여러분은 그것을 절대로 잊지 못할 것입니다. 새 하늘과 새 땅이 있을 것이며, 그리스도와 함께 여러분은 하나님의 선하신 뜻을 보이는 밝은 빛 가운데서 미소지으며 새롭게 탄생한 하늘과 땅을 볼 것입니다. 여러분은 저 기쁜 날을 절대로 잊지 않을 것입니다. 그리고 여러분이 끌어올려져서 영원히 예수님과 함께 거할 것입니다. 그가 하나님의 나라를 넘겨드리고, 아버지 하나님께서 모든 것의 모든 것이 되실 날이 올 것입니다. 여러분은 시인이 노래한 그때를 절대로 잊지 못할 것입니다.

> "그때 마지막은 그의 홀 아래 있으며,
> 사람의 마지막 원수가 떨어지리라.
> 할렐루야, 하나님 안에 계신 그리스도,
> 그리스도 안에 계신 하나님께서 모든 것의 모든 것이 되시도다."

　　이 거룩하고 영광스러운 모든 사건들은 여러분에게 깊은 감동을 줄 것이나, 이 모든 사건들 중 하나라도 여러분이 "값으로 산 것이 되었다"는 이 사실만큼 지속적이고, 명백하며, 깊은 감동을 주지는 못할 것입니다. 인간의 판단으로 작은 산에 불과했던 골고다가 모든 산 정상들 위에 우뚝 설 것입니다. 별들은 역사의 사건들이 될 것입니다. 그러나 골고다의 이 사건은 태양이 될 것이며, 그 앞에서 다른 모든 별들은 맥없이 물러날 것입니다. "당신께서 죽임을 당하셨습니다." 하늘의 충만한 합창이 감사의 열정을 우레 같은 악센트로 다음과 같이 연주할 것입니다. "당신께서 죽임을 당하셨고, 당신의 피로 우리를 구속하사 하나님께로 이끄셨습니다." 성도들은 이 사실을 제일 먼저 기억할 것입니다. 영원한 세월 가운데 이 사실은 모든 영광스러운 기억 가운데 최고의 자리를 차지할 것입니다. 사랑하는 자들이여, 그렇다면 어찌해야 할까요? 그 사실이 지금 여러분에게 최고의 자리를 차지합니까? 지금까지 그것은 여러분의 생명의 실제였으며, 앞으로도 여러분의 영원히 온전한 존재의 실제가 될 것입니다. 여러분의 심령이 그 사실에 흠뻑 적셔지도록 하세요. 그 사실에 여러분의 영혼이 깊이 감동하시고, 그 사실에 여러분의 능력이 지배당하며, 그 사실에 여러분의 모든 힘이 제어되며, 그 사실이 원하는 방향으로 그 사실의 인도를 받도록 하세요. 그 손이 여러분을 위해 못 박힌 구세주께서 여러분의 영혼의 홀을 휘두르게 하시고, 오늘 아침 여러분을, 그리고 세상을 끝없이 호령하게 하세요.

　　내게 그럴 능력이 있다면, 여러분이 "값으로 산 것이 되었다"는 이 사실을 심령으로 새롭게 느낄 수 있도록 얼마나 많이 애쓸까요? 한밤중에 겟세마네의 감람나무들 가운데서, 임마누엘이신 하나님의 아들께서 무릎을 꿇고, 애통해하시며, 기도로 탄원하시고, 씨름하십니다. 반짝거리는 방울이 그의 이마에 맺혀 있는 것을 보세요. 땀방울이지만 그것은 사람들이 생명의 양식을 얻을 때 나오는 그런 땀이 아니라 우리를 위해 생명 자체를 구하시는 그분의 땀입니다. 그것은 피요, 그것은 심홍색의 피입니다. 그 위대한 핏방울들이 땅에 떨어지고 있습니다. 오 영혼이여, 이 시간 그대의 구주께서 겟세마네에서 그대에게 말씀하십니다. "여기서 이렇게 내가 값으로 너를 샀도다." 와서 감람나무 정원의 고뇌 속에 계신 그분을 바라보세요. 그리고 그가 어떤 값으로 당신의 구원을 사셨는지 이해하세요. 그가 걸어가신 모욕과 슬품의 모든 길을 따라 그를 추적하시고, 그 길에 계신 그를 바라보세요. 사람들이 어떻게 그의 손들을 묶고 태형 기둥에 그를 붙들어 매는지 주목하세요. 보세요. 그들이 채찍질을 하는데, 잔인한 로마의 채찍으로 합니다. 그들이 그의 육체를 찢으며, 농부들처럼 그의 복되신 몸에 깊은 고랑을 팝니다. 그리고 피가 그 시내에서 분출합니다. 또한 가시면류관에 찔린 관자놀이에서부터 흘러나온 피가 합류하여 진홍색의 시내로 불어납니다. 그런 고통을 당하시면서 그는 당신에게 부드럽고 낮은 어조로 말씀하십니다. "내 자녀들아, 여기서 이렇게 내가 너를 값으로 샀느니라." 그러나 죽음의 순간이 다가왔을 때 십자가 위에 계신 주님을 보세요. 그의 손과 발은 피의 샘이 되었고, 그의 심령은 비통하리 만큼 고통으로 가득합니다. 그리고 거기에서, 군병이 창으로 그의 옆구리를 찌르기 전에, 그는 머리를 굽히사 당신과 나에게 이렇게 속삭이십니다. "여기서 이렇게 내가 값으로 너를 샀도다."

오, 나의 사랑하는 형제들이여, 내가 겟세마네, 가바다(박석을 깐 뜰), 골고다, 곧 우리 주님의 수난과 관련된 모든 거룩한 명칭으로써, 해면과 신포도주, 못과 창, 곧 그 고통을 감해 준 것과 죽음의 고통을 더해 준 모든 것으로써 내가 여러분에게 상기시키는 것은 여러분이 "값으로 산 것이 되었다"는 사실, 그리고 여러분이 "자신의 것이 아니라"는 사실입니다. 나는 여러분에게 이렇게 독려합니다. 여러분은 값으로 산 것이 되었든지 아니든지 둘 중 하나입니다. 만일 값으로 산 것이 되었다면, 그 사실은 여러분의 삶에 굉장한 실제일 것입니다. 만일 그렇다면 그 사실은 앞으로 여러분에게 계속 일어날 위대한 실제일 것입니다. 그 사실이 여러분에게 영향을 주도록 하세요. 그 사실이 여러분의 전 성품을 지배하도록 하세요. 그 사실이 여러분의 몸, 여러분의 혼, 여러분의 영을 통치하도록 하세요. 그 사실에 근거해 오늘부터 여러분은 도덕적이고 존경할 만한 행동의 사람일 뿐만 아니라, 무엇보다도 이런 사람, 곧 여러분을 값 주고 사신 그분에 대한 사랑으로 충만하고, 그리스도를 위해 사는 사람, 그리고 다른 정욕을 알지 못하는 사람이 되세요. 구속이 최고의 영향력, 우리 영혼의 지배자, 우리 존재의 주인이 되기를 바랍니다. 그럴 때에 우리는 진실로 우리의 사명을 다할 수 있습니다. 그렇지 않을 때 우리는 사랑과 공의 모두의 요구에 응하지 못합니다.

2. 이제 두 번째 대지로 넘어갑니다.

　여기에 복된 사실로부터 비롯된 명백한 결론이 있습니다. 여러분은 "값으로 산 것"이 되었습니다. 그렇다면 첫째, 그것은 부정적인 뜻, 곧 "너희는 너희 자신의 것이 아니라"는 의미로 해석할 수 있습니다. 둘째, 긍정적인 뜻, 곧 "너희의 몸과 영혼은 하나님의 것"(your body and spirit are God's ; 개역개정판에는 생략되었음)이라는 의미로 해석할 수 있습니다.

　첫째, 부정적인 뜻을 생각해 봅시다. 만일 값 주고 산 것이 되었다면, 여러분은 여러분의 것이 아닙니다. 이를 위해 어떠한 논증도 필요 없습니다. 실로 이는 그 자체로 엄청난 은혜이기 때문에 우리 중 아무도 마음속에서 이의를 제기할 만한 근거를 찾을 수 없습니다. 자기의 것이 아니라는 것은 엄청난 특권입니다. 배 한 척이 대서양을 이리저리 표류하고 있으며, 그 목적지를 아무도 알지 못합니다. 선원들 모두가 그 배를 버렸습니다. 그 배는 모든 폭풍우의 먹잇감이며, 모든 바람의 놀잇감입니다. 암초, 유사(바람이나 물에 의해 아래로 흘러내리는 모래), 모래톱이 그것을 파멸시키려고 기다립니다. 대양이 그것을 삼키기를 간절히 바라고 있습니다. 그 배는 아무도 없는 곳을 향해 표류하며, 아무도 그 배의 파선을 애도하지 않을 것입니다. 하지만 저기 템스 강에 떠 있는 배를 선주가 기쁘게 운항하는 모습을 주목해 보세요. 그 배가 바다로 나가려고 하다가 좌초할 수도 있고, 혹 다른 배들과 충돌할 수도 있으며, 혹 여러 가지 모양으로 위험을 당할 수도 있습니다. 하지만 두려워할 필요가 없습니다. 그 배는 "물웅덩이"의 떠 있는 숲(the floating forest)을 통과할 것입니다. 그 배는 구불구불한 수로를 누비듯이 지나가 노어(Nore ; 템스 강 어귀에 있는 모래톱)에 이를 것입니다. 왜냐하면 선주가 능숙하고 적절한 수로 안내를 확보할 것이기 때문입니다. 오늘 우리가 버려지지 않은 것을 여러분과 내가 얼마나 감사해야 합니까! 우리는 우리의 것이 아닙니다. 예기치 않은 상황으로 인해 이리저리 흔들릴 운명의 불모지에 버려지지 않습니다. 우리의 키를 잡은 손이 있습니다. 우리를 소유하신 수로 안내인께서 승선하셔서 영원한 안식의 맑은 천국으로 우리를 확실하게 안내하실 것입니다. 양이 산비탈에 있으며, 겨울이 다가오고 있습니다. 양이 눈 속에 묻힐 수도 있습니다. 아마도 이리가 양을 덮칠 수도 있을 것이며, 혹 머지않아 여름의 수확물을 다 먹어서 꼴이 없어 굶주릴 수도 있을 것입니다. 그러나 그 양의 위안은, 양이 생각할 수 있다면, 이런 것이 될 것입니다. 양은 양 자신의 소유가 아니며, 목자에게 속하였고, 목자는 자기 소유를 잃어버리지 않을 것이라는 것입니다. 양에게는 그 소유자의 표시가 있으며, 그 양은 소유자의 돌봄의 대상입니다. 하나님의 초장에 있는 행복한 양이여, 여러분이 여러분의 소유가 아니라는 사실이 여러분에게 얼마나 큰 축복인지요! 여기에 계신 어느 누구라도 스스로가 자신의 소유임을 기쁨이라고 생각하십니까? 그렇다면 자아만큼 압제적인 통치자도 없다는 사실을 내가 확실히 보여드리겠습니다. 자신이 주인인 사람은 어리석게도 폭군을 자기 주인으로 삼고 있는 것입니다. 지금까지 어떠한 사람도 육체의 뜻을 따라 자기를 통제하지 못하였으며, 오히려 점점 더 그 멍에가 무거워지고 그 짐에 눌립니다. 자아는 사나운 독재자이며, 끔찍한 압제자입니다. 전제적인 육욕은 잔인한 노예감독자입니다. 그러나 우리가 우리의 것이 아니라고 말씀하시는 그리스도께서는 사랑하는 아내가 바라보아야 할 빛 가운데 있는 저 진리를 우리에게 보여주시길 원하십니다. 아내는 자신의 손가락에 금반지를 낀, 똑바로 기억해야 할 그날에 자신의 정체를 드러내었습니다. 그녀는 자신을 바쳐 남편의 소유가 되었을 때 울지 않았습니다. 그들은 벨 소리를 줄이지 않았고, 장송곡을 연주하라고 명하지도 않았습니다. 그날은 그녀에게 행복한 날이었습니다. 그녀는 크게 기뻐하며 이 순간을 기억합니다. 그녀는 자신의 것이 아니지만 자신을 준 것을 후회하지 않습니다. 할 수 있다면 그녀는 동일한 소유자에게 다시금 자신을 기꺼이 줄 것입니다. 그녀가 남편의 소유라는 사실이 그녀의 노예상태를 말하지 않으며, 오히려 그녀의 행복을 말합니다. 그녀는 남편의 집에서 안식을 찾았습니다. 그리고 그리스도인이 자신이 자신의 것이 아니라고 고백할 때, 그는 자신이 소유자였다면 하고 바라지 않습니다. 그는 구세주와 결혼하였습니다. 그는 자신을 드렸습니다. 몸, 혼, 그리고 영을 그의 마음의 복되신 신랑에게 드렸습니다. 그가 그리스도인이 된 날이 바로 그의 참된 삶의 혼인날이며, 그는 기쁘고 황홀하게 그날을 되돌아봅니다. 오오, 우리가 우리의 것이 아니라는 사실은 더없이 행복한 일이며, 그러므로 나는 은혜 받은 심령마다 행복하게 동의한다는 사실을 입증할 필요가 없을 것입니다.

자, 우리가 우리의 것이 아니라는 것이 사실이라면, 여기에 계신 많은 분들에게 그것이 사실이기를 바라는데, 그렇다면, 그 사실로부터 추론되는 것은 "나는 어떻게든지 나 자신을 상하게 할 권리가 없다"는 것입니다. 나의 몸이 나의 것이 아니며, 그러므로 나는 기독교인으로서 몸을 더럽힐 어떤 행동도 할 권리가 없습니다. 사도는 주로 육체의 죄에 대하여 반론을 펼치면서 "몸은 음란을 위하여 있지 않고 오직 주를 위하여 있으며 주는 몸을 위하여 계시느니라"(고전 6:13)고 말합니다. 우리의 몸이 그리스도의 지체이며 우리의 것이 아니기 때문에 우리는 부정을 범할 권리가 없습니다. 사도는 술 취함, 폭음폭식, 늦잠, 그리고 마음 졸이는 근심으로 건강을 해칠 만큼 부(富)에 대해 지나치게 갈망하는 것에 대해서도 똑같이 말할 것입니다. 우리는 하나님께 드려진 육과 혈을 더럽히거나 해할 권리가 없습니다. 우리 구조의 모든 사지가 하나님께 속하였습니다. 그 모든 것이 하나님의 소유물입니다. 하나님께서 그것을 "값으로" 사셨습니다. 진실한 사람이라면 그것이 자기 것이냐라는 것보다 자신에게 맡겨진 다른 사람의 소유물에게 입힌 상해에 더 많은 관심을 가질 것입니다. 선지자의 아들이 엘리사와 함께 나무를 베다가 쇠도끼가 물속에 빠졌을 때 그가 어떻게 말했는지 여러분은 기억하시죠. "아아, 내 주여 이는 빌려 온 것이니이다"(왕하 6:5). 나의 도끼를 잃어버린 것도 안 좋은 일입니다. 그러나 그것은 나의 것이 아닙니다. 그러므로 나는 두 배로 그 일을 한탄합니다. 이런 진실성이 도둑의 마음에는 작용하지 않으리라는 것을 나는 알고 있습니다. 다른 사람의 것이라면, 그것을 빌려왔다면, 더 이상 염려하지 않는 사람들이 더러 있습니다. "할 수 있거든, 빌려준 사람으로 하여금 도로 가져가게 하라." 그러나 우리는 진실한 사람들에게 말하며, 그리고 그들에게 진실성은 언제나 강력한 설득력이 있습니다. 여러분의 몸은 다른 분의 것이며, 그것을 해하지 마세요. 우리의 영혼도 마찬가지로, 그것은 하나님의 것이며, 우리는 그것을 세심하게 돌봐야 합니다. 때때로 나는 이단의 책을 읽어보라는 요구를 받습니다. 자, 내가 그런 책을 읽는 것의 좋은 점을 인정했다면, 이단을 논박하는데 도움이 되었을 것이며, 다른 사람들이 오류를 피하는데 보탬이 되었을 것이며, 막중한 사명감으로 그렇게 할 수도 있을 것입니다. 하지만 그 책에서 선한 뜻을 깨닫지 못하는 한 나는 그리하지 않을 것입니다. 나는 나중에 씻기 위해서 내 영혼을 시궁창으로 끌고 들어가지 않을 것입니다. 왜냐하면 그것은 나의 것이 아니기 때문입니다. 부패한 고기로 나 자신을 해한다 할지라도 좋은 약으로 내가 회복될 수 있겠죠. 하지만 나는 그리하지 않을 것입니다. 더 이상 내게 속하지 않은 마음을 가지고 나는 감히 실험하지 않겠습니다. 엄마와 아이가 있습니다. 아이는 책을 가지고 놀고 있고, 연필을 가지고 있습니다. 아이가 책에다 그림을 그리고 표시를 하려고 하는데 엄마가 알아채지 못합니다. 아이는 책 한 권을 내려놓고 다른 책을 책상에서 움켜줍니다. 엄마는 즉시 자리에서 일어나 급히 그 책을 빼앗으면서 "안 돼, 아가야, 그 책에다 표시를 하면 안 돼. 그 책은 우리 것이 아니야"라고 말합니다. 나의 마음, 지성, 그리고 영혼도 마찬가지입니다. 그것이 내게 속했다면 나는 그것을 가지고 허튼 짓을 할 수도, 안 할 수도 있을 것입니다. 즉, 내가 소치니주의자들, 의식주의자들, 만인구원론자들의 설교 따위를 들을 수도 있고, 안 들을 수도 있을 것입니다. 그러나 그것은 내 것이 아니기 때문에, 나는 그런 어리석은 행위로부터 내 마음을 보존할 것입니다. 그리고 순수한 말씀이 인간의 오류와 섞여서는 안 될 것입니다. 사도의 논증의 취지는 이런 것입니다. 나는 내게 속하지 않은 것을 해할 권리가 없으며, 내가 나의 것이 아니기 때문에 나는 나 자신을 해할 권리가 없습니다.

또한 나는 놀고 있을 권리가 없습니다. 한 달란트를 가진 사람이 가서 땅을 파고 감추어 두었습니다. 그런데 그에게 그럴 권리가 있었나요? 네, 물론, 그것이 자기 달란트였고 자기 손수건이었다면 그럴 수 있겠죠. 여러분 중에 누군가 돈을 가지고 있는데 그것에 관심도 갖지 않는다면, 그리고 그 모든 돈이 여러분 자신의 것이라면, 아무도 불평하지 않을 것입니다. 그러나 이 달란트는 그 사람의 주인에게 속하였으며, 그는 청지기로서 그것을 맡았을 뿐이며, 따라서 그것이 땅 속에서 녹슬게 해서는 안 되었습니다. 이와 같이 나의 재능이 폐물이 되게 할 권리가 내게 없습니다. 왜냐하면 그것이 내게 속한 것이 아니기 때문입니다. 내가 그리스도인이라면 나는 게으를 권리가 없습니다. 나는 얼마 전 사람들이 곡괭이를 사용하여 도로에다 새 가스관을 내려놓는 것을 보았습니다. 그들은 휴식을 취하고 있었습니다. 마침 내가 그곳을 지날 때 시계가 한 시를 알렸으며, 십장이 작업신호를 보냈습니다. 그가 "일하라"고 말했다고 나는 생각합니다. 그러자 즉시 각 사람이 자기 곡괭이 또는 삽을 집어들고 모두 열심히 일하였습니다. 그런데 그들 가까이에 입에 담배 파이프를 물고 있던 한 사람이 서 있었는데, 그는 함께 일하지 않았으며, 편안한 자세로 서 있었습니다. 한 시든 여섯 시든 그에게는 아무런 차이가 없었습니다. 왜 그럴까요? 그는 주인이었기 때문입니다. 그는 자유로운 신사로서 자기가 하고 싶은 대로 할 수 있었으나 자기의 것이 아니었던 사람들은 일해야 했습니다. 만일 게으른 신앙고백자 여러분 중에 누군가 여러분이 여러분 자신에게 속하였다고 실제로 증명할 수 있다면, 나는 더 이상 아무 말도 하지 않겠습니다. 그러나 여러분이 그리스도의 구속의 희생과 연관이 있다고 고백한다면, 작업신호를 보낸 순간 일하러 가지 않는다면 나는 여러분을 부끄럽게 여길 것입니다. 여러분은 예수 그리스도께서 "값으로" 산 것이 되었기 때문에 놀고 있을 권리가 없습니다.

또한 우리가 우리의 것이 아니고 "값으로 산 것이 되었다"면 우리 자신을 조금이라도 변덕스럽게 관리할 권리가 없습니다. 소유권을 가진 사람은 "나는 내가 가고 싶은 대로 갈 것이며, 내가 하고 싶은 대로 할 것이다"라고 말할 것입니다. 그러나 내가 나의 것이 아니고 나를 값 주고 사신 하나님께 속하였다면, 나는 하나님의 관리에 복종해야 합니다. 곧 하나님의 뜻이 나의 뜻이 되어야 하며, 그의 지시가 나의 법이 되어야 합니다. 내가 어떤 정원에 들어가고 싶어서 내가 들어가도 되는지 문 앞에 있는 정원사에게 물어봅니다. 그는 말하기를, "목사님, 이 정원이 내 것이라면 실로 당신을 크게 환영할 것입니다. 하지만 나의 주인께서 낯선 사람은 이곳에 들이지 말라고 말씀하셨기 때문에 나는 거절할 수밖에 없습니다"라고 합니다. 종종 마귀는 우리 영혼의 정원 안으로 들어오려 합니다. 우리는 그에게 말하기를, 우리의 육체는 허락할지 모르나 그 정원은 우리의 것이 아니기에 그에게 공간을 내줄 수 없다고 합니다. 세속적인 야망, 탐욕, 등등이 우리의 영혼에 들어오기를 요구할 수 있지만, 우리는 말합니다. "안 돼. 그것은 우리의 것이 아니야. 그러므로 우리의 옛 사람이 하고자 하는 것을 할 수 없고, 다만 우리는 하늘에 계신 우리 아버지의 뜻에 순종하기를 원할 뿐이야." 나의 하나님, 내 안에서 당신의 뜻이 이루어지게 하소서. 그리하여 모든 것을 값으로 사서 당신의 것이 되는 그곳에서 그 뜻이 이루어지도록 하옵소서.

그리고 또한 우리가 우리의 것이 아니라면, 우리는 우리 자신을 섬길 권리가 없습니다. 오로지 자신만을 위해 살아가는 사람, 곧 삶의 목적이 자신의 편안함, 안락, 명예, 또는 부(富)인 사람이 그리스도로 말미암는 구속에 관하여 무엇을 알겠습니까? 우리의 목적이 우리 자신의 이익 이상으로 고양되지 못한다면, 우리가 "값으로 산 것이 되었다"는 사실에 대하여 불성실한 것이며, 우리는 그리스도의 구속에 참여한다고 시늉만 내고 실제로는 그를 배반하는 것입니다.

내가 이 복된 사실의 긍정적인 면에 대하여 길게, 혹은 충분히 논한다면 시간이 모자랄 것입니다. 그러므로 나는 이에 대하여 한두 마디만 말씀드리겠습니다. 우리의 몸과 우리의 영이 하나님의 것이며, 우리가 그리스도인이라는 사실은 분명히 여러분에게 매우 영광스러운 일입니다. 여러분의 몸이 첫 번째 부활 때에 죽은 자로부터 다시금 일어날 것입니다. 왜냐하면 그것은 평범한 몸이 아니고 하나님께 속하여 있기 때문입니다. 여러분의 영은 다른 사람들의 영혼들과 구별됩니다. 여러분의 영은 하나님의 영이며, 하나님께서 거기에다 표시를 해 두셨으며, 이로써 여러분을 영화롭게 하였습니다. 여러분을 위해 값이 지불되었기 때문에 여러분은 하나님의 것입니다. 누군가에 따르면, 여기서 값이란 고대에 남편이 자기 아내를 위해 지불하는 지참금을 암시한다고 합니다. 랍비들에 따르면, 한 여자가 한 남자의 아내가 되는 여러 가지 방법이 있었으며, 그 중에 하나가 지참금을 지불하는 것이었습니다. 이 방법이 유대 법에서 항상 통용되었습니다. 그녀의 남편이 그녀의 아버지나 보호자에게 약정된 값을 지불하는 순간부터 그 여자는 자신의 것이 아니었습니다. 자, 오늘, 여러분과 나는 예수 그리스도께서 우리를 의로움 가운데서 땅이 생기기 전부터 자신의 아내로 삼으신 것을 기뻐합니다. 우리는 그가 선지자 호세아를 통해 하신 말씀을 기뻐합니다. "내가 네게 장가 들어 영원히 살되"(호 2:19). 여기서 우리는 위로를 받습니다. 지참금이 지불되었으며, 그리스도께서 우리를 구속하셨습니다. 그러므로 우리는 그리스도의 것이며, 영원히 그의 것입니다.

우리 주님께서 우리를 위해 모든 값을 지불하셨음을 기억하세요. 우리에게는 저당잡힌 것이나 담보잡힌 것이 없습니다. 그러므로 우리는 사탄에게 우리 자신의 일부라노 내어줄 권리가 없습니다. 그리고 주님은 우리를 머리부터 발끝까지, 모든 힘, 모든 감정, 모든 재능, 우리의 모든 시간, 우리의 모든 재산, 우리가 우리 것이라고 말하는 모든 것, 넓은 의미에서 우리 자신을 이루는 모든 것을 전부 다 사셨습니다. 우리는 완전히 하나님의 것입니다. 아아! 사람들이 이렇게 말하기는 매우 쉽습니다. 하지만 그것이 사실인 줄 느끼고 그렇게 행동하는 것은 어찌나 어려운지요! 가진 모든 것을 하나님께 기꺼이 드리겠다고 고백하면서도 실제로는 5실링도 바치지 않는 분들이 여기에도 많다는 것을 나는 의심하지 않습니다. 우리는 이렇게 노래할 수 있습니다.

> "주님, 여기에 내 자신을 드리나이다."

그러나 그런 헌신이 우리 자신의 일부만이라도 포기하는 것이라면, 그 헌신이 자기 부정, 혹은 자기희생을 요구한다면, 즉시 뒷걸음칩니다. 자, 십자가가 허구였나요? 그리스도의 죽으심이 전설이었나요? 여러분이 단지 상상 속에서 "값으로 산 것"이 되었으며, 행동과 진실 면에서는 아니었나요? 구속이 우화라면 우화적인 헌신을 드리세요. 여러분을 산 것이 허구(소설)라면, 여러분 가운데 일부가 그리스도에 대한 헌신과 관련하여 그리한 것처럼 허구적인 삶을 사세요. 만일 값으로 산 것이 하나의 관념, 책에서 보는 매력적인 무언가에 불과하다면, 우리가 하나님께 속한 것을 단순한 관념이나 단편적인 감상으로 여기세요. 그러나 실제적인 구속은 실제적인 거룩을 요구합니다. 확실히 지불된 사실 그대로의 값은 우리 자신을 실제로 굴복시켜 하나님을 섬기라고 우리에게 요구합니다. 오늘부터 영원히 "여러분은 여러분 자신의 것이 아니라" 주님의 것입니다.

3. 이제 나는 마무리를 지어야 합니다.

내가 마지막 대지를 말씀드릴 때, 하나님께서 그의 말씀에 힘을 실어주시기를 바랍니다. 마지막 대지는 당연한 결론인 "그런즉 너희 몸과 영으로 하나님께 영광을 돌리라"는 말씀입니다. 마지막 몇 단어들이 원본에 있는지 분명하지 않습니다. 수많은 옛 사본과 역본들, 그것들 가운데 좀 더 중요한 몇 가지는 "몸"이란 단어로 본 절을 마무리 합니다. "그런즉 너희 몸으로 하나님께 영광을 돌리라"(Therefore glorify God in your body). 사도가 말하고자 한 것은 몸이지 영이 아니었으며, 마지막 단어들은 필요가 없습니다. 마지막 단어들에 대하여 우리는 더 이상 문제를 제기하지 않을 것이며, 하나님의 영감 된 말씀으로 받아들일 것입니다. 하지만 문맥을 보면 사도의 언어의 강조점은 몸에 있다는 것을 나는 말해야겠습니다. 아마도 그 이유는 몸이 구속을 받았고 주님의 것이며, 그 몸으로 하나님께 영광을 돌려야 한다는 이 진리를 우리가 너무 쉽게 잊기 때문일 것입니다.

기독교인의 몸은 순결함으로 하나님께 영광을 돌려야 할 것입니다. 우리는 백합화 같이, 더러운 모든 오점으로부터 순결해야 할 것입니다. 또한 몸은 절제로써 하나님께 영광을 돌려야 할 것입니다. 모든 것, 즉 먹고 마시고 잠자는 것, 육체와 관련된 모든 것에서 그리해야 할 것입니다. "그런즉 너희가 먹든지 마시든지 무엇을 하든지 다 하나님의 영광을 위하여 하라"(고전 10:31). 또는 사도가 다른 곳에서 기술한 것처럼 "또 무엇을 하든지 말에나 일에나 다 주 예수의 이름으로 하고 그를 힘입어 하나님 아버지께 감사"(골 3:17)해야 합니다. 기독교인은 식사 때마다 성찬을 행할 수 있으며, 평범한 취미생활 가운데서도 그의 영적인 제사직을 수행할 수 있습니다. 몸은 근면으로써 하나님께 영광을 돌려야 합니다. 게으른 종은 나쁜 그리스도인입니다. 언제나 토요일 밤을 기다리는 노동자, 주인이 볼 때 말고는 땀 한 방울도 흘리지 않는 사람은 자기 몸으로 하나님께 영광을 돌리지 못합니다. 그리스도인은 정해진 시간에 힘든 일을 마다하지 않는 사람이며, 주인 눈앞에서만 알랑거리는 고용인이나, 사람을 기쁘게 하는 자로서 일하지 않고, 진심으로 하나님께 영광을 돌리려고 애씁니다. 우리의 몸은 마귀를 위해 열심히 일해 왔습니다. 이제 그 몸이 하나님께 속하였고, 우리는 그 몸으로 하나님을 위하여 일할 것입니다. 여러분의 다리는 여러분을 극장에 데려다주곤 하였습니다. 목요일 밤에 하나님의 집에 나오는데 게으르지 마세요. 여러분은 자주 죄악을 향해 눈을 떴습니다. 이제는 설교 시간에 눈을 뜨고 졸지 마세요! 여러분의 귀는 음탕한 노랫말을 정확하게 들었습니다. 이제 여러분의 귀가 하나님의 말씀을 순종하는데 민감하세요. 여러분의 손은 여러분의 소득을 죄를 짓는데 탕진하였습니다. 이제 그리스도를 위하여 여러분의 손을 아낌없이 드리세요. 여러분의 몸은 날뛰는 말(馬)처럼 자진하여 마귀를 섬겼습니다. 이제 그리스도의 병거를 끄는데 느릿느릿 움직이는 못마땅한 일꾼처럼 하지 맙시다. 혀로 주님을 찬미하며, 입으로 그의 영광을 노래하며, 몸을 값

주고 사신 주님의 뜻을 전심으로 받들어 섬깁시다.

여러분의 영혼으로는 하나님을 영화롭게 합시다. 은밀한 묵상으로 하나님을 찬미합시다. 하나님 자신 외에는 아무도 듣지 못하도록 하나님을 노래합시다. 그리고 열성을 다하고, 순수한 대화를 하며, 성실한 삶을 살고, 전인격적인 거룩함으로 여러분의 몸과 영혼을 바쳐 하나님을 영화롭게 합시다.

사랑하는 그리스도인 친구들이여, 나는 조금만 더 말씀을 전하고 마무리하고 싶습니다. 여러분은 하나님의 것이기 때문에 여러분은 다른 사람들보다 더 많이 주목을 받을 것이며, 그러므로 하나님을 영화롭게 할 것입니다. 아시다시피 하나님의 것이라는 사실이 언제나 사실 그 자체인 것만은 아니며, 호기심을 유발하는 소유권을 포함합니다. 만일 여러분이 소 품평회에 가서 "이러이러한 소는 여왕 폐하에게 속한 것이다"라는 말을 들었다면, 설령 그 소가 다른 소보다 더 좋지 못하더라도 왕실에 속하였다는 것 때문에 수많은 사람들의 관심을 끌 것입니다. 그렇다면 이러이러한 사람이 하나님께 속하였다는 말을 주목해 보세요. 하나님께 속한 사람은 어떤 태도를 가져야 하나요? 이 세상에서 비난받지 아니할 누군가가 있다면, 틀림없이 그는 그리스도인이 아닙니다. 예리한 눈들이 그리스도인들에게 집중될 것이며, 세상 사람들이 그가 그리스도인이 아니라면 거들떠보지도 아니할 실수들을 그 안에서 찾아낼 것입니다. 나로서는 속인들의 이런 스라소니의 눈들을 반깁니다. 그들이 원한다면 감시하라고 하세요.

기독교인들을 크게 트집 잡는 한 사람에 대하여 들은 이야기가 있습니다. 그는 오랫동안 교회를 괴롭힌 후에 떠날 것같이 하면서 목사에게 이별의 농담으로서 이렇게 말했습니다. "내가 몇 백 킬로미터 멀리 간다고 하니 당신이 크게 기뻐하실 것이 틀림없는 것 같습니다." 그러자 목사는 "아니요, 나는 당신이 떠나는 것이 매우 유감이오." "어떻게 그럴 수 있습니까? 내가 한 번도 당신을 좋게 대하지 않았는데요." "그렇게 생각하지 않아요. 당신이 캥캥 하고 소리지른 것밖에는 없었는데 나의 양 떼 중 한 사람도 울타리 밖으로 나가지 않았어요. 그러니 당신은 지금까지 내게 훌륭한 양치기 개가 되었던 것입니다." 세상이 우리를 주시하는 게 나는 기쁩니다. 세상은 그렇게 할 권리가 있습니다. 만일 누군가 "나는 하나님의 것입니다"라고 말한다면, 그는 대중의 주목을 받기로 자처하는 것입니다. 여러분은 세상에서 빛이며,

빛의 목적이 보이는 것 외에 무엇입니까? 산 위에 있는 성이 숨겨질 수 없습니다.

게다가, 세상은 다른 어떤 사람보다도 그리스도인에게 많은 것을 기대할 권리를 가집니다. 그리스도인은 자기가 "값으로 산 것이 되었다"고 말합니다. 그는 자기가 하나님의 것이며, 그러므로 그는 다른 사람들보다 더 많은 주목을 끌며, 기대에 부응해야 합니다. 옛 내전의 한 전투 중에 있다고 상상해 보세요. 왕정파가 필사적으로 싸우며 빠른 속도로 이기고 있습니다. 하지만 크롬웰의 철기병이 진격해 오고 있다는 소리를 다른 편에서 듣습니다. 지금 우리는 모종의 전투를 볼 것입니다. 크롬웰과 그의 군사들은 용맹한 사람들입니다. 그러나 보십시오! 진격해 오는 동료들이 지체하는 것을 나는 봅니다. 그들은 전투 속으로 돌진하기를 두려워합니다. 분명히 이런 사람들은 크롬웰의 철기병들은 아닙니다. 나는 믿을 수 없습니다. 그럴 수 없습니다. 이런, 만일 그들이 크롬웰의 철기병들이라고 공언한 사람들이라면 향수를 풍기는 왕당파의 당원들을 오래 전에 쳐부수었을 것이며, 바람 앞에 겨처럼 그들을 날려버렸을 것입니다. 사람들이 "여기에 그리스도인들의 한 몸이 있다"고 말하는 것을 내가 들을 때도 그러합니다. 뭐라고요! 그런 사람들이 그리스도인들이라고요? 예수님을 위해 한 마디 말도 못하는 그런 겁쟁이들이 그리스도인들이라고요! 대의명분을 위해 좀처럼 희생하지 않는 이 탐욕스러운 사람들이 그리스도인들이라고요! 비록 그들이 스스로 그리스도인이라는 꼬리표를 붙이지 않았다 하더라도 도무지 신앙고백자들이라고 생각할 수 없는 저 변덕스러운 사람들이 그리스도인들이라고요! 뭐라! 그런 자들이 십자가에 못 박히신 구세주의 제자들이라고요? 세상은 그런 겉치레를 비웃습니다. 당연히 그래야 합니다. 우리는 따를 만한 지도자를 용기 있게 따릅시다. 그리고 충분한 값으로 산 것이 되며, 위대한 주인의 소유가 되고, 가엾은 인생들을 우리처럼 그의 분복으로 부르시기 위해 낮아지신 그분을 영화롭게 합시다. 그는 자신을 위해 우리를 구별하셨습니다.

그리고 "값으로 산 것이 되었다"고 고백하는 사람들이 그 행실을 꼴사납게 한다면 그들에 의해 그리스도의 이름이 더럽혀진다는 사실을 기억합시다. 우리가 만일 거룩하지 않고 은혜롭지 않는다면, 불경건한 사람들은 확실히 이렇게 말할 것입니다. "저런 사람이 당신네 하나님을 믿는 자들 가운데 한 사람이고, 당신네 그리스도인 중에 한 사람이야." 그렇게 되지 맙시다. 연대에 속한 모든 군사는 전군의 명성이 자기에게 달려 있다는 사실을 명심해야 하며, 전쟁의 승리가 마치 자신에게 달려 있는 양 싸워야 합니다. 이러한 정신이 모든 사람을 영웅이 되게 할 것입니다. 제발, 하나님의 영광이 자신에게 달려 있고, 교회가 자신에게 달려 있는 것처럼 모든 그리스도인들이 생각하기를 바랍니다. 그것은 어느 정도 분명한 사실입니다!

우리가 죽게 될 때 의미 있는 삶을 살았다고 생각할 수 있을 만큼 그렇게 하나님을 찾기를 바랍니다. 비록 우리의 소망이 오직 예수님의 공로에 기인하지만, 예수님의 공로를 우리가 아무것도 하지 않을 구실로 삼지 않습니다. 우리가 선행을 자랑으로 여기지 않지만, 우리 주님의 영광을 위해 열매를 맺기를 바랍니다. 나는 숨쉬는 동안 몸, 혼, 영으로 하나님을 영화롭게 하기를 가슴 깊이 갈망하며, 죽은 후에라도 땅에서 그리하기를 바랍니다. 나는 계속해서 우리 주님을 위해 나의 형제들에게 권면하기를 원합니다.

후스(Jan Hus, 1373-1415; 보헤미아의 종교 개혁자)파의 지도자였던 늙은 치즈카(Zizka; 체코의 장군)는 임종 때 자기 군사들에게 이렇게 말했습니다. "우리의 대적들은 전투 시에 언제나 내 이름을 두려워하였다. 내가 죽으면 내 가죽을 취해 드럼의 가죽으로 삼고, 전투에 나갈 때마다 그것을 두드리게. 적이 그 소리를 들으면 떨 것이며, 그러면 그대들은, 용감하게 싸우도록 치즈카가 자기 형제들을 부른다는 사실을 기억할 것이네." 우리가 죽을 때 아벨처럼 계속 살아 있도록 살아갑시다. 그는 죽어서도 말합니다. 이렇게 사는 유일한 길은 불멸의 하나님의 능력 안에서, 성령의 감동 하에서 사는 것뿐입니다. 그리하면 우리는 우리의 무덤에서 미래의 세대들에게 말할 것입니다.

페이슨(Payson) 박사가 소천하였을 때, 그는 자신의 시신이 관 속에 놓여지고, 청중들이 초대받아 자신의 시신을 와서 보기를 원하였습니다. 그의 가슴에 이런 말이 새겨진 종이가 놓였습니다. "내가 여러분에게 했던 말을 기억하시오. 그 말은 지금도 여러분과 함께 합니다." 우리가 설교자들이 아닐지라도 다른 사람들이 우리의 본을 기억할 수 있도록 그렇게 살기를 바랍니다. 우리가 세상에 있는 동안에 우리의 삶으로 말했던 것을 들을 수 있도록 말입니다. 여러분의 몸과 여러분의 마음은 하나님의 것입니다. 오, 호흡이 있는 한, 하나님을 위해 살며, 그의 성령의 능력 안에서 그를 영화롭게 하세요. 그리하여 호흡이 끝나는 날 여러분의 뼈가 요셉의 뼈처럼 증거가 되게 하세요. 성도들은 유골 속에서조차 그들의 평상시의 투혼이 계속 살아 있습니다. 그들에 대한 신성한 기억 속에서 그들은 유골로부터 불사조처럼 일어납니다.

주님께서 우리를 더욱더 실제적으로 그의 소유로 삼으시며, 그의 이름이 영원히 영광을 받으시기를 축원합니다. 아멘, 아멘.

제

8

장

—

아무쪼록 몇 사람이라도
구원하고자 함이니

—

"아무쪼록 몇 사람이라도 구원하고자 함이니" ―고전 9:22

　　사도는 사람들을 구원하는데 대하여 매우 노골적으로 말합니다. 극도로 정통적인 우리의 형제들 중에 일부는 즉시 다음과 같이 말할 것입니다. "당신이 사람들을 구원한다고요? 사람이 어떻게 구원할 수 있어요? 그런 표현은 극도로 틀린 말입니다. 구원은 처음부터 끝까지 주님께 속한 것이 아닌가요? 바울, 당신이 어떻게 감히 사람들을 구원한다고 말할 수 있나요?" 하지만 베드로가 "이 패역한 세대에서 구원을 받으라"(행 2:40)고 말했을 때 바로 이와 같은 의미로 말한 것입니다. 사실 그 표현은 다소 무모하고, 그가 지금 살아 있다면 해명을 요구받을 것입니다. 바울이 디모데에게 편지를 썼을 때 그에게 이렇게 말했습니다. "네가 네 자신과 가르침을 살펴 이 일을 계속하라 이것을 행함으로 네 자신과 네게 듣는 자를 구원하리라"(딤전 4:16). 이 말씀은 자기 앞에 있는 비판자들을 두려워하지 않았던 한 사람이 공개적으로 말을 한 또 하나의 예입니다. 사도는 자신의 능력으로 누군가를 구원할 수 있다고 말할 의도가 없었으며, 또 아무도 그가 그런 의도로 말했다고 생각하지 않았습니다. 그가 거침없이 표현을 한 것은 솔직함과 교리에 대한 지식을 조화시킨 사람들, 사도를 고의로 오해할 마음이 없는 사람들에게 편지를 썼기 때문입니다. 사도는 매 설교마다 모든 교리를 들어야 하고, 모든 진리들을 천편일률적으로 설명해야 한다는 그런 사람들에게 편지를 쓴 것이 아닙니다. 구원이 오직 하나님께 속하였으며, 성령의 역사라는 교리를 사도 바울은 생명처럼 소중히 여겼고, 오해 받기를 두려워하지 아니하고 자주 이 교리를 선포하였습니다. 우리의 증거 또한 많은 세월 동안 이 점에 대하여 분명하였고, 그러므로 사도 바울이 그랬던 만큼 정확히 잘못될 위험을 무릅쓰고 우리는 통상적 말투로 영혼들을 구원하고 얻는 것에 대하여 말할 것입니다.

사용된 표현은 매개의 중요성을 크게 일깨워 주며, 이것은 성경의 관습입니다. 지금 매개의 힘을 과장하는 것, 그리고 주님 대신 사람들을 기대하는 것이 크게 위험한 것은 아닙니다. 위험은 반대편, 곧 기성 교회와 훌륭한 사역자 양자를 평가절하 하는 습관 가운데 있는 듯합니다. 특별한 사람이 개입되지 않았고, 전도자나 목사가 관여하지 않았던 어떤 부흥들에 대하여 말하는 것을 우리는 자주 들었으며, 이것은 추천할 만한 것이라고 생각되어지지만 사실 그것은 조금도 그렇지 않습니다. 두렵건대, 많은 경우 시작은 희망적이었지만, 신실하고 거룩한 사역자들이 멸시를 받고, 일반적인 매개(도구)들에게 비방이 퍼부어지는 바람에 속히 무너져 왔습니다. 사람들은 자기들이 하나님께 영광을 돌린다는 생각 하에 이렇게 말합니다. 그들은 항로에서 완전히 벗어났습니다. 왜냐하면 하나님은 여전히 자기의 택하신 사역자들을 인정하시고 축복하시며, 그들을 통하여 영광을 받으시기 때문입니다. 그리고 여전히 하나님께서 그들을 통해 일하시므로 우리가 그들을 깔보는 듯이 말하는 것을 원치 않으실 것입니다.

오늘 아침의 주제는 이렇습니다. 자기 백성을 통해 영혼들을 구원하는 것은 하나님을 기쁘시게 하는 일이며, 그러므로 아무쪼록 몇 사람이라도 구원하고자 하는 거룩한 열망을 그들 속에 두십니다. 만일 하나님께서 기뻐하셨다면, 박해자 사울을 부르셨듯이 지극한 영광에서 나온 음성으로써 자기의 택하신 모든 자들을 부르셨을 것입니다. 혹은 천사들로 하여금 온 세상을 날아다니도록 하여 자비의 메시지를 전하게 하셨을 것입니다. 그러나 측량할 수 없는 지혜 가운데 하나님은 사람들을 통해 사람들을 인도하기를 기뻐하셨습니다. 구속은 완전하며, 성령의 능력이 충만하게 부어졌습니다. 필요한 모든 것은 사람들이 자기의 영혼의 구원을 위해 믿게 되는 것이며, 구원의 이 부분이 성령으로 말미암아 사람들의 섬김을 통해 성취되는 것입니다. 살아난 자들이 마른 뼈들에게 예언을 하라고 보냄을 받습니다. 이 거룩한 계획을 수행할 수 있도록 주님께서는 참된 모든 신자들의 마음속에 영혼들을 구원하고자 하는 열정을 심으셨습니다. 어떤 이들의 열정이 다른 사람들의 열정보다 더욱 활기차기는 하지만, 그것은 모든 그리스도인의 인격에서 가장 중요한 특징이 되어야 합니다. 나는 이 거룩한 천성에 대하여 말씀드릴 것이며, 이를 다음과 같이 풀어갈 것입니다. 첫째, 그 열정이 왜 우리 안에 심겨졌는가? 둘째, 어떻게 이 열정을 발휘할 것인가? 셋째, 왜 그것이 좀 더 크게 드러나지 않는 것일까? 넷째, 어떻게 이 열정이 살아나고 좀 더 실제적으로 효과를 나타낼 수 있을까?

1. 다른 사람들을 구원하기 위한 이 열정이 왜 구원받은 자의 가슴속에 심겨졌습니까?

많은 이유들이 있지만 나는 세 가지 이유에 대하여 생각합니다. 말하자면, 하나님의 영광을 위하여, 교회의 유익을 위하여, 그리고 개인의 덕을 위하여 입니다.

첫째, 하나님의 영광을 위하여 열정이 거기에 심겨졌습니다. 하나님께서 자신의 위대한 목적을 이루시기 위해 천한 도구들을 사용하신다는 것은 하나님의 영광을 크게 드러내는 일입니다. 퀸틴 맛시스(Quintin Matsys)가 쇠로 멋진 우물 덮개를 제작하였을 때, 그것은 예술작품으로서 더욱 주목을 받았습니다. 왜냐하면 그가 그것을 제작하는 동안에 적절한 도구들을 사용하지 못하였기 때문입니다. 그가 거의 자기 망치 하나만 가지고 금속으로 자신의 멋진 위업을 이루었다고 나는 생각합니다. 하나님께서 세상 속에서 행하신 은혜의 역사를 우리가 살펴보고자 하는 이때에, 도구들이 하나님의 역사를 진척시키기보다 오히려 방해가 되는데 그런 도구들을 통해 은혜의 역사를 이루셨다는 것을 생각한다면, 우리는 하나님께 더욱 큰 영광을 돌리게 됩니다. 우리 가운데 아무도 하나님을 도울 수 없습니다. 하나님께서 우리를 사용하신다는 것은 사실이지만, 하나님은 우리와 함께보다 우리 없이 더 잘 하실 수 있습니다. 하나님께서 직접적인 능력의 말씀으로 한순간에 행하실 수 있는 것을 연약한 도구를 통해서 많은 세월에 걸쳐 행하십니다. 하지만 하나님은 자신의 이름을 영화롭게 하는 방법을 가장 잘 아십니다. 하나님은 우리를 사용하여 영광을 받으시려고 우리의 영혼 속에다 다른 사람들을 구원할 열망을 두십니다. 하나님께서 우리의 가슴속에다 심으신 이 열정 외에는 그런 일을 행하기에 적합한 것이 거의 없는 우리인데도 말입니다. 은혜롭게도 하나님께서는 심지어 우리의 연약한 점들까지도 사용하시며, 그의 은혜의 영광을 설명하시려고 우리를 연약하게 하시며, 우리의 빈약한 설교들을 축복하시고, 우리의 박약한 수고들을 성공하게 하시며, 심지어 우리의 산란한 말에서부터 결과를 보게 하십니다. 주님께서는 우리의 약함을 그의 능력의 수단이 되게 하심으로써 자신을 영화롭게 하시며, 이러한 목적으로 우리로 하여금 우리의 영역 밖에 있는 일을 갈망하게 하시며, "몇 사람이라도 구원하고자" 하는 열망을 우리 마음속에 두십니다.

하나님께서 우리 같은 죄인들을 취하셔서 자신의 성품에 참여하는 자가 되게 하시는 것 또한 하나님께 영광을 가져옵니다. 이를 위하여 하나님은 우리로 자신의 내면의 긍휼에 동참하게 하시고, 그의 넘치는 사랑에 참여하게 하십니다. 하나님은 자신의 가슴속에서 타오르는 사랑의 불을 동일하게 우리의 가슴속에서도 타오르게 하십니다. 우리는 우리 자신의 보잘것없는 타성으로 탕자들을 낮춰보며, 멀찍이 떨어져서 그들을 보고, 측은히 여기고, 기꺼이 그들의 목을 끌어안고 입을 맞출 것입니다. 그러나 주님은 거룩한 방식으로 사람들을 사랑하며, 그들의 성화(聖化)를 바라시며, 그런 방식으로 그들의 구원을 바라십니다. 우리 동료들이 회심을 함으로써 유익을 얻기를 우리가 바란다면, 우리는 하나님과 동행하고 있습니다. 참된 모든 박애주의자는 주 예수님의 복사판입니다. 박애라는 말이 주님의 무한한 탁월함에 적용하기에는 너무 저급한 용어이기는 하지만, 진실로 하나님의 아들은 모든 박애주의자들 가운데 가장 위대한 박애주의자이십니다. 자, 하나님께서 자신의 비길 데 없는 은혜의 힘으로써, 다른 사람들의 구원을 바라는 불타는 열정을 우리 같은 냉랭한 마음들 속에 공급하신다는 사실은 마음의 세계에서 그의 전능하신 능력을 나타내 보이는 유일한 증거입니다. 죄인들로 하여금 거룩의 향상을 갈망하게 하고, 완고한 의지로 폭넓은 순종을 갈망하게 만들며, 방황하는 심령들로 하여금 구세주께서 살아 계시는 나라를 세우기를 열망하게 만들 정도로 그들을 변화시키는 이것이야말로 하나님의 은혜의 대단한 위업입니다. 완전한 한 천사가 자신의 사명을 완수하기 위해 공기를 헤치며 나아가는 일은 아주 간단한 일이지만, 그리스도에 대한 증오로 입에 거품을 물었던 다소의 사울과 같은 사람이 영혼들을 예수님께로 인도하기 위해 살다가 죽는다는 것은 하나님의 은혜에 대한 기념비적인 실례입니다.

　이런 식으로 주님께서는 최대의 적, 곧 공중의 권세 잡은 자를 누르고 큰 영광을 얻습니다. 왜냐하면 주님은 사탄에게 이렇게 말씀하실 수 있기 때문입니다. "나는 미가엘의 칼이 아니라 사람들의 혀로써 너를 이겼다. 오 너 대적이여, 나는 천둥번개가 아니라 나의 겸손한 이 종들의 성실한 말씀과 기도와 눈물로써 너를 정복하였다. 오 나의 적이여, 나는 너를 이 연약한 사람들과 겨루게 하였다. 내가 그들 속에 영혼들을 사랑하는 마음을 심어 주었고, 이들이 너로부터 너의 지배하에 있던 지역들을 줄줄이 떼어내었고, 속박된 자들의 차꼬를 끊어버렸으며, 너의 포로들이었던 자들의 감옥 문을 벌컥 열었다."

　주님께서 사탄의 군대의 우두머리들을 붙잡아 자신의 군대의 지도자들로 변화시키실 때 이 진리가 얼마나 밝게 보이는지요! 그때에 대적은 자기의 옛 친구의 집에서 강타를 당합니다. 사탄은 베드로를 밀처럼 체로 치려 하였으나 베드로가 반대로 오순절에 그를 체로 쳤습니다. 사탄이 베드로로 하여금 그의 주님을 부인하게 만들었으나 베드로가 회복되었을 때 그는 한층 더 주님을 사랑하였고, 한층 더 열심히 그의 주님의 이름과 복음을 선포하였습니다. 성난 원수는 멸망을 자초하며, 사랑이 이기고, 죄가 많은 곳에 은혜가 훨씬 더 많습니다. 성도들을 박해했던 사울에 대하여 말하자면, 그는 그리스도께서 이방인들에게로 보낸 사도가 되어, 선한 목적을 위해 다른 어느 누구보다도 더 수고하지 않았나요? 사랑하는 자들이여, 십자가의 궁극적인 승리는 그 성취의 방법 때문에 훨씬 더 훌륭할 것입니다. 선이 악을 이기되, 정부의 도움과 군주의 군대로 말미암지 않고, 주교들과 교황들의 명성으로 말미암지 않고, 그들의 호화로운 치장으로 말미암지 않으며, 도리어 불타는 마음들, 타오르는 심령들, 그리고 눈물을 흘리는 눈들과, 씨름하는 기도 가운데 꿇은 무릎들로 말미암아 승리할 것입니다. 이런 것들이 하나님의 대포들이며, 이런 무기들을 사용하시므로 하나님께서 자신의 대적들을 격퇴하실 뿐 아니라 그 대적에 속한 자들을 물리치시며, 연약한 자를 통해 강한 자를, 어리석은 자를 통해 지혜로운 자를, 없는 것들을 통해 있는 것들을 부끄럽게 하십니다.

다음에, 영혼들을 구원하려는 열정이 심어진 목적은 교회의 유익을 위한 것입니다. 교회를 유익하게 하는 방법은 수없이 많지만 그 중에 나는 몇 가지만을 말씀드리겠습니다. 첫째, 영혼들을 구원하려는 열정이 교회의 에너지를 건강한 방식으로 소비하게 한다는 사실에는 의심의 여지가 없습니다. 밖에 있는 주민을 보살피지 않는 교회들은 급속히 분열과 다툼을 겪는다는 사실을 나는 관찰하였습니다. 교회공동체 안에서 산출된 일정량의 힘이 있으며, 만일 우리가 그 힘을 바르게 사용하지 않는다면, 교회는 틀린 방법으로 일할 것이며, 혹은 완전히 본질을 상실하고 말 것이며, 한없이 해를 끼칠 것입니다. 사람들의 마음이 반드시 술렁이고, 그들의 말씨가 달라집니다. 만일 그들이 선한 목적을 위하여 쓰임받지 못한다면, 그들은 확실히 해를 끼칠 것입니다. 여러분이 교회의 모든 힘을 구세주의 멋진 목적을 이루는데 동원하는 것만큼 교회를 온전히 하나되게 하는 것은 없습니다. 사용되지 않은 달란트들은 반드시 녹슬며, 이런 종류의 녹은 평화를 해치는 독약이며, 교회의 마음을 좀먹는 신랄한 자극물입니다. 그러므로 우리는 아무쪼록 몇 사람이라도 구원할 것입니다. 그렇지 않고 다른 방법으로는 우리 마음이 분열될 것입니다.

영혼들을 구원하려는 이 열정은 교회의 힘을 사용할 뿐 아니라 끌어낼 것이며, 교회의 잠재된 에너지를 깨울 것이며, 또한 교회의 고상한 능력을 자극할 것입니다. 교회는 자기 앞에 있는 상을 향하여 경주를 위하여 자신의 허리를 동이고, 눈으로는 자기의 주님을 바라보고 목표를 향해 달려갑니다. 평범한 많은 사람들이 고결한 목표에 완전히 열중함으로써 위대하게 되었습니다. 그런데 지옥으로 가는 길에서부터 사람들을 돌아서게 하는 것만큼 고결한 것이 또 어디 있겠습니까? 아마도 말 못하고 끌려가는 소처럼 살다가 죽은 비열한 영혼들 중에서도 얼마는, 만일 영웅적인 열의로 최고의 뜻을 불태우고, 자신들의 감추어진 재능을 발전시켰더라면, 위풍당당한 위대한 생애에 이르렀을 것입니다. 훌륭한 일을 하는 사람이 행복하며, 만일 그가 훌륭하게만 한다면 그 일을 이룰 것입니다. 보세요. 하나님께서 자기 교회에게 세상을 정복하는 사역, 곧 불 속에서 영혼들을 건져 내고 양 떼를 먹이는 일을 맡기셨으며, 이 일은 교회를 담대하게 행하게 하며, 그 영혼을 고상하게 하는 훈련의 방편입니다.

　　사랑하는 형제들이여, 영혼들을 위한 이 공통의 열정이 우리를 연합시킵니다. 내가 죄인을 뉘우치게 하는 도구가 된 것을 알았을 때, 죄인이 위로 받고 그를 구주께로 인도하였을 때, 나는 나의 사랑하는 형제들과 동료들과 연합된 유대감을 얼마나 자주 느끼는지요. 이처럼 우리는 회심자 안에서 공동의 소속감을 갖습니다. 때때로 나는 청중을 구원하는 축복을 하나님으로부터 받습니다. 하지만 그 청중은 처음에 저기 계신 친구에 의해 이곳에 인도되었으며, 그래서 우리는 그 기쁨을 함께 나누는 자들이 됩니다. 섬김과 결과를 함께 나누는 교제가 성도들을 서로 연합시키며, 이것이 상호간의 사랑을 위한 최상의 보증 가운데 하나입니다.

　　그리고 게다가, 새로운 회심자들이 교회로 인도될 때, 그들이 교회의 도움을 받아 인도되었다는 사실로 인해 교회와 쉽게 결합하게 됩니다. 이 경우에 그들은 다분히 가족들과 결합하는 것과 동일한 느낌을 갖게 됩니다. 만일 하나님께서 우리 각자를 개인적으로 창조하시고, 지구 어느 곳엔가 각각 떨어뜨려 놓으시고, 우연히 누군가의 집을 찾아 자기 가족과 연합하도록 방치하셨다면, 아마도 오랜 세월 동안 헤맨 이후에야 우리가 환영받을 것입니다. 그러나 지금 우리는, 우리를 보고 싶어하고, "환영합니다, 환영합니다. 어린 초신자여!"라고 노래 부르는 신자들에게 어린 신자들로서 나아갑니다. 우리는 즉시 그 가족(교회)의 일원이 됩니다. 왜냐하면 우리가 부모와 형제와 자매들을 모시고, 이들은 우리의 입문에 대하여 논쟁하지 않으며, 우리를 받아들이는 것이 어렵지 않다고 생각하기 때문입니다. 다만 우리가 그들의 노고에 대하여 충분히 보답하지 못한다는 것을 염려할 뿐입니다. 그리고 교회 안에서는 이러합니다. 만일 하나님께서 모든 사람들을 도구 없이 자신의 영으로 한 사람씩 회심하게 하셨다면, 그들은 격리된 모래알들이 될 것이며, 한 건물로 연합하기가 힘들 것이며, 한 몸을 이루는데 많은 어려움이 있을 것입니다. 하지만 지금 우리는 교회 안에서 다시 태어났으며, 목사와 성도들이 도구 아래서 그들의 자녀들로 회심한 자들을 지켜보며, 주님 안에서 그들을 사랑합니다. 그리고 그들이 회심하도록 공통의 섬김을 함께 분담하였던 교회는 "이들이 우리에게 속하였구나, 이들이 우리의 상급이로구나"라고 느낍니다. 이렇게 그들은 진심으로 그리스도인 가족에 편입됩니다. 이것은 적은 은혜가 아닙니다. 왜냐하면 생명력으로, 거룩한 공감과 사귐으로 하나가 되는 것은 즉시 교회의 기쁨이자 힘이기 때문입니다. 우리는 우리들 가운데 영적인 아버지들을 모시고 있으며, 우리는 주님 안에서 그들을 사랑합니다. 그리고 영적인 자녀들의 행복이 우리의 깊은 관심사입니다. 또한 형제와 자매들에게 우리가 도움이 되기도 하며, 혹 그들이 우리에게 도움이 되기도 합니다. 우리는 진심으로 그들과 친교하지 않을 수 없습니다. 자기 나라를 지키고자 하는 공통된 열망이 군대의 모든 무리들을 하나로 결합시키듯이, 영혼들을 구원하려는 공통된 열망이 모든 진실한 신자들로 하여금 서로를 하나 되게 만듭니다.

하지만 이 열정은 무엇보다도 그것을 가진 개인에게 유익이 됩니다. 오늘 아침 내게 할당된 이 짧은 시간 안에서 나는 다른 사람들을 회심시키기 위한 수고로 말미암아 받을 엄청난 은혜를 설명하지는 않을 것입니다. 다만 하나님의 교회에 속한 남자든 여자든 누구라도 만일 몇 사람을 구원하려고 수고하지 않는다면, 그는 건강한 상태가 아니라고 과감히 주장할 것입니다. 수고함으로 축복을 예약받은 성도들은 그리스도의 집의 경륜에 참여할 것입니다. 그러나 그밖에 일하지 않는 자는 먹지 못할 것이며, 다른 사람들의 영혼을 돌보지 않는 자도 마땅히 유죄판결을 받을 위험에 처할 것입니다.

다른 사람들이 회심하기를 간절히 바람으로 우리는 하나님을 닮아가게 됩니다. 사람의 행복을 간절히 바랍니까? 하나님도 그러하십니다. 우리가 불 가운데서 그들을 건져 내기를 정말로 바라십니까? 하나님은 이런 은혜의 행위를 날마다 행하십니다. 죽을 자가 죽는 것도 기뻐하지 않는다고 우리가 말할 수 있습니까? 하나님은 맹세로 그와 같은 사실을 선포하셨습니다(겔 18:32). 우리가 죄인들을 위해 애통해합니까? 여호와의 아들께서 죄인들을 위해 애통해하지 않으셨습니까? 죄인들이 회심하도록 하기 위해 우리가 전력을 다합니까? 주님은 죄인들을 살리시려고 죽지 않으셨나요? 이런 열정이 여러분의 심령 속에서 타오를 때 여러분은 하나님을 닮아가게 됩니다.

이 열정은 사람들에 대한 여러분의 사랑의 표출임과 동시에 하나님에 대한 여러분의 사랑의 표출이기도 합니다. 창조주를 사랑하므로 우리는 그의 타락한 인생들을 불쌍히 여기며, 그의 손으로 행하시는 일에 대하여 자애로운 사랑을 느낍니다. 만일 우리가 하나님을 사랑한다면, 하나님의 느낌을 우리도 가질 것입니다. 심판은 하나님에게 낯선 일입니다. 따라서 하나님께서 창조하신 자들이 영원히 버림을 받는다는 사실을 우리는 차마 견디지 못할 것입니다. 하나님을 사랑하므로 우리는 모든 사람들이 우리처럼 그분을 사랑하지 않는 것에 대하여 애석해합니다. 세상이 악한 자의 수중에 있고, 세상의 주인이신 창조주를 대적하며, 유일하게 세상을 축복하실 수 있는 분과 불화하는 것에 대하여 우리는 슬퍼합니다. 오, 사랑하는 자들이여, 여러분이 다른 사람들의 영혼을 사랑하지 않는 한 여러분은 주님을 조금도 사랑하지 않는 것입니다.

다른 사람들을 그리스도께로 인도하려고 노력하는 것은 우리의 옛 감정을 새롭게 하고 우리의 첫 사랑을 회복하므로 우리에게 유익이 됩니다. 죄를 참회하는 구도자를 내가 볼 때, 그가 지금 뼈저리게 참회하고 있는 만큼 내가 그렇게 절실하게 느꼈던 그때를 회상합니다. 그리고 그 구도자가 처음으로 "내가 예수님을 믿습니다"라고 말하는 것을 들을 때, 나는 내 영혼의 생일을 회상합니다. 그때에 내 마음의 종들이 아주 즐거운 소리를 울렸습니다. 왜냐하면 예수 그리스도께서 내 마음 가운데 거하시게 되었기 때문입니다. 영혼 구원은 심령을 생기 있게 하며, 우리에게 따스한 젊음을 유지시켜 줍니다. 영혼 구원은 쇠퇴해져 가는 사랑을 다시금 새롭게 하는 강력한 청량제입니다.

만일 여러분이 회의론의 냉기가 여러분을 엄습하고 있다고 느끼고, 복음의 능력을 의심하기 시작한다면, 가련하고 무지한 자들 가운데로 가서 사역하거나, 혹 고통 중에 있는 영혼들을 위로하세요. 그들이 믿음 안에서 기쁨과 평안을 얻으므로 안색이 밝아지는 것을 볼 때, 여러분의 회의론은 바람 앞에 겨처럼 날아갈 것입니다. 여러분은 결과를 볼 때 그 원인을 믿어야만 합니다. 증거가 여러분의 눈앞에 있을 때 믿지 않을 수 없습니다. 예수님을 위하여 일하는 것이 우리의 믿음을 강하게 하며, 예수님에 대한 사랑을 뜨겁게 합니다.

이 거룩한 본능이 한 사람의 모든 재능을 끌어내지 않나요? 마치 음악가의 손이 온갖 화음으로 음악을 만들어 내는 것처럼 하나의 강렬한 열정이 자주 전인(全人, the whole man)을 활동하게 만들 것입니다. 우리가 다른 사람들을 사랑한다면, 바울처럼 지혜롭게 되어서 그들의 마음을 끌 것이며, 지혜롭게 되어서 그들을 설득할 것이며, 지혜롭게 되어서 그들을 깨닫게 할 것이며, 지혜롭게 되어서 그들에게 용기를 줄 것입니다. 즉, 지금까지 녹슬었던 방법들의 쓰임새를 배울 것이며, 그리고 사람들을 구원하고픈 강한 열망이 그 흙을 치워 주지 않았다면, 땅 속에 그대로 숨겨져 있을 우리의 달란트를 발견하게 될 것입니다.

영혼들에 대한 사랑은 그 사랑을 끝까지 지속하는 모든 자에게 마침내 하늘 아래서 최고의 기쁨을 안겨줄 것이라는 사실을 나는 여기서 덧붙여 말할 것입니다. 그 최고의 기쁨이란 무엇입니까? 여러분이 다른 사람들의 영적인 부모가 되었다는 것을 아는 기쁨입니다. 나는 이런 기쁨을 연속적으로 충분히 자주 맛보았으며, 그것은 하늘 바로 밑에 있는 기쁨이었습니다. 자신이 구원받은 것을 기뻐하는 것은 이기적인 측면이 있습니다. 하지만 여러분의 동료들이 여러분의 수고로 구원받은 것을 알 때, 여러분은 순수하고, 사욕이 없는 하늘의 기쁨을 얻으며, 우리 영혼에 해를 입히지 않은 채 이 기쁨을 깊이 들이마실 수 있습니다. 형제들이여, 선을 행하려는 거룩한 식욕에 굴복하시고, 그 식욕에 사로잡히세요. 그리하면 최상의 결과들이 반드시 따라올 것입니다. "아무쪼록 몇 사람이라도 구원하고자 함이니", 지금부터 이 말씀을 여러분의 목표로 삼으세요.

2. 이 열정이 어떻게 자체적으로 역량을 발휘합니까?

사람들에 따라 다르게, 시대마다 다르게 발휘합니다. 첫째, 이 열정은 애정 어린 염려로 자신의 모습을 드러냅니다. 사람이 구원받는 순간 그는 자기 아내, 자기 아이, 혹은 자기의 친척에 대하여 염려하게 시작하며, 그 염려로 그는 즉시 그들을 위해 기도하게 됩니다. 새롭게 떠진 눈이 의의 태양(the Sun of Righteousness)이신 주님의 향기로운 빛을 즐기자마자 그 눈은 과거에 어둠 속에서 같이 지냈던 동료들을 애정을 품고 바라보며, 그들도 자기들의 시각을 갖게 해 달라고 눈물 어린 기도로 하늘을 응시합니다. 배고픈 자들이 거저 주시는 은혜의 잔치에서 최초로 한 입 먹을 때, 그들은 속으로 신음하며 이렇게 말합니다. "오, 나의 가련하고 배고픈 아이들이 나와 함께 구세주의 사랑을 여기서 먹을 수 있다면 … " 긍휼은 새로 태어난 성품에 가깝습니다. 일반적인 인간애로 우리가 고통당하는 자를 불쌍히 여기게 되는 것처럼, 새롭게 된 인간애로 우리는 죄인을 불쌍히 여기게 됩니다. 또한 하늘을 향하여 가는 순례 중에 이 열정은 다른 사람들이 회심했다는 소식을 우리가 들을 때 강렬한 기쁨을 표현하므로 자신의 모습을 드러냅니다. 나는 교회의 모임들, 선교 모임들에서 어떤 새로운 회심자나 돌아온 선교사, 또는 목사가 놀라운 구원의 은혜에 대하여 자세히 설명할 때 듣는 자들 가운데서 따뜻하고 거룩한 기쁨이 퍼지는 것을 자주 보았습니다. 힘없는 많은 소녀들이 구세주를 위하여 큰일을 할 수는 없지만, 그럼에도 불구하고 죄인들이 예수님께로 인도되었다는 소식을 듣고는 그들의 뺨에서 기쁨의 눈물을 흘림으로써 능력이 된다면 주님을 위해 일하고 싶어한다는 의지를 보여주었습니다. 이것(강렬한 기쁨)은 개인적으로는 큰 일을 할 수 없는 연약한 사람들이 아주 유능한 사람들의 기쁨을 공유하고, 참으로 예수님 자신과 교제할 수 있는 한 가지 방법입니다.

영혼 구원의 거룩한 본능은 또한 복음 전파를 위한 개인적인 수고, 희생, 기도, 그리고 고민으로 그 모습을 드러냅니다. 내가 주님을 처음 알았을 때 내가 다른 사람들을 위하여 무언가를 할 수 있기까지 얼마나 안절부절못하였는지 나는 생생하게 기억하고 있습니다. 나는 집회에서 말할 줄 몰랐으며, 신앙적인 주제들에 대하여 대화하는 것을 매우 두려워하였습니다. 그래서 나는 구원의 길을 다른 사람들에게 제시하는 짧은 편지를 썼고, 인쇄된 소책자들과 함께 이 편지들을 우체통에 넣거나, 또는 대문 밑에 밀어넣거나, 또는 여러 지역에 뿌렸으며, 그 편지와 책자들을 읽는 사람들이 자신들의 죄를 깨닫고 다가올 진노를 피할 수 있게 해 달라고 기도하였습니다. 내 마음이 출구를 찾지 못한다면 터져 버리고 말 것입니다. 모든 신앙고백자들이 처음의 열심을 유지하며, 예수님을 위해 큰 일뿐만 아니라 작은 일에도 충성하기를 나는 바랍니다. 왜냐하면 작은 매체들이 광대한 지역에 영향을 주는 매체들 못지않게 효과적인 것으로 밝혀지는 경우가 허다하기 때문입니다. 최근에 교회에 등록한 여러분 젊은이들 모두가 아무쪼록 몇 사람을 구원하기 위하여 선을 행하는 어떤 방식, 곧 여러분의 능력과 위치에 알맞은 방식을 시도해 보기를 나는 희망합니다. 한 마디의 말이 설교를 듣지 못하는 사람들에게 은혜를 주는 경우가 많으며, 개인적인 하나의 편지가 인쇄된 책보다 훨씬 더 큰 일을 하는 경우가 많습니다.

우리는 점점 나이가 들고 경험이 쌓이면서 교회의 좀 더 공적인 일에 관여할 것입니다. 우리는 오두막 기도회(the cottage prayer-meeting)에서 만나는 소수의 사람들에게 예수님을 전할 것이며, 우리 가족을 위해서는 물론 그들을 위해 기도할 것이며, 또는 주일학교에 적극적으로 협력하거나, 소책자 전도를 맡을 것입니다. 궁극적으로는 주님께서 수백 수천의 사람들 앞에서 자신의 뜻을 밝히라고 우리를 부르시며, 따라서 우리의 시작은 미약하지만 우리의 나중은 심히 창대할 것입니다.

다른 사람들을 구원하기 위한 열심을 소유한 모든 사람들에게 나타나는 한 가지 특징이 있는데, 이를테면, 다른 사람들을 유익하게 하기 위하여 그들의 조건과 능력에 우리 자신을 맞춘다는 것입니다. 바울에게서 우리는 이런 모습을 볼 수 있습니다. 그는 아무쪼록 몇 사람이라도 구원하기 위하여 여러 사람에게 여러 모습이 되었습니다. 그는 유대인들에게는 유대인이 되었습니다. 그가 그들을 만났을 때 그들의 의식에 대하여 악담하지 않았고, 그 의식들이 가지는 영적인 의미들을 끌어내려고 노력하였습니다. 바울은 유대교에 대하여 나쁘게 설교하지 않았고, 예수님을 유대교의 모형들을 완성한 분이라고 그들에게 소개하였습니다. 바울이 이방인을 만났을 때 신들을 욕하지 않았으며, 참 하나님과 그의 아들로 말미암는 구원을 그에게 가르쳤습니다. 그는 모든 곳에서 똑같은 설교를 하지 않았으며, 듣는 자에게 맞추어 설교를 하였습니다. 바울이 아레오바고 가운데 서서 철학자들의 모임에서 전하였던 연설은 얼마나 멋진 연설이었는지요. 그 연설은 시종일관 아주 예의바른 것이었습니다. 우리의 번역이 그런 느낌을 다소 훼손한 점이 있어 유감입니다. 왜냐하면 원문에는 그런 예의바름이 크게 두드러지기 때문입니다. 사도는 "아덴 사람들아 너희를 보니 범사에 종교심이 많도다"(행 17:22)라는 말로 시작하였습니다. 그는 우리의 역본처럼 "너무 미신적이다"라고 말하지 않았습니다. 그런 말은 처음부터 그들을 불필요하게 자극하는 말이었을 것입니다. 그는 계속해서 이렇게 말했습니다. "내가 두루 다니며 너희가 위하는 것들을 보다가 알지 못하는 신에게라고 새긴 단도 보았으니 그런즉 너희가 알지도 못하고 위하는 그것을 내가 너희에게 알게 하리라"(행 17:23). 바울은 "너희가 무식하게 숭배하는 신"이라고 말하지 않았습니다. 그는 지나치게 신중하여 그런 표현을 사용하지 않았습니다. 그들은 지성적인 사람들이었고, 세련된 정신을 가진 사람들이었습니다. 그러므로 바울은 그들에게 복음을 예의바르게 선언함으로써 그들을 구원할 목적이었습니다. 단에 새겨진 비문을 언급한 것은 바울 편에서는 아주 교묘한 것이었으며, 그들의 시인의 말을 인용한 것도 마찬가지입니다. 만일 바울이 유대인들에게 연설하였다면, 그는 헬라 시인의 시를 인용하지 않았을 것이며, 또한 이방의 제단을 언급하지도 않았을 것입니다. 듣는 자들을 향한 그의 강렬한 사랑으로 말미암아 그들의 주목을 끌기 위해 자신의 특이한 장점이 발휘되었던 것입니다. 이와 마찬가지로 우리도 또한 이기심을 버리고 남의 유익을 꾀하며, 다른 사람들에게 우리에게 굴복하기를 요구하지 말고 우리가 본질이 아닌 모든 문제에 있어서는 그들에게 기꺼이 굴복하므로 그들로 예수님의 주장을 호의적으로 생각할 수 있도록 유도해야 할 것입니다. 기억하세요. 바울보다 원칙에 더 충실했던 사람은 하나도 없었습니다. 부득이 단호한 태도를 취해야 하는 문제에서는 그는 바위처럼 흔들리지 않았습니다. 그러나 그저 개인적이고 비본질적인 문제에서 그는 모든 사람의 종이었습니다. 적응이 그의 장점이었습니다.

　　사랑하는 자들이여, 만일 여러분이 자녀들과 이야기해야 한다면 여러분이 자녀들이 되시고, 그들이 어른이기를 기대하지 마세요. 그들의 사고를 생각하시고, 그들의 감정을 느끼시고, 그리고 그들의 말에 진리를 더해 주세요. 여러분이 그들의 마음을 이해하지 않고는 결단코 여러분의 마음이 그들의 어린 시절을 공감하지 못할 것입니다. 만일 여러분이 나이 드신 분들을 위로해야 한다면, 그들의 허약함을 공감하세요. 그리고 마치 그들이 아직도 충분한 생기를 갖고 있는 양 그들에게 말하지 마세요. 모든 연령의 사람들을 연구하시고, 그들처럼 되셔서 여러분처럼 그들도 신자가 될 수 있도록 유도해 보세요. 여러분이 학식 있는 사람들 가운데서 일하라는 소명을 받았습니까? 그렇다면 훌륭한 말들을 고르세요. 그리고 그들에게 은쟁반에 금 사과를 주세요. 여러분이 무식한 사람들 가운데서 사역하시나요? 여러분의 말이 몰이 막대기처럼 되게 하시고, 그들의 어머니의 마음으로 말하시며, 여러분의 말이 이해되기 쉽도록 아주 쉬운 언어로 말하세요. 모르는 말로 그들에게 말한다면 무슨 소용이 있겠습니까? 여러분이 이상한 편견을 가진 사람들 가운데 보내어졌나요? 그들과 불필요하게 충돌하지 말고, 여러분이 그들을 이해하는 대로 그들을 받아들이세요. 이해도 못한 사람이 회심하기를 여러분은 원합니까? 그에게 심오한 신비를 말하지 말고, 오히려 달리는 자가 읽을 수 있는 말로 천국 가는 쉬운 길을 그에게 보여주세요. 여러분이 우울한 마음을 가진 친구와 대화하십니까? 그에게 여러분의 우울함에 대하여 말하시고, 그의 슬픔에 공감하세요. 그리고 여러분이 세워진 것처럼 그를 세우세요. 선한 사마리아 사람처럼 상처 입은 사람이 누워 있는 곳으로 가시고, 그가 여러분에게 오기를 기대하지 마세요. 영혼들을 구원하는 참된 열정은 인간적인 여러 부분들을 보이며, 이 각각의 부분을 진리의 거룩한 빛을 반사하는 거울로 활용합니다. 각 사람의 마음에 하나의 문이 있으며, 우리는 그것을 찾아내야 하고, 거기에 맞는 열쇠로 열고 들어가야 합니다. 그 열쇠는 하나님의 말씀 어디인가에서 찾을 수 있습니다. 모든 사람들이 똑같은 방식으로, 혹은 똑같은 논법으로 가까워질 수 없으며, 우리가 아무쪼록 몇 사람이라도 구원해야 하므로 우리는 영혼들을 얻기 위해 지혜로워야 하며, 그것은 위로부터 내려오는 지혜여야 할 것입니다.

우리는 그리스도께 정복당한 사람들을 보기 원하지만 어떤 전사라도 항상 똑같은 전략을 사용하지 않습니다. 한 번은 전면 공격을, 또 한 번은 포위 공격을, 또 세 번째는 매복공격을, 그리고 네 번째는 장기전을 합니다. 해상에는 적을 공격하는 거대한 충각(衝角: 적함에 부딪쳐 구멍을 뚫기 위해 함수에 장치한 것)이 있는 군함들, 해저 어뢰들, 포함(砲艦)들, 증기 프리깃함(28~60문의 대포를 단 쾌속 범주 군함)들이 있습니다. 한 척의 배는 단 한 번의 공격으로 침몰하지 않으며, 또 다른 배는 일제 사격을 해야 하며, 세 번째 배는 바람과 파도 속에서 공격을 시도해야 하며, 네 번째 배는 해안으로 유도해야 합니다. 이와 같이 우리는 익숙해져야 하며, 늘 주님의 인도와 능력을 바라면서 진지한 숙고와 엄숙한 판단으로 우리에게 맡겨진 거룩한 힘을 사용해야 합니다. 진정한 모든 힘은 주님의 손 안에 있으며, 우리는 거룩하신 일꾼(the divine Worker)의 뜻에 우리 자신을 완전히 맡겨야 하며, 그리할 때 주님께서는 자신의 선하신 뜻을 행하기 위해 우리 안에서 역사하실 수 있습니다. 그리하여 우리는 아무쪼록 몇 사람이라도 구원해야 할 것입니다.

3. 어찌하여 이 열정이 그리스도인들에게서
더 크게 계발되지 않는 것일까요?

설교자가 이 질문에 대답할 필요가 없습니다. 청중들 각자가 스스로 대답할 수 있을 것입니다. 어찌하여 우리는 멸망하는 사람들의 영혼들을 더 많이 동정하지 못하는 것일까요? 우리가 아주 적은 은혜만을 가진 것은 아닐까요? 우리는 하나님의 영광을 위한 작은 믿음, 작은 사랑, 적은 관심을 가진, 그래서 멸망하는 죄인들에 대한 관심이 적은 왜소한 그리스도인들입니다. 우리는 영적으로 벌거벗었고 빈약합니다. 우리에게 더 큰 믿음만 있었다면 우리가 부요하고 재산이 늘어났을 텐데 지금 우리는 영적으로 궁핍합니다. 그것이 그 문제의 비밀이며 모든 해(害)의 원천입니다. 그러나 우리가 각론으로 들어가야 한다면, 여러분은 사람들이 복음 교리의 편파적인 견해에 빠졌고 은혜의 교리가 게으름이 누울 침상이 되었기 때문에 그들이 다른 사람들의 영혼에 대하여 무관하다고 생각하지 않습니까? "하나님께서 그의 영혼을 구원하시리라"고 그들은 말합니다. 맞습니다. 하지만 그의 영혼은 그런 식으로 말하지 않습니다. 그들은 "내가 내 아우를 지키는 자니이까?"라고 말한 가인과 같지 않습니다. 의심할 여지 없이 주님께서는 자신의 택하신 자가 적절한 시기에 부름받는 것을 보실 것입니다. 하지만 주님은 설교나 말씀의 가르침을 통해 이 일을 하실 것입니다. 예정이 우리가 활동하지 않는 합법적인 이유가 아닙니다! 사람들은 다른 문제들에 있어서는 그렇게 생각하지 않습니다. 그런데 왜 신앙에 있어서는 그런지요? 주님께서 우리의 일을 형통하게 하지 않으신다면 우리의 모든 수고들이 헛됩니다. 그럼에도 불구하고 우리는 "나는 하나님께서 뜻하신 만큼 내 지갑에 돈을 가질 것이며, 그러므로 내가 일하거나 장사할 필요가 없다"라고 말하지 않습니다. 아니, 사람들은 오로지 영적인 일에서만 바보짓을 하려고 운명론을 건져 냅니다! 다른 모든 일에서는 그들이 예정론으로 하여금 그들의 생각을 마비시킬 만큼 바보들이 아닙니다! 하지만 여기, 게으름에 대한 변명이 필요하기 때문에, 그들은 그들의 양심을 불구로 만들기 위해 감히 하나님의 성스러운 이 진리를 남용합니다!

어떤 신앙고백자들은 노골적인 세속화로 인해 다른 사람들의 회심을 도모하는데 방해를 받습니다. 그들은 돈벌이에 혈안이 되어 영혼들을 구원하는 데는 관심이 없으며, 농장일이 너무 바빠서 하나님 나라의 씨를 뿌리지 못하며, 가게 일에 사로잡혀 십자가를 죄인 앞에 나타내지 못하며, 세상 근심이 가득하여 잃어버린 자들의 구원을 소중하게 여기지 못합니다! 탐욕이 많은 사람들의 영혼을 사로잡습니다. 그들은 너무 많은 일을 하므로 영적인 건강에 해를 받지 않을 수가 없습니다. 그런데도 그들은 더 많은 일을 열망합니다. 기도 모임들을 소홀히 하고, 성경공부를 포기하며, 가난한 자와 무지한 자들을 위해 수고하지 않습니다. 이는 다 그들이 세상과 세상 염려에 빠져 있기 때문입니다. 이 세대는 특히 그 방향으로 유혹을 받고 있으며, 사람들의 영혼을 실제적으로 사랑하기 위해서는 강한 경건이 필요합니다.

다소 내가 두려워하는 것은, 무관심의 원인이 믿음의 부족이라는 데 있습니다. 그들은 하나님께서 그들의 수고를 축복하시리라는 사실을 믿지 않습니다. 그러므로 그들이 조금도 수고하지 않는 것입니다. 그들은 쓰임받으려 했다가 실패했던 오래 전 일들을 생생하게 기억합니다. 그래서 잃어버린 시간을 보충하기 위해 과거의 실패를 현재의 갑절의 노력의 동기로 삼지 않고, 도리어 그들은 주님을 위한 노력을 나쁜 사례로 생각하고 포기해 왔으며, 더 이상 아무런 시도도 하지 않습니다. 많은 교인들에게 이런 열정이 없는 이유가 그들이 안락을 좋아하고 게으름에 좀먹히고 있는 것이라는 사실이 우려스럽습니다. 그들은 "영혼아, 평안히 쉬고 먹고 마시고 즐거워하자. 어찌하여 다른 사람들에 대해 걱정하느냐?"라고 말합니다. 제자들은 "무리를 보내소서"(마 14:15)라고 말했습니다. 그들은 무리들에 대하여 염려하기를 원치 않았습니다. 참으로, 그 사람들은 매우 시장하였고 지쳐 있었으며, 그들의 실신하는 모습을 본다는 것은 가슴 아픈 일이었습니다. 그러나 그들을 구제하기보다 그들의 필요를 잊는 것이 더 쉬웠습니다! 런던은 멸망하고 있습니다. 수백만의 사람들이 죄 가운데서 죽어가고 있습니다! 세상은 여전히 악한 자에게 속해 있고, 게으름은 건망증에게 도움을 청하여 모든 것을 묵살하게 합니다! 그런 사람들은 불편해지는 것을 원하지 않습니다. 그들은 그리스도의 영광을 위해 소모하고 소모되는 것을 원하지 않습니다.

그 모든 것의 숨은 이유는 너무나도 많은 그리스도인들이 하나님과 공감하지 않고, 그리스도와 교제하지 않기 때문입니다. 이것이 악이 아닙니까? 죽어가는 사람들을 위해 한 번도 울지 않은 눈으로 여러분이 왕의 아름다움을 보기를 기대하십니까? 그 구덩이로 내려가는 자들을 위해 한 번도 걱정스럽게 고동치지 않았던 가슴으로 여러분이 주님의 재림 때에 기뻐 뛰기를 바라겠습니까? 한 번도 예수님을 증명하지 않은 입술로 어떻게 여러분이 마지막 큰 날의 심문에 대하여 답변하겠습니까? 부탁하건대, 그리스도인들이여, 만일 여러분이 주변 사람들의 회심에 대하여 무관심하게 되었다면, 그 숨은 이유를 찾아내세요! 여러분의 신앙의 뿌리를 갉아먹는 좀이 무엇인지 찾아내세요. 그리고 그리스도의 이름으로 벗어나려고 힘쓰세요!

4. 이 열정을 어떻게 하면 좀 더 충분하게 깨울 수 있을까요?

첫째, 좀 더 고상한 삶을 영위함(obtaining a higher life)으로써만 우리는 이 열정을 깨울 수 있습니다. 좋은 사람이 좋은 행동을 할 것입니다. 은혜 안에서 강한 만큼 더 강하게 여러 사람들을 구원할 수 있습니다. 사람이 자신의 한계를 뛰어넘어 자신을 부풀리는 것을 나는 신뢰하지 않습니다. 그 사람 자신이 향상되어야 하며, 그래야 그 사람에게서 나오는 모든 행동이 향상될 것입니다. 하나님을 향한 사랑이 여러분의 영혼 속에서 타오르면, 그 사랑이 다른 사람들에 대한 여러분의 관심으로 나타날 것입니다. 나무를 좋게 하면 그 열매가 좋을 것입니다. 여러분이 스스로를 자극하여 얼굴에 홍조를 띠는 열의를 나타낸다고 해서 더 성실한 생활을 시작할 수는 없을 것입니다. 그런 홍조는 마치 폐결핵 환자의 뺨 위에 있는 홍조와 같아서 잠깐 있다가 사라질 것이기 때문입니다. 내적인 생명이 지속적으로 강해져야 합니다. 그래야 심령의 맥박, 전인적인 활동이 활발해질 것입니다. 충만한 은혜야말로 우리에게 가장 필요한 것입니다.

이와 함께, 만일 우리가 죄인들의 불행과 타락을 충분히 인식한다면 그들의 회심을 돕는데 큰 도움이 될 것입니다. 여러분 자신의 눈으로 이 도시의 빈곤, 부도덕, 그리고 악을 본다면, 이후에 그 느낌이 얼마나 다르겠습니까. 폭넓은 주요 도로 외에는 런던의 어느 부분도 보지 못한 지체 높은 여러분들이 좁은 골목길을 다녀보기를 나는 바랍니다. 빅토리아 여왕이 한 번도 보지 못한 그런 골목길, 녹지와 동떨어진 좁은 길로 여러분이 내려가 보면 좋겠습니다. 숙녀들이여, 좋은 옷을 입지 않고 가는 게 좋을 것입니다. 신사들이여, 여러분이 만날 불쌍한 사람들 가운데서 손수건과 지갑을 털리고 싶지 않거든, 그것들을 보관해 두는 게 좋을 것입니다. 여러분의 집 가까이에서 볼 수 있는 장면들이 당연히 우리의 동정심을 끌어낼 수 있고, 우리의 영혼을 괴롭힐 수 있습니다. 여러분이 그런 장면들을 볼 때 죄인들을 향하여 제대로 느끼기 시작할 것입니다. 우리는 겨울철에 집에서 난로 옆에 편안히 앉아 날씨가 그다지 춥지 않다고 생각합니다. 하지만 우리가 밖으로 나가서 불쌍한 사람들이 누더기 옷을 입고 와들와들 떠는 모습을 보거나 또는 빈 쇠살대(난로 안의 연료를 받치는) 위에서 웅크리고 있는 모습을 본다면, 우리는 우리가 상상했던 것보다 추위가 더 혹독하다고 생각하기 시작할 것입니다. 우리는 여기 이 예배의 장소에 와서 말씀을 경청하는 동안 말씀을 듣지 못하는 사람들의 빈곤을 잊고 있습니다. 바로 이 순간에도, 런던의 화려하게 꾸민 싸구려 술집과 대폿집의 문 주위에서 복된 시간이 올 때까지 서서 기다리는 수천의 사람들이 있습니다. 그때는 바로 그들의 영혼이 갈망하는 기쁨의 음료를 마실 수 있을 때입니다. 바커스 신(술의 신)을 기다리고 있는 사람들이 수천을 헤아립니다. 지금까지 이 사람들이 안식일 시간들을 어떻게 지내 왔습니까? 일요 신문을 읽거나, 침대에 누워 있거나, 혹은 와이셔츠 차림으로 작은 공원들을 빈둥빈둥 돌아다닙니다. 이것이 오늘 우리 주변에, 우리 집 앞에 있는 수많은 사람들이 하는 일입니다. 우리가 기도의 집으로 그들을 데려오기 위해 최선을 다했나요? 매우 가까이에 있는 수많은 사람들이 살면서 한 번도 복음을 듣지 못하였으며, 복음이 전파되는 곳에 들어올 생각을 조금도 하지 않습니다. 물론 그들이 캘커타에서 살았다 할지라도 우리가 그들에 대하여 마땅히 생각하여야 하겠죠. 하물며 우리 가까이에 있는 런던에 사는 그들을 우리가 소홀히 해야겠습니까? 우리가 할 수 있는 가장 좋은 일들 가운데 하나는, 한 주 동안 지역 전도자와 함께 이 도시의 열악한 지역들에 있는 집들을 순회하는 것입니다. 이로써 우리는 눈에 보이는 현실을 스스로 볼 수 있을 것입니다. 그러면 죄와 빈곤이 몸으로 느껴지게 되고, 현실감 있게 다가올 것입니다. 여러분과 똑같은 혈육을 가진 여러분의 동포들이 매일 여러분의 사랑하는 구세주를 소홀히 하며, 그들의 불멸의 영혼들이 위태로운 상태에서 살아가고 있습니다. 여러분이 이 사실을 실감했다면, 그로 인해 여러분이 아무쪼록 몇 사람이라도 구원하려고 열심을 낼 것입니다.

　　형제들이여, 내세의 형벌이 영원하다는 교리를 입증하는 논증 가운데 내가 지금까지 본 가장 강력한 논증은 이 교리를 반박하기 위해 사용된 논증입니다. 반대자들은 이렇게 말합니다. "만일 내세의 형벌이 영원하다는 것이 사실이라면, 이 교리를 믿는 자들이 자기 침대에서 쉴 수 있는지, 음식을 먹을 수 있는 의심스럽다. 왜냐하면 그들이 충격을 받아 이 끝없는 불행에 다른 사람들이 빠지지 않도록 그들을 구원하려고 끊임없이 노력을 할 정도로 그 사실은 너무나 무섭기 때문이다." 그건 사실이며, 선지자가 말한 대로이며, 그런 사실 때문에 내가 그 교리를 믿는 것입니다. 이 교리는, 무언가 있다면, 우리를 긍휼로 이끌고 우리로 분발하게 하는 성향을 가지고 있습니다. 만일 다른 견해들을 옹호하는 자가 나로 죄를 좀 더 가볍게 생각하게 하려는 교리, 그리고 내 동포가 당할 파멸을 좀 더 편안하게 느끼게 하는 교리를 내게 가르치려고 한다면, 나는 그런 교리를 원하지 않습니다. 왜냐하면 지금도 지나치게 태평하고, 더 태평하게 되는 것을 두려워하기 때문입니다. 내 청중들의 영혼이 파멸하는 것에 대하여 끝없이 슬퍼해야 한다는 이 가장 무서운 논증으로 내가 원하는 만큼 민감할 수 없다면, 그들이 파멸을 당하든지 구원을 받든지 결국 그것은 내가 생각했던 것보다는 대수롭지 않은 일이었다고 내 영혼에게 감언이설을 늘어놓은들 내 꼴이 뭐가 되겠습니까? 아, 사랑하는 친구들이여, 여러분 주변에 있는 모든 사람들이 몇 년 안에 하나님의 무서운 진노를 받을 것이며, 그 앞에서 영원히 추방되리라는 그런 생각을 여러분이라면 감당할 수 있겠습니까? 여러분이 지옥과 그 공포를 실감한다면, 여러분은 자극을 받아 아무쪼록 몇 사람이라도 구원해야 합니다.

　　다른 많은 요인들이 우리를 감동시킬 수 있지만 이 마지막 요인으로 확실히 우리의 열정을 일깨워야 합니다. 하나님의 은혜에 대한 우리 자신의 엄숙한 의무감으로 우리의 모든 에너지를 일깨워야 할 것입니다. 우리가 신앙고백을 하는 바로 그 사람들이라면, 우리는 하나님의 아들의 목숨으로 구원받고 구속받은 사람들입니다. 이 때문에 우리는 그리스도께 큰 빚을 진 것이 아닙니까? 그의 왕관을 장식할 많은 보석들을 찾아 발견할 때까지 우리가 느긋해야 할까요? 무수한 사람들이 그리스도를 모르거나 그를 반대하는데 우리가 만족할 수 있겠습니까? 여러분이 그리스도를 사랑한다면, 그를 위해 무엇을 할까요? 그에게 여러분의 사랑의 증거를 보여드리세요. 그리고 여러분이 보여드릴 수 있는 최고의 증거는 여러분 자신의 거룩함이며, 그의 구속받은 자들을 거두어들이는 수고를 경주하는 것입니다.

형제자매여, 예수님을 위하여 무슨 일이든 하세요. 그 일에 대하여 말하지 말고 그 일을 하세요. 말은 잎이며, 행동은 열매입니다. 예수님을 위해 무언가를 하세요. 바로 오늘 예수님을 위해 무언가를 하세요! 해가 지기 전에 한 사람을 회심하게 할 수 있는 한 가지 행동을 생각해 보세요. 그리고 힘껏 행동하세요. 그 수고의 대상이 여러분의 아이, 여러분의 하인, 여러분의 형제, 여러분의 친구가 되게 하시되, 바로 오늘 그 수고를 하세요. 오늘 수고하셨다면, 내일도 수고하시고, 매일 수고하세요. 이런 식으로도 수고해 보시고, 저런 식으로도 수고해 보세요. 이런 마음 상태로도 수고하시고, 저런 마음 상태로도 수고하세요. 여러분의 기쁨이 황홀하게 하시고, 여러분의 슬픔이 자극하게 하시고, 여러분의 희망이 매혹하게 하세요. 마치 여러분이 다양한 환경들로 인해 다른 사람들과 접촉할 수 있는 것처럼, 여러분의 변화무쌍한 기분으로 사방에서 온 죄인들을 공격(접촉)하세요. 항상 깨어 있으세요. 어느 방향에서든지 발견되는 사람들에게 다가가기 위해서, 회전 고리 위에 있는 총처럼 여러분 자신의 방향을 바꾸세요. 그리할 때 몇 사람이 복음의 능력으로 상처를 입고 떨어질 수 있습니다. 아무쪼록 몇 사람을 구원하세요. 하나님이여, 그리 되게 하옵소서. 그리고 오오, 오늘 아침에 몇 사람이 그리스도 예수님을 단순히 믿음으로써 구원받게 하옵소서. 오직 그리스도 예수님을 믿는 것만이 구원의 길이기 때문입니다. 예수님을 단순히 믿기만 하면 어디에서든 예수님은 죄를 없이하십니다. 구도자들이 지금 이 믿음을 실행하고, 영원히 살기를 축원합니다. 아멘.

제
9
장
—

하늘의 달음질

—

"너희도 상을 받도록 이와 같이 달음질하라" —고전 9:24

구원은 행위로 얻는 것이 아니라 은혜로 얻는 것이라고 우리는 매일 계속적으로 주장하고 있습니다. 우리는 이것이 복음의 첫째 되는 교리들 중에 하나라고 규정합니다. "행위에서 난 것이 아니니 이는 누구든지 자랑하지 못하게 함이라"(엡 2:9). "너희는 그 은혜에 의하여 믿음으로 말미암아 구원을 받았으니 이것은 너희에게서 난 것이 아니요 하나님의 선물이라"(엡 2:8). 하지만 우리가 깨닫는 것은 마침내 하늘에 도달하기 위해서는 경건한 삶이 절대적으로 필요하다는 사실을 똑같이 설교해야 한다는 것입니다. 사람들이 자기 행위 때문에 구원받지 못한다고 우리가 확신하지만, 그러나 동시에 아무도 행위 없이는 구원받지 못할 것이라고 확신합니다. 그리고 부정한 생활을 하는 자, 위대한 구원을 소홀히 하는 자는 결코 시들지 아니하는 생명의 면류관을 절대로 받을 수 없습니다. 어떤 면에서, 참된 신앙은 완전히 하나님께서 행하신 일입니다. 하지만 우리 스스로 "좁은 문으로 들어가기를 힘써야 하는" 고귀하고 중요한 의미들이 있습니다. 우리는 달음질해야 합니다. 우리는 고통의 절정에 이르기까지 싸워야 합니다. 우리는 생명의 면류관을 받기 전에 먼저 전투를 해야 합니다. 우리는 본문에서 달음질로 설정된 신앙의 길을 봅니다. 아주 잘못된 동기로 신앙 고백을 시작하는 많은 사람들이 있으므로, 사도는 모두가 운동장에서 달릴지라도 모두가 상을 얻지는 못한다고 우리에게 경고합니다. 그들 모두가 달립니다. 하지만 오직 한 사람만이 상을 받습니다. 그러므로 우리가 상을 받도록 달리라고 그는 우리에게 실제적인 권고를 줍니다. 왜냐하면 우리가 승자가 아닌 한 처음부터 달리지 않는 편이 나을 것이기 때문입니다. 승자가 아닌 자는 패자입니다. 신앙 고백을 하고 마침내 생명의 면류관을 받지 못하는 자는 자신의 고백에 의하여 패자가 됩니다. 왜냐하면 그의 고백이 위선이었고, 그렇지 않으면 형식이었기 때문입니다. 그러므로 위선에 빠지느니 차라리 고백하지 않는 것이 나을 뻔 하였습니다.

그런데, 본문을 시작하면서, 우리가 무엇을 위해 달려야 하는지 유의해야 할 것입니다. "너희도 상을 받도록." 둘째, 우리는 달리는 방식에 주의해야 합니다. 그 다음에 나는 몇 가지 실제적인 권고를 할 것입니다. 이 권고는 처지고 태만한 사람들을 하늘의 달음질 가운데 앞으로 나아가도록 부추기기 위한 것이며, 그리하여 마침내 그들이 "상을 받도록" 하기 위한 것입니다.

1. 먼저 우리가 무엇을 받으려고 애써야 합니까?

어떤 사람들은 자신들이 존경받기 위해 경건해야 한다고 생각합니다. 세상에는 누구나 다 그렇게 하기 때문에 교회에 다니고 예배에 출석하는 많은 사람들이 있습니다. 하나님의 집에 올라가는 모습을 보이지 않으려고 주일을 헛되이 보내는 것은 창피한 일입니다. 그러므로 그들은 장의자에 앉아 예배를 드리며, 자신들의 의무를 했다고 생각합니다. 이웃들이 "이러이러한 사람은 매우 존경받을 만한 사람이야. 그는 언제나 자기 교회에 매우 규칙적으로 참석해. 그는 매우 훌륭한 사람이고, 매우 칭찬받을 만한 사람이야"라고 말하는 소리를 그들이 들을 때 그들은 자신들이 찾던 모든 것을 얻었습니다. 진실로, 여러분이 경건함으로 추구하는 것이 이것이라면, 여러분은 그것을 얻을 것입니다. 사람들의 칭송을 얻으려고 했던 바리새인들은 "자기 상을 이미 받았습니다"(마 6:5). 그러나 여러분이 그 상을 받았을 때, 그것이 얼마나 초라한 상인지요! 사람들의 칭송이 과연 힘들고 단조로운 일을 할 만큼 가치가 있는 것일까요? 사람들이 훌륭하다는 소리를 듣기 위해 감수하는 힘들고 단조로운 일은 그들이 칭송받는 것으로 전부 보상된다고 나는 믿지 않습니다. 딴 사람은 모르거니와 나로서는, 내가 어떤 소리를 듣든지, 내가 어떻게 생각되든지, 혼자 지껄이지 않을 것이며, 또한 지금껏 하늘 아래서 살았던 어떤 사람을 기쁘게 하기 위해, 그 사람이 아무리 위대하고 능력이 있다 할지라도, 나 자신에게 넌더리나는 무엇이든 하지 않을 것입니다. 사람들이 자기를 존경하도록 만들려고 항상 애쓰는데, 그것은 아첨하고 비굴한 영혼의 모습입니다. 사람들의 평가는 추구할 만한 가치가 없습니다. 그들 앞에 있는 유일한 상이 이것이라면 이는 슬픈 일이며, 그들이 가진 신앙은 초라한 것입니다.

　조금 더 지나친 다른 사람들이 있습니다. 그들은 훌륭하다고 평가되는 것으로 만족하지 못하며, 그 이상의 무엇을 원합니다. 그들은 특별한 성도들이라고 평가되기를 원합니다. 이 사람들은 우리의 예배 처소로 와서는, 잠시 후에 감히 앞으로 나와서 자기들이 우리 교회와 하나가 될 수 있는지 물어봅니다. 우리는 그들을 조사합니다. 그들의 위선이 어찌나 잘 감추어졌는지, 우리가 그 썩은 위선을 발견할 수 없을 정도입니다. 우리는 그들을 교회 안으로 받아들입니다. 그들은 성만찬에 참석합니다. 그들은 교회 모임에 나옵니다. 아마도, 그들은 집사 직분에까지 뽑혀서 임명됩니다. 하나님께서는 그들을 결단코 부르지 않으셨지만 때때로 그들은 강단에 올라 그들이 마음으로 한 번도 느껴보지 못한 사실을 전합니다. 사람들은 단순히 사람들의 칭송을 받기 위해 이 모든 일들을 할 수 있습니다. 그리고 그들은 사람들의 칭송을 받기 위해서 어느 정도의 박해도 감수할 것입니다. 왜냐하면 성도라고 생각되어지는 것, 신앙인들에게 의롭고 예의바른 전부라고 평가되는 것, 시온의 생존자 중에 이름을 가지는 것이 어떤 사람들에게는 몹시 바라는 일이기 때문입니다. 그들은 "죄인 중에 괴수"(chief of sinners) 가운데 이름이 적히는 것을 싫어할 것이며, 만일 중요한 성도(chief of saints)들 가운데 그들의 이름이 기록된다면, 자신들을 매우 고귀하다고 여길 것입니다. 우리 교회 안에 이런 부류의 사람들이 상당수 섞여 있는 것을 나는 염려합니다. 그들이 교회에 나오는 것은 다만 자기들의 종교적인 허식을 유지하기 위함이며 하나님의 교회 가운데서 종교적인 지위를 받기 위함일 뿐입니다. "진실로 너희에게 이르노니 그들은 자기 상을 이미 받았느니라"(마 6:2). 그들이 이곳에서 받은 것 외에는 결단코 아무것도 받지 못할 것입니다. 그들은 잠시 동안 그들의 상을 받습니다. 짧은 시간 동안 그들은 우러러 보입니다. 하지만 아마도 이생에서

조차 그들은 실족하고 넘어질 것입니다. 교회는 그들을 알아차립니다. 그리고 그들은 한 번 더 천연 쐐기풀을 먹기 위해 사자의 탈을 벗은 나귀처럼 추방되며, 살아 계신 하나님의 교회에서 더 이상 영광을 얻지 못합니다. 혹 그들이 살아 있는 마지막 날까지 가면을 쓸 수도 있습니다. 이후 죽음이 다가오면, 그들은 그들의 모든 허식과 겉만 번드르르한 것을 벗습니다. 그리고 종교의 무대에서 왕과 왕자들의 역할을 했던 그들은 무대 뒤로 보내져 왕복을 벗게 될 것이며, 자신들이 부끄러운 거지들이며, 벌거벗음으로 영원히 창피를 당할 것이라는 사실을 알게 될 것입니다. 나와 여러분이 신앙에서 추구하고자 하는 목적은 이것이 아닙니다. 참으로 사랑하는 여러분, 만일 우리가 달음질을 한다면, 이런 것들보다 더 고귀하고 더 영광스러운 상을 위해 달려가야 할 것입니다.

또 다른 부류의 사람들은 신앙생활에 친숙해지되 그것으로써 무언가를 얻기 위해 그리합니다. 나는 단지 교회에 나오는 이들을 고객으로 확보하기 위해 교회에 다니는 자영업자들을 알고 있습니다. 사람들은 어디가 자기에게 유리한지 알고 있다는 그런 말을 나는 들었습니다. 그 말에 따르면, 그들은 최대한 이용가치가 있다고 생각한 특정 교파에 다닌다는 것이었습니다. 빵 조각과 물고기들이 그리스도의 제자들 중 일부를 끌어들였으며, 오늘날까지도 그것들은 아주 매혹적인 미끼들입니다. 사람들은 신앙으로써 무언가를 얻을 수 있다는 사실을 알고 있습니다. 아마도 가난한 자들이 얻을 것은 약간의 구호금이며, 장사하는 사람들이 얻을 수 있다고 생각하는 것은 고객입니다. "진실로 너희에게 이르노니 그들은 자기 상을 이미 받았느니라." 왜냐하면 교회는 늘 어리석고 수상하게 여기지 않기 때문입니다. 우리는 추악한 동기로 우리를 따르는 동료들에 대하여 의심하는 것을 좋아하지 않습니다. 한 사람이 단지 무언가를 얻기 위해 신앙인인 체 꾸밀 만큼 충분히 비열하다고 생각하는 것을 교회는 좋아하지 않습니다. 그러므로 그들이 쉽게 빠져나가 자기의 상을 받습니다. 그러나 아! 그들이 얼마를 지불하고 그것을 사는지요! 그들은 주님의 종들을 금으로 속였으며, 빵 한 조각을 위하여 비열한 위선자들로서 주님의 교회에 들어왔습니다. 그리고 그들 배후에 계시는 하나님의 진노로 마침내 그들은 마치 에덴에서 쫓겨난 아담처럼 쫓겨날 것입니다. 하나님은 아담을 쫓아내시고 그룹들과 두루 도는 불 칼을 두어 생명나무의 길을 지키게 하셨습니다. 그들은 이것을 자기들이 지은 무서운 죄악으로서 영원히 뒤돌아볼 것입니다. 이것이란 바로 그들이 하나님의 백성이 아닌데도 그런 양 꾸민 것, 양의 옷을 입은 이리들인데도 양 떼 가운데 들어간 것입니다.

　아직 한 부류가 더 남아 있습니다. 내가 그들에 대하여 말한 다음에는 더 이상 말하지 않을 것입니다. 이들은 자기 양심을 진정시키기 위해 종교와 어울리기 시작하는 사람들입니다. 아주 작은 신앙으로 그 일을 한다는 것이 놀랍습니다. 어떤 사람들이 우리에게 말하기를, 만일 폭풍우가 몰아칠 때 사람들이 파도 위에다 기름병들을 쏟아 붓는다면, 즉시 고요해질 것이라고 합니다. 나는 한 번도 그래 본 적이 없습니다. 아무래도 나는 장래에도 그리하지 못할 것입니다. 왜냐하면 쉽게 잘 믿는 나라도 그 진술은 믿기 어렵기 때문입니다. 그런데 괴로운 양심의 폭풍우 위에다 신앙 고백이라는 기름을 조금 부으면 그것을 고요하게 할 수 있다고 생각하는 사람들이 더러 있습니다. 어처구니없게 이런 생각들이 실제로 얼마나 놀라운 영향을 끼치는지요. 내가 알고 있는 한 사람은 한 주 동안에 여러 차례 술에 취하고 부정하게 돈을 법니다. 하지만 그는 자기 교회에 나가거나 주일에 정기적으로 예배를 드림으로써 항상 편안한 양심을 유지했습니다. "과부의 집들을 삼키는" 한 사람에 대하여 우리는 들은 바 있습니다. 그는 변호사로서 자기 앞에 오는 모든 것을 삼켰습니다. 하지만 그는 자기 전에 반드시 기도를 드렸고, 그 기도가 그의 양심을 잔잔케 하였습니다. 우리는 다른 사람들에 대한 이야기도 들었는데, 특별히 로마가톨릭 사람들에 대한 이야기를 들었습니다. 그들은 도둑질을 반대하지 않았으나, 금요일에 물고기 외에 무엇이든 먹는 것을 가장 무서운 죄로서 여겼으며, 금요일에 금식하면 모든 날들의 죄악이 없어진다고 생각하였습니다. 그들은 종교의 외형이 양심을 고요하게 해주기를 원합니다. 왜냐하면 양심이 시비를 걸면 여러분의 집에 투숙한 숙박인들 중 최악의 숙박인이 되기 때문입니다. 양심과는 같이 살지 못합니다. 양심은 나쁜 동료입니다. 누워 있어도 고약하고, 일어서도 마찬가지로 골치 아픕니다. 양심의 가책은 세상의 저주들 가운데 하나입니다. 그것은 해를 가리고, 달빛에서 밝음을 빼앗아갑니다. 양심의 가책은 공기 중에 유독 가스를 발산하며, 풍경으로부터 아름다움을, 흐르는 강물로부터 영광을, 떨어지는 폭포로부터 위엄을 제거합니다. 양심의 가책을 느끼는 사람에게 아름다운 것이란 전혀 없습니다. 모든 것이 그를 비난합니다. 그러므로 사람들은 양심을 잠잠케 하기 위해 종교와 어울리기 시작합니다. 그들은 자주 성례를 받습니다. 그들은 예배의 장소로 갑니다. 그들은 때때로 찬송을 부릅니다. 그들은 자선단체에 구호금을 냅니다. 그들은 유언 중에 빈민구호소들을 지으라고 한 몫을 떼어줄 생각입니다. 그들은 이런 식으로 양심을 잠재웁니다. 그들은 종교적인 습관으로 양심을 이리저리 흔들어주며, 그들이 위선의 자장가를 불러주는 동안 양심이 잠들 때까지 계속 흔들어줍니다. 그리고 양심은 여기서 자색 옷을 입은 저 부자처럼 깨지 않다가, 다음 세상에서 지옥에서 눈을 떠 그의 타는 입술을 적셔줄 물 한 방울 없이 고통받고 있습니다.

그렇다면 우리는 이 달음질에서 무엇을 위해 달려야 합니까? 천국, 영원한 생명, 이신칭의, 죄 사함, 사랑하는 주님 안에서의 영접, 그리고 영원한 영광. 만일 여러분이 구원 이외에 다른 무엇을 위해 달려간다면, 여러분이 무언가를 얻겠지만, 여러분이 얻은 그것이 달음질할 만한 가치는 없을 것입니다. 오! 여러분 모두에게 부탁하건대, 반드시 영원을 위해 일하세요. 살아 계신 구세주를 믿는 살아 있는 믿음보다 못한 그 무엇으로 결코 만족하지 마세요. 성령께서 여러분의 심령 가운데 역사하신다고 확신할 때까지 쉬지 마세요. 종교의 외형이 여러분에게 쓸모 있다고 생각하지 마세요. 하나님께서 사랑하시는 것은 바로 신앙의 내적인 부분입니다. 회개할 필요가 없을 만큼 힘써 회개하세요. 오직 그리스도만을 기대하는 믿음, 범람하는 요단 강으로 여러분이 나올 때 여러분 곁을 지켜줄 그 믿음을 가지세요. 잠시 타오르다가 금세 꺼지는 일시적인 불꽃과 같지 않은 사랑을 가지려고 노력하세요. 점점 거세지고, 더욱 커지는 사랑의 불길에 여러분의 심령이 삼켜질 때까지, 그리고 예수 그리스도의 이름이 여러분의 애정의 유일한 대상이 되기까지 그 사랑을 사모하세요. 우리는 하늘의 달음질에서 그리스도께서 목표하신 것보다 못한 그 어떤 것도 우리의 목표로 삼아서는 안 됩니다. 그리스도는 자기 앞에 있는 구원의 기쁨을 목표로 삼으시고, 십자가를 멸시하고 수치를 참으시면서 달려가셨습니다. 우리도 그리합시다. 하나님께서 우리에게 선한 성공을 주시기를 바라며, 그리하여 그의 선하신 영으로써 예수 그리스도 우리 주님의 부활로 말미암아 우리가 영원한 생명에 이르기를 바랍니다! 이와 같이 우리가 무엇을 위해 달려가야 할지 말하였습니다. 이제 사도는 "너희도 상을 받도록 이와 같이 달음질하라"고 말합니다. 나는 결코 상을 받지 못할 어떤 사람들을 소개할 것이며, 그 이유를 여러분에게 말할 것입니다.

2. 그렇게 함으로써 달음질의 규칙을 설명할 것입니다.

결단코 상을 받지 못할 어떤 사람들이 있습니다. 왜냐하면 그들이 **등록** 조차 하지 못했기 때문입니다. 그들의 이름이 적혀 있지 않습니다. 그러므로 그들이 달리지 못할 것이 분명합니다. 혹 그들이 달린다 할지라도 상 받기를 기대할 어떤 보증도 없이 달릴 것입니다. 오늘 오후 여기에도 그런 사람들이 더러 있습니다. 그들 스스로 여러분에게 "우리는 신앙을 고백하지 않습니다, 아무것도"라고 말할 것입니다. 아마도 여러분도 고백하지 않은 것은 잘된 일일 것입니다. 여러분이 고백했다면 여러분은 위선자들이 될 것이기 때문입니다. 위선자가 되기보다는 차라리 고백하지 않는 것이 낫습니다. 기억하세요. 아직 여러분의 이름들이 달음질을 위해 기록되지 않았습니다. 그러므로 여러분은 상을 받을 수 없습니다. 만일 어떤 사람이 사업 중에 자신이 정직하다고 고백하지 않는다고 여러분에게 말한다면, 그가 상습적인 사기꾼이라는 것을 여러분이 알 것입니다. 만일 어떤 사람이 신앙을 고백하지 않는다면, 여러분은 그가 어떤 사람이라는 것을, 곧 그가 신앙 없는 사람이라는 것을 알 것입니다. 그는 자기 앞에 계신 하나님을 경외하지 않으며, 그리스도를 사랑하지 않으며, 천국을 소망하지 않습니다. 그는 그런 사실을 자인합니다. 이상하게도 사람들은 스스럼없이 이런 사실을 자인합니다. 길거리에서 자기가 상습적인 술고래라고 기꺼이 인정하는 사람들을 여러분은 찾아볼 수 없습니다. "나는 순수한 인간이라고 고백하지는 못해"라고 여러분에게 말하는 사람을 여러분은 찾아보지 못할 것입니다. 또한 누군가 "나는 결코 탐욕스러운 거지 같은 인간이 아니라고 말할 수는 없어"라고 말하는 소리를 여러분은 듣지 못할 것입니다. 아니, 사람들은 자신의 허물을 말하는 것을 꺼립니다. 그런데도 사람들은 자기가 빠질 수 있는 아주 큰 허물을 인정하는 말을 여러분은 들을 수 있습니다. 그들은 "나는 신앙을 고백하지 않아요"라고 말합니다. 이 말의 의미는 이런 것입니다. 즉, 그들이 하나님을 정당하게 대우하지 않는다는 것입니다. 하나님께서 그들을 만드셨습니다. 그러나 그들은 하나님을 섬길 마음이 없습니다. 그리스도께서 죄인들을 구원하시려고 세상에 오셨습니다. 그러나 그들은 주님을 존중할 마음이 없습니다. 복음을 전해도 그들은 들으려 하지 않습니다. 그들의 집에는 성경책이 있어도, 그 경고의 말씀을 경청하지 않으려 합니다. 그들은 말씀을 듣겠다고 고백하지 않습니다. 그 말씀은 마지막 큰 날에 그들을 간단히 처리할 것입니다. 성경책을 열 필요가 없을 것이며, 평결을 오래 숙고할 필요도 없을 것입니다. 그들은 용서받았다고 고백하지 못합니다. 그들의 죄가 그들의 이마 위에 기록되며, 그들의 이마에 멸망의 판결문이 새겨짐으로써 부끄러워할 줄 모르는 그들의 뻔뻔함이 온 세상에 드러날 것이기 때문입니다. 여러분이 달음질을 위해 등록하지 않는 한 여러분은 천국에 들어갈 기대를 할 수 없습니다. 만일 신앙 고백조차 시도하지 않는다면, 여러분은 앉아서 이렇게 말할 것입니다. "천국은 나를 위해 존재하는 것이 아니야. 이스라엘의 기업에서 나의 몫과 분깃은 없어. 나의 구세주께서 살아 있다고 나는 말할 수 없어. 확신하건대, 내게는 오래 전부터 도벳(Tophet ; 예루살렘의 쓰레기 버리는 곳으로 지옥을 상징함)이 준비되었어. 나는 그 고통을 느껴야 하고 그 불행을 알아야만 해. 내세에 거할 곳은 오직 두 군데밖에 없어. 그런데 내가 심판자의 우편에서 발견되지 못한다면, 오직 하나의 대안밖에 없어. 즉, 시커먼 암흑 속으로 영원히 쫓겨나는 것이지."

또 다른 부류의 사람들은 이름이 등록되었지만 결코 바르게 출발하지 않았습니다. 잘못된 출발은 슬픈 일입니다. 만일 고대 헬라나 로마의 경주에서 이제 막 달음질을 시작하려는 사람이 늑장을 부리거나, 혹 출발 시간 전에 출발했다면, 즉 적법하게 출발하지 않았다면 아무리 빨리 뛰어도 소용없을 것입니다. 말이 출발하기 전에 먼저 깃발이 떨어져야 합니다. 그렇지 않으면, 처음으로 결승점에 도달한다 할지라도 그 말은 상을 받지 못할 것입니다. 그러므로 출발할 때에 각별히 주의해야 합니다. 내가 아는 사람들이 온 힘을 다해 신앙의 경주를 하였으나 바르게 출발하지 못하였기 때문에 신앙을 잃었습니다. 여러분은 "이것 참, 어떻게 그런 일이?"라고 말합니다. 이런, 어떤 이들은 신앙 가운데로 갑자기 뛰어듭니다. 그들은 신속히 신앙을 갖고, 잠시 동안 유지합니다. 그러나 그들이 올바르게 신앙을 갖지 못하였기 때문에 마침내 그들은 신앙을 잃고 맙니다. 그들은 사람이 구원받기 전에 먼저 성령의 가르침으로 죄의 무게를 절감해야 하고, 그 무거운 죄를 고백해야 하며, 자신의 행위에 대한 모든 신뢰를 포기해야 하며, 오직 예수 그리스도만 바라보아야 한다는 말을 들었습니다. 하지만 그들은 이 모든 말들을 불쾌한 준비로 여기고 회개하기 전에, 성령께서 그들 속에서 선한 역사를 행하시기 전에, 그들이 모든 것을 포기하고 그리스도를 신뢰하기 전에, 신앙 고백을 합니다. 이는 팔 물건도 없이 가게를 차리는 것과 같으며, 그러므로 반드시 실패할 수밖에 없습니다. 사람이 처음에 자본이 없다 하더라도 잠시 좋은 구경거리를 보여줄 수는 있습니다. 그러나 그것은 가시나무들이 도가니 아래서 딱딱거리며 잠시 큰 소음과 빛을 내는 것과 같을 것이며, 그것들은 어둠 속으로 자취를 감추고 말 것입니다. 심령의 내적인 역사가 반드시 필요하다는 생각을 한 번도 하지 않은 사람들이 얼마나 많은지요! 그러나 충분한 영적인 고통 없이는 결단코 참된 출생이 없었다는 사실을 기억합시다. 처음에 애통하는 마음을 가져보지 못하고 심령의 변화를 경험한 사람은 하나도 없었다는 사실을 기억합시다. 죄의 자각이라는 저 컴컴한 터널을 통과하고 나서야 비로소 거룩한 기쁨이라는 높은 제방에 이를 수 있습니다. 우리는 먼저 절망의 구렁텅이를 지나고 나서야 비로소 구원의 벽들을 따라 달려갈 수 있습니다. 먼저 땅을 갈아야 파종할 수 있습니다. 많은 서리가 내리고, 모진 비가 내리고 나서야 비로소 수확을 할 수 있습니다. 그러나 종종 우리는 키 작은 나무들에서 꽃을 잡아 뜯어 뿌리 없이 정원에다 심는 어린아이들처럼 행합니다. 그 아이들은 그러고 나서 자기네 작은 정원이 얼마나 곱고 아름다운지 말합니다. 그러나 잠시만 기다려 보세요. 그 모든 꽃들은 뿌리가 없기 때문에 시들고 맙니다. 이 모든 것은 바르게 출발하지 못한, 즉 우리 안에 "본질의 뿌리"를 갖지 못한 결과입니다. 우리 속에 "본질의 뿌리"를 갖지 못하는 한, 외형적인 종교, 꽃과 잎사귀가 무슨 유익을 준단 말입니까? 죄의 자각이라는 예리한 쇠가래로 우리가 깊이 파헤쳐지지 않는 한, 성령의 쟁기로 갈아엎어지지 않는 한, 그리고 복음의 거룩한 씨앗으로 파종되지 않는 한, 풍성한 수확을 할 소망이 있겠습니까? 좋은 출발이 있어야만 합니다. 이 말을 유의하십시오. 왜냐하면 출발이 바르지 않는 한 승리할 소망은 없기 때문입니다.

또한 하늘의 달음질에서 어떤 이들은 너무 많은 짐을 지고 가기 때문에 승리할 수 없습니다. 당연히 가벼운 것이 유리합니다. 어떤 이들은 굉장히 무거운 짐을 지고 갑니다. "재물이 있는 자는 하나님의 나라에 들어가기가 얼마나 어려운지!"(눅 18:24). 그 이유가 뭘까요? 그는 많은 짐을 지고 가기 때문입니다. 그는 이 세상 근심과 쾌락을 많이 짊어지고 있습니다. 하나님께서 감당할 수 있는 큰 힘을 그에게 주시기를 기뻐하지 않는 한 그런 짐을 짊어지고서 승리할 리 만무합니다. 우리는 많은 사람들이 그들의 말대로 구원받고 싶어한다는 사실을 알고 있습니다. 그들은 말씀을 큰 기쁨으로 받습니다. 그러나 머지않아 가시들이 올라와서 그 말씀을 질식시킵니다. 그들은 많은 거래를 합니다. 그들은 자기들이 살아야 한다고 말합니다. 그들은 자기들이 결국 죽어야 한다는 사실을 잊고 있습니다. 그들은 장사를 해야 하며, 그리스도와 함께 산다는 것을 생각하지 못합니다. 그들은 헌신할 시간이 거의 없다는 것을 압니다. 그들은 장사를 일찍 시작해야 하기 때문에 아침 기도를 급히 끝내야 합니다. 그들은 늦게까지 일해야 하기 때문에 밤에 기도할 수 없습니다. 그러니 그들이 하나님의 일을 생각해 주기를 그들에게 어찌 기대할 수 있겠습니까? 그들은 이런 질문에 대답하는데 크게 신경 씁니다. "내가 무엇을 먹을까? 내가 무엇을 마실까? 그리고 무슨 옷을 입을까?" 그들이 하늘에 계신 아버지를 신뢰한다면, 그가 이런 것들을 공급해 주실 것이라는 성경의 말씀을 읽은 것은 사실입니다. 그러나 그들은 "그렇지 않다"라고 말합니다. 그들의 생각에 따르면, 섭리를 믿는 사람들은 광신자들입니다. 그들은 말하기를, 온 세상에서 최고의 섭리는 열심히 일하는 것이라고 합니다. 옳은 말입니다. 하지만 그들은 열심히 일하고, 게다가 "일찍이 일어나고 늦게 누우며 수고의 떡을 먹음이 헛되도다 그러므로 여호와께서 그의 사랑하시는 자에게는 잠을 주시는도다. 여호와께서 집을 세우지 아니하시면 세우는 자의 수고가 헛되다"(시 127:1-2)라는 사실을 잊고 있습니다. 여러분은 달음질하는 두 사람을 봅니다. 그 중 한 사람은 출발할 때, 모든 짐을 내려놓습니다. 그는 외투를 벗고 달려갑니다. 그리고 다른 가련한 친구가 갑니다. 그는 금과 은의 온갖 짐을 등에 지고 있습니다. 그리고 그의 허리에는 미래에 자기가 어찌 될 것인가, 자기가 늙으면 어찌 될 것인가 하는 의심, 그밖에 백 가지의 많은 의심이 눌러싸고 있습니다. 그는 자기의 짐을 주님께 맡기는 법을 알지 못합니다. 가련한 친구가 쇠진해 가는 모습을 보세요. 그리고 다른 사람이 그와의 거리를 벌리고 그를 멀찍이 뒤로 따돌리며, 코너를 돌아 결승점을 향해 가는 모습을 보세요. 우리가 꼭 필요한 한 가지 것 외에는 다 버리고, 이렇게 말하는 것이 좋습니다. "내가 천국에서 하나님을 즐거워할 것을 알고 세상에서 하나님을 섬기는 이것이 나의 사명일세." 우리가 하나님께 우리의 일을 맡길 때, 그 일이 더 좋은 손에 맡겨져서, 우리 스스로 그 일을 하는 것보다 더 나은 결과를 얻을 것입니다. 자기 멋대로 고기를 저미는 자들은 일반적으로 자기 손가락을 벱니다. 그러나 하나님께서 저며 달라고 맡기는 자들은 결코 빈 접시를 가지지 않을 것입니다. 광야의 구름 기둥을 따르는 자들은 바르게 가지만, 먼저 그 구름 기둥 앞에서 달려가는 자는 자기가 헛수고를 했다는 사실을 금세 알게 될 것입니다. "그러나 무릇 여호와를 의지하며 여호와를 의뢰하는 그 사람은 복을 받을 것이라"(렘 17:7). "젊은 사자는 궁핍하여 주릴지라도 여호와를 찾는 자는 모든 좋은 것에 부족함이 없으리로다(시 34:10). 우리 구세주께서 이렇게 말씀하셨습니다. "들의 백합화가 어떻게 자라는가 생각하여 보라 수고도 아니하고 길쌈도 아니하느니라 그러나 내가 너희에게 말하노니 솔로몬의 모든 영광으로도 입은 것이 이 꽃 하나만 같지 못하였느니라"(마 6:28-29). "공중의 새를 보라 심지도 않고 거두지도 않고 창고에 모아 들이지도 아니하되 너희 하늘 아버지께서 기르시나니 너희는 이것들보다 귀하지 아니하냐"(마 6:26). "여호와를 의뢰하고 선을 행하라 땅에 머무는 동안 그의 성실을 먹을거리로 삼을지어다"(시 37:3). "그는 높은 곳에 거하리니 견고한 바위가 그의 요새가 되며 그의 양식은 공급되고 그의 물은 끊어지지 아니하리라"(사 33:16). "너희는 먼저 그의 나라와 그의 의를 구하라 그리하면 이 모든 것을 너희에게 더하시리라"(마 6:33). 이 세상 염려의 짐을 짊어지고 가 보세요. 여러분은 그것을 지고 서 있는 것조차 힘들 것이며, 그런 짐을 지고 달음질하는 것은 도저히 불가능할 것입니다.

또한 달음질을 방해하는 또 다른 요소가 있습니다. 우리가 알고 있는 사람들은 자기 동료들을 흠잡으려고 도중에 달음질을 멈추었습니다. 달음질할 때 이런 일들이 가끔 발생합니다. 말이 표적을 향해 속도를 높이지 않고 도리어 못된 성질을 부리며, 자기 뒤에서 달려오는 말들을 발길질하기 시작합니다. 그러면 그가 일등으로 들어올 공산은 전혀 없습니다. "달음질하는 자들이 다 달릴지라도 오직 상을 받는 사람은 한 사람"입니다. 그런데 절대로 상을 받지 못할 사람이 있습니다. 그는 언제나 자기보다 자기 동료들을 걱정합니다. 신비하게도 나는 여태껏 자기 어깨에 괭이를 메고 이웃의 정원을 파러 가는 사람을 한 번도 보지 못하였습니다. 농부가 자기 소를 보내어 이웃의 밭을 가는 경우도 거의 보지 못하였습니다. 그런데 이상한 일은 다른 사람의 성격을 염려하는 사람들을 내가 매일 만난다는 사실입니다. 그들이 하나님의 집에 가서 사소한 말을 듣고, "스미스 부인과 브라운 부인에게 얼마나 적합할까"라고 말합니다. 그들은 자기에게 얼마나 적합한지는 절대로 생각하지 못합니다. 그들은 다른 모든 사람들의 말을 귀담아 듣지만 자신을 위해 듣는 것이 아닙니다. 그들이 예배당을 나오면서 아마도 집으로 갈 때 그들이 하는 첫 번째 생각은 '어떻게 하면 이웃들의 허물을 찾아낼 수 있을까?'입니다. 그들은 다른 사람들을 깎아내리는 것이 자신을 높이는 것이라고 생각합니다. 절대로 다른 사람들이 큰 실수를 한 것도 아니었는데 말입니다. 그들은 자기 이웃의 흠을 찾아내면 그들의 발걸음이 빨라집니다. 그들은 덕이 없어서, 다른 사람이 무언가를 가진 것을 좋아하지 않습니다. 그러므로 그들은 최대한 자기 이웃에게 있는 선한 모든 것을 약탈하려 합니다. 약간의 허물이라도 있으면, 그들은 돋보기를 통해 그것을 볼 것입니다. 다른 사람들의 허물들은 엄청나게 커지지만 그들의 허물들은 매우 작아집니다. 실로 이런 짓은 신앙을 고백하는 신앙인들뿐만 아니라 신앙이 없는 사람들 가운데서도 잘못입니다. 우리 모두는 자신의 집안일을 걱정하기보다는 다른 사람의 허물을 쉽게 찾아내는 경향이 있습니다. 우리는 다른 사람들의 포도원을 걱정하면서도 우리 자신의 포도원을 관리하지 않습니다. 세상 사람에게 왜 신앙을 갖지 않느냐고 물어보세요. 그러면 그는 "아무개가 신앙 고백을 하지만 말과 행동이 일치하지 않기 때문이오"라고 여러분에게 말할 것입니다. 여러분도 그렇습니까? 여러분은 주님과 운명을 같이해야 합니다. 그래야 세상 사람도 그리할 것입니다. 하나님께서 그들의 재판장이지 여러분이 아닙니다. 말과 행동이 일치하지 않는 그리스도인들이 많다고 가정합시다. 사실 우리는 그런 그리스도인들이 많다는 것을 인정하지 않을 수 없습니다. 이 때문에 더더욱 여러분은 좋은 그리스도인이 되어야 합니다. 다른 사람들을 속이는 많은 사람들이 있다고 가정합시다. 이러한 이유 때문에 훨씬 더 여러분은 참된 그리스도인이 어떤 존재인지 세상에 본을 보여야 합니다. "아, 그런데 그런 본이 너무나 적은 것 같네요"라고 여러분은 말합니다. 그렇다면 어찌하여 여러분이 이 일에 참여하지 않나요? 결국 여러분의 사명이 아닌가요? 모든 사람이 자기 짐을 져야 하지 않습니까? 여러분은 다른 사람들의 죄에 대하여 심판받지 않을 것이며, 그들의 신앙으로 구원받지 않을 것이며, 그들의 불신앙 때문에 심판 받지 않을 것입니다. 각 사람은 하나님의 심판대 앞에 자신의 혈과 육으로 서서 자신의 몸으로 행한 일들을 회계해야 합니다. 즉, 선을 행하였는지 악을 행하였는지 판단받아야 합니다. 여러분이 심판 날에 "오 주여, 나는 내 이웃들을 살폈고, 마을 사람들의 허물을 찾아내었고, 그들의 어리석음을 지적해 주었습니다"라고 말해도 소용없을 것입니다. 오히려 주님은 이렇게 말씀하십니다. "내가 너에게 그들의 재판장이나 분배자가 되라고 명하였느냐? 네가 여가 시간이 많고 비판 능력이 많았다면, 어찌하여 네 자신에게 그 능력을 행사하지 아니하였느냐? 네가 하나님의 날에 준비되고 받아들여지는 모습으로 나타나기 위하여 어찌하여 네 자신을 시험하지 않았느냐?" 이 사람들은 다른 사람들을 흠잡으려하기 때문에 달음질에서 이길 가능성이 없습니다.

　　또한 상 받지 못할 또 다른 부류의 사람들이 있습니다. 이를테면, 바르게 출발한 듯 하지만 이내 빈둥거리는 사람들입니다. 그들은 처음 출발할 때에 쏜살같이 앞으로 나아가며, 다른 모든 사람들과 거리를 벌립니다. 마치 그들의 발뒤꿈치에 날개를 단 듯 날아갑니다. 하지만 조금 더 달려가다가 그들이 속도를 유지하기가 어렵게 되며, 거의 멈추다시피 합니다. 아아, 사람들의 이런 달음질이 우리 모든 교회 안에서 발견될 수 있습니다. 우리는 앞에 나서서 신앙 고백을 하는 젊은 사람들을 봅니다. 우리가 그들과 이야기해 보면, 그들의 신앙이 좋다고 생각하게 됩니다. 잠시 동안 그들은 잘 달립니다. 그들에게 부족한 점이 하나도 없습니다. 우리는 다른 사람들이 본받을 수 있도록 그들을 본보기로 제시하기도 합니다. 이태를 기다려 보세요. 그들은 점점 더 쇠약해져 갑니다. 첫째, 아마도 주중 예배에 참석하는 것을 소홀히 하다가 이후에 완전히 중단할 것입니다. 그 다음에 주일 예배를 소홀히 합니다. 그리고 가족 기도를 소홀히 하다가 개인 기도를 소홀히 하며, 경건의 시간들을 줄줄이 포기하게 됩니다. 그리고 곧게 서 있었고 좋게 보였던 전체 건물이 모래 위에 세워지므로 마침내 시간의 충격 앞에서 굴복하고 무너지고, 그 파괴됨이 심하게 됩니다. 기억하세요. 시작할 때 상을 받는 것이 아닙니다. 달음질은 시종 계속되어야 합니다. 구원을 받고자 하는 자는 끝까지 인내해야 합니다. "나중까지 견디는 자는 구원을 얻으리라"(마 10:22). 여러분이 달음질의 끝에 도달하기 전에 멈춰서 빈둥거려 보세요. 그러면 일어날 수 있는 가장 중대한 실수를 하게 될 것입니다. 여러분이 살아 있는 동안 계속, 계속 달려가세요! 앞으로, 앞으로 나아가세요. 여러분이 무덤에 들어가기까지는 쉴 곳이 없기 때문입니다. 여러분이 무덤에 도착하기까지는 "멈춰!"라고 소리칠 수 있는 곳을 발견할 수 없습니다. 상 받기를 원한다면 앞으로 죽 나아가세요. 여러분이 상 받을 마음이 없다면, 여러분이 자신의 영혼을 상실하고자 한다면, "멈춰"라고 말할 수 있습니다. 하지만 여러분이 구원 받기를 원한다면 상 받을 때까지 계속 달리세요.

이보다 더 안 좋은 부류의 사람들이 있습니다. 그들도 역시 출발이 좋으며, 처음에 매우 빨리 달려갑니다. 하지만 마침내 기둥들과 난간들을 뛰어넘습니다. 그들은 완전히 주로(走路)를 이탈합니다. 그래서 그들이 어디로 갔는지 여러분은 모릅니다. 때로 우리는 이 같은 사람들을 접하게 됩니다. 그들이 우리에게 속하지 않았기 때문에 그들은 우리를 떠납니다. 그들이 우리에게 속하였더라면 의심할 여지 없이 그들은 계속해서 우리와 함께 했을 것입니다. 나는 주일 집회에 참석한 한 사람에 대하여 말할 수 있습니다. 나는 그의 출발을 보았습니다. 그가 너무 잘 달려가는 모습을 나는 보았습니다. 그가 언제나 잘 유지할 수 있을 것 같았던 그의 기쁨, 기운차고 환희로 넘쳐나 보였던 그의 믿음을 나는 부러워했습니다. 아아! 그가 상을 받기 위해 앞으로 치고 나간다고 생각하였던 바로 그때, 어떤 시험이 그의 길을 가로막았고, 그는 주로를 벗어났습니다. 그는 의의 길을 벗어나 황야 저 너머에서 허둥지둥하고 있습니다. 그리고 사람들은 "아하! 아하! 우리가 그토록 바랐건만, 우리가 그토록 바랐건만" 하고 말합니다. 그들은 그를 비웃고 웃음거리로 삼습니다. 왜냐하면 한때 그리스도의 이름으로 일컬어졌지만 이후에 다시 되돌아갔기 때문이며, 그의 나중이 처음보다 못하기 때문입니다. 하나님께서 시작하게 하신 사람들은 설고 이렇게 되지 않습니다. 왜냐하면 그들은 그리스도 예수님 안에서 보존되기 때문입니다. 영원 전에 언약의 커다란 두루마리 안에 "기록된" 자들은 선하신 성령의 도우심으로 보존될 것입니다. 그들 안에 선한 일을 시작하신 분이 끝까지 그 일을 이루실 것입니다. 그러나 아아! 자기 혼자서, 자기 힘으로 달리는 사람들이 많습니다. 그들은 기어갈 때 자신의 길에다 질질 끌린 자국을 남기는 달팽이와 같습니다. 그들은 차츰 사라집니다. 그들의 본질은 썩고, 그들은 멸망합니다. 그러면 그들이 어디에 있습니까? 교회 안에 없으며, 모든 희망을 상실하였습니다. 그들은 토한 것을 도로 먹는 개와 같으며, 씻었다가 더러운 구덩이에 다시 누운 돼지와 같습니다. "그 사람의 나중 형편이 전보다 더 심하게 되느니라"(눅 11:26).

나는 이제 다른 부류의 사람들을 소개할 생각이 없습니다. 나는 여러분 앞에 달음질의 규칙을 제시하였습니다. 여러분이 상 받기를 원한다면, "상을 받도록 달음질하기" 원한다면, 여러분은 무엇보다 먼저 좋은 출발을 하는데 신경을 써야만 합니다. 또한 여러분이 달음질을 계속해야 합니다. 여러분은 똑바로 나아가야 합니다. 여러분이 도중에 멈춰서는 안 되며, 주로를 벗어나서도 안 됩니다. 하나님의 은혜를 힘입어 여러분은 "마치 강한 궁사가 쏜 화살처럼" 앞으로 쭉 날아가야 합니다. 그리고 행군이 끝날 때까지 결코 쉬지 마세요. 그리하면 여러분은 하나님의 집에서 기둥이 될 것이며, 영원히 나가지 않을 것입니다.

3. 이제 나는 하늘의 달음질을 계속해야 하는 몇 가지 이유를 여러분에게 설명하고자 합니다.

이는 이미 달려가고 있는 여러분에게 드리는 말씀입니다. 그 이유 중 하나는 이렇습니다. "우리에게 구름같이 둘러싼 허다한 증인들이 있습니다"(히 12:1). 열심 있는 경주자들이 저기 보이는 황야에서 상 받기를 바라며 평원을 가로질러 급히 달리고 있습니다. 그 황야는 허다한 무리들로 덮여 있습니다. 그들을 간절히 바라보는 자들은 큰 소리로 그들을 응원합니다. 그리고 그들을 지켜보는 수많은 눈들은 그들의 온 신경을 긴장시키며 활기를 불어넣습니다. 사도가 언급하고 있는 경기의 분위기가 이랬습니다. 높은 무대에 앉아 있는 관중 앞에서 경주자들이 달렸고, 관중들은 경주자들에게 소리쳤습니다. 경주자의 친구들은 앞으로 달려가라고 독려하였으며, 경주자들은 계속 달리라고 진심으로 말하는 친구들의 소리를 들었을 것입니다. 자, 그리스도인 형제들이여, 얼마나 많은 증인들이 여러분을 내려다보고 있습니까. 나는 내려다보고 있다고 말합니다. 지금까지 쭉 그래왔습니다. 천국의 흉벽에서 천사들이 여러분을 내려다보고 있으며, 그들이 여러분에게 매일 향기롭고 맑은 목소리로 다음과 같이 소리치는 듯합니다. "너희가 포기하지 아니하면 때가 이르매 거두리라. 너희가 그리스도의 일과 믿음을 끝까지 견고히 붙잡으면 상을 받으리라." 그리고 성도들 곧 아브라함, 이삭, 야곱이 여러분을 내려다보고 있습니다. 순교자들과 신앙 고백자들, 또한 앞서 천국에 올라간 여러분의 경건한 친척들이 여러분을 내려다보고 있습니다. 그리고 말하자면, 내 생각에 여러분이 시험을 견디고 원수를 이길 때 그들이 손뼉 치는 소리를 자주 들을 수 있을 것입니다. 그리고 주로(走路)에서 뒤떨어질 때 그들이 얼마나 애태우는지 여러분이 볼 수 있을 것이며, 또한 여러분의 마음의 허리를 동이라, 모든 짐을 내려놓으라, 계속 앞으로 나아가라, 절대로 한숨 돌리기 위해 쉬지 말라, 여러분이 영원히 쉴 수 있는 하늘의 정원에 이를 때까지는 한순간의 안락을 위해 결코 멈추지 말라고 말하는 그들의 우정 어린 경고의 말을 여러분이 들을 수 있습니다.

그리고 기억하세요. 이들만이 여러분을 바라보는 유일한 눈들이 아닙니다. 온 세상이 한 명의 그리스도인을 바라보고 있습니다. 그리스도인은 모든 관찰자들에게 관찰을 받습니다. 한 명의 그리스도인 안에서 모든 허물이 다 보입니다. 세상 사람은 천 가지의 허물을 저지를 수 있으며, 아무도 그를 유의하지 않습니다. 하지만 그리스도인이 그렇게 해 보세요. 그러면 그는 아주 빨리 넓은 세상에 자신의 허물들을 알리게 될 것입니다. 사방에서 사람들이 그리스도인들을 보고 있으며, 또 그렇게 하는 것이 좋습니다. 나는 어느 교회 교인이었던 젊은이 한 사람을 기억합니다. 그는 아주 저급한 술집 무도회에 갔습니다. 그가 계단을 올라가자마자 거기 있던 사람들 중에 하나가 "아! 여기 감리교인이 올라온다, 우리가 그에게 혼 좀 내야겠네"라고 말했습니다. 그가 방 안으로 들어오자마자 그들은 먼저 그를 위 아래로 데리고 다니면서 그들 가운데 들어온 감리교인을 모든 사람들에게 보여주었습니다. 그리고 발로 차서 아래층으로 내쫓았습니다. 그들이 그렇게 한 데 대하여 나는 큰 찬사를 보냈습니다. 그리고 이후에 또 다른 의미로 그가 발에 차여 쫓겨났는지, 곧 교회에서 내쫓겼는지 나는 염려하였습니다. 세상은 그를 받아주지 않을 것이며, 교회도 그를 용납하지 않을 것입니다. 세상이 여러분을 보고 있습니다. 세상은 여러분의 신앙을 비난할 기회를 절대로 놓치지 않습니다. 만일 여러분이 도덕성의 무게를 인정하지 않는다면, 여러분이 모든 면에서 그 목표에 미달한다면, 여러분은 다시금 그런 소문을 들을 것입니다. 세상이 항상 잠들어 있다고 생각하지 마세요. 우리는 "교회만큼 깊이 잠들다"라고 흔히 말합니다. 그건 매우 유익한 속담입니다. 하지만 우리는 "세상만큼 깊이 잠들다"라고 흔히 말할 수 없습니다. 왜냐하면 세상은 결코 잠을 자지 않기 때문입니다. 세상은 언제나 눈을 뜨고 있으며, 우리가 행하는 모든 것을 언제나 지켜보고 있습니다. 세상의 눈들이 여러분을 향하고 있습니다. "우리에게 구름같이 둘러싼 허다한 증인들이 있습니다." "인내로써 우리 앞에 당한 경주를 합시다." 우리를 매섭게 쏘아보는 더 사악하고 더 악의에 찬 눈들이 있습니다. 공중의 권세 잡은 자의 지배 하에서 우리가 멈추기만을 지켜보는 영들이 있습니다.

> "수많은 영적 존재들이 이 세상을 활보하네,
> 우리가 깨어 있을 때나 잠들어 있을 때나 항상."

　그리고 아아! 그런 영적인 존재들은 선한 것이 전혀 없습니다. 그것들은 아직 매이지 않고, 어둠 속에 갇혀 있지 않으며, 하나님의 허락 가운데 우는 사자같이 이 세상을 두루 다니며 삼킬 자를 찾고 있으며, 언제나 우리를 시험하려 합니다. 그리고 그들의 수장으로는 사탄, 곧 원수(enemy)라 불리는 자가 있으며, 여러분은 그가 하는 일을 압니다. 그는 하나님의 보좌 앞에 나아가 그 기회를 악랄하게 이용합니다. 왜냐하면 그는 그 보좌 앞에서 밤낮으로 우리를 고소하기 때문입니다. 형제들의 고발자가 아직 내쫓기지 않았습니다 ─ 인자께서 승리하실 그 큰 날에 그가 내쫓기게 되겠지만. 그러나 예수님께서 그 보좌 앞에서 우리의 대언자로 서 계시므로, 옛 사탄은 먼저 우리를 지켜보고 우리를 시험하며, 그 후에 하나님의 심판대 앞에서 우리의 고발자로 설 것입니다. 오 나의 사랑하는 형제자매들이여, 여러분이 이 달음질을 등록하셨고, 시작하셨다면, 이 많은 눈들을 의식하고 앞으로 나아가십시오.

"구름같이 둘러싼 허다한 증인들이
　　당신을 철저하게 관찰하고 있노라.
　　이미 지나온 발걸음들을 잊고
　　앞을 향해 힘써 나아가라."

　　이제 한층 절박한 고찰이 남아 있습니다. 기억하세요. 여러분의 달음질은 이기느냐 지느냐, 죽느냐 사느냐, 지옥이냐 천국이냐, 영원한 고통이나 영원한 기쁨이냐 하는 것입니다. 여러분이 달려가는 것이 얼마나 절박한 내기인지요! 만일 내가 그런 내기를 한다면, 여러분은 목숨 걸고 달릴 것입니다. 만일 그런 내기가 사람으로 하여금 달리게 하지 못한다면 아무것도 얻지 못할 것입니다. 저쪽 언덕에 한 사람을 세우세요. 그리고 칼을 빼들고 그의 목숨을 노리고 쫓아가는 또 다른 사람을 세우세요. 이 쪽 사람이 달려간다면 저 사람이 달려가는 모습을 여러분이 금방 볼 것입니다. 우리가 저더러 "달려, 사람아, 달려!"라고 소리칠 필요가 없을 것입니다. 왜냐하면 자기 목숨이 위험하다는 사실을 그가 너무도 잘 알고 있기 때문입니다. 그러므로 그는 있는 힘을 다해 빨리 달립니다. 정맥들이 그의 이마에서 채찍 끈처럼 돋을 때까지, 그의 몸의 모든 구멍에서 뜨거운 땀이 흘러나올 때까지 빨리 달리며, 앞으로 계속 달릴 것입니다. 자, 그가 뒤를 돌아봅니다. 그리고 피의 복수자가 뒤에서 빨리 달려오는 것을 봅니다. 그는 멈추지 않습니다. 그는 땅을 박차고 달리며, 안전한 도피성에 도달할 때까지 계속 달아납니다. 아! 매일의 삶에서 우리를 쫓아오고 있는 자가 누구인지 우리가 볼 수 있는 눈이 있고, 안다면, 우리가 어떻게 달려야 하겠습니까! 자! 오 사람이여, 지옥이 당신 뒤에 있고, 죄가 당신을 쫓고 있으며, 악이 당신을 덮치려 합니다. 도피성의 대문들이 활짝 열려 있습니다. 제발 부탁하건대, 당신이 "나는 이 안식처에 들어왔고, 이제 나는 안전하다. 나의 구세주께서 살아 계심을 나는 아노라"고 자신 있게 말할 수 있을 때까지 쉬지 마세요. 심지어 그때에도 쉬지 마세요. 왜냐하면 이곳은 쉴 곳이 아니기 때문입니다. 여섯째 날의 일이 마칠 때까지, 당신의 하늘의 안식이 시작될 때까지 쉬지 마세요. 이생을 당신이 항상 일하는 믿음의 육일로 삼으세요. 당신 주님의 명령을 순종하세요. "그러므로 저 안식에 들어가기 위해 수고하라"(히 4:11; 저 안식에 들어가기를 힘쓸지니(한글개역개정); labour therefore to enter into that rest(KJV)). 믿음이 부족함으로 말미암아 안식에 들어가지 못할 많은 사람들이 있다는 것을 당신은 알아야 합니다. 그런데도 사람이 앞으로 빨리 달리지 않는다면, 어쩌겠습니까?

나는 한 가지만 더 설명하겠습니다. 이는 여러분이 앞으로 나아가는데 도움을 주기 위한 것입니다! 그리스도인이여, 결승점에 서 계시는 분이 누구인지 기억하고 앞으로 달리세요. 여러분은 언제나 예수님을 바라보고 앞으로 달려가야 합니다. 그러므로 예수님께서 최종 목표가 되어야 합니다. 우리는 항상 앞을 바라보고 절대로 뒤를 바라보지 말아야 합니다. 그러므로 예수님은 거기에 계셔야 합니다. 여러분이 빈둥거리고 있습니까? 예수님의 상처들을 보세요. 여러분이 길을 벗어나려 합니까? 그의 피 흘리는 손을 보세요. 그것으로 인해 여러분이 예수님께 헌신하게 되지 않겠습니까? 그것으로 인해 여러분이 빨리 달려가게 되며, 면류관을 받을 때까지 결코 방황하지 않게 되지 않겠습니까? 여러분의 주님은 죽으시면서 오늘 여러분에게 소리치며 이렇게 말씀하십니다. "나의 고뇌와 피 같은 땀을 생각하고, 나의 십자가와 고난을 생각하고 앞으로 나아가라! 내가 너희를 위해 바친 나의 목숨을 생각하고, 내가 너희를 위해 견뎌낸 죽음을 생각하고 앞으로 나아가라!" 그리고 보세요! 그는 많은 별들로 반짝이는 면류관을 쓴 채 손을 내밀어 "이 면류관을 바라보고 앞으로 나아가라!"고 말씀하십니다. 제발 부탁하건대, 나의 사랑하는 자들이여, 앞으로 나아가세요. 더 힘써 나아가세요. "이제 후로는 나를 위하여 의의 면류관이 예비되었으므로 주 곧 의로우신 재판장이 그날에 내게 주실 것이며 내게만 아니라 주의 나타나심을 사모하는 모든 자에게도니라"(딤후 4:8).

나는 이렇게 모든 부류의 사람들에 대하여 말씀드렸습니다. 오늘 오후 여러분은 여러분에게 가장 잘 적용할 수 있는 말씀을 여러분 자신의 것으로 받아들이시겠습니까? 여러분 중에 신앙 고백을 하지 않은 분들은 하나님 없이 그리고 그리스도 없이 살아갈 것이며, 이스라엘의 기업과는 상관없는 자들입니다. 여러분이 신앙을 원할 그때가 다가오고 있다는 사실을 나는 여러분에게 애정을 가지고 상기시켜 드리겠습니다. 지금 부드러운 삶의 물결 위를 항해하는 것은 아주 좋습니다. 하지만 요단의 거친 물결로 인해 여러분은 구세주를 원하게 될 것입니다. 소망 없이 죽는 것은 힘든 일입니다. 어둠 속에서 마지막 도약을 한다는 것은 실로 무서운 일입니다. 내가 본 노인은 자기가 죽고 싶지 않다고 분명히 말하고 죽었습니다. 그는 죽음의 가장자리에서 이렇게 말했습니다. "모든 것이 캄캄하고 캄캄하고 캄캄하도다! 오 하나님, 나는 죽을 수 없습니다." 파멸자의 강한 손이 그를 절벽으로 밀어낼 것 같은 그때의 그 고통을 그는 두려워하였습니다. 그는 "죽음의 가장자리에서 오래 떠나지 못하고 떨었고, 떠나는 것을 무서워했습니다." 그리고 발이 미끄러지고 굳은 땅이 남고, 그 영혼이 영원한 진노의 깊은 곳으로 내려가는 그 순간은 소름끼쳤습니다. 그때, 곧 여러분의 맥박이 희미해지고 줄어들 그때, 여러분은 구세주를 원할 것입니다. 그때에 여러분은 천사가 여러분 곁에 있어 주기를 바랄 것입니다. 그리고 영혼이 떠날 때, 여러분은 죽음의 어두운 구름들을 지나고 쇠문을 통과하도록 안내해 주며, 내세의 땅에 있는 복된 대저택으로 인도해 줄 거룩한 호위를 필요로 할 것입니다.

"너희는 여호와를 만날 만한 때에 찾으라 가까이 계실 때에 그를 부르라 악인은 그의 길을, 불의한 자는 그의 생각을 버리고 여호와께로 돌아오라 그리하면 그가 긍휼히 여기시리라 우리 하나님께로 돌아오라 그가 너그럽게 용서하시리라 이는 내 생각이 너희 생각과 다르며 내 길은 너희의 길과 다름이니라 여호와의 말씀이니라 이는 하늘이 땅보다 높음 같이 내 길은 너희의 길보다 높으며 내 생각은 너희의 생각보다 높음이니라"(사 55:6-9). 오 주님, 우리를 돌이키소서. 우리가 돌아서리이다. 우리를 이끄소서. 우리가 당신을 향해 달려가리이다. 그리고 영광은 당신의 것입니다. 왜냐하면 우리 달음질의 면류관은 당신 발 앞에 드려질 것이며, 당신께서 영원히 영광을 받으실 것이기 때문입니다.

제
10
장

—

시험을 당하는 자가 받을 위로

—

"사람이 감당할 시험 밖에는 너희가 당한 것이 없나니
오직 하나님은 미쁘사 너희가 감당하지 못할 시험 당함을
허락하지 아니하시고 시험 당할 즈음에 또한 피할 길을
내사 너희로 능히 감당하게 하시느니라" —고전 10:13

하나님의 자녀들은 누구나 시험을 면치 못합니다. 그들 가운데 더러는 다른 사람들보다 더 많은 시험을 당하지만, 확신하건대, 너무 어려서 악을 분별하지 못하는 아이들 외에는 시험을 겪지 않고 천국에 들어갈 자는 한 사람도 없습니다. 누군가 시험을 피할 수 있었다면, 그는 "많은 형제 중에서 맏아들"이실 것입니다. 그러나 그가 어떻게 성령의 인도를 받으셨는지 여러분은 기억할 것입니다. 그는 세례를 받고 물에서 올라온 후 곧장 광야로 인도되어 마귀의 시험을 받으셨습니다. 그리고 사도 바울은 그가 "모든 일에 우리와 똑같이 시험을 받으신 이로되 죄는 없으시니라"(히 4:15)고 우리에게 알려주었습니다. 참으로, 주 예수님께서는 그의 제자들인 우리에게 다음과 같이 말씀하실 수 있습니다. "너희의 선생이며 주인 내가 시험을 당하였다면, 너희가 시험을 면하기를 기대하지 말아야 하느니라. 왜냐하면 제자가 자기 선생보다 위에 있지 못하고, 종이 자기 주인보다 위에 있지 못하기 때문이니라."

우리가 시험을 당한다는 사실로 인해 우리는 겸손해야 합니다. 왜냐하

면 이는 여전히 우리 안에 죄가 남아 있다는 슬픈 증거이기 때문입니다. 나는 옛날 부싯돌과 부싯돌을 부딪쳐 아침에 불을 얻곤 했던 시절을 기억합니다. 그리고 나는 통에 부싯깃이 없을 때는 불꽃을 내는 작업을 중단했던 기억이 납니다. 마귀는 바보가 아니라고 나는 믿습니다. 통에 부싯깃이 없는 사람이 있다면, 즉 자신의 본성이 부패하지 않았다면, 틀림없이 사탄은 그를 오래 계속하여 시험하지 않을 것입니다. 사탄은 그런 쓸모없는 일에 시간을 허비하지 않습니다. 자기가 완전하다고 믿는 사람은 주기도문대로 절대로 기도할 수 없습니다. 그 사람은 자기 나름대로 기도를 만들어야 합니다. 왜냐하면 그는 절대로 "우리를 시험에 들게 하지 마옵소서"라고 말하려 하지 않을 것이기 때문입니다. 하지만 사랑하는 자들이여, 우리를 시험하는 것이 시간을 들일 만한 일이라고 마귀가 생각하기 때문에, 우리는 시험받기 쉬운 우리 안에 무언가가 있다고 결론내릴 수 있습니다. 즉, 하나님의 은혜가 우리의 마음을 새롭게 하였음에도 불구하고 죄가 여전히 우리 안에 머물러 있다는 것입니다.

우리가 시험을 당한다는 사실로 인해 우리는 우리의 연약함을 깨닫게 됩니다. 나는 방금 우리 주 예수 그리스도의 주기도문을 언급하였습니다. 주기도문에는 "우리를 시험에 들게 하지 마옵소서"라는 기도가 들어 있습니다. 이런 기도를 드려야 하는 이유는 분명합니다. 그것은 우리가 너무나 연약하고 부서지기 쉬운 존재이기 때문입니다. 우리는 짐을 벗게 해 달라고 간청하는데, 이는 우리의 등이 강하지 못하기 때문입니다. 우리는 유혹하는 모양으로 우리 앞에 나타난 죄를 범하지 않게 해 달라고 탄원합니다. 이는 자주 우리 육체가 세상으로부터 힘을 차용하며, 심지어 마귀로부터 힘을 차용하기 때문이며, 또한 이 연합된 권세는 우리가 감당하기에는 너무나 벅차기 때문이며, 따라서 하나님의 그 전능하신 능력이 우리를 위해 발동되어 우리가 넘어지지 않도록 붙잡아 주어야 하기 때문입니다.

하나님의 자녀들 가운데 내가 알고 있는 사람들은 시험을 당하는 것 때문에 매우 괴로워합니다. 그들은 그것이 죄와 상관없는 시련이라면 견딜 수 있다고 생각합니다. 일반적으로 시련과 시험을 어떻게 구분해야 할지 나는 알지 못합니다. 왜냐하면 우리에게 오는 모든 시련은 그 안에 시험과 같은 성격을 가지고 있기 때문입니다. 그 시련으로 인해 우리는 이런저런 시험을 당하게 되는데, 불신하고픈 시험, 혹은 불평하고픈 시험, 혹은 시련을 피하기 위해 잘못된 방법들을 사용하고픈 시험을 당합니다. 우리는 우리의 행운으로 시험을 당하며, 우리의 불행으로 시험을 당합니다. 즉, 시험을 당한다는 뜻은 그런 일들로 인해 시련을 당한다는 것입니다. 하지만 하나님의 자녀들에게 가장 고통스러운 것은 자기가 정말 싫어하는 일을 때때로 하거나 말하는 시험을 당한다는 것입니다. 하나님은 그의 자녀들 앞에 그들이 가장 싫어하는 죄들을 두셨습니다. 그들은 그 죄들의 이름조차 참을 수 없습니다. 그런데 사탄이 다가와서 그 하나님의 자녀 앞에 그가 결코 만지지도 아니할 부정한 음식들을 차려놓습니다. 내가 알기에, 마귀는 하나님의 백성들의 마음속에 신성을 모독하는 생각들을 주입함으로써, 그런 생각들을 태풍처럼 그들의 귀에다 퍼부음으로써 그들을 시험합니다. 아, 심지어 여러분이 기도하는 중에도, 헌신하려는 의지와 정반대되는 생각들이 여러분의 머릿속으로 떼지어 몰려들어오는 일이 있을 수 있습니다. 거리의 작은 소리에도 하나님과의 교제가 위축될 것입니다. 여러분이 그것을 깨닫기도 전에 여러분의 생각들이 야생마처럼 산 넘고 골짜기를 건너 질주할 것이며, 여러분이 그런 생각들을 어떻게 다시금 붙잡을지 거의 알지 못합니다. 자, 이러한 시험들은 하나님의 자녀에게 몹시 괴롭습니다. 그는 죄의 독한 숨결을 견딜 수 없습니다. 어떤 사람들이 경험한 대로 — 그런 사람들이 많지 않기를 바랍니다 — 죄가 그의 문 앞에 서서 두드리고, 창문 아래서 큰 소리를 치며, 밤낮으로 그를 괴롭히는 것을 그가 알 때, 그는 몹시 괴롭고, 극심한 고통을 당하게 됩니다.

　　시험당하는 것이 죄가 아니라고 내가 그를 깨닫게 한다면 그에게 큰 도움이 될 수 있습니다. 죄가 시험하는 자의 것이지 시험을 당하는 자의 것은 아닙니다. 여러분이 시험을 이긴다면 여러분의 행위는 칭찬받아 마땅합니다. 시험 자체에 대하여는 칭찬할 것이 아무것도 없습니다. 시험은 악하며, 오직 악할 뿐입니다. 그러나 여러분이 스스로 자신을 시험한 것이 아닙니다. 그리고 여러분을 시험한 자가 반드시 시험의 책임을 져야 합니다. 여러분은 여러분을 괴롭게 하는 생각들 때문에 분명히 비난받지 않습니다. 그런 생각들을 통해 여러분 안에 여전히 죄가 남아 있다는 사실을 알 수는 있지만 시험당하는 것이 죄는 아닙니다. 여러분이 시험에 굴복할 때 죄가 되는 것이며, 만일 여러분이 시험에 맞서 싸운다면 여러분은 복을 받을 것입니다. 만일 여러분이 시험을 극복한다면, 만일 여러분의 영혼이 시험에 굴복하지 않는다면, 여러분은 그것을 통하여 복을 받을 것입니다. "시험을 참는 자는 복이 있나니"(약 1:12). 시험 안에도 복이 있습니다. 현재 시험이 기쁘게 보이지 않고 괴롭게 보이지만, 그럼에도 불구하고, 그것으로 단련을 받은 자들에게는 그것이 복된 열매를 가져다줍니다.

또한, 이 세상에는 괴로운 시험을 당하는 것보다 더 나쁜 일들이 있습니다. 기분 좋은 시험을 당하는 것은 훨씬 더 나쁩니다. 그것은 파괴자의 입으로 부드럽게 삼켜지는 것, 잔잔한 흐름에 휩쓸리는 것이며, 후에 큰 폭포 위로 내던져지는 것입니다. 이것은 무섭습니다. 하지만 시험과 맞서 싸우는 이것은 좋습니다. 내가 다시 말하거니와, 영혼의 모든 분노를 일으키는 시험으로 인해 여러분이 시련을 당하는 것보다 더 나쁜 일들이 많습니다. 나이 많은 한 신학자는, 자신은 법석을 떠는 마귀에 대하여 염려하기보다 잠자는 마귀에 대하여 염려하였노라고 말하곤 하였습니다. 이런 말 속에 많은 진리가 있습니다. 왜냐하면, 아무도 여러분을 건드리지 않을 때, 어떠한 시험도 여러분을 괴롭히지 않을 때, 여러분은 세속적으로 안심하기 쉬우며, 거만하게 "나는 결코 흔들리지 않을 거야"라고 말하기 쉽습니다. 망대 위에서 우리를 파수하는 것이 무엇이든, 아무런 위험이 자신에게는 닥치지 않을 것 같다고 생각하는 사람만큼 절박한 위험에 처한 사람도 없다고 나는 생각합니다. 천국 길에서 가장 위험한 곳은 사망의 음침한 골짜기가 아닙니다.

마귀들이 전부 크리스천(「천로역정」의 주인공) 주위에 모였을 때, 그리고 그가 길을 찾아 계속 진행하기가 힘들다는 것을 알았을 때, 거기서 그가 깜박 잠들었다는 내용을 나는 본 적이 없습니다. 반면, 크리스천과 희망 씨가 "그 공기가 자연스럽게 사람을 졸리게 하는" 마법의 땅(the Enchanted Ground)으로 갔을 때, 큰 위험에 빠진 순례자들이 있었습니다. 그래서 크리스천은 그들이 위험한 곳에 갔을 때 목자가 잠들지 말라고 경고했던 사실을 자기 길동무에게 다시 한 번 알려 주었습니다. 시험은, 비록 시련당하는 것만큼 불쾌하고, 고통스럽게 참아내야 하지만, 위험에 빠질 뻔한 영혼을 자극하여 깨우기 때문에 그런 고통스러운 시험을 당한다는 것은 영적으로 보아 우리에게 일어날 수 있는 최악의 경우는 아닙니다. 우리를 둘러싸고 있는 모든 악들 가운데 언제나 다른 악보다 덜한 것을 선택하세요. 다른 것보다 덜한 것을 선택한다면, 여러분이 시험을 당하게 되더라도, 이전에도 많이 그래 왔던 것처럼 완전히 절망에 빠지지는 않을 것입니다.

심하게 사탄의 시험을 받는 누군가를 위로할 목적으로, 내가 시험에 대하여 이 정도로 말하는 것이 서론으로서 충분할 것입니다. 내가 시험 당하는 많은 사람들과 이야기하는 것을 알고 있기에 본문의 말씀을 그들에게 되풀이하고 싶습니다. "사람이 감당할 시험 밖에는 너희가 당한 것이 없나니 오직 하나님은 미쁘사 너희가 감당하지 못할 시험 당함을 허락하지 아니하시고 시험 당할 즈음에 또한 피할 길을 내사 너희로 능히 감당하게 하시느니라." 시험 당하는 사랑하는 친구여, 기억하세요. 여러분은 절망 가운데 앉아 있어서는 안 됩니다. 그리고 "지금 나는 큰 시험을 당하고 있으며, 앞으로 점점 더 나쁜 시험을 당할 것이며, 마침내 내가 실족하고, 넘어져서 완전히 멸망할 것 같아"라고 말해서도 안 됩니다. 다윗이 산에서 메추라기처럼 추적을 당하였을 때 "내가 후일에는 사울의 손에 붙잡히리라"고 말했던 것처럼 말하지 마세요. 당신이 시험 당함을 허락하신 주님께서 당신을 주님의 좋은 때에 구원하시리라 믿으십시오.

1. 여러분이 받을 첫 번째 위로는 이렇습니다.
여러분이 이전에 겪은 모든 시련들 가운데는 한계가 있었습니다.

"사람이 감당할 시험 밖에는 너희가 당한 것이 없나니." 교살하는 자가 갑자기 사람의 목을 조르듯이 시험들이 자주 여러분을 붙잡았습니다. 그것이 여러분을 붙잡았습니다. 아마도 이는 내가 사용할 수 있는 정확한 말일 것입니다. 시험이 여러분을 붙잡았고, 자신도 모르게 여러분을 묶었으며, 단단하게 움켜쥐는 것 같았습니다. 그러나 지금까지 여러분은 그 시험들을 견뎌 왔으며, 사람이 감당할 만한 것들이었습니다.

첫째, 그 시험들은 여러분의 동료 그리스도인들이 견뎌 왔던 것들입니다. 내가 알기에, 여러분은 이전에 아무도 가보지 않은 길을 혼자서 가는 외로운 여행자라고 생각하기 쉽습니다. 그러나 여러분이 그 행로를 면밀히 살펴본다면, 그 진저리나는 길을 지났던 훌륭한 하나님의 종들의 발자국들을 발견할 수 있을 것입니다. 그 길은 매우 어두운 좁은 길이며, 실로 여러분은 '살인적인 길'(Cut-throat-Lane)이라고 부를 수 있을 것입니다. 그렇지만 여러분은 사도들이 그 길을 따라갔으며, 신앙 고백자들이 그 길에 있었고, 순교자들이 그 길에 있었으며, 훌륭한 하나님의 성도들이 지금 여러분처럼 시험을 받았다는 사실을 알 수 있을 것입니다. 누군가 말하기를, "그렇지만 말입니다. 조금 전에 당신이 말한 대로, 나는 불경하고 무서운 생각에 노출되어 있단 말입니다"라고 합니다. 거장 존 번연도 그랬습니다. 그의 작품 「죄인의 괴수에게 넘치는 은혜」(*Grace Abounding to the Chief of Sinners*)를 읽어보세요. 그러면 그가 어떤 길을 지나갔는지 알 수 있을 것입니다. 다른 많은 사람들도 유사한 경험을 하였습니다. 그들 가운데 일부가 살아서 우리 중에 있으며, 그들이, 이런 특별한 유형의 시험에 대한 모든 것을 우리가 알고 있으며, 주님께서 우리를 그 시험에서 건져 내셨다고 여러분에게 간증합니다. 또 다른 시련을 받는 심령이 "그런데 말입니다! 나는 자해하고 싶을 정도인데요"라고 말합니다. 그것 또한 하나님의 귀중한 성도들에게조차 유별난 시험이 못 됩니다. 하나님께서 성도들을 보호하시고, 그들을 살려 주셨는데도, 그들은 종종 욥이 "내 마음이 차라리 숨이 막히는 것과 죽는 것을 택하리이다"(욥 7:15)라고 말했을 때처럼 절망감을 느꼈습니다. 또 다른 사람은 "그런데요, 나는 아주 심각한 죄, 가장 더러운 죄의 유혹을 받고 있으며, 사탄이 나더러 저지르라고 유혹하는 혐오스러운 죄악들을 여러분에게 감히 말할 용기가 나지 않습니다"라고 외칩니다. 여러분이 내게 말할 필요가 없습니다. 하나님의 성령의 전능하신 능력으로 말미암아 여러분이 그런 죄악들로부터 지켜지리라고 나는 믿습니다. 여러분에게 확실하게 말하건대, 하늘에 있는 성도들이라도, 만일 그들이 이 시간 여러분에게 말한다면, 심지어 하나님과 동행하였던 그들 가운데 가장 용기 있는 사람들이라도 자기 동료들에게 말할 수 없었던 시험들을 당하였으며, 그 때문에 그들이 심히 괴로웠노라고 여러분에게 말할 것입니다. 그런데도 또 다른 친구는 이렇게 말할 것입니다. "나는 실제로 자기의(自己義)의 시험을 받고 있으며, 그것은 그리스도를 온전히 신뢰하는 사람에게 생길 수 있는 큰 시험입니다." 자, 이신칭의에 대한 위대한 설교자였던 기경 곤 녹스(16세기 스코틀랜드 종교개혁자)도 그랬습니다. 그가 임종할 때, 그리스도를 위한 자신의 용기를 자랑하고픈 시험에 빠졌으나 그는 그런 악한 생각을 대적하고 극복하였습니다. 여러분도 그렇게 할 수 있습니다.

사람이 인내심이 강하면 조급한 생각이 들지 않을 것이라고 여러분은 생각합니다. 형제여, 하나님의 성령께서 야고보 사도의 펜을 통해 말씀하시기를, "너희가 욥의 인내를 들었다"(약 5:11)라고 하셨습니다. 나는 여러분에 이런 질문을 합니다. 여러분은 욥의 조급함을 들어보지 못했습니까? 여러분은 의심할 여지 없이 베드로의 강한 믿음에 대하여 들었을 테죠. 여러분이 베드로의 불신에 대하여 한 번도 들어보지 못했습니까? 하나님의 백성은 보통 자기가 가장 훌륭하다고 생각되는 바로 그 분야에서 실수합니다. 성경에 나오는 인물 전기를 보면, 자기 안에 임한 하나님의 성령의 역사로 큰 명성을 날리던 사람이 자기가 가장 강하다고 생각했던 바로 그 부분에서 대개 실수를 합니다. 여러분은 "내가 어느 위인의 전기를 읽어보았는데, 그는 나하고는 달랐습니다"라고 말합니다. 내가 여러분에게 왜냐고 물어볼까요? 그의 생애 전체가 기록되지 않았기 때문입니다. 그러나 성령께서 인간의 생애를 기록하실 때 전부를 보여주십니다. 전기 작가들이 위인들의 생애를 쓸 때, 당연히 그들의 내적인 싸움과 두려움을 기록하지 않습니다. 물론 마르틴 루터와 같은 사람이 전기의 주인공인 경우는 예외입니다. 마르틴 루터의 생애는 온통 내적인 싸움인 것처럼 보입니다. 밖으로는 담대하였지만, 속으로는 자주 떨었습니다. 전기 작가들이 내 생애를 쓴다면, 그들은 내가 강한 믿음을 소유했다고 여러분에게 말할 것입니다. 하지만 그들이 그 믿음의 이면을 전부 여러분에게 밝히지는 못할 것입니다. 그때에 여러분은 아마도 "오, 스펄전 목사님이 오른 그런 높은 고지에 나는 도저히 오를 수 없어요!"라고 생각할 것입니다. 그 모든 생각은 우리의 속을 여러분이 알지 못한 데서 나오는 것입니다. 왜냐하면 만일 여러분이 하나님과 동행하는 사람의 속과 겉을 알 경우, 그가 진실하고 성실한 사람이라면, 그는, 여러분이 당하고 있는 시험들이 자신이 당한 바로 그 시험들이며, 그리고 반복해서 당할 수밖에 없는 시험들이며, 또 사도가 "사람이 감당할 시험 밖에는 너희가 당한 것이 없나니"라고 말한 바로 그 시험들이라고 여러분에게 말할 것이기 때문입니다.

또한 시련을 당하는 동안 연단받기에 적당한 것 외에는 어떠한 시험도 여러분에게 임하지 않았습니다. 형제여, 지금은 최종적인 승리를 거두는 때가 아닙니다. 지금은 전쟁의 시간이며, 우리를 해하려고 사용되는 무기들은 모든 시대에 걸쳐 믿음의 군대를 해하려고 사용되었던 것들에 불과합니다. 천사들이 자기들의 처음 지위를 지키고 시험을 물리쳤는데, 여러분과 나는 천사들이 당한 그런 시험을 결단코 당하지 않았습니다. 어둠의 왕이 어떻게 시험을 당하였는지, 혹은 어떻게 그가 자기 부하들로 하여금 위대하신 왕에게 충성을 하지 못하도록 꾀었는지 나는 여러분에게 말할 수 없습니다. 하지만 이것만은 확신합니다. 즉, 천사가 감당할 시험을 여러분은 절대로 당하지 않습니다. 여러분이 당하는 시험은 오직 사람이 감당할 수 있는 시험이며, 여러분과 같은 사람들이 극복한 시험입니다. 다른 이들도 여러분이 당하는 것과 유사한 시험들에 용감하게 맞서 싸워 왔으며, 여러분도 똑같이 싸워야 합니다. 그렇습니다. 여러분에게 임재하시는 하나님의 성령의 능력으로 여러분이 동일한 싸움을 할 것입니다. 들리는 말에 의하면, 일상적인 삶의 문제들에 있어서, 사람이 해결한 문제는 사람이 해결할 수 있다고 합니다. 이는 영적인 삶에 있어서도 사실입니다. 사람들이 맞서 싸웠던 시험들을, 여러분이 동일한 힘의 원천을 얻고자 한다면, 그리고 그들처럼 동일한 이름으로 그것을 얻고자 한다면, 여러분도 맞서 싸울 수 있습니다. 시험을 이길 수 있는 힘은 오직 하나님으로부터 나오며, 승리하는 그 이름은 예수 그리스도의 이름입니다. 그러므로 그 힘으로 앞으로 나아가 그 이름으로 여러분의 모든 시험에 맞서 싸우세요. 일어나 싸우세요. 왜냐하면 그 시험들은 훨씬 이전부터 참패해 왔으며, 여러분이 다시금 그것들을 참패시킬 것이기 때문입니다. 여러분보다 앞서 간, 그리고 방금 안식에 들어간 다른 분들이 그랬던 것처럼, 떨지 말고 싸우고 또 싸우며, 승리하고 또 승리하세요.

> "이전에 그들이 이 땅에서 애통해하였으며
> 그들의 침상은 눈물로 젖었네.
> 그들은, 지금 우리처럼, 열심히 맞서 싸웠네
> 죄, 의심, 그리고 두려움을 상대로."

　　승리의 원동력이 무엇이냐고 여러분이 그들에게 묻는다면, 그들은 그 승리의 원동력을 그들에게도 열려 있었고 지금 여러분에게도 열려 있는 자원의 덕으로 돌릴 것입니다. 바로 성령 하나님의 강한 역사와 주 예수 그리스도의 보혈과 의의 덕으로 돌릴 것입니다. 사람이 하나님의 도우심으로 맞서 싸우고 이길 수 있는 것 외에는 여러분이 어떤 시험도 당하지 않습니다.

또한 사람이 감당할 시험 밖에는 너희가 당한 것이 없다는 것은 이런 뜻입니다. 곧 그리스도께서 시험을 당하셨다는 것입니다. 위대하신 최고의 인격자, 인간을 대표하시는 분이 지금 여러분을 괴롭히는 바로 그 시험으로 고난을 당하셨습니다. "그들의 모든 환난," 즉 광야에서 받은 자기 백성의 환난, 지금 여러분이 광야에 있다면 여러분이 받고 있는 것과 동일한 환난 가운데 그가 계셨습니다. "그들의 모든 환난에 동참하사 자기 앞의 사자로 하여금 그들을 구원하시며"(사 63:9). 그는 연약함을 이해하였고, "간고를 많이 겪고 질고를 아는 자"였습니다(사 53:3). 이미 내가 인용한 말씀을 되풀이하는 것이 여기에서 어울릴 정도로 그는 "모든 일에 우리와 똑같이 시험을 받으신"(히 4:15) 분이십니다. "그러므로 그가 범사에 형제들과 같이 되심이 마땅하도다 이는 하나님의 일에 자비하고 신실한 대제사장이 되어 백성의 죄를 속량하려 하심이라 그가 시험을 받아 고난을 당하셨은즉 시험 받는 자들을 능히 도우실 수 있느니라"(히 2:17, 18). 그는 우리 각자의 형편을 잘 아시며, 어떻게 그 문제를 해결해야 할지, 우리를 어떻게 세우시고, 우리로 하여금 어떻게 시험을 이기게 하실지 아십니다.

자 보세요, 사랑하는 친구들이여, 감당할 시험 밖에는 너희가 당한 것이 없다는 말씀은, 여러분과 같은 사람들이 시험을 당했고, 여러분과 같은 사람들이 시험을 이겼으며, 또한 여러분의 복되신 대표자, 우리 주님이요 구세주이신 예수 그리스도께서 시험을 당하시고 이기셨다는 뜻입니다.

그러므로 사랑하는 자들이여, 여러분의 시험과 관련된 모든 신비를 떨쳐버립시다. 신비를 그대로 둘 경우 시련의 칼날이 예리해집니다. 아마도 벨사살이 손이 속한 몸을 볼 수 있었다면, 벽에다 글자를 쓴 그 손이 벨사살을 놀라게 하지 못했을 것입니다. 결국 여러분의 고난에 대한 신비는 없습니다. 여러분이 그 고난을 전에 인간이 당한 어떤 고통보다도 더 큰 고난이라고 기록해 두었어도, 그것은 사실이 아닙니다. 여러분은 고난의 왕국의 황제가 아닙니다. 여러분은 "나는 다른 모든 사람들보다 더 많은 고난을 당하였다"라고 진실로 말할 수 없습니다. 왜냐하면 여러분의 주님께서 여러분이 지금까지 당한 것보다 훨씬 더 큰 고난을 당하셨기 때문이며, 화형을 당하고 면류관을 얻는 주님의 많은 성도들이 여러분이 받은 고난보다 훨씬 더 큰 고난을 당했기 때문입니다.

2. 이제 본문에 계시된 두 번째 위로로 넘어갑시다.
그것은 하나님의 미쁘심(faithfulness ; 신실하심)입니다.

"사람이 감당할 시험 밖에는 너희가 당한 것이 없나니 오직 하나님은 미쁘사." "하나님은 미쁘사" — 이것은 얼마나 복된 말씀인지요! 그러므로 하나님은 자신의 약속을 충실하게 지키십니다. 발람조차도 이렇게 말했습니다. "하나님은 사람이 아니시니 거짓말을 하지 않으시고 인생이 아니시니 후회가 없으시도다 어찌 그 말씀하신 바를 행하지 않으시며 하신 말씀을 실행하지 않으시랴"(민 23:19). 하나님의 약속 가운데 하나는 "내가 과연 너희를 버리지 아니하고 너희를 떠나지 아니하리라"(히 13:5)는 것입니다. 하나님은 미쁘십니다. 그러므로 그는 그 약속을 실행하실 것입니다. 그리스도의 약속 중 하나가 이것입니다. 그리스도는 하나님이십니다. "내 양은 내 음성을 들으며 나는 그들을 알며 그들은 나를 따르느니라 내가 그들에게 영생을 주노니 영원히 멸망하지 아니할 것이요 또 그들을 내 손에서 빼앗을 자가 없느니라"(요 10:27-28). "하나님은 미쁘사" 이 약속은 이루어질 것입니다. 여러분은 "네가 사는 날을 따라서 능력이 있으리로다"(신 33:25)라는 약속을 자주 들었습니다. 이 약속을 믿으세요. 그렇지 않으면 여러분이 하나님을 거짓말하는 자로 만드시겠습니까? 여러분이 믿는다면, "하나님은 미쁘사"라는 이 짧지만 복된 말씀으로 여러분의 마음에서부터 어두운 예감을 떨쳐 버리세요.

그 다음에, 하나님은 미쁘실 뿐만 아니라 그는 상황을 주관하시는 분으로서 그의 약속을 지키실 수 있다는 사실을 유의하세요. 본문이 말하는 내용을 유의하세요. "너희가 감당하지 못할 시험 당함을 허락하지 아니하시고." 하나님께서 허락하지 않는 한 여러분은 시험을 당할 수가 없습니다. 하나님은 사탄보다 훨씬 강하십니다. 마귀가 하나님의 허락 없이 욥을 건드릴 수 없었으며, 마찬가지로 하나님의 허락 없이 여러분을 괴롭히거나 시험할 수 없습니다. 그는 단 한 명의 성도를 시험하기 전에 먼저 만왕의 왕으로부터 허락을 받아야만 힙니다. 사탄은 사기 심의 열쇠를 간수하는 것조차 허락받지 못합니다. 왜냐하면 사망과 지옥의 열쇠들이 그리스도의 허리에 걸려 있기 때문입니다. 그리고 하나님의 허락 없이는 이 지옥의 개가 입을 벌려 하나님의 자녀에게 짖을 수조차 없으며, 주님께서 은혜로써 우리 안으로 부르신 양떼 중 그 어느 누구라도 그가 와서 물고 뒤흔드는 것은 더 더욱 있을 수 없습니다. 그러므로 사랑하는 자들이여, 여러분을 괴롭히는 그 시험이 여전히 미쁘신 창조주, 곧 "감당하지 못할 시험 당함을 허락하지 아니하시는" 하나님의 주관 하에 있다는 사실로 인해 위로받을 명분이 있습니다.

이것이 위로받는 두 번째 이유입니다. 이 말씀을 달콤한 사탕처럼 여러분 혀 밑에서 굴리세요.

3. 세 번째 위로는 하나님께서 시험 위에 두신 제한에 있습니다.

하나님은 여러분이 "감당하지 못할 시험 당함을 허락하지 아니하실 것입니다." 시련의 조수가 높은 파도를 일으킬 때, 하나님은 이렇게 말씀하실 것입니다. "네가 여기까지 오고 더 넘어가지 못하리니 네 높은 파도가 여기서 그칠지니라"(욥 38:11).

하나님은 여러분이 "감당하지 못할 시험 당함을 허락하지 아니하실 것입니다." 이 말씀은 때때로 시험이 닥치는 시기에 적용될 수 있습니다. 나는 하나님께서 자기 백성의 시련의 시기를 정하시는 방법을 면밀히 관찰하였습니다. 이러이러한 시련이 어렸을 때 하나님의 자녀에게 닥쳤다면, 그는 그것을 견디지 못했을 것이라고 나는 믿습니다. 혹은 그가 병을 앓고 있는 동안에 사랑하는 어떤 친구를 잃었다면, 두 배의 고통으로 그는 뭉개지고 말았을 것입니다. 하지만 하나님은 적절한 시기에 우리에게 시련을 주십니다. 하나님께서 한 쪽으로 짐을 추가하신다면, 다른 쪽으로 짐을 줄여 주십니다. "주께서 백성을 적당하게 견책하사 쫓아내실 때에 동풍 부는 날에 폭풍으로 그들을 옮기셨느니라"(사 27:8). 이는 매우 단순한 말 같지만 사실입니다. 바람이 북으로부터 불면, 같은 시간에 남으로부터 불지 않습니다. 한 가지 고난이 그리스도인에게 닥치면, 다른 고난이 일반적으로 그에게서 떠납니다. 유명한 순교자 존 브래드퍼드(John Bradford, 1510-1555. 프로테스탄트 순교자)는 류머티즘과 우울증에 자주 시달렸는데, 나는 그의 아픔을 크게 공감할 수 있습니다. 그러나 그가 더럽고 축축한 토굴 감옥에 투옥되고 죽기 전에는 절대로 나오지 못할 것을 알았을 때, 그는 이렇게 기록하였습니다. "이상하게도, 내가 이 감옥에 갇혀 다른 고통들을 겪게 된 이후로 나는 류머티즘이나 우울증을 잃지 않았다.” 이는 매우 복된 일이 아니었습니까? 그리고 여러분도 일반적으로 그런 일을 경험할 것입니다. 여러분이 감당할 수 있는 그 이상의 시험을 당하지 않을 것입니다. 왜냐하면 여러분이 시험을 가장 잘 견딜 수 있을 때에 그 시련을 허락하실 것이기 때문입니다.

또한 시련이 계속될 때 하나님 쪽에서 큰 사랑을 베푸십니다. 우리가 받는 시련들 가운데 일부가 꽤 오래 지속된다면, 우리가 너무 괴로워 견디기 힘들 것입니다. 예루살렘의 파괴에 관하여 우리 주님은 이렇게 말씀하셨습니다. “그 날들을 감하지 아니하면 모든 육체가 구원을 얻지 못할 것이나 그러나 택하신 자들을 위하여 그 날들을 감하시리라”(마 24:22). 때때로 하나님께서 자기 백성의 시련들을 신속하게 해결해 주신다는 것을 나는 믿어 의심치 않습니다. 왜냐하면 그 시련들이 오래 지속되면 그것들이 우리에게 좋지 않은 나쁜 영향을 줄 것이기 때문입니다. 한 자녀가 매를 맞아야 한다면 마치 그가 오랜 기간 동안 형을 살아야 하는 범죄자인 양 벌 주는 것을 오래 끌지 마세요. 매질을 하되 빨리 마무리하세요. 하나님의 집에서의 징계도 종종 마찬가지입니다. 그런데 시련이 효력의 한 요소이기 때문에 부득이 여러 해 동안 지속되는 시련들이 있습니다. 만일 그 시련들이 짧아진다면 우리에게 복이 되지 못할 것입니다. 모든 경우에, 우리의 고통이 길어진 만큼 그것들을 타당하도록 만드는 무한한 지혜가 있으며, 고통이 길어지는 다른 이유는 없습니다.

시련의 숫자에 위로가 있습니다. 하나님을 송축합시다.

> “만일 그가 숫자 열을 정하시면
> 결코 열하나가 될 수 없도다.”

만일 하나님께서 그의 종들로 하여금 불을 통과하되 물은 통과하지 않도록 의도하신다면, 사탄은 그들로 물을 통과하게 할 수 없습니다. 하나님은 자기의 병든 성도들에게 복용시키는 독한 강장제의 양을 계산하시며, 하나님께서 계신한 것 이상을 병든 성도들은 복용하지 못할 것입니다. 고난당하는 사랑하는 하나님의 자녀들이여, 그러므로 여러분의 시험과 시련의 숫자에 있어서 여러분이 감당할 수 없을 만큼 시험을 당하지 않을 것입니다.

시험과 함께 딸려오는 압박에 있어서도 마찬가지입니다. 여러분은 엄청난 폭풍우가 한창 불고 있는데 그 한가운데 있는 큰 나무를 본 적이 없으십니까? 그 나무는 이리저리 흔들리며, 그 강력한 폭풍우의 강타로 말미암아 거의 회복할 수 없을 듯 보입니다. 그러나 뿌리들이 그 나무를 붙잡고 있습니다. 그런데 또 다른 태풍이 몰려옵니다. 그리고 그 나무가 틀림없이 땅에서부터 잡아 뽑힐 것 같아 보입니다. 그러나 그 늙은 나무가 흔들리며 원래 자리로 다시 돌아오는 바로 그 순간에 압박이 그칩니다. 만일 그 엄청난 돌풍 가운데 약간의 힘이 더해졌다면, 그 나무들은 땅 위에 쓰러졌을 것입니다. 그러나 적어도 하나님의 백성의 경우에, 하나님은 그들이 막 쓰러지려는 바로 그 순간에 멈추게 하십니다. 힘이 조금도 남아 있지 않을 때까지 여러분이 시련을 당할 수 있습니다. 때때로 주님은 자기 백성을 시험하시되, 하나님으로부터 미풍이 한 번 더 불어오기라도 한다면 확실히 주저앉아 버릴 듯 할 때까지 시험하십니다. 그때에 하나님은 영원하신 팔로 그들을 안으시고, 더 이상 시련이 그들에게 임하지 않게 하십니다. 여러분은 복된 사람들입니다. 왜냐하면 여러분 모두가 한두 가지 고난을 겪고 있으나 하나님의 백성인 여러분이 본문의 말씀을 받아 은연중에 그 말씀을 의지할 수 있기 때문입니다. "오직 하나님은 미쁘사 너희가 감당하지 못할 시험 당함을 허락하지 아니하시고."

　하나님의 백성이 아닌 여러분에 대하여 나는 대단히 미안합니다. 나는 이 귀한 말씀을 전하고 있지만, 이 말씀은 여러분을 위한 것이 아닙니다. 하나님의 말씀은 "악인에게는 많은 슬픔이 있다"(시 32:10)고 선포합니다. 여러분이 하나님께로 피하지 않는다면, 여러분의 배를 폭풍이 몰아칠 때 어찌하시렵니까? 여러분이 누구에게로 혹은 어디로 피할 수 있겠습니까? 그리스도인은 이렇게 노래할 수 있습니다.

> "예수, 내 영혼의 연인이여,
> 　내가 당신의 품으로 달려갑니다
> 　가까운 바다가 굽이치고
> 　폭풍우가 거셀 때에도!
> 　나를 숨겨 주소서, 오 나의 구세주시여, 숨겨 주소서
> 　삶의 폭풍우가 지날 때까지.

천국으로 안전하게 인도하소서
오, 내 영혼을 마침내 받아주소서!"

그러나 그리스도를 사랑하지 않는 가련한 영혼들이여, 여러분이 슬픔과 시련을 당할 때 어디에서 위로를 받을 수 있겠습니까? 아내와 자녀들을 잃은 여러분, 가난으로 고통당하는 여러분, 질병에 시달리는 여러분, 그런데도 구세주가 없는 여러분이 무엇을 할 수 있겠습니까? 눈보라를 맞고 있는 가련하고 집 없는 사람들, 그들을 숨겨 줄 수풀조차 없다면, 그들이 무엇을 할 수 있겠습니까? 그것이 바로 여러분의 상태이며, 그래서 나는 여러분으로 인해 슬퍼하며, 더 이상 단 한순간이라도 그런 가엾은 상황 속에 있지 말라고 여러분에게 간청합니다.

"오라, 범죄한 영혼들이여, 도망치자
비둘기들처럼 예수의 상처 속으로.
오늘은 환영받는 복음의 날일세
그곳에 거저 주시는 은혜가 넘치네."

오, 바로 이 시간 여러분이 절박한 심정으로 그리스도를 여러분의 구세주로 영접할 수 있기를 바랍니다! 그리스도를 믿는 사람들에게는 지금까지 말한 확실한 위로가 있으며, 그들은 감당하지 못할 시험을 절대로 당하지 않을 것입니다.

**4. 본문에서 우리가 얻을 수 있는 또 다른 위로는
주께서 시험 당하는 자를 위해 대비책을 마련하신다는 것입니다.**

"오직 하나님은 미쁘사 … 시험 당할 즈음에 또한 피할 길을 내사." 이를 헬라어로 보면, "시험과 함께 피할 길을 내신다"는 뜻입니다. 곧 시험을 피할 수 있는 올바른 길이 있다는 것입니다. 스무 가지의 잘못된 길들이 있습니다. 그런 잘못된 길 중 하나에라도 빠진다면 그 사람에게 화가 있을 것입니다. 시련에서 벗어날 수 있는 올바른 길은 오직 하나이며, 그것은 하나님께서 자기 백성을 위해 마련해 주신 길입니다. 하나님께서는 모든 시련들을 통과하

여 자기 종들이 거기서 올바르게 나올 수 있는 길을 마련해 주셨습니다. 유대의 용감한 젊은이들이 느부갓네살에 의해 시험을 당했을 때, 그들이 극렬히 타는 풀무에서 보호받을 수 있었던 길은 오직 하나였습니다. 수금과 삼현금과 나팔, 그리고 현악기가 연주되었을 때, 그들은 큰 우상 앞에 무릎을 꿇어야만 했습니다. 그러나 그것은 절대로 피할 길이 될 수 없었습니다. 왜냐하면 그것은 올바른 길이 아니었기 때문입니다. 그들이 피할 수 있는 길은 풀무 안으로 내던져지고, 거기서 자기들과 함께 불 속을 거니시는 하나님의 아들을 만나는 것이었습니다. 이에 불은 그들을 상하게 할 수 없었습니다. 마찬가지로, 여러분이 어떠한 시험을 당하더라도, 잘못된 방법으로 시험을 피하려 하지 않도록 유의하십시오.

특히 올바른 길은 언제나 하나님께서 마련하신다는 사실을 유의하십시오. 그러므로 지금 시험을 당하고 있는 여러분 가운데 어느 누구라도 그 시험에서 빠져나올 길을 스스로 마련하지 말아야 합니다. 하나님, 그렇습니다, 하나님 한 분만이 여러분을 위해 그 길을 마련하셔야 하며, 그러므로 여러분 스스로 그 길을 만들려고 시도하지 마십시오. 내가 알던 한 사람은 돈이 없어서 고생을 하였습니다. 그런데 그가 스스로 피할 길을 마련하였는데, 그것은 다른 사람이 자신에게 기탁한 돈을 이용하는 것이었습니다. 그것은 하나님께서 그를 위해 마련하신 피할 길이 아니었으며, 그래서 그는 이전보다 더 큰 시험에 빠지고 말았습니다. 내가 아는 한 사업가는 큰 어려움을 당하고 있었는데, 일이 잘못되어 갔습니다. 그래서 그는 요행수를 노리고 도박을 하였으며, 결국 자기 사업과 성격 둘 다 망하고 말았습니다. 그가 어려움을 피하려고 시도했던 일은 하나님께서 그를 위해 마련하신 길이 아니었습니다. 때때로 인간이 고통 중에 할 수 있는 최선이 아무것도 하지 않고 모든 것을 하나님의 손에 맡기는 것입니다. "가만히 서서 여호와께서 오늘 너희를 위하여 행하시는 구원을 보라"(출 14:13). 이스라엘 백성이 애굽에서 나왔을 때 하나님께서는 그들이 마땅히 트집잡을 만한 곳으로 인도하셨습니다. 그들 앞에는 아무것도 없었고 오직 바다뿐이었습니다. 그들 뒤에는 바로가 맹렬히 쫓아오며, "내가 추격하고, 따라잡고, 전리품을 나누리라. 내 욕망을 그들로 채우리라. 내가 칼을 뽑아 내 손으로 그들을 멸하리라"고 외칩니다. 자, 그때에 하나님께서 그들을 위해 마련하신 길이 무엇이었습니까? 바로 홍해를 통과

하고, 애굽 사람들이 바다에 빠져 죽어가는 동안 건너편에서 그들이 찬송하는 것이었습니다. "여호와를 찬송하리니 그는 높고 영화로우심이요 말과 그 탄 자를 바다에 던지셨음이로다"(출 15:1). 만일 그들이 자기들의 길로 피하거나, 혹 돌아서서 바로와 싸우려 했다면 큰일날 뻔하였습니다. 그들은 아무 것도 하지 않았습니다. 하지만 여호와께서 자기 백성을 위하여 피할 길을 마련해 주셨으며, 이는 마련될 수 있는 최선의 길이었습니다.

또한 주님께서 "시험 당할 즈음에" 피할 길을 내신다는 사실을 유의하십시오. 주님은 시험 당하는 것을 허락하셨으며, 동시에 그 시험을 피할 길을 내셨습니다. 나의 형제여, 하나님께서 이 모든 것, 곧 주님의 전사인 당신이 어떻게 앞으로 나아갈 것이며, 어떻게 그가 주시는 힘으로 용감하게 싸울 것이며, 어떻게 그가 당신의 방패가 되시고, 당신의 굉장히 큰 상급이 되실 것인가 하는 계획을 마련하셨습니다. 주님께서 당신을 위험한 좁은 길로 인도하실 것이나, 그때에 주님은 당신이 그 좁은 길을 안전하게 통과하도록 도우실 것입니다. 시편 기자는 "그의 백성을 인도하여 광야를 통과하게 하신 이에게 감사하라 그 인자하심이 영원함이로다"(시 136:16)라고 노래하지 않았습니까? 주님은 그들을 광야로 인도하실 뿐만 아니라 그들로 통과하도록 도우셨으니, 그의 거룩하신 이름을 송축할지로다! 주님께서 당신을 고난과 고통의 광야로 이끄셨다면, 주님께서 고통을 허락하신 동시에 거기서 피할 길을 마련하셨을 것입니다. "여호와를 의뢰하고 선을 행하라 땅에 머무는 동안 그의 성실을 먹을거리로 삼을지어다 또 여호와를 기뻐하라 그가 네 마음의 소원을 네게 이루어 주시로다 네 길을 여호와께 맡기라 그를 의지하면 그가 이루시고 네 의를 빛 같이 나타내시며 네 공의를 정오의 빛 같이 하시리로다 여호와 앞에 잠잠하고 참고 기다리라 자기 길이 형통하며 악한 꾀를 이루는 자 때문에 불평하지 말지어다"(시 37:3-7). "너희는 먼저 그의 나라와 그의 의를 구하라 그리하면 이 모든 것을 너희에게 더하시리라"(마 6:33). 시험 당할 때 죄를 멀리하세요. 그리하면 여러분이 시험으로 인한 불행을 두려워할 필요가 없습니다. 시험들로 인해 여러분 스스로 간계를 부리지 않고, 도리어 무릎을 꿇는다면, 그 시험들이 결국 여러분에게 복이 될 것입니다.

하나님께서 자기 백성을 위하여 시험에서 피할 길을 내셨다는 이것이 네 번째 위로입니다. "그러면, 자, 내가 이 시험에서 피하겠군요"라고 누군가 말하시는군요. 나의 친구여, 잠깐만 기다리고 본문의 마지막 말씀에 귀를 기울이세요. 이 말씀으로 나의 설교를 마무리하겠습니다.

5. 이제 마지막 위로의 시간입니다.
하나님께서 시험 중에 도움을 주십니다.

"너희로 능히 감당하게 하시느니라." 하나님께서 내시는 피할 길은 자기 백성으로 하여금 그 시험을 통과하지 못하도록 피하게 하는 것이 아니라, 그 시험을 통과하여 다른 쪽으로 나오도록 인도하는 것입니다. 즉, 홍해로부터(from) 달아나는 것이 아니라 홍해를 지나(through) 더 큰 시련으로부터 벗어나는 것입니다. 사랑하는 자들이여, 여러분이 시련이나 시험을 당하고 있다면, 그것을 견딜 수 있어야 합니다. 자, 여러분이 이 건물을 떠나기 전에, 내가 자세히 설명할 시간은 없지만, "너희로 능히 감당하게 하시느니라"는 이 마지막 말씀이 여러분의 체험 가운데 실현되기를 간절히 바랍니다.

여러분이 가난하다고 가정해 봅시다. 자, 하나님께서 그런 상태를 정하셨다면 여러분은 가난할 것입니다. 그러므로 여러분이 가난을 견딜 수 있기를 간절히 바랍니다. 진실한 근면성과 엄격한 성실로 더 나은 위치에 이르도록 분투하세요. 그러나 여러분의 모든 노력들이 실패한다면, 주님께 "그러나 나의 원대로 마시옵고 아버지의 원대로 하옵소서"라고 말씀드리세요. 아마 여러분의 사랑하는 아이가 죽어가거나 혹 여러분의 아내가 병을 앓고 있다면, 여러분은 그들을 잃지 않을까 두려워할 것이며, 할 수만 있다면, 그들을 위해 여러분의 생명을 기꺼이 주려 할 것입니다. 그래요. 여러분이 그들을 살리기 위해 할 수 있는 모든 일을 하세요. 생명은 소중하기 때문입니다. 그리고 생명을 살리기 위해 아무리 많은 돈을 들인다 하더라도 그런 돈은 아깝지 않을 것입니다. 하지만 그들의 건강이 허락되지 않더라도 여러분이 참으로 그 심한 시련을 참아낼 수 있기를 간절히 바랍니다. 자기들을 곧 짓밟아 뭉개 버릴 것만 같이 생각되는 고난을 잘 참을 수 있도록 하나님께서 자기 백성을 도우시는 모습을 보면 놀라울 따름입니다. 내가 아는 연약한 미망인들은 사별로 인해 곧 죽을 것 같았지만, 그들은 용감해지고 강해졌습니다. 그리고 어려움이 예상되어 나약해진 사람들은 실제로 불행이 임하자 오히려 주님을 송축하였습니다. 여러분도 이렇게 할 수 있습니다.

여러분이 아프다고 가정해 봅시다. 자, 그것은 지독한 시련입니다. 나도 그 고통을 알고 있는데, 개인적으로 나는 자주 나를 괴롭히는 그 고통을 피할 수만 있다면 내가 무슨 짓이라도 하고 싶을 정도였습니다. 하지만 그렇게 해서는 안 된다면, 나는 내 태도를 바꾸어야 합니다. 그리고 내가 그 고통을 참을 수 있기를 간절히 바랍니다. 오늘 아침 나는 하나님의 사람으로부터 한 통의 편지를 받았습니다. 그는 나를 크게 지지해 준 사람입니다. 그는 다음과 같이 말했습니다. "나의 사랑하는 형제여, 나는 유감스럽게도 당신이 또 다시 아프고, 기분이 우울하다는 등등의 소식을 들었습니다. 하지만 하나님께서 지금까지 당신에게 얼마나 많은 복을 주셨는지를 떠올리면서, 만일 스펄전 목사에게 이런 아픔이 자주 없었다면 아마도 그가 은혜의 교리를 계속 전하지 못했을 것이며, 또한 불쌍한 하나님의 사람들을 위로하지 못했을 것이라고 혼자서 생각했습니다. 그래서 나는 당신의 이런 시련들을 축하합니다." 나는 그의 축하를 받아들였습니다. 고난당하는 나의 형제 자매여, 여러분도 그리하지 않겠습니까? "주여, 만일 할 만하시거든 이 잔을 내게서 지나가게 하옵소서"라고 기도하세요. 하지만 그것이 허락되지 않는다면, 여기에 제시된 다른 형태의 위로, 곧 "너희로 능히 감당하게 하시느니라"는 말씀을 받으세요.

그리고 사랑하는 친구들이여, 나는 이 구절을 붙들고 기도하라고 여러분에게 말씀드리는데, 실제로 그것은 약속이라는 사실을 기억하세요. 이 약속은 변하는, 말하자면 완곡한, 그리고 기도를 거절하는 그런 약속이 아닙니다. 친히 영감을 받은 그의 사도를 통해 "너희가 감당하지 못할 시험 당함을 허락하지 아니하시고 시험 당할 즈음에 또한 피할 길을 내사 너희로 능히 감당하게 하시느니라"고 말씀하셨습니다. 그러므로 이 말씀의 깃발들을 높이 드세요! 그 무엇이 길을 방해하더라도 전진하세요! 늙은 존 라일랜드(John Ryland)와 함께 우리 노래합시다.

> "예수께서 인도하신다면, 홍수와 불 속이라도
> 그가 가는 곳에 나는 따라가리
> '방해하지 말라'고 나는 외치리라
> 땅과 지옥이 반대하더라도."

　　우리 안에 있는 불멸의 생명은 빼앗길 수 없습니다. 성령 하나님께서 심어주신 거룩한 본성은 결코 발에 짓밟히지 않을 것입니다. "나의 대적이여 나로 말미암아 기뻐하지 말지어다 나는 엎드러질지라도 일어날 것이요 어두운 데에 앉을지라도 여호와께서 나의 빛이 되실 것임이로다"(미 7:8).

　　그러나 오, 정말로, 정말로, 영혼 깊은 곳에서부터 애석한 것은, 이 위로가 주님을 알지 못하는 여러분에게는 상관없기 때문입니다! 제발 바라건대 주님을 찾으세요. 여러분의 구세주 되시는 그분을 찾으세요. 그러면 영원한 언약의 모든 복들이 여러분의 것이 될 것입니다. 왜냐하면 아버지께서 그를 백성의 지도자와 사령관으로 주셨으며, 그를 바라보고 따르는 자들은 영원히 살 것이기 때문입니다. 아무쪼록 하나님께서 여러분을 축복하시기를 바랍니다! 아멘.

제
11
장

—

지금, 그리고 그 때에는

—

"우리가 지금은 거울로 보는 것 같이 희미하나 그 때에는
얼굴과 얼굴을 대하여 볼 것이요 지금은 내가
부분적으로 아나 그 때에는 주께서 나를 아신 것 같이
내가 온전히 알리라" ―고전 13:12

이 장에서 사도 바울은 자비 혹은 사랑에 관하여 가장 고상한 용어로 이야기를 하였습니다. 사랑은 방금 전에 그가 말한 영적인 은사들 중에 어떤 것보다 더 탁월한 은혜라고 그는 설명합니다. 그가 사랑에다 우선권을 주는 합당한 이유들이 있었다는 것을 우리는 쉽게 알 수 있습니다. 여러분이 보아 알듯이, 그런 영적인 은사들은 경건한 사람들 가운데 각각의 분량대로 각 사람에게 분배되었으며, 따라서 한 사람이 가진 것을 다른 사람이 갖지 못할 수도 있었습니다. 그러나 이 은혜는 죽음에서 생명으로 옮긴 모든 사람에게 속합니다. 그들이 그리스도의 제자들이라는 증거가 그리스도와 그 형제들에 대한 그들의 사랑 안에서 발견됩니다. 또한 그런 은사들은 그들을 섬기는 데 적합하도록 하기 위한 수단들이었습니다. 곧 섬기기 위해서는 몸의 각 지체가 몸의 다른 지체들에게 유익을 주어야 하는데, 그 은사들이 섬김의 수단이 되었다는 것입니다. 하지만 이 은혜는 인격적인 가치에 속합니다. 그것은 마음속에 있는 빛이요, 그것을 가지고 있는 모든 사람의 가슴에 새겨진 별입니다. 게다가 그런 은사들은 일시적으로 쓸모가 있었습니다. 그것들의 가치

는 그것들이 발휘되는 영역에 제한되었습니다. 하지만 이 은혜는 언제나 모든 곳에서 번창하며, 그리고 이 은혜는 우리의 현재의 행복에 필수적인 만큼 우리의 영원한 미래의 상태에도 필수적입니다. 나의 사랑하는 형제여, 예술가가 자신의 손발이 능숙하고 자신의 모든 감각이 민감하기를 바라는 것처럼 아무쪼록 최고의 은사들을 갈망하세요. 하지만 똑같은 예술가가 자신 안에 살아 있고 숨쉬는 순수한 심미안을 계발하듯이 — 그것이 그의 모든 활동의 비밀스러운 원천이며, 그의 기술을 유발하는 재능이기에 — 무엇보다도 사랑을 소중히 하세요. 모든 뛰어난 재주보다도 이 거룩한 사랑의 본능을 존중하는 법을 배우세요. 여러분의 재주가 초라할지라도 그리스도의 사랑이 여러분 안에 풍부하게 거하도록 하세요. 이런 간곡한 권유가 한층 더 필요한 것은 사랑에는 강력한 경쟁자가 있기 때문입니다. 참으로 현대의 우리 모든 학교에서처럼 그리스의 학원에서도 지식이 늘 모든 상을 받곤 했다는 것을 바울이 알았을 것입니다. 아놀드 박사가 학교 선생으로서 거둔 성공이 다분히 영리한 학생보다 착한 학생을 선호한 데서 기인했다고 누가 말할 수 있겠습니까? 바울은 교회 안에서 방언을 말하고, 예언과 설교를 잘하는 사람들의 뛰어난 재능들이 많은 질투를 유발했다는 것을 분명히 인식하였습니다. 그래서 그가 사랑의 은혜를 칭찬하는 반면, 지식을 폄훼한 듯합니다. 어쨌든, 그는 우리가 자랑하는 이 같은 지식이 세상에서 가장 믿음직한 것은 아니라는 사실을 보여주려고 예증을 사용합니다. 바울은 자신이 한때 어린 아이였다는 것을 기억하였습니다. 그것은 우리가 기억할 수 있는 아주 좋은 예증이었습니다. 우리가 그런 사실을 잊는다면, 우리의 동정은 곧 메마를 것이며, 우리의 기질도 거칠어지기 쉽고, 우리의 견해는 오만할 것이며, 우리의 이기심은 매우 역겨울 것입니다. 당시 기독교 안에서 중요인물이며, 회심자들 사이에서 큰 영향력을 발휘하였던 바울은 전에 자신이 어린 아이였을 때를 생각했으며, 그것은 매우 시의적절한 생각이었습니다. 그가 이룬 업적이나 그가 맡은 높은 직무를 넌지시 비칠 수도 있었고, 또한 어느 정도 존경받을 권리를 주장할 수 있었지만, 그는 그보다도 자신의 변변찮은 시작을 돌아봅니다. 그의 회상에 지혜가 있다면, 내 생각에 그것을 표현하는 그의 태도에는 익살의 기질이 있습니다. "내가 어렸을 때에는 말하는 것이 어린 아이와 같고 깨닫는 것이 어린 아이와 같고 생각하는 것이 어린 아이와 같다가 장성한 사람이 되어서는 어린 아이의 일을 버렸노라"(고전 13:11). 이렇듯 그는 그의 자연적인 삶의 두 단계를 비교하며, 그것을 하나의 비유로 활용합니다. 그는 그때에 영적인 지식 면에서 어린 아이와 같았다고 스스로 느꼈습니다. 그리고 그의 성숙함, 그의 장성함을 예상해 보았습니다. 그는 자신의 상상의 그늘 아래서 더듬으면서, 미래에 현재 자신의 모습이 초심자에 지나지 않았음을 회상하리라고 쉽게 추측할 수 있었습니다. 그는 "우리가 지금은 거울로 보는 것 같이 희미하나 그 때에는 얼굴과 얼굴을 대하여 볼 것이요 지금은 내가 부분적으로 아나 그 때에는 주께서 나를 아신 것 같이 내가 온전히 알리라"(고전 13:12)고 말합니다.

여기서 그는 한두 가지 신선한 비유를 듭니다. "거울로!" 그가 어떤 종류의 거울을 언급했는지 우리가 정확히 판단할 수는 없을 것입니다. 자, 우리는 의견이 다른 비평가들에게 이 문제를 맡길 것입니다. 우리에게는 그 의미가 명백하다는 것으로 충분합니다. 모호한 매체를 통해 물체를 보는 것과 육안으로 그것을 면밀히 조사하는 것 사이에는 큰 차이가 있습니다. 우리는 어느 경우에나 시력이 있어야 하지만, 후자의 경우에 좀 더 유리하게 시력을 활용할 수 있습니다. "우리가 지금은 거울로 보는 것 같이 희미하나." 희미하다는 말은 수수께끼 같다는 뜻입니다. 평범한 진리도 자주 우리를 당혹케 할 만큼 우리 정신의 지각력은 빈약합니다. 우리를 교훈하는 말씀들은 설명이 필요한 영상들입니다. 우리를 자극하는 사상들은 우리의 뇌 속에서 떠다니고 교정을 필요로 하는 환상들입니다. 제발, 좀 더 분명한 환상을 보기를! 제발, 좀 더 완전한 지식을 갖기를! 형제들이여, 잊지 마세요. 우리가 본다는 것은 축하할 일입니다. 우리가 보기 때문에 망설여야 할 많은 이유가 있지만 우리는 "희미하게 거울로 봅니다." 우리가 안다는 것을 하나님께 감사하세요. 하지만 우리의 자만을 억누르세요. 우리는 부분적으로 알 뿐입니다. 사랑하는 자들이여, 우리가 보는 물체들은 멀리 있고, 우리는 근시안입니다. 하나님의 계시는 광대하고 심오하지만 우리의 지각은 약하고 얕습니다.

우리가 지금은 매우 귀하게 여기지만 얼마 후에는 우리에게 가치가 없게 될 것들이 있습니다. 우리가 어떤 것들을 알고 있거나, 혹은 알고 있다고 생각하고 우리의 지식에 대하여 큰 자부심을 갖지만, 우리가 장성한 사람이 될 때 마치 어린 아이가 자라 어른이 되어 자기 장난감을 대하듯이 그 지식을 더 이상 소중히 여기지 않을 것입니다. 우리가 천국에서 영적으로 장성한 사람이 되면 우리가 지금 귀하게 여기는 것들을 많이 버릴 것입니다. 마치 장성한 사람이 자기 어린 시절에 소중히 여겼던 것들을 버리는 것과 같습니다. 그리고 우리가 지금 습관적으로 보는 많은 것들을, 이 덧없는 삶이 지나간 후에는 더 이상 보지 못할 것입니다. 우리가 세상에서 사는 동안 그것들을 기뻐하였고, 또 그것들이 우리의 눈을 즐겁게 하였지만 그것들은 우리가 깰 때에 꿈처럼 사라질 것입니다. 우리가 결코 다시는 그것들을 보지 못할 것이며, 그것들을 보기를 절대로 원하지 않을 것입니다. 왜냐하면 좀 더 분명한 빛 가운데서 안약을 바른 우리의 눈이 더 밝은 환상들을 볼 것이며, 우리가 보게 될 더 아름다운 장면들 앞에서 우리가 잃은 것을 아쉬워하지 않을 것입니다. 그런가 하면 우리가 알고 있는 어떤 것들은 결코 잊지 아니할 것입니다. 우리는 그것들을 영원히 알되 더 높은 차원에서 알 것입니다. 왜냐하면 더 이상 부분적인 지식으로 알지 않기 때문입니다. 또한 우리가 지금 보는 어떤 것들을 우리가 영원히 보게 될 것입니다. 오직 우리가 그곳에서 그것들을 더 명확한 빛으로 볼 것입니다.

이와 같이 우리는 지금 우리가 보는 어떤 것들, 그리고 이후에 더욱 온전하게, 더욱 명료하게 볼 수 있는 어떤 것들을 말씀드릴 것입니다. 그리고 우리가 어떤 상태에서 그것들을 좀 더 분명하게 볼 것인지 알아볼 것입니다. 마지막으로 이러한 사실이 우리에게 교훈하는 바가 무엇인지 고찰할 것입니다.

**1. 우리가 성령의 조명을 받은 눈을 갖고 있다면,
지금 우리가 보는 것들 가운데, 우리 자신들이 있을 것입니다.**

우리 자신을 본다는 것은 참된 신앙의 첫 걸음 중 하나입니다. 일반 대중은 자신들을 결코 보지 못합니다. 그들은 지금까지 자신들의 우쭐하는 모습을 보아왔으며, 그 모습이 자신의 실물 그대로인 줄 상상하지만 그렇지 않습니다. 여러분과 나는 지금까지 성령의 가르침을 받아 타락하여 파멸한 우리의 모습을 봅니다. 우리는 그 타락 때문에 애통해합니다. 우리는 우리 자신의 본질적인 부패를 의식하게 됩니다. 우리는 그런 발견으로써 철저하게 부서져 왔습니다. 우리의 실제적인 죄악이 드러났으며, 우리가 지존하신 하나님을 얼마나 거역하였는지가 드러났습니다. 우리는 이 때문에 회개하며, 복

음 안에서 우리 앞에 마련된 소망의 도피처로 달려갑니다. 매일 우리는 우리 자신들을 조금씩 더 봅니다. 이는 그렇게 즐거운 일은 아니지만 매우 유익합니다. 왜냐하면 우리가 우리의 헛됨을 안다는 것은 위대한 일이기 때문입니다. 이는 하나님의 충만을 받기 위해 내딛는 발걸음입니다. 우리의 연약함을 발견하는 것은 의미가 있습니다. 이는 우리가 거룩한 힘에 참여하기 위해 내딛는 필연적인 발걸음입니다. 내 생각에 우리가 오래 살면 살수록 우리 자신들을 더 많이 보게 될 것이며, 우리는 아마도 다음과 같은 결론에 이를 것입니다. "헛되고 헛되도다 모든 것이 헛되도다"(전 12:8). 그리고 욥처럼 "나는 비천합니다"(욥 40:4)라고 외칠 것입니다. 우리가 우리 자신을 발견하면 발견할수록 우리는 우리 자신에 대해 진절머리가 날 것입니다. 그러나 나는 의심하지 않는데, 우리가 명확한 빛 가운데서 우리 자신을 결코 보지 못하였고 오직 "거울로 보는 것 같이 희미하게," 마치 수수께끼를 푸는 것처럼 우리 자신들을 보았다는 사실을 우리가 천국에서 깨닫게 될 것입니다. 왜냐하면 지금보다 천국에서 우리 자신에 대하여 더 잘 이해할 것이기 때문입니다. 우리가 아직은 알지 못하지만, 거기에서는 타락이 얼마나 엄청난 해악이었는지, 우리가 얼마나 무서운 구덩이에 빠졌는지, 그리고 얼마나 신속하게 우리가 진창에 빠졌는지 알게 될 것입니다. 거기에서 우리는 여기에서 결코 알지 못한 죄의 흉악함을 알 것이며, 우리가 별이 빛나는 저 높은 곳, 곧 무한한 은혜로 우리가 들어가게 될 그곳에서부터 내려다볼 때까지는 깨달을 수 없었던 죄의 지옥 형벌을 깨달을 것입니다. "죽임을 당하신 어린 양은 능력과 부와 지혜와 힘과 존귀와 영광과 찬송을 받으시기에 합당하도다"(계 5:12)라고 우리가 노래할 때, 우리는 그의 피로 씻은 예복들을 보고 그것들이 얼마나 깨끗한지 알 것입니다. 많이 씻음받아야 하는 지금보다 그때에 그 오점들이 얼마나 붉었고 그 주홍색의 얼룩들을 지운 보혈이 얼마나 귀했는가를 우리가 더 잘 이해할 것입니다. 또한 우리는 지금보다 그곳에서 우리의 긍정적인 면을 더 잘 알 것입니다. 우리가 구원받았으며, 그러기에 이제 그리스도 예수 안에 있는 자들에게는 아무런 정죄가 없다는 것을 우리는 오늘 알고 있습니다. 하지만 지금 우리를 덮고 있는 의의 예복이 그때에 우리를 덮을 때, 우리가 그 예복을 더 잘 볼 것이며, 그것이 바느질과 금세공으로 얼마나 빛나는지 우리가 깨달을 것입니다. 또한 우리를 위해 자신을 내어주신 여호와 예수님의 보혈과 의가 군주들의 예복을 장식한 진주와 보석보다 얼마나 더 좋은지 우리가 깨닫게 될 것입니다. 이곳에서 우리는 우리가 입양된 것을 알고 있습니다. 우리는 양자의 영을 느낍니다. "우리가 아빠 아버지라고 부르짖느니라"(롬 8:15). 그러나 그곳에서 하나님의 아들 됨이 무엇인지 우리는 더 잘 알 것입니다. 왜냐하면 이곳에서는 우리의 미래의 상태가 아직 나타나지 않았지만, 우리가 그곳에 있을 때, 그리스도께서 임하실 때, 우리는 그와 같을 것입니다. 왜냐하면 우리가 그의 모습 그대로를 볼 것이며, 그때에 아들 됨의 온전한 의미를 깨닫게 될 것이기 때문입니다. 또한 나는 오늘 그리스도와 함께 공동상속인임을 알고 있지만 내가 가지고 있는 상속인에 대한 개념은 매우 빈약합니다. 하지만 그곳에서 나는 내게 속한 땅을 볼 것입니다. 볼 뿐만 아니라 실제로 그것을 누릴 것입니다. 모든 그리스도인은 그리스도 안에 있고 그와 영원히 연합하여 하나가 되기 때문에, 더럽지 않고 쇠하지 아니하는, 곧 그를 위해 하늘에 간직하신 기업에 참여할 것입니다. 그런데 우리가 이해한다고는 하지만 실제로는 수수께끼인 것처럼 보입니다. 우리가 지금은 수수께끼처럼 그것을 보지만, 그곳에 그리스도와 우리의 하나 됨은 마치 알파벳 문자들처럼 눈에 띄며 명백합니다. 그곳에 우리는 그의 몸, 그의 육체, 그리고 그의 뼈의 지체가 된다는 것이 무슨 뜻인지 알 것입니다. 그곳에서 나는 신자의 영혼을 그리스도께 결합시키는 신비로운 결혼을 이해할 것입니다. 그곳에서 나는, 가지가 줄기에서 나오듯이, 내 영혼이 어떻게 복되신 주 예수 그리스도와 생명을 공급받는 연합을 이루는지 알 것입니다. 이처럼 우리가 지금 보고 있으며, 이후에 훨씬 더 분명한 빛 가운데서 볼 한 가지는 "우리 자신"입니다.

또한 이곳에서도 우리는 교회를 보지만, 미래에는 훨씬 더 분명하게 교회를 볼 것입니다.

우리는 하나님의 교회가 있다는 것을 알고 있습니다. 우리는 주님께서 창세 전에 한 백성을 택하셨다는 사실을 알고 있습니다. 이들이 우리 땅, 그리고 다른 많은 땅에 널리 여기저기 흩어져 있다고 우리는 믿습니다. 그들 가운데 우리가 모르는 많은 사람들이 있으며, 만일 우리가 그들을 알았다면, 아마 그들의 외형적인 특징 때문에 우리가 그다지 좋아하지 않을 사람들도 많이 있을 것입니다. 매우 다른 견해를 가진 사람들, 아마도 매우 이상한 습관을 가진 사람들도 많을 것입니다. 하지만 그럼에도 불구하고 그들은 살아 계신 하나님의 백성입니다. 지금, 우리는 이런 교회를 알고 있으며, 그 영광을 알고 있습니다. 한 생명으로 활동하고, 한 성령으로 소생하며, 한 피로 구속받은 우리는 이 교회 안에서 믿으며, 신부인 교회와 결혼한 예수 그리스도 때문에 교회에 대한 애착을 가집니다. 하지만 오오, 우리가 천국에 이를 때, 우리가 교회에 대하여 훨씬 더 많은 것을 알 것이며, "희미하게 거울로 보는 것"이 아니라 얼굴과 얼굴을 대하여 교회를 볼 것입니다. 그곳에서 우리는 택함을 받은 자들의 수에 대하여 지금보다 훨씬 더 많이 알고 심히 놀라게 될 것입니다. 하나님께서 택하신 무리들 가운데 우리가 신랄하게 비난했던 사람들을 더러 볼 것이며, 우리가 불쌍히 여기며 정말 구원받을 것이 확실하다고 생각한 사람들 중에 우리가 더러 보지 못할 사람들도 있을 것입니다. 누가 주님께 속하였는지, 누가 주님께 속하지 않았는지 지금 이곳에서 우리가 알 수 있는 것보다 그때에 우리가 더 잘 알 것입니다. 이곳에서 우리의 식별의 모든 과정들은 우리의 기대를 저버립니다. 여기서는 유다가 사도의 일원이 되었고, 데마가 성도의 일원이 되었지만, 그곳에서는 우리가 의인들을 볼 것이기 때문에 누가 의인인지 알 것입니다. 그곳에는 하나의 양 떼와 하나의 목자가 있을 것이며, 보좌에 앉으셔서 영원히 통치하시는 그가 영광을 받으실 것입니다. 교회의 역사가 모든 과거 속에서 어떠했는지, 어찌하여 그토록 충돌과 정복의 이상한 역사가 있었는지 우리는 그때에 이해할 것입니다. 아마도, 교회의 미래의 역사에 대해서도 더 잘 알 것입니다. 저 높고 밝은 곳에서 우리는 마지막 날에 자기 백성에 관한 주님의 계획이 무엇인지 더 잘 알 것입니다. 사람들 가운데 부름받고 택함받고 믿음을 가진 모든 자들을 주님께서 모으실 때, 그의 구속받은 자들이 그 이름에 어떠한 영광을 돌릴지 그때에 더 잘 알 것입니다. 우리가 기대하는 기쁨 중 하나는 우리가 총회, 그리고 그 이름들이 하늘에 기록된 장자의 교회로 모이는 것입니다. 이 모임으로 우리는 예수 그리스도 우리 주로 말미암아 하나님과 교제하는 자들과 교제할 것입니다.

세 번째, 지금보다 다음 상태에서 하나님의 섭리에 대하여 우리가 더 잘 보고 알 것이 분명하지 않습니까?

여기서도 우리가 하나님의 섭리를 봅니다만, 거울로 희미하게 볼 뿐입니다. 사도는 거울"로"(through)라고 말합니다. 사도 당시에 거울은 요즈음 창문에 끼는 것과 같은 유리 재질이 아니라 두껍고 흐릿하고 착색된 유리였으며, 투명도가 보통 병을 제조하는데 사용되는 유리보다 훨씬 떨어집니다. 그래서 그런 거울을 통해 보면 많은 부분을 보지 못할 것입니다. 우리가 지금 하나님의 섭리에 대해 보는 것이 이와 같습니다. 하나님을 사랑하는 자들에게는 모든 것이 합력하여 선을 이루는 줄 우리는 믿습니다. 어떤 경우에는 그 모든 것들이 어떻게 합력하여 선을 이루는지 우리는 알며, 또한 합력하여 선을 이룬다는 사실을 체험적으로 알게 되었습니다. 하지만 그것은 여전히 보는 문제보다 믿음의 문제입니다. 어떻게 "어둡고 굽은 모든 선이 그의 사랑의 중심에서 만나는지" 우리는 이야기할 수 없습니다. 하나님께서 시험과 환난의 그런 어두운 세대들로 하여금 자신의 영광을 드러나게 하고 그들로 지속적인 행복을 누리게 하실 방법을 우리는 아직 파악할 수 없습니다. 하지만 그곳에 올라가면 우리는 섭리를, 이를테면 얼굴과 얼굴을 대하여 볼 것입니다. 추측하건대, 주님께서 우리를 어떻게 다루셨는가에 대한 발견으로 우리는 크게 놀랄 것입니다. 우리 가운데 어떤 이들은 말하기를, "우리를 위해 정해졌을 최선의 상황과 반대되게 어찌하여 우리가 간구하였을까?'라고 할 것입니다. 또 다른 이들은 "결국은 주님께서 언제나 풍성한 은혜를 보내주셨는데 나는 그것에 대하여 슬퍼하고 괴로워했구나"고 말할 것입니다. 내가 아는 사람들은 배달된 편지를 이따금씩 거절합니다. 어떤 경우에는 그 안에 아주 귀중한 것이 들어 있습니다. 나중에 우편물 집배인이 "당신이 그 내용을 몰랐군요. 알았다면 거절하지 않았을 텐데"라고 말합니다. 또한 하나님께서도 자주 시련의 검은 봉투 속에 그런 고귀한 많은 은혜를 담아 우리에게 보내주셨습니다. 만일 우리가 그 안에 무엇이 들어 있는지 안다면 그것을 받을 것이며, 기꺼이 그것을 취하려고 지불할 것이며, 기꺼이 집에 들이고 환대할 것입니다. 하지만 그 봉투가 검게 보인다고 우리는 받기를 거절하고 문을 닫으려 하였습니다. 자, 그곳에 올라가면, 우리는 우리 자신을 잘 알 뿐만 아니라 좀 더 큰 차원에서 하나님께서 우리를 다루신 많은 이유들을 감지할 것입니다. 나라들을 황폐화시킨 전쟁들, 무덤을 채운 페스트, 그리고 도시들을 진동시킨 지진들이 결국에는 하나님의 기계의 거대한 톱니바퀴 속에 있는 필연적인 톱니들이라는 사실을 우리가 깨닫게 될 것입니다. 이 순간 보좌에 앉으셔서 하늘과 땅, 혹은 지옥에 있는 모든 피조물을 강권적으로 다스리시는 하나님께서 자신의 통치가 옳았다는 사실을 그곳에서 우리에게 분명히 보여주실 것입니다. 모든 것이 느슨한 듯이 보이는 이때에, "그의 어깨에는 정사를 메었고 그의 이름은 기묘자라, 모사라, 전능하신 하나님이라, 영존하시는 아버지라, 평강의 왕이라"(사 9:6)고 생각하는 것이 좋습니다. 결국에는 틀림없이 잘 될 것이며, 좋게 될 것입니다. 모든 부속과 조각이 하나의 계획대로 합력하여 하나님의 영광과 성도의 유익을 도모할 것입니다. 그곳에서 우리는 이런 사실을 볼 것입니다. 그리고 우리의 이해의 경지를 벗어나 있던 하나님의 지혜와 선하심의 새로운 전개가 감복하는 우리의 눈앞에 펼쳐질 때 우리는 새로운 열정과 기쁨으로 우리의 노래를 크게 부를 것입니다.

네 번째, 여기에서 우리가 복음의 교리들, 그리고 믿음의 신비에 대하여 어느 정도 알고 있지만, 머지않아 길어봐야 몇 달이나 몇 년 안에 우리가 지금보다 더 많은 것을 알 것이라고 말한다 해도 본문의 내용을 왜곡하는 것은 확실히 아닙니다. 중요한 교리들이 있으며, 형제자매들이여, 우리는 이 교리들을 끔찍이 사랑합니다. 그러나 우리가 그 교리들을 사랑하지만 우리의 이해력은 너무나 부족하여서 그것들을 온전히 파악하지 못합니다. 우리는 그 교리들을 신비라고 생각합니다. 우리는 공손하게 그것들을 인정하지만 감히 설명할 엄두를 내지 못합니다. 그 교리들은 우리에게 믿음의 대상들입니다. 천국에서는 어떤 성도나 천사들도 자세히 볼 수 없는 영원한 지혜의 경륜들이 있을지 모릅니다. 어떤 내용을 숨기는 것은 하나님의 영광입니다. 확실한 것은, 어떠한 피조물이라도, 심지어 하늘에까지 높아진다 할지라도, 창조주의 모든 생각을 영원히 이해하지 못할 것입니다. 우리는 절대로 전지하지 못할 것입니다. 우리는 그럴 수 없습니다. 하나님 한 분만이 모든 것을 아시며, 모든 것을 이해하십니다. 하지만 안개와 어둠이 사라질 때 우리가 확실한 진리에 대하여 얼마나 더 많이 인식하고, 저 높은 영역으로 끌어올려지고 더 밝은 재능을 부여받을 때, 우리가 얼마나 더 많이 이해할지 우리 중 아무도 말할 수 없습니다. 아마도 우리에게 당혹케 하는 것들이 그곳에서는 최대한 명백힐 것입니나. 아바노 우리는 우리 자신의 무지를 보고 미소지을 것입니다. 설령 천국에서 가장 작은 자가 학식 있는 신학박사들의 설명을 감수한다 할지라도, 신학박사들의 설명은 그들로 세상의 아들들의 학문적인 무지를 보고 미소짓게 할 근거를 제공할 뿐이라고 나는 가끔씩 상상합니다. 오! 지금은 우리가 너무나 조금 알고 있지만 앞으로 우리는 많은 것을 알 것입니다! 우리가 알 것을 나는 확신합니다. 왜냐하면 본문에 "그 때에는 주께서 나를 아신 것 같이 내가 온전히 알리라"고 기록되어 있기 때문입니다. 우리는 지금 안개 속에서 사물을 봅니다 — "사람들이 보이나이다 나무 같은 것들이 걸어 가는 것을 보나이다"(막 8:24). 여기도 교리, 저기에도 교리가 있습니다. 그리고 우리는 종종 어떻게 같은 체계의 한 부분이 다른 부분과 조화를 이루는지 상상하기가 막막하며, 어떻게 이 모든 교리들이 일치하는지 이해하기가 막막합니다. 이 매듭도 풀 수 없고, 저 마디도 풀 수 없습니다. 하지만 —

> "그때에 나는 보리라, 들으리라, 그리고 알리라
> 　내가 세상에서 갈망한 또는 바란 모든 것을.
> 　그리고 모든 능력이 달콤한 경륜을 깨닫네
> 　저 영원한 기쁨의 세계에서."

　나의 형제자매들이여, 지금까지 여러분을 바깥뜰에 머무르게 했지만 이제 나는 여러분을 성전으로 이끌기를 간절히 바랍니다. 혹 비유적으로 말해서, 처음에 내가 좋은 포도주를 제시한 이상, 분명히 나는 그보다 나쁜 포도주를 꺼내 오지는 않을 것입니다. 연회장이 신랑에게 한 말대로, 나는 여러분으로 하여금 "그대는 지금까지 좋은 포도주를 두었도다"라고 말하게 만들 것입니다. 여기서 우리가 그리스도를 보지만, 우리가 곧 그를 볼 때처럼 그를 보지는 못합니다. 우리가 믿음으로 예수님을 보았다는 것은 이런 의미입니다. 곧 우리의 짐이 그에게 지워진 것을 우리가 보았으며, 그로 말미암아 우리의 죄악이 아무리 찾더라도 찾을 수 없는 광야로 옮겨진 것을 우리가 보았다는 것입니다. "그 전체가 사랑스럽다"(아 5:16)는 사실을 알기에는 충분히 우리가 예수님을 보았습니다. 우리는 예수님에 대하여 "나의 모든 구원과 나의 모든 소원"(삼하 23:5)이라고 말할 수 있습니다. 때때로 예수님께서 격자창을 서둘러 만드시고, 그의 집안 의식, 특히 성만찬에서, 마노(瑪瑙)의 창들과 홍옥(紅玉)의 문들을 통해 그 모습을 보이시는데, 그때에 그 왕의 아름다움이 우리의 마음을 황홀하게 매료시켰습니다. 하지만 우리가 지금껏 본 모든 것은 어느 정도 스바 여왕이 솔로몬의 지혜에 대하여 들은 소문과 같습니다. 일단 한 번 우리가 그 위대하신 왕의 궁전에 들어가면, 우리가 들은 것은 절반도 되지 않는다고 밝힐 것입니다. 우리는 "내가 그를 보리니 내 눈으로 그를 보기를 낯선 사람처럼 하지 않을 것이라"(욥 19:27)고 말할 것입니다. 형제들이여, 이것이 바로 천국의 정수(精髓)가 아니겠습니까? 우리가 천국에서 무슨 일을 할 것인지, 무엇을 즐길지에 대한 많은 제안들이 있습니다. 하지만 그 모든 제안들은 내가 보기에, 우리가 예수님과 함께 할 것이며, 그와 같아질 것이며, 그의 영광을 보리라는 이 한 가지 사실에 비하면 표적에서 빗나간 듯이 보입니다. 오, 못 박힌 발을 보고, 구멍 난 손을 만지며, 가시관을 쓰신 머리를 보며, 이루 말할 수 없는 사랑, 말로 할 수 없는 겸손, 무한한 온유이신 그분 앞에 절하는 기쁨이여! 오, 그 앞에 절하고, 그 복되신 얼굴에 입 맞추는 기쁨이여! 사람이 자기 친구와 대화를 할 때처럼, 예수님, 우리가 당신 자신의 빛 아래서 당신을 보는 것보다 무엇을 더 원하겠습니까? 이러한 이야기를 하는 것은 재미있지만, 진주 문이 열릴 때 그런 이야기가 무슨 의미가 있겠습니까? 보좌 가운데 계신 왕에 비하면, 황금 길이 조금 우리의 관심을 끌 것이며, 천사들의 하프가 단지 약간만 우리를 매혹시킬 것입니다. 그분이 우리의 시선을 고정시키고, 우리의 생각을 흡수하며, 우리의 애정을 세게 끌 것이고, 우리의 거룩한 열정을 최고조의 천상의 열정으로 끌어올리실 것입니다. 우리가 예수님을 볼 것입니다.

그리고(여기서 우리는 깊은 내용으로 들어갈 것인데), 의심할 여지 없이 우리는 또한 하나님을 볼 것입니다. 마음이 청결한 자는 하나님을 볼 것이라고 성경에 기록되었습니다. 지금도 그의 하시는 일과 말씀 안에서 우리가 하나님을 볼 수 있습니다. 실로 이 눈으로는 그 아름다운 모습을 차마 볼 수 없지만, 그럼에도 불구하고 우리가 그런 기대를 할 만한 이유가 있으며, 인생들이 무한하신 창조주를 보는 것을 감당할 수 있는 한, 우리가 하나님을 뵙는 것을 허락받을 것입니다. 우리가 성경에서 보듯이 아론과 몇몇 선택받은 자들이 청옥처럼 청명하고 벽옥처럼 맑고 깨끗한 하나님의 보좌를 보았습니다. 천국에서는 하나님의 임재 자체가 그곳의 빛입니다. 하나님께서 새 예루살렘 한가운데 직접 임하시는 것 자체가 그곳의 비할 데 없는 영광이자 특별한 축복입니다. 그때에 우리가 하나님을 지금보다 더 잘 이해할 것입니다. 우리가 하나님께 더 가까이 나아갈 것이며, 하나님과 더 많이 친해질 것이며, 지금보다 더 하나님으로 충만해질 것입니다. 하나님의 사랑이 우리의 마음속에 넓게 퍼질 것입니다. 아직은 우리가 우리의 아버지를 알지 못하지만 그때에는 알 것입니다. 아들이 우리에게 자신을 계시하신 것보다 더 충분히 우리가 아들을 알 것이며, 이 땅에서 슬퍼하는 우리를 달래 주시고 당혹해 하는 우리를 인도하시는 그런 모든 성령의 감화와 역사를 뛰어넘어 우리를 향한 그의 인격적인 사랑과 긍휼 가운데서 우리가 성령을 알 것입니다. 여러분의 생각과 소원은 자유롭게 성령의 가르침을 따르도록 하세요. 나는 성령의 가르침을 거역하는 동안에 가질 생각에 움츠러듭니다. 자연 속에서 이루어지는 일들이 하나님의 일을 나타내는데, 그런 자연을 응시하는 동안 내 눈이 상하였습니다. 자신의 거룩한 율법을 선포하시는 하나님의 음성을 경청하였을 때 내 양심은 경이로워 했습니다. 예언의 무거운 짐을 덜어주는 성스러운 선율 안에서 그의 은혜로운 복음의 부드러운 악센트가 명백해졌을 때 내 마음은 녹았습니다. 나는 베들레헴의 아기 안에서 이스라엘의 소망을 알아보았고, 나사렛 사람 안에서 오실 메시야를 알아보았습니다. 골고다의 희생 안에서 한 분 중보자를 알아보았고, 부활하신 예수 안에서, 사랑하는 아들 안에서, 내게는 진실로, 내가 거의 하나님을 볼 정도로 성육신하신 하나님께서 매우 뚜렷하게 계시되었습니다. 왜냐하면 내가, 말하자면, 신성의 모든 충만이 그 안에 육체로 거하시는 그분을 보았기 때문입니다. 그럼에도 나는 "거울로 보는 것 같이 희미합니다." 이런 어두운 감각을 밝혀 주시고, 이 졸리는 양심을 깨우시며, 내 마음을 정결케 하시고, 나로 그리스도와 교제하게 하시며, 나로 인내하게 하시고, 나를 삼층천으로 옮겨 주소서. 내가 그럴지 모르며, 그럴 수 있으며, 그래서 나는 하나님을 볼 것입니다. 하지만 그것이 어떤 의미인지, 또는 그것이 무엇인지, 아아! 나는 말할 수 없습니다. 두 번째로 우리는 묻기로 작정하였습니다.

2. 이 놀라운 변화가 어떻게 초래될까요?
어찌하여 우리가 지금보다 그때에 더 분명히 보게 될까요?
　　우리가 이 질문에 완전히 대답할 수는 없지만 한두 가지 추측들이 우리에게 도움을 줄 수 있을 것입니다. 의심할 여지 없이 오는 세상에서 많은 부분들이 좀 더 분명하게 계시될 것입니다. 여기서는 빛이 여명과 같으며, 어둑한 황혼입니다. 천국에서는 정오의 광휘일 것입니다. 하나님께서는 자신의 거룩한 선지자들과 사도들의 입을 통해 자신에 대하여 상당 부분 밝히셨습니다. 하나님께서는 만물의 후사로 정하신 그의 아들의 입술을 통해 자기의 마음의 생각과 작정된 뜻을 우리에게 좀 더 명백하게 말씀하시고, 좀 더 공개적으로 보여주시기를 기뻐하셨습니다. 이런 것들이 지식으로 나아가는 첫 걸음들입니다. 하지만 그곳에서는 빛이 일곱 날들의 빛 같을 것이며, 그곳에서는 지혜의 모든 보화들이 지금보다 더 밝고 더 맑게 드러날 것입니다. 왜냐하면 하나님 곧 유일하게 지혜로우신 하나님께서 우리에게 신비들을 벗기실 것이며, 그의 영원한 나라의 영광을 우리에게 나타내실 것이기 때문입니다. 지금 우리가 받은 계시는 우리의 죽을 수밖에 없는 부족한 몸을 입은 인간들에게 어울립니다. 그러나 그때의 계시는 불멸의 영혼들에게 어울릴 것입니다. 우리가 죽음에서부터 부활했을 때, 그 계시는 우리의 불멸의 영체에게 어울릴 것입니다. 또한 여기서 우리는 알기를 간절히 원하는 많은 것들과 거리가 멀지만, 그곳에서는 우리가 그런 것들에 더 가까이 다가설 것입니다. 그때에 우리는 지평선 전체가 우리 앞에 펼쳐지므로 유리한 조건이 될 것입니다.

우리 주 예수님의 직접적인 임재는 지금 우리와 거리가 멉니다. 우리는 믿음의 망원경으로 그를 보지만, 그때에는 우리가 얼굴과 얼굴을 대하여 볼 것입니다. 예수님은 하늘로 올려지셨기 때문에 그의 문자 그대로의 육체상의 임재는 천국에 존재하며, 따라서 우리도 똑같이 하늘로 올려져서 그와 함께 하여야 우리가 문자 그대로 그를 볼 수 있습니다. 근원으로 나아가세요. 그리하면 여러분이 더 많은 것을 깨달을 것입니다. 중심에 서세요. 그리하면 사물들이 규칙적이며 정돈되게 보일 것입니다. 여러분이 태양 가운데 서서 행성들이 그 중심 발광체 주위를 회전하는 궤도들을 볼 수 있다면, 어떤 상황인지 더 분명히 알게 될 것입니다. 하지만 오랫동안 많은 천문학자들은 우주의 질서에 대하여 아무것도 밝혀낼 수 없었기 때문에 행성들이 앞으로 갔다 뒤로 후퇴한다거나, 혹은 그대로 서 있다는 식으로 말을 하였습니다. 이제 하나님, 곧 중심으로 나아갑시다. 그리하면 어떻게 섭리가 그의 보석 보좌 주위를 순서대로 돌아가는지 우리가 볼 것입니다. 우리가 천국에 이르면, 또한 우리 자신이 지금보다 더 적격한 자들이 될 것입니다. 우리가 천국에서 알 만큼 여기서 안다는 것은 우리에게 불편한 일이 될 것입니다. 의심할 여지 없이 우리가 더 좋은 귀를 가진다면 그것이 큰 복이 되리라고 가끔 우리는 생각합니다. 십 마일 떨어진 곳의 소리를 들을 수 있다면 하고 우리는 바랍니다. 그러나 아마 우리는 더 좋지 못할 것입니다. 우리는 너무 많은 소리를 듣게 되고, 그 소리들이 서로 충돌할 것입니다. 아마 우리의 시력이 우리가 바라는 만큼 좋지 않을 것입니다만, 시력의 큰 향상이 우리에게 아무런 소용도 없을 것입니다. 우리의 타고난 기관들은 현재 우리가 존재하는 영역에 어울립니다. 우리 중 대다수의 경우에, 정신적인 기능은 우리의 도덕적 필요에 적합합니다. 만일 우리가 우리 자신의 죄성을 더 많이 안다면, 우리는 절망에 빠질 것입니다. 만일 우리가 하나님의 영광을 더 많이 안다면 우리는 공포로 죽을 것입니다. 만일 우리가 더 많은 이해력을 가진다면, 우리가 이에 상응하는 사용 능력을 갖지 못하는 한, 우리는 자만에 빠지고 야망으로 괴로워할 것입니다. 하지만 그곳에 올라가면 우리의 마음과 체질이 강화되어 더 많이 수용할 수 있으며, 질서의 한계를 뛰어넘음으로써 받게 될 손해가 없도록 최상으로 정해지고, 신적(神的)으로 조정될 것입니다. 이곳에서 우리는 천국의 포도주를 마실 수 없으며, 그것은 우리가 마시기에 너무 강합니다. 하지만 그곳에 올라가면 우리가 교만에 취할 염려 없이, 혹은 격정으로 비틀거릴 염려 없이, 우리 하늘 아버지의 나라에서 새롭게 포도주를 마실 것입니다. 우리가 알려지는 순간 우리가 알 것입니다. 그밖에 사랑하는 친구들이여, 천국의 대기는 이곳보다 훨씬 더 깨끗하며, 따라서 당연히 그곳에서 더 잘 볼 수 있습니다. 여기서는 매일 근심의 매연이 있으며, 부단한 수고의 먼지가 있으며, 끊임없이 올라오는 고생의 안개가 있습니다. 이런 매연이 자욱한 대기 속에서 우리가 많은 것을 보리라고 기대할 수 없습니다. 하지만 우리가 이런 대기를 넘어갈 때, 우리는 주님의 영원한 광채를 가리려고 태양 주변에 늘 몰려드는 구름들을 보지 못할 것입니다. 그곳은 전부 맑습니다. 그 햇빛(주님의 빛)은 정오처럼 화창합니다. 우리는 더 맑은 대기와 더 밝은 빛 가운데 있을 것입니다. 내가 마무리하기 전에 이 주제로부터 우리가 얻을 수 있는 실천적인 교훈들에 여러분이 주목하기를 바랍니다.

3. 이 주제에서 배울 수 있는 실제적 교훈이 있다고 생각합니다.

우리가 보는 모든 것에 대하여 감사의 마음을 가져야 합니다. 지금 보지 못하는 자들 — 아, "거울로 희미하게나마" 보지 못하는 자들 — 은 결단코 얼굴과 얼굴을 대하여 보지 못할 것입니다. 믿음으로 그리스도를 보지 못하는 눈은 결단코 천국에서 그를 보지 못할 것입니다. 만일 한 번도 자신이 죄로 더럽혀진 문둥병자인 것을 보지 못하고 참회하지 않았다면, 여러분은 죄로부터 구속된, 은혜로 새로워진 자신의 모습, 흰 예복을 입은 영혼을 결단코 보지 못할 것입니다. 만일 여러분이 이곳에서 하나님의 존재를 느껴 그를 예배하고 사랑하지 않는다면, 여러분은 이후에 그의 영광을 보지 못할 것이며, 그의 영광에 따르는 충만한 기쁨과 즐거움을 영원히 누리지 못할 것입니다. 오! 사랑하는 형제여, 사랑하는 자매여, 여러분이 가진 시력에 대해 기뻐하세요. 그 시력을 여러분에게 주신 분이 하나님이십니다. 여러분은 타고난 맹인들입니다. "창세 이후로 맹인으로 난 자의 눈을 뜨게 하였다 함을 듣지 못하였으니"(요 9:32). 바로 이 기적이 여러분에게 일어났습니다. 여러분은 볼 수 있습니다. 그리고 "한 가지 아는 것은 내가 맹인으로 있다가 지금 보는 그것이니이다"(요 9:25)라고 말할 수 있습니다.

본문은 이 연약한 시력이 매우 희망적이라는 것을 우리에게 가르쳐 줍니다. 여러분은 머지않아 더 잘 볼 것입니다. 오, 우리가 얼마나 빨리 영광 중에 있게 될지 여러분은 알지 못합니다. 지금으로부터 하루 이틀 후가 될지도 모릅니다. 우리와 천국의 거리가 단 한 걸음 정도가 되도록 하나님께서 정하셨을지도 모릅니다.

또 다른 교훈은 자제에 대한 것입니다. 우리가 지금까지 말한 내용들을 근거로 우리의 신랄한 토론을 부드럽게 합시다. 우리가 난제들에 대하여 논쟁할 때 심술을 낼 필요가 없다고 생각합시다. 왜냐하면 결국 우리의 현재의 지식과 아울러 우리의 현재의 능력에도 한계가 있기 때문입니다. 우리의 논쟁은 종종 유치합니다. 어떤 문제들은 차라리 잠시 동안 중지하는 편이 나을 것입니다. 어둠 속에 있던 두 사람이 색깔에 대하여 티격태격하며 싸우려 합니다. 우리가 촛불을 가시고 가서 그늘로 그 싸움을 계속하게 한다면, 그 촛불은 무슨 색깔인지 보여주지 못할 것입니다. 하지만 우리가 내일 아침, 곧 햇빛이 비칠 때 그것을 본다면, 우리는 말할 수 있을 것입니다. 성경 안에 있는 얼마나 많은 난제들이 이와 같은지요! 아직 그 난제들을 식별할 수 없습니다. 동이 틀 때까지는 계시적 상징들을 우리의 지각으로는 쉽게 이해하지 못할 것입니다. 게다가 할 일이 많은 이때에 우리가 허비할 시간이 없습니다. 이미 많은 시간을 허비하였습니다. 항해는 위험합니다. 바람은 거셉니다. 바다는 험합니다. 배를 손질하세요. 돛을 정돈하세요. 배를 조종하여 유사(流砂)를 피하세요. 다른 어떤 내용들에 관하여는 우리가 넓은 항구에 이르기까지 기다려야 하며, 그래야 지금 보좌 앞에 있는 빛나는 몇 명의 영들과 이야기할 수 있습니다. 그들이 알고 있는 어떤 문제들이 우리에게 공개될 때 우리가 틀렸다고 자백할 것이며, 우리가 받을 빛 가운데서 기뻐할 것입니다.

　　이 행복한 기대로 인해 우리의 열망이 고취되고, 우리가 그곳에 있기를 간절히 원하게 되지 않습니까? 우리가 알기를 바라는 것은 당연합니다. 하지만 우리가 주님과 함께 할 때까지 우리가 알려진 대로 알지 못할 것입니다. 우리는 지금 학교에 있으며, 학교 다니는 아이들입니다. 우리는 곧 대학 — 천국의 위대한 대학 — 에 갈 것이며, 그곳에서 우리의 학위를 취득할 것입니다. 하지만 우리 중 어떤 이들은 그곳에 들어가기를 열망하는 대신에 죽음을 생각하고 떨고 있으며, 끝없는 기쁨의 문으로 들어가기를 무서워합니다! 갑자기 죽는 많은 사람들이 있습니다. 어떤 이들은 잠자다가 죽고, 많은 이들은 자기 침대 곁에 앉아 있던 사람들이 거의 알아채지 못한 가운데 시간에서 영원으로 나아갑니다. 틀림없습니다. 죽을 때는 고통이 없으며, 살아 있을 때 고통이 있습니다. 그들이 이곳에서의 생을 마감할 때, 고통스럽게 그리하였습니다. 죽음에는 그렇게 고통스러워할 가치가 없다고 죽음을 탓하지 마세요. 고통 속에 질질 끄는 것이 삶이며, 죽음은 그 삶의 마지막입니다. 죽는 것을 두려워하는 사람은 사는 것을 두려워해야 합니다. 주님께서 언제라도 여러분에게 오라고 명령하시면 기꺼이 죽음을 맞이하세요. 여러분의 영혼을 그의 돌보심에 맡기세요. 그저 그의 빛나는 용모를 언뜻 보기만 한 사람이라면 누가 해가 힘 있게 비치는 것 같은 그의 얼굴 보기를 갈망하지 않겠습니까? 오, 주님! 당신의 뜻이 이루어지이다. 당신의 뜻이 그러하시다면, 오직 이 한 마디, 당신의 뜻이 그러하시다면, 우리로 당신을 속히 보게 하소서. 이제 우리가 봅니까? 그리고 우리가 더 잘 보기를 기대하십니까? 자비와 무한한 인자하심으로 우리를 택하신 주님의 이름을 송축합시다. 그러나 다른 한편으로, 우리가 예수님을 믿지 않는다면 그것을 크게 염려합시다. 왜냐하면 예수님을 믿지 않는 자는 죽을 때 하나님의 얼굴을 결단코 기쁘게 보지 못할 것이기 때문입니다. 믿지 않는 자여, 제발 당신의 영혼에 신경 좀 쓰시고, 주님을 간절히 찾으시고, 주님께로 가세요. 오! 하나님께서 바로 이 기도의 집에서 지금 당신의 눈을 열어 주시기를 간절히 바랍니다. 부분적으로 아는 여러분에게 복이 있습니다. 큰 축복이 있을 것입니다. 당신이 지금 부분적으로 알고 있으나, 당신이 이후에 온전히 알 것이기 때문입니다. 주님을 아는 것을 당신의 행복한 분복으로 삼으세요. 그를 아는 것이 영생입니다. 부디 하나님께서 허락해 주시기를 간절히 바랍니다. 아멘.

제
12
장

—

오 세상이여, 그대가 전부요
그밖에 아무것도 없다면
우리는 불쌍한 자이리라

—

"만일 그리스도 안에서 우리의 바라는 것이
다만 이 세상의 삶뿐이면 모든 사람 가운데
우리가 더욱 불쌍한 자이리라" —고전 15:19

사도가 죽은 자의 부활에 대하여 의심하는 그리스도인이라고 공언하는 사람들과 논쟁을 벌이고 있는 것을 여러분은 이해할 것입니다. 오는 세상에 대한 소망이 없다 하더라도 모든 사람들이 당장 불쌍하다고 그는 말하지 않습니다. 그런 주장은 사실이 아니기 때문입니다. 또 다른 생명에 대하여 한 번도 생각해 보지 않고도 자기 나름대로 꽤 행복하고, 즐겁게 보내며, 어느 정도 편안한 사람들이 매우 많습니다. 하지만 사도는 그리스도인들에 대하여 이렇게 말합니다. "만일 그리스도 안에 소망이 있는 우리가 내세와 부활의 교리를 의심하게 된다면, 모든 사람 가운데 우리가 더욱 불쌍한 자이리라." 여러분 가운데 그리스도인이 아닌 사람들과는 논쟁할 것이 아무것도 없습니다. 한 번도 본성의 상태에서 은혜의 상태로 옮겨진 적이 없는 여러분과는 이 논쟁이 아무 상관 없습니다. 이 논쟁은 오직 구세주를 실제로 힘 있게 따르는 제자들, 그리고 이로써 그리스도 안에 소망이 있다는 것을 알게 된 자들과 상관이 있습니다. 그들은 그리스도의 보혈 안에서 용서를 소망하고, 그의 의(義) 안에서 영원한 영광을 소망합니다. "만일 그리스도 안에서 우리의 바라는 것이 다만 이 세상의 삶뿐이면 모든 사람 가운데 우리가 더욱 불쌍한 자이리라." 여러분은 이 논쟁을 이해하십니다. 사도 바울은 그들의 의식(意識)에 호소하고 있습니다. 그들은 그리스도인들로서 진정한 기쁨을 누리지만 바울은 이렇게 말합니다. "그러나 여러분에게 내세의 소망이 없다면, 여러분은 이 기쁨을 누릴 수 없을 것입니다. 이번 한 번만 내세의 소망을 빼보십시오. 그러면 여러분이 여전히 그리스도인으로 남아 있고 지금 여러분이 가진 동일한 감정을 유지하며, 지금처럼 여러분이 행동한다 할지라도, 여러분은 모든 사람 가운데 더욱 불쌍한 자가 될 것입니다." 그러므로 여러분 자신의 행복을 정당화하고 그 모든 것을 타당하게 하기 위해서 여러분은 부활을 인정해야 합니다. 그리스도인들이 소유하는 기쁜 평화를 설명할 다른 방법은 없습니다. 우리의 부(富)는 바다 저편에 있으며, 견고한 기초들로 세워진 우리의 도시는 강 저편에 있습니다. 영의 세계로부터 오는 영광의 섬광들이 우리의 마음을 격려하며, 우리를 앞으로 나아가도록 재촉합니다. 이런 것들이 없다면 우리의 현재의 기쁨은 파리해지다가 죽어 버릴 것입니다.

오늘 아침 우리는 본문을 다음과 같이 다룰 것입니다. 첫째, 우리는 모든 사람 가운데 가장 불쌍한 자가 아닙니다. 둘째, 내세에 대한 소망이 없이는 우리는 모든 사람들 가운데 가장 불쌍한 사람이 될 것입니다. 우리는 이를 기꺼이 고백할 준비가 되어 있습니다. 왜냐하면 셋째, 우리의 최고의 기쁨이 내세에 대한 소망에 있기 때문입니다. 따라서 넷째, 내세가 현재를 좌우합니다. 고로 마지막으로, 우리는 우리의 내세가 어떨지 오늘 판단할 수 있습니다.

1. 첫째, 우리는 모든 사람들 중에 가장 불쌍한 자가 아닙니다.

우리가 그렇다고 누가 감히 말하겠습니까? 뻔뻔스럽게 그렇게 말하는 자는 우리에 대하여 아무것도 모릅니다. 기독교가 사람들을 불쌍하게 만든다고 단언하는 자는 기독교에 대하여 완전히 문외한이며, 기독교의 즐거운 감화를 한 번도 받지 못한 사람입니다. 기독교가 우리를 비참하게 만들었다면 그것은 참으로 이상한 일입니다. 왜냐하면 기독교가 우리의 신분을 얼마나 높여주는지 우리가 알기 때문입니다. 기독교는 우리를 하나님의 자녀로 만들어 줍니다. 하나님께서 자기 원수들에게 온갖 행복을 다 주시고, 자기 아들들에게는 온갖 비탄을 준비하실 것이라고 당신은 생각하십니까? 하나님의 대적들이 환희와 기쁨을 소유하고, 그의 친자녀들은 슬픔과 불행을 물려받을까요? 악인에게는 입맞춤이 우리에게는 찡그린 얼굴인가요? 사탄의 자녀들은 기쁜 마음으로 웃을 수 있는데 반해, 우리는 정죄를 당해 버드나무에 우리의 수금을 걸고 슬픈 장송곡 따위나 부르나요? 우리는 하나님의 상속자 곧 그리스도 예수님과 함께 한 상속자들입니다. 그리스도 안에서 아무런 몫이나 분복을 받지 못하는 죄인이 자신을 행복하다고 말하며, 반면 우리는 마치 무일푼의 거지들처럼 계속 한탄할까요? 아닙니다. 우리는 주님 안에서 항상 기뻐할 것이며, 우리의 기업을 자랑할 것입니다. 왜냐하면 우리는 "다시 무서워하는 종의 영을 받지 아니하고 양자의 영을 받았으므로 우리가 아빠 아버지라고 부르짖"(롬 8:15)기 때문입니다. 징계의 채찍을 얼마간 우리가 받아야 하지만, 그러나 그것은 우리에게 풍족한 의의 열매를 맺게 해주는 것입니다. 그러므로 거룩하신 보혜사의 도우심으로 우리는 주 안에서 항상 기뻐할 것입니다.

　　나의 형제들이여, 우리는 그리스도와 결혼하였습니다. 그런데 우리의 위대하신 신랑께서 자기 배우자를 계속된 슬픔 가운데 오래 머물도록 방임하시겠습니까? 우리의 마음은 그리스도에게 매였습니다. 우리는 그의 몸, 그의 살과 뼈에 속한 지체들입니다. 우리의 머리께서 고난을 당하신 대로 우리도 잠시 고난을 당하지만, 그래도 우리는 그리스도 안에서 천국의 축복을 받았습니다. 우리의 머리께서 천국에서 통치하시는데 우리가 생지옥을 경험하겠습니까? 어림도 없는 소리! 우리의 높아지신 머리의 승리의 기쁨이 이 눈물의 골짜기에서조차 우리에게 얼마간 분배되었습니다. 우리는 부족하지도 작지도 아니한 성령의 위로 가운데서 우리의 기업에 대한 보증을 받았습니다. 그리스도인에 대하여 생각하세요! 그리스도인은 왕인데, 그 왕이 사람들 가운데 가장 우울한 자이겠습니까? 그리스도인은 하나님을 섬기는 제사장인데, 제사장이 신성한 기쁨의 감미로운 향과 큰 감사를 드리지 않겠습니까? 우리는 천사들에게 어울리는 상대입니다. 하나님께서는 빛 가운데 있는 성도들의 기업에 능히 참여하도록 우리를 적합하게 만드셨습니다. 그러므로 우리가 세상에서 천국의 날들을 지내지 않나요? 단에서 브엘세바까지 가나안이 우리의 것이며, 그러므로 우리가 요단 이편에 있는 에스골의 포도열매를 먹을 수 없겠습니까? 우리가 무화과와 석류와 흐르는 젖과 꿀을 맛보지 않겠습니까? 광야에 만나가 없나요? 사막에 시내가 흐르지 않나요? 빛줄기들이 우리의 영원한 해돋이를 전하지 않나요? 영원한 기쁨의 상속자인 우리가 우리의 분깃을 미리 맛보지 않습니까? 내가 다시 말하건대, 그리스도인들이 다른 사람들보다 더욱 불쌍하거나 혹 더 행복하지 않다면 그것은 참으로 세상에서 가장 이상한 일일 것입니다. 하나님께서 그리스도인들을 위하여 무슨 일을 행하셨는가 다시 한 번 생각해 보세요. 그리스도인들은 자기 죄가 용서받은 것을 압니다. 신자의 죄는 단 하나라도 하나님의 책에 기록되지 않습니다. "내가 네 허물을 빽빽한 구름 같이, 네 죄를 안개 같이 없이하였으니"(사 44:22). 하나님은 신자를 이보다 더 좋게 간주하시는데, 마치 그가 율법을 완전히 준수한 것처럼 간주하십니다. 왜냐하면 그리스도의 의가 그에게 전가되었기 때문이며, 성도들의 의를 나타내는 흰 세마포 옷을 입은 상태이기 때문입니다. 하나님께서 받아주시는 사람이 불쌍할까요? 용서받은 범죄자가 하나님의 진노를 받아야 할 사람보다 더 불행할까요? 여러분은 이 같은 일을 상상할 수 있습니까?

게다가, 나의 형제들이여, 우리는 성령의 전이 되었습니다. 성령의 전이 옛날 드루이드교(고대 켈트족 종교)의 숲처럼 어둡고 슬픈 곳, 비명을 지르며 신음하고 울부짖는 곳이 될 수 있습니까? 그런 것은 우리 하나님답지 않습니다. 우리의 하나님은 사랑의 하나님이시며, 자기의 피조물을 행복하게 하시는 것이 하나님의 본래 성품이십니다. 우리는 두 번 지음을 받은 피조물이요, 정욕 때문에 세상에서 썩어질 것을 피하여 신성한 성품에 참여하는 자가 된 자들인데, 그런 우리가 가혹한 작정에 묶여 온종일 슬퍼해야 한다는 것이 가당한 일입니까? 오! 여러분이 그리스도인의 특권을 안다면, 주님의 비밀, 곧 그리스도의 상처가 그리스도인의 피난처요, 그리스도의 살과 피가 그의 양식이며, 그리스도 자신이 그의 친절한 동료이자 변치 않는 친구라는 바로 그 비밀이 여러분에게 공개되었다는 것을 깨닫는다면, 오, 여러분이 이 사실을 안다면, 여러분이 결코 다시는 그리스도인들이 불행한 생애를 살아간다는 어리석은 꿈을 꾸지 않을 것입니다. "이스라엘이여 너는 행복한 사람이로다 여호와의 구원을 너 같이 얻은 백성이 누구냐?"(신 33:29). 누가 "은혜가 풍성하고 여호와의 복이 가득한"(신 33:23) 사람과 비교될 수 있습니까? 브돌의 악한 선지자 발람이 "나는 의인의 죽음을 죽기 원하며 나의 종말이 그와 같기를 바라노라"(민 23:10)고 외친 것은 당연합니다.

　　한 걸음 더 나아가겠습니다. 우리는 그리스도인의 지위와 특권의 성격으로 말미암아 그가 행복해야 할 것이라고 말할 뿐만 아니라 아울러 그리스도를 믿는 자들만큼 마음의 변함없는 평안을 누리는 자는 모든 사람들 가운데 아무도 없다고 선언합니다. 우리의 기쁨은 죄인의 기쁨과 같이 떠들썩하거나 거칠지 않습니다. 아시다시피 솔로몬은 "우매한 자들의 웃음소리는 솥 밑에서 가시나무가 타는 소리 같다"(전 7:6)고 말하였습니다. 우매한 자들의 웃음소리는 크게 타오르며 시끄럽게 법석을 떨다가 한 줌의 재가 되며 그것으로 끝입니다. "재앙이 뉘게 있느뇨? 붉은 눈이 뉘게 있느뇨? 술에 잠긴 자에게 있고 혼합한 술을 구하러 다니는 자에게 있느니라"(잠 23:29,30). 사실 그리스도인은 큰 술잔, 비올(중세의 현악기), 댄스의 흥분을 잘 모르며, 또 알고 싶어하지도 않습니다. 그는 영혼 깊은 곳에 있는 고요한 평안을 소유한 것으로 만족합니다. "그는 흉한 소문을 두려워하지 아니함이여 여호와를 의뢰하고 그의 마음을 굳게 정하였도다"(시 112:7). 그는 아무리 갑작스러운 공포에도 흔들리지 않습니다. "하나님을 사랑하는 자 곧 그의 뜻대로 부르심을 입은 자들에게는 모든 것이 합력하여 선을 이룬다"(롬 8:28)는 사실을 그는 알고 있습니다. 그리스도인은 어떤 사교모임에 있다 할지라도 습관적으로 한결같이 자기 마음을 하나님께 올려드립니다. 그러므로 그는 시편 기자처럼 다음과 같이 말할 수 있습니다. "하나님이여 내 마음이 확정되었고 내 마음이 확정되었사오니 내가 노래하고 내가 찬송하리이다"(시 57:7).

　　　"그는 은밀히 자기 하나님을 기다리네
　　　그의 하나님께서 은밀히 보시네
　　　팔을 펴서 온 세상을 안고
　　　그는 하늘의 평안에 거하네.

　　　그의 즐거움은 보이지 않는 데서 나오네

이 세상과 시간 저 너머에서
눈과 귀가 없는 곳,
죄인들은 생각으로도 오를 수 없는 곳에서.

자신의 자태를 끌어올리려고
그는 화려함도 왕의 보좌도 원하지 않네
이름 없이 사는 것에 만족하고 기뻐하네
그리스도께서 그의 생명을 보이실 때까지."

"한 시내가 있어 나뉘어 흘러 하나님의 성 곧 지존하신 이의 성소를 기쁘게 하도다"(시 46:4). 신자들은 저 강물을 마시고 육욕적인 즐거움에 목말라 하지 않습니다. 그들은 "푸른 풀밭"에 누우며 "쉴 만한 물가"로 인도됩니다. 이제 이 견고하고 지속적인 마음의 기쁨과 평안이 그리스도인을 다른 모든 사람들보다 고귀하게 세워주며, 이로써 내가 담대하게 증언하건대, 행복에 있어서 그리스도인에 비교될 사람은 세상에 아무도 없습니다. 하지만 우리의 기쁨이 이 안정된 평온을 절대로 능가하지 못한다고 생각하지 마세요. 내가 여러분에게 경험에 근거하여 말하는데, 우리는 미칠 듯이 기뻐하는 즐거움과 넘치는 축복의 시절을 경험한 바 있습니다. 우리에게는 어떠한 음악도 우리 마음의 즐겁고 기쁜 찬송의 멜로디에 견줄 수 없는 시절이 있습니다. 우리가 가진 기쁨 중 단 1온스를 사기 위해 세상의 금고들 속에 있는 세상 즐거움의 모든 파딩(영국의 청동화)을 다 꺼낼 것입니다. 바울이 "몸 안에 있었는지 몸 밖에 있었는지 나는 모르거니와 하나님은 아시느니라"(고후 12:3)고 말할 수 있는 단 한 사람이라고 생각하지 마세요. 왜냐하면 이런 무아경이 신자들에게는 평범한 것이기 때문입니다. 그리고 그들의 불신이 깨지고 그들의 신앙이 강해진 유쾌한 날에, 그들은 거의 황금 길을 걸었습니다.

또한 그들은 "우리가 진주 문 안으로 들어가지 않았고, 우리가 문 이편에 있을 뿐이라도, 그리고 우리가 그 이름이 하늘에 기록된 장자들의 총회와 교회에 아직 들어가지 못했고, 우리가 실제 봄이 완전한 자들의 큰 모임에 합류하지 않았더라도, 여전히 —

　　'지금도 손을 잡네

　　　앞서 간 성도들과

　　　그리고 피 뿌림을 받은 무리들에게 인사하네

　　　영원한 바닷가에서.'"

　　내 영혼이 자주 느끼는 엄청난 기쁨의 단 오 분 동안의 분량을 이 세상 자녀들이 내게 줄 수 있는 최고의 환락의 천년 동안의 분량과 나는 바꾸지 않을 것입니다. 오 친구들이여, 눈을 번득이게 하고 심장을 심하게 박동하게 하는 행복이 있으며, 귀한 백성의 수레(아 6:12)처럼 전속력으로 질주하는 삶을 사는 온전한 사람이 있습니다. 주님께서 자기 백성에게 지정하신 축제일에 성도들이 누리도록 허락된 큰 기쁨과 고상한 무아경이 있습니다. 이러한 이유 때문에 그리스도인이 사람들 가운데 가장 행복한 자이며, 그의 기쁨은 상황에 근거한 것이 아니라는 사실을 나는 여러분에게 반드시 깨닫게 해주어야 합니다. 우리는 가장 슬픈 상황 가운데서 가장 행복한 사람들을 지금껏 보아왔습니다.

　　스코틀랜드의 마지막 순교자였던 렌윅(Renwick) 목사는 임종 시에 짧은 말을 남겼습니다. "원수들은 우리가 곤경에 처해 이끼 가운데, 그리고 산들을 헤매는 것을 보고 만족해합니다. 하지만 지난 이틀 밤의 폭풍우 가운데서도 내가 밤의 어두운 커튼 외에는 덮을 것이 하나도 없었던 때에 내가 얼마나 즐거운 시간을 가졌는지 이루 말로 다 표현할 수 없습니다. 그렇습니다. 소리 없는 경계 가운데 내 마음이 천국의 모든 가족이 헤엄치는 그곳으로 이끌렸고, 그곳에서의 깊고 이루 다 말할 수 없는 대양 같은 기쁨에 감탄하였습니다. 각각의 별들에게 이끌려서 나는 야곱의 별이시며 모든 별들이 그분으로부터 빛을 차용하는 그의 존재에 경탄하였습니다." 바로 이 하나님의 순교자는 집과 가정 그리고 모든 위로로부터 격리되었지만, 그는 왕들이 그들의 비단 커튼 아래서는 알지 못하는 어두운 밤의 커튼 아래서 즐거운 시절을 보내었습니다.

　　아주 아주 가난한 사람을 심방하려 한 그리스도의 한 사역자가 이러한 표현을 하였습니다. 그는 이렇게 말했습니다. "그는 혼자였고, 그의 부인은 밖에 나가서 여러 이웃들에게 도움을 청한다는 것을 내가 알았습니다. 창백하고 여윈 그 사람의 모습에 나는 깜짝 놀랐습니다. 그는 살았으나 죽은 모습이었고, 의자에 앉은 채로 천장에 매달린 줄과 띠가 달린 대충 만든 기계장치에 꽉 고정되어 있어서 손과 발을 전혀 움직일 수 없는 상태였습니다. 그리고 사 년 이상 그의 사지를 전혀 사용하지 못하였고, 그의 모든 마디가 부어올라 극심한 통증을 겪고 있었습니다. 완전히 불쌍히 여기는 마음으로 나는 그에게 다가가서 '내 친구여, 이 통탄할 상황 속에 혼자 버려져 있나요?'라고 말했습니다. 그는 부드러운 음성으로 대답했습니다. 그의 입술은 그의 신체 가운데 유일하게 움직일 수 있는 유일한 것이었습니다. '아니에요, 목사님. 아버지께서 나와 함께 하시기에 나는 혼자가 아닙니다.' 나는 그와 대화하기 시작했고, 금세 그의 위로의 출처가 무엇인지 알게 되었습니다. 왜냐하면 그 사람 바로 앞에 있던 베개 위에 성경이 놓여 있었기 때문입니다. 그는 나뭇잎도 뒤집을 힘이 없었기 때문에 그의 아내는 그녀가 나간 사이에 그가 읽을 수 있도록 다윗의 시를 골라 펼쳐 주었습니다. 연명하기도 벅찬데 도대체 무슨 힘으로 살아왔느냐고 나는 물었습니다. 그는 말했습니다. '나는 조금도 부족함이 없습니다. 왜냐하면 주님께서, 네 양식을 너에게 주고 네 음료를 네게 확실히 주리라고 말씀하셨기 때문입니다. 나는 주님을 신뢰합니다. 하나님께서 신실하셔서서 그의 약속을 이루어주실 것이기에 나는 결단코 부족하지 않을 것입니다.'"

이 목사님은 말했습니다. "그렇게 오랜 세월 동안 극심한 고통을 겪었기 때문에 때로 불평하지 않았느냐고 내가 그에게 물었습니다." 그러자 그는 이렇게 말했습니다. "목사님, 처음에는 나도 불평했지만 지난 3년 동안은 불평하지 않았습니다. 얼마나 감사한지요. 내가 누구를 믿는지 알고 있습니다. 비록 나 자신의 연약함과 하잘것없음을 더욱더 느끼지만, 하나님께서 절대로 나를 떠나지도 버리지도 않으실 것을 나는 확신하고 있습니다. 내 입술이 개구(開口)장애로 닫혀서 몇 시간이고 계속해서 한 마디 말도 하지 못할 때, 하나님은 마음속으로 아주 즐겁게 그의 찬송을 부를 수 있도록 은혜롭게 위로해 주신답니다."

지금 바로 이 사람에게는 세상의 모든 위로의 해가 져 버렸습니다. 하지만 천국의 해가 그의 얼굴에 환히 비추었습니다. 그는 극빈 상태와 심한 고통 중에도 여러분 모두, 혹은 내가 젊음의 건강과 힘을 가진 것보다도 더 평화롭고 행복하였습니다. 존 하워드(John Howard) 목사는 감옥들을 방문하며 한 열병의 소굴에서 다른 열병의 소굴로 다니느라 시간을 보냈습니다. 그가 불쌍한 러시아의 마을에서 살았을 때, 혹은 병원이나 감옥에서 불편하게 살았을 때 어떻게 행복의 동기를 찾을 수 있었느냐는 질문을 받았습니다. 하워드 목사님의 대답은 매우 훌륭하였습니다. 그는 말하기를, "내가 사는 이 특정한 장소에 좌우되지 않는 즐거움의 원천을 나는 갖기를 소망합니다. 바르게 함양된 정신이 거룩한 은혜의 능력과 자애로운 성격을 발휘하므로 여기 저기에서 영향을 받지 않을 수 있는 만족의 동기를 제공합니다"라고 하였습니다.

그리스도인이라면 누구나 슬픈 때가 도리어 기쁜 때가 되고, 손실이 도리어 이득이 되며, 병이 도리어 영혼의 건강을 촉진하는 도구가 되는 체험을 하였다고 여러분에게 간증할 것입니다. 우리의 여름은 태양에 의존하지 않으며, 우리의 밀물은 달에 의존하지 않습니다. 우리는 죽을 때에도 즐거워할 수 있습니다. 우리가 죽음의 평화로운 잠을 자므로 눈을 감을 때, 우리의 마지막 날이 우리의 최고의 날이 되리라고 믿으면서 저 행복한 시간을 고대합니다. 요단 강을 건너는 것도 홀가분한 일일 뿐입니다. 왜냐하면 우리가 "두려워 하지 말라 내가 너와 함께 함이라 놀라지 말라 나는 네 하나님이 됨이라(사 41:10). 네가 물 가운데로 지날 때에 내가 함께 할 것이라 강을 건널 때에 물이 너를 침몰하지 못할 것이라"(사 43:2)는 주님의 말씀을 들을 것이기 때문입니다. 그러므로 감히 말하건대, 아주 담대하게 말하건대, 우리는 모든 사람들 가운데 가장 불쌍한 사람들이 아닙니다. 우리는 이 행복을, 회심하지 아니한 사람들의 모든 재산, 그들의 화려함, 그리고 그들이 중요하게 여기는 명예와 바꾸지 않을 것입니다. 이제 두 번째 대지로 넘어갑니다.

**2. 내세에 대한 소망이 없다면,
우리가 모든 사람들 가운데 더욱 불쌍한 자라는 사실을 인정할 것입니다.**

"너의 쌓아둔 모든 것을 자랑하는 너는 가서
그것들이 얼마나 밝게 빛나는지 말하라
너의 반짝이는 먼지더미가 너의 것이며

나의 구세주께서 나의 것일세."

　이러한 고백은 특히 사도들에게 진실이었습니다. 그들은 자기 동포들에게 배척을 당하였습니다. 그들은 고향의 모든 위로들을 상실하였으며, 그들의 삶은 고달팠으며, 날마다 비명횡사할 위험에 노출되었습니다. 요한 사도 외에 그들 모두가 순교하였으며, 요한 또한 순교를 당하지 않은 것이 아니라 순교를 당하는 가운데 살아났던 것입니다. 내세에 대한 소망이 없었다면 열두 사도가 사람들 가운데 가장 불쌍하였을 것입니다. 하지만 내세에 대한 소망이 그들을 모든 사람들 가운데 가장 행복하게 해주었습니다. 그런데 사랑하는 친구들이여, 박해를 당하며 멸시를 당하며 가난에 시달린 그리스도인들뿐만 아니라 모든 신자들에게도 이것은 진실입니다. 우리에게서 오는 세상에 대한 소망을 빼앗아 보세요. 그러면 우리가 신앙 없는 사람들보다 더욱 불쌍한 자라는 것을 기꺼이 인정하겠습니다.

　만일 그리스도인이 다른 사람들이 마시는 그런 기쁨의 평범하고 일반적인 원천을 포기했다고 여러분이 생각한다면, 그 이유는 아주 분명합니다. 우리는 어느 정도 즐거움을 누려야 합니다. 사람이 이 세상에서 즐거움 없이 살 수는 없습니다. 나는 절대로 여러분을 불행하게 만들 요량으로 여러분에게 무언가를 강요하지 않는다는 것을 단연코 말할 수 있습니다. 우리는 어느 정도 즐거움을 누려야 합니다. 자, 낙타의 발이 휘저어 놓은 진흙투성이의 더러운 물로 가득한 그릇이 있습니다. 내가 그 물을 마셔야 할까요? 나는 저기 잔잔하게 흐르는 맑은 시내를 봅니다. 그 물은 수정 같이 맑고 레바논의 눈처럼 시원합니다. 그리고 나는 말합니다. "아니야, 나는 이 더럽고 진흙투성이의 물을 마시지 않을래. 그 물은 짐승들에게나 주어야지. 나는 저 깨끗한 물을 마실 거야." 하지만 내가 잘못 생각했다면, 저기에 시내가 없다면, 그것이 사람을 속이는 신기루일 뿐이라면, 내가 속았다면, 그렇다면 나는 진흙투성이의 물로 만족했던 사람들보다 더 불행할 것입니다. 왜냐하면 그들은 적어도 목을 축이기는 하였지만 나는 전혀 아무것도 마시지 못했으니까요. 이는 정확히 그리스도인의 사례입니다. 그는 죄의 즐거움, 육적인 사람들의 오락을 지나칩니다. "나는 그런 것들에 관심이 없고, 그것들 가운데서 재미를 찾을 수 없어. 나의 행복은 하나님의 보좌에서 솟아나는 강으로부터 흘러나오며 예수 그리스도를 통해 나에게 흘러오지. 나는 그 물을 마실 거야"라고 그는 말하기 때문입니다. 하지만 만일 내세가 없었더라면, 그것이 가짜였다는 것이 입증되었더라면, 그렇다면 우리가 방탕한 자와 음탕한 자보다 더 불쌍했을 뻔하였습니다.

또한 그리스도인은 세상의 모든 기쁨들이 허무하다는 사실을 배웠습니다. 우리가 화려한 행렬을 바라볼 때 그것이 헛된 것임을 압니다. 우리는 냉소적인 철학자인 디오게네스의 냉소가 아니라 그의 상당한 지혜로 처세합니다. 그리고 사람들이 즐거워하는 평범한 것들을 바라보며 솔로몬처럼 "헛되고 헛되도다 모든 것이 헛되도다"(전 12:8)라고 말합니다. 왜 우리가 이렇게 말합니까? 왜냐고요? 우리는 헛되지 아니하며, 영혼의 만족을 주는 영원한 것을 택하였기 때문입니다. 하지만 나의 형제들이여, 만일 우리의 모든 불행을 보상할 내세가 없다면, 이 세상이 헛되다는 것을 아는 것은 사람이 취할 수 있는 지식 중에 가장 불행한 지식일 것입니다. 정신병원에 불쌍한 정신이상자 한 사람이 있는데, 그는 밀짚을 엮어 왕관을 만들어 자기 머리에 쓰고, 스스로를 왕이라 자칭하며, 모의 보좌에 올라 자신이 모든 나라들을 다스리는 군주라고 생각하고, 그런 꿈속에서 완전히 행복해합니다. 내가 그에게 진실을 깨닫게 해 줄 것이라고 여러분은 생각하십니까? 아니, 진실로 내가 그럴 수 있을지라도 그렇게 하지 않을 것입니다. 망상이 그 사람을 행복하게 해준다면, 아무쪼록 그로 그 망상을 마음껏 즐기게 놔두세요. 그런데 사랑하는 친구들이여, 여러분과 나는 진실을 깨달았습니다. 하늘 아래 있는 완전한 행복에 대한 우리의 꿈은 영원히 사라졌습니다. 그런데 만일 오는 세상이 없다면 어떻게 되겠습니까? 우리가 택한 더 좋은 것, 우리가 빼앗기지 아니할 이 좋은 것이, 우리가 그렇다고 믿는 것과 달리 실제가 아니며 사실이 아니라고 판명된다면, 우리가 잠에서 깼다는 것이 가장 슬픈 일이 될 것입니다.

더욱이, 그리스도인은 높고, 고상하며, 위대한 기대를 가진 사람입니다. 그런데 우리의 기대가 실현되지 못한다면 이러한 사실은 우리에게 매우 슬픈 일이 될 것입니다. 왜냐하면 위대한 기대가 실현되지 못하므로 우리가 모든 사람들 가운데 더욱 불쌍한 자가 될 것이기 때문입니다. 내가 아는 불쌍한 사람들은 유산을 기다리고 기대하였습니다. 그들에게는 그것을 기대할 권리가 있었으며, 그래서 그들은 기다리고 또 기다렸으며, 가난을 견뎠습니다.

그런데 친척이 죽고 그들에게 아무것도 남기지 않았습니다. 이후로 계속하여 그들은 전보다 더 찢어지게 가난하게 되었습니다. 만일 사람이 큰 이상과 바람을 이루지 못한다면, 그런 이상과 바람을 가진다는 것이 그에게 불행한 일이 될 것입니다. 항상 가난한 사람들이, 부자로 지내다가 빈곤상태로 전락한 사람들보다 가난을 훨씬 더 잘 견뎌낼 수 있다고 나는 믿습니다. 왜냐하면 부자들은 다른 사람들이 한 번도 갖지 못했던 것을 잃고 아쉬워하기 때문이며, 애초부터 가난한 사람들은 사치로 여기는 것을 그들은 그들의 존재에 꼭 필요한 것이라고 생각하기 때문입니다. 그리스도인은 하나님, 그리스도의 영원하심에 대하여, 예수님과 교제할 것에 대하여 생각하라고 배웠습니다. 그런데 만일 그것이 실로 전부 거짓이라면, 그는 죽을 수밖에 없는 인간의 모든 환상 가운데 가장 엄청난 환상을 꾸었습니다. 참으로, 누군가 그것이 환상이라고 입증할 수 있다면, 그리스도인이 할 수 있는 최선책은 그 환상이 사실이 아니었다는 사실을 생각하며 앉아서 영원히 슬피 우는 것일 것입니다. 왜냐하면 설령 그것이 사실이 아닐지라도 그것은 사실이어야 한다고 내가 말할 수밖에 없을 정도로 그 꿈이 너무 근사하고, 내세의 모습이 너무 멋지기 때문입니다. 나의 형제들이여, 만일 그것이 사실이 아니라면, 이곳에서 살 가치가 전혀 없을 것이며, 우리는 실로 낙담한 가엾은 인간이며, 모든 사람들 가운데 더욱 불쌍한 자일 것입니다.

그리스도인은 또한 세상에 있는 모든 것을 덧없는 것으로 여기라고 배웠습니다. 나는 매일 이러한 감정이 커지고 있다고 고백하지 않을 수 없습니다. 나는 살아 있는 내 친구들을 거의 보지 못합니다. 나는 어둠의 땅에 있는 것처럼 걸으며, 내 주위에서 남아 있는 것이 아무것도 없다는 것을 깨닫습니다. 위대한 죽음의 왕의 굵은 화살촉(흔적)이 내 눈에는 어디에나 뚜렷이 찍혀 있습니다. 나는 간혹 예상치 못한 사람들과 무덤에 갑니다. 그곳은 살아 있는 사람들의 세상이라기보다는 오히려 죽은 사람들의 세상인 듯 보입니다. 그런데 만일 내세가 없다면, 사람들이 거기에 있는 것은 매우 불행한 것이며, 지지리 궁상을 떠는 모습이 될 것입니다. 만일 죽은 자의 부활이 없다면, 그리스도인의 심경은 아주 통탄스럽고 비참하게 각인될 것입니다. 그러나, 오 나의 형제들이여, 우리의 확고한 믿음대로 내세가 있다면, 세상을 멀리하고 세상을 떠날 준비를 하는 것이 얼마나 기쁜지요! 그리스도와 함께 하는 것이 눈물 골짜기에서 지체하는 것보다 훨씬 더 낫습니다.

> "내 마음을 세상에 묶은 줄이
> 그의 손으로 풀렸네
> 그의 십자가 앞에서 내 자신을 발견하니
> 이 땅의 나그네일세.
>
> 내 마음이 보좌에 앉으신 그와 함께 하네
> 나는 지체할 입장이 아니네
> 매 순간마다 이런 목소리를 경청하네
> '바삐 서둘러라, 그리고 오너라.'"

나의 향기로운 나라에서 나의 아름다운 주님과 함께 있어 얼굴과 얼굴을 맞대어 보기를 내가 갈망하지 않을 수 있겠습니까? 하지만 그렇지 않다면, 죽은 자의 부활이 없다면, "모든 사람 가운데 우리가 더욱 불쌍한 자이리라."

3. 우리의 최고의 기쁨은 내세에 대한 소망에 있습니다.

나의 형제들이여, 내세를 생각하세요. 그리고 여러분의 기쁨이 희락의 불길로 타오르게 하세요. 왜냐하면 천국은 여러분이 바라는 모든 것을 여러분에게 주기 때문입니다. 여러분 가운데 많은 이들이 수고로 지쳐 있습니다. 아마도 너무 지쳐 있어서 아침 예배의 즐거움을 거의 누리지 못할 정도일 것입니다. 밤늦게까지 여러분이 일해야 하기 때문이죠. 아! 그런데 안식, 완전한 안식의 땅이 있습니다. 그곳에서는 더 이상 수고의 땀이 이마를 적시지 않으며, 피곤은 영원히 추방됩니다. 피곤하고 지친 자들에게 '안식'이라는 단어가 천국에 가득합니다. 오! 행복한 진리여, 하나님의 백성을 위해 안식이 남아 있습니다. "그들이 수고를 그치고 쉬리니 이는 그들의 행한 일이 따름이라"(계 14:13). 여러분 가운데 어떤 이들은 언제나 전쟁터에 있습니다. 여러분은 안으로는 유혹을 당하며, 밖으로는 적들에게 괴롭힘을 당하므로 여러분은 편안할 틈이 거의 없거나 아예 없습니다. 나는 여러분의 소망이 어디에 있는지 압니다. 여러분의 소망은 깃발을 높이 흔들고, 칼을 칼집에 넣을 때의 승리에 있습니다. 그때에 여러분은 여러분의 대장으로부터 이런 말씀을 들을 것입니다. "잘 하였도다. 착하고 충성된 종아, 네가 선한 싸움을 싸웠도다. 네가 달려갈 길을 마쳤구나. 그러므로 네가 없어지지 아니할 생명의 면류관을 쓰리라." 여러분 가운데 어떤 이들은 많은 고난에 휩쓸렸습니다. 여러분은 근심의 연속이며, 실패의 연속입니다. 하나님의 파도와 큰 물결이 여러분에게 겹친 듯이 보입니다. 그러나 여러분은 곧 행복의 땅에 이를 것입니다. 그곳에서 여러분은 천국의 안식의 바다에 피곤한 영혼을 잠글 것입니다. 여러분은 곧 부족함이 없을 것입니다. 가축우리 같은 흙집도 없을 것이며, 누더기 옷도 없을 것이며, 배고픔도 없을 것입니다. "내 아버지 집에 거할 곳이 많도다"(요 14:2). 여러분이 그곳에 거하며, 은총으로 만족할 것이며, 온갖 복으로 충만할 것입니다. 여러분은 사별에 사별을 거듭하였습니다. 아내가 무덤에 들어갔고, 자녀들이 뒤따랐으며, 부모님도 떠나셨습니다. 그러니 이곳에서 여러분을 사랑할 사람들이 거의 남지 않았습니다. 하지만 여러분은 무덤이 존재하지 않는 땅으로 갈 것입니다. 그곳에서는 절대로 수의를 보지 못하며, 곡괭이질과 삽질하는 소리를 결코 들을 수 없습니다. 여러분은 아버지의 집으로 갈 것인데, 아버지의 집은 불멸의 땅, 내세의 나라, 은혜 받은 자의 고향, 지존하신 하나님의 거처, 우리 모두의 어머니인 위에 있는 예루살렘에 있습니다. 여러분이 영원히 이곳에 있지 아니하며, 영원히 이 광야에서 거주하지 아니하며, 이제 곧 가나안을 상속하리라는 이것이 여러분의 최고의 기쁨이 아닌가요? 모든 하나님의 백성들에게 최악의 고통은 죄입니다. 내가 죄 없이 살 수 있다면, 나는 어떠한 고통이라도 상관하지 않겠습니다. 오오! 내가 육체의 소욕과 정욕, 계속 엇나가는 욕망으로부터 해방된다면, 타락한 죄에서 구원되는 한, 나는 토굴 감옥에서 썩어도 만족할 것입니다. 그런데 사실은, 형제들이여, 우리가 곧 완전함에 이를 것입니다. 이 죽음의 몸이 이 몸(육체)과 함께 죽을 것입니다. 천국에는 시험이 없습니다. 왜냐하면 지옥의 개가 결단코 죽음의 시내를 건너지 못하기 때문입니다. 거기에는 다리가 없습니다. 왜냐하면 그들은 어린 양의 피로 그들의 예복을 빨아 희게 하였기 때문입니다. 거기에서는 더러운 것은 무엇이든 결단코 그 나라에 들어가지 못할 것입니다. 나는 상상해 봅니다. 오늘 아침 내가 영광을 얻은 자들의 즐거운 노래를 듣고, 많은 물 같고 큰 우레 같은 음악소리를 천국에서부터 흘러보내는 것을 내가 들으며, 하프 연주자들이 자기들의 하프로 연주하는 것처럼 감미로운 그런 선율의 하모니를 내가 듣고 있는 것처럼, 내 영혼은 날개를 펼쳐 기쁨의 저 세상으로 단숨에 날아가기를 원합니다. 나의 형제들이여, 여러분이 그리스도의 고난에 동참할 때에도 내세가 있다는 사실이 여러분에게 마찬가지로 위로가 된다고 나는 알고 있습니다. 여러분이 이마에서 땀을 닦을 때, 이 사실이 위로가 되지 않습니까? 여러분이 시험에 끝까지 맞서며 그리스도를 위하여 고난당할 때, 이 사실이 여러분에게 위로가 되지 않습니까? "(우리가 그와 함께) 참으면 또한 함께 왕 노릇 할 것이요"(딤 2:12). 여러분이 사람들로부터 중상모략을 당하고 멸시를 당할 때 이 사실이 여러분에게 소망이 되지 않습니까? "주께서 자기 나라를 받으실 때 그가 나를 기억하실 것이며, 주께서 이기시고 아버지 보좌에 앉으신 것처럼 내가 주의 보좌에 앉으리라." 오! 그렇습니다. 이것은 그리스도인들이 맞추어 춤을 추는 음악이며, 이것은 그리스도인들을 기쁘게 하는 포도주입니다. 이것은 그들이 마음껏 즐기는 잔치입니다. 더 좋은 다른 나라가 있습니다. 비록 우리가 골짜기의 흙덩어리와 함께 잠들지만, 우리 구세주께서 말세에 세상을 다스리실 때에 우리는 우리의 육체 가운데서 하나님을 볼 것입니다. 여러분이 나의 취지, 곧 모든 사람 가운데 우리가 더욱 불쌍한 자가 아니다 라는 나의 취지를 이해할 것이라고 나는 생각합니다. 그러나 우리가 내세의 소망에서 떨어져 있다면, 우리는 그렇게 될 것입니다. 왜냐하면 그리스도 안에 있는 내세에 대한 소망이 우리의 기쁨의 버팀목이기 때문입니다. 이제, 사랑하는 친구들이여, 이런 사실로 인해서 나는 네 번째 대지에서 실천적인 관찰을 하도록 하겠습니다.

4. 이처럼 내세는 현재를 좌우합니다.

　　조금 전 나는 여러분 모두가 너무나 잘 아는 매우 유명한 분과 대화를 하였습니다. 그런데 나는 대화 속에서 그분의 명성이 정당하다고 느끼지 못했습니다. 그는 전에는 신앙고백을 한 신자였으나 지금은 회의로 가득합니다. 우리가 논의하는 과정에서 그는 내게 이렇게 말했습니다. "이런, 당신, 그리고 모든 설교자들이 얼마나 어리석은가요. 당신은 사람들에게 내세에 대하여 생각하라고 말합니다. 여기서 그들이 할 수 있는 것과 마찬가지로 그때에도 그들이 할 수 있는 최선은 신중히 처신하는 것일 텐데 말입니다." 나는 그런 의견이 맞는다고 인정했습니다. 사람들로 하여금 현실을 무시하도록 만드는 것은 매우 지혜롭지 못할 것입니다. 왜냐하면 현재는 대단히 중요하기 때문입니다. 하지만 나는 계속해서 나의 의견을 분명하게 제시하였는데, 곧 사람들로 하여금 현재에 주의를 기울이도록 하는 최선의 방법은 내세와 관련된 고상하고 숭고한 동기들을 그들에게 깊이 인식시키는 것이라고 하였습니다. 내세의 강력한 힘이 이생의 임무를 똑바로 완수하기 위한 힘을 성령을 통해 우리에게 공급합니다. 철물을 제조하는 기계를 가진 한 사람이 있습니다. 그는 이 기계를 다루기 위해 증기동력을 필요로 합니다. 기계공이 조금 떨어져 있는 작업장 안에 증기엔진을 설치하였습니다. 기계 주인이 "이 것 참, 나의 이 기계를 작동할 수 있도록 증기동력을 이리로 가져와 달라고 당신에게 요구했는데"라고 말합니다. 그러자 기계공이 말합니다. "맞습니다. 내가 그렇게 했습니다. 나는 저곳에 증기엔진을 설치하였고, 당신은 다만 벨트로 기계와 연결시키기만 하면 당신의 기계가 당신이 원하는 대로 작동할 것입니다. 보일러, 불, 그리고 엔진을 작업장 가까이에, 당신 코 밑에 붙여놓을 필요는 없습니다. 단지 둘을 연결만 시키면 됩니다. 그러면 하나가 다른 것을 작동시킬 것입니다."

이처럼 하나님께서는 내세에 대한 우리의 소망을 거대한 엔진으로 삼아 그것으로 그리스도인이 매일의 삶에서 일상적인 기계를 작용할 수 있기를 원하십니다. 왜냐하면 믿음의 벨트가 이 둘을 연결시키며, 그래서 모든 일상생활의 바퀴들을 신속하고도 규칙적으로 회전하도록 만들기 때문입니다. 내세에 대한 설교를 하는 것이 마치 사람들로 하여금 현재를 무시하도록 하는 것인 양 매도하는 것은 터무니없는 주장입니다. 그것은 마치 다음과 같이 말하는 것과 같습니다. "저기 있는 달을 옮겨다 태양을 완전히 가려라. 이 세상에 존재하지 않는 것들이 무슨 소용이 있단 말인가?" 정말 그렇군요. 하지만 달을 옮기므로 당신이 조수를 없앴으며, 바다가 흐르지 않고 썩은 호수가 되어 버립니다. 다음에 태양을 옮기세요. 그것은 세상에 있지 않습니다. 그것을 옮기세요. 그러면 빛, 열, 그리고 생명, 모든 것이 사라집니다. 태양과 달이 이 자연 세계에 영향을 미치는 것처럼, 내세의 소망이 이 세상에 있는 그리스도인에게 영향을 미칩니다. 내세의 소망은 그리스도인의 빛입니다. 그는 그 빛 가운데서 만물을 보며, 진실로 그것들을 봅니다. 내세의 소망은 그의 생명 그 자체입니다. 그의 기독교 신앙, 그의 덕행이 내세의 소망을 위한 것이 아니라면, 그것은 고갈되고 말 것입니다. 나의 형제들이여, 사도들과 순교자들이 내세를 바라보지 않았더라면 그들이 진리를 위해 자신의 목숨을 희생했을 것이라고 믿습니까? 뜨거운 흥분 속에 군사가 명예를 위해 죽을 수도 있습니다. 하지만 냉정한 정신으로 고문과 조롱 속에서 죽기 위해서는 무덤 너머에 있는 소망이 필요합니다. 저 불쌍한 사람이 이욕(利慾)을 위해 자기 양심을 지키면서 해마다 계속 수고하려 하겠습니까? 바느질하는 저 불쌍한 소녀가, 세상이 죄에 대한 보상으로서 자신에게 그려줄 수 있는 것보다 더 밝은 무언가를 보지 못한다면, 정욕의 노예가 되기를 거절하려 하겠습니까?

　오 나의 형제들이여, 온 세상에서 가장 실천적인 것은 내세에 대한 소망을 갖는 것입니다. 본문이 바로 이 사실을 교훈하고 있음을 여러분이 봅니다. 왜냐하면 바로 이것 때문에 우리가 불쌍하지 않을 수 있기 때문입니다. 내가 말하는데, 불쌍하지 않게 해주는 것, 그것이 불쌍한 그리스도인을 위해 큰 일을 하는 것입니다. 그에게 무엇이 소용있겠습니까? 노동의 현장에서는 아무 쓸모가 없으니 아무도 볼 수 없는 벽장 안에 그를 가두어 보시고, 병원 안에서 그를 간호해 보세요. 수도원을 짓고, 그 안에 불쌍한 모든 그리스도인들을 집어넣고, 거기서 미소짓는 법을 터득할 때까지 그들로 자비를 묵상하게 해 보세요. 참으로 세상에 있는 것들로는 아무 소용이 없기 때문입니다. 하지만 내세에 대한 소망을 가진 사람은 자신의 일을 힘차게 시작합니다. 왜냐하면 주님을 기뻐하는 것이 우리의 힘이기 때문입니다. 그는 강력하게 시험에 저항합니다. 내세에 대한 소망이 대적의 불화살을 격퇴하기 때문입니다. 그는 당장의 보상 없이도 부지런히 일할 수 있습니다. 왜냐하면 내세에서의 상을 바라보기 때문입니다. 그는 비난을 감수할 수 있고, 중상모략을 당한 채 죽을 수 있습니다. 왜냐하면 하나님께서 밤낮 부르짖는 자기의 택하신 백성의 원한을 풀어 주실 것을 그가 알기 때문입니다. 하나님의 성령으로 말미암아 내세에 대한 소망이 덕을 세우도록 하는데 매우 강력한 힘이 됩니다. 그것은 기쁨의 원천이며, 그것은 바로 유익함의 통로입니다. 양식이 짐승의 뼈대에 생명력을 주듯이 내세의 소망도 그리스도인에게 그러합니다. 우리 모두는 내세를 꿈꾸고 현재를 망각하고 있다는 말을 듣습니다. 하지만 내세로 인하여 현재가 아주 쓸모 있도록 정당성을 갖추도록 합시다. 우리의 예언적인 형제들이 이 점에서 잘못될까 나는 염려됩니다. 그들은 마지막 유리병, 곧 다니엘의 칠십 이레, 그리고 얼마간의 다른 신비들에 대하여 줄기차게 예언합니다. 그들이 그렇게 사색하기보다 일을 시작했으면 좋겠고, 그들의 예언이 현재의 실질적인 유익이 되었으면 좋겠습니다. 예언적인 사색들이 너무 지나치므로 사람들이 현재의 시급한 임무를 소홀히 하게 되며, 특히 성도들이 전에 받은 믿음을 위해 열심히 싸우지 않게 됩니다. 하지만 내세의 소망은, 내 생각에, 그리스도인이 가질 수 있는 최대의 실천적인 능력입니다. 이제 결론을 내릴 시간입니다.

5. 우리는 우리의 내세의 상태가 어떨지 분명하게 알게 될 것입니다.

오늘 본문이 무엇을 말하든 아무 상관이 없는 사람들이 여기에 몇 사람 있습니다. 내세가 없다고 생각해 보십시오. 그들이 더욱 불쌍하겠죠? 저런, 아니군요. 그들은 더욱 행복할 것입니다. 죽음이 영원한 잠이라고 누군가 그들에게 입증할 수 있다면, 그것은 그들이 아마 받을 수 있는 최대의 위로가 될 것입니다. 사람들이 죽자마자 금세 무덤에서 썩어 없어지고 그것으로 끝난다는 것을 입증해 보일 수 있다면, 그로 인해 여러분 가운데 더러는 밤에 편안히 잠들 수 있을 것이며, 여러분의 양심이 결코 여러분을 휘저어놓지 못할 것이며, 지금 여러분을 따라다니는 지독한 두려움에 조금도 시달리지 않을 것입니다. 그렇다면, 바로 이런 상태야말로 여러분이 그리스도인이 아니라는 것을 입증한다는 사실을 여러분은 아십니까? 2 곱하기 2가 4인 것처럼 이는 여러분이 그리스도를 믿는 자가 아니라는 것을 분명하게 입증합니다. 여러분이 그리스도인이라면, 내세를 빼앗긴 사실에 대하여 여러분이 불행하게 생각해야 마땅하기 때문입니다. 내세의 상태를 믿는 것이 여러분을 행복하게 해주지 않는다면, 이는 여러분이 그리스도를 믿는 자가 아님을 입증하는 것입니다. 자, 그렇다면, 내가 여러분에게 무엇을 말씀드려야 할까요? 바로 이것입니다. 곧, 내세에서 여러분은 모든 사람 가운데 더욱 불쌍한 자일 것입니다. 전에 어느 불신자가 어느 그리스도인에게 "만약 천국이 없다면 당신은 어찌 하겠습니까?"라고 말했습니다. 그러자 그는 "글쎄, 나는 양다리를 걸치고 싶습니다. 만약 내세가 없다고 해도 나는 당신만큼 행복하게 살고, 만약 있다면 당신보다 무한히 더 행복할 것입니다. 하지만 당신은 어디에 있습니까? 당신은 어디에 있습니까?"라고 말했습니다. 그렇다면 왜 우리는 "만일 내세의 소망이 실로 이생뿐이라면, 여러분은 내세에서 모든 사람 가운데 더욱 불쌍한 자가 되리라"는 이 본문의 말씀을 미래에 읽어야 할까요? 여러분이 어디에 있을지 압니까? 여러분의 영혼은 위대하신 재판장 앞에 가며, 여러분의 영혼은 정죄를 받고 지옥의 고통이 시작될 것입니다. 나팔이 울리고, 천지가 놀라며, 무덤이 융기합니다. 저기 대리석 석판이 들리고, 죄를 지었던 혈과 육을 지니고 일어나서 무서워하는 무리들, 판결을 받기 위해 모인 모든 사람들 가운데 여러분이 섭니다. 재판장이 임하십니다. 거대한 재판이 시작됩니다. 구세주께서 크고 흰 보좌 위에 앉아 계십니다. 그가 전에는 "수고하고 무거운 짐 진 자들아 다 내게로 오라 내가 너희를 쉬게 하리라"(마 11:28)고 말씀하셨지만, 이제는 재판장으로 그곳에 앉으셔서 준엄한 손으로 무서운 책을 펼치십니다. 한 페이지 한 페이지 읽으시는데, 읽으실 때마다 "저주를 받은 자들아, 영영한 불에 들어가라"고 신호를 보내십니다. 그러면 천사들이 가라지들을 묶어 불에 태웁니다. 그곳에서 여러분이 설 것이며, 여러분이 여러분의 파멸을 알 것입니다. 여러분이 이미 그것을 느끼기 시작할 것입니다. 여러분은 높은 알프스 산들에게, 여러분 위에 떨어져서 여러분을 감추어 달라고 소리칠 것입니다. "내가 보좌에 앉으신 그분의 얼굴로부터 피할 수 있도록, 오 너희 산들아, 바위 속에서 동굴을 찾을 수 없겠니?" 무서운 침묵 속에서 산들은 여러분의 간청을 거절할 것이며, 바위들은 여러분의 외침을 무시할 것입니다. 여러분은 바다에 뛰어들겠지만, 불의 혀들이 바다를 죄다 핥아 먹을 것입니다. 만일 여러분이 저 무시무시한 눈에서 벗어날 수만 있다면, 부득불 지옥에다 여러분의 잠자리를 펴고자 하나 그럴 수 없을 것입니다. 왜냐하면 이제 여러분의 차례가 되었기 때문이며, 여러분의 역사를 기록한 책 페이지가 펼쳐졌기 때문입니다. 구세주께서 우레 같은 목소리와 번개 같은 눈으로 읽으실 것입니다. 그가 읽으시고, 그의 손을 흔드실 때, 여러분의 소망은 사라집니다. 그때에 여러분은 모든 사람 가운데 더욱 불쌍한 자이리라는 말씀이 무슨 뜻인지 알게 될 것입니다. 여러분은 즐거움을 누렸습니다.

여러분은 들뜬 시간을 보냈습니다. 여러분은 유쾌한 순간들을 가졌습니다. 여러분은 그리스도를 멸시하였고, 여러분은 그의 책망을 듣고 돌이키지 않았습니다. 여러분은 그의 통치를 받으려 하지 않았습니다. 여러분은 그의 원수로 살다가 화목하지 못한 채 죽었습니다. 이제 여러분은 어디에 있나요? 자, 하나님을 잊은 여러분이여, 그가 여러분을 갈기갈기 찢으시고, 아무도 여러분을 구원할 자가 없는 그날에 여러분이 어찌하겠습니까? 내 주님의 이름으로 내가 여러분에게 탄원하건대, 속히 피난처이신 그리스도께로 달려가십시오. "그를 믿는 자는 구원을 얻으리라." 믿는다는 것은 신뢰한다는 것입니다. 오늘 아침, 믿음으로 그리스도께 자신을 맡길 수 있는 자는 누구든지 사나 죽으나 두려워할 필요가 없습니다. 여러분은 여기서 불쌍한 자가 되지 않을 것입니다. 여러분이 나의 주님을 신뢰한다면 내세에 세 배나 복을 받을 것입니다.

> "오라, 죄 많은 영혼들이여, 피하라
> 그리스도께로, 그래서 너의 상처들을 치료하라
> 오늘이 환영받는 복음의 날일세
> 이 날에 거저 주시는 은혜가 넘치네."

제발 여러분이 지혜롭게 여러분의 마지막을 숙고하길 바랍니다! 이 생애가 한 뼘에 불과하며 오는 생애가 영원히 지속될 것이라는 사실을 제발 여러분이 생각해 주기를 바랍니다! 간곡히 부탁하건대, 영원을 내팽개치지 마세요. 이런 엄숙한 사실들에 대하여 바보짓을 하지 마시고, 참으로 진지하게 영원한 생명을 붙잡으세요. 피 흘리시는 구세주를 바라보세요. 주님의 다섯 군데 상처, 그리고 피땀에 젖은 그의 얼굴을 보세요! 그를 신뢰하시고, 그를 신뢰하세요. 그리하면 여러분이 구원받을 것입니다. 여러분이 그를 신뢰하는 순간 여러분의 죄는 사라집니다. 그의 의가 여러분의 것입니다. 여러분은 즉각 구원받습니다. 또한 그가 죽은 자를 무덤에서 일으키기 위해 그의 나라에 오실 때 여러분은 구원받을 것입니다. 제발 주님께서 우리 모두가 지금과 영원히 예수님을 의지할 수 있도록 인도해 주시기를 축원합니다. 아멘.

제
13
장

—

사망을 멸하신 그리스도

—

"맨 나중에 멸망 받을 원수는 사망이니라" —고전 15:26

지난 네 안식일 동안에 우리는 우리 주님의 위대한 업적을 살펴보았습니다. 우리는 주님을 율법의 목적, 사탄을 정복한 분, 세상을 이기신 분, 만물을 새롭게 창조하신 분으로 알았으며, 이제는 우리가 사망을 멸하신 자이신 그를 봅니다. 주님의 이런 행위와 더불어 다른 모든 영광스러운 행위들 가운데서 온 마음으로 주님을 경배합시다.

하나님의 성령께서 우리를 감동하시므로 구주의 위대한 특성 중 하나인 이 행위의 의미를 우리가 온전히 깨닫게 되기를 바랍니다.

주 예수님께서 인간과 하나라는 사실이 얼마나 놀랍습니까! 시편 기자 다윗이 "하나님의 손으로 지으신 하늘"을 묵상하였을 때, 그는 "사람이 무엇이기에 주께서 그를 생각하시며 인자가 무엇이기에 주께서 그를 돌보시나이까?"(시 8:4)라고 말했습니다. 여기서 그는 그리스도에 대하여 말하였습니다. 여러분은 여기서 다윗이 가장 천한 상태의 인간에 대하여 생각하고 있었고, 형편없이 타락한 아담의 자손만큼 연약한 존재를 하나님께서 영화롭게 하시기를 기뻐하시는 것에 대하여 그가 놀랐을 것이라고 추측할 것입니다. 이런 감사하는 경배의 용어들 가운데 영광스러운 복음이 감추어져 있다는 사실을 여러분은 꿈에도 생각하지 못했을 것입니다. 그러나 그런 묵상을 하는 가운데 다윗은 계속해서 "주의 손으로 만드신 것을 다스리게 하시고 만물을 그의 발 아래 두셨으니"(시 8:6)라고 말합니다. 자, 성령의 해석이 없었더라면, 여태껏 우리는 다윗이 일반적인 사람들에 대하여 말하였고, 금수와 같은 피조물에 대한 인간의 타고난 지배력을 말한 것이라고 생각했을 것입니다. 하지만 그것이 사실인 한편, 그 안에 감추어진 또 다른 그리고 훨씬 더 중요한 진리가 있다는 것을 보세요. 왜냐하면 다윗은 선지자로서 시종 인간들 중에 인간, 본보기 인간, 둘째 아담, 새로운 종족의 인간들의 머리에 대하여 주로 말하고 있었기 때문입니다. 시편 기자가 "만물을 그의 발 아래 두셨다"고 노래한 것은 예수님, 곧 하나님으로 말미암아 영화롭게 되신 인자에 대한 것이었습니다. 하나님께서 인간에 대하여 말씀하셨을 때 아울러 우리 주님에 대하여 필히 말씀하셔야 한다는 것이 이상하지 않았나요? 그럼에도 불구하고, 우리가 이 사실을 생각할 때, 이는 당연하고 진리를 따른 것이며, 다만 우리에게 놀랄 만한 일인데, 왜냐하면 우리의 마음에서 우리는 너무 자주 예수님과 인간을 동떨어진 존재로 여기며, 예수님을 진실로 인간과 하나 된 분으로 거의 생각하지 않기 때문입니다.

　자, 사도가 이 시로부터 어떻게 부활의 필연성을 추론하는지 봅시다. 만일 만물이 인간 곧 그리스도 예수님의 발 아래 두어졌다면, 모든 형태의 악이 그에게 정복당해야 마땅하며, 그리고 그 중에서도 사망이 정복당해야 마땅하기 때문입니다. "그가 자기 발 아래 모든 원수들을 두시기까지 통치하셔야 합니다." 반드시 그래야만 하며, 그러므로 사망조차도 궁극적으로 정복되어야 마땅합니다. 성령의 조명이 없었더라면 우리가 달리 해석했어야 할 시편의 단 한 문장에서 이렇듯 사도는 부활의 교리를 수확합니다. 미묘한 화학반응으로써 단순한 단어들로부터 고귀하고 향기로운 정수를 추출할 수 있는 비법을 성령께서 그의 종 바울에게 가르치셨습니다. 일반적인 독자는 결코 여기에 정수가 있는지 느끼지 못했습니다. 본문은 비밀의 서랍들을 가지고 있으며, 한 상자 안에 또 상자가 있습니다. 그 숨은 정수들이 잠들어 있었으나 그것들을 비밀의 침상에 두신 분께서 그것들을 깨움으로써 그의 택하신 자들이 마음으로 그것들이 말하는 소리를 들을 수 있게 되었습니다. 지금까지 여러분은 시편 8편에서 부활을 추론해 본 적이 있나요? 아닙니다. 부싯돌 속에 불이 있고, 바위 속에 기름이 있으며, 우리가 밟는 땅 속에 떡이 있다는 사실을 여러분이 듣지 않았다면 믿지 못했을 것입니다. 인간이 쓴 책들의 내용은 대개 우리가 기대한 것에 훨씬 미치지 못하지만, 주님의 책은 놀라움으로 가득하며, 그것은 빛 덩어리이며, 값으로 따질 수 없는 거대한 계시들입니다. 성경 안에 지금껏 무엇이 감추어져 있는지 우리는 잘 모릅니다. 주님께서 우리에게 가르쳐 주신 온전한 말씀들의 외형을 우리가 알고 그것을 준수할 것이지만 우리가 들여다보지 못한 내부 창고들이 있습니다. 그것들은 밝은 등불로 밝힌 계시의 방들이며, 아마도 너무 밝아서 지금은 우리의 눈으로 볼 수 없을 것입니다. 하나님의 성령께서 바울에게 임하셨을 때, 그가 다윗의 노래들 가운데서 많은 것을 볼 수 있었을진대, 우리도 바울의 서신들 가운데 훨씬 더 많은 것을 볼 날이 올 것이며, 성령께서 사도를 통해 우리에게 거리낌 없이 말씀하셨던 사실들을 더 잘 이해하지 못한 것에 대하여 그날에 우리 스스로 놀랄 것입니다. 이 시간 우리가 깊고 멀리 볼 수 있기를 바라며, 부활하신 우리 주님의 장엄한 영광을 볼 수 있기를 바랍니다.

　　본문은 다음과 같이 구성되어 있습니다. 사망은 원수다. 사망은 멸망 받을 원수다. 사망은 맨 나중에 멸망 받을 원수다. "맨 나중에 멸망 받을 원수는 사망이니라."

1. 사망은 원수입니다.

　　아각 사람 하만이 태생적으로 이스라엘의 원수였던 것처럼 사망도 그렇게 태어났습니다. 사망은 우리의 가장 무서운 적의 자식입니다. 왜냐하면 "죄가 장성한즉 사망을 낳기 때문"입니다. "죄가 세상에 들어오고 죄로 말미암아 사망이 들어왔나니"(롬 5:12). 자, 분명히 죄의 결과인 그 놈은 다름 아니라 사람의 원수입니다. 우리의 타락을 알았던 바로 그 음울한 날에 사망이 세상에 들어왔으며, 사망의 권세를 가진 자는 우리의 최대의 적이자 유혹자인 마귀입니다. 그런 모든 사실로 인해 우리는 사망을 사람의 명백한 원수로 주목해야 합니다. 사망은 이 세상에서 이질적인 존재이며, 그것은 타락하지 않은 상태의 본래 창조 계획 가운데 존재하지 않았습니다. 하지만 사망이 침입함으로 모든 것이 훼손되고 망가졌습니다. 그것은 선한 목자의 양 떼 중에 있지 않고, 죽이고 멸망시키려고 오는 이리입니다. 지질학에 따르면, 지구역사의 첫 시대로부터, 심지어 아직 사람이 살기에 적합하지 않았던 때부터 여러 가지 형태의 생명체 중에 사망이 있었다고 합니다. 나는 이 말을 믿을 수 있지만 여전히 사망을 죄의 결과라고 생각합니다. 사람과 가치 없는 동물들 사이에 어떤 유기적인 연합이 있어서 아담이 죄를 짓지 않았더라면 그것들도 죽지 않았을 것이라는 사실이 입증된다 할지라도, 나는 아담 이전에 그런 짐승들의 사망 가운데서 아담의 때에 저지르지 않았던 죄의 선행적인 결과들을 볼 것입니다. 예수님께서 대속의 희생제물을 드리시기 전에 그의 공로로 말미암은 구원이 있었다 할지라도, 사람이 죄를 짓기 전에 있었던 장구한 세월들 위에 예견된 죄의 과실이 사망의 그림자를 드리웠을 것이라고 쉽게 상상할 수 있습니다. 이에 대하여 우리가 잘 알지 못하며, 또한 우리가 알아야 할 만큼 중요하지도 않습니다. 하지만 분명한 것은 현재의 세상이 관련되어 있는 한, 사망은 하나님의 초대받은 손님이 아니라 끼어들어 잔치를 망치는 침입자입니다. 어리석게도 인간은 사탄을 환영하고 죄를 지었으며, 그때에 그것들(사탄과 사망)이 낙원의 최고의 축제에 강제로 밀고 들어왔으나 인간은 사망을 결단코 환영하지 않았습니다. 그의 보지 못하는 눈이라도 그 뼈대의 형태 속에서 잔인한 적을 볼 수 있었습니다. 사자가 평원의 짐승 떼에게, 큰 낫이 들의 꽃들에게, 바람이 숲의 마른 잎들에게 그러하듯이, 사망이 사람들의 자손들에게 그러합니다. 그들은 본능적으로 사망을 두려워하는데 그 이유는 그것이 자기들의 죄의 자식이라는 것을 그들의 양심이 말하고 있기 때문입니다.

사망을 원수라고 칭하는 것은 잘한 일입니다. 왜냐하면 우리를 향하여 사망이 원수의 일을 하기 때문입니다. 원수가 뿌리째 뽑고, 헐고, 멸망시키는 것 외에 무슨 목적으로 오겠습니까? 사망은 하나님의 아름다운 작품, 곧 신기한 솜씨의 손가락들로 우수하게 만드신 인간의 몸의 조직을 갈기갈기 찢어 버립니다. 이 귀중한 자수품을 벌레의 군대들 가운데 있는 무덤 속에 던지고 사망은 그 고약한 군인들에게 "수놓은 채색"(삿 5:30)의 노략물을 일일이 나눠줍니다. 그리고 그것들은 그 약탈물을 무자비하게 조각조각 찢어발깁니다. 우리 인간의 이 건물은 보기에 좋은 집이지만, 사망이란 파괴자가 그 창들을 어둡게 하며, 그 기둥들을 흔들고, 그 문들을 닫으며, 맷돌 가는 소리를 그치게 합니다. 그리고 음악하는 여자들은 쇠하여질 것이며, 힘센 남자들은 스스로 굴복합니다. 이런 파괴자는 아무리 지혜 혹은 미모가 출중하더라도 살리는 법이 없습니다. 그것은 은줄을 풀고 금 그릇을 깨뜨립니다. 보세요.

샘가에서 값비싼 물주전자가 박살이 나며, 잘 만들어진 바퀴가 서둘러 가다 산산조각이 납니다. 사망은 생명의 영역에 침투한 잔인한 침입자입니다. 그것이 임하는 곳마다 모든 좋은 나무를 쓰러뜨리며, 모든 우물물을 그치며, 돌들이 있는 좋은 땅을 모두 훼손합니다. 사망이 한 사람에게 자기 뜻을 이루었을 때 그 사람이 얼마나 철저하게 파멸하는지 보세요! 그의 아름다움이 재로 변하며, 그의 말쑥함이 썩음으로 변합니다. 분명히 원수 하나가 이렇게 한 것입니다.

　나의 형제들이여, 모든 세대에 걸쳐 모든 땅에서 진행하는 사망의 행로를 보세요. 무덤이 없는 곳이 어디입니까? 어느 도시에 묘지가 없나요? 무덤을 보지 않으려면 우리가 어디로 가야 하겠습니까? 모래사장이 위로 올라온 벌레들로 덮여 있는 것처럼, 오 땅이여, 네가 풀이 자란 작은 언덕들로 덮여 있지만, 그 언덕들 밑에는 죽은 세대들이 잠들어 있도다. 오 바다여, 너도 사망을 면치 못하도다! 마치 땅이 온통 시체들로 가득하고, 빽빽이 들어찬 무덤 안에서 그 시체들이 심지어 사망의 동굴 속으로 서로 밀어 제치듯이, 오 강력한 세력이여, 죽은 자의 시체들이 너에게로 내던져지는 도다. 너의 물결은 틀림없이 사람들의 송장으로 오염되었고, 너의 바닥은 틀림없이 죽임을 당한 자들의 뼈들이 널려 있도다! 우리의 원수, 사망이 말하자면 인류를 유린하는 칼과 불을 가지고 행군해 왔습니다. 고트족(3-5세기경에 로마 제국을 침략한 튜턴계의 한 민족)이나 흉노족(4-5세기경 유럽을 휩쓴 아시아의 유목민), 타타르 사람도 호흡이 있는 모든 사람들을 그렇게 보편적으로 죽이지는 못했습니다. 왜냐하면 도망치는 자를 죽일 수는 없었으니까요. 도처에서 사망은 가족의 기쁨을 시들게 하였고, 슬픔과 한숨을 지어냈습니다. 해가 비치는 모든 땅에서 사망은 사람들의 눈을 눈물로 가렸습니다. 유족의 눈물, 과부의 울부짖음, 그리고 고아의 비탄, 이런 것들이 지금까지 사망의 전쟁용 음악이었으며, 사망은 거기서 승리의 노래를 찾아내었습니다.

　가장 위대한 정복자들은 사망의 도축자들, 그의 도살장에서 일하는 확실한 솜씨를 가진 푸주한들이었을 뿐입니다. 전쟁이란, 사망이 축제를 열고, 일반적인 관습보다 신속히 자기 먹이를 조금 더 많이 삼켜 버리는 것에 지나지 않습니다.

　사망은 아직까지 그의 화살들을 피해 온 우리들에게 원수의 일을 해왔습니다. 최근에 새로 만들어진 무덤 주위에 서서 그들의 마음을 반쯤 매장했던 자들은 사망이 얼마나 무서운 원수인가를 여러분에게 말해 줄 수 있습니다. 사망은 친구를 우리 곁에서 빼앗아가며, 자녀를 우리의 품에서 빼앗아가며, 우리의 울부짖음에 개의치 않습니다. 가족의 기둥이었던 그가 넘어졌습니다. 가정의 빛이었던 그녀가 죽었습니다. 어린이를 잃으면 그 어머니가 비통하게 되지만, 그래도 사망은 그 어린이를 그녀의 품에서 강탈합니다. 그리고 활짝 핀 젊은이를 잃으면 부모의 가장 큰 희망이 짓밟히지만, 그래도 사망은 그 아버지의 곁에서 젊은이를 빼앗습니다. 사망은 젊은이를 불쌍히 여기지 않으며, 늙은이를 긍휼히 여기지 않습니다. 사망은 선한 자나 아름다운 자를 존중하지 않습니다. 사망의 큰 낫은 향기로운 꽃들과 유해한 잡초들을 똑같이 편안하게 베어버립니다. 사망이 우리의 정원으로 들어와 우리의 백합들을 짓밟고 우리의 장미들을 지면에 흩뿌립니다. 그렇습니다. 구석에 심은 가장 겸손한 꽃들이 얼굴을 붉히고 보이지 않으려고 잎사귀들 밑에 숨어 있는데도 사망이 이것들조차 정탐합니다. 그리고 그것들의 향기에 아무런 관심이 없고, 자기의 불타는 입김으로 그것들을 시들게 합니다. 사망은 실로 당신의 원수이며, 당신은 잔인한 세상의 냉혹한 폭풍우에 계속 얻어맞도록 버려진 아버지 없는 아이이며, 아무도 당신을 보호하지 않습니다. 오 과부여, 사망은 당신의 원수입니다. 왜냐하면 당신의 삶의 빛이 사라졌으며, 당신의 눈의 열망이 한 번의 타격으로 제거되었기 때문입니다. 남편이여, 사망은 당신의 원수입니다. 왜냐하면 사망이 당신에게서 어린 자녀들의 엄마를 빼앗아가 버렸기에 당신의 집이 황폐하였고 당신의 어린 자녀들이 울고 있기 때문입니다.

사망은 우리 모두의 원수입니다. 왜냐하면 우리 가운데 어떤 가장이라도 사망에게 "네가 내게서 되풀이해서 빼앗아갔도다!"라고 말하지 않을 수 없기 때문입니다. 사망이 하나님의 집에 침입하여 그곳의 선지자와 제사장을 죽은 자 가운데 포함되도록 할 때 특히 사망은 산 자들에게 원수입니다. 정말 훌륭한 목회자들이 죽고, 깨어 있는 자가 어둠 속에서 눈을 감을 때, 교훈을 주던 자가 죽어 말이 없을 때, 교회는 애통해합니다. 그런데 사망이 얼마나 자주 우리를 대적하는지요! 열정적인 사람도, 적극적인 사람도, 그리고 지칠 줄 모르던 사람도 사라집니다. 아주 힘 있게 기도하던 사람도, 마음이 아주 인자한 사람도, 모범적인 삶을 살던 사람도 열심히 일하다 쓰러지고, 그들을 말할 수 없이 필요로 하던 교회를 뒤에 남겨 둡니다. 만일 주님께서 사망이 사랑받는 목회자를 빼앗도록 허락하시는 징후만이라도 보인다면, 그의 성도들의 영혼은 슬픔으로 가득하고, 사망을 그들의 최대의 적으로 여기고, 그들의 목회자를 살려 달라고 주님께 탄원하며 간청합니다.

　　죽는 자들조차도 사망을 자기들의 원수라고 마땅히 생각합니다. 내가 말하는 것은 그들이 영광의 자리에 오른 지금, 육체에서 분리된 영혼으로 위대하신 왕의 아름다움을 바라보는 지금이 아니라, 죽음이 그들에게 다가오기 전입니다. 사망은 떨리는 육체에게 적으로 보였습니다. 왜냐하면 우리가 죽음과의 사랑에 빠진다는 것은 극심한 고통의 순간이나 혹은 정신착란을 일으킬 때, 혹은 영광에 대한 과도한 기대를 할 때 외에는 자연스럽지 못하기 때문입니다. 영혼이 몸을 사랑하고 몸이 영혼을 사랑하며, 그들이 서로 최대한 오래 함께 살기를 바라도록 우리를 조성하신 것이 우리 창조주 하나님의 지혜였습니다. 그렇지 않다면 자기 보존에 대한 관심이 없었을 것이며, 인류는 자살로 멸망했을 것입니다.

> “그저 돗바늘 하나로
> 자살을 할 수 있는데
> 누가 참으랴 시간의 채찍과 경멸을,
> 압제자의 악을, 교만한 자의 오만 무례를.”

　　목숨을 위해 목숨을 바치는 것이 우리의 존재의 제일의 법칙입니다. 그래요, 사람은 자기 목숨을 위해 모든 것을 바칠 것이며, 이렇게 우리는 생존을 위해 치열하게 싸우며, 우리를 멸하려는 것을 필사적으로 피합니다. 매우 훌륭한 이 본능은 사망을 원수로 만들지만, 그것은 또한 모든 범죄 중에 범죄, 곧 만일 사람이 고의로 그리고 온전한 정신으로 그 죄를 저지른다면 지옥으로 보내질 것이 확실한 그런 죄를 예방하는데 일조합니다. 내가 말하려는 것은 자살하는 죄입니다.

　　사망이 선한 사람에게 찾아와도 그것은 원수로 찾아옵니다. 왜냐하면 우리를 크게 두렵게 할 그런 무서운 사자(使者)들과 소름끼치는 수행원들이 그것을 뒤따르기 때문입니다.

> "불이 펄펄 끓어오르는 열병,
> 창백한 폐병, 생명의 열기밖에 없는 중풍,
> 그리고 거의 흙처럼 차가운 종기, 관절을 지독히 괴롭히는 통풍,
> 그리고 늘 괴롭히는 감기, 심한 경련,
> 부어오른 수종, 헐떡이는 천식, 뇌졸중,
> 심한 메스꺼움."

이런 것들 가운데 어느 것도 사망의 모습에다 눈곱만큼도 아름다움을 더하지 않습니다. 사망은 많은 고통, 많은 슬픔과 함께 옵니다. 사망은 많은 탄식, 그리고 많은 눈물과 함께 옵니다. 구름과 어둠이 그 주위를 둘러싸며, 먼지로 가득한 대기가 사망이 접근하는 사람들을 압도하며, 차가운 바람이 그들의 뼛속까지 오싹하게 만듭니다. 사망은 창백한 말을 탑니다. 그리고 그의 말이 발을 들여놓는 땅은 사막이 됩니다. 저 무서운 말발굽소리에 벌레가 깨어 죽은 자를 갉아먹습니다. 우리가 다른 중요한 진리들을 잊고 오직 이 무시무시한 사실들만을 기억할 때, 사망은 우리에게 공포의 왕이 됩니다. 사망 때문에 심장은 병나고 콩팥은 녹습니다.

그러므로 실로 사망은 원수입니다. 그것이 우리의 몸에 무슨 짓을 하려고 옵니까? 궁극적으로는 더 좋은 곳으로 인도하는 일을 한다고 내가 알고 있지만, 그러나 그 일이 현재로서는 기쁘지 않고 슬픈 일입니다. 사망은 눈에서 시력을 빼앗고, 귀에서 청력을 빼앗고, 입에서 말을 빼앗고, 손에서 활동을 빼앗고, 뇌에서 생각을 빼앗으려고 옵니다. 사망은 살아 있는 사람을 부패물 덩어리로 바꾸려고 오며, 애정 때문에 "나의 죽은 자를 안보이게 묻으라"고 소리칠 정도로 형제와 친구의 사랑받는 외형을 부패 상태로 저하시키려고 옵니다. 사망, 너 죄의 자식아, 그리스도께서 너를 경탄할 만하게 완전히 바꿔 놓으셨지만, 너 자신은 네 앞에서 혈육이 떠는 자들의 원수다. 왜냐하면 네가 여자로부터 태어난 모든 사람들의 살해자이며, 온 나라들의 피로도 채울 수 없을 만큼 인간 먹이에 갈증을 느끼는 자이기 때문이다.

만일 여러분이 이 원수에 대하여 잠시 생각한다면, 여러분은 그의 특징

들 가운데 몇 가지를 관찰할 것입니다. 사망은 하나님의 모든 백성에게 **공통**의 적이며, 모든 사람들의 원수입니다. 자기가 죽지 않을 것이라고 아무리 믿을지라도 이 싸움에서 면제는 없습니다. 이 징병에서 한 사람이, 흰 수염이 겨울의 찬 서리를 견뎌 낸 것처럼, 제비뽑기를 여러 해 회피한다 할지라도, 마침내 철의 사람도 반드시 굴복하고야 맙니다. 한 번 죽는 것은 사람에게 정한 것입니다. 아무리 강한 사람도 썩어가는 세월 가운데 회춘할 수 있는 불로장생의 약을 복용하지 못합니다. 아무리 넉넉한 군주라도 멸망을 매수할 만큼의 돈을 갖고 있지 못합니다. 오 왕관을 쓴 군주여, 당신도 무덤으로 내려가야 합니다. 홀과 삽은 유사하기 때문입니다. 오 용맹스러운 용사여, 당신도 묘로 내려가야 합니다. 칼과 가래가 같은 금속으로 이루어졌기 때문입니다. 군주도 벌레의 형제이며, 같은 집에서 살아야 합니다. 우리 온 인류에게 "너는 흙이니 흙으로 돌아갈 것이니라"(창 3:19)는 말씀은 진리입니다.

사망은 어디에서나, 심지어 가장 해가 없는 것 안에서도 숨어 기다리는 간교한 적입니다. 사망이 매복공격을 준비하지 않은 곳이 어디라고 누가 말할 수 있습니까? 사망은 집 안에서도 문 밖에서도 우리 앞에 나타납니다. 식탁에서 사망은 먹는 음식으로 사람들을 습격하며, 샘에서 그는 마시는 물에 독을 풉니다. 그는 길에서 우리를 불러 세우며, 우리의 침대에서 우리를 엄습합니다. 그는 바다에서 폭풍을 타고 날며, 우리가 견고한 땅에서 길을 갈 때 우리와 함께 걷습니다. 오 사망아, 우리가 어디로 달려가야 너를 피하겠느냐. 사람들이 알프스 정상에서 그들의 무덤으로 추락했으며, 광부가 귀금속을 캐러 내려가는 땅의 깊은 곳에서 네가 고귀한 생명들을 수없이 제물로 희생시켰도다. 사망은 간교한 적이며, 우리가 그에 대하여 거의 생각하지 못할 때 소리 없는 걸음걸이로 바로 우리 뒤에 접근합니다.

사망은 우리 중 아무도 피하지 못할 원수입니다. 우리가 옆길로 갈지라도 우리의 시간이 되면 우리는 그로부터 벗어날 수가 없습니다. 마치 새처럼 우리 모두는 이 사냥꾼의 그물 안으로 날아가 버릴 것입니다. 거대한 삶의 바다에 사는 모든 물고기들이 그들의 때가 되면 사망의 커다란 예인망(曳引網) 안에 반드시 걸립니다. 해가 지거나 또는 한밤중의 별들이 마침내 지평선 아래로 내려가거나, 또는 파도들이 바다로 되돌아가거나, 또는 거품이 터지는 것이 분명한 것처럼, 반드시 우리 모두는 일찍 혹은 늦게 죽으며, 땅에서 사라져서 산 자들 가운데서 완전히 잊혀집니다.

이 원수의 공격들은 너무나 자주 갑작스럽습니다.

> "북풍의 호흡에 나뭇잎들이 떨어지고
> 꽃들이 말라 버릴 때가 오네
> 그리고 별들이 지네, 모든 별이.
> 오 사망아, 너는 사시사철 지지 않는구나!"

사람들에게는 순간의 예고도 없이 죽는 일들이 일어납니다. 입술로 한 마디 찬송을 하고 그들이 죽었습니다. 또는 매일 일을 하다가 회계하라는 부름을 받았습니다. 우리가 한 사람에 대한 소문을 들었습니다. 그는 조간신문을 보다가 직장동료가 죽었다는 소식을 접하고는 자신의 집무실로 가려고 구두를 신었습니다. 그러다가 자신이 너무 바빠서 죽을 시간도 없다는 것을 알고 미소를 지었습니다. 그런데, 그 말이 떨어지기가 무섭게 그는 앞으로 넘어졌고 그대로 시신이 되었습니다. 우리가 사람들과의 넓은 교제의 중심 가운데서 살아간다면, 갑작스런 죽음들은 그다지 보기 드문 일들이 아닙니다. 그래서 사망은 무시하거나 우습게 볼 적이 아닙니다. 이제 우리는 사망의 모든 특성들을 기억합시다. 그러면 우리는 우리의 영광스러운 구주께서 멸하신 이 모진 원수를 가볍게 생각할 마음이 없을 것입니다.

2. 둘째, 사망은 멸망 받을 원수라는 사실을 기억합시다.

우리 주 예수 그리스도께서 이미 사망을 크게 이기셨으며, 이로써 우리를 사망에 대한 두려움으로 말미암은 일생의 속박으로부터 우리를 구원하셨다는 사실을 기억하세요. 그가 아직 사망을 멸하지는 않으셨으나 거의 거기까지 갔습니다. 왜냐하면 그리스도께서 "사망을 폐하시고 복음으로써 생명과 썩지 아니할 것을 드러내셨다"(딤후 1:10)고 말씀하셨기 때문입니다. 이는 분명히 사망을 완전히 멸망시킨 것이나 마찬가지입니다.

우선 우리 주님께서 자기 백성을 영적인 사망으로부터 구원하심으로써 가장 나쁜 의미의 사망을 정복하셨습니다. "그는 허물과 죄로 죽었던 너희를 살리셨도다”(엡 2:1). 전에는 여러분이 거룩한 생명을 갖지 못하였고, 원죄로 말미암은 사망이 여러분을 기다렸으며, 그래서 여러분이 모든 거룩하고 영적인 것들에 대하여 죽어 있었습니다. 하지만 사랑하는 자들이여, 이제 하나님의 영, 곧 예수 그리스도를 죽은 자 가운데서 살리신 분이 여러분을 새로운 생명으로 되살리셨으며, 그리하여 여러분이 그리스도 예수 안에서 새로운 피조물이 되었습니다. 이런 의미에서 사망이 정복된 것입니다.

　　또한 평생 우리 주님께서는 개인들을 살리심으로써 사망을 정복하셨습니다. 주님의 명령으로 마지막 원수가 자기의 먹이를 포기한 세 가지 잊지 못할 사례들이 있었습니다. 우리 주님께서 관리의 집에 들어가셨을 때, 소녀가 최근에 죽어 잠자고 있었던 모습을 보셨습니다. 그 소녀 주위에서 사람들이 눈물을 흘리며 애곡하였습니다. 주님께서 “이 소녀가 죽은 것이 아니라 잔다”라고 말씀하셨을 때 사람들의 멸시하는 웃음소리를 들으셨습니다. 그리고 그들을 내보신 후 “소녀야, 일어나라”고 말씀하셨습니다. 그때에 멸망하게 하는 자가 멸망함을 당하였고, 지하 감옥의 문이 열렸습니다. 또한, 주님은 나인성 문 앞에서 장례 행렬을 멈추게 하셨습니다. 거기서 사람들은 청년을 운구하고 있었습니다. 청년은 “어머니의 독자요 그의 어머니는 과부”(눅 7:12)였습니다. 주님은 “청년아 내가 네게 말하노니 일어나라”(눅 7:14)고 말씀하셨습니다. 청년이 일어나 앉고 우리 주님께서 그를 그의 어머니에게 주시니 또 다시 주님은 강한 자로부터 그의 먹이를 구해 내셨습니다. 모든 것 중에서도 특히 나사로의 누이가 “벌써 냄새가 나나이다”라고 말할 정도로 그가 오랫동안 무덤에 있었을 때, “나사로야 나오라”는 말씀에 순종하여 그 일어난 자가 베로 동인 채로 나와 실제로 소생하였을 때, 사망은 인자(the Son of man)에게 굴종하는 것으로 드러났습니다. 승리하신 그리스도께서 “풀어놓아 다니게 하라”고 말씀하셨고, 이에 사망의 줄이 풀렸습니다. 왜냐하면 율법이 인정하는 포로가 해방되었기 때문입니다. 구세주의 부활 시에 죽은 성도들 가운데 많은 이들이 일어나 무덤에서 나와 거룩한 성으로 들어갔을 때, 십자가에 못 박히신 주님께서 사망과 무덤을 이기신 것이 증명되었습니다.

　　하지만 형제들이여, 이런 사례들은 사망을 뒤집어엎은 위대한 승리의 예비적인 전초전이요 단순한 전조에 불과했습니다. 진정한 승리는 십자가에서 달성되었습니다.

> "그가 지옥에서 지옥을 때려 눕히셨고,
> 그가 죄가 되심으로 죄를 뒤집어엎으셨고,
> 무덤에 절함으로 무덤을 멸하셨으며,
> 그리고 죽으심으로 사망을 죽이셨도다."

그리스도께서 죽으셨을 때 그가 자기의 모든 백성을 대신하여 사망의 형벌을 당하셨으며, 그러므로 어떠한 신자도 이제 죄에 대한 형벌로 죽지 아니합니다. 왜냐하면 의로우신 하나님께서 한 가지 죄에 대하여 두 번 형벌을 가하신다는 것은 상상조차 할 수 없는 일이기 때문입니다. 예수님께서 죽으신 이후로 사망은 하나님의 자녀들에게 더 이상 형벌이 아닙니다. 이렇게 예수님께서 사망을 폐하셨고, 절대로 사망이 집행될 수 없는데, 어찌 성도들이 죽느냐고요? 왜냐하면, 성도들이 천국에 들어가기 전에 반드시 그들의 몸이 변화되어야 하기 때문입니다. "혈과 육은 하나님 나라를 이어받을 수 없습니다"(고전 15:50). 몸이 썩지 않음과 영광에 합당하기 위해서 반드시 먼저 신령한 변화가 몸에 일어나야 합니다. 이를테면, 사망과 무덤이 정제하는 도가니요 용광로이며, 이로써 몸이 미래의 행복을 누릴 수 있게 준비됩니다. 사망, 네가 아직 멸망당하지 않은 것은 사실이나 우리의 살아 계시는 구세주께서 더 이상 네가 사망이 아니라 그 이름 외에 다른 것에 불과하도록 너를 바꾸셨다! 성도들은 이제 죽지 않으며, 다만 그들은 해체되고 떠납니다. 사망은 배가 자유롭게 아름다운 항구로 항해할 수 있도록 줄을 풀어 주는 것입니다. 사망은 우리가 하나님께로 올라가기 위해 타는 불의 전차입니다. 사망은 연회장에 들어오셔서 "친구여 올라오라"고 말씀하시는 위대하신 왕의 부드러운 목소리입니다. 보세요, 우리가 독수리의 날개에 올라 이 땅에서 구름 사이로, 영원한 고요함으로, 위에 있는 하나님의 빛나는 집으로 멀리 날아갑니다. 그렇습니다. 우리 주님께서 사망을 폐하셨습니다. 사망의 쏘는 것은 죄요, 우리의 위대하신 대속자께서 그의 위대한 희생으로 말미암아 그 쏨을 없애주셨습니다. 쏘는 것이 없이 사망이 하나님의 백성 가운데 머무르지만, 사망은 거의 해를 끼치지 못하므로, 그들에게 "죽는 것은 사망이 아닙니다."

게다가, 그리스도께서 부활하셨을 때 사망을 이기셨고 완전히 정복하셨습니다. 사람이 부활의 그림을 그려본다는 것이 얼마나 매력적인 일인지요. 하지만 나는 조금만 그려보도록 해보겠습니다. 우리의 위대하신 챔피언께서 잠깐 동안의 사망의 잠에서 깨어나시고 자신이 무덤이라는 휴게실에 있는 것을 아셨을 때, 그는 조용히 무덤의 옷들을 벗기 시작하셨습니다. 얼마나 유유히 진행하셨는지요! 그는 자기 친구들을 잃은 자들이 눈물을 닦을 수 있도록 수건을 개켜 놓으셨습니다. 그리고 감고 있던 세마포를 벗어 그의 성도들이 그리로 올 때에 그곳에 있도록 놓아 두셨습니다. 이렇게 주님께서 그 방을 잘 준비하시고, 침대에 시트를 깔아 놓으시고, 그들이 쉴 수 있도록 준비하셨습니다. 무덤은 더 이상 텅 빈 지하실, 음산한 납골당이 아니라 휴식의 방이며, 잘 갖추어지고 준비된, 그리스도께서 친히 남기신 천으로 꾸며진 기숙사입니다. 무덤은 이제 더 이상 축축하고, 어둡고, 음산한 감옥이 아닙니다. 예수님께서 전부 다 바꾸셨습니다.

> “이곳은 천국의 소식을 가지고 오고 가며
> 천사들이 사용하는 작은 방일세.”

하늘로부터 온 천사가 우리 주님의 무덤에서 돌을 굴렸고 신선한 공기와 빛이 다시금 우리 주님에게 들어오게 하였으며, 그는 정복자 이상으로 발걸음을 크게 떼셨습니다. 사망이 달아났습니다. 무덤이 항복하였습니다.

> “우리의 영광의 왕께서 다시 사셨도다!
> 오 사망이여, 이제 너의 쏘는 것이 어디 있느냐?
> 그가 단번에 죽으사 우리의 영혼들을 구원하셨도다
> 너의 승리, 너의 자랑하는 무덤이 어디 있느냐?”

자, 형제들이여, 그리스도께서 부활하신 것이 확실한 만큼 그는 자기의 모든 성도들이 육체적으로 영광스러운 삶으로 부활하고, 그들의 영혼들이 결코 잠시도 멈추지 아니할 생명으로 부활할 것을 확실하게 보증하셨습니다. 이 점에서 주님은 사망을 정복하셨습니다. 그 기념비적인 승리 이후에,

매일 그리스도께서 사망을 정복하고 계십니다. 왜냐하면 그가 자신의 영을 자기 성도들에게 주시기 때문이며, 그들은 자기 안에 그 성령을 받으므로 마지막 원수를 차분히 맞이합니다. 어떤 때는 그들이 노래로 사망을 마주 대하며, 어떤 때는 그들이 차분한 표정으로 대하며, 평화롭게 잠이 듭니다. 사망아, 나는 너를 두려워하지 않으리. 내가 어찌 두려워하랴? 너는 용처럼 보이나 너의 쏘는 것은 사라졌도다. 오 늙은 사자여, 너의 이빨이 부러졌고, 그러니 무엇 때문에 내가 너를 두려워하랴? 네가 더 이상 나를 멸망시킬 수 없고, 너는 나를 황금 문으로 인도하는 사자(使者)로 보내어졌고, 나는 그 문으로 들어가 베일 벗은 구주의 얼굴을 영원히 보리라는 것을 알고 있다. 임종하는 성도들이 종종 말하기를, 그들의 최후의 침대가 그들이 지금까지 누웠던 침대 중 최고였다고 하였습니다. 그들 중에 많은 성도들이 이렇게 물었습니다.

"내게 말하라, 내 영혼아, 이게 죽음이니?"

죽는 것이 그들이 예상했던 것과 아주 다른 것이었으며, 너무 밝고 너무 기뻤습니다. 그들은 모든 염려를 내려놓았고, 짐을 진 것이 아니라 벗은 느낌이었으며, 그래서 그들은 이것이 사는 날 동안 내내 두려워했던 그 괴물인지 의아해했습니다. 그들은 사망이 칼로 찌르는 것이지 않을까 두려워했지만 정작 핀으로 한번 찌르는 것임을 깨닫습니다. 그들은 사망이란, 고문대 위에서 교살하거나, 어둡고 무서운 황량한 지방을 비참하게 지나는 것이라고 생각했지만, 오히려 사망은 땅에서 눈을 감고 천국에서 눈을 뜨는 것입니다. 사랑하는 자들이여, 영광을 얻으신 우리 주님께서 이런 식으로 사망을 이기셨습니다.

그러나 이제 이것이 본문이 말하는 내용이 아니라는 것을 주시합시다. 본문이 말하는 것은 아직 이루어지지 않았습니다. 맨 나중에 멸망 받을(shall be) 원수는 사망이니라. 본문이 의도하는 면에서 볼 때 사망은 아직 멸망당하시 않았습니다. 사망은 멸망 받을 것인데, 그 멸망이 어떻게 이루어질까요?

자, 내 생각에 본문의 첫 번째 의도는 이런 것입니다. 곧 그리스도께서 재림하실 때, 살아남은 자들이 죽음을 당하지 않으리라는 의미입니다. 그들은 변화할 것입니다. 그들이 영원한 생명을 이어받기 전에 살아 있는 상태로 변화를 받으며, 실제로 그들은 죽지 않을 것입니다. 그들을 부러워하지 마세요. 그들이 잠자는 자들을 앞서지 못할 것이기 때문입니다. 도리어 그들의 분깃이 어떤 면에서는 둘 중 더 못한 것이라고 나는 생각합니다. 하지만 그들은 사망을 알지 못할 것입니다. 주님께서 재림하실 때에 살아남을 백성 중에 다수는 죽을 필요 없이 영광에 들어갈 것입니다. 이처럼 살아남을 자들에 관한 사망은 멸망 받을 것입니다.

　　그러나 잠자는 자들, 곧 살과 뼈가 썩어 도로 흙이 된 무수한 사람들의 경우에도 사망이 멸망 받을 것입니다. 왜냐하면 나팔소리가 날 때 그들이 무덤에서 부활할 것이기 때문입니다. 부활은 사망의 멸망입니다. 우리는 무덤에 누인 모든 몸의 모든 분자가 원래 상태로 돌아오며, 완전히 똑같은 재료로 부활할 것이라고 우리는 한 번도 가르치거나 믿거나 생각한 적이 없습니다. 그러나 동일한 몸이 부활할 것이라고 우리는 말합니다. 땅 속에 묻힌 씨앗이, 비록 아주 다른 모양이지만, 분명히 땅에서 나오는 것과 같습니다. 즉, 땅 속에 묻힌 씨앗이 씨앗으로 나오지 않고 꽃으로 나오는 것처럼, 동일한 몸이 다시 부활할 것입니다. 똑같은 재료는 필요하지 않으며, 무덤에서, 그래요, 땅에서 나올 것입니다. 만일 그 몸이 무덤을 보지 못했다면, 괴물에게 삼켜졌다면 바다에서 나오되, 이 세상에 있는 동안 그 영혼이 살았던 신원과 꼭 일치하는 몸이 나올 것입니다. 우리 주님께서 그렇지 않았습니까? 그의 백성도 그럴 것입니다. 그때에 "사망을 삼키고 이기리라. 사망아, 네가 쏘는 것이 어디 있느냐! 무덤아 너의 이기는 것이 어디 있느냐!"라고 기록된 말씀이 성취될 것입니다.

　　우리 주님의 승리 안에는 이런 특징이 있을 것입니다. 곧, 부활한 자들이 죽음 때문에 조금도 나빠지지 않을 것이기 때문에 사망이 완전히 멸망 받을 것입니다. 그런 새로운 몸에는 옛적의 연약함의 흔적이 없을 것이며, 오랫동안 앓았던 질병의 흔적, 순교의 상처 자국은 전혀 없을 것이라고 나는 믿습니다. 사망은 그들에게 전혀 자신의 흔적을 남기지 못할 것입니다. 다만 사랑하는 주님의 손과 발이 찔림으로 말미암아 구원받은 자들이 보기에는 주님의 육체에 있는 상처들이 그의 최고의 아름다움인 것처럼, 영광의 여러 상처들이 그들의 존귀가 될 것입니다. 이러한 면에서 사망이 멸망 받을 것입니다. 즉, 사망이 성도들에게 전혀 손해를 입히지 못할 것이며, 썩음의 혼적조차 구원받은 자에게서 사라질 것이기 때문입니다.

그리고 마지막으로, 주님의 이 나팔소리 이후에, 더 이상 사망이 없으며, 슬픔이나 울부짖음도 없을 것입니다. 왜냐하면 이전 것이 지나갔기 때문입니다. "이는 그리스도께서 죽은 자 가운데서 살아나셨으매 다시 죽지 아니하시고 사망이 다시 그를 주장하지 못할 줄을 앎이로라"(롬 6:9). 또한 산 자들, 곧 그의 구속받은 백성도 역시 더 이상 죽지 않을 것입니다. 그들이 두 번째 시험이나 고통, 또는 사망을 당해야 한다는 것은 상상하기조차 끔찍합니다. 그런 일은 있을 수 없습니다. 그리스도께서는 "이는 내가 살아 있고 너희도 살아 있겠음이라"(요 14:19)고 말씀하셨습니다. 하지만 어떤 이들은 영혼의 불멸이라는 당연한 교리를 포기하였습니다. 그들 가운데 더러는 내세의 형벌의 영원성과 더불어 내세의 축복의 영원성을 어쩔 수 없이 포기해야 한다고 생각했으며, 분명히 매우 중요한 증거 본문들이 관련되어 있는 한, 그것들이 공존하거나 공멸해야 한다고 생각했습니다. "그들은 영벌에, 의인들은 영생에 들어가리라"(마 25:46). 만일 둘 중에 어느 상태가 짧다면 다른 것도 그래야만 한다는 논리입니다. 하나의 경우에서 형용사가 의미하는 바가 다른 하나의 경우에도 같은 의미여야 한다는 것입니다. 우리가 볼 때 그 단어는 두 경우 모두 끝없는 기간을 의미하며, 그러므로 우리는 끝이나 기간을 결코 알지 못할 축복을 고대합니다. 그때에 눈물 없고, 슬픔 없고, 무덤 없는 나라에서 사망이 철저하게 멸망 받을 것입니다.

3. 이제 마지막으로 "맨 나중"이란 단어는 이 경우에 옳은 것 같습니다. 사망은 맨 나중에 멸망 받아야 합니다.

사망이 마지막에 들어왔기 때문에 맨 나중에 나가야 합니다. 사망이 우리의 대적들 중에 첫 번째가 아니었습니다. 가장 먼저 온 자가 마귀였으며, 그 다음이 죄, 그 다음이 사망이었습니다. 사망이 원수들 가운데 가장 악한 짓은 아닙니다. 사망이 원수이지만 우리의 다른 대적들보다는 훨씬 낫습니다. 죄를 짓는 것보다 일천 번 죽는 편이 나았습니다. 사망에 의해 시험을 받는 것은 마귀에게 시험을 받는 것에 조금도 견줄 만한 것이 되지 못합니다.

죽음과 관련된 단순히 육체적인 고통들은 죄로 말미암는 무시무시한 고통과 죄의식이 영혼에게 주는 부담에 비하면 비교적 하찮은 것입니다. 아니, 사망은 죄의 오염에 비하면 이차적인 해악일 뿐입니다. 큰 원수들을 먼저 넘어뜨립시다. 목자를 치면 양들은 흩어질 것입니다. 죄, 그리고 모든 악의 주체인 사탄을 먼저 칩시다. 그러면 사망은 맨 나중에 남을 것입니다.

　　주목하세요. 사망은 그리스도인 개개인에게 마지막 원수이며 맨 나중에 멸망 받을 존재입니다. 자, 하나님의 말씀이 허락한다면, 그 마지막 원수에 대한 실제적인 지혜를 여러분에게 조금 상기시켜 드리기 원합니다. 사망이 마지막이 되게 합시다. 형제여, 정해진 순서에 대하여 논하지 말고, 마지막을 마지막이 되게 합시다. 내가 아는 한 형제는 죽기 오래 전에 사망을 정복하기를 원하였습니다. 하지만 형제여, 당신은 죽는 순간까지 죽는 은혜를 바라지 않는군요. 당신이 여전히 살아 있는 동안에 죽는 은혜의 유익이 무엇이겠습니까? 당신이 강에 도달할 때 단 한 척의 배가 필요할 뿐입니다. 사는 은혜를 구하시고, 이로써 그리스도께 영광을 돌리세요. 그 다음에 당신은 죽는 때가 오면 죽는 은혜를 받을 것입니다. 당신의 원수는 멸망 받을 것이지만 오늘은 아닙니다. 매일 대적해야 할 수많은 원수들이 있으며, 당신은 기꺼이 잠깐 동안 이 한 가지 원수를 혼자 있게 할 수 있습니다. 이 원수가 멸망 받을 것이지만, 그 시간과 때에 대하여 우리는 알지 못합니다. 우리의 지혜는 매일의 사명을 따라 예수 그리스도의 좋은 군사들이 되는 것입니다. 형제여, 시험이 올 때 시험을 받으세요. 원수들이 올라오면 그들을 차례로 격퇴하세요. 하지만 당신이 하나님의 이름으로 맨 앞줄을 치기를 실패하고, "아니야, 나는 뒷줄을 두려워할 뿐이야"라고 말한다면, 그러면 당신은 바보짓을 하게 되는 것입니다. 마지막 무기의 공격은 마지막 원수가 올 때까지 남겨 두시고, 그동안에 당신의 자리에서 싸움을 계속하세요. 하나님께서 적당한 때에 당신을 도와 여러분의 마지막 원수를 이기게 하실 것입니다. 하지만 그러는 동안 세상, 육체, 그리고 마귀를 확실하게 이기세요. 당신이 잘 살면 잘 죽을 것입니다. 주 예수님께서 당신에게 생명을 주신 그 동일한 언약 가운데는 사망이라는 하사금도 포함되어 있습니다. "만물이 다 너희 것임이라 바울이나 아볼로나 게바나 세계나 생명이나 사망이나 지금 것이나 장래 것이나 다 너희의 것이요 너희는 그리스도의 것이요 그리스도는 하나님의 것이니라"(고

전 3:21-23).

　　사망이 왜 맨 나중에 남겨져야 하나요? 자, 내 생각에 그것은 그리스도께서 사망을 크게 활용하실 수 있기 때문입니다. 맨 나중에 멸망 받을 원수는 사망입니다. 왜냐하면 사망이 멸망 받기 전에 사망이 쓸모가 많기 때문입니다. 우리 가운데 어떤 이들은 사망으로부터 얼마나 큰 교훈을 받았는지 모릅니다! "우리의 죽어가는 친구들이 마치 구름처럼 우리에게로 와서 우리의 어리석은 정열을 눅눅하게 하며," 이로써 이런 덧없는 장난감들을 위해 살 만한 가치가 없다는 것, 그리고 다른 사람들이 죽는 것처럼 우리도 또한 가야 한다는 사실을 확실히 깨우쳐 줍니다. 이렇게 그들은 우리를 세상에서 해방되도록 도와주며, 우리더러 날개를 달고 내세를 향하여 올라가라고 강권합니다. 아마도 우리 가족 안에서 전해진 설교들 가운데 사망만한 것이 없을 것입니다. 우리의 사랑하는 친구들의 사망은 우리에게 신령한 지혜에 대하여 엄숙하게 설교하였으며, 우리는 그 설교를 듣지 않을 수 없었습니다. 이렇듯 그리스도께서는 자기 성도들에게 설교할 수 있도록 사망을 아껴두셨습니다.

　　그리고 형제들이여, 여러분도 아시다시피, 사망이 없었다면 하나님의 성도들은 그들의 열정적인 사랑을 나타낼 기회를 갖지 못했을 것입니다. 그리스도에 대한 사랑이 어디에서 가장 큰 승리를 거두었습니까? 그야, 순교자들이 순교한 화형주(火刑柱)와 고문대에서입니다. 오 그리스도시여, 당신은 인간의 손으로 엮은 당신을 위한 화환을 단 한 번도 받지 않으셨으며, 당신은 피의 강물을 건너 박해의 숲에서 천국으로 올라가셨습니다. 그리스도를 위해 죽음으로써 성도들은 그를 가장 영화롭게 하였습니다. 평범한 사망으로 죽는 성도들에게는 한계가 있습니다. 순교적인 죽음이 없었더라면 그들이 지금 가진 바 그런 믿음의 시련과 인내의 행위도 없었을 것입니다. 이 세대가 계속되는 이유 중 하나는 하나님께서 보내신 그리스도께서 영광을 받도록 하기 위함이며, 그러나 신자들이 절대로 죽지 않았더라면, 믿음의 승리의 완전한 달성이 알려지지 못했을 것이 분명합니다. 형제들이여, 우리 교인들 가운데 어떤 이들이 죽는 모습을 보면서 내가 죽을 수 있다면, 나는 큰 기회를 얻을 것입니다. 그들이 찬송했던 것처럼 내가 찬송할 수 있다면 나는 사망을 피할 마음이 없습니다. 내가 그들에게서 보고 들은 대로 내 눈에서 호산나와 할렐루야를 발할 수 있다면, 죽는 것이 복된 일입니다. 맞습니다. 사랑과 믿음에 대한 최고의 시험이기에, 사망은 성도들로 하여금 그들의 주님께 영광을 돌리도록 하기 위해 잠시 유예되는 것도 좋습니다.

그밖에, 형제들이여, 사망이 없으면 우리가 그리스도 안에서 잠들지라도 우리가 그리스도를 따르지 못할 것입니다. 천국에서 성도들 사이에 얼마간의 질투가 있다면, 내 생각에 그리스도께서 재림하실 때 죽지 않고 변화될 어느 성도가 아마도 죽은 나와 여러분을 마주치며 이렇게 말할 것입니다. "내 형제여, 내가 놓친 한 가지가 있는데, 나는 무덤에 들어가 본 적이 없고, 사망의 냉랭한 손이 내게 임하지 않았소. 그래서 나는 내 주님을 따르지 못하였소. 하지만 당신은 사망 가운데서도 주님과 교제하는 것이 무엇인지 알고 있소." 살아남은 자들이 자는 자들보다 앞서지 못할 것이라고 내가 잘 말하지 않았습니까? 예수님 안에서 잠들고 그를 닮은 모습으로 깨어나는 우리에게 무언가 조금이라도 특혜가 있을 것이라고 나는 생각합니다.

사랑하는 친구들이여, 사망이 성도들을 똑바로 깨닫게 해주기 때문에 사망이 아직 멸망 받지 않았습니다. 사망이 그저 그들에게 와서 그의 메시지를 속삭이면, 곧바로 그들이 최고의 축복을 받을 것입니다.

> "죄와 근심과 화를 처리하였으니
> 　구세주와 함께 쉬라."

또한 사망이 매우 훌륭한 목적을 이루기 때문에 사망이 아직 멸망 받지 아니했습니다.

그러나 사랑하는 여러분, 사망은 멸망 받을 것입니다. 사망은 집단적으로 교회의 마지막 원수입니다. 한 몸으로서 교회는 수많은 대적들과 싸워야 하지만, 부활 이후에는 우리가 "이것이 마지막 원수다. 다른 대적은 남아 있지 않다"라고 말할 것입니다. 영원이 끝없는 축복 가운데 경과할 것입니다. 새 기쁨을 가져올 변화들이 있을 것입니다. 아마도 앞으로 올 영원 가운데 한층 더 놀라운 축복의 날과 시대가 있을 것이며, 더욱더 비교할 수 없는 무아경이 있을 것입니다. 하지만

> "성난 대적들의 불시의 경고도,
> 최후의 휴식을 깨뜨릴 걱정도"

없을 것입니다. 맨 나중에 멸망 받을 원수는 사망입니다. 마지막 원수가 죽는다면 미래의 적은 있을 수 없습니다. 싸움이 끝났고 영원한 승리를 거두었습니다. 보좌에 앉으신 어린 양 외에 누가 승리를 거두었나요? 우리 모두는 그에게 존귀와 영광과 위엄과 능력과 권세와 힘을 영원히, 영원히 돌립니다. 우리의 진지한 예배 가운데 주님께서 우리를 도우십니다. 아멘.

제
14
장
—

날마다 죽음

—

"나는 날마다 죽노라" —고전 15:31

어떤 면에서 우리 모두는 이렇게 하고 있습니다. 우리가 살기 시작하는 순간 죽기를 시작합니다. 우리는 모래시계와 같습니다. 모래들이 똑똑 떨어지기 시작하는 순간부터 남은 모래들은 점점 줄어듭니다. 우리의 인생 전체는 썰물과 같습니다. 우리가 태어나고 첫 몇 년은 전진하는 파도들처럼 보일 수 있습니다. 하지만 전체적으로 볼 때 물러가고 있고, 머지않아 생명의 밀물은 죽음의 수렁으로 대체될 것입니다.

> "우리의 맥박은 소리를 죽인 드럼처럼 뛰고 있고,
> 　무덤으로 향하는 장송곡 같네."

혹은 와츠(Watts)가 이렇게 표현하였습니다.

> "맥박이 칠 때마다 우리는 말하네
> 　그저 그 숫자가 줄어들고 있다고."

이곳은 생명의 땅이 아니라 죽음의 땅이며, 소위 이생은 하나의 연장된 죽음의 행위입니다. 이곳은 우리의 안식처가 아니며, 우리의 영혼은 지금까지 날고 있습니다. 마치 제비들처럼 우리는 다른 땅으로 떠나야 합니다. 생명은 사망의 음침한 골짜기로 오랫동안 내려가는 것이며, 그것은 점진적으로 절벽으로 떨어집니다. 아무도 매 시간 그의 발이 미끄러지는 것을 막을 수 없습니다. 우리는 화살들처럼 인류의 저 공통의 과녁, 무덤을 향해 날아갑니다. 그러므로 우리 모두는 본문의 말씀처럼 "나는 날마다 죽노라"고 말할 수 있습니다.

이 말씀을 고통스럽고 불행한 의미에서 단언하는 사람들이 있습니다. 그들은 두려움으로 천 번의 죽음을 절감하기 때문에 날마다 죽습니다. 그들은 사도가 "또 죽기를 무서워하므로 한평생 매여 종 노릇 하는 모든 자들"(히 2:15)이라고 말한 바로 그 사람들입니다. 이 악몽이 그들을 짓누르며 그들의 안식을 깨뜨립니다. 이 유령이 언제나 그들 앞에 나타나며, 불길한 예감으로 삶을 무섭게 만듭니다. 쓸개즙이 떨어질 만큼의 이런 지긋지긋함 때문에 그들의 모든 즐거운 일들이 괴로움으로 바뀝니다. 그들은 죽기를 무서워하지만 그럼에도 불구하고 눈을 거기서 떼지 못할 정도로 죽음에 홀려 있습니다. 그들은 무덤의 오싹한 공포를 떨쳐버릴 수 없으며, 그들은 자기들의 옷에서 지하 납골당의 냄새를 맡으며, 그들의 빵에서는 납골당의 맛이 납니다. 그들은 굵은 쇠사슬에 묶여 있는 두려움의 종들입니다. 겁 많은 이런 비둘기들은 예수 그리스도께서 그런 사람들을 구원하려고 일부러 이 세상에 오셨다는 사실을 기억해야 합니다. 자기 백성 가운데 누구라도 죽음의 공포에 매여 있는 것은 절대로 그의 뜻이 아니었습니다. 그들은 그래서도 안 되며, 만일 믿음으로 살아간다면 그들은 실로 그렇지 않을 것입니다. 죽음 안에 있는 그 무엇이 그리스도인을 두렵게 할 수 있나요? "사망의 쏘는 것은 죄"이지만 그 죄는 용서받았습니다. "죄의 권세는 율법"이지만 그리스도께서 율법을 다 이루셨습니다. 죽음이란 그리스도와 함께 하기 위해 떠나는 것이 아니겠습니까? 죽음보다 떠나는 것이 훨씬 더 좋습니다. 그런데 사람이 자신에게 훨씬 더 좋은 것을 어찌 두려워해야 합니까? 죽음이 그에게서 모든 불행을 빼앗아 가고, 그에게 무제한의 축복을 허용하며, 모든 두려움과 모든 근심으로부터 그를 벗어나게 하며, 그리스도 예수 안에 있는 충만한 영광으로 그를 이끌어 주는데 말입니다. 여러분과 나는 슬픔에 잠긴 우울한 느낌으로 "나는 날마다 죽노라"고 절대로 한탄하듯 말해서는 안 되며, 도리어 거룩한 기쁨으로 우리가 임박한 별세의 시간을 고대할 수 있다고 나는 믿습니다.

바울은 여러분과 내가 도저히 이룰 수 없을 것 같은 영웅적 의미에서 이 표현을 사용하였습니다. 그는 매일 일부러 예수 그리스도를 위하여 위험에 처했기 때문에 "나는 날마다 죽노라"고 말하였습니다. 그가 유대인들의 회당에 들어갔던 어느 날, 십중팔구 그들이 자기를 끌어내어 채찍으로 때리고, 아마도 광신적인 열심으로 자기를 돌로 쳐 죽이려 한다는 것을 알았습니다. 다음 날 그는 길거리에 나타나서 수많은 우상 숭배자들에게 설교하였고, 그들의 신들을 비난하였으며, 그들의 악을 드러내고 새로운 진리를 제시함으로 그들을 화나게 하였습니다. 그것은 그들의 선입견과 모순되어 그들은 그것을 참을 수 없었습니다. 그를 보세요. 그는 자주 작은 배를 타고 바다를 건넜으며, 험한 산을 넘었고, 강도들을 만나기도 했습니다. 산 속의 급류에 휩쓸려 위험한 적도 있었고, 추위와 헐벗음으로 고생하기도 하였습니다. 그는 어디에서나 목을 내놓고 살았으며, 어느 때라도 그리스도를 위해 자신을 제물로 바칠 각오가 되어 있었습니다. 이보다 더 부드러운 시대에 사는 우리는 그런 심각한 위험들을 무릅쓰지 못하며, 창피하게도 시대가 요구하는 작은 위험들조차 감수할 마음이 없는 사람들도 있습니다. 우리가 알고 있는 신앙 고백자들은 자신의 신앙을 공언함으로써 자신의 사업을 위험에 빠뜨릴 수 없다고 하며, 또 다른 사람들은 그리스도의 십자가를 위하여 상당히 재미있는 관계를 감히 끊지 못합니다. 아아! 아버지나 어머니 혹은 형제가 자기들을 비웃거나 조롱할까봐 예수님을 부끄러워하는 사람들이 많습니다. 그들이 조금이라도 손해 보는 것을 부끄러워할 때, 우리의 사도는 그리스도를 얻기 위하여 모든 것을 잃는 것을 기뻐하였고, 그 모든 것을 배설물로 여겼습니다. 기독교의 영웅적 시대가 우리에게 다시 돌아오기를 바랍니다. 비록 풀무가 다시 한 번 반드시 달구어져야 할지라도, 하나님의 금이 이전에 보였던 것처럼 선명하고 밝은 광채로 빛을 발할 수 있다면, 우리는 맹렬히 타는 숯불도 마다하지 않을 것입니다. 박해를 받은 성도는 그들의 고통에도 불구하고 행복한 사람들이었으며, 그들의 부끄러움에도 불구하고 존귀한 사람들이었습니다. 그들은 땅의 왕자들이었고, 하늘의 귀족들이었습니다. 왜냐하면 그들이 그리스도를 위하여 매일 죽는 지경에까지 몰렸으나, 그들은 그리스도의 십자가를 위하여 고난 받는 특권을 받은 것을 좋아하고 크게 기뻐하였습니다.

이제 우리는 실제적이면서도 영적인 의미에서 본문을 살필 것입니다. 우리의 생각을 본문의 보편적인 의미에 고정시키지 않고, 또한 슬픈 의미나 심지어 영웅적인 의미에다 고정시키지 않고, 도리어 모든 성도들이 공통적으로 받을 수 있는 영적인 의미에서 "나는 날마다 죽노라"는 말씀을 살펴보고자 합니다. 오늘 아침 우리의 주제는 날마다 죽는 기술과 신비입니다.

첫째, 우리는 이 기술을 위해 먼저 준비해야 할 것들이 무엇인지 다룰 것입니다. 둘째, 우리는 이 기술이 어디에 있는지에 대하여 말할 것입니다. 셋째, 날마다 죽는 법을 배우는 자들에게 자연적으로 생기는 큰 유익들에 대하여 살펴볼 것입니다.

1. 첫째, 사람이 날마다 죽는 이 위대한 기술을 배우는 학생이 되기 전에 먼저 필요한 것들이 있습니다.

첫 번째로 필요한 것은 자신이 죽고자 해야만 한다는 것입니다. 만일 그가 죽음 앞에서 위축되고, 살기를 바라며, 별세에 대한 생각조차 두려워한다면, 언젠가 죽어야 한다는 것은 그에게 부득불 비참한 일이 될 것이며, 오늘, 내일, 그 다음 날, 또한 그가 살아가는 모든 날에 그가 죽음의 기술을 배우는 학생이 될 것 같지 않습니다. 본능적인 싫증, 큰 두려움, 그리고 죽는다는 사실로 인한 심한 위축으로, 그의 마음은 무덤을 응시하는 중에 조금도 기쁨과 만족을 찾으려 하지 않을 것입니다. 사람이 날마다 죽으려 한다면, 그는 반드시 구원받은 사람이어야 하며, 그의 죄를 용서받아야 하며, 또한 전혀 흔들리지 않는 확신으로 이 사실을 알고 있어야 합니다. 그렇지 않으면, 죽음이 그에게 모든 것 중에 가장 무서운 일이 될 것입니다. 그는 꿰뚫을 수 없는 갑옷을 두른 것처럼 예수 그리스도의 의를 입어야 하며, 또한 그런 사실을 알고 있어야 합니다. 그렇지 않으면, 죽음이 그를 지독하게 괴롭히는 창이 될 것이며, 그로 인해 그의 온 영혼은 오그라들 것입니다. 그는 완전히 그의 창조주와 화평을 이루는 사람이어야 하며, 그리스도 예수 안에서 자기를 만드신 분의 얼굴을 바라보는 것을 부끄러워하지 말아야 하며, 여호와의 심판대 앞에 서기를 두려워하지 말아야 합니다. 실제로 그는 피 묻은 나무를 믿음으로 바라보았어야 하며, 거기서 죄를 온전히 속하신 예수님을 봤어야 합니다. 그는 자신을 속죄하신 사실을 받아들였어야 하며, 흔들리지 않는 믿음으로 그 사실에 근거해 쉬어야 하며, 자신의 모든 죄가 경외할 만한 단번의 희생으로 말미암아 도말되었다고 믿어야 합니다. 그는 그리스도의 의가 자기를 감싸고 있음을 알아야 하며, 자신이 사랑하는 자의 품에 영접되었다는 것을 알아야 합니다. 그렇지 않으면, 날마다 죽는 것에 대하여 그에게 말한다는 것은 강도를 매일 교수대로 부르는 것과 비슷할 것이며, 혹은 죄인을 매일 유배형에 처하는 것과 비슷할 것입니다. 자신의 기쁨으로부터 자신을 떼어놓을 예리한 타격을 무서워하는 것은 단 한 번만으로도 족하리라고 그는 생각합니다. 분명히 그는 그 시기를 앞당기거나 예상하지 않을 것이며, 오히려 "근심을 잊고 사는 동안 삽시다"라고 외치면서 할 수 있는 한 그 날을 잊으려 할 것입니다.

　　날마다 죽는 기술을 훌륭하게 배우기 위해서는 이보다 더 많은 것이 필요합니다. 사람이 자신의 죽음을 유순하게 기다릴 뿐만 아니라 그는 별세를 심지어 열망해야 하며, 더 나은 땅에 대한 소망으로 기뻐해야 합니다. 아마도 본성으로는 불가능할 것입니다. 왜냐하면 본성은 죽음에 대한 많은 생각으로 위축되기 때문입니다. 그러나 은혜로는 능히 가능합니다. 왜냐하면 은혜는 일시적인 이별을 못 본 체하며, 밝은 부활과 영원한 영광을 기대하기 때문입니다. 불경건한 자에게 죽는다는 것은 결코 바라는 일이 될 수 없습니다. 그 이유는 분명합니다. 죽음 이후에 그에게 남아 있는 것이 무엇이겠습니까? 그의 소유는 그로부터 떠납니다. 잠시 들판에 앉아 쉬다가 여행자가 손바닥을 치면 날아가는 새들처럼, 모든 속물들의 재산은 날개를 펴고 날아갑니다. 그러면 다음 세상에서 죄인에게 무엇이 남겠습니까? 심판과 불 같은 진노에 대한 무서운 기다림만이 남아 있을 것입니다. 불경건한 사람들이여, 아시다시피 여러분이 미지의 땅으로 소환될 때, 보좌에 앉으신 재판장을 대면해야 합니다. 여러분은 유죄판결을 받고, 추방을 당하며, 저주를 받고, 처형될 것이며, 영원히 멸망당할 것입니다. 주정뱅이들과 순결하지 않은 사람들, 심지어 단순히 도덕적인 사람들에게 죽음이 환영받는 일은 있을 수 없습니다. 하지만 신자, 그는 어떨까요? 그에게 죽음은 유익입니다. 그가 여기서 위로받지 못한 것을 내세의 기쁨으로 천 배나 보상받을 것입니다. 그를 위해 환희의 면류관과 승리의 종려가지가 준비되었다는 것을 그는 압니다. 또한 그를 위해 황홀한 기쁨의 수금이, 흠 없는 순결의 예복이, 하나님, 곧 아버지의 우편 자리가 영원한 안전과 이루 말할 수 없는 기쁨 가운데 마련되었다는 것을 그는 압니다. 그러므로 이 그리스도인은 죽음을 필연적인 과정으로 생각하고, 환자가 고통스러운 수술을 통과하듯이 그는 이 죽음의 과정을 통과하기를 소망할 뿐만 아니라, 마치 상속인이 자신의 성년의 날을 고대하듯이, 신부가 그녀의 혼인날을 기다리듯이, 그는 자신의 별세를 바랍니다. 별세는 자신의 인격이 그 껍데기를 깨뜨릴 때이며, 자신의 묶인 영혼이 족쇄를 뚝 끊어 버릴 때이며, 시든 곡물처럼 오래된 것이 하나님의 정원에서 발아하고 꽃을 피우며 아름다운 열매를 맺을 때입니다. 그가 의로운 생각을 갖고 신앙이 활기를 띨 때, 그는 별세하여 그리스도와 함께 있기를 열망하며, 이는 훨씬 더 좋은 것입니다. 그런 열망을 가진 그는 날마다 죽는 기술을 잘 습득할 수 있는 학생이 됩니다.

한 번 더, 만일 사람이 날마다 죽는 것을 배우고자 한다면, 죽음의 실체에 대한 깊은 이해와 분명한 지식을 가지고 있어야 합니다. 그리고 그에 따르는 사실들이 무엇인지 깊이 이해하며 분명히 알고 있어야 합니다. 우리의 공부는 다름 아니라 우리의 영혼이 이 죽을 수밖에 없는 단계에서 죽지 않는 영광으로 떠나는 것에 대한 것입니다. 죽는 것이 무엇입니까? 없어지는 것입니까? 만일 그렇다면, 실로 우리가 매일 죽는 것에 대하여 말한다는 게 바보 같은 일이 될 것입니다. 죽는 것! 모든 위로와 헤어지고, 모든 기쁨을 상실하는 것입니까? 만일 그렇다면, 그리고 무방비한 상태의 영혼이 몸에서 멀리 벗어나서 집도 없이, 쉼도 없이, 끝없는 바람과 함께 이리저리 떠다니는 것이라면, 설령 우리가 이런 비참한 예상에 눈을 감는다 하더라도 용서받을 것입니다. 죽는 것은 영혼이 몸으로부터 분리되는 것 외에 아무것도 아닙니다. 몸은 무덤에 남아 잠들고 또한 썩어서 어머니인 흙으로 돌아가며, 영혼은 그것을 주신 하나님께로 올라가 즉시 천국에서 곧바로 예수님과 함께 하며, 몸이 없는 영혼은 몸 없이 한동안 혼자 지내지만 그래도 너무나 행복합니다. 죽음이란, 죽음 이후의 결과로서, 영혼이 축복의 상태로 잠시 기다리다가 천사장의 나팔 소리에 다시금 돌아와 몸을 입는 것입니다. 그 몸은 장사지낸 바로 그 몸이며 동일한 주체지만 놀랍게 변화된 것입니다. 꽃이 씨에서 나오듯이, 혹은 황금 잔 모양의 꽃잎을 가진 크로커스(이른 봄에 노랑, 자주, 흰색의 작은 튤립 같은 꽃이 피는 식물)가 토양 속에 뿌려진 볼품없는 구근에서 나오듯이, 몸이 놀라운 변화를 합니다. 말하자면 우리의 영혼이 새롭게 혼인할 몸으로 돌아온다는 것입니다. 영혼과 몸이 다시 한 번 연합할 것이며, 그래서 우리의 인간됨이 다시금 온전해질 것입니다. 몸, 혼, 그리고 영, 이 모든 것들이 여기 땅에 있을 때처럼 영광 중에 함께 있을 것이지만, 이곳보다 훨씬 더 은혜롭게 발전될 것입니다. 그리스도를 믿는 자들은 첫 번째 부활이 두 번째 죽음의 모든 공포로부터 그들을 구원한다고 알고 있습니다. 우리는 그리스도와 함께 땅에서 다스릴 것입니다. 영광의 천년왕국이 성도들에게 주어질 것입니다. 성도들이 주님과 함께 고난당했던 바로 이 지구에서, 그들이 주님과 함께 승리할 것입니다. 그리고 예수님께서 하나님, 곧 아버지께 그 나라를 넘기실 마지막 때에, 하나님의 백성이 비길 데 없고 상상도 할 수 없는 기쁨 가운데 영원히 다스릴 것입니다. 또한 이런 것이 죽는 것입니다. 죽음에 대해서 두려울 것이 전혀 없습니다. 비록 이후에 아주 놀라운 결과들이 수반되지만 죽음은 가장 단순한 작업입니다. 죽는 것은 핀으로 찌르는 것에 불과하거나 그보다 못한 것입니다. 우리가 죽는 고통이라고 부르는 고통은 실제로 삶을 유지하기 위한 삶의 투쟁에서 비롯된 고통입니다. 죽음은 우리에게 아무런 고통도 주지 않습니다. 죽음은 복된 잠으로 우리를 진정시키는 진통제입니다. 분리의 모든 고통을 야기하는 것은 우리 안에 있는 삶에 대한 끈질긴 집착입니다. 그러나 삶이 그 단호한 집착을 푸는 순간 슬픔은 끝납니다. 죽음에 관한 한 그의 손은 온순하고 부드러우며, 그를 아는 자들에게 그의 목소리는 음악 같고, 그의 용모는 매우 유쾌합니다.

　자, 그리스도인이여, 당신이 죽는 것에 대한 지적인 관점과 죽음에 뒤따르는 것에 대한 확실한 관점을 갖는다면, 당신은 날마다 죽는 것을 배울 수 있을 것이며, 하나님의 은혜로 말미암아 조만간 그것을 달성할 수 있을 것입니다. 그리고 당신이 시끄러운 이 세상의 소란에 어울리기 전에 매일 당신은 요단 강에 잠그고 새로워질 수 있을 것입니다.

2. 둘째, 날마다 죽는 것을 어떻게 이룰 수 있나요?

　이 고상한 일을 이루기 위해서는 많은 일들이 진행되어야 합니다. 첫 번째는, 그리스도의 재림 때까지 살아남아 있지 못할 모든 자들에게 죽음은 확실한 사실이라는 것을 매일 주의 깊게 숙고하는 일이며, 또한 우리 자신의 죽음이나 변화가 떼어 놓을 수 없는 동반자로서 우리와 함께 가야 한다는 사실을 주의 깊게 숙고하는 일입니다. 우리는 죽는다는 사실을 언제나 절감해야 합니다. 우리에게 그런 감정은 우리가 결코 벗지 말아야 할 옷이 되어야 할 것입니다. 우리가 단지 체류자들과 여행자들로서 여기에 있다는 사실이 우리의 눈앞에 그려져야 할 것입니다. 우리가 이 땅에 사는 주민들이라고 생각한다면 우리는 올바른 마음을 가진 사람들이 아닙니다. 우리는 이 땅에서 나그네들과 체류자들일 뿐입니다. 우리가 그런 자세로 행할 때에만 올바르게 됩니다. 주님은 우리가 죽음에 대한 기억을 떨쳐 버리려고 애쓸 것을 아시고, 거의 완력으로 우리를 죽음에 대한 기억으로 밀어넣으심으로써 우리를 도와 주셨습니다. 다른 많은 사람들이 우리보다 먼저 별세하였으며, 묘지로 가는 길은 사람들의 잦은 통행으로 잘 다져졌습니다. 노상 잔칫집에서 살지 않는 것이 우리를 위해 좋습니다. 무덤의 가장자리가 향락의 식탁보다 더 유익한 휴양지입니다. 여러분만큼 살 것같이 보였던 힘 있는 사람들이 힘을 잃은 경우를 여러분이 얼마나 자주 보았는지 생각해 보세요! 서서히 시들어가는 백합들처럼 우리 눈앞에서 점점 병들어가는 사람들을 우리가 얼마나 많이 목격하였습니까! 하나님께서 여러분의 귀에다 조종(弔鐘)을 울리시며, 그 종이 다음에는 우리 때문에 울릴 수 있다는 것을 기억하라고 명하십니다. 우리의 죽어가는 친구들은 그들의 그림자를 우리 위에 드리우며, 우리의 세속적인 열기와 광기를 식혀 줍니다. 시체 앞에서 우리는 옷깃을 여미며, 우리 마음의 허리를 동입니다. 왜냐하면 그 영혼이 저 생명 없는 몸에서 떠난 것이 확실한 만큼 우리도 역시 그 뒤를 따라야 하기 때문입니다. 우리는 생명의 차용증서를 갖고 있지 않으며, 세상에서의 불멸을 우리는 보증 받지 못했습니다. 그러므로 무수한 사람들이 우리보다 앞서 간 사실을 기억합시다. 똑같은 목표를 향해 우리도 천천히 가고 있다는 것을 생각하면서, 그들이 간 길을 우리 눈앞에 떠올립시다.

우리를 둘러싸고 있는 자연 전체가 또한 우리가 죽는다는 사실을 생각하도록 도와줍니다. 해(年)를 생각해 보세요. 새늘의 노래와 피어오르는 꽃들의 아름다움 속에서 해가 탄생하며, 달콤한 열매들과 추수 축제의 환호 가운데 원숙해집니다. 그러나 머지않아 가을이란 노년이 오고, 애가가 들립니다. "추수할 때가 지나고 여름이 다 하였도다"(렘 8:20). 썩어가는 나뭇잎들의 떨어짐과 겨울 찬바람의 윙윙거리는 소리 가운데 그 해는 끝을 봅니다. 하루도 역시 마찬가지입니다. 조지 허버트(17세기 영국 신앙 시인)가 잘 노래하였습니다.

> "즐거운 날, 너무 고요하고, 너무도 밝은,
> 땅과 하늘의 결혼식,
> 이슬이 오늘밤 너의 몰락을 슬퍼해야 하네
> 네가 죽어야 하기 때문에."

　　우리가 보고 있는 모든 꽃들은 산들바람에 향기를 아낌없이 날리면서 죽음의 발자국 소리에 떨고 있습니다. 모든 꽃들은 시들기 위해 개화합니다. "그 뿌리가 언제나 무덤 안에 있고, 그것은 반드시 죽습니다." 달 아래서 죽지 않는 것을 여러분이 어디서 보십니까? 여러분의 눈을 들어 어디든 보세요. 어디에서나 자연의 표정에 변화, 변덕, 그리고 사망이 기록되어 있는 것을 보지 않습니까! 이를테면 벽에 붙인 공고문처럼 하나님께서 매달아 놓으신 이 모든 것은, 벨사살을 놀라게 한 신비한 문자들처럼, 모든 사람들이 한 번 죽는 것은 정한 것이라는 사실을 감히 잊지 못하도록 하기 위한 경고입니다. 아니, 이뿐만이 아닌 듯합니다. 우리가 죽음에 친숙하도록 돕는 것들이 자연에만 가득한 것이 아닙니다. 아울러 우리 자신의 몸도 우리의 정해진 변화에 대하여 우리에게 말하고 있습니다. 흰 머리카락이, 정맥 안에서 흐르는 생명을 얼게 하고 심장 자체를 냉각시킬 다가올 겨울의 시작, 첫 징조, 전조가 아니고 무엇입니까? 흔들리는 이빨은 건물 전체가 곧 무너질 수밖에 없다는 것을 우리에게 알려주는 무너져 가는 조직의 일부가 아니고 무엇이겠습니까? 그런 통증과 아픔들, 시력의 쇠퇴와 청력의 감퇴, 비틀거리는 무릎들, 그로 인해 짚고 다니는 지팡이는 장막 전체가 시간의 거센 바람 앞에서 흔들리고 있으며, 곧 비틀거리다 넘어진다는 것을 우리에게 분명하게 경고하는 것이 아니고 무엇이겠습니까? 주님께서 이 땅에서 세습 부동산을 얻으라고 우리에게 시련을 주시지 않을 것이며, 우리의 가정에 고난을 주시고 우리의 육체에 질병을 주시는 목적은 우리로 더 나은 나라, 곧 천국을 추구하도록 하기 위함입니다. 그러므로 그리스도 안에 있는 사랑하는 형제들이여, 여러분에게 권고하건대, 여러분이 이 모든 경고들을 받고 있다는 것을 이해하시고, 무덤의 등불이 항상 여러분의 방 안에서 타게 하시며, 또한 수의와 시체를 싸는 흰 천에 익숙해지도록 하세요. 여러분이 밤에 옷을 벗을 때마다 여러분이 최후의 좁은 침대에 눕기 위해 어떻게 옷을 벗어야 할지 생각하세요. 그리고 여러분이 아침에 옷을 입을 때, 부활의 때를 생각하세요. 그때에 여러분이 빛나는 옷을 입고 영원히 기뻐할 것입니다. 간곡히 부탁하건대, 이런 생각들이 언뜻 보기에는 어두침침하겠지만 그렇다고 이런 생각들을 버리지 마세요. 죽음의 잿빛 색조에 익숙해지세요. 그러면 그런 생각들이 여러분의 눈앞에서 반짝일 것이며, 가능하다면 그런 명상들이 익숙해지면서 머지않아 여러분이 초월적인 아름다움을 볼 것입니다. 이처럼 날마다 죽을 수 있는 첫 번째 요인은 죽음에 대하여 끊임없이 생각하는 것입니다.

날마다 죽을 수 있는 두 번째 방법은, **믿음으로써 죽음의 전 과정에 몰입해 보는 것입니다.** 조용히 앉아서 여러분의 별세를 그려보는 것은 현명한 일입니다. 여러분이 상상을 크게 펼칠 필요는 없습니다. 여러분은 이미 다른 사람들에게서 유사한 장면을 본 적이 있습니다. 여러분 혼자서 그런 모습을 그려 볼 수 있습니다. 여러 주 동안 피로가 쌓여 축 늘어진 채 여러분이 저기 있는 침대에 누워 있습니다. 사랑스럽게 바라보는 자들은 조용한 방에서 작은 소리로 말합니다. 그들은 여러분에게 그 말하는 소리가 들리지 않기를 바라지만, 여러분의 예민한 귀는 그 소리를 듣습니다. 그러면 여러분은 생각에 잠겨 "의사가 한 말이 무슨 뜻이지?"라고 묻습니다. 그들은 말하지 않지만, 여러분이 곧 세상을 떠나야 한다고 추측합니다. 예수님을 믿는 자로서 여러분은 그 말 듣는 것을 기뻐합니다. 여러분은 이 세상에 대하여 미련이 없습니다. 여러분은 온종일 놀다 지친 아이와 같아서 이제 아버지의 품에서 잠자기를 기뻐합니다. 그 엄숙한 순간이 점점 다가오며, 맥박이 약해지며, 아직 의식은 분명하여서 눈이 희미해지고 외부의 물체를 보지 못한다는 것을 의식합니다. 아마도 마지막 노래를 부를 충분한 힘이 여러분에게 남아 있을 것입니다. 왜냐하면 여러분이 아직 여기에 있는 동안에 천국과 접촉해 보았기 때문이며, 또한 여러분의 영혼이 전에 한 번도 알지 못했던 기쁨으로 넘쳐날 것이기 때문입니다. 여러분은 경계지에 도달한 것이 분명합니다. 왜냐하면

여러분의 발 아래에 꽃들이 있으며, 그 꽃들은 광야에서 한 번도 피지 않은
꽃들이며, 또한 여러분이 광야에서 한 번도 듣지 못한 노래들을 듣기 때문입
니다. 그때에 여러분은 노래하기 시작합니다. 아마도 이런 노래일 것입니다.

> "당신이 내 안근(眼筋)이 파열되는 소리를 들을 때,
> 그 순간이 얼마나 감미롭게 지나가는지
> 내 뺨에는 죽음의 창백함이 있지만
> 내 영혼에는 큰 기쁨이 있네."

아마도 여러분은 "여러분의 행복한 집", 곧 언제나 여러분에게 소중한 이
름인 새 예루살렘에 관한 노래를 부를 것이며, 하나님의 백성을 위해 준비된
기쁨과 평안 가운데서 이제 막 수고를 끝낸 것을 즐거워할 것입니다. 그 엄
숙한 순간이 왔지만 여러분이 그 순간을 정확하게 알아볼 수 있겠습니까? 성
령의 보증으로 말미암아 달콤하게 점진적으로 그 축복으로 들어갈 수는 없
을까요? 그렇게 되면 정확한 순간에 시간으로부터 영원으로 전환하는 고통
이 없을 텐데 말입니다. 순례자들이 점차 땅의 장막에서 하늘의 성전으로 나
아갈 수 있도록 모든 과정을 하나님이 정하셨습니다. 비할 데 없는 변화가
있으면서도 영혼에 대한 충격이 반드시 필요하지는 않을 것입니다. 천국의
닫힌 문이 점점 열릴 것이며, 이에 우리의 눈이 점진적으로 적응하여 엄청난
영광을 감당할 수 있게 될 것입니다. 하지만 우리가 꾸물대는 동안 영혼이
올라갔습니다. 자, 오, 기쁨들 가운데 기쁨이여! 여러분이, 영원한 사랑으로
여러분을 사랑하신 그의 품안에 있습니다. 여러분을 안은 그 손에는 못자국
이 나 있고, 여러분이 엎드려 그 거룩한 발에 입 맞추고, 여러분의 머리에 썼
던 면류관을 그 인간이시자 하나님 앞에 던져드릴 때, 그 발이 여러분을 위
해 나무에 못 박힌 그분의 발임을 알게 될 것입니다. 이 얼마나 큰 기쁨인지
요! 여러분의 아버지께서 여러분에게 미소를 짓는 모습을 본다는 것이 얼마
나 큰 축복인지요! 하나님의 성령께서 여러분을 충만하게 하시며, 여러분은
그를 알고, 더 이상 여러분은 그를 슬프시게 하지 않습니다. 하나님의 아들
이 여러분으로 하여금 그의 모든 영광에 참여하게 하십니다. 왜냐하면 여러
분이 그가 계신 곳에 그와 함께 있기 때문입니다. 이런 생각들이 여러분이

곧 참가할 거룩한 드라마인 것처럼 그런 생각들을 연습하시기를 바랍니다. 하늘 길을 가로질러 가세요. 장엄한 최후의 싸움을 위해 여러분의 날개를 장식하세요. 안내자가 앞에서 행진하는 것처럼 믿음이 그 길을 추적하도록 하세요. 임종하는 침대 위에서 외형을 꾸미는 것은 망측합니다. 자주 인용되는 애디슨(Joseph Addison, 1672-1719. 영국 수필가, 시인)의 임종에 대하여 나는 결코 감탄할 수 없었습니다. 그는 "그리스도인이 어떻게 죽을 수 있는지 와서 보라"고 말했습니다. 겸손하게 십자가 밑에서 인식하면서, 검은 파도가 영원한 해안을 둘러싸고 있는 모습을 건너다보는 영혼에게 그런 말은 허풍 같아서 적절한 말이 아닌 듯싶습니다. 그리스도인의 유언의 참된 개념은 지켜보는 사람들에게 겸손하고 은혜롭게 간증하는 것입니다. 즉, 비록 죄인이지만 자신이 예수님의 보혈로 말미암아 하나님과 화목하였다고 간증하며, 이로써 다른 사람들도 동일한 구세주를 믿도록 하는 것입니다. 그런 간증을 하도록 준비하세요. 이 세상의 모든 것에게 작별을 고한다고 상상하세요. 최후의 맥박, 비상, 미지의 지역을 통과해 솟아오르는 것, 심판의 보좌의 광경, 영원한 기쁨의 장면을 예상하세요. 이렇게 여러분이 매일 죽어야 할 것입니다.

그러나 우리는 아직 이 문제의 중심에 이르지 못하였습니다. 날마다 죽는 세 번째 방법은, 실제로 아주 느슨한 손으로 이 세상을 잡는 것입니다. 이 세상에는 새 잡는 끈끈이가 아주 많습니다. 사람이 이 세상에서 약간의 이득을 얻으면 그 이득이 그에게 달라붙으며, 하늘의 것에 대한 그의 열망을 방해하며, 그를 세상에 붙들어 맵니다. 사랑하는 우리의 친구들과 사랑하는 우리의 자녀들 모두가 우리의 독수리 같은 영혼들을 세상의 바위에 묶는 단단한 사슬입니다. 한 사람이 부자의 대저택과 화려한 정원들을 보았을 때, "아! 이런 것들 때문에 죽기 힘들겠구나"라고 말했습니다. 나도 그렇다고 생각합니다. 그런 것들이 잘못 사용되고 나쁘게 이용될 때, 그것들이 끈끈이처럼 우리를 잡습니다. 우리가 올라가기를 간절히 바랄 때 그것들이 우리를 땅으로 끌어당깁니다. 그러나 형제들이여, 여러분은 현재의 종들이 되어서는 안 됩니다. 죽이기는 사람이 땅을 바라보듯이 여러분도 그렇게 여러분의 땅을 바라보세요. 여러분의 자녀들, 그리고 여러분의 가정이 주는 위로들, 여러분의 적은 저축액을 정말로 해 아래서 사라질 서리처럼 바라보세요. 매시간 여러분의 염려와 날마다의 기쁨을 사용 중에 없어질 것들, 단순한 밤의 꿈, 일출 때에 날아갈 것들을 보듯이 바라보세요. 세상이 변하기 쉬운 보잘것없는 것임을 여러분이 알지 못하는 한 여러분은 결단코 세상을 바르게 지내지 못할 것입니다. 세속적인 것은 궤양처럼 우리 영혼을 좀먹습니다. 죽을 것이 영원하다거나 여러분 자신이 오래 지속할 것이라고 생각할 정도로 여러분이 크게 어리석은 자가 된다면, 여러분 스스로 많은 슬픔을 예약해 둘 것입니다. 반짝이는 이슬방울들이 시간이 지나면서 증발하는 모습을 여러분은 보지 못하십니까? 인간의 기쁨은 그렇게 덧없습니다. 유성이 밤의 표정을 지어보이지만, 이내 더 이상 보이지 않음을 주목하세요. 세상의 축복이 이렇듯 황급히 사라집니다. 세상의 보물들을 너무 꽉 쥐지 마세요. 그것들을 모두 여러분의 아버지께 양도하시고, 그것들을 잠시 차용했다가 다시 돌려줄 일시적인 위안품으로 이용하세요. 우리가 항상 우리의 친구들을 대여 받은 존재로 간주했다면 우리의 사별의 아픔은 반도 되지 않을 것입니다. 사람이 빌려온 도구를 되돌려 줘야 할 때 울부짖지 않습니다. 그렇습니다. 그가 정직한 사람이라면 그는 빌려온 것을 알고, 절대로 그것을 자기 것이라 주장하지 않고 돌려주며, 그동안 빌려준 것에 대하여 감사할 것입니다. 여러분의 친구를 잃고 울면 여러분은 잘하는 것입니다. 하지만 여러분의 그 울음이 불평으로 발전한다면, 여러분은 사랑하는 이들을 어쨌든 가질 수 있게 해주시고 그들을 이다지 오래 여러분에게 빌려 주신 하나님의 긍휼을 상기해야 합니다. 그리고 하나님께서 자기의 것을 도로 취하시는 것인데 그것 때문에 슬퍼한다면 반역의 영이 여러분을 지배하고 있는 것이 분명하므로 이에 대하여 애통해 해야 할 것입니다. 은혜 받은 심령들이여, "주신 이도 여호와시요 거두신 이도 여호와시오니 여호와의 이름이 찬송을 받으실지니이다"(욥 1:21)라고 기쁘게 말하세요. 그러므로 날마다 죽는 것은, 느슨한 손으로 이 세상을 잡는 것이며, 세상의 소유들을 변하기 쉬운 기쁨으로 간주하는 것입니다.

　　또한 날마다 죽는 네 번째 방법은, 우리의 소망과 우리의 체험을 날마다 매우 엄숙하게 검증하는 것입니다. 우리의 신앙을 당연한 것으로 생각하고, 몇 년 전 어느 때를 회상하며 그때에 우리가 회심했다고 믿으면서, 그때 일어났던 사건 때문에 지금도 이상이 없다고 간주하는 악한 습관을 가지고 있다니 불쌍한지고! 형제들이여, 과거에 살면서, 현재의 검증으로 어느 때고 우리의 신앙을 시험하는 것을 두려워한다는 것은 참으로 해롭습니다. 만일 우리가 적절한 장소에서 체험을 이용한다면 우리는 체험으로 어느 정도 우리의 신앙을 유지할 수도 있을 것입니다. 하지만 현재의 증거들을 찾기를 두려워하며, 오늘 하나님 앞에서 자신의 믿음의 기초를 시험하기를 두려워하는 자는 누구든지 자신의 영혼을 아주 형편없이 취급하는 자일 것입니다. 사랑하는 친구여, 오늘 어떻게 죽기를 바라십니까? 질문 받기도 벅찰 정도로 나약하고 허약한 소망을 가지고 죽으려 하십니까? 지옥에 가지 않으리라는 소망을 가지고 여러분이 영생에 들어갈 수 있습니까? 오오, 안 됩니다! 마지막 때가 오면 여러분에게 확실한 작업이 필요하다고 여러분은 느낍니다. 여러분은 시험의 순간에 여러분의 영혼을 세울 수 있는 안전하고 견고한 기초를 필요로 합니다. 자, 그렇다면 사랑하는 자들이여, 여러분의 소망이 지금 견고한지 아서야 합니다. 날마다 여러분이 믿음 안에 있는지, 여러분이 죄를 참으로 회개했는지, 여러분이 실제로 그리고 진실로 예수 그리스도를 붙잡았는지 여러분의 안전을 점검하세요. 본질의 뿌리가 여러분 안에 있는지, 그리고 성령의 열매들이 여러분에게서 맺히고 있는지, 하나님께서 여러분 안에 거하시는지, 여러분이 육체를 따라 행하는지 혹은 성령을 따라 행하는지 알아보세요. 나는 의심과 두려움을 조장할 의도가 없습니다. 다만 나는 무엇보다도 신앙 고백자들에게 억측을 피할 것을 역설하고자 할 뿐입니다. 견실하게 사업을 하는 사람은 자신의 부채를 철저하게 조사하고 자신의 장부를 점검하는 것을 반대하지 않습니다. 하지만 파산이 임박한 사람은 대체로 자신의 실제 상태를 보지 않으려 합니다. 오 여러분들이여, 여러분이 하나님과 바른 관계를 맺고 있다면, 여러분은 그 관계가 확고하기를 바랄 것이며, 자기 성찰을 강조하는 설교를 듣고 주춤하지 않을 것이며, 체에 걸러지고, 심지어 불로 시험받기를 열망할 것입니다. 여러분은 "오 하나님, 나를 숨은 허물에서 벗어나게 하소서! 나를 살피시고 나를 시험하사 나의 길을 알게 하소서!"라고 기도해야 할 것입니다. 여러분은 매끄러운 말을 가지고 부드러운 선율로 예언하는 선지자들을 찾아 헤매는 자들 가운데 있지 말아야 할 것입니다. 여러분이, 여러분을 딛 태어 억측에 빠지도록 하려고 여러분의 요람을 흔들어주기를 바라서는 안 될 것이며, 돌이킬 수 없는 손실을 당하지 않도록 영원을 위해 확실한 일을 하려고 수고해야 할 것입니다. 사랑하는 성도들이여,

날마다 이렇게 하세요. 곧 말씀의 거울을 들여다보시고, 여러분이 어떤 태도를 가졌는지 살펴보세요. 그리고 육체와 영혼의 모든 더러움에서 자신을 깨끗하게 하세요. 모진 성경 본문의 채찍으로 자신을 때리시고, 아무쪼록 여러분이 속지 않도록 힘을 쓰세요. 왜냐하면 하나님께서는 만홀히 여김을 받지 않으시며 사실대로 여러분을 대하실 것이기 때문입니다.

날마다 죽는 다섯 번째 방법은, 여러분이 회심할 때 그랬던 것처럼 날마다 불쌍한 죄인으로서 그리스도의 십자가 앞에 와서 그를 믿는 것입니다. 나는 믿음의 바라봄으로 인해 새로워지는 것보다 더 기쁘고 더 필요하고, 또는 더 유익한 것을 알지 못합니다. 내가 나의 안전에 대하여 전전긍긍하거나 죽음에 대한 괴로운 생각들이 나를 무겁게 짓누를 때, 나의 유일한 의지는 속죄에 대한 겸손한 의지였다는 것을 항상 체험합니다. 캐리(Carey)는 자신의 묘비에 이렇게 기록해 주기를 주문하였습니다.

> "죄를 범하고, 연약하고 어찌할 수 없는 벌레가
> 그리스도의 친절한 팔 위에 안겼네
> 그는 나의 힘이요 의가 되시네
> 나의 예수, 나의 전부."

우리 각자를 위한 비문이 여기에 있습니다. 아무것도 가지지 말고, 좋은 느낌이나 선행 없이 그저 와서 예수님의 십자가 앞에서 엎드리시고 거기서 쉬세요. 하나님의 율법과 여러분의 양심이 요구할 수 있는 전부가 되시는 예수님을 받아들이세요. 사랑하는 친구들이여, 내가 생각하기에, 이것이 바로 날마다 죽는 방법입니다. 그리고 만일 여러분이 그리스도로 충만한 공허한 죄인으로서, 보배로우신 구세주로 말미암아 온전히 구원받은 타락한 죄인으로서 살아갈 수 있다면, 여러분은 그때 살기에도 죽기에도 적합합니다.

하지만 나는 완전히 결론을 내리지 못했습니다. 날마다 죽는 여섯 번째 방법은, 그리스도인은 죽어도 부끄럽지 않을 수 있는 그런 자리와 상태에 있도록 유의해야 하는 것입니다. 그러므로 예수 그리스도를 믿는다고 고백하는 자는 불경건하고 더러운 오락을 즐기는 자리에 있을 자유가 없습니다. 어떻게 그가 그곳에서 죽기를 바라겠습니까? 흔한 이야기로, 마귀가 매우 전도유망한 젊은이를 단번에 낚아채 성급히 지옥에 보내었습니다. 덕망 있는 수도사가 마귀의 등 뒤에서 "네가 내게 속한 자를 빼앗아 갔구나. 네가 그를 빼앗을 권리가 없을 텐데!"라고 말했습니다. 그러자 사탄이 "글쎄, 내가 그를 극장에서 발견했거든. 그는 내 영역에 있었고, 그래서 내가 그를 취했지"라고 말했습니다. 많은 신앙 고백자들이 그런 식으로 희생당한다면 나는 놀라지 않을 것입니다. 신앙 고백자들이 죄를 행하는 곳 주변에서 어슬렁거린다면, 그들이 저 노련한 영혼 사냥꾼의 총에 맞는다 하더라도 놀랄 일이 아닙니다. 여러분의 보화가 있는 곳에 여러분의 마음이 있습니다. 여러분이 즐거움을 얻으려고 어디로 가는지 내게 말하세요. 그러면 여러분이 어떠한 존재인지 내가 여러분에게 말해 주겠습니다. 왜냐하면 사람이 자기의 가장 큰 기쁨을 찾는 그곳이 바로 그의 마음이 진실로 머무는 자리이기 때문입니다. 여러분이 "내가 이렇게 해야 할까, 혹은 이리로 갈까 아니면 저리로 갈까?"라고 스스로에게 물어보아야 할 때, 이것이 지침으로서 여러분에게 도움을 줄 수 있을 것입니다. 그때에 여러분 자신에게 "내가 그런 회사 안에서, 그런 직업을 가지고 죽을 각오가 되어 있는가?"라고 물어보세요. 만일 각오가 되어 있지 않다면 떠나세요. 여러분이 하고자 한다면 정정당당하게 떠날 수 있습니다.

또한 그리스도인은 죽기에 부끄러울 정도의 성질을 갖고 있어서는 안 됩니다. 누군가에게 악의를 품고 죽고 싶은 사람이 어디 있겠습니까? 누가 이웃에 대한 적의를 가지고 죽기를 바라겠습니까? 누가 격노를 품은 가운데 죽기를 좋아하겠습니까? 여러분은 언제라도 격노를 품을 권리가 없으며, 오히려 날마다 죽어야 합니다. 이렇게 그리스도인의 목표와 싸움은 마음의 상태를 기쁘고 차분하게 유지하는 것이 되어야 할 것입니다. 그런 마음 상태에서 그는 자신의 현재의 감정과 느낌과 함께 언제라도 자기 하나님 앞에 설 준비가 되어 있어야 할 것입니다. 그건 힘든 일이라고 여러분은 말합니다. 그렇습니다. 하지만 여러분은 영광스러운 조력자를 모시고 있습니다. 성령께서 여러분으로 능히 행하게 하실 것이며, 그의 능력으로 말미암아 여러분이 거룩함의 기적을 이룰 수 있습니다.

날마다 죽는 일곱 번째 방법은, 그리스도인은 죽을 준비가 되어 있는 상태에서 모든 일들을 정돈해야 하는 것입니다. 나는 휫필드의 그런 정돈 습관에 감탄해 마지 않습니다. 그는 모든 것이 정리되지 않으면 밤에 잠들지 못할 정도로 매우 질서정연한 사람이었습니다. "장갑 한 켤레라도 제자리에 있지 않으면 나는 죽고 싶지 않을 것"이라고 말했습니다. 그런데 내가 아는 어떤 신자들은 지금까지 유언장을 작성하지 않았습니다. 만일 그들이 오늘 죽는다면 — 또 그럴 수도 있지만 — 그들의 재산이 마땅히 가야 할 곳으로 가지 못하고 다른 데로 흘러갈 것이며, 그러면 그토록 사랑하는 아내가 심각한 곤경에 처할 수도 있을 것입니다. 그리스도인은 자신의 일들을 혼잡하게 방치할 권리가 없습니다. 만일 그가 자신의 가족들의 일에 대하여 관심이 없다면, 그는 이방인이나 세리보다 더 나쁜 사람일 것입니다. 많은 상인들이 혼란스럽게 상거래를 하기 때문에 그들이 만일 죽기라도 한다면, 그들의 인격이 비난받을 것입니다. 그렇게 해서는 안 됩니다. 우리는 우리의 집을 잘 정돈해야 합니다. 왜냐하면 우리는 반드시 죽고, 살지 못하기 때문입니다. 주님이 도둑처럼 오시기 때문에 우리는 깨어 있어야 할 것입니다. 그리고 훌륭한 종은 자기 주인이 나타날 때에 모든 것을 잘 정리해 둘 것입니다.

하나님을 향한 우리의 모든 행위도 이와 같아야 할 것입니다. 여러분 가운데 어떤 이들은 세례에 관하여 주님의 명령을 이행하지 않았습니다. 자, 여러분이 세례 받지 않은 채 죽는다 하더라도 여러분은 구원받을 것입니다. 하지만 여러분의 주님의 명령을 이행하기까지는, 내가 확신하건대, 여러분은 데려감을 당하기를 바라지 않을 것입니다. 그러므로 서두르세요. 주님의 명령을 순종하는데 지체하지 마세요.

여러분 가운데 어떤 이들은 회심하지 아니한 귀한 자녀들을 두고 있습니다. 그런데 여러분은 그들의 영혼에 대하여 그들에게 말하지 않습니다. 자, 여러분이 오늘 오후 부르심을 받고 임종의 침대에서 잠든다면, 나는 확신하건대, 여러분은 이 사랑하는 자녀들에게 여러분의 영혼을 인도해 주었으면 하고 바랄 것입니다. 그러므로 오늘 오후, 그들을 여러분의 방으로 불러 그들을 설득하세요. 천 가지의 다른 일들이 여러분의 양심을 짓누르고 있는데도 여러분은 그 일들을 미루고 있습니다. 부탁하건대, 임종하는 사람처럼 즉시 그 일들을 정리하세요. 누가 자신의 책임을 다하지 않은 채 죽기를 원하겠습니까? 나는 그날의 일을 다 마치고, 나의 마지막 단을 수확한 후 떠나고 싶습니다. 나는 포도원을 돌보고, 포도나무를 전지하고, 나의 전지 칼을 씻고 제자리에다 둔 다음에 내 집으로 돌아가기를 바랄 것입니다. "할 일을 다 했구나. 내가 고용인으로서 내 날을 마쳤기 때문에 이제 집에 갈 수 있도다"라고 느낄 때 분명히 행복합니다. 들리는 말에 의하면, 존경받는 목회자 와츠 윌킨슨(Watts Wilkinson)은 자신이 죽는 게 무엇인지 결코 의식하지 못하도록 해 달라고 하나님께 간구했다고 합니다. 많은 사람들이 기억하고 있지만, 그는 잠자는 가운데 죽었습니다. 그리하여 그의 천국 입장은 죽음을 결코 인식하지 못한 채 이루어졌습니다. 그의 경우에 죽음이 승리에게 삼켜진 바 되었습니다. 아마 그런 종말이 우리에게도 주어질 수 있을 것입니다. 나는 그렇게 죽기를 원할 것이며, 따라서 문제들을 처리하지 못한 채 남겨둠으로써 내 마음을 조금도 어지럽히지 않을 것이며, 오로지 기다리고 준비된 모습을 보일 것입니다. 만일 우리가 그렇게 준비되어 있다면, 우리는 날마다 죽는 기술을 습득할 것입니다.

3. 이렇게 날마다 죽는 것의 실제적인 유익이 무엇이겠습니까?

이는 우리가 잘 사는 데 도움을 줄 것이며, 이는 적은 유익이 아닙니다. 쌓아둔 것이 곧 사라져 버리거나, 혹은 우리가 그것으로부터 떨어뜨려진다는 것을 우리가 안다면, 우리는 탐내지도 집착하지도 않을 것입니다. 더 굉장한 일들이 우리 뒤를 바짝 따르고 있다는 것을 느낀다면, 우리는 그다지 충동적이지 않을 것이며, 사소한 것을 크게 중요시하지도 않을 것입니다. 시간이 없고, 그래서 짧은 시간 안에 많은 일을 이룰 필요가 있다는 것을 우리가 절감한다면, 우리는 그다지 완고하지 않을 것이며, 또한 그리스도인의 사명을 납득하는데 그렇게 오래 걸리지 않을 것입니다. 우리가 촛대에서 촛불이 깜박이는 것을 본다면, 우리는 훨씬 더 부지런해질 것입니다. 세상이 큰 물 위에 세워졌고, 그래서 정말로 불안정하다는 것을 우리가 안다면, 우리는 하찮은 일에 빠지지도, 그다지 세속적이지도 않을 것입니다. 그리스도를 가까이 하는 것 다음으로, 세속적인 마음가짐을 극복하기 위한 처방으로서 날마다 죽는 이것보다 조금이라도 더 나은 것을 알지 못합니다. 세상을 떠나면 예수님과 함께 있을 것을 마음으로 기대하는 자는 선한 싸움을 싸우기 위해 무기들로 무장하고 있는 것입니다.

그런데 형제들이여, 가장 실제적인 효과는 죽는 것이 우리에게 도움을 주는 것임을 유의하세요. 날마다 죽는 사람은 죽기가 어렵다는 것을 절대로 느끼지 못할 것입니다. 그는 자주 죽는 것을 연습하였기에 단지 한 번 더 죽을 뿐입니다. 마치 여러 번 리허설을 마치고 자기 입장에서는 완벽히 준비한 가수가 단 한 번만 소리를 내면 다 되는 것과 같습니다. 매일 아침마다 요단 강가로 내려가서 그리스도와 교제하는 중에 그 여울을 건너며, 주님의 죽으심 안에서 죽고, 그의 십자가에 못 박히며, 그의 부활 안에서 부활하는 자들은 복이 있습니다. 그들이 죽음의 지도를 연구하였기 때문에, 그들이 자신의 비스가 산을 오를 때, 그들은 오로지 그들에게 오랫동안 익숙해져 왔던 것만을 바라볼 것입니다.

날마다 죽는 것의 유익의 폭이 얼마나 되는지 나는 모르지만, 내가 보기에 인간 존재의 전 기간과 맞먹는 정도는 될 것 같습니다. 젊은이들이여, 여러분이 아직 젊을 때 죽을 수도 있다고 느낀다면, 젊음의 환락에 빠져 여러분 자신을 해하는 일을 하지는 않을 것입니다. 여러분이 죄 가운데서 멸망할 수 있다고 느낀다면, 젊은 시절의 방종을 뿌림으로 후회를 거두는 일은 절대로 일어나지 않을 것입니다. 무덤은 종종 어린이들을 위한 작은 참호입니다. 소년소녀들이여, 조심하세요. 중년 여러분, 여러분이 이제 곧 재물로부터 떠나야 하므로 재물을 얻는 것이 결국 중요한 일이 아니라는 것을 느낀다면, 사람을 결코 순결하게 놔두지 않는 금에 대한 열렬한 추구와 부에 대한 갈망을 이로써 많이 억제할 수 있을 것입니다. 지팡이 하나에 의지하여 비틀거리는 여러분이여, 여러분이 거룩한 기분을 유지하고 혹은 더 행복하고 더 고요한 상태를 유지하는 최상의 방법은 예수님의 생명으로 살기 위해 언제나 예수님의 죽음을 죽는 것이라고 나는 생각해 마지않습니다.

그리스도인을 어느 자리에 갖다 놓아도 날마다 죽는 이 기술이 그에게 유용할 것입니다. 그가 부유합니까? 그는 돈주머니를 자랑하지 않을 것입니다. 왜냐하면 그가 반드시 자신의 모든 재물로부터 떠나야 한다는 것을 알기 때문입니다. 그가 가난합니까? 그는 불평하지 않을 것입니다. 왜냐하면 속히 자신의 기업이 될 황금 길을 기억하기 때문입니다. 이 기술은 모든 면에서 그리스도인에게 유익합니다. 그가 그 지식을 얻고 있다면, 할 수 있는 한, 그는 그 지식과 십자가에 못 박히신 그리스도에 대한 지식을 결합시킬 것입니다. 왜냐하면 다른 모든 지식은 그를 섬기는데 도움이 되지 않을 것을 그가 알기 때문입니다. 그가 생계를 위해 일하고 있다면, 할 수 있는 한, 또 마땅히 그래야 하는 바, 그는 먼저 하나님의 나라와 그의 의를 구할 것입니다. 왜냐하면 다른 모든 것이 시든 나뭇잎처럼 쇠할 때 이런 것들은 남기 때문입니다.

신자를 왕이나 극빈자로 만들어 보세요. 날마다 죽는 기술이 그에게 어떤 자리에서든 도움을 줄 것입니다. 그가 군주로서 다스리든, 아니면 노예로서 상심하든, 날마다 죽는 것이 그의 영혼에게 동일한 유익을 줄 것입니다. 신자를 모든 시험에 빠뜨려 보세요. 그러면 날마다 죽는 이 기술이 그에게 도움을 줄 것입니다. 왜냐하면 그렇게 짧은 행복을 주는 자들에게 시험을 당하지 않을 것이기 때문입니다. 그의 영혼은 영원한 진실을 붙잡고, 알맹이 없는 헛된 쇼를 철저하게 경멸할 것입니다. 그는 "시험하는 자여, 나는 없어지지 않는 나라를 가졌다. 네가 이 세상 나라를 주는 것은 시시하다. 더러운 악마여, 나는 결코 쇠하지 아니하는 아름다움과 기쁨을 가졌다. 그런데 왜 네가 이런 헛된 것으로, 아무것도 아닌 꾸민 것으로 나를 시험하는가?"라고 말합니다. 시험의 파도를 넘어 신자는 잔잔한 기쁨으로 머리를 들고 하늘의 공기를 들이마십니다. 날마다 죽는 것은, 슬픔 중에서처럼 기쁨 중에서도 성도에게 유익을 주며, 우울함 가운데처럼 의기양양함 가운데서도 그에게 유익을 줍니다. 날마다 죽는 것은 골짜기에서나 산 위에서나, 건강할 때나 병들었을 때나, 활동의 전장에서나 고통의 병원에서나 성도에게 복된 것입니다. 날마다 죽는 법을 배움으로써, 그는 불멸을 위해 훈련될 것이며, 축복을 위해 양성될 것이며, 천국에 합당하게 조련될 것입니다.

하나님께서 이 기술을 우리에게 가르치십니다. 그러므로 하나님께서 영광을 받으실 것입니다. 아멘.

고 린 도 후 서

제
1
장
—

사형 선고, 곧 자기 신뢰를 버림

—

"우리는 우리 자신이 사형 선고를 받은 줄 알았으니
이는 우리로 자기를 의지하지 말고 오직 죽은 자를 다시
살리시는 하나님만 의지하게 하심이라." — 고후 1:9

사랑하는 교우 여러분, 우리가 다른 사람들의 유익을 위하여 말할 때는 자신의 경험을 이야기하는 것도 정당할 것입니다. 바울과 같이 교회 안의 지도자들의 경우에는 이 점이 특별히 더 해당됩니다. 그들의 경험은 교훈하는 바가 깊고 풍부해서, 그 경험을 이야기하는 것이 매우 가치 있고 소중한 일이기 때문입니다. 우리는 괴로움 가운데 있을 때, 바울 같은 사람도 그같이 낙담하였다는 것을 알면, 그로 인해 한층 더 위로를 받습니다. 즉 우리는 이 위대한 사도가 적어 놓은 행동 지침을 따라가고 있다는 데서 안전을 느끼고, 이 사도가 그처럼 큰 근심에서 빠져나왔다면, 우리도 상대적으로 하찮은 근심에서 구원받을 수 있을 것이라고 희망을 가질 수 있게 됩니다. 시간의 모래 위에 찍힌 이런 발자국들이 우리에게 용기를 내도록 도와줍니다. 양 무리의 발자국을 밟아갈 때 우리는 양 우리에로, 목자에게로 돌아갈 수 있습니다. 다윗과 바울 같은 사람들이 일종의 이기적인 두려움 때문에 자기 내면을 우리에게 보여주지 않았더라면, 큰 불행이 되었을 것입니다. 하나님께서는 성경의 많은 부분을 전기(傳記)와, 인간 행동들의 역사로 채우기를 기뻐하셨는데, 그것은 우리 같은 사람들이 거기에서 배울 수도 있도록 하시기 위함이었습니다. 시편과 바울의 서신서들에서 보듯이, 전기

가 그 사람의 외적생활보다는 내적 생활에 주로 관심을 갖고 있는 경우에, 우리는 한층 더 힘을 얻고 교훈을 받으며 지도와 위로를 받습니다. 이는 우리가 아주 당혹스러워하고 타락할 위험이 아주 많은 곳이 바로 이 내적 생활 영역이기 때문입니다. 하나님이 그의 말씀에 우리를 위해 쌓아두신 경험의 보배를 선하게 사용할 수 있는 은혜를 주시기를 바랍니다! 하나님께서 쌓아두신 그 보배는 참으로 풍성하고 다양하며, 고르고 고른 귀한 것들입니다! 한 사람이 다른 사람의 삶을 보고서 배울 수 있다면, 마땅히 우리는 성경에서 영원하게 된 사람들의 기억할 만한 생활로부터 배워야 할 것입니다. 특별히 우리는 바울의 마음을 꾸준히 들여다보면, 거울에 비친 것처럼 우리 자신의 모습을 볼 수 있을 것입니다.

시련을 당하고, 구원하시는 자비를 맛본 우리의 경험에 대해서 말하자면, 그 시련은 우리의 선을 위해서 하나님이 보내신 것이라고 말할 수 있습니다. 따라서 우리는 그 시련에서 최대한 유익을 얻도록 합니다. 그러나 그 시련은 순전히 우리 개인에게만 유익을 주고 끝나도록 보내신 것이 아닙니다. 하나님의 나라에서는 아무도 자기만을 위해서 살지 않습니다. 우리는, 주님께서 우리를 위로하실 때 사용하신 위로로 다른 사람을 위로하게 되어 있습니다. 우리는 슬퍼하는 자와 시련 가운데 있는 사람들을 찾아내고, 우리가 개인적으로 시련을 감당할 수 있게 만들어 준, 하나님의 사랑과 신실하심을 나타내는 힘 있는 증언을 그들에게 전할 엄숙한 의무가 있습니다. 주님께서 우리에게 기뻐할 수 있는 영적인 부요를 주셨다면, 이는 큰 시련을 겪고 있어서 위로가 필요한 다른 사람들에게 그 부요를 전해 주도록 하려는 것입니다. 여러분은 설교하도록 부름을 받지 않았다고 생각할 수 있습니다. 그리고 아마도 그와 같이 공적으로 복음 증거를 할 능력이나 기회가 없을 수도 있습니다. 그러나 여러분이 가지고 있는 경험이 보배입니다. 여러분은 그 보배를 맡은 사람입니다. 그러면 그 점에 대해 마땅히 감사하는 사람으로서 여러분이 알고 있는 모든 것, 개인적인 경험을 통해서 느끼고 배운 모든 것을 형제들을 위로하고 세워주는데 사용해야 할 의무가 있는 것입니다. 말을 하지 않는 것이 때로는 주님께 불충한 일이 됩니다. 여러분이 자신의 영혼에 대한 주님의 처사를 신자 전체의 선을 위해 활용하지 않는다면, 의무에 불충실한 사람으로 나타날 수가 있습니다. 나는 모든 그리스도인에게 자신에게 비치는 빛을 반사하라고 권하고 싶습니다. 형제 여러분, 주님의 목소리를 충성스럽게, 분명하게 메아리치도록 하십시오. 주님이 골방에서 여러분의 귀에다 속삭이신 것을, 지붕 위에서 있는 힘껏 큰 소리로 선포하십시오. 여러분이 꿀을 발견하였으면, 먹으십시오. 그러나 그 진미를 혼자만 먹지 말고, 다른 사람들을 불러서 맛보게 하여, 그들이 여러분과 함께 기뻐할 수 있도록 하십시오. 여러분이 우물을 발견하였으면, 마셔서 갈증을 푸십시오. 그런 다음 즉시 달려가서 모든 대상(隊商)들을 불러서 함께 마실 수 있도록 하십시오. 여러분이 병 가운데 있다가 나았으면, 그 기쁜 소식을 주변의 모든 병자들에게 말하여, 그들이 어디에 가면 나을 수 있는지 알도록 하십시오. 어쩌면 여러분이 그 소식을 말하는 것이 우리의 모든 설교보다 사람들에게 더 큰 영향을 줄 수 있습니다. 즉 사람들은 여러분을 알고, 은혜가 여러분에게 일으킨 변화를 보았습니다. 그래서 여러분은 자신의 경험을 통해서 그들에게 반박할 수 없는 확실한 증거를 제시할 수 있습니다.

이 점을 본 설교의 머리말로 삼도록 하겠습니다. 그리고 바울이 자신의 경험을 교회의 위로와 교훈을 위해 사용하였듯이, 모든 신자도 자신의 경험을 다른 그리스도인의 유익을 위해 사용해야 한다는 점을 배우도록 하겠습니다.

바울이 말하고 있는 구체적인 경험은 어떤 시련이거나, 아니면 그가 아시아에서 잇따라 겪었던 고난이었을 것입니다. 여러분은 바울이 루스드라에서 어떻게 돌에 맞았는지, 그리고 악의에 찬 그의 동포들이 어떻게 그가 가는 곳마다 이 동네에서 저 동네로 따라다녔는지 압니다. 여러분은 에베소에서 일어난 소동을 기억하고, 바울이 끊임없이 온갖 위험에 처했던 것을 압니다. 그와 동시에 바울이 심각한 병으로 고통을 받아 왔고, 이 모든 것이 합쳐져서 깊이 낙심하게 되었다는 사실을 잊어서는 안 됩니다. 그는 많은 고난을 당하였습니다. 밖에는 다툼이 있었고 안에는 두려움이 있었습니다. 바울이 8절에서 사용하는 강한 표현에 주목하시기 바랍니다. 그는 "우리가 심한 고난을 당하였다"고 말합니다. 이 단어는 그 무게를 감당할 수 없을 때까지 볏단을 잔뜩 실은 수레에 대해서 이야기할 때 쓸 말입니다. 그 수레는 너무 짐을 많이 실어서 길을 가다가 찌부러져 쓰러질 지경입니다. 혹은 이 단어는 너무 큰 짐을 져서 곧 넘어질 지경에 있는 사람에 대해서 쓸 수 있는 표현입니다. 혹은 화물을 너무 많이 실은 배가 과도한 하중 때문에 틀림없이 가라앉을 것처럼 보일 때 쓰기에 적합한 말입니다. 바울이 이것이 자신이 아시아에 있을 때의 마음 상태였다고 말합니다. "우리가 심한 고난을 당하였다." 바울은 그 말을 강조하기 위해 "힘에 겹도록"이라는 말을 덧붙입니다. 그는 힘에 겹도록 고난을 당하였습니다. 자신에게 가해지는 그 압력의 부담을 달리 전달할 수 없었습니다. 그 고난은 자신이 견딜 수 있는 힘의 한계를 넘어서는 것처럼 보였습니다. 우리가 성경에서 배우는 바는, 모든 시련은 우리가 감당할 정도만큼 온다는 것입니다. 바울에게도 그랬습니다. 그런데 한동안 바울은 고난의 끝을 볼 수 없었고, 잇따른 고난에 완전히 뭉개질 것 같았습니다. 바울은 자신이 얼마나 많은 고난을 당했는지 말할 수 없었습니다. 그 압박을 헤아릴 수 없었습니다. 가늠할 수 없을 정도로 혹독하였습니다. 마음에 지워진 짐이 너무 크고 무거워서, 그 무게를 헤아리기를 포기하였습니다. 그래서 바울은 "힘에 겹도록"이라는 말을 덧붙입니다. 사람이 정도를 넘어서서 고난을 받지만, 그 모든 고난 가운데서도 버틸 수 있는 놀라운 힘을 지닐 수도 있기 때문입니다. 가사의 기둥과 문빗장과 문이 틀림없이 삼손을 크게 압박했겠지만, 그럴지라도 그의 힘을 넘어서지는 못했습니다. 튼튼한 사지에 엄청난 힘을 받아서 다른 사람 같으면 찌부러지고 말았겠지만, 그는 쉽게 지고 갈 수 있었기 때문입니다. 바울은 자기에게 가해지는 압박이 자신의 힘에 지나 도무지 극복할 수가 없었으며, 그래서 아주 낙심이 되어 "살 소망까지 끊어졌다"고까지 말합니다. 그는 스스로 죽은 것으로 알고 단념하였습니다. 도망할 길이 전혀 보이지 않았기 때문입니다. 어떤 성읍에 들어가든지 유대인들이 따라다녔습니다. 변덕스런 민중은 금방 돌아서서 바울을 대적하였고, 심지어 회심한 사람들조차도 항상 바울에게 신실한 태도를 보인 것이 아니었습니다. 그는 돌팔매질을 당했고 몽둥이에 맞았으며, 사람들은 그를 죽이기로 맹세하였습니다. 한적한 곳에서는 강도의 위험이 따랐고, 도시에서는 소동이 일어나고, 공격을 당하였습니다. 그러는 동안에도 육체의 가시가 그를 괴롭혔고, 온갖 고통과 근심이 무겁게 눌렀습니다. 그래서 압박으로 마음이 완전히 찌부러졌습니다. "우리가 힘에 겹도록 심한 고난을 당하여 살 소망까지 끊어졌도다"는 이 어조에는 참으로 깊은 탄식이 들어 있습니다! 우리가 이처럼 괴로운 상태에 빠지지 않도록 보호해 주시기를 바라고, 그렇게 되지 않는다면, 그런 경험으로 인해 유익을 얻을 수 있게 해주시기를 구합니다.

보혜사 성령께서 도와주시면, 오늘 아침 설교에서 그런 고통의 이유와 그 고통의 선한 결과를 설명할 수 있을 것입니다. 첫째로, 나는 여러분이 본문에서 언급되는 그 질병, 곧 사형 선고에 의해 예방되는 질병, 곧 자신을 의지하는 경향에 주의를 기울이시기를 바랍니다. "우리로 자기를 의지하지 말고." 둘째로, 우리는 그 처리, 즉 "우리 자신이 사형 선고를 받은 줄 알았으니"라는 말씀에 대해 잠시 생각해 볼 것입니다. 셋째로, 그 치료책인 "우리로 자기를 의지하지 말고 오직 죽은 자를 다시 살리시는 하나님만 의지하게 하심이라"는 말씀을 살펴볼 것입니다.

1. 첫 번째 요점은 그 질병, 즉 자신을 의지하는 경향입니다.

먼저 이것은, 바울 같은 사람도 걸릴 위험이 있을 만큼, 모든 사람이 자칫하면 걸리기 쉬운 병이라는 사실을 말합니다. 나는 지금 바울이 자기를 의지하였다고 말하는 것이 아닙니다. 바울이 그렇게 자신을 의지할 수도 있다는 것이며, 또 아시아에서 겪은 이 큰 시련과 육체의 가시에 관한 문제에서 주님이 세심하게 그를 대하시지 않았다면, 바울이 자기를 의지하게 되었을 것이라는 말입니다. 매우 효과적인 예방책이 사용되는 곳에는, 강한 책임이 따르는 것이 분명합니다. 형제 여러분, 바울은 아주 특이하게 회심을 하였고, 복음에 대한 견해가 아주 분명하므로 자신을 의지하는 일에는 결코 빠지지 않을 사람으로 생각됩니다. 바울은 믿음이 아주 철저하고, 열심이 매우 뜨거우며 겸손함이 아주 깊어서, 그가 순전히 은혜만을 의지한다는 것을 누구나 알 수 있었습니다. 이제까지 어떤 작가도, 만물이 하나님에게서 나오며, 우리가 구원과 영생을 얻으려고 한다면 오직 믿음으로 행해야 하고 하나님만을 의지해야 한다는 사실을 바울만큼 분명하게 밝히지 못했습니다. 그렇지만 형제 여러분, 하나님의 은혜를 가르친 이 위대한 선생도 자기를 의지했을 수 있다는 것을 여러분도 알 것입니다. 바울은 그의 삶에서 자기 신뢰라는 것을 전혀 찾아볼 수 없는 사람이었습니다. 나는 바울의 행동이나 말에서 허영이나 교만이 나타나는 것을 전혀 보지 못합니다. 그는 깊은 겸손과 하나님께 대한 확고한 믿음을 보여줍니다. 그에게는 자기 신뢰라는 것이 없습니다. 바울은 그런 신뢰를 언제나 부인하고 있습니다. 바울은 그리스도를 얻기 위해서 자신의 행위와 자기의를 찌끼와 똥으로 여깁니다. 그리고 자신에 대해서 이야기할 때는 대체적으로 자기 부인에 대해서 이야기합니다. "내가 한 것이 아니요 오직 나와 함께 하신 하나님의 은혜로라." 바울은 "내가 나 된 것은 하나님의 은혜로 된 것이라"(고전 15:10)고 합니다. 지식이 아무리 확실하고 의도가 아무리 순수하며 경험이 아무리 깊다고 할지라도, 그런 것이 우리 타락한 본성에 있는 자기 신뢰의 경향을 없앨 수 없다는 것은 분명한 사실입니다. 우리는 너무 어리석어서 자신을 의지하게 만드는 마법에 쉽게 넘어가고 맙니다. 사람들 사이에 널리 만연된 이 어리석음은 지식이나 나이 혹은 경험에 전혀 상관없이, 그런 것들을 희생시키며 자라기까지 합니다. 나는 사람들이 많이 이런 자랑을 하는 것을 들었고, 들을 때 부끄러웠습니다. "내 자신을 신뢰하는 일이 절대로 없을 것이라고 확신한다. 나는 무엇이 더 나은지를 안다." 형제 여러분, 여러분은 그렇게 말하는 순간 자신을 신뢰하고 있는 것입니다. 당신의 정맥 속에는 지금 이 순간에도 교묘한 독이 들어 있습니다. 당신은 자신이 얼마나 어리석은 일을 저지를 수 있는지 모릅니다. 여러분은 참으로 어리석어서 "나는 내가 어리석다는 것을 안다"고 말하는 동안에도 자부심을 무심코 드러내고 있을 수 있습니다. 우리가 알고 있는 것이 무엇입니까? 우리는 자신이 어떤 영에 속해 있는지 모릅니다. 우리는 마귀가 할 수 있는 일을 거의 모두 할 수 있습니다. 그렇습니다. 하나님의 은혜가 우리를 떠난다면, 우리가 바울처럼 서서 "나는 지극히 크다는 사도들보다 부족한 것이 조금도 없는 줄로 생각하노라"(고후 11:5)고 말할 수 있을 만큼 높아졌을지라도, 루시퍼처럼 교만 때문에 떨어져 망할 것입니다. 악들 가운데 가장 어리석은 악이 성도들 가운데 지극히 지혜로운 사람도 넘어뜨릴 수 있습니다. 자기를 신뢰하는 것은 아주 흔한 일이어서, 비열한 그 성격이 잘 드러나지 않지만, 사실은 죄 가운데 가장 어리석은 죄입니다. "내가 그처럼 어리석게 행동했다니 놀랍다"고 말할 때, 우리는 숨어 있는 자만심을 무심코 드러내며, 자신이 아주 지혜로운 사람이라고 생각했다는 것을 고백하는 것입니다. 형제 여러분, 여러분이 자신을 알았다면, 자신이 무슨 일을 저지르든지 간에 놀라지 않을 것입니다. 자신을 제대로 평가했다면, 여러분이 딱할 정도로 잘못되었다는 점보다는 여러분이 옳았던 적이 있었다는 사실에 놀라게 될 것입니다. 그런 것이 우리의 본성적인 약점이고 어리석음이며, 거짓된 마음의 허영이기 때문입니다. 그래서 지극히 어리석은 죄를 범할 때에도, 사실 우리는 본심을 따라 행하고 있는 것뿐이며, 성령께서 우리를 떠나가시면, 더 악한 일을 하지는 않는다 할지라도, 똑같은 일을 거듭 행할 것이라고 말할 수 있습니다.

둘째로, **자기를 의지하는 것이 사도 속에 있는 악이었으므로**, 보는 사람에게 있는 악이라는 점을 살펴봅시다. 바울은 이 악이, 하나님께서 "우리로 자기를 의지하지 않도록" 자비를 베풀어 예방하신 잘못이라고 말합니다. 사랑하는 여러분, 여러분이나 내가 자신을 의지한다면, 우리는 조소와 비웃음을 받아 마땅합니다. 우리 속에는 의지할 수 있는 것이 아무것도 없기 때문입니다. 그런데 수고를 넘치도록 하고 매도 수도 없이 맞았으며, 영웅적인 열심으로 하나님의 교회를 위해 수고하고 철저히 자기를 부인한 바울에 대해서 말하자면, 처음 언뜻 볼 때는 그에게 자랑할 만한 것이 다소 있었던 것 같습니다. 그는 하나님과 동행하였고, 주님을 닮았습니다. 그는 겸손하였지만 주 예수님을 놀라울 정도로 닮았고, 그리스도 안에 있는 마음이 그에게도 있었습니다. 그는 고귀한 사람이었습니다. 우리는 그의 전부를 본받아야 합니다. 그와 비슷한 사람을 어디에서도 찾아볼 수 없습니다. 그의 성품은 매우 아름답고 균형이 잘 잡혀 있으며, 힘 있고 영향력이 있었습니다. 그렇지만 조금이라도 자신을 신뢰하였다면 그의 그런 성품이 그에게 크게 해를 끼쳤을 것입니다. 그는 매우 명민하고 선견지명이 있으며 신중하였지만, 자신을 의지해서는 안 되었습니다. 사실이 이렇다면, 즉 하나님으로부터 계시를 받았고, 깊은 경험이 있으며 뜨겁게 헌신을 하였을지라도, 뛰어난 지혜가 있고 빛나는 학식이 있으며 논리적인 지성과 뜨거운 영혼을 가졌을지라도, 이 모든 것을 다 갖추었다고 할지라도, 그가 자신을 의지하는 것이 정당화될 수 없다면, 우리 같은 사람이 크게 자부심을 갖는 것이 얼마나 어리석은 일이 되겠습니까? 사자의 힘으로도 부족하다면, 개가 무슨 일을 할 수 있겠습니까? 상수리나무가 떤다면, 가시나무가 어떻게 자랑할 수 있겠습니까? 우리 같이 보잘 것없는 존재가 감히 자신을 자랑하려고 한다면, 그 일로 고통을 당하는 것이 마땅합니다. 이 악이 자신의 의를 자랑하는 형태로 우리를 속이든지, 아니면 자신의 판단을 신뢰하도록 우리를 치켜세우든지 간에, 하나님께서 우리를 온갖 모양으로 가장하여 나타나는 이 악에서 지켜 주시기를 바랍니다. 어떤 모습을 띠든지 간에, 그것은 하나님을 거역하는 죄이고, 자신에게 해를 끼치는 악이기 때문입니다. 모든 은혜의 하나님께서 이 악을 철저히 근절시켜 주시기 바랍니다.

　　사랑하는 교우 여러분, 셋째로, 우리는 하나님께서 친히 개입하여 그의 사랑하시는 종이 이 악에 떨어지지 않도록 막아 주신 것을 볼 때, 자신을 의지하는 것이 크게 해로운 것임에 틀림없다는 것을 알게 됩니다. 주님께서는 바울이 아시아에 있을 때 그에게 큰 근심거리를 보내심으로써 이 악을 물리치셨습니다. 이와 같이 지극히 지혜롭고 전능하신 하나님께서는 종들이 자기 신뢰에 떨어지지 않도록 막는 섭리를 펴십니다. 틀림없이 하나님께서는 지금도 우리에게 그 같은 일을 행하고 계십니다. 우리에게 훨씬 더 큰 필요가 있으므로, 하나님께서 우리가 자부심에 빠져 방황하지 않도록 하기 위해, 지금 우리의 모든 길과 걸음을 조정하고 계십니다. 어쩌면 우리 하늘 아버지께서 지금 이 시간에 여러분 가운데 어떤 분들을 괴롭게 하거나 마음의 소원을 들어주지 않고 계시는지 모릅니다. 혹은 여러분이 기쁘게 보는 것들을 거두어 가거나, 여러분을 몹시 당황하여 어떻게 해야 할지 전혀 알 수 없는 상황에 놓아두셨을 수도 있습니다. 그리고 이렇게 하시는 것이 순전히 여러분이 자신을 싫어하고 그리스도를 좋아하게 되도록 하기 위해서, 또 자신의 어리석음을 알고 하나님의 지혜를 전적으로 의지하도록 만들기 위해서 일 수 있습니다. 확실히, 여러분에게 일어날 수 있는 악 가운데 자신을 의지하는 것만큼 악한 일은 없기 때문입니다. 사람은 가난을 피할 수 있습니다. 그러나 자기 신뢰에 떨어진다면, 그는 두 가지 악이 합해서 더 나빠지게 되는 것입니다. 사람이 큰 실수를 피할 수 있습니다. 그런데 사람이 아주 총명하기 때문에 점점 더 교만해지면, 자신의 지혜를 믿는 자부심 때문에 보통 잘못을 하는 것보다 더 악한 처지에 떨어질 수가 있습니다. 어떤 것이든 허영과 자부심보다는 낫습니다. 하나님 앞에서 자기를 신뢰하는 것은, 주님께서 용납하시지 않을 큰 악입니다. 정말로 하나님께서는 자기 신뢰를 지극히 싫어하셔서 그에 대해 저주를 선언하셨습니다. "무릇 사람을 믿으며 육신으로 그의 힘을 삼는 그 사람은 저주를 받을 것이라"(렘 17:5). 이 두려운 경고의 말씀은 자기를 의지하는 사람들에게 특별히 더 적용이 됩니다.

하나님의 용납을 받는 일이나 하나님을 섬기는 능력에 대해 자신을 의지하고 있다면, 나는 저주를 받은 것이라는 사실을 아주 엄숙하게 생각해 봅시다. 자신을 의지하는 것은 우상 숭배를 뜻하며 우상 숭배는 저주 받을 일이기 때문에, 나는 저주를 받은 것입니다. 틀림없이 저주를 받은 것입니다. 자기를 의지하는 자는 하나님의 자리를 차지하는 것입니다. 우리는 하나님만을 의지해야 하기 때문입니다. "백성들아 시시로 그를 의지하고 그의 앞에 마음을 토하라"(시 62:8). 자신을 의지하면, 여러분은 스스로를 높여서 하나님만이 앉으실 수 있는 보좌에 오르는 것이고, 그렇게 해서 반역자가 되는 것입니다. 여러분 자신을 의지하는 것은 큰 거짓의 결과이고, 그것은 또한 진리의 하나님을 거짓말하는 자로 만드는 것입니다. 이는 말하자면 여러분이, 하나님을 믿을 수 있다는 것을 부인하고, 여러분 자신을 믿을 수 있는 존재라고 주장하는 것이기 때문입니다. 반면에 주님께서는 사람은 어느 누구도 의지할 대상이 못된다고 선언하십니다. "자기의 마음을 믿는 자는 미련한 자요"(잠 28:26)라고 말씀하십니다. 그런데 여러분은 자신의 마음을 의지하려고 하므로, 하나님을 거짓말하는 자로 만드는 것입니다.

　　자신을 의지하는 것은 하나님의 위엄에 무례를 범하는 뻔뻔스런 교만입니다. 그것은 하나님보다 자신을 택하는 것이며, 따라서 하나님의 계시보다 자신의 견해를 더 우선시하는 것입니다. 우리는 하나님의 섭리에 따른 지도보다는 자신의 변덕스런 생각을 좇습니다. 말하자면 우리는 자신에 대해 신이 되며, 마치 우리가 하나님보다 더 잘 아는 것처럼 행동하는 것입니다. 그러므로 자신을 의지하는 것은 중대한 범죄이며 하늘의 위엄을 거스르는 나쁜 행실입니다. 누가 이런 태도를 지니든지 간에, 그 때문에 하나님은 결코 그를 용납하시지 않습니다.

　　형제 여러분, 네 번째로, 이 악은 고치기가 매우 어렵다는 점을 말하지 않을 수 없습니다. 바울에게서 이 악을 예방하기 위해, 위대한 의사이신 주님께서는 바울을 극단으로 몰아가, 자신에게 사형 선고가 내려진 것을 느끼게 만드실 필요가 있었던 것 같습니다. 그렇게 하지 않고서는 그 경향을 치료할 수가 없었기 때문입니다. 또 다른 이유에 대해서는 이같이 기록되었습니다. "너무 자만하지 않게 하시려고 내 육체에 가시 곧 사탄의 사자를 주셨으니 이는 나를 쳐서 너무 자만하지 않게 하려 하심이라"(고후 12:7). 본문에 언급된 경우를 보면, 사탄의 사자로 충분했던 것 같지 않습니다. 섭리와 사랑 가운데서 하나님은 사도의 마음 속에 조종(弔鐘) 소리가 울리도록 하는 사형 선고를 내릴 필요가 있다고 보았습니다. 사형 선고라! 여러분은 재판장이 검은 모자를 쓰고 사형 선고를 내리는 모습을 방금 본 사람의 느낌이 어떨지 알 수 있습니까? 감방, 쇠 빗장, 감옥 음식, 냉혹한 간수, 이런 것들은 아무것도 아닙니다. 사형 선고, 사형 선고가 문제입니다. 그것은 끔찍한 일입니다. 바울은 틀림없이 그 고통을 느낄 것입니다. 바울과 같이 고귀한 사람에게서도 자기 신뢰라는 암 덩어리를 잘라내기 위해서는 예리한 칼이 필요하였습니다. 이 쓴 물, 쓸개즙처럼 쓴 잔을 바울은 그 찌끼까지 마셔야 했습니다. 그 사형선고는 그의 귀에 들릴 뿐만 아니라, 그 자아에 대해서도 내려져야 했습니다. "우리는 우리 자신이 사형 선고를 받은 줄 알았으니." 이런 것이 아니고서는 바울이 자기 신뢰에 오염되는 것을 막을 수 없었던 것입니다. 이보다 약한 고통으로 충분하였다면, 주님께서 바울이 그처럼 두려운 고통을 겪지 않게 하셨을 것입니다. 돌이 중력 때문에 땅에 떨어지듯이, 우리는 자신에게 로 자연히 끌립니다. 우리가 열심이 있으면 자기 신뢰는 이렇게 말합니다. "너는 정말 굉장히 열성적인 사람이다. 틀림없이 너는 앞에 있는 무엇이든지 다 해치 울 수 있어." 우리가 수줍어하는 사람이라면, 그 교만은 이렇게 속삭입니다. "너 는 정말 겸손한 사람이야. 너는 우쭐해하지 않고 경솔하지도 않아. 너를 믿는 것 이 잘하는 일이야." 하나님께서 우리에게 하나님을 위하여 하는 일에 작은 성공 이라도 허락하신다면, 우리는 모든 사람이 그 사실을 알도록 나팔을 붑니다. 주 님께서 우리에게 아주 하찮은 심부름이라도 하나 맡기면, 우리는 거들먹거리는 하급 관리가 되거나 눈 뜨고 봐주기 어려울 만큼 오만하게 될 위험이 아주 높습 니다. 주님께서 우리에게 그리스도와의 즐거운 교제를 조금이라도 허락하시면, 틀림없이 이렇게 말할 것입니다. "아, 놀라운 기쁨을 누렸어. 주님의 식탁은 참 으로 즐거웠어! 개인 기도의 시간은 얼마나 귀한 줄 몰라! 나는 특별한 사람이 야." 그렇습니다. 우리는 우상들 가운데 가장 천한 우상 앞에 제물을 바치는 경 향이 있습니다. 내가 우상들 가운데 가장 천한 우상이라고 한 것은, 자신을 숭배 하는 것만큼 아주 비천한 우상 숭배는 없기 때문입니다. 슬프게도 우리는 애굽 의 부추와 양파 냄새를 제거할 수가 없습니다. 부정한 육신에서 제거할 수 없는 더러운 냄새처럼, 자아가 우리에게 들러붙어 있습니다. 주님께서 우리에게 하나 님의 말씀을 많이 가르쳐 주십니까? 그러면 우리는 지식으로 인해 교만해집니 다. 주님께서 우리가 하나님의 백성을 위로하도록 도와주십니까? 그러면 우리 는 당장 교회 안에서 자신이 대단한 존재인 것처럼 행세합니다. 그리스도께서 세상에 대해서와는 다르게 우리에게 자신을 계시하십니까? 아, 그러면 자신이 너무 위대하다고 생각하여 머리를 꼿꼿이 들고 다녀, 하늘의 별이라도 떨어트릴 기세가 됩니다. 하나님께서는 이 교활한 악, 이 영적 나병에서 우리를 구원하십 니다. 우리 자신에 대한 사형 선고 외에는 다른 어떤 것도 우리가 자신을 의지하 는 것을 막을 수 없다면, 우리는 바로 이 치료제를 사용하도록 합시다.

**2. 그러나 지금은 사도의 치료를 위해 내린 처방을
잠시 살펴보도록 하겠습니다.**

"우리는 우리 자신이 사형 선고를 받은 줄 알았으니." 이 말은 첫째, 바울이 자신을 에워 싼 상태를 볼 때 자기에게 사형 평결이 내려지는 것을 듣는 것 같았다는 의

미입니다. 그렇게 계속해서 동포들에게 쫓기면서 바울은 언젠가는 그들이 자신을 죽일 것이라는 강한 느낌을 받았습니다. 그렇게 자주 민중들에게 폭행을 당하면서, 자기 생명이 그리 오래 가지 못할 것으로 느꼈습니다. 게다가 몸이 그처럼 약하고 마음은 몹시 낙심이 되어서 당장에라도 죽을지도 모른다는 생각이 들었습니다. 원문을 보면, 밖으로부터 사형 평결을 들었을 뿐만 아니라 내적으로도 거기에 동의하는 답변이 들렸다는 점이 나타납니다. 그의 의식 속에 반향이 있었습니다. 내적인 두려움이 있었습니다. 자신이 곧 죽을 것이라는 일종의 불길한 예감이 들었던 것입니다. 세상이 바울을 죽이겠다고 위협하였습니다. 그래서 그는 조만간 그 위협이 실행이 될 텐데, 아주 빠르게 실행될 것이라고 느꼈습니다. 그런데 아직 그 위협이 실행되지 않았습니다. 그는 적의 모든 음모에서 살아남았습니다. 형제 여러분, 우리는 죽음을 두려워하는 가운데서 수천 번 죽음을 느끼는 경우가 많습니다. 우리는 죽기도 전에 죽고, 아직 살아 있는 것을 느끼고 나서 다시 죽습니다. 죽음이 확실한 것처럼 보이는데, 그럼에도 새가 사냥꾼의 손에서 벗어나기도 합니다. 사냥꾼이 새의 목을 막 비틀려고 할 때 새가 높이 날아가 버렸습니다. 새가 사냥꾼의 손이 미치지 못하는 곳에서 어떻게 노래하는지 들어보십시오. “사망에서 벗어남은 주 여호와로 말미암거니와”(시 68:20). 속담은 그것을 이렇게 재미있게 표현합니다. “죽을 때까지는 죽는다는 말을 절대로 하지 말라.” 그렇다면 우리는 영원히 산다고 아주 진실되게 말할 수 있을 것입니다. 그 악이 오기 전까지는 낙망하지 말도록 합시다.

　　바울은 낙심하였습니다. 죽음이 곧 닥칠 것 같았습니다. 그는 믿음의 눈으로 영원을 바라보았고, 이로 인해 자기를 의지하는 일을 피할 수 있었습니다. 자신이 곧 죽을 것 같다고 느끼는 사람은 더 이상 자신을 의지할 수 없습니다. 이 치료책은 이런 식으로 우리의 건강을 보존합니다. 우리가 곧 죽게 생겼을 때 세상적인 것이 우리에게 무슨 도움을 줄 수 있겠습니까? 바울은 이렇게 말할 필요가 없었습니다. “내 재산이 내게 도움이 되지 않을 거야.” 그에게는 재물이 없었기 때문입니다. 그는 이렇게 말할 필요도 없었습니다. “내 땅과 넓은 논밭이 지금은 내게 위로가 되지 않아.” 바울에게는 자기 것이라고 부를 수 있는 땅 한 뙈기 없었기 때문입니다. 그의 전 재산이라곤 장막을 만들고 수선하는데 사용하는 바늘 몇 개뿐이었습니다. 그의 직업 도구와 필사본 한두 권이 그가 쌓아놓은 소유의 전부였습니다. 그는 사실 이렇게 말하는 것입니다. “세상의 어떤 것도 지금 나를 도울 수 없다. 내가 설교할 때 쓰는 혀로 죽음에 호소할 수 없다. 죽음은 귀가 먹어서 어떤 웅변도 소용이 없기 때문이다. 내 편지와 필력(筆力)도 결코 나를 대신할 수 없다. 펜이 사형집행 영장을 저지할 수 없기 때문이다. 죽음이 기록되었고, 나는 죽을 수밖에 없다. 친구들도 나를 도울 수 없다. 디도, 디모데, 친구들 가운데 어느 누구도 와서 나를 도울 수 없다. 바나바와 실라도 나와 함께 죽음의 시내를 건널 수 없다. 나 혼자 그 급류를 건너야 한다."

바울은, 참된 그리스도인이고 이제 막 죽게 된 사람이라면 누구나 그래야 하듯이, 자기 영을 그리스도께 맡기고 그의 나타나심을 지켜보아야 한다고 느꼈습니다. 그는 죽든지 살든지 간에 주 예수님을 위해 시간을 보내고 자기를 드려야겠다고 결심하였습니다. 형제 여러분, 우리는 죽는다는 것이 무엇인지 아직 모릅니다. 저 세상으로 가는 길을 우리는 아직 밟지 못하였습니다. 천국에 관한 글을 읽지만, 그리로 가는 길에 대해서는 아는 것이 별로 없습니다. 곧 죽게 된 사람의 마음에는, 알지 못하는 세계가 흔히 두려움을 일으켜 공포로 싸이게 됩니다. 바울은 자기에게 다가오고 있는 죽음의 싸늘한 기운을 느꼈습니다. 자기를 의지하는 신뢰가 이런 방식으로 소멸되었고, 그는 자기 하나님을 의지하지 않을 수 없었습니다. 이 외의 다른 어떤 것도 우리에게서 자기 신뢰를 치료하지 못한다면, 우리는 곧 죽을 것 같은 상황에 놓이게 되는 것을 만족히 여길 수 있을 것입니다. 우리가 깊은 바다에 빠지듯이 망하는 것이 자기를 의지하는 경향에서 우리를 고칠 수 있다면, 기꺼이 그런 일을 겪을 수 있을 것입니다. 바울의 경우가 그러하였습니다. 그의 자비로우신 주님께서 손을 뻗어 그에게서 육체를 자랑할 수 있는 모든 것을 치워 버리셨습니다.

그 다음에, 바울은 여기서 밖에서 들은 사형 선고가 그의 영혼에 철저한 무력감을 일으켰다는 뜻으로 말하고 있다고 생각합니다. 그는 이때 하나님의 나라와 그리스도의 복음을 위해 분투노력하고 있었습니다. 그런데 그는 자기 외에는 의지할 것이 아무것도 없다면 좌절할 수밖에 없다는 것을 알았습니다. 그는 사방으로 반대하는 유대인들에게 둘러싸여 훼방을 받았습니다. 이 유대인들은 바울이 평안하게 일을 하도록 내버려 두려고 하지 않았습니다. 그는 목숨마저 단념할 지경에 이르렀습니다. 바울은 일을 할 수 없었습니다. 그 사람들이 항상 따라다니며 소리지르고, 그에 대해 거짓말을 하며 방해하였습니다. 그는 몹시 걱정하고 지치게 되었고, 도무지 감당할 수 없을 정도로 심한 압박을 받아 깊은 낙심 가운데 빠져, 자기 속에 있는 아무것도 그를 위로하지 못하게 되자, 하늘을 바라보며 도움을 청하지 않을 수 없게 되었습니다. 그의 마음은 혹독한 추위를 맞이한 듯이 움츠러들었고, 그의 이성은 그에게 불리한 말을 하며, 그의 상상력은 기대보다는 두려움을 일으켰습니다. 바울은, 커크 화이트(Kirke White)가 베들레헴의 별에 대한 시에서 매우 시적으로 묘사한 경험을 알고 있었습니다.

> "깊은 공포가 드리워졌고, 그러자 온 몸이 얼어붙었네.
> 　사망의 타격을 받고서,
> 　나는 더 이상 그 조수(潮水)를 막을 수 없었네."

또한 바울은 그 시의 다른 두 절의 기쁨도 알았습니다.

> "그때 별 하나가 갑자기 떠올랐는데
> 　바로 베들레헴의 별이었네."

바울은 마음속으로 아주 심하게 사망의 타격을 받아 그 급류를 막을 수 없었습니다. 자신을 하나님의 은혜의 손에 맡기고 하나님의 사랑의 능력을 맛보지 않았다면 절망에 떨어지고 말았을 것입니다.

형제 여러분, 여러분은 이런 경험을 하지 않았을 수도 있습니다. 나는 여러분이 바울 사도와 같은 경험을 하기를 바라지 않습니다. 주님께서는 여러분을 자기를 신뢰하는 위험에 아주 많이 노출될 수 있는 존귀한 자리에 오르게 하시지 않을 수 있습니다. 그러면 여러분을 바울처럼 그토록 심하게 사형선고를 느끼도록 만들 필요가 없을 것이기 때문입니다. 여기 계시는 하나님의 백성들 가운데는 안팎의 모든 것에 사형 선고가 내려진다는 것이 무엇인지 아는 분들이 있을 것입니다. 이런 사람들은 감히 자기를 의지하려고 하지 않습니다. 우리 가운데 어떤 분들에게는 바르게 생각할 수 있는 힘을 다 잃어버린 것처럼 보이는 때가 있습니다. 아무리 한 주제에 몰두하려고 해도 거기에 대해 뇌가 제대로 기능을 발휘하지 못하여서, 바르게 행동하고 싶지만 두 길 중에 어떤 것이 적당한 것인지 말할 수 없는 때가 있습니다. 때로 우리는 어떻게 해야 될 줄 모르는 때가 있습니다. 기도하기 위해 무릎을 꿇지만 예전에 하던 대로 기도할 수 없는 것을 발견합니다. 사막의 열풍이 영혼의 목초지 위로 불어서 모든 풀과 꽃잎들이 타는 듯한 바람에 죽어버린 것처럼, 우리의 모든 에너지와 힘이 시들어버린 것처럼 느껴지는 때가 있습니다. 그런 일들이 사람에게 일어납니다. 이런 일들이 일어날 때, 이것은 하나님께서 사람이 자기를 의지하는 것을 막는데 쓰시는 혹독하지만, 효과적인 치료법입니다. 여러분은 매우 훌륭한 사람에 대해 때로 이렇게 말했습니다. "하나님께서 그 사람에게 명예를 주시는데, 그가 교만해질까 염려가 됩니다." 문 뒤에서 하나님이 그 사람을 채찍질 하며, 그가 비탄에 잠겨 자신을 몹시 혐오하게 하시는 일이 없다면, 여러분이 그 사람에 대해 염려하는 것이 마땅할 것입니다. 크신 아버지 하나님께서 여러분 가운데 누구든지 크게 유용한 사람이 되도록 하신다면, 틀림없이 하나님은 여러분에게 많은 수욕과 영적인 투쟁을 보내실 것입니다. 여러분이 특별히 많은 은혜를 받아서 이런 치료책이 필요 없는 경우가 아닌 한, 하나님께서 그렇게 하실 것입니다. 그런데 그렇게 치료가 필요 없는 경우란, 많은 사람들에게 해당하지 않는 일입니다. 형제 여러분, 쓴 것을 단 것으로 받아들이십시오. 모든 것이 합해서 선을 이룹니다. 어느 하나만으로 되지 않습니다. 높아지거나 낮아지는 어느 한 가지만으로 되지 않고, "하나님을 사랑하는 자들에게는 모든 것이 합력하여 선을 이룹니다"(롬 8:28). 복합적인 것이 우리에게 유익을 가져다줍니다. 복합적으로 처방된 한 약이 또 다른 약의 효과를 중화시키고, 그렇게 해서 전체적으로 건강을 증진시키듯이, 다양한 섭리의 전체적인 결과도 그와 같이 우리에게 유익을 주고 하나님께는 영광을 돌리게 합니다.

이 치료책에 대해서는 더 이상 말할 필요가 없는 것 같고, 다만 주님께서 아직 구원받지 못한 사람들을 대하는 일에서 바로 이 처방을 사용하신다는 점만 살펴보면 되겠습니다. 사람에 대한 은혜의 첫 번째 활동들 가운데 한 가지가 사람에게서 모든 위로와 희망을 제거하는 것인 이유는 무엇입니까? 그 점을 말씀 드리도록 하겠습니다. 어떤 불쌍한 사람이 몹시 낙담한 상태에 떨어져서 햇빛을 받고 살 수가 없어서 계속 촛불 아래에서 살았다고 생각해 봅시다. 그는 어떤 빛도 자신의 촛불에 미칠 수 없다고 생각하고, 해를 멸시하였습니다. 그는 촛불을 만족하게 여기고 낮의 빛을 싫어했습니다. 그런데 내가 이런 상상을 하는 것이 무모한 일이 아닙니다. 대낮에도 촛불이 없으면 하나님을 예배하지 못하는 사람들이 있고, 그런데도 이들을 두고 정신이상이라고 말하지 않기 때문입니다. 앞에서 말한 상상의 경우로 돌아가서 생각할 때, 마음이 약한 불쌍한 그 친구는 해에 대해서 편견을 갖고 있습니다. 우리는 그를 대낮의 빛 아래로 데려오려고 합니다. 어떻게 그 일을 해나갈 수 있겠습니까? 나는 촛불을 불어서 꺼트려 그를 어둠 속에 있게 하는 것이 좋을 것이라고 생각합니다. 그러면 아마도 그는 기꺼이 하늘의 빛을 찾으려고 할 것입니다. 그때 나는 그를 집에서 끌어내어 해를 보게 하고 싶습니다. 일단 그가 해의 찬란한 빛을 본 후에는 그의 형편없는 촛불을 다시 찬양하는 일은 없을 것입니다. 첫 번째 할 일은, 그의 촛불을 불어서 꺼트리는 것입니다. 사람을 하나님의 빛인 그리스도께 데려오기 위해 첫 번째로 할 일은 자기 신뢰라는 보잘것없는 촛불들을 끄는 것입니다.

　　바다에 빠져 가라앉고 있었던 사람에 대한 이야기를 들은 적이 있습니다. 헤엄을 잘 치는 한 사람이 바닷가에 서 있었는데, 그는 그 사람을 구해야 하겠다고 단단히 마음을 먹었지만, 즉시 바다로 뛰어들지 않았습니다. 그 사람이 두 번째 물속으로 가라앉자 그를 구조하려는 사람이 바다로 들어가 헤엄쳐서 그 사람 가까이 갔지만, 아주 가까이 가지 않고 때가 될 때까지 아주 신중하게 기다렸습니다. 물에 빠져 들어가고 있는 사람은 힘이 세고 원기왕성했습니다. 그를 구하러 들어간 사람은 아주 분별이 있어서, 물에 빠진 사람이 허우적거리는데 함께 끌려가는 위험에 처하지 않도록 조심했습니다. 그는 물에 빠진 사람이 세 번째 물에 가라앉도록 두었고, 세 번째 가라앉자 그 사람의 힘이 다 빠진 것을 알고, 헤엄쳐 가서 그를 붙잡고 바다가로 끌어냈습니다. 만일 빠진 사람이 힘차게 허우적거리던 처음에 그를 붙잡았다면, 두 사람은 함께 가라앉고 말았을 것입니다.

　　인간 구원의 첫 번째 장면은 모든 인간의 능력과 공로에 사형선고를 내리는 것입니다. 자신에 대한 모든 희망이 사라졌을 때, 그리스도께서 오셔서 무한한 은혜로 영혼을 파멸에서 구원하십니다. 여러분이 헤엄칠 수 있다고 생각하는 한, 여러분은 발로 차고 허우적거리며 가라앉습니다. 그러나 여러분의 모든 노력이 헛되다는 것을 알고, 여러분에게 힘이 없다는 것을 깨달으면, 자신을 그리스도께 맡기고 구원을 받을 것입니다. 여러분의 능력이 사라질 때 영원한 능력이 들어올 것입니다. 여러분에 대한 사형 선고가 여러분이 자신을 의지하는 일을 막아줄 것입니다. 정당한 형벌로 여겨지는 사형은 모든 헛된 희망을 쫓아낼 것입니다. 그래서 사람이 은혜를 환영하게 되고, 그의 마음은 성령께서 일으키신 참된 믿음으로 믿게 될 것입니다.

3. 셋째로, 그것은 쓰디쓴 약이었지만 바울에게는 잘 들었습니다.

첫째로, 바울이 자기를 의지하는 일에 예방되었기 때문입니다. 이제 막 생기려는 자기 신뢰의 표시가 효과적으로 제거되었습니다. 바울은 "우리는 우리 자신이 사형 선고를 받은 줄 알았으니 이는 우리로 자기를 의지하지 말게 하심이라"고 말합니다. 이 영향을 받아 바울은 다시는 설교할 수 없는 사람처럼, 죽어가는 사람들에게 죽어가는 사람으로서 복음을 전하였습니다. 나는 어떤 형제들이 죽지 않을 것으로 생각한다는 말을 들었습니다. 그 희망이 그들에게 위로를 준다면 그 희망을 깨트릴 생각은 없습니다. 그러나 나는 죽음이 가까이 왔다는 것을 아는데에 매우 유익한 점이 있다는 것을 압니다. 사실 그리스도께서 오실 수 있습니다. 이 믿음은 그리스도에게로 돌아가는 것에 대한 기대와 같은 효과가 있습니다. 어느 쪽이든 간에 죽을 수밖에 없는 이 생명에 대한 불안감은 우리에게 유익합니다. 죽음을 깊이 느껴보는 것은 엄숙하고 고통스러우면서도 성결하게 하는 효과가 있습니다. 수 세기 전 우리 선조들은 성경을 읽는 테이블에 해골을 놓는 습관이 있었습니다. 나는 그처럼 혐오스러운 일을 추천할 마음은 없습니다. 우리는 그보다 나은 형태로 죽음의 상징을 간직할 수 있습니다. 그렇지만 우리의 마지막 시간에 대해 이야기하고, 무덤에 친숙해지며, 우리의 선조들이 자고 있는 무덤들 사이를 걸어보는 것이, 그리고 세상이 조수가 빠진 후에 수많은 작은 벌레의 허물들이 바닥을 온통 덮고 있는 모래사장 같다는 점을 기억하는 것은 대단히 현명한 일입니다. 나도 그런 벌레의 허물을 뒤에 남겨 놓을 것입니다. 이 세상은 죽음의 수공물로 가득합니다. 바로 납골당과 같습니다. 아니, 세상을 하나님의 묘지, 곧 수많은 사람들이 누워서 잠을 깨우는 나팔소리를 기다리며 잠자는 곳이라고 부르는 것이 나을 것입니다. 우리도 그들과 함께 잘 것을 예상할 수 있습니다. 그러므로 우리는 자신을 의지해서는 안 됩니다. 당신은 죽어가는 사람인데, 자신을 의지할 수 있습니까? 나방보다 약하고, 폭풍우 앞에서 시든 잎처럼 마구 떨 수밖에 없는 자신을 의지할 수 있습니까? 죽음에 대한 의식이 우리 속에 있는 그 경향을 치료할 것이라고 봅니다.

사형 선고가 자신의 모든 것에 대한 절망의 형태로 올 때, 그 선고는 철저하게 치료 효과를 가져왔습니다. 나는 한때 즐거운 것들이 노래하고 아름다운 소망이 꽃을 피웠던 마음속을 뒤지고, 마음속의 방마다 찾아가서 노랫소리를 듣거나 꽃을 보려고 했지만 침묵과 죽음 외에 아무것도 발견하지 못했습니다. 내 마음을 벗어나서, 일찍이 내 마음을 기쁘게 하는 것이 많았던 상상의 세계로 멀리 가보았지만, 거기에서도 죽음만이 지배하는 마른 뼈들의 골짜기를 보았습니다. 내가 이전에 기뻐하였던 것은 모두 죽음의 선고를 받아 마비되었습니다. 모든 것이 내 속에서 죽어 있었습니다. 선고가 내려졌고, 그 선고가 내 전 존재에 실행된 것이 분명합니다. 사람이 그런 때 하나님을 의지하지 않는다면, 언제 의지할 것입니까? 이것이 사람에게서 자기 신뢰를 거두어가지 않는다면, 그런 일이 대체 무슨 소용이 있겠습니까? 성령께서 사용하실 때, 이 치료는 결코 실패하지 않습니다.

이것이 바울의 경우에는 절반의 결과에 지나지 않았다는 점을 기억하시기 바랍니다. 이는 바울이 이 사형 선고로 말미암아 자신이 자기를 의지하는 데서만 구원받았다고 말하지 않고, "죽은 자를 다시 살리시는 하나님을" 의지하게 되었다고 하기 때문입니다. 자, 형제 여러분, 이제 우리는 무덤의 어둠 속에서 나와 부활의 영광으로 들어왔습니다. "죽은 자를 다시 살리시는 하나님"이 우리의 소망입니다. 부활의 교리는 기독교 신앙에 필수적인 것입니다. 바울은 그 교리를 당연한 것으로 여깁니다. 바울이 사형 선고로 인해 자기를 의지하는 데서 구원받았을 때, 첫 번째 한 일은 부활하신 그리스도의 아버지 하나님을 의지하는 것이었습니다.

첫째로, 바울이 내가 죽을지라도 그것이 무슨 문제가 되느냐고 말하지 않았습니까? 하나님은 죽은 자 가운데서 나를 일으키실 수 있습니다. 사람들이 나를 돌로 칠지라도, 칼로 나를 죽일지라도, 바다에 거꾸로 처박힐지라도, 나는 다시 일어날 것입니다. 나는 내 구속자가 살아 계시니, 그가 나타나실 때 그를 볼 것을 압니다.

바울은 또한 하나님께서 자기를 죽은 자들 가운데서 일으키실 수 있다면, 폭력적인 죽음에서도 자기를 보호하실 수 있다고 추론하였습니다. 자기가 죽고 무덤에서 썩을지라도 살리실 수 있는 하나님이시라면, 일생의 사역을 마칠 때까지는 자기를 틀림없이 죽음에서 지키실 수 있을 것입니다. 이 추론은 확실한 진리입니다.

"재앙과 죽음이 사방에서 날아다닐지라도
주께서 명령하실 때까지는 죽을 수 없네.
사랑의 하나님께서 적합하다고 생각하실 때까지는
단 한 번도 창이 나를 찌를 수 없네."

신자는 누구나 자신의 사역을 마치기 전까지는 죽지 않습니다. 바울 사도는 이 점을 생각하고 위로를 받았습니다.

더 나아가서 바울은, 하나님께서 죽은 자를 일으키시며, 해체된 지 오래된 몸의 흩어진 원자들을 불러모으고 그런 잔해로부터 집을 다시 세우실 수 있다면, 하나님께서는 사형 선고를 내림으로써 사람의 기를 꺾는 권세들을 사용하여 자신의 목적을 이루실 수 있다고 주장하였습니다. 매우 침울하게 되었을 때, 내 자신에 대해서도 이렇게 주장하고 싶습니다. 하나님은 내가 속에 있는 하나님의 생명을 느끼도록 만드실 수 있습니다. 하나님은 내 모든 약점과 곤경 가운데서도 나를 크게 사용하실 수 있습니다. 죽은 자를 깨우려면 전능의 힘이 필요합니다. 무엇이 내 길을 방해하든지 간에, 바로 이 전능한 힘이 내가 승리를 거두고 그의 뜻을 행할 수 있게 만들 것입니다. 죽은 자를 일으키시는 하나님이 나를 위해, 내 안에서, 나로 말미암아 하나님의 이름에 영원히 영광을 돌리게 할 큰 일들을 행하실 수 있다는 이것은 복된 주장이 아닙니까?

형제 여러분, 우리는 자신에게서 더욱더 멀어질 필요가 있는데, 내 자신이 죽었다는 이 사실을 회계장부에 쓰기 전까지는 결코 그렇게 할 수 없을 것입니다. 우리는 자아를 시체 처리해야 합니다. 때로 우리는 사람들이 은행의 대차대조표를 작성하면서 확실치 않은 자산에 너무 높은 가격을 매기는 잘못을 범했다는 말을 듣습니다. 그런데 우리는 영적인 대차대조표를 작성하는 일에서 그런 큰 실수를 피해야 합니다. 여러분이 자아에 속하는 것에 대해서는 무엇이든지 "아무 짝에도 쓸모없다, 즉 무가치하게 여긴다"고 말할지라도, 과도한 평가 절하가 아닙니다. 형제 여러분, 여러분이 자신의 가치를 낮추어서 파운드 당 20실링(1파운드=20실링)으로 가격을 매겼다면, 여러분은 자아의 실상을 제대로 깨닫지 못한 것입니다. 그러면 여러분은 말합니다. "나는 내 자아에 대해서 파운드 당 반 크라운(크라운은 5실링 은화) 정도밖에 받지 못하리라고는 전혀 생각지 못했다." 그런데 여러분은 그만한 돈도 받지 못할 것입니다. "그러면, 나는 파운드 당

1 파딩(영국의 청동화. 1/4페니. 1페니는 1/100파운드) 으로 가격을 내리겠습니다.” 여러분은 그 돈도 받지 못할 것입니다. 그만한 돈을 받으려면, 여러분 자신 이상의 것을 내놓아야 합니다. 자기를 의지하는 사람은, 의지한 그 자신으로부터 파운드 당 1파딩도 받지 못할 뿐만 아니라 또한 어리석은 신뢰로 인해 실패자가 되고 맙니다. 나는 내 자신을 자산으로 바꾸고 싶지 않습니다. 그렇게 하는 것은 끔찍한 손해가 되고, 내 재원에 큰 손해를 보는 일이 될 것입니다. 왜냐하면 나는 상처투성이에 궁핍과 약점과 허약만 가득할 뿐 달리 언급할 가치가 없는 존재이기 때문입니다.

　　영적 자산에 여러분 자신을 기록할 때, 빚이요 채무요 저당잡힌 담보물로만 기입하십시오. “자아는 죽었다”고 말하십시오. 자아가 죽었다는 것을 알게 되면 여러분은 행복할 것입니다. 여러분의 골칫거리 가운데 대부분이 그 자아가 너무 팔팔하게 살아있는 데서 오기 때문입니다. 타락한 옛 본성, 그 부랑자가 정말로 죽어서 다시는 버둥거리지 않는다면 얼마나 고마운 일인지 모릅니다! 그런데 이 옛 개에게 아직도 생명이 붙어 있습니다. 해악이 가득한 골칫거리의 생명이 있습니다. 지혜는 자아를 무가치하고 죽은 것으로, 결코 의지해서는 안 되고 억제해야 할 것으로 간주합니다. 어리석음은 다르게 말합니다. 자신을 좋게 생각하라고 말하는데, 그런 망령된 말을 듣지 마십시오. 어리석음은 이렇게 말합니다. “너는 나이가 들어서 이제 노인이 되었어. 머리가 하얘질 때까지 나이를 먹는 동안 경험을 쌓고 지혜를 얻었어. 너는 이제 막 교회에 들어온 어린 애들과 같지 않아.” 그렇지 않습니다. 나이 먹은 바보만큼 어리석은 자는 없습니다. 그 옛 속담의 또 다른 본보기가 되지 않도록 조심하십시오. 여러분 자신에 대해 이렇게 말하지 마십시오. “아! 이제 너는 아주 다방면에 경험을 쌓은 사람이야. 그렇고 말고. 너는 시골 촌구석이나 농장 울타리 밖으로 한 번도 나가보지 못한 속 좁은 사람들과는 달라. 너는 그동안 산전수전 다 겪어 보았어.” 아, 그런데 큰 인물이 저지르는 실수만큼 큰 실수는 없습니다. 유익을 많이 끼칠 수 있는 역량이 있는 사람만큼 많은 해악을 끼칠 수 있는 사람도 없습니다. 또 어떤 사람은 이렇게 말합니다. “아, 그렇지만 나는 아주 신중하고 조심스러운 사람이라 무엇을 잘못할 염려는 없습니다.” 그런데 자기는 졸지도 않는다고 자랑하는 파수꾼만큼 잠자기 쉬운 사람은 없습니다. 이 점은 옛날부터 그랬습니다.

　　주의 깊은 여러분, 자신이 조심스러운 사람이라고 자랑한다면, 여러분은 틀림없이 길을 잘못들 것입니다. 반면에 자기가 마땅히 조심해야 하는데 그렇지 못해서 좀 더 조심할 수 있도록 기도한다면, 여러분은 계속해서 바른 길로 갈 수 있을 것입니다. 자기를 의지하는 것은 벌레가 생기고 고약한 냄새가 나는 만나와 같은 것입니다. 이런 만나가 집 안에 있으면, 우리는 견딜 수 없고 병이 날 것입니다. 그런 만나는 깨끗이 쓸어 버리십시오! 우리의 약한 것이 하나님의 힘으로 강해지면 좋겠습니다. 우리는 아무것도 아니고, 하나님께서 모든 것의 모든 것이 되도록 합시다! 아멘. 그렇게 되도록 합시다.

제
2
장
—

예수 그리스도의 얼굴에 있는 하나님의 영광

—

"어두운 데에 빛이 비치라 말씀하셨던 그 하나님께서
예수 그리스도의 얼굴에 있는 하나님의 영광을 아는 빛을
우리 마음에 비추셨느니라." — 고후 4:6

사도는 지금 자신이 그토록 열심히 그리스도를 전하는 이유를 설명하고 있습니다. 그는 하나님의 빛을 받았기 때문에 그 빛을 전파하지 않을 수 없다고 느꼈습니다. 참된 사역을 할 수 있게 만드는 한 가지 위대한 동력은 수탁자(受託者)의 자세입니다. 주님은 우리에게 복음을 맡기셨습니다. 주님은 우리가 세상을 부요하게 만드는데 쓸 보물을 충분하게 주셨습니다. 본문은 주님께서 우리에게 무엇을 맡기셨는지 자세히 설명합니다. 주님은 우리에게 "예수 그리스도의 얼굴에 있는 하나님의 영광을 아는 빛"을 주셨습니다. 그러므로 그 빛을 반사하고 그 지식을 나누어주며, 그 영광을 나타내고 구주의 얼굴을 가리키며, 우리 주 예수 그리스도의 이름을 선포하는 것이 우리의 할 일입니다. 우리 앞에 이런 사역이 있으니, 용기를 잃지 말고 전심으로 나아갑시다.

1. 이렇게 말씀드림으로써, 오늘 아침 여러분이 바울이 그토록 기뻐한 그 지식이라는 주제에 먼저 주의하기를 바랍니다.

바울 사도가 마음으로 가장 중요하게 생각하고, 그래서 무엇보다도 전파해야 할 가치가 있는 것으로 생각한 이 지식은 무엇입니까? 그것은 하나님에 대한 지식이었습니다. 참으로 하나님의 모든 피조물에게 가장 필요하고 적합한 지식입니다. 사람이 자신의 창조주요 통치자를 모르는 것은 참으로 통탄할 만한 무지입니다. 인류가 마땅히 연구할 대상은 하나님이십니다. 바울은 단지 하나님이 계시다는 것을 안 것이 아닙니다. 그 사실은 회심 전에도 알고 있었기 때문입니다. 유대인으로서 바울만큼 하나님을 확실히 믿을 수 있는 사람은 아무도 없습니다. 지금 바울이 하나님의 성품에 대해 다소 배웠다는 뜻으로 말하는 것도 아닙니다. 그 점도 바울이 다메섹으로 가는 길에서 예수님을 만나기 전에 이미 구약 성경으로부터 알고 있었기 때문입니다. 그런데 이제 그는 하나님을 더 가까이, 더 분명하고 더 확실하게 알게 되었습니다. 하나님께서 주 예수 그리스도라는 분으로 성육신하신 것을 알았기 때문입니다.

바울은 또 "하나님의 영광"에 대한 지식도 얻었습니다. 아브라함의 하나님이 지금처럼 영광스럽게 나타나시지는 않았습니다. 하나님은 그리스도 예수 안에서 바울로부터 기이히 여김과 경배를 받으셨습니다. 바울은 과거에 유일하신 한 분 하나님으로서 여호와의 영광을 알았습니다. 그는, 창조계 안에서 그 영광을 하늘이 선포하고, 땅이 나타내는 것을 보았습니다. 시내 산에서부터 타올랐고, 모세의 얼굴에 마주볼 수 없는 빛을 뿌렸던 율법에서 그 영광을 보았습니다. 그러나 지금은 다른 모든 것을 넘어서서 예수 그리스도의 얼굴에, 혹은 예수 그리스도 그분에게서 나타난 하나님의 영광을 인식하게 되었는데, 이 영광이 그의 영혼을 사로잡았습니다. 이 특별한 지식은 바울이 회심할 때, 곧 예수께서 하늘에서 그에게 말씀하실 때 전달되었습니다. 그는 경험과 새로운 계시를 통해서 이 지식에 큰 진보를 이루었습니다. 그러나 아직 그 지식을 충만하게 배우지는 못했습니다. 그는 여전히 성령의 가르침을 통해 그 지식을 온전히 알기를 구하고 있었기 때문입니다. 우리는 그가 이렇게 말하는 것을 봅니다. "내가 그리스도와 그 부활의 권능과 그 고난에 참여함을 알고자 하여 그의 죽으심을 본받아"(빌 3:10).

바울은 단지 하나님을 안 것이 아니라 그리스도 예수 안에서 하나님을 알았고, 단지 "하나님의 영광"을 안 것이 아니라 "예수 그리스도의 얼굴에 있는 하나님의 영광"을 알았습니다. 그 지식은 하나님에 관한 것이지만, 그리스도를 통한 지식이었습니다. 바울은 그리스도가 없는 일신론을 갈망한 것이 아니라 그리스도 안에 계시는 하나님을 갈망하였습니다. 사랑하는 여러분, 바로 이것이 여러분과 내가 알고자 추구해야 하는 지식입니다. 하나님의 영광에는 우리가 이 세상에서 아무리 사색할지라도 알 수 없는 면들이 있습니다. 신비주의는 알 수 없는 것을 엿보고 싶어합니다. 여러분과 나는 꿈꾸는 자들과 그들의 몽상을 떠나서, 예수님의 얼굴에서 비치는 분명한 빛을 따라갈 수 있습니다. 하나님께서 그리스도 안에서 계시하신 하나님에 대해 아는 것이 우리에게 필요하고 유익한 일입니다. 그러나 무엇이든지 하나님께서 그렇게 계시하시지 않은 것을 알려고 하는 것은, 확실히 필요하지도 않고 적합하지도 않은 일입니다. 하나님께서 그리스도 안에서 보이신 계시는 참으로 부족하지 않습니다. 우리가 이 세상에서 배울 수 있는 것보다 훨씬 더 많은 것이 그리스도라는 분에게서 계시되었고, 육신이 된 말씀에서 비치는 하나님의 모든 영광을 다 알려면 영원조차도 충분하지 않을 것이기 때문입니다. 기독교 신앙을 보충하려고 하는 사람들은 먼저 태양의 찬란함이나 바다의 충만함을 보충하려고 하는 것이 나을 것입니다. 우리는 우리 주 예수님 안에 나타나는 하나님의 계시에 충분히 만족하고, "나를 본 자는 아버지를 보았느니라"(요 14:9)는 주님의 말씀이 진리임을 확신합니다.

　형제 여러분, 설교자가 그런 주제와 씨름해서 이길 수 있다고 생각하지 마십시오. 나는 그 주제에 압도당하였습니다. 그 주제에 관해 묵상하면서, 나는 그 길이와 넓이를 도무지 헤아릴 수 없다는 것을 느꼈습니다. 이 주제를 묵상하는 것이 내게 큰 기쁨이지만, 묵상할 때마다 여전히 마음과 머리가 압도되는 것을 느끼지 않을 수 없습니다. 마치 산 속을 헤매는 어린 아이나, 별들 가운데서 길을 잃은 외로운 영(靈)과 같기 때문입니다. 나는 장엄한 것들 가운데서 비틀거리며 영광스러운 것들 사이에서 주저앉습니다. 보기는 하지만 묘사할 수는 없는 것을 손가락으로 가리킬 뿐입니다. 성령께서 그리스도의 일들을 친히 여러분에게 보여주시기를 구합니다.

　잠시 우리는 예수 그리스도의 얼굴에 있는 이 하나님의 영광을 역사적으로 생각해 봅시다. 하나님의 기름부음 받은 자이신 나사렛 예수의 생애의 모든 사건에서 우리는 하나님에 대한 것을 많이 볼 수 있습니다. 탄생에서 죽음에 이르기까지 그리스도의 모든 행동에서 계시된 하나님을 다 말하자면, 얼마나 많은 책을 써야 할지 모릅니다! 나는 하나님이 베들레헴의 구유에서 아기로 누워 계시는 것을 봅니다. 거기에서 하나님이 최고로 여기시는 영광을 봅니다. 하나님은 하찮은 사람들이 지극히 높이 평가하는 세상의 화려함과 영광을 멸시하시는 것이 분명하기 때문입니다. 그리스도께서 대리석 궁전에서 태어나고 황실의 자줏빛 옷에 감싸여 있었을 수도 있습니다. 그러나 하나님은 이런 것들을 비웃으셨습니다. 소들 가운데 있는 구유에서, 우리는 사치스러움과 사람들의 환영 행렬이라는 하찮은 것들과 관계 없는 영광을 봅니다. 예수라는 인물 안에 있는 하나님의 영광은 화려한 왕실과 궁전에서 어떤 도움도 구하지 않습니다. 그러나 어린 아기로 계시면서도 주님은 통치하고 다스리십니다. 목자들이 새로 태어난 이 왕에게 문안하기 위해 얼마나 서둘러 달려갔고, 멀리 동방에서 온 박사들이 어떻게 금과 유향과 몰약을 가져다가 그리스도의 발 앞에 드리고 경배하였는지 주의하여 보십시오. 주님께서 스스로를 낮추어 보잘것없는 일들을 통해 자신을 나타내실 때에도, 그는 여전히 왕으로 계시며 인류에게 경의를 표할 것을 명령하십니다. 주님은 훗날에 성인(成人)으로서 나귀를 타고 호산나 소리를 들으며 예루살렘에 들어가신 때와 같이 베들레헴의 구유에 어린 아이로 누워 계실 때에도 왕이셨던 것과 같이, 장엄한 일에서와 마찬가지로 작은 일에서도 위엄이 있으십니다. 거룩한 아이 예수께서 열두 살밖에 안 되었을 때, 박사들 가운데 앉아서 질문으로 그들을 놀라게 하는 것을 보십시오! 아이에게 그토록 놀라운 지혜가 있었습니다! 여러분은 그 점에서 "하나님의 어리석음이 사람보다 지혜롭다"(고전 1:24)는 진리가 나타나는 것을 보지 못합니까? 하나님께서 자신의 지혜를 유보하시고, 어린 아이에게 적합한 말을 사용하실 때에도 시대의 지혜와 사상을 좌절시키십니다. 그 청년이 목수 가게에 있는 것을 보십시오. 그가 30세가 될 때까지 도면을 그리고, 톱질하며, 깎고 네모지게 만들며, 부모의 지시를 따라 일하는 것을 보십시오. 성육신하신 하나님께서 목수의 작업대에서 일하며 기다리시는 것을 볼 때, 여기서 무엇을 배웁니까? 하나님께서 기다리실 수 있다는 것을 보지 않습니까? 이 점은 영원하신 하나님의 여유를 놀랍게 보여주지 않습니까? 무한하신 하나님께서 압박을 느껴 평온한 속도를 잃고 서두르는 일은 결코 없습니다. 여러분과 나였다면, 오래 전에 서둘러 일생의 사역을 시작했을 것입니다. 우리는 그처럼 오랜 기간 설교하고 가르치는 일을 참고 지내지 못했을 것입니다. 그러나 하나님은 기다리실 수 있습니다. 그리스도 안에서 우리는 어떻게 하나님이 분별 있게 열심을 자제하고, 당신의 목적이 확실히 이루어질 것을 믿는 데서 오는 영원한 여유를 보이셨는지 봅니다. 세상 사람들의 눈에는 베들레헴과 나사렛에서 나타난 그리스도의 신성이 감추어졌습니다. 그러나 주님을 볼 수 있는 영적 시력이 있는 사람들에게는 계시되었습니다. 주님께서 자신의 위대한 사명을 수행할 준비를 하고 있던 젊은 시절에도, 우리는 그리스도의 젊은 얼굴에 나타난 하나님의 영광을 보고 경배드립니다.

　　주님의 공생애를 보면, 거기에 아주 분명하게 하나님이 계십니다! 형제 여러분, 주님께서 떡 몇 덩이와 물고기 한두 마리로 5천명을 먹이시는 것을 보십시오. 이 사건에서 우주의 병참부에 계시는 하나님의 영광을 보지 않을 수 없을 것입니다. 주 하나님께서는 손을 펴서 모든 생물의 부족을 채우시기 때문입니다. 주께서 마귀를 쫓아내시는 것을 보고, 악을 지배하는 하나님의 능력을 배우십시오. 그리스도께서 죽은 자를 일으키시는 소리를 듣고서, 사람을 죽이기도 하고 살리기도 하는 하나님의 대권을 두려워하십시오. 주께서 병자를 고치시는 것을 보고, 여호와께서 "나는 상하게도 하며 낫게도 하나니"(신 32:39)라고 말씀하시는 것을 듣는다고 생각하십시오. 어떻게 주님께서 말씀하고, 진리를 확실하게 계시하시는지 들어보십시오. 그러면 지혜로운 사람이 가서 듣고 배우는 지식의 하나님을 볼 수 있을 것입니다. 이 두 진술을 서로 대조해 보십시오. "하나님은 그의 권능으로 높이 계시나니 누가 그같이 교훈을 베풀겠느냐"(욥 36:22). "그 사람이 말하는 것처럼 말한 사람은 이때까지 없었나이다"(요 7:46). 겸손하고 진실한 사람에게 진리를 알려 주시는 것이 언제나 하나님의 방식입니다. 그렇게 예수님도 사람들 가운데 겸손하고 진실한 사람들을 가르치셨습니다. 어떻게 예수께서 사람들 가운데 계시면서 농부의 일복을 걸치고 시골집을 드나들며 사람들과 함께 가난을 맛보셨는지 보십시오. 심지어 주님께서 어떻게 제자들의 발까지 씻으셨는지 보십시오. 여기서 우리는 하나님의 겸손을 봅니다. 하나님은 하늘을 보려고 해도 허리를 꾸부려야 하고, 천사들이 하는 일을 보려고 해도 고개를 숙이지 않으면 안 되시는 분인데도 사람들을 방문하시기를 꺼려하지 않습니다. 하나님은 놀라운 은혜 가운데 우리를 생각하시고, 우리의 비천한 상태를 불쌍히 여기십니다. 형제 여러분, 하나님이신 그리스도께서 매일 불경건한 자들의 모욕을 견디고 "죄인들이 이같이 자기에게 거역한 일을 참으시는"(히 12:3) 것을 또한 보십시오. 하나님의 무한한 인내와 오래 참으시는 모습을 그리스도에게서 온전히 보게 되는데, 이것이 하나님의 영광의 작은 부분이 아닙니다.

　　예수께서 세상에 있는 자기 사람들을 어떻게 사랑하셨는지, 정말로 끝까지 그들을 사랑하고, 유모가 자식을 대하듯이 얼마나 놀라운 애정과 온유함으로 대하셨는지 잘 보십시오. 그러면 여기서 하나님의 사랑과 온유하심을 보고, 잘못 행하고 있는 자녀에 대한 크신 아버지의 사랑을 보게 됩니다. 여러분은 예수께서 죄인들을 영접하고 함께 음식을 잡수셨다는 글을 읽습니다. 이것이 허물과 불의와 죄를 눈 감아 주시는 자비롭고 은혜로운 하나님을 보여주는 것이 아니고 무엇이겠습니까? 여러분은 예수께서 죄로 병든 사람들 가운데서 오로지 그들의 병을 고쳐 주고자 하는 한 가지 목표를 가지고 의사로 활동하시는 것을 봅니다. 그리고 이 점에서 여러분은 우리 하나님의 사죄하시는 자비와, 구원하기를 기뻐하고, 자비를 베풀기를 즐거워하심을 봅니다. 사랑하는 여러분, 내가 지금 예수 그리스도의 전 생애를 다 조사하여 이야기할 수는 없습니다. 그렇게 할 만한 시간이 없습니다. 그러나 여러분이 예수께서 병자의 방에 계실 때든 무덤에 계실 때든, 약한 가운데 계실 때든 능력을 보이실 때든, 예수께서 나오시는 단 한 사건만이라도 택해서 본다면, 거기에서 하나님의 영광을 볼 수 있을 것입니다. 주로 낮은 자리에 계셨던 주님의 사역 전체를 훑어볼 때, 예수라는 분의 인격과 활동에서 영원하신 아버지의 영광을 보여주는 빛이 흘러나옵니다. 주님의 활동을 볼 때 우리는 감탄할 뿐만 아니라 또한 경배하게 됩니다. 예수 그리스도는 단지 하나님께서 은총을 베푸는 사람이 아니라 바로 하나님 자신이십니다.

주님의 죽으심에 대해서는 무슨 말을 하겠습니까? 예수께서 자기 양들을 위해 목숨을 내놓으셨을 때만큼 하나님의 사랑이 분명하게 계시된 적은 없습니다. 예수께서 죄를 처벌하지 않고 버려두고, 그래서 율법이 굴욕을 당하도록 하기보다는 죄에 대한 저주를 친히 받으려 하셨을 때만큼, 하나님의 공의가 뚜렷하게 빛난 적은 없습니다. 하나님의 모든 속성이 십자가에서 집중적으로 나타났습니다. 예수님의 눈물을 자세히 보고, 예수님의 상처를 볼 눈이 있는 사람은, 온 영원에 걸친 섭리나 무한한 창조계가 항상 하나님을 계시할 수 있는 것보다도 십자가에서 하나님을 더 잘 볼 수 있을 것입니다. 십자가를 지켜보았던 백부장이 떨면서 "이는 진실로 하나님의 아들이었도다"(마 27:54)고 외치는 것은 당연한 일입니다.

부활하셨을 때, 곧 예수께서 정사와 권세를 무찌르시고 죽음을 사로잡고 무덤을 강탈하셨을 때, 그리스도 예수 안에 나타난 하나님의 영광에 대해서도 말할 필요가 있겠습니까? 이것은 실로 하나님과 같으신 분이 하는 말씀입니다. "곧 살아 있는 자라 내가 전에 죽었었노라 볼지어다 이제 세세토록 살아 있어 사망과 음부의 열쇠를 가졌노니"(계 1:18). 예수께서 죽음의 그늘을 떠나셨을 때, 그의 권세와 불멸과 영원한 엄위가 밝게 빛났습니다.

　예수께서 자기가 있던 곳으로 다시 돌아가신 승천에 대해서는 길게 생각하지 않을 것입니다. 그때 그리스도의 신성이 뚜렷이 드러났습니다. 주께서 창세 전에 아버지와 함께 가지셨던 영광을 다시 입으셨기 때문입니다. 그때 천사들과 구속받은 영들의 환호를 받는 가운데서 정복하시는 하나님의 영광을 볼 수 있었습니다. 세상에 내려오심으로 주님은 어둠의 권세를 깨트리셨고, 그 다음에 하나님만 하실 수 있는 일로서, 만물을 충만하게 하시기 위해 하늘에 오르셨습니다.

　나는 예수께서 하나님 우편에 계시는 것에 대해서는 가볍게 언급하고 지나갈 생각입니다. 그곳에서 예수께서 어떻게 하고 계시는지 여러분이 알기 때문입니다.

> "경배하는 성도들이 예수님을 둘러서고
> 보좌와 권세들이 예수님 앞에 엎드리니
> 그 사람을 통해서 하나님이 은혜롭게 나타나시어
> 그들 모두에게 아름다운 영광을 뿌리도다."

　하늘에서 이들은 예수님을 생각할 때, 영원히 그를 두르고 있는 하나님의 영광을 떼어놓고 생각할 수 없습니다. 하늘에 있는 자는 아무도 그리스도의 신성을 의심하지 않습니다. 왜냐하면 모두가 그리스도 앞에 엎드리거나, 즉시 하프를 들고 줄을 튕겨 하나님과 어린 양을 찬송하기 때문입니다.

　하나님의 영광은 주님의 재림 때에 가장 충만하게 볼 수 있을 것입니다. 그리스도께서 강림하실 때 어떤 찬란한 광채를 기대할 수 있든지 간에, 천년왕국의 시대나 예수께서 하나님의 나라를 하나님께 바칠 종말에 어떤 영광이 나타나든지 간에, 그리스도 예수 안에서 하나님이 뚜렷이 나타날 것입니다. 그래서 천사들이 하나님의 아들 안에 나타난 영광스럽고 영원하신 아버지를 볼 때 놀라며 경배드릴 것입니다. 지금까지 언급한 것들은 중요한 주제들입니다. 그 주제들을 그냥 언급만 하고 지나가겠으니, 여러분 스스로 조용히 생각하시기 바랍니다.

사람들이 식욕이 있으면 식탁을 보여주는 것으로도 충분합니다.

그러나 나는 여러분에게 예수 그리스도 얼굴에 있는 하나님의 영광을 생각해 보라고 말씀드립니다. 관찰의 방식으로 그 점을 다루기 바랍니다. 여러분이 물질적인 우주를 볼 때, 눈을 뜨고 있다면 하나님의 영광을 다소간 볼 수 있을 것입니다. 공손한 마음은 하나님을 예배할 수밖에 없게 될 만한 것을 우주에서 충분히 봅니다. 그러나 조금 있으면 사람은 그 이상의 것을 갈망하게 됩니다. 나는 세상이 하나님의 형상을 보여주는 거울이라고 말하는 것을 종종 들었습니다. 알프스를 여행하면서 빙하, 눈사태, 폭풍우 같은 창조계의 지극히 장엄한 현상들을 많이 보고서, 나는 하나님과 비교할 때 거론하는 보이는 것들이 얼마나 협소한가 하는 것에 대해 깊은 인상을 받았습니다. 그래서 이런 시를 썼습니다.

> "창조계라는 거울은
> 무한자의 형상을 비추기에는 공간이 부족하다.
> 실로 하나님은 자기 이름을 창조계의 이마에
> 분명하게 쓰시고 도장을 치셨다.
> 그러나 유능한 도공(陶工)은
> 그가 물레 위에서 빚는 그릇보다 훨씬 뛰어나다.
> 그와 같이, 아니 그와는 비교할 수 없이 훨씬 더
> 여호와는 그의 지극히 고귀한 작품들보다 뛰어나시다.
> 하나님의 무게가 지워진다면
> 지구의 육중한 바퀴가 멈추고 굴대는 딱 하고 부러질 것이다.
> 공간은 영원자가 안식하기에는 너무 좁고
> 시간은 하나님의 보좌 발판이 되기에도 짧다."

여러분이 하나님과의 교제를 경험한 적이 있다면, 하나님 앞에서는 보이는 모든 것이 왜소해진다는 것을 알 것입니다. 여러분의 생각이 별들을 지나고 우주를 한 바퀴 돌아보아도, 하늘이, 아니 하늘들의 하늘조차도 하나님을 모실 수 없다는 것을 느낍니다. 생각할 수 있는 무엇이라도, 상상할 수 없는 하나님의 영광에 미치지 못합니다. 그러나 여러분이 와서 그리스도 예수의 얼굴을 바라보면, 그 느낌이 참으로 다릅니다! 자, 여러분은 영원자의 얼굴을 똑같이 그대로 비추는 거울을 본 것입니다. "그 안에는 신성의 모든 충만이 육체로 거하시기"(골 2:9) 때문입니다. 그의 이름은 "기묘자라, 모사라, 전능하신 하나님"(사 9:6)이십니다. 그는 하나님의 형상이십니다. "하나님의 영광의 광채시요 그 본체의 형상"(히 1:3)이십니다. 그리스도에 대한 여러분의 생각이 바르면 하나님에 대한 바른 생각과도 일치할 것입니다. 그래서 여러분은 "그는 참 하나님이시요 영생이시라"(요일 5:20)고 외칠 것입니다. 진정으로 "그는 육신으로 나타난 바 되셨는데"(딤전 3:16), 하나님의 한 부분이 나타난 것이 아니라 전체가 나타나셨습니다. 보이는 창조계에서 우리는 하나님의 작품을 봅니다. 그러나 그리스도 예수에게서는 하나님 자신, 임마누엘, 곧 "하나님이 우리와 함께 계심"(마 1:23)을 봅니다. 예수 그리스도의 얼굴에 있는 하나님의 영광이 아주 뚜렷하게 나타나는 것을 즐겁게 보는데, 이는 그 얼굴에 하나님의 속성들이 나타날 뿐만 아니라 하나님 자신이 나타난다는 것을 알기 때문입니다.

예수님에게서 우리는 그 찬란함이 가려 있는 하나님의 영광을 봅니다. 주님은 어떻게 해서든지 자신을 나타내려고 애쓰지 않습니다. 옛적에 선지자는 "진실로 주는 스스로 숨어 계시는 하나님이시니이다"(사 45:15) 하고 말했습니다. 세상은 하나님을 나타내기보다는 오히려 하나님을 숨기기 위해 창조된 것처럼 보입니다. 즉 하나님의 능력이 아주 장엄하게 나타나는 순간에도, 우리는 하박국처럼 "그의 권능이 그 속에 감추어졌도다"(3:4)고 말할 수 있을 것입니다. 하나님의 빛은 이루 말할 수 없이 밝지만, 그럴지라도 빛은 하나님을 감추는 옷일 뿐입니다. "주께서 옷을 입음 같이 빛을 입으시며"(시 104:2). 이와 같이 창조계에서 인간 눈에 적합하게 가려지고 약해진 빛으로서 하나님의 영광을 본다면, 모든 것이 부드럽고 유순한 예수 그리스도의 얼굴에서, 즉 진리뿐 아니라 은혜가 충만한 그 얼굴에서 틀림없이 우리는 하나님의 영광을 봅니다. 하나님의 영광이 인간으로서 예수님의 생애에서 아주 부드럽게 새어나옵니다. 은혜 안에 있으면 어린 아기도 두려움 없이 이 밝은 빛을 지켜볼 수 있습니다. 모세의 얼굴에서 빛이 났을 때 백성들이 그 얼굴을 볼 수 없었습니다. 그러나 예수께서 변화산에서 내려오셨을 때 사람들은 예수님께로 달려가 맞이하였습니다. 그리스도 예수 안에 있는 하나님은 모든 것이 매력적입니다. 그리스도 안에서 우리는 하나님을 충만히 봅니다. 그러나 그 신성은, 죽을 수밖에 없는 사람이 가까이 가서 보고도 살 수 있는 인간 육체라는 매개를 통해서 아주 은근하게 빛을 발합니다. 예수 그리스도의 얼굴에 있는 이 영광은 비록 감추어 있긴 하지만, 확실히 하나님의 영광입니다. 이와 같이 다른 모든 예에서 하나님은 어느 정도 빛을 비추십니다. 섭리와 자연에서는 휘장을 벗어버린 밝은 하나님의 모습 같은 것을 볼 수 없습니다. 그래서 바로 이런 하나님의 방식을 따라 그리스도 안에서 하나님의 계시가 나타난 것입니다.

우리 주 예수님에게서 우리는 하나님의 속성들이 놀랍게 혼합되어 나타나는 하나님의 영광을 봅니다. 하나님의 자비를 보십시오. 그리스도께서 죄인들을 위하여 죽으시기 때문입니다. 그러나 하나님의 공의를 보십시오. 그리스도께서 산 자와 죽은 자의 재판장으로 앉으시기 때문입니다. 하나님의 불변하심을 보십시오. 그리스도는 어제나 오늘이나 영원토록 동일하시기 때문입니다. 하나님의 능력을 보십시오. 그리스도의 목소리는 땅뿐만 아니라 하늘도 흔들기 때문입니다. 하나님의 사랑이 얼마나 무한한지 보십시오. 그리스도께서 그의 택하신 백성들을 아내로 삼으시기 때문입니다. 그러나 또한 하나님의 진노가 얼마나 무서운지 보십시오. 그리스도께서 그의 적들을 불사르시기 때문입니다. 하나님의 모든 속성들이 그리스도 안에 있습니다. 폭풍우를 가라앉힐 수 있는 능력과 어린 아이를 품에 안을 수 있는 친절함이 그에게 있습니다. 그리스도의 성품은 모든 완전성들이 놀랍게 결합되어 하나의 완전함을 이루는 것입니다. 그래서 우리는 예수 그리스도의 얼굴에서 하나님의 영광을 봅니다. 그리스도 안에는 지나친 것이 없고 부족한 것도 없다는 이것이 하나님의 영광이기 때문입니다. 그리스도는 선하고 위대한 모든 것이십니다. 그에게는 빛이 있고 어둠이 전혀 없으십니다. 우리 주 예수님에게서 바로 이것을 보지 않습니까?

하나님에 대해서 생각할 때, 나는 그리스도의 위대한 마음에서 하나님의 영광을 보게 됩니다. 그리스도는 전혀 사심이 없으시고 교통하기를 매우 좋아하시기 때문입니다. 우리는 영원하신 하나님께서 홀로 계시고 창조를 시작하시지 않은 때를 상상할 수 있습니다. 하나님은 틀림없이 말할 수 없이 복된 상태 가운데 지내셨을 것입니다. 그러나 하나님은 혼자 계시면서 완전한 복을 홀로 즐기는데 만족하지 않으셨습니다. 하나님은 창조하기 시작하셨고, 아마도 이 세상이 존재하기 오래 전에 헤아릴 수 없이 많은 존재들을 지으셨을 것입니다. 하나님은 행복을 누릴 수 있는 존재들을 늘리기 위해 이렇게 하셨습니다. 하나님은 자비를 베풀고, 하나님 본성에 본래부터 있는 선하심을 나타냄으로 마음에 만족을 누리기를 기뻐하셨습니다. 하나님께서는 무슨 일을 행하든지 그의 피조물의 행복을 고려하십니다. 하나님은 스스로 모든 것으로부터 독립하여 계시면서 다른 존재들에게 복 주기를 기뻐하십니다. 하나님은 살아 계십니다. 우리는 하나님 앞에서 경외심을 가지고 말합니다. 하나님은 살아 계시는데, 자신을 위하여 살지 않고 다른 존재들의 삶 속에서 사시며, 그의 피조물들의 기쁨을 기뻐하십니다. 이것이 하나님의 영광입니다. 이 영광을 "남은 구원하였으되 자기는 구원할 수 없었던"(마 27:42) 그리스도 예수에게서 아주 분명하게 보게 되지 않습니까? 여러분은 그리스도 예수 안에서 하나님의 사심 없는 위대한 사랑을 보지 않습니까? 그리스도께서 언제 자기 자신을 위해 사신 적이 있습니까? 예수께서 단 한 번이라도 이기적인 목적을 위해서 행하신 일이 있습니까? 한 마디라도 자기의 명예를 위해 말씀하신 적이 있습니까? 예수께서 자신의 명예를 고려해서 어떤 일을 행하려고 하신 적이 있습니까? 그리스도께서는 살아서도 죽어서도 자신을 위해 사시지 않았습니다. 자기 백성을 위해 사셨고 자기 백성을 위해 죽으셨습니다. 이 사실에서 하나님의 영광을 보십시오!

　내 영혼이 하나님의 영광을 깊이 생각할 때마다 하나님의 영광에서 주목해 본 두 가지 사실이 있습니다. 나는 이 두 가지 점을 예수님에게서 보았습니다. 나는 높은 산에 올라가 전망을 두루 살피면서 언덕과 골짜기, 숲, 들판을 보았습니다. 그때 나는 마치 하나님께서 모든 것 위에 그의 임재를 펼치시는 것처럼 느꼈습니다. 신성이 흘러나오는 것을 느꼈습니다. 마음을 상쾌하게 하는 나무, 은빛 시내, 추수를 기다리는 옥수수 밭, 소나무가 수북하게 자란 언덕, 붉게 물든 히스덤불, 이 모든 것이 하나님으로 타오르는 것처럼 보였습니다. 태양이 만물 위에 자신을 쏟듯이, 하나님께서도 그같이 하십니다. 천둥 번개가 와지끈 하고 내는 소리에서 뿐 아니라 곤충의 윙윙 거리는 소리에서도 우리는 "하나님이 여기 계시다"고 말하는 소리를 듣습니다. 하나님께서 스스로에게서 나오셔서 피조물에게로 들어가 만물을 채우셨습니다. 이것이 그리스도의 임재를 마음으로 느끼는 것이 아닙니까? 우리가 그리스도께 가까이 갈 때 그리스도는 충만하게 하는 영으로 계십니다. 예수님이 나오는 모든 장면에서 주님은 편재하는 분으로 계십니다. 베들레헴에, 나사렛에, 예루살렘에 계시는 분이 그리스도 외에 누구십니까? 그리스도 외에 누가 세상에 계십니까? 그리스도는 우리에게 모든 사람이 되시고 또 영원히 유일한 분이 되시지 않습니까? 그리스도께서 앞에 계실 때는, 나는 카이사르나 로마 혹은 이 땅에 거주하는 무수한 사람들을 그림의 배경에 나오는 작은 인물보다 조금이라도 낮게 생각할 수 없습니다. 내 마음에 주님은 모든 것을 채우시는 충만한 분으로 아주 분명하게 계십니다. 주님이 나오는 장면의 모든 부속물은 모든 것을 압도하는 주님의 임재에서 흘러나오는 영광의 홍수에 다 잠겨버리고 맙니다. 진실로 하나님의 영광이 그리스도에게서 흘러나왔습니다.

그러나 여러분이 자연에서 하나님의 영광을 느꼈을 때, 틀림없이 또 다른 생각을 했을 것입니다. 즉 여러분은 만물이 하나님께로 가까이 가는 것을 느꼈을 것입니다. 하나님의 보좌에 이르는 계단처럼 피조물이 하나님을 향하여 일어서는 것을 느꼈을 것입니다. 여러분이 황홀한 마음으로 풍경을 응시할 때, 나무와 산마다 하나님께로 가고 하나님에게로 향하며, 사실 자기들이 나온 하나님께로 돌아가는 것처럼 보였을 것입니다. 이것이 그리스도의 삶에서 볼 수 있는 것과 똑같지 않습니까? 주님은 만물을 자기에게로 모으시는 것처럼 보입니다. 만물을 자기에게로 모아 하나가 되게 하시는 것처럼 보입니다. 어떤 것들은 "내가 땅에서 들리면 모든 사람을 내게로 이끌겠노라"(요 12:32)는 주님의 말씀에 따라 신속하게 주님께로 날아오지만, 이들 가운데 어떤 것들은 움직이려고 하지 않습니다. 하지만 그런 것들은 주님께서 끌어당기십니다. 우리가 자연에서 어렴풋이 보았던 이러한 하나님의 영광이 그리스도 안에서 풍성하게 증명되었습니다. 그래서 우리는 그 영광이 동일한 것이라고 확신합니다.

나는 생각을 원하는 만큼 분명하고 생생하게 표현할 수가 없습니다. 그러나 이것만큼은 확실히 압니다. 여러분이 자연에서 하나님의 영광을 보기라도 한다면, 그리고 하나님의 그리스도에게로 생각을 돌린다면, 바로 그 하나님께서 보이는 우주에 계시는 것처럼 그리스도 안에 계시고, 바로 그 영광이 그리스도 안에서 더할 수 없이 분명하게 빛난다는 것을 알게 되리라는 것입니다. 한 분 하나님이 계십니다. 그리고 그 한 분 하나님께서 그리스도 예수 안에서 영광스럽게 나타나십니다. "본래 하나님을 본 사람이 없으되 아버지 품속에 있는 독생하신 하나님이 나타내셨느니라"(1:18).

이제는 그리스도 안에 나타난 하나님의 영광에 대한 이 생각을 경험에 비추어 다루어 보겠습니다. 여러분은 그리스도의 교훈을 영혼으로 들어본 적이 있습니까? 그랬다면, 여러분은 그 교훈이 신성하다는 것을 느낀 것입니다. 여러분이 그 교훈의 도덕적이고 영적인 영광을 마음으로 인식하였고, 하나님께서 진리를 말하는 그 교훈에 계시다고 결론을 지었기 때문입니다. 여러분은 그리스도께서 피로 말미암은 사죄와 평안을 말씀하시는 것을 들어보았습니까? 들어보았다면, 여러분은 그리스도께서 만민의 주시라는 것을 안 것입니다. 그리스도의 속죄의 충만함을 본 적이 있습니까? 그렇다면, 여러분은 하나님께서 친히 세상을 자기와 화목시키고 계시다는 것을 느낀 것입니다. "우리 구주 하나님"이라는 두 호칭이 결합된 것을 이해한 것입니다. 사랑하는 여러분, 종종 여러분은 주님의 임재를 느끼고, 주님과의 친밀한 교제에 들어가도록 허락을 받았습니다. 그렇다면 여러분은 깊은 두려움에 사로잡혀 주님의 발 앞에 무릎을 꿇고 지극히 겸손하고 공경하는 마음으로 그리스도께서 주와 하나님이심을 인정하였을 것이라고 생각합니다. 그런데 하나님께서 사랑으로 여러분에게 몸을 굽혀 "두려워 말라"고 말씀하셨을 때, 하나님은 여러분에게 마음을 열어 하나님이 여러분을 얼마나 소중하게 생각하시는지를 보여주셨을 때, 여러분은 그리스도께서 하나님이심을 분명히 알게 되었다는 데서 오는 지극히 신성한 기쁨을 맛보았을 것입니다. 우리 영혼을 고양시키는 그리스도 임재의 영향력 때문에 그의 신성을 아주 확실하게 느끼는 때가 있습니다. 우리가 과거에 들었던 모든 진리가 그리스도 안에 있는 진리와 비교할 때 우리에게 아무 영향력을 주지 못한 것을 느끼는 경우가 있습니다. 세상의 모든 영들은 성령께서 우리 영을 만나기 전까지는 우리를 움직일 아무 힘이 없었습니다. 이와 같이 모든 것을 압도하고 고양시키는 그리스도의 절대적인 사랑이 그리스도께서 바로 "진실로 하나님"이심을 입증하였습니다.

　　지금까지 우리는 기독교 지식의 말할 수 없이 귀중한 목적에 대해 말했습니다.

2. 둘째로, 이 지식의 성격에 대해 한두 마디 하겠습니다.

　　우리는 예수 그리스도의 얼굴에 있는 하나님의 영광을 어떻게 알고, 또 그 영광의 어떤 면을 압니까?

　　간단히 말해서, 첫째로, 우리는 믿음으로 그 영광을 압니다. 틀림없는 하나님 말씀의 증거에 의지해서, 우리는 하나님이 그리스도 예수 안에 계시다는 것을 믿고 확신합니다. 하나님은 이렇게 말씀하셨습니다. "이는 내 사랑하는 아들이요 너희는 그의 말을 들으라"(마 17:5). 우리는 주 예수님의 신성을 변치 않는 사실로 받아들이고, 우리 마음은 그 사실에 대해 추호도 의심하지 않습니다. "아는 것은 하나님의 아들이 이르러 우리에게 지각을 주사 우리로 참된 자를 알게 하신 것과 또한 우리가 참된 자 곧 그의 아들 예수 그리스도 안에 있는 것이니 그는 참 하나님이시요 영생이시라"(요일 5:20).

주님의 신성을 믿음으로 알 때, 우리는 인지 능력을 사용하였습니다. 그리고 주님이 하나님이셨다는 풍성한 증거를 주님의 생애에서 볼 수 있다는 것을 묵상과 사고에 의해 아는데, 이는 주님의 삶에서 하나님의 영광이 빛나기 때문입니다. 사복음서 기자들이 전해준 세부 내용들을 주의 깊게 보면 볼수록, 우리 앞에 계시는 분이 단순히 사람이 아니시라는 것을 그만큼 더 확신하게 됩니다. 형제 여러분, 하나님께서 땅에 계셨다면 어떻게 행동하셨을까, 하나님께서 성육신하여 사람들 가운데 거하셨다면 하나님은 어떤 분이 되셨을까 하는 것을 순전히 생각으로 조사하고 설명하려고 하였다면, 틀림없이 여러분은 그리스도의 삶을 생각해 낼 수 없었을 것입니다. 그러나 누군가가 여러분에게 복음서 기자들의 묘사를 알려주면 여러분은 이렇게 말할 것입니다. "드디어 알았다. 이것이야말로 정말 육체 가운데 나타나신 하나님에 대한 고귀한 개념이다." 나는 세상의 지혜자들이, 하나님이 이렇게 행동하신 것을 상상할 수 있다고 말하는 것이 아닙니다. 그들의 생각은 예수님의 단순하고 숨김없고 거리낌 없는 행동과 정반대될 것이기 때문입니다. 그러나 마음이 청결한 자들은 그리스도의 행동들이 하나님의 행사와 같다는 것을 즉시 알아볼 것입니다. 그리스도께서는 마음이 청결한 사람이라면 하나님께서 하셨을 것이라고 생각하는 꼭 그대로 행하셨습니다. 연구하면 할수록 그만큼 더 우리는 그리스도에게서 하나님의 영광을 보았습니다.

이제 우리는 그 이상의 사실을 알고 있습니다. 그리스도 예수 안에 신성이 있다는 내적 의식을 우리가 느끼고 있기 때문입니다. 우리는 단지 그 사실을 믿었고, 또 관찰에 의해서 다소 인식하는 것만이 아니라 그리스도를 만났고, 그래서 그리스도께서 하나님이시라는 것을 안 것입니다. 우리는 그리스도를 사랑하고 또 하나님을 사랑합니다. 우리는 이 두 분이 한 하나님이신 것을 압니다. 하나님 성품의 큰 특징들인 진리와 거룩함과 사랑을 사랑하면 할수록, 그만큼 더 우리는 그리스도 예수 안에서 이 특징들을 봅니다. 우리는 하나님과 그리스도를 마음으로 압니다. 마음이 정결하게 될 때, 우리는 그리스도 안에 나타나는 하나님의 임재를 느낄 수 있습니다. 종종 그리스도와 말할 수 없이 기쁜 교제를 나눌 때, 우리는 사랑하는 주님께서 하나님보다 못한 존재일 수 있다는 그런 생각을 비웃게 됩니다.

그 다음에, 주님을 보고 있는 동안에 우리에게 일어난 또 한 가지 일이 있습니다. 주님의 이름을 찬송하십시오. 그러면 우리는 주님을 닮기 시작합니다. 주님을 바라봄으로 주님의 정결을 보는 우리 눈이 깨끗하게 되었습니다. 주님의 찬란한 광채가 우리의 시력을 높였습니다. 그래서 우리는 이미 많은 것을 보고 있고, 앞으로 더 많은 것을 볼 것입니다. 태양의 빛은 눈을 멀게 합니다. 그러나 예수 그리스도의 빛은 우리 눈을 더 밝게 만듭니다. 은혜 안에서 자라가면 우리가 하나님의 영광을 더욱더 볼 수 있을 것입니다. 그러나 우리는 그리스도 예수 우리 주님에게서 하나님의 영광을 가장 잘 볼 수 있을 것입니다. 우리는 천국에서 놀라운 하나님의 모습을 보고 즐길 것입니다! 우리는 지금 그 길로 가고 있는 중입니다. 그래서 더욱더 가까이 갈수록, 그리스도 안에 있는 하나님의 영광이 매일 점점 더 뚜렷하게 보일 것입니다. 우리는 그리스도 안에 있는 하나님의 영광을 압니다. 그 영광을 알고 있습니다. 우리는 그 영광을 믿고, 알고 있으며 그 영광에 영향을 받으며 그 영광으로 인해 변화되었습니다. 이렇게 해서 오늘 우리는 "예수 그리스도의 얼굴에 있는 하나님의 영광을 아는 빛"을 가지고 있습니다.

3. 셋째로, 감사한 마음으로 이 지식의 수단을 검토해 봅시다.

우리는 어떻게 이 지식을 알게 되었습니까? 이 지식이 있으므로 우리는 본문을 다시 한 번 읽게 됩니다. "어두운 데에 빛이 비치라 말씀하셨던 그 하나님께서 예수 그리스도의 얼굴에 있는 하나님의 영광을 아는 빛을 우리 마음에 비추셨느니라." 그리스도께서 세상에 계셨을 때 왜 모든 사람이 예수 그리스도에게서 하나님의 영광을 보지 못했습니까? 그 이유는 아주 분명하였습니다. 그 답을 말씀드리겠습니다. 맹인들에게는 해가 얼마나 밝게 비치는가 하는 것이 문제가 되지 않습니다. 사람의 마음은 눈이 멀었습니다. 그래서 창조계에 나타난 하나님을 희미하게 밖에 보지 못합니다. 그리고 그리스도 안에 나타난 하나님을 전혀 분별하지 못합니다. 그래서 주님이 사람들에게 멸시를 받고 거절당하였습니다. 그 다음에, 이 세상의 신, 곧 흑암의 권세자가 있습니다. 그는 빛을 미워하기 때문에 빛이 사람에게 이르지 못하도록 사람 마음의 본성적인 어둠을 더 어둡고 깊게 만듭니다. 그는 오류와 거짓과 더러운 상상으로 사람들의 마음을 어둡게 하고, 불결한 욕망이나 짙은 무지로, 혹은 교만으로 영혼의 창을 가로막습니다. 우리가 일찍이 그리스도 안에서 하나님의 영광을 보지 못한 것은 우리가 본래 눈이 멀었고, 이 악한 자로 인해 어둠이 더 깊어졌기 때문입니다. 마음이 청결한 자만이 하나님을 볼 수 있으므로, 마음이 불결한 우리는 그리스도 안에서 하나님을 볼 수 없습니다. 그러면 우리에게 어떤 일이 일어났습니까? 영원한 은혜를 항상 찬송합시다. 하나님께서 친히 우리 마음에 빛을 비추셨습니다. "빛이 있으라"고 말씀하시고, 빛이 있게 하신 바로 그 하나님께서 우리 마음에 빛을 비추신 것입니다. 어떻게 모든 것이 흑암 가운데 있었는지, 창조의 이야기를 여러분은 압니다. 하나님께서 세상을 계속해서 어둠 가운데 있게 하기를 기뻐하셨다면, 세상은 그렇게 어둠 가운데 있었을 것입니다. 하나님께서 그렇게 하셨다면, 세상을 인식할 수 없었기 때문에, 우리에게는 마치 세상이 없었던 것처럼 되었을 것입니다. 하나님은 일찍이 "빛이 있으라"고 말씀하셨습니다. 자, 그렇게 말씀하시지 않았다면, 예수 그리스도의 얼굴에 있는 하나님의 영광이 지금까지 계속 세상에 있어 왔을지라도, 우리는 그 영광을 인식하지 못했을 것입니다. 주님께서 우리에게 빽빽한 어둠 가운데 있는 우리에게 오셔서 "빛이 있으라"고 말씀하시지 않았다면, 우리로서는 마치 하나님의 영광이 없었던 것처럼 되었을 것입니다. 그때 갑자기 영원한 아침이 밝아왔고, 빛이 어둠에 비치자 어둠이 빛 앞에서 사라졌습니다. 여러분은 그 빛이 들어오던 때를 기억합니까? 기억한다면, 여러분이 그 새로운 빛을 통해서 처음 본 모습은 예수 그리스도 안에 있는 하나님의 영광이었을 것입니다. 사실 빛이 여러분에게 온 것은, 여러분이 그 영광을 볼 수 있도록 하기 위해서였습니다. 그리고 이 순간, 그 영광이 여러분의 영혼의 큰 기쁨이고, 여러분이 가장 중요하게 생각할 주제입니다. "주의 빛 안에서 우리가 빛을 보리이다"(시 36:9)라고 기록된 대로, 하나님의 빛을 받아 우리는 하나님의 영광의 빛을 보았습니다.

믿는 모든 사람을 위로하기 위해 내가 하고 싶은 말이 한 가지 있습니다. 사랑하는 여러분, 여러분은 그리스도 예수 안에서 하나님의 영광을 봅니까? 그 영광을 본다면, 그것을 여러분의 구원을 확증하는 증거로 삼으십시오. 우리 주님께서 제자들에게 "사람들이 인자를 누구라 하느냐"(마 16:13) 하고 물으시자 시몬 베드로가 이렇게 대답하였습니다. "주는 그리스도시요 살아 계신 하나님의 아들이시니이다"(16:16). 이제 그 고백에 대해 주 예수께서 어떻게 답변하셨는지 봅시다. "바요나 시몬아 네가 복이 있도다 이를 네게 알게 한 이는 혈육이 아니요 하늘에 계신 내 아버지시니라." 여러분이 그리스도 예수 안에서 하나님을 기뻐할 수 있다면, 이 말씀을 기억하십시오. "성령으로 아니하고는 누구든지 예수를 주시라 할 수 없느니라"(고전 12:3). 여러분은 예수를 주시라고 말했고, 오늘 아침도 그렇게 말하고 있습니다. 그러므로 성령께서 여러분에게 임하신 것입니다. "예수께서 그리스도이심을 믿는 자마다 하나님께로부터 난 자니"(요일 5:1). 여러분은 예수께서 그리스도이심을 믿습니다. 그러므로 여러분은 하나님 아버지에게서 태어났습니다. "아들을 부인하는 자에게는 또한 아버지가 없으되 아들을 시인하는 자에게는 아버지도 있느니라"(2:23). 여러분은 하나님을 사랑합니다. 그러므로 여러분은 하나님의 것입니다. 하나님의 성령께서 여러분의 눈을 띄워 주셨고, 그래서 여러분은 구원을 받은 것입니다.

　내가 오늘 아침 설교를 하는 동안, 많은 청중들이 이렇게 말하고 있는 것으로 보였습니다. "우리는 예수 그리스도에 관해 별 관심이 없어요. 그 이름은 우리 종교에서 가장 존귀한 이름입니다. 우리는 스스로를 그리스도인이라고 부릅니다. 그렇지만 예수께서 아기였을 때, 또 예수께서 사람들에게 멸시를 받고 거절을 당하셨을 때, 그에게서 하나님의 영광을 보느냐고 묻는다면, 우리는 그 영광을 전혀 알지 못합니다. 지금 예수께서 하늘에서 높이 되신 것은 분명합니다. 그래서 우리는 그 이유를 거의 모르지만 예수님을 예배합니다. 그러나 우리는 그리스도에게서 어떤 특별한 영광을 보지 못합니다." 또 여러분 가운데 어떤 분들은 이렇게 말하고 있었습니다. "그렇습니다. 하나님은 그리스도 예수 안에서 세상과 화목하고 계셨습니다. 하나님은 나를 자신과 화목시키셨습니다. 나는 그리스도 안에서 하나님을 보기 전까지는 하나님을 사랑하지 않았습니다. 나는 하나님께서 그의 아들 안에서 나와 친밀하시다는 것을 알기 전까지는 하나님을 조금도 친하게 느낄 수 없었습니다. 나는 하나님의 아들이 어떻게 사람의 본성을 취하시고 나를 받으셔서 하나님 아버지께서 나를 받으시도록 하셨는가를 알기 전에는 어떻게 내가 신의 성품에 참예할 수 있는가를 알지 못하였습니다."

　아, 사랑하는 여러분, 여러분은 예수 그리스도를 기뻐합니까? 그리스도께서 여러분에게 모든 구원과 모든 소원이 되십니까? 여러분은 예수님을 경배하고, 주님의 명예를 위해 자신을 바치고, 주님을 위해 살고 주님을 위해 죽기를 바라십니까? 그렇다면 여러분이 하나님의 것임을 확실히 아십시오. 그리스도 예수 안에서 하나님을 사랑하는 것이 하나님의 자녀의 표지이기 때문입니다.

**4. 네 번째로, 이 지식의 책임을 말씀드리는 것으로
설교를 끝내도록 하겠습니다.**

그동안 본문의 정확한 의미에 관해서 주석가들 가운데 많은 논쟁이 있었습니다. 어떤 주석가들은 지금 바울이 복음을 전파한 이유를 설명하고 있는 것이라고 생각합니다. 그렇게 생각하면 이 구절을 다음과 같은 뜻으로 읽을 수 있습니다. "어두운 데에 빛이 비치라 말씀하셨던 그 하나님께서 예수 그리스도의 얼굴에 있는 하나님의 영광을 아는 빛을 우리 마음에 비추셨느니라." 하나님께서 사도들에게 빛을 비추신 것은 사도들이 예수 그리스도의 얼굴에 있는 하나님을 아는 지식의 빛을 열방에게 비추도록 하기 위하심이었다는 것입니다. 나는 이것이 본문의 정확한 흐름인지 모르겠지만, 어쨌든 본문의 말씀이 참이라는 것은 압니다. 어떤 사람에게든지 희미한 빛이라도 비칠 때는, 그 빛을 숨기라고 비치는 것이 아닙니다. 그래서 영적인 사람들은 빛을 받은 후에 갖는 그들 인생의 큰 목적은 그 빛을 아주 정결하게 반사하는 것입니다. 여러분은 빛을 자기 안에만 간직해서는 안 됩니다. 그렇게 한다면, 그 빛이 여러분에게 빛을 비추지 못할 것입니다. 방에 햇빛이 가득 비치자 종에게 "자, 서둘러! 문을 닫아서 이 귀한 빛을 꼭 붙들어 두자" 하고 말하는 사람을 한 번 생각해 보십시오. 친구 여러분, 여러분의 방은 어둠 속에 묻히게 될 것입니다. 그와 같이 하나님의 자녀가 그리스도의 얼굴에서 빛을 볼 때, "이 빛을 나만 갖고 있어야지" 하고 말해서는 안 됩니다. 그런 마음이 바로 빛을 몰아낼 것이기 때문입니다. 빛을 흡수하는 물체는 어둡습니다. 우리는 그런 물체를 검다고 말합니다. 해가 빛을 비추고 있을 때 반사경을 제대로 걸어두면, 그 반사경이 검게 보이지 않고, 너무 밝게 빛나서 여러분이 거의 마주 볼 수 없을 것입니다. 물체는 자기가 받는 빛을 반사하는 정도만큼 밝게 빛납니다. 여러분도 그리스도인으로서 그와 같은 사실을 경험할 것입니다. 여러분이 빛을 흡수하기만 하면 여러분은 검게 될 것입니다. 그러나 여러분이 빛을 주변에 널리 퍼트리면 여러분 자신이 찬란하게 빛날 것입니다. 여러분이 받은 빛의 형상을 따라 변화되어서, 여러분이 두 번째 태양이 될 것입니다. 나는 지난 주일 저녁에 이 강단에 섰을 때, 내 앞에 있는 건물의 왼쪽 모퉁이에서 해가 지는 모습이 보였습니다. 밝게 빛나는 해의 둥근 얼굴을 보았습니다. 그런데 그

것이 실제로 해가 지고 있는 하늘이 아니라는 것을 알았습니다. 아마 여러분도 길거리 건너편에 특별한 유리창이 하나 있는 것을 알 것인데, 그 유리창이 해를 어찌나 잘 반사하든지 나는 그 유리창이 바로 해라고 생각할 정도였습니다. 나는 유리창이 반사하는 빛을 제대로 볼 수 없었습니다. 그것은 해가 아니라 유리창에 불과하였습니다. 그렇지만 그 광채는 눈부셔서 마주 볼 수 없을 정도였습니다. 그와 같이 하나님의 사람이 그리스도의 빛을 받으면 그처럼 완전한 반사경이 되어서, 보통 사람의 눈에는 마주 볼 수 없는 찬란한 광채가 됩니다. 그가 주님의 형상을 따라 영광에서 영광으로 변화한 것입니다.

　형제자매 여러분, 여러분이 이 진리를 배웠다면, 이 진리를 드러내고 다른 사람들에게 분명하게 설명하십시오. 여러분 개인의 생각이 아니라 **복음을 선포**하십시오. 여러분이 나타내야 할 분은 그리스도이시기 때문입니다. 여러분 자신의 판단이나 결론, 의견을 가르치지 말고, 예수 그리스도의 얼굴에 있는 하나님의 영광을 가르치십시오. 예수께서 스스로 밝게 빛나도록 하십시오. 여러분이 예수님께 빛을 더하거나 촛불을 가지고 해를 설명하려고 하지 마십시오. 사람들의 마음을 바꾸어 여러분의 견해를 수용하게 하려고 하지 마십시오. 빛이 스스로 빛을 발하여 제 기능을 발휘하도록 하십시오. 채색한 유리창처럼 빛에 색깔을 입히지 마십시오. 다른 사람들이 여러분을 통해서 주님을 볼 수 있도록 밝고 투명한 빛이 그대로 비치도록 하십시오.

　사심 없이 여러분의 빛을 퍼트리도록 하십시오. 빛을 비추되, 다른 사람들이 "그 사람, 참으로 대단하다"고 말하지 않고, 빛을 받고서 여러분과 그들에게로 빛이 흘러나온 그 원천을 기뻐할 수 있도록 빛을 비추기를 바라십시오. 여러분이 어떤 희생을 하든지, 그 희생을 통해서 여러분이 받은 빛을 퍼트리도록 하십시오. 사람들에게 그리스도의 영광을 알리는 일에 여러분 전체를 헌신하십시오. 아, 우리에게 온 세상을 돌아다니면서 하나님께서 우리 가운데 내려오셨다는 이 소식을 전하는 민첩한 사자들이 있으면 좋겠습니다. 하나님께서 우리 가운데 내려오시되 우리와 같은 육신을 입으셨고, 그 하나님께서 우리의 죄와 슬픔을 지셨다는 이 이야기를 온갖 언어로 유창하게 말할 수 있는 사람들이 있으면 좋겠습니다. 하나님께서 사람들 가운데 오셔서 "수고하고 무거운 짐 진 자들아 다 내게로 오라 내가 너희를 쉬게 하리라"(마 11:28)고 말씀하신다는 메시지를 나팔처럼 하늘과 땅에 울려 퍼지게 할 사람들이 있으면 좋겠습니다. 하나님께서 사람들의 죗값을 사람들에게 지우지 않고, 그의 아들의 죽으심으로 세상을 자기와 화목하게 하셨으며, 그리스도 예수를 믿는 자는 누구든지 영생을 얻게 하신다는 사실을 천둥 같은 목소리로 전하는 사람이나, 온 하늘에 번쩍이는 번개 같이 그 사실을 쓸 사람이 있으면 좋겠습니다. 나는 천둥이나 번개에게 명령을 내릴 수 없습니다. 그러나 여러분의 혀가 있으니, 오늘 오후에 가서 이 말씀을 전하십시오. 나도 혀가 있으므로 지금까지 그 사실을 말해왔습니다. 내 혀가 이 복된 메시지, 곧 하나님께서 그리스도 예수 안에서 무한한 사랑으로 사람들을 받으신다는 이 사실을 더 이상 선포하지 않는다면 죽음의 먼지 구덩이에서 잠잠히 있기를 바랍니다.

형제 여러분, 여러분이 그 메시지를 좀 더 능력 있게 말할 수 없다면, 더듬거릴지라도 말씀하십시오. 자매 여러분, 다른 사람에게는 말을 못할지라도, 여러분의 어린 자녀들에게 조용조용히 이야기하십시오. "임마누엘, 곧 하나님이 우리와 함께 계심"이라는 이름이 여러분 아기의 귀에 즐거운 이름이 되도록 하십시오. 힘과 재능이 자라고 있는 젊은이 여러분, 와서 이 일에 헌신하십시오. 나이 드신 교우 여러분, 여러분은 임종의 자리에 누워 마지막 숨을 쉬기 전에, 자녀들에게 예수님의 사랑을 이야기하여, 그들이 그들의 아들들에게 이야기하고, 그 사랑에 대한 이야기가 대대로 전해지도록 하십시오. 그래서 인류가 "말씀이 육신이 되어 우리 가운데 거하시매 우리가 그의 영광을 보니 아버지의 독생자의 영광이요 은혜와 진리가 충만하더라"(요 1:14)는 사실을 결코 잊지 않도록 합시다. 하나님께서 여러분에게 복 주시기를 바랍니다. 아멘.

제
3
장
—

우리가 받는 환난의 경한 것

—

"우리가 받는 환난의 경한 것" ― 고후 4:17

여기서 어떤 사람은 생각 없이 이렇게 말할지도 모릅니다. "글쎄, 환난을 '경한 것'이라고 말하는 사람이 있다면 틀림없이 그는 정말로 환난이 무엇인지 거의 알지 못한 사람이다. 그 사람이 나처럼 고통을 겪었다면, '우리가 받는 환난의 경한 것'이라는 말은 쓰지 않았을 것이다. 그는 아주 건강한 사람으로 병과 고통을 전혀 겪어보지 못한 사람임에 틀림없다." 또 어떤 사람은 이렇게 말할 것입니다. "정말 그래요. 그가 나처럼 가난하고, 병든 아내와 대식구를 먹여 살리기 위해 힘들게 일해야 하는 사람이라면 '우리가 받는 환난의 경한 것'이라는 말 같은 것은 쓰지 않았을 것이다. 이런 표현을 쓴 점잖은 사람들은 아주 편안하게 살고 마음의 원대로 모든 것을 가진 사람들일 것이라고 생각한다." 또 다른 사람은 말합니다. "그래요, 그 사람이 내가 그랬던 것처럼 무덤 옆에서 관을 놓고 사랑하는 사람을 잃은 것 때문에 슬퍼해 본 사람이었다면, 나처럼 버림받은 외로운 처지가 무엇인지 아는 사람이었다면, '우리가 받는 환난의 경한 것'이라는 말은 쓰지 않았을 것이다."

자, 여러분이 그렇게 말한다면, 여러분은 다 잘못 생각하고 있는 것입니다. 이 말을 쓴 사람은 우리 가운데 지금까지 어느 누가 겪었던 것보다 더 많은 환난을 받은 사람이기 때문입니다. 그가 겪었다고 말하는 환난의 목록을 보면, 거의 기가 질릴 정도입니다. "매도 수없이 맞고 여러 번 죽을 뻔하였으니 세 번 태장으로 맞고 한 번 돌로 맞고 세 번 파선하고 일주야를 깊은 바다에서 지냈으며 여러 번 여행하면서 강의 위험과 강도의 위험과 동족의 위험과 이방인의 위험과 시내의 위험과 광야의 위험과 바다의 위험과 거짓 형제 중의 위험을 당하고 또 수고하며 애쓰고 여러 번 자지 못하고 주리며 목마르고 여러 번 굶고 춥고 헐벗었노라"(고후 11:23,25-27). 이 자리에 사도 바울이 개인적으로 겪은 그런 고난들을 정말로 자신도 겪었다고 말할 수 있는 사람이 있습니까?

어떤 사람은 이렇게 말합니다. "그렇다면, 그는 끔찍한 고문도 신음소리 한 번 내지 않고 견디는 북아메리카 원주민이나, 냉정한 표정으로 내적 감정을 숨긴 스토아 철학자처럼, 마음이 아주 완고해서, 극단적으로 쇠 같은 사람임에 틀림없다." 그렇지 않습니다. 그렇게 말하는 당신도 잘못 생각했습니다. 여러분이 바울 사도가 친구들과 교회들에게 보낸 편지를 읽는다면, 바울이 마음이 아주 따뜻하고 열정적인 감정을 지닌 사람이라는, 즉 고통을 느낄 수 있으며 아주 격심하게 고통을 겪은 사람이라는 증거가 편지에서 풍부하게 나타난다는 것을 알 것입니다. 바울은 받은 교육과 훈련으로 인해서 자기 동족들 가운데 가장 학식 있고 세련된 사람들 사이에서 얼마든지 잘 지낼 수 있었습니다. 그러나 그는 장막 짓는 사람으로 일해서 스스로 생계를 책임져야 했고, 위험과 궁핍 가운데서 이리저리로 여행해야 했습니다. 바울이 하나님의 뜻에 절대적으로 복종하여 이 모든 일을 견뎠지만, 그의 이런 감내(堪耐)에 금욕주의적인 것은 전혀 없었습니다.

또 어떤 사람은 이렇게 말합니다. "글쎄, 그렇다면 바울은 어떤 일이 일어나도 전혀 걱정하지 않고, '내일 죽을 터이니 먹고 마시자'는 것이 인생의 좌우명인, 무심하고 낙천적인 사람이었음에 틀림없다." 아, 그렇지 않습니다! 사도 바울은 그런 사람이 절대로 아니었습니다. 바울은 내가 지금까지 알고 있는 어떤 사람보다 사려 깊고 논리적이며 세심하고 동정심이 많은 사람이었습니다. 바울은 기뻐한다는 것이 무엇인지 아는 사람이었지만, 그가 경박했다는 표시는 전혀 볼 수 없었습니다. 그는 매우 쾌활한 정신의 소유자였습니다. 그래서 대부분의 사람들이라면 주저앉고 말았을 슬픔의 파도가 닥쳤을 때도 그 정신으로 이겨냈지만, 결코 경솔한 사람이 아니었습니다. 그는 심한 고난을 받고 있고, 그 고통을 예리하게 느끼고 있는 때에도 "우리가 받는 환난의 경한 것"이라고 썼습니다. 선원이 안전하게 육지에 있을 때는 폭풍을 잊어버리고, 우리도 병에서 회복하고 나면 그동안 겪었던 병을 별로 생각하지 않는 경향이 있습니다. 그러나 바울은 "경한 것"이라고 말한 그 환난 가운데 있었습니다. 그는 환난이 심한 것을 느꼈고, 그 환난으로 심령이 몹시 눌리는 것을 생생하게 느꼈습니다. 그러나 그의 영혼 속에 있는 쾌활한 믿음의 힘이 왕성하게 작용해서, 바로 그런 때에라도 환난을 가리켜 "우리가 받는 환난의 경한 것"이라고 말할 수 있었습니다.

우리는 바울이 특별히 그만이 겪는 환난이 있었다는 것을 잊어서는 안 됩니다. 그리스도인이기 때문에 겪는 환난이 있습니다. 그런 환난은 그리스도인이 아닌 사람은 겪지 않습니다. 예수 그리스도의 사도로서 바울은 특별히 그가 사도였기 때문에 겪는 고난이 있었습니다. 바울은 특별히 이방인의 사도로 부르심을 받았기 때문에, 많은 민족들에게 복음을 전하도록 택하심을 받았기 때문에 잔혹한 황제 네로 앞에도 서도록 부름을 받았기 때문에, 바로 그런 이유 때문에, 특별한 은사를 받았고, 다른 모든 사도들보다 지극히 힘들고 귀찮은 일을 하도록 특별히 택하심을 입은 바울은 유별난 시련을 또한 겪지 않을 수 없었습니다. 보통 여느 사람 같으면 결코 그렇게 하지 않았을 것인데, 바울 사도는 "환난"이라는 단어를 또렷하게 말하였습니다. 그는 그 단어가 자기 생애 전체에 걸쳐 대문자로 쓰인 것을 보았습니다. 초신자로서가 아니라 고난의 학교를 졸업한 사람으로서 그렇게 말할 수 있었습니다. 그런데 그는 "우리가 받는 환난의 경한 것"이라고 썼습니다. 설교를 마치기 전에, 나는 여기 계시는 분, 전부는 아니더라도 대부분이 이 사도와 같이 "우리가 받는 환난의 경한 것이라"고 말할 수 있으면 좋겠습니다.

1. 나는 첫째로 특별히 그리스도인 사역자들에게 말하려고 합니다.

그들에게는 이렇게 말씀드리고 싶습니다. 그리스도 안에서 사랑하는 형제자매 여러분, 우리가 받는 환난은 우리가 바라보고 있는 목적에 비할 때 경한 것입니다.

바울 사도가 겪어야 했던 환난은 대부분 그가 이방인들의 회심을 추구하고 하나님의 택하신 자들을 그리스도의 나라로 모으려고 애썼기 때문에 왔습니다. 사랑하는 교우 여러분, 여러분도 이것을 마음에 목적으로 품고, 그 목적을 마음을 다해 신실하게 이루려고 할 때 고난을 겪게 되면, 여러분도 진정으로 겪어야만 하는 모든 것을 가벼운 환난이라고 부를 수 있을 것입니다. 여러분이 병든 아이와 함께 며칠 밤을 꼬박 새운 어머니를 보았다면, 그 어머니가 졸면서도 눈을 감지 않는 것을 보고 기이하게 여겼을 것입니다. 다른 누군가가 그 일을 거들도록 허락하지 않는 것을 보고 놀랐을 것입니다. 그러나 그 어머니는 자신의 어린 아이의 생명을 구하는데 자기가 도움이 될 수만 있다면 어떤 일을 감수하더라도 전혀 희생이라고 생각하지 않는 것 같습니다. 그 어머니의 노고를 가볍게 만든 것은 사랑이었습니다. 죄인들의 영혼을 진정으로 사랑하는 사람은, 그들을 구주에게로 인도할 수만 있다면, 그들을 위해서라면 어떤 고난도 기꺼이 감수할 것입니다. 그렇습니다. 그는 어떻게 자기가 제멋대로 고집스럽게 행하여서 구주님께 고통을 드렸던가를 지금 생각할 때, 그 자신도 죄인들로부터 받는 고난을 끈기 있게 견딜 것입니다. 어떤 사람이 자기가 일생에 걸쳐서 누더기를 입고 지내고 형편없는 음식만 먹으면서 살아야 한다는 것을 알지라도, 일생 동안 그리스도인들로부터 친절한 대우를 거의 받지 못하고 세상 사람들로부터는 박해밖에 받지 못한다는 것을 확실히 알지라도, 그리고 인생 끝에 가서는 그가 개들에게 잡아먹히거나 그 몸이 검은 독수리에게 던져질 것밖에 기대할 것이 없을지라도, 꺼지지 않는 불길로부터 한 영혼이라도 구원할 수 있다면 그는 이 모든 것을 가벼운 환난에 지나지 않는 것으로 생각할 수가 있습니다. 이런 고난들이 반드시 필요한 것은 아니지만, 있을 수 있습니다. 그러나 그런 고난을 겪을지라도 우리는 죄의 심연으로부터 구속자의 면류관을 영원히 아름답게 장식할 보석들을 가져오는 지극한 복에 비할 때, 그 고난들을 아무것도 아닌 것으로 간주할 수 있습니다.

여전히 그리스도인 사역자들에 대해서, 그 다음으로 우리의 환난은 우리의 위대한 동기에 비할 때 가벼운 것이라고 말씀드립니다.

복음을 전파하고 죄인들을 그리스도께로 데려오려고 하는 모든 사람의 위대한 동기는 어떠한 것이 되어야 합니까? 예수께서 피 흘려 속죄하신 사람들을 그리스도의 나라에 불러 모음으로써 하나님께 영광을 돌리려고 하는 것에 필적할 만한 동기는 확실히 없습니다. 사랑하는 여러분, 예수께서 우리를 위해 행하신 일을 항상 기억하도록 하십시오. 주님은 그의 빛나고 영광스런 보좌를 떠나서 부끄러움을 무릅쓰고 우리의 본성을 취하셨습니다. 또한

> "우리가 그리스도의 아버지 하나님의 의로운 진노를
> 받지 않도록 하기 위해"

우리의 죄도 지셨습니다.

　　우리가 그리스도의 전능하신 은혜로 구원을 받고 그의 보혈로 깨끗함을 받았으며 그의 생명을 받았기 때문에 살고 있는데, 어떻게 우리를 지금과 같은 구원받은 백성으로 만드신 분을 사랑하지 않을 수 있겠습니까? 그 거룩한 열정이 마음속에 뜨겁게 타오를 때, 우리는 그리스도를 영화롭게 하기 위해 받아야 하는 어떤 고난도 언급할 가치조차 없을 만큼 가벼운 것이라고 느낍니다. 구주님을 깊이 사랑하는 여러분, 여러분은 순교자가 부럽게 느껴지고, 여러분도 루비가 박힌 왕관을 쓸 수 있게 되기를 바란 적이 있습니까? 여러분은 순교자들이 춥고 습기 찬 지하 감옥에서 수년 간 지내다가 결국은 끌려나와 단두대나 화형 말뚝 혹은 교수대에서 죽은 이야기를 읽었을 때, 그들의 삶에 비할 때 여러분의 삶이 보잘것없고 비천하다는 생각이 들고, 여러분도 그들처럼 그리스도를 위하여 죽을 수 있게 된다면 여러분이 지금 누리는 모든 위안거리들을 기꺼이 희생하고 싶다고 생각해 본 적이 없습니까? 나는 여러분 가운데 많은 사람들이 사랑하는 구주 그리스도께 진심으로 이렇게 말할 수 있으면 좋겠습니다.

　　　　"불타는 나의 영혼이
　　　　주의 신성한 뜻을 시행하고
　　　　주의 영광을 알리는 일에
　　　　보좌에 둘러선 천사들과 경쟁하고 싶지 않은가?

　　　　내 마음이 주의 이름의 명예를 위하여
　　　　기꺼이 피를 흘리고 싶고
　　　　영원한 불길을 꺼트리려고 하는
　　　　죽음의 찬 손에 도전하고 싶지 않은가?"

　　사도 바울이 "우리가 받는 환난의 경한 것"이라고 썼을 때, 틀림없이 그의 마음을 사로잡은 것은 바로 이 마음이었을 것입니다. 그리스도를 위한 일꾼들인 우리는 우리를 위해 말할 수 없이 끔찍한 고난과 슬픔을 지신 그리스도를 영화롭게 하기 위해 우리가 겪어야 하는 어떤 것도 가벼운 환난으로 생각하도록 합시다.

**2. 둘째로, 나는 이제 자기가 받는 고난이 심하다고 불평하는
사람들에 대해 이야기하려고 합니다.**

사랑하는 형제자매 여러분, 여러분이 받는 환난은 다른 사람들의 환난에 비할 때 가벼운 것이라고 말씀드립니다. 전장(戰場)의 공포를 생각해 보고, 아주 오랫동안 보살핌을 받지 못한 채 누워 있어야 하는 상처 입은 불쌍한 사람들의 고통을 생각해 보십시오. 우리는 행복한 조국에서 평안하게 살고 있기 때문에, 내가 여러분에게 설교하고 있는 지금도 파리에서 수많은 사람들이 불행과 비참함을 견디고 있다는 것을 실감하기가 어렵습니다. 여러분 가운데 어떤 분들은 빵이 부족하다고 불평합니다. 그러나 여러분은 프랑스 수도에 사는 수많은 사람들이 이 시간에 겪고 있는 굶주림의 고통을 겪지 않아도 됩니다. 고통이나 통증이 조금이라도 생기면 곧바로 비참해지는 사람들이 있습니다. 그러나 그들의 고난은, 건강하고 튼튼하다는 것이 무엇인지 모르는 많은 사람들의 고난에 비하면 아주 가벼운 것입니다. 우리가 고통을 겪을 수밖에 없게 되었을 때에라도 우리가 이성을 잃지 않게 된 것에 대해 하나님께 감사합시다. 우리가 여기서 멀지 않은 베들레헴 병원의 병동을 지나가면서 여러 형태의 정신병자들을 볼 수 있다면, 우리 각 사람은 "나의 하나님, 내가 아무리 가난하거나 병약할지라도, 많은 사람이 겪어야 하는 정신적 질환에서 나를 보호해 주셨사오니 감사합니다" 하고 말하지 않을 수 없을 것이라고 생각합니다. 우리가 감옥에 있지 않은 사실을 인해서 얼마나 감사해야 하겠습니까! 여러분은 우리 같이 선량한 사람들은 이 나라에서 결코 범법자가 될 수 없다고 생각하십니까? 하사엘이 엘리사에게 "당신의 개 같은 종이 무엇이기에 이런 큰일을 행하오리이까"(왕하 8:13) 하고 말한 것을 여러분도 압니다. 그런데 하사엘은 엘리사 선지자가 예언한 일을 다 행하였습니다. 사랑하는 교우 여러분, 하나님의 억제하시는 은혜가 없었다면, 여러분과 나는 오늘 밤도 많은 사람들이 이 나라와 다른 나라의 감옥에서 당하고 있는 고통과 후회를 겪었을지 모릅니다. 내가 정신이나 신체 혹은 생활 상태에서 다양한 방식으로 고통을 겪고 있는 사람들의 예를 더 들 필요가 없을 것입니다. 우리가 받는 환난이 어떤 형태로 오든지 간에, 다른 많은 사람들의 환난에 비할 때 가벼운 것이라는 사실을 여러분이 확실히 납득할 만큼 지금까지 충분히 말했다고 생각합니다.

다음으로, 우리가 받는 환난은 우리가 마땅히 받아야 할 벌에 비할 때 가벼운 것입

니다. 우리는 시편 기자와 함께 진심으로 "우리의 죄를 따라 우리를 처벌하지는 아니하시며 우리의 죄악을 따라 우리에게 그대로 갚지는 아니하셨으니"(103:10)라고 말할 수 있습니다. 주님께서 우리를 자비와 은혜로 대하시지 않았다면, 이 시간 우리는, 나사로에게 손가락에 시원한 물을 찍어 그의 타는 혀에 대게 해달라고 "아버지 아브라함"에게 부탁하였으나 거절당한 부자처럼 절망적인 곳에 떨어져 있을 것입니다. 그렇습니다. 불경건한 여러분은 오늘 밤, 지옥 곧 울며 이를 갈면서 울부짖는 바깥 어두운데 있었을지 모릅니다. 지금까지 여러분을 보존하여 살려 두신 하나님의 선하심을 생각하고 여러분의 죄를 회개하고 구주님을 믿으십시오. 감사하게도 여러분은 아직 지옥 밖에 있습니다. 아직 그 철문이 여러분을 받아들이려고 열렸다가 영원히 닫히지는 않았습니다. 그렇지만 여러분은, 말하자면, 지금 끝도 없이 펼쳐진 두 바다 사이에 있는 좁고 긴 땅에 서 있는데, 끊임없이 파도가 몰려와서 여러분의 발 밑에 있는 모래를 쓸어가고 있다는 것을 생각하시기 바랍니다. 발 밑의 땅이 무너져 바닥을 헤아릴 수 없는 심연에 빠지지 않도록, 여러분은 더 이상 그런 불안한 발판을 의지하지 않도록 하십시오. 여러분이 이 땅에서 겪어야 할 수 있는 어떤 고난도, 망한 자들이 받아야 할 영원한 고통에 비할 때, 그것은 단지 가벼운 것만이 아니라 언급할 가치가 전혀 없는 것입니다. 이 시간까지 그것이 여러분의 운명이 되지 않은 것에 감사하시기 바랍니다. 그것이 여러분의 운명이 되지 않도록, 즉시 피난처로 도망가서 복음 안에서 여러분에게 제시된 소망을 붙잡으시기 바랍니다.

그리고 다음으로, 우리가 받는 환난은 우리 주님의 받으신 환난에 비할 때 지극히 가벼운 것입니다. 사랑하는 친구 여러분, 여러분이 마시는 잔이 쓰다고 불평하십니까? 그러면 예수께서 마신 잔이 얼마나 쓴 것인지, 감히 상상이나 할 수 있겠습니까? 그런데 예수님께서는 "아버지께서 주신 잔을 내가 마시지 아니하겠느냐"(요 18:11) 하고 말씀하셨습니다. 제자가 선생보다 나으며 종이 주인보다 낫겠습니까? 그리스도께서 폭풍 치는 바다를 헤엄쳐 가셨는데

> "여러분은 편안하게 꽃으로 장식한 침대에 누워서
> 　하늘로 옮겨지기를 바라야겠습니까?"

내가 생각할 때, 고난 받는 하나님의 자녀에게 예수님의 고난을 묵상하는데

서 오는 위로만큼 풍성한 위안은 없다고 봅니다. 겟세마네에서 겪으신 주님의 고통과 피 같은 땀을 생각할 때, 고통 받는 많은 신자가 공포의 땀을 식히곤 하였습니다. 예수께서 맞으신 채찍 자국이 상처 입은 제자들의 마음을 종종 치유하였습니다. 주께서 골고다에서 겪으신 갈증, 버림받음, 죽음, 곧 우리 구주께서 고난당하신 모든 사건들과 그 모든 고난의 끔찍한 정점이 그동안 상처 입은 성도들의 슬픔을 달래는데 지극히 유용하였습니다. 그리스도 안의 형제자매 여러분, 여러분이 받는 고통은 여러분의 구주 예수님의 이루 헤아릴 수 없는 고통에 비할 때 잠시도 생각할 만한 가치가 없는 것입니다. 나는 못에 찔린 주님의 발 앞에 엎드려 이렇게 말하고 싶습니다. "주님께서 겪으신 고난 같은 것은 본 적이 없습니다. 내가 그동안 보아왔지만 주께서 겪으신 것 같은 슬픔은 본 적이 없습니다. 주님은 정말로 아무도 비할 수 없는 비참함을 맛보신 군주이고, 누구도 겪지 못한 온갖 슬픔을 겪으신 슬픔의 왕이십니다. 옛적부터 주님은 '간고를 많이 겪었으며 질고를 아는 자'(사 53:3)이셨습니다. 이제까지 어느 누구도 주님에게서 이런 호칭을 빼앗아 갈 수 있는 자는 없었습니다." 아무리 힘들게 보이는 고난이라도 우리 주님의 고난에 비할 때 지극히 가벼운 것임을 깨닫는데 이런 생각들이 우리에게 도움이 될 것입니다.

> "시련 가운데 있는 하나님의 아들들이여
> 구주님을 보라.
> 주님은 우리 구원의 반석이시다.
> 시험 받고 무거운 짐 진 자녀를 모두 구원하시기 위해
> 그 자신도 시험과 시련을 견디셨도다."

그 다음에, 사랑하는 여러분, 우리가 받는 환난은 우리가 누리는 복에 비할 때 지극히 가벼운 것입니다. 우리 가운데 많은 사람들이 그리스도로 인하여 죄 사함을 받았습니다. 값없이 받는 죄 사함의 충만한 복은 우리가 견뎌야 하는 어떤 고난보다 훨씬 더 가치가 있음에 틀림없습니다. 양심의 가책이라는 어두운 지하 감옥에 누워 있고 어둠을 밝혀 주는 희망의 빛이 한 줄기도 비치지 않았을 때, 우리는 평생 감옥에서 지내야 하고 물과 빵만으로 연명해야 할지라도 하나님의 의로운 분노가 우리를 피하여 갔고 하나님께서 우리의 죄와 불의를 영원히 더 이상

기억하지 않으시리라는 것을 확신할 수만 있다면 아주 기쁘겠다고 생각했습니다. 자, 그것이 바로 우리 가운데 많은 사람이 경험해 온 바입니다. 우리 구주 예수 그리스도의 큰 속죄 제사로 말미암아 우리의 허물이 사함을 받았고 우리의 죄가 가리워졌습니다. 그러니 우리는 평생 기뻐하고 즐거워하도록 합시다. 우리가 그리스도의 의로 옷 입었고 하나님의 자녀로 입양되었기 때문입니다. 지금 우리는 하나님의 상속자이고, 예수 그리스도와 함께 유업을 받을 공동 상속자입니다. 우리는 지금부터 하나님의 자녀의 모든 특전을 누리며, 뿐만 아니라 사도 요한이 말한 대로, 우리에게는 장차 받을 더 큰 은혜와 영광이 있습니다. "사랑하는 자들아 우리가 지금은 하나님의 자녀라 장래에 어떻게 될지는 아직 나타나지 아니하였으나 그가 나타나시면 우리가 그와 같을 줄을 아는 것은 그의 참모습 그대로 볼 것이기 때문이라"(요일 3:2). 우리는 우리를 위하여 쌓아두신 지극한 복을 이미 미리 맛보고 있습니다.

> "은혜의 사람들은
> 　이 땅에서 영광이 이미 시작되었고
> 　하늘의 열매들이 믿음과 소망으로 말미암아
> 　이 땅에서 자라는 것을 보았기 때문이라."

이와 같이 우리가 받은 복과 특전에 비할 때 우리의 환난이 실로 가볍다는 것이 참으로 맞는 말입니다.

사랑하는 형제 여러분, 우리를 기르시는 주님의 은혜가 능력 있음을 생각할 때 우리의 환난이 가볍다는 것을 특별히 깨닫게 됩니다. 여러분 가운데 어떤 분들은 그 은혜의 능력을 개인적으로 경험하지 못하였습니다. 그러나 여러분 가운데 많은 분들이 내 말의 의미를 실제로 경험해서 알고 있을 것입니다. 심한 신체적 고통이나 정신적인 큰 번민으로 인해 처음에는 영혼이 완전히 기진맥진하는 때가 있습니다. 그러나 마침내 도무지 어떻게 할 길이 없어 뒷걸음치다가 싸우기를 포기하고, 예수님의 품에 기대어 주님의 뜻에 완전히 자신을 맡기게 됩니다. 나는 지금 알고 있는 바를 말하고 그동안 느낀 바를 증언하는 것인데, 그렇게 되면 다른 어느 때에도 경험하지 못했던 큰 평온과 깊고 순수하고 조용한 기쁨이 영혼에 찾아옵니다. 나는 고통으로 밤을 지샌 날들을 때로 생각해 봅니다. 고통이 너무 심해서 눈물을 흘리지 않을 수 없었습니다. 그렇지만 내가 종종 그런 환경 아래에서 누렸던, 천사가 누릴 만한 지극한 복을 반복하여 경험할 수만 있다면 그런 고통을 다시 겪게 해주시라고 거의 구하고 싶은 심정이 들었습니다. 내가 "천사가 누릴 만한" 지극한 복이라고 말했는데, 잘못 말했습니다. 천사들은 우리가 겪는 고통을 받을 기능이 없고, 따라서 천사들은 우리가 지극히 맹렬한 환난 가운데서도 은혜로 말미암아 하나님을 영화롭게 할 수 있을 때 우리가 받는 깊고 강렬한, 이루 형언할 수 없는 복을 느낄 수 없기 때문입니다.

> "나는 네가 사는 날을 따라서 능력이 있으리로다고 하시는
> 구주님의 말씀만 듣겠네!
> 그러므로 내가 지극히 충족한 은혜를 의지하며
> 깊은 곤경 가운데서도 기뻐하네.
>
> 내 주님이 계시면
> 나는 모든 일을 할 수 있고, 모든 고난도 견딜 수 있도다.
> 주께서 손으로 내 머리를 받치고 계시는 동안은
> 고통 중에도 즐거운 기쁨이 스며든다."

당황하고 근심하며 고통 중에 있는 우리 영혼에 주님의 붙드시는 은혜가 달콤하게 나타날 때는, 어떤 고난도 코끼리 등에 앉아 있는 모기만큼도 무겁게 느껴지지 않는다고 말할 수 있을 것입니다. 종종 예수께서 자신을 우리에게 아주 은혜롭게 나타내시므로, 우리를 특별히 더 주님께 가까이 이르게 만드는 십자가를 환영하게까지 되는 것이 바로 이런 때입니다. 어떤 사람들이 십자가를 좋아하는 것을 보고서 러더퍼드(Rutherford)가 사람들이 십자가로 인해 오는 복된 결과 때문에 지나치게 좋아하여서 십자가를 우상으로 만들지 않을까 염려가 된다는 이상한 말을 했는데, 나는 그 말을 이해할 수 있습니다. 고난의 나무의 껍질은 쓸개즙처럼 쓸 수가 있습니다. 그러나 여러분이 그 나무의 수액을 맛보는 데까지 내려가면, 나무 수액이 꿀처럼 달다는 것을 깨닫게 될 것입니다.

고난에 대해 다시 한 번 말합니다. 고난이 우리를 어디로 인도하는지 알게 될 때, 믿음으로 받아들이는 고난은 매우 가벼워집니다. 죄는 우리에게 큰 저줏거리입니다.

우리를 죄의 세력에서 구원하는데 도움이 될 수 있는 것은 무엇이든지 우리에게 복입니다. 우리 본성의 체질을 생각할 때, 우리가 현재 단련 받고 있는 거룩한 훈련을 생각할 때, 고난과 시련이 우리가 은혜 안에서 자라는데 크게 도움이 되는 것 같습니다. 순수한 금속에 붙어 있는 찌끼가 불에 타서 떨어져 나가듯이, 우리에게는 용광로 속에서만 제거될 수 있는 악으로 향하는 경향들이 있습니다. 형제 여러분, 확실히 여러분이 죄가 참으로 큰 벌을 받을 만하다는 것을 안다면, 여러분의 교만을 꺾거나 격정을 잠재우고, 혹은 게으름을 근절시키거나, 아주 쉽게 여러분을 에워싸는 그 밖의 죄들을 극복하게 만드는 어떤 고난도 너무 심하다고 생각하지 않을 것입니다. 여러분에 대한 주님의 처사를 그저 묵묵히 따르기만 하지 않고, 주님께서 환난이라는 예리한 칼을 써서 여러분에게서 죄를 제거해 주신 것에 대해 진심으로 기뻐할 것입니다. 지혜로운 환자라면, 살을 베어 피가 나게 하지만 너무 빨리 상처가 아물도록 하지 않는 의사에게 기꺼이 감사할 것입니다. 그렇듯이 하나님께서 은혜로운 성령의 활동을 통해서 시련이라는 혹독한 외과 수술로 말미암아 죄로 향하는 경향을 뿌리 뽑으실 때, 우리는 칼을 든 손에 입을 맞추고 조용히 고통을 감수할 뿐 아니라 기쁘게 "주의 뜻대로 이루어지이다"(행 21:14) 하고 말하는 것이 참으로 당연한 일입니다.

> "우리 마음을 세상에서 떼어내는 것이 필요하네.
> 　세상의 온갖 버팀줄이 사라짐으로써
> 　하늘에서 기쁨을 찾도록
> 　우리를 몰아가는 일이 필요하네."

　자, 마지막으로, 우리가 받는 환난은 우리에게, 그리고 우리 안에 곧 나타날 영광에 비할 때 가벼운 것입니다. 우리 가운데 어떤 분들은 우리가 생각하는 것보다 하늘의 본향에 훨씬 더 가까이에 가 있습니다. 어쩌면 우리는 앞으로 20년 혹은 40년까지라도 봉사하고 살 것으로 생각하고 있지만, 우리는 모르고 있을지라도 우리 인생의 날의 그림자가 이미 길게 드리워 있을 수도 있습니다. 어쩌면 우리는 오랫동안 안팎으로 두려움과 싸움을 겪으면서 지낼 것으로 생각할지 모르지만, 그런 기대는 전혀 이루어지지 않을 수도 있습니다. 우리 최후의 승리의 날이 가까이 왔고, 그때에는 의심과 두려움이 다시는 우리를 공격할 수 없을 것이기 때문입니다. 오늘 밤 이 예배당에는 바로 요단 강 언덕에 앉아 있는 분들이 있을 수 있습니다. 그 강을 건너면 젖과 꿀이 흐르는 땅, 참된 하나님의 자녀들의 유업으로 준비된 땅이 있습니다. 이들은 눈물이 앞을 가려

> "자신들의 소유가 있는
> 가나안의 아름답고 행복한 땅"

을 볼 수가 없습니다.

심지어 그들은 자기들이 바벨론 강가에 있는 포로이며, 수금을 버드나무에 걸어두고 있다고 상상합니다. 자기들이 앞으로도 오랫동안 유형 생활을 하지 않을까 두려워하기 때문입니다. 그러나 그리스도의 사자는 그들에게 곧 주님 앞에 나오라고 하는 명령을 가지고 이미 오고 있습니다. 이 명령이 우리 가운데 어떤 분들에게 당장에 내려지지 않을지라도, 주님께서 이 세상에서 우리를 좀 더 필요로 하실지라도, 우리 사람의 생명이 얼마나 빨리 끝납니까! 우리 인생이라는 것이 무엇입니까? "너희는 잠깐 보이다가 없어지는 안개니라"(약 4:14). "인생은 그 날이 풀과 같으며 그 영화가 들의 꽃과 같도다." 그래서 번성할지라도 "그것은 바람이 지나가면 없어지나니 그 있던 자리도 다시 알지 못하느니라"(시 103:15,16). 그러면 인생이 짧기 때문에 우리는 근심해야 합니까? 아니요, 그렇지 않습니다. "만일 땅에 있는 우리의 장막 집이 무너지면 하나님께서 지으신 집 곧 손으로 지은 것이 아니요 하늘에 있는 영원한 집이 우리에게 있는 줄 알기"(고후 5:1) 때문입니다. 일단 우리가 모든 성도들의 복된 처소에 이르러 이 땅에서의 생활을 돌아보면, 우리가 겪어야 했던 어떤 환난도, 영원히 우리의 분깃이 될 형언할 수 없는 지극한 복에 비할 때 참으로 가벼운 것이었음을 알게 될 것입니다. 우리는 시온 성을 향하여 가는 순례자들입니다. 우리는 반드시 고난과 어려움을 겪지 않을 수 없습니다. 그러나 여행이 끝날 때,

> "하나님과 함께 있는 한 시간이
> 그 모든 것을 보상해 줄 것입니다."

우리가 은혜로 말미암아 이 은혜를 받지 못하였다면, 우리가 받는 환난이

가볍지 않다고 말하는 것이 당연합니다. 청중 여러분, 나는 여러분 가운데 어느 누구든지 구주님 없이 어떻게 계속 살아갈 수 있을지 도무지 알 수 없습니다. 가엾은 여러분, 힘들게 일하고 병에 걸려 창백한 여러분, 여러분은 구주님 없이 어떻게 살아갈 수 있습니까? 부유하고 세상의 위안거리들이 풍성한 여러분, 여러분은 장차 올 세상의 복과 위로에 대한 아무 소망도 없이 어떻게 한 해, 한 해를 살아갈 수 있는지 모르겠습니다. 세상에서 받을 위안거리가 별로 없는 여러분, 겨우 먹고 살기 위해서 오랜 동안 씨름하며 사는 여러분, 하루라도 고통 없이 보낸 적이 거의 없는 여러분, 여러분은 어떻게 구주님 없이 살아갈 수 있습니까? "경건은 범사에 유익하니 금생과 내생에 약속이 있느니라"(딤전 4:8)는 사실을 기억하시기 바랍니다. "너희는 여호와를 만날 만한 때에 찾으라 가까이 계실 때에 그를 부르라 악인은 그 길을, 불의한 자는 그 생각을 버리고 여호와께로 돌아오라 그리하면 그가 긍휼히 여기시리라 우리 하나님께로 나아오라 그가 널리 용서하시리라"(사 55:6,7). 하나님께서 지금 이 시간, 여러분이 하나님께로 가고, 또 하나님께 영원히 영광을 돌릴 은혜를 주시기 바랍니다. 예수 그리스도의 이름으로 기도합니다. 아멘.

제
4
장

—

장막이 무너지면 대저택이 들어선다

—

"만일 땅에 있는 우리의 장막 집이 무너지면 하나님께서
지으신 집 곧 손으로 지은 것이 아니요 하늘에 있는 영원한
집이 우리에게 있는 줄 아나니." — 고후 5:1

바울은 그 어떤 성도보다도 용감한 사람입니다. 우리는 그토록 많은 위험과 투쟁을 겪으면서도 뜨거운 열정으로 불타오를 수 있었던 이 영웅이 어떻게 그토록 평온하고 조용한 마음을 가질 수 있는지 또한 탄복하여 바라봅니다. 바울은 근심하게 하고 불안하게 만드는 현재의 모든 상황을 초월해서 살아가는 법을 배운 사람입니다. 그는 시간의 그림자를 앞질러 가고, 영원을 현실로 소유하였습니다. 그는 보이는 것들을 바라보지 않고, 보이지 않는 것들에 온 마음을 기울였습니다. 이렇게 해서 그는 자신을 강하고 굳세며 확고하고 흔들리지 않게 만든 깊고 즐거운 평안을 경험하였습니다. 나는 하나님께서 우리 모두가 바울처럼 "항상 담대하게" 지내는 기술, 즉 속사람을 날마다 새롭게 하는 기술을 습득하게 해주셨으면 좋겠습니다. 우리들 대부분은 한여름의 곤충이나 다름없습니다. 곤충들은 꽃들 가운데서 짧은 자신의 생을 자랑하지만, 그것은 잠시뿐, 모든 것이 끝나버립니다. 우리는 오감에 의해서 인지되는 당면한 현재에만 너무 갇혀서 사는 경향이 있지 않습니까? 소는 생각을 위로나, 보이는 것 너머로 펼치지 못합니다. 시원한 물에 서 있거나 기름진 풀밭에 누워 있으면 더할 수 없이 만족합니다. 대부분의 사람들의 생이 바로 이와 같습니다. 그들의 영혼은 몸에 매여 있

고, 그 날의 환경에 갇혀 있습니다. 우리가 보고 느끼는 것에 매이는 데서 완전히 자유로워질 수 있고, 보이지 않는 것과 영원한 것의 충만한 영향력을 느낄 수 있다면, 우리는 요단 강 저편에 이르기 전에 천국을 얼마든지 누릴 수 있을 것입니다!

바울의 생애는 험하고 격렬했습니다. 그런 생을 바랄 사람이 누가 있겠습니까? 장차 올 생이 없었다면, 그는 모든 사람들 가운데 가장 비참한 사람이었을 것입니다. 바울은 지극히 가난하고 심한 박해를 받았으며 많은 멸시와 비방을 받고 지극히 고달프고, 누구보다도 많은 고난을 받은 사람이었습니다. 그렇지만 행복한 삶을 꼽으라고 한다면, 나는 뛰어난 사람들 가운데서 그리스도를 위하여 산 사도 바울을 주저 없이 택할 것입니다. 특별히 바울의 행복에 대해서도 살펴봅시다. 바울은 행복하게 여길 만한 이유가 있었습니다. 본문은 "이는"(개역개정에는 이 단어가 번역되지 않았음 – 역주)이라는 말로 시작합니다. 바울은 언제나 논쟁적인데, 그의 지성의 경향이 그러했습니다. 그는 마음이 평온하다면, 그런 평안의 원인을 설명할 수 있습니다. 어떤 독실한 신자들은 말할 수 없이 행복해하면서도, 왜 그러는지 이유를 설명하지 못합니다. 그들은 노래하고 소리치며 춤을 추지만, 그렇게 흥분하는 이유를 전혀 설명하지 못합니다. 그들은 열광적인 사람들을 보고 거기에 전염됩니다. 그들의 신앙은 순전히 감정적입니다. 나는 지금 그 점을 정죄하려고 하는 것이 아닙니다. 다만 여러분에게 훨씬 더 좋은 길을 보여주려는 것입니다. 본질적인 원인들이 아닌 것에 의해 일어나는 기쁨은 거품에 지나지 않아 금방 사라지고 맙니다. 행복해하는 이유를 말할 수 없다면, 여러분의 행복은 오래 가지 못할 것입니다. 여러분의 열정을 뒷받침하는 원칙이 없다면, 그 열정은 타서 재가 되어버려 살아 있는 불꽃을 찾으려고 해도 헛수고일 것입니다. 어떤 신자들은 마음이 너무 좁아서 감정이 풍부하지 못합니다. 그렇다고 그들의 머리가 크다고도 말할 수 없습니다. 그런가 하면 마음이 중요한 힘으로 작용하는 사람들이 있습니다. 그들은 대팻밥이나 작은 나뭇가지처럼 불길이 닿자마자 금방 불이 붙어 맹렬히 타오릅니다. 그런데 그들의 머리는 감정의 용광로를 잘 통제할 수 있을 만큼 충분하지 않습니다. 그런데 바울은 그렇지 않았습니다. 바울은 균형이 잡힌 사람이었습니다. 현재에 굴복하지 않고 장래를 내다보면서 기뻐할 수 있었다면, 그는 그렇게 할 만한 확고한 이유가 있었습니다. 나는 뜨겁고 열성적인 사람을 좋아합니다. 그렇지만 그런 열정이 있는 가운데 침착하고 논리적인 면모가 있는 것이 바람직합니다. 마음이 혈기왕성한 말처럼 뜨겁되 판단력에 의해서 억제되고 통제되도록 해야 합니다. 교육받은 그리스도인은 미칠 듯한 기쁨 가운데서도 합리적인 사고를 합니다. 즉 소망이 도무지 터무니없는 것처럼 보이는 때에도 자기 안에 있는 소망에 대한 이유를 언제든지 말할 수가 있습니다. 그는 기뻐하며, 어느 누구보다도 기뻐하지만, 그 기쁨의 원인과 이유를 압니다. 그래서 그는 세상의 혹독한 시험을 이기고 영적인 기쁨을 누릴 수 있습니다. 참된 신자는 사람들이나 마귀의 트집에도 평안을 잃지 않습니다. 참된 신자의 평안은 모든 외적 환경에 굴하지 않는 정당한 이유를 가지고 있습니다. 이 평안은 튼튼한 기초 위에 세운 집이고, 뿌리를 단단하게 내린 나무이며, 하늘에서 움직이지 않고 빛나는 별입니다. 이렇게 참된 신자의 평안은 모래 위에 세운 집이나, 뿌리 뽑힌 나무나, 허망한 수증기 같은 감정과는 비교할 수 없이 뛰어납니다. 하나님, 곧 성령님께서 우리를 가르쳐 주셔서 그 진리를 알 수 있게 하시고, 그 진리로 인해 우리의 행복이 확실히 더 커지도록 해주시기를 구합니다!

본문에서 우리는 무엇보다 바울이 거의 틀림없이 일어날 것으로 생각한 대격변을 봅니다. "만일 땅에 있는 우리의 장막 집이 무너지면." 둘째로, 사도가 장차 일어날 대격변에 대해 틀림없이 마련된 것으로 알고 있는 대비가 있습니다. "하나님께서 지으신 집 곧 손으로 지은 것이 아니요 하늘에 있는 영원한 집이 우리에게 있는 줄 아느니라." 셋째로, 나는 이 지식이 바울에게, 그리고 현재 고난 가운데 있는 우리들에게 어떤 가치를 지니는지 잠시 살펴볼 생각입니다.

1. 그러면 첫째로, 바울이 거의 틀림없이 일어날 것으로 생각한 대격변을 생각해 봅시다.

"만일 땅에 있는 우리의 장막 집이 무너지면." 바울은 자신이 죽을까봐 두려워하지 않았습니다. 그 점에 대해서는 추호도 두려워하지 않았습니다. 바울이 일어날 것으로 내다본 대격변은 우리들이 "죽음"으로 알고 있는 것입니다. 그런데 바울은 죽음을, 땅에 있는 그의 장막 집이 무너지는 것으로, 그의 천막집이 해체되는 것으로 말합니다. 바울은 "내가 멸망하게 되면"이라고 하거나 "내가 멸절되면"이라고 말하지 않습니다. 그러한 점은 추호도 생각지 않습니다. 그는 자신이 절대적으로 안전하다고 확신합니다. 본문에는 자신의 진정한 자아에 대한 깊고 조용한 확신이 숨어 있습니다. "만일 땅에 있는 우리의 장막 집이 무너지면 하나님께서 지으신 집이 우리에게 있는 줄 아느니라." "우리"는 전혀 해를 입지 않고 흔들리지 않습니다. 우리 장막집이 무너질지라도 우리는 결코 망하지 않을 것입니다. 땅에 있는 이 장막 집을 잃을지라도 우리에게는 "하나님께서 지으신 집 곧 하늘에 있는 영원한 집"이 있습니다. 진짜 사람, 곧 본질적인 자아는 안전한 곳에 있습니다. 바울이 지금 말하고 있는 것은, 그가 현재 묵고 있는 어떤 장막이나 천막이 산산조각이 난다는 것입니다. 많은 사람들이 장래를 크게 두려워합니다. 그런데 여기 바울은 자기에게 일어날 수 있는 최악의 일을 얼마나 안심하고 편안한 마음으로 생각하는지, 그 일을 자기가 잠시 거주하기 위해 그럭저럭 꾸려가던 장막을 접는 일 정도에 비유하고 있습니다. 바울은 그 이후의 어떤 일도 두려워하지 않았습니다. 그 일이 일어날지라도, 바울은 그 사건을 기꺼이 받아들일 수 있었고, 심지어는 그 일로 말미암아 기쁨으로 기다릴 수 있는 일들이 일어날 것으로 기대할 수 있었습니다.

바울은 자기 몸이 반드시 무너질 것이라고 생각하지는 않았습니다. 그는 주님이 오실 때까지 살아남아서, 죽음을 겪지 않고 변화되어 영원히 주님과 함께 할 것을 소망하였습니다. 그렇지만 그 일을 기꺼이 주님의 손에 맡겼고, 그래서 자신이 주 안에서 죽는 복된 성도들 가운데 하나가 될 수 있다는 것을 보았을지라도 거기에 위축되지 않았고, 마음으로 생각할 때 약간의 두려움을 일으키는 그 은유를 용감하게 사용하였습니다.

사도는 자신이 입고서 살고 있는 몸은 그 자체가 부서지기 쉬운 것이라고 생각하였습니다. 바울은 장막 만드는 일에 익숙하였습니다. 내가 생각할 때 사도는 큰 장막이나 호화로운 장막을 제작하지 않았을 것입니다. 아마도 그런 장막을 만들 만한 자본이 없었을 것입니다. 사도는 보통 장막을 만들고 수선하는 일꾼으로 일하였을 것입니다. 바울의 시대에는 로마 사람들 사이에서 장막을 사용하는 일이 아주 흔하였습니다. 상류층 사람들은 자기들 마음대로 세울 수 있는 멋지고 큰 천막을 좋아하였고, 평민들은 큰 덮개 밑에서 시간 보내는 것을 즐거움으로 삼았습니다. 사도는 앉아서 이 편지를 쓰고 있는 동안, 아마도 가까이에 수리할 천막이 한두 개 정도 놓여 있었고, 이것을 보고서 본문의 말을 생각하게 되었을지 모릅니다. 장막을 새로 하나 세울지라도, 그것은 집의 견고함에서는 아주 멀리 떨어진, 무너지기 쉬운 구조물에 지나지 않습니다. 그 점에서, 좀이 먹어

낡아지는 장막은 우리의 연약한 육체와 아주 흡사합니다. 바울은 자기 몸을 무너뜨리는데 그리 큰 힘이 필요하지 않으리라고 생각하였습니다. 우리 몸은 미디안 군대가 꿈속에서 본 장막과 같았습니다. 그 장막은 보리떡이 와서 한 번 치자 폭삭 무너지고 말았습니다. 견고한 돌로 쌓는 집은, 그 돌을 옮기려면 쇠지레와 곡괭이가 필요할 수 있습니다. 그러나 장막은 그보다 약한 도구를 가지고서도 금방 무너뜨리고 완전히 못쓰게 만들 수 있을 것입니다. 몸은 감지할 수 없을 만큼 미세한 원인들에 의해서도 붕괴될 수가 있습니다. 이를테면, 더러운 공기나 지극히 미세한 유독 물질, 아무것도 아닌 하찮은 것이 사람의 생명을 끝장낼 수 있습니다. 우리는 몸의 취약함을 충분히 생각해야 합니다. 우리는 오늘 아주 튼튼하기 때문에 틀림없이 늙기까지 살 수 있다고 생각할 만큼 어리석지는 않습니다. 아주 건강해 보이는 사람이 누구보다 먼저 세상을 떠나는 경우가 종종 있고, 사는 것 자체가 끊임없는 투쟁이고 기적의 연속이라고 할 수 있는 약한 사람이 오래도록 사는 것을 최근까지도 많이 보아왔습니다. 우리 몸이 부서지기 쉬운 그릇으로 구성되어 있다는 것을 생각할 때, 몸이 쉽게 부서지는 것이 이상한 일이 아닙니다. 그러므로 우리가 계속해서 산다는 것이 놀라운 일이 아닙니까? 우리가 죽는 것보다 훨씬 더 놀라운 일입니다. 그래서 와츠 박사(Dr. Watts)가 다음과 같이 말한 것은 지혜로운 이야기입니다.

> "우리의 생명에는 천 가지의 원천이 들어 있고
> 그 가운데 한 가지 원천이 사라지면 우리 생명은 소멸되네.
> 그런데 천 개의 현으로 구성된 하프가
> 그토록 오랫동안 가락을 맞추어 간다는 것은
> 참으로 기이한 일이네!"

어떤 작은 일이 미세한 판막(瓣膜)이나 분비 기관과 충돌하여 그로 말미암아 해악이 발생하고, 생명의 전체 흐름에 장애가 생기면, 결과적으로 죽음이 일어나게 됩니다. 생명은 인간의 몸이 계속해서 활동하게 만드는 아주 복잡한 과정입니다. 그런데 수천 가지의 일들이 그 과정을 멈추게 할 수 있고, 그 과정이 멈추면 우리 몸은 해체됩니다. 그러므로 바울은 자기 몸이 거품처럼 꺼지기 쉽다는 것을 알았기 때문에, 땅에 있는 자기 영혼의 집이 무너질 때를 내다보았던 것입니다.

이 편지를 쓰고 있을 때, 바울에게는 그의 몸이 무너질 것이라는 징후가 많이 나타나고 있었습니다. 그의 많은 노동이 그 점을 말해주고 있었습니다. 그는 피곤으로 지쳐 있었고, 주님을 봉사하는 일로 기진맥진해 있었습니다. 바울은 거룩한 열정으로 가득 차서 도무지 쉴 수 없었습니다. 그는 한 성읍에 복음을 전하고 나서는 서둘러 다른 성읍으로 가지 않을 수 없었습니다. 그는 한 촌락에서 쫓겨나면 곧바로 다음 촌락으로 갔습니다. 구원의 메시지를 전하려는 열심으로 가득 차 있었기 때문입니다. 노고로 완전히 지쳐 있었고, 그래서 자기 몸이 일생 동안 큰 고통을 받음으로 인해 무너질 날이 올 것을 느꼈습니다. 이 외에도 바울은 추위와 굶주림, 헐벗음과 병을 겪었고, 선교 활동을 위한 자기희생으로 쇠약하게 되었습니다. 신체적으로 인내하는 일에 아주 힘든 시간을 보냈습니다. 바울은 투옥, 채찍질, 돌팔매질, 그밖에 겪은 많은 고초로 인해 사지 가운데 멀쩡한 곳이 거의 한 군데도 없었을 것입니다. 최근 들어서는 필시 그의 장막 집이 박해자들의 폭력으로 인해 무너질 것이라고 느꼈을 것입니다. 일찍이 바울은 자신에 대해서 "나이가 많은 나 바울"(몬 1:9)이라고 아주 애처롭게 말했습니다. 나이든 사람들은 자기 몸이 무너지고 있다는 생각을 떨쳐버릴 수가 없습니다. 몸의 고장난 부분들이 이 노인에게 집이 망가지고 있다고 경고합니다. 초가지붕이 가라앉거나 색이 바랬다는 사실이 그 진상이 어떤 것인지를 말해 줍니다. 노인들에게는 그들의 세상 집이 영구히 서 있도록 지어지지 않았다는 것을 알게 해주는 신호들이 있습니다. 땅에 있는 그들의 집은 일시적인 목적을 위해 세운 장막이나 천막입니다. 그래서 그 집은 낡아져서 얼마 있지 않으면 사라질 표시들을 보입니다. 그래서 바울은 몸이 지닌 본성적인 약함과 그 몸이 이제까지 견뎌온 상해로 말미암아 땅에 있는 그의 장막 집이 조만간에 필시 무너지게 되리라는 것을 느끼지 않을 수 없었습니다.

이외에도, 바울의 약한 몸은 아주 넘치도록 많은 고난을 겪었습니다. 나는 얼마 전에 동네에서 좀 떨어진 곳에 세워진 집시들의 야영지를 보았습니다. 이 방랑하는 인종의 많은 사람들이 기둥이라고 부를 수도 없는 막대기로 버텨놓은 조잡한 천막 아래 앉아 있었습니다. 그런 거처가 따뜻한 날에는 아주 좋지만, 바람이 심하게 불거나 진눈깨비가 몰아치는 때 혹은 많은 비가 내릴 때는 전혀 바람직하지 않습니다. 사도의 몸은 기후에 크게 영향을 받는 장막이었습니다. 하나님께서는 그를 감싸시지 않았습니다. 바울은 이제까지 살았던 어느 누구보다 귀한 사람이었지만, 하나님의 다른 어떤 종보다도 많은 위험을 겪었습니다. 그 문제에 관해 바울 자신이 설명한 말이 있습니다. "세 번 태장으로 맞고 한 번 돌로 맞고 세 번 파선하고 일주야를 깊은 바다에서 지냈으며 여러 번 여행하면서 강의 위험과 강도의 위험과 동족의 위험과 이방인의 위험과 시내의 위험과 광야의 위험과 바다의 위험과 거짓 형제 중의 위험을 당하고 또 수고하며 애쓰고 여러 번 자지 못하고 주리며 목마르고 여러 번 굶고 춥고 헐벗었노라"(고후 11:25-27). 그가 오래지 않아 초라한 목동의 오두막집 같은 그의 몸이 강한 돌풍에 맞아 무너질 것이라고 생각하는 것은 당연한 일입니다.

또한 바울은 그가 알고 사랑했던 많은 사람들이 이미 죽었다는 것을 알았습니다. 이로부터 그 자신도 죽을 것을 생각하였습니다. 이 예배당에서 앉아서 나에게, 자기는 죽지 않을 것이라고 장담하고, 그리스도인이 죽는다면 그것은 그 사람이 주님을 슬프시게 했기 때문이라고 말하던 형제가 있었습니다. 그런데 애석하게도 몇 달 째 그 형제를 보지 못했습니다. 나는 그 형제가 아직까지 자신의 주장이 틀렸음을 증명하지 않았기를 바랍니다. 그러나 우리 주님이 서둘러 강림하시지 않는 한, 그는 조만간에 자기 주장이 틀렸음을 증명하게 될 것을 분명히 압니다. 자기는 절대로 죽지 않을 것이라고 허풍을 떠는 열광주의자를 만날 때마다, 나는 그가 한 번 기다려 보도록 하는 것이 최선이라는 것을 압니다.

나이 들고 훌륭한 아일랜드 목사 한 분이 여러 번에 걸쳐서 내게 죽지 않고 사는 기술을 가르치려고 애썼습니다. 그 목사님은 자신이 제시하는 장수(長壽)를 내가 전혀 거들떠보지 않는 것 때문에 슬퍼하고 화를 내기도 했습니다. 그분은 노인이었음에도 불구하고 자기는 죽지 않을 것이라고 장담하였습니다. 그는 조금 있으면 자기 나이의 모든 병들이 뾰루지 형태로 나타났다가 사라지고, 그 다음에는 항상 활기차게 지낼 것이라고 기대하였습니다. 그런데 슬프게도, 이 훌륭한 목사님은 무덤에 묻혔고, 그의 뜨거웠던 머리는 편안히 쉬고 있습니다. 사람들은 한 번 죽도록 정해져 있습니다. 이 땅의 그토록 많은 우수한 사람들이 잠들어 왔기 때문에, 아무도 죽음이 모든 사람들의 공통된 운명이라는 것에 대해 의문을 제기할 만큼 미친 생각을 하지 않은 것입니다. 무덤으로 빽빽한 공동 묘지는, 우리 각 사람이 때가 되면 죽으리라고 생각해야 하는 이유를 웅변적으로 증명합니다. 땅에 있는 우리의 이 장막 집은 무너질 것입니다. 만물이 일치하여 그 믿음을 보증합니다.

　형제 여러분, 이것이 바울 사도가 슬픈 면에 대해서 생각한 전부였습니다. 사실 그 부분은 그리 많지 않습니다. 그렇지 않습니까? 그리 오래 되지 않은 때에, 스위스의 어떤 농부들이 높은 고지대 골짜기에서 양들을 치고 있었습니다. 이 목초지 한쪽 편에는 나무로 만든 오두막집들이 많이 서 있었습니다. 이 농부들은 여름철에는 이 오두막에서 지냈고, 겨울이 시작되자마자 이 허름한 집을 떠났습니다. 그런데 어느 날 이들은 높은 알프스 산맥에서 우르르 하고 울리는 이상한 소리를 들었고, 그 소리가 무엇을 의미하는지 알았습니다. 그것은 엄청난 양의 바위나 눈 혹은 얼음이 무너졌고, 그것이 곧 눈사태가 되어 주위를 마구 짓밟으며 돌진해 온다는 것을 의미했습니다. 잠시 후에 그들의 두려움이 현실이 되었습니다. 엄청난 덩어리가 위로부터 길을 파괴하면서 달려오는 것이 보였기 때문입니다. 그러면 그 사태로 인해 무엇이 파괴되었습니까? 나무로 만든 오두막들뿐이었습니다. 그것이 전부였습니다. 이 목동들은 하나도 다치지 않고 안전하였습니다. 이 사건이 그들에게는 슬픔과 애도의 주제가 되기보다는 산 아래 있는 동네 교회에서 감사의 찬송을 부르게 만든 일이었습니다. "눈사태가 끔찍했지만, 그 사태로 나이 드신 어머니가 죽지 않았고 요람에 있는 아기도 다치지 않았습니다. 우리 가운데 아무도 해를 입지 않았고, 금방 다시 지을 수 있는 오두막집 몇 채만 묻혔을 뿐입니다." 이들의 경우가 바로 우리의 모습입니다. 죽음의 사태가 덮쳐올 것입니다. 그러나 성도 여러분, 죽음의 사태가 올지라도 여러분에게 끼칠 일은, 땅에 있는 여러분의 장막 집이 무너진다는 이것뿐입니다! 여러분은 그처럼 하찮은 손실을 입는 것에 대해서 안달하겠습니까? 어떤 악도 여러분에게 가까이 하지 않을 것입니다. 몸이라는 이 허름한 오두막은 땅 아래 묻힐 것입니다. 그러나 여러분은, 자신을 죽음과 위험에서 구원하시고, 부활시켜 그의 오른편으로 불러올리시는 주님께 영원히 감사 찬송을 부르는 것 말고 무슨 일을 하겠습니까?

　이 장막이 무너질지라도, 이것이 사람에게 오래 영향을 끼치지 못할 것입니다. 사람은 죽음에 시달리지 않고 벗어날 것입니다. 죽음은 이제 달리 사람을 불안하게 만들지 못할 것입니다. 이와 같이 죽음은 사람에게 더 악하게 작용하는 것이 아니라 더 좋게 작용할 것입니다. 이 거추장스러운 틀이 해체되면 우리는 자유를 얻을 것입니다. 오늘 우리는 알 속에 들어 있는 새와 같습니다. 껍질이 온전히 그대로 있는 한, 우리는 자유롭지 않습니다. 죽음이 껍질을 깨트립니다. 부화한 햇병아리가 껍질이 깨진 것을 슬퍼합니까? 새가 둥지에 있는 깨진 껍질을 못 잊어 한다는 말을 들은 적이 없습니다. 그렇지 않습니다. 새는 전혀 다르게 생각합니다. 훨훨 날아 밝은 하늘로 올라갈 생각을 합니다. 우리도 그와 같이 생각합시다. 이 몸은 무너질 것입니다. 무너지는 대로 둡시다. 그렇게 되는 것이 바람직한 일입니다. 우리는 몸이 필요한 동안은 몸을 기뻐하였습니다. 몸이 보이는 놀라운 기능들에 대해 하나님께 감사합니다. 그러나 몸이 더 이상 필요하지 않을 때, 우리는 감옥에서 벗어나듯이 몸을 떠나고, 다시는 그 좁은 영역으로 돌아가기를 원하지 않을 것입니다. 죽음이 우리의 거친 베옷을 찢을 때, 우리가 영원히 거할 그리스도의 왕궁을 놀랍게 계시하여 줄 것입니다. 그러므로 우리가 죽음을 보고 놀라야 할 이유가 있겠습니까? 그동안 이 파국의 전체 모습을 여러분에게 설명하였는데, 확실히 신자라면 누구나 이 사실을 알고서 떨지 않을 것입니다.

2. 이렇게 해서 우리는 두 번째로, 사도 바울이 틀림없이 마련된 것으로 알고 있던 대비에 대해서 생각해 봅시다.

그는 자기의 장막 집이 무너질지라도 집이 없이 지내지 않을 것을 알았습니다. 눈을 떴을 때 벌거벗은 자신의 모습을 보고 "아, 슬프다. 어디로 날아가야 하나? 거할 곳이 없다" 하고 외칠 필요가 없다는 것을 알았습니다. 그는 이 장막 집이 무너질지라도 자기에게는 "하나님께서 지으신 집"이 있다는 것을 알았습니다. 바울은 연옥에 갈까봐 두려워하는 일이 없었습니다. 개신교인들 가운데서도 최근에 어떤 사람들은 그 끔찍한 가공의 이야기를 좀 바꿔서 말하며, 신자들도 영원한 행복을 누릴 수 있게 준비되기 전에 많은 일을 겪어야 한다고 말하였습니다. 바울 사도는 그런 견해를 일체 주장하지 않았습니다. 그와 반대로 "만일 땅에 있는 우리의 장막 집이 무너지면 하나님께서 지으신 집이 우리에게 있는 줄 아느니라"고 썼습니다. 그는 다음 천년 동안 살아 있는 채로 불에 그슬리다가 연옥에서 낙원으로 뛰어오를 것으로 생각하지 않았습니다. 그보다 바울은 땅에 있는 그의 장막 집이 무너지자마자 바로 하늘에 있는 그의 영원한 집으로 갈 것이라고 생각하였습니다. 그는 부활 때까지는 무의식 상태로 누워 있을 것이라고도 생각하지 않았습니다. 그는 "만일 땅에 있는 우리의 장막 집이 무너지면 하나님께서 지으신 집이 우리에게 있는 줄 아느니라"고 말합니다. "우리에게 있을 것이라"고 하지 않고 "우리에게 있다"고 말합니다. "우리에게 있는 줄 아느니라." 내가 볼 때 이 그림은 마치 여러분 가운데 누가 정원에서 잠시 동안 텐트를 치고 사는 것과 같습니다. 어떤 분들은 밤에 강풍이 불어 텐트가 날아가 버리면 어떻게 되느냐고 묻습니다. 그러면 여러분은 이렇게 말합니다. "아, 나는 저기에 집이 있으니까 집에 들어가서 살 거요." 임시로 걸치고 사는 이 옷에 무슨 일이 일어나면, 우리에게는 즉시로 보상받을 수 있는 확고하고 안정된 거처가 있다는 것을 아는 것이 얼마나 위로가 되는지 모릅니다. 이 사실을 알 때, 우리는 어떤 위험도 개의치 않고, 불가피한 것이 올 때에도 기쁘게 맞이할 수 있습니다.

　그러면 이 사도는 무슨 뜻으로 이 말을 하였습니까? 본문의 말씀이 아주 어렵다고 말하는 사람들이 있습니다. 사도는 첫째로, 그의 영혼이 몸을 떠나는 순간, 즉시 예수께서 "내 아버지 집에 거할 곳이 많도다 그렇지 않으면 너희에게 일렀으리라"(요 14:2)고 말씀하신 그 집에 들어갈 것이라는 뜻으로 말하였습니다. 그 집이 어떤 집인지 알고 싶습니까? 요한계시록을 읽어보십시오. 그러면 진주 문, 황금 거리, 보석으로 꾸며진 벽, 굽이쳐 흐르는 강, 달마다 열매를 맺는 나무를 보게 될 것입니다. 그리고 나서도 이 집에 대해 더 알고 싶은 마음이 있다면, 존 번연이 비슷한 경우에 하였던 충고를 여러분에게 할 수밖에 없습니다. 한 사람이 정직한 존에게 그가 대답할 수 없는 질문을 한 가지 하였습니다. 그 문제는 하나님 말씀에서 계시되지 않은 것이었습니다. 그래서 정직한 존은 친구에게 경건한 생활을 하라고 권하고, 그 다음에 천국에 가서 직접 확인하라고 말해 주었습니다. 아무 꿈도 믿지 말고, 주 예수님을 믿고서 여러분의 때를 기다리십시오. 그러면 여러분이 손으로 짓지 아니한, 하늘에 있는 영원한 이 집에 관해 곧 알게 될 것입니다.

　바울은 때가 차면 자신이 몸을 다시 입을 것이라는 의미로 말했습니다. 그는 마치 사람들이 아주 멋진 행진을 하다 보면 잠깐 쉬는 것이 있었는지 잊어버리는 것처럼, 기다리는 시간이 아주 짧게 느껴져서 그 시간을 거의 무시하다시피 하였습니다. 궁극적으로 바울은 자기가 몸을 가지고 지닐 것으로 생각하였습니다. 바람이 불면 무너지는 장막 집이 건물로 발전하였습니다. 아주 값지고 귀해서 "하나님께서 지으신 집 곧 손으로 지은 것이 아닌 집"이라고 부르는 것이 적당한 건물로 발전하였습니다. 이것이 또한 우리가 내다보는 전망입니다. 현재 우리는 죽을 수밖에 없는 이 몸을 입고서 짐을 진 것처럼 신음합니다. 우리 영혼은 속박으로부터 자유로워졌지만, 우리 몸은 주께서 값을 치르고 사신 바 되었으나 아직 해방되지 않았기 때문입니다. 우리는 "양자 될 것 곧 우리 몸의 속량을 기다립니다"(롬 8:23). 이와 같이 "몸은 죄로 말미암아 죽은 것이나 영은 의로 말미암아 살아 있는 것"(8:10)입니다. 우리 영혼은 거듭났습니다. 그러나 우리 몸은 그 경우가 중생과 비슷한 과정, 즉 죽은 자들 가운데서 부활할 것을 기다립니다. 육체가 없는 성도들은 몇천 년이 될지 모르지만, 얼마 동안 위에 있는 아버지의 집에서 지내며 기다려야 할 수가 있습니다. 그러나 마침내 나팔 소리가 울리고, 죽은 자들이 일어날 때가 올 것입니다. 그러면 온전하게 된 영들이 영광스럽게 변화된 몸을 입고 지낼 것입니다. 어떤 사람이 귀금속을 도가니에 집어던지는 것을 한 아이가 봅니다. 아이는 아름다운 은이 녹는 것을 보고 슬퍼합니다. 그러나 정련하는 이 사람의 작업을 이해하는 사람은 그 과정으로 인해 아무것도 잃지 않는다는 것을 압니다. 그 과정으로 은에 붙어 있는 찌끼만 제거되고, 깨끗하게 녹아 아름다운 틀에 부어진 이 금속물이 왕의 식탁을 아름답게 장식하게 될 뿐이라는 것을 압니다. 형제 여러분, 자, 이제 우리는 이 시시한 몸이 주 예수님의 영광스런 몸과 같이 변화될 것이기 때문에 이 몸을 버리는 것이 분명히 이익이라는 것을 확실히 알게 되지 않았습니까?

다음에는, 어떻게 바울이 이 사실을 안다고 말할 수 있었는지에 대해서 생각해 봅시다. 놀랍게 계몽된 이 19세기는 자신의 무지를 자랑하는 지혜자들 계층을 일으켰습니다. 그들은 스스로를 "불가지론자" 즉 아무것도 모르는 사람이라고 부릅니다. 내가 어렸을 때는 자신이 무식한 사람(ignoramus)인 것을 자랑하는 사람을 만나면 이상하게 여기곤 하였습니다. 그런데 여기서 무식한 사람이라는 말은 "불가지론자"라는 헬라어를 라틴어로 번역한 단어입니다. 어떤 사람이 자랑스럽게 "나는 무식한 사람이다"고 떠벌린다는 것이 아주 이상한 일이 아닙니까? 바울 사도는 그와는 얼마나 다릅니까! 그는 "우리가 안다"고 말합니다. 이 확신은 어디에서 왔습니까? 그는 어떻게 알았습니까?

첫째로, 바울은 자기에게는 하늘 아버지가 있다는 것을 알았습니다. 그는 자신이 아들의 영을 지니고 있다고 느꼈기 때문입니다. 또한 자기 아버지에게는 집이 있다는 것을 알았고, 자기가 살고 있는 장막 집을 잃어버리게 되면 틀림없이 위에 있는 아버지 집으로 영접될 것이라고 확신하였습니다. 우리 아이들이 집이 필요하면 언제든지 우리에게 올 수 있다는 것을 어떻게 압니까? 아이들이 그 사실을 학교 선생님에게서 배웠습니까? 아닙니다. 병아리들이 훈련 받을 필요도 없이 어미 닭의 날개 아래로 달려가듯이, 우리 아이들은 우리 집이 자기들 집이라는 것을 본능적으로 압니다. 아이들은 우리 아이들이기 때문에, 우리에게 집이 있는 한, 자기들도 집이 있다고 느낍니다. 그래서 바울은 주저하지 않고 "우리가 안다"고 말했습니다. 형제 여러분, 우리는 우리 아버지의 사랑을 신뢰하는 만큼 이 사실도 또한 압니다. 우리는 때가 되면 반드시 그 많은 거처들 가운데 우리 집으로 진심으로 영접될 것이라고 생각합니다. 우리가 아버지의 집에서 쫓겨날 리가 없습니다! 왕이신 우리 아버지께서 왕궁에서 거하시는데 우리가 집 없이 방랑할 수가 없습니다! 우리는 이 문제를 단지 소망하기만 하는 것이 아니라 확신합니다. 그러므로 "우리가 안다"고 말합니다.

둘째, 바울은 자기에게 형이 있는데, 이 형이 어린 동생들의 거처를 알아보기 위해 앞서 가셨다는 것을 알고 있었습니다. 그는 예수께서 이렇게 말씀하신 것을 기억하였습니다. "가서 너희를 위하여 거처를 예비하면 내가 다시 와서 너희를 내게로 영접하여 나 있는 곳에 너희도 있게 하리라"(요 14:3). 이렇기 때문에 바울은 아무런 의문이 없었습니다. 주님께서 장소를 준비하러 가셨다면, 자기를 위한 곳이 있을 것입니다. 그의 거룩한 주님께서 어떤 일에 착수하셨으면 결코 실패하시는 법이 없다는 것을 알기 때문입니다. 우리도 다 우리의 선구자를 신뢰할 수 있지 않습니까? 우리의 대표자로서 휘장 안으로 들어가신 분에 대해 어떤 의심이라도 있습니까? 그렇지 않습니다. 예수께서 우리를 위하여 하늘에 들어가셨다는 것을 확실히 알듯이, 이 장막 집 같은 우리 육신이 무너지면 우리 영혼을 위한 안식처가 있다는 것을 또한 확실히 압니다.

틀림없이 바울은 성령, 곧 부서지기 쉬운 이 진흙집 안에서 황송하옵게도 우리와 함께 사시는 복되신 하나님에 대해서도 생각했을 것입니다. 이 집을 더럽히는 죄 때문에 여러 면에서 이 집은 성령님께 부적합하고 불편한 거처입니다. 성령께서는 스스로 낮추어서 죽을 수밖에 없는 우리의 이 육체 안에서 지내십니다. 그러므로 우리가 우리의 이 세상 집을 떠날 때 성령께서도 그곳을 떠나실 것입니다. 그리고 우리가 여전히 성령님과 교제하며 지낼 수 있는 거처를 만나게 될 것을 확실히 압니다. 우리의 육체가 성령님을 모실 수 있도록 명예를 얻었듯이, 우리가 필요할 때 성령께서 우리를 위한 거처를 마련하실 것이라고 확신할 수 있습니다. 그동안 성령께서 우리의 손님이셨는데, 이제는 성령께서 우리의 집 주인이 되실 것입니다. 우리의 몸을 그의 전으로 삼으신 분께서 우리 영혼을 위한 안식처를 마련하실 것입니다. 이와 같이 성부, 성자, 성령님을 생각할 때, 우리는 비록 죽을 수밖에 없는 이 틀이 무너질지라도, 집 없이 이리저리 방랑하지 않으리라는 확신을 가질 수 있습니다.

셋째, 또 한 가지 점을 말씀드리겠습니다. 바울은 자기가 죽을 때 낙원이 준비되어 있다는 것을 알았습니다. 바울은 이미 거기에 가 본 적이 있었기 때문입니다. 여러분은 바울이 그 이야기를 일체 입밖에 내지 않고 있다가, 그 일이 있은지 15년이 지나서야 그 복된 비밀을 누설한 것을 압니다. 바울이 한 말을 읽어 보겠습니다. "내가 그리스도 안에 있는 한 사람을 아노니 그는 십사 년 전에 셋째 하늘에 이끌려 간 자라 (그가 몸 안에 있었는지 몸 밖에 있었는지 나는 모르거니와 하나님은 아시느니라) 내가 이런 사람을 아노니 (그가 몸 안에 있었는지 몸 밖에 있었는지 나는 모르거니와 하나님은 아시느니라) 그가 낙원으로 이끌려 가서 말로 표현할 수 없는 말을 들었으니 사람이 가히 이르지 못할 말이로다"(고후 12:2-4). 그는 자기가 셋째 하늘에 이끌려 갔다고 말합니다. 그러므로 바울에게, 내세에는 그를 위한 집이 없다고 말하는 것은 쓸데없는 일입니다. 그는 이미 그 장소를 보았기 때문입니다. "글쎄, 나는 보지 못했는데" 하고 여러분은 말합니다. 예, 보지 못했습니다. 그렇지만 여러분은 바울의 증언을 충분히 믿지 않습니까? 나로서는 바울이 거짓을 말하려고 하지 않았다고 확신합니다. 그가 셋째 하늘 혹은 낙원에 들어가서 보았기 때문에, 나는 거기에 그런 곳이 있다고 믿습니다. 이곳은 주 예수께서 죽어가는 강도에게 들어가도록 허락하신 곳이라는 점을 기억하시기 바랍니다. "오늘 네가 나와 함께 낙원에 있으리라"(눅 23:43). 이곳은 예수께서 계시는 곳이고, 땅에 있는 이 장막 집이 무너지면 우리가 영원히 주와 함께 거할 곳입니다.

그렇지만 사랑하는 형제자매 여러분, 다시 한 번 말씀드립니다. 여러분과 나는 이 땅에 있는 장막 집이 무너지면 우리 주 예수 그리스도께서 죽은 자들 가운데서 부활하셨기 때문에, 우리를 위한 새로운 몸이 있으리라는 것을 압니다. 나의 가장 깊은 불신앙에 대한 궁극적인 답변은 예수께서 죽은 자들 가운데서 일어났다는 사실일 것입니다. 역사상 어떤 사건도 우리 주님께서 십자가에 못 박히고 죽고 장사되었다가 죽은 자들 가운데서 삼일 만에 부활하셨다는 사실만큼 잘 입증된 것은 없습니다. 나는 이것을 주저하지 않고 사실로 받아들이고, 이 사실은 내게 의지처가 됩니다. 예수께서 그의 안에 있는 모든 자의 대표이시기 때문에, 신자가 부활하리라는 것은 예수께서 부활하신 것만큼 확실한 사실입니다. 사도는 "우리가 아노라"고 말합니다. 이 중요한 사실들을 기억할 때, 사도의 말이 조금도 지나치다고 생각지 않습니다. 아니, 내가 영어에서 안다는 이 단어보다 확신을 더 잘 표현할 수 있는 낱말을 안다면, 오늘 아침 그 단어를 쓰고 싶습니다. 그리고 사도는 아마도 훨씬 더 그 단어를 사용하려고 했을 것입니다.

우리는 또한 이 사실도 확실히 압니다. 즉 우리 주 예수께서 살아 계시고 안식처에 계시다면, 주님은 결코 자신의 구속한 택한 백성을 집 없이, 거처가 없이 버려두지 않으시리라는 것을 압니다. 주님께서 왕권을 세우신 곳에서 그의 백성들은 거처를 발견할 것입니다. 다음과 같이 노래하는 우리의 옛 노래가 즐겁습니다.

> "죽을 때 나를 받아주소서, 내가 부르짖겠나이다
> 이유는 알 수 없지만, 예수께서 나를 사랑하셨기 때문이라
> 내가 아는 이 한 가지는, 주님과 내가 아주 굳게 결합되어 있어서
> 주님이 영광 가운데 계시면서 나를 뒤에 버리지 않으실 것이네."

그리스도와 신자 사이에는 그만큼 긴밀한 결합이 있습니다. 그렇습니다. 그보다 더, 생명이 결부된, 필수적이고 나눌 수 없는, 애정 어린 혼인의 결합이 있어서, 결코 분리될 수 없습니다. 우리 가운데 아내를 석방시킬 수 있는 데도 감옥에 그대로 내버려 두거나, 따뜻하고 안락한 난롯가로 데려올 수 있는 데도 밖에 추운 데 내버려 둘 사람은 아무도 없을 것입니다. 그와 같이 우리 영혼이 배우자가 되어 영원히 남편으로 모신 그리스도께서는 그의 사랑하는 백성들 하나 하나를 자기가 있는 곳에 함께 있게 하고, 그렇게 함으로써 하나님 아버지께서 그에게 주신 영광을 우리가 볼 수 있도록 하시기까지 결코 쉬지 않으실 것입니다. 예수 안에 있는 신자는 누구도 그 점에 대해 일체 의문을 갖고 있지 않습니다. 바울이 그랬던 것처럼 여러분도 모두 그같이 말할 수 있을 것이라고 생각합니다. "만일 땅에 있는 우리의 장막 집이 무너지면 하나님께서 지으신 집 곧 손으로 지은 것이 아니요 하늘에 있는 영원한 집이 우리에게 있는 줄 아느니라."

어떤 사람은 이렇게 말합니다. "아, 그런데 사람이 자신이 이 모든 일에 관계가 있다는 것을 어떻게 압니까? 하나님의 자녀들이 이와 같이 은총을 받았다는 것을 안다고 생각해 봅시다. 그런데 내가 그들 가운데 한 사람이라는 것을 어떻게 알 수 있습니까?" 나는 여러분에게 이 점에서 자기 진단을 해보라고 말씀드립니다. 여러분은 온 마음으로 주 예수 그리스도를 믿습니까? 그렇다면 이 말씀이 기록되어 있습니다. "나를 믿는 자는 죽어도 살겠고 무릇 살아서 나를 믿는 자는 영원히 죽지 아니하리라"(요 11:25,26). 그리스도를 믿었으므로 사도는 자기가 안전하다는 것을 알았습니다. 그 약속이 신자에게 있기 때문입니다. 누구든지 신자가 되면, 언약의 모든 약속이 그의 것이 됩니다. 우리는 새로운 생명을 소유함으로써 이 사실에 대해 좀 더 확신을 갖게 됩니다.

사랑하는 친구 여러분, 여러분은 새로운 세계를 경험해 보았습니까? 여러분은 자기 속에 새로운 마음과 의로운 영이 있는 것이 느껴집니까? 옛것은 사라지고, 모든 것이 새롭게 되었습니까? 여러분은 그리스도 예수 안에서 새로운 피조물입니까? 그렇다면, 여러분은 제대로 된 상태에 있는 것입니다. 새로운 생명은 죽을 수 없고, 새롭게 태어난 여러분의 본성은 반드시 영원한 복을 물려받을 것입니다. "적은 무리여 무서워 말라 너희 아버지께서 그 나라를 너희에게 주시기를 기뻐하시느니라"(눅 12:32). 이 뿐 아니라, 여러분은 하나님과 교제를 갖습니까? 그리스도와 대화를 나눕니까? 아버지와 아들과 사귐을 갖는 사람은 결코 망하지 않습니다. 예수께서 마지막 날에 "내가 너희를 도무지 알지 못하니 내게서 떠나가라"(마 7:23)고 하실 수 없습니다. 예수님이 여러분을 아시고 여러분이 예수님을 알기 때문입니다. 여러분은 말합니다. "아, 예수님은 나를 충분히 아십니다. 내가 늘 예수님께 부탁하고 있거든요." 바로 그와 같이, 가서 그렇게 하십시오. 영적으로 언제나 주님께 구걸하는 사람이 되십시오. 사랑의 주님께서 간절히 호소하는 청을 물리치지 않으실 것입니다. 자주 은혜의 보좌 앞에 나가는 사람은 틀림없이 영광의 보좌에 이를 것입니다. 그 다음에, "성령이 친히 우리의 영과 더불어 우리가 하나님의 자녀인 것을 증언하시지"(롬 8:16) 않습니까? 하나님의 자녀요 상속자라면, 우리가 오는 세상에서 벌거벗은 채로 버려질 것을 두려워할 수 있겠습니까? 우리 가운데 많은 사람이 이제는 중만한 믿음의 확신에 이르렀습니다. 그래서 우리도 믿고 확신한다고 생각합니다. 여러분 각 사람이 스스로 "내가 믿는 자를 내가 알고 또한 내가 의탁한 것을 그 날까지 그가 능히 지키실 줄을 확신함이라”(딤후 1:12)고 말할 수 있지 않습니까? 이런 것이 신자들이 자기가 신자인 것을 아는 방식입니다. 신자들은 하나님의 말씀에 의해 모든 것이 자기들의 것이고, 그래서 땅에 있는 그들의 집이 무너지면 자기들이 영원한 처소로 영접되리라는 것을 압니다.

3. 끝으로, 이 지식이 우리들에게 어떤 가치를 지니는지에 대해서 생각해 봅시다.

이 몸이 죽을지라도 모든 것이 괜찮다고 확신하는 것이 알 만한 가치가 있는 지식입니까? 세속주의자들은 우리가 사람들의 마음을 실질적인 현재에서 돌이켜 가상의 내세를 꿈꾸도록 한다고 나무랍니다. 이에 대해 우리는, 현재를 살아가도록 돕는 최상의 방법은 영원한 미래를 전망하며 사는 것이라고 대답합니다. 바울은 자기 몸이 무너질지라도 결코 실패자가 되지 않을 것이라는 확고한 신념이 있었기 때문에 낙심하지 않을 수 있었습니다. 그는 최악의 상황이 어떤 것일지 알았고, 그에 대해 준비를 하였습니다. 큰 폭풍우가 일어났지만 그는 자신이 겪을 손실이 어느 정도에서 끝나리라는 것을 알았고, 그래서 감당할 준비가 되어 있었습니다. 우리가 잃어버릴 것이라곤 부서지기 쉬운 장막 같은, 보잘것없는 이 육체뿐입니다. 우리는 결코 그 이상 잃어버리지 않을 것입니다. 사람이 자기가 당할 위험의 한계를 알면, 마음이 차분해지는 경향이 큽니다. 가장 큰 공포와 두려움을 일으키는 요소는, 무엇인지 알 수 없고 어느 정도인지 잴 수 없는 일입니다. 겪을 두려움이 얼마만한 것인지 판단할 수 있을 때, 여러분은 그 두려움을 이길 수 있습니다. 사도 바울은 자기가 하나님을 영화롭게 하고, 영혼들을 구원하며 성도들을 세우는 위대한 목적을 띠고 이 세상에 보냄을 받았다는 것을 알았습니다. 그래서 자기가 받은 그 사역을 충성스럽게 수행할 것을 굳게 결심하였습니다. 그는 자신의 지극히 위험한 여정이 일생 봉사하는 동안 사라지지 않을 것이라고 말합니다. 왜냐하면 자신의 소명을 인내로 이루다보면 결국 죽음을 맞이할 수 있기 때문입니다. 그렇지만 그는 죽음을 장막을 잃고 대저택을 얻는 것으로 생각하였습니다. 로마 황제가 그의 목을 치거나, 아니면 폭도들이 돌로 쳐서 그를 죽이거나, 혹은 주님처럼 십자가에 달릴 수도 있었습니다. 그러나 사도는 그런 운명을 가볍게 여겼습니다! 그것이 사도에게는 오래된 장막이 내려앉는 일에 지나지 않았습니다. 죽음이 그의 죽지 않는 영에 아무 영향을 끼치지 못했습니다. 그래서 사도는 웃음을 띠고 이렇게 노래하였습니다. "우리가 잠시 받는 환난의 경한 것이 지극히 크고 영원한 영광의 중한 것을 우리에게 이루게 함이니"(고후 4:17).

하늘에 있는 자신의 집을 내다보았기 때문에, 현재 사도가 당하는 시련이 매우 가벼워졌습니다. 사도는 하룻밤 허름한 여인숙에서 지내지만 내일은 집으로 갈 것을 기대하기에, 그 일을 기쁘게 참을 수 있었기 때문입니다. 우리가 잠시 천막 생활을 해본다면, 아마도 이렇게 소리칠 것입니다. "구석에서 끔찍한 바람이 들어와! 바닥이 너무 축축해! 너무 답답하게 느껴져!" 그렇지만 우리는 그 모든 일에도 웃음을 띠며 이렇게 말할 것입니다. "오래 가지 않을 거야. 우리는 곧 집에서 편히 쉬게 될 거야." 아, 형제 여러분, 하나님과 지내는 한 시간이, 살면서 겪는 모든 시련을 벌충하고 남을 것입니다. 그러므로 용기를 내고 앞으로 나아가십시오.

이 점 때문은 바울은 죽음에 대한 생각을 바꾸었습니다. 죽음이 마귀에서 천사로 변화되었습니다. 그것은 영원한 궁전에 들어가기 위해 흔들리는 천막을 걷어치우는 일에 지나지 않았습니다. 하나님의 자녀들 가운데는 죽음이 어떤 것인지 모르기 때문에 죽음의 공포로 인해 많은 괴로움을 겪는 사람들이 있습니다. 좀 더 잘 배운다면, 그들은 현재 슬픔을 주는 원인에서 오히려 노래할 주제를 곧 발견하게 될 것입니다. 여기서 나는 주님의 의심하고 두려워하던 종들 가운데 훌륭하게 죽는 이들을 보았다고 말하고 싶습니다. 여러분은 천로역정에서 심약 씨(Mr. Feeble-mind)가 어떻게 발을 적시지 않고 강을 건넜는지 아실 것입니다. 불쌍한 심약 씨는 자기가 틀림없이 빠져 죽을 것이라고 생각했는데, 발 한 쪽도 거의 젖지 않았습니다. 나는 하나님의 사람들 가운데 야곱처럼 아버지 집에서 쫓겨났다고 느끼며, 종일 지치고 피곤한 몸으로 가는 사람들을 보았습니다. 그렇지만 그들은 마지막 잠을 자기 위해 머리를 뉘었을 때, 천사와 하나님을 보았습니다. 그들의 여행의 마지막이 길의 거칠고 고단함을 잊게 만들었습니다. 형제 여러분, 여러분의 길도 이와 같을 것입니다. 모든 그리스도인의 경험에는 보통 어두운 곳이 있습니다. 나는 길을 거의 다 가기까지 햇빛 속에서 여행을 하다가, 그 다음에는 어둠 속에서 출발하는 사람들을 보았습니다. 나는 그 점 때문에 여전히 그들을 존중하였습니다. 그런가 하면 순례 여행의 전반부에서는 안개를 헤치고 힘들게 앞으로 나갔다가 그 다음에는 구름 없는 밝은 빛 아래로 들어가는 사람들도 보았습니다. 이런저런 때에 이렇게 음울한 하늘 아래서 그림자가 우리 길에 드리워집니다. 그러나 확실히 "의인을 위하여 빛을 뿌리고 마음이 정직한 자를 위하여 기쁨을 뿌리십니다"(시 97:11).

　　사랑하는 형제자매들 가운데 아주 편안하게 죽는 것을 내가 본 그분들이, 살아 있는 동안에 겸손하고 자기를 부인하는 분들이었다는 것을 기억하는데, 나는 그분들을 차를 마실 때 잔의 바닥에 가라앉은 설탕을 젓는 것을 잊는 사람들에 비유해 보았습니다. 그들은 넘치도록 복을 받았습니다. 그러면 차를 저어서 잔의 바닥부터 가장자리까지 충분히 그 즐거움을 맛보는 것이 현명한 일이지 않겠습니까? 이것이 내세에 대한 신앙이 주는 유익입니다. 신앙은 현재에 기쁨이 깃들게 만들기 때문입니다. 그러나 성도들이 잠시 현재의 위안거리들을 잃는다 할지라도 참으로 풍성하게 보상받을 것이기 때문에 문제가 되지 않습니다! 하늘에서 눈을 뜬다면 어떻겠습니까! 번민하는 가운데 잠자리에 들었다가 하늘의 찬송 소리를 들으면서 깬다면 얼마나 기쁘겠습니까! "내가 누군가? 내가 어디에 있는가? 아, 나의 하나님! 나의 그리스도! 나의 하늘! 내 모든 것! 나는 집에 있다." 슬픔과 한숨이 사라질 것입니다. 이런 점들을 볼 때 죽음에 대한 생각이 바뀌지 않습니까? 가엾은 불신자 여러분, 여러분에게는 그런 영광스런 소망이 없기 때문에, 여러분을 동정합니다. 여러분이 주 예수님을 믿고 영원한 생명에 들어갔으면 좋겠습니다.

　　믿음은 바울에게 그런 영향을 끼쳤습니다. 그래서 믿음으로 인해 바울은 언제나 평온하고 용감하였습니다. 그러니 바울이 자기에게 해를 끼칠 수 없는 사람을 두려워할 이유가 있겠습니까? 박해자가 그를 죽일지라도, 그는 바울에게 봉사를 하게 될 것입니다. 그가 두려워해야 할 것이 무엇이겠습니까? 이 사실로 인해 바울은 현명하고 신중해졌습니다. 바울은 불안하지 않았기 때문에 자신의 판단력을 사용할 수 있었습니다. 여러분 가운데는, 조금만 아파도 금방 겁을 집어먹기 때문에 상태를 훨씬 더 악화시켜서, 의사가 병든 몸뿐 아니라 놀란 마음도 치료해야 하는 사람들이 있는데, 바울은 그런 사람들과는 달랐습니다. 마음이 평온하고 조용하며 행복한 사람은 이미 치료가 되고 있는 중입니다. 그는 자신이 아버지의 손 안에 있는 것을 알고, 따라서 자신이 살든지 죽든지 다 괜찮기 때문에 평온합니다. 그리고 이 믿음은 의사가 그의 몸의 질병을 제거하는데 도움을 줍니다. 다시 한 번 말하지만, 죽기를 배우는 것만큼 잘 사는 방법이 없습니다. 그래서 살든지 죽든지 개의치 않을 수 있는 사람은 당당하게 죽을 만큼 또한 당당하게 살려고 합니다. 여러분 모두 주 예수님을 믿는 데서 오는 평온함을 느꼈으면 좋겠습니다. 여러분이 언제라도 죽을 수 있는데, 그 변화를 받아들일 준비가 되어 있지 않다는 것을 아는 것은 참으로 슬픈 일입니다! 여러분이 행복하지 않은 것이 이상한 일이 아닙니다. 그럴 만한 이유가 충분히 있습니다. 여러분이 지혜가 생겨서 부활하신 주님을 믿는 믿음으로 여러분의 내세를 확신할 수 있게 되었으면 좋겠습니다.

마르틴 루터의 시대에 그리고 그 시대 이전에는, 악하게 살던 사람들은 죽을 때가 되면 종종 큰 두려움에 사로잡혔습니다. 두렵기 때문에 그들은 사람을 수도원에 보내어 수도사의 옷을 구입하여 장사지낼 때 입으려고 하는 일들이 있었습니다. 얼마나 어리석은 공상입니까! 그런데도 그들은 수도사의 갈색 옷으로 몸을 감싸고, 머리에 수도사의 두건을 쓰면 심판 날에 좀 더 나은 대접을 받을 것으로 기대하였습니다! 우리 자신이 더 나은 의복이 되도록 합시다. 경건한 러더퍼드의 소원을 들어봅시다. "주님의 사랑을 내 수의로 삼겠습니다. 내 영혼을 둘둘 말아서 주님의 값없고 감미로운 사랑의 옷감에 싸서 꿰맬 것입니다."

여러분은 이렇게 생각하지 않습니까? 정말이지 이것은 내 생각과 똑같습니다! 우리가 그런 방수포에 감싸여서 잠을 자게 된다면, 깨어나도 아무 두려울 것이 없습니다. 엘리사의 무덤에 뉘였던 사람이 선지자의 뼈에 닿자마자 즉시 일어난 것과 같은 일이 우리에게도 일어날 것입니다. 그리스도의 사랑으로 감싸인다면, 아무도 죽어 있을 수 없습니다. 그리스도의 사랑은 생명이기 때문입니다. 그리스도의 사랑에 접촉한 사람은 하나님의 생명의 핵심에 접촉되었기 때문에, 반드시 살아납니다. 그러므로 우리는 그 거룩한 사랑을 받아들이고 주님을 의지합시다. 날이 밝고 그림자가 사라질 때까지 영원한 복을 향하여 계속 앞으로 나아갑시다. 우리를 위하여 "하나님께서 지으신 집 곧 손으로 지은 것이 아니요 하늘에 있는 영원한 집"이 마련되어 있으니 당당하고 기쁘게 지냅시다.

제
5
장
—

몸으로 있든지 떠나든지
주를 기쁘시게 하는 자가 되기를

—

"이것을 우리에게 이루게 하시고 보증으로 성령을 우리에게 주신 이는 하나님이시니라 그러므로 우리가 항상 담대하여 몸으로 있을 때에는 주와 따로 있는 줄을 아노니 이는 우리가 믿음으로 행하고 보는 것으로 행하지 아니함이로라 우리가 담대하여 원하는 바는 차라리 몸을 떠나 주와 함께 있는 그것이라 그런즉 우리는 몸으로 있든지 떠나든지 주를 기쁘시게 하는 자가 되기를 힘쓰노라 이는 우리가 다 반드시 그리스도의 심판대 앞에 나타나게 되어 각각 선악 간에 그 몸으로 행한 것을 따라 받으려 함이라." — 고후 5:5-10

사도가 몸이 곧 자신이라고 생각하지 않았다는 것은 아주 분명합니다. 그는 몸을 무너지기 쉬운 천막이나 사람이 안에 사는 장막으로 이야기하고, 또 잠시 동안 입은 옷이라고도 말합니다. 사도는 그 천막이나 장막이 무너질 것으로 보았고, 그래서 그 옷을 벗어버릴 것으로 내다보았습니다. 그는 겉사람과 속사람을 구분하였는데, 겉사람은 썩을 것이고 속사람은 그의 참된 자아로서 "날로 새로워진다"고 말합니다. 사도는, 맡은 일을 다 마칠 때까지는 하나님의 뜻을 따라 몸을 입고 이 세상에서 살다가, 그 다음에는 죽을 수밖에 없는 그의 육체를 벗어버리고, 옷을 벗은 채 육체가 없이 영으로 지낼 것으로 알았습니다. 그것이 세상을 떠난 모든 성도들의 현재 상태입니다. 그들을 "온전하게 된 의인의 영들"이라고 말하면 제대로 설명하는 것입니다. 몸을 가지고 천상의 세계에 들어간 에녹과 엘리야를 제외하고, 세상을 떠난 모든 신자들은 지금은 몸을 입지 않은 채, 영적 존재에 적합한 의상만을 걸친 영으로 지냅니다. 죽은 성도들이 그런 상태로 지내는 것을 생각하기 어렵습니까? 그렇게 생각하는 것이 어렵지 않습니다. 몸 밖에 있는 영들은 몸 안에 있는 영들만큼 놀라운 것이 아닙니다.

　여러분은 매일 거리에 다니면서 몸 안에 있는 영들을 만납니다. 그 영들은 육체와 뼈와 근육에 활기를 주어 물질 덩어리가 이곳에서 저곳으로 움직이게 만듭니다. 우리가 몸과 같은 것이 비물질적이고 보이지 않는 영적인 실체에 의해 생명으로 보존되고 힘을 공급받는다는 것을 본 적이 없다면 그 사실을 이해하기가 매우 어려울 것입니다. 우리 속에 있는 영이 어떻게 몸과 연결되어 있는지 아는 사람은 우리 중에 아무도 없습니다. 이 결합의 접촉점은 어디에 있습니까? 영혼과 힘줄의 연결고리는 무엇입니까? 영혼은 어디에서 시작하고, 물질은 어디에서 끝이 납니까? 우리는 팔을 움직이려고 마음먹으면 팔이 움직인다는 것을 압니다. 그런데 팔을 움직이려고 하는 마음이 그 명령에 복종하는 물질적 구조를 어떻게 조종합니까? 도대체 어떻게 영이 물질에 영향을 미칠 수 있습니까? 어떻게 영이 육신의 거처 안에 지내며, 눈으로 보고 귀를 통해 듣고 입으로 말하며, 손으로 영의 뜻을 수행할 수 있습니까? 눈과 귀, 손은 흙에 지나지 않습니다. 이런 것은 우리가 고체의 세계의 다른 부분에서 만나는 그런 것, 즉 흙먼지에 불과한 것, 다시 말해서 지혜롭게 만들었지만 여전히 썩을 수밖에 없는 물질로 만들어졌습니다. 그렇지만 어쨌든 영혼은 흙으로 지어진 그 집에 깃들이고 삽니다. 나한테는 이 사실이 영혼이 몸 밖에 존재하는 것보다 훨씬 더 놀라운 일입니다. 우리가 영적인 일들에 대해 묵상하고 장차 올 세상의 능력들을 알게 되는 만큼, 물질적인 데서 풀려난 영혼을 생각하기가 쉽다는 것을 발견할 것입니다. 주변의 많은 사람들은 오감(五感)으로 느끼지 못하는 것에 대해서는 아무것도 알지 못합니다. 그러나 성령으로 거듭난 사람은 영적으로 볼 수 있게 되었기 때문에, 몸이 없는 영의 개념이 낯설지 않습니다. "양자 될 것 곧 우리 몸의 속량을 기다리느니라"(롬 8:23)는 성경 말씀을 따라서 온전하게 된 우리의 영들이 그리스도와 함께 거할 상태를 바라보도록 합시다.

　　그렇지만 바울은 몸이 없는 상태가 영원히 지속될 것으로 내다보지 않았습니다. 몸의 부활을 믿었기 때문입니다. 바울은 몸을 멸시해서 다시 보기를 바라지 않은 것이 아닙니다. 그보다 몸을 벗은 후에는, 몸이 변화를 겪고 아주 새롭게 되어서 주께서 오실 때 자기가 몸을 다시 입고, 그래서 그의 영이 다시 옷을 입게 될 것으로 생각하였습니다. 그는 죽을 수밖에 없는 것이 생명에게 삼켜질 것으로 기대하였습니다. 그래서 우리도 확신을 가지고 그 소망을 붙듭니다. 신자가 장사될 때 땅에 묻히는 그 구조물은 썩을 것으로 심었지만, 썩지 않는 것으로 다시 일어나는 것을 보게 될 것입니다. 우리가 얼마 전에 무덤에 누였던 것은, 부패 작용이 맹렬하게 일어나고 있는 초라하고 부끄러운 시체였습니다. 그러나 우리는 그 몸이 모세의 얼굴을 빛나게 만들었던 빛을 비추며 영광 가운데 다시 일어나는 것을 볼 것입니다. 우리가 대지에 매장할 것을 약함 가운데 무덤에 내려놓았지만, 그 몸은 반드시 능력을 입고서 부활할 것입니다. 매장한 것은 영혼이 없는 몸, 곧 본성적인 영혼(soul)에만 적합하였고, 거듭난 영(spirit)의 활동과 열망에는 맞지 않는 몸이었습니다. 그러나 그 몸이 다시 일어날 때는 우리의 지극히 고귀한 본성에 적합하고, 우리를 하나님의 자녀로 만드는 그 은혜로운 생명의 나라에 맞는 영적인 몸이 될 것을 우리는 압니다. 바울이 크게 기대한 것은 그의 전인(全人), 곧 영과 혼과 몸이 그리스도 예수 안에서 온전하게 되는 것이었습니다. 그는 땅에 있는 그의 장막 집이 무너짐으로 잠시 집 없이 지낼 것이지만, 이내 하나님의 건물, 곧 손으로 짓지 아니한 하늘에 있는 영원한 집에 들어가 그리스도 예수 안에서 온전하게 된 그의 몸과 영혼이 하나님 앞에 서게 될 것을 확신을 가지고 내다보았습니다. 이것이 사도의 확신에 찬 기대였습니다.

　　본문을 보면, 이 믿음이 사도에게 강력한 영향을 끼쳤음이 분명하게 나타납니다. 그 믿음은 특별히 사도에게 두 가지 영향을 끼쳤습니다. 한 가지는 그를 "항상 확신있게"(개역개정은 "항상 담대하게" — 역주) 만든 것이었고, 또 한 가지는 그의 마음에 고귀한 열망을 불러일으킨 것입니다. 그래서 바울은 "우리는 몸으로 있든지 떠나든지 주를 기쁘시게 하는 자가 되기를 힘쓰노라"고 말합니다. 바울은 자기가 어떤 사람이 되든지, 어떤 상태로 존재하든지 간에 관심을 가져야 할 일은 자신을 보혈로 구속하신 주님을 기쁘시게 하는 것뿐이라고 생각했습니다. 그래서 예수 그리스도 안에서 주님을 기쁘시게 할 수 있는 한, 몸 안에 있느냐 혹은 몸 밖에 있느냐 하는 것은 그에게 전혀 문제가 되지 않았습니다.

오늘 아침 우리는 사도의 확신과 열망에 대해서 이야기하려고 합니다. 성령께서 은혜로 우리를 도우실 것이라 믿습니다.

1. 첫째로, 사랑하는 교우 여러분, 신자는 항상 확신을 가질 근거가 있습니다.

사도는 "우리에게는 항상 확신이 있다"(개역개정은 "우리가 항상 담대하여" – 역주)고 말합니다. 그런데 7절에 삽입된 문장 때문에 우리가 그 의미를 잃지 않도록, 사도는 다시 한 번 "우리는 확신한다"(개역개정은 "우리가 담대하여" – 역주)고 말합니다. 그렇다면, 그리스도인이 부활과 영원한 생명에 대한 믿음으로 살고 있을 때 그의 상태는 끊임없는 확신을 가지고 사는 것입니다. 그것은 지금 존재하는 생명에 대한 확신이며, 또한 약속된 영광이 충만히 나타나는데 이르기 전에 지내게 될 상태에 대한 확신입니다. 즉 자기에게 당면한 상태에 대한 확신입니다. 이는 우리가 몸 안에 있는 동안, 언제나 확신을 갖기 때문입니다. 이 확신은 현재 상태에 대해서도 관심을 갖지만, 사실은 장차 임할 상태에 대해 더 관심을 갖는 것입니다. "우리가 담대하여 원하는 바는 차라리 몸을 떠나 주와 함께 있는 그것이라."

첫째로, 나는 신자가 몸 안에 있는 동안에 당면한 상태에 관해 갖고 있는 확신에 대해 말씀드리겠습니다. 성경 번역자들이 이 경우에는 용어를 선택하는데서 다소 잘못을 범했습니다. 이 구절의 중요한 부분을 놓쳤기 때문입니다. 번역자들이 이 말의 문자적 의미를 좀 더 가깝게 표현했다면 그 말의 아름다움이 더 돋보였을 것입니다. "우리가 항상 담대하여 몸으로 있을 때에는 주와 따로 있는 줄을 아노니 우리가 담대하여 원하는 바는 차라리 몸을 떠나 주와 함께 있는 그것이라 그런즉 우리는 몸으로 있든지 떠나든지 주를 기쁘시게 하는 자가 되기를 힘쓰노라." 여러분은 여기에서 몸으로 있을 때와 몸을 떠나 있을 때라는 말이 중요하다는 것을 압니다. 이 말이 헬라어의 의미를 다 나타내지는 못하지만, 금방 알 수 있는 대로 원문의 뜻에 가깝습니다. 이 말씀을 보면, 현재 상태에서 우리는 몸 안에 있다고 말합니다. 그러나 우리는 아주 제한적인 의미에서 집에 있는 것입니다. 왜냐하면 이 집은 진짜 집이 아니라 임시 숙박소, 즉 우리가 새 예루살렘에서 우리의 참된, 진짜 집에 이르기 전까지 임시로 우리를 머물게 하는 셋방에 지나지 않기 때문입니다. 이 집은 마치 병사가 야영지에 있는 막사에서 지내거나, 이 대륙에서 저 대륙으로 여행하는 승객이 머무는 객실과 같은 처소입니다. 아브라함, 이삭, 야곱이 각기 집이 있었지만, 그 집은 외국에 있는 것이었습니다. 그래서 그들은 하나님이 기초를 놓으시는 성을 매일 바라보며 살았습니다. 이 현재 상태에 있는 동안, 우리는 불리한 입장에 있는 것입니다. 왜냐하면 우리는 아직 우리 고국에 있지 않은 집에 거주하고 있고, 그럼으로써 우리는 위에 있는 아버지 나라의 진짜 집에 들어가지 못하기 때문입니다. 그러나 어떤 의미에서 이 몸은 집입니다. 이 땅에서 살아 있고 생각하며 활동하는 지성이 뇌의 어딘가에 거주하며, 거기서부터 지성이 몸 전체로 퍼져서 온 사지를 지배합니다. 우리는 우리 영이 이 땅의 구조물 안에서 잠시 동안 살도록, 즉 등 안에서 타오르는 등불로서, 흙 반지에 박혀 있는 보석으로 살도록 정해져 있다는 것을 압니다. 몸은, 우리가 별로 애정을 갖고 있지 않지만 또한 떠나는 것도 싫어하는 집입니다.

> "망각에게 먹이를 주어 잠잠하게 하는 사람은
> 기분 좋으면서도 걱정스런 이 존재를 단념하며
> 흙으로 만든 이 집의 따뜻한 곳들을 보고
> 못내 서운해하며 동경하는 표정을 조금도 남기지 않네."

　우리는 몸의 병들에 대해 불평하면서도 서둘러 몸을 떠나지 않습니다. 몸이 쇠약해져서 곧 넘어질 것 같은데도, 우리는 죽음이 축출 영장을 송달하고 동시에 집을 허물 때까지는 여전히 몸을 떠나지 못합니다. 우리 가운데 몸을 가지고 40년을 산 사람이 있고, 60년이나 70년을 산 사람들도 있습니다. 그런 몸을 편안하게 여기는 것은 자연스러운 일입니다. 그래서 급히 이주하려고 하지 않고, 더 밝은 집과 "많은 저택"에 대한 유혹에도 불구하고, 우리가 언제든지 몸을 떠나기를 항상 바라지는 않는 것입니다.

　　그러나 이 몸이 우리에게 적합한 거처는 아닙니다. 우리는 이 몸이 참으로 불편하다는 것을 경험을 통해서 종종 발견합니다. 몸은 뒤집어지기가 쉽고 끊임없이 찢어지는 낡고 볼품없는 천막입니다. 이 천막은 시간이 가면 갈수록, 그만큼 더 헝겊을 대어 때우기가 더 힘들어지고 살 만하게 수선하기가 어려워집니다. 세월이 갈수록 이 장막은 더러워지고 주름이 잡히며 게달의 장막처럼 낡아집니다. 오랜 시간 동안 해지고 찢어져서 왕의 자녀에게 적절한 거처가 되지 못하고, 위로부터 난 영원한 영의 적합한 처소가 되지 못한다는 것이 더욱더 분명해집니다. 우리는 이 무너지는 장막 때문에 여러 면에서 많은 불편을 겪었지만, 특별히 영적인 일에서 많은 어려움을 겪었습니다. 우리는 정신을 차리고 지켜보려고 하였지만 몸이 잠드는 경향이 있었습니다. 영은 하려고 하였지만 육신이 너무 약하였습니다. 우리는 천상의 일들에 온 마음을 쏟고 싶었지만 피곤과 고통, 신체적 욕구 때문에 방해를 받았습니다. 때로 노래를 부르고 싶었지만 지끈거리는 두통 때문에 한숨을 쉽니다. 말할 수 없는 즐거움으로 기뻐하고 싶지만, 두근거리는 심장이 우리를 우울하게 만듭니다. 우리는 주님의 일을 하고 싶지만, 절뚝거리는 발이나 쇠약해지고 있는 몸 때문에 지장을 받습니다. 그래서 우리는 영과 같이 고귀한 피조물에게는 적합하지 않은 집에 거주하고 있는 것입니다. 혈과 육을 참고 견뎌야 하는데, 우리는 혈과 육보다 빨리 자라고 있습니다. 그렇게 자라고 있다는 것을 느낍니다. 자라면서 껍질을 깨트려야 하는 바다 생물처럼, 우리도 성장함에 따라 더 나은 어떤 거처가 필요하다는 것을 알려 주는 것이 우리 속에 있습니다. 우리는 계란껍질 속에 있는 어린 병아리와 같습니다. 지금까지는 그 껍질이 우리에게 편안했습니다. 그런데 점점 더 답답하게 되자 우리는 껍질을 깨기 시작합니다. 때로는 껍질이 완전히 깨져서 우리가 좀 더 충만한 자유를 누릴 수 있기를 바랍니다. "이 장막에 있는 우리가 짐 진 것 같이 탄식하는데" 충만한 구속의 날까지, 몸이 썩음에 종노릇하는 데서 해방될 때까지 탄식할 것입니다.

> "완전한 해방의 달콤한 시간이여, 오라
> 갈망하는 내 영혼을 붙잡아 주고
> 내 쇠사슬을 풀어주며 내 감옥을 깨트리고
> 내가 주님과 함께 거하도록 만드는 시간이여."

헬라어의 표현을 볼 때, 우리의 몸은 외국에 있는 집입니다. 지금 우리는 우리 국민들과 함께 살고 있지 않고, 먼 나라에서 타향살이를 하는 사람들입니다. 우리 혼자만 있는 것이 아닙니다. 마치 유대인들이 바벨론에서 함께 노래하고 함께 탄식할 수 있었던 자기 동족을 보았던 것과 같이, 우리도 많은 형제자매가 함께 있습니다. 그러나 여기는 우리에게 유배지이고, 여기에서는 하나도 유업이 없습니다. "소유 매장지"(창 23:9)를 우리는 구해야 하고, 그것이 우리가 조만간에 갖게 될 전부입니다. 이 세상은 우리의 안식처가 아니기 때문입니다. 주님께서는 이생에서 우리에게 분깃을 주시기를 기뻐하지 않았습니다. 우리의 유업은 요단 강 저편에 있습니다. 우리는 몸 안에 있을 때 편합니다. 그러나 앞에서 말한 대로, 이 몸은, 우리의 모든 선조들이 그랬듯이 순례자요 나그네로 지내는 이국 땅의 하숙집에 지나지 않습니다. 우리는, 우리 말을 쓰지 않고 우리 풍습을 모르며, 우리가 가고 있는 곳을 전혀 알지 못하고, 따라서 우리를 이해할 수 없고, 오히려 그들이 전혀 알지 못하고 바라지도 않는 다른 나라에 대해 이야기할 때는 우리를 미친 것으로까지 생각하는 사람들이 거하는 외국 땅을 서둘러 지나가는 여행자들입니다. 우리는 좁은 의미에서만 집에 있는 것입니다. 그것은 마치 어떤 사람이 추방되어 지내면서 외국 도시에서 잠시 거주하는 것을 두고 집에 있다고 말하는 것과 같습니다. 그 이상이 결코 될 수 없습니다.

　　이 몸은 또한 우리를 참된 집에서 떠나 있게 만드는 집이기도 합니다. 우리는 아직 우리 주님을 보고 그 음성을 들을 수 있는 곳에 있지 않습니다. 우리는 "하나님의 백성에게 남아 있는 안식"(히 4:9)에 아직 들어가지 못했습니다. 오늘 우리는 수업 중에 있는데, 긴 휴일의 기쁨을 안고 귀가할 어린아이들처럼 마음이 들떠 있습니다. 우리는 노동자들입니다. 여기는 작업장입니다. 오늘 일과를 마치면 우리는 집으로 갈 것입니다. 그러나 지금은 집이 아니라 작업장에 있습니다. 힘든 한 주간의 일을 마치고 마침내 집으로 돌아와서 먼지 묻은 옷을 벗어 버리고, 이제 노고가 끝나고 쉴 때가 왔다는 것을 느끼는 것은 아주 기분 좋은 일입니다. 이 세상에서는 우리가 완전히 마음 놓고 쉴 만큼 충분한 안식을 얻을 수 없습니다. 이 외국 땅을 벗어날 때에야 비로소 그런 행복한 상태에 이를 수 있을 것입니다. 우리가 이 땅에 있는 동안에는 믿음으로 하늘에 예비된 기쁨을 내다보는 것 외에는, 완전한 안식의 느낌을 맛볼 수 없습니다. 하나님의 백성에게는 장차 안식의 때가 올 것입니다. 그러나 이 세상에서, 그리고 지금 이 몸을 가지고서는 그 안식을 누릴 수 없습니다.

　　집은 우리가 안전하다고 느끼는 곳입니다. 우리 집은 우리의 성(城)입니다. 바깥 세상에서는 사람들이 여러분의 말을 감시합니다. 할 수만 있으면, 그들은 여러분의 말을 잘못 전하거나 그릇되게 해석합니다. 밖의 생활에서는 전투를 해야 하지만, 여러분이 문지방을 넘어오는 순간 전투가 끝난다면, 참으로 복된 일입니다. 더 이상 오해를 받지 않고 가족으로부터 이해를 받고 사랑을 받는다면, 참으로 행복한 일입니다. 집안에서는 우리의 잘못을 지적하고 트집을 잡는 사람이 아무도 없습니다. 아내와 아이들과 친구들은 우리를 사랑하고 기뻐합니다. 형제 여러분, 세상에서는 영적으로 그와 같은 가정을 찾을 수 없습니다. 세상은 갈등과 감시가 횡행하는 곳이기 때문입니다. 이 세상에서 우리는 적들 가운데 지내며, 따라서 슬픔에 젖어 이렇게 부르짖을 수밖에 없습니다. "내 영혼이 사자들 가운데에서 살며 내가 불사르는 자들 중에 누웠으니"(시 57:4). 우리는 이렇게 노래합니다.

> "메섹에 머물며
> 게달의 장막 중에 머무는 것이 내게 화로다
>
> 내가 화평을 미워하는 자들과 함께 오래 거주하였도다
> 나는 화평을 원할지라도
> 내가 말할 때에 그들은 싸우려 하는도다(시 120:5-7).
>
> 산란한 내 마음이 슬퍼하며,
> 지친 모든 자가 쉬고 더 이상 근심으로 괴로워하지 않는
> 안식에 이르기를 갈망하도다."

하늘에서는 우리를 감시하는 적들이 없을 것이고, 가족들 가운데는 우리의 원수가 없을 것입니다. 즐거운 집은 하늘에서 찾아야 합니다. 우리가 현재 집으로 삼고 있는 이 몸이 우리를 그 집에서 떠나 있게 하는 것입니다.

집은 또한 가장 친밀하고 즐거운 곳입니다. 집에서는 모든 긴장이 풀어집니다. 재판관은 법복을 벗고, 군인은 칼을 내려놓고서 아이들과 놉니다. 집 밖에서는 엄격한 사람이 가족들 가운데서는 자기도 모르게 엄격함이 사라집니다. 여기에는 애정 어린 입맞춤이 있고, 사랑으로 권하는 말이 있습니다. 그런데 슬프게도 이 세상에서는 우리 영혼이 천상의 친밀함을 마음껏 느낄 수 없습니다. 하늘과 땅 사이에 거리가 있기 때문입니다. 우리는 사랑을 보기를 갈망하지만 아직

사랑이 오지 않았습니다. 그러나 저기 하늘에 가면, 얼마나 놀라운 즐거움이 우리를 기다리고 있겠습니까! 그리스도 예수 안에서 하나님의 사랑을 얼마나 놀랍게 발견하겠습니까! 그때는 "내게 입 맞추기를 원하니 네 사랑이 포도주보다 나음이로구나"(아 1:2)고 노래한 신랑의 외침이 영원히 성취될 것입니다. 그때는 그리스도의 가장 깊은 심정을 우리가 알게 되고, 우리는 그리스도 안에서 지극히 친밀한 교제를 누리며 영원히 지낼 것입니다. 지금은 우리가 이 몸을 거처로 삼고 있기 때문에, 하늘에 있는 영화롭게 된 자들이 끊임없이 누리고 있는 하나님과의 교제를 누리지 못합니다. 그래서 내가 우리의 현재 상태는, 사람이 탄식하며 떠나고 싶다고 외칠 만큼 결점이 있다고 말하지 않았습니까?

　사랑하는 교우 여러분, 현재 상태가 내세 상태와 비교할 때 아주 어려운 점은 이 세상에서는 우리가 전적으로 믿음으로 살아야 한다는 것입니다. 우리는 이 땅에서 보는 것으로 행하지 않고 믿음으로 행합니다. 여러분은 하나님을 믿습니다. 그러나 고인이 된 성도들처럼 하나님을 보지는 못했습니다. 여러분은 우리 주 예수 그리스도를 믿습니다. 그러나 예수님은 "여러분이 사랑하지만 보지 못한"(벧전 1:8) 분입니다. 여러분은 성령님을 믿습니다. 그분의 임재하심을 믿음으로 알고 있습니다. 그러나 아직 더 나은 것이 있습니다. 더 분명하게 볼 것이 아직 남아 있습니다. 우리가 이 세상에 머물고 있는 동안에는 볼 수 없습니다. 지금은 우리가 모든 것을 하나님 말씀의 증거와 성령의 증언에 따라 받아들입니다. 그러나 우리는 아직 하늘의 도성을 보지 못했고, 수금 타는 자들의 수금 소리를 듣지 못했으며, 영화롭게 된 자들의 잔치에 참여하지 못했습니다. 우리는 이 모든 것들을 믿음으로 미리 맛보며 기다리지만, 이 세상에서는 실제로 누릴 수 없습니다. 누가 보는 것을 바라겠습니까? 이것은 소망에 속하는 것이므로, 우리는 볼 것을 기대할 수 없습니다. 그러나 바야흐로 우리는 믿기보다는 보고, 신뢰하기보다는 즐길 곳으로 가고 있는 중입니다. 우리는 지금 "이 땅에서는 소원하거나 바라는 모든 것을 보고 듣고 알게" 될 나라에 가까이 가고 있습니다. 믿는 것이 그치고, 밝히 보게 될 것입니다. 여기서는 우리가 망원경을 통해 천상의 것들을 보지만, 우리 소원대로 만질 수는 없습니다. 그러나 육신이여, 우리가 너를 떨어버릴 때는 실제로 보고 기뻐할 것이며, 구주님을 계신 그대로 얼굴을 대하여 볼 것이다.

　이런 것들이 현재 상태의 불편한 점들입니다. 그러나 바울은 이 모든 점들에도 불구하고 확신이 있었습니다. "우리는 언제나 확신이 있다"고 사도는 말합니다. 사도는 만족하였고 행복하였으며 용기가 있었고, 항상 확고부동하였습니다. 그럴 수 있었던 이유가 무엇입니까? 형제 여러분, 그에게는 영원이 나타날 것을 기대하는 소망이 있었습니다. 바울은 자기가 이 몸을 떨어버리고 나면 즉시 그의 영혼이 그리스도와 함께 있게 될 것을 알았습니다. 장차 언젠가 그리스도께서 오실 때 그의 몸과 영혼이 다시 결합하여 영원히 복을 받아 주님과 함께 있을 것을 알았습니다. 그래서 사도는 이생의 모든 불편한 점들을 아무것도 아닌 것으로, 곧 "우리가 잠시 받는 환난의 경한 것"으로 생각하였습니다. 믿음으로 곧 나타날 것으로 생각한 "지극히 큰 영광의 중한 것" 때문에 그는 여기 이 땅에서 겪어야 하는 모든 것을 가볍게 무시하였습니다.

그의 이런 확신이 그의 영혼 속에서 일하신 하나님의 활동에서 나왔다는 점을 또한 살펴봅시다. "곧 이것을 우리에게 이루게 하신 이는 하나님이시니라." 사도는 자신이 언젠가 온전해지고 영원히 살 것을 확신하였는데, 이는 하나님이 그의 안에서 시작하신 일을 끝까지 이루실 것이기 때문이었습니다. 조각가가 돌덩이에다 어떤 상을 새기기 시작할 때, 우리는 완성될 상에 대한 약속을 가지고 있는 것입니다. 나는 뛰어난 장인이 조각칼을 처음에 한 번 대자마자 얼마 있지 않아 뛰어난 예술 작품이 나올 것을 알 수 있습니다. 그가 마지막까지 완성할 일을 시작하였다는 것을 알기 때문입니다. 그런데 그 석공이 일에서 한눈을 팔 수도 있고 혹은 죽을 수도 있습니다. 따라서 그 석공이 선택한 돌에서 장차 바라던 상(像)이 나올지 확신할 수 없습니다. 그러나 하나님은 착수하시는 일을 끝맺지 못하는 법이 없습니다. 하나님은 능력이 부족하거나 마음이 바뀌는 일이 결코 없습니다. 그래서 만일 오늘 내가 채석장에서 떠낸 대리석 조각이라면, 하나님이 내게 처음으로 조각칼을 대어 하나님께 대한 참된 회개와 순전한 믿음이라는 조각들을 깎아내기 시작하셨다면, 나는 하나님께서 나를 그리스도의 온전한 형상으로 빚어 주님처럼 영원하고 순전하게 하실 때까지 내게 대한 일을 계속하실 마음을 먹은 것이라고 확실하게 말할 수가 있습니다. 바울은 창세 전에 하나님의 작정에 의해 자신이 온전하고 영원한 존재가 되도록 예정되었다는 것을 믿음으로 알았습니다. 사도는 하나님께서 바로 그 목적을 위해 자기를 창조하셨고, 이제 그 목적을 이루도록 새로 창조하신다는 것을 알았습니다. 즉 하나님이 자기 속에서 일하신다는 것을 느꼈습니다. 성령님께서 자기 안에서 일하시고 자기에게 새로운 생명을 주시며, 그가 죄를 미워하게 만드시고, 주님 그리스도를 더욱더 닮도록 만드신다는 것을 느낄 수 있었습니다. "그가 내게 이것을 이루게 하셨다"고 사도는 말하였습니다. 그러므로 사도는 자신이 틀림없이 이 목적지에 이를 것이라고 확신하였습니다.

　그 다음에, 그 확신에는 또 다른 근거가 있었습니다. 즉 "보증으로 성령을 우리에게 주신 이"가 계셨습니다. 여러분은 "보증"이 무엇인지 압니다. 그것은 단순한 담보가 아닙니다. 담보는, 담보물이 보증하는 것을 받으면 돌려주게 되어 있기 때문입니다. 그러나 보증은 약속의 한 부분입니다. 보통 사람은 한 주일의 끝 날에 급료를 받게 되어 있습니다. 그런데 한 주의 중간에 급료의 일부를 받습니다. 이것은 단순히 남은 급료의 담보가 아닙니다. 그것은 급료 전체에 대한 보증이며, 아직 지불되지 않은 급료에 대한 아주 확실하고 의문의 여지가 없는 서약인 것입니다. 영혼에 성령을 받은 사람은 장차 온전하게 피어날 영원의 씨를 받은 것입니다. 하나님께서 그를 용서하시고 받으셨습니다. 그래서 성령께서 그가 기도할 그의 연약함을 도우시고, 그에게 믿음을 더하시며 사랑으로 그를 향기롭게 하십니다. 그를 거룩함으로 꾸미고 그가 하나님과 교제하도록 만드십니다. 이 모든 것이 그가 온전하게 될 상태에 대한 보증이고, 장차 올 행복의 시작이며, 주님께서 자기를 사랑하는 자들을 위하여 예비하신 그 모든 기쁜 일들의 틀림없는 보증입니다. 이제까지 성령님을 모시고 하나님의 뜻을 따라 거룩하게 된 사람으로서 궁극적으로 천상의 상태를 얻지 못한 사람은 없습니다. 왜냐하면 성령께서는 일을 마치지 못한 채로 두시는 일이 없고, 선물을 주셨다가 다시 뺏으시는 일도 없기 때문입니다. "그러므로 우리는 항상 확신한다"(개역개정은 "그러므로 우리가 항상 담대하여"—역주)고 바울은 말합니다. 우리는 휘장 안으로 들어갈 소망이 있고, 주님께서 우리 안에 어떤 형상을 이루고 계시는지 압니다. 우리는 영원한 복의 보증으로 성령을 받았습니다. 그러므로 어떤 일이 올지라도 우리는 거룩한 용기로 충만하고, 평온한 확신을 가지고 내세를 기다릴 수 있게 만드는 장엄한 평안으로 가득하게 됩니다.

　이제 다음 요점으로 넘어갑시다. 바울이 자기가 곧 들어가게 될 것으로 생각한 다음 상태, 즉 몸이 없는 영의 상태에 관해서도 마찬가지로 확신을 가지고 있었다는 점을 살펴봅시다. 본성이 은혜와 상관없이 작용할 때는, 죽음을 생각하면 본성적으로 움츠리게 됩니다. 그러나 죽음으로써 더 좋아하는 상태에 이르게 된다고 생각하는 사람에게는 죽음이 아무런 공포를 줄 수 없습니다. 본문을 다시 보면, 바울이 죽으면 들어가게 될 상태를 좋아했다는 것을 알 수 있습니다. "우리가 담대하여 원하는 바는 차라리 몸을 떠나 주와 함께 있는 그것이라." 즉 우리는 육신으로 된 이 집을 떠나서 주님과 함께 지내는 것을 더 좋아한다는 것입니다. 바울은 그의 몸이 무너짐으로써 곧 들어가게 될 상태를 여기 이 땅에서 확신을 가지고 사는 생활보다 더 바람직한 것으로 보았습니다. 그렇지만 바울이 그렇게 말한 것은 몸을 가지고 사는 것보다 몸이 없이 지내는 것을 더 좋게 생각하였기 때문이 아니라는 점을 살펴봅시다. 바울은 이미 앞에서 "우리가 벗은 자들로 발견되지 않으려 함이라"고 말하였습니다. 즉 바울은 몸이 없는 영이 되는 것 자체를 바라지 않았습니다. 몸을 귀찮은 장애물로 보는 신비주의자들이 있습니다. 부활을 생각하는 것이 그들에게는 전혀 즐겁지 않습니다. 그러므로 그들은 부활의 교리를 영적으로 해석해서 부활을 전혀 부활이 아닌 것으로 만듭니다. 바울은 그런 생각이 전혀 없었습니다. 그는 몸을 하나님의 전이라고 불렀고, 몸이 파괴되는 것을 원하지 않고 온전해지기를 바랐습니다. 주님께서는 많은 존재 형태들을 놀랍게 결합하여 사람을 구성하셨습니다. 천사와 짐승을 연결하고, 신성한 것과 물질적인 것을 혼합하며, 사람 위에 있는 하늘과 사람이 밟고 다니는 땅이 그의 안에서 결합된 복합적인 존재를 만드셨습니다. 우리의 위대한 창조주께서는 우리를 영원히 쓸모없게 된 피조물로 지내도록 하시지 않고, 완전한 인간이 되어 자기와 함께 영원히 지내게 하려고 하십니다. 우리 주 예수께서 죽으셨을 때, 주님은 사람을 절반만 구속하신 것이 아니라 전인(全人)을 구속하셨습니다. 주님은 자기 것으로 사신 소유물 가운데 어느 한 부분도 적의 손에 남기려고 하시지 않습니다. 우리는 절반만 사람이 되는 것이 온전히 사람이 되는 것보다 바람직한 것으로 생각해서는 안 됩니다. 우리 주 예수께서 그렇게 생각하시지 않기 때문입니다. 우리는 주님의 재림을 기다려야 합니다. 주님께서 자신의 성도들을 무덤에서 불러내실 것이고, 그들을 죽음의 권세에서 완전히 구원하실 것입니다. 우리는 이 썩을 것이 반드시 썩지 않을 것을 입고, 이 죽을 것이 반드시 죽지 않을 것을 입으리라는 사실을 지금부터도 기뻐해야 합니다.

　사랑하는 친구 여러분, 바울이 본문에서 말하는 대로 몸이 없는 상태보다 이것을 좋아했다면, 무덤에 있는 몸을 떠난 성도들의 영은 소멸된 것이 아니라 계속 살아 있는 것임을 여러분 모두 분명하게 알았을 것입니다. 바울은 거룩한 확신의 생활을 영위하는 것보다 소멸되어 버리는 것이 더 낫다고 생각할 수 없었을 것입니다. 성도들은 죽지 않습니다. 우리 주님은 "죽은 자가 살아난다는 것은 모세도 가시나무 떨기에 관한 글에서 주를 아브라함의 하나님이요 이삭의 하나님이요 야곱의 하나님이시라 칭하였나니 하나님은 죽은 자의 하나님이 아니요 살아 있는 자의 하나님이시라 하나님에게는 모든 사람이 살았느니라"(눅 20:37,38)고 말씀하셨을 때, 잘못된 그 생각에 대해 결정적인 답변을 주셨습니다. 이생을 떠난 사람들은 여전히 살아 있습니다. 우리는 그 점을 확실히 알 수 있습니다. 그렇지 않았다면 바울이 그 상태를 좋게 여기지 않았을 것입니다. 어떤 사람들이 말하듯이 그들이 의식이 없는 것이 아닙니다. 확신을 가지고 활동하는 것보다 무감각의 상태로 있는 것을 좋아할 사람이 누가 있겠습니까? 여기 이 땅에서 그리스도인들에게 어떤 시련이 있을지라도, 믿음의 사람은 참으로 삶을 즐기며, 무의식의 상태를 선호할 수 없을 것입니다. 바벨론의 창기(로마 가톨릭 교회를 말함 – 역주)가 말하듯이 성도들은 연옥의 불길 속에 있지 않습니다. 아무도 고통 받는 것을 바라지 않을 것이기 때문에, 우리는 사도 바울이 이 세상에서 살면서 주님을 섬기는 것보다 연옥에 가 있는 것을 더 좋아했을 리 없다고 확신할 수 있습니다. 형제 여러분, 죽은 성도들은 살아 있습니다. 의식을 가지고 행복한 가운데 살아 있습니다. 엘리야가 불병거를 타고 하늘로 올라갈 때 몸을 가지고 갔는데, 모세는 몸이 없었지만 변화산에 내려와서 그리스도와 이야기를 나눌 때, 그 위대한 선지자와 마찬가지로 아무런 어려움 없이 대화를 나누었습니다. 의식을 갖거나 행복을 느끼는데 몸이 반드시 필요한 것이 아닙니다. 무엇보다 중요한 점은 죽은 영들이 그리스도와 함께 있다는 것입니다. 사도는 "그리스도와 함께 있는 것이 훨씬 더 좋은 일이라"(빌 1:23)고 말합니다. "영원히 주와 함께 있는 것"이 그들에게 정해진 운명입니다. 그것은 우리 주님께서 친히 기도하신 내용입니다. "아버지여 내게 주신 자도 나 있는 곳에 나와 함께 있어 나의 영광을 그들로 보게 하시기를 원하옵나이다"(요 17:24). 이 기도가 죽은 성도들에게서 성취됩니다. "지금 이후로 주 안에서 죽는 자들은 복이 있도다 하시매 성령이 이르시되 그러하다 그들이 수고를 그치고 쉬리니 이는 그들의 행한 일이 따름이라"(계 14:13).

　　이 사실 때문에 사도는 죽음을 바라보면서도 확신과 용기를 가지는 것 이상으로 담대할 수 있었습니다. 사도는 몸이 없는 상태에서도 주님과 함께 있게 될 것을 알았기 때문에 몸이 없는 상태로 기꺼이 떠나려고 하였습니다. 나는 여러분이 주님과 함께 있는다는 이 점을 잠시 생각해 보기 바랍니다. 우리는 이 땅에서 그리스도를 영적으로 모시고 있어서 기쁩니다. 주님의 임재는 우리에게 고도의 영적 복을 주고, 하늘의 기쁨을 미리 맛보게 해주기 때문입니다. 그러나 아직 우리는 주님을 육체적으로 모시고 있지 못합니다. 우리는 말하자면 지금 망원경을 통해서 주님을 보고 있습니다. 그러나 바로 가까이에서 직접 주님을 보지는 못합니다. 우리는 마치 나팔을 불어 바다 건너편으로 소리를 보내듯이 주님께 말을 합니다. 얼굴을 보고 주님께 이야기하지 않습니다. 아, 그러면 그리스도와 함께 있는 것은 어떻겠습니까! 우리가 주님의 궁정 문에 이르고 주님의 식탁에 앉을 때, 지금보다 주님을 훨씬 더 잘 알게 될 것입니다. 주님께서 우리 눈에 지금보다 더욱 사랑스럽게 보일 것입니다. 우리가 주님을 좀 더 분명하게 보게 될 것이기 때문입니다. 주님의 음성은 우리가 이 땅에서 복음을 통해 들은 어떤 것보다도 훨씬 더 감미로울 것입니다. 그때는 주님께서 말씀하시는 것을 실제로 들을 것이기 때문입니다. 우리가 일단 주님을 보게 되면 주님을 마음껏 즐기지 않겠습니까? 내 생각에는 결코 주님에게서 눈을 떼고 싶지 않을 것이고, 온 마음과 눈으로 주님을 받아들이는데서 천국과 영원과 무한한 복을 느낄 것입니다. 주님과 함께 편안하게 있으면 우리는 이제껏 주님에 대해서 꿈꾸어 왔던 것보다 무한히 더 잘 주님을 이해하게 될 것입니다. 여러분은 주님의 영광을 모릅니다. 아직은 주님의 영광을 바라볼 수 없을 것입니다. 여러분이 아직 부서지기 쉬운 이 몸을 입고 있는 동안에 주님의 영광을 잠시 바라만 볼 수 있다면, 여러분은 감당할 수 없는 기쁨 때문에 죽은 사람처럼 주님 발 앞에 엎드러질 것입니다. 몸을 떠나면, 여러분은 눈을 흐리게 만들 육체가 없어질 것이고, 그래서 그리스도의 아름다운 모습을 보고, 그 기쁨을 감당할 수 있게 될 것입니다.

우리가 지금 서둘러 향하여 가고 있는 상태에 이르면, 우리는 우리의 거룩한 믿음의 진리에 대해서도 확신하게 될 것입니다. 우리 주님이나 주님의 약속에 대해서 더 이상 의혹이 없을 것입니다. 주님의 보혈의 능력이나, 우리가 주님의 속죄 제사에 참여하는 것에 대해 더 이상 의심하지 않을 것입니다. "이것이 전부 꿈이 아닌가" 하는 무신론적인 어두운 생각이 때로 일어납니다. 거기에서는 그런 생각을 전혀 갖지 않을 것입니다. 여러분이 예수님과 함께 있을 것이기 때문입니다. 여기서는 이런 골치 아픈 의문이 생깁니다. 당신이 진짜 신자야? 예수님께서 정말로 그의 피로 당신을 씻었어? 여러분이 몸을 떠나서 주님과 함께 있으면 그런 모든 질문에서 벗어날 것입니다. 지금은 여러분이 믿음으로 행해야 하고, 믿음을 넘어서려고 해서는 안 됩니다. 왜냐하면 그것이 이 현재 상태에서 이루어지는 영적 생활의 방식이기 때문입니다. 그러나 죽은 뒤에는 더 이상 믿음으로 행하지 않을 것입니다. 여러분은 직접 보고 성취를 이룰 것입니다. 몸이 있는 동안에 여러분의 믿음을 시험하려고 했던 모든 의심을 이런 것이 없애버릴 것입니다. 우리가 잠시 몸을 떠나 있게 될 것을 알지라도, 실제적인 성취에 대한 전망으로 인해 천국이 참으로 즐겁고 바람직한 곳이 됩니다.

　　내세 상태에서 우리는 지금보다 더 민감하게 그리스도와 교통할 것입니다. 물론 이 땅에서도 우리는 주님과 이야기를 나눕니다. 그러나 그것은 성령으로 말미암아 믿음으로 이루어집니다. 영광의 땅에서는 직접 얼굴을 대하고 주님과 이야기하고, 주님께서 친히 우리에게 말씀하시는 동안 그 음성을 들을 것입니다. 아, 우리가 주님께 무엇을 이야기하고, 주께서 또 우리에게 무엇을 말씀하신다니! 나는 이런 소망의 기쁨에 너무 빠지지 않기 위해서 예상할 수 있는 이런 놀라운 일들을 더 깊이 생각하지 않을 생각입니다. 아, 우리 앞에 있는 기쁨이 얼마나 놀라운 것인지 모릅니다! 너무 놀라워서 생각할 수 없을 지경입니다.

　　우리가 몸이 없이 주님과 함께 있을 때, 그리고 더더군다나 부활의 몸으로 주님과 함께 있을 때는, 주님의 영광을 지금보다 훨씬 더 잘 볼 수 있을 것입니다. 때로 주님은 지식에 넘치는 사랑으로 우리를 채우십니다. 그러면 우리는 주님을 훨씬 더 많이 안다고 생각합니다. 그러나 형제 여러분, 우리의 지식은 아직 어린 아기의 지식 정도에 불과합니다. 우리는 아주 작고 얕은 그릇에 지나지 않아서 그리스도의 사랑 몇 방울만 떨어트리면 가득 차서 넘쳐흐르기 시작합니다. 그러나 주님께서는 우리가 주님을 크게 품을 때까지 우리를 넓혀 주실 것이고, 우리를 하나님의 모든 충만으로 채우실 것입니다. 여러분은 때로 천국이 어떠할 것이라고 생각해 보았습니다. 아마, 여러분은 앞으로 아주 많은 천국을 경험할 것입니다. 아니, 사실은 여러분이 그동안 꿈꾸었던 것보다 만 배나 더 하나님을 기뻐하게 될 것입니다. 여기 이 땅에서도 주님께서 우리가 구하거나 생각하는 것보다 훨씬 뛰어나게 우리를 위해 일하신다면, 천국에서는 우리를 위해 얼마나 더하시겠습니까? 주님의 인격, 주님의 아름다움, 탁월하심, 주님의 영광을 아는 점에 있어서 사실 우리는 주님의 옷의 가장자리만 겨우 만졌을 뿐입니다. 여러분은 요나단처럼 꿀이 넘쳐흐르는데 겨우 지팡이 끝으로 찍어 맛보았을 뿐인데도 그로 인해 여러분의 눈이 번쩍 뜨였습니다. 그러나 여러분이 주님과 함께 있을 때는 흡족하게 진수성찬을 맛볼 것입니다. 여기에서는 우리가 겨우 한 모금 마시지만, 거기에서는 대접으로 가득 마실 것이며, 여기서는 우리가 매일 하찮은 식사를 하지만 거기에서는 천국의 잔치가 그치지 않을 것입니다.

자, 이 두 가지, 곧 현재 상태와 내세 상태를 합치면, 우리는 바울 사도처럼 날마다 거룩한 용기와 확신을 가지고 나아가야 하는 중대한 이유를 알게 됩니다. 그 길은 비록 험할지라도 말할 수 없이 즐거운 목적지에 이릅니다. 그러니 그 길을 즐겁게 걸어갑시다. 비록 그 길이 점점 더 험해질지라도, 우리는 훨씬 더 큰 확신을 보이도록 합시다. 하나님과 함께 있는 한 시간이 그 모든 것을 벌충하고, 그 이상으로 무한히 더 벌충할 것이기 때문입니다.

2. 마지막 요점에 대해서는 잠깐만 생각해 볼 수 있겠습니다.

그것은 신자에게는 그런 열망을 품을 이유들이 있다는 것입니다. 본문을 보면, 우리는 오직 예수님을 위해서만 살게 되어 있습니다. "그런즉 우리는 몸으로 있든지 떠나든지 주를 기쁘시게 하는 자가 되기를 힘쓰노라." 형제 여러분, 이제부터 우리가 마음을 써야 할 중요한 일은, 주님을 기쁘시게 하도록 하는 것입니다. 여러분은 구원을 받았고, 천국을 유업으로 받았습니다. 그러므로 이제 이 시간부터 여러분의 모든 생각과 능력과 힘을 이 한 가지 목적, 곧 예수 그리스도를 기쁘시게 하는 이 한 가지에 집중하도록 하십시오. 주님께서 여러분을 위하여 죽으셨듯이 여러분은 주님을 위하여, 오직 주님만을 위하여 사십시오. 신자 여러분, 여러분의 행하는 모든 일에서 그리스도를 기쁘시게 하려는 열망을 품으십시오. "이 일이 어떻게 내 자신이나 이웃을 기쁘게 할까"라고 하지 말고, "이 일이 어떻게 내 주님을 기쁘시게 할까" 하고 말하십시오. 순전히 행동으로만 주님을 기쁘시게 할 것이 아님을 생각하십시오. 동기가 옳아야 합니다. 그렇지 않으면 여러분은 실패할 것입니다. 주님께서 여러분의 동기를 깨끗하고 순결하며 숭고하고 천상의 것이 되도록 지켜 주시기를 구하십시오. 천박한 목적들은 시큼한 누룩처럼 떡덩이 전체를 드릴 수 없게 만들 것이기 때문입니다. 그것은 단지 동기만이 아니라 일 전체를 행하는 정신입니다.

형제 여러분, 생각이나 소원이나 욕구, 혹은 여러분에 관한 모든 일에서 예수 그리스도를 기쁘시게 하려는 이 거룩한 열망을 가지고 수고하십시오. 나는 여러분이 자신의 많은 결점과 잘못들을 한탄하지 않을 수 없으리라는 것을 압니다. 주님을 노여우시게 하는 것들이 여러분에게 많을 것입니다. 그 점을 여러분은 슬프게 생각하고, 주님을 기쁘시게 하지 못하는 일들을 결코 기뻐하지 않도록 하십시오. 주께서 받지 않으실 것은 무엇이든지 여러분도 받아들여서는 안 됩니다. 여러분 영혼의 모든 움직임을 철저히 살펴서 어떤 능력이나 열정이 성령님을 근심하게 하는 일이 없도록 하십시오. 여러분이 땅 위에 있는 동안은 매 순간 주님을 기쁘시게 하려고 하십시오. 여러분은 예수께서 어떤 일을 하셨는지, 그리고 여러분이 어떻게 하기를 바라시는지 압니다. 주님의 모든 발걸음을 따르고 주님의 모든 말씀에 순종하십시오. 주께서는 자신이 거룩하게 행하신 것처럼 여러분에게 거룩하게 행하라고, 주님께 범죄하지 말라고 명령하셨습니다. 주님은 여러분에게 헐벗은 자에게 옷 입히고, 굶주린 자를 먹이며, 무지한 자를 가르치고, 병든 자를 방문하며 고아와 과부를 돌아보라고 명령하십니다. 주님께서는 이 모든 일이 특별히 주님을 기쁘시게 하는 것이라고, 주님이 오시는 날에 그의 성도들을 명예롭게 하는 것으로 말씀하십니다. 이런 일들을 마음에 두고 많이 행하도록 하십시오. 주님께서 아주 분명하게 말씀하신 이런 은혜에 열매가 있도록 하십시오. 그리스도를 기쁘시게 하려는 이 한 가지 목적을 가지고 무엇을 행하는 일이 없이 하루라도 지나가도록 하지 마십시오. 우리는 많은 일을 습관적으로, 혹은 교인들이 그렇게 하기를 기대하기 때문에 행하는 일이 있습니다. 그렇게 하지 말고 직접 그리스도를 위하여, 순전히 그리고 오직 그리스도를 사랑하기 때문에 거룩하게 행하십시오. 이것이 우리의 일상적인 습관이 되도록 하십시오. 우리는 주님의 머리에 기름을 붓기 위해 옥합을 깨트리거나, 주님의 발을 씻기 위해 눈물을 흘려본 적이 있습니까? 아무리 보잘것없는 일일지라도 주님을 위해서는 자기를 부인하고 자주 행해야 한다고 말할 필요가 있습니까? 그렇습니다. 모든 일을 주께 하듯 하도록 합시다.

　　그러면, 우리가 다음 상태에서 주님을 기쁘시게 해야 한다는 이 마지막 요점을 살펴봅시다. 이는 "우리가 다 반드시 그리스도의 심판대 앞에 나타나게 되어 있기" 때문입니다. 하나님의 자녀는 이 사실을 기뻐합니다. 이 본문은 이렇게 번역할 수도 있습니다. "우리는 모두 그리스도의 심판대 앞에 나타나게 될 것이라." 오늘날 사람들은 우리를 이해하지 못하지만 그날에는 알게 될 것입니다. 나는 여러분에게 이 한 가지 점을 확실히 말씀드리겠습니다. 여러분이 할 수 있는 대로 지극히 경건하고 사욕이 없는 생활을 하면, 사람들이 여러분을 비웃고 여러분의 행동이 이기적인 동기에서 나온 것이라고 뒤집어씌우며, 여러분이 행하거나 말하는 모든 것을 악의적으로 해석하는 것을 보게 될 것입니다. 그런데, 사실 그것이 중요한 문제는 아닙니다. 우리는 모두 그리스도의 심판대에서 하나님과 사람과 천사들 앞에 나타날 것이기 때문입니다. 주님을 기쁘시게 하는 삶을 살도록 합시다. 우리의 순전한 동기는 마지막에 아주 분명하게 드러날 것입니다.

어떤 사람이 내내 하나님의 영광밖에 생각하지 않았는데 세상은 그 사람이 이기적인 동기에서 복음을 전했다고 말했을 수 있습니다. 그러면 주님께서 그 판단이 참으로 그릇되었다는 것을 분명하게 밝혀 주실 것입니다. 사람들이 어떤 사람에 대해서 그가 매우 열성적이었지만 인기를 얻으려고 했다고 말했습니다. 그러나 그 사람은 한 번도 사람의 칭찬에 연연해하지 않았습니다. 그런 사람은 괴로워할 필요가 없습니다. 마지막 날에 연기가 깨끗이 걷혀지고 그가 의로운 사람이었음이 드러날 것입니다. 여러분이 오직 그리스도를 기쁘시게 하기 위해 살아왔다면, 주님이 오시는 것을 두려워할 필요가 없습니다. 그날에 주님께서 모든 비방과 오해를 거두시므로 여러분이 정당하고 진실되었음이 온 우주 앞에 뚜렷하게 나타날 것이기 때문입니다. 그날에, 곧 하나님께서 자기 백성들을 공개적으로 의롭다고 하시는 때에, 주님은 모든 사람들과 천사들과 마귀들에게 그들이 참으로 의롭다는 것을 알게 하실 것입니다. 하나님의 엄숙한 이 평결에 지성을 갖춘 우주의 모든 영들이 동의할 것입니다. 그들이 주 예수께서 내린 판결에 "예" 하고 말할 것입니다. 마지막 시험의 날에 평결하는 일이 그들에게 맡겨졌다면, 그들도 신자들의 편을 드는 평결을 내릴 것입니다. 불경건한 자들에 대해서는 정죄하는 판결을 내리는 것이 정당할 뿐만 아니라, 이 온 우주의 존재들도 거기에 동의할 것입니다. 하나님께서 죄인들이 몸으로 행한 악한 행실에 대해 내릴 형벌에 대해서는 아무도 그것이 너무 심하다고 트집 잡지 않을 것입니다. 그것은 지성적인 모든 영이 옳다고 인정하지 않을 수 없을 판결이 될 것입니다.

형제 여러분, 우리 삶은 공로를 근거로 하는 심판에는 아무 이의를 제기할 수 없을 것입니다. 우리는 이 생각을 몹시 싫어합니다. 그렇지만 우리가 하나님께 은혜를 받았다는 증거, 즉 우리가 그리스도를 기쁘시게 했다는 증거가 우리 삶에 풍성하게 나타날 그런 삶을 살도록 합시다. 왜냐하면 우리가 그런 삶을 살지 못한다면, 믿음에 관해 좋아하는 이야기를 할 수 있고 경험에 관해 기뻐하는 것을 자랑할 수 있을지라도 거룩함이 없이는 아무도 주님을 볼 수 없을 것이기 때문입니다. 우리 삶에 그리스도를 기쁘시게 하는 것이 없었다면, 우리가 주님을 기쁘시게 하는 생활을 하지 못하고 있었고, 따라서 우리에게 영적 생명이 없었으며, 마음에 은혜가 없었고, 결국 우리가 구원받지 못했다는 불리한 증거를 보이게 될 것입니다. 그러면 우리에게는 불경건한 자들과 함께 정죄받는 것 외에는 아무것도 남지 않을 것입니다. 자, 그러므로 형제자매 여러분, 우리는 살든지 죽든지 개의치 맙시다. 이 세상에서 다음 상태로 넘어가는 일에 놀라지 말고 "견실하며 흔들리지 말고 항상 주의 일에 더욱 힘쓰는 자들이"(고전 15:58) 됩시다.

　　나는 이번 주에 나이 드신 두 분의 교우, 곧 자매 한 분, 형제 한 분을 모시고 무덤에 갔습니다. 두 분은 영광으로 들어가셨고, 두 분이 우리의 교육을 위해 남겨준 교훈은 이것입니다. 우리는 몸을 가지고 살든지 혹은 그리스도와 함께 있든지 개의치 말라는 것입니다. 즉 살든지 죽든지 주님을 기쁘시게 하는데 마음을 쓰라는 것입니다. 나는 어떻게 하면 이 교훈을 강력하게 주장하여 각 신자의 마음에 깊이 가 닿도록 할 수 있을지 알고 싶습니다. 그러나 그보다는 성령께서 신자의 마음에 그 교훈을 심어 주시기를 기도해야 마땅할 것입니다. 성령께서 여러분과 내 마음에 그 교훈을 써 주시기를 바랍니다. 그래서 우리 모두가 지금부터 영원히 그 일을 실천하는 사람들이 되게 하여 주시기를 구합니다. 아멘.

제
6
장

—

강권함을 받아

—

"그리스도의 사랑이 우리를 강권하시는도다 우리가 생각하
건대 한 사람이 모든 사람을 대신하여 죽었은즉 모든 사람
이 죽은 것이라." — 고후 5:14

사도와 그의 형제들은 모든 일을 사심 없이 행하였습니다. 사도는 자신이나
자기 형제들이 행동의 방식은 다양하게 취했지만 언제나 한 가지 목표를 생각했
고, 오직 그리스도의 대의를 증진시키기 위해서 살았다고 말할 수 있었습니다.
바울은 이렇게 말합니다. "우리가 만일 미쳤어도 하나님을 위한 것이요 정신이
온전하여도 너희를 위한 것이니." 어떤 사람들은 바울에게 이성적으로 따지는
능력이 너무 강하게 나타나는 것을 보고, 그가 너무 냉정할 정도로 논쟁적이라
고 생각하였을지 모릅니다. 그러나 바울은 "내가 냉정하게 보인다면(개역개정은
'내가 정신이 온전하여도' — 역주) 그것은 너희를 위한 것이다"라고 말합니다.
어떤 점들에서 볼 때 사도와 그의 동료 사역자들은 완전히 정신이 나가지는
않았다고 할지라도 거의 정신이 나갔고, 그래서 아주 비현실적인 일을 이루려고
하는, 헛소리 하는 광신자들처럼 보였을 것입니다. 사도가 자신의 회심에 대해
이야기하는 것을 들은 한 사람은 "바울아 네가 미쳤도다 네 많은 학문이 너를 미
치게 한다"(행 26:24) 하고 외쳤습니다. 바울의 행동에 놀라운 변화가 일어난 것
을 보고, 또 그가 자신의 새로운 신앙을 위해 무엇을 포기하고 무엇을 견디는지
를 안 많은 사람은 틀림없이 똑같은 결론에 이르렀을 것입니다. 바울은 사람들

의 이런 판단을 듣고 불쾌하게 생각하지 않았을 것입니다. 왜냐하면 바울이 그의 주님께서도 미쳤다는 비난을 받고, 심지어 주님의 친척들까지도 "그가 미쳤다"(막 3:21)고 말한 것을 기억하였을 것이기 때문입니다. 사도는 베스도에게 이렇게 답변하였습니다. "베스도 각하여, 내가 미친 것이 아니요 참되고 온전한 말을 하나이다"(행 26:25). 그리고 고린도 교회의 반대자들에게는 훨씬 더 충분하게 답변하였습니다. 예수님의 대의를 위한 열심 때문에 미쳤다는 비난을 받는 사람들은 복이 있습니다. 그들이 "우리가 만일 미쳤어도 하나님을 위한 것이요"라고 말할 수 있다면, 그들은 충분한 답변 이상의 것을 가지고 있는 것입니다. 미친 사람들이 다른 사람들을 미쳤다고 생각하는 것이 특이한 일이 아니고, 미친 세상이 사람들 가운데서 유일하게 도덕적으로 온전한 사람들을 어리석고 미쳤다고 비난하는 것이 이상한 일이 아닙니다. 그러나 지혜는 그 열매로 정당하게 평가됩니다. 다른 사람들이 또 다른 이유를 들어 바울을 비난하고, 바울이 사용한 방법이 비정상적이며, 바울이 모든 사람의 마음에 들도록 하려고 한 것은 지나치게 신중한 태도였고, 어쩌면 그것은 권력에 대한 욕망이 있지 않았나 하는 의심이 드는 목적을 이루기 위한 수단이었을 것이라고 은근히 말한다면, 그는 아주 단호하게 "정신이 온전하여도 너희를 위한 것이다"라고 대답할 수 있을 것입니다. 바울은 아주 사심 없이 일하였기 때문에 고린도 교회에 호소하며, 그들에게 자기가 그들의 소유를 탐내지 않고 그들 자신을 얻으려고 했고, 만일 자기가 그들의 무질서한 모습을 아주 냉정하게 비판하였다면, 그것은 그들을 위한 것이라고 증언하는 것을 용납해 달라고 부탁할 수 있었습니다. 바울은 자신이 무슨 일을 하든 혹은 무엇을 겪거나 말하든 간에, 거기에는 한 가지 목적밖에 없었는데, 그것은 신자를 온전하게 하고 죄인을 구원함으로써 하나님을 영화롭게 하는 것이라고 생각하였습니다.

　그리스도인 사역자는 누구든지 사도의 이 말을 조금도 주저하지 않고 할 수 있어야 합니다. 그렇습니다. 또한 그리스도인도 누구나 같은 말을 할 수 있어야 합니다. "내가 흥분한다면 그것은 진리를 변호하기 위해서이다. 내가 냉정하다면 그것은 거룩함을 유지하기 위해서이다. 내가 터무니없는 행동을 하는 것처럼 보인다면, 그것은 예수의 이름이 내 깊은 영혼을 흔들어 놓기 때문이다. 내가 조심하고 신중한 태도를 취한다면 그것은 내 구주님의 나라의 이익을 가장 지혜롭게 증진시키려고 하는 것이다." 하나님께서 우리가 울든지 노래하든지, 근심하든지 희망에 차 있든지, 이겨서 의기양양하든지 패배하였든지, 소유가 늘든지 줄든지, 기분이 고양되든지 우울해지든지 간에, 여전히 이 한 가지 목적을 추구하고 그 거룩한 대의에 전념할 수 있게 해주시기를 바랍니다. 우리가 살아서 교회가 모두 한 가지 일에 전념하는 사람들로 이루어지는 것을 보며, 마찬가지로 같은 거룩한 목적에 사로잡혀 있기 때문에 그런 사람들을 인도하기에 적합한 사역자들이 그런 교회들에 일어나는 것을 볼 수 있으면 좋겠습니다. 옛적에 갈멜산에 떨어졌던 불이 우리 제단에 떨어지기를 바랍니다. 세상이라는 소금 바다에 두세 번 적신 제물이 놓여 있는 이 제단에 불이 내려 번제물과 나무와 돌과 흙을 사르고, 도랑에 있는 물까지 말려버리기 바랍니다. 그때 모든 백성이 그 불을 보고 엎드려 소리칠 것입니다. "여호와 그는 하나님이시로다 여호와 그는 하나님이시로다"(왕상 18:39.

사도는 이어서 왜 자신과 자기 동역자들의 모든 행동이 단 한 가지 목적을 이루는데 집중되었는지에 대해서 이야기합니다. "그리스도의 사랑이 우리를 강권하시는도다 우리가 생각하건대 한 사람이 모든 사람을 대신하여 죽었은즉 모든 사람이 죽은 것이라"고 바울은 말합니다. 나는 이것이 상당히 정확한 번역이라고 생각합니다.

본문에서 두 가지 사실을 살펴볼 것입니다. 첫째로, 강권을 받는다는 것이고, 둘째는 정당하게 생각되는 강권을 받는다는 것입니다.

1. 여기서 주요 요점은 "강권을 받는다"는 말로 표현할 수 있을 것입니다.
바울 사도가 있는데, 그는 자유인으로 출생한 사람이고, 다른 무엇보다 지극히 위대한 영적 자유를 누리는 사람이었는데, 자기가 강권을 받는다는 점을 자랑하고 있습니다. 큰 힘이 그를 사로잡고 있었기 때문에 그는 강권함을 받고 있었습니다. "그리스도의 사랑이 우리를 강권하시는도다." "우리를 강권하신다"는 말은 그 구절의 뜻을 아주 잘 표현하고 있다고 생각합니다. 그러나 그 구절을 "우리를 제지하신다"고 번역할 수도 있습니다. 그리스도의 사랑은 참된 신자들이 이기주의자가 되지 않도록 제지하고, 지극히 고상한 목적이 아닌 다른 것을 추구하지 않도록 금합니다. 초대 교회 성도들은 미쳤든지 정신이 온전하든지 간에, 좋은 배가 키의 움직임을 잘 듣고, 말이 고삐에 복종하듯이 하나님의 제지에 순종하였습니다. 그들에게는 제지하는 힘이 있어서 불순한 동기에 조금이라도 마음이 넘어가지 않도록 막았습니다. 그리스도의 사랑이 그들을 지배하고 사로잡았습니다. 그러나 "제지하였다"는 말은 그 의미를 한 부분밖에 표현하지 못합니다. 왜냐하면 그 단어의 뜻은 사도가 "강요받았다 혹은 압박받았다"는 것이고, 따라서 사도가 사람이 압력에 의해 밀려가듯이 앞으로 나가지 않을 수 없었다는 것이기 때문입니다. 강물이 헤엄치는 사람을 떠밀고 강물의 흐름에 따라 앞으로 가도록 만들 듯이 사방에서 그리스도의 사랑이 그를 압박하였습니다. 아주 권위 있는 주석가인 벵겔(Bengel)은 이 구절을 "계속해서 우리를 일하게 만든다"는 뜻으로 해석합니다. 이는 우리가 예수 그리스도의 사랑 때문에 노력하게 되고 열심을 내며 참고 계속해서 앞으로 나가게 되기 때문입니다. 사도들이 많이 수고하였습니다. 그러나 그들의 모든 노고는 예수 그리스도의 사랑에 충동을 받아서 나왔습니다. 야곱이 순전히 라헬에 대한 사랑 때문에 그녀를 위해 수고하였던 것과 똑같이, 참된 성도들은 사랑의 절대적인 힘에 끌려서 주 예수님을 섬깁니다. 한 유명한 주석가는 이 단어를 "우리를 포함한다"는 뜻으로 해석하는데, 이것은 마치 주님의 종들을 다같이 모아 한 깃발 아래 한 무리로 모았다는 뜻을 나타내는 것 같습니다. 이렇게 해서 그는 "그 사랑은 내 위에 깃발이로구나"(아 2:4)라는, 아가서에 나오는 교회에 대한 말을 아주 적절하게 언급합니다. 군인들이 깃발 아래 집결하여 한데 모이듯이, 성도들은 그리스도의 사랑으로 말미암아 주님께 대한 봉사와 사역에 전념하게 됩니다. 이 그리스도의 사랑 때문에 그들은 하나님의 택하신 자들을 위하여, 그리고 하나님의 영광을 위하여 모든 것을 견딥니다. 그래서 이 사랑을 그들의 모든 에너지의 중심이자 천연 자석으로서 깃발처럼 높이 들어올립니다. 우리는 충성할 최선의 동기와, 분발할 최고의 이유와, 인내해야 할 최상의 근거를 우리 주님의 사랑에서 만납니다.

그 다음에 이 단어는 "압축되었다"는 뜻을 나타낼 수도 있습니다. 그렇다면 그것은 그들의 모든 에너지가 압축되어 한 경로로 분출되고 그리스도의 사랑에 의해 움직이게 되었다는 것을 의미할 것입니다. 제지와 압박, 그리고 나머지 모든 의미를 비유에 담아 하나로 표현할 수 있겠습니까? 그럴 수 있다고 생각합니다. 홍수가 광활한 목초지를 덮고 얕은 웅덩이에 고일 때, 사람들은 댐을 막아 많은 물을 가두고 둑을 쌓아 물이 한 방향으로 흐르도록 만듭니다. 이와 같이 압축하면 큰물이 시내가 되어 한 방향으로 힘 있게 흐릅니다. 그 물이 어떻게 속도가 빨라지고 얼마나 큰 힘을 모으는지 보십시오. 그 물은 저쪽에서 물방앗간의 바퀴를 돌리고, 양들이 몸을 씻도록 하며, 폭포처럼 뛰기도 하고, 가축들이 여름 햇빛 아래 가까이 서 있는 시내가 되어 마을들 사이를 소리 내며 달립니다. 그러는 동안 내내 이 시내는 점점 불어서 강물이 되어 크고 작은 배를 띄우며, 큰물을 이루어 바다로 흘러들어가기까지 멈추지 않습니다. 그리스도의 사랑이 바울의 에너지를 압축하여 힘으로 변화시키고, 한 방향으로 흐르며 놀라운 힘으로 앞으로 달려가게 만들어, 바울과 그의 동료들이 언제나 적극적이고 원기왕성하게 선을 행하는 강력한 힘이 되게 하였습니다. 그래서 바울은 "그리스도의 사랑이 우리를 강권하시는도다" 하고 말합니다.

모든 위대한 생애는 어떤 지배적인 원칙의 압박을 받았습니다. 끊임없이 변하고 무엇이든 조금이라도 오래 하지 못하는 사람은 하찮은 사람입니다. 일시적인 생각과 공상, 여가와 쾌락으로 인생을 낭비하는 사람은 아무것도 성취하지 못합니다. 그는 삶의 표면만을 스쳐가기 때문에 하늘을 지나가는 새처럼 자기 인생에 아무 흔적을 남기지 않습니다. 그러나 사람이 집중하면, 심지어 악한 일로 인해서도 위대하게 됩니다. 마케도니아의 젊은 왕자 알렉산더를 위대하게 만든 것이 정복에 대한 욕망에 온 마음을 쏟은 것 말고 무엇이었습니까? 그는 평안하고 안락하게 지낼 때는 행복하지 않았습니다. 그는 인생의 전성기를 전쟁터에서나 행군 대열에서 보냈습니다. 그가 전쟁의 최전선으로 달려가며, 지극히 하찮은 병사로 하여금 자기 왕의 필사적인 용기를 보고서 영웅으로 변모하게 만드는 것을 보면, 그의 위대함에 탄복하게 됩니다. 만족을 모르는 정복욕이 그를 강권하지 않았다면 그는 결코 세계의 정복자가 되지 못했을 것입니다. 이렇게 해서 카이사르나 나폴레옹 같은 영웅들이 나왔습니다. 그들은 지배욕에 사로잡혀서 자신의 야망을 철저히 이루는 사람들입니다.

여러분이 이 생각을 좀 더 낮고 좀 더 거룩한 영역으로 가져가보면, 동일한 사실이 뚜렷하게 나타납니다. 하워드(John Howard: 18세기 영국의 교도소 개량운동가이자 박애주의자 – 역주)가 사람을 사랑하는 마법에 걸리지 않았다면 위대한 박애주의자가 되지 못했을 것입니다. 그는 궁정이나 거실의 소파에 있을 때보다 병원이나 감옥에 있을 때가 더 행복하였습니다. 그는 감금되어 있는 사람들에 대한 동정심에 사로잡혀 있었기 때문에 교도소를 방문하지 않을 수 없었습니다. 그래서 그는 그런 사람들의 이익을 추구하는 일에 일생을 보냈습니다. 휫필드(Whitfield)나 그의 동료 웨슬리(Wesley) 같은 사람을 보십시오. 그런 사람들은 한 가지 생각밖에 없었습니다. 그것은 사람들을 그리스도께로 인도하는 것이었습니다. 그들의 전 존재가 하나님을 위한 열심이라는 한 줄기로 모아져서 빠르게 흐르는 론 강처럼 그들을 충만하고 강하게 만들었습니다. 그들에게는 그리스도를 위하여 수고하는 것이 휴식이었습니다. 복음을 전하다가 돌에 맞고 예수님을 위하여 비방을 받는 것이 그들의 명예였습니다. 주교가 되거나 상원의원이 되는 것이 그들에게는 죽음이었을 것입니다. 그들이 영혼을 구원하는 일을 그쳐야 했다면, 보좌라도 그들에게는 고문대가 되었을 것입니다. 이들은 자기들도 알 수 없지만 약화시키고 싶지 않은 열정에 사로잡혀 있었습니다. 그들은 이렇게 노래할 수 있었습니다.

> "그리스도의 사랑이 나를 강권하니
> 방황하는 영혼들을 찾아
> 구원하려고 부르짖고 애원하며 눈물로 호소하며
> 맹렬한 파도에서 그들을 끌어내려 하네."

그들의 전 인생, 곧 생활과 생각과 기능과 영혼과 몸이 목적을 이루는 일에 완전히 하나로 결합되었습니다. 그들의 거룩한 인격이 앞으로 달려가지 않을 수 없었습니다. 그래서 그들은 나가서 반드시 그 목적을 이루는, 영원한 나라에서 내려치는 번개에 비유될 수가 있습니다. 그들이 복음 전파를 그만두기보다는 태양이 빛을 비추기를 그치거나 하늘에서 가던 길을 돌아가는 것이 쉬울 것입니다.

그런데 이런 강권함에는 강요가 전혀 없고 아무런 속박이 없습니다. 그것은 최고의 자유입니다. 사람이 정말로 자기가 하고 싶은 일을 할 때, 거기에 따르는 열광적인 기쁨과 즐거움을 표시하고 싶다면, 대체로 본문의 용어와 비슷한 말을 사용합니다. 그런 사람은 이렇게 말합니다. "아, 내가 좋아하는 공부에 푹 빠졌어. 완전히 마음을 빼앗겼어. 도무지 그 재미를 물리칠 수가 없어. 완전히 마법에 홀린 것 같아." 그러면 이 사람은 전혀 자유롭지 않습니까? 사람이 과학이나 추구하는 다른 어떤 주제에 몰두한다면, 그는 원할 때는 언제든지 아주 자유롭게 그만둘 수 있지만, 보통은 그가 그렇게 할 수 없다고 말을 할 것입니다. 그 주제가 그 사람을 완전히 사로잡고 있어서 거기에 빠지지 않을 수가 없습니다. 그러므로 여러분은 우리가 그리스도의 사랑의 강권함을 받는다고 말할 때, 그 말 뜻이 우리가 더 이상 우리 의지를 발휘할 수 없게 되었다거나 우리의 봉사를 자발적으로 할 수 없게 되었다는 것이 아님을 알아야 합니다. 전혀 그렇게 되지 않습니다. 우리는 그리스도께 매일 때만큼 자유로운 때는 없다는 것을 인정합니다. 아니, 우리 하나님은 물리적인 힘으로 우리를 강요하시지 않습니다. 하나님의 끈은 사랑의 끈이고, 하나님의 띠는 사람의 띠입니다. 그 강권함은 기분 좋게 느낄 수 있는 압박입니다. 우리는 그 강권함의 압박에 전적으로 동의하며, 거기에 강권함의 힘이 있습니다. 우리는 "그리스도의 사랑이 우리를 강권하신다"는 것을 기쁘게 인정합니다. 그 강권함이 매일 더 커지기를 바랄 뿐입니다.

지금까지 우리는 바울에게 그를 붙잡고 있는 강력한 힘이 있다는 것을 보았습니다. 이제 한 걸음 더 나아가서 강권하는 그 힘이 그리스도의 사랑이었다는 것을 봅시다. 바울은 그리스도에 대한 자신의 사랑을 말하지 않습니다. 그 사랑이 첫 번째 사랑에 비해 부차적인 것이지만 그 역시 강력한 힘이었습니다. 그러나 바울은 더 강력한 힘을 언급하는 것으로 만족합니다. 그 힘이 그보다 약한 것을 포함하기 때문입니다. "그리스도의 사랑이 우리를 강권하시는도다." 즉 우리에게는 그리스도의 사랑이 지배하는 힘입니다. 형제 여러분, 이것은 기쁘게 복종할 수 있는 힘입니다. 이것은 지극히 위대한 지성들에게도 복종하라고 요구할 만한 가치가 있는 힘입니다. "그리스도의 사랑." 누가 이 전능한 힘을 측량할 수 있겠습니까? 본문을 볼 때, 그 사랑은 주께서 사람들을 위하여 죽으신 데서 가장 강력하게 나타납니다. "우리가 생각하건대 한 사람이 모든 사람을 대신하여 죽었은즉 모든 사람이 죽은 것이라"는 문맥에 유의할 필요가 있습니다. 바울을 완전히 사로잡은 그리스도의 사랑이 특별히 나타난 것은 그리스도의 대속의 죽음에서 계시된 사랑이었습니다. 그 점을 잠시 생각해 봅시다. 어떤 고통이나 고난, 부끄러움이 가까이 할 수 없고, 항상 찬송 받으시는 그리스도께서 사람들을 사랑하셨습니다. 참으로 기이한 사랑입니다! 그리스도께서 죄인들을 사랑하십니다. 그렇습니다. 자기의 원수들을 사랑하시는 것입니다! 타락한 불쌍한 사람들을 사랑하셔서 주님은 사람들의 본성을 취하고 사람이 되셨습니다. 참으로 놀라운 겸손입니다! 하나님의 아들이 또한 마리아의 아들이기도 합니다. 주님은 사람의 모양으로 나타나시기까지 자신을 낮추시고 아무 명성이 없는 존재가 되십니다. 주님께서 사람 재판장 앞에 끌려 나오고 부당하게 정죄받고, 로마 관리들에게 사로잡히고 채찍질당하시는 것을 보십시오! 좀 더 보면, 주님께서 교수대에 못 박히고, 중 죄인으로 달려서 조롱과 비웃음을 당하고 냉혹한 눈길과 독기 어린 말을 듣는 가운데 피를 흘리다가 마침내 죽어 무덤에 누이시는 것이 보입니다. 이 모든 사실 이면에는, 이때 그리스도께서 죽으실 뿐만 아니라 다른 사람들을 대신해서 죽고, 하나님의 진노를 받으며 인간 죄에 따르는 두려운 사형선고를 담당하고 계셨다는 신비가 있습니다. 우리를 하나님께 데려가기 위해 무한히 순결하신 분이 죄인을 대신하여, 의로우신 자가 불의한 자를 대신하여 고통을 받으시는 여기에 참으로 사랑이 있습니다. 예수께서 사랑 때문에 피투성이의 나무에 달려 냉혹한 법의 두려운 판결을 담당하셨을 때만큼 사랑이 장엄한 고지에 이른 때는 없었습니다.

　　사랑하는 여러분, 사랑의 강권하는 힘을 느낄 때까지 이 사랑을 생각해 보십시오. 그것은 영원한 사랑이었습니다. 땅이 조성되기 오래 전에, 영원하신 말씀이 자기 백성을 보았고 그들의 이름을 마음에 새기셨기 때문입니다. 그것은 사심 없는 사랑이었습니다. 왜냐하면 주님은 그의 구속하신 자들로부터 얻을 것이 아무것도 없었기 때문입니다. 그들의 음악이 없어도 하늘에는 수금이 얼마든지 있었고 하늘의 도성에는 노래가 넘쳤습니다. 그것은 지극히 자유롭고 자발적인 사랑이었습니다. 아무도 그 사랑을 구하는 자가 없었고, 생각조차 하지 않았습니다. 그것은 참으로 끈기있는 사랑이었습니다. 사람이 세상에 태어나 범죄하고 그리스도를 배척하였으며, 그리스도께서 자기 백성에게 왔으나 그들이 그를 영접하지 않았지만, 주님은 여전히 그들을 사랑하시되 끝까지 사랑하셨기 때문입니다. 그것은 사랑이었습니다. 내가 이 사랑에 대해 무슨 말을 할 수 있겠습니까? 내가 더 많은 말을 할지라도 여러분의 생각을 끌어올리기보다는 오히려 가라앉힐 수가 있습니다. 그것은 측량할 수 없고 상상할 수 없는 무한한 사랑이었습니다! 어머니의 사랑이 죽음처럼 강하고, 질투는 무덤처럼 잔혹할지라도, 그것은 여인의 사랑을 뛰어넘습니다. 순교자의 사랑이 맹렬한 불꽃을 이겼을지라도, 그것은 그 사랑을 넘어섭니다. 다른 모든 사랑의 빛은 태양같이 타오르는 이 사랑 앞에서는 그 보잘것없는 빛이 희미해지고 맙니다. 사람이 그 온기를 느낄 수 있는 이 사랑의 빛을 아무도 온전히 볼 수 없습니다. 그리스도께서는 하나님으로서 우리를 사랑하셨습니다. 우리를 지옥에 내려가는데서 구속하기 위해 창에 찔린 그분의 가슴속에서 타올랐던 것은 바로 하나님의 사랑이었습니다. 그리스도의 마음을 차지하였고 바울이 말하는 대로 "우리를 강권하시는" 것이 바로 이 힘입니다.

우리는 여기서 또 한 걸음 나가서, 그리스도의 사랑이 우리에게 작용하여 우리 속에 하나님에 대한 사랑을 낳는다고 말할 수 있습니다.

사랑하는 형제 여러분, 여러분이 우리 주 예수 그리스도를 사랑하시는 줄 압니다. 하나님의 백성은 모두 그리스도를 사랑하기 때문입니다. "우리가 사랑함은 그가 먼저 우리를 사랑하셨음이라"(요일 4:19). 내가 이 외에 무엇을 말하겠습니까? 이 두 가지, 곧 우리에 대한 그리스도의 사랑과 그리스도에 대한 우리의 사랑만큼 내가 잘 말할 수 없다고 느끼는 주제는 거의 없습니다. 어쨌든 사랑은 입 속에 있는 이 혀 말고 다른 곳에 있는 혀를 원하기 때문입니다. 이 혀는 머릿속에 있습니다. 그래서 우리의 생각을 잘 말할 수 있습니다. 그러나 우리는 감정을 잘 표현할 수 있는 마음속의 혀가 필요합니다. 이 감정이 지금은 뇌의 불완전한 연사를 통해 자신을 표현하지 않을 수 없습니다. 냉철한 머리와 타는 가슴 사이에 큰 간격이 있습니다. 그래서 감정이 혀로 가는 길에서 식어버리고, 뜨거운 가슴이 냉랭한 말에 지쳐버리게 됩니다. 그러나 우리는 예수님을 사랑합니다. 형제자매 여러분, 우리는 진정으로 예수님을 사랑합니다. 주님의 이름은 벌꿀처럼 달콤하고, 주님의 말씀은 오빌의 금처럼 귀합니다. 그분은 우리에게 너무나 소중합니다. 주님은 머리부터 발끝까지 참으로 사랑스럽습니다. 주님께 가까이 가다가 마침내 주님을 보게 되면, 아마도 우리는 그 모습을 보고서 너무 기뻐 기절할 것입니다. 주님을 보고 그의 사랑을 느끼는 것 이상 가는 천국은 없을 것입니다. 나는 우리가 천국에서 모든 조화와 명예, 교제를 누릴 것을 의심하지 않습니다. 그러나 그 모든 것이 사라질지라도, 우리가 보좌에 앉으신 주님을 볼 수만 있고, 주께서 친히 "아버지여 내게 주신 자도 나 있는 곳에 나와 함께 있어 아버지께서 내게 주신 나의 영광을 그들로 보게 하시기를 원하옵나이다"(요 17:24)라고 기도하신 것이 성취되는 것을 볼 수만 있다면, 그것이 우리에게 어떤 큰 차이를 낼 수 있을지 모르겠습니다. 우리에게는 주님이 행복입니다. 그렇습니다. 주님은 모든 것의 모든 것이십니다. 여러분이 늘 듣는 지극히 달콤한 설교는 주님으로 충만한 설교라는 것을 느끼지 않습니까? 때로 설교를 들을 수 있는 기회가 생길 때, 복음을 철학적으로 해석하려고 하는 세련된 시도나, 방울소리 같은 우아한 말이라고 밖에 달리 설명할 수 없는 듣기 좋은 에세이를 들으면 구역질이 납니다. 그러나 아주 교양이 없고 수줍어하는 형제라도 그가 불타는 심정으로 내 영혼이 사랑하는 주님을 진심으로 이야기한다면, 나는 말할 수 없는 기쁨으로 그의 설교를 들을 수 있습니다. 우리는 예수님을 모시고 있는 집회 장소에 있는 것이 기쁩니다. 두세 사람과 함께 다볼(Tabor)에 있든지 아니면 신자들의 회중 가운데 있든지 간에, 거기에 주님께서 계시다면 그곳에 있는 것이 좋습니다. 여러분이 예수님에 관해 들을 때 즐거움을 느낀다는 것은 여러분이 주님을 사랑한다는 표시입니다. 여러분이 복음을 전파하려고 노력한다는 것은 여러분의 주님의 대의를 사랑한다는 것을 나타냅니다. 여러분에 대한 그리스도의 사랑에 감동을 받아 여러분은 그리스도의 나라가 임하기를 바라게 되었습니다. 여러분은 그리스도의 통치의 경계를 확장하는데 자신의 생을 바칠 수 있다고 느낍니다. 그리스도는 영광스러운 왕이시고, 온 세상이 그 사실을 알아야 하기 때문입니다. 우리가 모든 민족이 주님의 평화의 홀 앞에 절하는 것을 볼 수 있으면 좋겠습니다. 우리는 주님을 참으로 사랑하여서 온 땅이 주님의 통치의 빛을 받으며 웃을 때까지는 가만히 쉴 수 없습니다.

주님의 진리에 대해서 말하자면, 그리스도에 대한 우리의 사랑은 순수한 복음을 좇는데서 아주 크게 나타날 것입니다. 나는 오늘날 그리스도인들 가운데 "그 사람 아주 똑똑한 사람이야. 멋진 설교자야. 천재야, 타고난 연설자야"라고 말할 수 있는 한, 누가 설교해도 괜찮다고 하는 사람들을 도무지 참을 수가 없습니다. 설교자가 똑똑하기만 하면 거짓된 교훈도 용납할 수가 있는 것입니까? 어떤 사람이 잘못을 전하는 능력을 가졌다면, 그것이 내게는 탄복할 만한 것이 아니라 슬픈 일입니다. 거짓 교리가 아무리 산뜻하게 제시될지라도 나는 거짓 교리를 참을 수가 없습니다. 여러분은 접시가 최상품이라고 해서 접시에 담긴 독이 든 고기를 내게 먹으라고 하겠습니까? 영혼들을 사고 싶어서 교묘한 말로 사람들에게 제시하는 다른 복음을 들을 때면 분노가 치밉니다. 그런 사기꾼들에 대해 부드럽게 말하는 사람들을 보면 놀라지 않을 수 없습니다. 어떤 사람은 "그것은 당신의 편협한 생각이다"고 말합니다. 그렇게 말하고 싶으면 그렇게 하십시오. 그러나 그것은 사랑하는 사도 요한의 편협한 생각입니다. 사도는 "누구든지 이 교훈을 가지지 않고 너희에게 나아가거든 그를 집에 들이지도 말고 인사도 하지 말라 그에게 인사하는 자는 그 악한 일에 참여하는 자임이라"(요이 1:10)고 썼습니다. 나는 하나님께서 우리 모두가 더욱 그런 결정을 내리도록 해주셨으면 좋겠습니다. 그런 태도가 없다면 우리 신앙생활에서 척추를 잃는 것이고, 정직한 용기 대신에 상호 아첨이라는 두려운 젤리 덩어리를 취하는 것이기 때문입니다. 거짓 교리를 미워하지 않는 사람은 참된 교리를 사랑하지 않습니다. 그것이 하나님의 말씀인지 사람의 말인지에 대해서 전혀 개의치 않는 사람은 마음이 새롭게 된 사람이 아닙니다. 여러분 가운데 선조들을 닮은 분들이 있다면, 여러분은 이 시대에 여러분이 직접 택한 사역자들이 요즘 복음을 묻어버리고 그 위에 쓰레기를 실은 짐마차를 끌고 오는 것을 참지 못했을 것입니다. 여러분은 여러분 교회의 근본 교리들을 반대하는 원수이면서도 아주 교활하여서 여러분의 목사 노릇을 하며, 변덕스럽고 천박한 세대의 신앙을 몰래 손상시키는 사람들을 강단에서 내쫓았을 것입니다. 이들은 한때 정통 신앙을 가졌던 교회들의 강단을 몰래 빼앗습니다. 그렇지 않으면 이들이 아무것도 얻지 못할 것이기 때문입니다. 그들의 무력한 신학은 그들이 자신들의 추종자들을 잃을지라도 작은 예배당을 택하여 나가게 할 만큼 충분한 열정을 일으킬 수 없습니다. 그러므로 그들은 여러분의 선조들이 복음 전파를 위해 세운 집들을 더럽히고, 한때 정통 신앙을 가졌던 교회들을 빗나가게 하여 자신들의 불신앙을 돕도록 만듭니다. 나는 그것을 불신앙이라고 부릅니다. "현대 사상"이라는 말이 조금도 더 낫지 않기 때문이고, 그 두 가지 악 가운데서 나는 불신앙이라는 말을 더 선호합니다. 그 말이 사람들을 덜 속이기 때문입니다. 나는 주님께서 교회들에게 영들을 분별하고 하나님께 속하지 않은 영들은 내쫓을 수 있도록 주님의 진리에 대한 깊은 사랑을 불어넣어 주시기를 구합니다.

나는 때로 요한과 같은 사람이 되고 싶은 심정이 듭니다. 요한에 대해서 말하자면, 그가 매우 사랑이 많은 사람이지만 진리에 대해서는 아주 단호하였다고 말합니다. 요한이 목욕탕에 갔는데 거기에 이단자 케린투스(Cerinthus: 1세기 영지주의 이단 ― 역주)가 있는 것을 보고, 그와 한 공간에 머물러 있는 것도 원하지 않아 급히 건물을 빠져나왔다고 합니다. 우리가 조금이라도 사귀어서는 안 되는, 아니 음식도 같이 먹어서는 안 되는 사람들이 있습니다. 이 행동이 엄격하고 완고한 것처럼 보이지만, 이것이 그리스도의 마음을 본받는 태도입니다. 왜냐하면 바울 사도가 "우리나 혹은 하늘로부터 온 천사라도 우리가 너희에게 전한 복음 외에 다른 복음을 전하면 저주를 받을지어다"(갈 1:8)라고 말했을 때, 성령의 감화를 받아서 이야기한 것이기 때문입니다. 현대의 유약한 면을 고려하자면,

사도는 이렇게 말했어야 합니다. "그에게 조용히 그리고 친절하게 말하고 결코 소동을 피우지 않게 기도하라. 그 선한 형제는 확실히 자기 나름의 독특한 사고 방식이 있다. 우리는 그의 자유에 이의를 제기해서는 안 된다. 확실히 그는 우리와 같은 것을 믿는데, 용어상에 작은 차이가 있을 뿐이다." 그것은 그리스도께 대한 반역이고, 진리에 대한 배반이며, 영혼들에게 무자비한 행위입니다. 우리가 주님을 사랑한다면, 주님의 말씀을 지키고, 거짓 교사들 가운데서 나와 믿음에 굳게 설 것입니다. 이렇게 하는 것이 사랑에 어긋나는 것이 아닙니다. 잘못하는 사람들에 대한 가장 참된 사랑은 그들과 친하게 교제하는 것이 아니기 때문입니다.

예수 그리스도에 대한 사랑은 사람들 속에 복음에 대한 깊은 애착을 불러일으키는데, 특별히 우리 주님의 인격과 긴밀히 연결된 교리들에 대한 애착을 일으킵니다. 나는 모든 교훈의 초석이 되는 교리, 즉 그리스도께서 사람들을 대신하여 죽으셨다는 교리에 더 특별히 애착을 느낍니다. 대속의 교리에 접촉하는 사람은 가장 중요한 교리에 손을 대는 것입니다. 따라서 이 교리를 부인하는 사람은 우리 영혼에게서 유일한 소망을 빼앗는 것입니다. 우리가 현재를 위한 모든 위로와 장래에 대한 기대를 그 교리에서 얻기 때문입니다. 그러므로 강한 힘이 사도를 붙잡은 것입니다. 그 힘은 그리스도의 사랑이었고, 그 사랑이 이번에는 사도의 마음에 그리스도에 대한 사랑을 일으켰습니다.

자, 이 힘은 신자들에게서 비례적으로 작용합니다. 이 힘이 모든 그리스도인에게서 다소간에 작용하는데, 그 정도가 각기 다릅니다. 우리는 모두 살아 있지만, 생명의 활력이 폐병 환자와 운동선수에게서는 크게 다릅니다. 그와 같이 예수님의 사랑이 중생한 모든 사람들에게 작용하지만, 그 정도가 같지 않습니다. 사람이 그리스도의 사랑에 완전히 지배되면 온전한 그리스도인이 될 것입니다. 사람이 점점 더 그 사랑에 영향을 받으면, 그는 그리스도인으로 점점 더 자랍니다. 사람이 그리스도의 사랑을 진실하게 받으면 그는 진실한 그리스도인이 됩니다. 그러나 그리스도의 사랑이 그 속에서 아무런 힘을 발휘하지 못하는 사람은 전혀 그리스도인이 아닙니다. 어떤 사람은 "내 생각에는 믿는 것이 핵심이었다"고 말합니다. 맞습니다. 그렇지만 믿음은 사랑에 의해 활동합니다. 여러분의 믿음이 사랑에 의해 활동하지 않는다면, 그것은 영혼을 구원할 믿음이 아닙니다. 믿음이 뿌리를 박은 곳에서는 반드시 사랑이 꽃을 피우게 되어 있습니다.

사랑하는 여러분, 여러분은 다음 요점들에 비례해서 그리스도의 사랑의 힘을 마음으로 느낄 것입니다. 여러분이 그 사랑을 아는 것에 비례해서 느끼게 됩니다. 그러므로 그리스도의 사랑에 대해 공부하십시오. 그 사랑의 비밀들을 깊이 조사하고 배우십시오. 천사들도 그 사랑을 알기 원합니다. 그 사랑이 시작이 없이 영원하고, 변치 않으며 측량할 수 없이 무한하고 끝이 없이 영원한 점을 보십시오. 여러분은 모든 성도와 함께 그리스도의 사랑의 넓이와 길이가 어떠한 것인지 알 때까지 그 사랑에 대해 깊이 생각하십시오. 그 넓이와 길이를 알면 그 사랑의 능력을 느끼기 시작할 것입니다. 그 능력 또한 여러분이 그 사랑을 느끼는 정도에 비례할 것입니다. 여러분은 성령께서 마음에 넓게 뿌린 하나님의 사랑을 느끼십니까? 아는 것은 좋은 일입니다. 그러나 믿음의 결과로서 즐기는 것이 더 좋은 일입니다. 예수께서 여러분을 사랑하셔서 여러분을 위해 자신을 내어주셨다는 것을 생각하면 때로 눈물을 흘릴 수밖에 없지 않습니까? 다른 한편으로, 하나님께서 이제까지 당신에게 사랑을 쏟아오셨고, 그래서 그리스도께서 당신을 위해 죽으셔야 한다는 것을 생각하면, 다윗처럼 하나님의 언약궤 앞에서 춤출 수 있겠다는 생각이 때로 들지 않습니까? 아, 생각하고 또 생각하십시오. 여러분을 위해 피 같은 땀을 흘리셨고, 여러분을 위해 가시면류관을 쓰셨으며, 여러분을 위해 못 박히고 창에 찔리며 많은 상처를 입으시고 마음이 찢기셨습니다. 모든 것, 이 모든 것을 자신의 원수인 여러분을 사랑하기 때문에 행하셨습니다! 여러분의 마음이 이 사랑에 민감하게 반응하는 정도에 따라, 그 사랑이 여러분의 전 삶에 강권하는 영향력이 될 것입니다. 이 영향력의 힘은 또한 여러분 속에 있는 은혜에 거의 전적으로 좌우됩니다. 여러분은 그리스도의 사랑이 여러분에게 미치는 그 힘을 볼 때 여러분이 받은 은혜가 얼마만한 것인지 알 수 있습니다. 주님 가까이 거하는 사람들은 자기들에게 미치는 주님의 능력을 아주 잘 알고 있어서 주님의 눈을 잠깐 한 번 보는 것만으로도 마음에 거룩한 열정이 가득 차게 됩니다. 여러분이 많은 은혜를 받았다면, 여러분에게 그 은혜를 준 사랑에 크게 감동하고 아주 민감하게 반응할 것입니다. 그러나 적지 않은 사람에게서 보듯이, 은혜를 거의 받지 못한 사람은 십자가의 이야기를 읽고도 아무런 감정이 생기지 않으며, 예수님의 죽음을 생각해도 느끼는 바가 없을 것입니다. 하나님은 우리를 무정하고 냉혹하며 완고한 마음에서 구원하십니다. 성품 또한 우리가 예수님의 사랑의 강권함을 느끼는 정도와 밀접한 관계가 있습니다. 그리스도를 닮으면 닮을수록 그만큼 더 그리스도의 강권함을 받습니다. 사랑하는 형제자매 여러분, 여러분은 성령으로 말미암아 기도로 예수 그리스도를 닮도록 해야 합니다. 여러분이 그리스도를 닮도록 노력할 때, 하나님의 사랑이 지금보다 더 충만하게 여러분을 사로잡을 것이고, 그러면 여러분은 사랑의 강권하는 힘을 더욱 느끼게 될 것입니다.

여기서 살펴볼 마지막 요점은 그 에너지를 느끼는 곳은 어디에서나 그 사랑이 이런 방식을 따라 작용하리라는 것입니다. 힘은 그 성격을 따라 작용합니다. 사랑의 힘은 사랑을 일으키고, 그리스도의 사랑은 비슷한 사랑을 낳습니다. 그리스도의 사랑을 느끼는 사람은 그리스도께서 행하신 대로 행합니다. 여러분이 자신을 제물로 드린 그리스도의 사랑을 정말로 느낀다면, 여러분 자신을 제물로 드릴 것입니다. "그가 우리를 위하여 목숨을 버리셨으니 우리가 이로써 사랑을 알고 우리도 형제들을 위하여 목숨을 버리는 것이 마땅하니라"(요일 3:16). 우리는 주님을 아는 지식의 탁월함 때문에 모든 것을 주님을 위하여 찌끼로 여길 것입니다. 여러분이 일단 주님을 알고 택한 후에는 주님 외에 다른 어떤 선택이 남아 있지 않을 것입니다. 부(富)에 이르는 길이 있지만, 그 길이 그리스도를 영화롭게 하지 않는다면, 여러분은 당장에 "부(富)여, 잘 가거라" 하고 말할 것입니다. 명예에 이르는 길이 있습니다. 그 길을 택하면 여러분은 유명해질 것입니다. 그러나 그 길이 그리스도께 아무 영광을 드리지 못한다면, 그리고 마음속으로 그리스도의 사랑의 힘을 느낀다면, 여러분은 "명예여, 잘 가거라. 나는 그리스도를 위해 부끄러움을 택하겠다. 나는 나를 위해 자신을 희생하신 주님을 위해 나를 희생하려는 생각밖에 없다" 하고 말할 것입니다.

그리스도의 사랑이 여러분을 강권하면, 그로 말미암아 여러분이 다른 사람들을 사랑하게 될 것입니다. 그리스도의 사랑은 다른 사람들에 대한 사랑, 곧 그리스도께 아무 유익을 드릴 수 없고 따라서 그리스도에게서 아무것도 받을 자격이 없는 사람들에 대한 사랑이었기 때문입니다. 그리스도의 사랑이 여러분을 강권하면, 여러분은 여러분에게 무엇을 요구할 권리가 전혀 없고 여러분에게서 아무것도 기대할 수 없으며 오히려 비난을 받아 마땅한 사람들을 특별히 사랑하게 될 것입니다. 여러분은 "그리스도의 사랑이 나를 강권하기 때문에 그들을 사랑한다"고 말할 것입니다. 시궁창 속에 있는 더럽고 하찮은 인생들, 곧 길거리를 더럽히는 부정한 여자들, 감옥에서 나와 하는 일이 겨우 다시 죄를 짓는 것뿐인

천한 남자들, 이런 사람들이 그리스도의 사랑이 우리를 강권할 때 우리가 사랑하기를 배우게 되는 타락한 사람들입니다. 예수께서 우리에게 아무도 멸시하지 말고 아무에게도 절망하지 말라고 가르신 것이 없었다면, 달리 어떻게 우리가 불쌍한 인생들에게 관심을 가질 수 있었을지 모릅니다. 감사할 줄 모르는 사람들, 아주 악의적인 인생들, 지독하게 불경한 피조물들, 때로 여러분이 만나고 피하게 되는 이런 사람들을 여러분이 사랑해야 합니다. 이는 그리스도께서 죄인 가운데 괴수를 사랑하셨기 때문입니다. 여러분에 대한 그리스도의 사랑이 지극히 비천한 사람에 대한 여러분의 사랑에 반영되어야 합니다. 그리스도께서 여러분의 태양이시므로, 여러분은 세상의 밤을 비추는 달이 되어야 합니다.

예수 그리스도의 사랑은 실제적인 사랑입니다. 주님은 단지 생각과 말로 사랑하시지 않고 행동과 진리로 사랑하셨습니다. 그리스도의 사랑이 우리를 강권한다면, 우리는 사랑의 봉사와 활동에 몰두하게 될 것입니다. 우리는 정말로 사람들을 위해 일하고 우리의 물질로 구제하며 우리 몫의 고난을 감당할 것입니다. 우리의 기독교 신앙이 단지 말이 아니라 철저히 행동인 것을 분명하게 보일 것입니다. 우리는 제단에 올려 완전히 불사르는 번제물의 수소처럼 될 것입니다. 우리는 어떻게 하면 하나님의 집을 위한 열심에 완전히 사로잡힐 수 있는지, 어떻게 하면 우리의 기능 가운데 어느 하나도 남기지 않고 우리 주님을 봉사하는 일에 철저히 다 태워드릴 수 있는지 밖에 생각하지 않을 것입니다. 주님께서 우리를 이 심정에 이르게 하여 주시기를 바랍니다.

**2. 우리가 지금까지 이야기한 사랑의 강권함은
사도 자신도 옳다고 이야기하는 바입니다.**

"그리스도의 사랑이 우리를 강권하시는도다 우리는 이같이 판단하노라"(개역개정은 "우리가 생각하건대" - 역주). 사랑은 맹목적입니다. 어떤 사람은 자기는 사랑할 때 조용한 분별력을 발휘한다고 말할지 모릅니다. 그러나 그분에게 죄송하지만 나는 그 말을 믿지 않습니다. 사도는 "그리스도의 사랑이 우리를 강권하시는도다" 하고 따뜻하게 말하면서도 "우리는 이같이 판단한다"라고 아주 침착한 어조로 말을 덧붙입니다. 지식이 애정의 기초가 될 때, 사람의 마음은 확고해지고 그의 행동은 매우 모범적이 됩니다. 지금 사도의 경우가 그와 같습니다. 판단의 확고한 기초가 있습니다. 사도는 마치 마음이 논외인 것처럼 문제를 평가하고 판단하였습니다. 그런가 하면 마치 지식이 논외인 것처럼, 사도의 논리적인 결론은 매우 열정적인 감정과 애정이 가득하였습니다. 사도의 판단은 차고 단단한 놋 제단과 같았습니다. 그러나 사도는 그 위에 모든 것을 사를 만큼 불꽃이 맹렬한 타오르는 애정의 숯불을 올려놓았습니다. 우리도 그와 같이 되어야 합니다. 신앙이 사람에게 감정의 문제일 뿐 아니라 지성의 문제가 되어야 합니다. 바울 사도가 자신과 형제들의 경우에서 말하듯이, 사람의 지식이 언제나 강렬하기 이를 데 없는 영혼의 열정을 정당화할 수 있어야 합니다. 사도와 그의 동료들은 자기들이 한 모든 일에 대해 그렇게 할 만한 이유들이 있었습니다. 첫째로, 바울은 그리스도의 대속을 인식하였습니다. "우리가 생각하건대 한 사람이 모든 사람을 대신하여 죽었은즉." 형제 여러분, 이것이, 즉 그리스도께서 죄인을 대신하여 죽으셨다는 이 사실이 바로 그리스도인을 노력하게 만드는 원동력입니다. 그리스도는 사람들을 위한 보증이요 희생이며 대리자이십니다. 기독교 신앙에서 대속하는 희생의 교리를 뺀다면, 계시라고 부를 만한 것은 아무것도 남지 않는다고 나는 주장합니다. 주님께서 우리 모두의 죄악을 담당하셨고, 주께서 채찍에 맞음으로 우리가 나음을 입었다는 이 점이야말로 우리의 거룩한 신앙의 심장이요 머리이고 창자요 영혼이며 정수입니다. 바울 사도는 이것을 사실이라고 굳게 믿었고, 그 다음에 이 믿음으로부터 예수님께 대한 강렬한 사랑이 생겨났습니다. 예수님이 나를 대신하셨습니까? 아, 내가 주님을 참으로 사랑합니다. 주님이 나를 위해 죽으셨습니까? 그러므로 주님의 사랑이 나를 정복하였고, 그러므로 그 사랑이 나를 자원하는 포로로서 사로잡습니다. 오, 거룩한 나의 대리자이시여, 내가 주의 것이고, 내게 있는 모든 것이 또한 주의 것입니다.

다음으로, 사도는 그리스도께 연합되었음을 알았습니다. "한 사람이 모든 사람을 대신하여 죽었은즉 모든 사람이 죽은 것이라." 말하자면 그리스도께서 대신하여 죽으신 모든 사람이 그의 죽음으로 함께 죽은 것이기 때문입니다. 그들을 대신하여 그리스도께서 죽으신 것은 곧 그들이 죽은 것이었습니다. 주께서 그들을 대신하여 죽으시고 그들이 주님 안에서 죽습니다. 주님께서 일어나시면, 그들이 주님 안에서 일어나는 것입니다. 주님께서 사시면, 그들이 주님 안에서 사는 것입니다. 자, 정말로 그렇다면, 그리스도를 믿는 여러분과 나는 그리스도와 하나이고, 그리스도의 몸의 지체들인 것입니다. 이 진리를 차갑게 말할 수 있지만, 부싯돌처럼 이 진리는 그 안에 불을 숨기고 있습니다. 우리가 예수님 안에서 죽었다면, 이후부터 우리는 세상에 대해, 자아에 대해, 우리 주님 외에 모든 것에 대해 죽은 것이기 때문입니다. 성령이시여, 우리 안에서 이 죽음이 온전히 작용하게 하여 주옵소서. 사도는 죽으신 주님과 연합된 자연스러운 결과를 인식하고, 그것을 표현하려고 생각합니다. 형제 여러분, 아담이 죽었을 때 우리가 죽었고, 우리는 그 사실의 결과를 그동안 느꼈습니다. 우리는 우리의 첫 대표자의 행위로 인해 죄인이 되었고, 그것이 사실임을 매일 확인합니다. 무덤으로 실려 가는 어린아이마다 죽음이 모든 사람에게 임한다는 것을 증거합니다. 모든 사람이 아담의 죄를 따라 개인적으로 범죄하지 않았을지라도 아담 안에서 범죄한 것입니다. 자, 아담 안에서 지은 우리의 죄가 우리에게 효과적으로 작용하여 악을 행하게 만드는 것과 같이, 그리스도와 함께 한 우리의 죽음이 우리 생활에 효과적으로 작용하여 선을 행하게 만듭니다. 틀림없이 그렇게 되게 되어 있습니다. 그런데 내가 어떻게 자신을 위해 살 수 있겠습니까? 나는 18세기 이전에 죽었습니다. 나는 죽고 장사되었는데, 어떻게 내가 세상을 위해 살 수 있겠습니까? 1800여 년 전에 세상이 나를 죄인으로 나무에 달았습니다. 그렇습니다. 나도 마음속으로 세상을 십자가에 못 박았습니다. 그러므로 세상을 죽은 죄인으로 간주합니다. 그런데 어떻게 내가 십자가에 못 박은 세상을 사랑하거나 세상의 즐거움을 추구하겠습니까? 우리는 이와 같이 그리스도와 함께 죽었습니다. 사도는 이렇게 말합니다. "그리스도의 사랑이 우리를 강권하시는도다 우리가 생각하건대 한 사람이 모든 사람을 대신하여 죽었은즉 모든 사람이 죽은 것이라." 그리스도 안에 있는 모든 자, 그리스도께서 대신하여 죽으신 모든 사람은 주께서 죽으실 때 죽었습니다. 그러므로 그들은 자신을 위해서 살아서는 안 되고, 자기를 위하여 죽었다가 다시 사신 주님을 위하여 살아야 하지 않겠습니까? 우리는 그리스도와 하나입니다. 그리스도께서 우리를 대신하여 하신 것을 우리가 그리스도 안에서 행하였습니다. 그러므로 그리스도께서 죽으셨기 때문에 우리가 죽은 것입니다. 따라서 우리는 더 이상 예전의 이기적인 방식을 따라 살아서는 안 되고, 오직 주님을 위해 살아야 합니다. 지성이 의지하는 기초가 있습니다. 그 다음에, 감정이 예수님의 대속하시는 사랑의 거룩한 힘에 복종합니다.

이제 다음 몇 가지 사항을 아주 간단하게 살펴보는 것으로 설교를 마치겠습니다.

첫 번째 사항은, 사도의 추론이 다른 많은 신자들의 추론과 매우 다르다는 것입니다. 사람들은 말합니다. "그리스도께서 일찍이 모든 사람을 위해 죽으셨고 내 구원의 사역을 마치셨다면, 나는 구원을 받은 것이고, 그래서 편안하게 앉아 즐겁게 살 수가 있다. 노력하거나 생각할 필요가 없기 때문이다." 여러분이 구원받았다는 것을 알고 그 다음에는 회중석 한 귀퉁이에 가서 잠자겠다니, 참 속도 좋습니다. 회개한 사람이 게으르게 침상에서 뒹굴다니! 확실히 재미있는 모습입니다. 그런데 이것이 아주 흔히 볼 수 있는 일입니다. 그런 사람들은 아직 회개하지 않은 사람들에 대해서 거의 아무런 생각이 없습니다. 그 사람들은 "주님께서 자기 백성을 구원하실 것이라"고 말하며, 주님께서 구원하는 일을 하시는지 않는지 아무 관심이 없습니다. 그들은 자기 일도 하지 않으려고 하기 때문에 하나님의 일을 하는 것을 끔찍하게 두려워하는 것처럼 보입니다. 그런 두려움을 가질 필요가 전혀 없는데도 말입니다. 이들은 하나님의 은혜를 알지 못한 뻔뻔한 사람들입니다. 구원의 핵심이, 우리가 이기심과 완고한 마음에서 구원받는데 있다는 것을 모르는 사람들입니다. 그리스도께서 나를 대신해서 그토록 많은 일을 하셨으니 나는 이제 주님을 위해 할 것이 아무것도 없다고 하는 것은 마귀의 추론입니다. 내가 이렇게 말하는 것에 대해서 마귀에게 용서라도 구하지 않으면 안 됩니다. 마귀라 할지라도 하나님의 은혜로부터 그런 추론을 끌어낼 만큼 천한 존재라고 생각하지 않기 때문입니다. 마귀조차도 그처럼 혐오스러운 죄를 짓는 자리에는 있지 않았을 것입니다. 주 예수 그리스도께 그처럼 많은 것을 빚진 사람이, 그 결과로 겨우 이기적인 게으름에나 빠진다는 것은 말로 다할 수 없이 경멸스러운 일입니다. 하나님의 참된 자녀는 "영혼아, 편히 쉬어라. 너는 모든 것이 잘 되었다. 다른 것은 신경 쓸 것이 무엇이냐" 하고 말하지 않을 것입니다. 그렇지 않습니다. "그리스도의 사랑이 나를 강권하시는도다" 하고 말할 것입니다.

　　다시 한 번 말씀드리지만, 오늘날 자칭 그리스도인이라고 하는 많은 사람들의 행위보다 사도의 그와 같은 행위가 얼마나 더 고귀합니까? 나는 지금 누구를 판단하려는 것이 아닙니다. 여러분이 스스로를 판단하라고 권하고 싶습니다. 어떤 사람들이 있는데, 나는 그들이 그리스도인이기를 바라고 싶습니다. 하나님의 대의를 위한다고 하며 어느 정도 하나님을 봉사하는 일을 하지만, 여전히 그들 인생의 주요 관심사는 그리스도도 아니고, 그리스도께 대한 봉사도 아니며, 부(富)를 얻는 것인 이 사람들이 자기 백성인지 주님은 아십니다. 부를 얻는 바로 이것이 그들의 주요 목적이고, 그들의 모든 기능은 그것을 이루는 데 쏠려 있습니다. 그런가 하면 이런 교인들도 있습니다. 우리가 이런 사람들을 판단해서는 안 될 것입니다. 그들의 주요 관심사는 자기 직업에서 성공하는 것입니다. 나는 지금 그들이 그런 생각을 갖는 것을 정죄하려는 것이 아닙니다. 사도와, 그리고 사도와 같은 사람들의 주된 열망은 이것이 아니었고 그보다 더 고귀한 것이었습니다. 우리 모든 사람의 주요 목표는 자기에 대한 것이 전혀 아니고, 그리스도를 섬기는 것이 되어야 합니다. 우리는 주님의 영광 외에 모든 것에는 죽은 자가 되어야 합니다. 우리는 죽을 수밖에 없는 몸으로 그리스도를 영화롭게 하는 이것을 우리 목표로 삼고 살아야 하며, 이 상을 얻으려고 노력해야 합니다. 우리 사업에서, 우리 공부에서, 모든 것에서 우리의 표어는 그리스도, 그리스도, 그리스도가 되어야 합니다. 자, 사람이 돈이나 명예 혹은 어떤 형태로든지 자신을 위하여 살지 않고 전적으로 그리스도를 위하여 살았다는 것이 훨씬 더 고귀한 일이지 않겠습니까? 지혜로운 사람들에게 하듯이 말합니다. 내 하는 말로 여러분 자신을 판단해 보십시오.

이러한 목표를 추구하는 것이 여러분 마음에 훨씬 더 평안을 준다고 생각하지 않으십니까? 사람들이 우리 행위를 판단할 것인데, 그들은 할 수 있는 대로 가장 엄하게 판단할 것입니다. 그들이 우리가 열성적이고 자기를 부인하는 것을 보면 이렇게 말할 것입니다. "아니, 이 사람은 제 정신이 아니야." 그 말에 대해 "우리가 만일 미쳤어도 하나님을 위한 것이다"라고 말할 수 있다면, 그런 말이 우리에게는 전혀 문제가 되지 않을 것입니다. 혹은 그들이 "아, 당신은 근엄한 옛날 사람이요, 당신은 너무 진지해요"라고 말할지라도, 우리가 "정신이 온전하여도 다른 사람들을 위한 것이다"고 말할 수 있다면, 그런 말을 들었다고 화내지 않을 것입니다. 여러분이 그리스도를 위하고, 오직 그리스도만을 위한다면, 사람들이나 마귀의 온갖 트집잡는 소리에도 결코 낙담하지 않을 것입니다.

오직 예수님만을 위해 보낸 인생이 다른 어떤 것을 위해 보낸 인생보다 훨씬 더 돌아볼 만한 가치가 있다고 생각하지 않습니까? 여러분이 스스로를 그리스도인이라고 부른다면, 돈을 버는데 바친 인생을 어떻게 평가할 것입니까? 여러분이 심상에서 발을 보으고 영혼을 하나님께 맡겨야 할 때가 그리 오래 남지 않았습니다. 자, 한 번 생각해 보십시오. 여러분이 방에 혼자 앉아서 여러분의 청지기직에 대해서 최종 대차대조표를 작성하고 있는데, 이렇게 고백하지 않을 수 없다면 어떻게 되겠습니까? "내가 그리스도인이라고 하며 지내왔고, 내 행동이 외적으로는 점잖고 존경받을 만한 것이었다. 그러나 내 주요 목적은 주님의 영광을 위하는 것이 아니었다. 나는 천만금을 모을 작정으로 살아왔고, 그 일을 이루었어." 여러분은 인생 마지막에 그런 모습으로 잠들어 죽고 싶습니까? 그렇지 않으면 "나는 그동안 사람들 가운데서 당당하게 살았고 남에게 빚지지 않았으며 가족에게 조금이라도 남겨 주었다"고 말하고 싶습니까? 여러분은 마지막으로 인생을 돌아볼 때 이렇게 말하는 것이 만족스럽겠습니까?

　형제 여러분, 우리는 행위로 구원받지 않습니다. 나는 지금 사람이 자기 인생을 돌아보는데서 얻을 수 있는 위로에 대해 이야기하고 있습니다. 그가 본문의 힘을 느꼈고 그래서 이렇게 말할 수 있게 되었다고 생각해 봅시다. "내가 모든 영광을 돌리는 하나님의 은혜로 말미암아 내 주님을 온전히 찬미하는 일에 내 전체를 드릴 수 있었다. 내 잘못이 무엇이든지 간에 잘못이 많고, 내 방황과 실패가 어떤 것이든지 간에 셀 수 없이 많지만 그리스도의 사랑이 나를 강권하였다. 나는 그리스도 안에서 죽었고 그 후부터는 그리스도를 위해 살았다고 생각하기 때문이다. 나는 지금까지 선한 싸움을 싸웠고, 믿음을 지켰다."

　내가 생각할 때, 그것은 죽을 만한 가치가 있는 일입니다. 그리스도의 사랑에 강권함을 받으면 영웅적이고 고귀하며 빛나는 삶을 살게 됩니다. 아, 우리는 그런 고상한 말을 쓰지 않아야 합니다. 그것은 그리스도인이라면 누구나 살아야 하는 삶입니다. 정말로 그리스도의 사랑에 강권함을 받는다면 그리스도인은 누구나 살아야 하는 삶입니다. 본문은 그리스도의 사랑이 우리를 강권해야 마땅하다고 말하지 않습니다. 본문은 그리스도의 사랑이 우리를 강권한다고 선언합니다. 형제 여러분, 그리스도의 사랑이 여러분을 강권하지 않는다면, 마지막 날에 판단을 받고 부족한 것이 드러나지 않도록 여러분 자신을 판단하십시오. 하나님께서 우리가 성령으로 말미암아 하나님의 사랑이 마음에 넓게 뿌려지는 것을 느낄 수 있게 해주시기를 바랍니다. 아멘.

제
7
장

—

회심이 반드시 필요한가?

—

"그런즉 누구든지 그리스도 안에 있으면 새로운
피조물이라 이전 것은 지나갔으니 보라 새 것이 되었도다."
— 고후 5:17

며칠 전에 나는 랭카셔(Lancashire)에서 우리 주 예수께서 죄를 제거하시는 것과, 그 결과로 신자가 누리는 양심의 평안에 대해 설교하고 있었습니다. 설교하는 중에 나는 예수님을 바라보기만 하면 그것이 마음에 평안을 가져다준다는 것을 설명할 목적으로 내 자신의 회심에 대해 이야기했습니다. 맨체스터 교구는, 그 열심이나 부지런함, 인품에 있어서 공적으로 높은 평가를 받는 주교의 관할 구역입니다. 그 주교는 나와 의견이 다르다는 것을 느끼고서, 적당한 기회에 그의 설교를 듣는 노동자들에게 내 이야기로부터 부당한 추론을 하지 않도록 경고하였습니다. 그런데 그 주교가 그 일을 얼마나 예의바르게 하였든지 나는 모든 토론이 그와 같은 정신으로 이루어졌으면 좋겠다는 마음이 들었습니다. 그의 이런 태도에 대해 보답할 수 있는 최선의 방법은, 이 주제에 대해 상세히 설명하고 그가 내 의견을 보호하였듯이, 나도 사람들이 그의 발언에서 유해한 추론을 하지 않도록 신중하게 보호하는 것이라고 생각합니다. 나는 논쟁할 생각이 전혀 없고, 프레이저 주교(Bishop Fraser)에 대해서는 하나님께서 그에게 복 주시기를 바라는 진심어린 기도에 정직하게 표현되었듯이 다른 어떤 감정도 없습니다. 그러나 나는 지금 주교의 견해를 읽고 후에 내 글도 읽었을 수 있는 많은 사람들을 염두에 두고 있습니다. 그 점은 지극히 중요하고, 내 설교를 듣는 사람들의 영혼에 깊이 관련된 것이므로, 그것을 오해해서는 안 되고, 또 그처럼 중요한 진리는 반드시 분명하게 표현하는 것이 옳습니다.

주교는 내가 내 회심을 정확하게 묘사하였고, 그런 경우들이 다른 때에도 일어났다는 것에 대해서는 조금도 의심하지 않습니다. 다만 그는 다른 사람들이 자기들도 꼭 그와 같은 방식으로 회심해야 한다고 생각할까봐 염려합니다. 나도 그런 염려에 전적으로 동감합니다. 그래서 나는 성령께서는 사람들을 여러 방식으로 예수님께 부르신다는 것을 설명하는 것에 늘 특별한 관심을 쏟았습니다. 어떤 사람들은 아주 서서히 부름을 받아서, 자기들이 언제 부름받기 시작했는지 거의 알지 못합니다. 그런가 하면 어떤 사람들은 아주 갑작스럽게 영향을 받아서 회심이 정오처럼 아주 분명하게 드러나기도 합니다. 이 두 가지 회심은 세부적인 면에서는 같은 점이 아무것도 없을지 모릅니다. 회심을 일으킨 수단, 방식, 표현, 모두가 전혀 다릅니다. 우리의 마음을 똑같은 틀로 찍어 만들 수 없듯이, 이 사람에게 영향을 끼치는 진리가 다른 사람에게는 전혀 효험이 없을 수가 있습니다. 여러분의 친구에게 감동을 주는 설교 방식이 정작 여러분 자신에게는 불쾌하게 들릴 수 있고, 그 친구는 결심하도록 만드는 설교가 여러분에게는 결심을 미루게만 만들 수 있습니다. "바람이 임의로 불매"(요 3:8). 성령을 가리켜 "자유로운 영"이라고 부릅니다. 성령의 다양한 활동에서 그 자유로움을 분명하게 볼 수 있습니다. 나는 회심의 문제에서 여러분이 가짜로 드러나지 않도록 다른 사람들을 모방하지 말라고 거듭거듭 경고하였습니다. 이같이 경고하는 일에 다른 사람이 일치된 목소리를 내는 것은 좋은 일입니다.

그렇지만 모든 참된 회심에는 본질적으로 일치되는 점들이 있습니다. 거기에는 반드시 죄에 대하여 회개하는 고백이 있고, 사죄를 위하여 예수님을 바라보는 것이 있습니다. 또 내세에 영향을 미칠 만한 마음의 실제적인 변화가 있습니다. 이런 근본적인 점들을 볼 수 없다면, 거기에 진정한 회심은 없는 것입니다.

프레이저 주교는 이어서 존 번연의 「천로역정」에 대해서 몇 마디 하는데, 짐을 진 순례자에 대해서 그리고 그가 십자가에서 안식을 발견하는 것에 대해 말합니다. 주교가 다음과 같이 말하는 것을 보면, 정직한 존을 잘못 알고 있습니다. "순례자는 아내에게 장차 올 진노에서 피해야 한다는 우울한 견해를 받아들이고 자기를 따라 도망하자고 설득하지 못해서 혼자 출발하였습니다. 순례자들 중에는 식구들을 남겨두고 가정과 가정의 의무들을 버리고 떠난 사람이 있었습니다. 그러나 어떤 사람이 가정에 그대로 머물러 있지만 올바른 마음을 품고 있었다면, 그는 죽음의 날에 구원을 받았을 것입니다." 확실히 우화는 이런 식으로 해석해서는 안 됩니다. 존 번연은, 사람은 누구나 가정을 버리고 식구를 돌보는 일에 소홀하라고 가르칠 뜻이 전혀 없었습니다. 아무도 번연이 그렇게 처신했다고 비난할 수 없었습니다. 투옥되어 있으면서도 번연은 가족을 부양하기 위해 레이스를 푸는 일을 열심히 하였고, 눈 먼 가엾은 자녀에 대한 그의 애정은 잘 알려져 있습니다. 존 번연은 수도사가 아니었습니다. 그러나 지금까지 살았던 누구보다도 참된 아버지요 시민이며 친구였습니다. 이 구절은 우화에 나오는 일부로서, 각성한 사람을 나타냅니다. 그는 다른 사람들이 그렇게 하든지 않든지 상관없이 구주를 찾기로 굳게 결심한 사람이며, 자신의 상태와 책임을 민감하게 알고 있으며, 그러므로 가장 가깝고 가장 소중히 여기는 사람들조차 그를 따르려고 하지 않을지라도 바른 길을 추구하려고 마음먹은 사람입니다. 그러나 그가 세상적인 일에서 식구들을 떠났다는 것을 의미하지 않습니다. 이 우화는 그런 일과 상관이 없기 때문입니다. 나는 프레이저 주교가 마음의 결심과, 사람들의 눈에 이상하게 비칠지라도 옳은 길을 가겠다고 하는 굳은 결의의 가치를 아주 잘 알 것이라고 확신합니다.

　주교는 계속해서 이렇게 말합니다. "순례자는 여행을 계속하였습니다. 십자가를 보자, 그의 과거 죄 짐이었던 커다란 꾸러미가 등에서 떨어졌습니다. 십자가 앞에 엎드려 순례자는 십자가에 달리신 분을 생각하고, 위대한 속죄의 교리를 생각하자 그 짐이 등에서 떨어졌습니다. 그는 소위 '회심한 사람'이 되어 일어섰습니다." 프레이저 주교는 번연의 이 이야기가 요즘 청교도 신학이라고 하는 것의 중요한 부분을 그럴듯하게 만들었다고 생각하는 것 같습니다. 주교는 우리의 신학적 개념들이 성경보다는 밀턴과 「천로역정」에서 많이 나오는 것으로 생각하였습니다. 주교는 존 번연의 경우와 비슷한 경우를 어쨌든 성경에서는 단 한 번도 찾지 않기 때문입니다. 그 다음에 주교는 회개한 강도의 경우가 아주 적절한 예라는 것을 인정하지 않고, 심지어는 바울 사도의 경우도 인정하지 않습니다. 주교는 청중들에게 "이 사람에게는 일어나지만 다른 사람에게는 일어나지 않을 수 있는 회심은 아예 꿈꾸지 않는 것이 낫다"고 생각하라고 말합니다. 그런데 밀턴에 관한 한, 주교의 생각은 옳습니다. 그러나 번연의 "순례자"에 대한 그의 진술에는 반대합니다. 바울의 회심에 대한 그의 판단은 나와 전혀 다릅니다. 주교는 사람들이 특별한 방식의 회심이 반드시 필요하다고 생각할까봐 두려워합니다. 그러나 나는 프레이저 주교의 말을 듣고 사람들이 회심이 전혀 필요 없다고 추론하게 될 것이 훨씬 더 염려스럽습니다. 내가 두려워하는 것은 사람들이 "나는 번연처럼 회심해야 하는데"라고 말하는 것이 아니라, "그것은 다 쓸데없는 이야기야. 주교님이 말씀하신 뜻은 우리가 의무를 이행하며 평온하고 정직하게 생활하면, 우리가 회심을 하든지 않든지 상관없이 모든 것이 잘 될 것이라는 거야"라고 속삭이는 것입니다. 본문은 이렇게 말합니다. "누구든지 그리스도 안에 있으면 새로운 피조물이라 이전 것은 지나갔으니 보라 새 것이 되었도다." 내 요점은 바로 이것입니다. 그리스도와 연합된 사람은 누구나 큰 변화를 경험했다는 것입니다. 나는 회심이 이루어지는 방식에 대해서 아주 완고한 입장을 취하는 것이 아닙니다. "내가 네게 거듭나야 하겠다"는 말씀은 명령형입니다. "너희가 회개하고 돌이켜 너희 죄 없이 함을 받으라"(행 3:19)는 권고는 모든 인류에게 하시는 말씀입니다. 이 시간에도 주님은 말씀하십니다. "진실로 너희에게 이르노니 너희가 돌이켜 어린 아이들과 같이 되지 아니하면 결단코 천국에 들어가지 못하리라"(마 18:3).

　　나는 다음과 같은 요지를 따라 설교할 것입니다. 본문과 성경의 다른 많은 구절에 따를 때, 첫째로, 구원받고자 하는 사람은 누구나 중대한 변화가 필요하다는 것입니다. 둘째로, 이 중대한 변화는 종종 매우 두드러지게 나타난다는 것입니다. 그리고 셋째로, 이 변화에 따르는 독특한 표시들로 인해 그 변화를 인식할 수 있다는 것입니다.

1. 구원을 위해서는 급격한 변화가 필요합니다.

　　이 변화는 철저하고 포괄적이며, 회심자의 본성과 마음과 생활에 영향을 끼칩니다. 인간 본성은 모든 시대에 동일합니다. 성경의 인용구들이 유대인들을 가리킨다거나 혹은 이방인들을 가리킨다고 말함으로써 그 인용구들의 칼날을 다른 데로 돌리려고 하는 것은 쓸데없는 일입니다. 그런 식으로 이야기해서 우리가 성경에서 벗어날 수 있는 길은 전혀 없기 때문입니다. 성경은 온 인류에게 전하는 메시지입니다. 본문은 어느 나라, 어느 시대를 막론하고 모든 사람에게 이야기하고 있습니다. "누구든지 그리스도 안에 있으면 새로운 피조물이라 이전 것은 지나갔으니 보라 새 것이 되었도다."

우리는 성경 모든 곳에서 사람들이 두 계층으로 나뉘고, 두 계층이 아주 뚜렷한 선으로 구별된다는 점을 먼저 상기시킴으로써 이 점을 증명합니다. 복음서들을 읽어보면, 여러분은 양을 잃어버렸다 찾은 이야기, 손님들이 잔치의 초대를 거절한 일과 손님들이 식탁에서 진수성찬을 맛보는 일, 지혜로운 처녀와 어리석은 처녀들, 양과 염소의 이야기들이 계속해서 나오는 것을 볼 것입니다. 서신서들을 보면, "허물과 죄로 죽었던" 사람들과, "너희를 살리셨도다"(엡 2:1)는 말을 듣는 사람들에 대한 이야기가 나옵니다. 그래서 어떤 사람들은 하나님에 대하여 살아 있고, 또 어떤 사람들은 본성상 영적으로 죽어 있습니다. 우리는 사람들이 어둠 속에 있다거나 빛 가운데 있다고 하는 말을 보게 됩니다. 그리고 그 표현을 사용하여 "어두운 데서 불러내어 그의 기이한 빛에 들어가게 하셨다"는 말을 합니다. 어떤 사람들에 대해서는 전에는 이방인과 외인이었는데 이제는 같은 시민이요 형제가 되었다고 말합니다. "진노의 자녀"에 반대되는 "하나님의 자녀"라는 표현을 봅니다. 또 우리는 성경에서 정죄받지 않는 신자들을 보고, 또 믿지 않았기 때문에 이미 정죄받은 사람들도 봅니다. "곁길로 나아간"(시 58:3) 사람들이 있는가 하면, "너희 영혼의 목자와 감독 되신 이에게 돌아왔느니라"(벧전 2:25)고 하는 사람들이 있습니다. "육신에 있어서 하나님을 기쁘시게 할 수 없는"(개역개정은 "육신에 있는 자들은 하나님을 기쁘시게 할 수 없는" – 역주) 사람들이 있고, 택함을 받고 부르심을 입으며 의롭다함을 받아서 온 우주가 정죄하지 못하는 사람들이 있습니다. 사도는 "구원받은 우리"라고 말하는데, 이는 "하나님의 진노가 그 위에 머물러 있는"(요 3:36) 사람들이 있는가 하면, 구원받은 사람들이 있다는 것입니다. "원수들은" "그의 아들의 죽으심으로 말미암아 하나님과 화목하게 된"(롬 5:10) 자들과 항상 대비됩니다. "악한 행실로 하나님에게서 멀리 떠난"(골 1:21) 사람들이 있고, "그리스도의 피로 가까워진"(엡 2:13) 사람들이 있습니다. 여러분이 지칠 때까지 이런 대비를 계속해서 성경에서 찾아낼 수 있을 것입니다. 이 두 계층 사이의 구별은 성경 전체를 통해서 일관되게 지속되며, 본성적으로 선해서, 한 계층에서 나와 다른 계층으로 이동할 필요가 없는 사람들이 있다거나, 두 계층 사이에서 현재 상태대로 남아 있을 수 있는 사람들이 있다는 암시는 전혀 나오지 않습니다. 그렇습니다. 우리를 새로운 피조물로 만들고, 우리의 모든 것을 새롭게 하는 하나님의 사역이 반드시 있습니다. 그렇지 않으면 우리는 죄 가운데서 죽을 것입니다.

　　이 두 계층을 끊임없이 이야기하는 하나님의 말씀은 사람들을 한 상태에서 다른 상태로 넘어가게 만드는 내적 변화를 매우 자주 그리고 아주 강력하게 말합니다. 나는 수많은 성경 구절을 인용해서 여러분을 피곤하게 만들기보다는 곧바로 그 근원으로 가는 것이 가장 나을 것이라고 봅니다. 이 변화는 흔히 출생으로 묘사됩니다. 뜻이 아주 분명하고 적절한 요한복음 3장의 말씀을 봅시다. "사람이 거듭나지 아니하면 하나님의 나라를 볼 수 없느니라"(3:3). 이 출생은 세례에 의해 이루어지는 것이 아닙니다. 왜냐하면 이 출생은 주 예수님을 받아들이는 지적인 믿음에 수반되는 것으로 이야기하기 때문입니다. 다시 요한복음 1:12,13을 봅시다. "영접하는 자 곧 그 이름을 믿는 자들에게는 하나님의 자녀가 되는 권세를 주셨으니 이는 혈통으로나 육정으로나 사람의 뜻으로 나지 아니하고 오직 하나님께로부터 난 자들이니라." 그래서 신자들은 "거듭나서" 믿음으로 그리스도를 영접합니다. 유아 때에 주어지고, 불신자들에게 잠재해 있다고 하는 중생은 성경에 나오지 않는 가공의 이야기입니다. 요한복음 3장에서 주님은 우리가 거듭나야 한다고 선언할 뿐만 아니라 주님을 믿는 자는 누구든지 멸망하지 않고 영생을 얻는다고 말함으로써 믿음과 중생을 아주 밀접하게 연결시킵니다. 우리는 마치 본래 아무것도 없는 상태로 돌아간 다음에 위대하신 창조주의 손으로부터 다시 태어날 수 있는 것처럼 지극히 큰 변화를 겪어야 합니다. 요한은 요한일서 5:4에서 "무릇 하나님께로부터 난 자마다 세상을 이기느니라." 그리고 새로운 출생과 믿음이 함께 간다는 것을 보여주기 위해 이 말을 덧붙입니다. "세상을 이기는 승리는 이것이니 우리의 믿음이니라." 요한일서 5:1의 "예수께서 그리스도이심을 믿는 자마다 하나님께로부터 난 자니라"는 말씀도 같은 취지입니다. 참된 믿음이 있는 곳에 새로운 출생이 있습니다. 그 용어는 한계를 넘어서는 완전하고 급격한 변화를 의미합니다.

　　성경 다른 곳에서는 이 변화를 살아나는 것으로 묘사합니다. "그는 허물과 죄로 죽었던 너희를 살리셨도다"(엡 2:1). 우리가 그리스도와 함께 죽은 자들 가운데서 살아났다고 말합니다. 그리고 이것을 두고 전능한 능력이 놀랍게 나타난 것이라고 합니다. "그의 힘의 위력으로 역사하심을 따라 믿는 우리에게 베푸신 능력의 지극히 크심이 어떠한 것을 너희로 알게 하시기를 구하노라 그의 능력이 그리스도 안에서 역사하사 죽은 자들 가운데서 다시 살리시고 하늘에서 자기의 오른편에 앉히셨다"(1:19,20)고 하는 말을 보게 됩니다. 중생은 참으로 경이로운 하나님의 능력이고, 단지 종교적 예식에 따라다니는 지어낸 이야기가 결코 아닙니다.

우리는 이 변화가, 예를 들면, 본문에서와 같이 종종 창조로 묘사되는 것을 발견합니다. "누구든지 그리스도 안에 있으면 새로운 피조물이라." 이 변화는 단순히 형식에 지나지 않거나 예식에 수반되는 것이 아닙니다. 갈라디아서 6:15을 보면 "그리스도 예수 안에서는 할례나 무할례가 아무 것도 아니로되 오직 새로 지으심을 받는 것만이 중요하니라"(개역개정은 "그리스도 예수 안에서" 라는 구절이 빠져 있음 – 역주)고 되어 있기 때문입니다. 어떤 외적 의식도, 심지어 하나님께서 친히 제정하신 의식이라도 사람의 마음에는 아무 영향을 끼치지 못합니다. 하나님께서 친히 사람의 전 본성을 새롭게 창조하시는 일이 있어야만 합니다. 우리는 "그리스도 예수 안에서 선한 일을 위하여 지으심을 받아야"(엡 2:10) 합니다. 우리는 속으로 "하나님을 따라 의와 진리의 거룩함으로 지으심을 받은 새 사람을 입어야"(4:24) 합니다. 먼저는 출생으로, 그 다음에는 죽은 자들 가운데서 살아나는 것으로, 그 다음에는 완전한 창조로 묘사되는 이것은 참으로 놀라운 변화임에 틀림없습니다.

더 나아가서 바울은 골로새서 1:13에서 하나님 아버지에 대해 이같이 말합니다. "그가 우리를 흑암의 권세에서 건져내사 그의 사랑의 아들의 나라로 옮기셨으니." 요한은 이것을 두고 "사망에서 옮겨 생명으로 들어갔다"(요일 3:14)고 말하는데, 이것은 요한이 주님의 그 영광스런 선언을 마음에 두고 있었음이 분명합니다. "내가 진실로 진실로 너희에게 이르노니 내 말을 듣고 또 나 보내신 이를 믿는 자는 영생을 얻었고 심판에 이르지 아니하나니 사망에서 생명으로 옮겼느니라"(요 5:24).

베드로는 이 강력한 표현을 극단적으로 사용하려는 것처럼 다시 한 번 우리의 회심과 중생을 가리켜 우리가 "거듭난" 것이라고 말합니다. 이 구절(벧전 1:3)의 말씀을 들어봅시다. "우리 주 예수 그리스도의 아버지 하나님을 찬송하리로다 그의 많으신 긍휼대로 예수 그리스도를 죽은 자 가운데서 부활하게 하심으로 말미암아 우리를 거듭나게 하사 산 소망이 있게 하시며." 야고보 사도는 1:18에서 같은 취지로 이렇게 말씀합니다. "그가 그 피조물 중에 우리로 한 첫 열매가 되게 하시려고 자기의 뜻을 따라 진리의 말씀으로 우리를 낳으셨느니라.”

사랑하는 교우 여러분, 여러분은 지극히 장엄한 변화를 이처럼 분명하게 묘사할 수 있는 말을 달리 생각해 볼 수 있습니까? 사람의 언어 가운데 전체적이고 철저하며 완전하고 신성한 변화를 묘사할 수 있는 말이 있다면, 바로 이 말들입니다. 여기서 성령께서 사용하시는 말로 그런 변화를 표현하지 못한다면, 나는 성경에서 어떤 의미도 찾을 수 없고, 성경의 말씀은 우리를 가르치기보다는 오히려 어리둥절하게 만드는데, 이것은 당치도 않은 이야기입니다. 중생과 회심이 없는 채로 만족하게 지내려고 하는 여러분에게 호소합니다. 만족하게 지내지 마십시오. 여러분에게서 옛것은 지나가고 모든 것이 새롭게 되지 않고서는 여러분이 결코 그리스도 안에 있을 수 없기 때문입니다.

그 다음에, 성경은 이 중대한 내적인 활동이 놀라운 변화를 일으키는 것으로 말합니다. 중생과 회심에서, 전자는 숨어 있는 원인이고, 후자는 그에 따른 첫 번째 효과로서 성품에 중대한 변화를 일으킵니다. 로마서 6:17,18을 읽어봅시다. “하나님께 감사하리로다 너희가 본래 죄의 종이더니 너희에게 전하여 준 바 교훈의 본을 마음으로 순종하여 죄로부터 해방되어 의에게 종이 되었느니라.” 그 다음에 22절을 봅시다. “이제는 너희가 죄로부터 해방되고 하나님께 종이 되어 거룩함에 이르는 열매를 맺었으니 그 마지막은 영생이라.” 사도가 골로새서 3:9에서 설명하는 묘사에 잘 주의하기 바랍니다. 사도는 옛 본성과 그 죄를 설명하고 나서 “너희가 서로 거짓말을 하지 말라 옛 사람과 그 행위를 벗어 버리고 새 사람을 입었으니”라고 말합니다. 성경은 이런 증거 본문들로 가득합니다. 회심한 사람에게 있어서 성품의 변화는 지극히 커서 “그리스도 예수의 사람들은 육체와 함께 그 정욕과 탐심을 십자가에 못 박은”(갈 5:24) 것입니다.

성품에 변화가 있듯이 감정에도 변화가 있습니다. 이 사람이 전에는 하나님께 원수였지만, 이 변화가 일어나자 하나님을 사랑하기 시작합니다. 골로새서 1:21,22을 읽어봅시다. “전에 악한 행실로 멀리 떠나 마음으로 원수가 되었던 너희를 이제는 그의 육체의 죽음으로 말미암아 화목하게 하사 너희를 거룩하고 흠 없고 책망할 것이 없는 자로 그 앞에 세우고자 하셨으니.”

하나님에 대해 적대적인 관계에서 하나님과 교제하는 관계로 바뀌는 이 변화는, 주로 하나님 앞에서 사람의 법정적인 상태의 변화로 인해 생깁니다. 회심하기 전에 사람은 정죄받은 상태에 있습니다. 그러나 사람이 영적인 생명을 받으면 이 사실을 만나게 됩니다. "그러므로 이제 그리스도 예수 안에 있는 자에게는 결코 정죄함이 없나니, 그는 육신을 따르지 않고 그 영을 따라 행하는 자로다"(롬 8:1,4). 이 사실이 내적 행복에 대해 그의 상태를 완전히 변화시킵니다. "그러므로 우리가 믿음으로 의롭다 하심을 받았으니 우리 주 예수 그리스도로 말미암아 하나님과 화평을 누리자"(5:1). 전에는 이 평화를 누린 적이 없었습니다. "그뿐 아니라 이제 우리로 화목하게 하신 우리 주 예수 그리스도로 말미암아 하나님 안에서 또한 즐거워하느니라"(5:11).

형제 여러분, 회심은 정말로 우리 안에 지극히 큰 차이를 만들어냅니다. 그렇지 않다면 주님께서 "수고하고 무거운 짐 진 자들아 다 내게로 오라 내가 너희를 쉬게 하리라"(마 11:28)고 하셨을 때, 달리 무슨 뜻으로 말씀하셨겠습니까? 결국 주님은 우리에게 안식을 주시지 못합니까? 예수님께 오는 사람이 전과 꼭 같이 평안이 없고 들떠 있겠습니까? 그럴 수 없습니다! 예수께서 우리에게 주시는 물을 마실 때 우리가 다시는 목마르지 않으리라고 말씀하시지 않습니까? 뭐라고요! 목마름이 완전히 가시는 때가 없고, 생수가 우리 속에서 영생에 이르도록 솟아나는 때가 없다고 사람들이 말합니까? 우리 자신의 경험이 그런 말에 이의를 제기합니다. 바울은 히브리서 4:3에서 "이미 믿는 우리들은 저 안식에 들어가는도다"고 말하지 않습니까? 하나님 앞에서 우리의 상태, 도덕적 풍조, 우리의 본성, 마음 상태가 회심으로 말미암아 이전과는 전혀 달라졌습니다. "이전 것은 지나갔으니 보라 새 것이 되었도다."

사랑하는 여러분, 우리가 회심이 없이 지낼 수 있다고 생각하지 말고, 성경이 이것을 은혜 언약의 큰 복으로 이야기한다는 점을 생각합시다. 주님께서는 그의 종 예레미야를 통해서 무엇이라고 말씀하셨습니까? "그 날 후에 내가 이스라엘 집과 맺을 언약은 이러하니 곧 내가 나의 법을 그들의 속에 두며 그들의 마음에 기록하여 나는 그들의 하나님이 되고 그들은 내 백성이 될 것이라"(31:33). 이 구절을 바울은 히 10:16에서 인용하는데 쓸모없게 된 것이 아니라 신자들 안에서 성취된 것으로 인용합니다. 그리고 주님께서 에스겔을 통해서는 무엇이라고 말씀하셨습니까? 이 은혜로운 구절에 귀를 기울여, 회심이 얼마나 큰 복인지 보십시오. "새 영을 너희 속에 두고 새 마음을 너희에게 주되 너희 육신에서 굳은 마음을 제거하고 부드러운 마음을 줄 것이며 또 내 영을 너희 속에 두어 너희로 내 율례를 행하게 하리니 너희가 내 규례를 지켜 행할지라"(36:26,27). 이것이 바로 복음의 위대한 복이 아닙니까? 이 복을 알 때 우리는 복음의 나머지 모든 것을 깨닫게 됩니다. 이것이 우리가 아버지 하나님과 그 아들 예수 그리스도를 알게 되는 성령의 위대한 활동이 아닙니까? 이것이 우리를 장래의 영광에 부합하도록 만들기 위해 필요한 복이 아닙니까? "보좌에 앉으신 이가 이르시되 보라 내가 만물을 새롭게 하노라 하시고"(계 21:5). 새 하늘과 새 땅이 있을 것입니다. 처음 하늘과 처음 땅은 사라질 것이기 때문입니다. 그렇다면 우리는 이 옛 육신의 본성이 새로운 창조를 경험하게 될 것이라고 믿을 수 있지 않습니까? 육신으로 난 사람이 영적인 나라에 들어갈 수 있습니까? 결코 그럴 수 없습니다. 들어갈 수 없습니다. 그리스도께서 세상을 재창조하실 때 이 세상에 임할 놀라운 변화가, 이미 우리에게 임하지 않았다면, 그때 우리 각 사람에게 반드시 임할 것입니다. 한 마디로, 우리가 그리스도 예수 안에 있다면 우리는 새로운 피조물입니다. 옛것은 사라졌습니다. 보십시오, 모든 것이 새롭게 되었습니다.

　　여러분은 이 점에 관해 아는 것이 있습니까? 나는 여러분 가운데 아주 많은 수가 이 회심을 경험하였고, 생활에서 그 표시를 나타내고 있다고 믿습니다. 그러나 회심이 무엇인지 전혀 모르는 분들이 있지 않을까 걱정이 됩니다. 회심하지 않은 분들은 그리스도를 믿고 새로 창조된 마음을 갖고 새로 받은 의로운 영을 가지기 전까지 결코 가만히 있어서는 안 됩니다. 여러분 스스로 지어낼 수 없고, 하나님의 능력으로만 일어나는 변화가 여러분에게 임해야 한다는 사실을 명심하도록 하십시오. 예수 그리스도께서 자기를 믿는 모든 자에게 이 복을 약속하셨다는 사실이 여러분에게 위로가 될 것입니다. 그리스도께서 믿는 자들에게 하나님의 자녀가 되는 권세를 주시기 때문입니다.

2. 둘째로, 이 변화는 흔히 그 때와 환경에 있어서
아주 두드러진다는 점을 말씀드립니다.

　　진정으로 하나님에게서 난 사람들 가운데 많은 분들은 정확하게 어떤 날짜를 가리키며 "그때 나는 죽음에서 생명으로 옮겨졌어"라고 말할 수 없을 것입니다. 그러나 어떤 날짜를 정확하게 가리킬 수는 없지만 그런 때가 있었던 것은 분명합니다. 많은 회심의 환경이 그렇듯이, 회심의 행위는, 사전에 이루어지는 강권하는 은혜의 활동들로 둘러싸여 있습니다. 그것은 매우 점진적인 활동으로 나타나는데, 영혼 속에 의의 태양이 떠오르는 것은 마치 동이 트는 것과 같아, 처음에는 희미한 빛이었다가 점점 더 정오의 찬란한 빛이 되는 것과 같습니다. 태양이 떠오르는 때가 있듯이, 새롭게 출생하는 때가 있습니다. 죽은 사람이 살아나게 되었다면, 그 사람이 정확히 언제 생명이 시작되었는지 말할 수는 없지만, 그런 시간은 분명히 있는 것입니다. 사람이 불신자로 사는 것을 그치고 예수 안에서 신자가 되는 때가 있어야 합니다. 우리가 그 날을 알아야 할 필요가 있다고 주장하지 않지만, 그런 때는 반드시 있습니다. 그러나 많은 경우에는 그 날과 시간과 장소를 분명히 알게 됩니다.

우리는 첫째로, 하나님의 그 밖의 많은 활동으로부터 이 점을 기대할 수 있을 것입니다. 하나님은 창조의 시간에 관해 얼마나 구체적인지 모릅니다! "저녁이 되고 아침이 되니 이는 첫째 날이니라"(창 1:4). "하나님께서 '빛이 있으라' 말씀하셨고, 몇 달이 지나자 희미하게 동이 트기 시작하였고 별이 하나 떴습니다." 아, 그렇지 않습니다. 여러분은 지금 순전히 상상으로 그같이 말하는 것입니다. 성경에는 이같이 되어 있습니다. "하나님이 이르시되 빛이 있으라 하시니 빛이 있었고." 즉각적인 활동이 하나님의 창조하시는 방식입니다. 엿새 동안의 활동을 통해서 내내 하나님은 말씀하시자 그대로 되었고, 명령하시면 그 명령이 굳게 섰습니다. 전반적으로 볼 때 하나님의 한 가지 활동과 또 다른 활동 사이에는 유사점이 있습니다. 옛 창조에서 명령으로 그 모든 것이 이루어졌다면, 사물의 외면들을 볼 때, 새 창조에서도 영원한 말씀의 명령이 마찬가지로 민첩하고 강력하게 작용하는 것으로 나타납니다. 그리스도께서 이 땅에서 사람들 가운데 계셨을 때, 그리스도로서 행하신 하나님의 활동들을 보십시오. 물이 즉석에서 포도주로 변하고, 무화과나무가 금방 시들어버리며, 떡 덩어리 몇 개와 물고기 몇 마리가 제자들의 손에서 즉시 많이 불어난 일들을 생각해 보십시오. 치유의 기적들은 대체로 즉석에서 이루어졌습니다. 한 경우에 주님은 맹인의 눈에 진흙을 바르고 가서 씻으라고 보내심으로 치유의 작용을 원하시는 때만큼 연장하셨습니다. 그러나 "내가 씻고 보나이다"(요 9:15)라는 말로 요약된 것처럼, 그 기간은 매우 짧습니다. 저쪽에 중풍병자가 침대에 누워 있습니다. 예수께서 그에게 "네 자리를 들고 걸어가라"(5:8)고 말씀하시자, 그가 즉시로 그렇게 합니다. 나병환자에게 손을 대시사 그가 나았고, 귀신들이 말씀 한 마디에 쫓겨나갔으며, 귀머거리가 즉시로 듣게 되었고, 사지가 마른 사람이 온전하게 회복되었습니다. 예수께서 어린 여자 아이를 붙들고 "달리다굼" 하시자 아이가 눈을 뜨고 일어나 앉았습니다. 예수께서는 젊은이가 누워 있는 관을 멈추도록 명령하시고 "청년아 내가 네게 말하노니 일어나라"(눅 7:14)고 하시자 청년이 즉시 일어났습니다. 심지어 썩기 시작한 나사로의 시신도 주님의 말씀에 즉각 순종하였습니다. 예수께서 "나사로야 나오라"(요 11:43)고 말씀하셨을 뿐인데, 나사로가 살아났습니다. 주님께서 사람들의 몸에 대해 활동하시듯이 사람들의 영혼에 대해서도 끊임없이 일하십니다. 그와 마찬가지로 주님의 그 활동도 즉각적으로 이루어질 것이라고 기대할 수 있을 것입니다. 주님의 그 활동은 항상 그렇지 않습니까? 우리 앞에서 매일 주님의 그런 활동이 일어나지 않습니까?

주님의 활동 자체를 생각한다면, 생생한 예들을 많이 찾아볼 수 있을 것입니다. 주님의 그 활동을 부활이라고 부를 수 있다면, 죽은 사람이 죽은 상태를 끝내고 살아나게 되는 때가 분명히 있습니다. 죽는 것의 반대 과정을 생각해 보십시오. 보통 우리는 그런 사람은 죽은 지 오래되었다고 말합니다. 그것이 일반적인 표현입니다. 그러나 엄격히 말하자면, 실제적인 죽음은 순간적으로 이루어짐이 분명합니다. 몸에 호흡이 있는 때가 있고, 호흡이 전혀 없는 때가 있습니다. 생명을 받는 일도 확실히 그와 같습니다. 생명이 서서히 영혼에 들어옴으로써 생기는 것처럼 보이지만 실제로는 그럴 수 없습니다. 생명이 없었다가 생명이 시작된 것은 순간적으로 이루어지는 일임에 틀림없습니다. 그것은 자명한 사실이 아닙니까? 그 순간이 기억에 새겨지고, 많은 경우에 사람의 전 생애 가운데서 가장 뚜렷한 사실로 남는다는 것이 놀라운 일입니까?

회심을 창조라고 부릅니다. 창조는 필연적으로 한순간에 일어나는 일입니다. 사물이 존재하든지, 존재하지 않든지 하기 때문입니다. 존재와 비존재 사이에 중간 지대란 없습니다. 존재하는 것과 존재하지 않는 것 사이에는 더할 수 없이 뚜렷한 선이 있습니다. 그와 같이 새로운 창조에서도, 은혜를 받지 않은 때가 있고, 새로운 창조가 이루어진 때가 있기 마련입니다. 그래서 그처럼 장엄한 일에서 많은 경우에 그 일이 시작되는 점을 표시하는 뚜렷한 경계선이 있을 것이라고 자연스럽게 기대할 수 있습니다.

그러나 형제 여러분, 우리가 기대할 수도 있는 것을 말할 필요는 없습니다. 우리는 사실들을 보도록 합시다. 성경에서 회심에 관해 언급하는 사실들은 무엇입니까? 우리는 회심을 대신하는 교육 과정에 대한 이야기를 많이 듣는데, 그런 교육 과정은 사도 시대에는 없었던 많은 고안물 가운데 하나일 뿐입니다. 프레이저 주교는 존 번연의 경우와 비슷한 일을 성경에서 단 한 건도 찾지 못한다고 말합니다. 똑같은 성경을 전혀 다르게 읽는다는 것이 참으로 기이한 일입니다. 나는 당장 바울의 경우를 떠올리게 됩니다. 그러나 프레이저 주교는 바울의 예는 적절한 경우가 아니라고 말합니다. 바울은 죄의 짐이 등에서 떨어지는 것을 느끼지 않았다는 것입니다. 바울이 삼일 동안 앞을 보지 못하고 지내는 동안 겪은 일을 주교가 어떻게 알고 있는지 모르겠습니다. 바울이 회심 후에 한 말과 행동들에서 추론한 내 생각은 주교의 생각과는 전혀 다릅니다. 바울은 조금 전까지만 해도 그리스도를 반대하는 사람이었는데, 다음 순간에는 "주여 누구시니이까"(행 9:5) 하고 외치고 있었습니다. 삼일 동안 그는 앞을 보지 못한 채로 금식하였습니다. 그때 바울은 율법의 능력을 느끼고 있었고 자기 의를 버리고 있었던 것이 아닙니까? 아나니아가 그에게 와서 복음을 좀 더 충분하게 말해주고, 일어나 세례를 받고 죄 씻음을 받으라고 하였는데, 죄를 제거하는 일이 없었단 말입니까? 바울이 이전과 같은 사람으로 남아 있었습니까? 바울에게 두 가지를 말하였는데, 그것은 세례를 받으라고 하는 것과, 또한 또 다른 영적 씻음을 받으라는 것이었습니다. 그러면 세례 받는 것은 실제로 있었던 일이고 영적으로 씻음 받는 일은 없었던 것입니까? 사도는 언제나 그 전체 일을 이야기할 때는, 그리스도를 붙잡기 위해 자기 의를 버렸고 그것을 분토처럼 여긴다고 말하며, 자기가 육체 가운데서 온전하여졌다고 주장하지는 않지만 하나님과 화목하게 된 것을 항상 자랑합니다. 사도는 완전에 이르지는 않았지만 구원을 얻었습니다. 사도는 자신을 죄인 가운데 괴수라고 부르는데, 이것은 돌아볼 때 그랬다는 것입니다. 프레이저 주교가 이 대사도가 여전히 죄인 가운데 괴수로 있었다는 것을 은근히 나타내려고 하지 않은 것이 확실하지 않습니까? 만일 사도가 여전히 죄인 가운데 괴수로 있었다면 그의 교훈의 도덕이 기대할 만한 것은 아니라고 말할 수밖에 없다고 생각하기 때문인 것 같습니다.

어떤 사람들은 바울의 경우는 아주 특이한 경우라고 말해왔습니다. 그러나 그것은 잘못된 생각입니다. 왜냐하면 사도 자신이 예수 그리스도께서 자기에게 먼저 오래 참으심을 보이신 것은 후에 주를 믿어 영생 얻는 자들에게 본이 되게 하려 하심이라(딤전 1:15,16)고 말하기 때문입니다. 본이 되는 것은 특별한 경우가 아닙니다. 주님께서 언제나 세부적인 면에서까지 다 본을 받도록 하시지는 않습니다. 그러나 갑작스럽게 회심한 바울의 경우는 예외적인 것이라기보다는 본이 되는 경우입니다.

　　다른 예들을 살펴봅시다. 한 사마리아 여인이 물을 길러 우물에 옵니다. 예수께서 그 여인에게 말씀하십니다. 그 여인이 회심하고 가서 동네 사람들에게 말을 합니다. 이것이 갑작스런 회심의 경우가 아닙니까? 나무에 올라가 있던 삭개오는 부유한 세리이자 죄인입니다. 예수께서 "삭개오야 속히 내려오라"(눅 19:5)고 말씀하십니다. 삭개오는 내려와서 예수님을 집으로 모시고, 행동으로써 자신이 구원받았음을 증명합니다. 이것이 급격한 회심이 아닙니까? 마태가 세관에 앉아 있습니다. 그도 세리이고 죄인입니다. 예수께서 "나를 따르라"고 말씀하시자 그가 일어나 예수님을 따릅니다. 이것은 갑작스런 회심이 아닙니까? 오순절 날에 3천명의 사람들이 모였고, 베드로가 그들에게 복음을 전하며, 그들이 죽인 예수께서 진정으로 하나님의 아들이셨다고 말합니다. 사람들이 마음에 찔림을 받고 믿어, 그 날에 세례를 받았습니다. 3천명이 갑작스러운 회심을 경험한 것을 보지 않습니까? 내 주장을 증명하기에 충분할 만큼 갑작스러운 회심입니다. 또 다른 예를 들어봅시다. 간수가 바울과 실라를 차꼬로 묶은 다음에 잠자리에 들었습니다. 그 죄수들이 기도하고 하나님을 찬미하는 노래를 부르자 지진이 일어납니다. 간수가 놀라서 소리칩니다. "내가 어떻게 하여야 구원을 받으리이까"(행 16:30). 간수가 그때 그 자리에서 예수를 믿고, 믿는 그의 식구들과 함께 세례를 받았습니다. 이들이 존 번연의 순례자가 그의 짐을 벗어버린 경우와 아주 흡사하지 않습니까? 내가 생각할 때, 성경에서 갑작스런 회심보다 점진적인 회심을 찾기가 훨씬 더 어려울 것 같습니다. 전에는 예수 그리스도를 알지 못하였는데, "나를 찾지 아니하던 자에게 찾아냄이 되었으며"(사 65:1)라는 말씀대로 그리스도를 찾은 사람들이 연달아 많이 나오기 때문입니다.

　　이 점을 주장하기 위해 다시 성경으로 돌아갈 필요가 없을 것입니다. 영혼의 회심의 문제는 주장하는데 싫증이 날 만한 문제입니다. 이 놀라운 은혜의 일들이 우리 눈앞에서 매일 발생하며, 따라서 그것은 태양이 아침에 뜬다는 것을 증명하는 것과 같기 때문입니다. 지난 20년 동안 내가 이곳이나 다른 곳에서 그리스도를 증거하였을 때 단순한 복음 설교를 듣고 회심하였다고 하는 사람들의 이야기를 듣지 못한 날이 단 한 주간도 없었습니다. 진심으로 말하건대 그런 날이 거의 하루도 없었다고 할 수 있을 것입니다. 이런 회심이 모든 예들의 거의 대다수를 차지하였음이 아주 분명합니다. 오랫동안 말씀을 들어온 경건한 부모의 자녀들이 회심하는데, 그들에게서 내적 변화가 예전에 복음을 전혀 듣지 못한 것처럼 현저한 경우들이 때로 있습니다. 무신론자가 신자가 되고, 천주교인이 사제들을 버리며, 창기가 정숙하게 되고, 술주정뱅이가 술을 끊습니다. 바리새인들이 자기를 의롭게 여기는 교만한 마음을 버리고 죄인으로 예수님께 오는 것도 마찬가지로 현저한 회심의 경우입니다. 지금이 적당한 시간이요 장소라면 여기 모인 여러분에게 이렇게 말할 수 있을 것입니다. "형제자매 여러분, 여러분 가운데 중대한 변화를 경험하였고 자기가 그런 변화를 경험했다는 것을 알고 있고, 그 변화가 어떻게 일어났는지 말할 수 있는 분이 있으면 일어나 보십시오!" 그러면 여러분은 벌 떼처럼 일어나 이렇게 외칠 것입니다. "이러이러하여 하나님의 진리의 설교를 듣는 중에 하나님께서 우리를 만나셨고, 그렇게 해서 하나님이 우리를 어둠에서 불러내어 기이한 빛에 들어가게 하셨습니다." 나는 하나님께서 오늘 내 설교를 듣는 사람은 누구나 그런 뚜렷한 회심을 경험하여서 자기가 새로운 피조물이라는 것을 분명하게 알고, 자기 존재를 부인할지언정 회심의 사실을 부인하지 않을 수 있게 해주셨으면 좋겠습니다.

3. 셋째로, 이 변화는 거기에 따르는 어떤 표시들로 인해 알 수 있습니다.

회심하는 순간 자신이 완전한 것으로 생각하는 사람들이 있었습니다. 우리 가운데는 그런 사람이 없을 것입니다. 누구든지 자신이 완전하다고 생각하는 사람이 있다면 우리는 그의 회심에 의문을 품기 때문입니다. 그런가 하면 회심한 사람은 그 이후로 모든 의심에서 벗어난다고 생각한 사람들이 있습니다. 나도 그렇게 되었으면 좋겠습니다. 불행하게도 우리 안에 믿음이 있지만 또한 불신앙도 여전히 있습니다. 어떤 이들은 회심한 사람은 더 이상 추구할 것이 없을 것이라고 생각합니다. 그러나 우리는 그렇게 가르치지 않습니다. 하나님을 위하여 사는 사람은 보통 사람보다 더 큰 곤경들을 겪습니다. 회심은 일생에 걸친 전투의 시작입니다. 회심은 우리가 영광에 들어가기 전까지는 결코 끝나지 않을 전투에서 겪는 첫 번째 타격입니다.

모든 회심의 경우에는 이와 같은 표시들이 따릅니다. 항상 죄의식이 있습니다. 먼저 죄가 익한 것임을 알고 회개하는 일이 없이 하나님과 화목하게 된 사람은 아무도 없습니다. 어떤 사람들이 느낀 공포가 반드시 필요한 것은 아니지만, 하나님 앞에서 죄에 대한 철저한 고백과 죄책에 대한 인정은 반드시 필요한 것입니다. 그리스도께서는 "건강한 자에게는 의사가 쓸 데 없고 병든 자에게라야 쓸 데 있나니 내가 의인을 부르러 온 것이 아니요 죄인을 불러 회개시키러 왔노라"(눅 5:31,32). 그리스도께서는 병들지 않은 사람을 고치지 않으시고, 헐벗지 않은 사람에게 옷을 입히지 않으시며, 가난하지 않은 사람을 부요하게 하시지 않습니다. 참된 회심에는 언제나 하나님의 은혜가 필요하다는 것을 겸손하게 인정하는 생각이 있습니다.

또한 회심에는 예수 그리스도를 믿는 단순하고 진실되며 실제적인 믿음이 언제나 따릅니다. 사실 그 믿음은 그리스도께서 친히 주시는 표지입니다. 따라서 그 표지가 없으면, 어떤 회심도 전혀 가치가 없는 것입니다. "모세가 광야에서 뱀을 든 것 같이 인자도 들려야 하리니 이는 그를 믿는 자마다 멸망하지 않고 영생을 얻게 하려 하심이라"(요 3:14,16). 이 구절은 동일한 구주께서 동일한 질문자에게 하신 말씀에 나오는 "내가 네게 거듭나야 하겠다"는 말씀과 연결됩니다. 그러므로 우리는 믿음이 신생(新生)의 표지라고 생각합니다. 믿음이 있으면, 성령께서 사람의 마음을 변화시키신 것입니다. 그러나 믿음이 없으면 그 사람은 여전히 "허물과 죄 가운데 죽은"(엡 2:1) 것입니다.

다음으로, 회심이 사람 전체를 변화시킨다는 이 사실에 의해서 회심을 알 수 있습니다. 회심은 사람이 살아갈 때 의지하는 원칙을 변화시킵니다. 그는 과거에 자신을 위해 살았지만 이제는 하나님을 위해 삽니다. 전에는 자기가 잘못하면 처벌 받을 것을 두려워해서 옳은 일을 했지만, 이제는 악을 미워해서 악을 피합니다. 전에는 천국에 들어가는 공로를 쌓기 바라서 의를 행했지만, 이제는 그런 이기적인 동기가 그에게 전혀 영향을 미치지 못합니다. 자신이 구원받았다는 것을 알고, 하나님께 감사하는 마음에서 의를 행합니다. 생의 목적들이 바뀌었습니다. 과거에는 이익이나 세상의 명예를 위해 살았으나 이제는 하나님의 영광을 위해서 삽니다. 그의 위안거리가 바뀌었습니다. 세상의 쾌락과 죄가 그에게 아무것도 아니고, 이제 그는 성령께서 그의 마음에 뿌리신 하나님의 사랑에서 위안을 찾습니다. 그의 소원도 변화되었습니다. 즉 한때 사모하고 갈망하던 것을, 이제는 그것이 없이 지내는데 만족합니다. 그리고 한때 멸시하던 것을 이제는 사슴이 시냇물을 찾기에 갈급함같이 갈망합니다. 그의 두려워하는 것이 바뀌었습니다. 이제는 더 이상 사람을 두려워하지 않고 하나님을 두려워합니다. 그의 소망도 바뀌었습니다. 그의 기대는 별들을 넘어 하늘로 날아오릅니다.

"그는 손으로 짓지 아니한 도성을 바라보며
죄로 더럽혀지지 않은 나라를 사모한다."

그 사람은 새로운 삶을 시작하였습니다. 일찍이 한 회심자는 "세상이 변하였든지 아니면 내가 변하였다"고 말하였습니다. 모든 것이 새롭게 보입니다. 늘 보던 우리 아이들의 얼굴이 달라 보입니다. 우리가 아들을 새로운 시각으로 보고, 아이들을 영생의 상속자로 보기 때문입니다. 친구들을 다른 관점에서 봅니다. 우리가 하는 사업도 다르게 보입니다. 심지어 남편이 가게 문을 여는 것도 다른 정신으로 열고, 어머니가 아이들을 잠자리에 데려가는 것도 다른 분위기로 합니다. 우리는 해머와 쟁기로 주님을 섬김으로써 해머와 쟁기를 거룩하게 하는 법을 배웁니다. 보이는 것은 그림자이고 듣는 것은 꿈나라에서 오는 소리일 뿐이며, 보이지 않는 것이 본질적이고, 사람의 귀로 듣는 것은 진리가 아니라고 느낍니다. 믿음은 우리에게 "바라는 것들의 실상이요 보이지 않는 것들의 증거"(히 11:1)가 되었습니다.

이 점에 대해 계속 이야기할 수 있으나, 회심을 경험한 사람을 제외하고는 아무도 내 말을 이해하지 못할 것입니다. 그러니 회심을 경험하지 않은 사람들이 그것이 사실이 아니라고 말하면, 그냥 내버려 둡시다. 어떻게 그들이 알겠습니까? 어떻게 사람이 자기가 보지 못한 것을 증거할 수 있겠습니까? "그것에 대해서 아는 게 하나도 없는데"라는 말부터 시작하는 사람의 증거가 무슨 가치가 있겠습니까? 신뢰할 수 있는 증인이 자기가 일어난 일을 안다고 선언한다면, 그 일을 보지 못했다고 말할 수 있는 사람들을 50명 찾는 것이 쉬울지라도, 그런 사람들의 증거는 아무 소용이 없습니다. 다른 사람들만큼 사업에 열심이고 사실과 허구를 분별할 수 있는 사람들이 있습니다. 그들은 자신들의 본성이 전체적으로 철저하고 놀랍게 변화된 경험을 하였다고 엄숙히 말합니다. 확실히 그들의 정직한 증언을 어떤 법정에서든지 채택하려고 한다면, 이 경우에 채택해야 할 것입니다. 형제 여러분, 나는 우리가 지금 이 변화가 무엇인지 알 수 있기를 바랍니다. 그리고 그것을 안다면, 다른 사람들이 우리 성품에 일어난 변화의 결과를 보고 어떻게 된 것인지 묻도록 살 수 있게 해주시기를 바랍니다.

회심의 현상들은 교회의 영속적인 기적들입니다. 그리스도께서 "나를 믿는 자는 내가 하는 일을 그도 할 것이요 또한 그보다 큰 일도 하리니 이는 내가 아버지께로 감이라"(요 14:12)고 말씀하셨습니다. 이 큰 일들 가운데 어떤 것들은 성령께서 지금도 능력으로 행하시는 일들입니다. 이 날에 죽은 자들이 살아나고, 눈 먼 자들이 눈을 뜨며, 저는 자들이 걷게 되었습니다. 영적인 기적은 신체적인 기적보다 더 큽니다. 이 영적 기적들은 예수께서 살아 계셔서 복음에 생명과 능력을 불어넣으신다는 것을 보여줍니다. 술주정뱅이를 교화하지 못하고, 도둑을 정직하게 만들지 못하며, 자기를 의롭게 여기는 사람이 무릎 꿇고 죄를 고백하지 못하게 하는 설교가 있다면, 한 마디로 청중을 전혀 변화시키지 못하는 설교가 있으면 내게 말하십시오. 그런 설교는 사람들이 시간을 내서 귀 기울여 들을 필요가 없다고 장담합니다. 결국에 가서 자신의 사역이 사람들을 회심시키는데 아무 열매가 없다고 고백하게 될 사람은 화가 있을 것입니다. 복음이 사람을 회심시키지 못하면 복음을 믿지 마십시오. 그러나 사람을 회심시키면, 복음은 그 자체가 증거이므로 믿어야 합니다. 복음이 여러분 가운데 어떤 분들에게는 장애물이 되고 또 어떤 분들에게는 어리석은 것이 될 수 있습니다. 그러나 믿는 사람들에게는 복음이 구원에 이르게 하는 하나님의 능력이 되어 그들을 죄에서 구원할 것입니다.

　　사랑하는 여러분, 우리 모두가 천국에서 만나기를 바랍니다. 그런데 천국에서 만나려면 우리는 모두 새롭게 되어야 합니다. 저 진주 문에는 그리스도 예수 우리 주 안에서 새로운 피조물이 된 사람들 외에는 아무도 들어갈 수 없기 때문입니다. 하나님께서 여러분에게 복 주시기를 빕니다. 예수님의 이름으로 기도합니다. 아멘.

제
8
장

—

그리스도의 가난하게 되심

—

"우리 주 예수 그리스도의 은혜를 너희가 알거니와 부요하
신 이로서 너희를 위하여 가난하게 되심은 그의 가난함으로
말미암아 너희를 부요하게 하려 하심이라." — 고후 8:9

사도는 이 장에서 고린도 교인들이 후한 마음을 갖게 하려고 애쓰고 있었습
니다. 고린도 교인들이 양무리 가운데 가난한 사람들을 위해 무엇인가를 기부하
여서, 그가 가난한 성도들의 필요를 채우는 일을 할 수 있도록 해주기를 바랐습
니다. 사도는 마게도냐 교회들이 비록 고린도 교회보다 훨씬 더 가난하였지만
주님의 식구들의 고통을 덜어주기 위해 그들의 힘에 지나도록 애썼다는 점을 고
린도 교회에 이야기하면서, 그들에게도 그같이 하기를 권합니다. 그러나 그들보
다 가난한 교인들의 예를 갑작스럽게 상기시키는 것이 별 효과를 거두지 못하
자, 사도는 마게도냐 교회로부터 끌어낸 주장을 치우고, 넉넉한 마음을 품어야
할 이유를 그들에게 제시합니다. 그것은 성령께서 일단 납득시키신다면 아무리
완고한 사람이라도 좀처럼 거부할 수 없는 이유입니다. 사도는 이렇게 말하였습
니다. "형제 여러분, 여러분을 구원하셨고 그래서 여러분이 주와 구주라고 부르
는 분이 위에 계십니다. 여러분이 그분을 본받으려고 한다면 결코 인색하거나
도량이 좁아질 수 없습니다. 여러분이 익히 알고 있고 논쟁의 여지가 없는 진리
는 '우리 주 예수 그리스도의 은혜를 너희가 알거니와 부요하신 이로서 너희를
위하여 가난하게 되심은 그의 가난함으로 말미암아 너희를 부요하게 하려 하심

이라'는 것이기 때문입니다." 이 진리를 알 때, 여러분은 자비를 베풀지 않을 수 없다고 생각해야 합니다. 그리스도인 여러분, 여러분이 하나님의 교회에 헌금하기를 싫어하는 욕심 사나운 생각이 들 때마다 여러분의 구주께서 여러분을 구원하시기 위해 모든 것을 내주셨다는 점을 생각하십시오. 그처럼 고귀한, 사심 없는 희생을 보고서도 여러분이 이기적이 될 수 있으며, 양무리 가운데 가난한 자들의 곤궁한 것을 뻔히 알고서도 자신만을 생각할 수 있겠습니까? 예수님을 기억하십시오. 예수께서 여러분의 얼굴을 보시고 이렇게 말씀하신다는 것을 아십시오. "나는 너를 위해 내 자신을 주었는데 너는 나에게 너를 주지 않느냐? 너를 내게 주지 않는다면 너는 내 사랑의 높이와 깊이와 길이와 넓이를 알지 못하는 것이다."

자, 사랑하는 교우 여러분, 사도의 이 주장을 오늘 우리의 주제로 삼을 것입니다. 이 주장은 간단하게 몇 부분으로 나뉩니다. 첫째로, 우리 구주의 원래 상태에 대한 것으로, "주님은 부요하셨다"는 것입니다. 그 다음은 주님의 가난하심에 대한 것인데, "주께서 가난하게 되셨다"는 것입니다. 그리고 그 다음에는 우리가 받은 주님의 가난하심의 효과와 결과로, "그의 가난함으로 말미암아 우리를 부요하게 하려 하셨다"는 것입니다. 그 다음에, 끝으로, 여러분에게 교리와 질문, 권고 한 가지씩을 제시할 것입니다. 하나님께서 이 모든 일에 복을 주시어 이 교훈들을 바르게 전하도록 해주시기를 구합니다.

**1. 첫째로 본문을 보면, 예수 그리스도께서
부요하셨다는 것을 알 수 있습니다.**

그리스도께서 동정녀 마리아에게서 태어나셨을 때부터 살기 시작한 것으로 생각해서는 안 됩니다. 주님께서 베들레헴 구유에 있을 때부터 존재하기 시작하신 것으로 알아서는 안 됩니다. 그리스도는 영원자이시고, 만물보다 먼저 계신 분이며, 만물이 그로 말미암아 존재한다는 점을 기억하십시오. 하나님이 안 계신 때는 없었습니다. 바로 그와 같이 그리스도 예수 우리 주님이 계시지 않은 시기는 없었습니다. 그리스도는 자존하시는 분이고, 시작한 날도 끝나는 날도 없는 분이십니다. 그리스도는 영원하시고 보이지 않으며 지혜로우신 오직 한 분 하나님, 우리 구주이십니다. 자, 주님께서 이 세상에 파견되시기 전에 지나간 영원한 과거에 예수 그리스도께서 부요하셨다는 말을 우리는 듣습니다. 우리 가운데 주님의 영광을 믿고 주님의 신성을 믿는 사람들에게는 주께서 어떻게 그렇게 부요하셨는가를 아는 것이 어려운 일이 아닙니다. 예수님은 소유에 있어서 부요하셨습니다. 신자 여러분, 눈을 들어 주님께서 여러분을 위해 자신을 낮추어 가난하게 되시기 전에 가지셨던 부를 잠깐 한 번 돌아보십시오. 주님께서 보좌에 앉으셔서 자신의 충족하심을 선언하시는 것을 보십시오. "내가 가령 주려도 네게 이르지 아니할 것은 뭇 산의 가축이 다 내 것임이라(시 50:10,12). 숨은 금이 내 것이고, 해녀가 캘 수 없는 진주가 내 것이라. 땅에 있는 온갖 보물이 내 것임이라." 주 예수님이시라면 이렇게 말씀하셨을 지도 모릅니다. "나는 홀을 동쪽 끝에서 서쪽 끝까지 뻗칠 수 있으니, 모든 것이 내 것이다. 이 온 세상과 멀리서 반짝이는 저 세상이 모두 내 것이다. 광대 무한한 저 우주가 내가 지은 세상들로 가득 차 있는데, 모든 것이 내 것이다. 위로 날아보라. 너희는 내 통치가 미치는 산의 꼭대기에 도달할 수 없고, 물속에 뛰어들어 보라. 내 지배가 미치는 지극히 깊은 심연에 들어갈 수 없을 것이다. 지극히 높은 영광의 보좌에서부터 지극히 낮은 지옥의 구덩이까지 모든 것이 예외 없이 내 것이다. 나는 내가 지은 모든 것을 두루 통치할 수 있다."

그뿐 아니라 주님께는 사람들을 훨씬 더 부요하게 만드는 것도 있었습니다. 우리는 옛날에 엄청나게 부유했던 왕들에 대한 이야기를 들었습니다. 그런데 그들의 부를 한 마디로 말하자면, 옛날 이야기에서 읽는 그런 것입니다. "이 사람은 현자의 돌(the philosopher's stone: 보통의 금속을 금으로 만드는 힘이 있다고 믿어 옛날 연금술사가 애써 찾던 것 ― 역주)을 소유하였고, 그 돌로 모든 것을 금으로 만들었다"는 식입니다. 확실히 주님께서 전에 소유하셨던 모든 보물은 이 현자의 돌과는 전혀 비교할 수 없는 것입니다. 자, 창조된 만물 가운데서 주님의 부가 어떤 것이든지 간에, 주님은 창조의 능력이 있었고, 거기에 주님의 무한한 부가 있었습니다. 주님께서 원하셨다면, 말씀으로 세상을 여러 개 만드셨을 것입니다. 주님께서 손가락을 한 번 들어올리기만 했어도 현재와 같은 무한한 우주가 순식간에 생겨났을 것입니다. 주님께서 한 번 뜻을 세우셨으면, 수많은 천사들이 그 앞에 섰을 것이며, 빛나는 영들의 군대가 눈 깜짝할 사이에 생겨났을 것입니다. 주께서 말씀하시니 그대로 되었습니다. 주께서 명령하시니 그 뜻이 굳게 섰습니다. "빛이 있으라"고 말씀하시니 빛이 있게 하신 분은, 만물에게 "있으라"고 명하시면 그대로 있게 되는 능력이 있었습니다. 여기에 하나님의 부요가 있습니다.

이 창조하는 능력은 하나님의 왕관의 지극히 빛나는 보석들 가운데 하나였습니다.

　　우리는 또 명예가 있는 사람들을 부유하다고 말합니다. 사람들이 그처럼 많은 부를 소유하고 있을지라도 수치와 불명예 가운데 있다면 사람들은 스스로를 부유하다고 생각하지 않을 것입니다. 그런데 우리 주님은 명예가 있었는데, 그것은 신적인 존재 외에는 아무도 받을 수 없는 명예였습니다. 주님께서 영광스러운 통치의 망토를 포기하고 사람이 되시기 전에 보좌에 앉아 계셨을 때, 온 땅은 주님의 영광으로 가득 찼습니다. 주님은 아래와 주변을 온통 둘러볼 때, 온 우주 공간에 "하나님께 영광"이라는 글이 새겨진 것을 볼 수 있었습니다. 엎드려 경배하는 영들의 손에 들린 비파로부터 밤낮으로 찬양의 향기가 하나님께 올라갔습니다. 수많은 천사들의 수금이 끊임없이 찬양 소리를 울려냈으며, 힘 있는 모든 천군들이 항상 우렁찬 목소리로 경배의 노래를 불렀습니다. 먼 나라에서 온 제후들, 곧 하나님의 무한한 영역들을 통치하는 왕들, 존귀한 사람들이 각자 해마다 세금을 가지고 그리스도의 궁정에 왔을 것입니다. 광대한 영원 가운데서, 곧 어떤 위대한 시기에 거대한 종이 울리자 창조 받은 모든 강력한 군대가 주님 보좌 앞에 다 같이 모여 장엄한 열병을 펼쳤을 것입니다. 하늘의 궁정에서는 이 빛나는 영들이 주님 보좌 앞에서 기쁨과 즐거움 가운데서 절하고, 모두 연합하여 사람들이 이제까지 들어본 적이 없는 목소리로 크게 소리를 높여 할렐루야 하고 외치는 고귀한 휴일을 지켰을 것입니다. 여러분은 하나님의 도성 옆에서 힘차게 흐르는 찬양의 강이 얼마나 깊은지 말할 수 있습니까? 메시야요 왕이요 영원자요 아버지 하나님과 동등이신 예수님의 귀에 항상 들리는 그 화음의 아름다움이 어떤 것인지 상상해 볼 수 있습니까? 상상할 수 없습니다. 하나님 나라의 영광과, 하나님의 능력의 부요와 장엄함을 생각할 때, 우리는 영혼이 기가 죽고 할 말이 부족해서 하나님의 영광의 십분의 일도 표현할 수 없습니다.

　　주님은 다른 어떤 면에서도 가난하지 않으셨습니다. 그런데 땅에서 부와 명예를 가진 사람도 사랑이 없다면 가난한 사람입니다. 나는 사람들에게 멸시와 미움을 받고, 그래서 죽는 것이 사람들에게 이익으로 여겨지는 제후가 되기보다는 차라리 사람들의 구제로 살아가는 극빈자이지만 사랑이 있는 사람이 되고 싶습니다. 사람이 생각할 수 있는 모든 다이아몬드와 진주와 금을 줄지라도, 사랑이 없으면 그는 가난한 사람입니다. 그러나 예수님은 사랑에 있어서 가난하지 않으셨습니다. 세상에 오실 때 주님은 외로우셔서 우리의 사랑을 얻기 위해 오신 것이 아닙니다. 그렇지 않습니다. 그리스도의 아버지 하나님께서는 영원부터 주님에 대해 충만한 기쁨을 가지셨습니다. 거룩한 삼위 가운데 제1위이신 여호와의 마음은 결코 분리할 수 없이 신성하게 그리스도와 연결되었습니다. 주님은 아버지 하나님과 성령님의 사랑을 받으셨습니다. 이 세 분은 서로에게서 신성한 만족과 기쁨을 얻으셨습니다. 그 외에도, 주님은 타락하지 않은 빛나는 영들에게 얼마나 큰 사랑을 받으셨는지 모릅니다. 얼마나 무수한 천사들과 피조물들이 지금도 하나님께 순종하여 굳게 서 있는지 다 알 수 없습니다. 땅 위에 사람들이 창조되어 있는 것으로 아는 만큼 많은 인종이 하늘에 창조되어 있는지 그렇지 않은지 우리는 알 수 없습니다. 광대한 우주에 우리보다 무한히 뛰어난 존재들이 거주하는 세계들이 있는지 알 수 없습니다. 그러나 거룩한 천사들이 있고, 그들이 우리 주님을 사랑했다는 것은 확실합니다. 그들은 밤낮으로 날개를 펴고서 주님의 명령을 기다리며 주님의 목소리에 귀를 기울였습니다. 주님께서 그들에게 날아가라고 명령을 하시면, 그들의 표정에는 사랑이 나타났고 그들의 마음에는 기쁨이 있었습니다. 그들은 주님께 봉사하기를 좋아하였습니다. 하늘에 전쟁이 있어 하나님께서 마귀와 그의 군대를 쫓아내셨을 때, 택하신 천사들이 주님께 대한 사랑이 있어 용감하게 싸우고 강한 힘을 발휘하였습니다. 주님은 우리의 사랑이 주님을 행복하게 만들기를 바라지 않으셨습니다. 주님은 우리 없이도 충분히 사랑을 누리고 계셨기 때문입니다.

　자, 하늘로부터 영이 내려와 여러분에게 예수님의 부에 대해 말할지라도 다 말할 수 없을 것입니다. 가브리엘이여, 그대는 내가 상상하는 것보다 더 높게 날아올라갔지만, 그럴지라도 하나님의 보좌 꼭대기에는 이르지 못했다.

　　　　"하나님 보좌의 가장자리는
　　　　　감당할 수 없는 빛으로 어둡게 보인다."

　하나님의 얼굴을 볼 수 있는 예수님, 그분은 누구십니까? 하나님의 강한 팔의 힘을 알 수 있는 예수님, 그분은 누구십니까? 예수님, 당신은 하나님이시며 무한자이십니다. 유한한 우리 불쌍한 존재들이 주님을 생각합니다. 하루살이에 불과한 우리는 주님을 다 알 수 없습니다. 우리는 주님 앞에 엎드리고 주님을 경배합니다. 주님은 만물 위에 계셔서 영원히 찬송받으시는 하나님이십니다. 그러므로 주님의 무한한 부를 다 알지 못하고, 주님의 부를 말하거나 헤아릴 수 없습니다. 우리가 아는 것이라곤 하나님의 부요, 곧 무한자의 보물, 영원한 부가 모두 주님의 것이었다는 것밖에 없습니다. 주님의 부는 모든 상상을 초월하는 것이었습니다.

2. 주 예수 그리스도는 부요로우셨습니다.

우리 가운데 어느 누구도 그 사실을 정확히 말할 수 있는 사람은 없지만, 우리는 모두 그 점을 믿습니다. 천사들이 예수 그리스도, 곧 빛과 존엄을 입으신 왕께서 흙으로 빚은 몸을 입고 아기로 태어나 살다가 죽으려고 하신다는 사실을 처음 들었을 때, 얼마나 놀랐겠습니까! 그 일이 처음에 천사들에게 어떻게 알려졌는지 모르지만, 그 소문이 처음에 그 거룩한 무리들 가운데 떠돌기 시작했을 때, 그들이 얼마나 놀라고 기이하게 여겼을지 상상할 수 있을 것입니다. 뭐라고! 온통 별들로 장식된 왕관을 쓰신 분이 왕관을 내려놓으신다는 것이 정말이었어? 뭐라고! 어깨에 우주의 자색옷을 걸친 분이 사람이 되시고, 농부의 옷을 입으려고 하신다는 것이 정말이었어? 죽지 않는 영원하신 분이 어느 날 십자가에 못 박히실 것이라고 하는데, 그런 일이 있을 수 있어? 아, 그 사실을 알수록 그들의 놀라움이 얼마나 커졌겠습니까! 천사들은 그 일을 들여다보기 원했습니다. 예수께서 하늘에서 내려오셨을 때, 천사들이 주님을 따라다녔습니다. 이는 주님께서 "천사들에게 보이셨다"(딤전 3:16)고 했는데, 특별한 의미에서 보이셨기 때문입니다. 천사들이 대체 그 모든 일이 어떤 의미일까 궁금해하면서, 아주 놀랍고 기쁜 눈길로 주님을 바라보았기 때문입니다. "주께서 우리를 위하여 가난하게 되셨습니다."

여러분은 주께서 스스로 위엄을 벗으신 날, 곧 하늘의 빛이 사라진 그 날의 주님이 보입니까? 여러분은 실제로 그 행동이 취해졌을 때, 하늘의 천군들이 주님께서 왕관을 벗으시는 것을 보았을 때, 별들의 띠를 풀고 황금 신발을 던지시는 것을 보았을 때, 그들이 점점 더 얼마나 놀랐을지 알 수 있습니까? 주님께서 그들에게 "나는 처녀의 태를 멸시하지 않는다. 나는 사람이 되기 위해 땅에 내려갈 작정이다"고 말씀하셨을 때, 그들이 얼마나 놀랐을지 상상할 수 있겠습니까? 천군들이 자기들이 주님을 따라갈 것이라고 밝혔을 때 그들의 놀라움을 묘사할 수 있겠습니까? 그렇습니다. 천군들은 주님께서 그들에게 허락하시는 정도만큼 가까이에서 주님을 따랐습니다. 그리고 그들은 땅에 왔을 때 이렇게 노래하기 시작하였습니다. "지극히 높은 곳에서는 하나님께 영광이요 땅에서는 하나님이 기뻐하신 사람들 중에 평화로다 하니라"(눅 2:14). 그들은 목자들을 놀라게 하고, 새로 태어난 왕을 축하하여 새 별들이 나오기까지 떠나려고 하지 않았습니다. 자, 천사들이여 놀라라, 무한자께서 어린 아기가 되셨다. 어깨에 우주를 메고 계시는 분이 어머니 품에 안겨 있고, 만물을 창조하였고 창조의 기둥들을 떠받치고 계시는 분이 여인에게 낳기 위해 이제 그처럼 약하게 되셨다! 주님의 부요를 안 너희 천사여 놀라라. 주의 가난하심에 놀라라! 새로 태어나신 왕이 어디에서 잠을 자는가? 왕께서 카이사르의 궁에서 가장 호화로운 방에서 주무셨는가? 주님을 위해 황금 요람이 준비되었고, 그 머리를 편히 누일 따뜻한 베개가 준비되었습니까? 아닙니다. 구주께서 소들이 여물을 먹던 버려진 외양간 구유에, 가난한 집 아이들을 두르던 배내옷에 싸여 누워 있습니다! 주님은 거기에서도 그리 오래 쉬지 못합니다. 갑작스럽게 그의 모친은 애굽으로 도망가지 않으면 안 되었습니다. 주님은 그곳으로 가 이방 땅에서 나그네가 되셨습니다. 애굽에서 돌아왔을 때, 세상을 지으신 분께서 목수 일을 하는 아버지를 도와 망치와 못을 다루는 것을 보십시오! 주님께서 하늘에 별을 두어 밤에는 반짝이게 하셨던 분임을 기억하십시오. 그런 분께서 이마에 영광스러운 별 하나 없이 다른 어린아이들과 똑같이 단순한 어린아이로 지내시는 것을 보십시오. 주님의 어린 시절과 초기 시절의 장면들은 잠시 잊도록 합시다.

주님께서 성인이 되셨을 때를 보십시오. 이제 여러분은 정말로 주님께서 우리를 위해 가난하게 되셨다고 말할 수 있을 것입니다. 주님보다 가난한 사람은 없었습니다. 주님은 가난의 대왕이셨습니다. 그는 크로이소스 왕(Croesus: 큰 부자로 유명한 기원전 6세기의 리디아 최후의 왕 — 역주)과 정반대였습니다. 크로이소스는 부의 꼭대기에 서 있었다면, 그리스도는 가난의 골짜기의 가장 아래에 계셨습니다. 주님의 옷을 보십시오. 그 옷은 전체를 통으로 짠 것으로 가난한 사람들의 의복이었습니다. 음식에 대해서 말하자면, 주님은 굶주리신 일이 자주 있었고, 언제나 나른 사람들의 사비에 의존해서 필요한 것들을 해결하셨습니다! 온 세상에 수확물을 넓게 뿌려두신 분이 굶주림의 고통을 멈추게 할 수단이 없었던 때가 있었습니다. 바다의 샘을 파신 분이 우물가에 앉아 사마리아 여자에게 "물을 좀 달라"(요 4:7)고 하셨습니다. 주님은 한 번도 전차를 타고 다니신 적이 없고, 갈릴리 바윗길을 피곤하고 아픈 발로 다니셨습니다. 주님은 머리 누일 곳이 없었습니다. 주님께서는 여우가 급히 굴로 돌아가고 새가 자기 쉴 곳으로 가는 것을 보고 이렇게 말씀하셨습니다. "여우도 굴이 있고 공중의 새도 거처가 있으되 인자는 머리 둘 곳이 없다"(마 8:20). 일찍이 천사들의 시중을 받으시던 분께서 가장 낮은 종이 되어 허리에 수건을 두르시고 제자들의 발을 씻으시다니! 일찍이 대대로 할렐루야 찬송을 받으시던 분이 이제는 침 뱉음을 당하고 멸시를 당하시다니! 아버지 하나님의 사랑을 받고 많은 애정을 받으셨던 분이 "내 떡을 먹는 자가 내게 발꿈치를 들었다"(요 13:18)고 하시게 되었습니다. 그리스도께서 받으신 수욕을 다 표현할 수 있는 말이 있으면 좋겠습니다! 보좌에 앉아 계시던 분과 십자가에서 죽은 분 사이에 얼마나 거리가 멉니까! 저 영광의 고지와 깊디깊은 고통의 십자가 사이의 큰 간격을 누가 다 말할 수 있겠습니까! 그리스도인이여, 그리스도의 뒤를 좇아가 보십시오. 주님은 하나님께서 사람이 되기까지 얼마나 낮아지셨는지 보여주시기 위해 그의 구유를 남겨 놓으셨습니다. 주님은 사람이 어떻게 하나님에까지 올라갈 수 있는지를 보여주시기 위해 여러분에게 십자가를 남겨 놓으셨습니다. 주님을 따라가십시오. 그의 모든 여행을 철저히 따라가 보십시오.

　　주님과 함께 시험의 광야에서부터 시작하십시오. 거기에서 금식하고 주리며 짐승들에게 둘러싸인 주님을 보십시오. 주님께서 슬픔의 사람으로 가신 피곤한 길을 따라가며 주님의 슬픔을 아십시오. 주님께서 술주정꾼에게 조소를 받고 비웃는 자들의 노래거리가 되며 악인들에게 야유를 받으십니다. 그들이 주님을 손가락질 하며 "술을 좋아하고 포도주를 즐기는 사람"이라고 부릅니다. 겟세마네의 감람나무들 사이에 계시는 주님을 만나고, 주께서 피 같은 땀방울을 흘리시는 것을 볼 때까지 주님을 따라 고난의 길(via dolorosa)을 가십시오. 주님을 따라 가바다(요 19:13, Gabbatha: 박석을 깐 뜰)에 이르는 길을 가 보십시오. 주께서 로마 병사들의 잔인한 채찍질 아래 피를 강물처럼 흘리시는 것을 보십시오! 눈물을 흘리며 주님을 따라 골고다의 십자가에까지 가고, 거기에서 주께서 못 박히시는 것을 보십시오! 그들이 주님을 머리부터 발끝까지 발가벗겨 햇빛 아래 내 놓았으니, 주님의 가난이 얼마나 극심했는지 보십시오! 주님께서 그들에게 물을 달라고 했을 때, 주님께 식초를 드렸으니, 얼마나 가난하셨습니까! 누일 베개가 없던 그 머리가 가시관을 쓰고 죽으셨을 만큼 그분은 가난하셨습니다! 인자시여, 나는 주님의 영광의 절정과, 비참함의 밑바닥 가운데 어느 것에 더 감탄을 해야 할지 모르겠습니다! 우리를 위해 죽임을 당하신 사람이시여, 우리가 주님을 높여야 하지 않겠습니까? 만물 위에 계시며 영원히 찬송 받으시는 하나님이시여, 우리가 주님께 지극히 큰 찬송을 드려야 하지 않겠습니까? "부요하신 이로서 너희를 위하여 가난하게 되심은." 오늘 여러분에게 어떤 왕에 대해 이야기한다면, 아름다운 처녀에 대한 사랑 때문에 왕위를 떠나 그 처녀처럼 농부가 된 왕에 대한 이야기를 한다면, 여러분은 놀라고 그 매력적인 이야기에 귀를 기울일 것입니다. 그러나 내가 우리의 구주가 되기 위해 자신의 위엄을 숨기신 하나님에 대해서 이야기할 때, 우리 마음은 별로 감동하지 않습니다. 아, 교우 여러분, 우리는 그 이야기를 너무 잘 알고, 수도 없이 들어왔습니다. 슬프게도 우리 가운데 어떤 사람들은 그 이야기를 너무 졸렬하게 이야기해서 여러분이 그 주제가 요구하는 만큼 거기에 흥미를 갖는 것을 기대할 수가 없습니다. 그러나 위대한 건축물들은 매일 아침 볼지라도 언제나 다시금 놀라게 되는 점들이 있다고 말하듯이, 그리스도에 대해서도 그같이 말할 수 있을 것입니다. 우리가 매일 주님을 보지만 언제나 다시금 주님을 사랑하고 놀라고 경배해야 할 이유를 발견하게 될 것입니다. "부요하신 이로서 너희를 위하여 가난하게 되심은."

　나는 그리스도의 가난에 관해 우리가 잊어서는 안 되는 한 가지 특징이 있다고 생각해 왔습니다. 가난하게 태어나서 자란 사람들은 자기 상태를 별로 고통스럽게 느끼지 않습니다. 그런데 가난한 것을 불쌍하게 여기지 않을 수 없는 사람들도 만나보았습니다. 그들은 한때 부자였습니다. 이제 누더기가 되어버린 그들의 옷은 그들이 한때 최상류층에서 살았다는 것을 보여줍니다. 그런데 그들이 지금은 찢어지게 가난하게 살고 있습니다. 여러분은 가난하게 태어나 자란 사람들보다 그들을 더 동정하는데, 이는 그들이 더 나은 생활이 어떤 것인지 경험하였기 때문입니다. 현재 가난한 모든 사람들 가운데서 가장 크게 고통을 겪는 사람들은 더 나은 시절을 경험한 사람들이라는 것을 언제나 발견합니다. 나로서는 내 도움이 동정으로 보이지 않도록 최대한 조심하였지만, 도움을 받고서는 내게 "아, 목사님, 나노 좋은 시절이 있었습니다" 하고 말한 사람의 표정을 지금도 잊을 수 없습니다. 그리고 그의 눈에 눈물이 고이고, 쓰라린 기억으로 마음이 상하는 것을 보았습니다. 그런 사람에게는 아무리 사소한 무시도, 심지어는 지나치게 사심 없는 친절도 심장을 찌르는 칼이 됩니다. "나도 좋은 시절이 있었다"는 말이 그들의 기쁨 위에 조종처럼 울려 퍼집니다. 진실로 우리 주님께서는 모든 슬픔 가운데서 "내게는 너희들보다 좋은 시절이 있었다"고 말씀하실 수 있었을 것입니다. 내 생각에는 주님께서 광야에서 마귀에게 시험받으실 때, 주님께서 마귀를 완전히 깨부수지 않도록 자제하는 것이 매우 힘든 일이었을 것이라고 봅니다. 내가 하나님의 아들이었고 마귀가 나를 시험하였다면, 아마도 내가 지금 느끼는 것처럼, 눈 깜짝할 사이에 마귀를 지옥의 맨 밑바닥으로 내던졌을 것입니다! 그 다음에 우리 주님께서 성전 꼭대기에 서서 마귀가 "내게 엎드려 경배하라"고 하는 말을 들으셨을 때, 어떠한 인내를 발휘하셨을지 생각해 보십시오. 주님은 마귀에게 손을 대려고 하시지 않았고, 마귀가 하고 싶은 대로 하도록 버려두셨습니다. 주님께서 자기가 창조한 사람들에게 침 뱉음을 당하셨을 때, 그리고 주님께서 친히 시력을 주신 눈들이 주님을 경멸의 눈초리로 보았을 때, 그리고 주님께서 친히 말하는 능력을 넣어주신 혀가 주님을 야유하고 모독하는 말을 하였을 때 구주의 마음에는 틀림없이 말할 수 없는 비참함과 사랑이 있었을 것입니다.

교우 여러분, 주님께서 우리처럼 느끼셨다면, 그리고 어느 정도는 우리처럼 느끼셨는데, 오직 큰 인내심으로 자제하셨을 것이라고 확신합니다. 그러지 않았다면 아마도 주님은 그들을 모두 쓸어버리셨을 것입니다. 그리고 사람들이 말하였듯이 주님께서 십자가에서 내려와 스스로를 구원하고 그들을 완전히 멸하셨을 것입니다. 이렇게 세상이 자기의 구속주를 학대할 때, 구주께서 세상을 짓밟아 뭉개는 것을 참을 수 있었던 것은 놀라운 인내심이었습니다. 여러분은 주님을 강권한 그 인내심을 보면 놀랍니다. 사람들이 주님을 비난할 때 주께서 욕으로 대꾸하시지 않고, 사람들이 주님을 비웃었을 때 "아버지 저들을 사하여 주옵소서 자기들이 하는 것을 알지 못함이니이다"(눅 23:34) 하고 말씀하셨을 때, 주께서 틀림없이 느끼셨을 가난, 곧 심령의 가난함에 또한 놀라게 됩니다. 주님은 좋은 시절을 알고 계셨습니다. 그 때문에 주님의 비참함은 훨씬 더 가혹하고 주님의 가난은 훨씬 더 극심해졌습니다.

3. 이제 세 번째 요점을 살펴보게 되었습니다.

왜 구주께서 오셔서 죽고 가난하게 되셨습니까? 아담의 후손들인 여러분, 이 말을 들어보십시오. 성경은 이렇게 말합니다. "너희를 위하여 가난하게 되심은 그의 가난함으로 말미암아 너희를 부요하게 하려 하심이라." 여러분을 위해서입니다. 지금 내가 많은 회중인 여러분에게 설교하고 있는데, 여러분은 "너희를 위하여"라는 이 표현의 아름다움을 느끼지 못할 것입니다. 하나님을 경외하며 행하는 남편과 아내 여러분, 나는 여러분의 손을 잡고 얼굴을 들여다보며 "너희를 위하여 가난하게 되셨다"는 말을 반복하고 싶습니다. 젊은이 여러분, 여러분 또래의 형제가 여러분을 보며 이 말을 반복하면 좋겠습니다. "부요하신 이로서 너희를 위하여 가난하게 되셨도다." 머리가 희끗희끗한 신자 여러분, 여러분에게도 같은 말을 하겠습니다. "너희를 위하여 주께서 가난하게 되셨도다." 형제 여러분, 이 말을 그대로 받아들이고, 이 말씀이 여러분에게 감동을 주지 않는지 보십시오. "부요하신 이로서 나를 위해 주께서 가난하게 되셨도다." 성령께서 이 진리에 영향력을 발휘하여 주시기를 구하십시오. 그러면 그 진리가 여러분의 마음을 경건하게 만들고 여러분에게 사랑하는 심정을 일으킬 것입니다. "내가 죄인 가운데 괴수인데 주께서 나를 위해 죽으셨다." 여러분이 이렇게 말하는 소리를 듣고 싶습니다. 죄인을 이곳으로 데려와서 그가 스스로 이렇게 말하게 합시다. "나는 예수를 저주하고 모독하는 말을 하였는데, 나를 위해 그가 가난하게 되셨다. 나는 예수의 사역자를 비웃었고 안식일을 어겼는데, 나를 위해 예수가 가난하게 되셨구나. 아니, 예수님, 어떻게 당신은 구원할 아무 가치가 없는 자를 위해 죽으실 수 있었습니까? 그럴 힘이 있었다면, 당신의 피를 흘리게 한 사람을 위해 어떻게 당신이 피를 흘릴 수가 있었습니까? 그처럼 무가치하고 그처럼 악한 자를 위해 어찌 당신이 죽을 수 있었습니까?" "그렇다. 그래. 나는 너를 위해 피를 흘렸다"고 예수님은 말씀하십니다.

이제 성도의 얘기를 들어봅시다. 그는 이렇게 말할 수도 있습니다. "나는 주님을 사랑한다고 공언했다. 그러나 내 사랑은 얼마나 냉랭한지, 주님을 섬기는 일이 얼마나 보잘것없는지 모른다! 나는 그동안 주님에게서 아주 멀리 떨어져서 살았다. 마땅히 그랬어야 하지만 나는 주님과 즐거운 교제를 갖지 못했다. 내가 주님을 섬기는 일에 시간을 내고 몰두한 적이 언제 있었는가? 그런데 주님은 '너를 위하여 내가 가난하게 되었다'고 말씀하신다." 예수께서는 말씀하십니다. "그렇다. 나의 비참함을 보라. 내 죽음을 보라. 이 모든 것을 너를 위하여 겪었다." 여러분을 이렇게 넘치도록 사랑하고, 여러분을 위해 가난하게 되신 분을 사랑하지 않겠습니까?

　　그러나 그것이 내가 바로 지금 여러분에게 말하고자 하는 요점은 아닙니다. 그리스도께서 죽으신 이유는 "그의 가난함으로 말미암아 우리를 부요하게 하려 하심"이라는 것입니다. 그리스도께서 부요하신 데서 가난하게 되심으로 우리가 그의 가난으로 인해 부요하게 되었습니다. 형제 여러분, 우리는 지금 즐거운 주제, 즉 구주의 피를 받은 사람들은 부유하다는 점을 다루고 있습니다. 구주께서 위하여 죽으신 사람들, 주님의 이름을 믿고 주께 자기를 드린 모든 사람은 오늘날 부유한 사람들입니다. 그렇지만 여기 계시는 여러분 가운데 땅 한 뼘도 자기 것이라고 말할 수 없는 분들도 있습니다. 여러분은 오늘 내 것이라고 부를 것이 하나도 없습니다. 다음 주는 어떻게 먹고 살 수 있을지 모릅니다. 여러분은 가난합니다. 그러나 여러분이 하나님의 자녀라면 그리스도의 목적이 여러분에게서 이루어졌다는 것을 나는 압니다. 여러분은 부유한 사람입니다. 여러분이 부유하다고 말했을 때, 나는 여러분을 조롱하는 것이 아닙니다. 여러분을 비웃는 말을 하는 것이 아닙니다. 여러분은 부유합니다. 여러분은 정말로 부자입니다. 여러분은 소유가 넉넉합니다. 여러분은 보석보다 값비싼 것들을 가지고 있고, 금과 은보다 귀한 것들을 가지고 있습니다. 금과 은이 나한테는 하나도 없다고 여러분은 말할 수 있습니다. 그러나 여러분이 후에 "그리스도께서 모든 것이라"고 말할 수 있다면, 금과 은을 쌓아두고 있는 사람이 말할 수 있는 모든 말을 이긴 것입니다. "그렇지만 나는 아무것도 없다"고 여러분은 말합니다. 여보세요, 당신은 모든 것을 가졌습니다. 당신은 바울 사도가 한 말을 모릅니까? 바울은 "세계나 생명이나 사망이나 지금 것이나 장래 것이나 다 너희의 것이요 너희는 그리스도의 것이요 그리스도는 하나님의 것이니라"(고전 3:22,23)고 선언합니다.

　　섭리라는 거대한 기계에서 여러분을 위해 돌지 않는 바퀴는 하나도 없습니다. 충만한 은혜의 위대한 섭리는 여러분을 위한 것입니다. 양자로 삼으심과 의롭다 하심과 거룩하게 하심이 모두 여러분을 위한 것이라는 사실을 기억하십시오. 여러분은 영적인 것들에서 마음으로 원할 수 있는 모든 것을 가졌습니다. 또 여러분에게는 이생에 필요한 모든 것이 있습니다. 여러분은 누가, "우리가 먹을 것과 입을 것이 있은즉 족한 줄로 알 것이니라"(딤전 6:8)고 말했는지 알기 때문입니다. 여러분은 부자입니다. 사람들이 꿈꾸는 부는 없지만 참된 부로 넉넉합니다. 사람들이 밤에는 금과 은을 바닷가에서 조개 줍듯이 긁어모으는 때가 있습니다. 그러나 사람들이 아침에 깨어나면 수중에 돈 한 푼 없는 것을 알게 됩니다. 그러나 여러분의 부는 영원히 간직하는 보물입니다. 여러분의 부는 확실한 부입니다. 장차 영원의 태양이 부자들의 금을 녹여 없애버렸을 때에도 여러분의 부는 변치 않을 것입니다. 부자는 재물로 가득 찬 **물탱크**를 가지고 있는 것입니다. 그러나 가난한 성도는 자비의 **샘**을 갖고 있습니다. 샘을 가진 사람이 가장 부자인 것입니다. 이웃 사람이 부자라면, 그는 항상 기뻐할 만큼 많은 부를 가졌을 수 있습니다. 그러나 그 부는 가득 찬 물탱크에 지나지 않아 곧 바닥이 날 것입니다. 그러나 그리스도인은 항상 흐르는 샘을 가지고 있어서 퍼 올리고, 영원히 퍼 올려도 샘은 여전히 계속해서 흐를 것입니다. 물이 고여 있는 웅덩이가 아무리 클지라도 물이 흐르지 않는다면, 그 웅덩이는 별 가치가 없습니다. 그러나 샘은 비록 작아보일지라도 시간만 있으면 물이 힘 있게 솟아날 것이고, 시간이 흐르는 만큼 엄청난 양의 귀한 물을 솟아낼 것입니다. 여러분이 부의 큰 웅덩이를 갖고 있지는 못하지만, 부가 언제나 여러분에게로 흐를 것입니다. "네 떡을 먹을 것이고 네 물을 마실 것이라."

나이 든 윌리엄 헌팅턴(William Huntington) 목사가 말하듯이, "그리스도인에게는 유업이 조금 있습니다. 그래서 많은 사람이 딸이 결혼할 때 딸에게 많은 것을 주지 못합니다. 대신에 딸에게 이렇게 말합니다. '내가 하루는 밀가루 한 부대를 보내고 다음날은 무엇 무엇을 보내고 때로는 금도 조금 보내마. 내가 살아있는 한 언제나 네게 무언가를 보내마.'"그 사람은 말합니다. "이 딸은 천 파운드를 지참금으로 가지고 간 언니보다 훨씬 더 많은 것을 얻을 것입니다. 바로 이것이 내 하나님께서 나를 대하신 방식입니다. 하나님께서 부자에게는 한 번에 모든 것을 주시지만 내게는 날마다 주십니다." 아, 애굽이여 너는 네 곡물 창고가 가득하였을 때는 부자였지만, 그 창고들이 빌 수 있다. 이스라엘은 곡물 창고가 없고 날마다 하늘에서 내리는 만나밖에 보지 못했지만 훨씬 더 부요하였습니다. 자, 그리스도인이여, 바로 그것이 여러분의 유업입니다. 지금은 가득 차 있지만 곧 비게 될 물탱크가 아니라 항상 흐르는 샘을 유업으로 받은 것입니다.

그러나 성도 여러분, 여러분의 부가 바로 지금 소유로 다 나타나지 않는다는 것을 기억하십시오. 여러분이 약속에 있어서 부요하다는 것을 생각하십시오. 사람이 가지고 있는 것이 동전 몇 닢밖에 없을 정도로 가난하게 되어서는 안 됩니다. 참된 부자에게서 받은 약속 어음을 소유할 수 있도록 해야 합니다. 그런 사람은 이렇게 말합니다. "지갑에 돈은 없다. 하지만 금액이 이만큼 되는 어음은 있다. 서명을 받아 두었고, 그 회사를 믿을 수 있다. 수중에 금은 없지만 나는 부자다." 그리스도인도 그와 같이 말할 수 있습니다. "부를 소유하고 있지 않지만 나는 부에 대한 약속이 있다. 하나님께서 '정직하게 행하는 자에게 좋은 것을 아끼지 아니하실 것임이라'고 말씀하셨다. 바로 이것이 나를 부유하게 만드는 약속이다. 하나님은 '내 떡을 받을 것이고 내 물을 마실 것이라'고 하셨다. 나는 주님의 서명을 의심할 수 없다. 주님의 말씀이 믿을 수 있다는 것을 안다. 주님의 신실하심을 생각할 때, 나는 주께서 자기 약속을 어기실 것이라고 생각하는 것만으로도 주님을 욕되게 하는 것이다. 주님의 약속은 약속한 사실 자체만큼이나 효력이 있다. 그것이 하나님의 약속이라면, 내가 약속을 이미 받은 것처럼 틀림없이 이행될 것이다."

　그 다음에, 그리스도인은 장래 소유할 재산에 있어서 엄청난 부자입니다. 내가 알고 있는 옛 사람이 죽으면, 나는 엄청난 부자가 되어서 길이 금으로 포장되어 있고 보석으로 지은 건물이 서 있는 곳에서 살게 될 것이라고 믿습니다. 교우 여러분, 여러분도 모두 죽을 옛 사람을 갖고 있습니다. 여러분이 예수님의 제자라면, 그 사람이 죽으면 여러분은 유산을 받을 것입니다. 그 사람이 누구인지 여러분은 압니다. 그는 성경에서 아주 자주 언급되는 사람입니다. 여러분 속에 있, 는 이 옛 사람이 날마다 죽고 새 사람이 여러분 속에서 힘을 얻기를 바랍니다. 타락한 이 옛 사람, 여러분의 옛 본성이 비틀거리며 무덤으로 들어갈 때, 여러분은 재산을 받게 될 것입니다. 그리스도인들은 상속자와 같습니다. 그들이 미성년일 때는 많은 것을 갖지 못합니다. 그들은 지금 미성년기에 있습니다. 그러나 나이가 들면, 그들은 전재산을 갖게 될 것입니다. 그 미성년자가 사람들을 보고 "저것이 내 재산이오" 하고 말합니다. "하지만 너는 저것을 팔 수 없어. 네 손에 넣을 수 없다." 그러면 그는 말합니다. "그렇지 않아요. 손에 넣을 수 없다는 것은 나도 알아요. 하지만 내가 21살이 되면 저것은 내 거에요. 그때는 완전히 내 맘대로 처리할 수 있어요. 하지만 저것이 앞으로 늘 내 것이 될 것처럼 지금도 실제로 내 것이에요. 나는 저것에 대해 법적 권리가 있어요. 내 관리인들이 나를 대신해서 저것을 관리하지만, 저것은 그들의 것이 아니라 내 것이에요."

　자, 그리스도인 여러분, 천국에 금 면류관이 있는데, 그것이 지금 여러분의 것입니다. 그 면류관은 여러분이 머리에 쓸 때 여러분의 것이 되는 것이 아니라 지금 여러분의 것입니다. 내가 언젠가 은유로, 그리스도인들에게 천국에 줄지어 걸려 있는 모든 면류관을 보라고 했다는 말을 들었는데, 내가 그 말을 했을 가능성이 큽니다. 내가 하지 않았다면, 이제 말하겠습니다. 그리스도인 여러분, 면류관이 이미 다 준비되었다는 것을 알고, 여러분 자신의 면류관을 보십시오. 서서 그 면류관을 보고 놀라십시오. 면류관이 어떤 진주로 장식되었는지, 금으로 만들어져서 얼마나 무거운지 보십시오! 그 면류관은 여러분이 쓸 것입니다. 여러분의 볼품없는 머리에 쓸 것입니다. 괴로움을 겪고 있는 불쌍한 여러분의 머리가 그 면류관으로 장식될 것입니다! 저 옷을 보십시오. 저 옷은 보석들이 달려 무겁고 눈처럼 흽니다. 저 옷이 여러분의 것입니다! 여러분이 평상복을 처분하게 될 때, 이 옷이 여러분의 영원한 안식일 의복이 될 것입니다. 여러분이 이 볼품없는 몸을 다 써버리고 나면, 여러분에게 "손으로 지은 것이 아니요 하늘에 있는 영원한 집"(고후 5:1)이 남아 있습니다. 그리스도인 여러분, 꼭대기에 올라가서 여러분의 유업을 내려다보십시오. 여러분이 그 모든 것을 훑어보고, 여러분의 현재 소유물과 약속된 소유물, 거기에 따른 소유물들을 보았을 때, 이 모든 것이 주님의 가난하여지심으로 말미암아 이루어졌다는 사실을 기억하십시오! 여러분에게 있는 모든 것을 보고 "그리스도께서 나를 위해 이것들을 사셨다"고 말하십시오. 모든 약속을 보고 핏자국을 보십시오. 그렇습니다. 천국의 수금과 면류관들을 보고, 피값으로 산 것을 보십시오! 그리스도께서 여러분을 사지 않으셨다면, 여러분은 저주받은 죄인 외에 아무것도 될 수 없었다는 것을 기억하십시오! 주님께서 하늘에 그대로 계셨다면, 여러분은 영원히 지옥에 남아 있었을 것입니다. 주님께서 자신의 명예를 가리지 않으셨다면 여러분에게 한 줄기 빛도 비치지 않았을 것입니다. 그러므로 주님의 귀한 이름을 찬미하고 주님을 높이며 모든 시내를 따라 올라가 샘에까지 이르도록 하십시오. 여러분에게 있는 모든 것의 근원이자 원천인 주님을 찬미하십시오. 형제 여러분, "우리 주 예수 그리스도의 은혜를 너희가 알거니와 부요하신 이로서 너희를 위하여 가난하게 되심은 그의 가난함으로 말미암아 너희를 부요하게 하려 하심이라."

4. 아직 말씀을 다 끝내지 못했습니다.

이제 말씀드릴 세 가지가 있습니다. 가능한 아주 간단하게 말씀드리도록 하겠습니다.

　　첫 번째는 교리에 대한 것입니다. 그 교리는 이것입니다. 그리스도께서 가난하게 된 것이 우리를 부요하게 하려는 것이었다면, 영화롭게 된 지금 주님은 무슨 일을 하실 것입니까? 슬픔의 사람께서 내 영혼을 구원하셨다면, 이제 높이 되신 그분께서 내 영혼이 멸망하도록 버려두시겠습니까? 죽으신 구주께서 우리 구원에 유익하였다면, 지금 살아 계셔서 중재하시는 구주께서 얼마든지 우리의 구원을 이루시지 않겠습니까?

　　　　　“주는 살아 계셨고, 지금도 살아서 위에 앉아 계시네
　　　　　그곳에서 영원히 중재하시기 위해.
　　　　　우리를 주님의 사랑에서 떼어놓을 것이 무엇이며
　　　　　우리를 절망에 빠지게 할 것이 무엇인가?”

　　주의 손에 못이 박혔을 때, 오 예수님, 주께서 지옥을 완전히 물리치셨으니, 주께서 홀을 쥐신 지금 패할 수 있겠습니까? 가시 면류관을 머리에 쓰셨을 때 용을 무찌르셨으니, 천사들이 주님을 향하여 환호하고 있는 지금 주께서 패배하고 정복당할 수가 있겠습니까? 아닙니다, 형제 여러분, 우리는 영화롭게 되신 예수님을 신뢰할 수 있습니다. 우리는 주님의 품에서 쉴 수 있습니다. 주님께서 가난하실 때도 그렇게 강하셨다면, 부요하신 지금 얼마나 강하시겠습니까?

　　다음은 질문에 대한 것이었습니다. 그 질문은 단순하였습니다. 여러분은 그리스도의 가난으로 말미암아 부요롭게 되었다는 말을 들었습니까? 이에 대해 여러분은 이렇게 말합니다. “나는 그리스도 없이도 아주 잘 지내고 있어요. 나는 구주가 전혀 필요 없어요.” 아, 당신은 “나는 부자라 부요하여 부족한 것이 없다”고 말하나 주님께서는 “네 곤고한 것과 가련한 것과 가난한 것을 알지 못하는도다”(계 3:17)고 말씀하신 교회와 같습니다. 선행에 의지해서 살고, 여러분이 다른 사람들만큼 착하기 때문에 천국에 갈 것이라고 생각하는 여러분, 여러분이 스스로 획득할 수 있는 모든 공로는 전혀 효력이 없습니다. 이제까지 인간 본성으로 행했던 것은 모두 더러움과 저주로 변해 버립니다. 그런 것들이 여러분의 부라면 여러분은 성도가 아닙니다. 청중 여러분, 여러분은 오늘 아침에 이렇게 말할 수 있습니까? “나는 본래 아무것도 없는 자인데, 하나님께서 성령의 능력으로 내가 아무것도 아님을 가르쳐 주셨습니다.”

형제자매 여러분, 여러분은 그리스도를 여러분의 모든 것의 모든 것으로 삼았습니까? 여러분은 오늘 주저하지 않고 "나의 주님, 나의 하나님, 나는 아무것도 없지만 주님이 나의 모든 것이십니다" 하고 말할 수 있습니까? 자, 여러분 이 질문을 회피하지 마십시오. 여러분이 관심이 없어도, 이 질문에 소극적으로라도 대답하십시오. 그러나 여러분이 이 질문에 답을 했을 때는 여러분이 말한 것에 주의하십시오. 여러분은 죄인이고, 여러분도 그 사실을 느낍니다. 자, 예수님을 붙잡으십시오. 그리스도께서, 자기 것이라곤 아무것도 없는 자를 부요하게 하기 위해 오셨다는 사실을 기억하십시오. 내 주님은 의사이십니다. 여러분이 스스로 치료할 수 있다면 주님은 여러분과 상관이 없을 것입니다. 내 주님께서 벗은 자에게 옷을 입히러 오셨다는 것을 기억하십시오. 여러분의 것이라곤 해진 옷조차 없을지라도 주님께서 여러분을 입히실 것입니다. 주님께서 머리부터 발끝까지 여러분에게 옷을 입히시도록 하지 않으면 여러분은 주님과 아무 상관이 없을 것입니다. 그러면 그리스도께서도 여러분을 상대하지 않을 것이라고 말씀하십니다. 주님께서는 모든 것을 상관하시든지, 아니면 일체 상관하시지 않을 것입니다. 자, 여러분은 모든 것을 그리스도께 드렸습니까? 여러분은 예수님의 십자가 외에는 아무것도 신뢰하지 않습니까? 그렇다면 여러분은 그 문제에 대답을 잘하신 것입니다. 기뻐하고 즐거워하십시오. 바로 다음 시간에 죽음이 여러분을 놀라게 할지라도 여러분은 안전합니다. 계속 그렇게 나가고, 하나님의 영광을 바라고 즐거워하십시오.

이제 세 번째 사항을 말씀드리면서 설교를 끝내겠습니다. 그것은 권고에 대한 것이었습니다. 죄인인 여러분, 여러분은 오늘 아침 여러분이 가난하다고 느끼십니까? 그렇다면 그리스도의 가난을 보십시오. 오늘 죄 때문에 괴로워하는 여러분, 여기에 그런 분이 많이 있습니다. 하나님께서는 여러분을 그냥 내버려두지 않으셨습니다. 하나님께서는 그동안 정죄라는 날카로운 보습으로 여러분의 마음을 갈아오셨습니다. 여러분은 오늘 아침 "내가 어떻게 하여야 구원을 받으리이까"(행 16:30) 하고 말하겠습니까? 여러분이 예수 그리스도와 관계를 맺으려면 여러분에게 있는 모든 것을 드려야 할 것입니다. 오늘 여러분의 영혼은 몹시 아프고 괴롭습니다. 죄인이여, 여러분이 구원을 얻으려고 한다면, 예수 그리스도의 피에서 찾아야 합니다. 자, 잠시 눈물을 닦고 여기를 보십시오. 여기 예수 그리스도께서 계십니다. 그리스도가 보입니까? 주님의 머리를 주목하여 보십시오. 여전히 주의 교회들에 걸려 있는 가시면류관을 보고, 구슬처럼 맺힌 그의 땀방울들을 보십시오. 주님의 눈을 보십시오. 이제 막 죽어가는 가운데 눈이 감기고 있습니다. 여러분은 주께서 그처럼 절망적인 고뇌 가운데 고통을 당하는 자취가 보입니까? 주님의 손이 보입니까? 손에서 피가 실개천처럼 흐르는 것이 보입니까? 주님께서 이제 막 외치시는 소리를 들어보십시오. "나의 하나님, 나의 하나님 어찌하여 나를 버리셨나이까!" 죄인이여, 그 소리를 들었습니까? 여기서 잠시 멈추고, 주님의 또 다른 모습을 살펴봅시다. 주님의 몸은 얼마나 쇠약해지고 주님의 영은 얼마나 파리해졌습니까! 주님을 보십시오. 주께서 다시 한 번 하시는 말씀을 들어보십시오. "다 이루었도다." 주님은 무슨 뜻으로 이 말씀을 하셨습니까? 주께서 구원을 완성하셨다는 뜻입니다. 주님을 바라보고 거기에서 구원을 찾으십시오. 구원을 받으려면, 하나님께서 회개하는 자에게 바라시는 것은 예수를 바라보는 것밖에 없다는 것을 아십시오. 내 생명을 두고 이것을 장담합니다. 여러분이 모든 것을 무릅쓰고 그리스도를 의지하면, 여러분은 구원받을 것입니다. 나는 오늘 그리스도께서 자신의 약속을 깨트리지 않으신다면 영원히 묶이는 그리스도의 종이 될 것입니다. 주님께서는 이렇게 말씀하셨습니다. "땅의 모든 끝이여 내게로 돌이켜 구원을 받으라"(사 45:22). 여러분을 구원하는 것은 여러분의 손이 아닙니다. 여러분의 눈이 되어야 합니다. 여러분이 자신을 구원할 것이라고 기대하는 모든 행실에서 눈을 떼고 그리스도를 보십시오. 여러분의 죄를 가리지 못할 의복을 짜려고 더 이상 애쓰지 말고, 그 옷을 던져버리십시오. 그 옷은 거미줄로 짠 것에 지나지 않습니다. 거미줄로 무슨 옷을 짤 수 있겠습니까? 주님을 바라보십시오. 그러면 구원을 얻습니다.

　　주님을 바라보고서 망한 죄인은 하나도 없습니다. 여러분이 주님을 주목합니까? 한 번 바라보면, 여러분은 구원을 얻을 것입니다. 잠깐 한 번 보면, 해방될 것입니다. 여러분이 "나는 죄 많은 죄인이라"고 말합니까? 여러분의 죄 때문에 여러분에게 그리스도를 바라보라고 하는 것입니다. 여러분이 "나는 볼 수 없다"고 말합니까? 아, 하나님께서 이제 여러분이 보도록 도와주시기를 바랍니다. 그리스도께서 여러분을 물리치지 않으시리라는 것을 기억하십시오. 예수께서 손으로 여러분의 입술에 가져다 대는 자비의 잔이 있다는 것을 아십시오. 여러분이 자신의 부족을 느낀다면, 여러분이 그 잔을 마시지 않도록 사탄이 유혹할 수 있지만 사탄이 이기지 못하리라는 것을 나는 압니다. 아마도 여러분은 조심스럽게 살짝 그 잔에 입술을 갖다 댈 것입니다. 그러나 홀짝 한 모금만이라도 마십시오. 첫 한 모금이 여러분에게 복을 가져다 줄 것이고, 더 충분히 마시실수록 여러분은 그만큼 더 천국을 알게 될 것입니다. 죄인이여, 예수 그리스도를 믿으십시오. 여러분에게 전하는 복음을 온전히 들으십시오. 하나님 말씀에 이렇게 쓰여 있습니다. "믿고 세례를 받는 사람은 구원을 얻을 것이요"(막 16:16). 이 말씀을 달리 번역하는 말을 들어보십시오. 믿고 침례를 받는(immersed) 자는 구원을 받을 것이라는 말입니다. 여러분이 자신을 구주께 맡기고 세례를 받음으로써 여러분의 믿음을 고백하십시오. 그러면 여러분은 예수님께서 여러분을 구원하셨음을 알고, 예수님을 기뻐할 수 있다는 것을 믿으십시오. 그러나 여러분이 믿기 전까지는 믿는다고 고백하지 않아야 한다는 것을 기억하십시오. 세례는 여러분에게 믿음이 없으면 아무것도 아니라는 사실을 잊지 마십시오. 여러분이 정말 믿기 전에 세례 받는 것은 우스꽝스러운 연극이고 거짓이라는 것을 아십시오. 믿은 후에 세례는 여러분의 믿음을 고백하는 것에 지나지 않는 것입니다. 그 사실을 믿으십시오. 그리스도께 자신을 맡기십시오. 그러면 여러분은 영원히 구원을 받습니다! 하나님께서 구주를 인하여 복을 더해 주시기를 바랍니다. 아멘.

제
9
장

—

말할 수 없는 은사

—

"말할 수 없는 그의 은사로 말미암아 하나님께 감사하노라"
— 고후 9:15

바울은 고린도 교회 신자들의 너그러움에 대해서 말했고, 그들이 너그러움을 보일 수 있도록 세심하게 준비하는 마음을 일으키려고 애썼습니다. 그래서 사도는 "이제는 하던 일을 성취할지니 마음에 원하던 것과 같이 완성하되 있는 대로 하라"(고후 8:11)고 말했습니다. 사도는 이 주목할 만한 말로써 권고를 마칩니다. "말할 수 없는 그의 은사로 말미암아 하나님께 감사하노라." 사도는 이 말로써 자신의 진심어린 감사의 마음을 표현하고자 하고, 또 그리스도인의 넉넉한 구제에 대한 논거를 확실하게 전달하려고 하였습니다. 하나님께서 주신 것을 기억하는 것만큼 하나님 백성들에게 하나님께 드리고 싶은 마음을 일으키는 것은 없습니다. "너희가 거저 받았으니 거저 주라"(마 10:8)는 것이 우리 주님의 요지입니다. 복음의 은혜는 복음의 동기에 의해 자극받을 때 가장 좋습니다. 행위의 법에서 추론한 이유로 신자들에게 호소하는 것은 옳지 않습니다. 신자들은 행위의 법 아래 있지 않기 때문입니다. 자녀들은 자녀로 여기고 다스리게 되어 있지, 소처럼 다룰 수는 없습니다. 신자들은 사랑의 법 아래 살고 있으므로, 신자들의 마음을 새롭게 하기 위해서는 그 사랑의 법에서 끌어낸 논거를 가지고 호소해야 합니다. 즉 하나님께서 그들을 무한한 사랑으로 사랑하셨다는 것을 알 때, 이 사랑이 신자들 속에서 가장 강력한 힘이 되었습니다. "그리스도의 사랑이 우리를 강권하시는도다"(고후 5:14). 하나님이 우리를 이처럼 사랑하사 독생자를 주셨으니 이는 그를 믿는 자마다 멸망하지 않고 영생을 얻게 하려 하신다는 사실만큼 사람이 자신을 하나님께 온전히 드리게 만드는 것은 없습니다.

복음은 주는 것 위에 세워져 있고, 복음의 정신은 주는 것입니다. 우리가 돈 없이 값없이 사지 않는 한, 영적인 일에서 사고파는 일은 없습니다. 지불하는 것은 율법에 대해서입니다. 복음 아래에서는 모든 것이 선물입니다. 하나님은 우리에게 예수님을 주시고, 영생을 주시며, 은혜와 영광을 주시고, 사실은 모든 것을 우리에게 주십니다. 그러면 그 사랑에 감동을 받아 우리도 하나님을 사랑하여 자신을 하나님과 하나님의 백성들에게 줍니다. 하나님께서 세상에 빛과 열을 주시는 것이 바로 해의 영광이듯이, 하나님께서 사람들에게 자비와 평강을 주시는 것은 바로 하나님의 영광입니다. 게다가 해는 반사되는 열의 창조자이고, 그 빛이 반사될 수 있다는 점 때문에 훨씬 더 소중하듯이, 하나님은 하나님의 선하심 가운데 우리가 다른 사람들에게 나누어 줄 수 있는 그 점으로 말미암아 영화롭게 되십니다. 신자들이 하나님의 선물에 대해 개인적으로 감사하는 것에 의해서 뿐 아니라 가난한 사람들에게 선물을 줌으로써 마음으로 감사하는 데서 하나님이 영광을 받으십니다. 우리가 다른 사람들에게 주면, 그들은 하나님께서 우리 안에 일으킨 친절 때문에 하나님께 감사를 드립니다. 이와 같이 감사의 순환이 주는 정신에 의해 일어나는데, 이 정신은 무엇보다 하나님의 말할 수 없는 선물에서 나타났습니다. 우리는 그 샘으로부터 받은 물로 가득 찬 컵과 같습니다. 목마른 사람들이 우리에게서 마시고, 그 샘을 찬양합니다.

바울은 고린도 교인들의 넉넉함에 대해서 자랑해왔는데, 그들이 시일을 끌자 자기가 부끄러움을 당하게 되지 않을까 다소 염려했고, 자신이 고린도 교인들의 선물에 대해 너무 자랑한 것이 아닐까 하고 불안하게 느꼈던 것 같습니다. 사도는 고린도 교인들의 넉넉함에 대해서는 마땅히 할 말을 다 할 수 있었지만 하나님의 넉넉함에 대해서는 다 표현할 수 없다고 느꼈습니다. 고린도 교인들의 선물은 사도가 충분히 설명할 수 있는 그런 것이었지만, 하나님께서 주신 것을 생각할 때는 이렇게 외칠 수밖에 없었습니다. "말할 수 없는 그의 은사로 말미암아 하나님께 감사하노라." 여러분은 지극히 자기희생적인 신자들의 크나큰 기여들을 일일이 다 헤아릴 수 있습니다. 그러나 하나님의 선물은 헤아릴 수 없습니다. 하나님의 독생자의 가치를 산정할 수 없습니다. 여러분의 평가가 조금이라도 이 주제에 어울린다면 어떤 평가가 되었든지 도무지 말로 표현할 수 없을 것이 분명합니다. 예수님 안에서 나타난 사랑은 상상할 수 없고, 무한하며 말로 표현할 수 없는 것입니다.

이 주제를 생각하는 동안 성령께서 도우시는 대로 나도 여러분을 돕고 싶습니다. 내 경우에 이 말할 수 없는 은사를 말할 수 있는 것 자체가 하나의 선물이기 때문입니다. 나는 바로 이 시간에 내가 말할 것을 주실 것이라고 믿습니다. 우리는 첫째, 그리스도 예수께서 말할 수 없는 선물이라는 점을 생각하겠습니다. 둘째로, 그리스도 예수는 할 말이 많은 선물입니다. 이 말할 수 없는 은사는 영원히 감사하는 마음으로 말해야 하는 것입니다. "말할 수 없는 그의 은사로 말미암아 하나님께 감사하노라."

1. 첫째로, 하나님께서 사람에게 주신 하나님의 영원한 아들 그리스도 예수는 말할 수 없는 선물입니다. 여러 면에서 그러합니다.

우선, 그리스도를 사람에게 선물로 주셨다는 점의 모든 의미를 교리적으로 진술할 수 있는 사람은 아무도 없습니다. 교회에서 "목사"들이라고 부르고 "유명한 신학자들"이라고 부르는 생각이 깊은 학자들을 교회가 배출하였습니다. 우리가 하나님 말씀을 해석하는데 이 선생들에게서 많은 도움을 받은 것은 틀림없는 사실입니다. 그렇지만 이들을 모두 합친다고 해도, 그들은 하나님의 아들을 사람들에게 선물로 주신 그 의미를 전부 다 밝힐 수 없습니다. 경건하고 학문을 좋아하는 사람들도 "아, 깊도다" 하고 말하였을 뿐이고, 자기들이 이 신비의 심연을 측량할 수 있는 체하지 않았습니다. 어떤 선생들은 그 표적에 한참 미치지 못하여서, 말할 수 없는 이 선물을 낮게 평가함으로써 큰 해악을 끼쳤습니다. 그들의 한 말이 사실일 수는 있지만, 그들은 부작위(不作爲: 마땅히 해야 할 행위를 일부러 하지 않는 일)의 죄를 지은 것입니다. 어느 것도 빼먹어서는 안 되는데, 빠트린 것입니다. 그들은 그리스도에 대해 너무 조금밖에 말하지 않았는데, 아마도 자기들이 그리스도를 너무 높게 칭송할까봐 염려했던 것 같습니다. 그런 사람들의 평가에서는 구주의 선물이 단지 인류에 하나님의 선한 뜻을 보이는 정도에 지나지 않았습니다. 그들의 복음에 따르면 예수님은 거룩한 박애주의자에 지나지 않았습니다. 그것은 성소의 저울을 사용하지 않고 다른 저울을 사용하여 큰 집의 주인을 속이는 것입니다. 하나님께서 자기 아들의 죽음으로써 사람에게 사랑을 보이신 것은 사실이고, 이 점에 대해서는 누가 아무리 많은 말을 한다고 해도 지나칠 수 없습니다. 그러나 그리스도의 선물에는 단순히 하나님의 선의가 나타났다는 정도가 아니라 그보다 훨씬 더 많은 것이 있습니다. 이 사람들이 하나님의 자비를 시인하는 것은 기쁜 일입니다. 그러나 우리는 그들이 그 이상을 볼 수 있으면 좋겠습니다. 주님에게서 사람들에 대한 자비만을 겨우 보고 그치는 것은 주님의 성품과 가치를 희미하게 보는 것일 뿐입니다. 이렇게 밖에 주님을 생각하지 못하는 사람들에게는 확실히 주님은 "말할 수 없는" 분입니다.

또 어떤 사람들은 그리스도를 하나님께서 도덕적 악에 반대하신다는 것을 놀랍게 보여주시는 예로 이야기하였습니다. 이 사람들은 그리스도의 죽음을 사람들에 대한 하나님의 자비와 분리시켜 생각하지는 않지만, 하나님께서 죄를 불쾌하게 여기시는 것을 막연하게 표현하는 것으로 받아들였습니다. 그 말에도 일리가 있습니다. 왜냐하면 거룩한 우리 주님의 치명적인 고뇌와 죽음의 고통에서 죄의 결과가 나타나는 것만큼 하나님의 정결하심이 잘 입증되는 것을 다른 데서 볼 수 없기 때문입니다. 그렇지만 누가 되었든지 이것만을 전부로 알고 말한다면, 그 사람은 하나님의 선물을 이해하지 못한 것입니다. 왜냐하면 크신 아버지 하나님께서는 그 아들을 선물로 주심으로써 단지 그 본성의 자비하심과 도덕적 악의 결과들을 넌지시 보이고 마신 것이 아니라, 사람들을 위해 그보다 훨씬 더 많은 일을 행하셨기 때문입니다. 하나님은 아들의 죽음을 통해서 사람들에 대한 자신의 사랑과 죄에 대한 미움을 선포하셨다는 것을 우리는 시인합니다. 그러나 하나님은 그 이상으로 무한한 일을 행하셨습니다. 십자가는 학교일 뿐만 아니라 또한 병원이기도 합니다. 그리스도께서 십자가에 못 박히신 일은 사람의 악을 드러낼 뿐만 아니라 또한 악에 대한 치료책을 제공하기도 합니다. 그리스도는 단지 교훈이 아니라 선물입니다. 말할 수 없는 선물입니다.

우리 형제들 가운데 어떤 분들은 모든 인류에 대한 그리스도의 죽음의 일반적인 면을 아주 많이 생각합니다. 예수께서 죽으셨기 때문에 인류가 용서받았다는 것은 중대한 사실입니다. 그것은 처형이 일시 연기된 것이 아니라 타락한 데서 끌어올려져, 믿으면 구원을 가져다 줄 자비의 메시지를 들을 수 있는 위치에 두었다는 중대한 사실입니다. 성경은 주 예수님을 "모든 사람 특히 믿는 자들의 구주"(딤전 4:10)시라고 설명합니다. 주님의 사명은 이스라엘과 모든 민족들에게 기쁜 소식입니다. 아담의 모든 후손은 그리스도의 죽음에 영향을 받습니다.

사람들이 모든 사람의 구원을 자유롭게 선포하는 것은 잘하는 일입니다. 그들이 구원의 충만함과 주권을 간과하지 않기를 바라지만, 그들이 구원의 값없음에 대해서 아무리 많이 생각한다고 해도 충분할 수 없을 것입니다. 우리는 성육신과 구속의 효과가 중보자로 말미암아 전 인류에게 미친다는 이야기를 듣기 좋아합니다. 그러나 우리는 구속의 특별한 적용과 구속의 실제적인 결과에 대해서도 종종 들었습니다. 그 위대한 구속, 곧 비길 데 없는 속죄에 대해서는 아무리 말해도 부족할 것입니다. 그렇습니다. 사람이 인류와의 관계에서 예수 그리스도께 대하여 이야기할 때, 사람의 말과 천사의 방언으로 말한다고 할지라도, 주님을 너무 높게 찬미하게 될 염려는 없습니다. 이 죄인의 친구, 능하신 구주, 은혜로 용서하시는 분에 대해서는 아무리 말해도 지나칠 수가 없습니다. 그런 면에서 그리스도는 말할 수 없는 분이십니다.

이 외에도, 우리는 자기 백성과 그리스도의 특별한 관계에 대해 이야기하기 좋아합니다. 자기 백성을 위한 그리스도의 대속의 사실을 매우 강조합니다. 그리스도께서 많은 사람의 죄를 짊어지신 것과, 주께서 범죄자들 가운데 하나로 헤아림을 입은 것, 그리스도께서 죄를 알지도 못하시지만 우리를 위해 죄가 되신 것은, 우리가 그리스도 안에서 하나님의 의가 되도록 하기 위함이라는 사실을 기쁘게 말합니다. 보증인으로서 그리스도의 책임과 그 결과로서의 속죄에 대해 상세히 설명할 때마다, 우리는 마음이 벅차오르고 눈에는 눈물이 넘쳐흐릅니다. 그리스도께서 스스로 낮아지셔서 우리를 대신하는 놀라운 사랑, 곧 우리를 그리스도의 자리에 세우고 하나님께서 받으시도록 하기 위해 스스로 죄인을 대신하시는 이 사실을 생각하면 우리는 넋이 나가다시피 합니다. 이 주제는 아무리 생각해도 질리지 않습니다. 신성한 교훈입니다! 풍성한 위로의 교훈입니다! 지극히 고귀한 소망으로 가득 찬 교훈입니다! 우리를 위한 주님의 대속이라는 이 장엄한 진리를 영원히 전하고 싶습니다! 그렇지만 이것이 이 시간에 논해야 할 주제라면, 우리는 말할 수 없는 이 은사를 다 설명할 수 없습니다. 우리가 이 교훈을 아주 분명하게 진술하고, 또 다른 사람들이 잘 말한 모든 것을 다 인정하였으면, 사람들에게 주신 예수 그리스도의 은사에 관해 알 수 있는 모든 것을 믿고 가르쳤다고 생각하는 경향이 있습니다. 그러나 사랑하는 여러분, 그렇지 않습니다. 자비를 선포하고 죄를 책망하며, 인류를 향상시키고 택한 백성들을 실제적으로 구원하는 목적 외에도, 성육신과 구속으로 인류에 기여하는 점은 많이 있습니다. 하나님의 목적은 다양합니다. 나는 이 시간에 지금까지 말하려고 했던 교리를 넘어서서 이야기할 생각이 없습니다. 우리는 어디에선가 멈추어야 하고, 나는 그리스도께서 대신 고난을 당하셨다는 이 진리에서 멈출 것이기 때문입니다. 우리가 최선을 다해서 말했어도 이 은사는 여전히 말할 수 없는 것입니다. 그래서 이만큼 이야기하는 것으로 충분합니다. 내가 여러분을 세우려고 한 벼랑 끝을 자세히 보기 바랍니다. 사랑의 이 깊은 심연을 내려다보기 바랍니다. 이 심연은 측량할 수 없이 깊다는 것을 확실히 알기 바랍니다. 무한을 규정하려고 하는 것은 쓸데없는 일입니다. 그래서 사람들에 대한 하나님의 이 놀라운 선물이 얼마나 넓고 얼마나 높으며 얼마나 깊고 얼마나 광대한지 밝히기를 바란다는 것은 헛된 일입니다. 신학이 많은 주제에 대해 말할 수 있고, 이 주제에 대해서도 많이 이야기하지만, 그 전체를 말하지는 못합니다. 은혜를 받은 사람은, 십자가를 전파하는 자들이 그리스도 예수 안에 감추어진 것을 다 말할 수 없다는 점을 강단에서 서슴없이 고백합니다.

　이 선물은 또 다른 점에서 말할 수 없습니다. 즉 이 선물의 방법을 말할 수 있는 사람은 없습니다. 이 선물을 주는 길과 방법은 사람들에게 알려지지 않았고, 알 수도 없을 것입니다. 그래서 말할 수 없습니다. 잠시만 한 번 생각해 봅시다. 여러분은 아버지 하나님께서 독생자를 우리에게 주시는 방법을 알고 설명할 수 있습니까? 예수 그리스도는 아버지의 아들이실 뿐만 아니라 바로 하나님 자신이시고 하나님과 한 분이십니다. 아들을 선물로 주시는 것은 사실 하나님께서 자신을 사람들에게 주시는 것입니다. 아들 하나님과 아버지 하나님 사이에 분리가 있을 수 없습니다. 그리스도께서 "나와 아버지는 하나이니라"(요 10:30)고 말씀하셨기 때문입니다. "내가 아버지 안에 거하고 아버지께서 내 안에 계심을 믿으라"(14:11)고 주님은 말씀하셨습니다. 여러분은 이 말을 이해합니까? 이 말씀이야말로 말할 수 없는 것이 아닙니까? 그러므로 성급하게 결론을 내려서, 그리스도께서 고난을 당하시고 아버지 하나님은 그 희생에 거의 참여하시지 않는 것으로 말하지 않도록 하십시오. 그렇게 하면 중대한 오류에 빠질 수 있습니다. 하나님은 고난을 당하실 수 없고, 따라서 어떤 형태의 고난도 당하실 수 없다고 신학자들은 말해왔습니다. 그렇게 말할 수 있습니다. 그러나 나는 그런 진술에 대한 성경적 근거를 보지 못합니다. 하나님께서는 자신이 기뻐하는 일을 행하실 수 있다고 나는 믿습니다. 그러므로 하나님은 그렇게 하기로 뜻하시면 고난을 당하실 수 있습니다. 아무런 느낌이 없는 그런 하나님은, 하늘에 계시며 내 죄 때문에 슬퍼하시고 나의 슬픔을 동정하실 수 있는, 내가 알고 있는 아버지 하나님과는 전혀 다릅니다. 성경이 순전히 사람의 방식을 따라서 말하는 것일 수 있습니다. 그렇다면 내가 성경을 이해하는 것은 사람으로서 이해하는 것입니다. 그리고 내가 볼 때, 성경은 살아 계실 뿐만 아니라 느끼시는 하나님을 계시합니다. 하나님을 돌같이 무감각한 분으로 여기면 하나님께 영광이 됩니까? 바울 사도가 에베소 장로들에게 "하나님이 자기 피로 사신 교회"(행 20:28)에 대해 이야기할 때 한 말을 읽어보십시오. 하나님의 피라고 했는데, 이것이 실수로 한 말입니까? 논리적으로 잘못된 표현이 때로는 아주 잘 다듬어진 문장보다 더 정확한 묘사가 될 수 있습니다. 모순처럼 보이는 표현이 언어적으로 정확한 말보다 진리를 더 잘 표현할 수가 있습니다. 성경은 오류가 없습니다. 그렇지만 조직신학의 형식적인 표현은 전혀 사용하지 않습니다. 성부 하나님과 성자 하나님에 대해 이야기할 때 우리는 신비 속에서 헤엄치는 것입니다. 하나님께서 그 아들과 하나이면서 어떻게 그 아들을 죽게 내어주실 수 있습니까? 누가 이 신비를 설명해 볼 수 있습니까? 누가 이 신비를 설명할 수 있다면, 그가 성부 하나님께서 아들을 내어주시는데 얼마만한 값을 치르시는 것인지 말해 줄 수 있습니까? 어머니가 아이와 헤어지는 것이 어떻게 어머니의 마음을 아프게 하는지 우리에게 말할 수 있습니까? 아버지가 하나밖에 없는 아들을 잃는 고통을 말해 줄 수 있습니까? 여러분이 깊이 사랑하는 아들을 멸시받고 침 뱉음을 당하며 학대당하고 죽임당하도록 내어주는 일이 과연 어떠하겠습니까! 모릅니다. 여러분은 그것이 무엇인지 모릅니다. 그러므로 그것이 어떤 것인지 말할 수 없습니다.

　　소중한 사람과 사별한 경험이 있는 여러분, 여러분은 마음을 찢는 그 고통을 압니다. 그러나 그 상실을 다른 사람들에게 표현할 수 없습니다. 여러분의 슬픔은 표현할 수가 없습니다. 성부 하나님께서 사랑하는 아들을 "이는 상속자니 자 죽이자"(마 21:38) 하고 말하는 악한 농부들 가운데 보내심으로써 아들의 영광을, 말하자면 개들에게 던져주었을 때, 어떻게 느끼셨을지 말할 수 있는 사람이 있습니까? 영원하신 하나님께서 하나님의 영광의 광채, 곧 그 본체의 형상(히 1:3)이 중죄인으로 결박당하고 범죄자로 고발당하며 사기꾼이라고 조롱당하고 악인으로 버림받고 사형에 합당하다고 여겨 죽임을 당하셨을 때, 어떻게 느끼셨는지 누가 말할 수 있겠습니까? 사랑하는 아들이 강도처럼 달려서 무한한 고통을 겪는 것을 볼 때, 성부 하나님께서 어떻게 생각하셨겠습니까? "여호와께서 그에게 상함을 받게 하시기를 원하사 질고를 당하게 하셨다"(사 53:10)는 것은 사실입니다. 그러나 크신 아버지 하나님께서 힘든 자기 부인이 없이는 이루어질 수 없는 일이었습니다. 아브라함이 칼을 빼서 아들을 죽이려고 하였을 때 아브라함이 느꼈을 모든 고통은 성부 하나님께서 독생자를 내어 주셔서 우리를 대신해서 죽게 하려고 하셨을 때 치르신 값을 미리 희미하게 보여주는 것에 불과하였습니다.

여러분이 우리 주님께서 우리를 위하여 죄 정함을 받으셨을 때 받으신 주님의 고난을 헤아려 보면, 이 은사가 이루 다 말로 표현할 수 없는 것임을 알 것입니다. 주님의 희생의 위대함을 다 밝힐 수 있는 사람은 없습니다. 영원히 하나님 우편에 계시는 그리스도의 영광을 생각하고, 이 모든 영광을 버리셨다는 것을 기억하십시오. 하늘의 위엄에서 베들레헴의 구유로 오셨고, 여호와의 보좌에서 마리아의 품으로 오셨으니, 얼마나 낮은 데로 오신 것입니까! 그리스도의 완전한 인성과 그에 따른 하나님 안에서의 안식을 생각해 보십시오. 그런데 주님께서는 몸을 굽혀 영혼의 평안을 버리고 자기를 대항하는 죄인들의 반역을 견디셨습니다. 주님의 무한한 완전성과 그에 따른 무한한 보상과, 주님께 쏟아졌던 부끄러운 멸시를 생각해 보십시오. 배은망덕이라는 무자비한 독사가 주님을 물었고, 악의라는 뱀이 주님을 물었습니다. 그러는 동안에도 그리스도는 만민의 주이셨습니다. 사랑으로 행하신 주님의 길은 모든 단계가 놀라움으로 가득 차 있습니다. 그리스도께서 육체를 따라 우리와 하나가 되셨다는 것은 지극히 놀라운 일입니다. "말씀이 육신이 되어 우리 가운데 거하셨다"(요 1:14)는 것이 대체 무슨 의미인지, 한 번 생각해 보십시오. 성육신이 첫 단계에 불과하지만, 그 사랑의 첫 번째 강림의 신비를 밝힐 사람이 누가 있겠습니까? 그러나 이것은 시작에 불과하였습니다. 그리스도께서는 한 걸음 더 나아가기 위해, 사람의 대속물이 되기 위해 사람이 되셨습니다. 여러분이 생각할 수 있으면, 성육신 하신 하나님이 죄를 자기에게 전가하고 스스로 허물을 뒤집어썼다는 사실을 생각해 보십시오. 주님의 순전한 영혼에게는 그런 점을 생각하는 것 자체가 공포가 되었을 것이 틀림없습니다. 공의가 하나님의 죄 없으신 아들을 쇠막대기로 사정없이 때려 상하게 하고 그 아들이 우리를 대신해서 그 슬픔을 겪으신다는 것을 생각해 보십시오!

> "우리가 예수님의 사랑에 대해 말은 많이 하나
> 그처럼 격렬하게 당하신 주님의 고난에 대해서는
> 얼마나 모르고 있는지,
> 천사들도 다 알지 못하네."

헬라어 전례문(the Greek Liturgy)에서 "다 알 수 없는 주의 고난"을 말하는데, 주님의 고난은 영원히 다 알 수 없을 것입니다. 오, 예수님, 주께서 치르신 것은 얼마나 큰 값이었습니까! 주께서 피 같은 땀방울로 범벅이 될 때까지 받으신 고통은 어떠한 것이었습니까! 오, 주 예수님이여, 승천하신 이래로 이제까지 주와 함께 있었던, 주의 보좌 앞의 지극히 빛난 영들이라도 주께서 어떤 일을 견디셨는지 말할 수 없습니다. 주님의 고통의 신음소리가 말할 수 없는 선물입니다. 부활이요 생명이신 분이 어떻게 죽으셨습니까? 바로 영원한 완전이신 분이 어떻게 죄를 지셨습니까? 여기 있는 우리 가운데 아무도 말할 수 없습니다. 주님은 말할 수 없는 선물이십니다.

　　이 말할 수 없는 선물에 대해서 이야기하는 동안, 여러분은 또 다른 사고(思考)의 측면에서 나를 따라오기 바랍니다. 그리스도라는 선물을 통해 우리가 받은 은혜들을 다 말할 수 있는 사람은 아무도 없습니다. 우리가 어떤 상태에서 구원받았는지 생각해 보십시오. 여러분이 본래 어떤 사람이었는지, 그리고 은혜가 개입되지 않았다면 여러분이 계속해서 어떤 상태로 지냈을지, 또 잃어버린 자들을 구원하기 위해 예수님을 주시지 않았다면 여러분이 어떻게 되었을지, 잠시 한 번 생각해 보십시오. 형제자매 여러분, 우리는 이미 타락한 상태에 있지만, 타락의 충분한 결과가 땅에서 다 나타나지는 않습니다. 죄의 최종적인 결과는 버림받은 자들이 모든 소망이 완전히 끊어진 채 영원히 지내는 어두운 영역에서 받습니다. 거기는 버림받은 자들이 밤낮으로 쉬지 못하기 때문에 안식일의 종소리가 결코 들리지 않는 곳입니다. 자비의 목소리가 결코 들어갈 수 없는 곳입니다. 이 우울한 종소리가 "불의를 행하는 자는 그대로 불의를 행하고 더러운 자는 그대로 더럽게 하라"(계 22:11)는 무서운 어조와 함께 음산한 땅에 두루 울려 퍼지기 때문입니다. 예수 그리스도께서 우리의 구주가 아니시라면 여러분과 나는 지금 거기에 있었을지 모르고, 또 머지않아 거기에 있게 될 것입니다. 천국에서 가장 빛나는 성도라도 이 말할 수 없는 은사가 없었다면 영원한 빛이 떠올라 결코 비추지 않았을 것이고, 지금 바깥 어두운 데서 울며 이를 갈고 있었을 것입니다. 깊이를 헤아릴 수 없는, 받아 마땅한 고통의 심연과, 무한한 은혜와 영광의 말할 수 없는 고지 사이의 거리는 천사라도 잴 수 없습니다. 그래서 이 말할 수 없는 은사의 높이와 깊이를 말하는 것은 언제나 불가능한 일입니다.

이제 이 시간에 우리가 누리는 은혜들이 어떤 것인지 잠시 생각해 봅시다. 무엇보다, 하나님의 풍성한 은혜를 따라 죄를 사해 주심이 있습니다. 우리는 씻음을 받았는데, 하나님의 아들의 피로 씻음을 받고 그 아들의 의로 옷을 입었으며, 하나님의 가족으로 입양되었습니다. 그래서 "자녀이면 또한 상속자 곧 하나님의 상속자요 그리스도와 함께 한 상속자"(롬 8:17)입니다. 하늘 아버지께서 하나님의 권속의 모든 자녀들에게 주시는 양식과 양육과 교육과, 아버지로서의 사랑은 양자됨으로 말미암아 우리에게 옵니다. 형제 여러분, 모든 언약의 복들을 일일이 언급하기에는 시간이 부족합니다. 현재의 것이든 장래의 것이든, 생명이든 죽음이든 모든 것이 언약 안에 있고, 모든 것은 여러분의 것이며, 여러분은 그리스도의 것이고, 그리스도는 하나님의 것입니다. 이 모든 것들은 그리스도를 통하여 우리에게 오게 되어 있습니다. 하나님께서 자기 아들을 아끼지 아니하셨으므로, 그 아들 안에서 우리에게 이 모든 것을 값없이 주셨습니다. 자, 이런 주제에 대해 말할 수 있는 사람이 누구입니까? 그가 예수 그리스도에게서 우리에게 흘러나오는 복들을 잠시만 생각한다면, 틀림없이 놀라서 정신을 잃을 것이기 때문입니다. 다른 선물들이 우리를 놀라게 할 수 있지만, 이 선물은 우리를 완전히 압도합니다. 흐르는 그 시내물의 바닥을 헤아릴 수 없다면, 누가 그 샘의 깊이를 잴 다림추를 찾을 수 있겠습니까?

나는 지난 안식일 밤에 아주 많은 회중에게 설교하였습니다. 그 회중은 멀리서 오느라 지치고 목이 말랐는데, 준비해 놓은 몇 동이의 물을 다 비웠습니다. 사람들이 목이 말라서 엄청난 물을 없앴는데, 누구라도 그 광경을 보았다면 사람들이 얼마나 많은 물을 마셨는지 금방 알았을 것입니다. 그러나 천둥을 동반한 소나기가 내릴 때 땅이 얼마나 많은 물을 마시는지 누가 말할 수 있겠습니까? 큰 강에 굽이쳐 흐르는 그 많은 물을 누가 잴 수 있겠습니까? 누가 바다의 양을 계산할 수 있겠습니까? 그럴지라도 이 모든 것은 유한하기 때문에 계산할 수 있습니다. 그러나 우리 주 예수 그리스도는 무한하신 분입니다. 사람이 사람에게 주는 선물은 우리가 금방 평가할 수 있습니다. 그러나 그리스도의 선물에 대해서는 계산할 수가 없고, 상상으로도 가늠할 수가 없습니다. 다른 주제들은 우리가 연구하고 조심스럽게 말하면 다룰 수가 있지만, 이 주제 앞에서는 놀라서 말문이 막힙니다. 무한한 은혜, 말할 수 없는 자비, 거룩한 사랑, 이런 것은 천상의 것들입니다. 그래서 사람의 혀로서는 충분하게 밝힐 수가 없습니다.

그 다음에, 하나님의 이 은사는 언제나 말로 할 수 없는 것일 수밖에 없습니다. 이 은사는 감정에 일으키는 효과가 너무 커서 말로 표현할 수 없다고 생각하는 것이 가장 바르게 이해하는 것이기 때문입니다. 그리스도 예수 안에 있는 하나님의 사랑에 관하여 항상 유창하게 말할 수 있는 사람을 나는 별로 대단하다고 생각하지 않습니다. 사람이 자신의 의무를 지극히 크게 느끼면 말문이 막힐 것입니다! 가장 깊은 감정은 말로 표현할 수 없는 것입니다. 하나님께서 여러분에게 그리스도를 주셨고, 그리스도와 함께 오는 모든 것을 주셨다는 것을 마음으로 믿기만 하십시오. 그러면 여러분은 무릎 꿇고 울던 데서 일어나 기뻐하게 될 것입니다. 속죄하는 제사로 말미암아 죄 사함을 받았다는 의식이 여러분을 지배할 것입니다! 예수님이 자신의 마음을 여러분에게 드러내실 때, 여러분이 무슨 말을 할 수 있겠습니까? 사랑이 여러분을 마법으로 사로잡을 때 어떻게 되는지 나하고 한 번 내기해 봅시다. 여러분은 무슨 이야기를 하고 싶은 마음이 강렬하게 일어나지만 그 심정을 다 표현할 수 없을 것입니다. 어떤 감정들은 너무 커서 표현할 수가 없습니다. 재잘거리며 털어놓는 고통은 작은 것에 지나지 않습니다. 큰 고통을 겪으면 잠잠히 있게 됩니다. 말로 표현하게 되는 자비는 일반적인 것들입니다. 그러나 하나님을 대면하는 자비를 받은 사람들은 모세처럼 너무 찬란해서 쳐다볼 수가 없습니다. 사람이 언약의 사랑을 깨닫게 되면 그 자리에서 꼼짝 못하고 다윗처럼 여호와 앞에 앉아 엎드려 이렇게 외치게 됩니다. "내게 이 어찌된 일인가"(눅 12:43)? "주 여호와여 이것이 사람의 법을 따른 것이니이까"(삼하 7:19)? 그렇습니다. 이 선물은 분명코 말로 다할 수 없는 것입니다. 우리가 그 선물을 좀 더 제대로 알면 알수록 그만큼 더 입을 다물게 되기 때문입니다. 그 선물의 가치를 더욱더 깊이 깨달으면 깨달을수록 그만큼 더 우리는 그 선물을 다른 사람들에게 설명할 수 없습니다. 그리스도의 사랑을 말할 수 있다는 점을 언제나 참된 신앙의 증거로 보아서는 안 되며, 또 그런 능력이 없다고 해서 놀랄 일도 아닙니다. 그리스도를 사랑하여서 어떤 교회에 가입하기를 원한 한 자매 교우가 생각납니다. 그 자매의 신앙 간증은 매우 빈약하였습니다. 사실 그 자매는 말을 거의 하지 않다시피 하였기 때문에, 그 자매와 이야기하려고 온 형제들은 도무지 만족하지 못하였습니다. 그래서 그 점을 형제들이 말하자, 자매는 갑자기 큰 소리로 말했습니다. "저는 주님에 대해서 뭐라고 말을 할 수가 없어요. 하지만 주님을 위해서는 죽을 수 있습니다." 많은 사람이 이와 같은 입장에 있고, 진실한 영혼은 모두가 어느 정도 이와 같은 어려움을 겪습니다. 우리는 그리스도의 사랑에 대한 느낌을 낱낱이 다 말할 수 있기보다는 차라리 그리스도를 위하여 죽는 것이 더 쉬울 수가 있습니다. 주님은 말할 수 없는 선물이십니다. 하늘이라도 주님께 걸맞지 않는데, 하물며 땅이 어떻게 주님을 다 설명할 수 있겠습니까?

이 선물을 최상으로 표현할 수 있을 때, 심지어 사람들이 그 선물에 대해 말할 수 있도록 성령께서 도우시는 때에라도, 이 선물을 말로 다 표현할 수 없다고 느끼게 됩니다. 사람들이 시인처럼 노래할 때나 사도들처럼 편지를 쓸 때, 자신들이 아무리 상상의 나래를 펼지라도 이 위대한 신비의 꼭대기까지는 날아올라갈 수 없다는 것을 인정합니다. 그들은 자기들이 느낀 것조차도 표현하지 못했고, 그런 신성한 주제와 관련해서 자기들이 느꼈어야 한다고 속으로 알고 있는 것을 느끼지 못했습니다.

친구들 앞에서 그리스도 예수 안에 있는 하나님의 사랑을 가장 생생하게 설명한 사람은, 그 사랑이 표현할 수 없는 것임을 가장 잘 아는 사람입니다. 여러분은 이 신비들 가운데서 날아오를 수 없고, 여호와의 얼굴에 나타난 영원한 빛에 몸을 쬐이고 거기서 돌아와 "나는 그 모든 것을 네게 밝힐 수 있다"고 말할 수 없을 것입니다. 예, 말할 수 없습니다. 바울 사도는 "그가 말로 표현할 수 없는 말을 들었으니"(고후 12:4)라고 했습니다. 거룩한 교제의 가장 깊은 곳에서 계시된 기쁨은 일반적으로 공표할 수 있는 것이 아닙니다. 그런 기쁨은 말로 표현하려고 하면 오히려 망치게 됩니다. 여러분은 여러분의 말에 아주 열심히 귀를 기울이는 사람들에게도 제대로 설명할 수 없겠다는 것을 종종 느낄 것입니다. 나는 설교를 하고 나면, 내 설교가 마치 금에다가 금박을 입히거나 백합에 에나멜을 칠한 것처럼 실패작이라는 생각이 들 때가 종종 있습니다. 폐허가 된 네로 궁전에 간 적이 있습니다. 우리를 그곳으로 안내한 사람은 가늘고 긴 막대기를 몇 개 가지고 있었는데, 그 막대기를 사용하여 관광객들이 멀리까지 볼 수 있게 해주었습니다. 막대기 끝에 촛불이 꽂혀 있었는데, 그 사람은 그 막대기를 높이 들어서 우리가 머리 위의 둥근 천장에 새겨진 글들을 읽을 수 있게 해주었습니다. 우리는 이 세상의 것들을 가지고 그런 일을 할 수 있는데, 그와 같이 해서 사람들이 볼 수 있게 만듭니다. 그러나 그리스도의 사랑을 설명하기 위해 최선을 다하였을 때, 우리는 마치 촛불 하나 달랑 꽂아 놓은 볼품없는 막대기들을 높이 쳐들고서 한낮에 태양을 설명하려고 한 것 같았다는 느낌을 갖습니다. 하나님은 참으로 은혜로운 분이어서 그의 사랑하시는 아들을 우리처럼 좁은 창문을 통해서는 다 볼 수가 없습니다. 마땅히 경배해야 할 주 예수님에 관해서는 아무리 잘한 설교도 빈약하기 짝이 없습니다. 그러나 우리가 예수님에 관해 마음 깊은 곳으로부터 말할 수 있는 한 가지는 주께서 우리를 완전히 채우셨고 만족케 하셨다는 것입니다.

사람들은 알렉산더에 대해서 말하기를, 그는 지극히 원대한 야망을 품고 있어서 만일 그의 몸이 영혼만큼 컸다면, 그는 한 발은 바다에 딛고 다른 한 발은 바닷가에 딛고서 오른손으로는 동쪽을, 왼손으로는 서쪽을 움켜쥐었을 것이라고 했습니다. 우리 영혼이 그처럼 무한한 욕망을 가지고 있다면, 그리스도의 사랑이 우리 영혼을 다 채울 수 있을 것입니다. 다른 어떤 것도 사람을 만족시키지 못합니다. 우리는 예수님으로만 만족할 수가 있습니다. 사람이 솔로몬처럼 온갖 지혜와 세상의 모든 부를 소유하게 될지라도, "헛되고 헛되니 모든 것이 헛되도다"는 것이 그가 내린 결론입니다. 그러나 그리스도를 얻고 그리스도의 사랑이 마음에 뿌려진 사람은 마음에 빈 구석이 없고, 영혼에 공허한 데가 없습니다. 그리스도께서 넘쳐흐르도록 그를 채우신 것입니다. 우리는 "하나님의 모든 충만하신 것으로 충만하게 되었다"(엡 3:19)고 말할 수 있습니다. 그러나 하나님의 충만을 많이 받은 사람은 하나님의 충만을 받는 것에 대해서 말하는 것이 불가능하다는 것을 압니다.

여러분은 사람이 이제까지 그린 그림 가운데 아무리 아름다운 그림이라도 거기에 맞는 액자를 만들 수 있지만, 알프스 산에 맞는 액자는 만들 수 없습니다. 화가가 대담하게 붓을 놀려 몇 미터 크기로 그림을 그리면, 여러분은 화가의 캔버스를 벽에 걸어둘 수 있습니다. 그러나 여러분이 알프스 산 꼭대기에 서서 언덕과 골짜기, 바다와 바닷가를 내려다 볼 때는 그 광경을 액자와 화랑에 담을 생각을 도무지 하지 못하고, 그냥 바라만 볼 뿐입니다. 그 광경은 사람의 발명품을 가지고 담을 수 없기 때문입니다. 여러분은 한 도시나 한 나라, 혹은 필요하다면 세상의 인구 조사를 할 경우, 조사해서 그 수가 얼마라고 적을 수 있습니다. 그러나 공중의 새들이나 하늘에 떼지어 다니는 곤충들, 바다에 가득한 물고기들, 하늘에 온통 박혀 있는 별들, 바다의 경계를 만드는 모래들의 수를 누가 조사할 수 있겠습니까? 이 모든 것들은 어떤 식으로든 그 수를 세자면 셀 수 있는 것들입니다. 그러나 그리스도의 사랑은 무한합니다. "말할 수 없는 그의 은사로 말미암아 하나님께 감사하노라."

말할 수 없는 은사를 이만큼 다루었기 때문에, 이제 우리는 그 은사를 말로 다 표현할 수 없다는 점을 처음 시작했을 때보다 훨씬 더 실제적으로 느끼게 됩니다.

2. 이제 또 다른 진리, 곧 그리스도는 하나님의 선물이라는 진리를 잠시 생각해 봅시다.

이 하나님의 선물에 대해서는 할 말이 많습니다. 첫째로, 하나님께 감사한다는 말에 대해서 이야기해 봅시다. 형제 여러분, 우리는 어떤 것에 대해서든지 마땅히 감사해야 하는 만큼 하나님께 감사하지 않습니다. 마땅히 감사해야 하는 것의 절반만큼도 감사하지 않습니다. 루터는 콘스탄스 공의회(the council of Constance)로 말을 타고 가던 두 추기경에 관한 이야기를 곧잘 했습니다. 두 추기경 가운데 한 사람이 풀밭에 앉아서 울고 있는 목동을 보고서 길을 멈추었습니다. 그는 말에서 내려 그를 위로하려고 왜 우는지 물었습니다. 그 불쌍한 사람은 잘 대답을 하지 않으려고 했지만 재촉을 받자 이렇게 말했습니다. "이 두꺼비란 놈을 보고서, 내가 하나님께서 나를 징그러운 두꺼비로 만들지 않으시고 이성과 훌륭한 모습을 지닌 사람으로 만들어 주신 것에 대해 마땅히 감사해야 하는데, 한 번도 감사한 적이 없다는 것을 알고서 울었습니다." 추기경은 그 촌사람의 경건을 보고서 낙심이 되어 그 곁을 떠나면서 이렇게 외쳤습니다. "성 아우구스티누스여! 당신이 말하기를 무식한 자들이 일어나서 힘 있게 하늘을 감동시키는데, 모든 학식을 지닌 우리들은 혈과 육을 넘어서지 못한다고 했는데, 정말로 맞는 말씀입니다."

우리 가운데 그런 배은망덕을 깨닫고서 낙심할 사람들이 있겠습니까? 여러분은 하나님께서 여러분을 창조하신 것에 대해서, 여러분에게 주신 이성을 인해서, 여러분의 생을 지속시켜 주시는 것에 대해서 하나님을 찬미한 적이 있습니까? 나는 내가 사지를 움직여 잠자리에 들어갈 수 있는 것에 대해 온 마음으로 하나님께 감사한다는 것이 무엇인지 경험한 적이 있습니다. 아마 여러분은 항상 좋은 건강을 누려왔을 것입니다. 그 점에 대해서 여러분은 하나님께 감사드립니까? 병원에서 퇴원하는 것, 정신병원에서 나오는 것, 감옥에서 나오는 것, 지옥에서 나오는 것, 우리는 이런 일들에 대해서 과연 하나님을 찬송합니까? 그리스도의 말할 수 없는 은사를 생각할 때, 우리 가운데 누가 이 때문에 과연 그에 합당하게 주님을 찬송한 적이 있습니까? 형제 여러분, 우리가 예수님을 우리 구원으로 삼고 있다면, 언제 그리스도를 인하여 하나님께 감사드려야 하겠습니까? 매일 아침, 잠에서 깰 때마다 감사드려야 합니다. 우리는 이 때문에 얼마나 오랫동안 하나님을 찬송해야 하겠습니까? 아침에 깨었다가 다시 잠들 때까지 찬송해야 합니다. 아침 해가 떠서 질 때까지 하나님의 이름을 찬송해야 합니다. 잠이 우리 감각을 덮어서 즐거운 망각 속에 빠질 때까지 하나님을 찬양해야 합니다. 마치 생각의 손이 감정의 현을 연주하기를 그친 후에도 그 현이 진동하는 것처럼, 꿈속에서도 계속해서 주님을 노래하는 것은 매우 즐거운 일입니다. 우리 꿈속에서 제멋대로 돌아다니는 공상이 결코 거룩한 땅의 밖을 이리저리 거닐지 않고 비록 어슬렁거리긴 하지만 주님을 향하여 가는 것은 좋은 일입니다. 꿈속의 요정들에게조차 예수님께 찬송을 드리라고 합시다. 우리가 끊임없이 주님을 찬송하는 상태에 들어갈 수 있으면 좋겠습니다. 찬송하고, 찬송하며, 쉬지 말고 찬송하십시오. 우리가 마음이 겸손해질 때는, 좋은 날씨 때문에 주님을 잊어버렸다는 것조차 슬픈 반성이 될 것입니다.

　　할 수 있는 한 우리는 배로 찬송을 드리도록 합시다. 우리가 주님 안에서 기분이 좋고 행복할 때는 힘껏 찬송을 드리도록 합시다. 티무르(Tamerlane: 티무르 제국의 창시자 — 역주)가 전투에서 강한 바자제트(Bajazet: 터키 제국의 황제 — 역주)를 이기고 포로로 사로잡았을 때 이렇게 물었습니다. "그대는 하나님이 그대를 그처럼 위대한 황제로 만들어 준 것에 대해 감사한 적이 있는가?" 바자제트는 그 점을 한 번도 생각해 본 적이 없었다고 고백하였습니다. 티무르가 말했습니다. "그렇다면 그처럼 배은망덕한 사람이 비참한 구경거리가 되는 것도 전혀 이상한 일이 아니겠군." 양심은 우리가 슬픔에 잠길 때 이같은 말로써 우리를 책망할 것입니다. "너는 건강할 때 하나님을 찬송하지 않았다. 이제는 병들고 목이 쉬어서 목소리를 높일 수가 없다. 너는 하나님의 말할 수 없는 선물을 받았다는 것을 알았을 때 그 선물을 인해서 하나님께 감사드리지 않았다. 이제 너는 그 선물에 대한 의심으로 가득하고, 사탄이 너를 이겼으니, 네 마음이 느끼게 될 모든 슬픔을 받아 마땅하다."

그러므로 형제자매 여러분, 주님을 찬양합시다. 하나님의 은혜가 우리를 도우시니 주님을 찬송하고, 찬송하고, 찬송하며, 우리가 어떤 형태로든지 존재하는 한, 주님의 말할 수 없는 선물을 인해서 거듭거듭 주님을 찬송하기로 오늘 우리 자신에게 맹세합시다. 우리는 주님을 찬송하는 이 일을 결코 끝내지 못할 것입니다. 이 말할 수 없는 은사에 대해서는 영원히 말하고 말해도, 결코 다 말하지 못할 것입니다. 주님의 구원을 아는 모든 존재여, 우리를 도우라! 천사들이여, 우리를 도우라! 너희 빛나는 별들이여, 우리를 도우라! 그럴지라도 그 은사는 결코 다 말하지 못할 것입니다.

다음으로, 우리는 하나님께 대한 감사를 찬양으로 나타내도록 합시다. "말할 수 없는 그의 은사로 말미암아 하나님께 감사하노라." 우리가 주님의 그 은사를 다 말할 수 없다면, 하나님을 찬송할 어떤 일을 할 수 없는지 알아 봅시다. 행동은 말보다 크게 말하는 법입니다. 우리가 말로 표현하지 못하였다면 행동으로 표현해보도록 합시다. 첫째로 할 일은 여러분 자신을 주님께 드리는 것입니다. 자, 사랑하는 여러분, 하나님께서 여러분에게 예수 그리스도를 주셨다면, 여러분은 자신을 하나님께 드리십시오. 여러분은 여러분 자신의 것이 아니라 주께서 값을 치르고 사신 것이 되었으니, 여러분의 몸을 살아 있는 제물로 드리도록 하십시오. 그 점에 대해 이야기하지 말고, 실제로 그렇게 행하십시오. 여러분을 위하여 죽으신 주님을 위하여 사십시오. 그 다음에 여러분 자신을 이미 드린 결과로 여러분의 재산을 하나님께 아낌없이 드리십시오. 다리를 절고 눈 먼 것을 드리지 말고, 여러분의 양 떼 가운데 가장 좋은 것을 골라 드리십시오. 이렇게 드리는 것을 큰 기쁨으로 여기십시오. 세금을 바치는 것이 아니라 지극히 기쁜 사랑의 감사를 드리십시오. 하나님께 기쁘게 드리십시오. 하나님은 즐겨 내는 자를 사랑하시기 때문입니다. 하나님께 돈으로 향품을 사드리며, 제물의 기름으로 하나님을 흡족하게(사 43:24) 해드리십시오. 영원히 찬송 받으실 우리 주님께는 그 어떤 것도 너무 좋거나 너무 숭대해서 드릴 수 없는 것은 없습니다. 우리가 주님을 위하여 향유 옥합을 즐거이 깨트릴 때 우리의 사랑하시는 주님께서는 우리 손에서 그 옥합을 기꺼이 받으실 것입니다. 거룩한 헌신의 행위들이 우리 인생 전체의 특징이 되도록 하십시오. 그런 제물을 공로를 얻기 위한 대가가 아니라 하나님의 은혜에 대한 사랑과 감사의 표시로 가져올 때, 하나님께서 기쁘게 받으시기 때문입니다. 이 권고를 생각하고 충실히 실행하십시오. 그러면 이 권고가 여러분을 이 세상과 내세에서 부요롭게 만들 것입니다.

　그러나 하나님께 대한 감사의 마음을 가장 잘 표현하는 감사에는 인내의 행위가 있다고 나는 확신합니다. 여러분은 인내가 고귀한 찬송이라는 생각을 해본 적이 있습니까? 내가 한 가지 일화를 말씀드리면, 여러분이 이 진리를 알지 모르겠습니다. 옛날 교회사에서 우리는 디디무스(Didymus)라고 하는 유명한 설교자의 이야기를 읽습니다. 그는 많은 영혼을 그리스도께 인도한 사람입니다. 그런데 디디무스는 맹인이었습니다. 그는 시력을 잃은 것에 대해 몹시 슬퍼하였습니다. 그의 설교를 들은 사람들은 자신이 보지 못한다는 사실 때문에 그의 설교에 쓸쓸한 분위기가 깔려 있다는 것을 눈치챘습니다. 알렉산더라는 한 경건한 신자가 그에게 가서 개인적으로 이렇게 말했습니다. "디디무스 선생님, 앞을 못 본다는 점 때문에 큰 슬픔을 느끼십니까?" 디디무스가 대답하였습니다. "알렉산더 형제, 빛을 잃어버렸다는 것이 내게는 끊임없는 슬픔이오. 나는 언제나 어둠 속에 있기 때문에 내 자신을 도무지 견딜 수가 없소." 알렉산더가 말했습니다. "선생님은 지금 천사가 부러워할 일을 하고 있습니다. 예수 그리스도를 대변하는 일로 사도의 명예를 받고 있습니다. 그런데 사람들뿐 아니라 쥐와 들짐승들도 가지고 있는 것을 잃어버렸다고 해서 슬퍼하실 것입니까?" 이것은 그리 부드러운 말이 아니었습니다. 그러나 이 말은 디디무스가 자신의 시련을 조용히 인내하고 하나님의 말할 수 없는 선물을 인해서 하나님을 찬송할 힘을 주었습니다. 여러분이 그리스도 외에 모든 것을 잃었을지라도 그리스도가 남았다면, 잃어버린 것이 무엇입니까? 하나님께서 진주를 주시는데, 왜 바늘을 잃어버렸다고 슬퍼합니까? 하나님께서 우리에게 금화를 무더기처럼 쌓아주셨는데, 몇 페니 잃었다고 슬퍼합니까? 하나님의 뜻에 아주 기쁘게 순종하고 인내하며 이렇게 말하도록 하십시오. "하나님께 감사하겠습니다. 주님의 말할 수 없는 은사를 인하여 여전히 하나님께 감사하겠습니다."

　사랑하는 친구 여러분, 여러분이 하나님께 감사드리고 그리스도께 감사의 마음을 표현하기를 바라는 한 가지 방식이 있습니다. 그것은 항상 감사하는 신조를 쥐고 있는 것입니다. 하나님에게서 감사를 빼앗거나 그리스도에게서 영광을 빼앗으려고 하는 것은 아무것도 믿지 마십시오. 많은 사람들이 복음을 별로 소중히 여기지 않는 이 악한 날에, 나는 건전한 신조를 매우 중시합니다. 처음부터 끝까지 "은혜, 은혜, 은혜이다. 구원은 순전히 은혜이다"고 말하는 신조를 붙잡으십시오. 여러분은 설교자가 어떤 사람이든지 간에 구원이 전적으로 하나님의 은혜가 아니라고 주장하는 것을 들을 때마다, 그냥 마음으로 이렇게 말하십시오. "말할 수 없는 그의 은사로 말미암아 하나님께 감사하노라." 그 입장에서 한 치도 물러서지 마십시오. 구원은 순전히 선물입니다. 구원은 행위에서 난 것이 아니고 공로로 얻는 것이 아닙니다. 구원은 은혜, 오로지 은혜로 오는 것입니다. "은혜"를 말할 때 더듬거리는 사람에게서는 돌아서십시오. 그 사람은 결코 여러분의 영혼을 살지게 하지 못할 것입니다.

그리스도를 찬미하는 신학, 곧 그리스도께서 하나님의 말할 수 없는 은사라고 가르치는 신학을 붙드십시오. 어떤 사람이 죄와 타락을 가볍게 여기고 내세의 형벌을 무시하면, 더 이상 그의 설교를 듣지 않도록 하십시오. 어떤 현대 신학자들은 복음을 삭감하여 거의 아무것도 아닌 것으로 만듭니다. 그들은 거룩한 우리 주님을 아무것도 아닌 존재로 만듭니다. 그들은 구원을 단지 구원받을 가능성으로 깎아내리고, 확실한 사실을 일어날 개연성으로 바꾸고, 진리를 단순한 의견으로 다룹니다. 여러분이 어떤 설교자가 복음을 점차 축소시키다가 병든 메뚜기에게 줄 죽도 쑤지 못할 만큼 형편없이 줄여 버리는 것을 보면, 그 자리를 떠나도록 하십시오. 그런 축소와 혼합은 내게 유익이 되지 않을 것입니다. 내 마음은 이렇게 외치기 때문입니다. "말할 수 없는 그의 은사로 말미암아 하나님께 감사하노라."

여러분도 알다시피, 이 사람들은 매우 교양이 있어서 그 점에 관해 우리에게 모든 것을 말할 수 있습니다. 그들은 자신들의 교양 있는 이성에 적합한 신학을 가지고 있습니다. 그들에게 은혜는 저울로 달 수 있고, 구속도 저울로 잴 수 있는 것입니다. 은혜와 구속이 양동이의 물 같지 않는 한, 전혀 언급할 가치가 없는 것으로 생각합니다. 중요한 진리마다 그들에게 가면 줄어들고 아주 하찮은 것으로 축소됩니다. 19세기 사상은 사람들을 원숭이의 후계자로 만들고, 한편으로 사람들의 영혼은 죽을 수밖에 없는 것으로, 사람들의 죄는 하찮은 것으로 치부합니다. 성경은 사람들의 기록에 지나지 않는 것으로 여기고, 우리의 소망은 유치한 꿈으로 간주합니다. 이 난쟁이 사상가들은 모든 것을 자기들 기준에 맞추어 줄여 버립니다. 나는 중대한 사실들을 믿습니다. 지옥처럼 깊은 곤경과 하늘처럼 높은 은혜를 믿습니다. 깊이를 헤아릴 수 없는 지옥과, 하늘보다 높은 자비가 있음을 믿습니다. 나는 무한하신 하나님과 무한한 속죄, 무한한 사랑과 자비, 만물 안에 정해 두신 영원한 언약을 믿습니다. 무한하신 그리스도께서 바로 그 언약의 실체이자 보증이십니다. 그리스도는 말할 수 없는 분이요, 하나님의 말할 수 없는 선물이십니다. 그 사실을 굳게 붙드십시오. 그렇지 않으면 여러분은 하나님께 마땅히 감사해야 하는 대로 감사하지 못할 것입니다.

　아주 건전한 교리를 믿는 것에 안주하지 말고, 다른 사람들이 하나님의 말할 수 없는 은사를 받아들이도록 하십시오. 여러분은 새들이 어떻게 서로를 부추겨서 노래를 부르게 만드는지 압니다. 새장에 있는 한 새가 다른 새를 자극시키려고 합니다. 다른 새가 먼저 노래하는 새를 보고 이렇게 말하는 것 같습니다. "네가 나보다 앞서지 못하게 만들거야. 나도 너하고 같이 노래할 거야." 그러면 또 다른 새가 "나도 너하고 같이 노래할 거야" 하고 말하며 노래에 합류합니다. 그래서 마침내 모든 작은 음유시인들이 미칠 듯한 기쁨의 노래에 몸을 떨며, 서로 지지 않으려고 열심히 노래하는 가수들의 합창대를 이룹니다. 봄의 이른 아침이 어떻게 새들의 합창 때문에 아름다운 음악으로 변하는지 들어보십시오! 한 새가 노래를 시작하면 금방 나머지 새들이 합류하여 큰 음악을 만들어 냅니다! 우리는 가족들이 하나님을 찬양하도록 인도합시다. 여러분이 유행을 만들어서 다른 사람들이 여러분을 따라 하나님을 찬송하게 될 때까지 주님을 찬양하십시오. 주 예수 그리스도를 알지 못하는 사람들을 찾아내어 그들에게 "예수님과 그의 사랑에 대한 오래된 이야기"를 말해 주십시오. 여러분 자신이 더 이상 노래할 수 없다면, 더 이상 하나님을 찬송할 수 없다면, 다른 사람들을 끌어들여 여러분과 함께 노래하게 만듦으로써 하나님에 대한 찬양을 높일 수 있을 것입니다. 꼭 이렇게 하십시오. 이후부터는 이 말씀을 여러분 인생의 표어로 삼으십시오. 이것을 여러분의 문에다 쓰고, 여러분 방의 벽에다 장식하십시오. 밤에는 여러분의 침대 머리맡에 걸어 두십시오. "말할 수 없는 그의 은사로 말미암아 하나님께 감사하노라." 성령이시여, 이 감사의 구절을 우리 마음 판에 써 주십시오. 아멘.

제
10
장

—

요새를 쳐부수고 죄수를 사로잡음

—

"하나님 아는 것을 대적하여 높아진 것을 다 무너뜨리고
모든 생각을 사로잡아 그리스도에게 복종하게 하니."
— 고후 10:5

이 장은 전투하러 나가는 평화의 복음의 사역자의 놀라운 모습을 보여줍니다. 얼핏 볼 때, 우리는 어떻게 온유하고 너그러운 바울 사도가 싸우는 것에 대해 이야기하고 요새를 무너뜨리는 것을 말하며 "모든 복종하지 않는 것을 벌하려고 준비하는 중에 있노라"고 하는지 궁금합니다. 사도가 교회 안에서 싸우려고 하기 때문에 그 놀라움은 훨씬 더 커집니다. 즉 목자가 칼을 가지고 양우리에 들어가는 것입니다. 사도가 무기를 바깥세상을 향하여 겨누었다면, 사람들이 그렇게 놀라지 않았을 것입니다. 그런데 이 경우에 사도가 이제 막 전투를 벌이려고 하는 것은 고린도 교회 안에서입니다. 그렇지만 사도가 어떻게 그 싸움을 벌이지 않기를 간절하게 바라는지 알아야 합니다. 또 그렇지 않았으면 오히려 칭찬했을 사람들을 엄하게 대해야 하는, 그처럼 싫은 일을 하지 않도록 해주기를 사도가 그리스도의 온유하심과 너그러우심에 의지해서 얼마나 그들에게 간절히 부탁하는지 보아야 합니다. 그러나 이 목자가 흉악한 이리들하고만 싸우고, 그 싸움에서조차도 "우리가 육신으로 행하나 육신에 따라 싸우지 아니하노라"고 밝히는 것을 보면 더 이상 이상하게 생각하지 않게 됩니다. 그 다음에, 사도의 무기가 특별한 것이라는 점에 주목해야 합니다. "우리의 싸우는 무기는 육신에 속한 것이 아니요." 사도는 지금 교회 안의 자신의 반대자들이 자기에게 퍼부었던

그런 심한 욕설로 그들을 공격하려는 것이 아닙니다. 사도는 지금 철학자들이 복음을 공격할 때 썼던 철학과 궤변으로 그들을 대항하려는 것이 아닙니다. 또 지금 사도는 잘못하고 있는 지도자들에게 조금이라도 해를 가하려고 어떤 세상적인 무기를 가지고 나가는 것도 아닙니다. 그의 무기는 전혀 다른 것입니다. 그의 무기는 육신적인 것이 아니라 영적인 것입니다. 사도는 교회 문제에 대해 가이사에게 호소하려는 생각이 전혀 없었습니다. 교회의 교리를 선전하기 위해 힘을 사용하거나 강요하려고 하는 교회는 기독교의 정신에 위배될 것이기 때문입니다. 기독교 주교가 군인이 되거나 세상 군대를 고용하려고 하는 것은 더할 수 없는 모순이 될 것이기 때문입니다. 군인 사절이 되겠다는 것은 어리석은 망상입니다. 그런 어리석음을 생생하게 보여주는 한 가지 이야기가 생각납니다. 옛날에 어떤 주교 제후(bishop-prince)가 직접 전투에 나갔다가 포로로 사로잡혔을 때, 교황이 그를 생포한 왕에게 그 주교는 교회의 아들이기 때문에 당장에 풀어주라는 전갈을 보냈습니다. 상당히 재치가 있던 왕은 주교가 전쟁터에서 입었던 갑옷을 교황에게 돌려보내면서 이 메시지를 함께 전했습니다. "이 갑옷을 우리가 발견했습니다. 이 갑옷이 교회의 아들의 옷인지 아닌지 한 번 봐 주십시오." 이와 같이 우리는 종교재판소의 검고 피묻은 옷과 사형집행인과 교수형집행인의 옷, 스미스필드 화형장에 불을 붙이던 연기로 그슬린 옷, 심사령(審査令, Test and Corporation Act)과 통일령(Act of Uniformity)이 쓰인 양피지들을 유명무실한 교회에 보내어 "이 옷들이 당신 교회의 아들들의 옷인지 아닌지 봐 달라"고 말할 수 있을 것입니다. 전사(戰士)의 옷이 주님의 종의 옷입니까? 법적 권위의 옷이 평화의 선구자가 입을 장식품입니까? 예수 그리스도께서는 사도들을 싸움에 내보내실 때 그런 옷을 입히시지 않았고, 바울도 전투하러 나갈 때 그런 무기를 들지 않았습니다.

　"우리의 싸우는 무기는 육신에 속한 것이 아니요." 그렇지만 그리스도인 사역자가, 그리고 사실 모든 그리스도인이 휘두를 수 있는 영적 무기를 무시해서는 안 됩니다. 그 무기들은 육신적인 것은 아니지만 하나님으로 말미암아 강력하기 때문입니다. 하나님께서 그 무기들 안에 계시고, 그 무기를 사용하는 사람들과 함께 계십니다. 하나님의 말씀인 성령의 검, 사람들의 양심을 꿰뚫는 진리의 화살, 기도라는 무기, 신성한 능력인 성령의 영향력, 이런 무기들은 하나님의 능력으로 말미암아 강력하여서 영적 통치와 권세들을 무너뜨립니다. 진리와 거룩함은 악의 요새들을 무너뜨리는데 사용되는 무기입니다. 하나님을 위한 모든 전투에서 주님이 병기고로 쓰려고 지은 다윗의 망대에 걸어 두신 무기들 외에는 아무것도 쓰지 않으려고 주의하는 사람은 복이 있습니다. 그 병기고에는 작은 방패들, 곧 모든 용사들을 위한 방패가 걸려 있습니다. 싸우기 위해 주님께서 와서 무장하고, 모든 육신적인 힘을 거절하는 사람만이 주님의 싸움을 성공적으로 수행할 수 있습니다. 영적인 사람들은 승리를 거둘 것이고, 그렇지 않은 사람들은 반드시 실패할 것입니다.

바로 전후 문맥과만 연결시켜 생각할 때, 이 구절이 바울이 고린도 교회에서 권위를 빼앗은 교만한 사람들을 다루고 있음을 알 것입니다. 이들은 바울의 사도성을 인정하지 않고, 자신들이 바울보다 위에 있다고 여기지만, 그들은 잘못된 교훈을 전하여 교인들을 곁길로 가게 하였습니다. 바울은 자기가 하나님께서 입혀 주신 능력을 입고서 그들에게 갈 때는, 모든 교만한 반대를 물리치고 그들 모두를 진리로 논박하여 회개하도록 하든지 당황하게 만들 것이라고 단언하였습니다. 나는 개인들이 수행하는 전투, 곧 우리가 영혼으로 치르는 전투에 대해서 이야기할 것입니다. 대중들에게서 복음의 승리를 이루는 것이 참된 것이기 때문입니다. 이 전투는 개인들에게도 그와 같은 승리를 가져다주기 때문입니다. 나는 지금 사람 마음속에서 죄와 싸우는 복음의 전투를 이야기하고 있는데, 여러분 가운데 복음의 능력을 전혀 경험하지 못한 분들은 복음이 여러분을 정복하기를 기도하고, 복음의 신성한 능력을 경험한 분들은 복음의 영향력에 더 철저히 복종할 수 있게 되기를 기도하시기 바랍니다.

> "은혜의 대왕이시여, 우리 마음을 정복하시옵소서,
> 또한 우리를 인도하여 승리에 이르게 하시며
> 우리 주님께 자원하는 포로가 되어
> 주님 말씀의 승리를 노래하게 하소서."

이 점을 주의합시다. 첫째는 요새를 무너뜨리는 것입니다. 즉 "모든 이론을 무너뜨리며 하나님 아는 것을 대적하여 높아진 것을 다 무너뜨리는" 것입니다. 다음에 둘째로, 죄수들을 사로잡는 것입니다. 즉 "모든 생각을 사로잡는" 것입니다. 셋째로, 죄수들을 포로로 끌고 가는 것입니다. 헬라어의 취지가 그런 것입니다. "모든 생각을 사로잡아 그리스도에게 복종하게 하니." 마치 사로잡힌 사람들을 데려가서, 기름 부음받은 왕에게 새로 봉사하게 만드는 것과 같습니다.

1. 첫째로, 요새가 무너지는 것에 대해 살펴봅시다.

복음이 사람의 마음에 침투하려고 할 때, 사람들이 진리의 세력으로부터 마음을 가리기 위해 쌓아올린 편견이라는 성벽을 만납니다. 많은 것들이 하나님을 아는 지식에 반대합니다. 이 지식이 추구하는 목적은 사람들이 하나님을 알도록 하는 것입니다. 즉 하나님이 누구시며 어떤 분이신지를 알고, 타락한 사람들과 하나님의 관계를 알고, 하나님의 구원의 계획을 알며, 그리스도 예수 안에서 하나님을 알고, 하나님을 사랑하고 복종하며 하나님을 닮기 위해 하나님을 알도록 하는 것입니다. 바로 이것이 복음을 세상에 전하는 중요한 목적입니다. 즉 하나님의 영광을 아는 지식이 물이 바다를 덮음 같이 온 땅을 덮도록 하려는 것입니다. 그러나 사람들은 하나님의 길을 알기를 원치 않고, 많은 이유와 생각으로 거룩한 빛이 들어오지 못하도록 마음을 닫아버립니다.

자기는 하나님을 알고 싶지 않다고 생각하여 하나님을 아는 지식에 맞서는 수비대를 주둔시키는 사람들이 있습니다. 우리 동포들 가운데 대다수는 복음에 반대한다기보다는 복음에 무관심합니다. 그들은 우리 예배당을 그냥 지나치며, 이웃 사람들이 예배당에 들어가는 것을 보면서 이따금 "누가 저기에서 설교하지" 하고 묻습니다. "저기에서는 무엇을 설교하지"라는 질문은 좀처럼 묻지 않습니다. 요즘은 종교적인 질문을 아주 따분한 것으로 여깁니다. 복음적인 교훈을 선포하면 거의 모든 사람들이 듣고 일어나긴 했어도 대다수가 주의를 기울이던 때가 있었습니다. 그런데 그 반대가 지금처럼 무감각한 상태보다는 나았습니다. 요즘은 사람들이 죽으신 구주께서 그들에게 아무것도 아닌 것처럼, 아무 생각 없이 십자가 옆을 지나갑니다. 소위 염치없는 열심당원들은 자기들 신조에 관해 싸울지 모릅니다. 그들은 좀 더 실제적인 어떤 것을 신조로 생각합니다. "무엇을 먹을까, 무엇을 마실까, 무엇을 입을까" 하는 것이 그들에게는 "우리가 어떻게 하여야 구원을 받는가"라는 것보다 훨씬 더 중요한 문제입니다. 이런 생각을 깨트려야 하는데, 복음이 성령의 능력으로 그 일을 행합니다. 복음은 영혼에 죄를 자각시키고, 놀람과 불안을 일으키며, 이렇게 해서 무관심의 요새를 습격하고 무너뜨립니다. 성령께서 사람에게 죄와 의와, 장차 올 심판을 일깨우시면, 사람은 더 이상 무관심할 수 없습니다. 이때 그를 "탐구자"라고 부르는데, 그 이름이 정확합니다. 그는 영원과 하나님, 천국과 지옥, 자신의 영원한 운명이 관련된 지극히 중요한 문제들에 대해 탐구하기 때문입니다. 이때 그는 학습을 통해 알 수 있는 것 이상의 것을 처음으로 알기 원합니다. 그는 아기들에 관한 신비보다 그리스도 안에 있는 사람들에 관한 고귀한 신비에 대해 의문을 갖습니다. 그러나 무엇보다 그는 "어떻게 해야 내가 하나님과 화목할 수 있는가"를 알고 싶어합니다. 성령께서 사람의 마음에 이와 같은 진리, 곧 그가 그리스도를 믿지 않았기 때문에 이미 정죄를 받았다는 진리를 깨우치시면, 아무 관심이 없던 마음이 무너지는 벽처럼, 비틀거리는 울타리처럼 흔들리게 됩니다. 어떤 사람이 다른 아무 죄가 없다고 하더라도, 그가 하나님을 무시하고 구주를 외면한다는 그 사실만으로도 그를 영원히 정죄하기에 충분합니다. 불신앙은 여호와의 신실하심이라는 왕관의 보석을 빼앗으려는 것과 같이, 하나님의 위엄에 대한 크나큰 반역의 행위이기 때문입니다. 그러므로 "악인들이 스올로 돌아감이여 하나님을 잊어버린 모든 이방 나라들이 그리하리로다"(시 9:17). 영원하신 성령께서 사람 마음의 무관심을 겨냥하여 이 강력한 무기를 쏘게 하십시오. 그러면 그 무기는 무관심의 벽을 금방 허물어뜨립니다. 그러면 죄인이 자기가 하나님을 알지 못하면 차라리 태어나지 않은 것이 자기에게 나았다는 것을 깨닫게 됩니다. 구주를 알지 못한다면 영원한 고통에 떨어지게 되어 있다는 것을 알게 되고, 그래서 그는 번민 가운데 이렇게 부르짖습니다. "형제들아, 우리가 어떻게 할꼬?"

사람이 자신을 보호하는데 사용하는 그 밖의 "상상들" 가운데는 자기들이 이미 알고 있다고 하는 많은 사람들의 생각이 있습니다. 어렸을 때부터 거짓된 교훈으로 훈련받은 그들은 그 생각을 굳게 붙잡고서 복음을 전혀 용납하려고 하지 않습니다. 그들은 "육으로 난 것은 육이요 영으로 난 것은 영이라"(요 3:6)는 영감된 말씀을 잊고서, 자기들은 날 때부터 그리스도인이라고 말합니다. 그들은 하나님을 아는 지식은 어떠해야 한다고 나름대로 생각을 갖고 있고, 그래서 사물에 대한 하나님의 견해와 다툽니다. 그들은 자신이 좋아하는 개념을 따라 신(神)과 복음을 만들고, 자기들이 지혜의 총화를 가졌다고 생각합니다. 그들은 그리스도게 배우러 가지 않습니다. 그리스도께서 "너희가 돌이켜 어린 아이들과 같이 되지 아니하면 결단코 천국에 들어가지 못하리라"(마 18:3)고 말씀하실 때, 그들은 오만한 태도로 주님을 떠납니다. 그들은 충분히 잘 알고 있어서 더 이상 배울 생각이 없습니다. 우리들 가운데 아주 많은 사람들이 이런 상태에 있어서, 자신들의 현재에 아주 만족하여 그대로 지냅니다. 무지가 가득하고, 마찬가지로 자존심도 가득하여 교만이라는 대학을 졸업한 그들은 좀처럼 자신을 낮추고 그리스도의 말씀에 귀를 기울이려 하지 않고, "이 말쟁이가 무슨 말을 하고자 하느냐"고(행 17:18) 말한 아덴 사람들만큼도 나가려고 하지 않습니다. 우리는 이미 알고 있고 따라서 위로부터 오는 어떤 가르침도 필요하지 않다고 하는 자부심만큼, 마음을 완전히 닫아서 하나님을 아는 지식이 조금도 들어가지 못하게 하는 것은 없습니다. 참된 교회에 대해서는 성경이 "네 모든 자녀는 여호와의 교훈을 받을 것이니라"(사 54:13)고 말합니다. 그런데 많은 사람들이 스스로 지혜롭다고 생각하고 가르침을 거부하는 것을 볼 때, 그들은 하나님의 자녀가 아닙니다. 그러나 여러분, 성령께서 사람들에게 자신들이 본래 보지 못하는 사람이라는 것을 알게 하시고, 하나님의 일들은 영적인 것이고 따라서 영적으로라야 분별할 수 있기 때문에 본성적인 사람은 하나님의 일들을 알지 못한다는 것을 깨닫게 하시는 것을 생각할 때, 성령께서는 육신적인 사람들의 그 생각을 아주 무참하게 내던지신다는 것을 알 수 있습니다. 하늘의 빛이 조금만 비쳐도, 사람들은 자신들의 어둠을 충분히 깨달을 수 있습니다. 이는 그들이 조금만 생각해 본다면, 하나님께서 황송하게도 성경에서 우리를 가르치려고 하시는 것은 순전히 우리가 무지하기 때문이라는 것을 인정하지 않을 수 없기 때문입니다. 그런데 그들에게는 계시가 필요 없고, 성경은 무가치합니다. 성육신한 하나님이 필요 없고, 사람들이 주 예수님을 떠나서 하나님을 이미 알고 있고, 하나님께서 자신을 계시하는 데 사용하기를 기뻐하시는 말씀을 알고 있다면, 골고다는 없어도 좋은 것이라고 생각합니다. 그런데 성령께서 이 점을 사람들의 마음에 절실히 느끼게 하시면, 그는 자신의 교만에 대해 소리 높여 외치기 시작하며, 자신의 보지 못함을 한탄하고, 지혜 있는 자가 되기 위해 기꺼이 어리석은 자가 되고, 어린아이가 되어 예수님의 발 앞에 앉습니다.

　많은 사람들이 안전하게 숨어 있는 또 다른 참호는, 자신들이 하나님을 모르고 있다면 하나님의 도움 없이도 하나님을 찾을 수 있다고 하는 생각입니다. 이것은 오늘날 매우 널리 퍼져 있는 개념입니다. 과학적 사고가 하나님을 찾을 수 있는 유일한 길이라고 생각하며, "너희는 귀를 기울이고 내게로 나아와 들으라 그리하면 너희의 영혼이 살리라"(55:3)고 말하는 옛날 성경은 시대에 뒤졌다고 생각합니다. 이 분명한 진리를 이 놀라운 세기는 하찮게 여깁니다. 사람들은 스스로 고안해 낸 생각에 의해 자신들을 높이기를 갈망합니다. 많은 사람들이 자기들은 매우 지능이 뛰어나서 어떤 것도 절대적으로 확실한 것으로 받아들일 수 없다는 것을 자랑스럽게 생각합니다. 그래서 그들은 확실한 계시의 권위에 복종할 마음이 전혀 없습니다. 그들은 하나님의 말씀을 최종적인 것으로 받아들이지 않고 자기들이 하나님의 말씀을 판단하고, 자기들이 믿고 싶은 것을 믿습니다. 이것은 정신 나간 짓입니다. 나는 성경을 믿는 사람들에게 말합니다. 정말로 계시가 있다면, 그 앞에 잠잠하고, 논쟁의 여지 없이 그 계시를 받아들이는 것이 우리에게 마땅합니다. 주님은 자신이 우리가 알 수 있는 것보다 더 크신 분임을 아십니다. 주님께서 그의 말씀에서 분명하고 엄숙하게 말하기를 기뻐하셨다면, 주님께서 말씀하시기 때문에 주님의 하시는 말씀을 믿는 것이 우리의 할 일입니다. 하나님의 이런저런 계시가 이성과 일치하고, 유비(類比)와 일치하며 수많은 일들과도 일치한다는 것을 증명하는 것이 아주 좋을 수 있습니다. 그러나 그와 같은 논증을 필요로 하는 마음은 하나님을 거역하는 정신입니다. 인간의 사고가 진리의 판단자가 아니고, 오류 없는 하나님의 말씀이 모든 다툼의 종국입니다. 진리는 어떠해야 한다고 말하거나 진리는 어떠할 것이라고 생각하는 일, 혹은 진리가 어떠하기를 바라는 것은 우리의 할 일이 아닙니다. 우리가 할 일은 공경하는 마음으로 앉아서 눈을 크게 뜨고 하나님께서 말씀하신 것을 기꺼이 받아들이는 것입니다. 천문학자가 별을 조사하기를 그치고 자신이 고안해 낸 천문학을 가르친다면, 어리석은 사람일 것입니다. 신학을 그런 식으로 다루는 사람들도 그와 똑같은 사람들입니다. 어떤 사람은 말합니다. "확실히 우리는 여론과 사고의 경향에 따라서 우리의 신앙을 수정해야 한다." 그에 대해서 나는 천 번이고 "아니라"고 말합니다. 하나님의 썩지 않는 말씀은 영원히 거하므로 수정할 필요가 없습니다. 하나님의 말씀을 수정한다는 것은 하나님의 말씀을 혼합시키고 무가치하게 만들고 전혀 효과 없게 만들며, 그래서 다른 복음이 되며, 사실상 전혀 복음이 아닌 것이 되는 것입니다. 계시된 진리에 손을 대려고 하는 생각은 악한 짓이며, 따라서 그리스도인이라면 잠시라도 용납해서는 안 되는 일입니다. 예수 그리스도의 복음은 그 시대의 유행에 따라 형성될 수 있는 것이 아닙니다. 복음은 "예수 그리스도는 어제나 오늘이나 영원토록 동일하시다"(히 13:8)는 것입니다. 헬라 철학이 지배하든지 타파되든지, 어떤 현대 이론이 불타오르든지 스러지든지, 우리에게는 별로 중요하지 않습니다. 우리는 예수 그리스도의 한결같은 복음을 하늘로부터 보내심을 받은 성령의 능력으로 전하게 되어 있기 때문입니다. 상대의 요구를 어느 정도 인정하고 그의 불신앙에 동의함으로써는 아무도 구원 얻는 신앙에 이르게 하지 못하였습니다. 자신의 생각과 견해를 가지고서는 아무에게도 참된 믿음을 일으키지 못하였습니다. 사람은 복음을 하나님에게서 오는 계시로 받아들여야 합니다. 그렇지 않으면 복음을 결코 받을 수 없습니다. 믿음은 어디에서 얻게 되든지 초자연적인 일입니다. 우리가 철학이라는 세상적인 무기를 사용해서 우리 자신이나 다른 사람이 믿음을 얻을 수 있다고 생각한다면, 결코 믿음을 얻지 못할 것입니다. 성령께서 가르쳐 주시는 하나님의 말씀은 구원에 이르게 하는 하나님의 능력입니다. 그것은 사람이 고안해 낸 생각이나 상상이 아닙니다. 계시된 복음이 있습니다. 이 복음을 거절하면 여러분은 위험에 처하게 됩니다. 여호와께서 사람들에게 자신을 알리는 계시가 있습니다. 이 계시를 받으십시오. 그렇지 않으면 망할 것입니다. 바로 이것이 우리가 하나님의 사자로서 말하는지를 판단하는 근거입니다. 하나님께서 교만한 사상가들이 이 근거를 만나서 신자가 되게 하여 주시기를 바랍니다.

　　여기서 우리는 이렇게 말하는 사람을 만나게 됩니다. "우리는 당신이 하나님을 아는 지식이라고 부르는 이 교리가 필요 없어요. 어떤 것은 우리가 당신보다 더 잘 알고 있습니다. 당신이 그렇게 떠들어대는 복음은 케케묵고 시효가 끝나버린 것이라고 말해 주고 싶어요." 여러분이 원한다면, 복음을 그렇게 대하고 망하도록 하십시오. 그러나 우리는 여러분의 불신앙을 인해서 밤낮으로 슬퍼할 것입니다. 여러분이 하나님의 증거를 거절하면 반드시 멸망할 것입니다. 그리고 그렇게 되는 가운데서, 복음이 이 사람에게는 사망으로부터 사망에 이르는 냄새요 저 사람에게는 생명으로부터 생명에 이르는 냄새라(고후 2:16)는 말씀이 맞다는 것을 여러분이 증명하게 될 것입니다. 여러분은 자신이 더 잘 알고 있다고 말합니다. 어떻게 그럴 수 있습니까? 여러분은 하나님께서 자신을 아는 것보다 더 하나님을 잘 압니까? 여러분은 하나님께서 사람들을 자신과 화목시키는 방식에 대하여 하나님의 친히 세우신 사자인 주 예수 그리스도가 아는 것보다 더 잘 압니까? 여러분은 성경에 영감을 불어넣으신 영원한 성령보다 더 잘 안다고 말합니까? 우리가 바라는 것은 여러분이 공경하는 태도로 성경에 주의하는 것이지, 우리 자신의 어떤 주장에 귀를 기울이라는 것이 아닙니다. 여러분이 성경을 거절하지 않기를 기도합니다. 얼마 전에 어떤 사람이 자기는 기도할 마음이 전혀 생기지 않아서 평생 동안 한 번도 기도한 적이 없다고 말하는 것을 들었습니다. 나는 그 사람을 슬픈 마음으로 바라보았지만 이 말밖에 할 수가 없었습니다. "죽은 사람은 소리치지 않습니다. 당신은 죄로 죽었고, 그래서 신령한 호흡이 없는 것입니다. 당신은 거듭나지 않았습니다. 그래서 당신에게는 새로운 본성이나 의로운 영이 없습니다. 새로운 본성과 의로운 영이 있다면 당신은 기도하지 않을 수 없고 믿지 않을 수 없습니다." 내게 그의 말은 중생하지 않은 모든 사람들의 실제 상태에 대한 성경의 가르침을 확증해 주는 것이었습니다. 앞에서 말한 대로, 복음은 믿음을 일으키는 곳은 어디에서든지, 그 자신의 능력으로, 사람들에게 진리를 확신시키고, 주 우리 하나님께서 택하신 사람들을 깨닫게 하시는 영원한 성령의 능력으로 믿음을 일으킵니다. 복음이 오면, 하나님의 진리에 반대하는 모든 것을 깨트리고 뒤엎으며, 주님께서 그에게 계시하시기 전까지는 사람이 자신에 대해서 아무것도 모른다는 것을 알게 만듭니다. 자기 죄를 깨달은 죄인을 봅니까? 그는 하나님보다 자기를 잘 알지 못하는 사람입니다. 양심이 깨어난 사람을 봅니까? 그는 하나님보다 자기를 잘 알지 못하는 사람입니다. 그리스도를 믿고 예수님의 발 앞에 앉아 있는 사람을 봅니까? 그는 배우면 배울수록 그만큼 더 자신이 하나님보다 잘 알지 못한다는 것을 알고, 더 배워서 예수 그리스도의 얼굴에 나타난 하나님의 영광을 충만히 아는 지식을 얻기를 바랍니다.

하나님을 아는 지식을 피하여 몸을 숨기는 또 다른 참호가 있습니다. 그것은 나는 결코 알 수 없다는 것입니다. 그것은 "나는 알 수 없다. 나는 알지 못하고 절대로 알 수 없다. 나는 주님을 알 수 있게 되기를 단념한다"는 말입니다. 이런 절망 속에서 그 반역자는 견고한 요새 속에 있는 것처럼 자기 입장을 확고히 하며 필사적으로 복음에 저항합니다. 그러나 이 성벽도 강력한 은혜 앞에 무너지고 맙니다. 성령께서 화해의 말씀과 함께 오실 때, 죄인은 대리인에 의한 속죄의 개념을 깨닫게 됩니다. 그는 이 진리의 마법에 걸립니다. "그리스도 안에서 구원받지 않으면 내 자신으로는 망한다. 내 자신은 판단을 받고 죄로 인하여 정죄를 받는다. 그러나 그리스도 안에서 내 죄가 다른 사람에게 지워져 사라지는 것을 본다." 죄인이 그처럼 단순하고 장엄한 진리를 붙잡습니다. 그리고 그 진리를 믿을 때, 그는 하나님을 알기 시작합니다. 그리고 하나님을 아는 것이 영생입니다. 성령께서 영혼 속에 거룩한 빛을 비추실 때 절망이라는 애굽의 어둠을 이내 깨끗이 쓸어버리고, 그러면 사람이 하나님의 빛 안에서 빛을 보게 됩니다.

여러분은 내 말의 취지가 무엇인지 압니다. 내가 말하고자 바는 바로 이것입니다. 추론, 단정, 사고라는 벽들이 있는데, 우리는 이런 것을 무너뜨려야 하는 "생각들"이라고 부릅니다. 성령께서 복음을 사용하시면, 복음이 그 생각들을 무너뜨릴 것입니다. 이것이 전부가 아닙니다. 벽이 무너질 때 그 흙벽도 함께 무너지기 때문입니다. 추론이라는 요새를 고안해 낸 사람은 그 위에 교만이라는 망대를 세웁니다. 사도는 이것을 "높아진 것"이라고 부르며, 이에 대해 하나님의 능력이 "하나님 아는 것을 대적하여 높아진 것을 다" 무너뜨릴 것이라고 말합니다. 이 높은 성벽들은 이런 것입니다. "나는 고귀한 본성을 지니고 있어. 내 본능은 옳은 데로 향하고 있다. 나는 많은 죄를 짓지 않았어. 나는 이웃 사람들만큼은 착해. 나는 어떤 시험이든지 이길 수 있다. 나는 내 스스로 길을 헤치고 나가 영원한 복에 이를 수 있어." 이런 모든 헛된 생각이 그 성벽들입니다. 복음이 능력 있게 임하기만 하면, 이 모든 요새들은 무너집니다. 이 성채들은 여리고의 오래된 성벽처럼 흔들거리다가 먼지 구름과 함께 요란한 소리를 내며 무너집니다. 얼마나 많은 경우들에서 이 말씀이 맞는다는 것을 보았는지 모릅니다! 훌륭한 사람들이 이곳에 왔습니다. 자신들이 성경에서 발견할 수 있는 어떤 것보다 훨씬 더 좋은 것을 안 사람들은 어떤 것도 자기들을 변화시킬 수 없다고 굳게 확신합니다. 이들은 옛날 기사들처럼 어떤 화살에도 상처를 입지 않도록 머리부터 발끝까지 갑옷을 입고 앉아 있었습니다. 그런데 성령께서 우리가 하나님의 복된 말씀에서 꺼낸 아주 단순한 어떤 말씀을 화살로 삼아 쏘셨습니다. 보십시오. 당당하던 용사들이 먼지구덩이에 쓰러졌습니다. 자기가 무지하고 어리석다는 것을 깨닫고서, 전에 당당하게 스스로를 자랑하던 자들이 "내가 어떻게 하여야 구원을 받으리이까"(행 16:30) 하고 부르짖기 시작하였고, 오래지 않아 믿음의 용사들이 되었습니다. 판단과 의지와 마음을 겸손히 그리스도께 복종하는데 바치는 것이 그들의 기쁨이 되었습니다. 주님께서 이 자리에 계신 회심하지 않은 모든 청중들의 편견과 자부심을 강타하시고, 주님의 강력한 사랑으로 쓸어버려 주셨으면 좋겠습니다.

2. 성벽을 깨트리고 도시를 함락하면 포로들이 생깁니다.

이것이 우리의 두 번째 요점입니다. 본문은 이같이 말하고 있습니다. "모든 생각을 사로잡아." "생각"이라고 번역된 단어는 매우 폭넓은 의미를 지니고 있습니다. 그런데 그 중에 가장 좋은 설명이 헬라어 사전의 맨 앞에 오는데, "마음에서 나오는 모든 것"이라는 말입니다. 마음은 도시와 같습니다. 도시가 함락되면, 도시의 거리에 가득했던 주민들이 생각인데, 이 생각들이 포로로 사로잡힙니다. 내가 빨리 설명할 텐데, 그 과정을 한 번 봅시다. 복음이 능력 있게 사람의 마음에 임합니다. 그러면 사람은 하나님의 진노와 장차 올 심판을 두려워하기 시작합니다. 그 사람이 얼마나 떠는지 한번 보십시오. 그리스도께서 스스로 안전하다는 그의 생각을 무너뜨렸습니다. 그는 더 이상 "내가 내 마음이 완악하여 젖은 것과 마른 것이 멸망할지라도 내게는 평안이 있으리라"(신 29:19) 하고 말하지 않습니다. 그 반대로 "나는 죄를 범했다. 하나님의 법을 어겼고, 그래서 유죄 선고를 받았다"고 말합니다. 주님께서는 자기를 의롭다고 여기는 사람의 생각을 점령하셨습니다. 이 사람은 어제만 해도 자기가 의롭다고 스스로를 자랑하던 사람입니다. 그런데 하나님의 거룩하고 순결한 법이 그의 양심에 가까이 오자, 자신이 죄가 있다는 것을 느끼고 자비를 구합니다. 이제는 이렇게 기도하기 시작합니다. "하나님이여 죄인인 내게 자비를 베풀어 주옵소서." 이것을 볼 때, 자신의 독립성에 대한 생각들, 곧 자기가 하나님 없이도 지낼 수 있다는 생각이 포로로 사로잡힌 것이 분명합니다. 천부 하나님을 떠나서 즐거움을 찾으려는 생각이 이제는 죽었습니다. 이제는 지극히 높으신 하나님께 더 가까이 가기를 바라기 때문입니다. 자! 작은 희망이 일어나기 시작합니다. 그는 자기를 위한 구원이 있을 것이라고 기대합니다. 반항적인 절망에 대한 그의 생각이 사로잡혀 쇠 차꼬에 매여 있습니다. 주님을 찬송합시다! 성령에 대해 더 살펴보도록 합시다. 성령께서 그를 격려하시고, 그는 예수님을 믿게 됩니다. 그의 자기 신뢰는 이제 죄수가 되었습니다. 예수께서 죄인들을 위하여 죽으셨다는 것이 그가 받아들이는 진리이고, 그는 그 진리에 근거해서 자신을 버립니다. 그의 교만한 지성이 포로가 되었고, 그는 구속자의 발 앞에 기쁘게 엎드립니다. 그가 노래하는 소리를 들어 보십시오. "나는 용서 받았네. 하나님께서 내게 그 점을 확실히 알려 주시네. 나는 예수님을 믿었기 때문에 의롭다함을 받았네. 주님의 귀하신 이름을 참으로 사랑하네." 그의 가장 깊은 마음이 점령당했고, 그래서 이제 그가 사랑하는 모든 생각들이 정복되었으며, 예전에 멸시했던 구주를 이제 경배합니다. 그가 얼마나 감사한 마음으로 옥합을 깨트려 구주의 발에 향유를 붓는지 보십시오. 예수께서 그의 마음을 얻으셨고, 자원하는 그의 심령을 붙들고 계십니다. 이제부터 그는 자신을 그리스도께 바치고 주를 위하여 살고 주를 위하여 죽으려 합니다. 이렇게 해서 사람의 온 마음이, 즉 전인(全人)이 반항하던 무기를 버리고 주 예수님의 정복하는 무기 앞에 무조건 항복한 것입니다.

　마지막 요점을 좀 더 상세히 설명하기 위해 이 점은 이렇게 아주 간단히 생각하도록 하겠습니다.

3. 이 포로들을 사로잡아가야 합니다.

“모든 생각을 사로잡아 그리스도에게 복종하게 하니.” 앗시리아나 바빌론의 왕들처럼 옛날의 군주들은 한 나라를 정복하였을 때, 그 백성들을 자기들의 거처에서 먼 곳으로 데려가 거기에서 새로 정착하도록 하였습니다. 자, 주님께서 우리 마음의 생각들을 사로잡으실 때는, 그 생각들을 모두 이끌고 전혀 다른 영역으로 데려가십니다. 마음의 소산들을 영적 영역으로 데려 가십니다. 그곳에서 마음의 생각들은 주님을 기뻐하고 주님 앞에 절합니다. 이 포로들의 행렬이 끌려가서 정복자의 승리에 영광을 더하며, 그들이 이전에 알지 못하였던 지역에 가서 새로운 왕의 통치 하에 정착하게 되는 것을 보십시오. 지극히 고귀한 기능에서부터 지극히 낮은 기능에 이르기까지, 영혼의 모든 기능들이 복종하게 됩니다. 정신과학에 따라서 그 목록을 작성할 생각은 없지만, 생각나는 대로 그 기능들을 말해보겠습니다. 자기 죄를 의식하고서 예수 그리스도를 믿는 사람은 판단과 이해의 모든 생각을 그리스도께 복종시킵니다. 이것이 중요한 점입니다. 전에는 그가 단 것은 쓰고 쓴 것은 달게 여겼으며, 빛을 어둠으로, 어둠을 빛으로 여겼습니다. 그러나 이제 도덕적인 문제에서 곤경에 처하게 되자, 그가 주님께 묻습니다. 이제 어떤 즐거움이 그를 유혹하면, 그는 그 즐거움이 주님께 향기로울 것인지를 물어 그 즐거움이 옳은 것인지 판단합니다. 이제, 누가 어떤 교리를 말하면, 그 교리를 자기 생각의 기준으로 판단하지 않고, 대중적인 견해라는 기준으로는 더더구나 재지 않고 이렇게 묻습니다. “내 주님께서는 무엇이라고 말씀하셨는가? 주 예수님이시라면 이에 대해 어떻게 생각하실까?” 그는 자신의 판단을 보류하고 주님의 판단을 듣습니다. 그는 “내가 내 자신에게 법이다”고 말하지 않고 “그리스도께서 길이시므로, 나는 그의 발자국을 따라가려고 한다”고 말합니다. 이와 같이 이성을 사로잡아 주권자이신 주님의 더 높은 이성과 이해에 복종시킵니다. 자기가 알지 못하는 진리가 있는데, 주님께서 그 진리를 교훈으로 제시하신다면, 그 진리를 배우려고 합니다. 그 진리가 숨겨져 있는 것이라면, 그는 모르는 채로 만족합니다. 그는 이렇게 기도합니다. "주여, 저를 가르쳐 주옵소서. 그렇지 않으면 제가 결코 배울 수 없습니다. 내가 온전히 아는 데까지 장성하기를 바라지만, 나는 주님의 즐거운 빛 아래서 알기를 원합니다. 주님의 거룩한 교훈의 햇빛 아래서 내 마음이 자라고 온갖 꽃을 피울 수 있기를 바랍니다." 자칭 그리스도인이라고 하는 어떤 사람들에게는 이것이 그렇지 않다는 것을 나는 압니다. 아주 흔히 그들은 스스로 교리를 궁리해 내고, 주님을 떠나서 자기 견해를 고안하기 때문입니다. 생각하는 것은 훌륭한 일입니다. 그러나 우리가 우리의 생각으로 그리스도의 교훈을 보충하거나 개선하려고 한다든지, 혹은 과학과 철학에서 인기 있는 이론을 따라 그리스도의 교훈을 수정하려고 한다면, 훌륭한 일이 아닙니다. 내가 생각할 때, 참된 과학은 자기가 무엇을 하려고 하는지 말할 수 있고, 그러면 그 말을 주의 깊게 듣는 사람이 반드시 있을 것입니다. 과학이 이론을 말하지 않고 사실을 말하며, 사람이 꿈꾼 것을 말하지 않고 하나님께서 행하신 것을 말한다면, 과학이 크게 말하면 말할수록 그만큼 더 많은 사람들이 귀를 기울여 들을 것입니다. 참된 과학이 발견할 수 있는 모든 것은 계시의 말씀과 일치해야 합니다. 하나님은 자연에서 거짓말을 하시지 않고, 하나님이 성경에 기록하신 것과 같은 진리를 말씀하시기 때문입니다.

지혜롭다고 하는 사람들이 지구 속까지 샅샅이 뒤지고, 하늘까지 올라가며 별들 사이를 조사해 보면, 그들이 바르게 들었다면 우주의 증거가 성령의 영감된 말씀과 전혀 모순되지 않을 것입니다. 지혜롭다고 하는 사람들이 자기들의 추론이 마치 사실과 동등한 권위가 있는 것처럼, 사실에다 추론을 보태는 것은 악한 일입니다. 그러면 어떻게 해야 합니까? 우리는 틀리기 쉬운 존재들의 추론을 수정해야 할까요? 아니면 오류 없는 이의 발표들을 정리하려고 해야 할까요? 그 질문은 답하기 어렵지 않습니다. 우리는 성경의 진술들을 수정할 것이 아니라 철학자들의 추론을 수정하려고 해야 합니다. 철학이 계시와 모순될 때, 나는 뭐라고 말합니까? 철학이 그만큼 나쁘다고 말합니다. 하나님의 말씀은 거짓이 아닙니다. 거짓말은 반대편에 있습니다. 본질적으로 완전한 것을 계속해서 수정하는 많은 사람들은 끊임없는 불안 가운데 있지만, 여호와의 오류 없는 증거를 기뻐하는 내 마음은 행복합니다. 우리가 아니라 이 사람들이 변화되어야 합니다! 그들이 우리 쪽으로 와야 합니다. 정말로 하나님의 계시를 믿는 신자들이 그들에게로 내려가서는 안 됩니다. 그것은 우리 주님께 불충한 일이 될 것입니다. 주님의 교훈은 지극히 신성하여서 우리가 그 가운데 한 자라도 고의로 고쳐서는 안 됩니다. 다른 사람들은 무엇을 하든지 상관없이, 성령의 압도적인 능력을 느낀 사람들은 자신들의 지성이 넉넉히 만족하는 지혜를 그리스도 안에서 찾기를 기뻐합니다.

　　진리와 성령의 이 능력이 의지를 사로잡습니다. 존 번연이 묘사하는 대로, 우리 주님은 매우 단호한 분이십니다. 어떤 사람들에게 주님은 매우 억센 분입니다. "내가 하겠다. 내가 하겠다. 내가 하겠다"고 말씀하시는 분입니다. 그러므로 그들은 주님께 굴복하지 않을 수 없습니다. 사실 의지는 모든 기능들을 지배하는 놀라운 능력을 갖고 있어서 독재자처럼 다른 기능들을 마음대로 부립니다. 사람의 의지는 자유롭다고 자랑합니다. 그러나 루터가 사람의 의지를 가리켜 노예라고 했을 때, 아주 정확하게 본 것입니다. 사람의 의지가 자신의 자유에 대해 허풍을 떨지만, 사실은 노예에 지나지 않습니다. 성령께서 마음속에 들어가 예수 그리스도의 복음의 능력을 발휘하시면, 사람의 의지는 더 이상 자유를 자랑하지 않고 내던지며 복종합니다. 의지가 그대로 있지만, 하나님의 뜻이 그 의지를 지배하는 주권을 갖습니다. 사람의 의지가 스스로 하는 말을 들어봅시다. "주님, 이것이 나의 의지, 곧 내 뜻대로 하기 원하는 바입니다. 그러나 내가 원하는 대로 마옵시고 아버지의 뜻대로 하옵소서." 사람의 의지가 어떻게 금 차꼬를 차고 즐거이 거기에 입을 맞추며, 즐거이 그리스도께 복종하는 데서 참된 자유를 찾는지 보십시오.

　　어떻게 사람의 소망들이 은혜로 말미암아 변화되는지를 보는 것도 매우 즐거운 일입니다. 날개를 다친 이 소망들은 퍼덕거려 보지만, 가엾은 세상의 오염된 공기 위로 날아오르지 못하곤 하였습니다. 그런데 이제 그 소망들이 더 강한 날개를 달고서, 아직 보지 못한 것들, 하늘에 있는 영원한 것들에 이르기까지 높이 날아오릅니다. 그 다음에 사람들의 두려움도 사람의 죄악적인 기쁨의 잔재 속에 웅크리고 있다가 친구의 목소리에 깨어났고 이제는 은혜로 말미암아 고귀하게 되었는데, 이 두려움이 또 다른 영역으로 올라가고, 하나님의 보좌 앞에서 날개로 얼굴을 가립니다. 그러는 동안 그는 성령을 슬프시게 할까 두려워하고, 하나님 아버지의 사랑을 거스를까 두려워하며, 구주의 명예를 손상시킬 일을 하게 될까 두려워합니다. 전에는 결코 가지 않았던 곳에서 기쁨과 슬픔을 만납니다. 그는 주님을 기뻐하며, 일종의 경건한 슬픔을 느낍니다. 그의 기억은 한때 세상의 하찮은 것들 때문에 거절했던 거룩한 진리의 귀한 사실들을 이제는 그대로 간직합니다. 숙고와 묵상의 능력은 계속해서 진리와 거룩함의 범주 안에서 작용하며, 발전합니다. 이렇게 하면, 여러분은 그리스도인의 소원과 열망에 새로운 변화가 일어나는 것을 볼 것입니다. 그는 예전의 열망을 던져버리고 더욱더 고귀한 것들을 바라게 됩니다. 그가 아무런 갈망 없이 지내는 것이 아니라 하늘의 복들을 열망합니다. 그의 소원과 욕구가 창문으로 날아가는 비둘기처럼 그리스도에게로 날아올라 갑니다. 더 이상 세상 것들을 바라지 않고 위에 있는 것들을 바라는 그의 애정이 그의 욕구를 위로 끌어올립니다. 그는 거룩함과 유용함, 하나님의 영광을 갈망합니다. 그는 자신의 영광을 버리고, 사람들 가운데 예수의 이름이 유명해지는 한, 기꺼이 아무런 명성 없이 지내려고 합니다. 사랑하는 형제자매 여러분, 나는 하나님께서 내 마음이 이 신성한 예속(隸屬)을 더 충분히 느끼고, 그래서 어떤 욕구든지 잠시라도 경계를 넘어서 방황하는 일이 없게 해주시기를 바랍니다.

이 복된 노예상태가, 사람이 음모와 **책략**을 꾸미지 못하게 묶어 줍니다. 사람이 여전히 계획을 세우지만, 자신의 명예를 높이기 위해서가 아닙니다. 그의 가장 큰 계획은 그리스도의 왕관에 보석을 달아드리는 것입니다. 그는 이제 신중하고 부지런히 생활하고, 간교한 꾀로 살지 않습니다. 거룩함이 그의 정책이고, 성결함이 그의 생활의 계획이기 때문입니다. 나의 이런 말이 스스로 그리스도인이라고 하는 어떤 사람들에게는 비꼬는 이야기처럼 들립니까? 그렇게 들린다면, 자신이 죄가 있다는 것을 아십시오. 이 점에서 틀린 것은 내가 아니고 여러분이기 때문입니다. 모든 생각은 사로잡아 그리스도께 복종시켜야 하기 때문입니다. 그리고 일반적인 일들, 사업과 관계가 있는 문제들에 대해서 이야기할 때에도 우리는 주님을 섬겨야 합니다. 어떤 생각이 아니라 "모든 생각"이 머리를 숙이고, 그리스도께 복종해야 하기 때문입니다. 우리 생활 가운데 이 만큼은 신앙적이어야 하고, 이 만큼은 세속적이어야 한다고 생각하는 것은 아주 잘못된 생각입니다. 그리스도인에게는 모든 생활이 신앙이 되어야 하고, 그의 신앙이 생활 전체에 스며들어야 합니다. 여러분은 일반 음식을 먹는 것도 성찬 때 먹는 것만큼 신앙적으로 먹어야 하고, 거실에서도 강단에서 말하듯이 신앙적으로 진실을 말해야 합니다. 여러분이 먹든지 마시든지, 무엇을 하든지, 모든 일을 하나님의 영광을 위해서 해야 합니다. 여러분이 가게 문을 열거나 장사를 시작하거나 일하거나 집에 가구를 들이거나 자녀를 양육하거나 심지어 오락을 할 때에도 여러분이 품어야 할 중요한 생각은 여전히 "어떻게 하면 내가 이 모든 일에서 하나님께 영광을 돌릴 수 있을까"라는 것입니다. 모든 것, 모든 것을 사로잡아 그리스도께로 가져와야 합니다. 사람이 자신을 주님께 드릴 때, 그는 자신의 집과 돈, 몸, 시간, 아내, 자녀들을 포함시켜야 합니다. 정말로 모든 것을 주께 드려야 합니다. 보혈을 흘려 우리를 사신 주께서 일부를 남겨서 마귀에게 저당 잡히고 사신 것이 아니기 때문입니다. 우리는 주님께서 아무런 방해를 받지 않고 영원히 자유롭게 보유하시는 주님의 소유물입니다. 우리는 주께서 친히 정복하여 획득하신 소유물입니다. 주님은 아모리 사람들의 손에서 칼과 활로 우리를 빼앗으셨습니다. 그러므로 주님은 우리의 전 존재에 대해 절대적이고 완전한 소유권을 갖고 계십니다.

　　중생한 사람의 사랑과 미움은 모두 은혜의 능력을 따라 일어납니다. 그는 진심으로 뜨겁게 예수님을 사랑합니다. 또 온 영혼으로 죄를 미워합니다. 분노는 길들이기 어려운 것입니다. 내가 생각할 때, 사람의 분노를 그리스도의 종으로 삼아서, 비천하고 무자비하며 불의하고 그리스도를 닮지 않은 것과 싸울 때에만 분노하게 되는 것이 중요한 일입니다. 그때는 그가 화를 내는 것이 잘하는 일입니다. 그때의 분노는 미덕이 불처럼 타오르는 것일 뿐이기 때문입니다. 그리스도의 거룩한 무리들이 아주 변덕스럽고 다루기 어려운 우리의 기호(입맛) 때문에 지치는 것을 흔히 볼 수 있습니다. 기호에 관해서 논쟁하는 것은 현명한 일이 아닙니다. 그러나 예수님의 사랑은 섬세한 마음, 즉 부드럽고 온유하며 순결하고 천상적인 것을 분별할 수 있는 마음이 생기게 하고, 악한 것을 혐오하게 만듭니다. 그래서 주님의 구속 받은 자들은 도덕적이고 신성한 것들을 아주 민감하게 분별합니다. 낙조에 물든 구름처럼 말로 표현하기 어려운 구름이나 영혼의 도깨비불 같은 공상도 감동을 받으면 왕을 섬기는데 이용되고, 그리스도의 옷을 입음으로써 사람들이 영생을 꿈꾸게 만들기도 합니다. 경건한 사람이 자유롭게 상상을 펼칠 때는, 페가수스(그리스 신화에 나오는 날개 달린 天馬)조차도 왕의 짐을 나르게 만들고, 실제적인 것에서부터 공상의 세계로 날아오르는 가운데서도 그는 그리스도의 기준이라는 황금 재갈이 공기와 같이 가벼운 그의 모든 움직임을 억제하고 지도하는 것을 느낍니다. 그렇습니다. 성령께서 확실한 지배력을 획득하여 "모든 생각을 사로잡아 그리스도에게 복종하게" 만드십니다.

예수님을 하나님과 주로 모시는 여러분, 여러분은 이처럼 완전한 복종을 드리기 바라지 않습니까? 여러분이 그렇게 하기를 바라는 줄 압니다. 그뿐 아니라 여러분이 자신에게서 일어난 것이 모든 인류에게 성취될 때를 또한 바라는 줄 압니다. 그리스도의 복음이 세상에 온 것은 다른 신앙들과 동등한 것이 되고 다른 신조들과 함께 나라를 나누어 갖기 위해서가 아닙니다. 거짓된 신들은 판테온(Pantheon: 만신전, 萬神殿)에서 서로 얼굴을 마주 보며 사이좋게 지낼 수 있습니다. 그 신들은 전부가 거짓이기 때문입니다. 그러나 그리스도께서 오시면 다곤 신은 넘어질 수밖에 없는데, 그 밑둥뿌리조차도 그대로 서 있을 수 없습니다. 진리는 필연적으로 거짓을 용납할 수 없고, 사랑은 미움과 싸우고, 정의는 불의와 다툽니다. 그리스도 예수는 모든 것의 모든 것이 되시며 홀로 보좌에 앉으실 것입니다. 온 우주가 그리스도께 복종할 날이 오기를 바랍니다. 모든 인간의 모든 생각이 그리스도께 거룩하게 복종한다면 어떤 광경이 펼쳐지겠습니까! 가난한 여인이 초라한 초가지붕 밑에 살지라도 반드시 거룩한 경배를 드릴 것이며, 보좌 위에 있는 여왕이나 군주도 예수님의 영광을 위하는 일 외에는 아무것도 하려고 하지 않을 것입니다. 어떤 회의실에서도 사랑의 왕의 뜻에 어긋나는 정책을 결정하지 않을 것이고, 아무리 자유로운 사상가라도 예수님의 생각과 반대되는 생각을 하려고 하지 않을 것입니다. 평원에 사는 야만인들이 더 이상 주님을 잊지 않을 것이고, 도시에 사는 문명인들이 더 이상 하나님에 대한 두려움을 던져버리지 않을 것입니다. 보통 사람들은 무리지어 주님을 찾을 것이고, 귀족들은 주님을 명예롭게 하는 방법을 연구할 것입니다. 발명의 재능이 아주 뛰어난 천재는 예수님의 통치를 인정하고, 사람은 더 이상 전쟁의 무기를 만들려고 하지 않고 인류의 복지에 기여할 것만을 설계하는 때는 참으로 행복할 것입니다. 연필과 조각칼을 사용하는 예술은, 음란한 생각을 일으키고 피와 살육에 대한 기억을 오래 남기는 것은 일절 삼가고, 예수님의 발 앞에 엎드려 경건한 사람들 앞에 자연의 아름다움을 펼쳐 보임으로써 하나님을 명예롭게 할 때 행복할 것입니다. 학문이 고전적인 책들을 연구하여 인간의 지혜에서 예수님의 좀 더 확실한 지혜를 보여주는 전리품을 찾고, 한밤중까지 등불을 켜두고 조사하며 거룩한 사랑의 높이와 깊이를 헤아릴 때 행복할 것입니다. 시인마다 이제는 더 이상 카스탈리아 샘(Castalian fount: 아폴론이 살았다는 파르나소스 산의 신천[神泉]. 시적 영감의 원천)에서 물을 마시지 않고 땅의 위대한 왕을 위해 거룩한 노래들을 부르며 모든 원천을 오직 하나님에게서만 찾는 것을 생각하면 기분이 황홀해집니다. 그때는 또한 음악이, 화음이 기가 막힌 교향곡을 작곡할 것이고, 구속하시는 주님을 예배할 때 풍부한 선율을 쏟아낼 것입니다. 한편 웅변은 더 이상 그릇된 것을 변호하는 일을 하지 않을 것이고, 평화와 의를 옹호하는 일과 주님을 찬미하는 일에 그 힘을 쓸 것입니다. 지금 벌써 날이 밝기 시작했으니 복된 날이 곧 올 것입니다. 왜 밤이 그렇게 무겁게 걸려 있습니까? 왜 어둠이 그렇게 오랜 동안 우리 주위에 머물러 있습니까?

　　구원의 총사령관이신 주님은 승리를 달성할 수 있습니다. 우리는 오늘날 이 여리고 성 주위를 돌았지만 아직 그 벽이 무너지지 않았습니다. 전쟁의 용사인 여러분, 일어나십시오. 여러분은 전쟁의 용사이니, 와서 전투에 참가하십시오. 그러면 죄의 흉벽이 무너질 것입니다. "여호와는 용사시니 여호와는 그의 이름이시로다"(출 15:3). 여호와의 군대여, 깨어 일어나시오. 일어나 힘을 내시오. 옛적과 같이, 옛 세대와 같이 깨어 일어나십시오. 그대는 라합(여호와가 이겨 정복한 신화적 용의 명칭들 중의 하나 — 역주)을 찌르고 용에게 상처를 입히지 않았는가? 진리와 의를 인하여 주의 위엄을 입고 달려 나가십시오. 땅에 평화가 임하고 지극히 높은 곳에서 하나님께 영광을 돌리기 위해 영원한 복음을 가지고 주의 힘의 영광을 입고 나오십시오. "모든 이론을 무너뜨리며 하나님 아는 것을 대적하여 높아진 것을 다 무너뜨리고 모든 생각을 사로잡아 그리스도에게 복종하게 하니."

제
11
장
—

구주님의 입에서 나온 힘을 돋우는 말씀

—

"나에게 이르시기를 내 은혜가 네게 족하도다 이는 내 능력이 약한 데서 온전하여짐이라 하신지라 그러므로 도리어 크게 기뻐함으로 나의 여러 약한 것들에 대하여 자랑하리니 이는 그리스도의 능력이 내게 머물게 하려 함이라." ─고후 12:9

바울은 사탄의 사자에게 괴로움을 당할 때 보통 때처럼 하늘의 아버지께 능력을 구하지 않고 주 예수 그리스도께 능력을 구하였습니다. 이것은 다소 의외의 사실이지만, 본문을 보면 그 취지를 명확히 알 수 있습니다. 바울은 "이것이 내게서 떠나가게 하기 위하여 내가 세 번 주께 간구하였더니"라고 말합니다. 그리고 여기서 말하는 주가 주 예수님이시라는 것이, 다음 구절에서 사도가 "이는 그리스도의 능력이 내게 머물게 하려 함이라"고 말하는 데서 아주 분명히 나타납니다. 사도는 하나님께 기도를 드리는 것을 생각지 않았고 하나님의 능력에 대해서 말하지도 않습니다. 그는 주 예수 그리스도께 기도를 드렸고, 또 그가 자기에게 머물기를 바란 것은 주 예수 그리스도의 능력이었습니다. 주 예수께 기도를 드릴 수 있다는 이것은 우리 주님의 신성을 나타내는 확실한 증거입니다. 이것은 우리가 항상 찬송 받으실 성부 하나님께 뿐만 아니라 그의 아들 예수 그리스도께도 정당하게 간구를 드릴 수 있다는 것을 보여주는 한 가지 예이고, 그 외에도 많은 예들이 있습니다. 내 생각에는, 사탄의 사자로부터 시험이 왔을 때는 특별히 예수님께 기도드리는 것이 적합하다고 봅니다. 주 예수께서 그와 같은 시험을 친히 겪으셨고, 따라서 시험당하는 자들을 어떻게 구원하실지 아시기 때문입니다. 뿐만 아니라 예수께서는 마귀의 일들을 멸하기 위해 세상에 오셨습니다. 공생애 동안에 주님은 더러운 영들을 지배하는 특별한 능력을 나타내셨고, 그 영들이 괴롭히는 사람들에게서 그 영들을 계속해서 내쫓으셨습니다. "사탄이 하늘로부터 번개 같이 떨어지는 것을 내가 보았노라"(눅 10:18)고 말씀하신 것은 예수께서 기쁘게 말씀하신 아주 드문 경우 가운데 하나입니다. 그리스도께서 부활하여 영광 가운데로 올라가신 후에는 예수의 이름으로 귀신들이 쫓겨났습니다. 스게와의 아들들이 악귀들을 쫓아내려고 했지만 실패했는데, 그 더러운 영들은 "내가 예수를 안다"(행 19:15)고 하였습니다. 귀신들은 예수님의 능력을 알았고, 그러므로 사도 바울이 사탄에게 괴로움을 당하자 예수님께로 돌이켜 그 악한 영이 자기에게서 떠나게 해주시기를 구한 것은 지혜롭고도 자연스러운 일이었습니다.

　　이 기도를 예수님께 드렸을 뿐만 아니라 우리 주님께서 겟세마네 동산에서 드린 기도와 같은 방식으로 드렸다는 점이 또한 상당히 주목할 만한 사실입니다. 사도는 우리 주님께서 어둠의 세력들에게 심하게 괴로움을 당하실 때 하셨던 것과 똑같이 세 번 기도하였습니다. 세 번 반복하여 드린 기도는 아주 간절하였습니다. 사도가 주님께 세 번 "간구하였기" 때문입니다. 그리고 바울도 주님께서 받으신 답변과 아주 흡사한 답을 받았습니다. 우리 주님은 그 잔이 지나가도록 허락을 받지는 못하였지만(그 잔은 주님께서 마시지 않고는 지나갈 수 없었습니다), 천사가 나타나 주님께 힘을 북돋아 주었습니다. 그와 같이 바울의 경우에도 그 시험이 그에게서 떠나가지는 않았지만, 그가 시험을 견디면 하나님께서 그로 인해 영광을 받으시는 것을 알 수 있도록 하셨습니다. 그렇다면, 주 예수께서 거울에 비치는 것처럼 그의 종 바울에게서 반영되는 것을 봅니다. 세 번 반복해서 기도하는 소리가 들리는 것 같습니다. 잔이 움직이지 않고 그대로 서 있는 것을 보며, 약한 가운데 힘이 공급되는 것을 봅니다.

　　본문은 예수 그리스도께서 친히 하신 말씀입니다. 이 본문에, 말 자체보다 더 즐겁게 만들 수 있는 것이 있다면, 그것은 주님께서 자신의 택한 사도에게 직접 말씀을 전하셨다는 사실일 것입니다. 본문에서 "내 은혜가 네게 족하도다 이는 내 능력이 약한 데서 온전하여짐이라"고 말씀하시는 분은 바로 예수님이십니다. 이 사실이 이 말씀에 부드럽고 아름다운 빛을 던져주어, 우리가 이 말씀을 해석하는데 도움을 주고, 이 말씀에서 훨씬 더 큰 위로를 끌어낼 수 있게 해줍니다. 예수께서 말씀하실 때는, 음절 하나하나가 특별한 매력을 갖습니다.

이 헬라어 단어들은 그 시제를 영어로 정확히 번역하기가 쉽지 않습니다. 사도는 여기서 단지 주님이 14년 전에 이 말씀을 자기에게 하셨다고만 말하지 않습니다. 동사의 시제는 과거와 현재를 연결하고 있습니다. 그래서 사도는 마치 주님의 답변이 단지 과거의 말씀만이 아니라 지금도 계속해서 그에게 위로하고 있는 것으로 느끼고 있는 것 같습니다. 그때 주께서 하신 말씀의 메아리가 여전히 그의 영혼에 울려 퍼지고 있었습니다. 이 본문의 말씀을 "나에게 지금까지 계속해서 이르시기를(He has been saying to me) 내 은혜가 네게 족하도다 하신지라"(개역개정은 "나에게 이르시기를" —역주)고 읽는다면, 사도가 말하고자 하는 의미를 놓치지 않은 것입니다. 이 말씀은 사도의 마음에 지속적인 영향을 끼칩니다. 즉 사도가 자기를 괴롭혔던 특별한 고통거리를 그 당시에 받아들이도록 만들었을 뿐만 아니라, 남은 생애 동안에도 그를 격려하여 장래의 모든 시련 가운데서도 자신의 약함을 자랑하고 하나님께 찬송을 드릴 수 있게 만들었던 것입니다. 성경 말씀을 현재의 용도를 위해 마음에 새기는 것은 즐거운 일입니다. 그러나 성령 하나님께서 그 말씀을 사람의 생애 동안 계속해서 마음속에 거하도록 하시는 약속을 해주신다면, 정말로 우리는 은혜를 받는 것입니다. 엘리야가 받아먹은 고기가 40일 동안 그에게 힘을 주었는데, 영생에 이르도록 견디게 하는 고기는 무엇입니까? 나의 순례 여행 동안 내내 나를 먹이는 음식은 어떤 떡이어야 하겠습니까? 여기서 우리는 예수께서 친히 제공하시는 음식을 보게 되는데, 그 음식은 매우 영양이 좋아서 성령께서 우리가 죽는 날까지 그 진수성찬을 기억할 수 있게 할 것입니다. 주님, 이제 우리를 먹여주시고, 주의 은혜의 말씀을 깊이 소화할 수 있는 은혜를 주시옵소서.

이 서론이 내 생각의 흐름을 말해주므로, 설교하는 동안 여러분은 이 서론을 기억하시기 바랍니다. 이제 이 서론을 끝내고, 밝고 귀한 다이아몬드들로 가득한 본문을 살펴보도록 하겠습니다. 첫째는 은혜가 **충족하다**는 것이고, 둘째는 **능력이 온전하여진다**는 것이며, 셋째는 **능력이 머문다**는 것입니다.

**1. 아무리 피상적으로 훑어보는 사람이라도 본문에서
충족한 은혜에 대한 약속을 볼 수 있습니다.**

우리 주 예수님의 경우에는, 성령이 항상 예수님께 충만하게 머물러 계셨습니다. 성령님은 사람이신 그리스도 예수께서 지극히 힘든 노고와 혹독한 시험, 견디기 어려운 고통을 감당하도록 떠받치셨습니다. 그래서 주님이 성부 하나님께서 하라고 맡기신 사역을 완성하셨고, 죽을 때 "다 이루었다"고 선언하실 수 있었습니다. 여기서 주님은 자신의 택하신 종에게도 그와 같이 하시리라고 말씀하십니다. 주님께서 "내 은혜가 네게 족하도다"고 말씀하셨습니다.

이 말씀의 충분한 의미를 밝히기 위해 이 구절에 대한 네 가지 독법을 말씀드리겠습니다. 첫 번째는 매우 문법적인 독법인데, 이 말씀이 일차적으로 갖는 의미입니다. 은혜로 번역된 단어를 은총이나 사랑을 의미하는 것으로 볼 수 있습니다. 왜냐하면 카리스라는 단어에 그 뜻도 포함되어 있기 때문입니다. 그렇게 읽는다면 이 구절은 어떤 말씀이 됩니까? "내 은총이 네게 족하도다." 네 고통거리를 없애 달라고 구하지 말라. 편안함과 위로, 혹은 다른 어떤 형태의 행복을 달라고 구하지 말라. 내 은총이 네게 충분하다는 것입니다. 혹은 훌륭한 하지 박사(Dr. Hodge)가 이 구절을 읽는 대로, "내 사랑이 네게 충분하다"고 볼 수 있습니다. 이는 네가 원하는 다른 어떤 것이 있을지라도, 네가 나의 은총을 받은 사람이고, 내 은혜를 받은 택한 종이라는 사실만으로도 네게 충분하다는 것입니다. "내 사랑이 네게 충분하다." 참으로 기분 좋은 표현입니다. 설명이 필요 없는 말씀입니다. 이 말씀을 여러분 자신에게 반복하여 말해 보십시오. 그리고 지금도 주님께서 여러분을 내려다보시며 "내 사랑이 네게 충분하다"고 속삭이신다고 생각해 보십시오. 여러분의 주님께 현재의 고통에서 건져주시기를 세 번 구했다면, 주님께서 이렇게 답변하시는 말씀을 들어보기 바랍니다. "너는 왜 나를 더 필요로 하느냐? 내 사랑이 네게 충분하다." 그 점에 대해서 여러분은 뭐라고 말합니까? 이렇게 답변하지 않겠습니까? "그렇습니다. 주님, 정말 주님의 사랑이 내게 충분합니다. 내가 가난할지라도, 주님께서 내가 가난하기를 바라신다면, 나는 불평없이 호된 시련을 겪겠습니다. 주님의 사랑이 내게 충분하기 때문입니다. 내가 아플지라도, 주님께서 나를 찾아오셔서 내게 주님의 마음을 보여주시는 한, 나는 만족합니다. 주님의 사랑이 내게 충분하기 때문입니다. 내가 박해를 받고 추방당하며 버림을 받을지라도 내가 주님의 사랑을 계속해서 느낀다면, 즐

거이 박해를 견디겠습니다. 주님의 사랑이 내게 충분하기 때문입니다. 그렇습니다. 내가 온 세상에서 나를 돌봐줄 사람이 한 명도 없이 철저히 혼자일지라도, 내 아버지와 어머니가 나를 버리고, 모든 친구가 유다처럼 될지라도, 주님의 사랑이 내게 충분합니다." 여러분은 그 의미를 이해하시겠습니까? 바울이 그 말씀을 무엇보다도 이같이 지극히 자연스러운 의미로 이해하였다면, 그 말씀에서 틀림없이 위로를 받았으리라는 것을 알겠습니까? "바울아, 내가 너를 이방인들 가운데 내 이름을 증거할 택한 그릇으로 삼았다는 사실이 네게 충분하다. 내가 창세 전부터 너를 사랑하였고, 내 보혈로 너를 구속하였으며, 네가 하나님을 모독하고 교회를 해하였을 때 너를 불렀고, 네 마음을 변화시켜 나를 사랑하게 만들었으며, 오늘날까지 너를 보호하였고 또 나의 비길 데 없는 사랑으로 끝까지 너를 지킬 것이라는 이 사실이 네게 충분하다. 내 사랑이 네게 충분하다. 그러니 너를 괴롭히는 이 고통에서 벗어나게 해달라고 구하지 마라. 약함과 시련에서 건져내 달라고 구하지 마라. 이런 것들로 인해 네가 나의 은총을 더 누릴 수 있게 되고, 그것으로 네게 충분하기 때문이다."

이제는 다른 방식으로, 곧 흠정역 성경의 번역을 따라 첫 번째 단어에 강세를 두면서 본문을 읽어보겠습니다. "내 은혜가 네게 족하다." 이것은 무슨 은혜입니까? 여기서 약속하시는 분이 누구인지 주의해서 봅시다. 여기서 말씀하시는 분은 바로 예수님이십니다. 그러므로 여기서 의미하는 것은 중보자의 은혜입니다. 즉 자기 백성의 언약의 머리로서 예수 그리스도께 주어진 은혜를 말합니다. 이 점을 잠시 생각해 봅시다. 그것은 머리가 지체에게 말하는 것이며, 머리가 받은 은혜가 온 몸에 충분하다고 선언하는 것입니다. 기름이 머리에 부어졌고, 그래서 그 기름이 수염을 타고 내려서 옷자락까지 흘러내릴 수 있습니다. 자, 그런데 몸의 한 가엾은 지체가 슬퍼하고 불평합니다. 그처럼 풍부하게 기름 부음을 받는데서 자기가 빠지게 될까 두려워하는 것입니다. 그러자 머리가 이 말로 그 지체를 위로합니다. "나의 기름 부음이 네게 충분하다. 그것이 모든 지체에게 충분하기 때문이다." 그리스도는 머리이십니다. 모든 충만이 그 안에 거하는 그리스도께서 그의 신비한 몸의 한 지체에게 이렇게 말합니다. "하나님께서 내 몸의 모든 지체를 위해 한량없이 내게 부어주신 은혜는 나머지 모든 지체들뿐 아니라 네게도 충분하다."

사랑하는 여러분, 이 생각을 굳게 붙잡으십시오. 하나님께서는 주님의 모든 백성들이 필요로 할 수 있는 모든 것을, 아니 그 이상을 그리스도께 넘겨주셨습니다. "아버지께서는 모든 충만으로 예수 안에 거하게 하셨고"(골 1:19). 우리 모두가 그의 충만한 데서 받되 은혜 위에 은혜를 받았고, 그 충만으로부터 계속해서 영원히 받을 것을 기대합니다. 이것은 우리에게 충분한 은혜입니다. 이 은혜는, 여러분이 구속자와 여러분 자신 사이의 관계를 볼 수 있을 때 믿음을 더욱 북돋웁니다. 예수님은 여러분에게 언약의 머리이시고, 하나님께서는 여러분의 연합체의 대표로서 주 예수 그리스도께 자신과 자신의 모든 부요를 기쁘게 주셨기 때문입니다. 여러분에게 언약의 머리이신 주 예수께서는 여러분을 위해 그의 안에 쌓아두신 것이 여러분에게 충분하다고 보장하십니다. 여러분은 중보자로서 그리스도의 능력을 제한할 수 있겠습니까? 여러분은 하나님께서 그리스도에게 성령을 어느 정도만큼만 주신 것이 아님을 모릅니까? 그렇지 않다는 것을 안다면, 그리스도의 은혜가 여러분에게 족하다는 것을 확신하시기 바랍니다.

　　이제 본문을 다시 한 번 읽겠는데, 이번에는 본문 가운데 다른 곳에 강세를 두어 읽겠습니다. "내 은혜가 네게 족하다." 은혜가 지금 족하다는 것입니다. 네가 이 악한 영 때문에 괴로움을 당하고 있지만, 내 은혜가 현재 너의 곤경에 충분하다는 말씀입니다. 바울아, 네가 그동안 여러 번 매를 맞았고 돌에 맞았으며, 배가 파선되기도 하고 여러 번 위험에 처했는데, 이 모든 일에서 내 은혜가 충분하였다. 이제 지금 네가 당하는 고생에 대해서 말한다. 이 고생이 그동안 겪었던 다른 고난과 형태는 다소 다르지만, 그럴지라도 내가 해결할 수 있는 그런 것이다. 이 고생에서도 내 은혜가 네게 충분하다. 어떤 물체에 가까이 가면 그 물체가 점점 더 크게 보이는데, 그와 같이 우리가 현재 씨름하고 있는 고난이 우리가 전에 겪었던 어떤 것보다 크게 보일 수가 있습니다. 과거의 시련들은 겪고 난 다음에는 현재의 고난에 비할 때 작은 것으로 보입니다. 그러므로 현재 압박하는 고난에 대해 우리가 받은 은혜가 족하다는 것을 보기가 어려운 일입니다. 과거와 미래의 은혜를 믿기는 쉽습니다. 그러나 당면한 곤경에 대해 주님의 은혜를 신뢰하는 것이 믿음입니다. 신자 여러분, 지금 주님의 은혜가 충분합니다. 바로 이 순간에도 주의 은혜가 여러분에게 족합니다. 이번에는 전혀 새로운 고난이라고 말하지 마십시오. 그렇게 말한다면, 하나님의 은혜는 언제나 새롭다는 것을 기억하시기 바랍니다. 어떤 이상한 일이 여러분에게 닥쳤다고 불평하지 마십시오. 혹시 그렇게 불평한다면, 여러분의 이상한 곤경을 해결하기 위해 하나님께서 은혜로 많은 복을 주신다는 것을 기억하기 바랍니다. 육체의 가시가 도무지 이해할 수 없는 것이라고 해서 떨지 마십시오. 은혜 역시 도무지 알 수 없는 신비한 것입니다. 그와 같이 신비한 것은 신비한 것으로 해결해야 할 것입니다. 바로 이 순간에, 그리고 지금과 영광의 날 사이에서 언제나 일어날 모든 순간에, 하나님의 은혜가 여러분에게 충족할 것입니다. 그래서 사도는 조금이라도 제한하는 말을 하지 않고 거침없이 이 충족함을 선언합니다. 그러므로 나는 이 구절이 의미하는 바는 이런 것이라고 생각합니다. 우리 주 예수님의 은혜는 여러분을 떠받치기에 충분하고, 여러분의 힘을 북돋우고 여러분을 위로하기에 충분하다는 것입니다. 여러분의 고난이 여러분에게 유익이 되도록 만들기에 충분하며, 여러분을 그와 비슷한 수많은 고난에서 건져내기에 충분하고, 여러분을 천국에까지 인도하기에 충분하다는 의미라고 생각합니다. 여러분에게 유익이 될 것은 무엇이든지 그리스도의 은혜가 여러분에게 충분히 줄 것입니다. 그리고 여러분에게 해가 될 것은 무엇이든지 그리스도의 은혜가 그것을 충분히 피하도록 만들 것입니다. 여러분이 바라는 것이 무엇이든지, 그것이 여러분에게 유익이 되는 것이라면 그리스도의 은혜가 충분히 제공할 것입니다. 여러분이 피하려고 하는 것은 무엇이든지, 하나님께서 지혜로 그렇게 하는 것이 옳겠다고 판단하시면, 주님의 은혜가 그 일에서 여러분을 보호할 것입니다. 하나님의 자녀 여러분, 나는 이 은혜의 충족함을 말로 다 표현할 수 있으면 좋겠는데, 그렇게 할 수가 없습니다. 말을 삼가도록 하겠습니다. 나는 그 은혜의 충족함을 말로 표현할 수 없다는 것이 좋습니다. 만일 말로 표현할 수 있다면, 그 은혜가 유한하기 때문일 것입니다. 그러나 말로 표현할 수 없기 때문에, 감사하게도 주님의 은혜는 다함이 없고, 우리가 아무리 그 은혜를 구할지라도 바닥이 나는 법이 없습니다. 여기서 나는 이 시간에 여러분에게 이 약속을 개인적으로 받아들이는 즐거운 의무를 이행하라고 강조합니다. 이 자리에 있는 신자들 가운데 어느 누구도 염려할 필요가 없습니다. 바로 이 시간에 모든 신자에게 주 예수님의 은혜가 충족하기 때문입니다.

여러분에게 말씀드릴 마지막 독법에서는 이 구절의 첫 번째 단어와 뒷부분에 오는 단어를 강조해서 읽을 것입니다. "내 은혜가 네게 족하다." 나는 성경에서 아브라함의 거룩한 웃음에 대해 종종 읽었습니다. 그때 아브라함은 엎드려서 웃었습니다. 나는 얼마 전까지만 해도 이 웃음을 경험하지 못했습니다. 그런데 며칠 전에 이 본문의 말씀이 거룩한 능력과 함께 내 마음에 다가왔고, 말 그대로 웃게 되었습니다. 나는 그 본문을 자세히 들여다보고 또 그 원문의 의미를 보며 그 깊이를 가늠해 보았습니다. 그러다가 마침내 나는 이런 방식으로 그 의미를 파악하였습니다. 예수께서 "내 은혜가 네게 족하다"고 말씀하시는 것입니다. 이렇게 읽으니까, 마치 본문의 말씀이 나의 불신앙을 비웃는 것처럼 보였습니다. 확실히 내 주 예수님과 같은 그런 분의 은혜는 나같이 하찮은 존재에게는 정말로 충분하기 때문입니다. 그것은 마치 몹시 목이 마른 작은 어떤 물고기가 강물이 말라서 먹을 물이 없게 될까봐 걱정하자, 아버지인 템스 강이 물고기에게 "가엾은 작은 물고기야, 내 물은 네게 충분하다"고 말하는 것처럼 보였습니다. 바로 그렇다고 생각합니다. 내 주님께서 내게 이렇게 말씀하시는 것 같습니다. "너 가엾고 보잘것없는 피조물아, 내 안에 어떤 은혜가 있는지 기억하고, 그 은혜가 다 네 것임을 믿어라. 정말로 내 은혜가 네게 족하다." 내 대답은 이것이었습니다. "아, 내 주님, 정말로 그렇습니다." 일곱 해 풍년이 든 후에 창고에 곡물이 가득했을 때, 애굽의 모든 곡물 창고 속에 쥐 한 마리를 놓았는데, 그 쥐가 기근 때문에 자기가 죽을지도 모른다고 불평한다고 생각해 봅시다. 그러면 바로가 "가엾은 생쥐야, 기운을 내. 내 곡물 창고가 네게 충족하다"고 말하지 않겠습니까? 어떤 사람에 산 위에 서서 이렇게 말한다고 생각해 봅시다. "나는 한 해 동안에 너무도 많은 공기를 쉬고 있다. 결국에는 내가 지구를 덮고 있는 모든 산소를 다 없애버릴까 걱정이다." 그러면 그 사람이 딛고 서 있는 지구가 이렇게 대답할 것이 분명합니다. "내 공기가 네게 족하다." 나도 그렇다고 생각하지 않을 수 없습니다. 그 사람이 있는 힘껏 폐를 채울지라도 산소를 결코 다 없애버리지 못할 것이고, 그 작은 물고기가 강물을 다 마시지 못할 것이며, 그 쥐가 애굽의 곡물 창고에 쌓아 둔 것을 다 먹지 못할 것입니다. 본문의 말씀이 불신앙을 아주 비웃음거리로 만들기 때문에, 여러분은 불신앙을 비웃으며 집에서 내쫓으며 말합니다. "다시는 이리로 오지 마라. 중보자의 충만함이 있고, 의지할 수 있는 그런 구속자가 계시는데, 어떻게 내가 감히 내 필요가 채워질 수 없다는 생각을 단 한순간이라도 할 수 있겠는가?" 우리의 크신 하나님은 바다의 모든 물고기와 공중의 새들과 산의 짐승들을 먹이시고, 별들을 인도하시고 그의 손의 능력으로 만물을 붙드십니다. 그런데 어떻게 우리가 공급품을 받지 못할 수 있고 도움이 부족할 수 있겠습니까? 우리의 필요가 현재의 경우보다 천 배나 커진다고 해도, 그 필요를 채우시는 하나님의 능력의 광대함에 미치지 못할 것입니다. 성부 하나님께서는 모든 것을 주님의 손에 맡기셨습니다. 그러므로 주님을 더 이상 의심하지 맙시다. 잘 들어보십시오. 주님께서 여러분에게 이렇게 말씀하십니다. "내 은혜가 네게 족하다. 네가 지금 은혜가 부족해도 상관없다. 나는 은혜가 많기 때문이다. 네가 구해야 할 것은 네 자신의 은혜가 아니라 내 은혜이다. 내 은혜가 정말로 네게 충족할 것이다." 존 번연은 내가 직접 경험한 것을 아주 그대로 표현하는 말을 합니다. 그는 자기가 온통 슬픔과 두려움에 싸여 있었는데, 갑자기 이 말씀이 강하게 그의 마음을 파고들었고, 전부 세 번에 걸쳐 그 말씀이 귀에 들렸다고 합니다. "내 은혜가 네게 족하다. 내 은혜가 네게 족하다. 내 은혜가 네게 족하다." 그는 이렇게 말합니다. "아, 생각해 보면 단어 하나하나가 내게는 강력한 말씀이었던 것 같다. '내' '은혜가' '네게' '족하다.' 그 말씀이 그때 강력하였고, 지금도 때로는 다른 말씀보다 훨씬 더 강력하게 다가온다." 벌처럼 꽃에서 꿀을 빨아들이는 법을 아는 그는 이 말씀들 한 마디 한 마디에 오래 머물면서, 거기에서 흡족하게 마실 수 있습니다.

> "땅과 바다를 조성하신
> 전능하신 자의 이름을 우리가 잊었다고
> 모든 것을 창조하는 팔이
> 지치고 쇠약해질 수 있겠는가?
>
> 우리 하나님 여호와께는
> 영원한 능력이 무궁하게 있다.
> 그는 약한 자로 이기게 하시고
> 적들을 밟아 지옥에 던져 넣으신다.
>
> 죽을 수밖에 없는 사람의 힘은 시들다 사라지며
> 젊은이의 활력도 그칠 뿐이다.
> 그러나 여호와를 바라는 우리는
> 날로 더 힘을 얻을 것이다."

2. 둘째로 본문에서 우리는 능력이 온전해지는 것을 봅니다.

"이는 내 능력이 약한 데서 온전하여짐이라." 자, 예수님과 바울을 비교해 볼 때, 사랑하는 여러분, 이것은 우리 주 예수 그리스도께 참으로 해당되는 일이 었습니다. 예수님은 그의 신성으로 인하여 강하셨고, 그 안에 모든 능력이 거합 니다. 예수께서 전능하신 하나님이시기 때문입니다. 그런데 어떻게 중보자로서 그리스도의 능력이 온전하여졌습니까? 성경은 "고난을 통하여 온전하게 하신다" (히 2:10)고 말합니다. 말하자면, 자기 백성을 구원하시는 그리스도의 능력이, 만 일 그리스도께서 인간 본성의 약함을 스스로 취하시지 않았다면, 그 약한 본성 을 취하여 더욱더 약한 데로 내려가시지 않았다면, 결코 온전하여지지 않았을 것이라는 말입니다. 예수께서 그런 수고를 아끼셨다면, 우리를 구원하실 수 없 었을 것입니다. 그러나 그리스도께서 자기에게 있는 모든 것을 내놓으심으로 우 리를 위하여 부요하게 되셨고, 약함을 입으심으로 우리를 구원할 수 있도록 강 하여지셨습니다. 성육신하신 하나님이시여, 주님은 베들레헴에서 아기로 강보 에 싸여 누워 계시기 전까지는 우리를 구원하실 수 없었습니다. 그렇습니다. 주 께서는 중죄인처럼 십자가를 지시지 않고서는 우리를 구원하실 수 없었습니다. 그렇습니다. 주님은 처형대에서 핼쑥한 시체로 달려 계시기 전까지는 구속을 온 전히 이루실 수 없었습니다. 그렇습니다. 주께서 무덤에 누이시는 것은 반드시 필요한 일이었습니다. 주님께서 죽은 자들과 함께 땅 속에서 삼일 밤낮으로 지 내시기 전까지는 주의 일이 성취되지 않았습니다. 그래서 주 예수께서는 이렇게 말씀하실 수 있었습니다. "내 능력이 약한 데서 온전하여짐이라." 이 일이 바울 에게서 실현되었고 모든 성도에게서 실현될 것입니다. 물론 하나님의 능력은 언 제나 완전합니다. 하나님의 능력을 온전하게 하기 위해 무엇인가 필요하다고 우 리는 생각하지 않습니다.

　　그러나 이 말씀이 우리의 중보자요 우리 언약의 대표이신 예수님의 입에서 나왔습니다. 이 점에서는 이 말씀이 우리에게 맞습니다. 첫째로, 주께서 자기 백 성들이 고난 가운데 있을 때 그들을 지탱하고 지키며 양육하심으로써 비로소 예수님의 능력이 그들에게서 온전히 계시될 수 있기 때문입니다. 어떻게 하나님께서 불쌍하 고 미약한 피조물들을 강하게 만드실 수 있는지를 보기 전에는, 누가 하나님의 능력이 온전하여지는 것을 알 수 있겠습니까? 고통스러운 삶을 사는, 소심하고 병약한 여인이 저기 있습니다. 숨을 쉴 때마다 거의 빼놓지 않고 경련이 일어나고 맥박이 칠 때마다 고통이 따릅니다. 여인의 사지마다 다른 사람들은 거의 상상할 수 없는 고통을 겪습니다. 그러나 즐거이 인내하는 그의 모습을 보십시오! 할 수 있는 한, 그녀는 다른 사람들을 괴롭게 하지 않으려고 자신의 고통을 숨깁니다. 여러분은 그녀에게서 불평하는 소리를 일절 듣지 못하고, 오히려 그녀는 아주 건강한 사람에게서나 나올 법한 유쾌한 말을 하는 때가 종종 있습니다. 자신의 고통에 대해서 이야기하지 않을 수 없을 때, 그녀는 자신의 뜻을 완전히 단념하고 주님의 손에서 그 고통을 받아들였고, 주님께서 정하신 날까지 기꺼이 감당하려고 한다는 것을 여러분이 분명하게 느낄 수 있도록 언제나 자신의 고통에 대해서 이야기합니다. 나는 강한 사람들이 강한 이야기를 할 때는 놀랍게 생각되지 않습니다. 그런데 약하고 떠는 사람들이 영웅적인 말을 하는 것을 들을 때 종종 놀라곤 하였습니다. 여러분이 생각할 때 그 자신이 위로가 필요한 사람인데, 그 사람이 다른 사람들을 위로하는 말을 듣습니다. 마음을 밝게 만드는 그들의 태도에 주목하십시오. 여러분과 내가 땅에 주저앉을 정도는 아니지만 그 절반 정도만큼이라도 고통을 당한다면, 이 말씀은 주목할 만한 가치가 있습니다. 하나님의 능력이 약한 자들의 시련에서 온전히 계시된다는 것입니다. 하나님의 사람이 가난하게 되었는데, 가난 속에서도 결코 불평하지 않는 것을 볼 때, 사람들이 그의 성품을 두고 비방하는 소리를 들을 때도, 그는 파도가 치는 가운데 바위처럼 흔들림 없이 서 있습니다. 훌륭한 신자가 박해를 받고 그리스도 때문에 고향과 조국에서 쫓겨나고, 재산을 잃고 추방당하며 창피당할지라도 즐거이 받아들이는 것을 볼 때, 하나님의 능력이 약한 가운데서 온전하여지는 것입니다. 하나님의 사람이 고통을 당하며 궁핍과 고통과 약함 가운데 있을 때, 하나님의 능력이 나타나는 것을 봅니다. 바로의 술사들이 "이는 하나님의 권능이니이다"(출 8:19)고 말한 것은 아주 작은 피조물들이 바로를 떨게 만들었을 때였습니다. 이와 같이 항상 하나님의 지극히 큰 영광은 약하고 멸시받는 것들에서 나옵니다.

이 사실은 사람에게도 그대로 적용됩니다. 성도는 자신이 약할 때 하나님의 능력이 온전해져서 스스로 이해하게 됩니다. 형제 여러분, 여러분이 일생 동안 사업에서 성공하였고 쉬운 길을 걸어왔다면, 여러분에게 한 가지 특별한 것을 말씀드리겠습니다. 여러분은 하나님의 능력에 대해 많이 알지 못한다는 것입니다. 여러분이 일생 건강하였고 고통을 겪어보지 못하였다면, 여러분이 가족들 가운데서 한 번도 사별을 겪어보지 않았다면, 한 번도 좌절해 본 적이 없다면, 여러분은 하나님의 능력에 관해 많이 알지 못합니다. 여러분이 책에서 하나님의 능력에 대해 읽었을 수 있고, 그랬다면 그것도 좋은 일입니다. 여러분이 다른 사람들의 경우에서 하나님의 능력을 보았을 수 있고, 그렇게 관찰하는 것도 유익한 일입니다. 그러나 경험하는 것이 보는 것보다 백배나 낫습니다. 여러분은 자신의 약함을 친히 경험할 때에야 비로소 하나님의 능력을 알 수 있습니다. 여러분이 하나님의 성도들 대부분이 걸어야만 하는 길, 곧 "환난"이라고 말로 묘사되는 가시가 많고 돌이 많은 길을 따라 가보지 않는 한, 하나님의 능력을 알지 못할 것입니다. 큰 환난은 하나님의 큰 능력을 드러냅니다. 여러분이 마음의 갈등과 영혼의 침울을 느끼지 못한다면 하나님의 떠받치는 능력에 대해 많이 알지 못하는 것입니다. 여러분이 아래로 내려가고 내려가서 깊은 영혼의 고통 속에 들어가고, 그때 주께서 그룹을 타고 날아오시는데, 바람 날개를 타고 와서 여러분의 영혼을 구원하여 세 번째 하늘로 데려가신다면, 여러분은 하나님의 장엄한 은혜를 알게 됩니다. 우리는 사람으로서 약함을 느끼고, 알고 슬퍼해야 합니다. 그렇지 않으면 하나님의 아들의 능력이 우리 안에서 결코 온전해지지 않을 것입니다. 이렇게 나는 여러분에게 본문이 지니는 두 가지 의미를 말씀드렸습니다. 즉 다른 사람들이 우리의 약함 가운데서 하나님의 능력을 본다는 것이고, 우리 자신도 우리의 약함이 아주 현저하게 나타날 때 하나님의 능력을 발견하게 된다는 것입니다.

나는 "온전하여진다"는 말이 목적을 달성한다는 뜻이라고 생각합니다. 그럴 경우에 그 말씀은 이렇게 읽을 수 있습니다. "이는 내 능력이 약한 데서 목적을 달성함이라." 형제 여러분, 하나님께서 지금까지 우리를 위해 행하신 일들 가운데서 우리가 스스로 능력 있다고 느끼게 하기 위한 것은 없습니다. 자신에게 능력이 있다고 생각하는 부분이 남아 있는 한, 우리의 성화는 부분적으로밖에 이루어지지 않습니다. 우리 주님께서 우리 안에서 이루시려고 하는 바를 성취하셨을 때, 그 결과, 우리는 자신을 완전히 비우고 자신이 전적으로 헛되다는 것을 발견하게 될 것입니다. 하나님께서 여러분을 접시처럼 뒤집어서 깨끗이 닦아 선반 위에 올려놓으신다면, 주님께서 여러분에게 무엇을 느끼게 하려고 하시는지 알 것입니다. 즉 여러분은 마치 그 자리에서 주님이 여러분을 집어내려 사용하시기를 기다리고 있는 것처럼 느낄 것입니다. 그렇다면 주님께서 적당한 때가 되면 오셔서 주님의 영광스러운 목적을 위해 여러분을 사용하실 것입니다. 주님은 자신의 주린 백성들을 위해 여러분 위에 고기를 올려놓고, 주님의 사랑의 연회에서 여러분을 아름다운 그릇으로 사용하실 것입니다. 만일 여러분이 자신을 음식이 가득 담긴 접시라고 느낀다면, 여러분 속에 무엇이 있는지 말씀드리겠습니다. 여러분은 타락한 본성의 찌꺼기와 더러운 것들 외에 아무것도 가진 것이 없습니다. 주님은 여러분에게 있는 모든 것을 다 쏟아내고 여러분을 아주 깨끗이 닦아서 여러분 속에 자랑할 수 있는 것이 하나도 남지 않게 될 때까지는 여러분을 사용하시지 않을 것입니다. 당장에라도 천국에 갈 준비가 되어 있는 성도들은 모두가 자신을 지극히 작은 자보다도 작다고 느낍니다. 그러나 스스로 그리스도인이라고 하면서 주님의 영광을 위해 일할 준비가 전혀 되어 있지 않은 사람은 아주 자의식이 강하고, 그래서 자기 안에 칭찬할 만한 것이 아주 많다고 생각합니다. 천국에 들어가는 사람들은 조금도 자신을 가지고 가지 않고, 우리 가운데 어느 누구도 자신의 성취를 자랑하는 한 천국에 들어가지 못할 것입니다. "더 고귀한 생명"을 가졌다고 주장하는 사람들은 자신의 순결함을 자랑한다는 말을 들었지만, 영광 가운데 있는 지극히 고귀한 생명을 누리는 사람들은 "영광을 우리에게 돌리지 마옵소서 우리에게 돌리지 마옵소서"(시 115:1) 하고 외칩니다. 자아가 죽고 오직 은혜만을 높일 때, 천국에 들어가기에 적합하다는 표시를 보이는 것입니다. 우리의 약함이 온전하여지기 전에는 하나님의 능력이 온전해지지 않습니다. 우리의 약함을 철저히 의식하고 느낄 때, 하나님의 능력이 우리 안에서 작용한 것입니다.

이 말씀에는 또 한 가지 의미가 있습니다. 하나님의 능력은 우리의 약함을 사용할 때 가장 온전하게 되거나 가장 영화롭게 된다는 것입니다. 이 세상이 열두 황제에 의해 그리스도께로 돌아왔다고 생각해 봅시다. 기독교가 설립된 것을 설명할 때, 사람들은 하나님께 영광을 돌리지 않고도 그 원인을 얼마든지 설명할 수 있었을 것입니다. 마호메트가 그의 첫 제자들의 손에 쥐어 주었던 엄격한 주장을 가지고서 사람들에게 기독교를 강요했다고 생각해 봅시다. 그랬다면 하나님의 사랑을 찬송하는 것이 아니라 인간의 용기를 칭송하게 되었을 것입니다. 언월도(偃月刀)가 그렇게 날카롭고 그처럼 사나운 전사(戰士)들이 언월도를 맹렬하게 휘두를 때, 이방의 신들이 땅바닥에 내동댕이쳐진 것은 이상한 일이 아닙니다. 그러나 초라한 열두 어부가 무기나 갑옷도 없이, 후원이나 명성도 없이, 과학이

나 궤변도 없이 거대한 오류의 사회 체제를 뒤집어엎고 그 자리에 그리스도의 십자가를 세운 것을 알 때, 우리는 경외하는 심정으로 이렇게 외치지 않을 수 없습니다. "이는 하나님의 권능이니이다"(출 8:19). 하나님께서 헌신적인 구두수선공인 윌리엄 캐리(William Carey, 1761~1834. 현대 선교의 아버지 ─ 역주)를 힌두스탄으로 파송하셨을 때, 그가 하는 일은 무엇이든지 주님에게서 나온 것임을 분명히 알 수 있었습니다. 단체들에서 출중한 학자를 파송하려고 하였을 때, 어떤 사람들은 필시 이교도 지성인들이 그들의 능력과 천재성을 알아보고 그들을 존중하며 그들의 추론에 설득되고 그들의 재능에 영향을 받아서 우수한 서구 문화에 굴복할 것이라고 생각했습니다. 그렇습니다. 그렇게 되면 그들이 어떻게든 개종할지라도, 그런 개종은 하나님을 조금도 영화롭게 하지 못하고, 교만한 사람들은 스스로를 찬양하게 될 것입니다. 어떤 방식으로 해야 하나님의 영광을 더욱 나타낼 수 있겠습니까? 하나님은 능력보다 약함을 사용하시고, 그렇게 할 때 하나님의 능력이 나타납니다. 형제 여러분, 여러분이 가지고 있는 것 가운데 강한 것은 어느 것도 이 문제에서 별로 소용이 없을 것입니다. 주님께서는 여러분의 능력을 높여서, 여러분이 자신의 성취를 자랑하게 하려고 하시지 않기 때문입니다. 아마도 주님은 여러분의 부족과 연약함을 쓰기에 적합하다고 보실 것입니다. 주님은 천하고 멸시받는 것들을 써서 자신의 목적을 이루기를 기뻐하시며, 그렇게 해서 능력의 심히 큰 것이 전적으로 주님 자신에게 있음을 나타내려 하시기 때문입니다.

　　이 문제에 있어서 마지막 요점을 주의해 보고자 합니다. 즉 모든 역사를 보면, 하나님의 큰 능력이 언제나 인간의 약함 가운데서 나타나고 온전하게 되었다는 것을 알 수 있습니다. 형제 여러분, 무엇이 그리스도를 그토록 강력하게 만들었습니까? 주님께서 스스로 자신을 낮추어 그처럼 약하게 되셨기 때문이 아닙니까? 예수께서 어떻게 승리를 얻으셨습니까? 인내로, 고난으로 얻으셨습니다. 다시 말해서, 사람으로서 연약함이 나타나는 일들을 통해서 얻으셨습니다. 자, 신비한 그리스도, 즉 교회를 보십시오. 어떻게 교회가 늘 강력할 수 있었습니까? 물론 여러분은 "하나님의 능력으로" 그렇게 되었다고 말합니다. 나도 그것을 압니다. 하나님의 능력이 부인할 수 없을 정도로 명백하게 나타나고, 그 결과 인류에게 강력한 영향을 끼칠 수 있도록 만든 것이 무엇입니까? 교회의 힘이었습니까? 아닙니다. 교회의 약함이었습니다. 세상 사람들이 하나님의 백성들에게서 하나님의 능력을 본 것은, 신자들이 고난을 받고 죽는 것을 보는 때였습니다. 성도의 고난은 진리의 승리였습니다. 순교자들이 선두에 섰고, 그들이 가장 큰 고난을 당하였으며, 따라서 그들은 하나님의 택하신 군대의 용사들입니다. 가난하게 지내고 괴로움과 고통을 당할 수밖에 없게 만드는 그들의 약함이 주님께서 복음을 위하여 정복하시는 일에 사용하시는 무기요 전쟁 도구였습니다. 런던에 있는 교회 목사들 가운데 한 사람이 햇살에 서리가 녹기도 전에 이른 아침에 스미스필드에서 사형에 처해졌을 때, 말뚝 주위에는 평상시에 그의 설교를 들어왔던 젊은이들이 둘러섰습니다. 젊은 신자들이 자기들 목사가 화형 당해 죽는 것을 보기 위해 그처럼 일찍 일어났다는 것은 이상한 일입니다! 여러분은 그 젊은이들이 무엇 때문에 그 자리에 있었다고 생각합니까? 쓸데없는 호기심 때문에 그들이 그 광경을 보러 모였을 리가 없습니다. 그들은 그 도를 배우기 위해 거기에 갔다고 기록되어 있습니다. 여러분은 아십니까? 그들은 자기들의 목사가 화형 당한다는 것을 알고서, 그 도를 배워 자기들도 그리스도를 위하여 죽으려는 생각으로 그 자리에 갔던 것입니다. 약함 때문에 고난을 받을 수밖에 없지만 그 약함에서 당당하게 죽을 수 있는 힘을 끌어내는 사람들에 대해서는 로마 교회는 아무것도 할 수가 없었습니다. 순교자가 고난을 겪을 때 보이는 연약함이 그에게서 하나님의 능력을 드러냈습니다. 이 하나님의 능력이, 맹렬한 불길에 점차 휩싸이는 동안에도 그가 믿음을 굳게 붙들도록 만들었습니다. 사람들이 벌레처럼 짓밟히고 고통을 당할 수 있는 불쌍한 존재가 아니었다면 하나님의 떠받치는 은혜가 그처럼 분명하게 계시될 수 없었을 것입니다.

전능하신 하나님의 이름을 찬송합시다. 주님은 불타는 떨기나무 가운데서 자신의 능력을 나타내셨던 것과 똑같이 우리의 약함 가운데서도 그 능력을 나타내 보이십니다. 주께서 말씀하시자 하늘과 땅이 굳게 섰습니다. 참으로 놀라운 창조입니다! 하나님의 능력 있는 명령에 반대할 수 있는 것은 아무것도 없었습니다. 하나님께서 연약한 수단들을 사용하신다고 해서 하나님의 전능하신 말씀이 훼방을 받지 않았습니다. 그러면 하나님께서는 어떻게 훨씬 더 큰 능력을 나타내려고 하십니까? 전능하신 능력이나 모든 종류의 능력이 어떻게 나타나겠습니까? 형제 여러분, 하나님께서는 순전히 하나님의 말씀만을 사용하여 거침없이 일을 이루려 하지 않으시고, 약하디 약한 수단들을 사용하려고 하십니다. 은혜의 왕국에서 주님은 연약함에 둘러싸여 있는 사람들을 통해서 일하고, 그 자신들만으로는 주님의 목적에 부적합한 사람들을 통해서 목적을 이루려고 하십니다. 그렇게 할 때 주님의 능력이 배로 더 분명히 드러나게 될 것입니다. 유명한 쿠엔틴 마시스(Quentin Massys, 1464-1530)는 어느 날 아침에 쇠로 된 우물 덮개를 만들어야 했습니다. 그는 금속 공예에 대가여서 마치 밀랍으로 만드는 것처럼 덮개를 쉽게 만들 수 있었습니다. 그런데 그의 동료들이 질투가 나자 도구들을 가져가 버렸습니다. 그러나 쿠엔틴은 망치만 가지고 비길 데 없는 예술 작품을 만들어 냈습니다. 이와 같이 주님은 주님께 도움을 드리기는커녕 오히려 방해거리만 되는 도구들을 가지고 훨씬 더 큰 은혜의 역사로 말미암아 자신의 영광과 명예를 나타내십니다. 주님은 물처럼 약하고, 아무것도 아닌 보잘것없는 우리를 사용하여 당신의 계획을 성취하시고, 그와 같이 하여 주님의 전능하심을 영광스럽게 나타내십니다. 하나님의 전능한 능력이, 이루려고 하는 바를 순전히 말씀만으로 이룰 때는, 그만큼만 능력이 나타납니다. 그러나 전능한 능력이 약함과 결합되고 연약한 수단들을 통해서 강력한 행동을 이룰 때는, 그 약함을 인해서 전능한 능력이 배로 나타납니다.

3. 본문에서 지극히 복된 부분이 마지막으로 남았는데, 그것은 능력이 머문다는 것입니다.

아담 클라크 박사(Dr. Adam Clarke)는 여기서 본문의 마지막 부분, 곧 "도리어 크게 기뻐함으로 나의 여러 약한 것들에 대하여 자랑하리니 이는 그리스도의 능력이 내게 머물게 하려 함이라"는 말씀에 대해 매우 유익한 견해를 제시합니다. 자, 여기서 "머물게 한다"고 번역된 헬라어 단어를 요한이 사용하고 있다는 점에 주목할 필요가 있습니다. 요한은 "말씀이 육신이 되어 우리 가운데 거하시매(tabernacle) 우리가 그의 영광을 보니 아버지의 독생자의 영광이요 은혜와 진리가 충만하더라"라고 말할 때, 그 헬라어 단어를 사용하고 있습니다. 본문의 말씀도 바로 그런 뜻을 나타내고 있습니다. "나의 여러 약한 것들에 대하여 자랑하리니 이는 그리스도의 능력이 내게 머물게(tabernacle) 하려 함이라." 쉐키나의 빛이 광야에서 거친 오소리 가죽으로 덮인 성막 안에 거하였듯이, 나는 예수 그리스도의 영광의 빛이 내 영혼에 거하도록 하기 위해 내가 약하고 보잘것없는 장막인 것을 자랑합니다. 여러분은 이 점을 이해하십니까? 그 사실이 지극히 아름답지 않습니까? 바울 사도가 의미하는 바를 봅시다. 첫째로, 그는 그리스도의 능력을 자신의 능력과 대립시킵니다. 자기가 약하지 않다면 그는 스스로 힘을 갖고 있는 것이고, 그러면 그리스도의 능력이 개입될 여지가 없기 때문입니다. 그 점은 명확합니다. 바울 자신의 능력이 사라지면, 그리스도의 능력이 들어설 여지가 생깁니다. 내 삶을 자신의 힘으로 유지하고, 자신의 능력으로 선한 행실을 한다면, 그리스도의 능력이 들어설 여지가 없습니다. 그러나 사도는 실상은 그렇지 않다는 것을 발견하였고, 그래서 이같이 말했습니다. "내가 나의 약함을 자랑하는 것은 그리스도의 능력이 내게 머물게 하려는 것이다."

그러면 그리스도의 능력은 무엇입니까? 내가 앞에서 인용한 구절을 말씀드리겠습니다. "아버지의 독생자의 영광이요 은혜와 진리가 충만하더라." 그러면 바울 사도가 자기 안에 머물기를 바란 것은 은혜의 능력과 진리의 능력이 아니고 어떤 능력이었습니까? 하나님께서 "내 은혜가 네게 족하도다"고 말씀하셨기 때문에, 그것을 말한 것임에 틀림없습니다. 바울은 그 약속을 붙잡고 이렇게 외칩니다. "이것은 진리이고, 나는 이 진리를 믿습니다." 그러므로 그는 하나님의 은혜와 하나님의 신실하심이 그의 안에 거하고 그의 영혼 속에서 비추리라고 믿습니다. 이것이 사도가 자기에게 머물 것으로 기대한 그리스도의 능력입니다. 우리가 무엇을 더 바랄 수 있겠습니까?

무엇이 그리스도의 능력입니까? 그것은 그리스도다운 능력이라고 말씀드립니다. 예수님의 생명에서 뚜렷이 보이는 그런 능력입니다. 신약 성경을 읽는 사람은 누구나 알 수 있듯이, 그리스도께는 그에게만 속한 능력이 있었습니다. 독특한 그리스도 고유의 능력이 있었습니다. 여러분은 알렉산더의 능력이 어떤 것이었는지 압니다. 그것은 사람들을 지배하고 대제국을 위한 용기를 불어넣으며, 사람들이 고난을 겪도록 부름을 받을 때 용기를 갖도록 만드는 능력이었습니다. 여러분은 데모스테네스의 능력이 어떤 것이었는지 압니다. 그것은 웅변의 능력이었습니다. 즉 애국적인 그리스인들을 선동하여 마케도니아의 족쇄를 깨트리게 하는 능력이었습니다. 그러면 예수님의 능력은 무엇이었습니까? 그것은 고난 받는 능력이었고, 멸시 받는 능력이었으며, 하나님을 사랑하고 사람을 사랑하기 위해 지극히 낮은 데까지 내려가는 능력이었습니다. 그리스도의 능력은 승리를 얻은 나섯 가지 상처에 있었고, 그 어느 사람의 얼굴보다도 손상된, 슬픔에 잠긴 위엄 있는 얼굴에 있었으며, 하나님 앞에서 사람들을 변호하시면서 피 같은 땀방울을 흘리신 크게 고통하는 마음에 있었습니다. 사랑과 인내가 그리스도의 능력이었습니다. 지금도 이런 것들이 사람들의 마음을 정복하고, 고통 받으시는 예수님을 왕이신 예수님으로 만듭니다. 그러므로 바울은 이렇게 말합니다. "내가 나의 여러 약한 것들에 대하여 자랑하리니 이는 그리스도의 능력이 내게 머물게 하려 함이라 그러므로 내가 그리스도를 위하여 약한 것들과 능욕과 궁핍과 박해와 곤고를 기뻐하노니 이는 내가 약한 그 때에 강함이라." 내가 주님을 위하여 받는 약함과 고통을 견딤으로써 내 사랑을 증거할 만큼 강해진다는 것입니다.

이 그리스도의 능력은 무엇이었습니까? 우리 주님께서 하늘과 땅의 "모든 권세"가 자기에 주어졌으니 "그러므로 너희는 가서 모든 민족을 제자로 삼아라"고 선언하셨는데, 그 능력은 이 "모든 권세"에 속한 것이었습니다. 바울은 그 능력을 자기 안에 머물게 하기를 바랐습니다. 자기가 "가서 모든 민족을 제자로 삼아야" 한다면, 그렇게 하는 과정에서 고난을 겪을 수밖에 없고, 즐거이 고난을 받으려면 그 능력을 가져야 한다는 것을 알았기 때문입니다. 거친 오소리 털가죽으로 덮은 장막 아래에서 하나님의 영광이 빛났듯이, 바울 안에 거하는 그리스도의 강력한 회심의 능력이 사도가 비난과 박해와 고통, 예수님을 위한 사형을 견딜 때 영광스럽게 나타났습니다.

다시 한 번 물어봅니다. 그리스도의 능력이 무엇이었습니까? 이에 답변하는 것으로 설교를 끝내도록 하겠습니다. 그리스도의 능력은 그리스도의 약함과, 그의 낮아지심과, 하나님을 의존하심에 있었고, 하나님을 믿는 믿음과 그의 자기 희생에, 하나님 아버지께 전적으로 자신을 드리심에 있었습니다. 바울은 자기가 고난을 겪고 약하게 된 것은 하나님을 영화롭게 하고 하나님이 자기 안에 계시도록 하기 위한 것이라고 말합니다.

이 말씀만 드리고서 설교를 마치겠습니다. 형제자매 여러분, 집에 가서 주님께 여러분 스스로가 강한 사람이 되게 해달라고 구하지 마시고, 여러분을 특별한 사람이나 존재로 만들어 달라고 기도하지 마십시오. 여러분 자신이 아무것도 아니고 하찮은 사람인 것으로 만족하도록 하십시오. 그리스도의 능력이 여러분 안에 거하기를 구하고, 여러분 가까이 오는 모든 사람들에게 하나님께서 아무것도 아닌 사람과 존재를 통해서 무슨 일을 하실 수 있는지를 보여줄 수 있게 해주시기를 구하십시오. 하나님을 영화롭게 해야겠다는 이 소원을 품고 사십시오. 하나님께서 주님께 대한 봉사에서 우리를 명예롭게 하실 때, 위대한 "내"가 주님을 훼방하는 때가 있습니다. 볼품 없고 약한 설교자가 사람들을 회심시키는 일에 유용하게 쓰이는 것을 볼 때 조심하십시오. 그때 모든 신문과 잡지들이 그를 널리 알리기 시작하고, 많은 어리석은 그리스도인들이 마치 그가 숭배 받을 사람이나 되는 것처럼 추켜세우고, 그에 관해 아주 큰 일들을 말하며 그를 지혜롭고 말에 뛰어난 위대한 인물로 묘사하기 시작합니다. 이렇게 해서 그들은 그 훌륭한 형제를 망치는데 온 힘을 쏟습니다. 그 사람이 분별이 있다면 이렇게 말할 것입니다. "내 뒤로 물러가라 네가 하나님의 일을 생각하지 아니하고 도리어 사람의 일을 생각하는도다"(막 8:33). 하나님께서 그에게 큰 은혜를 베푸시면, 그는 더욱더 뒤로 물러나고, 하나님 앞에서 더욱더 낮아질 것입니다. 그러나 여러분이 어떤 사람에게 그 자신이 크고 훌륭한 인물이라고 느끼게 하면, 그는 넘어지거나 하나님의 능력이 그에게서 떠날 것이며, 혹은 주님께서 다른 어떤 방식으로 그의 백성에게, 하나님께서는 자기 영광을 다른 사람에게 주려고 하지 않으신다는 것을 느끼게 만들 것입니다. 사람들은 기껏해야 혈과 육에 지나지 않는 존재입니다. 사람들은 하나님께서 그들에게 능력을 빌려 주시지 않는 한, 아무 힘이 없습니다. 그래서 하나님은 사람들에게 이 사실을 알고 느끼게 하려고 하십니다. 그러므로 다른 사람들을 추앙하지 말고 여러분 자신을 높이지도 마십시오. 그보다는 주님께서 여러분을 연약하게 만들고, 계속해서 연약한 상태로 지내며, 그렇게 함으로써 여러분에게서 하나님의 능력이 나타나도록 해주시기를 구하십시오. 하나님께서 꼭 그렇게 해주시기를 기도합니다. 아멘.

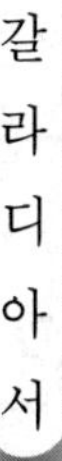

갈
라
디
아
서

갈
라
디
아

제
1
장
—

매일의 신앙

—

**"이제 내가 육체 가운데 사는 것은 하나님의 아들을 믿는
믿음 안에서 사는 것이라."** — 갈 2:20

나는 지금 이 구절 전체에 대해서 설교하지 않을 것입니다. 그것은 앞에서 이미 했습니다. 한 문장만 다루어도 충분할 것입니다. 나는 깊고, 함축된 내용이 풍부한 이 구절의 영적 의미를 완전하게 파악할 생각은 없습니다. 나는 단지 이 구절에서 한 가지 생각을 끌어내어 실제적인 목적에 맞게 다루어 보려고 합니다. 복음 설교가, 사람들에게 현세에서 잘 생활하도록 가르치지 않고, 다른 영역을 위해서 살도록 권한다는 이유로 때로 반대를 받았습니다. 그런데 그런 주장만큼 거짓된 것은 없습니다. 감히 말하건대, 모든 철학자들과 강연자들, 도덕가들을 합친 것보다 복음 사역자들이 실제적이고 도덕적인 교훈을 더 많이 가르칩니다. 우리는 단순한 도덕 이상의 고귀한 어떤 것을 말하도록 임명받았다고 생각하지만, 단지 그런 것만 가르치는 것이 아닙니다. 우리는 또한 바로 그런 이유 때문에 지극히 순수한 의무의 규칙을 반복하여 가르치고, 매우 건전한 행위의 규범들을 이야기합니다. 사랑하는 형제 여러분, 내세를 위한 자격을 준비하느라 현세에 대해서는 부적합한 사람이 된다면, 참으로 애석한 일일 것입니다. 그러나 실상은 그렇지 않습니다. 우리가 천사들을 대하기에 적합한 사람이 되기 위해서 사람들과 어울릴 수 없게 된다면, 그것은 아주 이상한 일일 것입니다. 그런데 실상은 그렇지 않습니다. 천국에 대해서 이야기하는 사람들이 그리로 가는

길에 대해서는 아무 말도 못한다면 참으로 이상한 일일 것입니다. 그러나 실상은 그렇지 않습니다. 그런 비방은 아주 흔해빠진 것이어서 새삼스럽게 부정할 필요도 없습니다. 형제 여러분, 참된 신앙은 내세에 대해서만큼 현세에 대해서도 관계가 있습니다. 참된 신앙은 언제나 우리에게 더 고귀하고 더 나은 삶으로 나아가도록 재촉합니다. 그런데 여기 이 땅에 있는 동안 시간을 훌륭하게 보내도록 훈련하는 과정과 교훈을 통해서 그런 삶으로 나아가도록 만듭니다. 경건은 죽을 수밖에 없는 이 육신을 내려놓고 난 다음의 삶을 맞이하도록 우리를 준비시킵니다. 그러나 바울이 본문에서 말하듯이, 경건은 우리가 지금 육신을 입고 사는 삶에 관한 것입니다. 믿음은 현재 사용하도록 주어진 원칙입니다. 히브리서 11장의 기록대로, 믿음이 일반 생활에서 어떻게 승리를 거두었는지 보십시오. 만족할 줄 아는 경건에는 큰 유익이 있습니다. 그러한 경건은 오는 세상에 대한 약속뿐 아니라 현재의 삶에 대한 약속도 가지고 있습니다. 믿음의 영역은 땅과 하늘, 시간과 영원에 걸쳐 있습니다. 믿음의 범위는 우리의 존재 전체, 즉 영과 혼과 몸을 끌어들입니다. 믿음은 과거와 미래를 포함하며, 결코 현재를 빠트리지 않습니다. 그리스도인의 믿음은 지금 있는 일들을 다루게 되어 있습니다. 내가 이제 말하려 하는 것은, 우리가 지금 육신을 입고 사는 생활에 대한 것입니다. 성령의 도움을 받아, 믿음이 이 생활에 미치는 영향에 대해서 설명하려고 합니다.

우리를 사랑하고 우리를 위해 자신을 주신 분을 믿는 믿음이 지금 육신을 입고 사는 이 생활에 분명한 영향을 미치는 일곱 가지 점이 있습니다.

1. 첫째로, 믿음은 근면한 생활을 하도록 만듭니다.

믿음은 활동하도록 권합니다. 죄송한 말씀이지만, 게으른 사람이 있다면 그는 하나님을 믿는 믿음이 아예 없거나 거의 없다고 할 수 있습니다. 왜냐하면 믿음은 언제나 일하기 때문입니다. 곧 믿음은 "사랑으로써 역사하기"(갈 5:6) 때문입니다. 나는 이 사실을 하나의 명제로 말씀드리고, 이 점을 신자는 활동적인 사람이 된다는 관찰 결과로 입증하려고 합니다. 사람이 활동할 수 없을지라도, 믿음을 발휘할 수 있습니다. 활동 대신에 인내를 보여서 지극히 높으신 분의 뜻을 전적으로 받아들이고 견딤으로 믿음을 발휘하기 때문입니다. 전혀 행함이 없는 사람은 아무것도 믿지 않는 것입니다. 즉, 사실과 진리를 믿지 않는 것입니다. 믿음이 생활에 아무 결과를 내지 못한다면 헛된 과시에 지나지 않습니다. 스스로 그리스도인이라고 하는 사람에게 에너지도 부지런함도 열심도 인내도 하나님을 섬기려는 노력도 없다면, 그가 과연 믿는 사람인지 심각하게 물어볼 만합니다. 믿음이 영혼에 들어갈 때는 언제든지 아무리 적은 믿음일지라도 행동을 일으키는 것이 믿음의 특징입니다. 탕자에게서 초기에 그의 마음에 일어난 생각을 보십시오. 은혜의 생명이 그의 영혼에 어렴풋이 비치기 시작하자, 그 첫 번째 결과는 죄를 고백하는 것입니다. 탕자는 이렇게 말합니다. "아버지 내가 하늘과 아버지께 죄를 지었사오니 지금부터는 아버지의 아들이라 일컬음을 감당하지 못하겠나이다"(눅 15:21). 그러면 두 번째 결과는 무엇입니까? 아들은 무슨 일이든 하기를 원합니다. "나를 품꾼의 하나로 보소서." 아무 일도 하지 않았다는 것이 그가 방탕하게 지내는데 일조하였던 것입니다. 일은 전혀 하지 않으면서 쾌락을 추구하며 방탕하고 게으르게 지내는데 재산을 다 허비하였습니다. 그는 자신을 소유하지 못하고 돈을 소유했기 때문에 지극히 천한 악에 빠져들었습니다. 그가 들판으로 보내져 돼지를 치게 되었을 때 그에게는 나쁜 일이 아니었습니다. 그가 돼지 치는 데서 만난 무리들은 잔치에 불러들였던 사람들보다 나았습니다. 그가 정신을 차렸다는 표지 가운데 하나는, 비록 아버지 집의 천한 일꾼밖에 되지 못할지라도 기꺼이 일하려고 하였던 것입니다. 실제 이야기에서, 다소의 바울이 그리스도께 대한 평화로운 믿음을 얻기 직전에 "주여 내가 무엇을 해야 하겠나이까"(개역개정은 "주여 누구시니이까" ─ 역주) 하고 외친 것을 주의해서 보기 바랍니다. 믿음은 영혼으로 행동하게 만듭니다. 믿음에 이르게 하는, 불안 가운데 묻는 첫 번째 질문은 "선생들이여 내가 어떻게 하여야 구원을 받으리이까"(행 16:30)라는 것입니다. 이와 같이 믿음은 사람들을 행동하게 만들고 일할 동기를 부여하기 때문에, 이 현세에서 노고와 수고를 하는 사람들에게 유익한 것입니다. 믿음은 사람들이 바보처럼 아무 생각도 없고 열의도 없이 침대에서 게으르게 빈둥거리도록 허용하지 않습니다. 믿음은 삶을 진지하고 열성적으로 보게 만들고, 그래서 경주를 위해 허리띠를 동이게 만듭니다.

　　사람은 누구나 다 올바른 직업을 추구해야 합니다. "누구든지 일하기 싫어하거든 먹지도 말게 하라"(살후 3:10). 이것이 옛 교회의 규범이었고, 오늘날에도 신자들에게 규범이 되어야 합니다. 할 일이 있고, 일이 많다는 것은 우리 모두에게 좋은 일입니다. 사람이 완전하였을 때, 하나님께서는 사람을 에덴 동산에 두셨지, 기숙사에 두지 않으셨습니다. 하나님은 사람을 동산에 두시고 "동산을 경작하며 지키게"(창 3:15) 하셨습니다. 아담이 장미의 냄새를 맡고 꽃들을 바라보는 것 외에 아무 할 일이 없었다면, 에덴 동산이 아담에게 행복한 곳이 아니었을 것입니다. 일은 지금 우리에게와 마찬가지로 완전한 사람에게도 반드시 필요한 것이었습니다. 물론 그때는 일이 얼굴에 땀을 흘리게 하고 사지를 지치게 만드는 그런 것이 아니었습니다. 은혜의 동산에서 믿음은 행복한 봉사를 위해 사용하도록 정해졌으며, 주님을 위해 발휘하도록 되어 있었습니다.

본문은 "이제 내가 육체 가운데 사는 것은 나를 사랑하사 나를 위하여 자기 자신을 버리신 하나님의 아들을 믿는 믿음 안에서 사는 것이라"(갈 2:20)고 말합니다. 구속받은 자를 사랑하고 그를 위해 자신을 주신 하나님의 아들을 믿는 믿음은 그에게 부지런하고 적극적으로 활동해야 한다고 권하지 않습니까? 확실히 그렇습니다. 믿음은 거룩한 주님을 모범으로 제시하기 때문입니다. 이제까지 예수님처럼 일한 사람이 어디에 있었습니까? 예수께서는 어린 시절에 "내가 내 아버지 집에 있어야 될 줄을 알지 못하셨나이까"(눅 2:49) 하고 말씀하였습니다. 예수님은 빈둥거리며 지내는 좋은 집안의 상속자가 아니라 힘들게 일하는 목수의 아들이셨습니다. 그 후로는 자기를 보내신 하나님의 뜻을 행하는 것이 예수님의 음식이었습니다. "내 아버지께서 이제까지 일하시니 나도 일한다"(요 5:27). 주님의 일은 힘든 수고이고 격심한 노고였습니다. 하나님의 전(殿)에 대한 열심이 주님을 삼켰고 사랑의 불길이 주님을 살랐습니다. 주님은 계속 일하시어 마침내 "아버지께서 내게 하라고 주신 일을 내가 이루었나이다" 하고 말하실 수 있었습니다. 사람이 그런 모범을 보고 각성하고, 그런 정신을 본받는 것이 작은 일이 아닙니다.

우리를 사랑하고 우리에게 자신을 주신 분을 믿는 참된 믿음은, 그 믿음을 발휘하는 활동 영역에서 주님의 지시를 구하며, 직업을 선택하는 과정에서 주님의 인도를 기다립니다. 설교의 이 부분은 일생 무엇을 하며 살 것인지 아직 결정하지 않은 젊은 사람들에게 유용할 수 있습니다. 믿음은 이 세상에서 우리에게 큰 봉사를 합니다. 많은 것이 일의 선택에 좌우됩니다. 세상에서 사람들은 매우 통탄할 만한 실수들을 범했습니다. 마치 공중의 새가 물고기를 잡는 일을 맡았거나 힘들게 일하는 소가 경주마와 시합을 하는 것과 같은 잘못을 범하였습니다. 어떤 사람들은 분수를 넘어서 자신들에게 전혀 적합하지 않은 일을 시도하고 있습니다. 이것은 심각한 악입니다. 그러므로 주님께 인도와 지시를 구해야 합니다. 믿음은 우리가 그와 같이 구하도록 인도합니다. 다음의 이 기도는 많은 경우에 드릴 수 있습니다. "주께서 내게 무엇을 원하시는지 말씀해 주십시오." 직업을 선택할 때, 믿음은 그리스도인이 도덕적으로 의심스러운 점이 있지만 돈벌이가 잘 되는 직업을 거절할 수 있도록 도와줍니다. 그리스도인은 사람들의 술취함과 정욕과 불경건으로 말미암아 엄청난 재산을 취득할 수 있을지라도, 그런 재산을 모으는 일을 비웃을 것입니다. 사람들의 지성과 마음에 해가 되는 장사는 하나님 앞에 정당한 직업이 아닙니다. 불의한 소득은 무서운 손실을 가져옵니다. 속임이나 압제로 얻은 소득은 지옥의 불처럼 그것을 소유한 자를 불사를 것입니다. 세상 사람은 아들에게 이렇게 말합니다. "돈을 벌어라. 할 수 있으면 정직하게 벌어라. 그러나 어쨌든 돈을 벌어라." 믿음은 맘몬의 이런 교훈을 혐오하고, 하나님의 섭리를 의지하므로 마귀의 뇌물을 비웃습니다. 여러분이 하나님께 복주시기를 구할 수 없는 직업은 선택하지 마십시오. 그렇지 않으면 여러분은 믿음의 법에 어긋나는 일을 하게 될 것입니다. 주 예수께서 여러분이 하는 일에서 성공하기를 바라신다고 생각할 수 없다면, 그 일에 손을 대지 마십시오. 주님께서 여러분이 매일 하는 일을 보고 미소를 지으실 것이라고 생각할 수 없다면, 여러분의 직업은 그리스도인으로서 추구하기에 적합하지 않은 것입니다.

　　직업은 우리가 그 일을 하기에 적합한지를 생각하면서 신중하게 선택해야 합니다. 믿음은 하나님의 계획을 지켜보며 하나님의 뜻에 맞게 행동하기를 바랍니다. 다윗이 은거하여 살았거나, 선지자 나단이 왕위에 오르기를 열망하였다면, 모두 잘못된 것입니다. 하나님 나라의 법은 이것입니다. "모든 사람이 자기에게 합당하게," 혹은 다른 말로 하자면 "모든 사람이 자기 능력에 따르는 것"입니다. 주님께서 한 달란트를 주셨다면 우리는 거기에 맞는 시장에서 한 달란트를 사용하도록 해야 합니다. 혹은 두 달란트나 다섯 달란트를 주셨다면, 그 달란트로 가장 수익을 낼 수 있는 곳에 가서 사용하여, 주님이 오시는 날에 우리가 충성된 종으로 나타날 수 있도록 해야 합니다.

　　우리는 하나님의 섭리가 분명히 우리를 위해 준비하고 의도한 것으로 보이는 직업을 선택하기를 믿음으로 소원해야 합니다. 어떤 사람들은 자기들이 추구하려는 어떤 직업을 전혀 자유롭게 선택하지 못하였습니다. 그들은 출생과 신분, 환경, 관계로 인해 선로 위에 있는 전차처럼 정해진 경로를 따라가거나 아니면 그대로 서 있어야만 했기 때문입니다. 믿음은 뒤에서 "이것이 바른 길이니 너희는 이리로 가라"(사 30:21)고 말하는 음성을 듣기를 기대합니다. 자신의 판단을 의지하는 것이 일시적인 생각을 따라가는 일이 되는 경우가 종종 있습니다. 그러나 믿음은 확실한 지혜로부터 지도받기를 구하고, 그래서 바른 길로 인도받습니다. 하나님은 여러분 자신의 역량을 여러분보다 잘 아십니다. 꽃들이 정원사에게 반기를 들고서 각각이 자기가 원하는 땅을 선택한다면, 꽃들 대부분이 적합하지 않은 자리를 택한 탓으로 시들고 죽게 될 것입니다. 그러나 꽃들의 성질을 연구한 정원사는 이 꽃은 그늘과 습기를 필요로 하고, 저 꽃은 햇빛과 무른 땅이 필요하다는 것을 압니다. 그래서 그는 꽃들을 각각 가장 잘 자랄 만한 곳에다 심습니다. 하나님께서도 우리에게 그와 같이 하십니다. 하나님께서 어떤 사람들은 왕이 되게 하십니다. 물론 그 식물들 가운데서 아주 잘 자라는 꽃은 지극히 적습니다. 하나님은 많은 사람들을 가난하게 만드십니다. 축축하고 차지만 빈곤이라는 토양은 대 추수꾼이신 하나님께 영광스러운 결실을 많이 맺어드렸습니다. 주님께서는 어떤 사람들은 위험한 곳에 두셨습니다. 그들은 그 자리에서 빠져나왔으면 좋겠다고 생각하지만, 하나님의 손길에 의해 그곳에서 그대로 지냅니다. 하나님께서는 그 밖의 많은 식물들을 세상에 알려지지 않은 조용한 그늘 아래 심으셨고, 그들은 거기에서 꽃을 피워 위대하신 농부를 찬양합니다.

이와 같이 믿음은 육신을 입고 사는 우리 생활의 효력과 방향에 큰 영향을 미칩니다. 믿음은 사람에게 삶의 목적을 제시함으로써 추진력을 제공합니다. 믿음은 사람에게 오늘날의 사상과 행동의 광범위한 영향력들을 보여주고, 그 영향력들이 어떻게 영원한 결과를 가져오는지 보여줍니다. 그리고 믿음은 또한 키를 붙잡고 배를 안전한 해로를 따라 항해하여 거룩한 안식의 천국으로 인도합니다. 자기를 사랑하고 위하여 자신을 내어주신 분을 젊은 시절부터 믿고, 예수와 동행하는 삶을 시작하는 사람들은 복이 있습니다. 우리 가운데 아직 어린 청소년으로 있는 사람들을 회심시키시는 하나님께 찬송을 드립시다. 이른 아침의 이슬 같은 은혜를 받고서 삶을 시작하는 어린 사람들은 참으로 복 됩니다! 동양의 어떤 제국의 군주도 이들만큼 많은 보석으로 자신을 치장한 사람이 없습니다! 후일에 여러분은 오랜 세월을 잘못 살았거나 인생의 절반을 죄 가운데 보냈거나 칠십 평생을 나태하게 허비한 것에 대해 슬퍼할 일이 없을 것입니다. 여러분, 아직 젊고 인생의 앞날이 창창한 여러분은 자신을 기쁘게 하지 않고 아버지 하나님의 뜻을 행한 그리스도를 따르기 위해 이제 성령의 인도를 받을 수 있습니다. 그렇게 하면 육신을 입고 사는 생활이, 여러분을 사랑하고 여러분을 위해 자신을 내어주신 하나님의 아들을 믿는 믿음으로 사는 삶이 될 수 있을 것입니다.

2. 둘째로, 믿음은 사람이 일반적인 직업에서 도움을 얻기 위해 하나님을 바라보도록 만듭니다.

여기서 다시 한 번 말하지만, 믿음은 사람에게 지대한 영향을 미칩니다. 신자는 구체적인 직업에 필요한 자격들을 갖출 수 있게 해주시기를 구할 수 있습니다. 여러분은 "우리가 이런 일들에 관해 어떤 점을 기도할 수 있는가" 하고 묻습니다. 그렇습니다. 노동자는 하나님께 힘 주시기를 구할 수 있습니다. 예술가는 하나님께 숙련된 솜씨를 구할 수 있습니다. 학생은 지성을 더욱 예리하게 하는 데 필요한 도움을 하나님께 구할 수 있습니다. 다윗은 위대한 용사였습니다. 그는 자신의 용기가, 그의 손을 가르쳐 전쟁에 나가게 하시고 자신의 손가락을 가르쳐 싸우게 하신 하나님에게서 나온 것으로 돌렸습니다. 우리는 성경에서 브살렐과 마음이 지혜로운 여인들에 대해 읽습니다. 하나님께서 그들을 가르치시므로 그들이 하나님의 전을 위하여 온갖 자수하는 일과 금속세공의 일을 하였습니다. 당시에 그들은 기능과 발명을 하나님의 은사로 생각하였습니다. 이 불행한 세기는 너무 똑똑해져서 스스로를 우상화한 자아 외에는 어떤 신에게도 영광을 돌리지 않습니다. 여러분이 자신의 일에 대해 기도한다면, 그 일에 도움을 받게 될 것이라고 확신합니다. 여러분이 직업에 대해 아직 제대로 자질을 갖추고 있지 못하다면, 매일 아침 하나님께 여러분이 도제나 초보자로서 주의 깊고, 관찰력이 예리해질 수 있게 해 달라고 구할 수 있습니다. 하나님께서 여러분의 일생에 힘이 되어주시겠다고 약속하셨기 때문입니다. 사람이 주님을 의지하고 있다면, 그는 지식을 얻고 총명을 얻는데 최상의 조건 가운데 있는 것입니다.

여러분의 직업에서 보이는 행동에 대해서도 믿음과 기도가 개입될 여지가 있습니다. 형제 여러분, 이 세상의 어떤 특정 직무에 대해 자격을 갖추고 있든지 않든지 간에, 우리의 행동은 지극히 중요한 문제입니다. 영리하면 좋겠지만, 가장 중요한 것은 순수한 태도입니다. 나는 여러분이 자신의 직업에 통달하기를 바라지만, 그보다 훨씬 더 간절히 바라는 것은 여러분이 정직하고 신실하며 거룩하게 되는 것입니다. 이에 관해서 우리는 담대하게 하나님께 나아가서 우리를 평탄한 길로 인도하여 주시고 우리의 걸음을 붙드셔서 미끄러지지 않게 해주시기를 구할 수 있습니다. 주님은 우리가 지혜롭게 행하도록 도우실 수 있고 기꺼이 도우려고 하십니다. "우리를 시험에 들게 하지 마시옵소서"(마 6:13)라는 것이 우리가 매일 드리는 한 가지 기도입니다. 그리고 더 나아가서 시험 가운데 있을 때 우리를 악에서 구원하여 주시기를 구할 수 있습니다. 우리에게는 사려분별이 필요한데, 지혜가 부족한 사람은 주님께 구할 수 있다는 약속을 믿음으로 기억합니다. 경건은 젊은 사람들에게 신중함을 가르치고, 어린 사람들에게는 지식과 분별력을 가르칩니다. 어떻게 요셉이 애굽에서 하나님이 함께 하셨기 때문에 형통하였는지 보십시오. 요셉은 매우 어려운 일들을 많이 당하였습니다. 한 번은 지극히 위험한 자리에 처해 있었으나 "내가 어찌 이 큰 악을 행하여 하나님께 죄를 지으리이까"(출 39:9) 하고 말하며 그 자리를 피했습니다. 하나님께서 함께 계시다는 의식이 그때와 그 밖의 모든 경우에서 그를 보호하였습니다. 요셉은 하나님께서 그와 함께 하셨기 때문에 보디발의 집에서 모든 일을 맡았습니다. 사랑하는 형제 여러분, 봉사하는 일이나 사업에 종사할 때, 여러분은 하늘의 아버지께 가서 하나님의 지혜로 여러분을 인도하여 주시기를 구할 수 있습니다. 그러면 하나님께서 여러분의 모든 길을 주장하여 매일의 일이 하늘의 부르심을 방해하거나, 여러분의 행동이 신앙에 어긋나게 되지 않으리라고 확신할 수 있을 것입니다.

믿음은 여러분에게 매일의 일에서 **성공할** 수 있기 위해 하나님께 도움을 구하라고 명령합니다. 여러분은 다윗이 이같이 말하는 의미를 모르지 않을 것입니다. "여호와께서 집을 세우지 아니하시면 세우는 자의 수고가 헛되며 여호와께서 성을 지키지 아니하시면 파수꾼의 깨어 있음이 헛되도다 너희가 일찍이 일어나고 늦게 누우며 수고의 떡을 먹음이 헛되도다 그러므로 여호와께서 그의 사랑하시는 자에게는 잠을 주시는도다"(시 127:1,2). 장사하는 데서 생기는 일이든지, 가정이나 교회에서 생기는 일이든지 간에, 모든 일에 관해 믿음으로 거룩한 계시를 참고할 수 있다는 것은 매우 즐거운 일입니다. 우리는 아브라함의 종처럼 이렇게 밀할 수 있습니다. "여호와여 원하건대 오늘 나에게 순조롭게 만나게 하소서"(창 24:12). 여러분이 그와 같이 구할 수 있다면 성공을 기대할 수 있을 것입니다. 아마 여러분 가운데 어떤 분들은 하나님께 더욱더 믿음으로 구하였다면 더 큰 성공을 거두었을지 모릅니다. 내가 "아마"라고 말한 것은 하나님께서 자기 백성이라도 외적으로 언제나 성공을 거두게 하시는 것은 아니기 때문입니다. 때로는 그의 백성들이 역경에 처하는 것이 더 낫기 때문이고, 그때는 성공을 거두지 못하는 것이 가장 고귀한 번영이기 때문입니다. 믿음은 이 문제에서 우리로 하여금 결과를 하나님 손에 맡기게 함으로써 마음을 진정시킵니다.

믿음은 환경과 관련해서도 일을 합니다. 우리는 주변에 있는 것들에 아주 큰 영향을 받습니다. 하나님께서는 우리에게 큰 도움이 될 친구들을 세워 주실 수 있습니다. 우리는 하나님께 그렇게 해주시기를 기도할 수 있습니다. 하나님께서는 우리가 인생 문제에서, 그리고 천국을 향하여 가는 과정에서 많은 도움을 얻을 수 있을 단체에 들어가게 하실 수 있습니다. 이 문제에 관해서 우리는 "여호와께서 사람의 걸음을 정하신다"(시 37:23)는 것을 압니다. 믿음은 여러분이 악한 친구들을 가까이 하지 않게 하고, 이 세상의 뛰어난 사람들과 교제하도록 만들 것입니다. 이와 같이 믿음은 여러분의 삶 전체에 영향을 끼칠 것입니다. 도울 친구들이 없다면, 신자는 철저히 하나님을 의지하고, 그래서 주님 한 분만으로 그에게 충분하다는 것을 즐거이 확신하는 가운데 앞으로 나아갑니다. 그렇지만 신자가 친구들로 인해 격려와 도움을 받는다면, 다윗이 동굴에 있는 자기에게 나아온 자들 때문에 힘을 얻었듯이, 그것을 하나님의 행하신 일로 보게 됩니다.

여러분은 이것이 믿음과 관계가 있는 것은 알지만, 우리를 사랑하고 우리를 위해 자신을 내어주신 하나님의 아들을 믿는 믿음과는 어떤 관계가 있는가 하고 물을 수 있습니다. 거기에 대해 말씀드리겠습니다. 우리 믿음의 대상이신 구주님은 또한 본받아야 할 대상이시기도 합니다. 형제 여러분, 여러분은 주님께서 어떻게 모든 일에 하나님을 의지하셨는지 압니다. 여러분은 주님께서 큰 일에 착수할 때마다 밤새워 기도하신 것을 압니다. 기도를 면제받을 수 있는 사람이 있었다면, 그분은 바로 우리 주 예수님이십니다. 지금까지 살았던 사람 가운데 하늘의 인도 없이 길을 찾아가실 수 있는 분이 있다면, 바로 하나님의 아들 그리스도이십니다. 그런데 그런 주님께서 많이 기도하시고 크신 아버지 하나님에 대한 믿음을 발휘하셨다면, 더더군다나 여러분과 나는 마땅히 하나님 앞에 모든 것을 가져가야 합니다. 우리는 육신을 입고 사는 동안에는 주 예수께서 마지막까지 우리와 함께 하시고, 동정적인 사랑과 온유하심으로 우리를 떠받치고 위로해주실 것을 기대해야 합니다. 믿음은 우리가 예수님을 목자장으로 알고 따르고, 우리를 바른 길로 인도하시며, 구속자께서 오셔서 우리를 영접하실 때까지 매일 우리를 지지하고 부양하실 것을 기대하게 만듭니다.

3. 셋째로, 믿음은 하나님께서 부르시는 매일의 일에서 하나님을 섬기도록 인도하기 때문에 사람의 일생에 큰 능력을 발휘합니다.

우리가 모든 일을 하나님께 하듯이 할 때만큼, 삶을 고귀하게 만드는 것은 없습니다. 이런 믿음이 단조롭고 고된 일을 숭고하게 만들고, 지극히 천한 종을 지극히 빛난 천사와 연결시켜 줍니다. 스랍들은 하늘에서 하나님을 섬깁니다. 여러분과 나는 강단에서 혹은 부엌에서 하나님을 섬기지만, 하나님께서 천사들을 받으시듯이 또한 우리도 받으실 수 있습니다. 형제 여러분, 그리스도인들은 믿음이 있으면 하나님의 명령에 순종함으로써, 즉 하나님을 사랑하고 사람을 사랑하는 원칙에 따라 모든 것을 행하려고 노력함으로써 직업에서 하나님을 섬기게 됩니다. 그런 경우에 성실과 의가 사람을 보존하고, 그의 직업이 참된 예배가 됩니다. 일반 장사꾼도 지나치게 이상적인 태도를 보이거나 기이한 미신적인 행동을 추구하지 않을지라도, 옳고 정당한 일을 행하는 가운데서 하나님께 봉사할 수 있습니다. 예수께서는 "사람이 나를 섬기려면 나를 따르라"(요 12:26)고 말씀하시는데, 이것은 하나님의 명령에 순종하는 것이 예수님에 대한 사랑을 보이는 참된 방식이라고 말하는 것과 같습니다. 여러분이 하나님을 위해 대단한 어떤 일을 하고자 한다면, 아주 마음을 써서 하나님의 명령에 순종하십시오. "순종이 제사보다 낫고 듣는 것이 숫양의 기름보다 낫기"(삼상 15:22) 때문입니다.

경건한 사람들은 행하는 모든 일에서 그리스도의 정신을 나타내려고 노력함으로 직업에서 하나님에 대한 믿음을 발휘합니다. 우리가 외면적으로 올바른 위치에 있는 한, 우리를 움직이게 만드는 정신은 작은 문제처럼 보입니다. 그러나 그 정신이 사실은 모든 일의 핵심입니다. 열매에서 풍미를 제거하거나 꽃에서 향을 없애면 무엇이 남습니까? 은혜의 향기가 없이 산다는 것이 바로 그런 것입니다. 한 가지 일을 여러 방법으로 행할 수가 있습니다. 여러분은 바른 일을 아주 그릇된 방법으로 행함으로 일을 그르칠 수도 있습니다. 가난한 사람을 구제하는 일에서조차도 야비한 사람은 구제하는 바로 그 행위를 통해 그들의 감정을 짓밟을 것입니다. 그런가 하면, 줄 수 없는 형편이지만 자신의 그런 형편을 참으로 친절하게 표현하므로 도움을 받지 못해 실망하는 사람을 위로한 사람들이 있는 것을 나는 압니다. 여러분의 장사와 직업에서 그리스도께서 그 자리에 있었다면 행하셨을 것처럼 행하기를 바랍니다. 집에 항상 이 질문을 걸어 놓으십시오. "예수님이라면 어떻게 하실까?" 그 다음에 "예수님이라면 그 일을 어떻게 행하실까"를 생각해 보십시오. 예수님이라면 무슨 일을, 어떻게 행하실까라는 질문은 언제나 우리에게 최상의 안내자가 될 수 있을 것입니다. 이와 같이 믿음은 사람이 평소에 하는 일에서 그리스도의 정신을 나타내고, 모든 예의와 온유함과 인내와 사랑과 은혜를 보이도록 인도함으로써 하나님을 섬기게 합니다.

그 다음에, 모든 일에서 우리는 하나님의 영광을 나타내려는 목적을 가져야 합니다. 모든 일을 사람에게 하듯 하지 말고 하나님께 하듯이 해야 합니다. 우리가 사람을 기쁘게 하는 일을 그치고 하나님을 기쁘시게 하기 시작한다면 표리부동한 태도는 더 이상 없을 것입니다. 불의를 당하더라도 조급해하는 일이 없을 것입니다. 전심으로 봉사했는데도 사람들이 우리의 봉사를 받아들이지 않는다면, 하늘에 계신 주님께서 우리가 부당한 비난을 받을 이유가 없음을 아신다는 것을 생각하고, 스스로 위로를 받을 수 있을 것입니다. 하나님 앞에 왕과 제사장으로 사는 것이 삶의 정수입니다. 그렇게 산다면 여러분은 하나님의 자유인이 될 것입니다. 사람들에게 봉사함으로써 하나님을 섬기고, 하나님께 봉사함으로써 사람들을 섬기도록 하십시오. 이 두 가지 일을 완전하게 이행함으로 삶을 숭고하게 만드는 길이 있습니다. 성령께서 우리에게 이 길을 가르쳐 주시기를 구합니다. 정말로 하나님을 섬기기 위해 산다면 우리는 매일을 치열하게 살고 조금도 시간을 낭비하지 않을 것입니다. 소피아 쿡(Sophia Cook)이 자기가 어떻게 인생을 살아야 할지에 대해 웨슬리에게 조언을 구하였습니다. 웨슬리가 답변했습니다. "오늘을 사세요." 매우 짧지만 지혜가 가득 담긴 지침입니다. "오늘을 사십시오." 그러면 내일도 그렇게 살 수 있습니다. 우리들 대부분이 인생 전 기간에 대한 계획을 세울 수 없습니다. 여러분이 오늘이라고 하는 동안에 일한다는 점을 생각하십시오. "얘 오늘 포도원에 가서 일하라"(마 21:28)는 것이 아버지 하나님의 말씀입니다. 사람이 오늘 특별히 하나님을 위해 살아야 하겠다고 느낀다면, 어떻게 생활하겠습니까? 오늘 여러분이 종일을 주님께 드려야겠다고 서약을 했거나, 그래야 한다고 느끼는 어떤 약정이 있었다고 생각해 봅시다. 그렇다면 여러분은 어떻게 행동하겠습니까? 여러분은 오늘, 그리고 매일 그렇게 행동할 것입니다. 여러분 전체가, 여러분을 사랑하고 여러분을 위하여 자신을 주신 분의 것이기 때문입니다. 이 문제에서 그리스도의 사랑에 강권함을 받아 행동하도록 합시다. 그리스도의 멍에를 메고, 우리가 주님의 피로 값 주고 산 소유이고, 그의 영원한 종이라는 것을 알도록 합시다. 이는 믿음으로 주께서 우리의 것이 되었고, 우리가 주의 것이 되었기 때문입니다. 우리는 모든 큰 문제에서 뿐 아니라 모든 작은 문제에서도 그리스도의 사람으로 살아야 합니다. 먹든지 마시든지, 무엇을 하든지 모든 일을 하나님의 영광을 위하여 하고, 그리스도 예수로 말미암아 아버지 하나님께 감사드려야 합니다. 이와 같이 우리에게 자신을 내어주신 주님을 믿는 믿음이 우리가 주님을 섬기는 일에 에너지를 쏟도록 인도하고, 하나님의 영광을 나타낼 목적으로 일상의 일들을 하도록 인도합니다. 그렇게 해서 우리의 삶이 하나님의 아들을 믿는 믿음에 의해 색이 입혀지고 향기가 나게 됩니다.

4. 넷째로, 믿음은 육신을 입고 사는 우리 생활에 매우 유익한 영향을 끼칩니다.

믿음은 사람이 직업에서 오는 불편한 점들을 기꺼이 감수하도록 만들기 때문입니다. 모든 직업이 쉽거나 돈벌이가 되거나, 사람들에게 존경받는 것은 아닙니다. 어떤 사람이 취향에 딱 들어맞는 일을 택해서 다른 어떤 것과 바꿀 생각이 없는 경우는 매우 행복한 예입니다. 그러나 자신의 직업에 넌더리를 내는 사람들이 있습니다. 이것은 해 아래 있는 한 가지 악입니다. 직업들 가운데는 생각없는 사람들이 멸시하는 직업들이 있는데, 그 직업을 수행하려면 자기 부인이 많이 필요합니다. 그래서 그 직업에 종사하는 사람들은 그에 따르는 시련을 이기고 살 수 있을 만큼 많은 믿음이 필요합니다. 믿음은, 비천한 노동자에게 우리를 위하여 종의 형체를 취하기 위해 스스로 낮아지신 아주 비천한 예수님을 볼 수 있게 만듭니다. "예수는 아버지께서 자기가 하나님께로부터 오셨다가 하나님께로 돌아가실 것을 아시고 수건을 가져다가 허리에 두르시고 제자들의 발을 씻으셨다"(요 13:3-5)는 구절을 봅니다. 그것은 아주 비천한 종이 하는 일이었습니다. 우리 주님께서 그 일을 멸시하시지 않았다면, 우리가 지극히 비천한 봉사를 부끄러워해야 할 이유가 있겠습니까? 이제부터는 누구의 말에도 괴로워하지 말고 오히려 기뻐하십시오. 가난한 사람의 구주께서 여러분과 똑같이 종이셨고, 주님도 "멸시를 받아 사람들에게 버림 받으셨기"(사 53:3) 때문입니다.

여러분의 믿음은 여러분에게 훨씬 더 악한 단조롭고 고된 일에서 구원받은 것에 대해 감사한 마음을 일으킴으로 여러분을 도울 것입니다. 여러분이 지금은 부끄러워하는 일들을 예전에는 사탄을 위해 행하였습니다. 마귀를 위해서든지 악한 목적을 위해서 행하는 일은 어떤 것이든 불명예스러울 것입니다. 사탄을 위해 제국을 통치하는 일은 우리를 부끄럽게 만들 것입니다. 죄를 지음으로써 머리에 왕관을 쓰는 것은 끔찍한 저주가 될 것입니다. 그러나 그리스도를 위해 발을 씻는 것은 영광스러운 봉사입니다. 하나님을 위해 하는 일은 어떤 것이든 사람을 천하게 만들지 않습니다. 하나님을 믿는 믿음은 사람을 거룩하게 만들고 직업도 거룩하게 만듭니다. 그리고 매일의 노동에서 그리스도의 십자가를 지는 일을 기쁘게 감당하도록 만듭니다. 머리를 꼿꼿이 들고 다니지만, 수치스러운 일을 하는 사람들이 있습니다. 여러분과 나는 하나님의 섭리로 임하게 된 것은 무엇이든 곤경으로 생각하지 않도록 해야 합니다.

믿음은 겸손을 가르치는 위대한 선생입니다. 믿음은 우리가 스스로를 하찮게 생각하고 오직 하나님만을 의지하도록 명하기 때문입니다. 믿음은 겸손을 길러주기 때문에, 믿음이 없다면 넌더리가 날 노역을 유쾌하게 만들어 줍니다. 교만은 사람을 뻣뻣하게 만듭니다. 사람이 그처럼 어리석게 자신을 중요한 사람이라고 생각하지 않는다면, 일을 하는 가운데서 행복해질 수 있을 텐데, 그러지 못하는 일들이 있습니다. 힘든 일이 아무에게도 창피스러운 것이 아닙니다. 유행을 따라 무위도식하며 사는 것이야말로 훨씬 수치스러운 일입니다. 주님께서 우리가 가난하다는 것을 느끼게 만드실 때, 아무 은혜를 받을 자격이 없는 우리는 지극히 낮은 자리를 얻거나 지극히 천한 일을 하는 것을 괘념치 않습니다. 지옥에서 벗어났고 천국에 대한 소망이 있는 한, 아무리 천한 일도 우리에게는 명예가 된다고 느끼기 때문입니다. 우리는 그리스도께서 우리를 사랑하고 우리를 위해 자신을 내어주신 것을 알기 때문에, 하나님께서 우리를 있게 하시려고 하는 곳에 있는 것이 기쁩니다.

믿음은 우리가 겪는 불편한 일들이 오래 지속되지 않으리라는 것을 기억하게 함으로써 불편함을 없애기도 합니다. 믿음은 시련에 대해서 이렇게 말합니다. "견뎌라! 시간이 얼마 남지 않았다. 곧 구주께서 오신다. 그때는 주님의 제자들 가운데 지극히 가난한 자도 주와 함께 다스릴 것이다." 지쳐 있는 여러분, 힘써 일하십시오. 아침 해가 뜨면, 밤 동안만 지속되는 여러분의 수고가 끝날 것이기 때문입니다. 영광이 나타나기 시작합니다. 밤이 사라지고 있습니다. 동이 트고 있습니다. 그러므로 인내하고 조용히 소망하십시오. 하나님의 구원을 볼 것이기 때문입니다. 이와 같이 믿음은 우리 베개에서 가시를 뽑아내고, 우리가 어떤 형편에 처하든지 만족하는 법을 배우도록 합니다. 여러분은 이것이 아무것도 아니라고 생각합니까? 우리가 그리스도를 믿는 믿음으로 인생의 고난들을 즐겁게 견디는 법을 배웠다면, 예수께서 우리를 위해 많은 일을 하신 것이 아닙니까?

5. 다섯째로, 믿음은 더 나아가서 일반 생활에도 영향을 미칩니다.

믿음은 인생의 모든 짐을 주님께 맡깁니다. 믿음은 멍에를 벗겨주는 일을 하는데, 하나님의 뜻에 순종하게 함으로써 부분적으로 그런 일을 합니다. 순종하는 법을 배우면, 불평을 그칩니다. 믿음은 우리에게 확실한 지혜이고 완전한 사랑이신 하나님을 믿도록 가르쳐서 하나님의 뜻에 동의하고 기뻐하게 만듭니다. 믿음은 지금 당하는 모든 시련의 끝을 보고, 그 시련이 합력하여 선을 이룬다는 것을 알도록 가르칩니다. 믿음은 시련 속에서 그리고 시련을 통하여 우리를 도우시는 하나님의 능력을 의지하도록 가르칩니다. 이렇게 해서 우리는 고난을 당하더라도 더 이상 넘어지지 않고, 오히려 독수리 날개를 타고 오르는 것처럼 시련 위로 올라섭니다. 형제 여러분, 여러분 가운데 누구든지 근심 걱정으로 온통 마음이 눌려 있다면, 더 이상 그런 마음 상태에 있지 마십시오. 그런 마음은 여러분에게 아무 유익이 되지 않습니다. 그런 마음은 여러분의 크신 아버지 하나님께 아무 영광도 드리지 못합니다. 너무 무거운 짐을 스스로 지지 않고, 짐을 대신 져주시는 크신 아버지께 넘겨드리도록 믿음을 더 주시기를 기도하십시오. 크신 주님께 여러분에게 힘을 주시고 마음을 편하게 해주셔서 여러분이 오직 주님을 기쁘시게 하는 일만 염려하고, 다른 모든 염려에서는 벗어나도록 해주시기를 기도하십시오. 이렇게 기도하면 크게 도움을 받을 수 있을 것입니다. 짐이 가벼워진다면, 힘이 더 강해진 것과 같은 결과에 이르기 때문입니다. 하나님의 뜻에 만족하는 것이, 재산이 늘어나는 것이나 고난을 제거해 주는 것보다 낫습니다. 부가 있다고 해서 평안이 올 수 있는 것이 아니기 때문입니다. 주님 안에서 갖는 기쁨은 성공을 통해서 올 수 있는 것이 아니고, 만족이 곧 평안이기 때문입니다.

믿음은 매일의 일에서 어떤 짐을 발견하든지 그 짐을 기도로 하나님께 맡깁니다. 우리는 아침에 하나님과 함께 시작하고, 맡은 일을 하고, 또 잘 할 수 있도록 도움을 구합니다. 우리는 하나님께 인도하심을 구하고, 때로 형통하게 해주시기를 구합니다. 다른 사람들에게 아무 잘못을 저지르지 않고, 다른 사람들로부터 해악을 당하지도 않게 보호하여 주시기를 기도합니다. 하나님께서 우리가 화를 자제하도록 해주시고, 세속적인 사람들과 함께 있는 동안에 영혼을 보존해주시기를 구합니다. 우리가 다른 사람들의 악한 행실에 오염되지 않도록 해주시고, 우리의 행실이 안전하게 따를 만한 것이 되게 해주시기를 간절히 구합니다. 신자는 매일의 문제를 가지고 하나님께 가고, 아침 이슬을 내려 주시기를 바랍니다. 신자는 하루를 지내면서 주님께서 끊임없이 방패가 되어 주시기를 바라고, 밤에는 잠자리에 들기 전에 그날에 쌓인 근심을 다 벗어놓고 평안히 잠을 청합니다. 사람이 모든 것을 주님께 맡기고 하나님께서 항상 가까이 계시다는 것을 알고 하루를 살게 되면, 그는 참으로 즐겁게 사는 것입니다.

　주님의 모범을 볼 때 우리도 이 모든 것을 따르게 되고, 마음속에 있는 주님에 대한 사랑 때문에 이 모든 것에 가까이 나아갑니다. "그가 여호와께 의탁하니 여호와께서 구원하실 것이며"(시 22:8) "그의 경건하심으로 말미암아 들으심을 얻었습니다"(히 5:7).

6. 여섯째로, 믿음은 현재 생활에 행복한 영향력을 발휘합니다.

　믿음은 사람에게 일의 결과를 적절하게 수용하도록 만들어 주기 때문입니다. 이 세상에서 하나님의 은혜는 세상적인 것들에 몰두하지 않도록 보호해 줍니다. 성공은 사람의 성품을 예리하게 시험합니다. 사람마다 성공을 열망하지만, 성공이 왔을 때 모든 사람이 성공을 감당할 수 있는 것은 아닙니다. 참된 믿음은, 우리가 세상적인 재화와 쾌락과 기쁨을 아주 중요하게 여기지 않도록 합니다. 믿음은 우리의 보화는 하늘에 있다고 가르치기 때문입니다. 보이는 것들을 우상화하기 시작하면, 우리는 금방 타락하여 하나님을 떠나 잘못된 길로 갈 것입니다. 우리가 얼마나 쉽게 복을 망칠 수 있는지 모릅니다! 두 친구가 각각 장미 한 송이를 땄습니다. 한 친구는 계속해서 꽃의 냄새를 맡고 잎사귀를 만지며 마치 한시라도 빨리 죽이지 못해 안달이라도 난 것처럼 다루었습니다. 그 꽃이 금방 시든 것이 하나도 이상한 일이 아닙니다. 다른 친구는 장미를 가지고 그 향기를 조용히 즐기며 잠시 동안 꽃을 들고 있다가 물이 담긴 병에 놓았습니다. 몇 시간이 지나자 장미는 막 가지에서 딴 것처럼 싱싱해졌습니다. 우리는 세상적인 것들에 마음이 홀딱 빠져서, 하나님께서 그것을 시기하여 없애 버리시는 지경에까지 이를 수 있습니다. 다른 한편으로, 우리는 이런 것들을 남용하지 않고 믿음으로 적절하게 잘 사용하여 그로부터 얻을 수 있는 유익을 최대한 끌어낼 수가 있습니다. 열성적인 남자 아이가 색깔이 선명한 나비를 잡듯이, 많은 사람들이 부나 명성을 추구합니다. 오랜 시간 지치도록 달린 후에 마침내 아이는 모자를 휘둘러 나비를 잡는데, 휘두르는 모자에 맞아 나비의 아름다운 모습이 망가지고 맙니다. 많은 사람이 일생 동안 꿈꾼 야망의 정점에 이르러서는 그것은 헛된 꿈에 지나지 않는다는 것을 깨달았습니다. 그는 모든 것을 얻는 과정에서 모든 것을 잃어버렸습니다. 부는 왔지만, 부를 즐길 능력은 사라졌습니다. 부를 추구하느라 인생을 다 허비하고 말았습니다. 얻은 소득을 누릴 힘이 하나도 남아 있지 않습니다. 믿음으로 사는 사람에게는 인생이 그렇지 않을 것입니다. 그의 주된 기쁨은 위에 있고, 그의 위로는 속에 있기 때문입니다. 그에게는 하나님이 참으로 풍부한 기쁨이어서 다른 기쁨은 전혀 맛이 없는 것입니다.

그런데 어쩌면 우리 모든 수고의 결과가 불행한 것이 될 수가 있습니다. 어떤 사람들은 매우 힘들게 노를 젓는데 배가 조금도 앞으로 나가지 못합니다. 기회가 왔는데, 사업의 형세가 갑자기 불리하게 돌아갑니다. 곡물을 제분기에 넣었는데, 바람이 불지 않습니다. 어쩌면 그들은 성품 외에 모든 것을 잃을지도 모릅니다. 믿음이 와서 재난을 겪고 있는 그들의 기운을 북돋우는 것이 바로 그때입니다. 사람들이 곤경에 처했다고 해서 자살했다는 말을 들으면 매우 슬픕니다. 사람이 명령받지 않은 채 자신의 창조주 앞으로 달려나가는 것은 두려운 일입니다. 믿음은, 훨씬 더 두려운 고통으로 뛰어듦으로써 현재의 슬픔에서 도망하려고 하는 절망적인 모든 생각을 치워버리고, 마음을 굳게 붙들어줍니다. 하나님을 믿는 믿음이 있으면, 우리는 시련을 견디며 당당하게 이겨낼 수 있을 것입니다. 우리 하늘 아버지께서 우리에게 쓴 잔을 준비하셨다면, 그 잔을 마셔야 하지 않겠습니까? 우리가 경작한 밭이 아무 수확을 내지 않고, 꼴을 주어 키운 가축들이 마구간에서 죽을지라도, 우리는 머리를 숙이고 "이는 여호와께서 행하신 것이요"(시 118:23)라고 말해야 하지 않겠습니까? 주님께서 일어나도록 정하신 일이라면, 그것이 옳은 것임에 틀림없지 않겠습니까? 그럴지라도 우리는 하나님을 찬송해야 합니다. 그렇게 하지 못한다면, 우리의 불신앙이 방해하고 있는 것입니다. 얼마나 많은 사람들이 가난 가운데서도 행복하였고, 부유할 때보다 가난할 때 더 행복하게 살았습니까! 성도들이 건강할 때보다 병중에 있을 때 더 기뻐한 경우가 참으로 많았습니다. 페이슨(Payson)은 병 가운데 있을 때 그 전 어느 때보다 행복하였고, 자기가 그동안 예상했던 것보다 훨씬 더 행복했다고 밝혔습니다. 가족 가운데 사별을 겪는 일이 발생하거나 병이 생길지라도, 믿음이 있는 사람은 자기 하나님은 여전히 동일하시기 때문에 모든 날씨 가운데서 하나님을 찬송하는 법을 배웠습니다.

　형제자매 여러분, 믿음은 어떤 일이 닥치든지, 그 모든 것에 대한 귀한 준비가 됩니다. 언제든지 믿음을 발휘할 준비를 하고 있도록 하십시오. 어리석은 선원이 닻을 두고 떠나듯이 폭풍우가 치는 날에 믿음을 집에 두고 다니지 않도록 하십시오. 믿음은, 골방에 박혀 있거나 성찬상을 꼭 붙들고 있거나 회중석에 앉아 있도록 하는 은혜가 아닙니다. 가게에서, 시장에서, 거실이나 부엌, 작업실이나 들판에서 매일 우리의 친구가 되는 은혜입니다. 그렇습니다. 믿음은 부자들과 함께 대저택에 들어갈 뿐 아니라 가난한 사람들과 함께 구빈원(救貧院)에 갈 수도 있습니다. 믿음은 병원의 우울한 시간을 기쁘게 할 수 있고, 휴일의 유쾌한 시간을 거룩하게 만들 수 있습니다. 믿음은 경건한 사람이 정당하게 있을 수 있는 모든 곳에 함께 따라갑니다. "운명은 여러분에게 땅끝으로 가서, 알지 못하는 강으로 가서 노래를 부르라고 명령할 수 있습니다." 그럴지라도 하나님을 믿는 어린아이 같은 믿음은 어떤 나라, 어떤 환경 아래서도 평안을 누리게 할 것입니다. 우리가 육신을 입고 사는 삶을, 우리를 사랑하고 우리에게 자신을 내어주신 하나님의 아들을 믿는 믿음으로 살 수 있도록 힘들여 행하는 모든 일에서 믿음의 힘을 느낄 수 있으면 좋겠습니다.

7. 일곱째로, 믿음은 이처럼 우리의 현재 생활에 기분 좋은 영향을 미쳐서, 사람이 때가 되면 하던 일을 즐겁게 떠날 수 있게 합니다.

　그리스도인은 자기가 어떻게 해볼 수 없는 환경 때문에 좋아하는 직업을 그만두어야 할 수도 있습니다. 그리스도인은 아주 먼 나라로 이주하거나 생활 방식을 완전히 바꾸어야 할 때, 감정에 많은 어려움을 겪을 수가 있습니다. 정든 집과 그 모든 환경을 떠나 먼 여행을 하는 것이 언제나 쉬운 일은 아닙니다. 사람의 굳어진 습관을 바꾸고 새로운 생활을 시작한다는 것이 즐거운 일이 아닙니다. 그렇지만 참된 믿음은 세상적인 것들에서 자유롭게 되고, 하나님의 명령이 있으면 언제든지 닻을 끌어올리고 출항할 준비를 하고 있습니다. 신자는 "제게 떠나라 명하시면 저는 갑니다" 하고 말합니다. 나는 장막에 거하는 사람이어서 항상 움직일 것으로 생각합니다. 광야에서 지낸 이스라엘처럼, 우리는 구름 기둥을 따라 가야 합니다. 구름이 뜻을 보이는데 따라, 여행하기도 하고 쉬기도 해야 합니다. 여기 이 땅에는 우리에게 영구한 도성이 없고, 우리는 장차 올 도성을 바라기 때문입니다. 믿음은 영구한 성공을 즐기는 사람들에게 그와 같이 은혜로운 영향을 끼칩니다. 믿음은 그들이 이 땅에 뿌리를 박지 않도록 지켜주는데, 이것이 은혜의 기적입니다.

때로 우리는 하던 일을, 약해지거나 늙어서 그만두어야 하기도 합니다. 아주 바쁘게 일하는 사람들에게는 더 이상 일할 힘이 없다고 느낄 때, 오랜 시간이 걸릴 어떤 일을 시작하려면 몸과 머리를 다시 또 힘들게 써야 한다는 것을 느낄 때, 그것은 견디기 어려운 압박입니다. 기술자는 손이 예전처럼 숙련된 솜씨를 발휘하지 못한다는 생각을 견딜 수 없습니다. 그것은 고통스러운 경험입니다. 믿음은 이 땅에서 가장 중요한 봉사를 합니다. 믿음은 사람이 이렇게 말할 수 있도록 돕습니다. "주님, 나는 주의 집의 여러 그릇 중의 하나입니다. 주께서 나를 사용하려 하신다면 기쁘기 그지없겠습니다. 그러나 주님이 나를 선반에 올려놓으려고 하신다면 그것 또한 기쁜 일이겠습니다. 주께서 내게 시키시려고 하는 대로 하는 것이 내게 최선임에 틀림없습니다." 믿음으로 그리스도의 최고의 지혜와 사랑과 선하심을 기꺼이 따르며 "나를 쓰시든지 옆으로 치워놓으시든지 주께서 원하시는 대로 행하십시오" 하고 말한다면, 은퇴는 염려에서 해방되고, 고통의 원천에서 풀려나는 일이 될 것입니다. 마음이 늘 하나님께 머물러 있다면, 노년의 저녁을 장년의 전성기처럼 즐겁게 보낼 수 있을 것입니다. "그는 늙어도 여전히 결실하리로다"(시 92:14)는 말씀은 신자들이 종종 충분히 실현하고 있는 약속입니다. 주변의 많은 형제들이 세월이 갈수록 몸은 더 약해지지만, 그 어느 때보다 유용하고 행복하게 생활하고 있기 때문입니다.

때가 되면 모두에게 찾아올 죽음 때문에 하던 일을 마침내 그만두고 떠나야 할 시간이 옵니다. 그때에 믿음은 복된 능력을 최대로 발휘합니다. 형제 여러분, 모세가 하나님께서 산으로 올라가 거기에서 죽어야 한다고 말씀하셨을 때 슬픈 말 한 마디 입 밖에 내지 않고, 아버지 말에 순종한 아이처럼 잠자러 위층으로 올라가서 창 밖으로 약속된 땅을 동경하는 눈초리로 바라보며 잠들었듯이, 우리도 그렇게 죽음을 맞이할 수 있습니까? 멋진 땅과 레바논을 보고, 친히 아버지 하나님의 입맞춤을 받고 잠들고서 사람이 그 장소를 알 수 없는 곳에 묻히는 것이 얼마나 기분 좋은 일입니까. 모세의 수고가 끝났고 안식이 그에게 찾아온 것입니다. 사무엘이 직분을 내려놓으면서 모든 사람들에게 자신의 인품을 증거하도록 요청할 수 있을 때, 그의 고별사는 아름답습니다. 행복한 사람이여, 온 세상의 축복 가운데서 떠나십시오. 우리 각 사람이 언제든지 그리스도의 심판대 앞에서 셈을 할 수 있기를, 곧 마지막 날이 언제든지 오기를 바랄 수 있기를 원합니다.

　사랑으로 우리에게 믿음을 주신 주님은 우리에게 사는 법뿐 아니라 죽는 법도 가르쳐 주셨습니다. 주님은 이렇게 말씀하실 수 있었습니다. "아버지께서 내게 하라고 주신 일을 내가 이루었나이다"(요 17:4). 그리고 우리가 그렇게 말하기를 원하셨습니다. 목자의 지팡이나 목수의 대패를 내려놓으면서, 혹은 원장(原帳)이나 출석부를 옆으로 치우고 다시 들춰보지 않으며 이렇게 외칠 수 있는 사람은 더없이 행복한 사람입니다. "나는 선한 싸움을 싸우고 나의 달려갈 길을 마치고 믿음을 지켰으니 이제 후로는 나를 위하여 시들지 아니하는 생명의 면류관이 예비되었다"(딤후 후:7). 나이가 매우 많아 지팡이에 의지해서 지내는 훌륭한 청교도인 미드(Mede) 목사님이 어떻게 지내느냐는 질문을 받고 이렇게 답변하였습니다. "글쎄요. 할 수 있는 대로 빨리 집으로 가는 중입니다. 정직한 사람이라면 누구나 하루 일이 끝났을 때 하듯이 그렇게 합니다. 돌아갈 좋은 집을 주신 하나님께 감사드립니다."

　나이 드신 성도 여러분, 믿음이 여러분을 영광으로 가까이 데려가므로, 죽음을 적에서 친구로 변화시키지 않습니까? 여러분은 곧 나를 떠나서 아버지 집으로 가게 될 것입니다. 그러나 꼭 그렇다고 말할 수 없습니다. 다른 제자가 베드로보다 더 빨리 달려가서 먼저 무덤에 도착한 것처럼, 어쩌면 내가 먼저 갈 수도 있기 때문입니다. 여러분의 인생은 우리보다 먼저 시작했지만, 우리가 여러분보다 먼저 본향으로 부름을 받을 수 있습니다. 나중 된 자가 먼저 될 수 있기 때문입니다. 죽음이 오겠으면, 오라고 하십시오. 우리는 두려워하지 않을 것입니다. 우리를 사랑하여 우리에게 자신을 내어주신 예수께서 부활이고 생명이시기 때문입니다. 이생에서 육신을 입고 살면서 하나님의 아들을 믿는 믿음으로 살기 때문에, 우리는 흑장관(black rod, 黑杖官: 영국 상원의 직위 가운데 하나로, 1350년 설치된 이 직책은 왕의 특허장에 의해 임명되었다. 그 직위를 상징하는 황금 사자 장식의 흑단

지팡이에서 블랙 로드라는 명칭이 유래했으며, 상원에서 왕의 개인 수행원과 호위관 역할을 했다 – 역주)이 하늘의 집에서 왕을 만나도록 우리를 소환하는 왕의 메시지를 가져오기를 기다리고 있습니다. 그렇다면 우리가 가기를 싫어할 이유가 있겠습니까? 여기서 우리는 무엇을 기다려야 합니까? 하늘에서 태어났고 하늘을 향하여 가는 영을 붙들어 둘 것이 이 보잘것없는 세상에 있습니까? 없습니다. 그분이 가셨으니 우리도 갑시다. 그분에게 우리의 보물이 있고, 그분의 아름다움에 우리의 사랑이 타올랐습니다. 주님은 여기 계시지 않습니다. 그러니 우리가 여기서 오래 머무르기를 바라야 하겠습니까? 주님께서 올라가셨으니 우리도 올라갑시다.

이와 같이 우리가 육신을 입고 사는 삶의 처음부터 끝까지, 하나님의 아들에 대한 믿음이 모든 일에 부합하고, 그렇게 믿음으로 가는 모든 길에는 기름방울이 떨어집니다(시 65:11).

제
2
장

—

그리스도와 자아

—

"내가 그리스도와 함께 십자가에 못 박혔나니 그런즉 이제
는 내가 사는 것이 아니요 오직 내 안에 그리스도께서 사시
는 것이라 이제 내가 육체 가운데 사는 것은 나를 사랑하사
나를 위하여 자기 자신을 버리신 하나님의 아들을 믿는 믿
음 안에서 사는 것이라." — 갈 2:20

큰 산맥에는 구름을 찌를 듯한 높은 봉우리들이 있습니다. 그런가 하면 산
맥의 여기저기에는 여행자들이 다니고, 도로가 뻗어 있으며, 이 나라와 저 나라
를 연결해주는 통로가 지나가는 낮은 부분들이 있습니다. 본문은 바로 안데스
산맥과 같은 높은 산맥처럼 내 앞에 우뚝 서 있어서 생각하기가 만만치 않습니
다. 나는 오늘 아침 이 장엄한 산맥의 정상을 올라가지 않을 것입니다. 우리에게
그럴 만한 시간이 없고, 또 올라갈 만한 기술이 없을 수도 있습니다. 그 대신에
나는 오늘 아침 우리에게 유익할 수 있는 실제적인 진리 한두 가지를 여러분에
게 소개하고, 묵상의 즐거운 들판으로 여러분을 안내하겠습니다.

1. 먼저 우리가 할 일을 생각해 봅시다.

첫째로, 나는 여러분에게 본문에 나타나 있는 대로 기독교 신앙의 성격을 매우
주의 깊게 살펴보라고 말씀드립니다.

이 구절에 1인칭 대명사들이 얼마나 많이 나옵니까? 여덟 번 정도 나오지 않

습니까? 이 구절은 내가와 나를 이라는 인칭 대명사들이 잔뜩 들어 있습니다. 본문에는 복수가 전혀 나오지 않습니다. 본문은 다른 어떤 사람을 언급하지 않고 멀리 있는 제3자도 말하지 않습니다. 사도는 그 자신에 대해, 자신의 내적 생명, 그 자신의 영적 죽음, 자기에 대한 그리스도의 사랑, 그리스도께서 그를 위해 드리신 큰 희생 제사를 다룹니다. "나를 사랑하사 **나를** 위하여 자기 자신을 버리신 하나님의 아들." 이 말씀은 교훈적입니다. 기독교 신앙의 독특한 특징으로, 사람의 개인성을 나타내기 때문입니다. 기독교 신앙은 사람을 이기적으로 만들지 않고, 오히려 우리에게서 그런 악을 치유합니다. 기독교 신앙은 우리에게 개인성이 나타나도록 하는데, 이 개성에 의해 우리는 자신의 인격을 뚜렷하게 의식하게 됩니다. 밤하늘에 밝은 빛 덩어리가 오래 동안 관찰되었습니다. 천문학자들은 그 덩어리를 "성운"이라고 불렀습니다. 그들은 허셜(William Herschell, 1738-1822: 영국 천문학자, 1781년에 천왕성을 발견했다 — 역주)의 망원경으로 성운이 하나하나의 뚜렷한 별들이라는 것을 밝히기 전까지는 성운을 형태가 없는 혼돈의 물질 덩어리라고 생각하였습니다. 허셜의 망원경이 별들에 대해 한 일을, 기독교가 이 종교를 받아들이는 사람에게 행합니다. 사람들은 자신을 인류와 뒤섞여 있거나 사회 속에 매몰되어 있거나 혹은 보편적인 인간에 흡수되어 있는 것으로 생각합니다. 사람들은 하나님에 대한 자신의 개별적인 의무와 하나님의 통치에 대한 자기 개인의 관계를 모호하게 생각합니다. 그러나 복음은 망원경처럼 사람을 그 자신에게서 끄집어내고, 자신을 독립된 존재로 보며 자신의 죄와 구원에 대해, 은혜로 구원받지 않는 한 겪을 개인적인 파멸에 대해 깊이 생각하지 않을 수 없게 만듭니다. 넓은 길에 많은 사람들이 통행하고 있습니다. 그 사람들을 높은 데서 내려다보면, 거리가 질서 없이 움직이는 아주 많은 사람들로 가득 차 있는 것처럼 보입니다. 그러나 영생으로 인도하는 좁고 곧은 길에서는 통행하는 사람이 하나하나 뚜렷이 구분됩니다. 사람 하나하나가 여러분의 주의를 끕니다. 그는 뚜렷한 한 사람입니다. 신자는 시대의 일반적인 흐름을 거슬러 가야 하므로 사람들의 이목이 집중되는 개인입니다. 신자는 자신에게나 다른 사람들에게 뚜렷이 드러나는 사람입니다. 여러분은 예수 그리스도의 종교가 어떻게 사람의 개인성을 나타내기 시작하는지 금방 알게 될 것입니다. 기독교 신앙은 사람에게 그 자신의 죄와 그에 따른 위험을 계시합니다. 여러분이 단지 인간의 타락과 파멸을 믿기만 하고, 여러분 자신이 타락하였고 망한 상태에 있다고 느끼지 않았다면, 회심에 관해서는 아무것도 모르고 있는 것입니다. 여러분이 성령에 의해 죄를 깨닫게 되었다면, 인류의 보편적인 고통 외에도, 특별히 여러분 자신에게 해당되는 한 가지 고통이 있을 것입니다. 큰 소리로 외친 예루살렘의 그 선지자처럼 여러분도 성이 함락되는 날에 이같이 소리칠 것입니다. "내게 화가 있도다." 여러분은 마치 하나님의 화살이 주로 여러분을 겨냥하고 있는 것처럼 느낄 것입니다. 율법의 저주가 다른 어떤 사람에게는 내리지 않을지라도 여러분에게는 틀림없이 떨어질 것으로 느낄 것입니다. 여러분이 개인적으로 직접 예수 그리스도를 바라보지 않았다면 구원에 대해서 아무것도 모르는 것입니다. 여러분이 믿음의 팔로 예수 그리스도를 개인적으로 받아들이는 일이 있어야 합니다. 여러분이 십자가 밑에서 서서 생각만 하고, 십자가에 못 박히신 분을 신뢰하지 않았다면, 여러분은 영생에 이르도록 믿은 것이 아닙니다.

　그 다음에, 신자는 독립된 개인의 믿음의 결과로 개인적인 평안을 누립니다. 땅이 온통 전쟁 중에 있다고 하더라도, 여러분은 여전히 그리스도 안에서 평안을 얻을 것이고, 그 평안은 다른 사람들에게 좌우되지 않는, 여러분 자신만의 평안이 될 것입니다. 그는 그 평안을 다른 사람들에게 말할 수는 있으나 전달해 줄 수는 없습니다. 다른 사람들이 그 평안을 그에게 줄 수 없고, 그에게서 빼앗을 수도 없습니다. 기독교를 진정으로 영혼에 받아들이는 곳은 어디에서든지, 영혼이 자신을 개인적으로 하나님께 바치는 데로 나갑니다. 그는 그리스도의 제단에 나와서 이렇게 말합니다. "제가 여기 있습니다. 지극히 영광스러우신 주님, 제 영과 혼과 몸을 주님께 드리는 것이 저의 합당한 예배라고 생각합니다. 다른 사람들은 자기들 하고 싶은 대로 내버려 두고 나와 내 집은 여호와를 섬길 것입니다." 마음이 새롭게 된 사람은 다른 사람들이 일한다고 해서 자기가 봉사에서 면제된다고 생각하지 않고, 기독교 교회 전체가 미지근하다고 해서 자신의 무관심이 용서받을 수 있다고 생각하지 않습니다. 필요하다면 아타나시우스처럼 "나 아타나시우스는 온 세상에 맞섭니다" 하고 외치며 홀로 항의하게 될지라도, 그는 오류에 끝까지 저항합니다. 혹은 느헤미야처럼 예루살렘을 건축하는 일에 다른 사람들이 그를 돕지 않을지라도 기꺼이 혼자서 일합니다. 그는 자신이 개인적으로 망하였고, 또 개인적으로 구원받았다는 것을 발견하였습니다. 그래서 이제 그는 이렇게 기도합니다. "주님, 주께서 내게 시키려는 일을 가르쳐 주옵소서. 내가 여기 있나이다. 나를 보내소서." 나는 우리의 경건이 뚜렷하게 단수 1인칭으로 표현되는 만큼, 강하고 활기차게 될 것이라고 믿습니다. 그 다음에, 하나님께 대한 우리 개인의 책임을 충분히 깨닫는 만큼, 그 책임을 이행하게 될 것이라고 생각합니다. 그 책임을 정말로 이해하지 못하였다면, 우리는 대리인을 통해 하나님을 섬기는 일을 꿈꾸거나 우리에게 유익한 일을 하도록 사제나 목사에게 돈을 치르기가 쉽고, 마치 우리가 자신의 책임을 사회나 교회에 지울 수 있는 것처럼 행동하기가 매우 쉽습니다. 참된 경건이 지닌 개인성은, 동이 트는 그 초기부터 한낮의 영광에 이르기까지 아주 뚜렷하게 볼 수 있습니다. 우리의 거룩한 믿음이 가르치는 모든 교훈은 이 방향으로 나갑니다. 우리는 개인적인 선택, 개인적인 소명, 개인의 회심, 개인의 인내, 개인적인 거룩을 설교합니다. 은혜의 활동 가운데, 신앙을 고백하는 개인과 직접 연관되지 않은 것은 없습니다. 성경에서, 한 사람이 다른 사람의 경건에 의해 구원받을 수 있다고 가르치는 교훈은 없습니다. 주 예수 그리스도의 보증을 받는 경우를 제외하고, 다른 사람의 보증으로 구원받는 일 같은 것은 없습니다. 어떤 사람도 다른 사람을 대신해서 죄의 짐을 지거나 그의 의무를 이행할 수 없습니다. 우리가 동정심에서 다른 사람의 짐을 질 수는 있지만, 대속(代贖)의 의미에서 다른 사람의 짐을 질 수 없는 것은 분명합니다. 사람은 누구나 자기 짐을 자기가 져야 하고, 하나님 앞에서 자신에 대해 설명해야 합니다.

그 다음에, 기독교 신앙의 의식들이 같은 사실을 가르칩니다. 사람이 세례라는 공적 행위에 의해 그리스도와 함께 상징적으로 장사될 때, 그는 다른 사람을 대신해서 죽거나 다른 사람을 대신해서 장사될 수 없고, 또 다른 사람을 대신해서 부활할 수도 없습니다. 우리 개인이 세상에 대해서 죽었고, 우리 개인이 그리스도와 함께 장사되었으며, 우리 개인이 그리스도와 함께 부활할 것을 나타내는 세례라는 개인적인 행위가 있습니다. 이와 같이 각 사람이 자신을 위하여 먹고 마시는 개별적인 행위인 주의 만찬에서도, 우리가 주 예수 그리스도와 관련하여 주 하나님 앞에 개인으로 선다는 것이 아주 분명하게 나타납니다. 나는 어떤 것도 이 진리가 우리 마음에 미치는 효과를 손상시키지 못할 것이라고 생각합니다. 그것은 너무도 단순한 진리여서, 내가 그 점을 말하면 여러분은 아마도 내가 그 점을 너무 자주 반복한다고 이상하게 생각할 것입니다. 그러나 그 진리가 그렇게 단순하다보니까 사람들이 항상 그 진리를 잊어버리고 지냅니다. 얼마나 많은 교인들이 교회 전체의 왕성한 활동 뒤에 숨습니까! 교회가 커지고 있고,

교회가 여러 학교를 열며, 새로운 기도처를 짓습니다. 그래서 교인은, 그 사람 자신은 기부를 하거나 기도하는 일, 혹은 개인적으로 가르치는 일을 통해서 무엇을 한 것이 전혀 없음에도 자기가 무엇인가를 하고 있다고 생각하고 우쭐해합니다. 게으른 교인 여러분에게 권합니다. 먼지를 떨어버리고 일어나십시오. 다른 사람들의 노고를 마치 자신이 한 것인 양 하는 그런 천한 생각을 갖지 마십시오. 여러분은 주님 앞에서 여러분 개인의 봉사나 게으름으로 인해서 서든지 넘어지든지 할 것입니다. 여러분이 직접 자신의 열매를 내놓지 못한다면 다른 가지에 있는 열매는 여러분에게 전혀 도움이 되지 않을 것입니다. "아름다운 열매를 맺지 아니하는 나무마다 찍혀 불에 던져지느니라"(마 7:19). "무릇 내게 붙어 있어 열매를 맺지 아니하는 가지는 아버지께서 그것을 제거해 버리시느니라"(요 15:2).

　　사람들이 사회 뒤에 숨는 일은 아주 흔합니다. 사람들이 거룩한 노력에 대해서는 전체적으로 무관심하면서도 일 년에 한 번 내는 작은 기부금으로 그 부끄러움을 가리려고 하는 경우가 종종 있어 왔습니다. 다른 누군가가 여러분 대신 선교사가 되어 선교 활동을 하도록 값을 치르는 것입니다. 이것이 주님의 방식입니까? 이것이 순종의 길입니까? 우리 주님께서 내게 "아버지께서 나를 보내신 것 같이 나도 너희를 보내노라"(20:21)고 말씀하시지 않습니까? 하나님 아버지께서 그리스도를 보내신 것은 그리스도께서 대리인을 세우고 명목상만 구속자가 되도록 하기 위함이 아니었습니다. 예수께서는 개인의 봉사와 희생을 통해 우리에게 자신을 주셨습니다. 바로 그와 같이 예수님은 고난을 받고 섬기도록 우리를 보내십니다. 목사를 지지하는 것은 잘하는 일입니다. 도시 선교사에게 헌금을 하여 그가 필요한 일을 할 수 있는 시간을 갖도록 하는 것은 잘하는 일입니다. 전도 부인(the Bible-woman)이 이 집 저 집을 방문할 수 있도록 돕는 것은 잘하는 일입니다. 그러나 모든 단체가 할 수 있는 모든 일을 다 하였을지라도, 그렇다고 해서 여러분이 감당해야 할 자신의 독특한 소명을 면제해 줄 수 없다는 사실을 기억해야 합니다. 다른 사람들이 주님께 봉사하는 것을 돕는데 여러분이 아무리 많은 기여를 했을지라도, 그런 기여가 여러분이 마땅히 직접 주님께 드렸어야 할 것을 조금이라도 대신할 수 없다는 것을 알아야 합니다. 형제자매 여러분, 여러분이 지금까지 다른 사람들의 일 뒤에 숨었다면, 이제 스스로 나서기를 기도하겠습니다. 하나님 앞에서 여러분이 느끼고, 여러분이 알며, 여러분이 배우고 행한 것에 의해 여러분이 평가된다는 것을 기억하시기를 기도하겠습니다.

가장 나쁜 해악은 사람들이 가족의 신앙과 국가의 종교를 자기 개인의 회심과 믿음 대신에 활용할 수 있는 것으로 생각하는 일입니다. 터무니없는 일처럼 보이지만 사람들이 이렇게 말하는 것은 아주 흔합니다. "아, 예. 우리는 다 그리스도인이에요. 그럼요. 다 신자예요. 영국 사람은 다 그리스도인이에요. 우리는 브라만교나 이슬람교인이 아닙니다. 우리는 다 그리스도인이에요." 사람이 그보다 더 큰 거짓말을 지어낼 수 있겠습니까? 사람이 영국에 산다고 해서 그리스도인입니까? 쥐가 마구간에 살기 때문에 말이 됩니까? 그것은 상당히 비논리적인 이야기입니다. 사람은 거듭나야 합니다. 그렇지 않으면 그는 하나님의 자녀가 아닙니다. 사람은 주 예수 그리스도에 대해 살아 있는 믿음을 가지고 있어야 합니다. 그렇지 않으면 그는 전혀 그리스도인이 아닙니다. 사람이 이 문제에 전혀 관계가 없는데도 스스로 그리스도인이라고 부른다면, 그는 그리스도인이라는 이름을 조롱하는 것밖에 되지 않습니다.

또 어떤 사람들은 이렇게 말합니다. "우리 아버지 어머니가 언제나 그런 신앙을 고백했어요. 그래서 나도 그런 신앙을 고백하지 않을 수 없습니다." 멋진 추론이지만, 바보들에게나 어울릴 생각임에 틀림없습니다! 여러분은 옛날의 어떤 이교도 군주에 대한 이야기를 들어보지 못했습니까? 한 이교도 군주가 자신이 회심하였다고 고백하고 세례를 받으러 세례반(洗禮盤) 앞으로 막 나가려고 하던 중이었습니다. 그때 군주가 주교에게로 몸을 돌이켜 물었습니다. "주교님의 종교가 이곳에 오기 전에 내 부친이 죽었는데, 부친은 어디로 갔습니까? 내 아버지의 아버지와, 오딘(Woden: 게르만 신화의 주신[主神])과 토르(Thor: 북유럽 신화에 나오는 신으로 천둥·전쟁·농업을 맡은 뇌신[雷神])를 예배했던 내 앞의 모든 왕들은 어디로 갔습니까? 그들은 죽고서 어디에 갔습니까? 지금 말해 주십시오!" 주교는 머리를 가로 저으며 매우 슬픈 표정을 짓고서, 유감스럽게도 그들은 아주 어두운 곳으로 갔다고 말했습니다. 그러자 군주가 말했습니다. "아, 그렇다면, 나는 그들과 떨어지지 않겠소." 그는 돌아갔고 여전히 씻음받지 못한 이교도로 남았습니다.

여러분은 이런 어리석은 일이 어두운 시대로 끝이 났다고 생각합니다. 그런 행위는 지금도 남아 있고 여전히 횡행하고 있습니다. 우리는 복음에 깊은 인상을 받고서도 여전히 미신이나 인간 공로의 거짓된 소망을 붙잡고 있으며 "당신도 알다시피, 나는 지금까지 복음을 믿도록 양육 되었소"라는 말로 자신을 변명하는 사람들을 알고 있습니다. 사람이 어머니가 가난하기 때문에 혹은 아버지가 극빈자이기 때문에 틀림없이 자기도 거지로 지낼 수밖에 없다고 생각합니까? 내 부모님 중의 한 분이 맹인이면, 나도 그처럼 되기 위해 눈이 보이지 않도록 해야 합니까? 그렇지 않습니다. 내가 예수 그리스도의 진리의 빛을 보았다면, 나는 그 빛을 따라가야 합니다. 우리 조상들은 부모에게 물려받은 미신에 속아 왔습니다. 그렇기 때문에 그런 미신이 별로 위험하지 않거나 크게 잘못된 것이 아니라는 그릇된 생각 때문에 곁길로 나가서는 안 됩니다. 친구 여러분, 여러분은 하나님 앞에 여러분 발로 서야 합니다. 어머니나 아버지가 여러분을 대신할 수 없습니다. 그러므로 여러분 스스로 판단하고 여러분 자신이 영생을 구하십시오. 여러분 자신이 눈을 들어 그리스도의 십자가를 보십시오. 여러분 자신이 "그리스도께서 나를 사랑하사 나를 위하여 자기 자신을 버리셨다"고 말할 수 있도록 진지하게 노력하십시오. 우리는 모두 혼자 태어났습니다. 우리는 우리 혼자밖에 걸을 수 없는 길을 따라 걷기 위해 슬픈 순례자로서 이 세상에 들어왔습니다. 거의 대부분 우리는 이 세상을 홀로 지나갑니다. 우리의 모든 친구들은 우리와 나란히 항해하는 배에 지나지 않습니다. 각자 자기 깃발을 달고서 자기 길을 가는 배들일 뿐입니다. 우리 마음 깊은 곳에는 아무도 들어올 수가 없습니다. 영혼의 방에는 그 사람 자신 외에는 아무도 열 수 없는 상자들이 있습니다. 친구들이 임종의 침상에 둘러 서 있을 수는 있지만, 우리는 혼자 죽을 수밖에 없습니다. 떠나는 영은 혼자서 올라가야 합니다. 우리가 깊은 강 속으로 내려갈 때 수많은 사람들의 발자국 소리를 듣지 못할 것입니다. 우리는 알지 못하는 땅으로 혼자 떠날 것입니다.

우리는 많은 무리들 속에 섞여서 심판대 앞에 서기를 바라지만, 마치 그 자리에 다른 아무도 없는 것처럼 홀로 심판을 받게 될 것입니다. 그 모든 무리가 정죄받을지라도 우리가 그리스도 안에 있다면, 우리는 구원을 받을 것입니다. 그 많은 무리들이 모두 구원받을지라도, 우리에게 부족한 것이 드러나면, 우리는 내쫓김을 당할 것입니다. 그 저울에 우리 각 사람이 홀로 올라갈 것입니다. 금괴를 단련하는 도가니가 있고, 은괴를 단련하는 용광로가 있습니다. 부활 때에는 모든 사람이 자기 몸을 받을 것입니다. 그 기이한 날에 일어날 몸에 개인성이 있을 것입니다. 누구나 확실히 알아볼 수 있는 개인성이 있을 것입니다. 내가 마지막에 정죄받는다면, 아무도 내 영을 대신해서 정죄받을 수 없습니다. 어떤 영혼도 나를 대신해서 불 속에 들어갈 수 없고, 나를 대신해서 말할 수 없는 고통을 견딜 수 없습니다. 내가 구원을 받는다면, 영광스러운 그리스도를 보는 것은 나일 것입니다. 내 눈이 그리스도를 보고, 나를 대신해서 다른 어떤 사람이 보지 않을 것입니다. 하늘의 기쁨을 누가 대신 누리지 않을 것입니다. 그리스도와 개인적으로 연합된 사람들이 그 기쁨을 누릴 것입니다. 여러분 모두 이 사실을 압니다. 그러므로 이 중요한 진리를 항상 기억하시기를 바랍니다. 제정신이 있는 사람은 누구도 다른 사람이 자기를 대신해서 먹거나 마시고, 옷을 입거나 잠을 자고 깰 수 있다고 생각하지 않습니다. 오늘날은 아무도 다른 사람이 자기를 대신해서 돈을 갖거나 부동산을 소유하는 것을 좋게 생각하지 않습니다. 사람들은 자기 스스로 부를 소유하기 원합니다. 사람들은 자신이 행복하기를 바라고, 자신이 명예를 얻기를 바랍니다. 사람들은 이생의 좋은 것들이 명목상으로만 자기 소유이고, 그 실질은 다른 사람이 쥐고 있는 것을 좋아하지 않습니다. 그들은 세상의 모든 재화를 실질적으로 자기가 쥐고 있기를 바랍니다. 우리는 영원한 것들을 망치지 않도록 합시다. 그리스도에 대해 우리 자신이 직접 관심을 갖고, 우리의 모든 것을 마땅히 받으실 만한 그리스도께 직접 봉사를 드리고, 우리의 영과 혼과 몸을 드려 그리스도의 뜻을 이루기를 열망합시다.

2. 둘째로, 본문은 우리 자신의 고유한 인격이 그리스도의 인격과 긴밀하게 연결되어 있음을 아주 분명하게 가르칩니다.

본문을 다시 한 번 읽어봅시다. "내가 그리스도와 함께 십자가에 못 박혔나니 그런즉 이제는 내가 사는 것이 아니요 오직 내 안에 그리스도께서 사시는 것이라 이제 내가 육체 가운데 사는 것은 나를 사랑하사 나를 위하여 자기 자신을 버리신 하나님의 아들을 믿는 믿음 안에서 사는 것이라." 여기에 한 사람이 있습니다. 그리고 아주 뚜렷하게 하나님의 아들이 계십니다. 그래서 두 인격이 아주 긴밀하게 섞여 있습니다. 나는 두 나무를 보는 것 같습니다. 두 나무는 옆에서 나란히 함께 자라고 있습니다. 두 나무의 줄기를 따라 밑으로 내려가 보니까, 뿌리가 아주 뒤얽혀 있어서 두 나무를 따로따로 구분할 수가 없고 어떤 줄기가 어느 뿌리에서 나온 것인지 분간할 수가 없습니다. 그리스도와 신자의 관계가 그렇습니다. 나는 포도나무를 보는 것 같습니다. 저기에 가지가 있습니다. 분명히 하나의 완전한 가지입니다. 그 가지를 다른 가지와 혼동할 수 없습니다. 그것은 자체로 하나의 완전한 가지입니다. 그러나 그 가지는 줄기에 완벽하게 결합되어 있으며, 또 전체 포도나무에서 뻗어 나온 가지로서 완전한 개별성을 지니고 있습니다! 자, 그리스도 안에 있는 신자가 그와 같습니다.

그림자를 우리의 길에 드리우고, 우리가 그 영향을 결코 피할 수 없는 한 부모가 있었습니다. 우리는 다른 모든 사람들과는 떨어지려고 애쓰고, 또 떨어져 있다고 주장할 수 있을 것입니다. 그러나 이 한 사람에게서는 우리가 떨어질 수 없습니다. 우리는 그의 한 부분입니다. 그는 타락한 첫 사람 아담입니다. 우리는 그와 함께 타락하였으며 그의 안에서 완전히 파멸했습니다. 그런데 감사하게도, 이 첫 사람의 그림자가 우리에게서 걷혀졌고, 두 번째 사람, 곧 하늘로부터 오신 주님이 나타나셨습니다. 우리 길에 주님의 영광과 은혜의 빛이 비칩니다. 감사하게도 하나님의 아들을 믿은 우리는 이 빛에서도 피할 수가 없습니다. 그 사람, 곧 자기 백성의 머리이신 둘째 아담의 빛을 우리는 진정으로 기뻐합니다. 우리 개인의 역사와 인격은 사람이신 그리스도 예수의 역사와 인격과 긴밀하게 얽혀 있습니다. 우리는 영원히 그리스도와 한 몸입니다.

몇 가지 접촉점을 살펴봅시다. 첫째로, 바울은 "내가 그리스도와 함께 십자가에 못 박혔다"고 말합니다. 사도는 무슨 뜻으로 이렇게 말합니까? 사도는 이 말씀에 아주 많은 의미를 담고 있어서 내가 오늘 아침 여러분에게 그것을 다 말할 수 없습니다. 그러나 간단히 말하자면, 이 뜻입니다. 사도는 십자가에 달리신 그리스도의 대표성을 믿은 것입니다. 그는 예수 그리스도께서 나무에 달리셨을 때 한 개인으로 거기에 달리신 것이 아니라 그의 택한 모든 백성의 대표자로서 달렸다고 주장한 것입니다. 하원의원들이 자기 혼자만을 위해서 투표하는 것이 아니라 자기를 의회에 보낸 도시의 시민들의 이름으로 투표하는 것과 같이, 주 예수 그리스도께서는 공적 대표자로서 행동하셨고, 따라서 예수 그리스도께서 십자가에서 죽으시는 것은 사실 그의 모든 백성이 죽는 것이었습니다. 그렇게 함으로써 그의 모든 성도들이 마땅히 받아야 할 것을 재판에 부쳐 처벌하였고, 그들의 모든 죄에 대한 하나님의 보복에 대해 보상을 치른 것입니다. "내가 그리스도와 함께 십자가에 못 박혔나니." 이방인의 사도 바울은 자기가 그리스도의 택한 백성의 하나로 그리스도 안에서 십자가에서 죽었다고 생각하기를 즐거워하였습니다.

그러나 바울은 이 사실을 단지 교리적으로만 믿는 것이 아니었습니다. 그는 확신을 가지고 이 사실을 받아들였고 거기에 소망을 두었습니다. 사도는 예수 그리스도의 죽음 덕분에 자기는 법이 요구하는 바를 치렀고 하나님의 공의를 만족시켰으며 하나님과 화목되었다고 믿었습니다. 사랑하는 여러분, 영혼이 그리스도의 십자가를 붙잡고 이렇게 말하는 것은 참으로 복된 일입니다. "나는 죽었다. 율법이 나를 죽이고 저주하였으므로 나는 율법의 권능에서 자유롭게 되었다. 내가 보증인 안에서 저주를 받았기 때문이다. 율법이 정죄할 수 있는 모든 정죄를 나의 대리인 안에서 내게 다 실행하였기 때문이다." 그리스도의 십자가가 우리 위에 놓이는 것은 참으로 복된 일입니다. 십자가는 우리를 소생시킵니다! 나이든 선지자가 올라가서 죽은 아이 위에 엎드려 입을 아이의 입에 맞추고 손을 아이의 손에 대며 발을 아이의 발에 대자, 죽었던 아이가 살아났듯이, 십자가가 우리 영혼 위에 놓일 때, 십자가가 내게 생명과 능력과 온기와 위로를 줍니다. 고난당하고 피 흘리시는 구주와 연합하고, 구속자의 공로를 믿을 때 우리 영혼이 유쾌하게 됩니다. 우리가 이 사실을 더 누릴 수 있으면 좋겠습니다! 바울은 이보다 훨씬 더 많은 점을 의미하였습니다. 바울은 그리스도의 죽음을 믿고 의지하였을 뿐만 아니라 실제로 그리스도의 죽음이 자신의 타락한 옛 본성을 십자가에 못 박는 효과를 일으키는 것을 느꼈습니다.

여러분이 자신을 처형당한 사람이라고 생각한다면, 율법에 의해 처형당했으므로, 율법이 이제는 더 이상 여러분을 주장할 권리가 없다는 것을 즉시 깨닫게 됩니다. 또한, 여러분에게 내려진 판결에 의해 한 번 죄의 저주를 받았으므로, 여러분은 다시는 같은 죄에 떨어지지 않을 것이며, 율법이 여러분을 몰아넣은 죽음에서 기적적으로 구출되었으므로, 이후부터는 새 생명 가운데서 살 것을 결심합니다. 여러분이 바르게 안다면 반드시 그렇게 느낄 것입니다. 이와 같이 바울은 자신을 율법의 선고를 받아 처형당한 죄인으로 봅니다. 사도는 죄의 쾌락을 보고서 이렇게 말하였습니다. "나는 이 쾌락들을 즐길 수가 없다. 나는 그 쾌락들에 대해 죽은 사람이다. 나는 한때 이 쾌락들을 즐기던 삶을 살았었다. 그러나 나는 그리스도와 함께 십자가에 못 박혔다. 따라서 죽은 사람은 한때 그를 즐겁게 만들었던 것들을 전혀 기뻐할 수 없듯이 나도 그 쾌락들을 즐길 수 없다." 바울은 세상의 육신적인 일들을 보고서 말했습니다. "전에는 이런 것들이 나를 지배하도록 두었다. 무엇을 먹을까? 무엇을 마실까? 무엇을 입을까? 이것들이 내게 지극히 중요한 질문들이었다. 그러나 내가 이런 것들에 대해 죽었기 때문에 이제는 내게 전혀 중요하지 않다. 나는 그런 문제들에 대한 염려를 주님께 맡겨버린다. 그런 것들은 내 생명이 아니다. 나는 그런 것들에 대해 십자가에 못 박혔다." 그리스도의 십자가에 미치지 못하는 어떤 열정이나 어떤 동기, 어떤 계획이 마음속에 떠오른다면, 우리는 이렇게 소리쳐야 합니다. "나는 이런 것들 가운데 어떤 것도 기뻐해서는 안 된다. 나는 죽은 사람이다. 세상이여 모든 마술을 부리면서 와라. 쾌락이여, 모든 매력을 뽐으며 와라. 부(富)여, 모든 시험을 안고서 와라. 그토록 많은 사람을 시험한 모든 시험하는 자여, 와라. 네가 십자가에 못 박힌 사람에게 무엇을 할 수 있느냐? 너에 대해서 죽어버린 사람을 네가 어떻게 시험할 수 있겠느냐?"사람이 그리스도를 영접하였기 때문에 그가 세상에 대해 완전히 죽은 사람과 같이 되었다는 것을 느낄 수 있다면, 그것은 참으로 복된 마음 상태입니다. 그는 죽은 사람의 뜻을 이루기 위해 힘을 쓰지 않고, 죽은 사람의 관습을 따르지도 않으며, 죽은 사람의 처세법에 따라 판단하지도 않고, 죽은 사람의 감정을 따르지도 않습니다. 그는 예수 그리스도로 말미암아 십자가에 못 박힌 사람이기 때문입니다. 세상이 그에 대하여 십자가에 못 박혔고, 그는 세상에 대하여 십자가에 못 박혔습니다. 이것이 사도가 말하고자 한 바였습니다.

　　그 다음에 또 다른 접촉점을 살펴봅시다. 사도는 "그럼에도 불구하고 나는 산다"(개역개정은 "그런즉 내가 사는 것은" —역주)고 말하고 나서, 그 말을 고칩니다. "이제는 내가 사는 것이 아니요 오직 내 안에 그리스도께서 사시는 것이라"고 말합니다. 지금까지 여러분은 신자의 죽은 면을 보았습니다. 그는 귀먹고, 벙어리에, 눈이 멀어서 죄 많은 세상을 느끼지 못합니다. 그렇지만 여기에 이 말을 덧붙입니다. "그럼에도 불구하고 나는 산다." 사도는 그의 삶이 어떤 것인지 설명합니다. 그의 생명은 그리스도께서 그 안에, 그가 그리스도 안에 있음으로 인해 그에게 생겨난 것입니다. 예수님은 그리스도인에게 생명의 원천이십니다. 포도나무의 수액은 아무리 작은 덩굴손에도 흐르고 있습니다. 신경조직이 아무리 미세할지라도, 해부학자는 뇌생(brain-life: 腦生)이 아주 멀리 떨어져 있는 사지에서도 살아 있다고 말할 것입니다. 모든 그리스도인도 그와 같습니다. 어떤 그리스도인이 볼품없고 미점(美點)이 거의 없는 사람일지라도, 그가 진정으로 신자라면 예수께서 그의 안에 살아 계십니다. 믿음과 소망과 사랑을 여전히 간직하고 있는 생명은 예수 그리스도에게서 나오고, 오직 그에게서만 나옵니다. 우리가 우리 언약의 머리에게서 매일 은혜를 받지 않는다면, 더 이상 성도로 살아갈 수 없습니다. 우리 생명의 힘이 하나님의 아들에게서 나오듯이, 그리스도는 우리를 다스리는 분이시요 우리 속에서 활동하시는 분이십니다. 따라서 그리스도가 아니고 다른 것에 지배를 받는 사람이 어떻게 그리스도인이 될 수 있습니까? 여러분이 그리스도를 "선생이요 주"라고 부른다면, 여러분은 반드시 그의 종이 되어야 합니다. 여러분은 그리스도와 대항하는 다른 어떤 권세에 복종할 수 없습니다. 아무도 두 주인을 섬길 수 없기 때문입니다. 예수께서 우리에게 주인이 될 수 없는 한, 우리는 결코 구원받지 못합니다. 그리스도인의 생명은 그리스도에게서 나오는 생명입니다. 그 생명은 그리스도의 뜻에 따라 움직입니다. 사랑하는 여러분, 여러분은 이 점에 대해 조금이라도 알고 있는 것이 있습니까? 여러분이 이 사실을 느끼지 않는 한, 이에 대한 이야기가 여러분에게 무미건조한 것이 되지 않을까 염려됩니다. 지난 주 동안 여러분의 삶이 그러했습니까? 여러분의 삶이 그리스도께서 여러분 안에서 사는 것이었습니까? 여러분은 글자가 뚜렷이 인쇄된 책처럼 지냈습니까? 그래서 사람들이 여러분의 삶에서 예수 그리스도의 생명의 새로운 형태를 보았습니까? 그리스도인은 주 예수님의 살아 있는 사진, 곧 자기 주님을 현저하게 닮은 사진이 되어야 합니다. 사람들이 그리스도인을 볼 때, 그리스도인이 어떤 사람인지를 볼 뿐만 아니라 그리스도인의 주님이 어떤 분이신지도 알 수 있어야 합니다. 그리스도인은 자기 주님을 닮았기 때문입니다. 여러분은 스스로 생각할 때, 여러분 영혼 속에서 그리스도께서 불쌍한 죄인들을 보고 어떻게 하면 그들을 도울 수 있는가를 생각하는 것이 보입니까? 그리스도께서 여러분 마음속에서 죽어가는 자들을 불쌍히 여기며, 스스로 떨지 않는 사람들을 인해서 떠시는 것이 느껴집니까? 여러분은 그리스도께서 여러분에게 넉넉한 마음을 주셔서 스스로 어떻게 할 수 없는 자들을 돕게 하시는 것을 느낍니까? 여러분은 자기 안에 여러분 자신이 아닌 어떤 것이 있다고 느껴본 적이 있습니까? 때로 여러분과 싸우고, 여러분의 목을 잡고 여러분의 죄악된 이기심을 죽일 것처럼 위협하는 영, 곧 여러분의 탐욕의 목을 발로 밟는 고귀한 영, 여러분의 교만을 땅에 내던지는 용감한 영, 여러분의 게으름을 태워버리는 열성적이고 뜨거운 영이 있는 것을 느껴본 적이 있습니까? 이런 것을 한 번도 느껴본 적이 없습니까? 하나님을 위하여 사는 사람은 정말로 자기 속에서 하나님의 생명을 느끼고, 그리스도의 영에 더욱더 복종하여서 우리 인간이 그리스도를 위한 처소가 되기를 바랍니다. 이것이 또 한 가지 접촉점입니다.

　사도는 이어서 이렇게 말합니다. 성경을 펴서 본문을 계속해서 읽기 바랍니다. "이제 내가 육체 가운데 사는 것은 나를 사랑하사 나를 위하여 자기 자신을 버리신 하나님의 아들을 믿는 믿음 안에서 사는 것이라." 매순간 그리스도인의 삶은 믿음의 생활이 되어야 합니다. 우리가 느끼는 것이나 보는 것을 따라 행하려고 하면, 잘못하는 것입니다. 어느 날 밤, 신자의 삶에 대해 묵상하면서, 나는 하나님께서 가라고 하신 길을 따라 지나가고 있는 꿈을 꾸었습니다. 나를 불러 가라고 정해 주신 그 길은 빛이 한 줄기도 비치지 않는 빽빽한 어둠 속으로 뻗어 있었습니다. 나는 무시무시한 어둠 속에서 한 치 앞도 볼 수 없었는데, "계속해서 똑바로 가라. 두려워하지 말고, 하나님의 이름으로 앞으로 가라"고 말하는 목소리가 들렸습니다. 그래서 나는 떨면서 한 걸음 한 걸음 계속 내디뎠습니다. 잠시 후에, 어둠 속으로 지나가던 길이, 계속 가다보니 편하고 쉬워졌습니다. 바로 그때 그 길이 구부러지는 것을 느꼈습니다. 내가 전처럼 앞으로 나가려고 노력했지만 전혀 소용이 없었습니다. 길은 구불구불하고 거칠고 돌투성이었습니다. 그렇지만 나는 들었던 말을 기억하고, 할 수 있는 대로 앞으로 나아가려고 노력했고, 그렇게 계속 나아갔습니다. 그때 또 한 번 길이 구부러지고, 그 다음에 또 한 번, 또 한 번, 또 한 번 길이 구부러졌습니다. 그 길이 오랫동안 똑같았다면 나는 거기에 익숙해지고, 그래서 느낌만으로도 걸어갈 수 있다는 것을 알기까지 왜 그러는지 몰랐습니다. 그런데 내가 가는 길 전체는, 내가 계속해서 인도하는 목소리를 의지하지 않을 수 없고, 나를 부르신 보이지 아니하시는 하나님에 대한 믿음을 발휘하게 만드는 길이라는 것을 배웠습니다. 그런데 갑작스럽게 내가 발을 내디디려고 하는데 발 밑에 아무것도 없는 것처럼 보였습니다. 그렇지만 나는 믿는 마음으로 대담하게 한 걸음을 앞으로 내디뎠고, 그렇게 해서 첫 걸음을 뗐고, 그 다음에 한 걸음, 한 걸음을 내디디며 밑으로, 밑으로, 밑으로 내려가는 계단을 내려갔습니다. 나는 한 치 앞도 보이지 않는 가운데서 계속 앞으로 나아갔습니다. 주변에서는 자기 등불 빛에 의지해서 걷다가 발판을 잘못 디뎌서 밑으로 떨어져 바닥에 부딪히는 많은 사람들의 소리를 들을 수 있었습니다. 나는 사람들이 이 무서운 계단에서 떨어지면서 부르짖는 날카로운 비명소리를 들었습니다. 그러나 나는 계속 앞으로 가라는 명령을 듣고, 계속 앞으로 나아갔으며 그 길이 지옥 밑바닥으로 내려간다고 할지라도 순종하겠다고 결심하였습니다. 얼마 지나지 않아이 사닥다리가 끝이 났고, 나는 단단한 바위 위에 서 있었습니다. 나는 한쪽 손으로 난간을 붙잡고 포장된 둑길을 똑바로 걸어갔습니다. 나는 이것이 지금 나를 안내하고 도울 수 있는 과거의 경험이라는 것을 알았습니다. 나는 이 난간을 의지하고 확신을 가지고 똑바로 걸어갔습니다. 그러다가 한순간 둑길이 끝이 났고 발이 진창에 빠졌습니다. 나는 다른 위안거리들을 더듬어 찾았습니다. 그러나 그 위안거리들은 사라져 버렸습니다. 여전히 나는 보이지 않는 친구이신 하나님을 의지해서 가야 했고, 그 길은 언제나, 경험을 활용해서 갈 수 있는 것이 아니라 오직 하나님을 의지해서만 갈 수 있는 그런 길이 될 것입니다. 나는 진창과 쓰레기, 숨 막히게 하는 연기, 죽음의 안개에서 나는 듯한 냄새를 뚫고 앞으로 달려갔습니다. 그것이 유일한 길이었고, 그 안으로 걸어가라는 명령을 받았기 때문입니다. 다시 한 번 길이 바뀌었습니다. 모든 것은 여전히 한밤중처럼 깜깜했지만, 길은 위로, 위로, 자꾸 위로 올라갔는데, 의지할 것이 아무것도 없었습니다. 나는 헤아릴 수 없이 많은 계단을 지치도록 걸어 올라갔습니다. 올라간 높이는 생각만 해도 현기증이 날 정도였지만, 그 계단 가운데 하나도 볼 수 없었습니다. 그런데 내가 가던 길이, 마치 꿈에서 깨어나듯이 갑자기 빛 속으로 들어갔습니다. 길을 내려다보니, 모든 것이 안전해 보였습니다. 그러나 내가 먼저 알았다면, 결코 걸어 올 수 없었던 그런 길이었습니다. 내가 이 신비한 여행을 오직 어린아이와 같이 하나님을 신뢰하고 갈 수 있었던 것은 순전히 어둠 속에 있었기 때문입니다. 우리가 주님께서 명하시는 대로 행할 마음이 있다면 주님께서 우리를 인도하실 것입니다. 그러므로 주님을 의지하십시오. 나는 지금까지 어설픈 그림을 그렸습니다. 그렇지만 여러분이 제대로 볼 수 있다면, 대단한 그림이 될 것입니다. 매순간 그리스도를 믿고서 곧장 걸어가는 것, 여러분의 죄가 칠흑같이 어두울지라도 다 용서받았다는 것을 믿고, 여러분이 지극히 위험한 가운데 있는 것처럼 보이는 때에도 안전하다는 것을 믿고, 여러분이 하나님의 면전에서 쫓겨난 것처럼 느껴질 때 여러분이 그리스도와 함께 영화롭게 된다는 것을 믿고 곧장 앞으로 걸어가는 것, 이것이 믿음의 생활입니다.

그 다음에, 바울은 연합의 다른 점들에 주목합니다. "나를 사랑하사." 감사하게도, 창세 전에, 그리스도께서 우리를 마음에 품으셨습니다. 그가 "인자들을 기뻐하였느니라"(잠 8:31). "나를 위하여 정한 날이 하루도 되기 전에 주의 책에 다 기록이 되었나이다"(시 139:16). 신자 여러분, 그리스도께서 여러분을 영원히 사랑하셨다는 귀한 진리, 즉 영화로우신 하나님의 아들이 여러분을 선택하셨고, 여러분을 아내로 맞이하여 영원히 그의 신부가 되도록 하셨다는 이 귀한 진리를 굳게 붙잡으십시오.

본문의 다음 부분을 봅시다. "나를 위하여 자기 자신을 버리신." 주님께서는 자기에게 있는 모든 것을 주실 뿐만 아니라 자신마저 주셨습니다. 단지 자신의 영광과 광채, 생명을 치워버리신 것이 아니라 자기 자신을 넘기셨습니다. 하늘의 상속자인 여러분, 예수님은 이 순간 여러분의 것입니다. 여러분의 죄를 없이하려고 여러분을 위해 십자가에 자신을 내어주셨으므로, 주님은 그 자신을 여러분에게 주어 여러분의 생명과 면류관, 기쁨, 유업이 되도록, 여러분에게 모든 것의 모든 것이 되도록 하십니다. 여러분은 자신이 독립된 한 인격체요 개별자라는 것을 알았습니다. 그러나 그 인격은 그리스도 예수라는 분과 연결되어 있습니다. 그래서 여러분은 그리스도 안에 있고, 그리스도는 여러분 안에 계십니다. 결코 분리될 수 없는 이 복된 연합으로 인해 여러분은 그리스도와 영원히 결합되어 있는 것입니다.

3. 끝으로, 본문은 이 결합된 인격으로부터 나오는 생명을 기술합니다.

여러분이 좀 참고 들어주신다면, 할 수 있는 대로 간단하게 본문을 한 마디 한 마디 살펴보겠습니다. 형제 여러분, 자신이 그리스도와 연결되어 있다는 것을 발견하고 깨달을 때, 그의 생명은 전혀 새로운 생명입니다. 나는 그 사실을 "나는 십자가에 못 박혔지만 그럼에도 나는 살아 있다"는 말씀에서 추론합니다. 십자가에 못 박혔기 때문에 죽었습니다. 십자가에 못 박혔기 때문에, 옛 생명은 죽었습니다. 십자가에 못 박힌 사람이 생명을 가진다면, 그것은 새 생명임에 틀림없습니다. 여러분의 상태가 바로 그와 같습니다. 신자 여러분, 여러분의 옛 생명에 대해서는 사형 선고가 내려졌습니다. 하나님과 원수가 되는 육신적인 마음은 죽게 되어 있습니다. 여러분은 "나는 날마다 죽는다"고 말할 수 있습니다. 우리의 옛 본성이 완전히 죽었으면 좋겠습니다. 여러분이 그리스도와 연합되기 전까지는 생명에 속한 것을 전혀 받지 못합니다. 그것은 새로운 것입니다. 마치 여러분이 실제로 죽고 무덤에서 썩은 다음, 나팔 소리를 듣고 다시 살아나기 시작한 것과 같습니다. 여러분은 위로부터 생명을 받았습니다. 성령께서 거듭날 때 여러분 속에 일으킨 생명입니다. 육신으로 난 것은 육신입니다. 그러나 여러분이 은혜로 받은 생명은 여러분 자신에게서 나오지 않았습니다. 여러분은 위로부터 다시 태어난 것입니다.

여러분의 삶은 매우 기이한 것입니다. "내가 십자가에 못 박혔으나 여전히 내가 산다." 참으로 모순되는 말입니다! 그리스도인의 생활은 비길 데 없는 수수께끼입니다. 세상 사람은 그 누구도 그리스도인의 삶을 이해할 수 없습니다. 신자 자신조차도 이해할 수 없습니다. 신자가 그 생활을 알지만, 그 수수께끼를 푸는 것은 도저히 해결할 수 없는 문제라고 생각합니다. 죽었는데, 여전히 살아 있다는 것입니다. 그리스도와 함께 못 박혔지만, 동시에 새 생명으로 그리스도와 함께 살아난 것입니다! 그리스도인이여, 세상이 여러분을 이해할 수 있을 것으로 기대하지 마십시오. 세상은 여러분의 주님을 이해하지 못하였습니다. 여러분의 행동을 오해하고, 여러분의 동기를 조롱하더라도 놀라지 마십시오. "너희가 세상에 속하였으면 세상이 자기의 것을 사랑할 것이나 너희는 세상에 속한 자가 아니요 도리어 내가 너희를 세상에서 택하였기 때문에 세상이 너희를 미워하느니라"(요 15:19). 여러분이 동네 사람이라면, 개들이 여러분을 보고 짖지 않을 것입니다. 사람들이 여러분을 읽을 수 있다면 이상하게 생각하지 않을 것입니다. 사람들이 여러분을 이해할 수 없고, 여러분을 하찮은 사람이라고 생각하는 것은 여러분이 천상의 언어로 쓰였기 때문입니다. 여러분의 생명은 새로운 것입니다. 여러분의 생명은 기이한 것입니다.

신자와 하나님의 아들의 결합된 인격으로 귀착되는 이 놀라운 생명이 참된 생명입니다. 이 사실이 본문에 나타납니다. "그럼에도 내가 산다." 그렇습니다. 내가 전에 살았던 것과는 전혀 다르게 삽니다. 사도는 자신이 세상에 대해 죽었다고 선언할 때, 자기가 가장 고귀하고 좋은 의미에서 죽었다고 우리가 생각하지 않게 하려고 했습니다. 아니, 그는 새로운 힘과 생명의 활력을 가지고 살았습니다. 형제 여러분, 내가 깨어서 그리스도를 알게 되었을 때, 그것은 내가 마치 유충에서 껍질을 막 깨고 나온 벌레처럼, 그때 정말로 살기 시작했던 것으로 생각됩니다. 영혼이 정죄라는 천둥소리에 깜짝 놀라고, 후에 그리스도 안에 있는 사죄를 받을 때, 영혼이 살기 시작합니다. 세상 사람은 자기가 생명을 보기 원한다고 말하며 죄에 뛰어듭니다! 어리석게도 그는 영원을 찾기 위해 무덤을 자세히 들여다봅니다. 참되게 사는 사람은 신자입니다. 내가 그리스도인이기 때문에 덜 적극적이 되어야 합니까? 그럴 수 없습니다. 덜 부지런하게 되고, 또 내 자연적이고 영적인 에너지를 나타낼 기회를 덜 찾아야 하겠습니까? 그럴 수 없습니다! 사람이 양날이 서 있어서 칼집에 꽂을 수 없을 만큼 날카로운 칼 같을지라도, 그처럼 치열한 것이 기독교적인 것입니다. 그리스도인은 타면서 앞으로 가는 불길과 같습니다. 살아 있는 동안 뜨겁게 사십시오. 찔끔찔끔 시간을 낭비하는 일이 결코 없도록 하십시오. 여러분이 지극히 고귀한 생명을 가지고 있음을 나타내는 삶을 살도록 하십시오.

그리스도께서 우리에게 주시는 새 생명은 자기희생적인 생명임이 분명합니다. 왜냐하면 바울이 "내가 살지만 내가 아니라"고도 말하기 때문입니다. 겸손한 마음은 경건의 한 요소입니다. 조금이라도 무엇을 자신의 공로로 삼는 사람은 거룩한 믿음의 정신을 알지 못하는 사람입니다. 가장 잘 기도하는 신자는 "내가 아니라, 성령께서 내 안에서 간구하신다"고 말하는 사람입니다. 어떤 사람을 그리스도에게로 데려왔을지라도, 그는 "내가 아니라 복음이었다. 주 예수께서 내 안에서 힘있게 일하셨다"고 말합니다. 겸손은 참으로 하나님에게서 난 자녀의 고유한 정신입니다.

그 다음에, 그리스도께서 우리 안에 일으키시는 생명은 하나의 생각만 가지고 있는 생명입니다. 신자의 영혼이 두 가지 일에 지배를 받습니까? 아닙니다. 신자는 한 가지밖에 모릅니다. 그리스도께서 내 안에 사십니다. 내 영혼의 방에 두 주인이 있습니까? 아닙니다. 나는 한 주님만 섬깁니다. "내 안에 그리스도께서 사시는 것이라." 한 나이 든 목사가 영원한 생명을 먹고 마시고 잘 수 있기를 바랐습니다. 여러분은 그와 같이 사십시오! 슬프게도, 나는 옛 생명으로 사는 일이 너무 많고, 예수께서 내 안에서 사시는 일이 너무 적습니다. 그리스도인이 원숙하게 되면, 우리 각 사람이 지금이라도 할 수 있는 대로 더 원숙하게 되어 옛적의 "내가 사는 것"은 밑으로 내려가고, 새로운 그리스도의 생명이 지배하는 것을 보기를 원합니다. 신자의 영혼 속에서는 그리스도가 유일한 사상, 유일한 생각, 지배적인 한 생각이 되어야 합니다. 건강한 그리스도인은 아침에 깨어나면 이렇게 묻습니다. "내가 그리스도를 위해 할 수 있는 것이 무엇일까?" 일하러 갈 때는 이렇게 묻습니다. "내가 모든 활동에서 어떻게 내 주님을 섬길 것인가?" 돈을 벌 때는 스스로에게 이렇게 질문합니다. "내가 그리스도를 위해 재능을 어떻게 사용할 수 있는가?" 교육을 받게 되면, 그 질문은 "내가 어떻게 그리스도를 위해 지식을 사용할 수 있는가?"라는 것이 됩니다.

간단히 요약하자면, 하나님의 자녀는 그리스도의 생명을 안에 가지고 있다는 것입니다. 그런데 이 그리스도의 생명을 어떻게 설명할 수 있겠습니까? 이 땅에서 그리스도의 생명은 사람의 생명과 혼합된 하나님의 생명입니다. 그리스도인의 생명은 그런 것입니다. 그리스도인의 생명에는 신적인 것이 있습니다. 그 생명은 살아 있고 영원히 지속되는 썩지 않는 씨입니다. 우리는 신적 본성을 나누어 받았고, 그래서 이 세상에서 정욕으로 말미암아 오는 썩음에서 벗어난 사람들입니다. 그러나 또한 우리 생명은 철저히 인간적인 생명입니다. 그리스도인은 사람들 가운데서 지내는 사람입니다. 그리스도인은 남자다운 모든 일에서 뛰어나려고 애씁니다. 그러나 그리스도인은 다른 사람들과 다르게, 세상 사람들은 도무지 이해하지 못하는 숨은 본성을 지니고 있습니다. 사랑하는 여러분, 이 세상에서 사는 그리스도인의 생명을 그려 보십시오. 그것은 우리 속에 있는 하나님의 생명이 나타나는 모습이고, 또 우리가 성령의 능력에 복종하는 만큼 하나님의 생명이 우리에게서 나타날 것입니다.

다시 한 번 본문을 면밀하게 살펴보면, 하나님께서 우리 속에 일으키시는 생명은 여전히 사람의 생명입니다. 사도는 "이제 내가 육체 가운데 산다"고 말합니다. 시험에 넘어갈까봐 두려워서 세상에서 도망하고, 더 큰 거룩을 얻기 위해 세상에서 물러나는 수사와 수녀들은 마치 패배할 것이 두려워서 진으로 물러나는 병사들과 같습니다. 그런 병사들이 전투에서 무슨 싸움을 하고, 그런 사람들이 인생의 전투에서 무슨 일을 하겠습니까! 그리스도께서 오신 것은 우리를 수도사로 만들기 위해서가 아니었습니다. 그리스도께서는 우리를 사람이 되게 하기 위해 오셨습니다. 주님은 우리가 육체 가운데 사는 법을 배우기를 바라셨습니다. 우리는 일을 그만두거나 사회와 손을 끊어서는 안 되며, 어떤 의미에서든지 삶을 포기해서는 안 됩니다. 사도는 "내가 육체 가운데 산다"고 말합니다. 사도가 부지런히 장막 짓는 모습을 보십시오. 뭐라고요! 사도가 장막 만드는 일을 했다고요? 형제 여러분, 캔터베리 대주교가 생계를 위해 바느질을 한 이야기를 들으면 뭐라고 하시겠습니까? 그 일이 대주교에게는 너무 천한 일일지 모르지만, 바울에게는 너무 천한 일이 아닙니다. 나는 사도가 장막 짓는 일을 할 때만큼 사도다운 때가 없다고 생각합니다. 바울과 동료들이 멜리데 섬에서 파선하였을 때, 사도는 영국 국교회 총회에서 주교들이 무릎 덮개를 하고 한가롭게 한 일보다 더 많은 봉사를 하였습니다. 사도는 다른 사람들처럼 불 피우기 위해 땔감을 모으는 일을 하였기 때문입니다. 사도는 다른 사람들처럼 따뜻하기를 원하였고 그래서 자기 몫의 수고를 하였습니다. 바로 그와 같이 여러분과 나는 자기 몫의 수고를 담당해야 합니다. 우리는 마치 다른 사람들과 섞이면 타락이라도 할 것처럼 사람들에게 떨어져서 혼자 지내서는 안 됩니다. 세상의 소금을 잘 비벼서 고기 속에 배어들게 하듯이, 그리스도인도 다른 사람들을 교화하는데 유익을 끼치기를 바라며, 그들과 섞여야 합니다. 우리는 사람입니다. 따라서 사람들이 법적으로 할 수 있는 것은 무슨 일이든 우리는 합니다. 사람들이 갈 수 있는 곳은 어디든지 우리도 갈 수 있습니다. 우리의 종교 때문에 우리가 하나님의 가족이 되지만, 종교로 인해서 우리가 더 사람이 되거나 덜 사람이 되지 않습니다. 그렇지만 그리스도인의 삶은 믿음의 생활입니다. "내가 육체 가운데 사는 것은 하나님의 아들을 믿는 믿음 안에서 사는 것이라." 믿음은 거실 식탁에 가져다 놓는 다과나 주일에 입는 옷이 아닙니다. 믿음은 작용하는 원칙으로 헛간에서나 들판에서나 상점이나 거래소에서나 모두 발휘됩니다. 믿음은 주부와 사환을 위한 은혜입니다. 믿음은 하원(의회)을 위한 것이고, 또 형편없는 작업장을 위한 것입니다. "내가 육체 가운데 사는 것은 믿음 안에서 사는 것이라." 나는 믿는 구두수선공이 경건하게 구두를 수선하고, 양복 재단사가 믿음으로 옷을 만들며, 모든 신자가 믿음으로 물건을 사고팔게 하고 싶습니다. 여러분이 무슨 장사를 하든지 믿음을 가지고 여러분의 매일의 생업에 종사해야 합니다. 그것만이 실제적인 시험을 견딜, 참으로 살아 있는 믿음입니다. 여러분은 가게에 들어가 외투를 벗으며 "문을 닫을 때까지 기독교는 안녕" 하고 말해서는 안 됩니다. 그것은 위선입니다. 그리스도인의 진정한 삶은 우리가 육체 가운데 살면서 하나님의 아들을 믿는 믿음으로 사는 생활입니다.

　　결론을 말씀드리겠습니다. 신자의 인격이 그리스도와 결합되는 데서 나오는 생명은 완전한 사랑의 생활입니다. "그가 나를 위하여 자기 자신을 버리셨다." 그렇다면 나는 그리스도를 위해 무엇을 할 수 있습니까? 새 생명은 안전하고 거룩한 생명입니다. 그리스도께서 나를 사랑하신다면 누가 나를 망하게 할 수 있겠습니까? 새 생명은 거룩한 부의 생명입니다. 그리스도께서 무한한 자신을 우리에게 주신다면 우리가 무엇이 부족하겠습니까? 새 생명은 거룩한 기쁨의 생명입니다. 그리스도께서 내 것이라면, 나는 내 속에 거룩한 기쁨의 샘을 가지고 있는 것입니다. 새 생명은 하늘의 생명입니다. 내게 그리스도가 계시다면, 나는 천국의 본질과 영을 갖고 있는 것입니다.

그동안 여러 가지 신비에 대해 말하였는데, 여러분 가운데 어떤 분들은 그 신비에 대해 한 마디도 이해하지 못한 분들도 계실 것입니다. 하나님께서 여러분에게 총명을 주셔서 그 진리를 알 수 있게 해주시기를 구합니다. 여러분이 그 진리를 알지 못하였다면 이 사실을 깨달으시기 바랍니다. 여러분이 그 진리를 알지 못하는 것은 여러분에게 성령이 없기 때문이라는 것입니다. 신령한 마음만이 영적인 사실들을 알기 때문입니다. 내적 생명에 관해 이야기할 때, 우리를 이해하지 못하는 사람들에게 우리는 망령이 들고 꿈꾸는 사람들처럼 보일 것입니다. 그러나 신자 여러분, 여러분이 내 말을 알아들었다면, 집에 가서 그 진리대로 사십시오. 실천할 수 있는 것을 행하고, 맛이 좋은 것을 먹으며, 그리스도 예수 안에서 여러분이 예수와 하나라는 사실을 기뻐하십시오. 그 다음에 여러분 자신이 직접 나가서 여러분의 주님을 힘을 다해 섬기십시오. 주님께서 여러분에게 풍성한 복을 주시기 바랍니다. 아멘. 아멘.

제
3
장
—

회심하지 않은 자들에 대한 요구

—

"무릇 율법 행위에 속한 자들은 저주 아래에 있나니 기록된
바 누구든지 율법 책에 기록된 대로 모든 일을 항상 행하지
아니하는 자는 저주 아래에 있는 자라 하였음이라." — 갈
3:10

청중 여러분, 여러분은 믿는 신자입니까? 아닙니까? 그 질문에 대한 여러분의 답변에 따라 오늘 밤 내가 여러분에게 전할 설교의 방식이 달라질 것입니다. 나는 오늘 밤 여러분이 예배당에 앉아서 많은 회중에게 설교하고 있는 목사의 말을 듣고 있다는 생각을 떨쳐버리기를 바랍니다. 그렇게 하는 것이 여러분 자신에게 큰 유익이 될 것입니다. 여러분이 지금 집에서 의자에 앉아 있다고 생각하고, 내가 여러분 곁에 서서 여러분의 손을 잡고 개인적으로 여러분에게만 이야기하고 있다고 생각하시기 바랍니다. 바로 그렇게 하는 것이 내가 오늘 밤 여러분 각자에게, 곧 한 사람 한 사람에게 설교하고자 하는 방식이기 때문입니다. 나는 설교를 시작하기 전에, 아주 중요하고 엄숙한 다음의 질문에 대해 여러분이 하나님 앞에서 답변해 주시기 바랍니다. 여러분은 그리스도 안에 있습니까? 아닙니까? 여러분은 죄인들에게 유일한 소망이신 하나님께로 피하였습니까? 아니면 아직 여러분은 하나님 나라에 대해 외인으로 있으며, 하나님과 하나님의 거룩한 복음에 대해 모르고 있습니까? 자, 여러분의 마음에 정직하십시오. 여러분의 양심으로 예, 혹은 아니요라고 말하십시오. 여러분은 오늘 밤 이 두 가지

사실 중 하나에 속해 있기 때문입니다. 여러분은 오늘 밤 하나님의 진노 아래 있든지 아니면 그 진노에서 구원받았든지, 둘 중의 하나입니다. 여러분은 오늘 밤 그 진노의 상속자이든지 아니면 은혜의 왕국의 상속자입니다. 이 둘 중 어디에 속합니까? "만일"이나 "아아"라는 말로 답변하지 마십시오. 여러분 마음에 솔직하게 답하십시오. 무엇이든지 어떤 의심이 있다면, 그 의심을 해결할 때까지 쉬지 않기를 바랍니다. 그 의심을 자신에게 유리한 쪽으로 이용하지 말고, 그 의심으로부터 불리한 입장을 취하십시오. 그 의심을 유리한 쪽으로 이용하면 여러분은 바르게 생각하기보다는 그릇되게 판단하기가 더 쉽습니다. 여러분 자신을 저울에 올려놓아 보십시오. 여러분이 완전히 한쪽으로 기울어지지 않고, 두 저울추 사이에 걸려 있어서 "나는 어느 것이 더 나은지 모르겠다"고 말한다면 이렇게 하십시오. 더 나은 쪽에 있는 것으로 판단하여 스스로 속아서 지옥 구덩이 속에서 비로소 자기 기만에서 깨어날 때까지 계속해서 뻔뻔스럽게 지내기보다는, 비록 슬픈 일이지만 최악의 입장에 있는 것으로 판단하는 것이 더 나을 것입니다. 그렇다면 여러분, 한 손으로는 하나님의 거룩한 말씀을 붙잡고, 다른 한 손은 여러분 가슴에 얹고, 눈을 들어 하늘을 보며 이렇게 말할 수 있습니까? "내가 한 가지 아는 것은 전에는 눈이 멀었지만 지금은 본다는 것입니다. 나는 죽음에서 생명으로 옮겼다는 것을 압니다. 나는 지금 과거의 내가 아닙니다. '나는 지금 죄인 가운데 괴수이지만 예수께서 나를 위해 죽으셨습니다.' 내가 완전히 속지 않는다면, 나는 오늘 밤 '피로 구원받은 죄인이고 은혜를 나타내는 기념비입니다.'" 형제 여러분, 하나님께서 여러분에게 말씀하십니다. 지극히 높으신 이의 복이 여러분에게 함께 하시기를 바랍니다. 본문에는 여러분을 비난하는 말이 아무것도 없습니다. 이 구절보다 13절을 읽어보면, 거기에서 여러분의 유산을 볼 수 있습니다. "그리스도께서 우리를 위하여 저주를 받은 바 되사 율법의 저주에서 우리를 속량하셨으니 기록된 바 나무에 달린 자마다 저주 아래에 있는 자라 하였음이라." 이와 같이 그리스도께서 여러분을 대신하여 저주를 받으셨습니다. 여러분이 진정으로 회심하였고, 그래서 참으로 하나님의 거듭난 자녀라면 안전합니다.

그러나 청중 여러분, 나는 오늘 모인 회중 가운데 아주 많은 분들은 감히 그렇게 말하지 못할 것이라고 확신합니다. 오늘 밤 나는 여러분 개개인에게 설교하고 있는데, 여러분은 감히 그 말을 하지 못하는 사람 가운데 하나라는 사실을 기억하십시오. 여러분은 하나님의 은혜에 대해 외인이기 때문입니다. 여러분은 하나님과 여러분 자신의 양심 앞에서 감히 거짓말을 하지 못하고 정직하게 이렇게 말합니다. "나는 내가 결코 중생하지 않았다는 것을 안다. 나는 지금 예전과 똑같은 존재이다. 그것이 내가 말할 수 있는 전부다." 자, 이제 나는 산 자와 죽은 자를 심판하실 분, 여러분과 내가 조만간 그 앞에 서야 할 분의 이름으로 여러분을 대하고, 여러분에게 명령합니다. 내가 드리는 말씀에 귀를 기울이십시오. 이 말씀이 여러분이 앞으로 듣게 될 마지막 경고가 될 수 있기 때문입니다. 그리고 내 자신에게도 명령합니다. 너는 마지막 날에 네 옷자락 끝에 핏자국이 발견되어 네 자신이 버림을 받지 않도록 이 죽어가는 사람들에게 충성스럽게 말씀을 전하라고 합니다. 하나님이여, 우리가 오늘 밤 성실하게 하시고, 주의하여 듣고 잘 기억하게 하여 주시며, 양심이 성령의 감동을 받도록 하여 주옵소서.

첫째로, 오늘 밤, 죄수를 심문할 것입니다. 둘째로, 그의 판결을 선고할 것입니다. 셋째로, 그 죄수가 죄를 고백하고 회개한다면 그의 구원을 선포할 것입니다. 그러나 그가 죄를 고백하고 회개하는 것을 보기 전까지는 결코 구원을 선포할 수 없을 것입니다.

1. 첫째로, 그러면 이제 우리는 죄수를 심문하려고 합니다.

본문은 이렇게 말합니다. "누구든지 율법 책에 기록된 대로 모든 일을 항상 행하지 아니하는 자는 저주 아래에 있는 자라." 아직 회심하지 않은 여러분은 죄가 있다고 생각합니까? 없다고 생각합니까? 여러분은 "율법 책에 기록된 대로 모든 일을" 계속 행하였습니까? 아마도 여러분은 "죄 없다"고 자신 있게 말하지 못할 것입니다. 그러나 나는 여러분이 아주 대담하게 죄 없다고 말한다고 잠시 한 번 생각해 보겠습니다. 그렇다면, 여러분은 자신이 "율법 책에 기록된 대로 모든 일을" 지금까지 계속 행해 왔다고 주장한다는 뜻입니다. 여러분이 율법을 읽기만 해도 자신이 잘못하고 있다는 것을 충분히 확신하게 될 것이 틀림없습니다. 여러분은 율법이 무엇인지 압니까? 여러분에게 율법의 겉모양이라고 부를 수 있는 것을 말씀드리겠습니다. 율법에는 단지 말이 아니라 말 이상의 넓은 정신이 담겨 있다는 것을 기억하십시오. 율법에서 이 말씀을 들어보십시오. "너는 내 앞에 다른 신들을 네게 두지 말라"(출 20:3). 뭐라고요! 여러분은 하나님보다 나은 어떤 것을 사랑한 적이 없다고요? 여러분은 자신의 배(탐욕)나 사업, 가족 혹은 자기 사람을 신(神)으로 삼은 적이 없습니까? 아, 여러분은 이 자리에서 자신이 죄 없다고는 감히 말하지 않습니다. "너를 위하여 새긴 우상을 만들지 말고 또 위로 하늘에 있는 것이나 아래로 땅에 있는 것이나 땅 아래 물 속에 있는 것의 어떤 형상도 만들지 말며." 뭐라고요! 살면서 어떤 것도 하나님 자리에 세운 적이 없다고요? 여러분은 없는지 모르지만, 나는 아주 많이 있습니다. 양심이 진실되게 말한다면 이렇게 말할 것을 압니다. "사람아, 너는 지금까지 부를 숭배하였고, 배를 신으로 삼았으며, 금과 은 앞에 절하였다. 너는 그동안 명예 앞에 엎드렸고 쾌락 앞에 부복하였으며, 술취함을 신으로, 정욕을 신으로, 부정함을 신으로, 쾌락을 신으로 삼았다!"

여러분이 자신은 여호와의 이름을 망령되게 사용한 적이 없다고 자신 있게 말할 수 있겠습니까? 여러분이 하나님을 모독하는 맹세를 한 적은 없을지라도, 일상적인 대화에서 때로 해서는 안 되는 경우인데도, 하나님의 이름을 사용한 적이 분명히 있을 것입니다. 자, 여러분은 지극히 거룩한 그 이름을 항상 거룩히 여겼습니까? 여러분은 쓸데없이 하나님의 이름을 부른 적이 없습니까? 여러분은 건성으로 성경을 읽은 적이 없습니까? 공경하는 마음이 없이 복음을 들은 적이 없습니까? 확실히 여러분은 이 점에서 죄가 있습니다.

안식일을 지키는 것에 관한 제4계명, 곧 "안식일을 기억하여 거룩하게 지키라"(출 20:8)는 말씀을 한 번도 어긴 적이 없습니까? 아, 입을 다물고 죄를 인정하십시오. 이 네 번째 계명만으로도 여러분이 죄가 있다는 것이 충분히 드러났기 때문입니다.

"네 부모를 공경하라"(20:12) 뭐라구요! 여러분이 이 계명은 지켰다고 말할 생각입니까? 여러분은 젊었을 때 한 번도 불순종한 적이 없습니까? 여러분은 어머니의 사랑에 반항하고 아버지의 책망을 듣지 않은 적이 없습니까? 여러분 인생의 페이지를 넘겨 어린 시절로 돌아가 봅시다. 어린 시절에 불순종한 기록이 없는지 보십시오. 또 성인이 되었을 때 여러분이 부모님께 말할 때, 부모님이 마땅히 받으셔야 하고, 하나님께서 여러분에게 명하신 대로 공경하는 태도로 예의를 갖추어 항상 말하지는 않았다는 것을 인정하게 되지 않는지 보십시오. 형제에게 성을 내는 사람은 살인자입니다. 여러분은 이 부분에서 죄가 있습니다.

"간음하지 말라"(20:14). 아마도 여러분은 부정한 일들을 범했을 것이고, 바로 오늘 이 자리에서도 정욕으로 마음이 더럽혀졌을 지도 모릅니다. 그러나 여러분이 그처럼 부정한 일을 범하지는 않았을지라도, 주님께서 "음욕을 품고 여자를 보는 자마다 마음에 이미 간음하였느니라"(마 5:28)고 말씀하실 때, 여러분이 전혀 죄 없다고 생각지 않습니다. 여러분 마음속에 음란한 생각이 한 번도 스친 적이 없습니까? 마음으로 추잡한 상상을 해 본 적이 한 번도 없습니까? 자신은 그런 적이 한 번도 없다고 자신 있게 말한다면, 여러분은 뻔뻔스러운 사람임에 틀림없습니다.

여러분은 도둑질 한 적이 없습니까? "도둑질하지 말라"(20:15). 여러분은 어쩌면 도둑질한 물건을 가지고 오늘 밤 이 자리에 모였을지 모릅니다. 여러분은 도둑질을 했고, 강도질을 했습니다. 여러분이 그렇게 부정직하게 살아오지는 않았을지라도, 이웃의 것을 속여 빼앗으려는 생각이 얼핏 들었던 때가 틀림없이 있었을 것입니다. 여러분이 은밀하고 조용하게 범한 크고 작은 속임이 있었을 것이고, 이 나라의 법은 손을 댈 수 없을지라도 그 속임은 이 율법을 어긴 것입니다.

이웃에 대하여 거짓 증거한 적이 한 번도 없다고 감히 말할 수 있는 사람이 있습니까? 여러분은 이웃에게 불리한, 진실이 아닌 이야기를 여러 번 말한 적이 없습니까? 우리는 이웃의 동기를 곡해한 적이 없습니까? 이웃의 계획을 잘못 설명한 적은 없습니까?

우리 가운데 누가 자기는 마지막 계명에 대해 죄가 없다고 말할 수 있겠습니까? "탐내지 말라"(20:17). 우리는 모두 하나님께서 우리에게 주신 것보다 더 많이 갖기를 바래왔기 때문입니다. 때로 불안정한 마음은 하나님께서 우리에게 주시지 않은 것들을 갈망해 왔습니다. 자, 자기 죄를 인정하지 않는 것은 자신의 어리석음을 인정하는 것입니다. 형제 여러분, 성령의 감화를 받으면, 율법을 읽기만 해도, 우리는 "하나님이여, 죄인이로소이다, 죄인이로소이다" 하고 외치지 않을 수 없기 때문입니다.

그러나 어떤 사람은 이렇게 소리칩니다. "나는 죄 있다고 인정하지 못하겠소. 내가 '율법 책에 기록된 대로 모든 일을' 항상 행하지는 못했다는 것을 잘 알고 있지만, 나는 최선을 다했습니다." 바로 그것이 거짓말입니다. 하나님 앞에서 거짓말입니다. 여러분은 최선을 다하지 않았습니다! 여러분이 할 수 있는 최선을 다하지 않았습니다. 여러분이 최선을 다했다면 더 낫게 할 수 있었던 경우가 많이 있었습니다. 저기 있는 젊은이, 젊은이는 자신이 지금 할 수 있는 대로 최선을 다하고 있다고 내게 말하려고 합니까? 젊은이는 하나님의 집에서 웃음을 삼갈 수 없습니까? 젊은이가 웃음을 참는 것이 어려운 일일 수 있습니다. 그러나 그가 할 마음을 먹는다면 할 수 있는 일입니다. 젊은이의 창조주를 대놓고 모욕하는 일을 삼가기 바랍니다. 확실히 우리 가운데 아무도 할 수 있는 최선을 다한 사람은 없습니다. 때마다, 시간마다 시험을 피할 기회들이 있었습니다. 우리가 죄를 피할 자유가 전혀 없었다면, 죄에 대해 핑계를 댈 수도 있었을 것입니다. 우리 인생에는 바른 길을 택하거나 그릇된 길을 택할 수도 있는 전환점들이 있었습니다. 그러나 그때 우리는 악을 택하고 선을 피하였고, 지옥으로 인도하는 길로 들어섰습니다.

또 어떤 사람은 말합니다. "목사님, 나는 내가 율법을 어긴 것은 분명하지만 내가 다른 사람들보다 더 악하게 살지는 않았다고 확실히 말씀드립니다." 그런데 유감스러운 말이지만, 그 점이 여러분에게 무슨 유익이 있습니까? 무리 속에서 정죄받는 것이 혼자 정죄받는 것보다 하등 편할 것이 없습니다. 설사 여러분이 다른 사람보다 더 나쁘게 살지 않았다고 해도, 그것이 여러분에게 별 소용이 없을 것입니다. 악한 자들을 지옥에 던지실 때, 하나님께서 여러분과 함께 천 명의 사람들에게 "저주를 받은 자들아 나를 떠나라"(마 25:41)고 말씀하신다고 해서, 그것이 여러분에게 조금도 위로가 되지 않을 것입니다. 하나님의 저주가 한 민족을 지옥에 쓸어넣을 때, 무리 중의 개인마다 마치 단 한 사람만 형벌을 받는 것처럼 하나님의 저주를 느끼게 되리라는 점을 기억하시기 바랍니다. 하나님은 세상의 재판장들과 다릅니다. 세상 법정은 죄인들로 가득하지만, 재판장들이 많은 경우는 가볍게 용서하고 넘어갈 수도 있습니다. 그러나 여호와 하나님은 그렇지 않으십니다. 하나님은 지혜가 무한하셔서 죄인들이 아무리 많아도 그들을 다루는데 조금도 어려움을 겪지 않으실 것입니다. 하나님께서는 마치 이 온 세상에 다른 죄인은 한 사람도 없는 것처럼 여러분을 엄격하고 공정하게 대하실 것입니다. 여러분이 다른 사람들의 죄에 대해 상관할 것이 무엇입니까? 여러분은 다른 사람들에 대해 책임을 지지 않습니다. 하나님은 여러분이 자신으로 인해 서거나 넘어지게 하셨습니다. 여러분 자신의 행위에 따라 심판을 받을 것입니다. 어떤 창녀의 죄가 내 죄보다 클 수 있습니다. 그러나 여러분이 그 여자의 죄 때문에 정죄받지 않을 것입니다. 살인자의 죄가 여러분의 죄보다 훨씬 더 클 수 있습니다. 그러나 여러분이 그 사람 때문에 정죄받지 않을 것입니다. 여러분,

신앙은 하나님과 여러분 영혼 사이의 일입니다. 그러므로 다른 사람의 마음을 살피지 말고 여러분의 마음을 살피십시오.

또 어떤 사람은 이렇게 말합니다. "아, 하지만 나는 율법을 지키려고 애쓴 때가 많이 있습니다. 잠시 동안은 그렇게 지키려고 했다고 생각합니다." 본문의 판결문을 다시 한 번 들어보십시오. "율법 책에 기록된 대로 모든 일을 항상 행하지 아니하는 자는 저주 아래에 있는 자라." 하나님께서 건강한 순종으로 여기시는 것은, 우유부단한 사람이 어쩌다 한 번씩 순종하는 그런 것이 아닙니다. 하나님께서 심판 날에 받아들이실 것은 겨우 한 시간 지속된 가벼운 순종이 아닙니다. 하나님은 "항상 행하라"고 말씀하십니다. 내가 어린 시절부터 흰 머리를 가지고 무덤으로 내려가는 날까지 항상 하나님께 순종하지 않았다면, 나는 틀림없이 정죄받고 맙니다. 처음으로 이성적으로 생각한 날부터, 곧 내가 처음으로 책임질 수 있기 시작한 때로부터, 옥수수 단처럼 주님의 창고에 거두어들여질 때까지, 하나님을 순종하여 섬기지 않았다면, 행위로 말미암은 구원은 내게 불가능하고, 나는 내 발로 서서 정죄받을 수밖에 없습니다.

그런가 하면 또 어떤 사람은 말합니다. "내가 한 일은 많지 않지만, 그래도 나는 고결하게 살았습니다." 그것 역시 보잘것없는 변명입니다. 여러분이 그동안 고결하게 살았다고 생각해 봅시다. 여러분이 많은 악을 피하며 살아왔다고 해 봅시다. 본문으로 가 봅시다. 본문은 내 말이 아니라, 하나님의 말씀입니다. "모든 일을"이라고 말합니다. 본문은 "어떤 일들"이라고 말하지 않습니다. "율법 책에 기록된 대로 모든 일을 항상 행하지 아니하는 자는 저주 아래에 있는 자라." 자, 여러분은 모든 덕을 다 행하며 살았습니까? 모든 악을 다 피하였습니까? 여러분은 서서 "나는 술주정뱅이가 된 적이 없다"고 항변합니까? 여러분이 술주정뱅이는 아니었을지라도 간음을 하였다면, 정죄를 받을 것입니다. "나는 부정을 저지른 적이 없다"고 대답합니까? 그럴지라도 여러분은 안식일을 어긴 적이 있습니다. 여러분은 이 고소에 죄가 없다고 항변하겠습니까? 여러분은 한 번도 안식일을 어긴 적이 없다고 주장합니까? 그러면 여러분은 하나님의 이름을 망령되이 사용한 적은 없습니까? 어느 계명에선가 하나님의 율법이 여러분을 때려눕힐 수 있습니다. 여러분이 "율법 책에 기록된 대로 모든 일을 항상 행하지" 아니하였다는 것이 확실합니다. 여러분이 양심적으로 말한다면 내 주장에 동의할 것입니다. 아니, 그 정도가 아니라, 나는 여러분이 하나님의 계명 가운데 어느 하나도 항상 온전히 지킨 적이 없다고 믿습니다. 계명이 미치는 범위가 지극히 넓기 때문입니다. 사람을 정죄하는 것은 단지 공공연한 행위만이 아닙니다. 생각이나 상상, 죄를 마음에 품는 것만으로도 얼마든지 영혼을 파멸시킬 수가 있습니다. 청중 여러분, 내가 지금 내 자신의 엄격한 교리를 말하는 것이 아니라 하나님의 말씀을 전하고 있다는 사실을 기억하십시오. 여러분이 죄를 단 한 가지도 범하지 않았을지라도, 죄에 대한 생각, 곧 죄를 상상한 것만으로도 여러분의 영혼을 영원히 지옥에 몰아넣을 수가 있을 것입니다. 여러분이 작은 수도원에서 태어나 세상으로 나갈 수 없어서 음란과 살인과 강도의 죄를 범한 적이 없었을지라도, 그 외로운 수도원에서 악한 생각을 한 것만으로도 여러분은 하나님의 얼굴을 떠나 영원히 망할 수가 있습니다. 아, 여기서 피할 소망을 가질 수 있는 사람은 아무도 없습니다. 우리 각 사람은 하나님 앞에 엎드려 소리칠 수밖에 없습니다. "죄인입니다. 하나님, 죄인입니다. 우리 각 사람이 다 죄인입니다. '율법 책에 기록된 대로 모든 일을 항상 행하지 아니하는 자는 저주 아래에 있기' 때문입니다." 율법을 볼 때, 내 영이 떱니다. 율법의 호통 소리를 들을 때, 내 마음은 속에서 밀랍처럼 녹습니다. 내가 어떻게 율법을 견딜 수 있겠습니까? 내가 마지막 날 내 삶에 대해 심판을 받는다면, 나는 재판장이 필요 없을 것입니다. 내 자신이 신속한 고소인이 되고, 내 양심이 증인이 되어 정죄할 것이기 때문입니다.

이 점을 더 길게 설명할 필요는 없다고 생각합니다. 그리스도 밖에 있고, 하나님 없이 사는 여러분, 여러분은 하나님 앞에서 정죄받지 않고 설 수 있습니까? 모든 가면을 벗어버리고, 모든 핑계를 던져 버리십시오. 우리 각 사람은 무익한 모든 핑계를 바람에 날려 보냅시다. 우리가 예수 그리스도의 피와 의로 우리를 덮지 않는 한, 우리 각 사람은 이 선고가 우리에게 천국 문을 닫고 오직 지옥의 불길만을 준비한다는 것을 인정해야 합니다.

이와 같이 나는 지금까지 한 사람을 택해서 설명하였습니다. 그는 죄인인 것이 나타났습니다.

2. 이제는 그 판결을 다루도록 하겠습니다.

하나님의 사역자들은 이런 일을 좋아하지 않습니다. 나는 이 강단에서 서서 이런 설교 하나 하는 것보다 예수님의 사랑에 대해 스무 편의 설교를 하는 것이 낫습니다. 나는 좀처럼 이 주제를 다루지 않습니다. 그 주제를 다룰 필요를 별로 느끼지 않기 때문입니다. 그러나 이런 일들을 뒤로 제쳐두고 율법을 설교하지 않는다면, 주님께서 복음을 인정하시지 않을 것이라고 생각합니다. 주님께서는 율법과 복음이 다같이 적절하게 설교되기를 바라시며, 그러면 각각이 그 고유한 특색을 드러내기 때문입니다. 자, 그러면 오늘 밤 그리스도 밖에 있는 여러분 모두에게 내려지는 선고가 무엇인지 슬프게 말하는 동안 내 말을 잘 들으시기 바랍니다. 죄인이여, 당신은 오늘 밤 저주를 받았습니다. 여러분이 저주를 받았는데, 꾸며낸 주문으로 무지한 자를 떨게 만들 수 있을 뿐인 어떤 마술사에게 저주를 받은 것이 아닙니다. 여러분은 저주를 받았습니다. 그런데 여러분에게 군대를 보내어서 여러분의 집과 재산을 순식간에 삼켜버릴 수 있는 어떤 세상 군주에게 저주를 받은 것이 아닙니다. 저주를 받았습니다! 아, 어쨌든, 저주는 참으로 끔찍한 것입니다! 아버지의 저주는 참으로 두려운 일입니다. 우리는 자식들의 불순종과 공손치 않은 행동 때문에 머리끝까지 화가 나서 손을 들고, 저주를 비는, 자식을 멸망시킬 저주를 비는 아버지들에 대한 이야기를 들어왔습니다. 우리는 이런 부모의 정신 나간 무모한 행동을 용서할 수 없습니다. 우리는 그런 부모가 죄 없다고 말해서는 안 됩니다. 그러나 아버지의 저주는 두려운 것임에 틀림없습니다. 나를 낳은 분에게 저주를 받는다는 것이 어떤 것일지 생각할 수도 없습니다. 만일 그 저주가 당연한 것이라면, 확실히 그 저주는 내 인생의 빛을 꺼트릴 것입니다. 그런데 하나님께 저주를 받는다는 것이 어떠할지에 대해서는 이루 다 말로 표현할 수 없습니다. 여러분은 말합니다. "아, 괜찮습니다. 그것은 미래의 일이에요. 우리는 하나님의 저주에 별로 신경 쓰지 않습니다. 지금 우리에게 떨어지지 않고 있잖아요." 아니요. 하나님의 저주는 지금 떨어지고 있습니다. 하나님의 진노는 지금도 여러분 위에 머물러 있습니다. 여러분은 그 저주를 아직 충분히 알지 못하였습니다.

그러나 여러분은 지금 이 시간 저주를 받은 상태에 있습니다. 여러분은 아직 지옥에 있지 않습니다. 아직 하나님께서는 동정심을 닫아버리고 여러분을 하나님의 면전에서 영원히 쫓아내버리기를 기뻐하시지 않았습니다. 그럼에도 불구하고, 여러분은 저주를 받았습니다. 신명기의 구절을 봅시다. 그러면 어떻게 저주가 죄인에게 현재의 일인지 알 수 있습니다. 신명기 28:15 이하에서 우리는 이 모든 것이 죄인에 대한 선고로 내려지는 것을 봅니다. "네가 성읍에서도 저주를 받으며." 여러분이 사업을 벌이는 곳에서 하나님이 여러분에게 저주하실 것입니다. "들에서도 저주를 받을 것이요." 여러분이 즐겁게 쉬는 곳에도, 여러분이 밖으로 나가는 곳에도, 저주가 임할 것입니다. "또 네 광주리와 떡 반죽 그릇이 저주를 받을 것이요 네 몸의 소생과 네 토지의 소산과 네 소와 양의 새끼가 저주를 받을 것이며 네가 들어와도 저주를 받고 나가도 저주를 받으리라." 이 저주를 아주 분명하게 받는 사람들이 있습니다. 그들은 하는 일마다 저주를 받습니다. 그들이 부를 얻지만, 그 부에 하나님의 저주가 따릅니다. 나는 어떤 사람들의 금은 갖고 싶지 않습니다. 내가 세상의 모든 부를 가질 수 있다면, 그런데 부와 함께 수전노의 탐욕도 가져야 한다면, 나는 모든 부를 갖기보다는 차라리 가난하게 지내겠습니다. 저주 받은 것이 분명한 사람들이 있습니다. 저 술주정뱅이가 보이지 않습니까? 저 사람은 저주를 받았습니다. 자기가 가고 싶은 대로 가도록 내버려 두십시오. 저 사람이 집에 가면, 어린아이들이 위층으로 뛰어가 잠자리에 듭니다. 그들은 자기 아버지를 보는 것을 무서워하기 때문입니다. 그 아이들이 조금 더 나이가 들면, 아버지가 한 그대로 술을 마시기 시작할 것입니다. 아이들은 아버지를 본받을 것입니다. 아이들은 또한 욕하기 시작할 것입니다. 그래서 그는 자기 몸의 소생에 있어서도 저주를 받습니다. 그는 술 취하고 욕하는 것이 그리 나쁘다고 생각하지 않았습니다. 그 아버지가 조금이라도 양심이 있다면, 자녀가 자기 발걸음을 따라오고 있는 것을 볼 때 양심에 참으로 큰 고통이 지나갑니다. 술 취함은 사람에게 그런 저주를 가져와서, 그는 먹는 것도 즐겁지가 않습니다. 그는 광주리와 떡 반죽그릇에도 저주를 받습니다. 어떤 악은 다른 악들보다 저주를 더 불러오는 것처럼 보일 수 있습니다. 우리가 항상 볼 수 있는 것은 아니지만, 모든 죄는 저주를 불러옵니다. 아, 여러분이 하나님 밖에 있고, 그리스도 밖에 있으며, 예수님께 외인이라면, 여러분은 앉는 곳에서 저주를 받고, 서 있는 곳에서 저주를 받으며, 눕는 침대가 저주를 받고, 먹는 빵이 저주를 받으며, 숨쉬는 공기가 저주를 받습니다. 여러분에게는 모든 것이 저주를 받습니다. 여러분이 원하는 대로 가십시오. 여러분은 저주받은 사람입니다. 아, 그것은 참으로 두려운 생각입니다. 아, 여러분 가운데는 오늘 밤 저주받은 사람들이 있습니다. 사람이 자기 형제들에게 그 사실을 말해줄 수 있으면 좋겠습니다! 우리는 그 사실을 말해야 합니다. 그렇지 않으면 죽어가는 여러분의 가엾은 영혼들에게 성실하지 않은 사람이 될 것입니다. 아, 이곳에 있는 불쌍한 영혼이 이렇게 말했으면 좋겠습니다. "그렇다면 나는 오늘 밤 저주를 받은 것이다. 하나님게 저주를 받았고, 그의 거룩한 천사들에게 저주를 받았다. 저주를 받았다! 저주를 받았다! 저주를 받았다! 나는 율법 아래 있기 때문이다." "저주받았다!"는 이 한 마디 말만큼 우리의 무관심을 깨트리는데 좋은 것은 없다고 생각합니다. "누구든지 율법 책에 기록된 대로 모든 일을 항상 행하지 아니하는 자는 저주 아래에 있는 자라."

자, 청중 여러분, 회개하지 않고 믿지 않는 상태에 있는 여러분, 설교를 마치기 전에 여러분에게 할 일이 한 가지 더 있습니다. 사람들이 이 세상에서 받는 저주는 내세에서 그들에게 임할 저주에 비교하면 아무것도 아니라는 점을 기억하시기 바랍니다. 머지않아, 여러분과 나는 반드시 죽습니다. 자, 젊은 친구, 나는 다시 한 번, 당신에게 말합니다. 우리는 곧 늙거나, 아니면 늙기도 전에 죽을지도 모릅니다. 우리는 곧 침대에 누울 것입니다. 영원히 잠을 잘 마지막 침대에 누울 것입니다. 그리고 그 마지막 잠에서 깨어날 때, 아무 소망이 없다는 슬픈 소식을 듣게 될 것입니다. 의사가 우리의 맥박을 짚어보고 친척들에게 다 끝났다고 엄숙하게 이야기할 것입니다. 우리는 그 조용한 방에 누워 있을 것입니다. 그 방에서는 시계의 째깍거리는 소리와 아내와 자식들의 우는 소리 외에는 모든 것이 조용합니다. 우리는 반드시 죽습니다. 아, 우리가 원수인 사망과 싸워야 하는 그 시간이 얼마나 엄숙한지요! 목에서는 임종 때의 가래 끓는 소리가 나고, 우리는 말하려고 애쓰지만 제대로 말을 할 수가 없습니다. 눈에는 임종 때의 눈빛이 떠오릅니다. 죽음이 몸의 창들을 닫아 영원히 빛을 쫓아냅니다. 손을 들어 올릴 수도 없습니다. 이제 우리는 죽음의 경계에 아주 가까이 있습니다! 아, 그 순간, 성령께서 그의 운명을 봅니다. 그 순간, 곧 지극히 엄숙한 순간, 그때 영혼이 자기 새장의 창살을 통해서 장차 올 세상을 봅니다! 나는 여러분에게 불경건한 영혼이 지옥에 떨어지기 전, 짧은 시간에 맹렬한 심판의 보좌를 보고 전능하신 하나님의 진노의 호통소리를 들을 때 어떻게 느낄지 말할 수 없습니다. 사람들이 자주 들어왔던 바를 실감하게 될 때 느낄 두려움이 어떠할지 설명할 수 없습니다.

아, 여러분이 오늘 밤 나를 비웃어도 좋습니다. 여러분이 나가서 설교자가 한 말을 가지고 농담하고 서로 이야기하며 이 모든 것을 가지고 재미있게 이야기해도 좋습니다. 그러나 임종의 자리에 누울 때 여러분은 웃지 않을 것입니다. 자, 커튼이 내려져서 여러분은 장래의 일을 볼 수 없습니다. 웃고 떠드는 것도 아주 좋은 일입니다. 하나님께서 커튼을 치우고 여러분이 엄숙한 현실을 볼 때, 가볍게 웃고 넘길 것을 찾지 못할 것입니다. 아합이 왕위에 앉아서 미가야를 비웃었습니다. 화살이 갑옷 솔기 사이를 뚫고 박혔을 때 아합이 미가야를 비웃었다는 기록을 여러분은 보지 못합니다. 노아 시대에, 사람들이 이 노인을 비웃었습니다. 사람들은 그를 늙은 바보라고 불렀습니다. 노아가 그들에게 하나님께서 세상을 홍수로 멸하실 것이라고 말했기 때문입니다. 그러나 아, 비웃는 자들이여, 당신들은 하늘에서 홍수가 쏟아지는 날에, 하나님께서 큰 깊음의 문을 열어 놓으시고 숨어 있던 물들이 지면으로 쏟아져 나왔을 때, 비웃지 못했습니다. 그때 당신들은 노아가 옳았다는 것을 알았습니다.

죽을 때, 아마도 여러분은 나를 비웃지 않을 것입니다. 당신은 임종의 자리에 누워서 말할 것입니다. "불량배인 나는 어느 날 밤 파크 스트리트 거리를 어슬렁거리며 걸어갔었다. 한 사람이 매우 엄숙하게 말하는 것을 들었다. 그때 나는 그 말을 싫어했던 것 같다. 하지만 그 사람이 진심으로 말한다는 것은 알았다. 그가 나에게 유익이 되는 말을 하려고 한다는 것은 분명히 알았다. 그때 그의 조언을 들었더라면 좋았을 텐데. 그의 말을 존중했더라면 좋았을 텐데! 그의 말을 다시 들을 수만 있으면 좋을 텐데!"

얼마 전의 일입니다. 나를 여러 번 비웃고 조롱하던 사람이 어느 안식일에 브라이튼(Brighton)으로 내려가서 종일 즐겁게 놀았습니다. 그런데 그가 돌아와서 그날 밤 죽음을 맞이하게 되었습니다! 월요일 아침, 죽어가고 있을 때, 그가 누구를 보기 원했는지 아십니까? 그는 스펄전 목사를 보기 원했습니다! 자기가 항상 비웃던 그 사람을 말입니다. 그는 스펄전 목사에게 와 달라고 했고, 자기에게 천국 가는 길을 알려주고 구주를 가리켜 달라고 말했습니다. 나는 얼마든지 기쁘게 갈 마음이 있었지만, 바로 전날 안식일을 어겼고 평생 사탄을 섬기고 살다가 죽게 된 사람에게 가서 말한다는 것은 슬픈 일이었습니다. 그리고 그는 집에 성경 한 권 없이, 나 혼자 그의 침대 곁에서 드린 기도 외에는 그를 위해 한 번도 기도드려진 적이 없이 죽었습니다. 아, 임종의 모습을 지켜보는 것이 어떻게 우리 마음에 열심을 자극하는지, 이상한 일입니다.

나는 몇 년 전에 16살 정도 된 불쌍한 남자 아이의 침대 곁에 서 있었습니다. 그 아이는 한 주일 전에 술잔치를 벌여 죽을 지경에 이를 만큼 술을 먹었습니다. 내가 아이에게 죄와 의와 장차 올 심판에 대해 말했을 때 아이가 떠는 것을 알았습니다. 나는 그 아이가 예수님을 붙잡았다고 생각했습니다. 내가 아이를 위해 많이 여러 번 기도하고, 아이에게 예수님을 가르쳐 주려고 애썼으며 아이가 마침내 구원받았을 것이라는 희미한 소망을 품고 위층에서 내려오면서 속으로 생각했습니다. 아, 하나님! 매 시간, 매 순간 그리스도의 헤아릴 수 없는 부요를 설교하도록 하겠습니다. 구주님 없이 죽는다는 것은 참으로 두려운 일이기 때문입니다. 그때 내가 그동안 참 많이 강단에 섰으면서도 마땅히 했어야 하는 대로 진심으로 설교하지 않았다는 생각이 들었습니다. 감정에 북받쳐서 소나기 같은 눈물을 흘려야 마땅했을 때, 구주의 이야기를 참으로 냉랭하게 이야기하고 말았다는 생각이 들었습니다. 나는 오랜 동안 침대에 가서 울다가 잠이 들었습니다. 내가 바라던 대로 설교하지 못했기 때문입니다. 오늘 밤도 그럴 것입니다. 아, 장차 진노가 임할 것입니다! 장치 진노가 임할 것입니다! 장차 진노가 임할 것입니다!

청중 여러분, 내가 지금 이야기하는 문제들은 꿈이 아니고, 사기도 아니며 일시적인 생각이 아니고 할머니들의 옛날 이야기도 아닙니다. 이 이야기들은 사실입니다. 여러분은 곧 그 사실을 알게 될 것입니다. 죄인이여, 당신은 율법 책에 기록된 대로 모든 일을 항상 행하지 아니하였습니다. 당신은 그리스도를 모시지 않았습니다. 이 모든 사실이 당신 앞에 두렵고 엄숙한 현실로 펼쳐질 날이 오고 있습니다. 그렇다면, 아, 그렇다면, 아, 그렇다면, 여러분은 어떻게 할 것입니까? "죽은 뒤에는 심판이 있으리니"(히 9:27). 여러분은 "그리스도께서 구름을 타고 오시는 그 두려운 날의 장관"을 그릴 수 있습니까?

나는 그 두려운 날이 보이는 것 같습니다. 시간의 종이 마지막 날을 알렸습니다. 저주 받은 영혼들의 장례 행렬이 옵니다. 여러분의 몸이 무덤에서 막 깨어났습니다. 여러분은 수의를 벗고 위를 쳐다봅니다. 저기 보이는 것이 뭡니까? 아, 내 귀에 들리는 것이 뭡니까? 하늘의 기둥들을 흔들며 궁창을 두려움으로 비틀거리게 만드는 두렵고 두려운 나팔소리가 들립니다. 천사장의 나팔소리, 나팔소리, 나팔소리가 온 천지를 흔듭니다. 여러분은 쳐다보고 놀랍니다. 갑자기 어떤 음성이 들립니다. 어떤 사람들에게서는 비명 소리가 나오고, 어떤 사람들에게서는 노랫소리가 나옵니다. 그분이 오십니다. 그분이 오십니다. 그분이 오십니다. 설화석고 같은 흰 보좌가 구름 위에 놓입니다. 그 보좌에 그분이 앉으십니다. 바로 그분이십니다. 골고다에서 죽으신 그 분입니다. 그의 못 박혔던 손이 보입니다. 아, 완전히 변화된 모습입니다! 이제는 가시 면류관을 쓰고 계시지 않습니다. 전에는 빌라도의 법정에 서셨으나, 이제는 온 세상이 그의 법정 앞에 서야 합니다. 자 들어보십시오. 나팔소리가 다시 울립니다. 재판장이 책을 펼칩니다. 하늘에 침묵이, 엄숙한 침묵이 임합니다. 온 우주가 조용합니다. "나의 택한 자들을 한데 모으라. 하늘 사방에서 나의 구속한 자들을 한데 모으라." 순식간에 그들이 모입니다. 번개가 번쩍하듯이, 순식간에 천사가 날아다니며 군중들을 가릅니다. 이쪽에는 의인들이 한데 모입니다. 죄인이여, 당신은 의인의 무리에서 빠져서 왼편에 있으며, 거기에서 영원한 진노의 맹렬한 선고를 기다립니다. 들어보십시오! 하늘의 하프들이 아름다운 선율을 연주합니다. 천사들이 구주께서 그의 성도들에게 오시는 것을 환영하는 소리를 거듭 외치지만 여러분에게는 천사들의 말이 아무 기쁨을 주지 못합니다. "복 받을 자들이여 나아와 창세로부터 너희를 위하여 예비된 나라를 상속받으라"(마 25:34). 여러분은 그때까지 집행유예 시간을 가졌습니다. 이제 주님의 얼굴이 진노의 구름을 모으며, 그의 이마에서 벼락이 칩니다. 주님께서 자기를 멸시한 여러분을 보십니다. 그의 은혜를 비웃고, 그의 자비를 조롱한 여러분을 바라보십니다. 그의 안식일을 어기고 그의 십자가를 조롱한 여러분을 보십니다. 주께서 여러분을 다스리는 것을 거부한 여러분에게 천둥소리보다 만 배나 더 큰 소리로 외치십니다. "저주를 받은 자들아 나를 떠나라"(25:41). 그때는 여러분의 뒤를 따라가지 않을 것입니다. 꺼지지 않는 불에 대해서는 말하지 않겠습니다. 나는 육체에 임할 비참함과 영혼에 임할 고통에 대해서는 말하지 않겠습니다. 지옥은 두려운 곳입니다. 정죄받는 것은 슬픈 일입니다. 아, 피하십시오! 피하십시오! 여러분이 현재 있는 곳에 그대로 있어서, 영원한 파멸의 깊은 구렁텅이에서 영원의 공포가 어떤 것인지 알게 되지 않도록, 피하십시오! "율법 책에 기록된 대로 모든 일을 항상 행하지 아니하는 자는 저주 아래에 있는 자라."

3. 구원을 선포함.

어떤 사람은 소리칩니다. "당신은 우리 모두를 정죄했소." 그렇습니다. 그러나 내가 아니라 하나님이 정죄하신 것입니다. 여러분은 정죄받았습니까? 여러분은 오늘 밤 자신이 정죄받았다고 느낍니까? 자, 다시 한 번 말씀드립니다. 형제 여러분, 나는 여러분의 손을 잡고 말합니다. 그렇습니다. 나는 회중 전체를 둘러볼 수 있습니다. 그리고 이곳에 있는 사람 가운데 지금 내가 형제로 사랑하지 않는 사람은 한 사람도 없다고 말할 수 있습니다. 내가 여러분 가운데 누구에게든지 호되게 말한다면, 그것은 여러분에게 바른 것을 알려주기 위함입니다. 내 마음과 내 온 영혼은 여러분을 위하여 분발하고 있습니다. 가혹하기 짝이 없는 내 말은, 평안이 없는데도 "평안하다, 평안하다"고 부드럽게 이야기하는 목사들의 듣기 좋은 말보다 훨씬 더 사랑이 가득합니다. 여러분은 내가 이런 식으로 설교하는 것을 좋아한다고 생각하십니까? 아, 나는 예수님에 대해 설교하는 것이 훨씬 좋습니다. 예수님의 아름답고 영광스러운 인격과 그의 온전한 의에 대해 설교하는 것이 좋습니다. 자, 설교를 끝내기 전에 기분 좋은 말을 들을 것입니다. 여러분은 자신이 정죄받았다고 느낍니까? 여러분은 "하나님이여, 하나님께서 이 모든 일을 내게 행하신다고 해도 나는 주님이 의로우시다고 고백한다"고 말합니까? 여러분은 자신이 행위로 결코 구원받을 수 없고, 죄로 말미암아 완전히 정죄받았다고 느낍니까? 여러분은 죄를 미워합니까? 진심으로 회개합니까? 그렇다면 여러분에게 어떻게 하나님의 진노를 피할 수 있는지 말씀드리겠습니다.

　　형제 여러분, 다윗의 후손인 예수 그리스도께서 십자가에 못 박히고 죽고 장사되었습니다. 이제 그는 부활하여 하나님 오른편에 앉아 계십니다. 거기에서 우리를 위해 기도하십니다. 그리스도는 죽음으로 죄인들을 구원하기 위해 이 세상에 오셨습니다. 주님은 불쌍한 죄인들이 저주받는 것을 아셨습니다. 그리스도는 저주를 친히 담당하시고 우리를 그 저주에서 구원하셨습니다. 하나님께서 어떤 사람 대신에 그리스도를 저주하셨다면, 그 사람을 다시는 저주하시지 않을 것입니다. 그러면 여러분은 내게 묻습니다. "그리스도께서 나를 대신해서 저주를 받으셨습니까?" 이 질문에 답해 보십시오. 그러면 말씀드리겠습니다. 여러분이 저주 받았다는 것을 성령께서 가르쳐 주셨습니까? 성령께서 여러분이 죄의 쓴 맛을 느끼게 해주셨습니까? 여러분이 이렇게 소리치도록 만드셨습니까? "주여, 죄인인 내게 자비를 베풀어주십시오." 그렇다면, 친구 여러분, 그리스도께서 당신을 대신하여 저주받으셨습니다. 그리고 지금 당신은 저주받은 상태에 있지 않습니다. 그리스도께서 당신을 대신해서 저주받으셨습니다. 기운을 내십시오. 그리스도께서 여러분을 대신해서 저주 받으셨다면, 여러분은 두 번 다시 저주받지 않습니다. 어떤 사람은 말합니다. "아, 그리스도께서 나를 대신해서 저주받으셨다고 생각할 수만 있으면 좋을 텐데.” 당신은 그리스도께서 십자가에서 피를 흘리시는 것이 보입니까? 주님의 손과 발에서 모두 핏방울이 떨어지는 것이 보입니까? 불쌍한 죄인이여, 그리스도를 보십시오. 더 이상 자신을 보지 말고, 자신의 죄도 보지 말고, 그리스도를 보고 구원을 받으십시오. 주님께서 여러분에게 요구하시는 것은 보라는 것뿐이며, 심지어 주님께서는 여러분이 보도록 도우실 것입니다. 성령 하나님께서 여러분에게 자신이 정죄받은 죄인이라는 것을 가르쳐 주셨습니다. 자, 이 말씀을 듣고 믿으시기 바랍니다. “미쁘다 모든 사람이 받을 만한 이 말이여 그리스도 예수께서 죄인을 구원하시려고 세상에 임하셨다 하였도다”(딤전 1:15). 여러분은 이렇게 말할 수 있습니다. “나는 이 말씀을 믿습니다. 이 말씀은 참됩니다. 그리스도의 이름을 찬송합니다. 이 말씀이 내게 맞습니다. 내가 어떤 사람일지라도 나는 죄인이라는 것을 압니다. 오늘 밤 설교를 듣고 나는 확신합니다. 다른 아무것이 없을지라도, 선하신 주님, 주님은 내가 말할 때 내가 죄인이라는 것을 아십니다. 내가 전에 죄인이라고 말했을 때의 의미를 지금 말하는 것이 아닙니다. 나는 정말로 죄인이라는 뜻으로 말합니다. 주께서 나를 정죄하시면, 나는 정죄받아 마땅한 사람이고, 주께서 나를 주의 앞에서 영원히 쫓아내시면, 나는 그런 형벌을 받아 마땅한 사람일 뿐이라는 뜻입니다. 주님이시여, 나는 죄인입니다. 주께서 나를 구원하시지 않으면 나는 가망 없는 죄인입니다. 주께서 나를 건져 주시지 않으면 스스로 어떻게 할 수 없는 죄인입니다. 나는 자기의를 의지하지 않습니다. 주님, 주의 이름을 찬송합니다. 그 외에 다른 한 가지 점이 있습니다. 나는 슬픈 죄인입니다. 죄가 나를 슬프게 하기 때문입니다. 나는 쉴 수 없고, 걱정스럽습니다. 아, 내가 죄를 없앨 수 있다면, 하나님께서 거룩하시듯 나도 거룩할 것입니다. 주님, 내가 믿습니다.”

그런데 어떤 반대자가 이렇게 소리치는 말이 들립니다. “뭐라고요, 목사님, 그리스도께서 단지 내가 죄인이기 때문에 나를 위해 죽으셨다는 것을 믿으라고요!” 그렇습니다. 바로 그렇습니다. “아닙니다, 목사님. 나에게 조금이라도 의가 있다면, 내가 기도를 잘 드릴 수 있다면, 그리스도께서 나를 위해 죽으셨다고 생각할 것입니다.” 아닙니다. 그것은 결코 믿음이 될 수 없을 것입니다. 그것은 자기 신뢰일 것입니다. 믿음은 죄가 깜깜하게 보일 때 그리스도를 믿으며, 그리스도께서 죄를 모두 없애실 것이라고 신뢰하는 것입니다.

자, 불쌍한 죄인이여, 당신의 모든 죄와 함께 오늘 밤 이 약속을 손에 쥐고 집으로 가십시오. 할 수 있다면, 집에 가기 전에 이 약속을 붙잡으십시오. 그리고 집에 가서 혼자 방에 들어가 침대 곁에 무릎을 꿇고 당신의 마음을 털어놓으십시오.

"주님이시여, 그 사람이 말한 모든 것이 참입니다. 나는 정죄받았습니다. 주님, 나는 정죄받아 마땅한 자입니다. 주님이시여, 나는 더 나아지려고 애썼지만 그렇게 해서 아무것도 행한 것이 없고 상황만 더 나빠졌을 뿐입니다. 주님이여, 내가 그동안 주님의 은혜를 무시해 왔습니다. 주의 복음을 멸시했습니다. 주님께서 오래 전에 나를 정죄하시지 않은 것이 이상합니다. 주님이여, 주께서 나같이 비천한 자가 살도록 내버려 두시는 것이 놀랍습니다. 나는 어머니의 가르침을 무시했고, 아버지의 기도를 잊어버렸습니다. 주님, 나는 주님을 잊어버렸습니다. 주의 안식일을 어겼고 주의 이름을 망령되이 불렀습니다. 나는 잘못된 모든 일을 행했습니다. 주께서 나를 정죄하시면 내가 무슨 말을 할 수 있겠습니까? 주님, 나는 주 앞에서 벙어리가 될 뿐입니다. 나는 항변할 말이 아무것도 없습니다. 그러나 주님, 내가 오늘 밤 나와서 주님께 말씀드립니다. 주께서 하나님 말씀에서 이같이 말씀하셨습니다. '내게 오는 자는 내가 결코 내쫓지 아니하리라'(요 6:37). 주님, 제가 옵니다. 내가 주께 호소할 수 있는 것은 주님의 이같이 하신 말씀뿐입니다. '미쁘다 모든 사람이 받을 만한 이 말이여 그리스도 예수께서 죄인을 구원하시려고 세상에 임하셨다 하였도다.' 주님, 나는 죄인입니다. 주님은 나를 구원하기 위해 오셨습니다. 흥하든 망하든, 나는 그 사실을 믿습니다. 주님, 이것이 나의 유일한 소망입니다. 다른 모든 것은 버리고, 내가 이제까지 다른 어떤 것을 소망으로 간직해 왔다는 것을 생각하기도 싫습니다. 주님, 오직 예수님만을 의지합니다. 나를 구원하여 주옵소서. 장차 내가 과거의 죄를 깨끗이 지울 것이라고 기대할 수 없지만, 주님이여, 지금부터 영원히 내가 주의 계명의 길에서 달릴 수 있도록 새 마음과 의로운 영을 주시기 구하겠습니다. 주님, 나는 주의 자녀가 되는 것 외에 달리 바라는 것이 없습니다. 주님, 주께서 나를 사랑하여 주시기만 한다면, 내가 모든 것을 바치고자 하는 것을 아십니다. 나는 용기를 내어 주께서 나를 사랑하신다고 생각합니다. 내 마음이 그렇게 느끼기 때문입니다. 나는 죄인입니다. 주님께서 가르쳐 주시지 않았다면, 내가 죄인이라는 것을 결코 알지 못했을 것입니다. 나는 악합니다. 하지만 주께서 그 사실을 보여 주시지 않았다면, 나는 나의 악함을 결코 알지 못했을 것입니다. 확실히, 하나님께서 내게 이 점을 가르치신 후에는 나를 멸망시키지 않으실 것입니다. 주께서 나를 멸망시키실지라도 주님은 의로우십니다. 그러나

> '주여, 떨고 있는 죄인을 구원하소서,
> 그는 여전히 주의 말씀에 소망을 두고 있으며
> 그 말씀에 있는 즐거운 약속을 보고
> 절망하지 않도록 만드는 확실한 지지를 보고
> 얼굴이 환해질 것입니다.'"

여러분이 이렇게 길게 기도할 수 없다면, 집에 가서 할 말을 가르쳐 드리겠습니다. 이렇게 말하십시오. "주 예수님, 나는 내가 아무것도 아닌 것을 압니다. 주님께서 나의 모든 것의 모든 것이 되어 주소서."

아, 오늘 밤, 그와 같은 기도를 드릴 수 있는 사람들이 있을 것이라고 나는 믿습니다. 그런 사람들이 나온다면, 하늘의 종이 울릴 것입니다. 너희 스랍들아 노래하라. 너희 구속받은 자들이여 소리치라. 주님께서 그 일을 하셨기 때문입니다. 주님의 이름에 영원히 영광을 돌립시다.

제
4
장

믿음으로 살리라

—

"의인은 믿음으로 살리라." — 갈 3:11

　　사도는 구약에서 하박국 2:4을 인용하여서 영감된 한 가지 말씀을 다른 말씀으로 확증합니다. 의인이라도 자신의 의로 말미암아 죄 없다고 용서받는 것이 아니라 믿음으로 말미암아 삽니다. 그렇다면, 하나님 보실 때, 아무도 율법으로 말미암아 의롭다함을 받지 못한다는 것이 자연스러운 결론입니다. 사람들 가운데 아무리 훌륭한 사람도 자신의 미덕으로 말미암아 의롭다함을 얻지 못하고 오직 믿음으로만 용납된다면, 하물며 불완전한 사람들, 우리같이 흔한 죄인들이야 얼마나 더하겠습니까?

　　믿음으로 구원받는 사람들은 의롭게 됩니다. 사람 마음에 믿음이 작용하면 사랑이 생기고, 사랑으로 말미암아 순종이 일어납니다. 하나님의 율법에 대한 순종은 도덕에 대한 또 다른 이름이거나, 더 신성한 도덕, 곧 거룩함을 가리키는 이름에 지나지 않습니다. 이 거룩함이 있는 곳에서는 어디든지, 우리는 거룩함이 영적 생활과 안전의 원인이 아니라, 믿음이 여전히 모든 것의 원천이라는 것을 확신할 수 있습니다. 여러분은 몇 주 전에 눈같이 하얀 꽃으로 화려하게 단장한 산사나무가 공기를 온통 향기로 채우는 것을 보았습니다. 그런데 감탄하며 바라보던 사람들 가운데 아무도 그 향기로운 5월의 꽃들이 그 산사나무를 살게 한다고 생각하지 않았습니다. 여러분 가운데 온통 꽃으로 둘러싸인 마로니에를 잠시 보고나서, 마로니에가 그 꽃 때문에 자란다고 어리석게 생각하는 사람은 아무도 없었습니다. 여러분은 이 아름다운 꽃들은 생명의 소산물이지 생명의 원인이 아니라고 바르게 생각하였습니다. 여러분은 여기 자연의 상징들에서 내적 생명에 대한 참된 교훈을 봅니다. 거룩함은 새로운 본성의 꽃입니다. 거룩함은 이루 말로 다할 수 없이 사랑스럽고 무한히 매력적입니다. 아니, 거룩함은 때에 맞게 피워내야 하는 것입니다. 그렇지 않으면 우리가 그 사람의 신앙 고백의 진정성을 의심해 보는 것이 정당한 일입니다. 그러나 거룩함의 아름다운 미덕이 사람을 구원하지 못하며, 영적 생명을 주거나 유지하지 못합니다. 이런 미덕은 샘에서 흘러나온 시내이지 샘이 아닌 것입니다. 세상에서 아주 운동을 잘하는 사람은 운동가이기 때문에 사는 것이 아닙니다. 그가 살고 또 아주 동물적인 힘에 이르기까지 철저히 훈련받았기 때문에 운동을 잘하는 것입니다. 아주 장사를 잘하는 상인이 개인 재산을 갖는 것은 그가 받은 면허장이나 상장 때문이 아닙니다. 그가 시민으로서 받은 권리 때문입니다. 사람이 최고의 수확을 올리기까지 땅을 경작할 수 있습니다. 그러나 그 땅의 권리는 그의 경작 방식이 아니라 권리 증서에 의해 좌우됩니다. 이와 같이 그리스도인은 최고의 영적 교양과 천상적인 완전함을 추구해야 합니다. 그러나 정당하고 안전한 구원은 그리스도인의 업적에 달려 있는 것이 아니라, "의인은 믿음으로 살리라"고 본문에 기록된 대로, 십자가에 못 박힌 구주를 믿는 믿음에 달려 있습니다. 믿음은 열매를 맺는 뿌리이고, 수액을 전달하는 내적 통로이며, 모든 포도나무 가지에 흐르는 위대한 생명의 은혜입니다. 오늘 아침 본문을 생각할 때, 그 전후 관계를 다소 떠나서 본문을 다룰 것입니다. 그러나 성령의 생각이나 사도의 의도를 떠나서 다루지는 않을 것입니다.

1. 첫째로, 지극히 순수한 영적 의미에서, 의인이 믿음으로 살리라는 것은 맞는 말입니다.

사람이 의롭게 되는 것은 믿음으로 말미암아 됩니다. 사람은 하나님의 율법 앞에서 불의하다고 정죄받기 때문입니다. 사람은 믿음으로 의롭게 되어 의인들의 명부에 들어갑니다. 그가 처음에 살아나서 하늘의 공기를 숨쉬는 것은 믿음으로 말미암아 되는 일입니다. 본래 그는 허물과 죄로 죽었기 때문입니다. 믿음은 사람의 가슴속에 있는 영적 생명의 첫 번째 확실한 표지입니다. 그는 하나님의 아들의 증언을 믿기 때문에 죄를 회개하고 예수님을 봅니다. 그는 새 생명을 받았기 때문에 그 증언을 믿습니다. 그는 예수님의 속죄하는 피를 의지하는데, 그것은 그의 마음이 성령께서 주시는 영적 생명이라는 선물로 말미암아 그렇게 의지할 힘을 받았기 때문입니다. 그 후에는 언제나 그의 믿음의 상태를 봐서 그 사람의 영적 생명의 활력을 판단할 것입니다. 그의 믿음이 크게 자란다면, 그의 생활도 훨씬 더 능력 있게 될 것입니다. 믿음이 줄어들면, 거기에 따라 생명의 불꽃도 줄어듭니다. 믿음이 약해지면, 생명의 활력도 약해집니다. 믿음이 충만한 확신의 물결 속에서 강력하게 솟아오르면, 그 사람 속에 있는 생명의 물결이 차오르며 신성한 에너지로 그 사람을 채웁니다. 믿음이 죽을 수 있다면, 영적 생명도 반드시 죽습니다. 새 생명이 썩지 않는 것은 바로 믿음이 소멸되지 않기 때문입니다. 여러분은 사람들이 하나님을 믿고 그의 아들의 공로를 의지하는 대로 하나님 앞에서 살고, 또한 그렇게 사는 만큼 하늘과 더 긴밀한 교제를 누리며 사는 것을 볼 것입니다. 위대한 성도들은 위대한 신자임에 틀림없습니다. 믿음이 적은 사람은 결코 성숙한 성도가 될 수 없습니다.

이 진리가 영적 생명의 모든 특징에서 사실임이 나타난다는 것을 살펴봅시다. 내적 생명의 고귀성, 그것을 보지 못한 사람이 있습니까? 그 생명이 하나님 안에서 그리스도와 함께 감추어진 사람은, 이 세상의 귀족들 가운데 한 사람입니다. 내적 생명에 대해 아무것도 모르는 사람은 단지 동물보다 조금 나을 뿐입니다. 그는, 왕 같은 제사장의 직분을 받고 성도의 유업을 받은 하나님의 아들들에 결코 비교될 수 없는 존재입니다. 영적 생명이 자라는 만큼, 그 사람의 기품도 자라고, 더욱더 영광의 왕을 닮게 됩니다. 그러나 기품 있는 거룩한 생활의 뿌리와 원천은 믿음에 있습니다. 예를 들어보겠습니다. 아브라함의 삶은 조용하면서도 고귀한 면이 남달랐습니다. 그는 한 번도 불안한 모습을 보인 적이 없습니다. 강도 떼들에게 둘러싸여 있으면서도 그는 성벽으로 둘러싸인 성에 있는 것처럼 평온하게 장막에서 지냅니다. 아브라함은 하나님과 함께 행하였고, 보조를 하나님보다 빠르거나 늦게 취하는 법이 없습니다. 그는 항상 평온하고 순종적인 걸음을 유지했으며, 두려움 때문에 서두르거나, 게으름 때문에 빈둥거리는 적이 없었습니다. 그는 하나님과 즐겁게 동행하였습니다. 그의 삶은 참으로 고귀한 생이었습니다! 이 믿음의 조상은 역사에서 단연코 앞장서는 인물이었습니다. 그는 왕 같은 사람이었습니다. 정말로 왕들을 정복한 사람으로, 왕들보다 더 위대한 사람이었습니다. 그의 평상시 생활은 참으로 잔잔합니다! 자신의 육신적인 지혜를 따라간 롯은 소돔에 마음을 빼앗겼고, 마침내 모든 것을 잃습니다. 아브라함은 믿음을 따라 순례자로서 거하며 안전하게 지냅니다. 롯은 성에서 포로로 끌려가지만, 아브라함은 장막에서 안전하게 지냅니다. 하나님을 의지하기 때문입니다. 아브라함이 언제 넘어집니까? 이 위대한 독수리가 마치 날개를 다친 것처럼 언제 갑작스럽게 떨어집니까? 불신앙의 화살이 그를 관통하였을 때입니다. 그는 아내 사라를 인해서 떨기 시작합니다. 사라는 아름답습니다. 아마도 블레셋 왕이 아브라함에게서 사라를 뺏으려는 것 같습니다. 불신앙의 순간에 아브라함은 "그녀는 내 누이라"고 말합니다. 아, 아브라함이여, 그대의 고귀함이 지금 어디에 갔습니까? 믿는 동안에는 그처럼 평온하고 확신을 갖고서 하나님과 동행하던 사람이 스스로 품위를 떨어트려 없는 일을 말하며, 거짓말을 하는 자리에까지 떨어집니다. 여러분도 그와 같을 것입니다. 우리 각 사람도 믿음에 따라 강해지거나 약해지고, 고귀하거나 타락할 것입니다. 담대하게 하나님과 동행하고, 그 영원한 팔을 의지하면, 여러분은 천상의 왕처럼 부리는 영들에게 둘러싸일 것이고, 여러분의 삶은 행복하고 거룩하며, 뿐만 아니라 여호와 앞에서 영광스러울 것입니다. 그러나 여러분이 하나님을 믿지 않는 순간, 여러분은 사람의 품위를 떨어트리는 악한 정책의 방법들을 따르도록 시험받을 것이고, 많은 슬픔으로 자신을 찌르게 될 것입니다.

기품처럼 영적 생명의 에너지도 믿음에 달려 있습니다. 영적 생명이 아주 건강한 상태에 있을 때는 매우 원기 왕성합니다. 무슨 일이든지 다 할 수 있습니다. 바울 사도를 예로 들어봅시다. 사도가 어떻게 바다와 육지를 건너고, 많은 박해와 고통을 받으면서도 거룩한 전쟁에서 계속해서 앞으로 나아가며 온 민족들에게 그리스도를 선포했는지 보십시오. 영적 생명이 사람에게 가득 차는 곳에서는 어디든지, 그 생명은 묶거나 속박하거나 억누를 수 없는 힘입니다. 그것은 거룩한 열정이요, 뼛속까지 태우는 신성한 불길입니다. 영적 생명은 불이 밧줄을 끊듯이 규칙과 관습과 예의범절에 얽매이지 않습니다. 그러나 이 영적 생명의 에너지는 성령 아래서 믿음의 존재와 힘에 전적으로 좌우됩니다. 어떤 사람이 자기가 지지해 온 종교에 관해, 혹은 그 종교가 부여하는 특전들에 관해 의심이 생기면, 그의 영적 생명의 모든 에너지가 사라지는 것을 볼 것입니다. 그는 살았다고 하는 모양만 갖추었을 뿐, 실제로는 아무 힘이 없게 될 것입니다. 다시 한 번 아브라함을 예로 들어봅시다. 아브라함은 동방에서 온 왕들이 평지에 있는 성읍들을 공격한 것을 발견합니다. 그는 소돔이나 고모라에 대해서는 별로 관심이 없습니다. 그러나 그 포로들 가운데 조카 롯도 사로잡혀 갔습니다. 그런데 그는 자기 친족에 대한 애정이 크기 때문에, 자기 의무를 이행하여 그를 구출하기로 결심합니다. 그는 가만히 서서 자신의 작은 무리가 충분한가 생각해 보지 않고, 전적으로 자신의 주 하나님만을 의지하고, 지극히 높으신 하나님께서 도와주실 것을 믿고서 종들과 이웃 사람들을 데리고 서둘러 약탈자를 쫓아갑니다. 그날 동쪽에서 의인을 일으키신 여호와께서 그의 적들을 그의 칼에 넘겨주셨고, 이 족장은 왕들을 죽이고 노략물을 싣고서 돌아왔습니다. 아브라함은 믿는 동안에 싸우지 않을 수 없었습니다. 그는 가만히 앉아서 하나님을 믿는다고만 할 수 없었습니다. 그가 하나님을 믿지 않았다면 이렇게 말했을 것입니다. "그 문제는 가만히 내버려 두어야 한다. 그 일은 슬픈 불행이다. 조카 롯은 그 일을 견뎌야 한다. 아마도 하나님의 섭리가 그를 위해 개입할 것이다." 믿음은 섭리를 믿지만, 왕성하게 활동합니다. 섭리를 믿는 데서 일어나는 믿음의 행동은 섭리적 작정을 성취하는 데로 나아갑니다. 형제 여러분, 우리가 하나님을 굳게 믿는 것은 반드시 필요한 일입니다. 그러나 우리가 하나님을 위해서 할 수 있는 일은 별로 없습니다. 하나님께서 여러분과 함께 하신다는 것을 믿으십시오. 그러면 여러분은 그리스도의 나라를 확장하려는 지칠 줄 모르는 큰 뜻을 품게 될 것입니다. 진리의 능력을 믿고, 진리와 함께 가는 성령의 능력을 믿으십시오. 그러면 여러분은 오늘날 기독교계의 하찮은 계획들에 만족하지 않을 것입니다. 여러분은 천사의 열정으로 뜨겁게 타오르고, 여러분의 능력을 넘어서는 것까지라도 행하기를 간절히 바라며, 주님의 영광을 위하여 하고자 하는 바를 있는 힘을 다해 실제로 성취할 것입니다.

　　뿐만 아니라, 영적 생활의 모든 기쁨이 믿음에 달려 있다는 것은 아주 확실한 사실입니다. 여러분의 믿음이 단순하게 예수님을 붙들기를 그치는 순간, 혹은 믿음이 약간이라도 저지를 받는다면, 기쁨이 사라져 버린다는 것을 여러분 모두 압니다. 기쁨은 환영받는 천사입니다. 그러나 믿음이 기쁨을 품지 않는 곳에서는 기쁨이 오래 머물지 않을 것입니다. 영적 기쁨은 낙원의 새입니다. 이 새는 오직 믿음의 가지에만 둥지를 틀 것입니다. 믿음이 피리를 불어야 합니다. 그렇지 않으면 기쁨이 춤을 추지 않을 것입니다. 믿지 않는 야곱은 자기 날수가 얼마 안 되고 험악한 것을 보지만, 믿는 아브라함은 수(壽)를 충분히 누리고 노인이 되어 죽습니다. 여러분이 머리에 기름을 붓고 얼굴을 씻으며 재와 베옷을 치워버리려고 하면, 여러분의 주 하나님의 신실하심을 더욱 굳게 신뢰해야 합니다. 의심과 두려움은, 그리스도인의 마음을 북돋우기 위해 아주 작은 촛불에 불을 붙이는데 필요한 불꽃 하나도 일으킬 수 없습니다. 그러나 예수님을 믿는 단순한 믿음은 해가 사망의 음침한 골짜기에 앉아 있는 사람들에게라도 힘있게 떠올라서 치료하는 광선을 비추게 만듭니다. 여러분이 그리스도를 의지하는 만큼 인생의 짐이 가벼워질 것이고, 천국의 기쁨은 더 커지며, 여러분의 전 생활은 더욱 고상해질 것입니다.

이와 같이 내적인 생명의 각 요점을 계속 언급하는 것도 좋을 것입니다. 그러나 나는 그보다는 영적 생활에서 우리의 모든 성장은 믿음에 달렸다는 점을 보기 위해 계속 앞으로 나아가도록 하겠습니다. 참된 생명은 때가 되면 자라게 되어 있습니다. 여러분은 땅 속에 묻은 두 막대기 사이의 차이를 말할 수 있습니다. 하나는 속에 생명이 있을 수가 있고, 그렇다면 머지않아 그 막대기에서는 싹이 틉니다. 반면에 죽은 막대기는 아무 변화가 없습니다. 그리스도인도 그와 같습니다. 살아 있다면, 그는 자랄 것입니다. 그는 반드시 진보하게 되어 있습니다. 그리스도인이라고 하면서 가만히 앉아서 아무 변화가 없이 몇 달이고 계속 갈 수는 없습니다. 그리스도인이 영적인 부(富)가 증가하려면, 그는 반드시 끊임없이, 그리고 더욱더 주 예수 그리스도에 대한 믿음을 발휘해야 합니다. 베드로가 믿지 않을 때는 물 위로 걸을 수 없습니다. 의심은 그를 돕지 못하고 오히려 물속에 빠트립니다. 나는 형제자매 여러분들 가운데 믿음에서 나오지 않는 방법들을 써서 영적 생명을 자라게 하려고 하는 분들이 있을까 염려됩니다. 어떤 사람들은 자기 부인이나 특별 기도의 규칙을 정해서 지켜야겠다고 생각합니다. 이런 계획들이 정당하지만, 그 자체로 효과가 있는 것은 아닙니다. 서원을 기계적으로 지키며 규칙을 형식적으로 순종하면서, 마음은 주님에게서 멀리 떠나 돌아다닐 수가 있기 때문입니다. 이런 서원과 규칙들은, 우리가 영적 파멸에 가까이 가고 있는데도 모든 것이 좋다는 헛된 믿음을 갖도록 우리를 속이는 수단이 될 수가 있습니다. 나는 영적 생활에서 자신을 위하여 규칙을 많이 만들면 만들수록 그만큼 더 죄를 짓게 된다는 것을 발견했습니다. 규칙적인 아침 저녁 기도의 습관은 신자의 생활에 절대 필요한 것입니다. 그러나 기도 시간의 길이를 정하고 무리하게 아주 많은 사람과 많은 주제를 언급하며 기도하는 것은 기도에 속박되는 느낌을 줄 수 있고, 기도를 돕기보다는 억압할 수가 있습니다. 어떤 때는 황송하게도 라고 말하고, 또 어떤 때는 기뻐하는 것이, 마치 설교자가 설교문 여백에 "여기서는 소리치고," "여기서는 미소 짓고"라고 쓰는 것처럼 가식적인 것이 될 수가 있습니다. 사람이 정직하게 설교한다면, 그는 반드시 적절한 곳에서 소리치고 적당한 순간에 미소 짓게 되어 있습니다. 영적 생명이 건강할 때는, 규칙이나 서원이 없이도 자연스럽게 적절한 시간에 기도하게 만들고 겸손함과 거룩한 기쁨을 일으킵니다. 달력에 맞추어 활동하고, 성 금요일에는 울고, 그 후 이틀 동안은 기뻐하며, 달의 움직임에 따라 활동을 정하고, 조직에서 일체의 감정을 배제하는 그런 종교는 너무 인위적이어서 여러분이 본받을 만한 것이 못 됩니다. 영적 생활의 자유는 위대한 것입니다. 그 자유가 항상 유지되고 끊임없이 에너지가 공급되기 위해서는 여러분에게 많은 믿음이 필요할 것입니다. 믿음이 약해지면 기도가 시들해지고, 자유는 방종으로 타락하고 여러분 생명의 에너지는 자신을 신뢰하는 데로 흘러가게 될 것이기 때문입니다. 은혜 안에서 발전하기 위해 스스로를 규칙과 규정으로 묶는 사람은 아브라함처럼 하나님을 믿고, 그것을 의로 여김을 받도록 해야 합니다. 바울처럼 예수를 바라보며 앞에 놓인 경주를 경주하도록 해야 합니다. 믿음은 마음의 토양을 비옥하게 만듭니다. 믿음은 우리의 보고를 최상의 금으로 채우고, 영혼을 위해 진미로 식탁을 차립니다. 믿음으로 우리는 용감하게 행할 것인데, 사자의 입을 막기도 하고 맹렬한 불을 끄기도 할 것입니다. 구주 예수님을 믿는 믿음, 하늘 아버지를 믿는 믿음, 성령님을 믿는 믿음, 우리는 이 믿음을 가져야 합니다. 그렇지 않으면 우리는 물거품처럼 사라지고 맙니다.

그런가 하면, 어떤 그리스도인들은 경험에 의지해서 살려고 하는 것처럼 보인다는 점을 살펴보도록 하겠습니다. 오늘 기분이 좋으면, 그들은 자기가 구원받았다고 말합니다. 그러나 내일 기분이 우울해지면, 자기가 망했다고 결론짓습니다. 어떤 때 깊은 평온이 온 영혼에 퍼지면, 기분이 무척 고양됩니다. 그러나 바람이 불고 파도가 높이 치면, 자기가 하나님의 백성이 아니라고 생각합니다. 불안하기 짝이 없는 비참한 상태입니다! 느낌에 의존해서 사는 것은 죽을 수밖에 없는 생활입니다. 여러분의 느낌이 영적 상태의 척도라면, 여러분은 자신이 지금 어디에 있는지, 자기가 어떤 사람인지 알지 못합니다. 사랑하는 여러분, 그리스도에 대한 단순한 믿음을 가질 때에만, 불행을 느낄 때에도 평온할 수 있고,

여러분의 감정이 기쁨에서 아주 멀리 있을 때에도 여전히 확신을 가질 수 있습니다. 정말로 우리가 예수 그리스도로 말미암아 구원을 받았다면, 우리 구원의 기초는 우리 속에 있지 않고, 십자가에 못 박혔으나 지금은 영광 가운데 통치하시는 분에게 있습니다. 그분이 변하신다면, 우리에게 얼마나 큰 변화가 일어나겠습니까! 그런데 그리스도는 어제나 오늘이나 영원토록 동일하시므로, 우리가 확고한 태도를 버리고 그처럼 쉽게 흔들려서야 되겠습니까? 사랑하는 여러분, 여러분 속에서 은혜의 불꽃을 발견할 수 없을 때에는 예수님을 믿으십시오. 여러분이 좋은 생각을 품을 수 없고 고상한 소원을 가질 수 없을 때, 죄인인 자신을 구주의 품에 맡기십시오. 여러분의 영혼이, 풀 한 포기 내놓지 않는 메마른 사막처럼 아무 소망이나 기쁨이나 사랑을 느끼지 못할 때에도, 여전히 사막을 변하여 정원이 되게 하실 수 있는 위대한 농부이신 그리스도를 바라보도록 하십시오. 항상 예수님에 대해 확실한 믿음을 가지십시오. 여러분이 예수님을 믿으면, 구원을 받았고 결코 정죄를 받지 않을 것입니다. 여러분의 상태가 아무리 좋든지 혹은 아무리 나쁘든지 상관없이, 그것이 그 문제에 아무 영향을 끼치지 못할 것입니다. 여러분이 믿으므로, 구원을 받을 것입니다. 기분과 감정에 의존하여 하루 하루를 사는 보잘것없고 비참한 방식을 버리십시오. 오직 여러분에게 구원을 주시는 주님만을 모시도록 하십시오.

자칭 신자라고 하는 많은 사람들은 이보다 상태가 훨씬 더 나쁩니다. 그들은 실험에 의지해서 살려고 합니다. 나는 비국교도들 가운데 아주 많은 수가 그런 부류가 아닌가 염려됩니다. 그들은 적어도 일 주일에 한 번은 부흥회를 가져야 합니다. 자신들의 신앙을 과시하는 큰 집회를 자주 갖지 않으면, 아주 형편없이 의기소침해지기 시작하고 술주정뱅이가 술을 찾듯이 감정을 고조시키는 집회를 갈망합니다. 그것은 유창한 설교와 그런 자극제에 목을 매는, 불쌍한 영적 생활입니다. 그런 것이 좋고 위안을 줄 수도 있습니다. 그런 것이 있으면 감사하십시오. 그러나 나는 여러분이 그런 것에 의존해서 영적 생활을 영위하지 않기를 바랍니다. 그것은 성경의 언어로 표현하자면, 사람이 마치 바람에 의존하고 동풍에 목을 매고 사는 것과 같습니다. 여러분의 믿음은 사람의 지혜나 사람의 아름다운 말, 혹은 동료 그리스도인의 진실함에 서게 되어 있지 않고, 어제도 계셨고 지금도 계시며 장차 오실, 죄인들의 구주이신 그리스도를 믿는 단순한 믿음에 서게 되어 있습니다. 그리스도에 대한 진정한 믿음이 있으면, 여러분은 은혜의 수단들을 받지 못할 때에라도 기쁘게 생활할 수 있고, 배에서도 기뻐할 수 있으며 병상에서도 안식일을 지키고, 먼 촌 구석의 오두막집에서 살거나 오스트레일리아 오지(奧地)의 판잣집에서 살지라도, 그 거처가 성전이 될 수 있습니다. 오직 믿음을 가지십시오. 그러면 산들이 견고히 서기 위해 여름날의 태양을 바라볼 필요가 없듯이, 여러분이 이런 자극제를 찾을 필요가 없습니다.

이런 점을 확실히 하기 위해, 내가 많은 신자들이 적당히 사는 것이 염려가 된다는 말을 더 할 필요가 있겠습니까? 이 용어 말고, 그것을 달리 표현할 방법이 있을지 모르겠습니다. 그들은 자신의 내적 경험을 들여다볼 만큼 주의력도 없고, 자극적인 것을 찾을 만큼 활력도 갖고 있지 않습니다. 그들은 열의가 없고 꿈꾸는 듯이 몽롱한 생활을 합니다. 여러분들 가운데 어떤 분들은 그렇게 산다는 말입니다. 여러분은 몇 년 전에 구원을 받았다고 믿습니다. 여러분은 어떤 기독교 교회에 가입하였고 세례를 받았습니다. 그래서 모든 것이 정상이라고 결론 내립니다. 여러분은 영적인 장부(帳簿)에 여러분의 회심을 좋은 자산으로 기록해 놓았고, 그것을 아주 확실한 것으로 생각합니다. 나는 그렇게 생각할 수 있는지 의심스러운데, 여러분은 여전히 그것이 확실하다고 생각합니다. 그때 이후로 여러분은 기도 습관을 유지해 왔고, 정직하게 생활해 왔으며, 교회에 계속 헌금을 냈고, 기독교인으로서 외적인 의무들도 이행해 왔습니다. 그러나 여러분의 경건에는 생명력이 거의 없었습니다. 그것은 깊이가 별로 없는 피상적인 활동이었습니다. 여러분은 죄에 대해 슬퍼하지 않았고, 내적인 타락에 눌려 신음한 적도 없습니다. 그런가 하면, 여러분이 거룩한 사랑을 의식하고, 자신이 그 사랑과 관계가 있다는 것을 기쁘게 인식하고서 기운을 차린 적도 없습니다. 졸면서도 행군하는 군인들에 대한 이야기를 들었는데, 그처럼 여러분도 꿈꾸는 것 같은 상태에서 계속 지내왔습니다. 벼락이 쳐서 여러분을 깨웠으면 좋겠습니다. 그렇게 사는 것은 참으로 위험하기 때문입니다! 여러분이 그리스도인이라면, 이렇게 생활하는 것은 무엇보다 위험한 생활 방식입니다. 여러분이 그리스도인이 아니라면, 그것은 사람을 완전히 속이는 생활 방식입니다. 스스로 죄인이라고 생각하는 사람은 복음 설교로 붙잡을 수 있지만, 여러분은 경고의 말씀이 자기에게 해당한다고 생각하려고 하지 않기 때문에 복음 사역이 아무 효과를 미치지 못합니다. 여러분은 하나님 보시기에 헐벗고 가난하며 비참한데도 자신을 속이고 "나는 부유하다"고 말합니다. 여러분이 다시 믿음으로 살 수 있으면 좋겠습니다!

2. 둘째로, "의인은 믿음으로 살리라."
이 말씀은 믿음이 우리 매일 생활에서 작용한다는 뜻입니다.

믿음은 많은 방식으로 작용하는데, 그 가운데서 세 가지 면을 살펴보는 것으로 충분할 것입니다. 믿음은 모든 시련과 곤경과 고난을 겪고 있는, 혹은 온갖 수고를 하는 의인을 떠받치는 강력한 에너지입니다. 어떤 사람들은 믿음을 이렇게 생각합니다. 참된 신앙은 주일에만 해당되는 것으로, 교회와 예배당에만 국한된 것으로 봅니다. 사람이 예배당에 앉아 있을 필요가 없을지라도 교회에 출석하지 않으면 훌륭한 사람이 아니고, 거리의 가수에게 귀를 기울이는 것만큼도 설교 말씀에 귀를 기울이지 않는다면 훌륭한 사람이 아니기 때문에 교회에 출석한다는 것입니다. 대체로 사람들은 계속해서 신앙을 점잖게 드러내 보여야 합니다. 그렇지 않으면 점잖은 사회의 일원으로 받아들여질 수 없다고 생각합니다. 그러나 신앙을 아침 식탁으로 끌어내리고, 신앙을 거실에서 소개하고, 부엌으로 가져가며, 그 신앙을 가게로, 작업장으로 혹은 곡물거래소로 가져가고, 배 타고 바다에까지 가져가는 것, 이것을 어떤 사람들은 지나친 광신이라고 생각합니다. 그러나 주 예수 그리스도의 계시가 가르치는 것이 있다면, 바로 이것입니다. 신앙은 보통의 문제, 곧 일상생활의 문제라는 것입니다. 누구든지 기독교 신앙을 주일만을 위한 것이 아니고, 어떤 장소와 시간만을 위한 것이 아니라 모든 시간, 모든 조건, 모든 생활을 위한 것으로 완전히 받아들이지 않은 한, 기독교를 전혀 이해하지 못합니다. 적극적이고 활동하는 믿음은 성령께서 그리스도인에게 심어주시며, 시련 가운데 있는 그의 힘을 북돋우실 목적으로 그에게 보내시는 것입니다. 나는 이 사실을 자신이 하나님의 택하신 자의 믿음을 얻었는지 확인하는데 사용할 수 있는 시금석이라고 말씀드리겠습니다.

여러분이 아주 큰 돈을 잃어버렸다고 합시다. 자, 여러분은 어찌할 줄 모르고 괴로워합니까? 거의 기절하다시피 됩니까? 하나님께 투덜댑니까? 그렇다면 여러분이 전혀 신앙이 없는 사람보다 나은 것이 뭐냐고 여러분에게 묻습니다. 여러분은 불신자가 아닙니까? 모든 것이 합력하여 선을 이룬다고 믿는다면, 여러분이 그처럼 반항적인 생각을 할 수 있겠습니까? 바로 그것이 하나님이 분명하게 밝히신 바입니다. 지금 여러분은 하나님을 믿는 믿음 때문에 이렇게 말할 수 있어야 합니다. "주신 이도 여호와시요 거두신 이도 여호와시오니 여호와의 이름이 찬송을 받으실지니이다"(욥 1:21). 여러분이 온전히 순종하는 자세로, 그리고 주저함이 없이 그와 같이 말할 수 없다면, 다른 사람들보다 더 낮게 행동하는 것이 무엇입니까? 여러분이 "이는 여호와이시니 선하신 대로 하실 것이니라"(삼상 3:18)고 말할 수 없다면, 여러분에게 새로운 본성은 어디 있습니까? 이 질문으로써 여러분이 믿음이 있는지 없는지 시험해 볼 수 있을 것입니다. 아니면, 여러분이 사랑하는 아이를 잃었고, 그 상실이 여러분에게 뼛속까지 고통을 주었을 수도 있습니다. 지금도 그 사실을 거의 받아들일 수 없을 것입니다. 그러나 나는 여러분이 아주 불평을 하며 하나님께서 잔인하다고 힐난하지 않을 것이라 믿습니다. 여러분이 믿음의 도움을 받아 이렇게 말할 수 있을 것이라 생각합니다. "나는 그에게로 가려니와 그는 내게로 돌아오지 아니하리라. 나는 이 일을 내 하늘 아버지께서 정하신 대로 받을 것이라." 여러분의 믿음을 단련할 호된 시련이 있을 것입니다. 두 가지 예가 표본으로서 도움을 줄 수 있을 것입니다. 인생의 모든 위치에서 참된 믿음은 신자에게 삼손의 머리카락과 같습니다. 이 머리카락에 삼손의 강력한 힘이 숨어 있습니다. 참된 믿음은 곤경의 바다를 가른 모세의 지팡이이고, 엘리야가 타고서 하늘로 올라간 전차와 같습니다. 이와 같이 힘든 노고에 있어서, 예를 들면, 그리스도의 대의를 위한 수고에서, 어떤 사람은 이웃에게 선을 행하는 것을 의무로 느끼면서도 이렇게 말할 수 있습니다. "나는 무엇을 해야 할지 모르겠어요. 아주 큰 문제를 시작하는 것이 무섭습니다. 나는 그런 일을 하기에 너무 부적합하고 힘이 없습니다."

　　사랑하는 친구 여러분, 이웃에게 선을 행하는 것이 여러분의 의무라면, 여러분이 그 일을 할 능력이 없다는 것이 핑계가 될 수 없습니다. 여러분이 하늘 아버지께 가서 여러분의 연약함을 말씀드리고 힘을 구하면 하나님께서 넉넉하게 힘을 주시기 때문입니다. 우리 가운데 지금은 편하게 말하실 수 있는 어떤 분들이 전에는 공중 앞에서 말하는 것을 굉장히 어려워했습니다. 지금은 매우 훌륭하게 설교하는 사람들도 자신들의 은사를 개발하기 전에는 말하는 것이 형편없었습니다. 지금은 최고의 선생이고 전도에 아주 능한 사람들이 처음부터 그랬던 것은 아닙니다. 그러나 그들은 믿음이 있었고, 계속 앞으로 나아갔으며, 하나님께서 그들을 도와주셨습니다. 자, 여러분의 신앙이 옛날 노래만큼의 가치가 없다면, 여러분은 거룩한 활동을 지속할 수 없을 것입니다. 그러나 여러분의 믿음이 참되고 실제적이라면, 믿음이 여러분 존재의 본질이라고 생각하며, 모든 난관을 뚫고 앞으로 나아가 구속주의 대의를 증진시키도록 할 것입니다. 나는 그렇게 빨리 쓸모없는 존재로 살아가고 싶지 않습니다. 땅 위에서 빈둥거리며 지내는 것보다 시체로 들판을 기름지게 하는 것이 훨씬 더 낫습니다. 임마누엘 군대의 병사가 되어 싸우지 않고, 짐도 지지 않으며, 깃발을 들지도, 창을 던지지도 않다니! 그렇게 되기보다는 개들이 내 쓸모없는 썩은 육신을 먹는 것이 낫습니다. 이것을 생각하십시오. 그러면 여러분은 적은 힘을 가지고도 앞으로 나아갈 것이고, 새 힘이 여러분에게 임할 것입니다. 그리고 그렇게 함으로써 여러분의 믿음이 진실되다는 것을 입증할 것입니다. 믿음이 그리스도인 생활의 일반적인 일에서 여러분에게 힘을 주기 때문입니다. 그러므로 어떤 곤경과 노고 아래에서도 의인은 믿음으로 살 것입니다.

그 다음에, 일반 생활에서 믿음은 하나님의 섭리의 시행에 영향을 미칩니다. 모든 일이 하나님의 목적에 의해 영원히 확정되었지만, 믿음의 기도가 하나님의 팔을 움직이게 한다는 것은 우리가 설명할 수 없는 수수께끼입니다. 그 수수께끼를 설명할 수는 없지만, 그 사실을 부정해서는 안 됩니다. 형제자매 여러분, 나를 광신자라고 생각할 수도 있습니다. 그러나 생활비를 버는 일이나 자녀 교육, 집안을 다스리는 일과 같은 일반적인 문제들에서도, 여러분이 영혼의 구원이라는 중대한 문제만큼 하나님을 의지해야 한다는 것이 나의 확고한 믿음입니다. 여러분의 머리카락의 수까지도 하나님은 아십니다. 그러니 하찮은 문제들에 대해서도 하나님께 가십시오. 하나님 아버지의 뜻이 아니면 참새 한 마리도 땅에 떨어지지 않습니다. 그러니 작은 문제들도 하나님께 맡기십시오. 여러분의 하늘 아버지께서 사랑을 가지고 관심을 보이기에는 너무 하찮은 것이란 없다는 것을 아십시오. 회오리바람을 타시는 하나님께서 저녁에 서늘한 바람이 불 때 동산을 거니시기도 합니다. 알프스 산에서 눈사태를 일으키시는 분이 마른 잎사귀가 포플러 나무에서 팔랑거리며 떨어지게도 하십니다. 영원한 능력으로 천체를 영원히 진행하도록 지시하시는 하나님께서 여름 타작마당에서 바람에 불려 일어나는 먼지 알갱이 하나하나의 움직임을 인도하십니다. 큰 일뿐 아니라 작은 일도 하나님께 털어놓으십시오. 하나님께서 여러분을 실망시키시지 않으리라는 것을 알게 될 것입니다. 하나님이 산위의 하나님만이시고 골짜기의 하나님은 아니십니까?

어떤 사람은 말합니다. "그렇다면 우리는 기적을 바라는 것입니까?" 그렇지 않습니다. 그러나 우리는 기적에 의해서 일어나는 것과 동일한 결과를 기대합니다. 나는 하나님께서 어떤 목적을 이루기 위해 기적으로 개입하시는 것은 다소 서투른 방식이고(이런 표현을 쓸 수 있다면), 하나님께서 섭리의 수레바퀴를 간섭하지 않고서도 동일한 일을 이루시는 것이 훨씬 더 하나님다운 방법으로 보인다는 생각을 때로 했습니다. 오늘 굶주리고 있는데 하나님께서 나를 먹이시겠다고 약속하셨다고 생각해 봅시다. 여기 있는 내 친구가 생각지도 않게 음식을 가져왔다면, 그것은 마치 까마귀가 음식을 가져온 것처럼 그 약속이 성취된 것일 것입니다. 일반적인 수단을 사용하여 음식을 가져오는 것이, 하나님께서 거기 계시면서 섭리의 장치를 막지 않고 사용하여 계획하신 결과를 끌어내도록 하신다는 것을 훨씬 더 잘 입증할 것입니다. 하나님이 여러분을 위해 돌을 떡덩이로 만드시지 않을 것입니다. 그러나 어쩌면 하나님은 여러분에게 깨트릴 돌을 주어, 그것으로 떡을 살 돈을 벌게 하실 것입니다. 하나님께서 하늘에서 만나를 비같이 내리게 하시지 않지만, 밭에 비를 내리게 하여 여러분이 음식을 얻게 하실 수 있습니다. 까마귀를 시켜서 음식을 가져다주는 것보다 여러분이 수고하여 음식을 얻는 것이 훨씬 낫고, 여러분 벽장에 곡식이 끊이지 않는 통과 항아리를 놓아주시는 것보다 그리스도인이 자비를 베풀어 여러분을 보살펴주는 것이 더 나은 일일 것입니다.

어쨌든, 여러분에게 떡을 주시고 물을 공급해 주실 것입니다. 확실히 증언하건대, 하나님은 선한 공급자이십니다. 나는 부친의 집을 떠난 후로 언제나 하나님의 섭리를 의지하였고, 모든 경우에 하나님은 내 목자가 되어주셨으며, 나는 아무 부족이 없었습니다. 기독교 사역자로서 내 첫 수입은 40파운드에 못 미치는 것으로, 확실히 적었습니다. 그러나 내게는 충분하였기 때문에, 지금과 마찬가지로 그때도 부유했습니다. 나는 더 이상 걱정거리가 없었습니다. 아니, 내가 지금 가지고 있는 걱정거리의 절반도 가지고 있지 않았습니다. 내가 지금처럼 그때도, 세상적인 것과 영적인 것 모두를 위해 하나님께 가서 기도드리면, 위급한 때가 참으로 많았는데, 그때마다 하나님께서 즉각적으로 응답하신다는 것을 발견하였습니다. 그때 이래로 나는 학업과 관련하여 재정적으로 많은 시련을 겪었습니다. 내 학업은 주님께서 그의 백성들을 감화시켜 넉넉하게 후원하도록 해서 내는 장학금에 좌우되었습니다. 내 믿음은 종종 시험을 받았지만, 하나님께서는 언제나 신실하셔서 필요한 때 비용을 보내주셨습니다. 누군가가 내게, 하나님께 기도하는 것은 그저 흥미로운 일일 뿐이고, 하나님께서 사람의 부르짖음에 응답한다는 생각은 터무니없는 것이라고 말한다면, 나는 그런 말을 비웃을 것입니다. 내가 그런 것을 한두 번 경험한 것이 아니기 때문입니다. 주님께서 일하실 필요가 있어서 개입하신다는 것이 아주 명백히 나타나서, 마치 주님이 구름을 가르고 소매를 걷어 붙인 팔과 넉넉한 손을 내밀어 종의 필요를 채우시는 것을 본 경우가 수백 번이나 됩니다. 이것은 나의 증언이지만, 또한 도처에 있는 하나님 백성들의 간증이기도 합니다. 하나님의 백성들은 과거를 돌아볼 때, 하나님께서 이스라엘을 선대하신다고 여러분에게 말할 것입니다. 그 백성이 믿음으로 행하였을 때, 하나님께서 그들을 실망시키시는 것을 한 번도 본 적이 없다고 말할 것입니다. 근심의 홍해가 갈라졌고, 물이 무더기처럼 섰으며, 깊은 곳들이 바다 가운데서 단단하게 굳었습니다. 애굽인들을 덮었듯이 하나님 백성의 많은 의심과 곤경들을 깊은 물이 덮었고, 하나도 남기지 않았습니다. 하나님의 구속받은 자들은 저편 바닷가에 서서 과거를 돌아보며 크게 소리쳤습니다. "내가 여호와를 찬송하리니 그는 높고 영화로우심이요"(출 15:1). 믿음이 그들의 모든 곤란을 정복하였고, 그들에게 필요한 모든 것을 가져다주었기 때문입니다.

그러나 여기서 우리는 잘못 생각하지 않도록 해야 합니다. 믿음을 게으름을 부추기는 상금으로 생각해서는 안 됩니다. 내가 앉아서 팔짱을 끼고 "주께서 채우실 것이다"고 말한다면, 하나님께서는 필시 나를 주(州) 법원에 소환하고, 교구의 구빈원에 집어넣어 일을 시키실 것입니다. 하나님께서는 게으른 사람들에게는 그들을 부양하시겠다는 어떤 약속도 하신 적이 없습니다. 그러므로 그들은 하나님께서 자기들을 부양하실 것이라고 믿을 권리가 전혀 없습니다. 우리의 게으름을 벌충하기 위해 하나님을 믿는 것은 믿음이 아니고, 악하고 뻔뻔스러운 일입니다. 믿음의 능력이 광신의 근거를 제공하지도 않습니다. 나는 이렇게 말할 근거가 전혀 없습니다. "나는 무엇 무엇이 갖고 싶다. 내가 그것을 구할 것이고, 그러면 갖게 될 것이다." 하나님께서는 우리가 변덕스러운 마음으로 택할 수 있는 모든 것을 주겠다고 약속하신 적이 없습니다. 정말로 선한 어떤 것을 원한다면, 우리는 "여호와께서 정직하게 행하는 자에게 좋은 것을 아끼지 아니하실 것임이니이다"(시 84:11)는 약속에 호소할 수 있습니다. 그러나 하나님께서 우리의 어리석은 행동들을 일일이 받아주실 것이라고 생각해서는 안 됩니다. 지혜로우신 하나님께서는 우리의 변덕스러운 생각에 지나지 않는 소원에 결코 응하지 않으실 것입니다. 믿음이 사려분별과 섭리를 대신하도록 해서도 안 됩니다. 자기들이 하나님을 방해할까봐 두려워해서 적극적인 행동을 크게 삼간 사람들을 나는 압니다. 나는 이런 두려움 때문에 곤란을 전혀 겪지 않습니다. 나는 하나님을 믿는다고 해서, 내 자신이 할 수 있는 일을 하나님께서 대신 해주실 것이라고 믿지 않습니다. 나는 주님께서 쓸데없는 일을 하시지 않는다고 믿습니다. 내 자신의 지혜와 힘과 판단력을 사용해서 갈 수 있는 최고한도까지, 하나님의 인도를 의지하여 가고, 그 다음에는 멈추어야 합니다. 내가 더 이상 갈 수 없기 때문입니다. 그때는 하나님 아버지께 이렇게 호소하였습니다. "주님, 주님의 약속은 이보다 더 멀리 미칩니다. 부족을 채우는 것은 주님의 하실 일입니다." 그 자리에서 나는 멈추고, 주님은 주의 말씀대로 선하십니다. 그런데 내가 앞으로 나아갈 수 있는데 중단한다면, 어떻게 감히 주님께 내 게으름을 받아주시라고 구할 수 있겠습니까? 기독교 사역에서 우리는 물질을 내놓는 일이나 다른 그리스도인들에게서 도움을 받는 일에 다같이 최선을 다해 노력하고, 믿음으로 주님께 가서 도움을 구해야 한다고 믿습니다. 믿음은 보이는 영역이 아니라 보이지 않는 영역에서 작용합니다. 믿음은 피조물의 능력이 여러분을 실망시키는 곳에서 여러분을 도우러 옵니다. 여러분이 일할 수 있는 데까지는 일해야 합니다. 그리고 그 일에 하나님의 복을 구하며 일하는 것이 여러분의 믿음을 방해하는 것이 아니라 나타내는 것이 될 것입니다.

이와 같이 하나님을 믿는 단순한 믿음을 가지고 광신적이 되거나 게으르지 않고 하나님을 영화롭게 하려는 마음으로 계속해서 사려 깊게 행하면, 모든 곤경이 사라지고, 모든 의심과 두려움이 물러가는 것을 깨닫게 될 것입니다. 믿음 자체가 시련과 가난을 피하도록 보장해 줄 것으로 생각하지 마십시오. 하나님의 백성들이 시련을 받는 것은 좋은 일이고, 하나님의 백성들 가운데는 가난하지 않으면 하나님을 영광스럽게 하지 못할 사람들도 있기 때문입니다. 그러므로 여러분은 곤경에 처해 있다고 해서 자신에게 믿음이 없다고 생각해서는 안 됩니다. 또 기도의 응답으로 하나님께서 반드시 여러분을 순탄한 환경 가운데 지켜주실 것이라고 기대해서도 안 됩니다. 가난하지 않는 것이 여러분에게 최선이라면 하나님께서 여러분을 가난으로부터 보호하실 것입니다. 그러나 가난한 것이 더 낫다면, 하나님은 여러분을 가난 가운데 그대로 두실 것입니다. 인내로 순종하는 것이 믿음과 함께 가야 합니다. 이 둘은 각각 다른 편의 아름다움을 더 빛나게 해줄 것입니다.

3. 끝으로, 이것은 또한 기독교 교회 전체의 역사에서도 사실입니다.

기독교 교회는 믿음으로 말미암아 삽니다. 교회는 사색(사변)에 의지하지 않고 믿음으로 삽니다. 때로 사색적인 철학이 일시적으로 교회를 사로잡으면, 교회의 생명력이 쇠퇴합니다. 루터 시대 직전, 스콜라 철학자 시대에는 훌륭한 사람들이 아리스토텔레스의 시체 주위에 수많은 검은 독수리들처럼 모여서 시시한 문제를 놓고 밤낮으로 싸우고 말다툼을 벌였는데, 아무도 알지 못하는 문제로 싸웠습니다. 그들은 바늘 끝에 몇 명의 천사들이 앉을 수 있는지에 대해 현인인 체 하며 토론을 벌였다고 합니다! 이처럼 어리석고 무지한 질문들을 제기하고 있는 동안, 그리스도 교회의 가난한 사람들은 굶주리고 있었고, 교회는 활력을 잃었으며, 죄인들은 회심하지 않고, 중요한 진리는 무시당하였습니다. 그때 루터가 왔고, 놀라운 부흥운동이 일어났습니다. 좀 더 최근에, 도드리지(Doddridge)와 와츠(Watts) 이후의 시기에, 비국교도들 가운데는 삼위일체에 대해 철학적으로 연구하는 일이 흔하였습니다. 형제들은 아타나시우스 신경처럼 아주 정확하게 기술하려고 노력하였지만, 또 어떤 형제들은 그들의 교조주의에 대항하여 싸웠습니다. 그 결과 비국교도 교회들의 많은 수가 사실상 잠들고, 교리적으로 타락하였으며, 소치니주의는 복음주의적인 비국교도 교회의 생명을 말살시키려고 위협하였습니다. 그리스도 교회의 생명은 사색이 아니라 장엄하고 권위 있는 성경의 진리를 그대로 받아들이는 믿음입니다. 곧 계시를 순종하는 믿음입니다. 성경의 모든 교훈을 이해하기 때문이 아니라, 이해하지 못할지라도, 우리는 지극히 높으신 이의 단언(ipse dixit)에 근거해서 주님의 말씀을 받아들입니다. 교회가 아주 순전해서 믿음에 어떤 외적 행실을 추가할 것을 요구하지 않고, "이것은 하나님께 속했다. 이것을 거부하면 목숨이 위태롭다"고 말하며 신적 권위에 근거하여 싸울 때는 언제든지, 교회는 "달 같이 아름답고 해 같이 맑고 깃발을 세운 군대 같이 당당"하였습니다(아 6:10). 교회가 사소한 것을 지나치게 크게 떠들어대며, 반대의 목소리에 귀를 기울이지 않으며 외적인 일에 모든 시간을 쏟기 시작하면, 교회의 영광은 사라집니다.

다음으로, 믿음은 의기소침하고 뒤로 물러가게 하는 것이 아니라 교회의 생명입니다. 우리 교회들에서, 교인들은 동네에서 가장 한적한 지역에 예배당을 세우는 것을 좋아하곤 했습니다. 거기에 출석하는 교인들은 군중들의 떠들썩함 같은 것에는 아주 질색인 것처럼 보였습니다. 그 교인들은 대체로 좀처럼 나서지 않는 사람들이었습니다. 산 위에 도시를 세우기 위해 앞장서고, 대중에게 복음을 전하여 빛을 비추는 일 같은 것은 완전히 잊고 지냈습니다. 지금도 여러분은 아주 부끄럽게 겁에 질려서 하는 말들을 사방에서 끊임없이 듣습니다. 예를 들면, 최근에 우리는 "교회가 위험에 처해 있다!" "교회가 위험에 처해 있다!"는 말을 들었습니다. 성경을 가지고 있고, 성경의 모든 진리를 가지고 있는 그리스도인들이 위험에 처해 있다는 것입니다. 그리스도인들에게는 아주 성실한 사역자들이 있고, 성령이 계시며, 하나님의 약속이 있고, 음부의 권세가 이기지 못할 기초가 있는데, 그런데도 교회가 위험에 처해 있다는 것입니다. 정말로, 그런 말과 두려움은 기독교 신앙의 신성을 믿는 사람들에게는 전혀 가치가 없습니다. 교회가 하나님 안에 있으면 강하다는 것을 확신할 만큼 하나님을 충분히 믿지 않고는, 아무 교회도 전진할 수 없습니다. 교회가 자신이 약하다고 생각하면, 약해집니다. 두려움이 교회를 마비시키고, 불안이 교회의 에너지를 소멸시켜 버립니다. 그러나 교회가 금띠를 두르듯이 자기가 하나님의 힘으로 둘러싸여 있다는 것을 믿을 때는, 승리를 확신하며 앞으로 나아갑니다. 교회로서 우리가 하나님의 힘을 의지하면, 아무것도 우리를 해칠 수 없다는 것을 항상 믿기 바랍니다. 나는 상원과 하원에, 교황에게, 이슬람교도에게, 온 세상의 모든 민족들과 지옥의 모든 마귀들에게, 이 교회를 위험에 빠트려 보라고 말합니다. 나는 그들이 도대체 우리에게서 무엇을 빼앗아갈 수 있는지 모릅니다. 왜냐하면 그들이 우리에게 무엇이라도 하나 준 것이 없기 때문입니다. 그들이 우리에게 기부를 하고 우리를 세웠다면, 자기들이 준 것을 가져갈 수 있었을 것입니다. 그러나 그들은 우리에게 구두끈 하나 준 것이 없습니다. 그래서 그들은 자기들이 좋아하는 대로 무슨 일이든 할 수 있지만, 우리는 그 점을 생각하기 위해 무슨 교회 모임을 소집할 필요조차도 없을 것입니다. 그런데 주교가 있고, 수석 사제가 있으며, 성직록을 받는 참사 회원이 있는 교회들도 있습니다. 그러나 나는 물질의 힘이 그들을 실망시키고 있기 때문에 그 교회들이 무섭게 흔들릴 것이라는 것밖에 모릅니다. 그들의 설교자들의 보수는 장차 점점 줄어들 것이고, 그들은 주님의 언약궤를 인해서 떱니다! 이렇게 두려워하는 여러분의 여린 마음을 부끄럽게 생각하십시오! 확실히 여러분은 진리에 대해, 그리고 하나님에 대해 확신을 잃어버렸습니다. 그렇지 않으면 여러분에게 정당하게 지급되지 않는 금 달란트 때문에 두려워하지 않을 것입니다. 진리가 세상 권력과 결탁되었을 때는 종종 오류에 의해 좌절되었지만, 진리 혼자서는 오류가 물리적인 힘을 행사할 때에라도 언제나 오류를 물리쳤습니다. 진리는 인간의 힘으로 인해 가장 방해를 적게 받을 때 가장 강하고, 힘은 없지만 홀로 있거나, 하나님으로부터 나올 때 가장 확실하게 승리할 수 있습니다.

다음에, 그리스도의 교회는 믿음으로 말미암아 삽니다. 즉 오늘날 교회가 도구를 선택하는데서 보이고 있는 까다로움이 아니라 믿음으로 삽니다. 무슨 뜻인지 말씀드리겠습니다. 나는 요즘 사람들이 이런 말 하는 것을 듣습니다. "왜 이 사람들이 거리에서 설교하도록 내버려 두는 거지? 도대체 저 무식한 사람들이 설교하다니, 유감스러운 일이 아닌가? 그 중에 어떤 사람들은 전혀 문법에 맞지 않게 말을 하고, 또 사실 그들이 하는 말도 기껏해야 별것도 아니야. 최고로 훈련받은 사람이 아니고는 아무도 나가지 못하게 해야 하는 것 아닌가?" 그 다음에, 선교를 위해서는 가장 정선된 사람들만을 보내야 한다고 말합니다. 젊은이들에 대해서 말하자면, 열심은 가득하지만 경험이 없고, 고전 문학을 다 배우지도 않았으며, 수학에도 능통하지 못한 그들을 보낼 생각을 하는 것은 쓸모없는 일이라고 합니다. 정말로 많은 교회가, 교회 직분자들은 모두 부자가 되어야 하고, 목사들은 모두 학식이 있어야 하며, 전도사들은 신학박사 학위는 없을지라도 적어도 문학석사 학위는 가지고 있어야 한다고 생각합니다. 옛날에는 이렇지 않았습니다. 하나님의 교회가 힘 있게 성장할 때는 이렇지 않았습니다. 옛날에 하나님의 교회는 믿음이 있었기 때문입니다. 무슨 믿음이 있었습니까? 약함에 대한 믿음, 없는 것들에 대한 믿음이 있었습니다. "육체를 따라 지혜로운 자가 많지 아니하며 능한 자가 많지 아니하며 문벌 좋은 자가 많지 아니하도다 그러나 하나님께서 세상의 미련한 것들을 택하사 지혜 있는 자들을 부끄럽게 하려 하시고 세상의 약한 것들을 택하사 강한 것들을 부끄럽게 하려 하시며 하나님께서 세상의 천한 것들과 멸시받는 것들과 없는 것들을 택하사 있는 것들을 폐하려 하시나니"(고전 1:26-28). 로마의 카타콤에 가보면, 죽은 성도들의 기념물로 아주 세심하게 잘 보존되어 있는 남다른 비문들 가운데, 철자를 제대로 쓴 비문을 찾기가 어렵다는 것이 기억할 만한 사실입니다. 그것은 그 비문을 쓴 사람들은 틀림없이 기독교인들 가운데 아주 뛰어난 사람들이었을 것인데, 글을 바로 쓸 줄도, 철자를 제대로 쓸 줄도 몰랐습니다. 그렇지만 이들이 바로 세상을 뒤엎은 사람들이었습니다.

웨슬리가 활동을 시작했을 때, 우리 교회들은 소위 "예의범절"이라는 병 때문에 거의 죽어있다시피 하였습니다. 그런데 웨슬리 목사는 사람들을 불러서 나가 설교하도록 하였는데, 그들 중에는 전혀 배움이 없는 사람들도 있었습니다. 그러나 그 사람들로 인해 이 나라가 부흥이 되었습니다. 오늘날까지, 초대 감리교회(Primitive Methodist: 웨슬리 등의 초기 감리교 정신으로 돌아가려고 1810년에 분파한, 감리교 수구파 교회 – 역주) 교우들은 고귀하고 위대한 사역을 벌이고 있습니다. 감사하게도, 그들은 자기들에게 있는 사람을 거의 모두 활용하고, 또 그들이 실습에 의해 훈련받고 개인적으로 지도를 받아, 사역에 투입될 수 있도록 되기까지 그 사람들을 활용합니다. 감사하게도 이 교회에서 나는 언제나 모든 형제자매에게 그들이 할 수 있는 모든 일을 하라고 격려하였고, 지금도 그렇게 하라고 권합니다. 여기 있는 젊은이 가운데 주님을 섬기려고 마음먹은 것을 내가 말렸다고 할 수 있는 사람은 없는 것 같습니다. 그런 젊은이가 있다면, 대단히 미안하게 생각합니다. 여러분 모두, 할 수 있는 모든 일을 하십시오. 우리 교회는 여러분 모두에 대한 믿음이 있습니다. 여러분이 큰 실수를 수천 번 할지라도, 전혀 복음을 전하지 않는 것보다 서투르게라도 복음을 전하는 것이 더 낫습니다. 런던에 있는 300만 명 이상의 사람들이 지식이 없어서 죽어가고 있는 동안에는, 여러분이 예수 그리스도를 전파하지 않는 것보다 복음을 전하면서 전혀 문법에 맞지 않는 말을 하고, 터무니없는 실수를 하는 것이 낫습니다. 여러분이 반드시 필요한 이 한 가지 일을 모르지 않는다면, 하나님께서는 여러분의 모든 무지에도 불구하고 여러분에게 화를 내지 않으실 것입니다.

형제 여러분, 이와 같이 그리스도 교회로서 우리는 우리의 자산을 계산해서는 안 되고, 수첩을 꺼내서 부족한 것이 얼마큼 되는지 적어서도 안 됩니다. 교회의 자산은 하나님의 후하게 주심에 있고, 교회의 능력은 여호와의 전능하심에 있습니다. 교회의 설득력은 성령의 항거할 수 없는 영향력입니다. 교회의 운명은 궁극적으로 모든 사람을 정복하는 것입니다. 그렇다면, 여러분 한 사람, 한 사람, 싸우러 나가십시오. 또한 정복하러 나가십시오! "볼지어다 내가 세상 끝날까지 너희와 항상 함께 있으리라" 하고 말씀하신 분을 신뢰하십시오. 그러면 여러분이 의인처럼 믿음으로 말미암아 사는 것을 발견하게 될 것입니다. 여러분이 앉아서 시간을 허비하거나, 아니면 돌이켜 전쟁터에서 물러난다면, 여러분의 이름이 먼지구덩이에서 뒹구는 비겁자들의 비문들 가운데 새겨질 것입니다. 그러나 굳게 서서 흔들리지 않고 "항상 주의 일에 더욱 힘쓰면"(고전 15:58), 여러분의 기록은 하늘에 있게 될 것이고, 여러분의 기업은 아버지 하나님 우편에 있게 될 것입니다. 거기에는 그리스도께서 좌정해 계시고, 여러분도 영원히 거기에 앉게 될 것입니다. 하나님께서 주의 이름을 위하여 이 말씀을 복 주어 사용하시기 구합니다. 아멘.

제
5
장

—

그리스도께서 우리를 위하여 저주를 받은 바 되사

—

"그리스도께서 우리를 위하여 저주를 받은 바 되사 율법의 저주에서 우리를 속량하셨으니 기록된 바 나무에 달린 자마다 저주 아래에 있는 자라 하였음이라." — 갈 3:13

　　사도는 갈라디아인들에게 구원은 결코 행위로 말미암지 않는다는 것을 지금까지 설명해 왔습니다. 사도는 본문 앞 구절들에서 지극히 중요한 이 진리를 이중 추론이라는 확실한 형태로 증명하였습니다. 첫째로, 그는 율법이 구원의 복을 줄 수 없는데, 그것은 모든 사람이 율법을 어겼으므로, 율법이 할 수 있는 일이라곤 저주하는 것밖에 없기 때문이라고 밝혔습니다. 사도는 신명기 27장의 골자를 인용하여 "누구든지 율법 책에 기록된 대로 모든 일을 항상 행하지 아니하는 자는 저주 아래에 있는 자라"고 말합니다. 사람은 아무도 율법 책에 있는 모든 것을 항상 행하였다고 주장할 수 없기 때문에, 사도는 율법 아래에서 모든 사람이 저주를 초래했다는 명백한 추론을 이야기하였습니다. 그 다음에 사도는 갈라디아인들에게 두 번째로, 옛적에 누군가가 복을 받았다면, 그 복은 율법으로 말미암아 온 것이 아니요 믿음으로 말미암아 온 것이라는 점을 상기시키고, 이 사실을 증명하기 위해 하박국 2:4을 인용합니다. 그 구절에서 의인은 믿음으로 말미암아 살리라는 것이 명백히 기술되어 있습니다. 즉 정당하고 의로운 사람들은 율법에 순종한 것을 근거로 하나님 앞에서 살지 않았고, 신자가 되었다는 토대에서 의롭다함을 받고 살게 되었다는 것입니다. 자, 그러면 율법이 필연적으로 우리 모두를 저주할 수밖에 없다면, 그리고 은혜로운 생명으로 보존되었다는 말을 듣는 사람들이 율법으로 말미암아 의롭다함을 받은 것이 아니라 믿음으로 의롭다함을 받았다면, 죄인의 구원과 의롭다함은 율법의 행위로 될 수 없고 순전히 그리스도 예수를 믿는 믿음으로 말미암아 하나님의 은혜로 될 수밖에 없다는 것이 명확하다는 것을 아시기 바랍니다. 그러나 사도는 분명히 자기가 그 교리를 선언하면서, 그 교리의 기초와 뿌리를 확실히 말하는 것이 좋겠다고 생각하고, 본문에서 사람이 자신의 의로 구원받지 못하고 믿음으로 구원받는 이유를 밝힙니다. 사도는 그 이유는 이것이라고 말합니다. 사람은 자신의 어떤 공로로 구원받는 것이 아니고, 사람의 구원은 다른 데, 즉 율법이 우리에게 가져온 저주에서 우리를 구원하실 수 있는 유일한 분으로, 새 인류의 대표이신 그리스도 예수 안에 있다는 것입니다. 행위가 우리를 그리스도와 결합시켜 주지 못하고 믿음이 묶는 끈이므로, 믿음이 구원의 길이 됩니다. 믿음은 그리스도의 완성하신 사역을 붙잡는 손입니다. 행위는 우리를 자랑하게 만들고 그리스도를 잊게 만들기 때문에, 믿음이 의롭다함과 영생을 얻는 참되고 유일한 길입니다. 그런 믿음이 우리 속에 일어나도록 하기 위해 성령 하나님께서 오늘 아침 우리를 그리스도의 위대한 사역의 깊은 데로 인도하여 주시기를 구합니다. 우리가 그리스도의 대속의 성격과, 대속하기 위하여 그리스도께서 받으신 고난의 성격을 더 명확히 알게 하여 주시기를 바랍니다. 정말로, 방금 찬송을 마친 가사의 진리를 함께 봅시다.

> "주께서 우리가 짊어지지 않도록
>   아버지 하나님의 의로운 진노를 담당하셨도다."

1. 오늘 아침 우리가 첫 번째로 생각할 것은 이 문제입니다.
여기서 말하려고 하는 율법의 저주는 무엇인가?

그것은 하나님의 저주입니다. 율법을 만드신 하나님께서는 율법을 어기는 것에 형벌의 결과가 따르게 하셨습니다. 따라서 율법을 위반하는 사람은 즉시 입법자의 진노를 받게 됩니다. 그것은 단지 율법 자체의 저주가 아닙니다. 그것은 자신의 법령을 지킬 만한 강력한 군대를 가진 위대한 입법자에게서 오는 저주입니다. 그러므로 처음 생각을 시작할 때, 우리는 율법의 저주는 지극히 정당하고 도덕적으로 피할 수 없다는 것을 확실히 알도록 합시다. 우리에게 복 주기를 기뻐하시는 하나님은, 최고의 의가 요구하지 않는 한, 자기 피조물 가운데 그 어떤 존재에게 눈곱만큼이라도 저주를 가하는 일이란 있을 수 없습니다. 저주를 받지 않은 채 거룩함과 정결을 유지할 수 있는 무슨 방법이 있다면, 사랑의 하나님께서는 자기 피조물에게 고통이 임하기를 빌지 않으실 것은 확실합니다. 따라서 저주가 임한다면, 그 저주는 우주에 질서를 보존하기 위해, 그리고 우주의 통치자의 거룩함을 나타내기 위해 본질상 반드시 필요한 것입니다. 또한 하나님께서 저주하실 때, 그것은 지극히 무거운 저주라는 것을 확실히 알아야 합니다. 까닭 없는 저주는 결코 임하지 않을 것입니다. 하나님의 저주는 결코 까닭이 없지 않습니다. 그리고 하나님의 저주는 압도적인 힘으로 범죄자들의 가슴에 임합니다. 죄는 반드시 처벌되어야 합니다. 그런데 오랫동안 회개하지 않고 계속해서 악을 행할 때, 하나님께서 진노하시며 저주를 발하십니다. 하나님께서 저주하시는 그 사람은 정말로 저주를 받는다는 것을 나는 압니다. 전능하신 하나님께서 범죄자에게 저주를 선언하신다는 생각에는 지극히 두려운 점이 있습니다. 그래서 그 점을 생각하면, 나는 두려움에 피가 얼어붙어서 생각을 분명하게 말하지 못하고 조리 있게 말하지도 못할 지경이 됩니다. 아버지의 저주가 얼마나 두렵습니까! 그러면 영들의 크신 아버지이신 하나님의 저주는 어떠하겠습니까! 사람들에게 저주를 받는 것은 매우 악한 일입니다. 그러나 하나님께 저주를 받는 것은 말할 수 없이 공포스럽고 낙담이 되는 것입니다.

　　하나님의 저주에는 고통과 번뇌가 있고, 죽음이 따릅니다. 게다가 요한이 밧모섬에서 보았고, 요한계시록 20:14에서 말하는 불못에 던져지는 것으로 기술한 둘째 사망이 따릅니다. 하나님의 종 나훔이 전한 여호와의 말씀을 듣고, 하나님의 저주가 어떠하겠는지 생각해 보시기 바랍니다. "여호와는 질투하시며 보복하시는 하나님이시니라 여호와는 보복하시며 진노하시되 자기를 거스르는 자에게 여호와는 보복하시며 자기를 대적하는 자에게 진노를 품으시며 … 산들이 진동하며 작은 산들이 녹고 그 앞에서는 땅 곧 세계와 그 가운데에 있는 모든 것들이 솟아오르는도다 누가 능히 그의 분노 앞에 서며 누가 능히 그의 진노를 감당하랴 그의 진노가 불처럼 쏟아지니 그로 말미암아 바위들이 깨지는도다"

(1:2,5,6). 말라기 선지자의 예언도 기억하시기 바랍니다. "보라 용광로 불 같은 날이 이르리니 교만한 자와 악을 행하는 자는 다 지푸라기 같을 것이라 그 이르는 날에 그들을 살라 그 뿌리와 가지를 남기지 아니할 것이라"(4:1). 이런 말씀들이 많이 있는데, 이 말씀을 여러분 마음에 새겨서 이 의롭고 거룩한 하나님 앞에서 두려워 떨도록 합시다.

우리가 율법을 어김으로써 발생하는 저주의 의미를 더 깊이 살펴보려면, 저주는 무엇보다 불쾌함을 보이는 표시라는 것을 기억해야 합니다. 자, 우리는 하나님께서 매일 악한 자들에게 화를 내신다는 것을 성경에서 배웁니다. 하나님께서 죄인들을 향하여 오래 참으시지만, 죄는 하나님의 거룩한 마음을 몹시 화나게 만듭니다. 죄가 지극히 높으신 하나님의 정결한 마음에는 이루 말로 다할 수 없이 역겹고 싫은 것입니다. 그래서 하나님의 거룩한 영이 죄 때문에 분을 내시는 것입니다. 하나님께서는 어떤 악한 생각이나 악한 말, 불의한 행동을 결코 묵인하시지 않습니다. 하나님은 모든 죄를 지켜보시고, 죄를 보실 때마다 그로 인해 하나님의 거룩한 영혼이 분을 일으키십니다. 하나님은 참으로 정결한 눈을 가지고 계셔서 불의를 그냥 두고 보시지 못합니다. 불의를 그냥 참으실 수 없습니다. 하나님은 모든 악에 대해 하나도 빼놓지 않고 반드시 보복하시는 하나님이십니다. 저주는 분노 이상의 어떤 것을 함축하고 있습니다. 저주는 격렬한 분노라는 말에서 그 뜻이 암시됩니다. 참으로 우리 하나님은 단지 죄인들에 대해 어느 정도 분노하시는 것이 아니라 죄에 대하여 진노를 크게 쏟아 부으십니다. 죄가 있는 곳은 어디든지, 하나님의 분노의 권세가 충만하게 쏟아집니다. 진노의 결과가 하나님의 오래 참으심으로 인해 잠시 유보될 수 있을지라도, 하나님은 사람들의 불의에 대해 크게 진노하십니다. 우리는 죄를 못 본 체하고, 심지어 마음이 완고해져서 죄를 웃고 즐기기까지 할 수가 있습니다. 그러나 하나님이 우리 같은 분이라고 생각하지 맙시다. 하나님께서 죄를 지지하실 수 있고 그래서 전혀 분노를 느끼지 않으실 것이라고 생각하지 맙시다. 아, 그렇지 않습니다. 지극히 거룩한 하나님께서는 불의에 대해 얼마나 무섭게 화를 내시는지 분명하게 알려주는 경고들을 하나님의 말씀에 기록해 두셨습니다. 예를 들면, 하나님께서 이같이 말씀하셨습니다. "하나님을 잊어버린 너희여 이제 이를 생각하라 그렇지 아니하면 내가 너희를 찢으리니 건질 자 없으리라"(시 50:22). "그러므로 주 만군의 여호와 이스라엘의 전능자가 말씀하시되 슬프다 내가 장차 내 대적에게 보응하여 내 마음을 편하게 하겠고 내 원수에게 보복하리라"(사 1:24). "원수 갚는 것이 내게 있으니 내가 갚으리라 하시고 또 다시 주께서 그의 백성을 심판하리라 말씀하신 것을 우리가 아노니 살아 계신 하나님의 손에 빠져 들어가는 것이 무서울진저"(히 10:31,32). 게다가 저주는 악이 임하기를 비는 것이며, 하나님으로부터 올 때는 위협의 성격이 있습니다. 저주는 마치 하나님께서 이렇게 말씀하시는 것과 같습니다. "장차 내가 너를 찾아와 이 죄에 대해 따질 것이다. 너는 의롭고 거룩한 내 법을 깨트렸다. 피할 수 없는 형벌이 반드시 네게 임할 것이다." 자, 하나님께서 성경 전체에 걸쳐서 이와 같은 저주의 말씀을 많이 하셨습니다. 사람들에게 대해 거듭거듭 위협의 말씀을 하셨습니다. "사람이 회개하지 아니하면 그가 그의 칼을 가심이여 그의 활을 이미 당기어 예비하셨도다"(시 7:12). 때로는 이 위협을 애처로운 비탄의 말씀으로 감싸서 전달하시기도 합니다. "이스라엘 족속아 돌이키고 돌이키라 너희 악한 길에서 떠나라 어찌 죽고자 하느냐"(겔 33:11). 그러나 하나님께서 죄를 처벌하지 않고 그냥 두려고 하시지 않는다는 것은 아주 분명합니다. 그래서 때가 되고, 한계가 가장자리까지 이르며, 불의의 추가 끝까지 이르고, 수확물이 다 익고, 악한 부르짖음이 안식일의 주 하나님의 귀에까지 들릴 때, 하나님께서 복수의 옷을 입고 오셔서 그의 적들을 진멸하실 것입니다.

그러나 하나님의 저주는 단지 위협에 그치는 것이 아닙니다. 하나님께서 마침내 오셔서 치십니다. 하나님께서 처음에는 경고의 말씀을 쓰십니다. 그러나 조만간 처형하기 위해 칼을 뽑아 드십니다. 하나님의 저주가 실제로 시행된 예는 땅위에서 일어났던 몇 가지 경우에서 추정해 볼 수 있을 것입니다. 세상에서 방랑자와 부랑자로 지냈던 가인을 보십시오! 예레미야가 하나님의 명령에 따라 바스훌에게 선언한 저주를 읽어보기 바랍니다. "내가 너로 너와 네 모든 친구에게 두려움이 되게 하리니 그들이 그들의 원수들의 칼에 엎드러질 것이요 네 눈은 그것을 볼 것이라"(렘 20:4). 혹시 여러분이 저주가 대규모로 시행된 것을 보고 싶다면, 땅의 깊은 샘들의 거대한 수문이 열렸고 마치 먹이를 잡으려고 뛰쳐나오는 사자처럼 물이 솟아나오던 날을 기억하시기 바랍니다. 하늘의 창들이 열리고, 궁창 위에 있는 깊음의 샘이 터지고 궁창 아래에 있는 깊음의 샘이 터져 뒤섞이고, 하나님께서 언약의 자비로 마련하신 방주에 숨어 있는 소수 몇 사람을 제외하고는 모든 육체를 쓸어가 버린 복수의 날을 기억하시기 바랍니다. 바다

괴물들이 고대 왕들의 궁정에서 새끼를 낳고 살았던 때, 수많은 죄인들이 물에 가라앉고 다시 떠오르지 않았을 때, 온 세상이 멸망했기 때문에 까마귀가 사망의 입에서 분출된 끝없는 바다 위를 날았던 그때를 기억하시기 바랍니다. 그때 하나님의 저주가 땅 위에 퍼부어졌었습니다. 그리고 다시 한 번 더 깊이 내려다 보십시오. 아브라함과 함께 그의 장막 문에서 이른 아침에 동쪽 하늘이 해에서 나오지 않은 환한 빛으로 온통 붉게 물든 것을 보십시오. 불길이 하늘에까지 닿았고, 그 불길은 하늘로부터 초자연적으로 내려오는 훨씬 맹렬한 불과 만났습니다. 낯선 손님을 겁탈하려고 했던 소돔과 고모라가 하나님의 저주를 받았고, 그들이 완전히 불에 타 없어질 때까지 지옥의 불길이 비처럼 그들 위에 쏟아졌습니다. 여러분이 또 다른 형태의 하나님의 저주를 보고 싶다면, 한때 하늘에서 종으로 섰던 밝은 영, 곧 하나님의 천사장들 가운데 하나인 아침의 아들을 기억하십시오. 그가 죄를 범했을 때 어떻게 고귀한 권력을 상실했는지 생각해 보십시오! 어떻게 천사장이 악마의 우두머리가 되었는지 보고, 아볼루온(Apollyon, 계 9:11: 무저갱의 사자 – 역주)이라 불리는 사탄이 그의 고귀한 보좌에서 떨어지고 평안과 행복에서 영원히 추방되어 마른 땅을 헤매며 쉬기를 구하나 찾지 못하고 마지막 심판의 날까지 어둠의 사슬에 묶여 있게 되었는지를 보십시오. 하나님의 저주는 천사가 시들어 마귀로 변하게 만들고, 평지의 성읍들을 불태워버리며, 지구상의 인류를 쓸어버린, 그런 것이었습니다.

그래도 여러분은 아직 이 저주를 충분히 이해하지 못하였습니다. 고통과 공포의 장소가 있습니다. 어둠뿐인 땅, 사망의 그늘진 땅, 일절 질서가 없고 빛이 어둠인 땅이 있습니다. 회개하기를 거부하고 지극히 높으신 하나님에 대해 마음을 완고하게 가진 비참한 영들이 하나님으로부터, 그리고 평안이나 회복의 모든 소망으로부터 영원히 추방당하여 그곳에 갇혀 있습니다. 여러분이 그 영들이 갇혀 있는 감옥의 방에 귀를 대고 들을 수 있다면, 저주받은 영들이 감금되어 있는 곳의 어두운 복도를 걸어갈 수 있다면, 피가 차갑게 식고 머리가 삐죽 선 채로 율법의 저주, 곧 공평하고 의로운 하나님의 손으로부터 불순종하는 자들에게 오는 두려운 저주가 어떤 것인지 배우게 될 것입니다. 하나님의 저주는 하나님의 은총을 잃는 것입니다. 그리고 그 결과 은총에 임하는 복을 잃는 것이고, 마음의 평안을 잃으며, 소망을 잃고, 궁극적으로 생명 자체를 잃는 것입니다. "범죄하는 그 영혼은 죽기"(겔 18:4) 때문입니다. 생명을 잃고 영원한 죽음에 던져지는 것이 가장 두려운 일입니다. 하나님으로부터 그리고 사람을 진정 살아 있게 만드는 모든 것으로부터 영원히 떨어져 나가는 것이기 때문입니다. 성경의 표현에 따를 때, 파멸이 영원히 지속되는 것이 율법의 저주의 결과입니다. 나는 오늘 여러분 가운데 어떤 분들에게는 무거운 소식을 전하지 않을 수 없습니다! 여러분에게 이같이 율법의 두려운 처벌을 증언한다는 것이 나로서는 어려운 일입니다. 그러나 여러분이 그리스도께서 자기 백성을 구원해 내시는 그 저주가 어떤 것인지 듣지 않는다면, 그리스도의 놀라운 사랑을 이해하지도 못하고 소중히 여기지도 않을 것입니다. 그러므로 참고 내 말을 들으시기 바랍니다.

불행한 사람들이여, 불행한 사람들이여, 여러분은 오늘 하나님의 저주 아래 있습니다! 여러분은 세련된 좋은 옷으로 치장할 수 있고, 잔치 자리에 가서 마음껏 포도주를 마실 수 있습니다. 번쩍이는 잔을 높이 들고 춤을 추며 빙글빙글 돌 수도 있습니다. 그러나 하나님의 저주가 여러분에게 임해 있다면, 여러분은 얼마나 미친 짓을 하고 있는 것입니까! 이 저주를 볼 수만 있다면, 그것이 무엇인지 알기만 한다면, 이 저주가 여러분의 기쁨의 모든 창문을 깜깜하게 만들어버릴 것입니다. 여러분이 에발 산에서 여러분에게 슬픈 목소리로 거듭 이야기하는 목소리를 한 번만 들을 수 있다면 좋겠습니다. "네가 성읍에서도 저주를 받으며 들에서도 저주를 받을 것이요 또 네 광주리와 떡 반죽 그릇이 저주를 받을 것이요 네 몸의 소생과 네 토지의 소산과 네 소와 양의 새끼가 저주를 받을 것이며 네가 들어와도 저주를 받고 나가도 저주를 받으리라"(신 28:16-19). 그런 선고가 여러분을 쫓아다니는 동안 어떻게 편히 쉴 수 있겠습니까? 아, 가장 불행한 사람들은, 저주 받은 채로 이 세상을 떠나가는 사람들입니다. 어떤 사람은 그들을 생각하면 피눈물을 흘리며 울지 모릅니다. 잠시 그들을 한 번 생각해 봅시다. 그러나 우리의 영이 정죄받아 그들과 함께 영원히 그런 슬픔에 떨어지지 않도록 우리는 계속해서 죄를 짓지 않도록 합시다. 그리스도의 귀한 십자가로 달려갑시다. 우리가 지극히 큰 두려움 가운데서 그 저주가 의미하는 바를 맛보지 않도록, 십자가가 그 저주를 없애버렸습니다.

2. 오늘 아침 우리에게 매우 중요한 두 번째 질문은 이것입니다.
이 저주를 받은 사람이 누구입니까?

여러분, 두렵고 엄숙한 마음으로 들으시기 바랍니다. 첫째로, 특별히 다른 누구보다 유대 민족은 저주 아래 있습니다. 나는 이 관계로부터 그 점을 추론합니다. 다른 모든 사람들과 다르게 유대 민족들에게는 하나님의 율법이 아주 독특하게 수여되었습니다. 그들은 시내 산에서 율법을 들었습니다. 의식법이라는 더할 수 없이 좋은 환경과 함께 율법을 받았고, 엄숙한 민족적 언약에 따라 율법을 시행하게 되었습니다. 게다가, 율법의 처음 부분에는, 어떤 의미에서 이스라엘에게만 주시는 말씀이 있었습니다. "나는 너를 애굽 땅, 종 되었던 집에서 인도하여 낸 네 하나님 여호와니라"(출 20:2). 바울은 이렇게 말합니다. 율법 없이 범죄한 자들은 율법 없이 형벌을 받을 것이나, 율법을 받은 유대 민족이 율법을 어기면, 그 위반에 따라 임할 것이라고 약속된 저주를 특별히 받게 되리라고 합니다. 뿐만 아니라 땅 위에 거하는 모든 민족들도 이 이유 때문에 저주를 받습니다. 즉 그 율법이 시내 산에서 모든 민족에게 수여되지 않았지만, 그 율법을 하나님께서 모든 인류의 양심에 다소간 명료하게 써놓으셨기 때문입니다. 인도 사람, 라플란드 사람(Laplander: 노르웨이 북쪽의 북극 지방 사람들 — 역주), 남태평양 제도(諸島) 사람에게 도둑질하지 말라고 말해줄 선지자가 필요 없습니다. 그들 자신의 판단이 그것을 가르치기 때문입니다. 모든 사람 속에는 자신에게 우상 숭배는 어리석은 짓이고, 간음과 부정은 악한 일이며, 도둑질, 살인, 탐욕이 모두 악이라는 판단이 있습니다. 자, 모든 사람이 어느 정도 마음에 율법이 있기 때문에, 그 정도만큼 사람은 율법 아래 있는 것입니다. 따라서 범죄에 대한 율법의 저주가 그들에게 임합니다.

그 다음에, 오늘 아침 이곳에는 특별히 그 저주를 받고 있는 사람들이 있습니다. 사도는 "무릇 율법 행위에 속한 자들은 저주 아래에 있다"고 말합니다. 자, 여러분 가운데는 율법 아래 있기로 결심하는 사람들이 있습니다. 여러분은 율법에 따라 심판받기를 의도적으로 선택합니다. 왜 그렇습니까? 여러분은 자신의 선한 행실로 천국에 이르려고 애쓰고 있습니다. 여러분이 할 수 있는 어떤 일이 자신을 구원할 수 있다는 생각을 굳게 붙들고 있습니다. 그러므로 여러분은 율법 아래 있기로 선택한 것이고, 그렇게 함으로써 여러분은 그 저주를 택한 것입니다. 율법의 행위가 여러분을 위해 할 수 있는 것이라곤, 여러분이 율법의 모든 계명을 다 지키지 못하였으므로 여러분을 여전히 저주받은 채로 있게 할 뿐이기 때문입니다. 여러분, 그처럼 어리석은 선택을 한 것을 회개하고, 이제부터는 여러분이 결코 율법의 행위가 아니라 은혜로 구원받기를 원한다고 선언하십시오.

이 자리에 율법이 심히 무겁다고 느끼는 사람들이 조금 있습니다. 그분들 자신은 절망해 있지만, 나는 지극히 밝은 희망을 가지고 그분들을 봅니다. 그들은 오늘 자기들이 하나님으로부터 지극히 엄한 형벌을 받아 마땅하다는 것을 양심적으로 느낍니다. 이 하나님의 진노에 대한 의식 때문에 그들은 땅에 납작 엎드러지기까지 마음이 눌립니다. 나는 이 사실이 기쁩니다. 우리가 그 저주를 피할 길을 받아들이는 것은, 그 저주가 어떤 것인지 알고 죄를 뉘우칠 때뿐이기 때문입니다. 여러분이 먼저 죄의 노예 상태를 느껴보지 않고는 저주로부터 구원받는다는 것이 무엇인지 모릅니다. 아무도 노예의 차꼬가 영혼에 파고드는 것을 느끼기 전에는 그리스도께서 주시는 자유를 결코 기뻐하지 않을 것입니다. 이 자리에 이렇게 말하는 분들이 있는 것을 압니다. "하나님께서 내게 불리한 말을 하실 것이 있으면 하시고, 내게 행하려 하실 일이 있으면 하십시오. 나는 무엇이든, 그 모든 것을 받아 마땅합니다. 하나님께서 나를 영원히 하나님 앞에서 내쫓으시고, 재판장께서 '저주를 받은 자들아 나를 떠나라'고 두려운 판결을 선고하시는 것을 들을지라도, 그것이 내 마음이었고 내 인생이었으므로 내가 다른 어떤 운명을 기대할 수 없다는 것을 인정할 뿐입니다."

　귀한 생각을 하는 여러분, 이렇게 마음을 낮추면, 여러분은 이제 내가 이 모든 것보다 훨씬 더 밝은 주제를 이야기할 때, 내 말에 기쁘게 귀를 기울일 것입니다. 여러분은 지금 여전히 저주 아래 있습니다. 그러나 그 저주가 우리 주 예수 그리스도로 말미암아 제거되었다는 것을 여러분에게 기쁘게 말씀드립니다. 주님께서 여러분이 속죄의 계획을 보고 기뻐할 수 있게 해주시기를 구합니다.

3. 오늘 아침 설교의 세 번째 주요 요점은 그리스도께서 어떻게 우리를 위하여 저주를 받으셨는지에 대한 질문에 답하는 것입니다.

　기독교 신앙의 전체 핵심과 정수는 "속죄"의 교리에 있습니다. 그래서 나는 기독교인들의 대다수는 사실 그리스도인이 아니라고 주저 없이 말씀드립니다. 그들은 기독교 신경의 근본 교리를 모르기 때문입니다. 슬프게도 이 기본 진리를 설교하지 않거나 심지어 믿지 않는 설교자들이 있습니다. 그들은 예수님의 피를 불분명하게 말하고, 그리스도의 죽음을 모호한 시로 노래합니다. 그들은 핵심을 찔러 말하지 않고, 구원의 길은 그리스도께서 죄인을 위하여 대속물이 되시는 것이라고 말하지 않습니다. 이 사실 때문에 나는 더욱더 분명하게 봅니다. 죄는 저주받은 것입니다. 하나님은 그의 거룩하심 때문에 필연적으로 죄를 저주하지 않을 수 없습니다. 하나님은 사람들이 죄를 범한 것에 대해 반드시 처벌하십니다. 그러나 영원하신 아버지의 영광스러운 아들이신 그리스도께서 사람이 되셨고, 사람들이 마땅히 받아야 할 저주를 친히 자신이 받으셨습니다. 그래서 그리스도의 대속으로 인해 하나님께서 죄를 정당하게 형벌하셨으므로, 이 대속물을 믿는 사람들에게 풍성한 자비를 베푸실 수 있었습니다. 자, 이제 이 점을 살펴봅시다. 그런데 여러분은 예수 그리스도께서 어떻게 저주를 받게 되셨는지 묻습니다. 여러분은 여기서 "되었다"는 단어를 살펴보시기 바랍니다. "그는 저주의 대상이 **되셨다**"(개역개정은 "저주를 받은 바 되사" – 역주).

그리스도께서는 본래 저주의 대상이 아니셨습니다. 그리스도는 한 점 흠 없이 순결하셨습니다. 죄 된 것은 어느 것도 예수님께 속할 수 없었습니다. 그리스도께는 죄가 전혀 없으셨습니다. 사도는 "하나님이 죄를 알지도 못하신 이를 우리를 대신하여 죄로 삼으셨다"(고후 5:21)고 명백히 말합니다. 그리스도 개인에게 비난받거나 책망받을 만한 것이 조금이라도 있는 것으로 생각해서는 안 됩니다. 그 점에서 그리스도는 점이나 주름 잡힌 것이나 그런 것이 없는, 하나님의 흠 없는 유월절 어린양이십니다. 그리스도께서는 필연적으로 저주를 받으셔야 했던 것이 아닙니다. 그리스도께는 저주를 받으셔야 할 필연적인 이유가 전혀 없었습니다. 주님 자신이 우리를 사랑하여 스스로 우리의 보증인이 되시지 않았다면, 저주를 받으셔야 할 아무 이유가 없었습니다. 주님은 본래 거룩하시므로 죄가 가까이 하지 못하였고, 따라서 저주도 가까이 하지 못하였습니다. 그리스도께서 우리를 대신하여 죄가 되신 것은 그리스도 자신 때문이 아니고 자신에 대한 어떤 목적 때문도 아닙니다. 그것은 순전히 그리스도께서 우리를 사랑하셨고, 우리가 마땅히 서야 할 자리에 대신 서기로 작정하셨기 때문입니다. 다시 한 번 말씀드리지만, 그리스도께서 우리를 위하여 저주를 받으신 것은 당연히 받아야 할 어떤 보응 때문이거나 개인적인 어떤 필연성 때문이 아닙니다. 그것은 주께서 스스로 자기 백성의 언약의 머리가 되시고, 그들의 대표자가 되어 대표자로서 그들이 마땅히 받아야 할 저주를 담당하셨기 때문입니다.

우리는 여기서 아주 분명하게 이해할 필요가 있습니다. 내가 지금 힘써 전하려고 하고 있는 이 중대한 진리를 붙잡은 사람들이 강한 표현을 썼기 때문입니다. 그 강한 표현들은 그들이 전달하려고 했던 진리뿐만 아니라 훨씬 그 이상을 전하였습니다. 마르틴 루터가 위대한 갈라디아서 주석을 저술했는데, 그는 그 책을 아주 소중히 여겨서 캐서린 보라(Catherine Bora: 이것은 그의 사랑하는 아내의 이름이었다. 그는 이 책에 자기가 가장 사랑한 사람의 이름을 붙였다)라고 불렀습니다. 그 책에서 루터는 분명하게 이야기합니다. 그런데 그가 한 말을 문자적으로 이해해서는 안 됩니다. 그는 예수 그리스도께서 지금까지 살았던 사람 가운데 가장 큰 죄인이었다고 말합니다. 사람들의 모든 죄가 그리스도께 지워져서, 그리스도는 이제까지 있었던 모든 도둑과 살인자, 간음하는 자들을 하나로 합친 자가 되었다고 했습니다. 자, 루터가 말한 의미는 이것입니다. 하나님께서는 그리스도를 마치 큰 죄인이었던 것처럼 대하셨고, 그리스도가 마치 이 세상의 모든 죄인들이 그 안에서 하나로 다 모인 것처럼 그를 대하셨다는 것입니다. 이런 표현이 그 진리를 아주 분명하게 가르쳐 줍니다. 그러나 루터처럼 거칠게 말하는 사람은 그 표현이 도를 넘어서서, 우리 주님의 복되신 인격을 모독하는 말을 하다시피 하였다는 비난을 받을 여지를 남깁니다. 그리스도는 결코 죄인이 아니었고, 죄인일 수가 없었습니다. 그의 인격과 성품, 그 자신을 고려할 때, 그리스도는 오직 하나님의 사랑하는 아들이고, 여호와 보시기에 영원히 복되고, 기뻐하시는 분이었습니다. 그래서 오늘날 우리가 그리스도께서 저주를 받으셨다고 말할 때, "그가 저주의 대상이 되셨다"고 강조해야 합니다. 즉 그리스도께서 저줏거리가 되셨다, 저줏거리로 정해지셨다는 것입니다. 그 다음에 또 "우리를 위하여"라는 말을 강조해야 합니다. 즉 전혀 주님 자신 때문이 아니라는 것입니다. 순전히 우리에 대한 사랑에서, 우리를 구속하시려고 그리스도께서 우리를 위하여 죄인의 자리에 서고, 죄인으로 간주되며, 죄인 취급을 받고, 저주의 대상이 되신 것입니다.

　　이 진리를 조금 더 깊이 살펴봅시다. 어떻게 그리스도께서 저주를 받게 되셨습니까? 무엇보다도, 주님은 자기 백성의 모든 죄를 실제로 지셨기 때문에 저줏거리가 되셨습니다. 사도의 말을 기억하십시오. 그것은 내 자신의 교훈이 아님을 아십시오. 그것은 성령으로 영감된 문장이고, 하나님의 교훈입니다. "그리스도께서 우리를 위하여 저주를 받은 바 되사." 이사야서에서 한 구절을 인용하도록 하겠습니다. "여호와께서는 우리 모두의 죄악을 그에게 담당시키셨도다"(53:6). 이사야서에서 또 한 구절을 인용하겠습니다. "그가 그들의 죄악을 친히 담당하리로다"(53:11). 하나님 백성들의 죄가 벗겨져 그리스도에게 전가되었고,

그래서 그들의 죄를 마치 그리스도께서 범한 것처럼 보셨습니다. 그리스도를 마치 지금까지 죄인이었던 것처럼 간주하였습니다. 그리스도는 정말로 죄인의 자리에 서셨습니다. 죄의 전가에 이어서 죄의 저주가 따라왔습니다. 죄를 처벌하려고 하는 율법은 민첩한 눈으로 그리스도에게 지워진 죄를 간파하였고, 죄가 어디에서 발견되든 율법이 반드시 저주해야 하므로, 그리스도에게 지워진 죄대로 저주하였습니다. 이렇게 해서 그리스도께서 저주를 받으셨습니다. 놀랍고 두려운 말이지만 성경의 말씀이므로, 우리는 그 말을 받아들여야 합니다. 죄가 그리스도에게 전가되므로, 저주가 그리스도에게 임하였고, 그 결과 우리 주님께서 말로 다할 수 없는 공포를 느끼셨습니다. 확실히 주님은 하나님이 자신을 마치 죄인이었던 것처럼 다루기 시작하신다는 것을 보고 느꼈을 때, 피 같은 땀방울을 흘리게 만든 것은 바로 그 공포였습니다. 그리스도의 거룩한 영혼은 죄에 조금이라도 접촉하는 것을 아주 기겁을 하며 피하셨습니다. 우리 주님은 그처럼 순결하고 온전하여서 악한 생각이 단 한 번도 그 마음에 스친 적이 없었고, 그 영혼이 단 한 번이라도 악한 눈길로 더럽혀진 적이 없었습니다. 그런데 주님께서 하나님 앞에 죄인으로 섰고, 그러므로 엄숙한 공포가 영혼에 임하였습니다. 심장이 제멋대로 뛰었고, 피 같은 땀방울이 얼굴을 적셨습니다. 바로 그때 그리스도께서 우리를 위하여 저주받기 시작하셨고, 우리가 마땅히 받아야 할 모든 형벌을 다 받으실 때까지, 저주받기를 그치지 않으셨습니다.

우리는 형벌을 두 부분으로, 곧 상실의 형벌과 실제적인 고통의 형벌로 나누는 신학을 익숙하게 받아들여 왔습니다. 그리스도께서는 이 두 가지 형벌을 다 겪으셨습니다. 죄인들이 하나님의 은총과 임재를 잃는 것은 그들의 죄 때문이었습니다. 그래서 예수께서 "나의 하나님, 나의 하나님, 어찌하여 나를 버리셨나이까"(마 27:46) 하고 외치셨습니다. 죄인들이 개인적인 모든 위로를 잃는 것은 그들의 죄 때문이었습니다. 그래서 그리스도께서 모든 위안거리를 뺏기셨고, 심지어는 마지막 남은 누더기 옷마저 벗겨져서 마치 아담처럼 벌거벗은 채 버림을 당하셨습니다. 영혼은 자기를 지탱할 수 있는 모든 것을 잃을 수밖에 없었는데, 그와 같이 그리스도께서 위로를 줄 수 있는 모든 것을 다 잃으셨습니다. 주님은 둘러보셨지만 거기에 주님을 동정하거나 도울 사람은 아무도 없었습니다. 주님은 이렇게 외치지 않을 수 없었습니다. "나는 벌레요 사람이 아니라 사람의 비방거리요 백성의 조롱거리니이다"(시 22:6). 형벌의 두 번째 부분, 곧 실제적으로 고통을 당하는 일에 대해서, 우리 주님은 이 일도 복음서 기자들이 분명하게 설명하듯이, 극한까지 고통을 당하셨습니다. 여러분은 예수께서 당하신 신체적 고통은 그동안 충분히 읽어오셨습니다. 그 고통을 절대로 가볍게 보지 않도록 조심하시기 바랍니다. 우리 구주께서 견디신 신체적인 고통은, 그 몸이 신성과 연합됨으로 인해서 지탱되고 힘을 공급받지 않았다면, 몸이 결코 견딜 수 없을 만큼 큰 것이었습니다. 그러나 주님이 받으신 고난의 핵심은 영혼의 고통이었습니다. 주님의 영혼은 바로 지옥에 해당하는 고통을 견디셨습니다. 악인들이 마땅히 받아야 할 형벌은 지옥의 형벌이었습니다. 그리스도께서 지옥을 겪지 않으셨을지라도, 지옥에 해당하는 고통을 받으신 것입니다. 자, 여러분은 그 고통이 어떠했을지 상상할 수 있습니까? 그것은 도무지 측량할 수 없는 고통이었으며, 도무지 헤아릴 수 없는 고뇌였습니다. 주님의 고통을 온전히 아신 분은 하나님이십니다. 하나님뿐이십니다. 헬라어 전례문이 이것을 "알 수 없는 주의 고통"이라고 잘 표현하고 있습니다. 주님의 고통은 영원히 사람의 상상을 초월한 것임이 분명하기 때문입니다. 형제 여러분, 그리스도께서는 거기까지 이르셨습니다. 주님은 죄를 취하고, 저주를 취하며, 모든 형벌을 겪으셨습니다. 죄의 마지막 형벌은 사망이었습니다. 그러므로 구속자께서 죽으셨습니다. 보십시오. 위대한 정복자께서 나무에 달려 죽었습니다. 그의 옆구리는 창에 찔렸고, 물과 피가 흘렀으며, 제자들이 그의 시신을 무덤에 뉘었습니다. 주님께서 처음에는 범죄자의 하나로 헤아리심을 입었듯이, 후에는 죽은 자들과 함께 헤아림을 받으셨습니다. 사랑하는 여러분, 여기 그리스도께서 자기 백성을 대신하여 저주를 받고 계십니다. 여기 그리스도께서 자기 백성의 죄를 짊어지고 계십니다. 하나님께서 사실은 마땅히 우리를 치셨어야 하는데, 대신에 주님을 아끼지 않고 치시며, 주님께 온전히 보복하시고, 주님께 온갖 벼락을 내리며 저주를 퍼부으십니다. 그리스도께서 모든 것을 견디고, 모든 것을 받으십니다.

4. 그리스도께서 이와 같이 우리를 위하여 저주를 받으신 것의 복된 결과가 어떤 것인지 생각해 봄으로써 결론을 맺도록 하겠습니다.

그 결과는 그리스도께서 우리를 율법의 저주에서 구속하셨다는 것입니다. 그리스도께서 위하여 죽으신 많은 사람들이 율법의 저주에서 영원히 자유롭게 되었습니다. 율법이 그리스도를 믿는 사람에게 와서 저주하려고 할 때 그는 이렇게 말합니다. "율법아, 내가 너와 무슨 상관이 있느냐? 네가 '내가 너를 저주하겠다'고 말하지만, 나는 이렇게 대답한다. '너는 나 대신에 그리스도를 저주했다. 너는 한 범죄에 대해 두 번 저주할 수 있느냐?'" 보십시오. 율법이 어떻게 아무 말도 못하는가를! 하나님의 율법이 자기가 요구하는 것을 다 받았으니 더 이상 어떤 것을 요구할 수 없습니다. 하나님께서 믿는 죄인에게 요구하실 수 있는 모든 것을 그리스도께서 이미 치르셨습니다. 그러므로 하늘에나 땅에나 이제부터는 예수님을 믿는 영혼을 저주할 수 있는 목소리는 아무것도 없습니다. 여러분은 빚을 졌는데, 친구가 여러분의 빚을 갚았습니다. 따라서 여러분에게 어떤 영장도 발부될 수 없습니다. 여러분이 그 돈을 내지 않았다는 것은 아무 문제가 되지 않습니다. 그 빚은 치러졌고, 여러분은 영수증을 받았습니다. 그것이면 어떤 공평의 법정에서도 충분합니다. 이와 같이 우리가 응당 치러야 할 모든 형벌을 그리스도께서 다 받으셨습니다. 내가 그 형벌을 치르지 않은 것이 사실입니다. 나는 지옥에 가지 않았고 하나님의 모든 진노를 받지 않았습니다. 그러나 그리스도께서 나를 대신하여 그 진노를 받으셨습니다. 그래서 나는 내 자신이 하나님께 빚을 갚고 하나님의 진노를 직접 받은 것처럼 깨끗합니다. 의지할 영광스러운 기초가 여기에 있습니다! 영원한 위로의 기초를 놓을 반석이 여기에 있습니다! 사람은 즉시 이것을 붙잡아야 합니다. 내 주님께서 내 보증인으로서 나를 위해 예루살렘 성문 밖에서 피를 흘리셨고, 십자가에서 내 빚을 갚으셨습니다. 그렇다면, 크신 하나님, 내가 더 이상 하나님의 호통소리를 두려워하지 않습니다. 이제 하나님께서 어떻게 나를 치실 수 있겠습니까? 하나님께서는 진노의 화살을 다 쏘셨습니다. 전통의 살 하나하나를 이미 내 주님께 다 쏘셨습니다. 나는 마치 전혀 죄를 짓지 않은 것처럼 주님 안에서 아주 깨끗하고 면제받았으며 구원받았습니다.

　　본문은 "그리스도께서 우리를 속량하셨으니"라고 말합니다. 나는 현대 신학교의 어떤 무리들이 이 속죄를 비웃는 말을 하는 것을 얼마나 자주 들었는지 모릅니다. 그들은 속죄를 일종의 거래 계약이라는 개념, 곧 그들이 소위 "속죄에 대한 상업적 견해"라고 부르는 개념을 우리에게 주입합니다. 나는 이 상업적인 은유가 구속에 대한 하나님의 견해를 바르게 표현한다고 주저 없이 말합니다. 구속이 성경에서 그렇게 표현되는 것을 보기 때문입니다. 속죄는 속전, 말하자면 지불된 값입니다. 현재의 경우, 원문의 그 단어는 단지 어떤 뜻을 표현하는 것에 그치지 않습니다. 그것은 어떤 것에 대해 치르는 지불 금액, 대신 치르는 값입니다. 예수께서는 속전의 지불 금액이라고 정당하게, 그리고 강력하게 말할 수 있는 것을 고난 가운데서 치르셨습니다. 우리의 죄를 위하여 마땅히 치러져야 하는 것에 상당한 것을 정의에 내놓으신 것입니다. 그리스도께서는 우리가 몸으로 직접 겪었어야 하는 것을 자신의 몸으로 받으셨습니다. 우리의 죄를 자신의 죄로 삼으신 것입니다. 그리스도께서 하나님 앞에 죄인으로 서셨습니다. 자신에게는 죄가 전혀 없으시지만 그리스도께서 죄인으로 형벌을 받으시고 저주의 나무에서 죄인으로 죽으셨습니다. 형벌을 온전히 받으심으로 자신에게 전가된 죄를 다 없애심으로써 주님은 죄를 끝장내셨고, 죽은 자들 가운데서 다시 일어나셔서 이 시간 하나님의 택하신 모든 자를 덮는 영원한 의를 가져오셨습니다. 그래서 그들은 말할 수 없는 기쁨으로 이렇게 말할 수 있습니다. "누가 능히 하나님께서 택하신 자들을 고발하리요 의롭다 하신 이는 하나님이시니 누가 정죄하리요 죽으실 뿐 아니라 다시 살아나신 이는 그리스도 예수시니 그는 하나님 우편에 계신 자요 우리를 위하여 간구하시는 자시니라"(롬 8:33,34).

또 다른 복이 더할 나위 없는 이 속죄에서 흘러나옵니다. 그 복은 이것입니다. 지금까지는 저주 때문에 막혀 있었던 하나님의 복이 이제는 아주 마음껏 흐르게 되었습니다. 본문 다음에 나오는 구절을 읽어봅시다. "이는 그리스도 예수 안에서 아브라함의 복이 이방인에게 미치게 하고 또 우리로 하여금 믿음으로 말미암아 성령의 약속을 받게 하려 함이라." 아브라함의 복은 이 땅의 모든 민족이 그의 후손으로서 받아야 하는 것이었습니다. 우리 주 예수 그리스도께서 죄에 응당 따르는 저주를 치워 버리셨으므로, 하나님의 자비라는 강바닥에서 커다란 바위가 빠져나갔고, 그래서 활기찬 강물이 잔물결을 일으키며 오다가 굽이치고 투명한 큰 물결로 부풀어 올라서 그 앞에 있는 인간의 모든 죄와 슬픔을 쓸어버리며, 거기에서 물을 마시려고 몸을 구푸린, 목마른 자들을 기쁘게 만듭니다. 형제 여러분, 오늘 아침 하나님의 은혜의 복이 충만하고 값없이 베풀어집니다. 그 복은 여러분이 필요로 하는 만큼 충분합니다. 큰 죄인들이여, 여러분을 위한 큰 자비가 있습니다. 그 복은 값이 없으므로 여러분이 가난할지라도 그 복을 받을 수 있으며, 값이 없으므로 여러분이 숨 쉬는 공기처럼 자유롭게 들이킬 수 있고, 냇가를 따라 흐르는 시원한 물처럼 자유롭게 마실 수 있습니다. 여러분은 그리스도를 의지하기만 하면 살 것입니다. 여러분이 어떤 사람이고 무슨 일을 하며,

어디에 있든지 간에, 여러분이 지옥의 어두운 문 앞에 누워서 절망 가운데 죽어 갈지라도, 이 메시지가 여러분에게 울려 퍼집니다. "하나님이 죄를 알지도 못하신 이를 우리를 대신하여 죄로 삼으신 것은 우리로 하여금 그 안에서 하나님의 의가 되게 하려 하심이라"(고후 5:21). 그리스도께서 우리를 위하여 저주를 받으셨으므로 율법의 저주에서 우리를 구원하셨습니다. 믿는 자는 아무 저주를 받지 않습니다. 그가 간음하는 자, 후욕하는 자, 술 취한 자, 살인하는 자이었을 수 있지만, 믿는 순간 하나님께서 그에게서 그 죄들을 전혀 보시지 않습니다. 하나님은 그를 죄 없는 사람으로 보시고, 그의 죄가 구속자에게 지워졌고, 예수께서 십자가에서 죽으셨을 때 그의 안에서 처벌된 것으로 간주하십니다.

청중 여러분, 여러분에게 말씀드립니다. 여러분이 오늘 아침 그리스도를 믿는다면, 여러분이 지금까지 이 땅을 더럽힌 비열한 사람들 가운데 가장 가증한 사람이라 할지라도, 믿은 후에는 여러분에게 죄가 하나도 남아있지 않게 될 것입니다. 하나님께서 여러분을 순결한 사람으로 보실 것입니다. 전지하신 하나님조차도 여러분에게서 죄를 전혀 찾아내지 못하실 것입니다. 여러분의 죄를 속죄양, 곧 그리스도에게 지워서 가져가 버림으로 깨끗이 잊을 수 있게 할 것이기 때문입니다. 그래서 여러분의 죄를 찾을지라도 발견할 수 없을 것입니다. 여러분이 믿는다면, 이것이 문제인데, 여러분이 믿는다면, 여러분은 깨끗합니다. 여러분이 성육신하신 하나님을 믿는다면, 여러분은 구원을 받습니다. 믿는 사람은 모든 일로부터 의롭다함을 받습니다. "주 예수를 믿으라 그리하면 네가 구원을 받으리라"(행 16:31). "믿고 세례를 받는 사람은 구원을 얻을 것이요 믿지 않는 사람은 정죄를 받을 것"이기(막 16:16) 때문입니다.

나는 지금까지 여러분에게 복음을 설교했습니다. 하나님은 내가 얼마나 큰 압박감을 가지고, 그러면서도 얼마나 거룩한 기쁨을 가지고 설교했는지 아십니다. 이것은 화려한 언변에 맞는 주제가 아닙니다. 사람의 마음을 부추기는 웅변술에 맞는 주제도 아닙니다. 이것은 여러분에게 단순하고 분명하게 전해야 할 문제입니다. 죄인들이여, 여러분은 반드시 하나님의 저주를 받거나, 아니면 그리스도께서 여러분을 대신하여 저주를 받으신 분으로 영접해야 합니다. 여러분에게 권합니다. 여러분이 자신의 영혼을 사랑하기 때문에, 여러분이 조금이라도 제정신이라고 느낀다면, 하나님이 정하신 이 복된 구원의 길을 받아들이십시오. 이것이 사도가 전한 진리이고, 고난을 받고 죽기까지 붙잡은 진리입니다. 개혁

자들이 지키기 위해 투쟁한 것이 바로 이 진리이고, 순교자들이 스미스필드에서 화형을 당하면서까지 지킨 것이 바로 이 진리입니다. 이것은 종교개혁의 위대한 기초가 되는 교리이고, 바로 하나님의 진리입니다. 여러분의 십자가와 의식(儀式)들을 내려놓으십시오. 선한 행실을 하는 체하는 여러분의 허식을 내려놓고, 사제들 발 앞에 엎드려 그들에게 사죄를 구하는 일을 내려놓으십시오! 자신을 의지하는 저주받을 우상 숭배의 행위를 버리십시오. 그리스도께서 구원의 일을 이루셨습니다. 완전히 마치셨습니다. 그리스도의 깨끗하고 아름다운 옷을 버려두고 여러분의 누더기를 고집하지 마십시오. 그리스도께서 저주를 받으셨습니다. 여러분의 보잘것없는 회개와, 온갖 더러운 것이 가득한 눈물을 가져와서 그리스도의 피가 넘쳐흐르는 귀한 샘물에 섞지 마십시오. 여러분의 것은 내려놓고, 와서 그리스도의 것을 취하십시오. 여러분이 하나님의 용납하심을 획득하는 방법으로서 생각해 온 어떤 자질이나 행실을 모두 버리십시오. 겸손하십시오. 예수 그리스도를 여러분 구원의 알파와 오메가요, 처음과 나중이요, 시작과 끝이라고 생각하십시오. 이렇게 한다면, 여러분은 장차 구원을 받을 뿐만 아니라, 지금 구원받습니다.

　　지친 여러분, 쉬십시오. 여러분의 죄가 용서받았기 때문입니다. 믿음이 부족하여 절뚝거리는 여러분, 일어서십시오. 여러분의 허물이 덮어졌기 때문입니다. 타락한 여러분, 죽은 자들 가운데서 일어나십시오. 무덤에서 일어난 나사로처럼 일어나십시오. 예수께서 여러분을 부르시기 때문입니다! 믿고 살아나십시오. 이 말씀 자체가 성령으로 인해 영혼을 소생시킵니다. 회개의 눈물을 흘리고 선한 생활을 하겠다는 서원을 끝내고, 그리스도께 오십시오. 먼저 그리스도께 온 다음에, 눈물도 흘리고 서원도 하십시오. 여러분이 가장 먼저 배울 교훈은 예수님, 오직 예수님, 오직 예수님이어야 합니다. 예수님께 오십시오! 예수께서 십자가에 달리시는 것을 보십시오. 예수께서 팔을 넓게 벌리고 오무릴 수가 없습니다. 못이 손에 굳게 박혀 있기 때문입니다. 예수께서 여러분을 기다리십니다. 마치 예수님이 여전히 여러분을 기다리려고 하신 것처럼 그의 발이 나무에 고정되어 있습니다. 예수님께 오십시오! 주님의 마음에 여러분을 위한 자리가 있습니다. 주님의 심장에서 물과 피가 흐릅니다. 주님의 심장이 여러분을 위하여 창에 찔렸습니다. 물과 피가 섞여서 흐른 것은 "죄를 이중으로 치유하기 위함이니, 여러분을 죄책과 죄의 권세에서 깨끗이 씻기 위함입니다." 믿음의 행위가 여러분을 예수님께로 데려올 것입니다. "주여, 내가 믿나이다 나의 믿음 없는 것을 도와주소서"(막 9:24) 하고 말하십시오. 여러분이 그렇게 말하면 주님은 여러분을 내쫓을 수 없습니다. 주님께서 "내게 오는 자는 내가 결코 내쫓지 아니하리라"(요 6:37)고 말씀하셨기 때문입니다. 나는 여러분에게 사람들이 지금까지 들은 것 가운데, 혹은 사람들이 지금까지 말한 것 가운데 가장 중요한 진리를 전달했습니다. 이 진리를 여러분에게서 치우지 마십시오. 우리가 두려운 마지막 날에 서로 만나게 될 때, 하늘과 땅이 불타오르고, 나팔소리가 울리며 죽은 자들이 일어날 때, 그때 우리가 서로 만날 때, 나는 여러분에게 이 진리를 잊지 말라고 요구할 것입니다. 그 진리를 잊어버린다면, 여러분의 목숨은 위태롭고, 여러분의 피는 여러분의 책임이 될 것입니다. 그보다는 내가 여러분에게 전한 복음을 받아들이십시오. 그것은 여호와의 복음입니다. 여러분이 오늘 듣는 그 말씀으로 하늘이 말하는 것입니다. 예수 그리스도를 여러분의 속죄물로 영접하십시오. 이 시간에 바로 영접하십시오. 그러면 하나님께서 영광을 받으시고 여러분은 구원을 얻을 것입니다. 아멘.

제
6
장

—

거대한 감옥과 거기에서
빠져 나오는 방법

—

"그러나 성경이 모든 것을 죄 아래에 가두었으니
이는 예수 그리스도를 믿음으로 말미암는
약속을 믿는 자들에게 주려 함이라." — 갈 3:22

우리가 무슨 일을 맡든지, 바른 원칙에 근거해서 행동해야 한다는 것이 가장 중요합니다. 왜냐하면 중요한 점들에서 판단을 그르치게 되면, 성공을 거두지 못하여 우리의 노력이 낭비될 것이기 때문입니다. 사람은 자기가 원하는 대로 오랫동안 별을 연구할 수 있습니다. 그러나 그가 별들이 지구를 중심으로 공전한다는 이론에 기초해서 별들의 진로를 계산한다면, 바른 결론에 이르지 못할 것임은 분명합니다. 연금술사들은 진지하다 못해 열광적이기까지 하였습니다. 그러나 그들이 추구하는 대상은 도달할 수 없는 것이었고, 그들의 연구를 지도하는 이론들은 터무니없는 것이었습니다. 그래서 그들은 잘못된 길에서 오래 인내하고 많은 노고를 허비하는 슬픈 모습을 보였습니다. 역학에 있어서 아무리 똑똑한 연구자라도 중력의 법칙을 잊으면 실패할 수밖에 없습니다. 여러분은 바른 원칙 위에서 나가야 하고, 그렇지 않으면 실망이 여러분을 기다릴 것입니다. 런던에 있는 어떤 사람이 자기가 남쪽으로 빨리 달리면 요크(York) 시에 닿을 것이라고 믿는다면, 그는 그의 객차를 특급 열차가 끌고 간다고 할지라도 반드시 실패할 것입니다. 또 어떤 사람이 강한 독약을 마심으로써 건강을 회복할 수 있다고 진지하게 믿는다면, 친구들과 유족들은 그의 분별 없는 생각을 슬퍼하지 않을 수 없을 것입니다. 어떤 신념을 진지하게 믿는다고 해서, 그것이 사실을 바꾸지 못합니다. 치명적인 약이 사람의 목숨을 끊는다는 원칙은, 그 사람이 진지하다고 해서 그 작용이 유보되지 않을 것입니다. 그는 자신의 완고함으로 인해 반드시 목숨을 잃고 맙니다. 자, 우리 모두에게 가장 중요한 관심사는 우리 영혼의 영원한 구원입니다. 우리는 구원받아야 합니다. 진리의 성경에 따를 때, 구원의 길은 하나밖에 없습니다. 그런데 이 길은 사람들 사이에 인기가 없습니다. 가장 대중적인 원칙, 곧 사람들이 개신교 교인이 되든, 로마 가톨릭 교인이 되든, 혹은 이슬람교도가 되든, 힌두교도가 되든, 혹은 불교도가 되든 상관 없이 온 세상에서 가장 인기 있는 원칙은 자기 구원입니다. 즉 사람들이 공로로 영원한 생명에 이르려고 하는 것입니다. 어떤 일을 해야 하느냐에는 차이가 있습니다. 그러나 중생하지 않은 사람의 가장 보편적인 원칙은 그가 어떻게든지 하여 자신을 구원하려 하는 것입니다. 이것이 그의 원칙입니다. 이 원칙에서 더 멀리 가면 갈수록, 그는 그만큼 더 구원받기 어렵습니다. 오늘 아침 나는 하나님께서 유일한 구원의 길로 계시하셨지만 사람들에게 많이 멸시받는 원칙, 곧 순전히 예수 그리스도를 믿는 믿음으로 인해, 예수 그리스도로 말미암아 하나님의 은혜로 얻는 구원을 전하고자 합니다. 우리는 하나님의 명령에 따라 공로가 아니라 자비로 말미암는 구원의 길을 전합니다. 행위가 아니라 믿음으로 말미암는, 사람들의 노력이 아니라 은혜로 말미암는 구원의 길을 설교합니다. 하나님께서 우리를 도와 주셔서 그 원칙을 잘 설명함으로 많은 사람이 받아들이게 해주시기를 구합니다. 나는 설교할 때, 내 스타일이 사람들의 귀를 즐겁게 할 것인가에 대해서는 조금도 신경 쓰지 않고, 나는 오직 여러분의 마음에 설교가 전달되기를 열망합니다. 나는 여러분이 유일하게 확실한 이 구원의 방법을 받아들이기 바랍니다. 성령께서 강력한 불로 내 말에 세례를 주셔서, 그 말이 여러분의 가슴을 파고들어 여러분이 믿음으로 순종하게 해 주시기를 기도합니다.

본문이 두 부분으로 나뉘지만, 내 설교는 거기에서 끝나지 않을 것입니다. 나는 본문의 중요한 진리들을 주장할 것인데, 두 가지 요점에 대해 말할 것입니다. 첫째는 사람들로 빽빽한 감옥에 대한 것입니다. "성경이 모든 것을 죄 아래에 가두었으니." 둘째는 영광스러운 죄수 석방에 대한 것입니다. "이는 예수 그리스도를 믿음으로 말미암는 약속을 믿는 자들에게 주려 함이라"(갈 3:22). 그 다음은 하나님께서 설계하신 계획, 곧 그리스도 예수를 믿는 믿음의 약속으로 말미암아 죄에서 구원받는 계획이 얼마나 탁월한가를 보여줄 것입니다.

1. 사람들로 빽빽한 감옥을 봅시다.

"성경이 모든 것을 죄 아래에 가두었으니." 간수는 합법적인 권위인 성경입니다. 성경은 사람들의 말이 아니라 성령님의 말이기 때문입니다. 누구든지 성경을 거절하면, 그에게는 해줄 말이 거의 없습니다. 나는, 성경이 오류 없이 기록된 책으로 받아들이는 사람들에게 주로 말하고 있기 때문입니다. 여러분이 하나님께서 기록하신 것으로 인정하는 성경이 여러분을 죄에 가둔다면, 여러분은 거역할 수 없는 합법적인 권위에 의해 투옥된 것입니다. 하나님께서 그같이 하신 것입니다. 하나님께서 친히 여러분을 범죄한 죄수라고 선언하신 것입니다. 성경만큼 강력한 권위는 없습니다. 성경은 진리일 뿐만 아니라, 진리를 지탱하는 힘도 가지고 있습니다. 하나님의 말씀이 있는 곳에는 능력이 있습니다. 성경이 사람의 마음의 급소를 찌를 때는 망치처럼 산산이 부수고, 불처럼 앞에 있는 것을 태워 버립니다. 사람들이 이같이 판단받을 때, 우리는 놀랄 필요가 없습니다. 그러나 주님의 목소리는 두려운 위엄으로 가득 차 있고, 정죄받는 사람은 그 목소리에 위압을 당합니다.

그런데 성경은 어떻게 모든 사람을 죄 아래 가둡니까? 말씀드리겠습니다. 첫째로, 마르틴 루터는 성경의 약속들 자체가 모든 인류를 죄 아래 가둔다는 점을 잘 관찰하였습니다. 우선, 우리의 첫 조상들이 파괴된 동산을 떠날 때 이 세상을 비춘 약속의 샛별은 "여자의 후손이 뱀의 머리를 상하게 할 것이라"(창 3:15)는 것이었습니다. 그런 약속이 필요하였다는 것을 생각할 때, 복이 여인의 후손인 구속자를 통해서만 사람에게 올 수 있고, 뱀의 머리를 깨트려야만 하고, 그렇지 않으면 모든 사람이 여전히 뱀의 지배 아래 있게 되리라는 것이 분명합니다. 복을 약속할 때는, 복이 필요하였던 것이 틀림없습니다. 구원자가 예언되었다면, 반드시 구원자가 필요하였던 것입니다. 복이 공로를 통해서, 혹은 자연의 순리대로 사람들에게 올 수 있었다면, 약속이 필요 없었을 것입니다. 약속이 있다는 것은 결핍이 있다는 뜻입니다. 여인의 후손으로 말미암아 뱀의 권세로부터 구원한다는 약속 자체가, 사람들이 그 악한 권세 아래 있다는 것을 암시합니다.

이 은혜의 약속은 노아와 맺은 언약에서 분명하게 나타납니다. 이 언약에서 하나님은 앞으로는 세상을 홍수로 멸하지 않겠다고 선언하셨습니다. 사람들이 거룩하였다면, 하나님께서 인류를 홍수로 멸하실 수 없었을 것입니다. 하나님께서 죄 없는 인류를 멸망시키면 공의를 어기는 것이 되었을 것이기 때문입니다. 죄 없는 순결한 인류에게는 그들을 보존하겠다는 언약이 필요할 수가 없습니다. 죄 없는 사람을 멸망시킬 이유가 있을 수 없기 때문입니다. 땅을 다시는 엄청난 홍수로 쓸어버리지 않겠다는 언약을 하셨다는 자체가, 그런 은혜 언약이 없었다면, 이 땅이 어느 때든지 멸망할 수 있었다는 점을 함축합니다. 사랑스러운 무지개가 우리에게 하나님의 신실하심을 기분 좋게 상기시키지만, 그것은 또한 하나님의 진노가 우리에게 쏟아지지 않도록 하기 위해서는 우리의 보호를 위한 장벽으로서 은혜의 언약을 세우지 않으면 안 되게 만든 인류의 보편적 타락을 기억시키기도 합니다.

하나님께서 아브라함과 세우신 훨씬 더 명백한 언약은, 사람들이 죄 아래 갇혔음을 분명하게 보여줍니다. 그 언약이 이같이 말하고 있기 때문입니다. "네 씨로 말미암아 천하 만민이 복을 받으리라." 이 말은 모든 민족이 본래 복된 상태에 있지 않았고, 오직 이 약속된 후손을 통해서만 복을 받을 수 있었다는 것을 입증합니다. 만약 천하 만민 가운데 어떤 민족들이 이미 행위로 복을 받았거나 받을 수 있었다면, 이 약속의 말씀은 참되지 않을 것입니다. 이 언약의 복은 오직 그 후손, 곧 예수 그리스도를 통해서만 만민에게 임합니다. 그러므로 모든 민족들이 복이 필요한 상태에 있었던 것이 분명합니다.

사실, 복음이 존재하고, 복음에서 은혜, 사죄를 제공하고, 구주가 오셔서 십자가에서 죽고, 하늘에서 중보기도하신다는 것 자체가 사람들이 죄 아래 갇혀 있었다는 것을 증명합니다. 사람들이 죄 아래 갇혀 있지 않았다면, 골고다가 무엇 때문에 필요하겠습니까? 하나님의 아들이 고난받아야 할 필요가 어디에 있습니까? 사람들이 노예 상태에 있지 않다면, 구속을 위한 방대한 이 모든 계획은 우습기 짝이 없는 것입니다. 사람들이 더럽지 않다면, 샘을 구주의 피로 가득 채우는 놀라운 일은 아주 헛된 일입니다. 그래서 사람들에게 분명하게 생명을 전하는 성경 말씀 자체가, 하나님의 은혜가 없이는 사람들이 죄 아래 갇히게 된다는 설득력 있는 증거를 갖는 것입니다.

　나는 사도가 성경에서 율법을 다루는 부분을 더 직접적으로 언급했다고 생각합니다. 출애굽기 20장을 보시기 바랍니다. 여러분은 그 성경을 기억하실 것입니다. 아주 엄숙한 마음으로 십계명을 읽고, 그 계명들이 여러분을 죄 아래 가두는지 한 번 보라고 말씀드립니다. 누가 십계명을 읽고 나서 "나는 이 모든 계명에서 깨끗하다"고 말할 수 있겠습니까? 십계명이 사방에서 우리를 에워싸며, 몸과 영과 혼의 모든 움직임을 사로잡고, 모든 영역의 도덕적 행동을 판단합니다. 십계명은 우리를 사방에서 공격합니다. 우리는 어디에서도 그 사정권을 벗어나지 못합니다. 이 열 가지 교훈은 포괄적인 두 계명으로 압축됩니다. "네 마음을 다하며 목숨을 다하며 힘을 다하며 뜻을 다하여 주 너의 하나님을 사랑하고 또한 네 이웃을 네 자신 같이 사랑하라"(눅 10:27). 여러분은 십계명의 핵심인 이 두 계명을 들을 때, 자신이 하나님을 마음을 다하고 목숨을 다하며 힘을 다하여 사랑하지 못했고, 이웃을 자신처럼 사랑하지 않고 완전히 잊고 지냈다는 것을 느끼지 않습니까? 그리스도 밖에 있다면, 율법을 읽고도 떨지 않을 수 있는데, 그 사람은 자기 죄로 죽은 것이 틀림없습니다. 그는 율법의 의미를 전혀 모르거나, 아니면 마음을 완고하게 하여 율법의 두려운 취지를 전혀 듣지 않은 것이 틀림없습니다. 깨어난 양심은, 우리가 율법을 어겼기 때문에, 율법이 예외 없이 우리 모두를 저주한다는 것을 압니다.

　시내 산에서 주신 율법이 그 일을 합니다. 이스라엘이 거룩한 땅에 들어갈 때, 모세의 명대로 에발 산과 그리심 산에서 낭독되었던 율법은 가까이 갈 수 없었던 시내 산의 우레 소리처럼 분명합니다. 신명기 27:26의 말씀을 읽어봅시다. 아마도 하나님의 모든 말씀 가운데서 이 구절이야말로 자기의에 대한 소망을 완전히 밟아서 없애버리는 말씀일 것입니다. "이 율법의 말씀을 실행하지 아니하는 자는 저주를 받을 것이라 할 것이요 모든 백성은 아멘 할지니라"(신 27:26). 사도는 또 다른 형태로 이 구절을 인용합니다. "누구든지 율법 책에 기록된 대로 모든 일을 항상 행하지 아니하는 자는 저주 아래에 있는 자라"(갈 3:10). 이 문장에서 율법은 우리를 향하여 마치 사자처럼 으르렁거립니다. 우리 가운데 누구든지 하나님의 명령을 단 하나만 범해도, 하나님에게 저주를 받습니다. 일생 동안 어느 때든지 행위나 말이나 생각에서 조금이라도 절대적인 완전에 미치지 못하게 하나님의 명령에 대해 부작위(不作爲:마땅히 해야 할 일을 일부러 하지 아니함. 소극 행위)나 작위(作爲: 법적으로 금지되어 있는 일을 의식적으로 하는 것. 적극 행위)의 죄를 범하면, 우리는 저주를 받습니다. 그것이 하나님께서 신명기에서 그의 종 모세의 입을 통하여 친히 말씀하신 진술입니다. 어떤 예외도 없습니다. 모든 죄가 거기에 다 포함됩니다. 우리 모든 사람이 포함됩니다. "누구든지 율법 책에 기록된 대로 모든 일을 항상 행하지 아니하는 자는 저주 아래에 있는 자라." 그러므로 성경이 모든 사람을 죄 아래 가두었다고 말하는 것은 맞습니다.

우리는 지금 성경을 조금이라도 다르게 해석하고 있는 것이 아닙니다. 옛 성도들이 율법을 그와 같이 이해하였기 때문입니다. 시편 143:2을 봅시다. 이 구절을 인용하지만, 이것이 단 한 구절뿐이 아니고, 많은 구절 가운데 뽑은 한 구절에 불과하다는 것을 아시기 바랍니다. 여기서 다윗은 이렇게 말합니다. "주의 종에게 심판을 행하지 마소서 주의 눈 앞에는 의로운 인생이 하나도 없나이다." 다윗이 하나님 앞에 섰습니다. 마음이 참으로 진실한 사람으로 섰습니다. 그러나 그는 감히 자기 행실을 가져와 판단받으려고 하지 않았습니다. 다윗은 선지자로서 성령의 감동을 받아 말하기를, 하나님 앞에서는 아무도 죄에서 깨끗할 수 없다고 선언하였습니다.

그 다음에, 형제 여러분, 하나님의 율법이 시내 산에서 전달되었듯이, 그리심 산에서 반복되었듯이, 성도들이 이해하였듯이, 뿐만 아니라 구주께서 설명하셨듯이, 하나님의 율법은 우리를 가둡니다. 주님은 이 감옥의 빗장을 깨트리려 오신 것이 아니라 이 간수를 그 법적 지위에서 옮기기 위해 오신 것입니다. 주님의 구원은 폭력에 의해서가 아니라 매우 적법한 과정을 통해서 이루어집니다. 주님은 율법을 약화시키려는 것이 아니라 강화시키기 위해서 오셨습니다. 주님은 율법에 관해서 무엇이라고 말씀하십니까? 주님은 간음을 금하시지만 않고, 그 명령을 아래와 같이 자세히 설명하십니다. "음욕을 품고 여자를 보는 자마다 마음에 이미 간음하였느니라"(마 5:28). 주님은 유대인들이 그동안 완전히 잊어버린 사실, 곧 계명들은 영적이어서 미치는 범위가 단지 외적인 행동들에 그치지 않고 무한히 뻗어나간다는 것을 설명하십니다. 예를 들면 "살인하지 말라"는 계명은 단지 "살인 행위를 하지 말라"는 뜻이 아니라, 주 예수께서 그 계명에 대해 말씀하신 의미로 이해해야 합니다. "형제에게 노하는 자마다 심판을 받게 되리라"(5:22). 그리스도인들이 이해하는 대로, 이 법은 우리가 다른 사람의 자연적인 생명이나 영적 생명이 위험에 처하게 할 수 있는 일은 어떤 것이라도 금합니다. 자, 율법은 그와 같이 이해해야 하므로, 율법의 계명들이 미치는 범위는 대단히 폭넓습니다. 율법이 이처럼 우리의 생각, 상상, 무심결에 갖는 소원들을 다루는데, 우리 가운데 누가 그 앞에서 설 수 있겠습니까? 정말로 율법은 우리를 끔찍한 바스티유 감옥에 가두듯이 가둡니다. 우리 각 사람은 죄 아래 있는 죄수입니다.

이제 우리는 약속의 말씀과 율법의 말씀이 우리를 가둘 뿐만 아니라, 구약의 유대인들의 의식법도 그와 같이 가둔다고 말하지 않을 수 없습니다. "아, 어떻게 그럴 수가 있느냐"고 여러분은 말합니다. 그에 대해 말씀드리겠습니다. "잊지 못할 그 밤에 멸망의 천사가 애굽 전역을 지나갈 때, 사람들이 자기 집의 문기둥과 인방(引枋)에 피를 뿌리지 않고는, 남자나 여자, 아이 할 것 없이 어느 한 사람도 구원받지 못했습니다. 사람들은 모두 죄 아래 있었고, 그래서 그 피뿌림이 없었다면, 애굽의 장자를 쳤던 천사가, 이스라엘 사람들이 하나님의 백성이었지만 그들 모두 죄 아래 있었기 때문에, 틀림없이 그들 한 사람 한 사람도 다 쳤을 것입니다." 이스라엘 백성이 광야에 이르렀을 때, 다양한 의식과 전례들이 있었지만, 율법 아래에서는 모든 것에 피를 뿌려야 했다는 것이 특이합니다. 그것은 이스라엘 사람들과, 그들이 행하는 모든 것이 하나님 앞에서 죄로 더러워졌고, 그래서 속죄로 깨끗하게 할 필요가 있었기 때문입니다. 이스라엘 사람이 장막에서 하나님께 예배하러 나올 때, 제물 없이는 올 수 없었습니다. 죄를 속(贖)하는 것이 하나님께 나아가는 길이었습니다. 제단과 죽인 어린 양이 하나님께 가까이 가는 길이었습니다. 오는 자를 깨끗하게 하기 위해서는 반드시 피가 있어야 합니다. 하나님 앞에 오는 자는 모두가 본래 더러웠기 때문입니다. 광야에서 장막의 성소는 닫혀 있었고, 대제사장이 일 년에 한 차례 들어가는 것 외에는 아무도 그리로 들어가지 못했다는 점도 주목할 필요가 있습니다. 이것은 하나님의 지극히 엄숙한 선언이었습니다. 즉 하나님의 무한한 거룩하심에 가까이 나아가기에 적합한 사람은 아무도 없었다는 것이고, 또 누구든지, 심지어 하나님의 택한 백성이라도 몹시 타락해서 하나님과 그 사이에 휘장이 쳐져야만 했고, 그래서 하나님께 가까이 나아가는 사람은 장차 올 주 예수님의 제사를 예표하는 피뿌림과 향을 피우는 일이 없이는 결코 나아가지 못했다는 것입니다. 모세의 율법에서는 사람에게 이렇게 말하는 것이 전혀 없었습니다. "너는 착한 사람이다. 혹은 착할 수 있다. 그래서 너는 자신을 구원할 수 있다." 그보다 모세 율법은 도처에서 이렇게 선언하였습니다. "너희는 여호와를 거역하였고 섬기지 않았다. 그래서 큰 제물의 피로 깨끗이 씻기 전에는 하나님께 가까이 갈 수 없다. 하나님은 너희를 지금 그대로 받아들이실 수 없다. 너희는 타락하고 더러워졌다." 모든 사람이 죄인이라는 사실은 성경에서 풍부하게 가르치고 있습니다. 정말로, 그 사실은 성경 모든 페이지에서 볼 수 있습니다.

　나는 지금까지 율법이라는 간수에 대해서 말했습니다. 이제는 그의 죄수들을 살펴봅시다. "성경이 모든 사람을 죄 아래에 가두었으니"(개역개정은 "모든 것을"— 역주). 모든 사람이라. 그러면 이방인도 포함됩니까? 그렇습니다. 에베소서 1장부터 로마서에 이르기까지 성경 말씀이 그 사실을 가르칩니다. 이방인들이 기록된 하나님의 율법을 가지고 있지 않지만, 그들의 양심에 율법의 기능이 충분히 있어서 그들이 잘못하면 그들을 고발합니다. 그래서 모든 이방인이 본성의 빛을 거슬러 죄를 지음으로써 하나님의 율법을 범해 왔습니다. 이 율법의 소리를 들어왔던 우리에게는, 본문에 나오는 이 "모든 사람"이라는 말이 매우 단호합니다. 그러나 여러분은 자신이 그동안 아주 도덕적으로 살아왔다고 말합니다. 그렇습니다. 그렇지만 여러분은 죄 아래 갇혀 있습니다. 겉으로 볼 때는 여러분이 지금까지 도덕적으로 살아온 것 같지만, 여러분이 악을 생각해 본 적이 없고, 한 번도 잘못된 상상에 빠져본 적이 없으며, 경솔한 말을 한 번도 해본 적이 없고, 행동으로 죄를 범한 적이 없다는 말을 결코 하지 못할 것입니다. 확실히 여러분은 하나님을 마음을 다하고 성품을 다하고 힘을 다하여 사랑하였다고 말하지 못할 것이며, 이웃을 항상 자기 몸처럼 사랑했다고 하지 못할 것입니다. 친구 여러분, 여러분은 자화자찬이라는 거울로 자신을 볼 때 아주 아름답게 보입니까? 여러분이 하나님이 보듯이 자신을 볼 수 있다면, 자신이 머리부터 발끝까지 나병에 걸려 있고, 여러분은 인식하지 못할지라도 자신의 죄가 많고 역겹다는 것을 발견하게 될 것입니다. 이것은 계율을 외적으로 지키는 것을 의지하는 사람들 가운데 가장 종교적인 사람들에게 해당되는 말입니다. 그들은 어렸을 때부터 매일 밤과 아침마다 기도해 왔습니다. 그들은 예배를 위한 집회에 빠진 적이 없습니다. 그들은 세례를 받았고, 성찬과 그 같은 예식에 참석해 왔습니다. 아, 그러나 여러분, 율법은 이런 것을 중요하게 보지 않습니다. 여러분이 그동안 십계명을 완전하게 지키지 않았다면, 율법은 그런 종교 의식들을 결코 보상으로 받아들이지 않습니다. 하나님은 그의 피조물들에게 하나님의 법을 흠 없이 완전하게 순종할 것을 요구합니다. 그래서 부작위나 작위의 죄는 이미 앞에서 인용한 "누구든지 율법 책에 기록된 대로 온갖 일을 항상 행하지 아니하는 자는 저주 아래 있는 자라"는 두려운 판결을 가져올 것입니다. 신앙인이든 종교가 없는 사람이든 간에, 율법은 범죄한 모든 사람을 같은 감옥에 가둡니다.

이제는 감옥 자체를 잠시 살펴봅시다. 이 감옥은 우리가 어떤 노력으로도 피할 수 없는 곳입니다. 형제 여러분, 우리는 "두 번 다시 죄짓지 않을 것이라"고 말할지라도, 죄를 지을 것입니다. 우리가 다시는 죄를 짓지 않는다고 할지라도 과거의 죄에 대해서는 속죄하지 못할 것입니다. 우리가 이 시간부터는 죄를 속하기 위해 신체적 고행과 마음의 슬픔을 겪겠다고 결심했다고 생각해 봅시다. 그래도 소용없는 일일 것입니다. 율법은 회개에 대해 일절 이야기하지 않기 때문입니다. 사람이 율법을 어겼으면, 그에 대해 처벌받아야 합니다. 율법 아래에서는 회개의 여지가 전혀 없습니다. 하나님의 은혜를 떠나서는, 율법의 감옥에 갇힌 우리의 확실한 결과는 감옥에서 끌려나와 처형당하고, 하나님의 진노에 영원히 멸망당하는 것입니다. 이렇게 본문에는 감옥이 있고, 간수가 있으며, 죄수들이 있습니다.

2. 우리가 절망적인 멸망을 예상하면서 이런 식으로 갇혀 있지 않다는 것을 아는 것은 큰 행복입니다.

그러나 하나님의 은혜가 우리에게 임하도록 하기 위해서는 영광스런 죄수 석방에 대해 이야기하지 않으면 안 됩니다. 내가 말하려고 하는 죄수 석방은 이 감옥에 갇혀 있는 사람들에 대한 것이 분명합니다. "성경이 모든 것을 죄 아래 가두었으니 이는 예수 그리스도를 믿음으로 말미암은 약속을 믿는 자들에게 주려 함이니라." 그리스도께서 이 세상에 오신 것은, 율법을 어긴 사람들, 율법의 저주를 받는 사람들, 예수께서 길을 열어 주시지 않는 한, 그 저주에서 피할 방도가 아무것도 없는 사람들을 구원하기 위해서입니다. 예수님은 의로운 사람들을 구원하기 위해서 오시지 않았습니다. 여러분 가운데 자신이 율법의 감옥에 갇혀 있다고 믿지 않을 사람이 있다면, 그에게 전할 복음은 없습니다. 의사를 병들지 않은 사람에게 보내야 할 이유가 있겠습니까? 가난하지 않은 사람에게 의연금(義捐金)을 줄 이유가 있겠습니까? 여러분이 행위로 자신을 구원할 수 있다면, 가서 그렇게 하십시오, 어리석은 여러분. 여러분은 차라리 태평양 물을 마셔서 없애버리기를 바라는 것이 낫습니다. 여러분이 자기 구원을 믿는다면, 여러분의 힘이 다 소진되기 전까지 나는 여러분에게 어떤 유익도 끼칠 수 없습니다. 병들고 약하며 곧 죽을 것 같을 때, 그때서야 비로소 여러분은 그리스도의 값없는 구원을 기꺼이 받아들일 것입니다. 그리스도께서 경건치 않은 자를 구원하러 오셨다는 것을 기억하십시오. 죄 지은 자만이 자비를 받을 수가 있습니다.

주 예수 그리스도께서는 자기를 믿는 모든 사람들에게 율법의 속박으로부터 완전한 구원을 주시기 위해 오셨습니다. 예수님을 믿는 자는 용서받습니다. 믿는 바로 그 순간, 그의 모든 죄는 지워지고, 그는 하나님 보시기에 의로운 사람이 됩니다. "우리가 믿음으로 의롭다 하심을 얻었은즉 우리 주 예수 그리스도로 말미암아 하나님으로 더불어 화평을 누리자"(롬 5:1). 믿었으면, 그는 즉시 하나님의 자녀, 지극히 높으신 이의 아들이 됩니다. 하나님은 자기 자녀를 결코 버리시지 않고 사랑하신 자들을 거절하시지 않기 때문에, 그 사람은 그때 그 자리에서 구원받았고, 영원히 구원받습니다. 그는 전에 종이었고, 그래서 매를 맞을 자였고, 실제로 매를 맞았지만, 이제는 자녀이므로 더 이상 율법 아래 있지 않고 은혜 아래 있습니다. 이제 그를 지도하는 원칙은 "이를 행하라 그러면 살리라"(눅 10:28)는 것이 아니라, "내가 구원을 받았으니, 이제는 내 하나님을 기쁘게 섬긴다"는 것입니다. 이제 그는 삯을 바라고 일하지 않고, 공로에 의해 보상을 얻으려고 생각하지도 않습니다. 그는 구원받은 사람입니다. 그래서 필요한 모든 것을 가졌습니다. 그리스도가 그의 것이고, 그리스도께서 모든 것이기 때문입니다. 이제, 그의 가슴속에는 자기 구원의 원칙보다 더 고귀한 원칙이 불타오릅니다. 그는 하나님을 사랑하므로, 더 이상 이기적이지 않습니다.

이 죄수 석방이 약속에 의해 사람들에게 임한다는 점을 살펴봅시다. 이 죄수 석방은 약속에 따른 구원입니다. 자, 누구든지 성경의 구원 계획에 따라 구원을 받는다고 하더라도, 그것은 그가 행한 어떤 일의 결과가 아닙니다. 그는 결코 구원을 받을 자격이 없었습니다. 구원은 하나님과 그 사람 사이의 거래의 결과가 아닙니다. 그것이 아닙니다. 주님께서는 아무 대가도 바라지 않고 이렇게 말씀하십니다. "내가 네 죄를 없애버리겠다. 내가 너를 받아들이겠다. 내가 네 기도를 듣겠다. 내가 너를 구원하겠다." 주님께서 주권적인 선한 의지와 기쁨을 가지고 그렇게 하기로 정하셨기 때문에 그렇게 하시는 것입니다. "내가 긍휼히 여길 자를 긍휼히 여기고 불쌍히 여길 자를 불쌍히 여기리라"(롬 9:15). "그런즉 원하는 자로 말미암음도 아니요 달음박질하는 자로 말미암음도 아니요 오직 긍휼히 여기시는 하나님으로 말미암음이니라"(9:16).

　　이 약속은 행위에 주신 것이 아니라 오직 믿음에 주셨습니다. 그것은 "예수 그리스도를 믿음으로 말미암는 약속"입니다. 하나님이 어떤 정도의 거룩함이나 어떤 정도의 감정에 대해 약속을 하셨다면, 우리는 절망했을지도 모릅니다. 그러나 그 약속은 믿음에 대한 것입니다. 여러분이 믿는다면 구원을 받습니다. 불쌍한 창녀여, 당신이 믿는다면 구원을 받습니다. 도둑인 당신, 살인자인 당신, 비열하기 짝이 없는 당신, 여러분이 아무리 극단적인 악인일지라도, 예수 그리스도를 믿으면 죄를 용서받고, 하나님의 자녀가 됩니다. 그렇게 만드는 것은 여러분의 행실이 아니라 여러분의 믿음이고, 여러분의 신뢰, 곧 여러분이 그리스도를 의지하는 것입니다. 기도나 눈물, 설교, 듣는 것이 아닙니다. 여러분이 달리 할 수 있는 어떤 일이나, 다른 어떤 인물이 될 수 있는 것, 혹은 달리 느낄 수 있는 어떤 것이 아닙니다. 여러분은 자신을 영원히 버리고 하나님께서 속죄 제물이 되도록 보내신 분, 곧 십자가에 못 박힌 구속자를 전적으로 의지함으로써 구원을 받습니다.

　　본문에서 말하고 있는 믿음은 그리스도 예수를 믿는 믿음이라는 것에 주목하시기 바랍니다. 그 믿음이 여러분 자신에 대한 믿음이나 제사장에 대한 믿음, 혹은 성례에 대한 믿음, 교리들에 대한 믿음이 되어서는 안 됩니다. 그 약속은 그리스도 예수를 믿는 믿음에 주시는 것입니다. 말하자면 여러분은 하나님의 아들 그리스도께서 이 땅에 오셨고, 사람이 되셨으며, 여러분의 죄를 지고 나무에 달리셔서 여러분의 죄에 대해 마땅히 받아야 할 것을 십자가에서 친히 받으셨다는 것을 믿어야 합니다. 여러분은 자신을 전적으로 마음을 다하여 오직 주님께만 맡겨야 합니다. 그렇게 한다면, 그 약속이 그리스도 예수를 믿는 믿음에 주어지고, 여러분에게 실현되어서 여러분이 복을 받고 구원을 받을 것입니다.

　　그리스도 예수를 믿는 믿음에 대한 이 약속은 모든 신자들에게, 곧 강한 자뿐 아니라 약한 자에게도, 나이 든 자뿐 아니라 젊은 자들에게도 주어집니다. 사랑하는 친구 여러분, 여러분이 지금 예배를 드리는 동안에 예수님을 믿기만 했다면, 여러분은 마치 50년 동안 신앙생활을 해 온 것처럼 틀림없이 용서를 받았습니다. 여러분이 내가 마지막 말을 할 때에야 비로소 믿었을지라도, 여러분의 믿음이 여러분을 구원하였기 때문입니다. 평안히 가십시오. 믿음은 생사가 달린 문제입니다.

"하지만 믿음에는 행위가 따라야 한다"고 어떤 사람은 말합니다. 형제 여러분, 믿음에는 행위가 따를 것입니다. 참된 믿음치고 행위를 내놓지 않은 믿음은 없었습니다. 그러나 행위가 우리를 구원하지 못합니다. 오직 믿음만 사람을 구원합니다. 이 점에 대해서 사도 바울은 얼마나 강하게 주장하는지 모릅니다! 로마서와 갈라디아서를 주의 깊게 읽어보십시오. 그러면 여러분은 이 두 서신서가, 19세기에 나스미스(James Nasmyth)가 발명한 증기 해머처럼 행위로 말미암는 구원에 대한 모든 개념을 두들겨 산산조각 내는 것을 볼 것입니다. "행위에서 난 것이 아니니 이는 누구든지 자랑하지 못하게 함이라"(엡 2:9)고 사도가 말하는데, 이 진술만큼 설득력 있는 추론이 없고, 이 말씀만큼 분명한 표현이 없습니다. 사도는 이 말씀을 다시 한 번 이야기합니다. "만일 은혜로 된 것이면 행위로 말미암지 않음이니 그렇지 않으면 은혜가 은혜 되지 못하느니라"(롬 11:6). 그래서 우리는 이와 같이 결론을 내립니다. 즉 우리가 불쌍한 죄인으로 구원받는 것은 행위나 형식, 의식(儀式)들, 혹은 우리의 행하는 어떤 것에 의해서가 아니라 그리스도 예수를 믿는 믿음으로 말미암아, 하나님의 주권적 은혜로 된다는 것입니다.

자, 구원의 계획이 있습니다. 나는 그 계획을 여러분에게 말씀드리고, 많은 사람이 그 구원의 계획을 받아들이게 해 달라고 예수 그리스도께 기도합니다. 그것은 사람의 견해의 문제가 아니라 하나님의 정하신 법이기 때문입니다. 나는 지금 어떤 종파의 교리를 주장하고 있는 것이 아닙니다. 나는 지금 하나님의 참된 진리를 전하고 있습니다. 예수 그리스도로 말미암는 것 말고 다른 어떤 구원의 길이 있다면, 나는 지금 여러분 가운데 거짓 선지자로 있는 것이고, 이 성경도 잘못된 것입니다. 그러나 예수님 안에 신자들에 대한 구원이 있다면, 나는 구원받은 사람이고, 예수님을 믿는 여러분 모두도 실제로 영원히 구원받은 것입니다.

본문에 대해서는 이 만큼 말했으니, 이제 주제 전체에 대해서 한두 마디 하려고 합니다. 이 구원의 계획에 대해 사람들이 끊임없이 반론을 제기합니다. 구원에 대한 세상의 계획은 "행하라"는 것입니다. 구원에 대한 성경의 계획은 "구원이 다 이루어졌으니, 값없는 선물로 구원을 받아들이라"는 것입니다. 복음이 말하는 구원의 길은 이것입니다. 그리스도께서 자기 백성을 구원하셨으니, 그리스도를 의지하는 사람은 다 그의 백성이요 구원받았다는 것입니다. 잠깐만 한 번 이것을 생각해 봅시다. 우리가 지금까지 여러분에게 전한 이 구원의 방식이 온갖 사람들의 모든 조건에 적합할 유일한 길이지 않습니까? 여러분이 훌륭한 성향과 칭찬할 만한 습관을 지닌 사람일 수 있습니다. 우리가 전하는 이 구원이, 스스로를 훌륭하다고 생각하는 바로 여러분과 같은 사람에게 적합한 것이었다면, 이 구원이 다른 많은 사람들에게는 매우 불리한 것이 되지 않겠습니까? 여러분이 볼 때, 도덕적 성품에서 여러분보다 훨씬 못한 사람들이 많이 살고 있지 않습니까? 여러분은 주위에 외적인 생활이 완전히 엉망인 사람들이 있는 것을 압니다. 그들 가운데 어떤 사람들은 타락한 상태를 잘 알고, 거기에서 빠져 나오고 싶어하는 사람들이 있습니다. 그런데 여러분은 그런 사람들이 계속해서 절망 가운데 있게 버려 두려고 하십니까? 의로운 사람들에게 적합한 구원의 길, 그것은 그들에게 맞지 않을 것입니다. 그런 사람들은 그냥 무시해 버려야 하겠습니까? 여러분은 구원을 마치 공무원 시험을 치르듯이 시험을 치르고, 여러분처럼 훌륭한 사람만 합격시키도록 하겠습니까? 여러분 수준에 미달하는 사람들은 다 멸망해야 하겠습니까? 나는 지금 여러분에게 유리한 입장에서 말하고 있는 것입니다. 나는 여러분이 다른 사람들을 매우 사랑하기 때문에 이렇게 말할 것이라고 확신합니다. "아니요, 구원의 계획은 지극히 악한 사람들이라도 구원할 만한 것이 되어야 합니다." 그렇게 말한다면, 여러분에게 묻습니다. 하나님께서 지극히 큰 죄인들이라도 하나님께로 돌이키고, 그들이 하나님의 사랑하시는 아들을 믿는다면, 그리스도를 인해서 값없이 그들을 용서하신다는 이 한 가지 길 외에 다른 무슨 계획이 있을 수 있겠습니까? 우리가 지금 전하는 복음은 지극히 낮은 심연에까지 이르고, 가장 먼 데까지 가서 구원하는 복음입니다.

　또 한 가지 주장을 이야기하겠습니다. 내가 지금까지 설교한 것 말고 다른 어떤 구원이 모든 사람에게 적합하겠습니까? 훌륭한 여러분, 어쨌든 다른 어떤 구원이 여러분에게 적합하겠습니까? 나는 인정합니다. 여러분의 뛰어난 점들을 인정합니다. 나는 모든 사람이 방탕하고 타락하기보다는 여러분과 같이 훌륭한 사람이었으면 좋겠습니다. 그러나 여러분, 정말로 여러분은 방에서 평안하게 앉아 있을 수 있습니까? 어떤 신중한 사람이 여러분의 인격을 저울에 달 때, 여러분이 인격이 아주 완벽하므로 완전한 평안 가운데 죽을 수 있고 여러분의 창조주 앞에 두려움 없이 설 수 있다고 말할 수 있겠습니까? 분명 그렇게 말하지 못할 것입니다. 매우 도덕적으로 생활한 어떤 사람들이 죽음의 문턱에 이를 때까

지, 내세를 생각하고 깊이 뉘우치며 자신을 혐오할 때까지 한 번도 자신이 죄인
이라는 것을 생각하지 못했다는 것은 아주 놀랄 만한 일입니다. 나는 어떤 사람
들이 물에 빠져서 곧 죽게 된 순간에, 자기 일생의 파노라마가 눈앞에 펼쳐지는
것을 보았고, 전에는 한 번도 보지 못한, 이전에 아주 탁월하게 생각했던 것의 악
한 면을 보게 되었다는 말을 들었습니다. 그 일이 있은 후에 그들은 이렇게 말했
습니다. "나는 예수님의 공로로 구원받은 것이 틀림없습니다. 나는 내 자신의 힘
으로는 구원받을 수 없습니다." 친구 여러분, 여러분이 어떤 사람이든 간에 나는
여러분을 지금 비방하려는 것이 아닙니다. 나는 여러분 자신에 대한 여러분의
평가를 믿기 전에 하나님의 말씀을 믿지 않을 수 없습니다. 하나님의 말씀이, 여
러분이 범죄하였고 그래서 정죄받았다고 선언하였으므로, 나는 다른 모든 사람
들과 마찬가지로 여러분에 대해서도, 하나님의 아들 예수 그리스도로 말미암아
하나님의 값없는 자비로 받는 구원 외에는 달리 얻을 수 있는 구원의 계획이 없
다고 확신합니다.

　　예수 그리스도를 믿는 믿음으로 말미암는 구원의 계획의 아름다운 점 몇 가
지를 살펴봅시다. 이 구원은 사람들이 죄에 대해 저급하게 생각하지 않도록 지
켜줍니다. 어떤 사람이 "내가 하나님의 법을 완전하게 지키지는 못했다. 그러나
나는 그동안 훌륭하게 생활해 왔고, 내가 지은 실수들은 거의 죄라고 할 수 없
다. 하나님은 자비하시기 때문에 그런 나의 실수들을 깨끗이 지워 버리실 것이
다" 하고 말한다면, 그는 자기 구원을 믿는 신자임이 분명하기 때문입니다. 그런
주장은 언제나 죄에 대한 편협한 생각과 연관되어 있습니다. 사람은 자기가 죄
를 지었다는 것을 알지만, 그 잘못을 대수롭지 않게 생각합니다. 그래서 죄가 너
무나 큰 악이어서 사람들이 죄 때문에 지옥에 던져지지 않을 수 없다는 것을 믿
지 못합니다. 그는 죄가 크고 무서운 악이라는 것을 모르고, 또 그 사실을 인정
하려고 하지 않기 때문에, 정죄의 교리에 대항하고 그냥 믿지 않으려고 합니다.
자기 구원에 대한 생각이 있는 한, 죄를 가볍게 생각합니다. 그러나 성육신하신
하나님께서 친히 사람들을 위하여 나무에 달리고 피 흘려 죽지 않고서는 죄를
없앨 수 없다는 것을 알 때에야 비로소 우리는 죄의 본색을 알고, 죄를 치명적인
것으로 알고 싫어하며, 사죄받는 것을 기뻐하면서, 또한 그런 속죄 제사를 요구
한 죄를 혐오하게 됩니다.

　　은혜로 말미암는 구원의 계획은 사람들이 하나님을 고귀하게 생각하게 만

드는 아름다운 점이 있습니다. 다른 사상 체계에서는 사람들이 하나님을 생각할 때 자신들과 아주 흡사한 존재로 봅니다. 로마 가톨릭 교회의 신관(神觀)을 봅시다. 로마 교회의 하나님은 촛불들을 좋아하고 향을 기뻐합니다. 그 하나님은 과시를 좋아하고, 겉만 번드르르한 허울과 화려한 의복들, 성장을 시킨 인형들, 제단에 놓인 꽃들을 좋아하는 신입니다. 나는 그런 신을 어떤 하나님이라고 불러야 할지 모르겠습니다. 아무튼 그것이 하나님에 대한 로마 가톨릭 교인들의 개념입니다. 그들은 스스로를 구원하려고 하고, 하나님을 자기들 수준으로 끌어내립니다. 자기 스스로를 구원하는 사람은 누구든지, 비록 그가 개신교도일지라도 하나님을 어떤 식으로든지 낮추는 것입니다. 그는 하나님께서 완전에 미치지 못하는 것을 받아들이실 것이라고 상상합니다. 사람마다 각기 다른 표준을 갖고 있습니다. 옛날 군자라고 하는 사람의 표준은, 자기가 케케묵은 찌꺼기로 사설 구빈원을 여러 채 지으면 지극히 높으신 하나님을 만족시키리라고 생각하는 것입니다. 또 다른 사람은 이렇게 말합니다. "나는 주일에는 절대로 가게 문을 열지 않는다." 어쩌면 그는 주일에 쉰 것을 벌충하기 위해 월요일에 물건을 속여서 팔고, 그것이 하나님을 위하는 일이라고 생각할지 모릅니다. 은밀히 악한 생활을 하는 어떤 사람은 은혜의 교리를 믿으며, 그렇게 하는 것이 하나님을 만족시킬 것이라고 생각할지 모릅니다. 그러나 하나님의 은혜로 구원받은 사람은 이렇게 말합니다. "나의 하나님은 지극히 의로우시다. 완전한 의가 아니고서는 어떤 것도 하나님을 만족시키지 못할 것이다. 도덕적 입법자로서 하나님은 죄인을 대신하여 서신 분에게 형벌을 다 쏟기 전까지는 죄를 치우시지 않을 것이다. 하나님은 사랑이 무한하셔서 자기 아들을 주셨고, 하나님은 지극히 의로우셔서 나를 대신하여 자기 아들을 죽이셨다." 믿음으로 구원받는 사람은 하나님의 모든 속성이 찬란하게 빛나는 것을 보고, 경배하고 찬송하지 않을 수 없습니다.

　사랑하는 여러분, 은혜로 말미암는 구원의 길이야말로 온 세상에 거룩함을 증진시키는 최선의 방법입니다. 저기 앉아 있는 신사분은 말합니다. "오늘 아침 태버내클 교회당에 스펄전 목사의 설교를 들으러 갔는데, 그 목사는 선한 행실로 말미암는 구원을 목 터져라 반대하고 있었어. 물론, 그런 설교에는 최악의 결과들이 올 거요." 아, 그것은 처음부터 멍청한 사람들이 해 온 이야기였습니다. 은혜로 말미암는 구원은, 선행으로 말미암는 구원의 교훈이 지금까지 해 온 것보다 훨씬 더 많이 선한 행실을 장려합니다. 그 이유를 말씀드리겠습니다. 한 바리새인의 잔칫집에서 누가 그리스도를 가장 사랑하였습니까? 율법을 지킨 바리새인 시몬이었습니까? 아, 아닙니다. 그는 자기 행위로 구원받으려고 한 사람입니다. 그리스도께서는 그에게 말씀하셨습니다. "너는 내게 발 씻을 물도 주지 아니하였고 너는 내게 입맞추지 아니하였도다." 시몬은 주님을 사랑하지 않았습니다. 그가 무슨 일을 한 것은, 자기가 그 일을 해야 하고, 하지 않으면 안 된다고 생각하였기 때문입니다. 그런데 죄인이고, 많이 용서를 받은 불쌍한 여자가 있었습니다. 눈물로 주님의 발을 적시고, 머리카락으로 주님의 발을 씻은 사람은 바로 그 여자였습니다. 시몬은 스스로를 의롭게 여기는 사람들이 어떻게 주님을 사랑하는지 보여줍니다. 그들은 주님의 발을 씻기는커녕 주님께 입 맞추지도 않습니다. 은혜로 말미암아 구원받는 사람들은 예수님을 사랑하고, 그러므로 주님의 발에 입을 맞추며 눈물로 발을 씻기며, 주님을 위해 기꺼이 목숨이라도 내놓으려고 합니다. 율법! 율법에는 거룩하게 하는 능력이 없습니다. 율법은 우리 영이 반역하게 만들지만, 사랑은 마법 같은 힘을 가지고 있습니다. 하나님이 나를 용서하셨습니까? 그리스도께서 나를 위해 죽으셨습니까? 나는 하나님의 자녀입니까? 하나님이 나를 용서하신 것이, 내가 행한 어떤 일 때문이 아니라, 범죄한 나의 불쌍한 영혼을 사랑하여서 그렇게 하신 것입니까? 하나님이여, 내가 하나님을 사랑합니다. 주님은 내가 무엇을 하기를 바라시나이까? 저기 선행을 행하려고 하는 사람은 확실히 그렇게 말합니다. 그는 자기가 하나님에게서 무슨 공로를 얻을 수 있다는 일체의 생각을 아주 끔찍이 싫어하여 발로 밟습니다. 그는 살아 있는 한, 자신을 보혈로써 구속해 주신 사랑하는 주님의 영광을 위하여 기꺼이 자신을 바치려고 하는 사람입니다.

내게 구속력 있는 원칙으로 작용하는 것은 율법이 아니라 복음입니다. 율법은 마치 나를 단순 고용인처럼 다룹니다. 고용인은 사랑에서 나오는 열심을 가지고 섬길 수 없습니다. 임금을 두 배로 주는 더 좋은 곳이 있으면, 자연히 그 종은 여러분의 집을 떠납니다. 그러나 여러분의 자녀는 그렇게 하지 않을 것입니다. 여러분은 자녀에게 임금을 주지 않습니다. 여러분은 약정서나 협약서로 자녀를 묶지 않습니다. 자녀는 여러분을 사랑합니다. 여러분의 사랑을 느끼고서 자녀는 여러분에게 온순하게 순종합니다. 그래서 자녀가 하는 일이 여러분에게는 배나 즐거운 것이 됩니다. 선교사와 순교자들은, 율법이 그들에게서 억지로 끌어낼 수 없었을 일을 사랑 때문에 행하고 견디었습니다. 그렇습니다. 은혜로 말미암는 구원의 교리는 사람들에게 사랑하라고 가르침으로써 그들을 변화시키고, 새로운 피조물로 만듭니다. 나는 이것을 수도 없이 보아왔습니다. 여기에도 그런 분들이 있지만, 그들에 대해서 말하지 않고, 그분들과 비슷한 경우들에 대해서 말하겠습니다.

　그들은 예배당에 다녔습니다. 그들은 의무에 관한 설교를 들었고, 성경을 읽었으며, 성경이 그들이 힘써 행해야 할 것에 관해 모든 것을 가르쳐 준다고 생각했습니다. 그러나 그러면서도 그들은 마음의 순종이나 그리스도에 대한 사랑, 하나님 안에서의 기쁨을 느끼지 못하였습니다. 그런데 바로 그 사람들이 복음을 들었고, 자기가 해야 할 것이 아무것도 없다는 것을 깨달았습니다. 예수 그리스도께서 그 모든 것을 행하셨습니다. 그의 죽으심으로 죄를 없애셨고, 의를 이루셨습니다. 그들은 하나님께서 주시는 것을 단지 받았을 뿐이고, 예수님을 믿고 구원을 받았으며, 그 순간부터 차이가 뚜렷하게 나타났습니다. 그들은 소리쳤습니다. "내가 전에는 하나님의 사랑을 느끼지 못했는데 이제는 느낍니다. 나는 하나님께서 나를 위해 하신 일을 인해서 온 마음으로 하나님을 사랑합니다." 여러분은 그 사람들이 이렇게 말하는 것을 듣습니다. "나는 한때 의무감으로 교회에 다녔는데, 거의 교회를 떠나 있었던 것이나 다름없었습니다. 교회 다니는 것이 전혀 즐겁지 않았기 때문입니다. 그러나 이제는 교회 가는 것을 특권으로 생각하고 즐겁게 여기며, 온 마음으로 하나님을 찬송합니다. 하나님께서 나를 위해 그토록 많은 일을 행하셨기 때문입니다." 그들은 자신들이 착하게 살며 악을 버리고 덕을 실천하겠다고 결심했지만, 예수님을 믿기 전에는 결코 그렇게 살지 못했다고 말할 것입니다. 그들이 예수님을 믿었을 때, 하나님을 사랑하는 일이 쉬워졌고, 죄를 미워하게 되었으며, 성령의 능력으로 그리스도 예수 안에서 새로운 피조물이 되었습니다. 이 모든 일의 핵심이 여기 있습니다. 여러분이 죄책(罪責)에서 벗어나고자 원한다면, 예수님을 믿어야 합니다. 여러분이 죄의 쇠사슬에서, 곧 여러분 열정의 폭군에게서, 여러분 욕망의 지배에서 벗어나고자 한다면, 마찬가지로 예수님을 믿어야 합니다. 예수님의 옆구리에서 피뿐 아니라 물도 흘러나오기 때문입니다. 즉 여러분의 범죄 행위를 제거하는 피뿐 아니라 죄로 향하는 여러분의 경향을 제거하는 물이 또한 흘러서, 이후부터는 여러분이 죄를 섬기지 않고 더 이상 죄 가운데 거하지도 않을 것이기 때문입니다. 그 모든 것은 창에 찔린 예수님의 심장에 있고, 골고다의 피투성이가 된 십자가에서 솟아나는 진홍빛 샘에 있습니다. 예수님을 바라보십시오. 그러면 여러분은 구원을 받을 것입니다. 그 모든 것이 바로 이 말씀에 들어 있습니다.

"십자가에 못 박히신 분을 보는 것에 생명이 있다."

여러분 가운데 어떤 분들에게는 내가 두 번 다시 이 복음을 전할 기회가 없을 수도 있습니다. 이번이 복음을 처음이자 마지막으로 들은 것이 될 수도 있습니다. 여러분, 이 복음을 받아들이십시오. 성령께서 여러분을 강권하여 복음을 받아들이게 해주시기를 바랍니다. 여러분이 이 복음을 받아들인다면 우리는 천국에서 만날 것입니다. 그러나 이 복음을 거절하면, 여러분은 성난 홍수 속에서 자신을 살릴 수 있는 유일한 구명띠를 놓치는 사람과 같습니다. 여러분은 하늘 아래서 여러분의 영혼을 치료할 수 있는 유일한 약을 치워 버리는 것입니다. 내가 지금 여러분 앞에 이 세상에서 유일한 복음을 여러분에게 제시하고 있기 때문입니다. 누구든지 이와 다른 복음을 전한다면, 그는 저주를 받아야 합니다. 결코 용납할 수 없습니다! 내 주님처럼 나는 기꺼이 그런 복음을 결코 용납하지 않을 것입니다. 주님은 내게 이렇게 말하라고 명령하셨습니다. "믿고 세례를 받는 사람은 구원을 얻을 것이요 믿지 않는 사람은 정죄를 받으리라"(막 16:16). "하지만 내가 다른 어떤 길로 구원받을 수 있습니까?" 아니요, 받을 수 없습니다. "목사님이 지금까지 설교한 이 복음을 거절하고도 무사할 수 있습니까?" 그럴 수 없습니다. 그것은 목숨이 위험한 일입니다. 하나님 앞에서 그 사실을 아주 분명하게 말씀드리겠습니다. 여러분은 예수님을 믿어야 합니다. 예수님을 거절하면, 그 책임은 여러분에게 돌아갈 것입니다. 이 외에 다른 구원의 길은 없기 때문입니다. 주님께서 여러분이 이 복음을 받아들이도록 해주시기를 구합니다. 예수님의 이름으로 기도합니다. 아멘.

제
7
장

—

엄한 교사

—

"이같이 율법이 우리를 그리스도께로 인도하는 초등교사가
되어 우리로 하여금 믿음으로 말미암아 의롭다 함을 얻게
하려 함이라 믿음이 온 후로는 우리가 초등교사 아래에 있
지 아니하도다." — 갈 3:24-25

유대인의 십계명도, 의식법도 사람을 구원하기 위해 주신 것이 아니었습니다. 영혼의 구속을 이루는 것이 의식법 자체의 목적이 아니었습니다. 일종의 그림인 의식법은 구원의 길을 보여주지만, 의식법이 곧 그 길은 아니었습니다. 의식법은 지도이지 땅이 아니었고, 길의 모형이었지 길 자체는 아니었습니다. 황소와 염소의 피, 어린 암소의 재가 정말로 죄를 없앨 수 없었습니다. 이런 제사와 제물은 때가 되면 참 제사장이 드릴 위대한 제사를 예표하는 것에 지나지 않았습니다. 잡아 죽인 희생물이나 예배자들이 지키는 예식에 본래 어떤 덕이 있는 것이 아니었습니다. 이 신성한 의식들은 때가 차면 우리 주 예수 그리스도께서 드릴 참된 제사를 사람들의 마음에 생생하게 그려주기 위한 것이었습니다. 그것뿐이고 그 이상은 아무것도 할 수 없었습니다. 왕의 초상화는 왕 자신이 아니고, 향연(饗宴)을 묘사한 판화가 잔치 자체가 아닙니다. 그와 같이 옛적의 중대한 의식법은 장차 올 좋은 것의 그림자이지, 영적인 복의 실체를 담은 것이 아니었습니다. 시내 산에서 선포된 십계명이라는 도덕법은, 죄인들이 그로 말미암아 구원받게 할 목적으로 주신 것이 결코 아니었습니다. 이 법을 하나님께서 공

표하셨을 때, 하나님은 이 법을 받은 사람 하나하나가 이미 그 법을 어겼고, 따라서 그 법의 교훈을 지킬 수 없으며 그 법의 요구 사항을 이행함으로써 의롭다함을 주장할 수 없다는 것을 아셨습니다. 하나님께서는 율법을 구원의 길로서 주려고 하시지 않았습니다. 수백 년 전에 하나님께서는 그의 종 아브라함에게 은혜 언약과 믿음의 길을 계시하셨습니다. 따라서 율법을 주신 것은 이 옛 언약을 무효화시키기 위한 것이 아니었습니다. 율법을 구주로 보는 것은 시온 산의 자리에 시내 산을 놓는 것이고, 율법을 오용하고 남용하는 것입니다. 이제 곧 여러분에게 설명하겠지만, 율법은 전혀 다른 목적으로 주신 것입니다. 율법은 그리스도께서 오시기 전까지 우리의 교사로 보내신 것입니다. 곧 성년에 이를 때까지 보호를 받아야 할 필요가 있는 미성년 시기의 세상의 교사로 보내신 것입니다. 그리스도가 여인에게서 나시고, 그를 믿는 믿음으로 말미암는 구원의 교리가 온전히 전파되고 알려질 때에야 비로소 세상이 성년에 이를 것입니다.

이제 먼저 율법의 직무에 대해 설명하고, 두 번째로는 그 직무의 목적, 곧 "우리를 그리스도께로 인도하는" 것에 대해 설명하고, 세 번째로는 그 직무의 종료, 곧 "믿음이 온 후로는 우리가 초등교사 아래에 있지 않다"는 것에 대해 말하겠습니다.

1. 먼저 율법의 직무에 대해서 살펴봅시다.

율법의 직무는 초등 교사가 되는 것입니다. 이 비유를 설명하도록 해보겠습니다. 오늘날 초등교사는 바울이 의도한 인물과는 전혀 다릅니다. 바울은 교사에 대해서 이야기하는데, 좀처럼 보기 힘들지만 오늘날 사람들 가운데서 볼 수 있다고 한다면, 공무원 같은 사람입니다. 이는 학교에서 실제로 선생으로서 직무를 맡아서 학교에서 가르치는 사람이 아니었습니다. 일반적으로는 노예인데, 남자 아이들을 학교에 데려가고, 아이들을 돌보고 학교에서나 학교 밖에서나 항상 그들의 감독자로 일하게 되어 있는 사람이었습니다. 교사는 보통 남자 아이들을 훈련하는 일에 고용되었습니다. 그리스와 로마 귀족들이 가족의 노예 가운데 신뢰할 만한 노예를 택해 그들의 자제들을 감독하고 보호하도록 하는 것은 아주 흔하고 관습적인 일이었습니다. 그 남자 아이들은 전적으로 이 노예의 감독 하에 있었고, 이렇게 해서 그들의 정신이 훈육을 받고 그들의 활달한 성품을 자제하도록 하였습니다. 대체로, 이 교사들은 매우 엄하였습니다. 그들은 말을 함부로 하지는 않았지만 매를 거침없이 사용하였습니다. 그래서 이 아이들의 상태가 때로는 노예보다 나을 것이 없었습니다. 그래서 (아이들의 유익을 위한 일이었겠지만) 아이들은 늘 두려움 가운데 지냈습니다. 아이들의 오락을 제한하였고, 심지어는 그들의 걸음걸이조차 이 엄한 교사의 감독을 받았습니다. 그들은 모든 점에서 엄격하게 제재를 받았고, 이같이 하여 생존의 전투를 위하여 훈련을 받았습니다. 여자아이들에게도 엄한 모습의 나이 든 여자가 고용되었는데, 여자 아이들이 장난치지 못하게 하고, 깔깔대거나 소녀다운 기쁨 같은 것을 표현하지 못하게 하는 일을 맡았습니다. 어린 사람들에게는 엄격한 훈련을 받고 청소년 시절에 속박을 받는 것이 필요한 일로 간주되었습니다. 그래서 그들은 모두, 교사가 어떤 사람이든지 간에, 동정심이라곤 전혀 없고 형벌로 무장한 교사 아래 있게 되었습니다.

"초등 교사"라는 말에는 바울의 이 생각이 들어 있는데, 그는 이 단어를 써서 율법이 그리스도께서 오시기까지 우리의 교사, 감시인, 관리인, 지배자, 가정교사, 총독이었다고 말합니다.

자, 그러면 교사로서 율법의 하는 일은 무엇입니까? 첫째로, 율법의 하는 일은 우리에게 하나님께 대한 의무들을 가르치는 것입니다. 우리가 이제까지 율법이 그런 식으로 우리를 가르치는 것을 들어본 적이 있는지 스스로에게 물어봅시다. 형제 여러분, 십계명의 율법을 읽어보고, 그 각각의 교훈을 연구해 보십시오. 그러면 여러분은 열 마디의 짧은 그 명령에서 모든 도덕적 미덕들, 곧 하나님께 대한 여러분의 책임과 다른 사람들에 대한 여러분의 관계가 모두 망라되어 있는 것을 발견하게 될 것입니다. 십계명은 도덕들이 놀랍게 응축되어 있는 교훈입니다. 모든 공정한 법령과 규칙의 핵심이 거기에 있습니다. 거기에 완전함이 새겨있고 거룩함이 상세히 나타납니다. 이제까지 아무도 쓸데없는 군더더기를 만들지 않은 채 여기에 무엇을 보텔 수 없었고, 한 마디라도 빼면 심각한 생략이 되었습니다. 십계명은 하나님의 완전한 법으로, 우리가 마땅히 행해야 할 바를 정확하게 가르쳐 줍니다. 우리에게 조금이라도 부족한 것이 있다면, 그 정도만큼 우리는 하나님 앞에 죄가 있는 것입니다. 자, 율법이 사람의 양심에 오면, 사람에게 옳은 것에 대한 하나님의 표준을 계시합니다. 하나님의 표준을 사람 앞에 세워 보게 만들고, 그 계명들이 단지 행동과 행위만 관계하는 것이 아니라 그 행동과 행위들이 나오는 말과 생각에도 똑같이 관계한다는 것을 인식하게 만듭니다. 사람이 자기가 뱉은 무익한 모든 말에 대해 책임을 지게 될 것임을 알게 될 때, 그의 욕구와 상상도 모두 하나님께 면밀히 조사받으리라는 것을 다시 들을 때, 확실히 사람의 마음은 겸손하게 됩니다. 아무리 순수한 마음을 가진 사람이라도, 음욕을 품고 여자를 보는 사람은 누구든지 이미 마음으로 간음하였고, 그래서 흘긋 보는 눈길과 마음의 생각조차도 율법을 어기는 것이 된다는 것을 알 때, 참으로 깜짝 놀라게 됩니다. 하나님의 율법은 전 본성을 감시하며, 마음 구석구석에 숨어 있는 악을 드러냅니다. 단지 죄를 상상만 해도 죄 있다고 규정합니다. 우리가 죄에 대한 생각을 거부하고 그것을 실행에 옮기지 않을지라도, 그렇게 죄를 생각한 것 자체가 우리 마음에 얼룩을 남기고, 지극히 거룩하신 삼위 하나님 앞에서 우리를 불결한 자로 만듭니다. 이것이 율법의 첫 번째 행위들 가운데 하나입니다. 즉 율법이 우리에게 얼마나 흠 없는 정결을 요구하는지 보여주고, 또 유일하게 그 요구를 충족할 수 있는 비길 데 없는 완전함을 계시합니다. 율법이 요구하는 거룩함의 그 눈부신 빛을 한 번 본 사람은 그 빛을 떠올리기만 해도 몸을 떨고, 자신이 그 빛에 까마득하게 미치지 못한다는 것을 느끼고서 비탄에 잠겨 자신을 혐오하게 될 것입니다.

그 일을 하고 나서, 다음으로 율법은 우리에게 죄 많음을 보여줌으로써 초등교사로서 행동합니다. 우리는 본성적으로 자신을 매우 훌륭한 사람으로 생각하는 경향이 있습니다. 자신에 대한 생각이 아주 낮은 경우는 좀처럼 없고, 거의 대부분 자신을 높게 생각합니다. 그러나 엄한 교사가 조금 자신을 자랑하고 있는 남자 아이에게 "자, 이리 오세요. 내가 교만한 콧대를 좀 꺾어주어야 하겠습니다" 하고 말하곤 하였듯이, 율법은 우리의 콧대를 꺾습니다. 율법은 이렇게 말합니다. "이 교훈을 보라. 너는 이 교훈을 지키지 않았다. 그리고 네가 이 교훈을 잊어버린 것 같은데, 이 교훈을 생각해 봐라." 또 율법은 말합니다. "자, 네가 스스로 거룩하다고 말하는데, 네가 하나님을 마음과 뜻과 힘을 다하여 사랑했는가?" 그때, 이 엄한 교사의 절친한 친구인 양심이 "사실 나는 그런 일은 아무것도 하지 않았어" 하고 말하면, 죄에 대한 가책이 영혼을 찌르고, 마음에 슬픔이 가득 차게 됩니다. 여러분은 내게 이렇게 말할 것입니다. "이 말은 매우 불쾌합니다. 나는 죄인이라는 것을 느끼게 만듭니다." 아, 그렇지만, 반드시 필요한 말입니다. 그 외에 다른 어떤 방법으로도 그리스도께 갈 수가 없습니다. 그리스도께서 죄인들을 위하여 죽으셨습니다. 여러분이 죄인이 아니라면, 그리스도의 죽으심에 여러분이 무슨 관계가 있겠습니까? 여러분이 그리스도께서 여러분을 위하여 죽으셨다고 생각할 이유가 어디 있겠습니까? 여러분이 구원의 가치와 필요를 인식할 수 있으려면 먼저 여러분이 죄가 있다는 것을 확실히 알아야 합니다. 여러분 앞에 직선을 그어서 여러분의 선이 구불구불한 것을 보도록 하고, 여러분 앞에 순금을 내놓아서 여러분이 순금이라고 생각한 것이 전혀 가치 없는 찌꺼기라는 부끄러운 사실을 알도록 하는 것이 율법의 하는 일입니다. 여러분을 낮추고 겸손하게 만들며, 여러분이 참으로 죄인으로 살아왔다는 것을 느끼게 만드는 것이 이 교사의 역할입니다.

율법이 여기까지 우리의 교육을 시행한 다음에 하는 일은 우리의 모든 변명을 깨끗이 치워 버리는 것이고, 자신을 정당화하는 모든 변명에 대해 입을 다물게 만드는 것입니다. 여러분은 변명하지 않는 남자 아이를 본 적이 있습니까? 나는 본 적이 없습니다. 여자 아이도 본 적이 없는 것 같습니다. 사람은 누구나 아주 쉽게 변명합니다. 그러나 그 변명이라는 것들이 어설픕니다. 그러면 언제나 교사들은 아이의 쓸모없는 변명에 대해서 아이가 감히 자신의 보호자를 속이려 든 것에 대해 매를 몇 대 더 때렸습니다. 이것이 바로 율법이 우리를 대하는 방식입니다. 우리는 율법에 대해 말합니다. "우리가 마땅히 해야 하는 꼭 그대로 하지는 않았다. 그러나 순수한 인간 본성에 대해서 한 번 생각해 보라!" 아, 우리가 얼마나 자주 이런 변명을 하는지요. 그러나 율법은 이렇게 말합니다. "나는 인간 본성의 결함과 아무 상관이 없다. 이것은 하나님이 명령하시는 것이다. 복종하지 않으면, 너는 하나님 앞에서 영원히 내쫓기지 않을 수 없을 것이다." 율법은 타락한 인간 본성 때문에 그 요구를 줄이는 일을 결코 하지 않습니다. 게다가 율법이 강하게 사람의 양심을 찌르면, 사람은 감히 인간 본성을 이유로 내세우지 않습니다. 모든 변명들 가운데 그것이야말로 가장 그릇된 것이기 때문입니다. 어떤 사람은 이렇게 말할 것입니다. "글쎄, 내가 중독이 될 정도까지 술을 마셨다는 것은 압니다. 그러나 그것은 인간 본성의 본능적 욕구를 채우는 것일 뿐입니다." 자, 이 술고래가 정신이 말짱할 때 도둑질을 당하면, 그가 도둑을 경찰에 넘기지 않겠습니까? 그런데 도둑이 자기가 도둑질 한 것은 인간 본성이었다고 항변을 하면 어떻게 하겠습니까? 그가 거기에 대해 뭐라고 말하는지 봅시다. "나는 할 수 있다면 인간 본성을 열두 달 동안 가두어 놓겠습니다" 하고 그는 말합니다. 누군가가 자기에게 잘못을 저지르면 그는 인간 본성에 대해 좋게 말하지 않습니다. 그는 자기가 하나님께 잘못을 범할 때, 그같이 변명하는 것에 전혀 타당성이 없다는 것을 그 자신도 압니다. 인간 본성이 나쁘다면 어떻게 됩니까? 그것은 사람이 더욱더 처벌되어야 마땅하다는 것을 입증할 뿐입니다. 한 사람이 내일 아침 런던 시장 앞에 섭니다. 그는 누군가의 주머니에 손을 댄 일로 고발되어 도둑으로 출두합니다. 그가 말합니다. "시장님, 저는 용서받아야 합니다. 사실 훔치는 것이 저의 본성이기 때문입니다. 나는 아주 오랫동안 돈을 훔쳐왔는데, 주머니가 보일 때마다 나는 즉시 주머니에 손을 집어넣고 싶은 충동을 느낍니다. 그것이 내 본성의 약점입니다." 시장이 뭐라고 이야기합니까? 시장은 아주 엄숙하게 답변합니다. "자, 당신이 죄가 있다는 것이 단지 행동에서만이 아니고 당신의 본성 자체가 부정직으로 망가졌다는 것을 알겠소. 당신에게 형벌을 배로 내리겠소. 당신의 항변은 사람을 짜증나게만 할 뿐 아무 핑계가 되지 않소." 이와 같이 율법이 오면, 모든 변명을 쓸어 없애버리고, 그런 변명들이 얼마나 불성실하고 거짓되며 심지어 악하기까지 한지 보여줍니다. 남자 아이들처럼 사람들은 자기들이 죄를 범하지 않을 수 없는 환경에 있었다고 말하려고 합니다. 그러나 율법은 엄한 교사처럼 이렇게 말합니다. "여러분이 처한 환경이 어떠하든지, 여러분이 해야 할 의무가 있습니다. 그런데 여러분은 의무를 전혀 이행하지 않았습니다. 그러므로 여러분은 그 위반에 대해 반드시 처벌받아야 합니다." 출애굽기 20장에서 어디 모세가 환경 때문에 책임을 면제해 주거나, 심지어 환경을 근거로 정상을 참작해주는 말을 합니까? 하나님께서는 이 모든 것을 말씀하셨습니다. "나는 너를 애굽 땅, 종 되었던 집에서 인도하여 낸 네 하나님 여호와니라 너는 나 외에는 다른 신들을 네게 두지 말라 너를 위하여 새긴 우상을 만들지 말고 또 위로 하늘에 있는 것이나 아래로 땅에 있는 것이나 땅 아래 물속에 있는 것의 어떤 형상도 만들지 말며 그것들에게 절하지 말며 그것들을 섬기지 말라"(20:2-5). 말하자면, 어떤 환경에서도 그같이 하지 말라는 것입니다. 어떤 환경에서도 "도둑질 하지 말라"는 것입니다. 율법은 환경을 고려하지 않고, 변명을 치워 버리며 사람들을 심판대 앞에서 잠잠하게 만듭니다.

많은 죄인들은 이같이 주장합니다. "글쎄, 하지만 나는 다른 사람들보다 더 나쁜 짓을 하지는 않았습니다." 이에 대해 율법은 답변합니다. "당신이 다른 사람들과 무슨 상관이 있습니까? 각 사람이 율법 앞에서 자기 책임으로 서기도 하고 넘어지기도 합니다. 율법은 당신에 대한 것입니다. 다른 사람이 율법을 어겼으면 그는 당신이 율법을 어겼기 때문에 처벌 받듯이 처벌 받을 것입니다." 그러면 그 사람은 소리칩니다. "하지만 나는 다른 사람들보다 착하게 살았습니다." 그러나 율법은 이렇게 말합니다. "당신이 네 하나님 여호와의 모든 길대로 완전하게 행하지 않았다면, 내가 당신을 다른 사람들과 비교해야 할 아무 이유가 없다. 내 판결은 '누구든지 율법 책에 기록된 대로 모든 일을 항상 행하지 아니하는 자는 저주 아래에 있는 자라'는 이것이기 때문이다." 자, 청중 여러분, 이것은 내 말이 아닙니다. 하나님의 종 모세가 전한 하나님의 말씀입니다. 이 말씀은 화염검처럼 서서 사방으로 돌아다니며 생명나무에 이르는 합법적인 길을 막습니다. 양심이 율법에 의해서 정말로 깨어나면, 자신이 유죄선고를 받았다는 것을 인정하고, 더 이상 자기가 무죄하다는 변명을 내세우지 않습니다. 율법이 그처럼 엄격하다면, 그 외에 다른 어떤 길이 있겠습니까? 그 다음에, 혹시 사람이 이렇게 말할지도 모릅니다. "앞으로는 더 낫게 살려고 합니다." 율법이 대꾸합니다. "그것이 나와 무슨 상관이 있는가? 당신이 앞으로 완전하게 살아야 하는 것은 이미 응당 그렇게 해야 하는 바이다. 그리고 당신이 완전하게 행한다고 해서, 그것이 어떻게 당신의 옛 죄를 씻어버릴 수 있는가? 당신이 완전하게 행했어도, 그것은 마땅히 했어야 하는 것을 행한 것일 뿐이다." 그러면 사람은 이렇게 소리칩니다. "그동안 잘못한 것을 정말로 회개합니다." 율법이 말합니다. "아, 나는 회개와 아무 상관이 없다." 십계명에는 회개를 위한 조항이 없습니다. 율법을 어기는 사람은 저주를 받습니다. 그리고 이것이 율법이 사람에게 말해줄 수 있는 전부입니다. 시내 산 꼭대기에서는 불길이 무섭게 타올랐고 나팔소리가 크게 울려 퍼졌지만, 거기에서 자비의 빗방울은 하나도 떨어지지 않았습니다. 빽빽한 구름과 폭풍우, 천둥과 번개에 백성들이 소스라치게 놀랐고, 그래서 백성들이 진(陣)에서 떨었습니다. 우리가 율법 아래 있는 한, 우리가 목도하는 광경과 소리는 그런 것일 수밖에 없습니다.

이와 같이 변명들을 깨끗이 치워 버리고 나서, 이 교사는 예전에 초등교사들이 남자 아이들에게 했던 일을 행합니다. 율법은 교사로서 우리를 꾸짖고 징벌하기 시작합니다. 그리고 율법은 꾸짖으려고 합니다. 나는 그것을 압니다. 나는 율법 아래에서 빠져나오기 전 오랫동안 율법이 나에게 얼굴을 찡그리며 주먹을 흔드는 것을 느꼈습니다. 율법에게서 도망쳐 나온 것이 참으로 기뻤습니다. 나는 그 율법의 몽둥이가 얼마나 무거운지 생생하게 기억합니다. 존 번연은 그 몽

등이가 야생 사과나무로 만든 것이라고 말합니다. 장담하건대, 그 몽둥이는 여러분의 뼛속까지 아프게 만들어서, 여러분은 자기 신뢰라는 침대에 누워 휴식을 취할 수 없을 것입니다. 율법은 말합니다. "너는 이것 저것 잡다한 일을 했다. 너는 자신이 그런 일을 했다는 것을 안다. 너는 빛과 지식과 양심과 사랑과 자비를 거슬러 죄를 범했다." 이런 일들 하나하나 때문에 큰 매를 맞아서, 우리가 온통 다치고 상처가 나서 온 몸이 곪은 상처투성이로 보입니다. 율법은 초등교사가 남자아이에게 한 일을 우리에게 행할 것입니다. 즉 율법은 어디든지 우리와 동행하고 우리를 따라다닐 것입니다. 옛날 교사는 놀이터까지 아이를 따라갔습니다. 그는 아이를 편안하게 놀게 내버려 두지 않았습니다. 옛날 교사는 잠자리에까지 따라갔고, 아이가 잠자러 가는 마지막 순간까지 찡그린 표정을 거두지 않았습니다. 그는 아침에 아이가 깨고 싶은 때보다 훨씬 이른 시간에 아이를 깨우고, 아이가 좋아하든지 않든지 상관없이 아이를 잠자리에서 나오게 하였습니다. 아이는 이 교사가 동행하지 않고는 아무데도 갈 수가 없었습니다. 아이 형편이 참으로 가엾습니다. 그런데 율법이 사람을 붙잡으면, 정말로 사람을 붙잡으면 그와 같이 됩니다.

사람이 극장에 가서 죄에서 즐거움을 찾으려고 합니까? 율법이 그와 함께 극장에 가고, 그가 집에 있는 것보다 극장에서 더 불행하게 느끼게 만들 것입니다. 그는 시시한 사람들 틈에 끼어서 어떤 옛날 노래를 부르며 비참한 기분에서 벗어나려고 할 수 있습니다. 그러나 그가 비참한 기분을 잊으려고 애를 쓰면 쓸수록 그만큼 더 어두운 예감이 마음에 뚜렷하게 다가옵니다. 그는 도무지 쉴 수가 없습니다. 율법은 계속해서 이렇게 말합니다. "너 지금 뭐하고 있는 거야? 아니, 나쁜 데서 더 나쁜 자리로 가고 있잖아." 율법은 또한 깨어난 양심을 거듭거듭 찌르며, 곧 닥칠 일로 사람을 두렵게 만듭니다. "네가 지금 있는 자리에서 죽는다고 생각해 봐라"고 율법은 말합니다. "네가 지금 용서받지 못한 채 네 창조주 앞에 서게 된다고 생각해 봐라. 어디로 가겠니?" 아마도 이런 느낌이 들면, 사람은 예배당에 갈 것입니다. 율법은 거기에도 그를 따라 갑니다. 설교자가 위로하는 설교를 전하면, 율법은 이렇게 말합니다. "이 설교는 너를 위한 것이 아니다. 너는 저 설교와 아무 상관이 없다. 너는 그리스도 아래가 아니라 내 통치 하에 있다." 약속이 달콤하면 할수록, 그 설교가 죄인의 입에는 그만큼 더 쓸 것입니다. 율법이 이같이 말하기 때문입니다. "너는 내 명령을 어겼다. 내 법령을 위반했다. 네게는 하나님 앞에서 영원히 쫓겨나는 영원한 형벌 외에 아무것도 없다.” 여러분은 이것을 듣고 “강경론”이라고 말합니다. 여러분은 이런 교사를 좋아하지 않습니다. 그렇습니다. 나도 그 아래 있을 때, 그를 좋아하지 않았습니다. 성년이 된 날이 왔을 때 나는 기뻤습니다.

여러분은 이 모든 말의 취지가 무엇인지 아십니까? 사실, 이렇게 말하는 취지는 여러분이 선행으로 구원받는 것에 대해 절망하게 만들고, 여러분이 예수님을 떠나서는 아무것도 할 수 없다는 것을 느끼게 하는 것입니다. 여러분은 율법 때문에 이렇게 외치지 않을 수 없습니다. “나는 옳은 것은 아무것도 할 수가 없다. 해보려고 했지만 실패하였다. 다시 해보려고 했지만 실패하였다. 개과천선 해보려고 노력했다고 생각했는데, 날마다 상황이 더 악화되어 가는 것 같다. 율법이 나를 보았다면 웃으며 ‘그거 잘 되었군’하고 말했을 것이 틀림없다. 그러나 나는 최선을 다했는데도 여전히 정죄를 받고 있고 평안을 얻지 못하였다.” 그렇습니다. 사랑하는 여러분, 여러분은 평안을 얻을 수 없습니다. 하나님께서 여러분을 구원하시고자 할지라도, 여러분이 그리스도께 올 때까지는 아무런 평안을 얻지 못할 것입니다. 하나님께서 구원하시려고 하지 않는 사람은 흔히 율법 없이 지내면서 이 세상에서 원하는 대로 마음껏 자기 몫을 즐깁니다. 그런 사람을 염려하는 것이 무슨 소용이 있겠습니까? 그가 이 세상에서 평안을 누리는 것이 당연한 일일 것입니다. 그는 천국에서 주님의 얼굴을 결코 보지 못할 것이기 때문입니다. 그러나 하나님의 택하신 자들은 매 맞는 것을 느끼게 되고, 매를 아주 심하게 맞아서 낙심이 되며 자기에 대한 신뢰를 버리고, 자기 행위가 아니라 더 나은 방법으로 구원을 찾기 위해 예수님께로 돌이키게 됩니다. 율법은 우리를 채찍질하여 그리스도에게로 가게 만드는 초등교사입니다. 우리의 이 교사는 우리가 진심으로 자기에 대해 실망하고 우리의 소망과 신뢰를 찾아 다른 어떤 원천을 볼 때까지 우리를 심하게 때립니다.

2. 이만큼 율법의 직무에 대해 설명하였고, 그러는 가운데서 이 직무의 목적이라는 두 번째 제목을 위한 기반도 닦았습니다.

율법은 사람을 절망에 이르도록 하기 위해 주신 것이 아닙니다. “아니, 목사님은 방금까지 율법이 그런 것이라고 말하지 않았습니까?” 아닙니다. 나는 그렇게 말하지 않았습니다. 율법은 사람이 자신에 대해 절망하기 위해 주신 것이라고 말했습니다. 그것은 복음을 환호하여 맞이하게 하는 절망입니다. 그래서 우리가 그 절망을 빨리 느끼면 느낄수록 그만큼 더 좋습니다. 우리가 완전한 절망에 빠져 버리고 만다면, 그것은 전혀 다른 문제일 것입니다.

형제 여러분, 율법은 말합니다. "너는 나로 인해 구원받을 것이라는 소망을 품지 마라. 나는 채찍질하여 너에게서 소망을 쫓아내 버릴 것이다." 그리고 율법은 실제로 그와 같이 합니다. 그러나 사람이 이렇게 말하도록 하는 것이 율법의 목적은 아닙니다. "아, 내가 내 행위로 구원받을 수 없다면, 내가 구원받을 수 있는 소망은 전혀 없구나." 아, 그렇지 않습니다! 율법이 그렇게 하는 것은 여러분이 "내가 어떻게 하여야 구원을 받으리이까"(행 16:30) 하고 말하게 하려는 것이고, "주 예수를 믿으라 그리하면 네가 구원을 받으리라"(16:31)는 이 답을 얻게 하려는 것입니다.

율법의 직무는 어떤 사람들이 생각하듯이 우리에게 행위와 믿음을 혼합하도록 설득하는 것이 아닙니다. 그런데 이렇게 말하는 사람들이 있습니다. "나는 율법을 지킬 수 없습니다. 그러나 내가 예수님을 믿으면, 예수님의 피가 나의 죄와 부족을 벌충해 줄 것입니다." 이것은 구원의 길이 아닙니다. 아무도 그런 식으로는 천국에 이를 수 없습니다. 여러분이 율법에 어떤 채무를 지고 있다면, 율법에 대해 전액 지불해야 합니다. 율법은 어떤 종류의 타협도 받아들이지 않을 것입니다. 여러분은 율법의 요구를 철저히 만족시켜야 합니다. 그렇지 않으면 율법은 여러분에게 이 세상에서나 영원히 평안을 주지 않을 것입니다. 여러분이 율법에게 말하기를 "당신에게 행위에서 이만큼, 은혜에서 이만큼 주겠소"라고 한다면, 율법은 그런 식으로 장사하지 않습니다. 율법에 대해서는 그 나라에서 통용되는 법화(法貨)로 지불해야 합니다. 율법은 행위를 요구합니다. 오직 행위만을 받되, 절대적으로 완전한 행위로 전액을 받을 것입니다. 율법은 혼합물을 거절하는데, 값없는 은혜의 복음도 그같이 합니다. 여러분이 예수님과 조금이라도 관계를 갖는다면, 자신의 선한 행위를 떠나 바른 길에 들어서야 합니다. 내 말의 의미는 자신의 선한 행위를 의지하는 것을 일체 버리고 와서 예수님 안에서, 오직 예수님 안에서 쉬라는 것입니다. 율법은 결코 그리스도와 같지 않기 때문입니다. 그리스도는 머리끝에서 발끝까지, 처음부터 마지막까지 구원하시지, 그렇지 않고 그 가운데 일부만 구원에 관여하는 일은 결코 하시지 않을 것입니다. 주님의 피 한 방울을 떨어트리고 거기에 여러분의 눈물 한 방울을 섞는 식이 아닙니다. 그리스도께서 한 가지 일을 하시고, 그 다음에 여러분의 행위도 거기에 보태는 식이 결코 아닙니다. 절대 아닙니다! 그런 소름끼치는 잡동사니를 주님은 받아들이실 수 없습니다. 여러분이 타협하도록 끌어가는 것이 율법의 목적이 아닙니다.

율법의 목적은 이것입니다. 여러분이 구원을 하나님의 값없는 선물로 받아들이도록 하는 것입니다. 즉 여러분이 서서 자신이 죄인인 것을 인정하고, 영원하신 하나님 아버지의 무한한 은혜를 따라서 값없이 주시는 충만하고 완전한 사죄를 받아들이게 하는 것입니다. 율법은 여러분이 언제나 은혜로 말미암는 구원을 굳게 붙들도록 하기 위해서 주신 것입니다. 나로서는 적당히 율법도 말하고 또 적당히 은혜도 말하는 설교를 견딜 수 없습니다. 나는 그동안 율법을 충분히 겪었습니다. 여러분이 율법의 엄격함을 5년 동안 경험하였다면, 5년간 이 교사의 훈련을 받았다면, 여러분은 더 이상 그의 꼴도 보고 싶어하지 않을 것입니다. 사람이 율법의 일이 무엇인지를 마음으로 알 때, 그는 율법과 복음의 차이를 알고, 저질의 혼합물을 받지 않을 것입니다. 그는 오직 한 가지 재료로만 짠, 흠 없는 흰 세마포를 원합니다. 그리고 그 재료는 값없는 은혜입니다. 이 점에서 망설여서는 안 됩니다. "그렇습니다, 그렇습니다" 하고 말해야 합니다. 은혜입니다. 은혜입니다. 전부 은혜입니다. 오직 은혜입니다. 행위가 아니라 은혜이고, 모세가 아니라 그리스도입니다. 오직 예수님입니다. 이 은혜는 섞인 것이 없이 순수합니다. 이 초등교사가 사람으로 은혜를 굳게 붙들도록 하고, 사람을 아주 심하게 매질을 하며 채찍질을 하여 사람이 두 번 다시 율법에게로 돌아가고 싶은 마음이 들지 않게 하는 것이 중요한 일입니다. 형제 여러분, 율법의 속박을 철저히 안 사람만큼 그리스도의 자유 안에서 행복해할 수 있는 사람은 아무도 없기 때문입니다.

내가 여러분에게 내 오랜 친구 알렉산더 플레처 박사(Dr. Alexander Fletcher)가 한 이야기를 여러 번 말씀드렸던 것 같습니다. 플레처 박사가 런던의 중앙 형사 재판소(the Old Bailey: the Central Criminal Court)를 지나가고 있었는데, 두 명의 남자 아이가 재주넘기를 하고, 물구나무를 서기도 하고, 손잡고 돌기도 하며 온갖 재주를 부리고 있었습니다. 그래서 박사가 걸음을 멈추고 물었습니다. "아니, 얘들아, 대체 뭐하고 있는 거냐? 신나는 것처럼 보이는데." 두 남자 아이 중 한 아이가 말했습니다. "아, 아저씨도 세 달 동안 감옥에 갇혀 지냈었다면 우리처럼 신날 겁니다. 아저씨도 밖에 나왔을 때 껑충껑충 뛰었을 거예요."
그 훌륭한 노신사는 자기도 틀림없이 그렇게 했을 것이라고 말했습니다. 그가
죄수로 있었다면, 감옥 밖으로 나왔을 때의 기쁨을 이루 다 표현할 수 없을 것입
니다. 자, 사람이 한 번 율법에게 흠씬 매를 맞아보았다면, 사람이 자신의 죄와
비참함을 느끼고, 사람의 공로에 의지해서는 결코 구원을 얻을 수 없다는 것을
느꼈다면, 그리스도께서 자기를 대신해서 율법을 다 지켰다는 것을 알게 될 때,
자기가 예수 그리스도를 믿는 믿음으로 구원을 받되, 완전하게 구원받는 것을
알게 될 때, 그는 이제부터 새로운 조건 아래, 곧 율법 아래가 아니라 은혜 아래
살게 됩니다. 전에는 차꼬가 그의 영혼까지 옭아매었기 때문에 그는 이제 자유
의 달콤함을 아는 사람입니다. 그는 노예 해방자의 발에 입을 맞춥니다. 전에는
단단히 차꼬에 묶여 있었기 때문입니다.

　이것이 율법의 목적입니다. 즉 우리가 자신을 싫어하고 그리스도를 좋아하
게 만들고, 우리가 값없는 은혜를 받아들이도록 우리를 정죄하며, 하나님께서
우리를 채우시도록 우리를 비우고, 하나님께서 우리를 옷 입히시도록 우리 옷을
벗기는 것입니다. 한 마디로, 그리스도께서 우리를 살리시도록 우리를 죽이는
것입니다.

3. 이제 마지막 요점, 즉 율법의 직무의 종료를 살펴봅시다.
율법의 직무는 언제 끝이 납니까?

　본문은 "믿음이 온 후로는 우리가 초등교사 아래에 있지 아니하도다" 하고
말합니다. 우리가 예수님을 믿게 되면, 이 교사는 더 이상 우리를 괴롭히지 않습
니다. 그렇습니다. 우리를 괴롭히지 않습니다. 그의 행동에 큰 변화가 생깁니다.
어린 로마 아이, 혹은 헬라 법 아래 지냈던 어린 히브리 아이에 대해서 말하겠는
데, 그 아이가 13세 반 이하의 나이에 있을 때, 이 교사는 항상 아이의 잘못에 대
해 매로 때리고 손바닥이나 주먹으로 아이를 때렸습니다. 그러나 그 시기가 지
났을 때는, 법에 따라서 아이는 그 교사의 보호 감독에서 벗어났습니다. 그 교사
가 그날 아침에 아이를 때렸을 것 같습니까? 초등교사는 그 이상의 사실을 알고
있었습니다. 그는 어저께만 해도 아이에게 채찍질을 했습니다. 그러나 이제 그
는 자기의 주인을 알아보고 그에게 또 다른 봉사를 제공해야 합니다. 남자 아이
가 성년이 되면, 다른 법 아래 놓입니다. 옛날 로마법에서는 사람이 25세가 되기

전에는 성년이 되지 못하였습니다. 그 법에 따라 초등교사는 남자 아이가 23세나 24세 때에도 그에게 함부로 말하고 권력을 휘두를 수도 있었습니다. 그러나 젊은 주인이 성년이 되었을 때는, 그의 말투가 완전히 달라졌습니다. 사정이 달라진 것입니다. 그와 같이 사람이 신자가 되면, 그는 성년이 된 것이고, 따라서 초등교사의 감독은 끝이 납니다. 그는 이제 더 이상 예전의 교사와 감독 아래 있지 않습니다. 하나님 아버지께서 정하신 자유의 시간이 온 것입니다. 그는 더 이상 율법이라는 초등교사 아래 있지 않습니다. 그리스도의 사역이 그때부터 그를 영원히 자유롭게 만들었기 때문입니다.

확실히 사람이 그리스도께서 율법을 성취하셨다고 주장할 때, 그 교사가 죽은 것처럼 율법의 직무가 끝난 것으로 봅니다. 나는 십계명을 읽고서 이렇게 말합니다. "십계명들이 나에게 호통을 치고, 나는 그 소리를 듣고 두려워 떱니다. 그러나 그리스도께서 십계명을 지키셨습니다. 나를 대신해서 지키셨습니다. 그리스도는 순종의 생활과 죽음의 모든 행동에서 나의 대표자이셨습니다. 그것은 마치 내가 하나님 앞에서 율법을 지킨 것과 같습니다. 그래서 그리스도 안에서 하나님께 받아들여진 자로 서 있습니다. 하나님께서 예수 그리스도를 보실 때, 그의 안에서 그의 백성을 보십니다. 그래서 그의 백성은 예수님을 믿었기 때문에 그리스도의 의로 말미암아 의롭다함을 얻습니다." "그를 믿는 자는 심판을 받지 아니하는 것이요"(요 3:18). 이것은 그 안에 수많은 자비를 담고 있어서 율법이라는 옛날의 거대한 대포들이 더 이상 우리를 향하지 못하게 하는 말씀이 아닙니까? 그리스도께서 율법을 완수하심으로써 그 대포들의 화문(火門)을 막아 버리거나, 대포가 우리 적들로 향하게 하여, 대포들이 우리를 향하는 것이 아니라 오히려 우리 편에 있도록 만드셨습니다.

율법이 우리 마음에 쓰이게 되면, 교사로서 그 직무를 그칩니다. 아이들은 배우는 것을 석판(石板)에 쓰지만, 성인들은 그들의 율법을 마음에 갖고 있습니다. 우리 자녀가 어린아이라면 세심하게 감시해야 하는 곳에서도, 성인이 되었으면 그를 믿습니다. 아이가 성인이 되면, 부모는 아이가 소아복을 입은 어린아이였을 때 했던 것처럼 그에게 세세한 규칙을 정하지 않고, 그가 단정하게 행동하도록 그를 감독할 종을 세우지도 않습니다. 성인이 된 그를 믿습니다. 형제 여러분, 예수님을 믿은 우리는 마음에 율법이 기록되어 있습니다. 그 율법은 성경에 기록된 율법과 일치합니다. 그래서 이제는 우리가 죄에 대해서 이렇게 말하지 않습니다. "나는 죄를 범할까 두렵습니다. 죄를 지으면 틀림없이 망할 것이기 때문입니다." 우리는 죄 짓고 싶어하지 않습니다. 죄를 혐오합니다. 그리고 미덕에 대해서 이렇게 말하지도 않습니다. "나는 덕을 행해야 해. 그렇지 않으면 하나님의 자녀가 될 수 없을 거야." 그렇지 않습니다. 우리는 덕을 행하기를 좋아합니다. 덕을 행하고 싶습니다. 거룩하면 할수록 그만큼 더 좋습니다. 우리는 하나님의 법을 사랑하고, 그 규례를 끝까지 지키기를 원합니다. 우리는 어렸을 때 끊임없이 "너는 하라" "너는 하지 마라"는 말을 들었는데, 이제는 더 이상 그런 말을 듣지 않습니다. 우리는 그리스도 예수 안에 있는 사람입니다. 그래서 이제 우리의 거룩한 열정은 하나님의 계명의 길로 행하기를 기뻐합니다. 옛 본성이 반항하면, 그 본성을 억제하기 위해 은혜를 주십니다. 매일 투쟁이 있습니다. 그러나 우리 속에 있는 새 생명은 죄를 지을 수 없습니다. 이 새 생명은 하나님에게서 났고, 옛 본성을 억누르므로 우리가 주님의 본을 따라서 의의 길로 행하기 때문입니다. 전투는 계속 되지만, 우리는 더 이상 어린애가 아닙니다. 믿음이 온 다음에는 더 이상 초등교사 밑에 있지 않습니다. 이것은 반율법주의(反律法主義=도덕률폐기론)를 주장하는 말이 아닙니다. 우리는 율법을 반대하지 않기 때문입니다. 한때 돌 판에 쓰였고 또 깨트려졌던 율법이 이제 새롭게 된 마음의 육적 서판에 쓰인 것이 아닙니다. 기꺼이 주님은 우리에게 하나님의 율법을 지키고 그 규례를 행할 마음이 일어나게 하십니다.

더욱이, 우리는 그리스도 안에서 상속자가 될 때 율법으로부터 자유로워집니다. 나는 그리스도인들 가운데 이 사실을 충분히 이해하지 못한 사람들이 있지 않나 생각합니다. 사랑하는 여러분, 여러분은 이렇게 말할 수 있습니까? "나는 예수님을 믿습니다. 그래서 나는 예수님과 하나입니다. 그리스도께서 하나님 앞에 어떤 존재로 있든지 나도 그대로 있습니다. 나는 그리스도의 몸의 지체, 곧 그의 살과 뼈이기 때문입니다."

"하나님께 가까이, 더욱 가까이
더할 수 없이 가까이 있네.
그의 아들 안에서
아들만큼 하나님께 가까이 있네.

　　하나님께 가까이, 더욱 가까이
　　더할 수 없이 가까이 있네.
　　자기 아들을 사랑하시는 그 사랑으로
　　하나님께서 나를 사랑하시네."

　여러분은 이렇게 말할 수 있습니까? "'하나님이 나와 더불어 영원한 언약을 세우사 만사에 구비하고 견고하게 하셨다'(삼하 23:5). 예수께서 살아 계시는 한 나는 죽을 수 없다. '그가 살아 계시기 때문에 나 또한 살 것이라'고 기록되었기 때문이다."

　　"내 이름이 하나님의 손바닥에 쓰여 있으므로
　　영원히 지울 수 없네
　　하나님 마음에 새겨져 있으므로
　　지울 수 없는 은혜의 표시로 남아 있네."

　사람이 그 자리에 이르러서, 자신의 신분이 자신에게 달려 있지 않고, 자기는 그리스도 안에 있는 존재이고, 그리스도께서 자기를 대신해서 모든 일을 행하셨고 구원하셨다는 것을 알 때, 모든 고발자에게 바울의 말로 대꾸할 수 있습니다. "누가 능히 하나님께서 택하신 자들을 고발하리요 의롭다 하신 이는 하나님이시니 누가 정죄하리요?"(롬 8:33,34). 사람이 그 자리에 이르면, 진심으로 자기가 더 이상 초등교사 아래 있지 않다고 말할 수 있습니다. 형제 여러분, 로마서 8장과 9장을 읽어보십시오. 바울 사도가 그리스도의 완전한 구원을 기뻐하고 자랑하였을 때 그의 정신을 알도록 하십시오. 여러분이 자신을 구원하기 위해 행할 무엇인가를 여전히 갖고 있다는 믿음을 다 버리십시오. 여러분은 하나님께서 여러분 속에서 행하시는 바를 깨닫기만 하면 된다는 것을 알도록 하십시오. 하나님께서 여러분 마음속에서 성령으로 말미암아 행하시는 바를, 두렵고 떨리는 마음으로 여러분 속에서 끌어내려고 하고, 여러분의 외적 생활에서 보이도록 하십시오. 그러면 여러분이 더 이상 율법 아래 있지 않다는 것을 발견하게 될 것입니다.

　지금 이 자리에 회개하지 않은 분이 있다면, 그런 분이 많지 않을까 생각하는데, 여러분에게 권합니다. 율법과 함께 지내지 마십시오. 율법은 여러분을 저주하는 것 외에 여러분을 위해서 아무것도 할 수 없기 때문입니다. 여러분이 할 수 있는 어떤 것에 의해 구원받을 수 있다는 희망을 전부 버리십시오. 그리스도께서 행하신 일로 말미암아 구원받는다는 것을 인정하십시오. 자신의 죄를 인정하십시오. 자기 죄를 인정하십시오. 그러면 하나님께서 "너를 용서한다"고 말씀하실 것입니다. 죄를 인정하십시오. 그리고 예수님의 피를 들어 호소하십시오. 그렇게 하십시오. 그러면 하나님께서 그리스도 안에서 여러분을 받아들이십니다.

> "십자가에 못 박히신 분을 보는 데에 생명이 있네.
> 지금 이 순간 당신을 위한 생명이 있네."

자기 죄를 고백하고 자기 구원의 희망을 모두 버리고, 가서 예수님의 상처를 만지는 모든 사람을 위한 생명이 있습니다.

그리스도인 여러분, 정말 여러분에게 권합니다. 율법에게로 돌아가지 마십시오. 여러분이 율법 아래 있는 것처럼 자신을 판단하기 시작하지 마십시오. 여러분이 죄인이라면 어떻습니까? 사실 여러분은 죄인입니다. 자신의 죄를 인정하고 슬퍼하십시오. 그러나 죄와 부정함을 씻는 샘이 다윗의 집에 있다는 점을 기억하십시오. 여러분이 죄를 범하기도 전에 그 죄를 그리스도께서 지셨습니다. 옛날에는 그 죄가 속죄양의 머리에 전가되어 없어졌습니다. 이 시간에 여러분은 귀한 피로 씻음을 받아 하나님 보시기에 깨끗합니다. 하나님께서 여러분에 대해 마음을 바꾸실 것이라고 생각하지 마십시오. 하나님은 결코 마음을 바꾸시지 않았고 바꾸실 수 없습니다. 하나님께서는 그의 사랑하시는 아들을 믿는 각 영혼에 관해 이렇게 말씀하셨습니다. "그를 믿는 자는 심판을 받지 아니하는 것이요"(요 3:18). 여러분은 그리스도 예수 안에서 완전합니다. 그리스도 안에서 여러분은 의와 힘을 얻고, 그리스도 안에서 심지어 자랑할 수 있습니다. 율법의 교훈에서 벗어나 복음의 반석 위에 서십시오. 일생 동안 행복하고 거룩할 것입니다.

여러분 가운데 기독교 사역에 몸을 담고 있는 분들에게 말합니다. 여러분이 다른 사람들을 가르치려고 할 때는 언제든지 율법을 정당하게 다루십시오. 나는 "눈물을 흘리며 씨를 뿌리는 자는 기쁨으로 거두리로다"(시 126:5)는 말씀을 본문으로 하는 설교를 들은 것이 생각납니다. 이 설교에서 설교자는 생각이 완전히 빗나가서 청중들의 마음에, 결국 우리의 선한 행실과 회개가 우리를 구원할 것이라는 추론을 남기고 말았습니다. 자, 그것은 복음이 아닙니다. 복음을 그렇게 전해서는 안 됩니다. 우리는 믿음의 결과로서, 즉 믿음에서 자연스럽게 나오는 산물로서 선한 행실을 힘껏 전합니다. 그러나 선한 행실이 믿음의 토대라고 가르치지는 않습니다. 먼저 인간 본성이라는 나무가 바뀌어야 하지, 그렇지 않으면 그 열매가 좋을 수 없다고 우리는 말합니다. 여러분이 줄기를 바꾸지 않고는 야생 사과나무에서 배가 열리지 않을 것입니다. 그러므로 여러분이 사과나무에 가서 배와 사과를 맺으라고 말하지 마십시오. 우리는 그리스도께서 사람의 본성을 변화시키실 수 있고, 그러면 자연스럽게 좋은 열매가 나올 것이라고 증언합니다. 그런데 많은 주일학교에서 다소 이런 식으로 다른 교리를 가르치지 않나 염려가 됩니다. "자, 어린이 여러분, 착한 어린이가 되세요. 부모님께 순종하고 예수님을 사랑하세요. 그러면 구원을 받을 거에요." 그것은 복음이 아닙니다. 그것은 사실이 아닙니다. 종종 나는 이런 말을 듣습니다. "어린이 여러분, 예수님을 사랑하세요." 그것은 복음이 아닙니다. 복음은 "예수님을 의지하세요," 곧 "믿으세요"라고 말하는 것입니다. 사랑이 아니라 믿음이 구원하는 은혜입니다.

　예수님에 대한 감상적인 사랑은 예수님을 믿는 믿음에서 나오는 것이 아닙니다. 그것은 겉치레뿐인 감정이고 가짜 사랑이며, 성령께서 마음에 뿌리시는 하나님에 대한 사랑이 결코 아닙니다. 문제의 근본은 "주 예수 그리스도를 믿으라 그러면 네가 구원을 받으리라"는 것입니다. 바로 그것이 한두 살 먹은 어린 아이를 위한 복음이고, 백 살 먹은 노인을 위한 복음입니다. 이 땅에 태어나는 모든 사람을 위한 유일한 복음입니다. "예수님을 믿으십시오." 여러분의 행함을 믿지 말고, 여러분이 율법을 순종함을 믿지 마십시오. 여러분은 율법을 어겼습니다. 여러분이 그 방향에서 바랄 수 있는 희망은 다 사라졌습니다. 그리스도께서 행하신 것을 여러분이 받아들이면 즉시 구원받고, 영원히 구원받을 것입니다. 내가 말을 더 해야 하겠습니까? 나는 이 문제를 여러분이 더 잘 이해할 수 있도록 이보다 더 단순하게 표현하거나 더 분명하게 권할 방법을 모릅니다. 이것은 단지 성경 몇 구절의 말씀을 설명하거나 다소 어려운 문제를 해결하는 것이 아닙니다. 그보다 나는 여러분이 이 말씀을 구원을 찾는 모든 사람에게 주는 지극히 중요한 지시로 생각하고, 괴로워하는 모든 사람이 감격스러운 마음으로 들을 지혜로 생각했으면 좋겠습니다. 발을 저는 사람이 길에서 벗어나지 않도록, 나는 어떻게 해서든지 길을 평평하게 하여 여러분이 쉽게 걸을 수 있게 하려고 합니다! 나는 여러분 모두, 특별히 젊은 친구 여러분들이 와츠 박사(Dr. Watts)의 찬송가를 배우고 자주 불러서, 기억에 뚜렷하게 새겨 결코 잊어버리지 않기를 바랍니다.

> "율법은 우리에게 명령하고
> 우리가 하나님께 어떤 의무를 지고 있는지 알게 하네.
> 그러나 우리가 하나님의 뜻을 행할 힘이 어디 있는지는
> 복음이 계시하여 주네.
>
> 율법은 죄와 죄책을 밝히고
> 우리 마음이 그동안 얼마나 악했는지를 보여주네.
> 오직 복음만이
> 사죄하시는 사랑과 깨끗이 씻는 은혜를 나타낼 수 있네.
>
> 율법은 단 한 번만 죄를 범하는 사람에게도
> 얼마나 무서운 저주를 퍼붓는지!
> 그러나 복음 안에서 그리스도가 나타나셔서
> 오랜 세월의 죄를 용서하시네.
>
> 내 영혼아, 더 이상 네 생명과 위안을
> 율법에서 끌어오려 하지 말라.
> 달려가서 복음이 주는 소망을 붙잡아라.
> 이 약속을 믿는 사람은 산다네."

여러분이 무엇보다 기억해야 할 점은 이것입니다. 율법이 순전히 유익을 주기 위해 사람들을 대하는 때에도 그처럼 예리하고 두렵지만, 여러분과 내가 그리스도께로 가지 않고 죽는다면, 그래서 내세에 곧 율법이 우리를 형벌하기 위해 공의로 우리를 대할 때는 훨씬 더 두려운 것이 될 것입니다. 그때는 율법이

모세의 몸에 안치되어 있지 않고, 말하기 두렵지만 보좌에 앉아 계시는 하나님의 아들을 통해서 나타날 것입니다. 그리스도는 입법자이시며 재판장이시고 또한 구주가 되실 것입니다. 구주이신 그리스도를 멸시한 여러분은 재판장이신 그분 앞에 나타나야 할 것입니다. 그와 같이 두려우신 재판장이 없습니다. 지금까지 그리스도의 자비를 비웃었으므로, 이제 그의 공의가 뚜렷하게 나타날 것입니다. 기름이 부드럽지만, 불이 붙으면 얼마나 무섭게 타는지 보십시오! 사랑이 달콤하지만, 질투심이 타오르면, 얼마나 무서워집니까! 여러분이 시온의 어린 양을 유다 지파의 사자로 변하게 만든다면 조심하십시오. 그가 여러분을 갈기갈기 찢을 것이고, 거기에서 구원할 자가 아무도 없을 것입니다. 거절당한 사랑이 여러분을 치는 손으로 변할 것입니다. 못에 찔린 손을 벌려 여러분에게 자비의 초대를 보냈는데, 이 손을 여러분이 거절한다면, 여러분, 여러분을 보내기 전에 엄숙한 진리를 말씀드릴 테니, 잘 들으시기 바랍니다. 여러분이 못 박힌 그 손에서, 주님이 자기 죄를 고백하는 모든 사람에게 주기 위해 준비하신 완전한 구원을 가져가지 않는다면, 여러분은 바로 그 손으로부터 토기장이의 그릇처럼 여러분을 산산조각 낼 철장으로 맞는 일을 당하지 않을 수 없을 것입니다. 그의 진노가 약하게 타오르는 동안, 그가 진노하여 여러분을 길에서 멸망시키지 않도록, 지금 달려가서 그 아들에게 입을 맞추십시오. 그 아들을 의지하는 사람은 다 복이 있을 것입니다! 아멘.

제
8
장

—

양자로 삼으심—
아들의 영과 아버지라 부름

—

"너희가 아들이므로 하나님이 그 아들의 영을
우리 마음 가운데 보내사 아빠 아버지라
부르게 하셨느니라." — 갈 4:6

우리는 삼위일체의 교리가 성경에서, 아타나시우스 신조에 사용된 용어와 같은 형식적인 용어로 나오는 것을 보지 못합니다. 그러나 이 진리는 마치 하나님의 교회에서 잘 알려진 사실이었던 것처럼 계속해서 당연한 것으로 받아들여집니다. 이 진리는 아주 많은 말로 자주 진술되지 않았지만, 성경 도처에 녹아 있습니다. 그리고 다른 진리들과 관련해서 지나가는 식으로 언급되지만, 마치 규정된 신조인 것처럼 분명하게 표현됩니다. 성경의 많은 구절에서, 이 진리가 아주 두드러지게 나타나므로, 그것을 보지 않으려면 고의로 눈을 감아야 합니다. 예를 들면, 본문에서 우리는 삼위 하나님을 각각 분명하게 언급하는 것을 봅니다. 아들의 영, 즉 성령을 보내신 아버지이신 "하나님"이 나오고, 성령을 "아들의 영"이라고 부릅니다. 여기에 단지 이름들만 나오는 것이 아닙니다. 각 위의 하나님께서 우리 구원의 사역에서 활동하시는 것으로 언급됩니다. 4절을 봅시다. "하나님이 그 아들의 영을 보내사." 다음에 5절을 봅시다. 이 구절은 율법 아래 있던 자들을 구속하시는 아들에 대해 이야기합니다. 그 다음에, 본문은 성령께서 신자들의 마음에 들어오셔서 아빠, 아버지라고 부르게 하시는 것을 계시합니다. 이렇게 삼위의 각 이름이 언급될 뿐만 아니라 각 위에 해당하는 특별한 활동도 언급되는 것을 볼 때, 여기서 우리는 각 위의 뚜렷한 인격을 분명히 보게 됩니다. 아버지도 아들도, 성령도 하나의 감화력일 수 없고, 단순한 존재 형태일 수 없습니다. 왜냐하면 각 위가 신성하게 활동하시지만, 특별한 영역에서 구별된 방식으로 활동하시기 때문입니다. 어떤 신적 인격을 단순한 감화력이나 어떤 발산물로 간주하는 오류는 주로 성령에 대해서 가해집니다. 그러나 그런 주장이 잘못된 것을 다음의 말씀에서 볼 수 있습니다. "아빠 아버지라 부르게 하셨느니라." 단순한 감화력은 부를 수 없습니다. 그런 행동은 그 행동을 수행하는 인격을 필요로 합니다. 우리가 삼위일체 하나님의 분할되지 않는 일체와 구분된 인격이라는 놀라운 진리를 이해할 수 없지만, 이 진리가 성경에서 계시되는 것을 봅니다. 그러므로 우리는 그것을 신앙의 문제로 받아들입니다.

　　이 신성한 삼위 각각의 신성은 본문과 그 전후문맥으로부터도 짐작할 수 있습니다. 우리는 아버지 하나님의 신성에 대해서는 의심하지 않습니다. 왜냐하면 성부는 여기서 "하나님"이라고 분명하게 언급되기 때문입니다. 두 번에 걸쳐서 "하나님"이라는 단어가 사용되는데, 성부를 가리키는 것이 분명합니다. 성자께서 하나님이시라는 뜻이 함축되어 있습니다. 인간 본성으로는 여자에게서 나셨지만, 성자께서 "보내심을 받았다"고 하였습니다. 그러므로 그는 보내심을 받아 여자에게서 나기 전에 선재하셨습니다. 그가 하나님의 아들이라고 불린다는 것, 그리고 우리를 구속하실 수 있는 분으로 이야기되는 점과 더불어서, 이 사실은 우리에게 신성의 충분한 증거가 됩니다. 성령께서는 하나님만이 하실 수 있는 일, 곧 모든 신자들의 마음에 거하시는 일을 한다고 말합니다. 그가 편재하시지 않고 따라서 신적인 존재가 아니라면, 어떤 존재라도 수많은 사람들의 마음속에서 외치는 일을 할 수가 없었습니다. 이와 같이 몇 줄 안 되는 이 말씀 속에서 우리는 삼위 각각의 이름과 활동, 각위의 인격, 그리고 신성을 봅니다. 주 예수 그리스도를 믿는 신자들은 우리의 구원을 위하여 삼위 전체가 협력하는 일이 얼마나 필요한지 압니다. 그래서 우리를 구원하는 일에서 삼위 전체가 사랑으로 연합하는 것을 볼 때, 말할 수 없이 기쁩니다. 우리는 성부 하나님을 공경합니다. 성부가 안계셨으면, 우리가 택함을 받지도, 양자로 받아들여지지도 않았습니다. 성부 하나님께서는 우리를 거듭 낳아, 죽은 자들 가운데서 일어나신 주 예수 그리스도로 말미암는 살아 있는 소망에 이르게 하십니다. 우리는 성자 하나님을 사랑하고 공경합니다. 그의 지극히 귀한 피로 인해 우리가 구속을 받았으며, 그와 함께 신비하고 영원한 연합을 이루어 하나가 되었습니다. 우리는 성령을 공경하고 사랑합니다. 우리가 성령으로 말미암아 중생하고, 조명을 받으며 소생하고 보존되며 성화되었기 때문입니다. 성령을 통해서 우리는 마음속에 인(印)과 증거를 받습니다. 이 인과 증거로 인해서 우리가 정말로 하나님의 자녀라는 것을 확실히 압니다. 하나님이 옛적에 "우리의 형상을 따라 우리의 모양대로 우리가 사람을 만들자"(창 1:26)고 말씀하셨듯이, 이 삼위 하나님께서 함께 의논하고 신자를 새롭게 창조하는 일에 모두 뜻을 같이 하십니다. 우리는 이 존귀하신 삼위 각각을 찬미하고 공경하고 사랑하기를 게을리해서는 안 됩니다. 부지런히 한 분 하나님, 곧 성부, 성자, 성령 앞에 지극히 겸손하게 공경하는 태도로 절해야 합니다. "성부, 성자, 성령께 영광을 돌립시다. 태초에 그러셨듯이, 지금도 그리고 항상, 영원히 하나님께 영광이 있을 것입니다. 아멘."

가장 중요한 이 사실을 살펴보았으니, 이제는 우리를 양자로 삼으심에 관해 설교하는 동안, 삼위일체의 교리를 즐기기를 기대하면서 본문 자체를 보도록 합시다. 양자로 삼으시는 놀라운 은혜의 사역에서 삼위 하나님께서 각각의 역할을 하십니다. 성령의 교훈을 받으면, 우리는 하나님의 아들 예수 그리스도로 말미암아 성부와 즐거운 교제를 나눔으로 하나님을 영화롭게 하고 우리를 유익하게 할 수 있습니다.

본문에는 세 가지 사실이 아주 뚜렷하게 나타납니다. 첫째는 신자의 존엄입니다. "너희가 아들이므로." 둘째는 그 결과로 성령의 내주하심입니다. "너희가 아들이므로 하나님이 그 아들의 영을 우리 마음 가운데 보내사." 그리고 셋째는 자식으로서 부름, 곧 "아빠, 아버지라"부르게 하셨다는 것입니다.

1. 그러면 첫째로, 신자의 존엄에 대해서 살펴봅시다.

양자로 삼으심은 우리에게 자녀가 되는 권세를 주고, 중생은 우리에게 자녀의 본성을 줍니다. 우리는 아들이기 때문에 이 두 가지를 다 받습니다.

여기서 우리는 이 자녀됨이 믿음으로 받는 은혜의 선물이라는 사실을 살펴봅시다. 이 말의 의미에서, 우리가 본성적으로 하나님의 아들이라는 것은 아닙니다. 우리가 어떤 의미에서는 본래 "하나님의 소생"(행 17:29)입니다. 그러나 이것은 여기서 말하는 자녀됨과는 전혀 다릅니다. 하나님의 자녀됨은 거듭난 사람들만이 갖는 특권입니다. 유대인들은 자기들이 하나님의 가족이라고 주장하였습니다. 그러나 육적 출생의 방식으로 그 특권을 받았기 때문에, 그들은 육신을 따라 태어났지만 여종의 아들로 쫓겨나고 약속의 자녀에게 양보할 수밖에 없었던 이스마엘에 비유되었습니다. 우리가 받은 하나님 자녀의 신분은 본성적으로 온 것이 아닙니다. 우리는 "혈통으로나 육정으로나 사람의 뜻으로 나지 아니하고 오직 하나님께로부터 난 자들"이기(요 1:13) 때문입니다. 우리의 자녀됨은 이삭에게 그랬듯이, 약속으로 말미암아 오는 것입니다. 즉 하나님의 주권적인 은혜로 인해, 하나님의 활동으로 말미암아 주님을 위해 따로 세운 특별한 후손에게 주시는 특별한 선물로 오는 것입니다. 이 명예와 특권은 본문의 전후 문맥을 볼 때, 믿음으로 우리에게 옵니다. 이 전(前) 장의 26절 말씀을 잘 보십시오. "너희가 다 믿음으로 말미암아 그리스도 예수 안에서 하나님의 아들이 되었으니." 불신자들은 이 양자됨을 전혀 알지 못합니다. 율법 아래 있는 동안에는, 우리가 스스로 의롭다고 여기지만 노예 상태에 있고, 하나님의 자녀됨에 대해서는 아무 상관이 없습니다. 우리가 더 이상 초등교사 밑에 있지 않고, 미성년의 상태에서 벗어나 하나님의 아들들의 특권을 갖는 것은 믿음이 온 이후에야 비로소 되는 일입니다.

　　믿음은 우리 안에 양자의 영이 활동하도록 하고, 하나님의 자녀라는 의식을 일으킵니다. 첫째로, 믿음은 우리에게 의롭다함을 가져다줍니다. 3:24은 이렇게 말합니다. "율법이 우리를 그리스도께로 인도하는 초등교사가 되어 우리로 하여금 믿음으로 말미암아 의롭다 함을 얻게 하려 함이라." 의롭다함을 받지 못한 사람은 자녀가 아니라 범죄자의 상태에 있는 것입니다. 죄의 책임이 그에게 지워지고, 그는 실제로 그렇듯이 부정하고 불의한 자로 간주됩니다. 그러므로 그는 아버지의 사랑을 누리는 자녀가 아니라 자기 왕을 대적하는 반역자인 것입니다. 그러나 속죄하는 피의 깨끗하게 하는 능력을 믿음으로 깨닫고 그리스도 예수 안에 있는 하나님의 의를 붙잡으면, 그렇게 의롭다함을 받은 사람은 아들과 자녀가 됩니다. 칭의와 양자로 삼으심은 함께 갑니다. "부르신 그들을 또한 의롭다 하시고." 그 부르심은 아버지 집으로 오라고 부르시는 것이고, 자녀됨을 인정하는 것입니다. 믿음은 우리 주 예수님으로 말미암아 죄사함과 의롭다함을 가져옵니다. 또한 양자로 삼으심을 가져옵니다. 이는 "영접하는 자 곧 그 이름을 믿는 자들에게는 하나님의 자녀가 되는 권세를 주셨으니"(요 1:12)라고 기록되었기 때문입니다.

다음에 믿음은 우리를 율법의 속박으로부터 해방시킴으로써 우리의 양자됨을 깨닫도록 합니다. "믿음이 온 후로는 우리가 초등교사 아래에 있지 아니하도다"(갈 3:25). 죄의식 때문에 신음하고, 마치 감옥에 있는 것처럼 죄에 갇혀 있었을 때, 우리는 율법이 죄악을 인해 우리를 형벌할 것을 두려워하였고, 그래서 우리의 삶은 두려움으로 고통스러웠습니다. 게다가 우리는 스스로 충분하다고 생각하는 맹목적인 방식으로 율법을 지키려고 애썼는데, 그로 인해 우리는 더욱더 단단히 옥죄는 속박에 매여 실패에 실패를 거듭하였습니다. 즉 더욱더 죄를 짓고 넘어짐으로 어찌할 바를 모르는 혼란스러운 지경에 이르게 되었습니다. 그런데 율법이 온 후로, 우리는 율법이 그리스도 안에서 성취되고, 우리 자신은 그리스도 안에서 의롭다함을 얻고 하나님께 받아들여지게 되는 것을 봅니다. 이 사실이 종을 자녀로 변화시키고, 의무를 선택으로 바꿉니다. 이제 우리는 율법을 즐거워하고, 성령의 능력으로 거룩하게 행하여 하나님을 영광스럽게 합니다. 이와 같이 우리는 그리스도 예수를 믿음으로써 엄한 주인인 모세에게서 도망쳐 구주이신 예수께로 갑니다. 우리는 더 이상 하나님을 성난 재판장으로 보지 않고, 우리를 사랑하시는 아버지로 봅니다. 공로와 명령, 형벌과 두려움의 체계가 물러가고 은혜와 감사, 사랑의 법이 왔습니다. 이 새로운 통치 원칙이 하나님의 자녀들에게 주어지는 놀라운 특권입니다.

자, 믿음은, 믿음을 가진 모든 사람에게, 곧 그가 누구이든지 간에, 모든 신자에게 있는 자녀됨의 표지입니다. "너희가 다 믿음으로 말미암아 그리스도 예수 안에서 하나님의 아들이 되었기"(갈 3:26) 때문입니다. 여러분이 유대인이든 이방인이든, 종이든 자유자이든, 예수님을 믿고 있다면, 하나님의 자녀입니다. 여러분이 최근에야 겨우 그리스도를 믿었고, 불과 몇 주 전에서야 비로소 그리스도의 큰 구원을 믿을 수 있었다고 할지라도, 사랑하는 여러분, 이제 여러분은 하나님의 자녀입니다. 믿음은 확신이나 은혜 안에서 성장한 것에 대해 주어지는 후의 특권이 아닙니다. 믿음은 초기의 복입니다. 믿음은 지극히 적은 믿음이라도 가시고 있는 사람, 은혜 안에서 어린아이에 지나지 않을지라도 믿음이 있는 사람에게 속한 것입니다. 사람이 예수 그리스도 안에 있는 신자라면, 그의 이름은 하늘에 있는 대가족의 호적부에 등재되어 있습니다. "너희가 다 믿음으로 말미암아 그리스도 예수 안에서 하나님의 아들이 되었기" 때문입니다. 그러나 여러분에게 믿음이 없다면, 아무리 열심이 많아도, 아무리 많은 일을 해도, 아무리 많은 지식이 있어도, 아무리 거룩한 모습을 갖추었다고 할지라도, 여러분은 아무것도 아니요, 여러분의 신앙은 헛된 것입니다. 그리스도에 대한 믿음이 없으면, 여러분은 소리 나는 구리와 울리는 꽹과리와 같습니다. 믿음이 없으면 하나님을 기쁘시게 할 수 없기 때문입니다. 그러므로 믿음을 어디에서 보든지 믿음이 있으면, 그것은 하나님의 자녀라는 틀림없는 표지이고, 믿음이 없다는 것은 하나님의 자녀라는 주장에 치명적인 사실입니다.

　　사도의 말에 따르면, 이 사실은 우리의 세례에서 더 한층 예증됩니다. 세례 받는 사람에게 믿음이 있다면, 세례에는 공공연하게 주 예수 그리스도로 옷 입는다는 점이 있기 때문입니다. 3:27을 읽어봅시다. "누구든지 그리스도와 합하기 위하여 세례를 받은 자는 그리스도로 옷 입었느니라." 세례 받을 때 여러분은 세상에 대해 죽었다고 고백한 것이고, 그러므로 여러분은 예수의 이름으로 장사된 것입니다. 그 장사가 여러분에게 조금이라도 바른 의미를 가지고 있다면, 그 의미는 여러분 자신이 이제부터는 그리스도 외에 모든 것에 대해 죽었다고 공언하는 것입니다. 그래서 이후로 여러분의 생명은 그리스도 안에 있게 되었고, 여러분은 죽은 자들 가운데서 살아나 새 생명으로 살게 되었습니다. 물론 세례라는 이 외적 형식이 불신자에게는 아무 쓸모가 없지만, 그리스도 안에 있는 사람에게는 지극히 도움이 되는 의식입니다. 이 의식의 정신과 핵심은, 세례 받는 사람이 그 상징을 깊이 이해하는데 있습니다. 즉 그 사람이 세례를 단지 물로 받는 것이 아니라 성령과 불로 받는 것으로 아는데 있습니다. 그리스도에게로 연합되는 이 신비한 내적 세례를 아는 사람은 누구든지, 또한 여러분이 이후부터는 사람이 옷을 입듯이 그리스도로 옷 입고, 그리스도로 감싸이게 된다는 것을 압니다. 이제부터 여러분은 그리스도 안에 있는 사람이고, 그리스도의 이름을 지니며, 그리스도 안에서 살고, 그리스도로 말미암아 구원을 받습니다. 여러분은 전적으로 그리스도의 것입니다. 자, 여러분이 그리스도와 연합된 사람이라면, 그리스도께서 아들이시므로 여러분도 아들입니다. 여러분이 그리스도로 옷 입었다면, 하나님께서는 여러분을 보실 때 여러분 자신을 보지 않고 그리스도 안에서 여러분을 보십니다. 그리스도에게 속한 것은 또한 여러분에게 속해 있습니다. 여러분이 그리스도의 것이라면, 여러분은 약속을 따라 아브라함의 후손이고 상속자이기 때문입니다. 로마의 젊은이가 성년이 되면 토가(toga: 고대 로마 시민의 겉옷 — 역주)를 입고 로마시민권을 인정받았듯이, 그리스도로 옷 입는 것은 우리가 하나님의 아들의 지위에 이르렀음을 인정받는 표시입니다. 이렇게 해서 우리는 영광스러운 유산을 누릴 수 있도록 실제로 허락받는 것입니다. 은혜 언약의 모든 복은 그리스도의 사람들에게 속하고, 모든 신자는 그 명단에 들어 있습니다. 이와 같이 본문 구절의 교훈에 따를 때, 우리는 믿음으로 말미암는 양자됨을 은혜의 선물로 받습니다.

다시 한 번 말하지만, 양자로 삼으심은 구속으로 말미암아 우리에게 옵니다. 본문 앞의 구절을 읽어봅시다. "때가 차매 하나님이 그 아들을 보내사 여자에게서 나게 하시고 율법 아래에 나게 하신 것은 율법 아래에 있는 자들을 속량하시고 우리로 아들의 명분을 얻게 하려 하심이라." 사랑하는 여러분, 구속을 소중히 여기고, 구속의 의미를 훼손하거나 그 중요성을 깎아내리는 교훈에 귀를 기울이지 마십시오. 여러분이 금과 은으로 구속받지 않고 흠 없는 어린 양 같은 그리스도의 보혈로 구속받았다는 것을 기억하십시오. 여러분은 율법 아래에서 저주를 받는 상태에 있었습니다. 여러분은 아주 심각하게 율법을 어겼고, 그래서 율법의 형벌을 받게 되었습니다. "범죄하는 그 영혼은 죽을지라"(겔 18:20)고 하였고, 또 "누구든지 율법 책에 기록된 대로 모든 일을 항상 행하지 아니하는 자는 저주 아래에 있는 자라"(갈 3:10)고 기록되었기 때문입니다. 여러분은 또한 율법의 공포 아래 있었습니다. 여러분이 율법의 진노를 두려워하였고, 사람을 자극하는 율법의 능력 아래 있었습니다. 종종 계명이 왔을 때, 여러분 속에서 죄가 일어났고 여러분은 죽었습니다. 그러나 이제 여러분은 성령께서 말씀하셨듯이 모든 것으로부터 구속을 받았습니다. "그리스도께서 우리를 위하여 저주를 받은 바 되사 율법의 저주에서 우리를 속량하셨으니 기록된 바 나무에 달린 자마다 저주 아래에 있는 자라 하였음이라." 이제 여러분은 율법 아래 있지 않고 은혜 아래 있습니다. 이것은 그리스도께서 율법 아래서 적극적이고 수동적인 순종으로 율법을 지키셨으며, 율법의 모든 명령을 이행하고 여러분을 위하여 그리고 여러분 대신에 율법의 형벌을 받으셨기 때문입니다. 이제부터 여러분은 하나님의 구속받은 자로서 영원한 속전(贖錢)이 아니고는 다른 어떤 방식으로도 오지 않는 자유를 즐깁니다. 이 점을 기억하십시오. 여러분이 하나님의 자녀라는 것을 아주 확실하게 느낄 때는 언제든지 그 구속하는 피를 찬양하십시오. 여러분의 심장이 크신 아버지 하나님에 대한 사랑으로 아주 높게 뛸 때마다, "많은 형제 중에서 맏아들"(롬 8:29)을 찬미하십시오. 그는 여러분을 위해 율법 아래 오셔서 할례를 받으셨고, 생애 동안 율법을 지키셨으며 죽을 때 율법에 복종하며, 율법을 명예롭게 하고 찬미하였습니다. 또 하나님의 공의와 의를 뚜렷이 나타내되, 모든 인류의 거룩함을 가지고 나타낼 수 있을 것보다 더 뚜렷이 그의 생애로써 나타내셨으며, 하나님의 정의를 그의 죽음으로써 충분하게 변호하되, 온 세상의 죄인들이 지옥에 던져져서 변호할 수 있을 것보다 더 충분하게 변호하였습니다. 우리를 구속하시는 주님께 영광을 돌립시다! 그분으로 말미암아 우리가 양자됨을 받았습니다.

　　그 다음에 우리는 이 구절에서 우리가 지금 아들됨의 특권을 누린다는 것을 더 배웁니다. 이 구절의 흐름을 볼 때, 사도는 우리가 자녀일 뿐만 아니라 다 자란 아들임을 의미한다는 것을 알 수 있습니다. "너희가 아들이므로"라는 말은 아버지 하나님의 정하신 때가 왔고, 너희가 성년이 되었고, 그래서 더 이상 후견인과 감독 밑에 있지 않기 때문에라는 뜻입니다. 미성년 시절에 우리는 초등교사 밑에 있었습니다. 즉 의식(儀式)의 지배 아래, 예표와 비유와 그림자 아래에 있으면서 죄를 깨달음으로 도의 초보를 배웁니다. 그러나 믿음이 오면, 우리는 더 이상 초등교사 아래 있지 않고, 좀 더 자유로운 상태에 이릅니다. 믿음이 오기 전까지 우리는 남자아이들처럼 후견인과 감독 아래 있지만, 믿음이 온 후에는 하나님의 아들의 권세를 취합니다. 옛적에 유대인의 교회는 율법의 멍에 아래 있었습니다. 율법의 제사는 계속 되풀이 되었고, 율법의 의식들은 끝이 없었습니다. 월삭과 절기를 새로 지켜야 하고, 희년을 지키고, 절기 때는 예루살렘으로 올라가야 했습니다. 사실, 그 멍에는 연약한 육신으로 지기에는 너무 무거웠습니다. 율법은 생활의 모든 구석에 이스라엘 사람을 따라갔고, 모든 면에서 그들을 대하였습니다. 율법은 이스라엘 사람의 의복, 고기, 음료, 잠자리, 식탁, 주변의 모든 것에 관계하였습니다. 율법은 이스라엘 사람을 모든 일에 따라야 할 규칙이 있는 학교 학생처럼 대하였습니다. 그런데 믿음이 왔으므로, 우리는 다 자란 아들이고, 그러므로 어린아이의 학교를 다스리는 규칙들에서 자유롭게 되었습니다. 우리는 이제 그리스도를 위하는 율법 아래 있습니다. 그것은 마치 다 자란 아들이 여전히 아버지 집의 규율을 받는 것과 같습니다. 그러나 이 율법은 두려움의 법이 아니라 사랑의 법이고, 속박의 법이 아니라 은혜의 법입니다. "그리스도께서 우리를 자유롭게 하려고 자유를 주셨으니 그러므로 굳건하게 서서 다시는 종의 멍에를 메지 말라"(갈 5:1). 순전히 외적인 종교의 비천한 요소들로 다시 돌아가지 말고, 영과 진리로 하나님을 예배하는 일을 굳게 지키십시오. 이것이 하나님의 자녀의 자유이기 때문입니다.

이제, 믿음으로 말미암아 우리는 더 이상 노예와 같지 않습니다. 사도는 말합니다. "유업을 이을 자가 모든 것의 주인이나 어렸을 동안에는 종과 다름이 없어서 그 아버지가 정한 때까지 후견인과 청지기 아래에 있나니"(갈 4:1). 사랑하는 여러분, 여러분은 이제 하나님의 아들들입니다. 성년이 되었습니다. 이제 여러분은 아버지 집의 명예와 복을 자유롭게 누릴 수 있습니다. 자유로운 영이 여러분 속에 거하며, 거룩함에 이르도록 부추기는 것을 기뻐하십시오. 이 영은 순전히 외적인 명령이나 위협하는 채찍과는 비교할 수 없이 강력한 능력입니다. 이제 여러분은 더 이상 외적 형식과 의식, 전례들에 묶여 있지 않습니다. 성령께서 여러분에게 모든 것을 가르쳐 주시며, 여러분을 진리의 내적 의미와 실체를 깨닫도록 인도하십니다.

자, 사도는 또한 우리가 유업을 이을 자라고 말하기도 합니다. "그러므로 네가 이 후로는 종이 아니요 아들이니 아들이면 그리스도로 말미암아 하나님의 유업을 받을 자니라"(4:7, 개역개정은 "하나님으로 말미암아 유업을 받을 자니라" — 역주). 이제까지 살아 있는 사람 가운데서는 이 말씀이 의미하는 바를 충분히 깨달은 사람은 없습니다. 신자들은 이 순간 유업을 받을 자입니다. 그러면 그의 유산은 무엇입니까? 그것은 바로 하나님 자신입니다! 우리는 하나님의 유업을 받을 자입니다! 우리는 약속들, 곧 언약의 약속들과 택하신 후손에게 속한 모든 복들을 받을 뿐만 아니라, 하나님 자신을 유업으로 받을 자들입니다. "내 심령에 이르기를 여호와는 나의 기업이시라"(애 3:24). "이 하나님은 영원히 우리 하나님이시니라"(시 48:14). 우리는 하나님의 상속자, 곧 하나님께서 그 맏아들에게 주시는 모든 것을 유업으로 받을 뿐만 아니라 하나님 자신을 유업으로 받을 자들입니다. 다윗은 "여호와는 나의 산업과 나의 잔의 소득이시니라"(16:5)고 하였습니다. 하나님은 아브라함에게 "아브람아 두려워하지 말라 나는 네 방패요 너의 지극히 큰 상급이니라"(창 15:1)고 말씀하셨듯이, 성령으로 난 모든 사람에게 그같이 말씀하십니다. 이것은 하나님께서 친히 "나는 그들에게 하나님이 되고 그들은 내게 백성이 될 것이라"고 하시는 말씀입니다. 자, 그렇다면 신자여, 여러분은 가난합니까? 모든 부가 여러분의 것입니다. 그런데 왜 여러분은 슬퍼하십니까? 항상 찬송받으실 하나님이 여러분의 것입니다. 그런데 여러분은 왜 떱니까? 전능한 능력이 여러분을 도우려고 기다립니다. 왜 여러분은 믿지 않습니까? 하나님의 불변하심이 끝까지 여러분과 함께 할 것이고, 하나님의 약속을 굳게 세울 것입니다. 만물이 여러분의 것입니다. 그리스도께서 여러분의 것이고 그리스도는 하나님의 것이기 때문입니다. 현재는 여러분이 실제로 손으로 잡을 수 없고, 눈으로 볼 수 없는 것들, 즉 여러분을 위해 하늘에 쌓아둔 것들이 있지만, 여러분은 지금도 믿음으로 그것들을 누릴 수가 있습니다. 이는 "하나님이 우리를 함께 일으키사 그리스도 예수 안에서 함께 하늘에 앉히셨고"(엡 2:5,6), "우리가 그 안에서 기업이 되었으며"(1:11), 그래서 "우리의 시민권은 하늘에 있기"(빌 3:20) 때문입니다. 우리는 성령의 내주하심으로 인해 지금도 하늘의 보증과 증거를 누립니다. 하나님의 자녀인 사람들에게는 얼마나 놀라운 특권들이 있는지 모릅니다!

다시 한 번, 신자의 존엄이라는 이 점 때문에, 우리는 하나님의 자녀됨에 반드시 따라오는 결과들 가운데 하나를 이미 맛보고 있습니다. 그러면 그 결과들은 무엇입니까? 그 결과들 가운데 하나는 여종의 자녀들의 반대입니다. 바울 사도가 성도의 자유를 전하자마자 "이것이 너희에게 아무 쓸모가 없을 것이다. 너희는 할례를 받아야 하고, 율법 아래 와야 한다"고 말하는 어떤 선생들이 일어났습니다. 그들의 반대가 바울에게는 바울이 자유로운 여자에게서 났다는 표시였습니다. 여종의 자녀들이 그들의 악의에 찬 반대를 위해 그를 선택하였기 때문입니다. 사랑하는 형제 여러분, 여러분이 하나님의 권속의 일원이 되기 위해 하나님과 교제를 누리면, 양자의 영으로 산다면, 여러분이 지극히 높으신 이에게 가까이 간다면, 율법의 속박 아래 있는 사람들이 즉시 여러분과 싸울 것입니다. 그래서 사도는 말했습니다. "그 때에 육체를 따라 난 자가 성령을 따라 난 자를 박해한 것 같이 이제도 그러하도다." 하갈의 아들이 약속의 자녀인 이삭을 희롱하는 것을 사라가 발견하였습니다. 이스마엘은 기회가 되었다면, 자기가 미워하는 이 상속자에게 적의를 드러내어 그를 때리고 공격했을 것입니다. 그러나 그를 억제하는 더 큰 능력이 있어서 이스마엘은 "놀리는 것" 이상의 행동을 하지 못하였습니다. 그것은 지금도 마찬가지입니다. 복음의 원수들이 조롱하는 정도가 아니라 훨씬 그 이상의 행동을 취했던 시기들이 있었습니다. 그들이 복음을 사랑하는 사람들을 감옥에 가두고, 산 채로 불태우기까지 하였기 때문입니다. 그러나 지금은 감사하게도, 우리는 생명과 신체와 자유에 대해 하나님의 특별한 보호를 받고 있고, 이삭이 아브라함의 집에 있었던 것처럼 안전하게 지냅니다. 복음의 원수들이 우리를 조롱할 수 있지만 그 이상으로 나갈 수 없습니다. 그렇지 않으면 우리들 가운데 어떤 사람들은 공공연하게 교수형에 처해질 것입니다. 그러나 여전히 우리는 지독한 조롱을 받는 시련을 견뎌야 하고, 우리 말은 곡해되며, 우리의 감정은 잘못 전달됩니다. 우리가 알지도 못하는 온갖 끔찍한 일들이 우리 탓으로 돌려집니다. 이 모든 것에 대해 우리는 바울과 함께 이렇게 말하고 싶습니다. "그런즉 내가 너희에게 참된 말을 하므로 원수가 되었느냐?" 이것이 하갈의 자녀들이 옛적에 취한 방식입니다. 육신을 따라 난 자녀는 지금도 성령을 따라 난 자녀를 놀리는데 최선을 다하고 있습니다. 이런 일이 여러분 가운데 누구에게든지 일어날 때 조금도 놀라지 말고 슬퍼하지도 마십시오. 오히려 이 일로 말미암아 여러분이 그리스도 예수에 대한 믿음을 확신하고 확고히 하는 계기가 되도록 하십시오. 그리스도께서 옛적에 이같이 말씀하셨기 때문입니다. "너희가 세상에 속하였으면 세상이 자기의 것을 사랑할 터이나 너희는 세상에 속한 자가 아니요 도리어 세상에서 나의 택함을 입은 자인고로 세상이 너희를 미워하느니라"(요 15:19).

2. 이제 두 번째로 성령의 내주하심의 결과들에 대해서 살펴보겠습니다.

"하나님이 그 아들의 영을 우리 마음 가운데 보내사." 여기에 하나님 아버지의 신적 행위가 나옵니다. 성령은 아버지와 아들에게서 나오시고, 하나님께서 성령을 여러분의 마음에 보내셨습니다. 성령께서 그냥 와서 여러분의 마음을 두드리고 들어갈 수 있도록 여러분의 허락을 구하기만 했다면, 들어가지 못했을 것입니다. 그러나 여호와께서 성령을 보내셨을 때, 성령께서는 여러분의 의지를 침해하지 않지만 그러나 저항할 수 없는 능력으로 여러분의 마음에 들어가셨습니다. 여호와께서 성령을 보내시는 곳에, 성령께서 거하시며 다시는 떠나지 않고 영원히 거하실 것입니다. 사랑하는 여러분, 나는 이 말씀에 대해 길게 논할 시간이 없습니다. 그러나 여기에 깊은 진리가 있기 때문에, 여러분이 이 말씀을 마음에 담아두기를 바랍니다. 하나님께서 그 아들을 세상에 보내어 사람들 사이에 거하게 하셨고, 그래서 성도들이 그의 영광, 곧 "아버지의 독생자의 영광이요 은혜와 진리가 충만한"(요 1:14) 영광을 보았던 것과 같이 확실하게, 하나님께서 성령을 보내어 사람들 마음에 들어가 거하여서 그 안에서도 하나님의 영광이 계시될 수 있도록 하였습니다. 여러분에게 이와 같은 방문자를 보내신 주님을 찬송하고 경배하십시오.

자, 성령께서 우리에게 오실 때 쓰시는 방식과 호칭을 살펴봅시다. 즉 성령께서는 예수의 영으로 오십니다. "그 아들의 영"이라는 말을 쓰는데, 그리스도의 성품과 성향을 의미하는 것이 아닙니다. 하나님께서 이 아들의 영을 그의 백성들에게 보내시는데, 그것은 성령을 의미하기 때문입니다. 그렇다면 왜 성령님을 그 아들의 영 혹은 예수의 영이라고 부릅니까? 그에 대해 이런 이유들을 제시할 수 있지 않겠습니까? 그리스도께서 동정녀 마리아를 통해서 인성을 받는 일이 성령으로 말미암아 이루어졌습니다. 우리 주님께서 세례를 받으실 때, 성령의 증거를 받으셨는데, 그때 성령이 비둘기처럼 그 위에 내려 머물렀습니다. 성령께서 그리스도 안에 한량 없이 거하셨고, 그에게 기름을 부어 그의 큰 사역을 감당할 수 있게 하셨습니다. 또 주께서 성령으로 말미암아 즐거움의 기름 부음을 받아 동류들보다 뛰어나게 되셨습니다(히 1:9). 성령께서는 또한 주와 함께 하시며 표적과 기사들로써 주님의 사역을 증거하셨습니다. 성령은 우리 주님께서 교회에 주시는 큰 선물입니다. 그리스도께서 오순절의 은사들을 주셨고, 그래서 성령께서 교회에 내려 하나님의 백성들과 영원히 거하게 된 것은 승천 후의 일이었습니다. 성령은 그리스도의 영이십니다. 성령은 여기 이 땅에서 그리스도의 증인이시기 때문입니다. "증언하는 이가 셋이니 성령과 물과 피라"(요일 5:7,8). 이런 이유들과 그 밖의 많은 이유 때문에 성령께서 "그 아들의 영"이라고 불립니다. 신자들에게 와서 거하시는 분은 바로 성령님이십니다. 나는 여러분에게 여기서 나타나는 놀라운 겸손을 생각해 보라고 아주 진지하게 말씀드리고 싶습니다. 바로 하나님이신 성령께서 신자들 안에 거처를 잡으십니다. 예수님께서는 사람의 몸을 입으시고 이 땅에 잠시 거하시는 동안 죄에 물들지 않고, 거룩하며 악의가 없고 죄인들에게서 떠나 깨끗하게 지내셨습니다. 그러나 성령께서는 신자들이 아직 불완전하고 악으로 향하는 경향이 있지만 그들의 마음속에 항상 거하십니다. 해가 바뀌어도, 세기가 바뀌어도 성령께서는 여전히 성도들 안에 거하시며, 하나님의 택하신 자들이 모두 영광 가운데 있게 될 때까지 그들 가운데 거하실 것입니다. 우리는 성육신 하신 아들을 경배하면서, 또한 성부께서 보내어 우리 안에 내주하게 하신 성령님께도 경배하도록 합시다.

이제 성령께서 와서 거하시는 장소를 봅시다. "하나님이 그 아들의 영을 너희 마음 가운데 보내사"(개역개정은 "우리 마음 가운데" — 역주). 성령께서 여러분의 머릿속이나 뇌 속에 들어가서 말씀하시지 않는다는 점에 유의하시기 바랍니다. 성령께서 지성에 빛을 비추고 판단력을 지도하시는 것은 틀림없습니다. 그러나 이것은 성령의 사역의 시작점이 아니고 주요 부분도 아닙니다. 성령께서는 주로 감정의 부분에 임하고, 마음에 거하십니다. 이는 사람이 마음으로 믿어 의에 이르고, "하나님이 그 아들의 영을 너희 마음 가운데 보내셨기" 때문입니다. 자, 마음은 우리 존재의 중심입니다. 그래서 성령께서는 이 우월한 위치를 차지합니다. 우리는 마음을 생명의 거처라고 이야기합니다. 그래서 성령께서 마음에 들어가시며, 살아 계시는 하나님으로서 살아 있는 마음에 거하시고, 우리 존재의 핵심이요 정수를 점유하시는 것입니다. 생명은 마음에서 흘러나오고 또 마음을 통해서 퍼집니다. 피는 심장의 박동에 의해 사지에까지 전달됩니다. 성령께서 우리의 정서를 차지하면, 우리의 모든 능력과 기능, 사지에 영향을 끼치십니다. 마음에서 생명이 나오고, 성령으로 말미암아 정서가 거룩해지면, 다른 모든 기능과 능력이 새롭게 되고, 빛을 받으며 거룩하게 되고 힘을 얻으며, 궁극적인 완전함에 이르게 됩니다.

"우리가 아들이므로" 이 놀라운 복이 우리 것입니다. 이 복에는 놀라운 결과들이 가득 차 있습니다. 우리가 하나님의 아들 되었다는 사실이 내주하시는 성령에 의해 보증됨으로 우리가 평안과 기쁨을 누립니다. 우리가 하나님의 아들이므로 하나님께 가까이 가고 하나님과 교제하게 됩니다. 우리가 하나님의 자녀라는 사실이 신뢰와 사랑, 강한 소원을 일으키고, 우리 속에 공경심과 순종, 실제로 하나님을 닮고자 하는 마음을 일으킵니다. 이 모든 일이 발생하고 그보다 훨씬 더 큰 일도 일어나는 것은, 성령께서 오셔서 우리 마음에 거하시기 때문입니다. 무엇에도 비길 데 없는 신비입니다! 이 사실이 계시되지 않았다면, 그것을 생각지도 못했을 것입니다. 그 사실이 계시되었지만, 그리스도 예수 안에 있는 자들이 그것을 실제로 경험하지 못하였다면, 아무도 그 사실을 믿지 못했을 것입니다. 신자라고 하면서 이 사실에 대해 아무것도 모르는 사람들이 많습니다. 그들은 마치 우리가 쓸데없는 이야기를 하는 것처럼 우리 말을 듣고도 믿지 않습니다. 육적인 마음은 하나님께 속한 일들을 알지 못하기 때문입니다. 그런 일은 영적인 것이어서, 영적으로만 분별할 수 있습니다. 하나님의 아들이 아닌 사람들, 즉 이

스마엘처럼 본성의 법 아래 있는 아들로서만 오는 사람은 이 성령의 내주하심을 알지 못하고, 우리가 그처럼 큰 복을 자신의 것이라고 주장하는 것에 대해 화를 냅니다.

3. 이제 우리는 본문의 세 번째 부분, 곧 자식으로서 부름을 살펴볼 차례가 되었습니다.

나는 여러분이 마음으로 이 점을 생각해보면 유익이 될 것이라고 봅니다. "하나님이 그 아들의 영을 보내사 아빠 아버지라 부르게 하셨느니라." 자, 부르는 분이 바로 성령이시라는 점에 유의하십시오. 이것은 아주 주목할 만한 사실입니다. 어떤 사람들은 이 표현을 히브리 어법으로 보고, 성령께서 "우리로 부르게 하신다"는 식으로 해석합니다. 그러나 사랑하는 여러분, 본문은 그렇게 기록되어 있지 않습니다. 우리는 그것을 구실로 마음대로 그 표현을 바꾸어서는 안 됩니다. 우리는 하나님이 말씀하시는 것에 언제나 일치되게 생각해야 합니다. 여기서 우리는 우리 마음속에 계시는 성령에 대해서, 그가 "아빠 아버지"라고 부르고 있다고 읽는 것이 맞습니다. 로마서 8:15에서 바울 사도는 "양자의 영을 받았으므로 우리가 아빠 아버지라고 부르짖느니라"고 말합니다. 사도가 "아빠 아버지"라고 부르는 것이 우리였다고 말하였을 때, 성령께서 그렇게 부르는 것을 배제하려고 하지 않았다는 것을 확실히 알 수 있습니다. 왜냐하면 유명한 로마서 8:26에서 사도가 이렇게 말하기 때문입니다. "이와 같이 성령도 우리의 연약함을 도우시나니 우리는 마땅히 기도할 바를 알지 못하나 오직 성령이 말할 수 없는 탄식으로 우리를 위하여 친히 간구하시느니라." 이와 같이 사도는, 성령께서 친히 하나님의 자녀 속에서 말할 수 없는 탄식으로 기도하신다고 말합니다. 그래서 로마 교인들에게 편지를 쓸 때, 사도는 그가 갈라디아 교인들에게 말했던 것과 같은 사상을 마음에 두고 있었습니다. 즉 우리 속에서 탄식하고 "아빠 아버지"라고 부르는 분이 바로 성령이시라는 것입니다. 어떻게 이렇게 될 수 있습니까? 부르는 것은 바로 우리이지 않습니까? 맞습니다. 우리인 것이 확실합니다. 그렇지만 성령께서도 부르십니다. 그 표현은 두 가지 모두 옳습니다. 성령께서 그렇게 부르도록 자극하고 고무시킵니다. 성령께서 그 부르짖음을 신자의 마음과 입에 넣어줍니다. 성령께서 그렇게 부르도록 권하고, 그렇게 부르는 것을 찬성하며, 그렇게 부르도록 우리를 교육하시므로, 그것은 성령의 부르심입니다.

성령께서 먼저 우리에게 그 길을 가르쳐 주시지 않았다면 우리는 결코 그렇게 부르지 못했을 것입니다. 엄마가 아이에게 말하는 법을 가르치듯이, 성령께서 "아빠, 아버지"라고 부르는 말을 우리 입에 넣어주십니다. 그렇습니다. 우리 마음에 아버지 하나님을 닮고자 하는 마음을 일으켜 주시고 유지시켜 주시는 분은 바로 성령이십니다. 성령은 양자의 영이시고, 양자로서 우리가 하나님을 특별하고 의미있게 부르게 만드시는 분입니다.

성령께서는 우리를 고무시켜 하나님을 아버지로 부르도록 하실 뿐만 아니라, 그렇게 부르지 않을 수 없게 만드는 필요 의식을 우리 안에 일으키고, 또 우리가 크신 하나님에 대해 감히 그런 관계에 있다고 주장하게 만드는 확신의 영을 일으키십니다. 이것이 전부는 아닙니다. 성령께서는 우리가 올바로 기도할 수 있도록 신비한 방식으로 우리를 도우시기 때문입니다. 성령께서는 그의 신성한 에너지를 불어넣어서 우리가 하나님이 용납하실 방법으로 "아빠 아버지"라고 부르게 만듭니다. 우리가 전혀 부를 수 없는 때가 있습니다. 그때는 성령께서 우리 속에서 하나님을 부릅니다. 의심과 두려움이 가득하여서 질식시키므로 우리가 하나님을 부를 수도 없는 때가 있습니다. 그때는 내주하시는 성령께서 우리를 대표하고 대신하며, 우리의 이름으로 부르고 우리를 위해 중보 기도를 드리며 하나님의 뜻을 따라 우리를 위해 간구하십니다. 이렇게 우리가 기도할 수가 없고, 자신을 하나님의 자녀로 생각할 수 없다고 느낄 때, "아빠 아버지"라는 부르짖음이 우리 마음속에서 일어납니다. 그때 우리 각자는 이렇게 말할 수 있습니다. "이제는 내가 사는 것이 아니요 오직 내 안에 성령께서 사시는 것이라." 반면에, 때로 우리는 성령의 그런 부르짖음에 즐거이 동의하고, 그래서 그 부르짖음이 우리의 부름이 됩니다. 그러나 그때 우리는 성령의 활동을 평상시보다 더 인정하고, "아빠 아버지"라는 복된 부르짖음이 성령에게서 나온 것임을 인정합니다.

나는 이제 여러분이 이 부름에 관한 매우 즐거운 사실에 주의하기 바랍니다. 즉 그것은 말 그대로 그 아들의 부름이라는 것입니다. 하나님께서 그 아들의 영을 우리 마음에 보내셨고, 그래서 그 영이 정확하게 그 아들의 부름(외침)에 따라 우리 속에서 그같이 부르는 것입니다. 마가복음 15:36을 보면, 여러분은 다른 어떤 복음서 기자에게서도 보지 못하는 것을 발견하게 될 것입니다(마가는 언제나 인상적인 요점과 기억에 남을 만한 말을 전하는 사람입니다). 마가는 우리 주님께서 겟세마네 동산에서 "아빠 아버지여 아버지께는 모든 것이 가능하오니 이 잔을 내게서 옮기시옵소서"라고 기도하셨다고 기록하고 있습니다. 이와 같이 우리가 속으로 부르는 그 부르짖음은 "아빠 아버지"라는 우리 주님의 부르짖음을 문자 그대로 모방합니다. 자, 나는 여러분이 다른 때, 내가 "아빠 아버지"라는 말을 길게 설명하는 것을 들었을 것이라고 생각합니다. 그렇다면, 여러분은 이 첫 단어가 시리아어나 아람어라는 것을 압니다. 즉 대체적으로 말해서, 아빠는 "아버지"를 뜻하는 히브리어입니다. 두 번째 단어는 헬라어로 되어 있는데, "파테르"라는 이방인 단어로 똑같이 아버지를 뜻합니다. 이 두 단어가 유대인과 이방인이 하나님 앞에서 하나라는 것을 우리에게 상기시키기 위해 사용되었다는 말을 듣습니다. 두 단어가 우리에게 그 사실을 생각나게 하지만, 이것이 두 단어를 사용한 주된 이유였을 리는 없습니다. 여러분은 우리 주님께서 겟세마네 동산에서 고통 가운데 계실 때 "아빠 아버지"라고 말씀하신 것이, 유대인과 이방인이 하나였기 때문이라고 생각하십니까? 왜 주님께서 그 교리를 생각하셔야 했고, 하나님 아버지께 기도하시는 가운데 그 교리를 언급할 무슨 필요가 있겠습니까? 다른 어떤 이유 때문에 주님께서 그 단어를 쓰셨던 것이 틀림없습니다. 내가 볼 때, 우리 주님께서 "아빠"라고 말씀하신 것은, 그것이 주님의 모국어였기 때문입니다. 프랑스 사람이 기도할 때, 영어를 배운 사람이라면, 그는 보통 때 영어로 기도할 수 있습니다. 그러나 그가 깊은 고민 가운데 빠진다면, 틀림없이 불어로 기도할 것입니다. 우리 웨일스 형제들은 우리에게 웨일스 말 같은 언어는 없다고 합니다. 그들에게 그럴 것이라고 생각합니다. 그들이 일반적으로 일에 관해서 이야기할 때는 영어를 쓸 것이고, 그들에게 모든 일이 순조롭게 진행될 때는 영어로 기도할 수 있습니다. 그러나 웨일스 사람이 아주 뜨겁게 기도한다면, 자기 심정을 충분히 표현하기 위해서는 곧바로 웨일스 말을 씁니다. 고통 가운데 계신 우리 주님은 모국어를 쓰셨습니다. 아브라함의 후손으로 태어나셨기 때문에 주님은 자기 말로 "아빠" 하고 부르짖습니다. 형제 여러분, 바로 이와 같이 우리는 양자의 영에게 고무를 받으면 자신의 말, 곧 마음의 언어를 사용하게 되고, 자신의 언어로 자유롭게 주님께 말씀드립니다. 게다가 내 생각에는, "아빠"라는 이 단어가 모든 언어 가운데서 아버지를 뜻하는 가장 자연스러운 말이라고 봅니다. 그 단어를 발음을 해서 여러분이 그 단어가 본래 지닌 어린아이다움을 보도록 하지 않을 수 없습니다. "아 ─ 빠," "아 ─ 빠." 이것이 꼭 여러분의 자녀가 말하기 시작하자마자 "압 ― 바, 압 ― 바" 하고 말하는 것과 같지 않습니까? 이것은 히브리인이든 헬라인이든, 프랑스인이든 영국인이든, 어린아이라면 누구나 말할 그런 단어입니다. 그러므로 아빠는 모든 언어로 소개할 만한 단어입니다. 그것은 정말로 어린아이의 말입니다. 우리 주님께서는 고통 가운데서 어린아이의 말에 애착을 느끼셨던 것이 분명합니다. 거스리 박사(Dr. Guthrie)는 죽음에 임박해서 "찬송을 불러 주게" 하고 말하고서, 이 말을 덧붙였습니다. "어린이 찬송 가운데 하나를 불러 주게." 사람이 죽게 되면, 그는 다시 어린아이가 되고 싶어하고, 어린이 찬송과 어린아이의 말을 그리워합니다. 찬송받으실 우리 주님께서 고통 가운데서 "아빠"라는 어린아이의 말을 사용하셨습니다. 그것은 마찬가지로 우리 각 사람의 입에도 어울리는 말입니다. 우리가 하나님을 딱딱하고 형식적으로 대하지 않고 아주 꾸밈없이 대해야 한다는 것을 보여주기 위해 주께서 "아빠"라는 기분 좋은 이 단어를 선택했다고 나는 생각합니다. 우리는 하나님께 애정을 갖고 가까이 다가가야 합니다. 그냥 냉랭한 헬라어인 "파테르"라고 말하지 말고, "아빠"라고 해야 합니다. 즉 하나님 앞에 어린아이인 사람에게 적합한 따뜻하고 꾸밈 없으며 애정이 담긴 말을 사용해야 합니다. 그리고 용감하게 하나님의 가슴에 기대어 하나님의 얼굴을 보고 거룩한 담대함을 가지고 말해야 합니다. "아빠"는 어쨌든 단어가 아니고 어린 아기의 혀 짧은 말입니다. 우리가 그런 말을 사용할 수 있을 때, 우리는 하나님께 참으로 가까운 존재인 것입니다. 우리가 이렇게 하나님께 말을 걸고, 바로 하나님의 아들처럼 "아빠, 아버지"라고 말할 수 있다면, 하나님은 우리에게, 그리고 우리는 하나님께 참으로 소중한 존재인 것입니다.

이 사실을 생각할 때, 우리 마음속에 일어나는 이 부름이 참으로 가깝고 친밀한 호칭이라는 것을 보게 됩니다. 그 소리를 들을 때, 그 단어가 어린아이가 쓰는 말이라는 것을 이미 말씀드렸습니다. 그런데 그 발음의 어조와 방법도 마찬가지로 어린애 같습니다. 그 말이 고함, 즉 크게 외치는 소리라는 것에 주목할 필요가 있습니다. 우리가 왕을 알현할 때, 고함치지 않고, 신중한 어조와 규정된 표현을 써서 말합니다. 그러나 성령께서는 우리의 신중한 어조를 깨트리고, 사람들이 크게 감탄하는 대상에 대해서 갖는 격식을 차리는 태도를 없애버리고, 우리가 큰 소리로 외치게 만듭니다. 이것은 격식을 차리는 딱딱한 태도와 정반대되는 것입니다. 우리가 큰 소리로 외칠 때, "아빠" 하고 부를 때, 이렇게 큰 소리로 부르는 것 자체가 양자의 영이 가득하다는 것을 나타냅니다. 고함은 우리가 지나가는 사람이 듣는 것에 개의치 않고 지르는 소리입니다. 어떤 아이가 아버지가 자기가 크게 소리지른다고 생각할까봐 걱정합니까? 그와 같이 마음이 상하고 억눌릴 때, 우리는 말을 결코 점잖게 할 수 없을 것처럼 느낍니다. 성령께서 우리 속에서 이렇게 부르짖고 탄식하는 소리를 내보낼 때, 우리는 이런 소리들을 부끄러워하지 않고, 하나님 앞에서 큰 소리로 외치는 것을 무서워하지도 않습니다. 나는 여러분들 가운데 자신이 그런저런 목사처럼 유창하게 기도하지 못하기 때문에 하나님께서 여러분의 기도를 듣지 않으실 것이라고 생각하는 사람들이 있다는 것을 압니다. 그렇지 않습니다. 그 아들의 영이 부르짖는다면, 여러분도 그렇게 큰 소리로 외치는 것만큼 잘 기도할 수는 없습니다. 여러분이 하나님께 눈물로 얼룩지고, 슬픔이 깊이 밴 말을 띄엄띄엄 드리는 것에 개의치 마십시오. 거룩한 친밀감을 가지고 하나님 앞에서 "아빠, 아버지" 하고 소리치는 것을 두려워하지 마십시오.

　　그때 그 고함은 매우 진지합니다. 고함은 감정이 격앙된 소리이기 때문입니다. 그 단어는 뜨거움을 함축하고 있습니다. 이 크게 외치는 소리는 경박한 말이 아니고 단지 입술만 움직여서 내는 것이 아니라 영혼에서 나오는 소리입니다. 싫다는 말을 못하시게 기도 가운데 끈덕지게 열렬히 하나님께 외치라고 주님께서 우리를 가르치지 않았습니까? 때로 우리가 "당신이 내게 축복하지 아니하면 가게 하지 아니하겠나이다"(창 36:26) 하고 말할 수 있을 만큼, 주께서 우리를 아주 가깝게 부르신 것이 아닙니까? 주님의 제자들이 옛적에 어떤 사람에 대해 "그 여자가 우리 뒤에서 소리를 지르오니 보내소서"(마 15:23) 하고 말하였듯이, 우리에게 그렇게 말할 정도로 기도하라고 주님께서 가르치시지 않았습니까? 우리는 주님을 본받아 소리치고, 우리의 몸과 마음이 하나님께, 살아 계신 하나님께 소리쳐 요구합니다. 이것이 그렇게 소리치는 것입니다. "아빠, 아버지, 내가 주님을 알아야 하겠습니다. 주님의 사랑을 맛보아야 하겠습니다. 내가 주님의 날개 아래 거하고, 주의 얼굴을 보아야 하겠습니다. 아버지로서 주님의 마음이 내 마음을 평화로 채우고 흘러넘치는 것을 느껴야 하겠습니다."

　　이 외침이 대부분은 마음속에 갇혀 있고 입 밖으로 나오지 않는다는 점을 끝으로 살펴보겠습니다. 우리는 말을 하지 못할 때, 모세처럼 부르짖습니다. 하나님께서 우리 마음속에 아들의 영을 보내셨고, 그 영으로 말미암아 우리는 "아빠, 아버지”라고 외칩니다. 여러분은 내가 무슨 뜻으로 말하는지 압니다. 여러분은 조용한 방에서 혼자 안락의자에 앉아 하나님께 외치는 것이 아닙니다. 여러분은 길거리를 돌아다니거나 가게에서 일하면서 하나님께 “아빠, 아버지” 하고 소리칩니다. 여러분이 많은 사람들 속에 있거나 가족들과 함께 식탁에 있을 때, 그 아들의 영께서 “아빠, 아버지”라고 부르짖고 계십니다. 내가 마치 하나님과 친밀한 것처럼 말한다고 사람들이 비난한다는 것을 압니다. 사람들이 그렇게 말한다면, 나는 느끼는 대로만 말하는 것이라고 담대히 말합니다. 내 하늘 아버지의 이름이 찬송 받기를 바랍니다. 나는 내가 하나님의 자녀인 것을 압니다. 아이가 자기 아버지 외에 누구와 친하겠습니까? 살아 계신 하나님을 모르는 여러분들이여, 여러분은 이 점을 아시기 바랍니다. 이것이 나쁜 일이라면, 하나님께서 내가 하나님과 더욱더 친밀하게 행하도록 도우실 것이기 때문에, 나는 훨씬 더 나빠질 작정입니다. 우리는 하늘에 계신 아버지에 대해 깊은 공경심을 느낍니다. 이 공경심 때문에 깊이 엎드리지 않을 수 없지만, 우리는 모든 사람에게 “우리의 사귐은 아버지와 그의 아들 예수 그리스도와 더불어 누림이라”(요일 1:3)고 말할 수 있습니다. 불신자는 신자의 영혼이 그리스도 예수 안에서 하나님에 대하여 갖는 친밀감을 이해할 수 없습니다. 세상은 이것을 알 수 없기 때문에, 그런 친밀감을 조롱하기 좋아하지만, 그런 것에 신경 쓸 필요가 있겠습니까? 이삭에 대한 아브라함의 애정 때문에 이스마엘이 질투심이 생기고 이삭을 조롱하였습니다. 그러나 이삭은 조롱하는 자가 그에게서 언약의 복을 뺏을 수 없기 때문에 조롱받는 것을 부끄러워할 것이 아무것도 없었습니다. 그렇습니다. 사랑하는 여러분, 성령께서 여러분이 “아빠, 아버지”라고 부르게 만듭니다. 그러나 그 부르짖음은 주로 여러분 속에 있고, 그 부르짖음이 아주 일상적으로 표현되면, 하늘 아버지를 크게 부르는 것이 여러분 영혼의 습관이 됩니다. 본문은 성령께서 크게 부르셨다고 하지 않고, “크게 부르고 있다”고 말합니다. 이것은 현재 분사로서, 성령께서 매일 “아빠, 아버지” 하고 부르신다는 것을 표시합니다.

　　형제 여러분, 집에 가셔서 양자의 영으로 사시기 바랍니다. 아침에 일어나면, 제일 먼저 “아버지, 아버지, 오늘 나와 함께 하여 주옵소서” 하고 기도하십시오. 일하러 나가서, 당황스러운 일을 만나면, 마음으로 이렇게 기도하십시오. “아버지, 이 어려운 시간에 나를 도와주소서.” 집에 가서 가정의 근심거리들을 만나면, 이렇게 소리치십시오. “아버지, 도와주세요.” 혼자 있을 때에도 여러분은 혼자가 아닙니다. 아버지 하나님께서 여러분과 함께 계시기 때문입니다. 많은 무리 가운데 있어도 여러분은 위험하지 않습니다. 아버지 하나님께서 친히 여러분을 사랑하시기 때문입니다. "아버지께서 친히 너희를 사랑하심이라"(요 16:27)는 말씀이 얼마나 복된지 모릅니다! 가서 하나님의 자녀로 사십시오. 하나님을 공경하도록 주의하십시오. 하나님이 아버지시라면, 하나님을 두려워할 수 있겠습니까? 가서 하나님께 순종하십시오. 이것이 옳은 일이기 때문입니다. 사랑하는 자녀로서 하나님을 본받도록 하십시오. 여러분이 어디에 있든지, 모든 일에서 하나님의 교훈을 빛나게 함으로써 하나님께 영광을 돌려드리십시오. 가서 하나님을 의지하여 사십시오. 여러분이 곧 하나님과 함께 살게 될 것이기 때문입니다. 가서 하나님을 기뻐하십시오. 가서 여러분의 모든 근심을 하나님께 맡기십시오. 이후로는 가서, 사람들이 여러분에게서 무엇을 보든지 간에, 여러분이 지극히 높으신 분의 자녀라는 것을 그들이 인정하지 않을 수 없게 하십시오. "화평하게 하는 자는 복이 있나니 그들이 하나님의 아들이라 일컬음을 받을 것임이요"(마 5:9). 이제부터 영원히 여러분이 그런 사람이 되기를 바랍니다. 아멘. 아멘.

제
9
장

—

성령의 첫 열매

—

"오직 성령의 열매는 사랑이니라." ― 갈 5:22

우리에게 있는 최악의 적은 육신입니다. 아우구스티누스는 자주 이렇게 기도하곤 하였습니다. "주여, 나를 이 악한 사람인 내 자신에게서 구원하여 주옵소서." 우리 본성에 많은 연료가 없었다면, 마귀가 지옥에서 가져올 수 있는 그 모든 불도 우리에게 별로 해를 끼칠 수 없었을 것입니다. 우리에게 영속적인 위험물은 옛사람이라는 화약고 안에 있는 화약입니다. 우리가 밖에 있는 적에 대해 경계하고 있을 때, 우리 안에 있는 최고의 적을 끊임없이 감시하는 것을 잊지 않아야 합니다. "육체의 소욕은 성령을 거스르고." 반면에, 우리가 자신을 사랑하는 것보다 더 우리를 사랑하시는 우리의 최고의 친구는 성령이십니다. 우리는 성령님을 완전히 잊고 지내는데, 그 점에서 성령님을 매우 슬프시게 한다는 것을 두려워해야 합니다. 그렇지만 우리는 성령님께 헤아릴 수 없이 많은 빚을 지고 있습니다. 사실, 우리가 영적으로 생활할 수 있는 것은 성령님의 신적인 능력 덕분입니다. 성령님의 사랑을 우리 주 예수 그리스도의 은혜와 비교하여, 암시적으로라도 어떤 사랑이 더 큰지를 정하는 것은 적절하지 못한 일일 것입니다. 중생시키는 성령님의 사랑이 무한하듯이, 구속하시는 아들의 사랑도 무한하기 때문입니다. 하지만 잠시 이 두 사랑의 표현을 나란히 놓아보겠습니다. 성령 하나님의 내주하심은 성자 하나님의 성육신의 인자(仁慈)와 대등한 것이 아니겠습니까? 예수께서는 친히 사람의 몸을 입고 지내셨고, 성령님은 타락하였지만 불

완전하게 성화된 우리 인간들 가운데 거하십니다. 예수께서는 친히 사람의 몸으로 거하시며 그 몸을 자신의 뜻대로 완전히 통제하셨습니다. 그러나 슬프게도 성령께서는 우리 속에서 우리를 통제하기 위해서 싸우지 않으시면 안 됩니다. 성령께서 우리의 마음을 지배하시는 주이실지라도, 우리 지체 속에는 악한 힘, 곧 강하게 자리 잡고 있고 완고하게 악을 행하려는 경향이 있는 악한 정욕이 있습니다. "육체의 소욕은 성령을 거스르고 성령은 육체를 거스르나니"(갈 5:17). 우리 주 예수께서는 오직 30년 어간만 자신의 몸 안에 거하셨습니다.

　　그러나 찬송 받으실 모든 은혜의 성령께서는 중생으로 말미암아 우리 속에 들어오시는 순간부터 우리 인생행로의 모든 날 동안, 항상 우리 안에 거하십니다. 성령께서는 우리 안에 계속 거하면서 우리를 빛 가운데 있는 성도들의 유업을 함께 받는 자가 되도록 만드십니다. 여러분은 우리 주 예수님과 그 십자가에 대해 "사랑이었네, 놀라운 사랑이었네" 하고 노래합니다. 그런데 성령님과 그의 오래 참으심에 대해서도 그같이 노래하십시오. 성령께서는 우리 속에 계시므로, 여전히 우상들이 숨어 있는 우리의 상상의 방들을 보십니다. 성령께서 우리의 행동들을 보시는데 밖에서 보지 않습니다. 밖에서 보면 우리의 행동들을 호의적으로 볼 수도 있을 것입니다. 그러나 성령께서는 우리의 행동들을 속에서부터 분별합니다. 곧 그 행동이 나오는 원천들, 그 원천들의 불결함, 그 행동들의 주된 경향과, 그 행동들의 소용돌이와 침체를 분별합니다. 형제 여러분, 복되신 성령께서 우리에 대해서 분노하시지 않는다는 것이 놀라운 일입니다. 우리는 성령께 아주 열악한 거처를 제공하고, 성령님을 별로 존중하지 않습니다. 성령께서는 우리에게서 애정이 담긴 예배를 거의 받지 않으시므로 "나는 더 이상 너와 함께 지내지 않겠다"고 말씀하시는 것이 당연할 것입니다. 여호와께서 그의 백성을 로마의 칼날에 넘기셨을 때, 예루살렘 성전에서 급하게 날개치는 소리가 들리고, "여기서 떠나가자" 하고 외치는 소리가 들렸습니다. 우리의 죄 때문에 하나님의 임재가 우리를 떠난 것은 정당한 일입니다. 성령께서 우리의 모든 악한 태도와 화를 돋우는 우리의 행동들을 참도록 만드신 것은 비길 데 없는 사랑입니다. 성령께서 죄가 그의 성전에 침투함에도 불구하고 그대로 거하십니다! 성령께서는 악이 그의 궁정을 공격하는 곳에 거처를 정하십니다! 슬프게도, 성령께서 거하시려고 하는 마음이 항상 이기적이거나 불신앙적인 거래가 오가는 통로가 됩니다! 하나님께서 이 설교를 처음 시작할 때 우리가 성령님을 공경하도록 도우시고, 설교를 마칠 때는 훨씬 더 공경하게 되도록 도와주시기를 구합니다!

우리에게 들어오실 때 성령님은 참된 거룩함을 갈망하는 모든 욕구를 우리에게 일으키시는 장본인입니다. 성령께서는 우리 속에서 육체와 싸우십니다. 우리가 타락과 싸우는 이 거룩한 투쟁은 전적으로 성령님에게서 옵니다. 성령께서 우리에게 자유를 위해 싸우도록 명령하시지 않았다면, 우리는 기꺼이 육체의 노예가 되어 있을 것입니다. 성령께서는 또한 우리를 생명의 길로 인도하십니다. 성령의 인도를 받는다면, 사도는 우리가 율법 아래 있지 않다고 말합니다. 성령께서는 부드러운 수단으로 우리를 인도하시고, 사랑의 끈과 사람의 끈으로 우리를 이끄십니다. "성령이 나를 인도하십니다." 우리가 옳은 길에서 한 걸음을 내딛는다면, 그것은 성령이 우리를 인도하시기 때문입니다. 만일 우리가 오랫동안 평안의 길을 걸어왔다면, 그것은 전적으로 성령의 인도하심 때문입니다. 확실히 우리를 데려와서 약속된 안식을 누리게 하시는 성령님 때문입니다.

> "우리에게 있는 모든 미덕과
> 우리가 얻는 모든 승리,
> 모든 거룩한 생각은
> 순전히 성령님에게서 온 것이네."

성령께서는 죄에 대한 내적 투쟁과 거룩함에 대한 갈망을 일으키고, 우리를 계속해서 생명의 길로 인도하실 뿐만 아니라, 우리 속에 머물며 거처를 정하시는 것 이상의 일을 하기도 하십니다. 본문을 보면, 성령께서 다시는 떠나지 않고 우리 마음속에서 확고하게 거주하시는 것을 알 수 있습니다. 비유에 따르면, 성령께서 우리 속에 뿌리를 박으시기 때문입니다. 본문이 "열매"에 대해서 이야기하는데, 열매는 오직 지속적으로 뿌리를 박고 있는 데서만 나옵니다. 여행하는 사람처럼 일시적으로 머무는 경우에서는 열매를 생각할 수 없을 것입니다. 아랍 사람들이 장막을 위해 땅에 박는 말뚝은 열매를 맺지 못합니다. 이 말뚝은 한 곳에 머무르지 않기 때문입니다. "성령의 열매"라는 말을 읽을 때, 나는 그 말이 암시하는 바에서 위로를 얻으며, 성령께서는 나무가 흙에 머무를 때 그로 인해 열매를 맺듯이 우리 영혼 속에 머무르려고 하신다고 결론짓게 됩니다. 성령님을 사랑하고 찬양합시다! 금 제단이 성령님께 대한 끊임없는 경배라는 기분 좋은 향기를 피워 올리도록 합시다! 마음으로 성령님께 이 엄숙한 송영을 진심으로 노래하도록 합시다.

> "우리는 성령님께 찬송드리네.
> 성령님은 죄와 저주가 가득한 우리 마음속에서
> 은혜의 생명샘을 일으켜
> 무한한 영광에 이르기까지 흐르도록 하시네."

1. 이제 본문으로 돌아가서, 본문에 담긴 문제들을 보도록 하겠습니다.

본문에서 첫 번째로 보게 되는 사실은 까부르는 키입니다. 나는 이 키를 사용할 수 있으면 좋겠습니다. 그러나 그 키를 있는 그대로 두는 것이 훨씬 좋은 일입니다. 주께서 "손에 키를 들고 자기의 타작마당을 정하게 하시기"(눅 3:17) 때문입니다. 본문의 첫 번째 단어, 곧 이접(離接) 접속사로서 단음절어인 "그러나"(개역개정은 이 단어를 "오직"으로 번역하고 있음 ― 역주)가 이 까부르는 키의 손잡이입니다. "그러나 성령의 열매는 사랑이다."

이 "그러나"라는 단어가 여기에 놓인 것은, 사도가 지금까지 육체의 일을 언급해 왔기 때문입니다. 사도는 그 모든 육체의 일들을 겨처럼 까불러 날려 버리고, 그 다음에 그 일들에 반대하여 "성령의 열매"를 말합니다. 이 장을 읽어보면, 여러분은 사도가 육체의 일들을 묘사하는데 열일곱 단어나 사용한 것을 알게 될 것입니다. 인간의 언어는 언제나 나쁜 말에 풍성한데, 이는 사람의 마음이 이 말들로 표현되는 다양한 악들로 가득하기 때문입니다. 그런데 여기서 성령의 열매를 표현하는 데는 아홉 단어가 사용됩니다. 그런데 육체의 일들을 표현하기 위해서는 얼마나 많은 단어를 사용하는지 보십시오!

까불러서 날려 보내야 하는 육체의 일들의 첫 번째 종류는 사람에 대한 사랑의 모조품들입니다. 가짜 사랑은 하늘 아래 지극히 악한 일들 중의 하나입니다. 사랑이라는 이 신성한 단어는 그동안 불결한 열정과 더러운 욕망의 진창에서 끌려 다녔습니다. 사랑과 미의 여신인 비너스를 숭배하는데서 오는 방종이 여호와께 대한 순수한 예배에만 붙여지는 이름을 대담하게 스스로 취하였습니다. 자, 사랑을 가장하는 행위들은 이런 것입니다. "간음과 음행과 더러운 것과 호색"(개역개정에서는 "간음"이 생략되어 있음 ― 역주). 사람이 이웃의 아내를 탐하거나, 여자가 "간음하지 말지니라"는 명령을 어기면서 "사랑"에 대해 말하는 것은 순전히 사랑의 거룩함에 대한 모독이 아닐 수 없습니다. 그것은 사랑이 아니라 정욕입니다. 사랑은 천사이고 정욕은 마귀입니다. 일단 혼인관계의 결속을 무시하면, 가정생활의 순결함이 더럽혀지고 그 명예를 잃게 됩니다. 남자나 여자가 신앙을 이야기하면서 혼인 서약에 불충실하다면, 그는 비열한 위선자입니다. 이교도들이라도 이 파렴치한 행위를 정죄합니다. 그러므로 그리스도인들은 이 행위를 용납해서는 안 됩니다. 그 다음에 나오는 육체의 행위는 "음행"입니다. 이 행위가 이교도들 사이에서는 거의 비난받지 않지만, 기독교 신앙은 아주 엄하게 정죄합니다. 이 타락한 시대에 이 악을 가벼운 죄로 여기고, 심지어는 법률 제정을 통해서 더 안전하게 방종을 저지르고자 하는 사람들이 일어났다는 것이 시대의 악한 징조입니다. 어떻게 일이 이렇게 되었습니까? 민간 통치자가 타락한 마음의 정욕을 달래주는 뚜쟁이가 된 것입니까? 여러분 가운데서는 이 일을 입에도 올리지 마십시오. 그것이 성도다운 태도입니다. "더러운 것"은 육체의 세 번째 행위입니다. 이 행위는 몸을 더럽히고 몸의 참된 명예를 빼앗는 많은 형태의 천한 죄를 포함합니다. 육체의 일에서 맨 뒤에 "호색"이 나옵니다. 이 행위는 더러운 것을 끌어당기는 줄이고, 또한 격정을 부추기는 모든 대화와 외설적인 노래, 불법적인 욕구 충족을 유도하는 모든 몸짓과 생각을 포함합니다. 우리는 오늘날 슬프게도 이러한 악을 길거리에서 공공연히 볼 뿐만 아니라 좀 더 은밀한 가운데서 보기도 합니다. 나는 이 주제가 싫습니다. 하나님의 말씀은 정숙에 어긋나는 모든 예술 행위들을 정죄하며, 아무리 호감이 가는 시(詩)라도 부정한 생각을 자극한다면, 그 시도 정죄합니다. 이같이 더러운 일들이 타락한 육체의 행위들인데, 이는 곧 타락한 영혼 속에 가득 차 있는 구더기들입니다. 이 부패한 행위들을 보이지 않게 묻어 버리십시오! 나는 모든 그리스도인의 영혼에 거룩한 구역질이 일어나도록 하고, 우리가 마치 역병에서 도망치듯 이 죄들에서 도망하기 위해 잠시 동안만 이 더러운 행위들을 들추어내겠습니다. 자신을 깨끗하다고 생각하고, 자기는 그처럼 악한 죄를 범하지 않을 것이라고 생각하는 여러분, 훌륭한 신자라고 하는 사람들이 이같이 역겹고 혐오스러운 죄에 빠졌었다는 것을 기억하시기 바랍니다. 그렇습니다. 진실된 신자들이 자기를 믿다가 이 시궁창에 빠졌고, 말할 수 없이 큰 고통과 함께 이 시궁창에서 벗어난 뒤에는 남은 생애를 꺾인 뼈를 안고 살았습니다. 슬프게도 더러운 생활에서 멀리 떠나 깨끗하게 보였던 많은 사람들이 크게 타락하여서 마치 불 가운데서 구원받는 것처럼 겨우 구원받지 않으면 안 되는 경우들이 많이 있었습니다! 우리가 육체로 인해 우리 옷이 더럽혀지지 않기를 바랍니다. 거룩하신 성령님의 능력과 힘을 받지 않으면 우리는 이 일을 할 수 없습니다. 성령께서 우리에게서 이런 악을 깨끗이 제거하고, 그의 열매를 우리 속에 풍성히 맺게 하셔야만 육체의 행위들을 영원히 버리게 될 것입니다.

다음에는 까불러 골라내는 키가 하나님에 대한 사랑의 **모조품**에 대해 사용됩니다. 나는 이 모조품이라는 말로 "우상 숭배와 술수" 곧 미신의 거짓들을 뜻합니다. "그러나 성령의 열매는 사랑"입니다. 슬프게도 우상 숭배에 빠지는 사람들이 있습니다. 그들은 육체의 팔을 신뢰하고 피조물을 창조주의 위치로 올립니다. "저희의 신은 배요 그 영광은 저희의 부끄러움에 있고"(빌 3:19). 부의 금송아지, 기술의 은 신전, 유행의 아데미 신, 권력의 몰록 신, 사람들이 살아 계신 하나님 대신 이런 것들을 예배합니다. 참된 하나님을 예배한다고 공언하는 사람들도 일반적으로 하나님께서 정하지 않으신 방식으로 하나님을 예배합니다. 주께서 이렇게 말씀하셨습니다. "너를 위하여 새긴 우상을 만들지 말고 또 위로 하늘에 있는 것이나 아래로 땅에 있는 것이나 땅 아래 물 속에 있는 것의 어떤 형상도 만들지 말며 그것들에게 절하지 말며 그것들을 섬기지 말라"(출 20:4,5). 그런데 경건을 훈련하는 일에서 형상과 그림에서 도움을 끌어낸다고 말하는 (자칭) 그리스도인이라고 하는 사람들이 있습니다. 그들의 집회 장소가 옛날 로마 교회의 냄새를 풍기는 형상과 그림과 물건들로 얼마나 번지르르한지 보시기 바랍니다. 국교회에 속하는 어떤 건물들에서 우상 숭배가 얼마나 공공연하게 행해지는지 모릅니다! 이제는 얼마나 감각적인 예배가 허용되고 있습니까? 오늘날에는 사람들이 감각이 만족되지 않고는 하나님을 예배할 수 없습니다. 이 육체의 감각들을 기쁘게 하면, 그들은 스스로 만족합니다. "그러나 성령의 열매는 사랑"입니다. 사랑은 가장 완벽한 건축술입니다. "사랑은 세우기"(고전 8:1) 때문입니다. 사랑은 지극히 달콤한 음악입니다. 우리는 사랑이 없으면 소리 나는 구리와 울리는 꽹과리가 되기 때문입니다. 사랑은 지극히 좋은 향기입니다. 사랑은 좋은 냄새를 피우는 제물이기 때문입니다. 사랑은 아주 잘 맞는 옷입니다. "이 모든 것 위에 사랑을 더하라 이는 온전하게 매는 띠니라"(골 3:14). 사람들이 성령의 열매는 꽃 가꾸는 사람이나 조각가, 혹은 여성복 디자이너의 화려한 장식품이 아니라 마음의 사랑이라는 것을 기억했으면 좋겠습니다. 단순하고 영적이어야 할 것을 번지르르하게 만드는 것은 우리에게 적합하지 않습니다. 성령의 열매는 우상 숭배가 아닙니다. 즉 다른 신을 섬기거나 자의적인 방식으로 참 하나님을 예배하는 것이 아닙니다. 그런 것이 아닙니다. 성령의 열매는 살아 계신 유일한 하나님께 순종하는 사랑입니다.

"주술"도 육체의 행실입니다. 영계(靈界)를 엿보려고 하는 모든 행위, 즉 하나님께서 치신 휘장을 찢는 일, 죽은 영들을 접촉하는 일, 잘 알고 있는 영과 귀신의 비위를 맞추는 강신술이라고 불리는 접신 행위 등, 이 모든 것을 이 제목으로 분류할 수 있을 것입니다. 이것은 성령의 열매가 아니고 쓴 뿌리에서 나온 것입니다. 그리스도인 형제 여러분, 현대의 마법과 마술을 싫어하고 정죄해야 합니다. 그러면 여러분은 지혜가 생겨서 그런 주술들을 피하고, 자신들의 행위가 악하기 때문에 빛보다 어둠을 사랑하는 사람들과 손잡고 활동하게 되는 것을 두려워하게 될 것입니다. 우상 숭배와 주술은 하나님에 대한 사랑이 부족해서 생기는 것입니다. 이런 것들은 성령의 생명이 영혼 속에 없다는 증거입니다. 하나님을 전심으로 사랑하게 되면, 여러분은 스스로 고안한 방식으로 하나님을 예배하지 않고, 이렇게 물을 것입니다. "내가 무엇을 가지고 지극히 높으신 하나님께 나아가리이까?" 그리고 여러분은 하나님의 영감된 말씀에서 지시를 받을 것입니다. 하나님께서 규정하는 예배는 하나님이 받으실 예배뿐입니다. 이제 까불러서 골라낼 키질을 할 시간입니다. 나는 이 키가 여기에 있는 어떤 것에도 작용하는지 궁금합니다.

다음으로, 이 중요한 키질이 본문의 "그러나"라는 말씀을 써서 모든 형태의 미움을 몰아냅니다. 사도는 "미움"(개역개정은 "원수 맺는 것")을 언급하는데, 이것은 일반적으로 자신에 대한 이기적인 평가와 결합된 것으로, 사람들에 대해서 갖는 상습적인 증오를 말합니다. 어떤 사람들은 자기들 파벌에 속하지 않는 사람은 누구나 싫어하고, 자기들을 반대하는 사람들을 몹시 싫어합니다. 그들은 약한 자들을 얕잡아 보고, 그들이 기분을 상하게 하든지 않든지 별로 생각하지 않고 걸핏하면 성을 냅니다. 그들은 소수파에 속하기를 좋아하며, 비딱하게 생각하고 싸우기를 좋아하는 것이 그들의 특징입니다. 영속적인 미움, 말다툼과 더불어 "분쟁"도 육체의 행위입니다. 분쟁을 좋아하는 사람은 모든 사람에게 반대하며, 자신의 입장을 모든 사람에게 강요하고, 기회만 있으면 트집을 잡고 싸우려고 합니다. 그 다음에는 "시기" 즉 질투입니다. 어떤 형태를 띠든지 질투는 육체의 일들 가운데 하나입니다. 질투는 죽음처럼 잔인하지 않습니까? 다른 누군가를 칭찬하면 싫어하고, 다른 사람이 성공하면 한탄하며 지내는 질투가 있습니다. 그것은 유해한 감정으로, 독사처럼 쏩니다. 질투는 말의 뒤꿈치를 물어서 말 탄 자가 뒤로 떨어지게 만드는 뱀입니다. "분냄"은 육체의 또 다른 행위입니다. 이것은 성난 격정의 광포와 거기에서 나오는 모든 격노를 뜻합니다. 어떤 사람은 "하지만 나는 성격이 급한 사람입니다" 하고 말합니다. 당신은 그리스도인입니까? 그렇다면, 여러분은 이 악한 세력을 제어할 의무가 있습니다. 그렇지 않으면 그 세력이 여러분을 파괴할 것입니다. 여러분이 이 한 가지만 빼면 모든 면에서 최고의 성도일지라도, 이것이 여러분을 넘어뜨릴 것입니다. 그렇습니다. 언제라도 성난 심정이 여러분에게 일생 슬픔을 가져다 줄 말을 하고, 행동을 하게 만들 수가 있습니다. "당 짓는 것"은 다소 유순해 보이지만 유해하기는 마찬가지인 악한 행동입니다. 이것이 아주 빠르고 격렬하게 타오르지 않고, 더디게 붙긴 하지만 좀 더 격렬한 격정으로서 똑같은 지옥의 불길이 붙는 것입니다. 끊임없이 논쟁하기를 좋아함, 병적인 예민함, 자기 체면에 대한 과도한 관심, 이런 것들이 합해서 다툼을 일으키는데, 모두 악한 일들입니다. 우리 같이 보잘것없는 피조물이 마땅히 받아야 할 합당한 존경이라는 것이 무엇이겠습니까? 우리 가운데 누구든지 "합당한 존경"을 받았다고 할지라도, 그것을 오랫동안 좋아해서는 안 된다고 생각합니다. 자신에 대한 평가에 있어서 오히려 엄정한 판단이 부족했다고 생각해야 합니다. "합당한 존경"을 소리쳐 요구할 때, 우리는 자신을 치켜 세워주기를 원하는 것입니다. 정말로 존중을 받기를 바라십니까? 만일 우리가 응분의 보상을 받았다면, 지옥의 가장 밑바닥에 있어야 할 것입니다! 그 다음에 사도는 "분열함"을 말하는데, 이 분열함은 국가와 교회와 가정에서 일어납니다. 우리 교회 생활에 관해서 말하자면, 이 악은 온갖 종류의 권위나 법에 반대하여 나타납니다. 교회의 어떤 공식적인 활동에 대해서든지, 공식적이라는 이유로 악담을 퍼붓습니다. 사람은 각각 제일 우두머리가 되고 싶어하고 두 번째가 되려고 하지 않기 때문에, 어떤 형태의 지배에 대해서도 반대합니다. 하나님께서 우리를 이 악한 누룩에서 건져 주시기 바랍니다! 이단은 일종의 미움인데, 모든 사람을 부추겨서 각각 자신의 종교를 세우고, 자신의 성경을 쓰게 하며, 자신의 복음을 고안하게 만드는 미움입니다. 우리는 그동안 "각 사람에게는 그 자신만의 변호사가 있다"는 말을 들어왔는데, 이제 우리는 "각 사람에게는 그 자신만의 하나님이 있고, 그 자신만의 성경이 있으며, 그 자신만의 교사가 있다"는 말을 듣게 되었습니다. 이 육체의 행위 뒤에는 "투기"가 옵니다. 이것은 다른 사람을 희생시켜 자신을 부유하게 만들려는 것이라기보다는 다른 사람을 가난하게 만들려고 하고, 순전히 그런 목적으로 다른 사람을 허물어뜨리려고 하는 잔인한 갈망입니다. 이것은 희석되지 않은 아주 혹독한 형태의 미움으로, 더 강한 미움만을 남깁니다. 단지 다른 사람의 우월함을 시기하여 그의 불명예를 바라는 것은 아주 마귀적인 일이며, 사람의 최상의 생명에 대한 일종의 살인입니다. 이 육체의 행위들의 목록은 "살인"(개역개정에는 "살인"이 생략되어 있음)이라는 행위로 적절하게 끝을 맺습니다. 살인은 이 마귀적 구성물을 마무리짓는 초석입니다. 미움이 살인이 아니고 무엇이겠습니까? 미움이 온전한 열매를 맺는 것이 살인이 아니고 무엇이겠습니까? 사랑하지 않는 사람은 그 속에 살인자를 만드는 모든 요소를 지니고 있는 것입니다. 여러분이 모든 사람들에 대해 자비심을 품고, 사람들에게 선을 행하려는 마음을 갖고 있지 않는다면, 여러분 속에 가인의 옛 심령이 있고, 그것을 억제하지 않으면 치명적인 타격을 가하여 형제를 여러분의 발 앞에 시체로 드러눕게 만들 것입니다. 형제 여러분, 하나님은 여러분 모두를 미움이라는 이 어두운 행동원리들의 지배에서 구원하실 것입니다. 이 원리들은 타락한 육체의 행위들입니다. "그러나 성령의 열매는 사랑이니라."

다음에 여러분이 화가 들끓기 시작할 때, 어떤 손이 여러분을 만지며 "그러나 성령의 열매는 사랑이니라"고 부드럽게 속삭이는 소리를 듣게 한다고 생각하십시오. 다음에 여러분이 "저 사람한테 다시는 말을 걸지 않을 거야. 도무지 참을 수가 없어" 하고 말을 할 때, 신선한 바람이 뜨거워진 여러분의 이마를 식히며, 자비의 천사가 "그러나 성령의 열매는 사랑이니라" 하고 말하는 것을 듣는다고 생각하시기 바랍니다. 다음에 여러분이 보는 사람마다 트집을 잡고 싶고 형제들을 불화하게 만들며 싸움을 일으키고 싶은 마음이 들 때, 여러분에게 이 종소리가 울려 퍼지게 되기를 바랍니다. "그러나 성령의 열매는 사랑이니라." 여러분이 잘못을 집어내고자 하면, 그것은 쉬운 일입니다. 여러분은 나부터 시작해서 가장 최근에 교회에 들어온 사람까지 훑어볼 때, 개선이 필요한 점을 찾아내는데 그리 시간이 오래 걸리지 않을 것입니다. 그런데 여러분은 무슨 목적으로 우리의 외투에서 흠을 찾으려고 합니까? 투덜거리고 싶은 생각이 들 때마다,

잠시 멈추고 성경이 여러분에게 권하는 말씀을 듣기 바랍니다. "성령의 열매는 사랑이니라." 여러분이 기분 나쁜 대접을 받았기 때문에 화가 나고, 악을 악으로 갚아야겠다는 생각이 들 때, 이 본문 말씀을 기억하시기 바랍니다. "성령의 열매는 사랑이니라." 여러분은 말합니다. "아, 그렇게 하는 것이 부끄러웠습니다." 물론 부끄러운 일입니다. 그러므로 그런 태도를 본받지 마십시오. 욕을 욕으로 갚지 말고, 반대로 축복하십시오. "성령의 열매는 사랑이기" 때문입니다.

까불러 골라내는 키가 작용합니다. 형제 여러분, 하나님께서 여러분의 겨를 날려 보내고, 내 겨도 날려 보내주시기를 구합니다!

다음으로 키를 까불러 날려 보낼 것은 과도한 방종, 곧 "술 취함과 방탕함과 또 그와 같은 것들"입니다. 슬프게도 그리스도인들은 이런 육욕적인 죄들에 대해 항상 경고받을 필요가 있습니다. 정말로 그런 경고가 필요합니다. 술은 여전히 신자들에게 매력이 있습니다. 이것이 전부가 아닙니다. 이것은 단지 여러분이 지나치게 술을 마실 수 있다는 것만을 뜻하지 않습니다. 여러분은 과식하거나 옷을 지나치게 화려하게 입거나, 단정한 생활에 어울리지 않게 욕구 만족을 위해 돈을 쓰는 일이 여기에 포함될 수 있습니다. 술 취함은 바울 사도가 "이런 일을 하는 자들은 하나님의 나라를 유업으로 받지 못할 것이요"라고 말하는 것에 속하는 죄입니다. 시간만 나면 피를 뜨겁게 하고 마음을 무감각하게 만들며 건전한 모든 생각을 쫓아버리는 오락을 즐기는 방탕함은 어둠의 일들을 버린 우리에게 합당하지 않습니다. 우리에게는 더 나은 기쁨, 즉 성령으로 충만하는 일이 있기 때문입니다. 그리고 "성령의 열매는 사랑"입니다.

2. 본문에서 보는 두 번째 것은 보석입니다.

그 보석은 사랑입니다. "성령의 열매는 사랑이니라." 이것은 너무도 귀중한 코이누르 보석(Kohinoor: 1849년 이래 영국 왕실 소장의 유명한 106캐럿의 인도산 다이아몬드 – 역주)입니다! 이것은 도무지 값을 헤아릴 수 없는 것입니다. 사랑은 참으로 놀라운 하늘의 은혜입니다! 사랑은 마음에 그 중심이 있습니다. 그러나 그 원주(원둘레)는 편재(遍在)처럼 모든 것을 아우릅니다. 사랑은 범위가 무한한 은혜입니다. 우리는 하나님을 사랑합니다. 사랑은 우리가 하나님을 온전히 껴안을 수 있는 유일한 길입니다. 우리는 하나님을 전체로 사랑할 수 있지만 하나님을 전부 알 수는 없습니다. 그렇습니다. 우리는 하나님을 사랑하되, 우리가 이해할 수 없고, 심지어 알 수 없는 하나님의 부분까지도 사랑합니다. 우리는 하나님 아버지를 계신 그대로 사랑합니다. 우리는 하나님의 아들을 계신 그대로 사랑합니다. 우리는 항상 찬송 받으실 성령님을 계신 그대로 사랑합니다. 이 사실을 계속 따라가면, 우리는 하나님을 인해서 하나님께서 지으신 피조물을 사랑합니다.

"사람이든 새와 짐승이든 그 모두를 가장 사랑하는 사람이 가장 기도를 잘 한다"는 말이 어느 정도 맞는 말입니다. 하나님께서 지으신 작은 파리 하나도 우리에게는 하나님의 피조물로서 신성한 존재입니다. 우리의 사랑은 하늘에까지 올라서 천사들 사이에 앉으며, 이내 그들 가운데서 가장 겸손한 태도로 절을 합니다. 그러나 때가 되면, 우리 사랑은 몸을 구푸려 땅으로 내려와 타락의 소굴들을 방문하며, 가난한 다락방을 격려하고, 신성모독의 굴들을 성결하게 합니다. 우리의 사랑은 잃어버린 자들을 사랑하기 때문입니다. 사랑은 버림받은 런던을 알지 못합니다. 사랑은 아무도 내쫓지 않았기 때문입니다. 사랑은 "쳐다보지 않고 지나가 버린 무리"가 있다고 이야기하지 않습니다. 사랑의 관심에서 지나쳐 버린 사람은 아무도 없기 때문입니다. 사랑은 모든 사람에게 선을 바라고, 모든 사람을 위해 선을 계획합니다. 사랑은 높이 날아 영광에까지 올라갈 수 있으면서도, 슬픔에게로 내려올 수 있습니다.

사랑은 영원과 관계가 있는 은혜입니다. 우리는 먼저 우리를 사랑하신 분을 사랑하기를 그칠 수 없을 것이기 때문입니다. 그러나 사랑은 또한 이 현세와도 관계가 있습니다. 사랑은 배고픈 사람에게 먹을 것을 주고, 헐벗은 사람에게 옷을 입히며, 병든 자를 돌보고, 노예를 풀어 주는 일에 익숙하기 때문입니다. 사랑은 고아와 과부들을 방문하기를 기뻐하고, 그렇게 해서 이런 찬사를 듣습니다. "내가 주릴 때에 너희가 먹을 것을 주었고 목마를 때에 마시게 하였고 나그네 되었을 때에 영접하였고 헐벗었을 때에 옷을 입혔고 병들었을 때에 돌보았고 옥에 갇혔을 때에 와서 보았느니라"(마 25:35,36). 사랑은 매우 실천적이고 소박한 미덕입니다. 그러나 사랑은 지극히 부요하고 귀한 것이어서 하나님만이 주실 수 있는 덕입니다. 이 고운 세마포를 짤 수 있는 것은 하늘의 능력뿐입니다. 이에 비해 세상의 사랑은 형편없는 직물입니다.

사랑은 친구들과 관계가 있습니다. 사랑은 어버이의 품에 얼마나 다정하게 깃들이는지 모릅니다! 사랑은 어머니의 눈에서 얼마나 친절하게 미소를 띠는지 모릅니다! 사랑은 두 영혼을 혼인 관계의 끈으로 얼마나 단단히 묶는지 모릅니다! 사랑은 우정의 팔에 기대어 인생의 길을 얼마나 즐겁게 걸어가는지 모릅니다! 그러나 사랑은 이것에 만족하지 않고, 원수를 품에 안고, 적의 머리에 숯불을 쌓아놓습니다. 사랑은 자기를 악의로 대하고 박해하는 사람들을 위해 기도합니다. 이것이야말로 정말 귀한 보석이 아닙니까? 세상에서 이 사랑과 비교할 수 있는 것이 있겠습니까?

　　여러분은 성령의 열매를 열거하는 목록에서 사랑이 제일 첫 번째라는 사실을 알아차렸을 것입니다. "성령의 열매는 사랑이니라." 사랑이 제일 먼저 나온 것은 어떤 면들에서 사랑이 최상의 열매이기 때문입니다. 사랑이 길을 인도하기 때문에 제일 앞장섭니다. 사랑이 다른 모든 은혜와 미덕에 동기를 부여하는 원칙이자 자극제이기 때문에 제일 앞에 나옵니다. 우리는 사랑보다 힘이 있고, 사랑보다 유익을 줄 수 있는 것을 생각할 수가 없습니다. 그래서 사랑이 첫째입니다. 그러면 사랑에 바로 뒤따라서 무엇이 오는지 봅시다. 빛나는 두 열매가 마치 여왕의 시중을 드는 시녀처럼 사랑의 뒤를 따릅니다. "성령의 열매는 사랑과 희락과 화평과." 사랑이 있는 사람에게는 희락과 화평이 있습니다. 얼마나 훌륭한 동무들입니까! 많이 사랑하는 사람은 깊은 기쁨을 소유합니다. 곧 다른 사람은 맛볼 수 없는 은밀한 기쁨의 포도주 저장고가 있는 것입니다. 사랑하는 사람은 하나님을 닮습니다. 하나님은 평강의 하나님이십니다. 진정으로 온유하고 사랑하는 사람은 땅을 유업으로 받을 것이고, 풍부한 평안을 즐길 것입니다. 사랑이 충만한 사람은 조용하고 평온합니다. 그의 배에서는 주님께서 키를 잡고 계시며, 바람과 파도에게 이같이 말씀하십니다. "잠잠하라 고요하라"(막 4:39). 사랑이 많은 사람이 고통을 겪을 수가 있는데, 그는 여러 시련을 겪을 때에도 그것을 아주 기쁘게 생각할 것입니다. 옆에 그처럼 빛나는 다이아몬드들이 붙어 있는 사랑은 참으로 귀한 보석입니다.

　　사랑은 온 율법을 성취한다는 이 사실을 미점으로 지니고 있습니다. 다른 어떤 덕에 대해서도 그 같은 말을 할 수 없습니다. 그런데 사랑이 온 율법을 이루지만, 사랑은 법률상 요구되는 것이 아닙니다. 사랑이 요구되었기 때문에 사람이 사랑하는 것이 아닙니다. 훌륭한 사람은, 사랑하는 것이 그의 본성이기 때문에 사랑합니다. 사랑은 자유롭습니다. 사랑은, 마치 자기 뜻대로 임하시는 성령처럼, 자기가 원하는 곳으로 붑니다. 사랑이야말로 자발적인 마음의 핵심입니다. 사랑을 존중하는 것은 당연한 일일 것입니다. 이는 한편으로 사랑이 복음의 참된 은혜이지만, 또한 사랑이 온 율법을 이루기 때문입니다. 여러분이 율법과 복음을 기분 좋게 결합시키려고 한다면, 성령의 열매로 사랑이 있어야 합니다.

그 다음에, 사랑은 하나님을 닮았습니다. 하나님은 사랑이시기 때문입니다. 사랑은 우리에게 천국에 들어갈 준비를 시킵니다. 천국에서는 모든 것이 사랑입니다. 우리가 사랑의 불길을 타오르게 함으로써 우리의 본성이 변화되어 하나님의 성품을 닮게 되기까지 복되신 성령께서 오셔서 우리 위에 머무시기를 구합니다. 오늘이 바로 그 날이 되었으면 좋겠습니다!

사랑하는 여러분, 우리가 지금 이야기하고 있는 사랑은 사람의 천성적인 성격에서 나오는 사랑이 아니라는 것에 유의하시기 바랍니다. 나는 천성적으로 정이 많은 사람들을 알고 있습니다. 그것은 좋은 성품입니다. 그러나 그것은 영적인 사랑이 아닙니다. 그것은 본성의 열매이지 은혜에서 나온 것이 아닙니다. 인정이 많은 성품은 훌륭한 것입니다. 그러나 그 성품은 지나친 애정으로 흐르거나 다른 사람의 기분을 상하게 할까봐 두려워하는 소심함이나, 피조물을 높이는 우상 숭배에 빠질 위험이 있을 수 있습니다. 나는 천성적으로 친절한 성품을 비난하는 것이 아닙니다. 오히려 나는 모든 사람이 천성적으로 친절했으면 좋겠습니다. 그러나 누구든지 천성적인 그 성품이 그 사람을 구원할 것이라든지 혹은 그것이 그 사람이 거듭났다는 증거가 된다고 생각하지 않기를 바랍니다. 성령의 열매인 사랑만이 은혜의 표지로 간주할 수 있습니다. 이런 말을 하기가 죄송하지만, 어떤 사람들은 천성적으로 심술궂습니다. 그 사람들은 돌 사과가 열릴 때 태어났고, 식초를 먹고 자란 것처럼 보입니다. 그들은 무슨 일을 보든지 언제나 트집을 잡습니다. 그들은 태양의 광채는 한 번도 보지 않으면서 태양의 흑점들을 찾아낼 만큼 눈이 날카롭습니다. 그들은 보지 않는 것이 더 나은 일들을 신통하게 발견하는 특출한 능력이 있습니다. 그들은 땅이 수 세기 동안 확고하고 안정되게 유지되어 왔다는 것은 기억하지 않고, 지진이 났던 일은 생생하게 기억하며, 그에 대해서 말할 때는 마치 지금 지진이 나는 것처럼 떱니다. 이런 사람들은 성령의 내주하심을 구할 필요가 있습니다. 성령께서 그들에게 들어가시면, "성령의 열매는 사랑"이므로, 성령의 능력이 이내 그들의 까다로운 성향을 제어할 것이기 때문입니다. 성령을 떠나서는 영적인 사랑은 어디에서도 찾을 수 없습니다. 사랑을 내놓지 않은 마음에는 성령께서 어디에도 거하시지 않습니다. 이 보석에 대해서는 이 만큼 이야기하기로 하겠습니다.

3. 이제 본문에서 세 번째 것을 보겠는데, 그것은 하나의 그림입니다.

훌륭하고 귀한 그림인데, 아름다운 모든 것들을 설계한 위대한 거장인 성령께서 그린 그림입니다.

성령께서 무엇이라고 말씀하십니까? "성령의 열매는 사랑"이라고 말씀하십니다. 우리는 그동안 명화들을 많이 보아왔는데, 여기에 명화 한 점이 있습니다. 하늘에서 오신 주님께서 땅의 과수원에 심기 전에는 결코 자라지 않는 열매를 위대한 예술가가 스케치하였습니다. 우리 각 사람이 가슴에 포도원을 두고 "성령의 열매"인 사랑을 풍성히 맺을 수 있으면 좋겠습니다.

이 말이 무슨 뜻입니까? "열매." 사랑이 어떻게 열매가 됩니까? 이 은유는 사랑이 생명에서 나오는 것임을 보여줍니다. 여러분은 죽은 말뚝에서 열매를 딸 수 없습니다. 이 예배당을 받쳐주는 기둥들은 지금까지 한 번도 열매를 맺은 적이 없고 앞으로도 맺지 못할 것입니다. 이 기둥들은 단단한 쇠로 만들어져 있어서, 그 속에 수액이 돌지 않습니다. 죽은 나무는 열매를 내놓지 못합니다. 하나님께서 사람들에게 영적 생명을 심어 주시고, 그러면 그 생명에서 성령의 열매인 사랑이 나옵니다.

사랑은 성장하는 것으로 나타납니다. 열매는 나무에서 즉시 완전히 익은 형태로 시작하지 않습니다. 처음에는 꽃이 나옵니다. 그 다음에는 꽃이 졌음을 보여주는 작은 생성물이 생깁니다. 그 다음에는 열매가 나타나는데, 매우 십니다. 이때는 열매로 딸 수 없습니다. 그 풋 열매를 잠시 그대로 두어 해가 익히도록 만듭니다. 차츰차츰 커지면, 마침내 아주 아름답고 달콤한 향과 함께 맛이 기가막힌 사과를 얻게 됩니다. 사랑은 마음에서 싹이 튼 다음, 확실한 성장에 따라 점점 커집니다. 사랑은 마음으로 어떤 태도를 본받거나, 이 은혜를 마치 자기 밖에 있는 것처럼 찾아서 사람의 태도에 결부시킴으로써 생겨나는 것이 아닙니다. 어린아이들은 자신의 어린 취향에 끌리는 상점으로 가서, 체리가 묶여 있는 막대 사탕을 삽니다. 그러나 사람은 누구나 체리가 그 막대기의 열매가 아니고, 단지 거기에 묶여 있을 뿐이라는 것을 압니다. 이와 같이 우리는 어떤 사람들은 애정 깊은 태도와 친절한 스타일을 모방해서 보여준다는 것을 압니다. 그런 태도가 그들에게 천성적인 것이 아닙니다. 그런 태도는 진정한 사랑이 아닙니다. 참으로 듣기 좋은 말을 합니다! 아주 우아한 표현을 씁니다! 여러분이 그들 가운데 들어가면, 처음에는 그들의 애정 깊은 태도에 놀랍니다. 여러분은 "사랑하는 형제"혹은 "사랑하는 자매"입니다. 또 여러분은 "사랑하는 목사님"이라는 말을 듣습니다. 여러분은 "사랑하는 태버내클 교회"에 가서 그들의 사랑하는 옛 곡조에 맞춰 사랑스러운 찬송을 부릅니다. 그들의 이야기는 너무 달콤해서 다소 느끼할 정도입니다. 여러분은 마치 당밀에 빠져 있는 파리가 된 느낌이 듭니다. 사랑은 성령의 열매입니다. 이 사랑은 사람이 가장하는 어떤 것이 아니라, 마음에서 싹트는 것입니다. 어떤 사람들은 자신들의 대화를 주로 과장된 말로 달게 만드는데, 이는 자신들의 대화로 만들어 내는 열매가 익지 않아 시다는 것을 알기 때문입니다. 이런 경우에, 그들 대화의 달콤함은 애정이 아니라 짐짓 꾸며내는 것입니다. 그러나 참된 사랑, 곧 하나님과 사람에 대한 진정한 사랑은 사람에게서 나옵니다. 이는 사랑이 그 사람 속에 있고, 속에서 성령의 활동이 작용하여 그 열매로 사랑이 생기기 때문입니다. 거듭남의 결과는 사람이 자신을 위해서 살지 않고 다른 사람들의 유익을 위해서 사는 것입니다.

열매는 또 관심을 요구합니다. 여러분에게 과수원이 있다면, 여러분은 금방 이 사실을 알 것입니다. 금년에 배나무에 꽃이 많이 피었고, 몇 주 동안은 날씨가 예년의 4월 기온보다 높았습니다. 그러나 며칠 간 밤에 서리가 내리자 거의 모든 열매가 떨어졌습니다. 서리를 견뎌낸 다른 열매들은 이제 온갖 마름병을 일으키는 건조한 날씨의 위험에 처합니다. 그래서 우리는 열매 가운데 하나라도 남게 될지 모르겠다고 생각합니다. 이 시련을 이기고 열매가 잘 자라면, 우리는 가을이 되기 전에 많은 사과가 떨어지는 것을 볼 것입니다. 벌레가 사과를 파먹어 들어가 못쓰게 만들기 때문입니다. 그리스도인의 삶이 그와 같습니다. 나는 어떤 일이, 마치 열매를 많이 맺은 포도나무처럼 주님으로 인해 아주 번성하는 것을 보았습니다. 그런데 갑자기 하룻밤 서리가 내리자 잔뜩 기대했던 희망이 꺾여 버렸습니다. 그렇지 않으면 새로운 개념이나 거친 생각들이 마름병처럼 내려왔고, 열매가 다 망가졌습니다. 혹은 어떤 일이 이런 위험한 요인들을 피했을지라도, 교인을 지도하는 일에서 어떤 부도덕한 일이나 다투는 정신이 마치 사과 속에 있는 벌레처럼 자기도 모르는 사이에 나타났고, 그로 인해 그 일이 무너져버렸고 다시는 성공하지 못하였습니다. "성령의 열매는 사랑이니라." 여러분이 연말에 가서 무엇이라도 하나 쌓아두기를 바란다면, 여러분의 열매를 보살펴야 합니다. 그와 같이 모든 그리스도인은 어떤 식으로든 성령의 열매가 원수 때문에 망쳐지지 않도록 열매를 아주 주의해서 지켜야 합니다.

열매는 농사꾼의 보상이고, 나무의 명예이며 영광입니다. 주님께서 때마다 열매를 주심으로 금년을 주님의 선하신 손길로 마무리하십니다. 진정으로 사랑이라는 거룩한 열매는 예수님의 보상이고, 그의 종들의 명예입니다.

성령의 열매는 참으로 달콤합니다! 나는 열매들이라고 말하지 않고 "열매"라고 합니다. 본문이 그렇게 말하기 때문입니다. 성령의 이 작품은 열매입니다. 그것을 사랑 혹은 희락, 혹은 화평, 혹은 자비나 온유 혹은 절제라는 이름으로 부르든지 간에, 그것은 열매입니다. 그 다음에 그 열매는 항구적입니다. 성령의 열매는 계속해서 때가 되면 나옵니다. 이 열매는 재생됩니다. 나무가 그 열매로 번식하기 때문입니다. 기독교 신앙은 그리스도인의 사랑과 희락과 화평에 의해서 퍼져나가야 합니다. 사랑하는 형제 여러분, 성령께서 여러분 속에서 활동하게 하십시오. 그러면 여러분은 모든 선한 일에 열매가 풍성하고, 주님의 뜻을 행하게 될 것입니다. 그리고 여러분은 다른 사람들을 여러분처럼 기를 것이고, 그들은 여러분의 때가 끝나면 여러분 자리에 서서 위대하신 농부에게 열매를 맺어드릴 것입니다.

4. 끝으로, 여러분은 본문에서 명예를 봅니다.

"성령의 열매는 사랑이니라." 우리는 본문을 왕관으로 만들어 성령의 머리에 기쁜 마음으로 씌워드리도록 합시다. 성령께서 하나님의 백성들 안에 "사랑"이라 불리는 이 귀한 것을 일으켜 주셨기 때문입니다.

어떻게 해야 이 천상의 사랑이 여러분과 내 마음에 들어옵니까? 첫째로, 성령께서 우리에게 새로운 본성을 주셨기 때문에, 사랑이 옵니다. 우리 속에는 우리가 처음 세상에 왔을 때 있지 않았던 생명이 있어서, 그 새로운 생명이 살고 사랑합니다. 그 생명은 자기를 창조하신 하나님을 사랑하고, 하나님의 형상으로 지어진 사람을 사랑해야 합니다. 그 생명이 "내 아버지" 하고 외치는데, "내 아버지"라는 그 말의 핵심은 사랑입니다.

성령께서 우리를 새로운 관계에 이끌어 들이셨습니다. 성령께서는 우리에게 양자의 영을 주셨습니다. 우리가 성도들과 형제가 되는 것을 느끼고, 그리스도와 연합된 것을 알게 해주셨습니다. 우리는 한때 지냈던 그런 관계에 지금 있지 않습니다. 우리가 전에는 "다른 이들과 같이 본질상 진노의 자녀"이었는데(엡 2:3), 이제는 "하나님의 상속자요 그리스도와 함께 한 상속자"이기(롬 8:17) 때문입니다. 따라서 우리는 사랑하지 않을 수 없습니다. 사랑만이 이 새로운 관계를 충분히 누릴 수 있게 만들기 때문입니다.

복되신 성령께서는 또한 우리에게 새로운 의무들을 지워 주셨습니다. 우리는 하나님을 사랑해야 하고, 피조물로서 하나님을 섬겨야 했는데, 우리는 그렇게 하지 못했습니다. 이제 성령께서는 우리가 구속으로 말미암은 무한한 사랑과 자비에 빚진 자가 되었다는 것을 느끼게 만드셨습니다. 예수님의 핏방울 하나하나가 우리에게 사랑하라고 외칩니다. 저기 어두운 겟세마네 동산에서 들려오는 신음소리가 우리에게 사랑하라고 요구합니다. 성령께서 우리 속에서 활동하십니다. 그래서 저기 십자가의 떨림 하나하나가 사랑하도록 우리를 감동시킵니다. 그리스도의 사랑이 우리를 강권합니다. 우리는 사랑해야 합니다. 성령께서 사랑하시는 그리스도의 일들을 우리에게 계시하셨기 때문입니다.

이와 같이 성령께서 우리 속에 들어오셔서 사랑이 우리의 기쁨이 되도록 하셨습니다. 여러분이 설교를 듣는 사람들에게 사랑으로 충만한 설교를 전할 수 있을 때, 또한 여러분이 가난한 사람들을 방문하여 그들에게 충만한 사랑을 보일 수 있을 때, 그것은 참으로 큰 기쁨입니다! 거리 모퉁이에 서서 예수님의 구속의 사랑을 이야기하는 것, 애정으로 그 일을 하는 사람에게는 그것이 넌더리나는 일이 아닙니다. 그 일은 그의 기쁨이고 오락입니다. 사랑의 감정을 가지고 몰입하는 거룩한 봉사는, 마치 새에게 나는 일이나 물고기에게 헤엄치는 일과 같이, 우리에게 즐거운 일입니다. 의무가 더 이상 속박이 아니고 선택입니다. 거룩함은 더 이상 억제가 아니라 완전한 자유입니다. 자기희생은 우리 야망의 면류관이 되고, 우리 영이 도달하기를 갈망하는 최고의 고지가 됩니다. 이 모든 일을 행하시는 분은 바로 성령님입니다.

자, 사랑하는 청중 여러분, 이 사랑이 여러분 마음속에 있습니까? 하나님과 여러분의 관계를 생각해 보십시오. 여러분은 기도 없이 생활합니까? 여러분은 하나님의 말씀을 거의 읽지 않습니까? 여러분은 예배당에 가서 하나님의 백성들과 함께 예배하는 것에 대해 점점 더 관심이 없어집니까? 아, 그렇다면, 유감스럽지만 하나님의 사랑이 여러분 속에 없다고 생각하십시오. 그러나 여러분이 하나님과 관계 있는 모든 것, 곧 하나님의 사역, 하나님의 봉사, 하나님의 백성들, 하나님의 날, 하나님의 책, 이 모든 것을 사랑한다면, 그리고 여러분이 기도로든, 말로든, 아니면 구제나 여러분의 모범으로든, 여러분에게 있는 모든 것을 다 사용해서 하나님의 나라를 확장시키고자 한다면, 여러분 속에 하나님의 사랑이 있는 것입니다. 정말로 사랑한다면, 여러분은 그 사랑이 여러분 속에 있는 것을 쉽게 알 수 있을 것입니다. 여러분 자신을 시험할 수 있는 방법은 많이 있다고 봅니다.

이 만큼 해서, 그 질문이 만족스럽게 답변되었다고 생각하면, 다음에 이 질문을 해보겠습니다. 여러분과 내가 "내가 주님을 사랑하는 줄을 주님께서 아시나이다"(요 21:17) 하고 말할 수 있다면, 우리는 사랑이라는 이 보석을 우리에게 주신 것에 대해서 성령님께 충분히 찬송을 드립니까? 여러분이 그리스도를 사랑한다면, 이렇게 말하십시오. "이 사랑을 내게 주셨습니다. 이 사랑은 외래종으로서, 귀한 식물입니다. 이 식물은 내 본성적인 마음에서 결코 싹트지 않았습니다. 내 마음에서 잡초들은 빨리 자라지만 이 귀한 꽃은 빨리 자라지 않습니다." 우리에게 주신 이 사랑을 인해서 성령님을 찬송합시다. "아, 나는 마땅히 사랑해야 할 대로 하나님을 사랑하지 못합니다!" 형제 여러분, 나는 여러분이 그렇게 사랑하지 못한다는 것을 압니다. 그러나 어쨌든 여러분이 하나님을 사랑한다는 사실을 인해서 성령님께 감사합시다. 하나님께서 여러분이 하나님을 사랑하도록 인도하셨다는 바로 그 사실을 인해서 하나님을 사랑하시기 바랍니다. 그것이 하나님을 더 사랑하는 길입니다. 여러분이 하나님을 사랑하도록 해주신 것을 인해서 하나님을 사랑하십시오. 여러분 마음에서 돌을 제거하고 부드러운 마음을 주신 것을 인해서 하나님을 사랑하십시오.

여러분이 자신 속에서 보게 되는 그 은혜를 인해서 하나님께 감사하십시오. 어떤 사람이 병을 앓아왔는데, 의사가 와서 그에게 "그동안 건강이 별로 좋지 않았지만 이제 회복세에 들어선 것 같습니다"라고 말합니다. 그러면 환자가 말합니다. "그렇습니다. 몸이 많이 안 좋지만, 그래도 조금 나아진 것 같습니다. 열이 조금 내리고, 부기도 가라앉고 있습니다." 환자가 작은 어떤 증상을 얘기하면 의사는 그 말이 많은 것을 의미한다는 것을 알기 때문에, 즉 그 병이 고비를 넘겼다는 것을 알기 때문에 기뻐합니다. 작은 은혜를 인하여서 하나님께 감사하십시오! 여러분이 더 많은 은혜를 받지 못한 것에 대해서는 여러분 자신에게 책임이 있습니다. 그래도 여러분이 작지만 분명히 은혜를 받았음을 생각하고 하나님을 찬송하십시오. 나는 온 마음을 기울여서 "하나님을 사랑합니다"라고 말할 수 있기를 간절히 바란 때가 있었습니다. 그리고 나는 정말로 하나님을 사랑합니다.

그래서 이제는 온 마음을 기울여 하나님을 더 사랑하기를 바랍니다. 내게 있는 모든 것을 바쳐서라도 사랑을 더 품을 수 있기를 바랍니다. 그러나 내가 조금이라도 참된 사랑을 간직하고 있고, 그 사랑의 능력을 느낄 수 있다고 생각되어 감사합니다. 정말로 성령님께 감사하십시오. 특별히, 아주 마음을 써서 성령님을 예배하고 찬미하십시오. "왜 특별히 마음을 써서" 그렇게 해야 합니까? 내 대답은 우리가 성령님을 너무 자주 잊기 때문이라는 것입니다. 어떤 사람들은 도대체 성령님이 계시는지조차도 거의 알지 못합니다. 성부 하나님과 성자 하나님을 동등하게 경배하십시오. 그러나 성령님을 예배하는 일에 마음을 쓰십시오. 왜냐하면 교회가 성삼위 일체를 온전히 예배하지 못하는 것이 주로 성령의 은혜로운 사역을 잊어버리는데서 발생하기 때문입니다. 그러므로 이 점을 여러분에게 강조합니다. 성령님을 찬송하고 찬미하며, 평생 동안 성령님에 대해 진심으로 감사하는 심정을 품고서 행하기 바랍니다. 여러분의 사랑이 자람에 따라, 날마다 성령님을 더욱더 분명하게 예배하도록 하십시오. 사랑이 여러분 속에 있는 지극히 중요한 원리일지라도, 그것이 성령에게서 나온 열매이기 때문입니다. 여러분 모두를 하나님의 사랑에 맡깁니다. 아멘.

제
10
장

—

무디와 생키를 변호함,
즉 이신칭의의 교리를 변호함

—

**"그리스도 예수의 사람들은 육체와 함께 그 정욕과 탐심을
십자가에 못 박았느니라." — 갈 2:20**

최근에 우리는 미국에서 온 복음전도자들의 설교의 내용과 취지에 대한 격렬한 반대의 목소리가 사방에서 터져 나오는 것을 들었습니다. 이들은 지금까지 우리 가운데서 활동하고 있습니다. 물론 우리 자신뿐 아니라 그들의 교훈도 솔직한 판단을 받지 않을 수 없습니다. 이들은 아주 엄격한 조사를 피하기보다는 오히려 받고자 한 것이 확실하다고 봅니다. 그들의 말하고 노래하는 방식, 등등에 대한 비평은 중요하지 않습니다. 그분들에게 "지혜는 자기의 모든 자녀로 인하여 옳다 함을 얻느니라"(눅 7:35)라는 말을 할 필요가 전혀 없습니다. 단순한 취향의 문제를 논하는 것은 시간낭비입니다. 왜냐하면 아무리 탁월한 사람도 모두를 만족시킬 수 없고, 모든 체질과 조건에 똑같이 맞출 수도 없기 때문입니다. 그러므로 우리는 그런 비평은 더 이상 생각할 필요도 없이 무시해 버립시다. 그러나 사람들이 교리의 문제에 대해서 아주 많은 이야기를 했는데, 언제나 좋은 태도로 말을 한 것은 아닙니다. 어떤 대중적인 작가들이 확언한 것을 요약한다면, 이것입니다. 그냥 예수 그리스도를 믿기만 하면 구원받을 것이라고 사람들에게 말하는 것은 정말로 아무 유익을 줄 수 없다는 것입니다. 그리고 사람들에

게 자기들이 회심이라는 과정을 거쳤고, 이제는 생명이 안전하다고 생각하도록 인도한다면 매우 심각한 해를 끼칠 수 있다는 것입니다. 우리는 이들의 말을 듣는데, 이들이 자신들의 교훈을 아주 적극적으로 말하기 때문에 이들에게 이 점을 말하지 않을 수 없습니다. 이들은, 그리스도 예수를 믿는 믿음으로 말미암는 즉각적인 구원이라는 교훈이 매우 위험하고, 믿음을 그처럼 높은 위치에 올릴 때 사람들이 실천적인 미덕을 중요하게 생각하지 않을 것 같기 때문에, 그 교훈은 틀림없이 사람들의 도덕을 황폐화시킬 것이라고 봅니다. 그들의 교훈이 그런 것이라면, 그것은 심각한 잘못입니다. 사람들을 그런 잘못에 빠지게 하는 사람들에게 화가 있을 것입니다. 그것은 우리가 확실히 알고 있는 사실이 아닙니다. 그러면 한 번 전쟁터를 조사해 봅시다.

여러분은 이것이 이들과, 우리 친구인 무디(D.L.Moody, 1837-1899. 미국 복음 전도자)와 생키(Ira Sankey, 1840-1908. 무디의 음악 동역자) 씨 사이만의 다툼이 아니라는 것에 주의하시기 바랍니다. 그것은 이 반대자들과 복음을 전하는 우리 모든 사람 사이의 싸움입니다. 우리가 복음을 전하는 방식에서는 각각 다르지만, 사람이 예수 그리스도를 믿는 믿음으로 구원받고, 믿는 순간 구원받는다는 지극히 분명한 이 진술에 대해서는 언제든지 우리 모두가 보증할 수 있습니다. 우리 모두는, 회심이라는 일이 있고, 사람이 회심할 때는 전과 전혀 다른 사람이 되고, 마침내 영원한 영광에 이를 새로운 생명이 시작된다는 것을 주장하고 가르칩니다. 우리는, 우리의 친구들이 이 전투의 전선에 홀로 서게 하거나, 그들이 우리들은 동의하지 않는 이상한 견해를 주장하는 특이한 사람으로 취급받도록 내버려두는 비겁한 사람들이 아닙니다. 구속의 보혈을 믿는 믿음으로 말미암는 구원에 관해서, 그들은 우리가 일생동안 전했던 것 외에는 아무것도 설교하지 않습니다. 그들은 개신교계 전체가 동의하는 것 외에는 아무것도 전하지 않습니다. 이 사실을 모든 사람에게 알리고, 우리 친구들을 공격하는 사람들을 우리 모두 같이 공격하도록 합시다.

그 다음에, 이것이 반론의 요점이라면, 우리는 이 반론을 제기하는 사람들에게 그들이 단지 우리와 우리보다 뛰어난 이 친구들에게만 반론을 제기하는 것이 아니라, 바로 이런 신사들 대부분이 자랑스럽게 생각할 개신교 신앙에 대해서 제기하는 것임을 알게 해주고 싶습니다. 개신교 신앙은 간단히 말하자면, 그들이 야유하는 이신칭의라는 바로 이 교리에 있습니다. 처음으로 루터의 마음을 격동시켰던 것은 사람이 예수 그리스도를 믿는 믿음으로 말미암아 의롭다함을 받는다는 사실이었습니다. 그것은 루터의 깜깜한 마음에 비춰진 한 줄기 빛이었습니다. 그 빛의 능력에 의해 그는 복음의 자유에 들어왔습니다. 이것이 옛적에 천주교를 깨트리는데 사용된 망치였고, 지금도 쳐부수는데 사용되는 검입니다. 즉 "여호와와 기드온의 칼"(삿 7:20)입니다. 예수님은 모든 것이 충분한 구주이십니다. 그래서 "그를 믿는 자는 정죄를 받지 아니하는 것이요"(요 3:18). 사실 루터가 이렇게 말하곤 하였는데, 우리도 인정하는 바입니다. 즉 믿음으로 말미암아 의롭다함을 받는다는 이 문제는 교회가 서느냐 망하느냐 하는 것이 달린 조항입니다. 소위 교회라 하면서도 이 교리를 견지하지 않는 교회는 그리스도의 교회가 아닙니다. 이 교리를 간직하는 교회는, 설사 많은 잘못에 빠질 수 있을지라도 그리스도의 교회인 것입니다. 사실 싸움은 천주교회의 공로 교리와 개신교회의 은혜 교리 사이에 벌어지는 것입니다. 자신을 개신교인이라고 하는 사람은 그 누구도, 논리적으로 생각하자면, 이 문제로 우리와 우리 친구들을 논박할 수 없습니다.

　우리는 이보다 조금 더 나갈 것입니다. 그 반론은 무디와 생키 씨에 대한 것이 아니라 모든 복음주의 목사들에 대한 것입니다. 그리고 단지 이들에 대한 것만이 아니라 우리 모든 개신교 신앙에 대한 것입니다. 거기에서 더 나아가 영감된 하나님의 말씀에 반대한 것입니다. 왜냐하면 이 성경이 하늘 아래에서 가르치는 것이 있다면, 그것은 사람이 우리 주 예수님을 믿는 믿음으로 구원받는다는 것을 가르치는 것이 분명하기 때문입니다. 갈라디아서를 읽어보십시오. 그러면 설사 여러분의 생각이 비뚤어져 있을지라도, 여러분은 흔히 돌아다니는 왜곡된 어떤 말을 가지고서 이 서신에서 그 교리를 제거할 수 없습니다. 갈라디아서는 이 진리를 분명하게 진술하고 충분히 변호할 목적으로 쓰였습니다. 여러분은 이 교리를 신약 전체에서 제거할 수 없습니다. 여러분은 이 교리가 모든 서신서들에 맞을 낼 뿐만 아니라 서신서들에 깊이 배어 있어서, 이 서신서들을 한 장 한 장 살펴보면, 마치 기드온의 양털에서 물을 짜내듯이 이 서신서들에서 바로 이 한 가지 진리를 짜낼 수 있을 것입니다. 즉 하나님 앞에서 의롭게 되는 것은 믿음으로 되는 것이지, 율법의 행위로 되지 않는다는 것입니다. 이와 같이 그들의 반대는 성경에 대한 것입니다. 성경을 공격하는 사람들은 자기들이 영원하신 성령 하나님과 싸우고, 성령께서 그의 선지자와 사도들을 통해서 말씀하신 증거들과 싸우는 것임을 알아야 합니다. 성령의 영감을 부인해 보십시오. 그러면 여러분은 딛고 설 기초가 없어집니다. 반면에 성경을 믿으면, 믿음으로 말미암아 의롭다 하신다는 사실을 믿지 않을 수 없습니다.

그러면 이제 이 문제를 정면으로 살펴봅시다. 예수 그리스도를 믿는 사람들이 이전보다 더 나쁘게 된다는 것이 맞는 말입니까 틀린 말입니까? 우리는 이 질문에 주저 없이 대답합니다. 우리는 판단할 근거가 되는 자료들을 풍부하게 제공할 수 있습니다. 예수님을 믿는 사람들은 더 순결하고, 더 거룩하며, 더 낫게 된다고 엄숙하게 단언합니다. 또한 나는 값없는 은혜를 잘 모르는 무지한 옹호자들이 때로 지각없고, 사람들을 현혹시키는 말을 많이 했다는 점도 인정합니다. 그뿐 아니라 나는 많은 사람들이 자기들이 예수 그리스도를 믿는다고 생각하고, 믿는다는 그 점 외에는 아무것도 하지 않는 것이 염려스럽습니다. 우리는 분별없는 그런 말을 변호하지 않지만, 마음이 약한 신자들이 있다는 점도 부인하지 않습니다. 그러나 우리 말을 듣고 생각해 보라고 말하고 싶습니다. 어떤 사람들은 이렇게 말합니다. "목사님은 이 사람들에게 그들이 그리스도를 믿기 때문에 구원받을 것이라고 이야기합니다." 정확히 그렇습니다. "그러면, 목사님께서 구원받는다고 말할 때, 그것이 무슨 뜻인지 친절하게 설명해 주시겠습니까?" 아주 기쁘게 말씀드리겠습니다. 우리는 이 사람들이 죽으면, 그들의 성품에 상관 없이 천국에 갈 것이라는 뜻으로 말하는 것이 아닙니다. 사람이 예수님을 믿으면 구원을 받을 것이라고 말할 때, 우리가 뜻하는 바는 이것입니다. 그들이 한때 지내던 생활 방식에서 구원받을 것이라는 뜻입니다. 그들의 현재 모습, 즉 방탕함, 부정직, 술 취함, 이기심에서, 그리고 그들이 빠져서 생활해 왔던 다른 모든 죄에서 구원받을 것이라는 말입니다. 주 예수님을 믿은 사람들이 죄 가운데 살던 데서 구원받았다는 것을 보여줄 수 있는가 하는 점은 즉시 시험해 볼 수 있습니다. 그러면 합리적인 사람이라면 그런 구원의 설교에 대한 어떤 반론도 받아들이지 않을 것입니다. 악한 행실로부터 구원받는 것은, 도덕가라면 누구나 칭찬하고 비난하지 말아야 할 점인데, 바로 그것이 우리가 설교하는 구원입니다. 그런데 어떤 사람들이 무엇인가를 믿기만 하면 되고, 그러면 죽을 때 천국에 갈 것이라고 생각하거나, 자신들이 어떤 독특한 감정을 느끼기만 하면 그것으로 충분하다고 생각할까봐 두렵습니다. 자, 여러분 가운데 누구든지 그런 잘못에 떨어졌다면, 자비로우신 하나님께서 여러분을 그 오류에서 건져 주시기를 구합니다. 무슨 믿음이든지 믿음이 있으면 다 되는 것이 아니라, 우리를 구원하는 것은 오직 하나님의 택하신 자들의 믿음뿐입니다. 마음을 변화시키는 것은 어떤 감정이 아니라 성령의 활동입니다. 조사실에 들어가서 "나는 믿습니다" 하고 말하는 것은 중요하지 않습니다. 그런 공언은 아무것도 입증하지 못합니다. 그 말은 심지어 거짓일 수도 있습니다. 여러분의 공언은 이렇게 입증될 수 있을 것입니다. 여러분이 예수 그리스도를 바르게 믿었다면, 여러분은 그 시간부터 예전의 여러분과는 다른 사람이 될 것입니다. 여러분의 마음과 영혼에, 여러분의 행실과 대화에 변화가 있을 것입니다. 여러분이 이렇게 변화된 것을 보면, 정직한 마음으로 반대했던 사람들도 속히 자신들의 반대 입장을 그칠 것입니다. 왜냐하면 그들은 병 고침을 받은 사람이 베드로와 요한과 함께 서 있는 것을 보고서, 그들에게 반대할 아무 말도 할 수 없었던 사람들의 처지에 놓이게 될 것이기 때문입니다. 세상이 사실을 요구하는데, 우리는 이 사실들을 제시해야 합니다. 우리의 약이 좋다고 말로만 칭찬하는 것은 소용없는 일이고, 치료가 되었음을 증거해야 합니다. 여러분의 변화된 생활이 복음을 변호하는 가장 위대한 논증입니다. 그 생활이 본문의 의미를 보여주는 것이라면 말입니다. "그리스도 예수의 사람들은 육체와 함께 그 정욕과 탐심을 십자가에 못 박았느니라."

하나님께서 허락하시면 편견을 극복할 수 있으리라 기대하면서 변증적인 방식으로 본문을 이야기해 봅시다.

1. 무엇보다, 믿음으로 예수 그리스도를 받아들이는 것은 본래 우리가 육체와 함께 정욕과 탐심을 십자가에 못 박았다고 공언하는 것이라는 사실에 주목하시기 바랍니다.

믿음이 그런 공언이라면, 거룩한 생활과 관계 없다고 말할 수 있겠습니까?

이것이 사실임을 설명드리겠습니다. 믿음은 예수 그리스도를 받아들이는 것입니다. 어떤 면에서 받아들이는 것입니까? 가장 중요하게는, 그리스도를 대속물로 받아들이는 것입니다. 예수 그리스도는 하나님의 아들이시고 나는 죄인입니다. 나는 죽어 마땅한 자인데, 하나님의 아들이 나를 대신해서, 나를 위해 고통을 받으십니다. 예수 그리스도를 믿을 때, 예수님을 나를 대신하는 분으로 받아들이는 것입니다. 예수님을 믿는다는 것이 구약 율법의 의식에서 매우 아름답게 표현되었습니다. 제물을 가지고 오는 사람이 수소나 어린 양의 머리에 손을 없었는데, 그렇게 함으로써 그 희생 제물이 그를 대신하는 것으로 받아들여졌고, 그래서 희생물의 고통이 그의 고통을 대신하게 된 것입니다. 자, 우리의 믿음은 예수 그리스도께서 우리를 대신하는 분으로 받아들입니다. 믿음의 확신의 핵심과 정수는 이 사실에 있습니다.

> "주님은 내가 하나님의 의로운 진노를 받지 않도록
> 그 진노를 받으셨네."

그리스도께서 나를 위해, 내 대신에 하나님의 진노를 받으신 것입니다.

자, 다음의 생각을 알아보도록 합시다. 믿을 때, 여러분은 그리스도를 여러분을 대신하는 분으로 영접하고, 그리스도께서 하신 일이 여러분을 위해 하신 것이라고 고백합니다. 그러면 그리스도께서 십자가에서 무슨 일을 하셨습니까? 그리스도께서 십자가에 못 박히고 죽으셨습니다. 이 생각을 따라 가봅시다. 믿음으로 여러분은 자신을 그리스도와 함께 죽은 존재로, 그리스도와 함께 십자가에 못 박힌 존재로 간주한다는 점을 잘 생각해 보시기 바랍니다. 여러분이 이 사실을 이해하지 않는 한, 믿음이 의미하는 바를 정말로 파악하지 못한 것입니다. 여러분은 그리스도와 함께 하나님의 진노를 받은 것입니다. 그리스도께서 여러분 대신에 진노를 받았기 때문입니다. 여러분은 지금 그리스도 안에 있어서, 그리스도와 함께 십자가에 못 박혔고, 그리스도와 함께 죽었으며, 그리스도와 함께 장사되었고, 그리스도와 함께 부활하여, 그리스도와 함께 영광에 들어갔습니다. 그리스도께서 여러분을 대표하시고, 여러분의 믿음이 그 대표를 받아들였기 때문입니다. 그렇다면 여러분이 그리스도를 믿는 순간, 여러분이 이후부터는 죄에 대해서 죽었다고 선언한 것임을 분명히 아시기 바랍니다. 구원에 반드시 필요한 믿음이 죄에 대해 죽었음을 공언하는 것을 수반한다면, 누가 우리의 복음이 사람들에게 죄 가운데서 살라고 가르친다고 말할 수 있겠습니까? 회심자는 우선 자신을 그리스도와 함께 죄에 대하여 죽은 존재로 간주하는 것에서 시작합니다. 이와 같이 우리는 여기에 거룩함의 기초석을 놓지 않습니까?

회심자가 그리스도의 명령을 따른다면, 주 예수께서 자기를 대신해서 취하신 지위를 받아들인 후에 그리스도인이 취하는 바로 첫 번째 단계는 처음보다 좀 더 공적으로 자신의 입장을 공언하는 것인데, 그것은 곧 세례라는 점을 또한 살펴봅시다.

　　믿음으로 그는 그리스도께서 자기 대신 죽으신 것으로 받아들였고, 자신이 그리스도 안에서 죽은 것으로 간주합니다. 자, 죽은 사람은 누구나 조만간에 매장되어야 합니다. 그래서 앞으로 나와서 그리스도를 고백할 때, 우리는 "그의 죽으심과 합하여 세례를 받음으로 그와 함께 장사된"것이고, "이는 아버지의 영광으로 말미암아 그리스도를 죽은 자 가운데서 살리심과 같이 우리로 또한 새 생명 가운데서 행하게 하려는"(롬 6:4) 것입니다. 세례가 의식으로서 어떤 것을 이롭게 하지 못하고, 그 안에나 그 자체로 어떤 능력이나 효험은 없지만, 표시와 상징으로서 우리에게 참된 신자들은 그리스도와 함께 죽었고 장사되었음을 가르쳐 줍니다. 이와 같이 복음에 따를 때, 우리가 실제적으로 그리고 공공연하게 자신을 그리스도께 드리는 두 가지 길이 있는데, 믿음과 세례입니다. "믿고 세례를 받는 사람은 구원을 얻을 것이요"(막 16:16). 자, 믿음의 핵심은 그리스도께서 나를 대신해서 죽으신 것으로 받아들이는 것입니다. 그리고 세례의 핵심은 내가 그리스도와 함께 죽었기 때문에 그리스도와 함께 장사되는 것입니다. 이와 같이 기독교 신앙의 바로 첫 단계에서, 즉 최초의 내적 행위와 최초의 외적 상징에서, 여러분은 신자들이 이후부터는 죄에서 떨어져 나와야 하고, 생활에서 정결하게 되어야 한다는 사상을 보게 됩니다. 진심으로 믿고, 그리스도와 함께 정말로 장사된다는 것이 무엇인지 아는 사람은 본문이 육체와 함께 정욕과 탐심을 십자가에 못 박았다고 묘사하는 것을 완전히 성취했다고, 아니, 어떤 의미에서 완전히 성취했다고 말할 수 있습니다.

　　사랑하는 친구 여러분, 그리스도를 붙잡는 중대한 목적이 죄에 대하여 죽는 것임을 잊지 않도록 하십시오. 우리 가운데서 지옥의 고통을 피하기 위해 그리스도를 믿은 분이 있습니까? 아, 형제여, 당신은 예수 그리스도께서 세상에 오셔서 하신 일을 너무 부족하게 알고 있습니다. 그리스도는 "자기 백성을 그들의 죄에서 구원할"(마 1:21) 구주로 선포되어야 합니다. 이것이 그의 사명의 목적입니다. 참으로 주께서는 죄사함을 주기 위해 오십니다. 그러나 죄사함과 함께 회개를 주는 일이 없이 결코 죄사함만 주시지 않습니다. 주님은 의롭다 하시기 위해 오십니다. 그러나 또한 거룩하게 하시는 일이 없이 의롭다고만 하시지 않습니다. 주님께서 우리를 구원하기 위해 오셨지만, 단지 죽음으로부터만 구원하기 위해서나, 오직 지옥으로부터만 구원하기 위해 오신 것이 아닙니다. 죽음의 어머니요 지옥의 장본인인 죄로부터 구원하기 위해 오셨습니다. 구속자께서는 모든 악의 뿌리를 찍으십니다. 이와 같이 우리에 관해서, 주님은 죄를 죽임으로써 죽음과 지옥을 끝장내십니다. 이를 인하여 하나님께 영광을 돌립시다! 자, 내가 볼 때, 기독교 신앙이 시작부터 죄에 대하여 죽는 것과 그처럼 명확하게 관계가 있다면, 우리가 예수 그리스도를 믿는 믿음을 설교하면서 도덕이나 미덕을 무시하거나 죄와 악을 가볍게 여긴다고 생각하는 사람들은 우리를 아주 심하게 오해하는 것입니다. 우리가 죄를 십자가에 못 박지는 못합니다. 그러나 우리는 도덕적 악을 죽여 없애버릴 수 있는 유일한 방법을 선언하는 것입니다. 그리스도를 영접하는 것은 육체와 함께 정욕과 탐심을 십자가에 못 박는 것을 공언하는 것입니다. 아무리 순수한 도덕가라 할지라도 이보다 더한 어떤 것을 얘기할 수 있겠습니까? 이보다 더한 어떤 것을 공언할 수 있겠습니까?

2. 그러나 둘째로, 사실 그리스도를 영접하는 것은 죄를 십자가에 못 박는 일을 수반합니다.

이제 내가 예수님을 믿었을 때의 경험을 이야기하도록 하겠습니다. 내 이야기를 하면서, 이 자리에 있는 분들 가운데 수천 명이, 그리고 이 세상에서 수백만 명이, 하늘에서 더 많은 사람이, 나와 똑같은 경험을 하지는 않았을지라도, 내가 선포하는 진리를 안다는 것을 생각하면 기쁩니다. 내가 예수께서 그리스도이심을 믿고 내 영혼이 그리스도 안에서 쉬게 되었을 때, 그 순간부터 마음속에 온갖 죄에 대한 강한 미움이 생기는 것을 느꼈습니다. 나는 전에 죄를 사랑하였고, 특별히 어떤 죄들을 사랑했었습니다. 그런데 믿은 순간부터 그 죄들이 내게 아주 역겨운 것이 되었고, 죄로 향하는 경향이 여전히 있었지만 죄를 사랑하는 마음은 깨끗이 사라졌습니다. 죄를 범했을 때는 언제든지, 전에 내가 허용하고 즐기기까지 했던 죄들 때문에 자신에 대해 슬픔과 혐오를 느꼈습니다. 죄에 대한 흥미가 사라졌습니다. 한때 사랑했던 일들을 혐오하였고, 생각하는 것조차 부끄러웠습니다.

그 다음에, 나는 내 죄를 찾기 시작하였습니다. 이제 나는 죄에 관한 내 경험과, 그리스도께서 십자가에 못 박히신 사건의 세부적인 이야기들 사이에 유사점이 있는 것을 봅니다. 사람들이 우리의 대속물이신 주님을 찾으러 유다를 겟세마네 동산으로 보냈습니다. 바로 그런 식으로 나는 죄를 찾기 시작했습니다. 내 마음의 깊은 어둠 속에 숨어 있는 죄까지 찾았습니다. 나는 무지하여서 죄가 죄인 줄도 몰랐습니다. 내 영혼 속은 깜깜한 어둠이었기 때문입니다. 그러나 회개하는 내 영혼은 악을 없애 버리려는 마음이 생겨서 호롱불과 횃불을 빌려서 마치 도둑을 잡으러 가듯이 나갔습니다. 나는 죄를 샅샅이 찾아내려는 열심으로 마음의 정원을 아주 철저히 뒤졌습니다. 나는 나를 돕도록 하나님을 모셔왔고 이렇게 말했습니다. "하나님이여 나를 살피사 내 마음을 아시며 나를 시험하사 내 길을 아옵소서"(시 139:23). 나는 은밀한 죄들을 찾기까지 조사하기를 그치지 않았습니다. 이렇게 마음속을 조사하는 일은 내가 끊임없이 하는 일 중의 하나입니다. 나는 내 본성을 철저히 조사하여 이 악당들, 곧 끔찍이 싫어하는 죄들을 사로잡아, 이 죄들이 그리스도와 함께 십자가에 못 박히도록 합니다. 여러분의 영적 무지를 틈타 불의가 속에 숨어 있는 여러분, 스스로 분발하여 자신의 본성을 엄격하게 조사하고, 더 이상 여러분의 마음이 악의 잠복처가 되도록 내버려 두지 마십시오. 내 죄를 찾았던 때가 생각납니다. 죄를 찾았을 때, 나는 죄를 사로잡아 끌고 심판대로 갔습니다.

　　아, 형제 여러분, 여러분은 그 일이 여러분에게 발생했던 때를 알고, 양심이 내리는 심판이 참으로 엄하였다는 것을 압니다. 나는 내 자신에 대해 재판을 하였습니다. 죄를 끌고 이 법정, 저 법정으로 갔습니다. 나는 내 죄가 사람들 앞에 있는 것처럼 보았고, 나의 악한 모범이 다른 사람들의 영혼을 파괴하였을 수도 있다는 생각에 몸을 떨었습니다. 내 죄를 하나님 앞에 있는 것처럼 보았고, 깊이 뉘우치며 자신을 증오하였습니다. 내 죄는 하나님 보시기에 붉었고, 내가 보기에도 붉었습니다. 내 죄를 판단하고 정죄하였으며, 중죄인의 사형에 해당하는 악한으로 정죄하였습니다. 나는 속에서 빌라도처럼 내 죄를 변호하는 목소리를 들었습니다. "내가 그를 채찍질하고 놓아주겠다. 죄에게 조금 창피를 주겠다. 나쁜 짓을 그처럼 자주 범하지 않도록 하고, 정욕을 반드시 억제하도록 하겠다." 그러나 내 영혼은 말합니다. "그를 십자가에 못 박으라! 그를 십자가에 못 박으라!" 할 수만 있으면 그리스도의 모든 살인자들을 다 죽이고 하나도 도망가지 못하도록 하려는 내 의도를 마음에서 제거할 수 있는 것은 아무것도 없습니다. 내 영혼이 이 살인자들을 극도로 미워하여서 그들 모두를 나무에 못 박기를 간절히 원하기 때문입니다. 또 어떻게 내가 죄의 수치를 보기 시작했는지 생각이 납니다. 내 주님께서 침 뱉음을 당하고 조롱을 받으며 모욕을 겪으셨듯이, 내 영혼이 죄의 모든 교만에 대해 경멸을 퍼붓기 시작했고, 죄가 쾌락을 약속하는 것을 경멸하고, 죄에 대하여 수많은 범죄 행위를 고발하기 시작하였습니다. 죄가 나를 속였고, 파멸로 이끌었으며 거의 나를 망하게 만들었습니다. 그래서 나는 죄를 멸시하며 죄의 뇌물들과, 죄가 달콤하고 즐겁다고 하며 제공한 모든 것에 경멸을 퍼부었습니다. 아, 죄여, 네가 얼마나 수치스럽게 보였는지 모른다! 천하고 비열하며 경멸할 만한 모든 것이 온통 네게 몰려 있는 것을 보았다. 내 마음은 회개로 죄를 채찍질하였고, 비난으로 후려치고, 자기 부인으로 죄를 때려 눕혔습니다. 그 다음에 죄를 질책하고 경멸하였습니다. 그러나 이것으로 충분하지 않았습니다. 죄는 반드시 죽어야 합니다. 죄가 저지른 일에 대해 마음으로 슬퍼하였고, 주님의 죽음에 대해 내 자신에게 복수하기로 결심하였습니다. 그래서 내 영혼의 결심을 이같이 노래하였습니다.

> "아, 내 하나님을 십자가에 못 박은
> 내 정욕들을 얼마나 미워하는지.
> 주님의 육신을 찌르고 못 박아
> 저 죽음의 나무에 단단히 묶은 죄들을!
>
> 그렇습니다. 내 구속주여, 그 죄들을 죽이기로
> 내 마음이 굳게 정하였나이다.
> 내 구주를 피 흘리게 만든
> 죄들을 결코 용서하지 않겠나이다."

그 다음에 나는 죄들을 십자가의 처형장으로 끌고 갔습니다. 내 죄들이 어떻게 해서든 도망가려고 했지만 하나님의 능력이 그들을 막고, 군인 호위병처럼 내 죄들을 치욕의 교수대로 안내하였습니다. 하나님의 손이 거기 나타났고, 모든 것을 드러내는 성령께서 사람들이 그리스도를 옷 벗겼듯이 내 죄를 발가벗겨서 내가 보는 앞에 세웠습니다. 내 은밀한 죄까지도 하나님의 얼굴 빛 가운데 세우셨습니다. 내가 지켜볼 때, 그것은 참으로 놀라운 광경이었습니다! 내가 전에는 죄가 입은 멋진 옷을 보았고, 죄가 자신을 화려하게 보이기 위해 칠한 색깔을 보고, 마치 이세벨이 얼굴을 화장하여 아름답게 보이도록 만드는 것처럼 아름답게 보았습니다. 그런데 이제는 죄의 벌거벗은 것과 역겨운 모습을 보았고, 볼 때마다 거의 절망에 빠질 지경이 되었습니다. 그러나 내 마음이 나를 추슬렀습니다. 내가 용서받았다는 것을 알았기 때문입니다. 그래서 나는 말했습니다. "그리스도 예수께서 나를 용서하셨습니다. 내가 주님을 믿었기 때문입니다. 나는 육체를 십자가에 못 박아 죽도록 하겠습니다." 나는 못이 박히던 것을 기억합니다. 육체가 계속해서 자유를 누리려고 얼마나 몸부림쳤는지 모릅니다. 못이 하나, 둘, 셋, 네 개가 박혀, 그 저주받을 죄를 그리스도와 함께 나무에 단단히 박았고, 그래서 죄가 도망갈 수도 없고 지배할 수도 없었습니다. 하나님을 찬송합시다. 내 죄가 아직 죽지는 않았지만, 십자가에 못 박혔고, 결국에는 반드시 죽을 것입니다. 죄가 십자가에 달려 있습니다. 죄가 피를 흘리고 있는 것을 볼 수 있습니다. 때로 죄가 십자가에서 내려오려고 발버둥치며, 몸을 비틀어 못에서 빠져나오려고 애씁니다. 죄가 헛된 것을 쫓아가려고 하기 때문입니다. 그러나 신성한 못이 죄를 아주 단단히 붙잡고 있고, 죄가 죽음의 수중에 있어서 도망갈 수가 없습니다. 슬프게도, 죄는 많은 고통과 몸부림 가운데서 오랜 시간 질질 끌며 죽습니다. 죄가 죽어가는데, 곧 그리스도의 사랑의 창이 그 심장을 찌를 것이고, 그렇게 해서 완전히 숨을 거둘 것입니다. 그때에는 우리의 영원한 본성이 더 이상 이 죽을 몸 때문에 괴로움을 당하지 않을 것입니다. 우리 영혼은 한 점 흠 없이 깨끗한 상태로 올라가 영원히 하나님의 얼굴을 뵐 것입니다.

자, 나는 지금 실현될 일들을 우화적으로 말하고 있는 것이 아닙니다. 현실 속에서 일어나는 일을 비유적으로 설명하고 있는 것입니다. 예수님을 믿는 사람은 누구나 즉각적으로 죄를 없애려고 노력하기 때문입니다. 그 사람이 예수 그리스도를 믿었는지 안 믿었는지는, 그의 동기와 감정, 생활과 행실에 변화가 있는지 보아서 알 수 있습니다. 여러분은 이 점이 의심스럽다고 말합니까? 여러분은 의심하고 싶은 것을 의심할 수 있습니다. 그러나 사실은 자명합니다. 아마도 이 주간이 끝나기 전에, 내 일생 동안 거의 매주일 그랬듯이, 술에 중독되어 살다가 예수 그리스도를 믿는 즉시 정신이 온전하게 된 사람들이 내 앞으로 나올 것입니다. 한때 부정하게 지냈지만 예수님을 믿음으로써 깨끗하고 정숙하게 된 여자들이 나올 것입니다. 온갖 악한 쾌락들을 좋아하였지만 자신이 예수 그리스도 안에 있는 새로운 피조물이기 때문에 즉각적으로 그런 악들에서 돌이켰고 계속해서 모든 시험들에 저항하는 사람들이 나올 것입니다. 회심의 현상은 특별합니다. 그러나 회심의 효과는 훨씬 더 특별합니다. 회심은 어떤 구석에서 이루어지는 일이 아닙니다. 그 일은 매일같이 볼 수 있습니다. 회심이라는 것이 단지 사람들이 마음의 고통을 느꼈다가, 그 다음에 스스로 만족을 느껴서 마음이 편안해지고 행복하다고 생각했을 때 갖는 흥분이라면, 나는 회심에 특별히 유익한 점이 있다고 생각하지 않습니다. 그러나 중생이 사람들의 취향과 감정을 변화시키는 것이 사실이라면, 결국 중생이 사람을 근본적으로 변화시켜 철저히 새로운 피조물로 만든다는 것이 참이라면, 하나님께서 우리에게 수많은 회심자를 보내 주시기를 바랍니다! 우리는 이것이 사실이라는 것을 확실히 압니다. 우리는 끊임없이 이 일을 보기 때문입니다.

3. 셋째로, 우리는 한 걸음 더 나아가서 이렇게 말합니다.

순전히 믿음으로 예수 그리스도를 마음에 받아들이는 것이 육체를 십자가에 못 박는 것입니다.

사람이 예수님을 믿을 때, 그 사람이 육체를 십자가에 못 박도록 돕는 첫 번째 요점은, 주 예수께서 죄 때문에 죽으시는 것을 보았기 때문에 그의 죄가 악함을 알게 되었다는 것입니다. 사람들은 죄가 아무것도 아니라고 생각합니다. 죄가 행하는 일이 무엇이고, 행하지 못하는 것이 무엇입니까? 죄라는 바이러스가 어떤 해악을 끼치겠습니까? 죄가 해악을 끼치지 못하는 것은 무엇이겠습니까? 죄의 영향력은 이루 다 헤아릴 수 없을 정도로 광범위하게 해를 끼쳐 왔습니다. 죄는 피비린내 나는 전쟁을 통해 온 세상에 피와 눈물이 넘치게 만들었습니다. 죄가 세상을 학대로 덮어 많은 사람들을 짓밟고, 무수한 사람들의 마음을 깨트렸습니다. 죄는 속박과 포학, 사제술(司祭術), 반역, 비방, 박해를 가져왔습니다. 죄는 모든 인간 고통의 원인이었습니다. 그러나 죄의 악행의 정점은, 하나님께서 친히 순결하고 완전한 사랑의 목적을 띠고 사람의 형태로 오셨을 때, 자비와 구속의 표적을 행하기 위해 오셨을 때 일어났습니다. 그때 죄인은 성육신하신 하나님을 십자가에 못 박기 전까지는 쉴 수 없었습니다. 의회당(Parliamentary Party)이 영국의 왕을 처형했을 때, 단어를 하나 새로 만들어서 왕을 죽인 자들을 "시해자들"(찰스 1세를 사형에 처한 재판관들 - 역주)이라고 불렀습니다. 이제 우리는 단어를 하나 새로 만들어 죄를 기술해야 합니다. 죄는 하나님을 죽인 자(deicide)입니다. 죄인은 하나같이, 할 수만 있다면 하나님을 죽이려 합니다. 그는 마음속으로

"하나님은 없다"고 말하기 때문입니다. 그는 하나님이 없기를 바라는 뜻으로 그렇게 말하는 것입니다. 그는 하나님이 없었다는 것을 확실히 알 수만 있다면 정말로 기뻐할 것입니다. 사실, 하나님이 있다는 사실, 그것도 그를 심판할 하나님이 있다는 사실은 그의 생명을 잡아먹는 귀신입니다. 그의 은밀한 바람은 종교도 없고 하나님도 없는 것입니다. 그래야 그가 자기 원하는 대로 살 수 있기 때문입니다.

자, 사람이 죄의 핵심은 임마누엘 하나님을 죽인 것이라는 사실을 알게 될 때, 그의 마음이 새롭게 되고, 그 순간부터 죄를 미워합니다. 그래서 그는 이렇게 말합니다. "안 됩니다. 내가 그런 악을 계속 행할 수 없습니다. 할 수만 있으면 하나님이 지으신 세상에서 하나님을 쫓아내려고 하는 것이 하나님의 법을 어기는 모든 죄의 참된 의미라면, 나는 죄를 그대로 두고 볼 수 없습니다." 그는 이렇게 느끼기 때문에 혐오감을 가지고 뒤로 물러납니다.

> "내 죄가 죄 없으신 주님의 머리에
> 내내 앙갚음을 하였도다.
> 내 심장을 찢고 찢으며, 내 눈을 터트리고
> 내 슬픔이 피를 흘리게 하자.
>
> 강력한 은혜여, 단단한 내 영혼을 치시라.
> 물처럼 녹아 흐를 때까지,
> 깊은 회개로 숨길 수 없는 고통 속에서
> 눈물이 홍수를 이룰 때까지."

그 다음에 신자는 그리스도의 죽음에서 하나님의 크신 은혜에 대한 놀라운 예를 또한 보았습니다. 죄가 하나님을 죽이려는 시도라면, 순전히 그런 것이라면, 죄를 범한 피조물이 당장에 죽지 않았다는 것이 참으로 놀라운 사실입니다. 하나님께서 죄 범한 피조물들을 회복시키는 계획을 궁리하는 것을 가치 있는 일로 여기신다는 것이 참으로 놀랄 만한 일입니다. 그런데 하나님께서는 자기의 사랑하는 독생자를 내주는 일이 따르는 길을, 비할 데 없는 솜씨로 고안하셨습니다. 그것은 비할 데 없는 큰 희생이었지만, 하나님께서는 그 희생 치르는 것을 철회하지 않으셨습니다. 하나님은 "세상을 이처럼 사랑하사 독생자를 주셨으니 이는 그를 믿는 자마다 멸망하지 않고 영생을 얻게 하려 하심이라." 자기 하나님, 곧 은혜로우신 하나님께 원수였던 인류를 위해서 이같이 하셨습니다. 그리스도 안에서 신자는 이렇게 말합니다. "죄가 그처럼 은혜로우신 하나님께 악을 행하므로, 이제부터 나는 죄에 조금이라도 손을 댈 수 없다. 저주받을 죄여, 너는 은혜와 자비가 풍성하신 하나님의 심장에 칼을 박았도다! 이 점이 죄로 심히 죄 되게 한다."

그 다음에 신자는 하나님의 공의를 보았습니다. 신자는 하나님께서 죄를 몹시 미워하신다는 것을 압니다. 하나님의 독생자가 친히 죄를 담당하셨을 때, 하나님은 그 아들마저도 용서하시려 하지 않았기 때문입니다. 그것은 주님 자신의 죄가 아니었습니다. 주님께는 죄가 전혀 없었습니다. 그러나 주님께서 자원하여 죄를 떠맡으시고 우리를 대신하여 저줏거리가 되셨을 때, 온 세상의 심판장이신 하나님은 그 아들을 아끼지 않으셨습니다. 하나님께서는 그의 보복의 병기고에서 벼락을 끄집어내어 아들에게 사정없이 내던지셨습니다. 그의 아들이 죄인을 대신하셨기 때문입니다. 죄인의 대속자를 위한 자비는 없었습니다. 주님께서는 큰 소리로 부르짖지 않을 수 없었는데, 그 전에도 후에도 그같이 외친 사람은 없었습니다. "나의 하나님, 나의 하나님, 어찌하여 나를 버리셨나이까?" 고통의 급류가 그의 영혼을 훑고 지나갔습니다. 죄의 판결이 그를 압도하였습니다. 하나님의 모든 파도와 큰 물이 그 위에 넘쳤습니다.

자, 사람이 이 놀라운 사실을 볼 때, 그는 더 이상 죄를 가볍게 생각할 수 없습니다. 지극히 거룩하신 여호와 앞에서 떨고, 속으로 이렇게 외칩니다. "이것이 죄에 대한 하나님의 생각이라면 어떻게 내가 죄를 지을 수 있겠는가? 우리의 죄가 단지 그의 아들에게 전가되었을 뿐인데도 하나님이 공의로 그처럼 엄하게 죄를 치셨다면, 실제로 지은 죄가 내게 지워질 때는 하나님께서 얼마나 사정없이 치시겠는가? 하나님이여, 죄에서 저를 건져 주시옵소서."

신자에게는 또한 이것 말고 한 가지 시각이 더 있는데, 아마도 이 시각이 다른 어떤 것보다 죄에 대한 그의 견해를 효과적으로 변화시킬 것입니다. 신자는 예수님의 놀라운 사랑을 보았습니다. 청중 여러분, 여러분은 이제까지 그 사랑을 보았습니까? 여러분이 예수님의 그 놀라운 사랑을 보았다면, 다시는 죄를 사랑하지 않을 것입니다. 하늘의 모든 위엄을 입으신 주께서 인간의 모든 비참함을 받기 위해 내려오셨다는 것을 생각해 보십시오! 주님께서 베들레헴에 오셔서 우리 가운데 거하시며, 성부 하나님의 뜻에 순종하여 30여년 동안 수고로운 생활을 보내셨습니다. 그리고 마지막에 이르러 주님은 큰 고통의 위기에 이르렀습니다. 즉 성육신에 따른 가장 큰 슬픔인, 피 같은 땀과 죽음 같은 고통에 가까이 이르시게 되었습니다. 그것은 주님께서 골고다를 뚜렷하게 바라보면서 제자들과 함께 먹은 엄숙한 유월절 음식이었습니다. 그리고 나서 주님은 일어나 겟세마네 동산으로 가셨습니다.

> "감람유 짜는 틀, 겟세마네는
> (그리스도인들은 이 동산이 이렇게 불리는 이유를
> 생각해 볼 필요가 있습니다)
> 적절한 이름이고, 적절한 장소이네.
> 이곳에서 복수가 날뛰려 하였으나,
> 사랑에 발목이 단단히 붙잡혔네.
>
> 여기에 생명의 주님께서 오셔서
> 탄식하고 신음하시며 기도하고 두려워하였네.
> 성육신하신 하나님께서 하실 수 있는 대로
> 힘을 다하여 하나도 남김없이 모든 것을 지셨네."

　주님께서 어떻게 우리를 사랑하셨는지 보십시오! 예수님께서 빌라도의 관정으로 끌려가서 거기에서 채찍질을 당하셨습니다. 이 채찍은 작은 납덩이 알들을 무겁게 달아매었고, 소의 힘줄을 꼬아 만들었습니다. 그 속에 또 작은 뼈들을 집어넣었기 때문에 칠 때마다 살을 찢는 무시무시한 로마의 채찍이었는데, 이것으로 채찍질을 당하셨습니다. 사랑하시는 우리 주님께서는, "그가 찔림은 우리의 허물 때문이요 그가 상함은 우리의 죄악 때문이라 그가 징계를 받으므로 우리는 평화를 누리고 그가 채찍에 맞으므로 우리는 나음을 받았도다"(사 53:5)는 구절이 암시하는 것처럼, 이런 징계를 거듭거듭 당하시지 않으면 안 되었습니다. 그럼에도 주님은 우리를 사랑하셨고, 여전히 사랑하셨습니다. 많은 물도 주님의 사랑을 끌 수 없었고 홍수라도 삼키지 못하였습니다(아 8:7). 사람들이 주님을 십자가에 못 박았을 때에도, 주님은 여전히 우리를 사랑하셨습니다. 온 뼈마디가 어긋났을 때, 주님은 슬픈 독백을 하셨습니다. "나는 물 같이 쏟아졌으며 내 모든 뼈는 어그러졌도다"(시 22:14). 주님은 여전히 우리를 사랑하셨습니다. 개들이 주님을 둘러싸고 바산의 황소들이 에워쌌을 때에도, 주님은 여전히 우리를 사랑하셨습니다. 주님이 죽음의 냄새를 맡고 주님의 심장이 속에서 밀랍처럼 녹기까지 두렵게 혼절하였을 때에도, 주님은 여전히 우리를 사랑하셨습니다. 하나님이 주님을 버리고, 해를 가렸으며, 한밤중의 어둠이 대낮을 덮고, 애굽의 어둠처럼 빽빽한 암흑이 주님의 영을 가렸을 때에도, 주님은 여전히 우리를 사랑하셨습니다. 이루 말할 수 없이 쓰디쓴 잔을 마지막 찌끼까지 다 마시기까지, 주님은 우리를 여전히 사랑하셨습니다. 빛이 주님의 얼굴을 비추고, 주께서 "다 이루었다"고 말하실 수 있었을 때, 우리를 여전히 사랑하신 얼굴에 그 빛이 비쳤습니다. 예수님을 믿고 그 사랑을 알도록 그 빛을 받은 사람은 누구나 이렇게 말합니다. "내가 어떻게 주님을 거스를 수 있겠습니까? 내가 어떻게 주님을 슬프시게 할 수 있겠습니까? 이생에서는 내가 자칫 범할 수도 있지만, 주님을 노여우시게 할까봐 두려워서 행하지 않는 행동들이 있습니다." 그런 행동을 할 생각이 없다고 했는데, 이에 대해 주께서, 두려워서 그러느냐고 물으신다면, 내 대답은 이것입니다. "나는 노예의 심정으로 두려워하는 것이 아닙니다. 나는 지옥에 갈 리가 없기 때문입니다." 그러면 내가 두려워하는 것은 무엇입니까? "나는 그 귀한 얼굴, 주님께서 일찍이 나를 위해 도랑처럼 눈물을 흘리신 그 사랑하는 얼굴을 보는 것이 두렵습니다. 나를 위해 가시관을 쓰셨던 그 귀한 머리가 두렵습니다. 나는 그런 친절을 거역할 수 없습니다. 주님의 피 흘리신 사랑이 나를 묶습니다. 어떻게 나를 위해 죽으신 주님을 부끄럽게 만드는 그처럼 큰 악을 행할 수 있겠습니까?"

형제 여러분, 여러분은 이렇게 생각하지 않습니까? 여러분이 주 예수님을 믿었다면, 그 발 앞에 엎드리고, 사랑을 인해서 그 못자국에 입을 맞추십시오. 그리고 주님께서 여러분을 발판으로 삼고자 하신다면, 그렇게 함으로써 주님께서 조금이라도 더 높이 되신다면, 여러분은 그것을 여러분 생의 최고의 명예로 여길 것입니다. 그렇습니다. 주님께서 여러분에게 감옥에 가서 주님을 위해 죽으라고 명령하시고, 주께서 친히 그 말씀을 하시며 못자국 난 손을 여러분에게 대신다면, 여러분은 천사들이 기쁘게 하늘로 올라가는 것처럼 감옥으로 갈 것입니다. 주님께서 여러분에게 주를 위하여 죽으라고 명령하시면, 비록 육신은 약할 지라도, 여러분의 마음은 기꺼이 원할 것입니다. 그리고 주님께서 여러분을 보시기만 한다면, 육신도 그만큼 강해질 것입니다. 주님께서는 눈길 한 번으로 이기심과 겁을 내쫓으실 수 있고, 우리 전체를 주님께 번제로 드리지 못하게 막는 모든 것을 쫓아내실 수 있기 때문입니다. 그렇지 않습니까?

> "도덕에 대해서 이야기해 봅시다! 피 흘리신 어린 양이시여,
> 　최고의 도덕은 주님을 사랑하는 것이네!"

　예수님이시여, 우리가 일단 주님께 대한 사랑으로 충만해지면, 죄는 우리가 일생에 걸쳐 싸우는 용이 됩니다. 거룩함은 우리의 지극히 고귀한 열망이 되며, 우리는 마음과 뜻과 힘을 다하여 거룩함을 추구합니다. 솔직한 마음으로 예수 그리스도의 종교를 정직하게 생각해 보기만 한다면, 사람들은 그리스도인들이 자기 신앙에 진실하다면 죄를 미워해야 한다는 것을 알게 될 것입니다. 이 점을 더 자세히 다룰 수도 있지만, 이만 하도록 하겠습니다.

　4. 마지막 요점은 이것입니다. 성령께서 복음과 함께 하시고, 성령이 계시는 곳에는 반드시 거룩함이 증진된다는 사실입니다.
　이 점을 잊지 말도록 합시다. 믿음으로 예수 그리스도를 영접하는 것은 죄에 대하여 죽는 것을 공언하는 것이며, 죄를 미워하는 일입니다. 또 거기에는 죄를 미워하는 경험이 따릅니다. 그 외에도 한 가지가 더 있습니다. 사랑하는 친구 여러분, 부흥집회나 일반적인 목회 사역에서도, 이것 말고 여러분이 보거나 들을 수 있는 것이 없다면, 많은 비평과 트집이 적어도 합리적일 수 있다고 생각합니다. 그러나 지금은 그 비평과 트집이 합리적이지 않습니다. 한 가지 중대한 사실이 그런 것들을 영원히 터무니없는 것으로 만들기 때문입니다. 예수 그리스도를 설교하는 곳은 어디든지, 신분과 계급이 지극히 높은 분이 그 자리에 계십니다. 여러분은 내가 지금 세상 권력자를 이야기하고 있다고 생각하지 않을 것입니다. 그렇습니다. 나는 성령, 곧 항상 찬송 받으실 성령 하나님을 이야기하고 있습니다. 진실한 마음이 전하는 복음 설교 가운데, 성령께서 그 자리에 계시면서 그리스도의 일들을 사람들에게 계시하는 것 외에 다른 것을 전하는 복음 설

교는 없습니다. 사람이 예수님을 보고 순전한 마음으로 믿을 때, 거기에 수반되는 행동이 있습니다. 아니, 내 말을 정정해야 하겠습니다. 그 행동의 원인이 되는 능력이 있습니다. 즉시 사람을 변화시키는데, 마치 사람을 던져서 없애 버렸다가 새로운 생명으로 나타나게 하는 것처럼 완전히 사람을 변화시키는 기적적이고 초자연적인 능력이 있습니다. 그렇다면, 그리스도를 믿는 것은 아주 놀라운 일입니다. 자, 여러분이 요한복음 3장과 요한의 서신들을 보면, 믿음은 언제나 중생, 혹은 신생과 관련되어 있는 것을 알게 될 것입니다. 이 신생은 성령의 사역입니다. 요한은 요한복음 3장에서 "네가 거듭나야 하겠다"고 말하고, 이어서 이렇게 말합니다. "모세가 광야에서 뱀을 든 것 같이 인자도 들려야 하리니 이는 그를 믿는 자마다 멸망하지 않고 영생을 얻게 하려 하심이라"(3:14,16). 예수 그리스도를 믿는 믿음이 있는 곳은 어디든지, 정결케 하는 기적이 마음속에서 이미 작용한 것입니다. 이 사실을 부인해 보십시오. 그러면 이같이 분명히 말하는 성경의 증언을 부인하는 것입니다. "예수께서 그리스도이심을 믿는 자마다 하나님께로부터 난 자니"(요일 5:1). "하나님께로부터 난 자는 다 범죄하지 아니하는 줄을 우리가 아노라 하나님께로부터 나신 자가 그를 지키시매 악한 자가 그를 만지지도 못하느니라"(5:18). 여러분은 무엇 때문에 의심하십니까? 개인적인 모범을 보이는 우리들이, 그것이 우리의 경우에 사실이었다는 것을 여러분에게 확실히 보여주지 못합니까? 나는 지금 내 자신이나 한두 사람이 이것을 확언한다는 뜻으로 말하는 것이 아닙니다. 이 증언은 수백 명, 수천 명이 진술할 수 있는 것이고, 그들 모두 성령의 능력이 그들의 욕구의 경향을 변화시켰고, 그들이 거룩하고 의롭고 참된 것들을 사랑하게 만들었다는 것을 한 목소리로 주장한다는 것입니다.

그러므로, 여러분, 이 사실을 믿든지 믿지 않든지 간에, 여러분은 우리에게서 이 한 가지 사실만큼은, 즉 믿음으로 말미암는 구원을 설교하는 것이 나쁜 일이라면 우리는 훨씬 더 나빠질 뜻이 있다는 것만큼은 확실히 알아주시기 바랍니다. 우리의 입장이 옳다면, 확실히 여러분은 우리가 그같이 말한다고 해서 비난할 수 없을 것입니다. 십자가를 전하는 것이 멸망하는 사람들에게는 어리석은 것이고, 그리스도를 믿는 자들에게는 하나님의 지혜와 능력이 된다면, 우리는 여러분에게 그리스도를 전하는 일을 포기하지 않을 것입니다. 그와 같이 해서 사람들이 새로운 피조물이 된다면, 다른 사람들은 도덕에 관해 이야기하지만 우리의 복음이 새로운 피조물들을 일으킨다면, 우리는 말을 위해서 일하는 것을 포기하지 않을 것이고, 철학의 꾸며낸 이야기를 위해서 복음의 능력을 포기하지 않을 것입니다.

형제 여러분, 더욱더 십자가를 들고 앞으로 나오십시오. 학교에서, 강단에서 십자가에 못 박힌 그리스도를 죄인의 소망으로 더욱더 분명하게 드러내십시오. 죄인에게 예수님을 보라고 말하십시오! 보고 사십시오! 복음은 사회의 질서를 크게 증진시키고, 사회의 집 없는 자들과 부랑자들을 크게 교정하며, 인류를 향상시킵니다. 아무 가치 없는 자들에게 예수님을 믿는 것을 근거로 사죄와 은혜로운 중생을 값없이 주신다는 이 교리야말로 인류의 소망입니다. 길르앗에는 연고가 없고, 과거에도 없었습니다. 그러나 이것은 골고다의 연고입니다. 참된 약이 여기에 있습니다. 예수 그리스도께서는 최고의 의사이시기 때문입니다. 죄인들이여, 한 번 이 약을 바르기만 해보십시오! 이 약을 그냥 써 보기만 하십시오! 예수님을 바라보십시오. 그러면 여러분이 달리는 어떻게 극복할 수 없는 열정들이 그리스도의 정결케 하시는 능력에 복종할 것입니다. 예수님을 믿으십시오. 그러면 여러분은 라오콘(Laocoon: 트로이의 아폴로 신전의 사제. 여신 아테나의 노여움을 사 아들과 함께 바다뱀에 감겨 죽었음 — 역주)과 그 아들을 휘감은 뱀처럼 여러분에게 달라붙어 옥죄는 어리석음들을 풀어버릴 수 있을 것입니다. 그렇습니다. 그 어리석음들은 예수님이 한 번 쳐다보시기만 하면 사라질 것이고, 여러분에게서 떨어져 나갈 것입니다. 예수님을 믿으십시오. 그러면 여러분은 탁월함의 원천과 정결의 샘, 미덕의 근원, 악의 파멸, 완전함의 싹을 얻게 됩니다.

하나님께서 지금도 우리가 스스로에게 주님의 능력을 입증하고, 주변 모든 사람들에게 주님의 능력을 선포하도록 해주시기를 바랍니다.

> "우리가 마지막 숨을 내쉴 때
> 주님의 이름을 붙잡을 수만 있다면 행복하네.
> 모든 사람에게 주님을 전하고, 임종 때 이같이 외치라.
> '보라, 보라, 하나님의 어린 양이로다!'"

제
11
장

—

세 가지의 십자가에 못 박힘

—

"그러나 내게는 우리 주 예수 그리스도의 십자가 외에 결코 자랑할 것이 없으니 그리스도로 말미암아 세상이 나를 대하여 십자가에 못 박히고 내가 또한 세상을 대하여 그러하니라." — 갈 6:14

우리가 다른 사람들을 책망할 때는 언제든지, 우리 자신은 그들의 잘못에서 깨끗하도록 단단히 준비해야 합니다. 사도는 육체를 자랑하기 원한 사람들을 내내 책망하였습니다. 거짓 선생들을 공공연히 비난하고, 그들을 따르는 마음이 약한 사람들을 심하게 책망하면서, 사도는 날카로운 말을 사용하였습니다. 사도는 분명한 사실들을 들어 말하고, 자신의 입장을 강력한 논거를 들어 주장하였습니다. 사도는 측면 공격을 받거나 그 자신도 같은 일을 행한다는 비난을 받는 것을 두려워하지 않고 그같이 하였습니다. 그러므로 사도는 자신의 확고한 목적과 거짓 선생들의 그럴 듯한 허위를 아주 적절하게 대비시킵니다. 그들은 육체를 자랑하는 일을 하고 있었지만, 사도는 기독교 신앙고백으로 인해 지극히 깊은 부끄러움을 당하는 것을 피하지 않았습니다. 피하기는커녕 사도는 "내게는 우리 주 예수 그리스도의 십자가 외에 결코 자랑할 것이 없도다" 하고 외치면서, 그리스도로 인하여 멸시받는 것을 명예로 여기기까지 하였습니다. 갈라디아 교인들과 바울 사도의 이름을 알고 있는 다른 사람들은 사도가 얼마나 진실되게 말하는지를 잘 알고 있었습니다. 가르치는 내용뿐 아니라 그의 생활 방식 또한 이 주장이 참되다는 것을 증거하였기 때문입니다. 이 점은 그의 적들 가운데 아무도 부인할 수 없었습니다. 그의 모든 전도에서, 사도가 "십자가에 못 박힌 그리스도"라는 이 교리만큼 극구 칭송하며 가르친 것은 없었습니다. "그리스도와 함께 그 고난에 참여함"(빌 3:10)이라는 이것만큼 사도가 애정을 가지고 다룬 경험은 없습니다. 또 사도가 "십자가를 참으사 부끄러움을 개의치 아니하시더니 하나님 보좌 우편에 앉으신"(히 12:2) 분의 발자취를 따라가는 이것만큼 안전한 것으로 생각한 행위 규범은 없습니다. 주님의 모범은 주님의 교훈과 일치하였습니다. 하나님께서 은혜로 우리가 언제나 그와 같이 언행이 일치되게 해주시기 바랍니다. 때로 우리가 어떤 악을 알아채고서 할 수 있는 대로 담대하고 양심적으로 항의를 하지만, 우리의 항의가 너무 불명확해서 그리 영향을 미치지 못한다는 것을 느낍니다. 그때는 스스로 단호하게 그 악을 그만두는 것이, 그래서 적어도 한 사람 안에서 만큼은 악의 세력을 무너뜨리는 것이 최선의 방책일 것입니다. 여러분이 사람을 어떤 논증으로써 오류에서 돌이키게 할 수 없을지라도, 적어도 행동을 통해서 여러분 주장의 진실성을 증명할 수 있습니다. 이와 같이 여러분이 성을 함락하지는 못할지라도, 적어도 "요새를 지키거나" 그 이상의 일을 할 수 있습니다. 여러분은 열심보다는 신실함으로 더 많은 승리를 얻을 수 있습니다. 마음속으로 신실하게 다짐하고 이웃에게 정직하게 말하십시오. "당신은 원하는 대로 할 수 있습니다. 그러나 나로서는 옛 경계표를 옮기는 것이나 아무리 유혹이 되더라도 새 길을 찾는 일, 혹은 오랫동안 좋은 길로 알고 있던 것을 떠나는 일은 결코 하지 않을 것입니다." 끝까지 놓지 않는 그와 같은 확고한 결심이 수많은 논증보다 개인의 마음에, 특별히 흔들리는 사람의 마음에 더 무겁게 다가가고, 더 많은 영향력을 발휘하는 경우가 종종 있습니다. 행동이 말보다 더 크게 말할 것입니다.

　　여기서 사도는, 누구라도 할례나 그 밖의 어떤 외적 제도를 자랑함으로써 십자가 앞에 육체적인 법령을 내세우려고 하는 사람이 있다는 것을 생각하면, 흥분합니다. 예수님을 믿는 믿음보다 의식(儀式)을 더 중요하게 여기는 것을 듣고서 사도는 화가 났습니다. 마음이 즉시 뜨겁게 달구어져서 화난 목소리로 "결코 자랑할 것이 없다!"(God forbid!) 하고 외쳤습니다. 사도는 하나님의 이름을 한 번도 가볍게 사용한 적이 없었습니다. 그런데 여기서 사도는 속에서 불이 타오르자, 자기가 십자가 외에는 아무것도 자랑하지 않았고, 할 수도 없었다는 것을 하나님께서 증거해 주시기를 바랍니다. 정말로 진실한 신자에게는 누구나 예수 그리스도 앞에 무엇인가를 놓는다는 것은, 그것이 무엇이든지 간에, 즉 그것이 미신이라는 우상이든지 회의론이라는 장난감이든지, 전통의 열매이든지 철학의 꽃이든지 간에, 충격적이고 혐오스런 일이 아닐 수 없습니다. 여러분은 하나님의 참된 말씀을 보충할 새로운 성경이 필요합니까? 여러분은 성부 하나님께서 보증하신 분을 능가할 수 있는 새로운 구주가 필요합니까? 그리스도의 대속의 보혈이 속죄할 수 없는 죄에서 여러분을 구원할 수 있는 새로운 제사가 필요합니까? "죽임을 당하신 어린 양은 찬송을 받으시기에 합당하도다"라는 새 노래를 대신할 현대적인 노래를 원하십니까? 바울 사도는 "어리석도다 갈라디아 사람들아"(갈 3:1) 하고 말했습니다.

어리석은 개신교인들이여! 나는 이렇게 말하고 싶습니다. 우리는 요즘 주변에 있는 많은 당파들에게, 말하자면 정신 나간 의식주의자들과 의기양양해하는 합리주의자들, 자화자찬하는 현대 사상 학파들에게 가서 열을 내며 말할 수도 있습니다. 나는 바울의 흥분을 이상하게 생각하지 않습니다. 교리상의 모순을 대수롭게 생각하지 않는 사람들은 바울 사도가 신앙의 단순성과 진실성에서 떠난 첫 번째 징후들을 보았을 때 품은 거룩한 분노에 별로 공감할 수 없을 것이라고 나는 생각합니다. 여러분은, 사랑하는 형제를 슬쩍 속이는 일을 사도가 도무지 참지 못했다는 것을 보지 않습니까? 사람들이 그리스도의 십자가를 냉담하게 대했을 때, 그것을 보고 사도의 마음속에 분노가 타올랐던 것입니다. 그 일을 그냥 참을 수 없었습니다. 십자가는 사도의 소망의 핵심이었습니다. 그의 감정은 십자가를 칭칭 감고 있었습니다. 그는 십자가에서 괴로운 양심의 평안을 발견하였습니다. 사도는 십자가가 짓밟히는 것을 결코 용납할 수 없었습니다. 게다가 십자가는 그의 사역의 주제였습니다. "십자가에 못 박히신 그리스도"는 사도가 도시마다 가서 선포한, 생명을 주는 메시지를 믿은 모든 사람에게 구원을 주시는 하나님의 능력이 됨을 입증해 왔습니다. 여러분 가운데서 누구든 십자가를 비방하려고 한다면, 사도는 회심한 여러분에게 그리스도 예수께서 십자가에 못 박히신 것이 여러분 가운데서 분명하게 나타나지 않느냐고 묻습니다. 이렇게 말하는 사도의 눈에서는 불길이 활활 타오릅니다. 입술이 심하게 떨립니다. 그의 마음이 속에서 뜨겁게 달아오릅니다. 참으로 격렬하게 사도는 항의합니다. "내게는 우리 주 예수 그리스도의 십자가 외에 결코 자랑할 것이 없도다." 그는 독수리 날개를 활짝 펴서 즉시 힘차게 날아오르면서, 여전히 그의 예리한 눈은 한참 아래 있는 십자가의 원수를 하나하나 무서운 눈으로 바라봅니다. 여러분은 바울 사도의 서신들에서 이런 점을 종종 볼 수 있습니다. 사도는 주 예수님, 곧 우리 죄를 위해 자신을 제물로 드려 고난 받으신 분, 오래 참으시는 온유하신 주님을 생각하기만 하면 뜨겁게 마음이 타오르며, 높은 데로 올라가고 하늘 높이 날아오르며, 넋이 나가다시피 합니다. 하나님의 그리스도께서 사람들을 위하여 행하신 영광스러운 일을 말하기 시작하면, 그의 혀는 갑자기 거침이 없어져서 "놓인 암사슴"처럼 "아름다운 소리를 발합니다"(창 49:21). 우리가 오늘 밤 가슴 속에 그와 같이 뜨거운 불길을 조금이라도 가질 수 있기를 바라며, 주님을 생각할 때마다 그 불길이 일어나길 바랍니다. 우리는 예수님께 가까이 갈 때 결코 냉담해질 수 없습니다. 우리 구주께서 사랑하여 죽으신 그 십자가의 기쁘고 놀라운 일들을 결코 냉랭한 눈과 노곤한 심령으로 바라볼 수 없습니다.

　　그러면 이제 그 정신으로 본문을 보면, 즉시 세 종류의 십자가에 못 박힘이 나오는 것을 알 수 있습니다. "내게는 우리 주 예수 그리스도의 십자가 외에 결코 자랑할 것이 없으니." 즉 그리스도께서 십자가에 못 박히신 것을 말합니다. "그리스도로 말미암아" 즉 "그로 말미암아"(어떤 방식이든 여러분이 원하는 대로 읽도록 하십시오) "세상이 나를 대하여 십자가에 못 박히고." 즉 세상이 십자가에 못 박힌 것을 말합니다. 그 다음에는, "내가 또한 세상을 대하여 그러하니라." 바울 자신, 즉 신자가 그리스도와 함께 십자가에 못 박힌 것입니다. 세 개의 십자가가 서 있는 골고다가 보입니다. 가운데 그리스도께서 계시고, 그리스도 양쪽에 십자가에 못 박힌 사람이 하나씩 있습니다. 한 사람은 죽어서 두 번째 죽음을 맛보고, 다른 한 사람은 죽어서 그리스도와 함께 있습니다. 이 세 개의 십자가를 좀 더 살펴봅시다.

1. 첫째로, 이 설교의 주제는 바울이 자랑한 십자가에 못 박히신 그리스도를 주로 다루고 있습니다.

　　여러분은 이 말에 주의를 기울이시기 바랍니다. "내게는 십자가 외에 결코 자랑할 것이 없으니." 인기 있는 작가들이나 대중 연설가들은 어떤 진리를 진술할 때는 진리를 아주 세련된 언어로 꾸밀 필요가 있다고 생각합니다. 아마도 그들은 진리의 요점과 날카로운 면을 의도적으로 숨기려고 하지는 않을 것입니다.

그러나 어쨌든 그들은 진리의 맨 얼굴과 두드러져 보이는 면이 너무 뚜렷하게 나타나는 것을 원하지 않습니다. 그래서 진리를 외투로 가립니다. 그들은 애써서 성령의 검을 칼집에 집어넣습니다. 사도 바울은 여기서 할 마음만 있었다면 그렇게 했을 수도 있습니다. 그러나 그는 그런 꾀를 경멸합니다. 사도는 적들이 말하는 듯이 "최악의 방식으로" 진리를 진술하며, 유대인들이 느끼듯이 "아주 거슬리는 방식으로" 진리를 말합니다. 사도는 "내게는 우리 주 예수 그리스도의 죽음 외에"라고 말하지 않고 "십자가 외에 결코 자랑할 것이 없다"고 말하기 때문입니다. 여러분은 "십자가"라는 단어가 어떻게 갈라디아와 다른 곳에 사는 세련된 사람들의 귀에 거슬렸을지 모를 것입니다. 오늘날에 우리는 알 수 없습니다. 당시에 십자가는 중죄인의 십자가, 곧 교수대를 뜻하였습니다. 그래서 사도는 주저하지 않고 이런 식으로 말한 것입니다. "내 주님께서 죽으신 교수대 외에는 결코 자랑할 것이 없다." 우리는 "십자가"라는 이름을 듣고 다른 감정들을 연상하는데 아주 익숙해져서, 바울이 말하는 것을 들은 사람들에게 이 단어가 주었을 수치심을, 십자가라는 말을 들을 때 느끼지 못합니다. 가족 가운데 한 사람이 교수형을 당했다면, 그 가족은 교수대라는 말을 들으면 마음이 움찔합니다. 자기 지도자가 십자가에 못 박혔다는 말을 들은 사람이 바로 그 같은 반응을 보이는 것은 자연스러운 일일 것입니다. 바울은 이와 같이 십자가를 대담하게 말합니다. 사도는 이와 같이 사람들의 귀에 아주 거슬리는 말을 씁니다. 그 단어가 어떤 사람들에게는 장애물이 되고, 또 어떤 사람들에게는 어리석은 것이 될지라도, 그 말을 숨기지 않습니다. 그는 "십자가"를 자랑합니다.

또 한편으로 사도가 한 인물의 영광과 그 고난의 수치를 어떻게 대비하는지 눈여겨보기를 바랍니다. 십자가는 단지 그리스도의 죽음이 아니고 예수의 죽음도 아니며 예수 그리스도의 죽음도, 주 예수 그리스도의 죽음도 아니고 "우리 주 예수 그리스도"의 죽음이기 때문입니다. 이 단어 하나하나는 그리스도 인격의 탁월성, 그의 인물됨의 위엄, 모든 성도가 그 안에서 갖는 유익을 나타내는 경향이 있습니다. 그것은 십자가였는데, 우리 주님의 십자가였습니다. 주님을 예배합시다! 그것은 우리 구주 예수님의 십자가였습니다. 주님을 사랑합시다! 그것은 기름 부음받은 메시야, 우리 예수 그리스도의 십자가였습니다. 주님을 경배합시다! 주님의 발 앞에 엎드려 주님을 배웁시다! 사람마다 이렇게 말할 수 있습니다. "그것은 내 주 예수 그리스도의 십자가였다." 그러나 우리가 "그것은 우리 주 예수 그리스도의 십자가였다"고 말할 때, 십자가는 전체 문제를 즐겁게 만들고 확대시킵니다. 그렇습니다. 우리는 귀하신 그리스도와 고통스러운 십자가, 즉 하나님의 아들과 수치스러운 교수대의 대비를 기쁘게 생각합니다. 그리스도는 임마누엘, 곧 하나님이 우리와 함께 하시는 분이었습니다. 그런데도 그리스도는 저주받은 나무에서 중죄인의 죽음을 죽으셨습니다. 바울은 그 수치를 아주 뚜렷하게 드러내고, 영광을 아주 분명하게 나타냅니다. 사도 바울은 그리스도의 고난을 선포하든지 아니면 고난에 뒤따르는 영광을 선포하든지, 어느 경우에도 주저하지 않습니다.

그러면 사도는 십자가라는 말을 무슨 뜻으로 하였습니까? 물론, 사도는 복되신 주님의 손과 발이 못 박힌 나무가 어떤 것이었는지에 대해서는 전혀 관심이 없었습니다. 그것은 단지 재료에 불과했고, 그래서 전혀 마음에 두지 않았기 때문입니다. 사도는 예수 그리스도의 구속으로 말미암는 칭의, 값없는 칭의의 교리를 뜻합니다. 바로 이것이 사도가 십자가라는 말을 쓸 때 의미하는 바입니다. 우리 주 예수 그리스도께서 죽으심으로써 이룬 죄에 대한 속죄와, 은혜로 그리스도를 믿게 된 모든 자에게 값없이 주시는 영원한 생명을 말하는 것입니다. 바울에게 십자가는 놋뱀이 모세에게 의미하였던 바로 그 점을 뜻하였습니다. 광야에서 놋뱀이 뱀에게 물린 자들의 소망이었고, 모세가 해야 했던 일은 그들에게 놋뱀을 보고 살아라고 말하는 것이 전부였던 것처럼, 오늘날 그리스도의 십자가, 곧 예수 그리스도의 속죄는 인류의 소망이고, 우리의 사명은 계속해서 "보고 살아라! 보고 살아라!"고 외치는 것입니다. 온갖 허황된 문화와 헛된 철학이 난무하는 이 시대가 아주 노골적으로 비웃는 것이 바로 이 교리이고, 십자가에 못 박힌 이 그리스도의 복음입니다. 우리는 이 교리를 자랑합니다. 이 교리를 아주 분명하게 진술하는 것을 부끄러워하지 않습니다. 우리는 대속, 곧 우리를 대신하는 그리스도의 속죄를 자랑합니다. "죄를 알지도 못하신 그를 우리를 대신하여 죄로 삼으신 것은 우리로 하여금 그 안에서 하나님의 의가 되게 하려 하심입니다"(고후 5:21). "우리는 다 양 같아서 그릇 행하여 각기 제 길로 갔거늘 여호와께서는 우리 모두의 죄악을 그에게 담당시키셨도다"(사 53:6). "그리스도께서 우리를 위하여 저주를 받은 바 되사 율법의 저주에서 우리를 속량하셨으니 기록된 바 나무에 달린 자마다 저주 아래에 있는 자라 하였음이라"(갈 3:13). 우리는 죄가 우리 언약의 머리와 대표이신 죄 없는 분에게 전가되는 것을 믿고, 우리를 대신하신 이가 형벌을 받으심을 믿으며, 주님께서 대신하여 죄의 형벌을 받으시는 자들이 믿음으로 깨끗해진다는 것을 믿습니다.

자, 우리는 이것을 자랑합니다. 이 교리를 자랑하는데, 때로 사람들이 자기 선조들로부터 전통에 의해 받은 신조를 자랑하는 것과는 다릅니다. 우리는 이 진리를 각 사람이 성령의 내적 가르침에 의해 스스로 배웠고, 그래서 이 교리가 우리에게는 매우 소중하기 때문입니다. 우리는 이 교리를 자랑하되, 헛되이 떠벌리지 않지만 마음속 깊이 만족합니다. 이 교리를 알리기 위해 생활을 경건하게 영위함으로써 그 만족을 증명합니다. 우리는 이 교리의 진리에 영혼을 맡겼습니다. 이 교리가 꾸며낸 이야기라면, 우리의 소망은 영원히 깨어집니다. 우리의 모든 것은 바로 이 모험적인 일에 달려 있습니다. 우리는 이 위험을 무릅쓸 준비가 얼마든지 되어 있습니다. 이 구원이 우리를 실망시킨다면 기꺼이 멸망할 마음이 있는 것입니다. 우리는 이 믿음을 의지하여 삽니다. 이것이 우리의 음식이고 음료입니다. 이것을 가져가 버리면, 성경에서 가질 만한 것은 아무것도 남지 않습니다. 이 교리가 우리의 확신과 소망과 안식과 기쁨의 주축이 되었습니다. 이 교리를 전하기를 부끄러워하기보다 세상의 모든 거민들이 우리의 말을 들을 수 있는 곳에 서기를 바라고, 밤낮으로 이 교리를 큰 소리로 외칠 수 있으면 좋겠습니다. 이 교리를 인정하기를 부끄러워하기는커녕, 우리는 이 교리를 사람들 가운데서 기회가 있는 대로 널리 전하는 것을 최고의 명예요 가장 큰 기쁨으로 생각합니다.

그러면 이 교리를 기뻐하는 이유는 무엇입니까? 우리는 왜 이 교리를 자랑합니까? 그에 대한 답변은 너무 커서, 이 교리에 대해 우리가 마땅히 감사해야 할 몇몇 가지 점들을 간단히 한 번 훑어볼 수밖에 없을 것입니다. 우리는 수많은 이유로 이 교리를 자랑합니다. 속죄의 교리에서 자랑하지 못할 것은 아무것도 보지 못합니다. 우리는 그동안 너무도 많은 개들이 이 교리에 대하여 짖는 소리를 들어왔습니다. 그러나 개들은 밝은 달을 보고 짖어댑니다. 그래서 우리는 그들이 으르렁거리는 것에 신경 쓰지 않습니다. 개들의 짖는 소리가 결코 우리를 무섭게 하지는 못했지만, 우리의 생각을 방해한 때는 있었습니다. 그렇지만 주님께 대힌 흠집기나 주님의 구속의 보혈을 반대하는 논증 가운데 우리 신앙에 조금이라도 영향을 미치는 것을 아직까지 들어보지 못했습니다. 성경이 이 교리를 확언하고, 성령께서 이 교리가 참되다는 것을 증언하시며, 이 교리가 우리 내적 생활에 미치는 효과가 이 교리를 확신할 수 있게 해줍니다. 유대인의 금식과 절기, 그리고 우리 기독교 신앙 사이의 비슷한 점이 이 교리를 확인합니다. 이 둘 사이에는 틈이 있는데, 이 틈은 이 교리가 없이는 아직까지 아무도 다리를 놓을 수 없었던 것입니다. 이 교리는 우리 양심을 밝게 비추고, 마음을 기쁘게 하며, 신앙을 고무시키고 우리 열망을 고양시킵니다. 우리는 이 교리와 결합되어 있고, 매일 이 교리를 자랑합니다.

그리스도의 십자가를 자랑하는데, 이는 그리스도의 십자가가 하나님의 속성을 비할 데 없이 밝게 드러내기 때문입니다. 우리는 이 십자가에서 하나님이 자신의 지혜에 도움을 받아 인류를 구원할 수 있는 길, 다시 말해 진리와 공의를 위반하지 않고서 구원을 완성하는 계획을 찾으시는 하나님의 사랑을 봅니다. 십자가에서 우리는 한때 정반대되는 속성으로 보였던 것들, 곧 공의와 자비가 절묘하게 결합되는 것을 봅니다. 우리는 마치 자비라고는 조금도 없는 것처럼 보일 만큼 지극히 공의로우신 하나님께서 어떻게 그의 아들의 선물 안에서 무한히 자비로우신가를 봅니다. 자비와 공의가 사실 같은 편에 서서, 믿는 죄인의 사죄를 위해 뿌리칠 수 없게 호소하는 것입니다. 우리는 그리스도의 속죄 제사에서 하나님의 어떤 속성이 가장 영광스럽게 빛나는가를 말할 수 없습니다. 하나님의 속성들 각각이 세상 죄를 지고 가는 하나님의 어린 양의 인격과 사역에서 아주 영광스럽게 빛납니다. 그리스도의 십자가가 말하자면 하나님의 성품과 완전성들을 반영하는 거울과 같은 것이 되었으므로, 우리는 그리스도의 십자가를 자랑하지 않을 수 없고, 아무것도 우리의 자랑을 막지 못할 것입니다.

다음으로, 우리는 예수님의 사랑을 나타내는 것으로서 그리스도의 십자가를 자랑합니다. 예수님은 어쨌든 세상에 오셨다는 점에서 세상을 사랑하셨습니다. 배고픈 자들을 먹이시고, 병든 자를 고치시며, 죽은 자를 살리신 점에서 사람들을 사랑하셨습니다. 주님은 전 생애 동안 사랑하셨습니다. 주님은 자비를 스스로 체현한 분으로, 박애주의자의 왕이시고 친절한 영혼의 임금이셨습니다. 아, 그런데 주님의 죽으심! 잔인하고 수치스러운 주님의 죽으심은 죄에 대하여 응당 치러져야 할 진노를 받은 것입니다. 주님께는 죄가 하나도 없었지만 스스로 그 저주를 받으신 것입니다. 주님의 죽으심은 그리스도의 사랑을 고도로 보여줍니다. 그러므로 우리는 주님의 죽으심을 자랑하고, 그렇게 하기를 결코 부끄러워하지 않을 것입니다.

또한 우리가 십자가를 자랑하는 것은, 십자가가 죄를 없이하기 때문입니다. 죄를 끝내고 불의를 단념하게 할 수 있는 다른 길은 없었습니다. 가혹한 형벌 없이 죄를 용서하였다면, 하나님의 모든 경고의 말씀에 어긋났을 것입니다. 그렇게 했다면 공의의 요구를 달래지 못하였을 것이고, 죄인의 양심을 만족시키지 못하였을 것입니다. 죄사함이 없이는 결코 마음의 평안을 누릴 수 없고, 양심은 속죄 없이는 결코 죄사함을 얻을 수 없다고 선언합니다. 아무리 위로를 주는 약속이라도 속죄하는 피로써 봉인되지 않은 채 주어졌다면, 우리는 그것이 죄의 사면이 아니라 집행 유예에 불과하다는 두려움 때문에 아주 혼란스러워했을 것입니다. 자연적인 직관도 사람들에게 이 진리를 확신시켰습니다. 세상의 모든 종교는 제사와 관련되어 있기 때문입니다. 이제까지 사람들 사이에서 생겨난 모든 예배는 제사를 가장 두드러진 특징으로 간직해 왔습니다. 죄악은 반드시 앙갚음을 받고, 악과 죄는 땅에서부터 소리칩니다. 그래서 그 보복을 피하려면 희생 제물을 내놓아야 합니다. 마음은 양심을 달랠 수 있는 어떤 것을 갈망합니다. 이 갈망은 원시 시대에 사람이 배운 고대 진리의 잔해입니다. 자, 그리스도께서 친히 나무에서 몸으로 우리 죄를 지셨을 때, 자기 영혼을 속죄 제물로 드리신 것입니다. 예수께서는 꺼져가는 숨을 몰아쉬며 "다 이루었다"고 말씀하셨습니다. 참으로 놀라운 은혜입니다! 이제 죄사함이 사람들 가운데 거리낌없이 선포되는데, 우리는 이 사죄가 정당하고 타당하다는 것을 압니다. 동이 서에서 먼 것처럼, 하나님께서는 그리스도의 죽음으로 말미암아 우리 죄를 아주 멀리 옮기셨습니다. 그리스도의 죽음, 이것만이 죄를 없앨 것입니다. 그래서 우리는 그리스도의 십자가를 자랑합니다. 그렇습니다. 그리스도의 십자가만을 영원히 자랑할 것입니다.

하나님을 찬송합시다. 그리스도의 십자가가 우리 죄를 없애 버려서, 이 짐이 더 이상 우리를 무겁게 누르지 않습니다! 우리는 지금 아무렇게나 말하는 것이 아닙니다. 그리스도의 십자가가 우리 마음에 소망과 평안과 기쁨을 불어넣었습니다. 평안을 불어넣는 십자가의 능력을 친숙하게 경험하지 않는 한, 아무도 십자가를 자랑하는 법을 알지 못할 것입니다. 나는 내가 아는 것을 말하고, 경험한 것을 증언합니다. 죄의 짐이 너무 무겁게 나를 누르고 있어서 나는 곧 죽을 것 같았습니다. 많은 낮과 밤 동안, 나는 마음의 고통 속에서 지옥의 불길을 느꼈습니다. 내 죄책을 알았지만, 용서받고 의롭게 되는 길을 전혀 몰랐기 때문입니다. 그런데 순식간에 그 짐이 내게서 떠나갔고, 구주님께로 향하는 넘치는 사랑을 느꼈습니다. 나는 주님께서 틀림없이 내 죄를 치워 버리고 끝장내 버리셨다는 것에 놀라서 그의 발 앞에 엎드렸습니다. 그 비할 데 없는 사랑의 행위를 보고 마음이 예수님께로 끌렸습니다. 예수께서 바로 그 시간에 내 본성을 변화시키고 영혼을 새롭게 만드셨습니다. 아, 그런 기쁨을 느꼈습니다. 깊은 절망에 빠졌다가 순식간에 말할 수 없는 평안과 기쁨의 고지에 오른 사람들은, 여러분에게 자기는 십자가를 자랑하고 십자가의 구원하는 능력을 자랑하지 않을 수 없다고 말할 수 있습니다. 여러분, 우리는 양심을 따라 믿어야 합니다. 우리는 그 내적 증언에 대해 거짓말을 할 수 없습니다. 다른 사람들이 죄를 깊이 느끼고 진실된 마음으로 십자가에 가서, 우리가 그랬던 것처럼 그들의 짐이 어깨에서 굴러 떨어지는 것을 느끼고, 그래서 그들도 그리스도의 십자가를 자랑하려고 하였으면 좋겠습니다. 이후로 우리는 거의 절망에 빠져 지내는 사람들에게 이 약을 가지고 갔고, 이 약이 실패하는 것을 한 번도 본 적이 없습니다. 그동안 나는 마음이 너무 우울해져서 정신병원에 입원하기 직전인 사람들, 죄의식이 너무 깊은 사람들에게 숱하게 이야기했습니다. 그런데 예수라는 이름의 비길 데 없는 이 아름다운 음악이 어떤 경우에도 사람의 마음에서 낙담을 끄집어내어 없애 버리지 못한 적을 본 적이 없습니다. "그들이 주를 앙망하고 광채를 내었으니 그들의 얼굴은 부끄럽지 아니하리로다"(시 34:5). 자기들에게는 아무 소망이 없다고 생각하였기 때문에 자포자기하여 계속 죄를 범하려고 했던 사람들이 구주의 죽어가는 몸에서 붉은 글씨로 쓰인 "소망"이라는 단어를 읽었습니다. 그들은 즉시 확신을 갖게 되었고 평안을 맛보았으며, 그 후로 새로운 삶을 살기 시작하였습니다. 우리는 십자가를 자랑합니다. 양심의 괴로움을 겪고 있던 모든 사람이 믿음으로 십자가를 받아들일 때, 십자가가 그들에게 평안을 가져다주기 때문입니다. 십자가가 영혼에게 효험이 있었다는 것을 우리 자신이 입증해 왔습니다. 그리고 다른 사람들에게서 본 사실을 인해서 우리는 더욱 굳게 확신할 수 있었습니다.

그러나 그리스도의 십자가가 온 세상에서 가장 강력한 도덕적 능력이라는 것을 확신하지 못하면, 우리는 십자가를 크게 자랑하지 못할 것입니다. 우리가 십자가를 자랑하는 것은, 다른 어떤 것도 사람의 마음에 이를 수 없을 때, 그리스도의 십자가는 사람의 마음을 사로잡기 때문입니다. 죽어가는 구주의 사랑에 대한 이야기는, 세상의 모든 도덕 강좌가 결코 감동시킬 수 없는 사람들의 마음을 종종 강하게 사로잡았습니다. 예수님의 십자가에 가까이 가서 죄사함으로부터 소망을 얻고 그 소망으로부터 죄를 이길 힘을 얻기 전에는, 자기 양심의 반박할 수 없는 논리에 의해 판단받고 정죄받기 때문에, 사람들은 격정을 충분히 통제할 수 없고, 따라서 끊임없이 그들을 공격하는 시험들에 사로잡힐 수밖에 없게 만드는 속박을 떨쳐내지 못하였습니다. 사람들은 자기 죄가 예수님께 지워진 것을 보고서, 예수님을 사랑하였고, 예수님을 대속물로서 그처럼 고통을 겪게 만든 죄를 미워하였습니다. 그 다음에 성령이 사람들에게 임하자, 사람들은 거룩한 힘을 얻어서 구주께서 대신하여 죽으신 죄를 버릴 결심을 하였습니다. 그렇습니다. 그들은 새로운 생활을 시작하였고, 처음에 그들을 강권한 바로 그 신성한 능력에 지지를 받아 계속해서 새로운 생활을 영위하였습니다. 그리고 이제 하나님의 능력으로 말미암은 새로운 생활로 온전하게 될 것을 바라봅니다. 사람을 죄에서 구원하는 일에 불신앙이 자랑할 데가 있습니까? 사람의 교만을 정복하는 일에 철학이 승리한 경우가 있습니까? 여러분은 창녀로 지내다가 과학 강연을 듣고 정숙해진 여인들을 데려올 수 있겠습니까? 마음을 고쳐먹은 도둑이나 성격이 불 같던 사람이 양처럼 유순해진 사람들을 데려올 수 있습니까? 말은 많이 하면서 행동은 거의 하지 않는 아마추어 박애주의자들에게 그들의 궤변으로 도덕적 변화가 일어난 예들을 대보라고 하십시오. 대지 못합니다. 그러면서도 그들은 입을 비쭉이며 도시 선교사와 전도 부인을 낮춰봅니다. 교만한 자들을 겸손하게 만들고, 넘어진 자를 일으키며, 더러워진 자를 깨끗하게 하고, 절망적인 심정으로 자포자기한 사람들에게 새롭게 시작하도록 만드는 것이 바로 십자가입니다. 다른 어떤 것도 그런 일을 할 수 없습니다. 세상은 더욱더 낮게 내려앉아 이기심과 죄의 늪지가 됩니다. 그리스도의 십자가로 상징되는 이 놀라운 속죄의 지레만이 비참한 우리 인류가 마땅히 차지해야 하는 덕과 명예가 있는 위치로 올립니다.

우리는 아주 많은 이유로 십자가를 자랑합니다. 그 이유들을 일일이 다 열거할 수 없을 것입니다. 그리스도의 십자가가 생명을 고귀하게 하는 한편, 죽음에 대한 소망으로 우리에게 활기를 줍니다. 죽음의 공포스러운 점이 우리에게서 사라졌습니다. 우리는 주님처럼 "아버지 내 영혼을 아버지 손에 부탁하나이다"(눅 23:46) 하고 말할 수 있습니다. 주께서 장사되신 사실 때문에 이 은혜에 향기가 생겨났습니다. 주님의 부활이 영원에 이르기까지 도로를 포장하였습니다. 주님은 부활하여서, 무덤의 어둠으로부터 나가는 출구를 보여주는 등불을 남기셨습니다. 주님께서 자신과 자기 옆의 십자가에 달린 참회자가 즉시로 낙원에 들어갈 것을 예언하신 사실은 죽을 수밖에 없는 고통에서 영원한 기쁨으로 옮겨가는 일이 아주 빠르게 이루어진다는 것을 보여주었습니다. "차라리 몸을 떠나 주와 함께 있는 것"(고후 5:8)은 기운을 북돋아 주는 전망입니다. 우리에게 "십자가에 못 박히신 그리스도"라는 전파할 교리가 있으니, 그리스도께 영원히 영광을 돌립시다.

2. 두 번째 십자가는 세상이 십자가에 못 박힌 것을 나타냅니다.

사도는 세상이 그리스도께 십자가에 못 박혔다고 말합니다. 사도는 무슨 뜻으로 이렇게 말합니까? 사도는 세상을 중죄인처럼 못 박혀서 십자가에 달려 죽은 것으로 간주합니다. 나는 사도가 세상의 성격이 정죄받았다는 뜻으로 말한다고 생각합니다. 사도는 스스로를 대단하게 생각하는 세상을 보고서 이렇게 말했습니다. "보잘것없는 세상이여, 나는 그대를 하찮게 생각한다. 그대는 사형 선고 받은 죄인과 같다." 사도는 세상이 자신의 구주, 곧 자기 하나님을 십자가에 못 박은 것을 알고 있었습니다. 세상은 완전히 무죄한 분을 죽음에 이르기까지 박해할 만큼 철저히 범죄하였습니다. 세상은 무한한 자비를 비웃고 헐뜯었습니다. 세상은 영원한 진리를 버리고 오히려 거짓을 택하였고, 성육신하신 사랑인 하나님의 아들을 십자가의 죽음에 처형하였습니다. 그래서 바울은 이렇게 말합니다. "자, 세상이여, 나는 네 정체를 안다! 나는 너를 안다! 나는 너를 그 죄악 때문에 혐오를 받는 비참한 자로 밖에 보지 않는다. 교수대에 달려서 지극히 혐오스런 생을 마감하도록 선고받은 자로 밖에 보지 않는다." 사도가 세상의 성격을 정죄하였기 때문에, 세상은 그의 판단을 완전히 무시하였습니다. 세상은 말하였습니다. "이 바울은 바보다. 바울의 복음은 어리석은 것이고, 바울 자신은 말쟁이에 지나지 않는다." "그래, 너는 그 점에 대해서 많이도 아는 구나" 하고 바울은 생각하였습니다. 이 점은 우리도 바울과 같은 생각입니다. 세상아, 너의 가치 있는 판단은 무엇인가? 눈 먼 불쌍한 세상이여, 너는 하나님의 아들을 알지 못하였다. 우리는 주님께서 완전하신 분이었는데, 네가 주님을 죽음에까지 몰아갔다는 것을 확실히 알고 있다. 세상이여, 너의 판단은 형편없다! 너는 우리에 대하여 십자가에 못 박혔다. 자, 세상으로부터 혹은 소위 "사회"라고 하는 것으로부터 잘

못 판단을 받으면 거의 살아갈 수 없는 것처럼 생각하는 사람들이 허다하게 많습니다. 물론 그렇습니다. 우리는 존경받는 사람이 되어야 합니다. 모든 사람에게서 좋은 말을 들어야 합니다. 그렇지 않으면 우리는 금방 풀이 죽습니다. 바울은 생각이 전혀 다른 사람이었습니다. 바울은 세상이 무엇이라고 말할지 신경 썼습니까? 사도가 자신의 주님을 처형한 혐오스럽기 짝이 없는 세상을 어떻게 기쁘게 하기를 바랄 수 있었겠습니까! 사도는 세상으로부터 좋은 말보다는 차라리 악평을 듣기 바랐을 것입니다. 그리스도를 십자가에 못 박은 세상이 자기에게 미소를 짓는 것보다는 얼굴을 찌푸리는 것이 더 나았습니다. 세상이 그리스도를 처형할 수 있다면, 세상의 인정을 받기보다는 세상의 비난을 받는 것이 더 가치 있는 일임에 틀림없습니다. 그래서 바울은 세상의 판단을 완전히 무시하였습니다. 세상이 그에게 십자가에 못 박힌 것입니다. 자, 우리는 "여론," "대중의 믿음," "시대의 점증하는 정서," "이 세대의 정조," "이 시대의 정신"에 대해 많이 생각해 보라는 말을 듣습니다. 나는 바울이 기독교 신문들 가운데 몇 가지를 읽었으면 좋겠습니다. 그렇지만 나는 사도에게 그처럼 불쾌한 일을 하기를 바랄 수 없습니다.

아마도 사도는 그런 일을 하기보다는 차라리 메머틴(Mammertine) 교도소에서 한탄하며 지내려고 했을 것입니다. 그렇지만 이 세대의 정서에 뒤처지지 않고 따라갈 필요성에 관한 그런 표현들 가운데 몇몇 가지를 읽고 나서 사도가 어떤 표정을 지을지 보고 싶습니다. 사도는 이렇게 말할 것입니다. "뭐, 이 세상의 정서라고! 세상은 내게 십자가에 못 박힌 존재야! 세상의 의견이 무엇이든 무슨 상관인가? 소자들아, 우리는 하나님께 속했고, 온 세상은 악한 자 안에 누워 있다. 너희들은 악한 자 안에 누워 있는 세상이 너희에 대해, 혹은 너희 주님의 진리에 대해 어떻게 생각하는 것에 마음을 쓰는가? 너희는 악한 자 안에 있는 세상을 기쁘게 하려고 말을 부드럽게 하고, 유순한 말을 사용하려고 하는가!" 바울은 그런 제안을 받으면 화를 낼 것입니다. 바울은 "세상이 나를 대하여 십자가에 못 박혔다"고 말했습니다. 그래서 사도는 세상의 모든 즐거움을 아주 썩은 것으로, 십자가에 못 박힌 사체로 보았습니다. 여러분은 로마에서 바울을 데리고 콜로세움에 데려가는 것을 상상해 볼 수 있습니까? 나는 바울을 극장 의자에 앉혀서 검투사들의 싸움을 보도록 하는 것을 상상해 봅니다. 황제가 있습니다. 로마의 대단한 귀족들과 원로원 의원들이 다 모여 있습니다. 서로의 피를 뿌리는 사람들을 열중해서 내려다보는 잔인한 눈들이 있습니다. 바울이 어쩔 수 없이 그 자리에 앉아 그 광경을 보았다면 어떻게 느꼈을지 생각해 볼 수 있습니까? 그 일이 바울에게는 순교당하는 것 같았을 것입니다. 사도는 로마 사람들이 그 시대의 최고의 즐거움이라고 생각한 광경을 보지 않으려고 눈과 귀를 막았을 것입니다. 사람들이 그 황제의 도시에 떼지어 모였습니다. 사람들이 날마다 그 극장에 엄청나게 몰려들어 불쌍한 짐승들이 고문을 받거나 사람들이 서로 죽이는 것을 보았습니다. 바로 그것이 바울 시대의 세상이었습니다. 사도는 세상이 십자가에 못 박힌 중죄인이라고 바르게 판단하였습니다. 만일 사도가, 내가 조금만 말하려고 하는 오늘날의 대중적인 즐거움들을 볼 수밖에 없다면, 로마의 원형경기장의 오락거리들을 보고 느꼈을 것처럼 넌더리를 내지 않았겠습니까?

또한 바울에게는 그 시대의 모든 명예거리들도 마찬가지로 십자가에 못 박혔을 것이 틀림없습니다. 바울이, 그의 시대에 황제로서 통치하고 있던 비참한 사람들에 대해 생각하기로 결정했다고 해 봅시다. 나는 일부러 비참한 사람들이라는 말을 사용합니다. 나는 고관들을 나쁘게 말할 생각이 없기 때문입니다. 사실 그들을 비참한 사람들이라고 부르는 것은 그들을 아주 좋게 말하는 것입니다. 그들은 비인간적인 괴물들처럼 지낸 것으로 보입니다. 그들은 "변덕스러운 어리석음으로 모든 자연과 예절의 법칙을 깨트린 폭군들"이었고, 온갖 정욕을 추구하는 것이 매일의 습관이었으며, 심지어 새로운 호색거리들을 고안해 내고 그것을 새로운 즐거움이라고 부른 자들이었습니다. 바울이 나폴리와, 로마인들이 휴일마다 찾아가는 큰 도시들, 폼페이와 그 같은 도시들의 죄악을 생각할 때, 얼마나 역겨워했겠습니까! 사도가 오늘 여기에 온다면, 상류 사회와 직함 있는 사람들이 얼마나 자주 참된 모든 품위를 부끄러운 방탕에 떨어트리곤 하는지, 지체 높은 사람들에게서 얼마나 끔찍한 방탕을 볼 수 있는지 안다면, 지금 존재하는 세상의 모든 허식과 체면, 명예들을 십자가에 달려 햇빛 아래에서 썩어가는 악취 나는 사체만큼이나 가치 없는 것으로 당연히 여길 것입니다. 사도는 말합니다. "세상은 나에 대하여 십자가에 못 박혔다. 세상은 내게 대하여 교수대에 달려 있다. 나는 세상의 쾌락과 허식을 아주 하찮게 생각한다."

바울은 세상의 모든 보화도 마찬가지로 멸시하였습니다. 바울은 돈이 얼마나 가치 있느냐 하는 문제를 일고의 가치도 없는 것으로 생각하였습니다. 먹을 것과 입을 의복이 있으면 그것으로 만족하였습니다. 때로 사도는 그것조차도 별로 없었습니다. 사도는 빌립보 교인들이 자기의 필요를 채워 준 것에 대해 종종 감사를 표시합니다. 그렇지만 한 번도 무엇인가를 쌓으려고 한 적이 없고, 금과 은으로 치장하면서 살려는 생각은 눈곱만큼도 없었습니다. "그럴 수 없다. 이것은 다 쓰면 사라질 것이다" 하고 바울은 말하였습니다. 그래서 바울은 세상을 자기에게 대하여 십자가에 못 박힌 것으로 취급하였습니다. 자, 그리스도인이여, 여러분은 이렇게 말할 수 있습니까? 잡다한 악과 여러 가지 부질없는 일들의 관점에서 뿐 아니라 상업적인 측면에서도 세상이 여러분에게 십자가에 못 박혔다고 말할 수 있습니까? 세상이 말하는 것을 들어봅시다. "젊은이여, 돈을 벌어라. 돈을 벌어라! 할 수 있으면 정직하라. 그러나 모든 수단을 동원하여 돈을 벌어라. 주위를 잘 둘러보라. 똑똑하게 생각하지 않으면, 네가 성공하지 못할 것이기 때문이다. 네 속내를 털어놓지 마라. 얼간이처럼 굴기보다는 차라리 양다리를 걸쳐라. 갈아타기를 잘하면 출세할 것이다." 자, 여러분이 돈을 벌었다면, 그 결과가 무엇인지 생각해 보십시오. 내가 종종 발견하듯이 그 최종적인 결과는 신문에서 모 씨의 유언이 수많은 사람들이 보는 앞에서 유언 검인 재판소(Probate Court)에서 검증받았다고 말하는 기사 한 줄뿐입니다.

그 다음에는, 그를 먹어 없애려고 하는 모든 친척들 가운데서 벌어지는 커다란 싸움이 뒤따릅니다. 바로 그것이 노고와 염려와 책략으로 지낸 한 인생의 종국입니다. 그는 이익을 위해 살아왔는데, 그것을 놓고 떠나야만 합니다. 그 어리석음의 끝이 온 것입니다. 나는 가난한 사람의 장례식과 부자의 장례식의 현저한 차이를 때로 생각해 보았습니다. 가난한 사람이 죽으면, 그의 아들과 딸들이 정말로 슬퍼서 웁니다. 아버지의 죽음이 그 집에 슬픔과 동정을 가져옵니다. 그 가난한 사람을 묻어야 하는데, 그의 모든 아들딸들의 슬픈 감정을 주체할 수가 없어서 겨우 그 일을 마무리지을 수 있습니다. 그들이 무덤에서 집으로 돌아오는 날 저녁에 흘리는 눈물은 참으로 진실된 것입니다. 그들은 정말로 괴로워합니다. 그들은 서로 경쟁이라도 하듯이 부모에 대해 공경을 표시함으로써 그들의 슬픔이 진실된 것을 보입니다.

이제 부자가 죽는 것을 봅시다. 물론 모든 사람이 슬픈 상실을 애도합니다. 그것은 마땅한 일입니다. 무의미한 차량들이 헛된 경의를 표한답시고 무덤으로 가는 행렬을 길게 늘어트립니다. 애도하는 사람들이 돌아오고, 복된 문서인 유언장이 낭독됩니다. 유언장이 낭독될 때, 거의 모든 경우에 눈물을 흘리는 시간은 그것으로 끝이 납니다. 기뻐하는 사람은 거의 없습니다. 행운을 받는 사람은 모든 이의 부러움을 삽니다. 슬픈 생각과 찌무룩한 표정들이 얼굴에 나타나는데, 고인의 죽음 때문이 아닙니다. 고인이 남긴 재산과 그 재산을 처분하는 방식을 생각하느라 그렇습니다. 돈을 벌고 쌓기 위해 산다는 것은 참으로 불쌍한 일입니다. 그러나 돈을 바르게 버는 재주는 하나님의 영광을 위해 쓰일 수 있습니다. 여러분은 주님을 섬기는 일에 이 세상 부를 사용할 수 있습니다. 이익을 얻는 것이 잘못된 일이 아닙니다. 돈을 버는 것이 인생의 주요 목표가 되고, 베풀기를 아까워하는 것이 점점 더 심해져서 우상 숭배인 탐욕이 될 때는 잘못된 것입니다. 모든 그리스도인에게는 그 일과 그 밖의 모든 형태의 세속적인 태도가 십자가에 못 박혀야 합니다. 그래서 우리가 "내가 사는 것은 내 자신이 아니라 그리스도입니다. 나는 그리스도를 명예롭게 하고 그리스도께 영광을 돌리기 위해 삽니다" 하고 말할 수 있도록 해야 합니다.

사도가 세상이 자기에 대하여 십자가에 못 박혔다고 말했을 때, 바로 이런 뜻으로 말한 것입니다. "나는 세상이 추구하는 어떤 것에도 사로잡혀 있지 않다. 나는 세상의 격언에 전혀 신경 쓰지 않는다. 세상의 정신에 지배되지도 않는다. 나는 세상의 환심을 사려고 하지 않고 세상의 위협을 두려워하지도 않는다. 세상은 나의 주인이 아니고, 내가 세상의 종도 아니다. 온 세상이 덤벼든다 해도 나 바울을 거짓말을 하게 할 수도, 죄를 짓게도 할 수 없다. 그러나 바울은, 무슨 일이 일어나더라도, 세상에게 그 진리를 말할 것이다."

여러분은 도공 빠리시(Bernard Palissy, 16세기 프랑스인으로 학자적 재능을 겸비한 다재다능한 화가 겸 도공 — 역주)가 한 말을 기억할 것입니다. 프랑스 왕이 빠리시에게 종교를 바꾸고 위그노 교도가 되기를 포기하지 않았는지 물었을 때, 왕은 그를 그의 적들에게 넘겨주어야만 될까봐 두려워했습니다. 도공이 말했습니다. "폐하, 폐하께서 '두렵다'는 말씀을 하시는 것을 듣게 되어 송구스럽습니다. 세상의 누구도 빠리시에게 그런 말을 하도록 만들 수 없기 때문입니다. 나는 아무도 두려워하지 않습니다. 나는 옳은 것 외에는 아무것도 하지 않습니다." 그렇습니다. 하나님을 두려워하고 십자가를 사랑하는 사람은 당당히 서서 세상을 경멸할 수 있는 도덕적 기개를 지닙니다. 바울은 말합니다. "죽은 죄인이여! 죽은 악한이여! 그리스도를 십자가에 못 박은 자여! 너는 자신을 우주라 부른다. 너는 아름다운 이름으로 불리고 싶어한다. 바울을 너는 아무것도 아닌 것으로 평가한다. 그러나 바울은 네게 호적수이다. 바울은, 네가 바울을 생각하는 딱 그 만큼 너를 생각한다." 바울이 외치는 말을 들어보십시오. "세상이 나를 대하여 십자가에 못 박히고 내가 또한 세상을 대하여 그러하니라." 사람들에게 봉사하기 위해 사는 것과 사람들에게 복을 주기 위해 사는 것은 별개의 문제입니다. 하나님이 도우시면, 우리는 다른 사람들의 유익을 위해 희생하는 일을 할 것입니다. 그러나 사람들을 두려워하고, 사람들의 허락을 받아 생각하고, 우리가 무엇을 말할지, 그리고 그 내용을 어떻게 말할지에 대해 사람들에게 지침을 구하는 것은 도무지 견딜 수 없는 비천한 일입니다. 하나님의 은혜로 우리는 그렇게 될 만큼 타락하지 않았고, 앞으로도 그렇지 않을 것입니다. "세상이 나를 대하여 십자가에 못 박히고 내가 또한 세상을 대하여 그러하니라" 하고 사도는 말합니다.

3. 그 다음에, 사도는 끝으로 세 번째 십자가에 못 박힘을 말합니다.

즉 내가 세상에 대하여 십자가에 못 박혔다고 합니다. 어떻게 사람들이 그리스도에 대하여 멸시를 퍼부었는지 주목한다면, 이 십자가에 못 박힘의 증거를 금방 보게 될 것입니다. 한때 사울은 위대한 랍비였습니다. 히브리 학문에 정통한 사람이고, 바리새인 중의 바리새인으로 대단한 존경을 받았습니다. 그는 일류 학자였고, 철학적 사상가였으며, 대단한 지적 능력의 소유자로서 학계를 주도하기에 적합한 인물이었습니다. 그런데 바울이 십자가에 못 박힌 그리스도를 전하기 시작하자 사람들이 말했습니다. "흥, 그는 지독한 바보다! 저 사람 말을 듣지 마라!" 그렇지 않으면 이렇게 말했습니다. "저 사람을 타도하자! 저 자는 변절자다!" 사람들은 그에게 욕을 퍼부었습니다. 유대인들은 그의 이름을 입에 올리면 얼굴에 분노가 치밀었고, 지식 있는 모든 헬라인들도 마찬가지였습니다. "바울? 하찮은 사람이야!" 그는 사람의 방식으로 생각했을 때는 대단한 존재였으나, 이제 하나님의 방식으로 생각할 때 아무것도 아닙니다.

그 다음에 사람들은 그의 모든 동기를 의심하고, 그의 모든 행동을 잘못 전함으로써 그를 공개적으로 창피를 주었습니다. 바울이 무슨 일을 하였는지는 중요하지 않았습니다. 사람들은 바울이 이기적이라고 확신했고, 그래서 큰 이익을 얻기 위해 그린 일을 하려고 애쓰고 있다고 굳게 믿었습니다. 사도가 자신이 옳았음을 사람들이 인정하지 않을 수 없도록 행동하였을 때, 사람들은 어떻게든 사도의 행동이 틀렸다는 것을 보여주려고 하였습니다. 바울의 사도직을 부정하며, 그가 결코 하나님께 보냄을 받지 않았다고 말하는 사람들이 있었습니다. 또 어떤 사람들은 그가 복음을 전할 능력이 있는지 의심하였습니다. 그래서 사람들은 이런저런 말로 불쌍한 바울을 완전히 십자가에 못 박았습니다.

　　사람들은 거기서 한 걸음 더 나아갔습니다. 바울을 멸시하고 피하였습니다. 그의 오랜 친구들이 그를 버렸습니다. 어떤 사람들은 길에서 그를 피하였고, 어떤 사람들은 거리에서 손가락질하며 비웃었습니다. 그의 박해자들은 그에게 깊은 원한을 보였고, 그를 돌로 쳐서 사형(私刑)을 가하였으며, 그 다음에는 적법성을 가장하여 그를 치안판사 앞으로 끌고 갔습니다. 바울은 그들에 대하여 십자가에 못 박혔습니다. 바울의 교훈에 대해서 사람들은 그를 말쟁이, 곧 이상한 신들을 전하는 자라고 비방하였습니다. 아마도 사람들은 바울이 전하는 그리스도의 십자가를 금방 잊혀지는 소문과 거의 타파된 교리라고 종종 비웃으며 말했을 것입니다. "바울 같은 사람들의 입만 틀어막으면, 그 얘기는 금방 잊혀질 것이다." 나는 사람들이 오늘날 약한 신자들에게 "너희 구식 청교도 신앙은 거의 죽었다. 오래지 않아 완전히 사라져 버릴 것이다!" 하고 말하는 소리를 들어왔습니다. 그러나 우리는 십자가에 못 박히신 그리스도를 전합니다. 사도들이 전했던 그 옛날 교리를 전하고 있는 것입니다. 그리고 이것을 위해서 세상의 지혜 있다고 하는 자들의 경멸에 대해서 우리는 십자가에 못 박힌 사람들입니다.

　　자, 사랑하는 그리스도인 친구 여러분, 그리스도의 십자가를 굳게 붙든다면, 여러분은 이것을 몫으로 받을 것입니다. 세상이 여러분에 대하여 십자가에 못 박히고, 여러분이 세상에 대하여 십자가에 못 박히리라는 것입니다. 여러분은 냉대를 받을 것입니다. 오랜 친구들이 공공연히 여러분의 적이 될 것입니다. 그들이 전에 여러분을 사랑했던 것보다 더 여러분을 미워하기 시작할 것입니다. 가정에서는 식구들이 적이 될 것입니다. 여러분은 좀처럼 어떤 것도 올바르게 행할 수 없을 것입니다. 사람들의 술잔치에 함께 했을 때, 여러분은 좋은 친구였습니다. 여러분이 술을 마시고 외설적인 노래를 부를 수 있었을 때, 여러분은 유쾌한 친구였습니다. 그러나 이제는 여러분을 바보로 생각합니다. 여러분을 위선자로 여기고 비웃습니다. 여러분의 성품에 대해 흑색선전을 합니다. 사람들의 혐오를 여러분이 그리스도의 제자임을 나타내는 표지로 여기고, 이렇게 말하도록 하십시오. "이제 세상이 나에 대하여 십자가에 못 박혔고 나도 세상에 대하여 십자가에 못 박혔다. 세상이 그리스도를 인해서 나를 공격하는 무슨 말을 하든지, 그것은 사형선고를 받은 죄인의 넋두리에 불과하다. 그러니 그 말에 신경 쓸 것이 무엇인가? 그리고 다른 한편으로 내가 거절받고 멸시당한다면, 내가 언제나 기대하였던 것, 곧 내가 십자가에 못 박힘을, 사람들에게 멸시받고 거절당하셨던 그리스도의 방식을 따라서 겸손하게 받고 있는 것에 불과하다."

이 모든 사실이 가르치는 도덕과 교훈은 이것입니다. 어떤 일이 일어나더라도, 여전히 그리스도를 자랑하라는 것입니다. 사랑하는 교우 여러분, 이 점을 결심하십시오. 여러분이 명예롭게 살든지 불명예 가운데 있든지, 좋은 평판을 얻든지 나쁜 평판을 듣든지, 하나님께서 여러분의 재산을 늘려 부하게 하시든지 아니면 재산을 줄여 가난하게 하시든지, 여러분은 여전히 그리스도의 십자가를 자랑하겠다고 마음먹으십시오. 여러분이 주님을 위해 일할 건강과 힘과 활력을 갖고 있다면, 아니면 여러분이 초췌하게 침대에 누워서 천부의 모든 뜻을 잠잠히 받아들여야 한다면, 여전히 그 십자가를 자랑하겠다고 결심하십시오. 이 그리스도의 십자가를 일생 동안 찬미할 주제로 삼으십시오. 요단 언덕을 내려가고 요단 강을 건널 때에도 여전히 그리스도의 십자가를 자랑하십시오. 여러분이 영광의 하늘에 이르면, 거기에서 피로 산 수많은 무리들이 그 십자가를 자기들 구속의 트로피로 찬미하는 것을 볼 것이기 때문입니다.

여러분은 지금 이 십자가를 의지하고 있습니까? 예수님 안에서 안식하고 있습니까? 그렇지 않다면, 주님께서 여러분에게 이 복된 특전을 가르쳐 주시기 바랍니다. 그리스도의 십자가와 같은 기쁨은 없습니다. 이와 같은 생명은 없습니다. 이와 같은 평안도 없습니다. 십자가에서 우리는 천국을 발견합니다. 이 십자가를 응시하면, 하늘의 모든 거룩한 것들이 마음속에 풍성해집니다. 여러분이 한 번도 그 자리에 가본 적이 없다면, 주님께서 바로 이 시간 여러분을 그리로 인도하여 주시기를 바랍니다. 십자가에서 여러분은 용서를 받고 용납을 받고 영원히 복을 받을 것입니다. 주님께서 여러분 모두가 이 그리스도의 은혜를 받게 하여 주시기를 구합니다. 아멘.

🔵 **독자 여러분들께 알립니다!**

'**CH북스**'는 기존 '**크리스천다이제스트**'의 영문명 앞 2글자와
도서를 의미하는 '**북스**'를 결합한 출판사의 새로운 이름입니다.

스펄전 설교전집 28

고린도전후서•갈라디아서

초판 발행 2011년 6월 30일
중쇄 발행 2020년 10월 28일

발행인 박명곤
사업총괄 박지성
기획편집 채대광, 김준원, 이은빈
디자인 구경표, 한승주
마케팅 박연주, 유진선, 이호
재무 김영은
펴낸곳 CH북스
출판등록 제406-1999-000038호
대표전화 070-7791-2136 **팩스** 031-944-9820
주소 경기도 파주시 회동길 37-20
홈페이지 www.hdjisung.com **이메일** main@hdjisung.com
제작처 영신사 월드페이퍼

© CH북스 2011